MARCUS HAHN

DAS SAARLAND
IM DOPPELTEN
STRUKTURWANDEL
1956 – 1970

REGIONALE POLITIK
ZWISCHEN EINGLIEDERUNG IN DIE
BUNDESREPUBLIK DEUTSCHLAND
UND KOHLEKRISE

Veröffentlichungen
der Kommission für Saarländische Landesgeschichte
und Volksforschung

36

Das Saarland
im doppelten Strukturwandel
1956 – 1970

Regionale Politik
zwischen Eingliederung in die
Bundesrepublik Deutschland
und Kohlekrise

Marcus Hahn

Saarbrücken 2003

MDV Merziger Druckerei und Verlag GmbH & Co. KG

Die Deutsche Bibliothek – CIP-Einheitsaufnahme

Hahn, Marcus:
Das Saarland im doppelten Strukturwandel 1956 – 1970 / Marcus Hahn.
MDV, Merziger Druckerei und Verlag GmbH & Co. KG, 2003
  (Veröffentlichungen der Kommission für Saarländische Landesgeschichte und
  Volksforschung: 36)
ISBN 3-923754-86-8

Umschlaggestaltung: Roger Weiler. Fotos: AP / SV-Bilderdienst (links),
Weltkulturerbe Völklinger Hütte, © Weltkulturerbe Völklinger Hütte / Gerhard Kassner
1999 (Mitte), Saarbrücker Landeszeitung (rechts).

© 2003 by Kommission für Saarländische Landesgeschichte und Volksforschung e.V.,
Saarbrücken
Alle Rechte vorbehalten.
Ohne schriftliche Genehmigung der Kommission für Saarländische Landesgeschichte und
Volksforschung e.V. ist es nicht gestattet, das Werk unter Verwendung mechanischer,
elektronischer und anderer Systeme in irgendeiner Weise zu verarbeiten und zu verbreiten.
Insbesondere vorbehalten sind die Rechte der Vervielfältigung – auch von Teilen des
Werkes – auf photomechanischem oder ähnlichem Wege, der tontechnischen Wiedergabe,
des Vortrags, der Funk- und Fernsehsendung, der Speicherung in Datenverarbeitungs-
anlagen, der Übersetzung und der literarischen oder anderweitigen Bearbeitung.
Gesamtherstellung: Merziger Druckerei und Verlag GmbH & Co. KG, Merzig
Printed in Germany
ISBN 3-923754-86-8

Vorwort

Vor allem anderen ist dieser Teil des Buches der Ort, ein Wort des Dankes zu sprechen. An erster Stelle richte ich mich damit an Prof. Dr. Dr. h.c. Rainer Hudemann, der mein Promotionsvorhaben betreute. Noch während meines Studiums weckte Rainer Hudemann mein Interesse an der Geschichte des Saarlandes und gab mir bereits damals Gelegenheit, in seiner breit angelegten Forschungsinitiative zur saarländischen Nachkriegsgeschichte mitzuwirken. Als akademischer Lehrer übernahm er die Verantwortung für meine wissenschaftliche Ausbildung; als Dienstvorgesetzter sah er es als seine Pflicht an, die vielfältigen ökonomischen Probleme abzumildern, die sich aus der schwierigen Finanzsituation geschichts- und kulturwissenschaftlicher Forschung in der Bundesrepublik für den wissenschaftlichen Nachwuchs ergeben. Seinem unermüdlichen Engagement, das weit über den üblichen Rahmen eines „Doktorvaters" hinausging, schulde ich größten Dank.

Besondere wissenschaftliche Unterstützung erhielt ich auch durch die Professoren Dr. Armin Heinen und Dr. Wolfgang Brücher. Unverzichtbar war für mich die Förderung durch Armin Heinen - nicht nur während seiner Saarbrücker Jahre und durch seine „Saarjahre". Obwohl längst in einem anderen Grenzraum tätig, half mir Armin Heinen immer wieder mit seinem Rat sowie seiner profunden Sach- und Methodenkenntnis. Daß Wolfgang Brücher sich zur Begutachtung meiner Arbeit bereit erklärte, war keine Selbstverständlichkeit. Seine Anregungen und Hinweise aus Sicht des Geographen und Frankreichexperten waren mir eine außerordentliche Hilfe.

Im Sommersemester 2002 wurde die vorliegende Arbeit von der Philosophischen Fakultät I der Universität des Saarlandes als Dissertation angenommen. Nicht zuletzt aufgrund der unbürokratischen und engagierten Arbeitsweise der Berichterstatter und des Promotionsausschusses konnte das Promotionsverfahren noch im gleichen Semester abgeschlossen werden. Mein Dank gilt auch der Kommission für saarländische Landesgeschichte und Volksforschung, die meine Arbeit in ihre mittlerweile auf einen beträchtlichen Umfang angewachsene Schriftenreihe aufgenommen hat. Dadurch konnte die Publikation ohne die ansonsten oft auftretenden Verzögerungen erfolgen. Besonders erwähnen möchte ich Dr. Klaus Kell, den Geschäftsführer der Kommission, dessen umfangreiche Publikationserfahrung und dessen nachdrückliches persönliches Engagement organisatorische Schwierigkeiten gar nicht erst entstehen ließen.

Neben diesen Hilfestellungen war für das Gelingen meiner Arbeit mein berufliches Umfeld von entscheidender Bedeutung. Das Historische Institut der Universität des Saarlandes bietet eine einzigartige Arbeitsatmosphäre, die weltläufige Internationalität, vielbeachtete wissenschaftliche Forschung und vertrauensvolle, auf Wertschätzung und freundschaftliche Kontakte aufbauende Zusammenarbeit vereint. Diese Arbeitsumgebung wirkt motivierend, fordernd und fördernd zugleich. Herzlichen Dank schulde ich dafür meinen Kolleginnen und Kollegen, besonders natürlich am Lehrstuhl für Neuere und Neueste Geschichte.

Weil in Saarbrücken das berufliche Umfeld stets durch die Offenheit für, niemals aber den Zwang zu freundschaftlichen Kontakten geprägt ist, fällt es rückblickend schwer, das persönliche und private Umfeld davon strikt zu trennen. Besonders deutlich wird dies bei meiner Kollegin Heike Kempf, die mir ebenso unermüdlich wie gewissenhaft bei der Endkorrektur der Fußnoten half. Um sich bei Eltern und Schwiegereltern für all das zu bedanken, was sie für mich taten und tun, ist das Vorwort einer Dissertation allerdings der falsche Platz. Erwähnung darf aber finden, daß besonders mein Vater sich bei der Jagd nach Tippfehlern und bei der sprachlichen Glättung der Arbeit außerordentlich engagierte. Besonderen Dank schulde ich meiner Frau Anne. Obwohl auf einen anderen Bereich spezialisiert, bedeutete ihr durch geschichtswissenschaftliche und pädagogische Arbeit geschulter Blick für das Wesentliche mir an vielen Stellen eine ausschlaggebende Hilfe. Davon, wie sie die Doppelbelastung durch eigene Karriere und Forschungsabenteuer Ihres Mannes mit scheinbar leichter Hand bewältigte, will ich hier schweigen. Privates sei an dieser Stelle nur damit angedeutet, daß ich ihr dieses Buch widme.

Saarlouis, im Juni 2003   Marcus Hahn

Inhaltsverzeichnis

Einleitung 11

Von der Lösung der Saarfrage zur Eingliederung in die Bundesrepublik

1 Die Lösung der Saarfrage zwischen Paris und Bonn
1.1 Internationale und nationale Politik unter geänderten Vorzeichen 31
1.1.1 Die Saarfrage nach dem 23. Oktober 1955 31
1.1.2 Der konfliktträchtige Beginn in Saarbrücken 39
1.1.3 Der „Schock" am 20./21. Februar in Paris 46
1.2 Die „heiße Phase" der Verhandlungen zwischen drohendem Scheitern und „glücklichem Ende" 50
1.2.1 Der zähe Verlauf der diplomatischen Verhandlungen und eine überraschende Wende 50
1.2.2 Die Konferenz der Regierungschefs und das „stumpfe Ende" 58
1.3 Zusammenfassung 67

2 Die Lösung der Saarfrage zwischen Bonn und Saarbrücken
2.1 Wirtschaftspolitische Konzeptionen und Realitäten zwischen Volksabstimmung und Eingliederungsgesetz 70
2.1.1 Vom Saarvertrag zum Eingliederungsgesetz 70
2.1.2 Die Übergangszeit als Sonderregime 75
2.1.3 Die wirtschaftliche Entwicklung im Jahr 1956 als ambivalente „Normalität" 80
2.2 Die Ausgestaltung der Übergangszeit 1957-1959 und ihre Bewährungsprobe 84
2.2.1 Die Saarwirtschaft im Übergang? 84
2.2.2 Die Steuerungsversuche der Saarpolitik 88
2.3 Von den Übergangsschwierigkeiten zur Stagnationskrise 1959-1963 94
2.3.1 Strukturprobleme in der Übergangszeit 94
2.3.2 Der Weg in die wirtschaftliche und politische Stagnation 99
2.4 Zusammenfassung 110

3 Die Lösung der Saarfrage in Saarbrücken
3.1 Von der Unmöglichkeit, miteinander zu sprechen, zur Unmöglichkeit, einander zu widersprechen 114
3.1.1 Der schwierige Anfang parlamentarischer Kooperation 114
3.1.2 Eingliederungsgesetz und Beitrittserklärung: Die Heimatbund-Koalition zerbricht 122
3.2 Wahlen und Regierungsbildungen 131
3.2.1 Der mühsame Weg der SPD zur zweiten Kraft 131
3.2.2 Die Wahlen des Jahres 1960: der Beginn einer neuen Ära? 139

3.3 Haushaltspolitik zwischen Geldsegen aus Bonn und Beinahe-Bankrott 149
3.3.1 Der Versuch einer bürokratischen Verarbeitung
von Budgetproblemen 149
3.3.2 Defizite in der Finanzpolitik der Übergangszeit 156
3.3.3 Die kommunalen Finanzen im Anpassungsdruck 166
3.4 Zusammenfassung 170

Der regionale Strukturwandel im Bundesland Saarland

1 Stagnationskrise oder strukturelle Krise?
1.1 Der Regionale Strukturwandel als Forschungs- und Perzeptionsproblem 175
1.1.1 Alte Industrieregionen im Wirtschaftswunderland Bundesrepublik 175
1.1.2 Finanzpolitik in einer alternden Industrieregion 182
1.1.3 Das Altern der Industrieregion in der Sicht der Wissenschaft 190
1.2 Der regionale Strukturwandel im Saarland als Problem
von Kommunalpolitik und politischer Bürokratie 196
1.2.1 Der regionale Strukturwandel in der Kommunalpolitik
der frühen 60er Jahre 196
1.2.2 Der regionale Strukturwandel im Saarland als Problem
von Landesplanung und Raumordnung 208
1.3 Zusammenfassung 214

2 Von der Strukturkrise zum doppelten Strukturwandel
2.1 Der regionale Strukturwandel als Problem der Landespolitik 218
2.1.1 Der regionale Strukturwandel als Problem der Wirtschaftspolitik 218
2.1.2 Der regionale Strukturwandel als Problem der Kohlepolitik 225
2.1.3 Der regionale Strukturwandel als Problem der Standortpolitik 236
2.1.4 Der regionale Strukturwandel in der Landtagswahl von 1965 248
2.2 Der regionale Strukturwandel als methodisches
Problem der Zeitgeschichte 253
2.2.1 Anknüpfungspunkte in Landes- und Regionalgeschichte 253
2.2.2 Grenzen und Möglichkeiten der Bundeslandgeschichte 263
2.3 Zusammenfassung 273

Regionalpolitik zwischen regionaler Krise
und nationalen Lösungsmustern

1 Die Rezession der Jahre 1966/67 als regionale Wirtschaftskrise
1.1 Die Neufassung der Regionalpolitik in der Bundesrepublik
und die regionale Wirtschaftskrise 283
1.1.1 Die Neufassung der Regionalpolitik in der Bundesrepublik 283
1.1.2 Die regionale Wirtschaftskrise im Saarland 296

1.2 Konzeptionelle Antworten auf die regionale Wirtschaftskrise	310
1.2.1 Die Fortsetzung des saarländischen Gutachterstreits	310
1.2.2 Vom Saar-Memorandum zum Aktionsprogramm Saar-Westpfalz	316
1.3 Zusammenfassung	321

2 Krisenerfahrung und Strukturdebatte im saarländischen Landtag

2.1 Der Weg in die Krise	324
2.1.1 Das Scheitern der Stabilisierungsversuche	324
2.1.2 Die Eskalation zur regionalen Wirtschaftskrise	330
2.2 Die Krise der Politik	335
2.2.1 Das Saar-Memorandum als Befreiungsschlag?	335
2.2.2 Von der Krise zur „Erfolgsstory"	343
2.3 Zusammenfassung	350

3 Handlungsspielräume und Reformansätze der Landespolitik

3.1 Haushaltspolitik in der Krise	355
3.1.1 Die Zuspitzung der Finanzkrise	355
3.1.2 Die regionale Wirtschaftskrise als Krise der Haushaltspolitik	361
3.1.3 Eine neue Phase der Gemeinsamkeit?	371
3.2 Reformen in der Krise	378
3.2.1 Strukturwandel in der Bildungspolitik	378
3.2.2 Erfolge und Mißerfolge von Reformpolitik vor dem Wähler	386
3.3 Zusammenfassung	390

Zusammenfassung	394

Quellen und Literaturverzeichnis

1 Archivalien und gedruckte Quellen, Periodika, Memoiren und zeitgenössische Gutachten	414
2 Aufsätze und Beiträge in Sammelbänden	420
3 Sammelbände und Monographien	447

Abbildungsverzeichnis	476

Einleitung

Als unlängst festgestellt werden konnte, daß sich in der zeithistorischen Forschung ein Konsens über das Jahr 1957 als Zäsur in der Geschichte der Bundesrepublik Deutschland herausgebildet hat, so geschah dies nicht mit Blick auf das Saarland.[1] Und dennoch markiert dieses Jahr auch in regionalgeschichtlicher Perspektive einen Einschnitt, denn der 1. Januar 1957 kann mit dem Beitritt des Saarlandes zur Bundesrepublik sozusagen als Geburtsstunde des bis zur Wiedervereinigung des Jahres 1990 jüngsten Bundeslandes gelten. Mit der „Wiedervereinigung im kleinen"[2] waren enorme Herausforderungen verbunden: Nach Ende des Zweiten Weltkrieges war in enger Zusammenarbeit mit der französischen Besatzungsmacht und teilweise unter deren Führung ein eigenständiger Saarstaat gegründet worden, der in politischer Hinsicht einen teilautonomen Status besaß und in einer engen Währungs- und Zollunion mit seinem westlichen Nachbarn verbunden war. Der französische Franc war Zahlungsmittel, die Ökonomie des Landes hatte unter den speziellen außenwirtschaftlichen Bedingungen französischer Politik ihre Frankreich-Orientierung stark intensiviert, und auch die meisten rechtlichen und administrativen Normen folgten eigenständigen, teilweise an das französische Vorbild angelehnten, jedenfalls von bundesdeutschen Regelungen mehr oder weniger stark abweichenden Prinzipien. All' dies galt es bei der Integration in die Bundesrepublik in einem gestreckten Verfahren anzugleichen, das nach dem politischen Beitritt am 1. Januar 1957 eine Übergangszeit bis zur vollständigen, auch wirtschaftlichen Integration am 5./6. Juli 1959 vorsah.[3]
Die politische Grundlage dieser Integration bildete das Referendum vom 23. Oktober 1955. Auf internationaler Ebene war die Frage der nationalen Zugehörigkeit des

---

[1] Gabriele Metzler, Breite Straßen, schmale Pfade. Fünf Wege zur Geschichte der Bundesrepublik, in: Neue Politische Literatur 46 (2002), S. 244-267, hier: S. 247. Vgl. hierzu auch: Paul Nolte, Einführung: Die Bundesrepublik in der deutschen Geschichte des 20. Jahrhunderts, in: Geschichte und Gesellschaft 28 (2002), S. 175-182; Werner Abelshauser, Die Langen Fünfziger Jahre. Wirtschaft und Gesellschaft der Bundesrepublik Deutschland 1949-1966, Düsseldorf 1987. Vgl. hierzu auch Hans-Peter Schwarz, Die Fünfziger Jahre als Epochenzäsur, in: Jürgen Heideking, Gerhard Hufnagel u. Franz Knipping (Hgg.), Wege in die Zeitgeschichte. Festschrift zum 65. Geburtstag von Gerhard Schulz, Berlin u. New York 1989, S. 473-496.

[2] Hans-Peter Schwarz, Die Ära Adenauer 1949-1957, Stuttgart 1983 (= Karl Dietrich Bracher u.a. (Hgg.), Geschichte der Bundesrepublik Deutschland 3), S. 282.

[3] Einen kurzen Abriß wichtiger Fakten bieten Wilfried Loth, „Ein vertracktes Gelände". Das Bundesland Saarland 1957-1989, in: Das Saarland - Der Chef der Staatskanzlei (Hg.), Das Saarland. Politische, wirtschaftliche und kulturelle Entwicklung, Saarbrücken 1991, S. 111-140, sowie Burkhard Jellonnek unter Mitarbeit von Marlene Schweigerer-Kartmann, Das Saarland, in: Hans-Georg Wehling (Hg.), Die deutschen Länder. Geschichte, Politik, Wirtschaft, Opladen 2000, S. 203-221. Zur Eingliederung vgl. Armin Heinen, Ein saarländischer Blick zurück in die Zukunft. Warum die Geschichte des Saarlandes ein Lehrstück für die bevorstehende Vereinigung Deutschlands sein kann, in: Saarbrücker Zeitung, 31.3./1.4.1990; Wilfried Fiedler, Die Rückgliederung des Saarlandes an Deutschland - Erfahrungen für die Zusammenarbeit zwischen Bundesrepublik Deutschland und DDR? Staats- und völkerrechtliche Überlegungen, in: Juristenzeitung 45 (1990), S. 668-675; Hans-Walter Herrmann, Modellfall Saar. Der Beitritt des Saarlandes und der DDR zur Bundesrepublik Deutschland. Ein Vergleich, in: Saarheimat 35 (1991), S. 43-48; Hans-Christian Herrmann, Eine Bilanz der kleinen Wiedervereinigung. 40 Jahre nach der wirtschaftlichen Rückgliederung des Saarlandes, in: Zeitschrift für die Geschichte der Saargegend 48 (2000), S. 309-328.

Territoriums an der mittleren Saar bereits seit 1946 zum Problem geworden. Schon die Herauslösung der Saar aus der französischen Besatzungszone war auf teilweise scharfen Widerstand bei den anderen Besatzungsmächten gestoßen; erst recht fand sie Widerspruch bei vielen politischen Kräften in Deutschland. Nach der Gründung der Bundesrepublik entwickelte sich die „Saarfrage" sehr rasch zum wichtigsten Problem im Prozeß der deutsch-französischen Verständigung und der europäischen Integration. Auch im Saarland selber formierten sich ab 1949/50 politische Gruppen, die die Autonomie-Politik des ersten Ministerpräsidenten des Saarlandes, des Christdemokraten Johannes Hoffmann, nicht mittragen wollten. Zusätzlichen Zündstoff lieferten die vielfältigen Schwierigkeiten bei der Lösung landespolitischer Probleme, die unter den besonderen verfassungsrechtlichen Rahmenbedingungen der Teilautonomie immer wieder zermürbende und mit wechselnden Koalitionen geführte Konflikte zwischen Saarländern, der Pariser Zentrale und ihrem Vertreter in Saarbrücken, Gilbert Grandval, hervorriefen. Eine Lösung zeichnete sich erst im Oktober 1954 ab, als es nach langwierigen Auseinandersetzungen auf internationaler Ebene gelang, ein europäisches Statut für das Saarland zu formulieren. Dieses Statut sollte die völkerrechtliche Absicherung und in deren Gefolge auch die wirtschaftspolitische Weiterentwicklung der Teilautonomie gewährleisten. Das Projekt scheiterte jedoch ein Jahr später am Mehrheitswillen der saarländischen Bevölkerung, die sich in einem Volksentscheid mit Zweidrittel der Abstimmungsberechtigen dagegen aussprach.[4]

Klarheit war damit jedoch noch nicht geschaffen. Zwar konnte das Abstimmungsergebnis kaum anders denn als ein Votum für Deutschland interpretiert werden; eine solche Lösung stand aber formal betrachtet gar nicht zur Diskussion, weil im Unterschied zur ersten Saarabstimmung vom 13. Januar 1935 der nun zur Entscheidung vorgelegte Entwurf keine Option für Deutschland enthielt. Auch die Gründe, die zur Ablehnung des Statuts von 1955 führten, sind durchaus umstritten. Möglicherweise hatte ganz allgemein die Idee eines teilautonomen, auch politisch eng an Frankreich angebundenen Saarstaates keine Mehrheit. Irreparabler Schaden war der europäischen Vision aber wahrscheinlich schon in dem Moment zugefügt worden, als der Versuch der Schaffung einer europäischen politischen Gemeinschaft scheiterte; selbst bei manchen „Ja-Sagern" herrschten seitdem Zweifel darüber, daß die komplizierten

---

[4] Einen Überblick über die ältere Literatur bieten Kurt Walter Rahn, Monographische Literatur zur Saarfrage und zur zeitgenössischen Entwicklung im Saargebiet, in: Zeitschrift für Geschichtswissenschaft 12 (1964), S. 1281-1290, und Hans-Walter Herrmann, Literatur zur frühen Nachkriegsgeschichte des Saarlandes 1945-1957, in: Revue d'Allemagne 15 (1983), S. 115-142. Stadtverband Saarbrücken, Regionalgeschichtliches Museum (Hg.), Von der „Stunde 0" zum „Tag X". Das Saarland 1945-1959, Katalog zur Ausstellung des Regionalgeschichtlichen Museums im Saarbrücker Schloß, Saarbrücken 1990; Rainer Hudemann u. Raymond Poidevin unter Mitarbeit v. Annette Maas (Hgg.), Die Saar 1945-1955. Ein Problem der europäischen Geschichte, München 1992; Rainer Hudemann, Burkhard Jellonnek u. Bernd Rauls unter Mitarbeit v. Marcus Hahn (Hgg.), Grenz-Fall. Das Saarland zwischen Frankreich und Deutschland 1945-1960, St. Ingbert 1997 (= Geschichte, Politik und Gesellschaft. Schriftenreihe der Stiftung Demokratie Saarland 1), und die Gesamtdarstellung von Armin Heinen, Saarjahre. Politik und Wirtschaft im Saarland 1945-1955, Stuttgart 1996, gewähren umfassenden Zugang zu Forschungsstand und Forschungsgebieten zum Saarland der Nachkriegszeit.

Herausforderungen der in der Nachkriegszeit errichteten Währungs- und Zollunion mit Frankreich unter diesen Umständen durch das europäische Statut eine befriedigende Lösung erfahren konnten.[5]

Abgesehen von der völlig anders gearteten Konstellation auf internationaler Ebene waren an der Entscheidungsfindung des Jahres 1955 auch alle politischen Kräfte im Saarland prinzipiell gleichberechtigt beteiligt. Den im Heimatbund zusammengeschlossenen „Nein-Sagern" stand eine breite Front gesellschaftlicher und politischer Kräfte gegenüber, die sich in der politischen Auseinandersetzung nachdrücklich und mit nennenswertem Erfolg für das europäische Statut einsetzten. Immerhin konnten die „Ja-Sager" fast genau ein Drittel der Abstimmungsberechtigten von ihren Argumenten überzeugen - und sie blieben auch nach der Abstimmung über Jahre hinweg mit Parteien und Fraktionen in der saarländischen Politik präsent. Faktisch brachte das Referendum von 1955 somit zwar das Ende des teilautonomen Saarstaates, die Integration des demokratischen Gemeinwesens in die föderal strukturierte Bundesrepublik stellte aber eine besondere Herausforderung dar, erforderte sie doch die grundlegende Neudefinition von Landespolitik unter völlig veränderten Bedingungen. Von der Integration des Saarlandes in die Bundesrepublik in Analogie zu den Jahren nach der ersten Saarabstimmung als einer „Rückgliederung" zu sprechen, wie dies teilweise bis heute geschieht, erscheint daher als wenig angemessen.

Abzulehnen ist dieser Begriff vor allem auch deshalb, weil er von der Dynamik der Entwicklung beider Partner bei der Integration des Saarlandes in die Bundesrepublik ablenkt. Der oben erwähnte Konsens über das Jahr 1957 als Zäsur in der bundesdeutschen Geschichte basiert im wesentlichen auf der Wiederentdeckung der 60er Jahre als „zweite formative Phase der Bundesrepublik".[6] Die „intellektuelle Selbstanerkennung der Bundesrepublik als westliche Demokratie [ist als] das Ergebnis eines sich in den 60er Jahren wandelnden Gesellschafts-, Politik- und Institutionenverständnisses" anzusehen.[7] Charakteristisch für die 60er Jahre ist, daß in Themengebieten wie Finanz- und Rechtspolitik, Bildung oder Raumordnung „Politik nicht nur reaktiv, sondern aktiv und gestaltend" die inneren Strukturen der bundesdeutschen Verhältnisse zu bearbeiten begann. Nicht nur das Saarland war also nach dem Referendum grundlegenden Veränderungen seiner gesellschaftlichen, politischen und wirtschaftlichen Strukturen ausgesetzt, die 60er Jahre stellten, „eingeklemmt zwischen Adenauer-Zeit und 68ern", auch in der Bundesrepublik eine „Zeit vergessener Anfänge" dar.[8]

---

[5] Vgl. die Zusammenfassung der wichtigsten Argumentationsstränge bei Armin Heinen, Marianne und Michels illegitimes Kind. Das Saarland 1945-1955 in der Karikatur, in: Hudemann, Jellonnek u. Rauls (Hgg.), Grenz-Fall, S. 45-62.

[6] Hermann Rudolph, Mehr Stagnation als Revolte. Zur politischen Kultur der sechziger Jahre, in: Martin Broszat (Hg.), Zäsuren nach 1945. Essays zur Periodisierung der deutschen Nachkriegsgeschichte, Oldenbourg 1990, S. 141-151, hier: S. 142.

[7] Klaus Schönhoven, Aufbruch in die sozialliberale Ära. Zur Bedeutung der 60er Jahre in der Geschichte der Bundesrepublik, in: Geschichte und Gesellschaft 25 (1999), S. 123-145, hier: S. 125.

[8] Hermann Rudolph, Eine Zeit vergessener Anfänge: Die sechziger Jahre, in: Werner Weidenfeld u. Wilhelm Bleek (Hgg.), Politische Kultur und Deutsche Frage. Materialien zum Staats- und Nationalbe-

Allerdings tut sich die historische Forschung mit der Analyse dieser Anfänge vergleichsweise schwer. Obwohl Axel Schildt schon vor einiger Zeit feststellen konnte, daß „die 60er Jahre ... gewissermaßen objektiv auf der Tagesordnung der zeitgeschichtlichen Forschung" stehen,[9] kann - im Gegensatz zur 50er-Jahre-Forschung - von den 60er Jahren noch nicht als von einem breit erforschten Arbeitsfeld gesprochen werden. Ganz im Gegenteil kennzeichnet das nun auch schon fast zehn Jahre alte Diktum, daß zu dieser Epoche erst noch „risikohafte erste Erkundungen" vorgelegt werden müssen, auch längst nach Ablauf der 30jährigen Archivsperrfrist immer noch den aktuellen Forschungsstand.[10] Hinzu kommt eine bemerkenswerte Unsicherheit besonders der historischen Forschung im Umgang mit den Bundesländern als Untersuchungsgegenstand. Hauptsächlich deren Gründungsgeschichte nach dem Zweiten Weltkrieg wurde als Teil der spannungsreichen Neuordnung Deutschlands zwischen Besatzungspolitik und deutschen Initiativen intensiv untersucht.[11] Die verschiedentlich unternommenen Versuche einer Ausweitung des Untersuchungszeitraums auf spätere Jahre jedoch trafen unter dem Verdikt der Apologetik oder gar „törichter Kontinuitätskonstruktionen" auf teilweise scharf formulierte methodische Vorbehalte.[12] Im saarländischen Fall tritt in methodischer Hinsicht noch die aufgrund seiner Grenzlage stets zu berücksichtigende Perspektive grenzüberschreitender Regionalforschung erschwerend hinzu.[13]

---

wußtsein in der Bundesrepublik Deutschland, Köln 1989, S. 59-72, hier: S. 59 und S. 63.

[9] Axel Schildt, Einleitung, in: ders., Detlef Siegfried u. Karl Christian Lammers (Hgg.), Dynamische Zeiten. Die 60er Jahre in den beiden deutschen Gesellschaften, Hamburg 2000 (= Hamburger Beiträge zur Sozial- und Zeitgeschichte 37), S. 11-20, hier: S. 12.

[10] Axel Schildt, Nachkriegszeit. Möglichkeiten und Probleme einer Periodisierung der westdeutschen Geschichte nach dem Zweiten Weltkrieg und ihrer Einordnung in die deutsche Geschichte des 20. Jahrhunderts, in: Geschichte in Wissenschaft und Unterricht 44 (1993), S. 567-584, hier: S. 578.

[11] Vgl. hierzu die einschlägigen Artikel in: Wolfgang Benz (Hg.), Deutschland unter alliierter Besatzung 1945-1949/55. Ein Handbuch, Berlin 1999. Einen breiten Überblick über Zugangsweisen zur Geschichte der Bundesrepublik bieten Thomas Ellwein u. Everhard Holtmann (Hgg.), 50 Jahre Bundesrepublik Deutschland. Rahmenbedingungen, Entwicklungen, Perspektiven, Opladen 1999 (= PVS Sonderheft 30).

[12] Ulrich Reusch, Föderalismus in Vergangenheit und Gegenwart (1949-1989). Landeszeitgeschichtliche Literatur zum Jubiläum der Bundesrepublik, in: Geschichte im Westen 5 (1990), S. 109-113, und v.a. Arno Mohr, Politische Identität um jeden Preis? Zur Funktion der Landesgeschichtsschreibung in den Bundesländern, in: Neue Politische Literatur 35 (1990), S. 222-274.

[13] Einen Überblick über die bisherigen Forschungsansätze gewähren Wolfgang Haubrichs, Wolfgang Laufer u. Reinhard Schneider (Hgg.), Zwischen Saar und Mosel. Festschrift für Hans-Walter Herrmann zum 65. Geburtstag, Saarbrücken 1995 (= Veröffentlichungen der Kommission für saarländische Landesgeschichte und Volksforschung 24). Zur Vernetzungen transnationaler Forschungsinitiativen vgl. Hans-Walter Herrmann, Kooperierende landesgeschichtliche Forschung im internationalen Schnittpunkt: Saarland-Lothringen-Luxemburg, in: Werner Buchholz (Hg.), Landesgeschichte in Deutschland. Bestandsaufnahme - Analyse - Perspektiven, Paderborn 1998, S. 383-397. In längerfristiger Perspektive: Rainer Hudemann, Einleitung. Saar-Lor-Lux - Vernetzungen in einer europäischen Kernzone, in: ders. unter Mitarbeit v. Marcus Hahn u. Gerhild Krebs (Hg.), Stätten grenzüberschreitender Erinnerung. Spuren der Vernetzung des Saar-Lor-Lux-Raumes im 19. und 20. Jahrhundert. Lieux de la mémoire transfrontalière. Traces et réseaux dans l'espace Saar-Lor-Lux aux 19e et 20e siècles, http://www.memotransfront.uni-saarland.de

Erst in jüngster Zeit zeichnet sich eine Wende ab: Die Wiederaufnahme der Debatte über Chancen und Möglichkeiten regionaler Untersuchungsmethoden in der Neueren Geschichte und der Zeitgeschichte[14] führte zu dem Postulat von der „Notwendigkeit" der Bundeslandgeschichte.[15] Für das Saarland der 60er Jahre ist diese „Notwendigkeit" besonders evident, weil in der speziellen Vorgeschichte des Bundeslandes einzigartige Kontinuitätslinien in die Nachkriegszeit und darüber hinaus angelegt sind[16] und weil mit der Interpretation des Referendums als historischer Zäsur die höchst umstrittene These der durch den Bruch dieser Kontinuitätslinien bedingten Entstehung einer besonderen regionalen politischen Kultur verbunden ist.[17]

Die erste zentrale Fragestellung der folgenden Untersuchung basiert daher darauf, daß zur Kennzeichnung der komplexen Vorgänge bei der Integration des Saarlandes in die ebenfalls im Wandel begriffene Bundesrepublik der Begriff „Eingliederung" als eher angemessen anzusehen ist. Zu klären ist, inwiefern der 23. Oktober 1955 aus der Perspektive der 60er Jahre eine Zäsur in der Geschichte des Landes darstellte. Muß die Neuordnung politischer, wirtschaftlicher und gesellschaftlicher Verhältnisse als Traditionsbruch gegenüber dem Saarstaat der Nachkriegszeit verstanden werden, und inwieweit ist diese Neuordnung auch als Perzeption von für die Bundesrepublik der 60er Jahre typischen Veränderungen zu verstehen? Wie bewältigte die saarländische Politik die durch diese Neuordnung bedingten politischen Aufgaben, inwiefern stellte die Eingliederung einen Beitrag zur Lösung der politischen Probleme des Landes dar und welche mittelfristige Bedeutung ist ihr daher zuzumessen?

* * *

---

[14] Frank Göttmann, Über den Raum als Forschungsgegenstand und Forschungsansatz der Geschichte - ein Problem nicht nur der Landes- und Regionalgeschichte, in: Ludger Grevelhörster u. Wolfgang Maron (Hgg.), Region und Gesellschaft im Deutschland des 19. und 20. Jahrhunderts. Studien zur neueren Geschichte und westfälischen Landesgeschichte, Paderborn 1995, S. 42-63, und Reinhard Stauber, Regionalgeschichte versus Landesgeschichte? Entwicklung und Bewertung von Konzepten der Erforschung von „Geschichte in kleinen Räumen", in: Geschichte und Region / Storia e regione 3 (1994), S. 227-260.

[15] Früh bereits: Hans-Joachim Behr, Zeitgeschichte in Land und Region. Anmerkungen und Hinweise, in: Geschichte im Westen 4 (1989), S. 181-197, und Kurt Düwell, Föderalismus und Zeitgeschichte. Zur Kontinuitätsproblematik des Bund-Länder-Verhältnisses, in: ebd., S. 36-46. Zur Bundeslandgeschichte als Forschungsfeld vgl. die methodischen Vorarbeiten von Detlef Briesen, Warum Bundeslandgeschichte? Reflexionen am Beispiel einer „Wirtschafts- und Gesellschaftsgeschichte des Rheinlandes und Westfalens 1955-1995", in: Comparativ 5 (1995), S. 102-111, und Ernst Hinrichs, Bundeslandgeschichte zwischen Regionalgeschichte und „Staaten"geschichte. Eine Betrachtung anläßlich des Jubiläums des Landes Niedersachsen, in: Hans-Jürgen Gerhard (Hg.), Struktur und Dimension. Festschrift für Karl Heinrich Kaufhold, Stuttgart 1997, Bd. 2 S. 487-497.

[16] Hans-Walter Herrmann, Das Saarland: Vom Industrierevier zum Bundesland, in: Deutsche Kunst und Denkmalpflege 48 (1990), S. 81-89, hier: S. 88.

[17] Dietmar Hüser, Wahlen, Parteien und politische Kultur im Saarland der 70er und 80er Jahre - Aspekte eines Umbruchs mit Konstanten, in: Edwin Dillmann u. Richard van Dülmen (Hgg.), Lebenserfahrungen an der Saar. Studien zur Alltagskultur 1945-1995, St. Ingbert 1996, S. 40-65, hier: S. 55. Hans Horch, Saarländische Legenden. Anmerkungen zur regionalistischen Geschichtsschreibung, in: Saarbrücker Hefte 63 (1990), S. 33-38.

Einen geeigneten Ansatzpunkt zur Klärung dieser Fragen bieten gewisse Besonderheiten in der Ökonomie des Landes. Die 60er Jahre kennzeichnete eine in ihrem Ausmaß und ihrer Qualität bis heute umstrittene, negative Entwicklung der Saarwirtschaft.[18] Schon die ersten Jahre des Jahrzehnts erscheinen geradezu als Stagnationskrise im Vergleich zur in steiler Aufwärtsentwicklung befindlichen Bundesrepublik im Wirtschaftswunder.[19] Bis in die zweite Hälfte des Jahrzehnts spitzte sich dieser negative Trend dann zu einer Wirtschaftskrise zu, deren scheinbare Unbeherrschbarkeit einen im Saar-Memorandum öffentlichkeitswirksam formulierten Hilferuf der Landesregierung auslöste.[20] Als ein wichtiger Grund für diese Entwicklung können die praktisch zeitgleich mit der Eingliederung einsetzenden Veränderungen in der westeuropäischen und nordamerikanischen Energiewirtschaft angeführt werden. Seit Kriegsende wurde die Kohle als bedeutendster Energieträger im Wiederaufbau gerade in Deutschland intensiv gefördert.[21] Davon hatte vor allem das Ruhrgebiet profitiert, in dem mehr als 90% der bundesdeutschen Kohleförderung konzentriert waren; aber auch im Saarland war die Förderung der Kohleproduktion ein vorrangiges Ziel der Politik nach 1945.

Zeitgleich mit der Eingliederung veränderten sich aber die politischen und ökonomischen Rahmenbedingungen.[22] Gravierende Auswirkungen hatten ab 1958 die durch außenhandelspolitische Entscheidungen der Bundesregierung stark gestiegenen Importe US-amerikanischer Kohle; gleichzeitig wurden deren Preisvorteile auf dem europäischen Markt durch die nach der Suez-Krise eintretende Baisse der internationalen Frachttarife immer deutlicher und das Mineralöl als wichtigster Konkurrent wurde unter anderem auch durch Zollbegünstigungen zusätzlich gestärkt. Die bundesdeutsche Kohleindustrie trat damit nach Jahren des Wachstums in eine neue, von vielfältigen Anpassungsproblemen geprägte Entwicklungsphase ein. Absatzfördernde

---

[18] Jörg Roesler, Die wirtschaftliche Rückgliederung der Saar. Erwartungen, Enttäuschungen, Entwicklungen, in: Hudemann, Jellonnek u. Rauls (Hgg.), Grenz-Fall, S. 445-464. Josef Esser, Wolfgang Fach u. Werner Väth, Krisenregulierung. Zur politischen Durchsetzung ökonomischer Zwänge, Frankfurt a.M. 1983.

[19] Hartmut Kaelble, Boom und gesellschaftlicher Wandel 1948-1973: Frankreich und die Bundesrepublik Deutschland im Vergleich, in: ders.(Hg.), Der Boom 1948-1973. Gesellschaftliche und wirtschaftliche Folgen in der Bundesrepublik und in Europa, Opladen 1992, S. 219-247.

[20] Regierung des Saarlandes (Hg.), Das Saarland 10 Jahre nach seiner Eingliederung in die Bundesrepublik Deutschland. Bilanz und Aufgaben. Memorandum der Regierung des Saarlandes vom 10. April 1967, Saarbrücken 1967.

[21] Heiner R. Adamsen, Investitionshilfe für die Ruhr. Wiederaufbau, Verbände und Soziale Marktwirtschaft 1948-1952, Wuppertal 1981 (= Düsseldorfer Schriften zur Neueren Landesgeschichte und zur Geschichte Nordrhein-Westfalens 4).

[22] Albrecht Mulfinger, Auf dem Weg zur gemeinsamen Mineralölpolitik. Die Interventionen der öffentlichen Hand auf dem Gebiet der Mineralölindustrie in Hinblick auf den gemeinschaftlichen Mineralölmarkt, Berlin 1972 (= Volkswirtschaftliche Schriften 188); Manfred Horn, Die Energiepolitik der Bundesregierung von 1958 bis 1972. Zur Bedeutung der Penetration ausländischer Ölkonzerne in die Energiewirtschaft der BRD für die Abhängigkeit interner Strukturen und Entwicklungen, Berlin 1976 (= Volkswirtschaftliche Schriften 256); Jürgen Meinert, Strukturwandlungen in der westdeutschen Energiewirtschaft. Die Energiepolitik der Bundesregierung von 1950 bis 1977 unter Berücksichtigung internationaler Dependenzen, Frankfurt a.M. 1980.

und zunächst gegen die Importkohle, später verstärkt auch gegen die Konkurrenz des Mineralöls ausgerichtete Maßnahmen erwiesen sich als nicht ausreichend; die in der Phase der Expansion angestrebten Förderziele mußten ab Ende der 50er Jahre schrittweise zurückgenommen werden.

Die Zahl der dadurch ausgelösten Zechenschließungen, die in der Bundesrepublik sehr schnell zum Abbau von Zehntausenden von Arbeitsplätzen führten, erhöhte sich noch durch die gleichzeitig mit teilweise hohen Subventionen geförderten Rationalisierungsmaßnahmen. Durch diese Maßnahmen sollte die Kostenstruktur des ganzen Wirtschaftssektors verbessert, die Konkurrenzfähigkeit der Kohle im Substitutionswettbewerb erhöht und die Entwicklung der energieabhängigen industriellen Wachstumsbranchen gegen Ende des Nachkriegsbooms stabilisiert werden. Die Zuspitzung der Kohlekrise in der Rezession der Jahre 1966/67[23] markierte öffentlichkeitswirksam das Scheitern der teilweise unzureichenden, teilweise widersprüchlichen oder kontraproduktiven Maßnahmen und führte mit einer Neuorientierung der Energiepolitik und mit der Gründung der Ruhrkohle AG zur Restrukturierung der Steinkohlenwirtschaft.[24] Den Zahlen nach zu urteilen, trafen die Auswirkungen des sektoralen Strukturwandels in der Energiewirtschaft das Saarland auf ganz ähnliche Weise. Die Montanindustrie, und hierbei insbesondere der Steinkohlenbergbau, hatte die Wirtschaft auch des Saarlandes bereits seit dem 19. Jahrhundert dominiert;[25] in der Mitte der 50er Jahre stellte allein diese Branche mehr als 60.000 der insgesamt ca. 140.000 Arbeitsplätze in der Industrie bereit. Bis 1967 schrumpfte das Arbeitsplatzangebot dieses Sektors dann um mehr als die Hälfte, und sein Anteil an der Wirtschaftstätigkeit im Saarland sank dramatisch ab.[26]

Zur Untersuchung derartiger Anpassungsprozesse stellt die Industrieregionen-Forschung mit dem Konzept „alter Industrieregionen" ein elaboriertes methodisches

---

[23] Burkart Lutz, Die Singularität der europäischen Prosperität nach dem Zweiten Weltkrieg, in: Kaelble (Hg.), Boom, S. 35-59. Werner Glastetter, Rüdiger Paulert u. Ulrich Spörel, Die wirtschaftliche Entwicklung in der Bundesrepublik Deutschland 1950-1980. Befunde, Aspekte, Hintergründe, 2. Aufl. Frankfurt a.M. 1983.

[24] Christoph Nonn, Die Ruhrbergbaukrise. Entindustrialisierung und Politik 1958 bis 1969, Göttingen 2001 (= Kritische Studien zur Geschichtswissenschaft 149). Werner Abelshauser, Der Ruhrkohlenbergbau seit 1945. Wiederaufbau, Krise, Anpassung, München 1984; Peter Schaaf, Ruhrbergbau und Sozialdemokratie. Die Energiepolitik der Großen Koalition 1966-1969, Marburg 1978; Harry Walter Jablonowski, Gesellschaftliche Kooperationsformen und politisches Instrumentarium zur Bewältigung der Strukturkrise im Steinkohlenbergbau und des energiewirtschaftlichen Strukturwandels in der Bundesrepublik bis Anfang der 70er Jahre, (Diss.) Dortmund 1978; einen kurzgefaßten Überblick bietet Evelyn Kroker, Zur Entwicklung des Steinkohlenbergbaus an der Ruhr zwischen 1945 und 1980, in: Jens Hohensee u. Michael Salewski (Hgg.), Energie - Politik - Geschichte. Nationale und internationale Energiepolitik seit 1945, Stuttgart 1993 (= Historische Mitteilungen der Ranke-Gesellschaft Beiheft 5), S. 75-88.

[25] Ralf Banken, Die Industrialisierung der Saarregion 1815-1914. Die Frühindustrialisierung 1815-1850, Stuttgart 2000 (= Regionale Industrialisierung 1).

[26] Saarbergwerke AG (Hg.), 25 Jahre Saarbergwerke AG 1957-1982, Saarbrücken 1982. Delf Slotta, Der Saarbergbau in den Jahren 1955-1957, Saarbrücken 1985; ders., Die Entwicklung der Saarbergwerke AG in den Jahren 1958 bis 1984, Saarbrücken 1986.

Instrumentarium bereit.²⁷ In unternehmensbezogenen Forschungsarbeiten, präzisen Analysen der regionalen Wirtschaftsstruktur und auch in Untersuchungen über die Auswirkungen der peripheren Lage des Industriegebiets im Grenzraum konnten damit in interdisziplinärer Zusammenarbeit bereits wichtige Faktoren für die strukturellen Veränderungen im Saarland während der 60er Jahre bestimmt werden.²⁸ Allerdings läßt schon der weiterhin überdurchschnittlich hohe Industrialisierungsgrad und auch der weiterhin hohe Anteil an Industriearbeitsplätzen im Saarland Zweifel daran aufkommen, daß diese Vorgänge als „Entindustrialisierung" angemessen beschrieben werden können.²⁹ Erst recht gilt dies in der Perspektive der Landespolitik: Anders als der Beitrag des Bergbaus zur Wirtschaftskraft des Landes - und zur Wohlstandssicherung für viele Menschen - erwarten läßt, waren nämlich die Vorteile aus dem Aufschwung der Kohlewirtschaft nach dem Zweiten Weltkrieg für die Finanzkraft von Land und Kommunen im Saarland eher gering einzuschätzen. Die ungünstige Kosten- und Sortenstruktur der saarländischen Kohleproduktion führte damals schon zu einer ausgeprägten Ertragsschwäche, während gewisse Aspekte der zentralisierten Organisation der Steinkohlenwirtschaft in einem durch die Régie des Mines französisch dominierten Staatsunternehmen die Steuereinnahmen des Saarlandes aus der Kohle weiter reduzierten.³⁰ Auch die Konjunkturabhängigkeit des Sektors, die die regionale Wirtschaft immer wieder mit starken Schwankungen belastete, und die teilweise aus der speziellen politischen Geschichte resultierende geringe Verflechtung der Branchen innerhalb des Industriegebiets und der Wirtschaftsregion mit den

---

[27] Vgl. hierzu die Sammelbände von Joachim Jens Hesse (Hg.), Die Erneuerung alter Industrieregionen. Ökonomischer Strukturwandel und Regionalpolitik im internationalen Vergleich, Baden-Baden 1988; Manfred Hommel (Hg.), Umbau alter Industrieregionen, Stuttgart 1995 (= 49. Deutscher Geographentag Bochum 1); Hartmut Häußermann (Hg.), Ökonomie und Politik in alten Industrieregionen Europas. Probleme der Stadt- und Regionalentwicklung in Deutschland, Frankreich, Großbritannien und Italien, Basel u.a. 1992 (= Stadtforschung aktuell 36); Rainer Schulze (Hg.), Industrieregionen im Umbruch. Historische Voraussetzungen und Verlaufsmuster des regionalen Strukturwandels im europäischen Vergleich, Essen 1993 (= Veröffentlichungen des Instituts zur Erforschung der Europäischen Arbeiterbewegung 3); Heiderose Kilper u. Dieter Rehfeld (Hgg.), Konzern und Region. Zwischen Rückzug und neuer Integration - internationale vergleichende Studien über Montan- und Automobilregionen, Münster 1994.

[28] Peter Dörrenbächer, Unternehmerische Anpassungsprozesse. Ein industriegeographisches Arbeitsmodell, dargestellt am Beispiel der Saarbergwerke AG, Saarbrücken 1992 (= Arbeiten aus dem Geographischen Institut der Universität des Saarlandes 38). Karl Mathias (Hg.), Wirtschaftsgeographie des Saarlandes. Ein Beitrag zur Landeskunde, Saarbrücken 1980. Dietrich Soyez u.a. (Hgg.), Das Saarland. Bd. 1 Beharrung und Wandel in einem peripheren Grenzraum, Saarbrücken 1989 (= Arbeiten aus dem Geographischen Institut der Universität des Saarlandes 36).

[29] Kritisch zu diesem ursprünglich aus der politischen Diskussion der 70er Jahre über die britische Wirtschaft stammenden Konzept argumentiert schon: Helmut Lindner, Die De-Industrialisierungsthese. Eine Analyse ihrer empirisch-statistischen Grundlagen, Tübingen 1987. Seine Analyse der internationalen Forschung zu diesem Begriff zeigt, daß seine Verortung im Kontext der Drei-Sektoren-Hypothese eine Besonderheit der deutschsprachigen Perzeption darstellt. Deren Erklärungswert jedoch ist selbst für die „eigentliche De-Industrialisierungsphase", die von Lindner auf Basis umfangreicher statistischer Analysen erst in den 70er Jahren angesetzt wird, eher gering einzuschätzen; vgl. ebd., S. 4, S. 167 und S. 309.

[30] Sylvie Lefèvre, Das Saarland und die Wirtschaftsunion mit Frankreich (1949-1955), in: Hudemann, Jellonnek u. Rauls (Hgg.), Grenz-Fall, S. 427-443.

benachbarten Wirtschaftszentren konfrontierten die Politik im Saarland mit ebenso schwerwiegenden wie komplizierten Problemen.[31]

Ähnlich wie es die Metapher vom „Altern" bestimmter Industriesektoren erwarten läßt, beeinflußten die sektoralen Anpassungsvorgänge den saarländischen Bergbau seit Beginn der Kohlekrise sehr intensiv und hatten gravierende Rückwirkungen auf die gesamtwirtschaftliche Entwicklung des Landes. Insofern diese Probleme in politischer Perspektive aber nur einen Sonderfall der zu Beginn des „Alterns" bereits als traditionell zu bezeichnenden Problemstellung der Strukturpolitik des Landes anzusehen sind, kann diese Phase als Teilabschnitt des längerfristig anzusetzenden Strukturwandels betrachtet werden. Dies wird besonders daran deutlich, daß sich mit der Eingliederung wesentliche Grundlagen der Landespolitik veränderten. Beispielsweise sollte im Zuge der Eingliederung unter anderem mit der Überführung der aufgrund ihrer Geschäftspolitik oft kritisierten Régie des Mines in saarländisches (Mit-)Eigentum die Grundlage für eine zukunftssichernde Restrukturierung der Montanwirtschaft gelegt werden. Daneben war mit der Eingliederung auch die Hoffnung verbunden, die saarländische Landesplanung, die in der Zeit der Teilautonomie stark durch die Besonderheiten des speziellen völkerrechtlichen und außenwirtschaftlichen Statuts des teilautonomem Saarstaates beeinflußt war, zu modernisieren.[32] Schließlich sollten die unmittelbar nach dem Referendum einsetzenden Investitionen in die regionale Infrastruktur gemeinsam mit umfangreichen Wirtschaftsförderungsprogrammen die im Sinne einer dauerhaften Prosperität der regionalen Ökonomie seit langem als dringend nötig erkannten Strukturverbesserungen bringen.

Schon diese Maßnahmen und Konzepte deuten darauf hin, daß die Landespolitik angesichts der durch die sektoralen Anpassungsprobleme ausgelösten Schwierigkeiten nach der Eingliederung verstärkt die in der Bundesrepublik üblichen politischen Methoden und Instrumente einsetzte, um den regionalen Strukturwandel zu gestalten. Allerdings waren diese Methoden und Instrumente zur gleichen Zeit in der Bundesrepublik ebenfalls in dynamischer Entwicklung begriffen; erste Versuche einer Planungsgeschichte charakterisieren die 60er Jahre einerseits als Jahrzehnt der „Planungseuphorie", zeigen aber andererseits auch die vielschichtigen Probleme im Übergang zum „planungsaktiven Staat".[33] Dabei steht allerdings die historische

---

[31] Fritz Hellwig, Saar zwischen Ost und West. Die wirtschaftliche Verflechtung des Saarindustriebezirks mit seinen Nachbargebieten, Bonn 1954 (= Veröffentlichungen des Instituts für geschichtliche Landeskunde der Rheinlande der Universität Bonn); Werner Bosch, Die Saarfrage. Eine wirtschaftliche Analyse, Heidelberg 1954 (= Veröffentlichungen des Forschungsinstituts für Wirtschaftspolitik an der Universität Mainz 4); Industrie- und Handelskammer des Saarlandes (Hg.), Wirtschaft zwischen den Grenzen. 100 Jahre Industrie- und Handelskammer des Saarlandes, Saarbrücken 1964.

[32] Vgl. hierzu den Überblick über die Geschichte der Raumordnung in Akademie für Raumforschung und Landesplanung (Hg.), Zur geschichtlichen Entwicklung der Raumordnung, Landes- und Regionalplanung in der Bundesrepublik Deutschland, Hannover 1991 (= Akademie für Raumforschung und Landesplanung, Forschungs- und Sitzungsberichte 182), zum Saarland besonders Paul Jost, Zur Geschichte der Landesplanung im Saarland, in: ebd., S. 321-385.

[33] Vgl. hierzu den Überblick über methodische und inhaltliche Themen in Michael Ruck, Ein kurzer

Forschung zu der Frage, welcher spezifische Beitrag die Bundesland-Politik bei der Bewältigung ökonomisch induzierter regionaler Strukturwandelvorgänge kennzeichnete, noch in ihren Anfängen. Nachhaltige Impulse scheinen erst die Wiedervereinigung und die regionalpolitischen Probleme bei der Überwindung der ökonomischen Folgen der Wirtschaftspolitik der DDR in den fünf neuen Bundesländern gesetzt zu haben. Insbesondere die Reihe der „Leipziger Studien zur Erforschung von regionenbezogenen Identifikationsprozessen" steht für eine Vielzahl von Einzelarbeiten und Forschungsprojekten,[34] die mit regionalwissenschaftlichen Methoden strukturelle Veränderungen in ihrer regionalen Dimension erfassen. In den Kontext des so neu erwachten Interesses an der Bedeutung der Länder ist auch das Bayern-Projekt des Instituts für Zeitgeschichte zu stellen,[35] das den Zusammenhang von ökonomischem und sozialem Wandel in den 60er Jahren, vermittelt durch (Landes-)Politik und Institutionen, analysieren will.

Die zweite Fragestellung der folgenden Untersuchung bezieht sich daher darauf, inwiefern die Auswirkungen der mit der Eingliederung einsetzenden sektoralen Anpassungsprozesse in der Energiewirtschaft und die durch die Eingliederung ausgelösten Veränderungen in den politischen und institutionellen Grundlagen der regionalen Strukturpolitik als einander gegenseitig beeinflussende Vorgänge zu verstehen sind. Können die Jahre nach der Eingliederung als Phase eines „doppelten Strukturwandels" interpretiert werden? Inwiefern veränderten sich Problemstellungen der Landespolitik durch den sektoralen Strukturwandel und welchen Beitrag leisteten die bundeslandspezifischen Rahmenbedingungen der Landespolitik zur Bewältigung der durch den regionalen Strukturwandel ausgelösten Probleme? Und sind schließlich die Jahre zwischen 1966 und 1969 aufgrund der damals erfolgten Restrukturierung der Kohlewirtschaft und aufgrund der Aufstellung regionalpolitischer Programme[36] als Abschluß dieses doppelten Strukturwandels und damit als eine der Eingliederung entsprechende Zäsur anzusehen?

* * *

Die Ablehnung des europäischen Statuts für das Saarland verursachte allerdings zunächst ein weniger auf regionaler Ebene zu lösendes Problem, sondern stellte eine Herausforderung für die internationale Diplomatie dar. In den als Luxemburger

---

Sommer der konkreten Utopie - Zur westdeutschen Planungsgeschichte der langen 60er Jahre, in: Schildt, Siegfried u. Lammers (Hgg.), Dynamische Zeiten, S. 362-401. Arthur Benz, Föderalismus als dynamisches System. Zentralisierung und Dezentralisierung im föderativen Staat, Opladen 1985.

[34] Vgl. http://www.uni-leipzig.de/~sfb417/.

[35] Thomas Schlemmer, Gesellschaft und Politik in Bayern 1949-1973. Ein neues Projekt des Instituts für Zeitgeschichte, in: Maximilian Lanzinner u. Michael Henker (Hgg.), Landesgeschichte und Zeitgeschichte. Forschungsperspektiven zur Geschichte Bayerns nach 1945, Augsburg 1997 (= Materialien zur Bayerischen Geschichte und Kultur 4/97), S. 103-109; vgl. auch http://www.ifz-muenchen.de/forschung/projekte/bayern/index.html.

[36] Dieter Biehl u.a., Strukturprogramm Saar: Möglichkeiten einer aktiven Sanierung der Saarwirtschaft. Ansatzpunkte, Maßnahmen, Kosten, Saarbrücken 1969; Regierung des Saarlandes (Hg.), Aktionsprogramm Saarland-Westpfalz, Saarbrücken 1969.

Verhandlungen bekanntgewordenen diplomatischen Konsultationen des Jahres 1956 galt es aufs neue, die Zukunft der Saar zu gestalten.[37] Mehr noch: Eine grundsätzliche Bereinigung des deutsch-französischen Verhältnisses wurde nun angestrebt. Als die bis dahin umfangreichsten und angesichts der hohen symbolischen Bedeutung der Saarfrage vielleicht auch wichtigsten deutsch-französischen Verhandlungen nehmen diese Konsultationen eine Sonderstellung ein.[38] Die dort vorgenommenen Regelungen legten mit dem Terminplan für die Eingliederung des Saarlandes in die Bundesrepublik die „Geburtsstunde" des Bundeslandes fest. Daneben fixierten sie in einem umfangreichen Vertragswerk aber auch eine Vielzahl von Einzelregelungen, die in der Übergangszeit zwischen politischer und wirtschaftlicher Eingliederung die Auflösung der Währungs- und Zollunion mit Frankreich und die Herauslösung aus der politischen Teilautonomie brachten. Insbesondere die wirtschaftlichen Bestimmungen waren dabei heftig umstritten, nicht nur wegen der immer wieder notwendigen Rücksichtnahme auf die spezielle außenhandels- und währungspolitische Linie der in ökonomischer Dauerkrise befindlichen IV. Republik. Auch bundesdeutsche Interessen waren zu berücksichtigen, und nicht zuletzt gerieten in den Luxemburger Verhandlungen Gegenstände auf die Tagesordnung, die das saarländisch-französische Verhältnis bereits seit Jahren belasteten. An erster Stelle ist hierbei das Warndt-Problem zu nennen, die bereits seit den Friedensregelungen nach dem Ersten Weltkrieg umstrittene Frage also, inwieweit und zu welchen Konditionen die französische Steinkohlenwirtschaft Bodenschätze unter saarländischem Territorium ausschöpfen durfte. Für die Zukunft des saarländischen Steinkohlenbergbaus wurde dies von vielen als entscheidende Frage angesehen.[39] Aber auch politisch außerordentlich sensible Punkte wurden in den Verhandlungen tangiert, so z.B. die Rückkehr des als Kriegsverbrecher verurteilten Hermann Röchling in „sein" Völklinger Werk[40] oder die Ausgestaltung der zukünftigen Kulturbeziehungen zwischen Frankreich und dem Saarland. Schließlich trat mit dem Ziel der generellen Bereinigung des deutsch-französischen Verhältnisses auch das Projekt der Kanalisierung der Mosel hinzu, dessen Wurzeln als Grundelement grenzüberschreitender regionaler Infrastruktur bis in das vorherige Jahrhundert reichten und dessen langfristige Bedeutung heftige politische Diskussionen auslöste.[41] Die Luxemburger Verhandlungen nehmen

---

[37] Jean-Paul Cahn, Le second retour. Le rattachement de la Sarre à l'Allemagne 1955-1957, Frankfurt u.a. 1985. Adolf Blind, Unruhige Jahre an der Saar 1947 bis 1957. Ein Zeitzeuge erinnert sich, 2 Bde. Frankfurt a.M. 1997. Einen Überblick über die Vorgeschichte dieser Verhandlungen auf diplomatischer Ebene bietet Bruno Thoss, Die Lösung der Saarfrage 1945/1955, in: Vierteljahrshefte für Zeitgeschichte 38 (1990), S. 225-288.

[38] Vgl. zuletzt Ulrich Lappenküper, Die deutsch-französischen Beziehungen 1949-1963. Von der „Erbfeindschaft" zur „Entente élémentaire", München 2001, bes. S. 316-497 und S. 1098-1138.

[39] Ferdinand Morbach u. Wolfgang Brücher, Steinkohlenbergbau und leitungsgebundene Energiewirtschaft im Saarland unter dem Einfluß der Grenze, in: Soyez u.a. (Hgg.), Saarland, S. 159-180; Peter Dörrenbächer, Entwicklung und räumliche Organisation der Saarbergwerke AG, in: ebd., S. 203-226.

[40] Jean-Paul Cahn, Un aspect de la question sarroise: le règlement de l'affaire Röchling (1954-1956), in: Revue d'Allemagne 15 (1983), S. 415-438.

[41] Vgl. umfassend hierzu Ludwin Vogel, Deutschland, Frankreich und die Mosel. Europäische Integra-

daher auch aufgrund ihres weitreichenden Regelungsanspruchs hinsichtlich regionalpolitisch bedeutsamer Aspekte eine Sonderstellung ein.

Nicht minder kompliziert gestaltete sich aber die Eingliederung auch für die saarländisch-bundesdeutsche Ebene. Die auf internationaler Ebene getroffene Entscheidung für die Abwicklung der politischen Eingliederung durch ein Eingliederungsgesetz und für die Einrichtung einer Übergangszeit zwischen politischer und wirtschaftlicher Eingliederung verlagerte die Verantwortung für einen Großteil der vorzunehmenden Anpassungen auf die beiden Regierungen in Bonn und Saarbrücken. Angesichts der Notwendigkeit, praktisch alle juristischen und administrativen Strukturen des teilautonomen Saarstaates auf ihre Vereinbarkeit mit bundesdeutschen Normen zu überprüfen, verstrickte man sich in permanente Verhandlungen, in denen die ganze saarländische Gesetzgebung auf den Prüfstand gestellt wurde.[42] Erschwert wurde dies dadurch, daß die Saar-Politik in vielen Bereichen - so z.B. in der Sozialpolitik - vom deutschen Vorbild abweichende Sonderlösungen einzubringen hatte, die sich in der Vergangenheit als erfolgreich erwiesen hatten.[43] Angesichts dieser Probleme wurde auch im juristischen Bereich ein gestrecktes Verfahren gewählt, das in der Übergangszeit das zeitlich befristete Fortbestehen saarländischer Regeln erlaubte und zeitweise dem Saarland sogar neue Sonderrechte brachte. Für die Handlungsfähigkeit der Landespolitik dieser Jahre besonders wichtig war dabei die finanzpolitische Dimension der Übergangszeit. Finanzwirtschaftliche Besonderheiten der vertraglichen Bindung an Frankreich, vor allem aber die einseitige, durch den ertragsschwachen Bergbau geprägte Wirtschaftsstruktur des Landes hatten seine Haushalte bereits seit seiner Gründung belastet. Seit 1953 liefen kaum mehr ordnungsgemäß zu deckende Defizite auf. Zwar versprach die Eingliederung durch den Wegfall „nationaler" Verpflichtungen wie z.B. dem eigenständigen Post- und Eisenbahnwesen Besserung; darüber hinaus hatte man sich schon vor dem Referendum von der Anbindung an die Bundesrepublik die Verwirklichung früher aufgrund der unzureichenden Kapitalausstattung ausgebliebener Investitionen und die Verbesserung zentraler Elemente der regionalen Infrastruktur, besonders im Verkehrswesen, erhofft.

Tatsächlich stellte die Bundesregierung bis einschließlich 1960 umfangreiche Mittel bereit. Diese Finanztransfers waren heftig umstritten - anfangs wegen ihrer Höhe und der Vielzahl der im Luxemburger Vertragspaket von der Bundesrepublik ansonsten übernommenen Zahlungsverpflichtungen, sehr bald auch aufgrund der allenthalben

---

tionspolitik in den Montan-Regionen Ruhr, Lothringen, Luxemburg und der Saar, Essen 2001 (= Düsseldorfer Schriften zur Neueren Landesgeschichte und zur Geschichte Nordrhein-Westfalens 57).

[42] Rudolph Brosig, Die Verfassung des Saarlandes. Entstehung und Entwicklung, Köln u.a. 2001 (= Annales Universitatis Saraviensis, Rechts- und Wirtschaftswissenschaftliche Abteilung 131).

[43] Hans-Christian Herrmann, Sozialer Besitzstand und gescheiterte Sozialpartnerschaft. Sozialpolitik und Gewerkschaften im Saarland 1945 bis 1955, Saarbrücken 1996 (= Veröffentlichungen der Kommission für saarländische Landesgeschichte und Volksforschung 28), prägte hierfür die Formel, daß die saarländische Sozialpolitik wie ein „Maßanzug" der regionalspezifischen Problemstruktur entsprochen habe.

sichtbar werdenden politischen und adminstrativen Probleme bei der Verwendung der Gelder. Diese Diskussion gewann eine neue Qualität, als im Zuge der Stagnationskrise der frühen 60er Jahre die strukturellen Defizite der Saarwirtschaft zusätzliche Finanzierungsprobleme auslösten. Das hochindustrialisierte und ökonomisch besonders aktive Wirtschaftsgebiet wurde dadurch zum Empfängerland im föderalen Finanzausgleich, die Einnahmen des Landes reichten aber trotzdem bei weitem nicht zur Deckung der notwendigen Ausgaben.[44] Darin ist am deutlichsten die Qualität der Eingliederung des Saarlandes als Herausforderung des bundesdeutschen Föderalismus zu erkennen; in vollem Umfang sichtbar wurde diese Herausforderung, als gegen Ende des Jahrzehnts in der Reform der Regionalpolitik nicht nur die Frage der Verteilung staatlicher Ressourcen, sondern ganz allgemein auch die Koordination staatlicher Aktivitäten im Zuge einer Neudefinition staatlicher Wirtschaftspolitik vorgenommen wurde.[45]

Eine Herausforderung stellte die Eingliederung aber auch für das politische System des Saarlandes dar. Zunächst trat diese Herausforderung als Problem der Aufarbeitung der besonders belasteten Vergangenheit saarländischer politischer Akteure in Erscheinung.[46] Seit den ersten Landtagswahlen nach dem Referendum waren die Gegner des Statuts durch die spiegelbildlich zur weltanschaulichen Gliederung des bundesdeutschen - und saarländischen - Parteiensystems organisierten, im Heimatbund lose zusammengeschlossenen Parteien erstmals auch im Parlament vertreten.[47] Daß nach dem leidenschaftlich geführten Abstimmungskampf eine sachliche Kooperation der durch ihre Haltung zur Referendumsfrage getrennten politischen Kräfte überhaupt möglich werden würde, war nicht von vornherein klar.[48] Auch wählten die

---

[44] Vgl. die detaillierte Überblicksdarstellung von Wolfgang Renzsch, Finanzverfassung und Finanzausgleich. Die Auseinandersetzungen um ihre politische Gestaltung in der Bundesrepublik Deutschland zwischen Währungsreform und deutscher Vereinigung (1948 bis 1990), Bonn 1991.

[45] Gabriele Metzler, Einheit und Konkurrenz im Bundesstaat. Föderalismus in der Bundesrepublik, 1949-2000, in: Thomas Kühne u. Cornelia Rau-Kühne (Hgg.), Raum und Geschichte. Regionale Traditionen und föderative Ordnungen von der Frühen Neuzeit bis zur Gegenwart, Leinfelden-Echterdingen 2001 (= Schriften zur südwestdeutschen Landeskunde 40), S. 232-256.

[46] Sehr deutlich wird diese Belastung in den Memoiren der beiden Protagonisten Heinrich Schneider, Das Wunder an der Saar. Ein Erfolg politischer Gemeinsamkeit, Stuttgart 1974 und Johannes Hoffmann, Das Ziel war Europa. Der Weg der Saar 1945-1955, München 1963. Im Kontext der Vorgeschichte des Referendums in der Zwischenkriegszeit: Armin Flender, Öffentliche Erinnerungskultur im Saarland nach dem Zweiten Weltkrieg. Untersuchungen über den Zusammenhang von Geschichte und Identität, Baden-Baden 1998 (= Schriftenreihe des Instituts für Europäische Regionalforschungen 2).

[47] Wilfried Loth, Der saarländische Sonderweg im Licht der neueren Forschung, in: Hudemann, Jellonnek u. Rauls (Hgg.), Grenz-Fall, S. 81-95, hier: S. 95, spricht dagegen von einem „doppelten Elitenwechsel": „Die Unterlegenen von 1935 waren die Sieger von 1945, und die Unterlegenen von 1945 gehörten zu den Siegern von 1955."

[48] Schon seit spätestens 1952 hatten sich parallel zu dem weltanschaulich getrennten Parteiensystem des Saarlandes (Christliche Volkspartei, CVP, Sozialdemokratische Partei des Saarlandes, SPS, und demokratische Vereinigung bzw. dann Demokratische Partei des Saarlandes, DPS) produktive „Spiegelstrich-Parteien" gebildet (CDU, Deutsche Sozialdemokratische Partei, DSP bzw. dann SPD), die sich im Abstimmungskampf gemeinsam mit der DPS zum sogenannten Heimatbund zusammenschlossen. Einen Überblick hierzu bieten die einschlägigen Artikel in Richard Stöss (Hg.), Parteien-Handbuch. Die Parteien

Parteien sehr unterschiedliche Wege zu diesem Ziel: Während die Sozialdemokraten ihre verfeindete saarländische Schwesterpartei organisatorisch frühzeitig integrierten, benötigten die Christdemokraten hierzu viel länger.[49] Im Zuge des Vereinigungsprozesses kam es sogar zu einer weiteren Fragmentierung des Parteiensystems, als mit der Gründung der Saarländischen Volkspartei (SVP) und der Christlich-Nationalen Gemeinschaft (CNG) publikumswirksame Akteure ihre Unzufriedenheit mit dem offiziellen Parteikurs ausdrückten. Zu der Demokratischen Partei des Saarlandes (DPS), die nach weiten Teilen ihrer Programmatik und ihrer Parteigeschichte kaum anders denn als regionale Sonderpartei zu bezeichnen ist, traten damit weitere saar-spezifische Regionalparteien, deren Fortbestehen bis zur Mitte der 60er Jahre mit dem bundesdeutschen Parteien-Modell kaum zu vereinbaren war.[50]

Weder mit dieser speziellen Situation noch mit den Besonderheiten der Wirtschaftsstruktur und der ökonomischen Entwicklung im Saarland ist die seit der Nachkriegszeit (und dann bis in die 80er Jahre hinein) scheinbar ungebrochene Dominanz der Christdemokraten als Mehrheits- und Regierungspartei zu erklären.[51] Diese Dominanz kann in den Zusammenhang gestellt werden mit bestimmten soziologischen Besonderheiten des Saarlandes - wie z.B. dem hohen Katholikenanteil und der ungewöhnlich engen Kirchenbindung weiter Teile der Bevölkerung -, sie kann aber auch vor dem Hintergrund der im bundesdeutschen Föderalismus wie in der Persönlichkeit Franz Josef Röders gleichermaßen angelegten besonderen Stellung von Ministerpräsidenten als „Landesvater" verstanden werden.[52] In Verbindung mit dem über lange Jahre hinweg immer wieder erwarteten, letztlich aber doch ausgebliebenen Aufstieg der Sozialdemokraten aus ihrer prekären Situation als Oppositionspartei bzw. ständig von Majorisierung bedrohtem Koalitionspartner verweist diese Dominanz aber auch auf die Frage nach den Mechanismen, die in einer Phase ständiger Herausforderung

---

der Bundesrepublik Deutschland 1945-1980, Opladen 1980, sowie Winfried Becker, Die Entwicklung der Parteien im Saarland 1945 bis 1955 nach französischen Quellen, in: Hudemann u. Poidevin (Hgg.), Saar, S. 253-296.

[49] Einen Überblick über die Arbeiten zur Christdemokratie bietet Markus Gestier u. Armin Herrmann, Die Christliche Einigung an der Saar. CVP und CDU 1955-1959, in: Zeitschrift für die Geschichte der Saargegend 48 (2000), S. 276-307; zur Forschungslage zu den sozialdemokratischen Parteien vgl. Jean-Paul Cahn, Von der sozialistischen Einheit zum Bruch der Heimatbundregierung. Sozialdemokratie an der Saar und ihr Verhältnis zum Parteivorstand der SPD von der Volksabstimmung bis zum Ende der Heimatbundregierung (1955-1957), in: Jahrbuch für westdeutsche Landesgeschichte 25 (1999), S. 603-624.

[50] Jürgen W. Falter, Faktoren der Wahlentscheidung. Eine wahlsoziologische Analyse am Beispiel der saarländischen Landtagswahl 1970, Köln, Berlin u.a. 1972.

[51] Walter Kappmeier, Konfession und Wahlverhalten. Untersucht am Beispiel der Bundestagswahl 1976 und der Landtagswahl 1975 im Saarland, Frankfurt a.M. 1984.

[52] Herbert Schneider, Ministerpräsidenten. Profil eines politischen Amtes im deutschen Föderalismus, Opladen 2001; Winfried Steffani, Die Republik der Landesfürsten, in: Gerhard A. Ritter (Hg.), Regierung, Bürokratie und Parlament in Preußen und Deutschland von 1848 bis zur Gegenwart, Düsseldorf 1983, S. 181-213.

durch Wandel grundlegender Elemente der politischen und wirtschaftlichen Situation die regionale Machtverteilung immer wieder stabilisierten.[53]

Die dritte Fragestellung der folgenden Untersuchung bezieht sich auf die Eingliederung als Problem für die internationale Politik und als wechselseitige Herausforderung von Landespolitik und Föderalismus. Welchen Beitrag leistete die internationale Diplomatie nach 1955 zur Lösung der Saarfrage und inwiefern erwies sich in den dort vereinbarten Regelungen diese Form der Problemverarbeitung als den zur Diskussion gestellten Aufgaben als angemessen? Wie ist die Leistungsfähigkeit des bundesdeutschen Föderalismus hinsichtlich der mit der Eingliederung verbundenen Schwierigkeiten, insbesondere im außenwirtschaftlichen und finanzpolitischen Bereich, einzuschätzen? Wie bewältigte die Landespolitik die mit dem Referendum verbundenen politischen, aber auch mit den darauf folgenden ökonomischen Problemen verbundenen Anforderungen, und welche Mechanismen führten zur Stabilisierung der Machtverteilung innerhalb des Landes, dessen Autonomie in politischen Fragen durch die Abstimmung vom 23. Oktober grundsätzlich in Frage gestellt zu sein schien?

* * *

Bei der Umsetzung dieser Fragestellung in ein konkretes Projektdesign gebieten mehrere Gründe eine Beschränkung. Neben forschungspraktischen Erwägungen ist hierbei vor allem der Stand der historischen Forschung zu nennen, der, wie bereits aufgezeigt, für die Geschichte des Saarlandes in den 60er Jahren eine fast vollständige Lücke aufweist. Andererseits hat jedoch die Forschungstätigkeit anderer Disziplinen, wie z.B. der Rechts- und Finanzwissenschaft, der Wirtschaftswissenschaft oder der Wirtschafts- und Humangeographie, in teilweise bereits seit Jahren laufenden Forschungsprozessen zu weitreichenden regionalwissenschaftlichen Erkenntnissen geführt. Der in der folgenden Untersuchung verwendete Ansatz einer Nutzbarmachung dieser Erkenntnisse für die zeithistorische Regionalforschung und der damit verbundene Versuch, mit diesen Disziplinen in ein wissenschaftliches Gespräch einzutreten, kann allerdings kaum einen weitergehenden Rang als den einer Pilotstudie beanspruchen. Dies gilt um so mehr, als das mit der Fragestellung dieser Arbeit verbundene Erkenntnisinteresse an der gesellschaftlichen Verarbeitung des Strukturwandels in dieser Breite zwar theoretisch-methodisch, in einer Einzelstudie kaum aber forschungspraktisch und quellentechnisch umsetzbar ist.

Bei der Auswahl der für die Untersuchung herangezogenen Quellen fand daher ein Ansatz Verwendung, der die regionale Verarbeitung von Problemen des Strukturwandels primär als politischen Prozeß versteht. Zur Untersuchung dieses Prozesses stand mit den Kabinettsprotokollen der saarländischen Landesregierung eine ebenso breite wie hochwertige Quellenbasis zur Verfügung. Ergänzt werden konnte dieser Bestand um die Akten der Spitzenebene von Politik und zentraler Verwaltung im Saarland, die

---

[53] Gerhard Lehmbruch, Parteienwettbewerb im Bundesstaat. Regelsysteme und Spannungslagen im politischen System der Bundesrepublik Deutschland, 3. Aufl. Wiesbaden 2000.

im saarländischen Landesarchiv[54] vollständig gesichtet und ausgewertet wurden. Hinzu treten die Akten der Spitzenebene des von den hier untersuchten Gegenständen besonders tangierten Ministeriums für Wirtschaft und des Ministeriums für Finanzen sowie der Generalfinanzkontrolle, dem späteren Landesrechnungshof. Die Akten des Auswärtigen Amtes des Saarlandes und hierbei insbesondere der diplomatischen Vertretung des Saarlandes in Paris, die bis zu deren Auflösung ebenfalls überliefert sind, erwiesen sich zur Analyse der Übergangszeit als besonders aufschlußreich. Ein bedauerliches Manko stellt allerdings der Umstand dar, daß die Akten der nachgeordneten Ebenen in den Ministerien nur teilweise abgegeben, kaum geordnet, und außer durch provisorische Findmittel wie z.B. Abgabelisten, praktisch nicht erschlossen sind - von einer vollständigen Verzeichnung ganz zu schweigen.[55]

Die so skizzierte, nicht unproblematische Überlieferungssituation im Bereich staatlicher Akten ist sicherlich zum Teil symptomatisch für die Schwierigkeiten bei der Erforschung eines gegenwartsnahen Gegenstandes. Für die Saarforschung bestätigt sich darin auch die These von der relativ günstigen Quellenlage für die Nachkriegszeit: Die Doppelüberlieferung in der deutschen bzw. saarländischen Verwaltung und derjenigen der Besatzungsmächte stellt einen forschungspraktischen Vorteil dar, zumal in der Besatzungssituation dem Vorgang des „Aktenkundig-machens" eine gänzlich andere Bedeutung als in späteren Jahren zukam.[56] Mit der Eingliederung fiel dieser Vorteil weitgehend weg. Allerdings bestanden im Bereich amtlicher und halbamtlicher Publikationen, die heute als gedruckte Quellen überliefert sind, bestimmte Vorteile der Nachkriegssituation über die Eingliederung hinweg fort. An erster Stelle sind hierbei die umfangreichen Schriften des Statistischen Landesamts des Saarlandes zu nennen, das in der Phase der Teilautonomie quasi die Funktion eines nationalen Statistischen Amtes übernommen hatte. Aus dieser Tradition begründet sich das außerordentlich umfangreiche Material an Analysen und Berichten, das, in mehreren Schriftenreihen und vielen Einzelstudien publiziert, einen ebenso konzentrierten wie breiten Zugang zur ökonomischen Entwicklung des Saarlandes erlaubt. Ergänzt werden konnte dieses Material um die nicht minder umfangreichen und qualifizierten, oft auch um interessante Synthesen und abwägende Urteile angereicherten Publikationen der Industrie- und Handelskammer sowie der Arbeitskammer des Saarlandes, Kammern, die ihre Entstehung ebenfalls der besonderen politischen Geschichte des Saarlandes verdanken.

---

[54] Zu den Beständen des Landesarchivs vgl. Wolfgang Laufer, Das Landesarchiv Saarbrücken. Einführung in Geschichte, Aufgaben, Bestände und Benutzung, 2. Aufl. Saarbrücken 1983.

[55] Zu den Problemen der Überlieferung staatlicher Akten und der Archivsituation im Saarland vgl. Hans-Christian Herrmann, Grundzüge saarländischer Archivgeschichte. Archive im Kontext fehlender Verwaltungstradition und eines sich bildenden historischen Raumes, in: Jahrbuch für westdeutsche Landesgeschichte 22 (1996), S. 213-232.

[56] Rainer Hudemann u. Burkhard Jellonnek, Saar-Geschichte: neue Methoden, Fragestellungen, Ergebnisse, in: dies. u. Rauls (Hgg.), Grenz-Fall, S. 11-29, hier: S. 13ff.

Trotz der Fülle des so überlieferten Materials stellten sich im Laufe der Arbeit jedoch an einigen Stellen immer noch unvorhergesehene Probleme. Dies betrifft bereits die Aufarbeitung „harter" Fakten der wirtschaftlichen und finanzpolitischen Entwicklung im Saarland. Zum Teil sind diese Probleme auf methodische Gründe zurückzuführen: Beispielsweise behindern die gravierenden Kursschwankungen zwischen Franc und DM und die pauschal nicht zu beantwortende Frage nach den Kaufkraftrelationen bis Anfang der 60er Jahre sowohl die ökonomische Analyse auf Basis von Wertangaben wie auch, und vor allem, die Analyse der saarländischen Haushaltspolitik. Aus methodischen Gründen um nichts weniger problematisch ist für das schwerindustrielle und damit von außenwirtschaftlichen Beziehungen besonders tangierte Saarland die Frage nach inner- und interregionalen Wirtschaftsverflechtungen und ihren Folgen für die regionale Strukturentwicklung. Dieser Aspekt verweist aber auch auf Probleme der Überlieferungsqualität: Da die statistischen Erhebungsmethoden sich im Saarland mit dem über die 60er Jahre hinweg feststellbaren Trend zur Ausweitung der statistischen Berichterstattung mehrfach änderten - und zudem auch nach der Eingliederung nicht in jedem Fall mit der bundesdeutschen Systematik übereinstimmten -, ist für bestimmte Themenbereiche, wie z.B. die Ansiedlung neuer Unternehmen, kaum eine einheitliche statistische Basis herzustellen.

Die daher notwendige Ergänzung der Quellenbasis konnte durch eine Auswertung von zeitgenössischen Gutachten, wissenschaftlichen Analysen und Expertisen vorgenommen werden. Schon für die Phase der Übergangszeit liegt eine erstaunliche Fülle derartiger Arbeiten über das Saarland aus teilweise sehr unterschiedlicher Provenienz vor, die allerdings nur zum Teil über die üblichen Hilfsmittel erschlossen sind. Teilweise als Arbeitsmaterial für Auftraggeber aus Politik, Verwaltung und regionalen Institutionen gedacht, teilweise aber auch zu einem bestimmten Ziel in der politischen Auseinandersetzung oder als erste zeitgenössische Versuche der wissenschaftlichen Aufarbeitung regionalwissenschaftlicher Probleme des Saarlandes angefertigt, bergen diese Arbeiten ein unverzichtbares, bislang unausgeschöpftes Analysepotential. Das Fortbestehen bzw. die Ausweitung dieser Quellengattung für die 60er Jahre stellt eine Besonderheit dar, die möglicherweise für die regional orientierte 60er-Jahre-Forschung als typisch anzunehmen ist: Die Intensivierung gutachterlicher und regionalwissenschaftlicher, oftmals ökonomisch, strukturanalytisch und rechtswissenschaftlich ausgerichteter Forschung zum Saarland, deren Resultate als großer Bestand elaborierter Analysen heute zur historischen Quelle geworden sind, verdeutlicht, daß die zeithistorische Forschung zur Bundesrepublik in den 60er Jahren auf einen Gegenstand trifft, der schon von den Zeitgenossen intensiver wissenschaftlicher Untersuchung unterzogen worden ist.

Als letztes ist mit den stenographischen Berichten des saarländischen Landtags eine besonders wichtige Quellengattung zu nennen. In der Debatte über die Phase der Teilautonomie übernahm das Parlament bereits seit 1956 die Funktion eines zentralen Platzes für die Auseinandersetzung zwischen den früheren Kontrahenten. Schon in dieser Zeit, genauso aber auch später im Umfeld regionalpolitisch bedeutsamer Ereignisse, fand eine große Zahl an Sitzungen statt. Dabei wurden in vielen Fällen politische Probleme unmittelbar im Laufe der Beratungen einer Lösung unterzogen. Gemeinsam mit den Resultaten der Wahlen auf Bundes-, Landes- und kommunaler Ebene erlauben die parlamentarischen Beratungen aber auch eine Analyse des kompetitiven Aspekts der politischen Verarbeitung struktureller Probleme. Die Parlamentsprotokolle spiegeln die Erfordernis, eine angemessene Struktur- oder Reformpolitik nicht nur zu entwickeln, sondern spätestens in der Konfrontation mit den Wählern auch zu „erklären"; die Wahlergebnisse gewähren so Aufschluß über Erfolg und Mißerfolg der von den Parteien entwickelten Strategien.

Die Anlage der Untersuchung folgt einem chronologischen Schema: In drei Hauptkapiteln wird zunächst die Phase der Eingliederung im engeren Sinne, dann die Stagnationskrise der ersten Hälfte der 60er Jahre und schließlich die Zeit der Wirtschaftskrise und ihrer Überwindung gegen Ende des Jahrzehnts untersucht. Den drei Hauptkapiteln liegt dann eine sachliche Gliederung zugrunde. Im ersten Hauptkapitel wird die Lösung der Saarfrage nach einem Mehr-Ebenen-Konzept in drei Teilkapiteln als diplomatischer Prozeß, als Verhandlungsgegenstand zwischen den Regierungen in Saarbrücken und Bonn und schließlich als Gegenstand saarländischer Politik analysiert. Im zweiten Hauptkapitel steht zunächst das „Altern" der Industrieregion im Vordergrund. Auf der methodischen Ebene ist dabei nach Tauglichkeit und Erklärungskraft dieses Konzepts zur Analyse des ökonomischen Anpassungsprozesses im Saarland während der Stagnationskrise zu fragen. Des weiteren werden Muster der Perzeption wirtschaftsstruktureller Probleme und ihre frühe Verarbeitung auf Landes- und kommunaler Ebene sowie in der zeitgenössischen wissenschaftlichen Diskussion analysiert. Dies führt im zweiten Teilkapitel zur Frage nach dem Beitrag der Landespolitik in den Kernfeldern ihrer politischen Aktivitäten, nämlich der Struktur-, der Kohle- und der Verkehrspolitik. Eher theoretisch ausgerichtet sind die dann folgenden Erwägungen zu methodischen Problemen der Bundeslandgeschichte und hierbei insbesondere dem Problem der angemessenen Beurteilung des Beitrags der Landespolitik zur politischen Begleitung wirtschaftstruktureller Veränderungen. Im dritten Hauptkapitel wird schließlich nach der Bedeutung der Jahre 1966/67 als Zeit der regionalen Wirtschaftskrise gefragt. Gestützt auf eine Analyse der ökonomischen Entwicklung im Saarland während der Krise werden die Prinzipien der Neufassung regionaler Politik auf Bundesebene mit den in der wissenschaftlichen Diskussion über das Saarland und in der saarländischen Politik entwickelten Konzepten kontrastiert. Im zweiten Teil des dritten Hauptkapitels wird die Aufarbeitung der regionalen Wirtschaftskrise in der (partei-)politischen Auseinandersetzung um die Neufassung der Regionalpolitik skizziert, im dritten Teilkapitel stehen die Schwierigkeiten bei deren konkreter (reform-)politischer Umsetzung im Vordergrund. Zusammenfassungen jeweils am Ende der Kapitel sollen dem eiligen Leser den schnellen Zugang zu den Ergebnissen erleichtern.

Von der Lösung der Saarfrage
zur Eingliederung in die Bundesrepublik

1 Die Lösung der Saarfrage zwischen Paris und Bonn

1.1 Internationale und nationale Politik unter geänderten Vorzeichen

1.1.1 Die Saarfrage nach dem 23. Oktober 1955

Mitte der 1950er Jahre war das Saarland geradezu zum Dauerthema internationaler Konferenzdiplomatie geworden. Anfangs noch stark mit der Entwicklung der deutschlandpolitischen Konzeptionen der Alliierten verknüpft, hatte sich die Saarfrage nach der Gründung der Bundesrepublik zu einem regelmäßigen Tagesordnungspunkt von Verhandlungen zwischen Deutschland und Frankreich entwickelt. Der Konflikt um die nationale Zugehörigkeit des Saarlandes galt für die deutsch-französische Annäherung und damit die europäische Integration als eines der wesentlichen Hindernisse. Auf dem Weg zur Lösung dieses Konfliktes stellt die Unterzeichnung des sogenannten Saarvertrages[1] am 27. Oktober 1956 einen wichtigen Schritt dar. Zu dessen Vorbereitung waren im Laufe dieses Jahres umfangreiche und komplex strukturierte diplomatische Verhandlungen in mehreren Etappen und an verschiedenen Orten nötig. Neben einem eigens hierfür einberufenen Regierungsgipfel im Juni 1956 fanden mehrere Minister- und Staatssekretärskonferenzen sowie eine Vielzahl von Expertengesprächen statt. Als Endpunkt des jahrelangen Streits zwischen Deutschland und Frankreich fand dieser diplomatische Prozeß in der Forschung einige Aufmerksamkeit.[2] Neben den zeitgenössischen Arbeiten, denen überwiegend dokumentarischer Charakter zukommt,[3] findet sich bislang aber nur eine Gesamtdarstellung der Verhandlungen.[4]

---

[1] Das Vertragswerk wurde in einer deutsch-französischen Synopse publiziert als: Regierung des Saarlandes (Hg.), Vertrag zwischen der Bundesrepublik Deutschland und der Französischen Republik zur Regelung der Saarfrage. Text des am 27. Oktober 1956 in Luxemburg unterzeichneten Vertrags mit Anlagen und Briefen in den beiden Sprachen, Saarbrücken 1956, im folgenden zitiert als Saarvertrag. Die zeitgenössische Bezeichnung „Luxemburger Verhandlungen" bezieht sich auf den Ort der Vertragsunterzeichnung und hat sich auch in der Forschung eingebürgert.

[2] Zuletzt bei Ulrich Lappenküper, Die deutsch-französischen Beziehungen 1949-1963. Von der „Erbfeindschaft" zur „Entente élémentaire", München 2001, S. 1098-1138, der seine Darstellung auf die deutschen und französischen diplomatischen Quellen stützt. Eine Darstellung der wichtigsten Leitlinien findet sich auch in der Einleitung von Andreas Wilkens zu dem Band: Horst Möller u. Klaus Hildebrand (Hgg.), Die Bundesrepublik Deutschland und Frankreich: Dokumente 1949-1963, München 1997, Bd. 2 S. 1-53. Einen völlig anderen Zugang wählt: Gudrun Schwarzer, Friedliche Konfliktregelung Saarland - Österreich - Berlin. Eine vergleichende Untersuchung territorialer Machtkonflikte, Tübingen 1995. In der Perspektive eines Vergleichs zur „großen" Wiedervereinigung: Hans-Walter Herrmann, Modellfall Saar. Der Beitritt des Saarlandes und der DDR zur Bundesrepublik Deutschland. Ein Vergleich, in: Saarheimat 35 (1991), S. 43-48.

[3] Zu nennen sind: Robert H. Schmidt, Saarpolitik 1945-1957, 3 Bde. Berlin 1959ff., hier v.a. Bd. 3 S. 512ff. Walter Randall Craddock, The Saar-Problem in Franco-German relations, 1945-1957, Ann Arbor 1961, v.a. S. 462ff. Jacques Freymond, Die Saar 1945-1955, München 1961. Die Saar. Grenzland und Brücke, München 1956 (= Internationales Jahrbuch der Politik H. 2/3 (1956)) mit ausführlicher Dokumentation zum Vertragswerk. Forschungsstelle für Völkerrecht und Ausländisches Öffentliches Recht der Universität Hamburg (Hg.), Die Rückgliederung. Darstellung mit Dokumenten, Hamburg 1957.

[4] Jean-Paul Cahn, Le second retour. Le rattachement de la Sarre à l'Allemagne 1955-1957, Frankfurt a.M. u.a. 1985. Weitere Informationen sind den autobiographischen Zeugnissen zu entnehmen; zu nennen sind hier v.a. die Arbeiten des saarländischen Verhandlungsleiters Adolf Blind und die Sammlung der Korres-

Die Lösung der Saarfrage schloß damit zwar praktisch nahtlos an die vorangegangenen Versuche zur Lösung der Saarfrage an,[5] durch ihren engen Bezug zu einem Volksentscheid hebt sie sich allerdings von den sonstigen diplomatischen Bemühungen im Zuge der europäischen Integration ab. Die Ablehnung des nach verschiedenen Phasen der Annäherung zwischen Deutschland und Frankreich vorgelegten europäischen Statuts für das Saarland im Referendum vom 23. Oktober 1955, das eigentlich bereits die Lösung des Saar-Konflikts hätte bringen sollen, löste eine wissenschaftliche Kontroverse über die Bewertung der Luxemburger Verhandlungen aus. Gudrun Schwarzer geht davon aus, daß der Saar-Konflikt bereits mit dem Ausgang des Referendums als gelöst zu betrachten sei.[6] Ähnliche Einschätzungen vertreten Hans-Walter Herrmann und Andreas Wilkens, die annehmen, daß bereits bei Verhandlungsbeginn ein weitreichender Konsens zwischen Deutschland und Frankreich darüber vorlag, daß und auch wie die Saarfrage zu lösen sei.[7] Dagegen betont Jean-Paul Cahn die Widerstände innerhalb der französischen Politik und Öffentlichkeit gegen eine Eingliederung der Saar nach Deutschland,[8] während zwei Zeitzeugenberichte sogar von der mehrfach eintretenden Gefahr eines Scheiterns der Verhandlungen sprechen.[9] Daher stellt sich die Frage, ob die Bereinigung des deutsch-französischen Verhältnisses durch die Saarverhandlungen hauptsächlich als diplomatische Fixierung einer bereits vorher, von „außen" geradezu zwanghaft herbeigeführten Tatsache zu verstehen ist oder ob in den Verhandlungen nicht doch konstruktives Arbeiten an der Lösung der Saarfrage als einer Vorbedingung für die europäische Integration gefordert war.

Inhaltlich gerieten bei den Luxemburger Verhandlungen Themen auf die Agenda, die während der Phase der saarländischen Teilautonomie der saarländisch-französischen Ebene vorbehalten geblieben waren. Die französische Politik hatte nach der Gründung des Saarlandes gegen teilweise massiven internationalen Druck die Regelung des saarländischen Sonderstatus' in wirtschaftlicher, finanzieller, außenhandelspolitischer und teilweise auch juristischer Hinsicht in Form von Konventionen, d.h.

---

pondenz des deutschen Delegationsleiters Rolf Lahr, vgl. Adolf Blind, Unruhige Jahre an der Saar 1947 bis 1957. Ein Zeitzeuge erinnert sich, 2 Bde. Frankfurt a.M. 1997, hier v.a. Bd. 2, und Rolf Lahr, Zeuge von Fall und Aufstieg. Private Briefe 1934-1974, Hamburg 1981.

[5] Einen Überblick über die vorangegangenen Lösungsversuche bietet Bruno Thoss, Die Lösung der Saarfrage 1945/1955, in: Vierteljahrshefte für Zeitgeschichte 38 (1990), S. 225-288.

[6] Schwarzer, Konfliktregelung, S. 26. Ähnlich auch: Gerhard Paul. Von der Bastion im Westen zur Brücke der Verständigung. Saarländische Geschichte 1815-1957, in: Das Saarland - Der Chef der Staatskanzlei (Hg.), Das Saarland. Politische, wirtschaftliche und kulturelle Entwicklung, Saarbrücken 1991, S. 23-50, hier: S. 47; Wilfried Fiedler, Die Rückgliederung des Saarlandes an Deutschland - Erfahrungen für die Zusammenarbeit zwischen Bundesrepublik Deutschland und DDR? Staats- und völkerrechtliche Überlegungen, in: Juristenzeitung 45 (1990), S. 668-675, hier: S. 671.

[7] Hans-Walter Herrmann, Modellfall, S. 44, spricht davon, daß Frankreich „das Ergebnis des Referendums nüchtern realpolitisch wertete und schon drei Wochen danach zu neuen Saarverhandlungen mit der Bundesregierung bereit war"; ähnlich Wilkens, Einleitung, S. 9f.

[8] Cahn, Second retour, S. 114ff.

[9] Besonders dramatisch die Schilderung von Lahr, Zeuge, S. 244ff.

speziellen völkerrechtlichen Verträgen zwischen Frankreich und dem Saarland, durchgesetzt.[10] Im komplexen Wechselspiel zwischen Selbstbehauptung autonomer Politik und Einwerbung dringend benötigter wirtschaftlicher und finanzieller Hilfen durch die Saar-Regierung stellten die Verhandlungen über diese Konventionen eines der wichtigsten Felder diplomatischer Auseinandersetzung zwischen dem Saarland und Frankreich dar. Ihren Höhepunkt erreichten die damit verbundenen Schwierigkeiten, als mit dem saarländisch-französischen Wirtschaftsvertrag im Jahr 1955 das zur Abstimmung vorgeschlagene europäische Statut für das Saarland um wirtschaftliche Elemente ergänzt werden sollte. Im außerordentlich belasteten diplomatischen Umfeld der Verhandlungen hierüber konnten die zentralen Streitpunkte zwischen Frankreich und dem Saarland größtenteils nicht ausgeräumt werden.[11]

Unter diesen Streitpunkten ist insbesondere die sogenannte Warndtfrage zu nennen, die Frage also, in welchem Umfang und zu welchen Konditionen der staatliche französische Bergbau in Zukunft die hochwertigen und leicht aufschließbaren Kohlevorkommen im Warndt-Kohlenrevier, mithin unter saarländischem Territorium, würde ausschöpfen dürfen. Diese Frage hatte ihre Wurzeln letztlich in den Reparationsbestimmungen des Friedensvertrags nach dem Ersten Weltkrieg, als Frankreich Eigentumsrechte am saarländischen Bergbau erlangt hatte. Seit den frühen 50er Jahren war diese Frage im Zuge der wachsenden Rentabilitätsprobleme der Saarbergwerke virulent geworden. Für den Saarbergbau stellte der Warndt eine in ihrer ökonomischen Bedeutung hoch bewertete Reserve rentabel zu fördernder Kohle dar; auf der politischen Ebene war die Warndtfrage im Saarland zu einem Symbol der Forderung nach mehr Selbstbestimmung gegenüber Frankreich geworden.

Die im Saarvertrag vereinbarte Lösung dieser Frage sah neben der Weiterführung des größten Teils der von französischer Seite bereits projektierten bzw. in Angriff genommenen Abbaumaßnahmen auch die Lieferung von 24 Mio. t Warndtkohle durch die Saarbergwerke vor. Darüber hinaus wurden die Saarbergwerke verpflichtet, über einen Zeitraum von 25 Jahren 33% ihrer Kohleproduktion an Frankreich zu liefern, wobei dieser Lieferverpflichtung eine Abnahmeverpflichtung in gleicher Höhe gegenüberstand.[12] Diese Vereinbarung entsprach, wie noch zu zeigen sein wird, nur

---

[10] Die Texte sind teilweise publiziert in: Forschungsstelle für Völkerrecht und Ausländisches Öffentliches Recht der Universität Hamburg (Hg.), Gesetzgebung und Abkommen des Saarlandes, Hamburg 1954, sowie Regierung des Saarlandes (Hg.), Die neuen Staatsverträge zwischen Frankreich und dem Saarland. Text der am 20. Mai 1953 in Paris unterzeichneten Verträge mit Anlagen und Zusatzprotokollen in den beiden amtlichen Sprachen, Saarbrücken 1953.

[11] Zu den Verhandlungen vgl. Armin Heinen, Saarjahre. Politik und Wirtschaft im Saarland 1945-1955, Stuttgart 1996, S. 352ff. und S. 461ff.

[12] Werner Dietrich, Gerd Schuster u. Manfred Glaes, Fünfzig Jahre Pachtverträge im Warndt, in: Glückauf 111 (1975), S. 530-536; Gunther Braun, Die völkerrechtliche Problematik des grenzüberschreitenden Bergwerksbetriebs, München 1967; aus Sicht eines Zeitzeugen: Pierre Couture, Die Saargruben 1945 bis 1957. Zwölf Jahre französisch-saarländische Verwaltung, Saarbrücken 1957; zur Vorgeschichte: Ulrich Scheuner, Die Rechtslage der Saarbergwerke. Rechtsgutachten, Herne 1956; mit interessanten Hinweisen zur wirtschaftlichen Lage des Saarbergbaus: Saarbergwerke AG (Hg.), 25 Jahre Saarbergwerke AG 1957-1982, Saarbrücken 1982; Ferdinand Morbach u. Wolfgang Brücher, Steinkohlenbergbau und

Die Landkreise im Saarland 1957 und das Warndt-Kohlenrevier. Zeichnung: Raimund Zimmermann.

teilweise den Hoffnungen, welche die saarländische Politik an die Verlagerung dieses alten saarländisch-französischen Konfliktgegenstandes auf die Ebene internationaler Verhandlungen geknüpft hatte. Sie genügte ebensowenig den weitreichenden Wünschen der prodeutschen politischen Kräfte im Saarland, die eine unbeschränkte Verfügungsgewalt über die saarländischen Kohlevorkommen zu einem Hauptthema der öffentlichen Auseinandersetzung um das europäische Statut für das Saarland gemacht hatten. Wenigstens in der aufgrund ihres Einflusses auf Förderpolitik und Kostenentwicklung bedeutsamen Frage des Kohlenverkaufs konnte mit einer in dieser Form einmaligen internationalen Absatzorganisation eine einvernehmliche Lösung herbeigeführt werden.[13]

Weiterhin wurden bei der Lösung der Saarfrage im Jahr 1956 auch Gegenstände verhandelt, die allenfalls in losem Bezug zum eigentlichen Thema standen. Dies gilt vor allem für die Kanalisierung der Mosel. Diese Frage zwischenstaatlicher Infra-

---

leitungsgebundene Energiewirtschaft im Saarland unter dem Einfluß der Grenze, in: Dietrich Soyez u.a. (Hgg.), Das Saarland. Beharrung und Wandel in einem peripheren Grenzraum, Saarbrücken 1989 (= Arbeiten aus dem Geographischen Institut der Universität des Saarlandes 36), Bd. 1 S. 159-180; Peter Dörrenbächer, Entwicklung und räumliche Organisation der Saarbergwerke AG, in: Dietrich Soyez u.a. (Hgg.), Saarland, Bd. 1 S. 203-226; Alfred Pretor u. Ilse Rinn (Hgg.), Bergbau in der Bundesrepublik Deutschland, Essen 1964, bes. S. 128ff.; Hubertus Rolshoven, Der Steinkohlenbergbau an der Saar, Essen 1960.

[13] Christof von Arnim, Rechtsgrundlage und Struktur der Saar-Lothringischen Kohleunion. Probleme einer plurinationalen Aktiengesellschaft, Saarbrücken 1962.

strukturplanung hatte zwar durchaus Bezüge zur Saarpolitik, und zwar im Kontext des seit Anfang des Jahrhunderts immer wieder diskutierten Verbindungskanals zwischen Saar und Rhein, dem sogenannten Saar-Pfalz-Kanal.[14] Von der damit angestrebten engeren Anbindung des Saarreviers an die Wirtschaftszentren Deutschlands hatten bestimmte Wirtschaftsvertreter sich zuletzt in der Zwischenkriegszeit eine Verbesserung der ökonomischen Situation des Saar-Reviers erhofft. Das besonders von der lothringischen Stahlindustrie mit ähnlichen Argumenten geforderte Projekt der Moselkanalisierung stand jedoch seit dem Zweiten Weltkrieg auf internationaler Ebene hauptsächlich im Kontext der wasserwirtschaftspolitischen Debatten zwischen den Rheinanliegerstaaten, und hier vor allem im Kontext der Diskussion um den Bau eines Seitenkanals am Oberrhein.[15] Daß im Zuge der Saarverhandlungen dann in einem eigenständigen Vertragswerk die Kanalisierung der Mosel auch tatsächlich vereinbart wurde, und dies auch noch mit einer nennenswerten finanziellen Beteiligung der Bundesrepublik an den Bau- und Unterhaltungskosten für den Kanal, rief Kritik hervor. Man befürchtete erhebliche negative Rückwirkungen auf die Wettbewerbsfähigkeit der saarländischen Wirtschaft und stellte auch ganz grundsätzlich die Frage, ob hier nicht ein unangemessen teueres Zugeständnis für die Eingliederung der Saar in die Bundesrepublik gemacht worden sei.

Die facettenreiche Kritik an diesen beiden Verhandlungsgegenständen verweist auf eine zweite Eigenschaft, die das Vertragswerk vom 27. Oktober 1956 und den Vor-

---

[14] Die Einzelarbeiten zur Frage des Saar-Pfalz-Kanals sind kaum zu überblicken; eine ausführliche Bibliographie bieten: F. A. Bode, Grenzen und Möglichkeiten einer europäischen Regionalpolitik, in: Struktur- und Verkehrsprobleme an Rhein, Mosel und Saar, Heidelberg 1962 (= Schriften des Europa-Hauses Otzenhausen 1), S. 31-39, sowie die Spezialbibliographie hierzu: Robert H. Schmidt u. Winfried Hamich, Mosel- und Saar-Kanalisierung, Saar-Pfalz-Kanal und Als-ob-Tarife. Bibliographie, Darmstadt 1966; speziell zum Saarvertrag und der Kanalfrage: Ernst Pitz, Die Randlage der Saar, in: Die Saarwirtschaft. Zwischenbilanz nach der Wiedereingliederung (= Der Volkswirt 11 (1960), Beilage), S. 22-23; Ernst Röchling, Die eisenschaffende Industrie an der Saar im Montandreieck, Kiel 1961 (= Kieler Vorträge gehalten im Institut für Weltwirtschaft an der Universität Kiel N.F. 18); Eduard Dietrich, Die Bedeutung der Verkehrs- und Tariffragen für die Saarwirtschaft, in: Saarbrücker Druckerei und Verlag GmbH (Hg.), Bundesland Saar. Handel - Wirtschaft - Verkehr, Saarbrücken 1961, S. 31-39; CAPEM Comité d'aménagement et du plan d'équipement de la Moselle, Infrastructures et développement industriel en Sarre, Metz 1972.

[15] Sehr früh setzte bereits eine wissenschaftliche Aufarbeitung, teilweise in Form wissenschaftlicher Qualifikationsarbeiten, dieser Frage ein: Harald Jürgensen, Wirtschaftsprobleme der Moselkanalisierung, Göttingen 1956; Willy Ochel, Verkehrsprobleme der europäischen Montanwirtschaft unter besonderer Berücksichtigung der Moselkanalisierung, Dortmund 1956 (mit technischen Vorschlägen für alternative Lösungen); Heinrich G. Balters, Die Problematik der Moselkanalisierung. Eine volkswirtschaftliche Untersuchung, Freiburg 1959; Günther Momm, Die wirtschaftlichen Probleme bei der Moselkanalisierung unter besonderer Berücksichtigung ihrer energiewirtschaftlichen Bedeutung, Köln 1959. Wichtig ist die Sammlung früherer Arbeiten mit ausführlicher Bibliographie und Quellenkunde: Marlies Kutz, Beiträge zur Geschichte der Moselkanalisierung, Köln 1967. Umfassend zur Geschichte des Wasserstraßenbaus: Martin Eckoldt (Hg.), Flüsse und Kanäle. Die Geschichte der deutschen Wasserstraßen, Hamburg 1998, hier: S. 94-104. Die jüngste Gesamtdarstellung zur Geschichte des Moselkanals stammt von Ludwin Vogel, Deutschland, Frankreich und die Mosel. Europäische Integrationspolitik in den Montan-Regionen Ruhr, Lothringen, Luxemburg und der Saar, Essen 2001 (= Düsseldorfer Schriften zur Neueren Landesgeschichte und zur Geschichte Nordrhein-Westfalens 57), der auf S. 220-309 die Luxemburger Verhandlungen thematisiert.

gang seiner Ausarbeitung von anderen internationalen Verhandlungen der Zeit grundsätzlich unterscheidet. Neben der Bereinigung eines Konfliktfelds internationaler Politik ordneten die Verhandlungen nämlich eine Vielzahl an Fragen regionaler Bedeutung neu. Insbesondere war die Auflösung der saarländisch-französischen Zoll- und Währungsunion vorzunehmen. Dies betraf ein breites Spektrum von zoll- und handelspolitischen Bereichen,[16] aber auch eine Reihe von konkreten Einzelprojekten: Der langersehnte Bau einer Autobahn von Saarbrücken nach Mannheim beispielsweise, ein umfangreiches Investitionshilfeprogramm für die saarländische Wirtschaft und auch unmittelbare finanzielle Hilfen des Bundeshaushaltes zugunsten des Landes spielten hierbei eine Rolle. Schließlich ist der Komplex der finanz- und währungspolitischen Regelungen bis hin zur Ablösung des Franc als offizielles Zahlungsmittel im Saarland erwähnenswert.[17] Schon insofern reicht die „weichen

---

[16] Als wichtige Grundlage des zeitgenössischen Expertendiskurses: Georg Droege (Bearb.), Beiträge zur geschichtlichen und wirtschaftlichen Entwicklung des Industriegebietes an der mittleren Saar. Niederschrift über die Verhandlungen der Arbeitsgemeinschaft für westdeutsche Landes- und Volksforschung in Saarbrücken vom 25.- 28. April 1956, Bonn 1956; Hans Buddeberg, Verlagerung des saarländischen Absatzes in die übrige Bundesrepublik und in dritte Länder. Unter besonderer Berücksichtigung der betrieblichen Strukturverhältnisse in der saarländischen weiterverarbeitenden Industrie. Gutachten, Saarbrücken 1958; Kurt Schluppkotten, Die Saarwirtschaft nach der Rückgliederung, in: Die Saarwirtschaft. Zwischenbilanz nach der Wiedereingliederung (= Der Volkswirt 11 (1960), Beilage), S. 4-6; Erich Conrad, Die Auswirkungen des Saarvertrages. Eine Darstellung der wirtschaftlichen Situation der Industrie an der Saar vor und nach der Eingliederung in das bundesdeutsche Wirtschaftsgebiet, unter besonderer Berücksichtigung der verarbeitenden Industrie, Innsbruck 1961; Josef Even, Investitionen im Zeichen der Anpassung, in: Die Saarwirtschaft. Zwischenbilanz nach der Wiedereingliederung (= Der Volkswirt 11 (1960), Beilage), S. 14-16; ders., Struktur-, Standort- und Verkehrsfragen der Saarwirtschaft, in: Forschungs- und Sitzungsberichte der Akademie für Raumforschung und Landesplanung 34 (1966), S. 117-128; Albert Seyler, Übergangszeit und Deutscher Markt, in: Eduard Dietrich (Hg.), Das Saarland, Oldenburg 1957 (= Monographien deutscher Wirtschaftsgebiete 9), S. 46-52; Landesbank und Girozentrale Saar (Hg.), Saarwirtschaft 1958-1963. Ein Rückblick auf wirtschaftliche Probleme und Entwicklungen des Saarlandes vor und nach der wirtschaftlichen Rückgliederung, Saarbrücken 1964.

[17] Hermann Burgard, Umstellungsverhältnis und Umstellungstechnik bei der saarländischen Währungsumstellung, Saarbrücken 1958; Adolf Blind, Die deutsch-französischen Vereinbarungen über die Saareingliederung, in: Die Saar, Wirtschaft und Wiedervereinigung (= Der Volkswirt 11 (1957), Sonderheft), S. 10-13; Josef Keil, Was muß Bonn tun?, in: Die Saar, Wirtschaft und Wiedervereinigung (= Der Volkswirt 11 (1957), Sonderheft), S. 20-23; Karl Senf, Finanz- und Steuerprobleme der saarländischen Industrie, in: Die Saar, Wirtschaft und Wiedervereinigung (= Der Volkswirt 11 (1957), Sonderheft), S. 26-28; Reinhard Koch, Finanz- und Steuerprobleme des saarländischen Handels, in: Die Saar, Wirtschaft und Wiedervereinigung (= Der Volkswirt 11 (1957), Sonderheft), S. 28-32; Industrie- und Handelskammer des Saarlandes (Hg.), Zur Frage der Auswirkungen der französischen Außenhandels- und Währungsmaßnahmen auf die Saarwirtschaft und der vorzeitigen Rückgliederung des Saarlandes. Eine Stellungnahme der Industrie- und Handelskammer des Saarlandes, Saarbrücken 1957; Hubert Dohmen, Geld und Kapital nach der Umstellung auf D-Mark, in: Die Saarwirtschaft. Zwischenbilanz nach der Wiedereingliederung (= Der Volkswirt 11 (1960), Beilage), S. 19-21; Karlheinz Klein, Erkenntnisse und Erfahrungen aus der Rückgliederung des Saarlandes. Eine kritische Würdigung unter besonderer Berücksichtigung der Schaffung des Gemeinsamen Europäischen Marktes, (Diss.) Graz 1962; Claus-Elmar Weidig, Das saarländische Geld- und Kreditwesen bei der Eingliederung des Saarlandes in die deutsche Bundesrepublik, Saarlouis 1962; Wolfgang Stützel, Währungsumstellungen. Eine Nachkalkulation. Die unmittelbaren Auswirkungen der Währungsumstellungs- und Kriegsfolgeregelungen auf die Vermögenssituation der Kreditinstitute im Saarland, in West-Berlin und im übrigen Bundesgebiet. Ein Gutachten, Frankfurt a.M. 1971; Helmut Cordes, 125 Jahre Währungsgeschichte an der Saar 1859-1984. Von d. Königlich-Preussischen Bergwerks-Directionskasse in Saarbrücken zur Landeszentralbank im Saarland

stellende Bedeutung"[18] des Luxemburger Vertrags über die rein politischen Bestimmungen hinaus, welche die verfassungsrechtliche Überleitung[19] des teilautonomen Saarlandes zum Bundesland vorbereiteten.

Besonders interessant sind die Saarverhandlungen daher in regionalgeschichtlicher Perspektive. Zwar waren auch für andere spätere Bundesländer richtungweisende Entscheidungen in der Besatzungszeit getroffen worden;[20] schon die Schwierigkeiten bei der Bewertung dieser Weichenstellungen in der Forschung verweisen jedoch auf die Probleme bei der Einordnung dieser Phase.[21] Zur Mitte der 1950er Jahre schließlich wurden Grundfragen regionalpolitischer Bedeutung in der Bundesrepublik fast ausschließlich auf der Ebene föderaler Regelungsmechanismen diskutiert,[22] während

1959-1984, Saarbrücken 1984.

[18] Hans-Christian Herrmann, Eine Bilanz der kleinen Wiedervereinigung. 40 Jahre nach der wirtschaftlichen Rückgliederung des Saarlandes, in: Zeitschrift für die Geschichte der Saargegend 48 (2000), S. 309-328, hier: S. 316.

[19] Vgl. hierzu zuletzt Rudolph Brosig, Die Verfassung des Saarlandes. Entstehung und Entwicklung, Köln u.a. 2001 (= Annales Universitatis Saraviensis, Rechts- und Wirtschaftswissenschaftliche Abteilung 131), bes. S. 218-229, der allerdings kaum über den bereits früher erarbeiteten Forschungsstand hinausgelangt; Walter Henn, Die verfassungsrechtliche Lage des Saarlandes während der Übergangszeit, Saarbrücken 1959; Wolfgang Widhofer, Die Eingliederung des Saarlandes in die Bundesrepublik Deutschland, Bonn 1960 (= Schriften zur Rechtslehre und Politik 28); Bernhard Aubin, Friedrich-Wilhelm Baer-Kaupert u. Hans-Ernst Folz, Saarvertrag und EWG-Vertrag. Eine Untersuchung über die Rechtslage der saarländischen Wirtschaft nach Abbau der Binnenzölle in der EWG (1.7.1968), Saarbrücken 1968.

[20] Neben der Frage nach der Bewertung der Besatzungspolitik spielt die Frage nach der durch die Länder vermittelten Kontinuitätslinie des Föderalismus in Deutschland als Bindeglied zwischen Weimarer Republik, NS-Staat, Besatzungszeit und Bundesrepublik als Erklärungsansatz für deutsche Geschichte eine gewisse Rolle. Sehr positiv dazu eingestellt ist z.B. Thomas Nipperdey, Der Föderalismus in der deutschen Geschichte, in: ders., Nachdenken über die deutsche Geschichte. Essays, München 1986, S. 60-109. Ungleich kritischer: Kurt Düwell, Föderalismus und Zeitgeschichte. Zur Kontinuitätsproblematik des Bund-Länder-Verhältnisses, in: Geschichte im Westen 4 (1989), S. 36-46. Vollends zum „deutschen Modell" wird der Föderalismus mitunter im Kontext europapolitischer Debatten, siehe: Günter Ammon, Matthias Fischer, Thorsten Hickmann u. Klaus Stemmermann (Hgg.), Föderalismus und Zentralismus: Europas Zukunft zwischen dem deutschen und dem französischen Modell, Baden-Baden 1996 (= Schriftenreihe des Europäischen Zentrums für Föderalismus-Forschung 11). Abgesehen von diesen grundlegenden Aspekten der Föderalismus-Debatte - die hier nicht weiter verfolgt werden können - ist es wichtig zu betonen, daß die bedeutendsten Grundentscheidungen über die Struktur der Bundesländer vor Gründung der Bundesrepublik gefallen sind. Vgl. hierzu die detaillierten Untersuchungen: Horst Romeyk, Kleine Verwaltungsgeschichte Nordrhein-Westfalens, Siegburg 1988; Wolfgang Benz (Hg.), Neuanfang in Bayern 1945 bis 1949. Politik und Gesellschaft in der Nachkriegszeit, München 1988; Walter Mühlhausen, „... die Länder zu Pfeilern machen...". Hessens Weg in die Bundesrepublik Deutschland 1945-1949, Wiesbaden 1989; Marie-Elise Foelz-Schroeter, Föderalistische Politik und nationale Repräsentation 1945-1947. Westdeutsche Länderregierungen, zonale Bürokratien und politische Parteien im Widerstreit, Stuttgart 1974 (= Studien zur Zeitgeschichte 7); Hartmut Klatt (Hg.), Baden-Württemberg und der Bund, Stuttgart 1989 (= Schriften zur politischen Landeskunde Baden-Württembergs 15).

[21] Kritisch zur Aufarbeitung der „Gründungsgeschichte" der Bundesländer unter den Vorzeichen der Besatzungspolitik: Arno Mohr, Politische Identität um jeden Preis? Zur Funktion der Landesgeschichtsschreibung in den Bundesländern, in: Neue Politische Literatur 35 (1990), S. 222-274, sowie Frank Göttmann, Über den Raum als Forschungsgegenstand und Forschungsansatz der Geschichte - ein Problem nicht nur der Landes- und Regionalgeschichte, in: Ludger Grevelhörster u. Wolfgang Maron (Hgg.), Region und Gesellschaft im Deutschland des 19. und 20. Jahrhunderts. Studien zur neueren Geschichte und westfälischen Landesgeschichte, Paderborn 1995, S. 42-63.

[22] Zur Aufarbeitung der föderativen Beziehungen und ihren Rückwirkungen auf die innere Verfassung der

die Vertreter von Bundesrepublik und Frankreich bei den Luxemburger Verhandlungen den Anspruch erhoben, eigentlich regionalpolitische Fragen für das Saarland im Zusammenhang mit dem internationalen Statut zu bearbeiten. Davon waren neben der bereits erwähnten Umstrukturierung zentraler Aspekte der Wirtschafts- und Gesellschaftsordnung auch eine Vielzahl von Detail- und Einzelfragen betroffen - darunter als wichtigste vielleicht die Rückkehr der Familie Röchling in „ihr" Stahlwerk in Völklingen.[23]

Die Saarverhandlungen stellen somit einen interessanten, weil von den üblichen Mustern abweichenden Schnittpunkt von regionaler und internationaler Politik dar.[24] Daher soll im folgenden die Politik der saarländischen Regierung[25] als der regional

---

Bundesländer siehe: Werner Thieme, Föderalismus im Wandel. Bund und Nordrhein-Westfalen 1949-1975. Analyse und Prognose des Verhältnisses von Bund und Land Nordrhein-Westfalen 1949 bis 1975, Köln u.a. 1969. Zur Bedeutung des Föderalismus-Ansatzes bei der Frage nach dem Verhältnis von Bund und Ländern: Ursula Rombeck-Jaschinski, Nordrhein-Westfalen im Nachkriegsdeutschland (1945-1958), in: Hans Boldt (Hg.), Nordrhein-Westfalen und der Bund, Düsseldorf 1989 (= Schriften zur politischen Landeskunde Nordrhein-Westfalens 5), S. 40-59; Hans Boldt u. Torsten Mick, Schrumpfende Handlungsspielräume: Zur Staatsentwicklung des Landes Nordrhein-Westfalen, in: Peter Hüttenberger (Hg.), Vierzig Jahre. Historische Entwicklungen und Perspektiven des Landes Nordrhein-Westfalen, 2. Aufl. Düsseldorf 1986 (= Düsseldorfer Schriften zur Neueren Landesgeschichte und zur Geschichte Nordrhein-Westfalens 17), S. 89-107; Jakob Schissler (Hg.), Politische Kultur und politisches System in Hessen, Frankfurt a.M. 1981. Sehr kritisch zu im Kontext von Jubiläen als „Flickwerk heißer Nadeln" entstandenen Föderalismus-Apologien: Ulrich Reusch, Föderalismus in Vergangenheit und Gegenwart (1949-1989). Landeszeitgeschichtliche Literatur zum Jubiläum der Bundesrepublik, in: Geschichte im Westen 5 (1990), S. 109-113, hier: S. 111.

[23] Jean-Paul Cahn, Un aspect de la question sarroise: le règlement de l'affaire Röchling (1954-1956), in: Revue d'Allemagne 15 (1983), S. 415-438. Vgl. auch Hans-Christian Herrmann, Plante Herrmann Röchling 1940 ein zusammenhängendes Montanrevier Saar-Lor-Lux?, in: Zeitschrift für die Geschichte der Saargegend 42 (1994), S. 214-224. Wenig aussagekräftig ist Gerhard Seibold, Röchling. Kontinuität im Wandel, Stuttgart 2001. Eduard Schäfer, Zur Geschichte der Saarbrücker Zeitung 1918-1968/69, Saarbrücken 1972; Rüdiger Nebe, Der Saarländische Rundfunk 1955-1978. Analyse zur Rundfunkpolitik und Programmgestaltung, München 1981; Thomas Herzig, Geschichte der Elektrizitätswirtschaft des Saarlandes unter besonderer Berücksichtigung der Vereinigten Saar-Elektrizitäts-AG, Saarbrücken 1987, v.a. S. 251ff.

[24] Natürlich hatten bereits früher gerade die wirtschaftspolitischen Integrationsbemühungen Rückwirkungen auf das föderale System der Bundesrepublik gezeigt. Das prominenteste Beispiel ist hierfür möglicherweise die Auseinandersetzung zwischen dem Bund und dem Land Nordrhein-Westfalen im Kontext der Gründung der Montanunion, siehe hierzu: Rombeck-Jaschinski, Nordhrein-Westfalen; dies., Nordrhein-Westfalen im Nachkriegsdeutschland, in: Geschichte im Westen 4 (1989), S. 21-35; dies., Nordrhein-Westfalen, die Ruhr und Europa. Föderalismus und Europapolitik 1945-1955, Essen 1990 (= Düsseldorfer Schriften zur neueren Landesgeschichte und zur Geschichte Nordrhein-Westfalens 29). Im Unterschied zum Saarland trat das Land NRW genauso wie sein Ministerpräsident aber selbst nicht auf die internationale Bühne, und auch der Konflikt zwischen den beiden Regierungsebenen verlief rein innenpolitisch.

[25] Vgl. allgemein zum Quellenwert von Kabinettsprotokollen Karl-Ulrich Gelberg, Die Protokolle des Bayerischen Ministerrats 1945-1954 als zentrale Quelle für die politische, wirtschaftliche und soziale Entwicklung Bayerns, in: Maximilian Lanzinner u. Michael Henker (Hgg.), Landesgeschichte und Zeitgeschichte. Forschungsperspektiven zur Geschichte Bayerns nach 1945, Augsburg 1997 (= Materialien zur Bayerischen Geschichte und Kultur 4/97), S. 89-101. Im Gegensatz zu Bayern wurden im Saarland jedoch die Protokolle fast ausschließlich als Ergebnisprotokolle geführt. Daher fällt hier die Rekonstruktion von kabinettsinternen Abstimmungsvorgängen vergleichsweise schwer.

verankerten und politisch verantwortlichen Kraft in den Verhandlungen,[26] aber auch die vertraglich vereinbarten Verhandlungsergebnisse unter dieser Perspektive Beachtung finden. Zu klären ist damit, inwieweit die Verhandlungen als diplomatischer Prozeß der Komplexität und dem Umfang der zu lösenden Probleme gerecht werden konnten.

1.1.2 Der konfliktträchtige Beginn in Saarbrücken
Schon vor dem Referendum hatte sich das Dreiecksverhältnis zwischen teilautonomer Saar-Regierung, Pariser Zentrale und deren Saarbrücker Vertretung nur selten entspannt oder unverkrampft entwickelt. Auch nach dem 23. Oktober setzte sich dies fort: Einen ersten Anlaß dazu bot das Ansinnen der mission diplomatique, wie jedes Jahr am 11. November eine Gedenkveranstaltung für die Opfer des Nationalsozialismus auf der Neuen Bremm durchzuführen.[27] Das saarländische Kabinett empfahl, diese Veranstaltung vom Karnevalsbeginn - und damit von Armistice - wegzuverlegen und sie statt dessen am Totensonntag, dem 20. November 1956, durchzuführen. Dieser Termin sei vorzuziehen, so wurde argumentiert, weil er „den Gefühlen der saarländischen Bevölkerung mehr entsprechen würde".[28]

Einen weiteren Anlaß für „Mißverständnisse" bot ein Notenwechsel zwischen der saarländischen und der französischen Regierung.[29] Am 4. November 1955 äußerte letztere Kritik an „gewissen Maßnahmen" der Saar-Regierung, die sich gegen Personen richteten und denen weitergehende politische Bedeutung zugewiesen wurde.[30] Die Schärfe dieses Konflikts zeigte sich unter anderem auch darin, daß der französische Botschafter de Carbonnel nicht befugt war, bei der Übergabe der Note weitergehende Erklärungen abzugeben.[31] Die Reaktion des Kabinetts auf diese Vorgänge

---

[26] Eine zentrale Funktion zur Koordinierung der diplomatischen Aktivitäten übernahm anfangs das Amt für Auswärtige und Europäische Angelegenheiten. Zur Behördengeschichte des „Auswärtigen Amtes" siehe: Michael Sander, Die auswärtigen Behörden des Saarlandes 1952 bis 1956, in: Wolfgang Haubrichs, Wolfgang Laufer u. Reinhard Schneider (Hgg.), Zwischen Saar und Mosel. Festschrift für Hans-Walter Herrmann zum 65. Geburtstag, Saarbrücken 1995 (= Veröffentlichungen der Kommission für Saarländische Landesgeschichte und Volksforschung 24), S. 457-471. Nach der Abberufung von Emil Straus aus der saarländischen Vertretung in Paris konnte dessen Leiter, Gotthard Lorscheider, diese ursprünglich wohl vorgesehene Funktion ausüben, bis im Zuge der Eingliederung des Saarlandes nach Deutschland die diplomatische Selbständigkeit des Landes ihr Ende fand.

[27] Zur Geschichte des Lagers vgl. Elisabeth Thalhofer, Neue Bremm - Terrorstätte der Gestapo. Ein Erweitertes Polizeigefängnis und seine Täter 1943-1944, St. Ingbert 2002. Den Umgang mit der Geschichte des Lagers in der Nachkriegszeit untersucht Elisabeth Do Lam, Die Erinnerung an das Saarbrücker Lager Neue Bremm in den Medien nach 1946, (Staatsarb.) Saarbrücken 2000.

[28] StK 1712, Kabinettsprotokoll v. 2.11.55.

[29] LASB, AA 454, Note der frz. Regierung an die Regierung des Saarlandes v. 4.11.55.

[30] Genannt wurde insbesondere der Fall des Rundfunkdirektors Görgen; womöglich stellte diese Note aber auch eine Anspielung auf die Abberufung von Emil Straus aus der Gesandtschaft des Saarlandes in Paris dar. Dessen Abberufung erfolgte am 3.11.55 mit Wirkung zum 12.11.55. Mit der Wahrung der Geschäfte wurde Legationsrat Dr. Etzler beauftragt. LASB, StK 1712, Kabinettsprotokoll v. 3.11.55. Zu sonstigen personalpolitischen Maßnahmen der Übergangsregierung: Craddock, Saar-Problem, S. 458.

[31] Zu diesem frühen Konflikt siehe: Lappenküper, Deutsch-französische Beziehungen, S. 1102. Die Einschätzung Lappenküpers: „Zunächst sah sich Frankreich aber weniger ökonomischen, denn politischen

am 5. November zeigt ein doppeltes Vorgehen: Während das Auswärtige Amt angewiesen wurde, eine Antwortnote vorzubereiten, wurde gleichzeitig der Ministerpräsident Heinrich Welsch beauftragt, ein „klärendes Gespräch" mit de Carbonnel zu führen.[32] In dieser Besprechung breitete der Vertreter Frankreichs eine Fülle von Forderungen gegenüber der Saar-Regierung aus, die auf eine stärkere Zurückhaltung insbesondere bei personalpolitischen Maßnahmen hinausliefen, die ein Informationsrecht der französischen Regierung reklamierten (z.B. bei der Rücknahme der früher erfolgten Ausweisungen von oppositionellen Personen aus dem Saarland) und die ganz generell die Legitimation der Saar-Regierung in Frage stellten. De Carbonnel glaubte, zwei Gruppen im Saarland unterscheiden zu können: Der Mehrheit hielt er zugute, an ordnungsgemäßen Verhältnissen interessiert zu sein; jedoch identifizierte er auch eine kleine Gruppe von Personen, die eine „pression extraordinaire" ausübe. Damit und mit der aus Sicht de Carbonnels scharfen nationalistischen Propaganda der Heimatbund-Presse erklärte der französische Botschafter sowohl die Note vom 4. November als auch die Verstärkung des französischen Sicherheitspersonals, die ausschließlich als defensive Maßnahme und zur Beruhigung der französischen Bevölkerung an der Saar gedacht sei.[33]

Das Auswärtige Amt des Saarlandes konnte für seine Antwort auf einen interessanterweise noch am 4. November 1955 erstellten Entwurf zurückgreifen. Die Antwortnote wurde am 8. November 1955 abgesandt, dem Folgetag der Besprechung Welsch - de Carbonnel. Hierin betonte die Regierung ihre verfassungsrechtlich gesicherte Legitimation, die allenfalls durch eine selbst auferlegte Zurückhaltung beschränkt sei.[34] Die Verstärkung der französischen Sicherheitskräfte wurde entschieden abgelehnt; diese sei nicht nur kontraproduktiv, sondern widerspreche dem in der saarländischen Verfassung und vor allem auch in den Konventionen zwischen dem Saarland und Frankreich festgelegten Prinzip, daß Fragen der inneren Sicherheit in die Kompetenz der Saar-Regierung fielen. Zusätzlich bezog das Kabinett den für den Verlauf der kommenden Verhandlungen bedeutenden Standpunkt, daß es seine Aufgabe sei, den Willen der Bevölkerung, wie er sich im Referendum ausgedrückt habe, zu verwirklichen. Als Beleg für das ordnungsgemäße Vorgehen wurde sogar das Kündigungsschreiben des von Personalmaßnahmen betroffenen Rundfunkdirektors Görgen wörtlich zitiert; der in der ersten Entwurfsfassung noch vorhandene Hinweis auf Details der Auszahlung einer Abfindung wurde in der Endfassung dann allerdings gestrichen.[35]

Pressionen aus dem Saarland ausgesetzt." erscheint an dieser Stelle recht überraschend.

[32] LASB, StK 1712, Kabinettsprotokoll v. 5.11.55.

[33] LASB AA 454, Besprechungsprotokoll v. 7.11.55.

[34] Nach dem Rücktritt von Johannes Hoffmann wurde der parteilose Heinrich Welsch auf Basis eines parteiübergreifenden Konsenses, aber verfassungsgemäß zum Ministerpräsident gewählt; die Amtszeit seines Kabinetts war jedoch von vornherein auf den Zeitraum bis zu den Neuwahlen des Landtags festgelegt, vgl. Robert H. Schmidt, Saarpolitik, Bd. III S. 371ff.

[35] LASB AA 454 Note (und Entwürfe) an französische Regierung v. 8.11.55. Zur politischen Bedeutung

Diese diplomatischen Konflikte waren signifikant für die Entwicklung des saarländisch-französischen Verhältnisses und die Stellung der Saar-Regierung in der Zeit zwischen Volksabstimmung und Eingliederung in die Bundesrepublik. Als Konflikt um formale Autonomie gegenüber Frankreich wiesen die Vorgänge in die Vergangenheit: Auch in „inneren Angelegenheiten" - insbesondere personalpolitischen Fragen - war die Autonomie des Saarlandes durch die Volksabstimmung nicht weniger prekär geworden. Die Konfliktlinien verliefen vielmehr weiterhin entlang den gewohnten Pfaden, was nicht zuletzt auch die prompte und routinierte Reaktion des Auswärtigen Amts des Saarlandes erklärt. Die Möglichkeit jedoch, durch direkte Einflußnahme Konfliktprävention zu betreiben, war nicht mehr gegeben. Die engen Kontakte zur französischen Vertretung an der Saar, die noch zwischen Johannes Hoffmann und Gilbert Grandval bestanden hatten, wurden durch eine zunehmend von Verunsicherung und gegenseitigem Mißtrauen geprägte Atmosphäre abgelöst. Offenkundig war man auf französischer, sicher aber auf saarländischer Seite entschlossen, bei der Behandlung von Einzelfragen stärker die abstrakt-politische Dimension zu betonen. Das stärkte kurzfristig die saarländische Position, insofern sie sich ausdrücklich auf das „Mandat" des Mehrheitswillens im Referendum berufen konnte, andererseits schwächte es sie aber entscheidend, wenn Einzelfragen auf eine politisch übergeordnete Ebene gehoben wurden.[36]

Eine systematische Vorbereitung der sich abzeichnenden Verhandlungen über die weitere Zukunft der Saar blieb im Umfeld der Landtagswahlen vom 18. Dezember 1955 aus. Noch im Dezember 1955 betonte die saarländische Vertretung in Paris ausdrücklich die Notwendigkeit einer solchen Vorbereitung, da saarländische Interessen sowohl gegenüber Frankreich als auch gegenüber Deutschland durchzusetzen seien.[37] Allerdings wurden weder die Schriftwechsel zwischen der Bundesrepublik und Frankreich bearbeitet, in denen Grundlinien der künftigen Einigung bereits skizziert wurden, noch war man an den ersten Vorgesprächen beteiligt.[38] Offenbar blieb das Kabinett Welsch von den Vorarbeiten zur vertraglichen Lösung der Saarfrage weitgehend isoliert. Intensivere Vorarbeiten in einzelnen Sachfragen liefen erst im Januar 1956 an. Zumindest im Bereich des Finanzministeriums, begünstigt wohl auch durch die Personalkontinuität an der Ministeriumsspitze, wurden weitreichende Vorüberlegungen zur Ausgestaltung der kommenden Übergangszeit angestellt.[39] In

---

des Rundfunks im Abstimmungskampf vgl. Heribert Schwan, Der Rundfunk als Instrument der Politik 1945-1955, Berlin 1974.

[36] Zur Lösung dieses Dilemmas auf französischer Seite siehe: Lappenküper, Deutsch-französische Beziehungen, S. 1103f.

[37] LASB AA 1286, Monatsbericht Dezember 1955.

[38] Lappenküper, Deutsch-französische Beziehungen, S. 1100-1118, räumt diesen Konsultationen in seiner Darstellung breiten Raum ein. Detailliert hierzu auch: Craddock, Saar-Problem, S. 462ff. Eine Chronologie der Treffen ist abgedruckt in: Grenzland und Brücke, S. 146.

[39] LASB StK Kabinettsregistratur, Anlage MW, Ministerium für Finanzen, Akten Blind, Rede Blinds „Zur Frage der wirtschaftlichen Eingliederung der Saar in die Bundesrepublik unter besonderer Berücksichtigung der Angleichung der Arbeits- und Lebensbedingungen", 6.1.56.

Fortführung der saarländischen Position bei den Konventionsverhandlungen der Vergangenheit[40] wurde besonders die Forderung nach Zollerleichterungen im Warenverkehr mit Deutschland, nach besseren Importmöglichkeiten für Investitionsgüter und nach einem Ausgleich der als benachteiligend eingeschätzten Wechselkurse erhoben. Ergänzt wurde dies um ein dreistufiges Konzept für die Eingliederung, das aus Sofortmaßnahmen, einer Übergangszeit und einer Endregelung bestand.[41] Schließlich forderte die saarländische Seite Soforthilfen der Bundesrepublik für den Landeshaushalt bei der Auflösung der haushaltstechnischen Bindung an Frankreich.[42] Früh erfolgte auch - hier in enger Abstimmung mit Bonn - die Formulierung des saarländischen Standpunkts zur Frage der Neuregelung des Banken-, Kredit- und Versicherungswesens.[43]

In Fragen grundsätzlicher Bedeutung konnten die saarländischen Vertreter jedoch zu diesem Zeitpunkt die mittlerweile zwischen der Bundesrepublik und Frankreich bereits getroffenen Vereinbarungen nur noch zur Kenntnis nehmen. Besonders deutlich wurde dies in einer ersten hochkarätig besetzten Vorbesprechung zwischen Deutschen und Saarländern am 13. Januar 1956.[44] Der deutsche Außenminister sagte dabei die Prüfung und ggf. auch die Durchführung der von saarländischer Seite geforderten Sofortmaßnahmen zu, ohne daß diese allerdings diskutiert worden wären.

---

[40] Vgl. Blind, Unruhige Jahre, Bd. 2 S. 107ff.

[41] Hierbei plädierte der Minister für eine ausreichend lange Übergangszeit von ca. drei Jahren, um allzu heftige Friktionen, insbesondere bei der Währungsumstellung und der Angleichung von Löhnen und Gehältern, zu verhindern. Aber auch das Problem der unterschiedlichen Kostenbelastung der Unternehmen in den verschiedenen Wirtschaftsräumen sowie der nur schrittweise möglichen Entflechtung der saarländischen Wirtschaft mit dem Frankenraum wurde als Argument angeführt.

[42] LASB StK Kabinettsregistratur, Anlage MW, Ministerium für Finanzen, Akten Blind, Rede Blinds „Zur Frage der wirtschaftlichen Eingliederung der Saar in die Bundesrepublik unter besonderer Berücksichtigung der Angleichung der Arbeits- und Lebensbedingungen", 6.1.56. In den frühen Skizzen zur Festlegung der saarländischen Position traten immer wieder Argumente auf, die bereits in der Diskussion um die Ausgestaltung der Teilautonomie eine Rolle gespielt hatten und die nun auf die neue Situation angewendet wurden. Dabei spielten nicht nur die durch Adolf Blind repräsentierte personelle Kontinuität auf Seiten der saarländischen Politik eine Rolle, sondern auch institutionelle Kontinuitäten, v.a. durch die Industrie- und Handelskammer (IHK) des Saarlandes, die bereits früher Konzepte für die Etablierung gleichartiger Wirtschaftsbeziehungen mit Deutschland und Frankreich erarbeitet hatte, vgl. Industrie- und Handelskammer des Saarlandes (Hg.), Saarwirtschaft und Europäisierung des Saarlandes. Eine Stellungnahme der Industrie- und Handelskammer des Saarlandes, Saarbrücken 1953. Zum nach der Auflösung der „Dreiervertretungen" entwickelten Selbstverständnis der IHK als „Träger des Rückgliederungsgedankens" vgl. Peter Weiant, Sonderstellung der Industrie- und Handelskammer des Saarlandes, in: Eduard Dietrich (Hg.), Saarland, S. 59-61, hier: S. 59. Allgemein zur Bedeutung der Kammern in der Außenwirtschaftspolitik der frühen Bundesrepublik: Hanno Sowade, Wegbereiter des Wiederaufstiegs. Die Industrie- und Handelskammern und die Rekonstruktion der Aussenbeziehungen der westdeutschen Wirtschaft 1945-1949/50, München 1992.

[43] Vgl. hierzu das Exposée „Wirtschaftliche Probleme der Saarverhandlungen", LASB StK Kabinettsregistratur, Anlage MW, Ministerium für Finanzen, Akten Blind v. 10.1.56. Hier ist die Rede von „drei [gemeinsamen] Besprechungen".

[44] Mit Minister von Brentano, Staatssekretär Hallstein und dem späteren Delegationsleiter bei den Saarverhandlungen Rolf Lahr auf deutscher sowie auf saarländischer Seite mit Ministerpräsident Ney, Finanzminister Blind und dem Leiter der Staatskanzlei Lorscheider waren die wichtigsten Persönlichkeiten der Verhandlungen beteiligt. LASB AA 436, Besprechungsvermerk v. 13.1.56.

Die deutsche Delegation konfrontierte ihre saarländischen Gesprächspartner auch mit einer wesentlichen Vorgabe über die Struktur der kommenden Verhandlungen:[45] Die Möglichkeit von Dreier-Verhandlungen wurde von vornherein ausgeschlossen; statt dessen wurde eine enge Kooperation mit saarländischen Vertretern angeboten. Als Begründung wurden hierfür zwei Argumente angeführt, nämlich erstens, daß nur so ein Gegeneinander-Ausspielen von Deutschen und Saarländern durch die französischen Partner verhindert werden könne, und daß zweitens Dreier-Verhandlungen bedeuten würden, daß „wir [die Bundesrepublik] nunmehr den eigenen Staatscharakter der Saar, den wir bisher immer bestritten haben, anerkennen würden. Das wäre eine neue Form des Separatismus."[46] Schließlich wurde die saarländische Seite sogar auf bestimmte „innenpolitische" Vorgehensweisen festgelegt: Von Brentano betonte ausdrücklich die Notwendigkeit, alle Fraktionen des saarländischen Landtags ausführlich über die Verhandlungsfortschritte zu informieren. Die wahrscheinlich erforderliche verfassungsändernde Mehrheit im saarländischen Landtag mache auch die Unterstützung durch die CVP nötig, die man daher „nicht in eine ablehnende Haltung [und damit] zu Frankreich drängen" solle. Auch in Hinblick auf die Frage der Regelung der Eigentumsverhältnisse der Röchlingwerke mahnte von Brentano zur Vorsicht: Der geplante Volksentscheid darüber sei ein „aufgelegter Wahnsinn ... weil er in Frankreich eine Stimmung der Malaise hervorrufen würde und damit alles, was unter günstigen Voraussetzungen begonnen wurde, aufs Spiel setzen würde".[47]

---

[45] Die weitreichenden - teilweise gemeinsamen - Vorarbeiten Frankreichs und Deutschlands schildert detailliert Lappenküper, Deutsch-französische Beziehungen, S. 1105-1113. Daß es unmittelbar nach der Volksabstimmung auf diplomatischer Ebene zwischen Deutschland und Frankreich gelungen ist, zu einem konstruktiven Lösungsansatz zu gelangen, wirft ein bezeichnendes Bild auf die bis in die jüngste Vergangenheit immer wieder thematisierte Frage, ob die deutsche Politik - und hier insbesondere Konrad Adenauer - die ein Jahr vorher vereinbarte europäische Lösung der Saarfrage inhaltlich mitgetragen hat oder ob man sie mehr als taktisches Instrument zur Durchsetzung einer Wiedervereinigungsstrategie verstand, vgl. hierzu: Herbert Elzer, Adenauers „großes Spiel": Staatsraison und Parteikalkül bei der Durchsetzung des deutsch-französischen Saarabkommens vom 23.10.1954 gegen Jakob Kaiser und die CDU/CSU, in: Zeitschrift für die Geschichte der Saargegend 46 (1998), S. 182-245, sowie ders., Adenauer und die Saarfrage nach dem Scheitern der EVG. Die Pariser Gespräche vom 19. und 23. Oktober 1954, in: Vierteljahrshefte für Zeitgeschichte 46 (1998), S. 667-708. Offenbar ist der älteren Analyse von Konrad Repgen, Die Saar-Frage im Bundesparteivorstand der Christlich-Demokratischen Union Deutschlands 1950-1955. Über die Verschränkung von Innen- und Aussenpolitischem in der Politik Konrad Adenauers, in: Urs Altermatt u. Judit Garamvölgyi (Hgg.), Innen- und Außenpolitik. Primat oder Interdependenz? Festschrift zum 60. Geburtstag von Walther Hofer, Stuttgart 1980, S. 87-147, hier: S. 111, zuzustimmen, nach der die deutsche Politik ihre Vorgehensweise auch stark danach ausrichtete, daß - unabhängig vom Abstimmungsergebnis - jedenfalls auch nach dem 23. Oktober 1955 eine gemeinsame Politik möglich bleiben mußte. Zur Entscheidungsfindung der SPD, die aufgrund ihrer Rolle als parlamentarische Opposition in Bonn anders verlief, vgl. Jean-Paul Cahn, Le parti social-démocrate allemand et la fin de la Quatrième République Française (1954-1958), Bern u.a. 1996, hier: S. 101-139.

[46] LASB AA 436, Besprechungsvermerk v. 13.1.56. Bis zum 17.2.56 hatte sich dieser Standpunkt in der Bundesregierung zur Beschlußlage weiterentwickelt, vgl. Ursula Hüllbüsch (Bearb.), Die Kabinettsprotokolle der Bundesregierung 1956, München 1998 (= Bundesarchiv Koblenz (Hg.), Die Kabinettsprotokolle der Bundesregierung 9), hier: S. 205f. Interessant ist, daß dieser Beschluß der Bundesregierung ausdrücklich unter Hinweis auf die Politik der DPS, insbesondere Heinrich Schneiders, gefaßt wurde, dem eine stärker separatistische Politik als Johannes Hoffmann unterstellt wurde.

[47] LASB AA 436, Besprechungsvermerk v. 13.1.56. An gleicher Stelle wies der Minister auch auf ähnliche

Nach dieser Besprechung erfolgte die weitere Ausgestaltung der saarländischen Positionen zumindest teilweise in engerer Abstimmung zwischen Bonner und Saarbrücker Ministerien. Unter den konkreten Sachforderungen tritt besonders die Arbeit an einem Konzept zur Verbesserung der saarländischen Verkehrssituation hervor.[48] Teilweise sogar in Kenntnisnahme der Vorlagen der Bonner Ministerien wurden auch andere Detailprobleme erörtert, so z.B. bestimmte Aspekte der juristischen Probleme der Eingliederung.[49] Eindeutig legte sich die Landesregierung auf die Forderung nach einer Verbesserung der saarländischen Rechtssituation im Warndt fest.[50] In bezug auf die grundsätzlichen Fragen der Verhandlungsführung war man aber bereit, sich der von deutscher Seite vorgeschlagenen Verhandlungsstrategie zu beugen. Zwar blieb man bei der prinzipiellen Gliederung der saarländischen Forderungen nach Blinds dreistufigem Modell zur Eingliederung,[51] Priorität genoß jedoch die Durchsetzbarkeit der eigenen Wünsche gegenüber Frankreich. Was dies bedeuten konnte, zeigt sich besonders deutlich am Beispiel der Kanalfrage. Der Bau eines Saar-Pfalz-Kanals wurde am 17. Januar 1956 auf Expertenebene der Verkehrsministerien und unter Beteiligung von Wirtschaftsminister Eugen Huthmacher „mit den für die Saar günstigen Auswirkungen erörtert". Angesichts der ungünstigen Prognose über die Wirtschaftlichkeit des Kanals, die dessen Realisierung fraglich erscheinen ließ, wurde das Thema jedoch sofort wieder von der Tagesordnung der Konferenz gestrichen. Diese war nämlich dazu bestimmt, eine Sammlung von Materialien zu erarbeiten, mit denen man den Wünschen Frankreichs „begegnen zu können" hoffte.[52] Die Idee, den Saar-Pfalz-Kanal als Gegenstück zu der französischen Forderung nach Kanalisierung der Mosel zu positionieren, war damit gescheitert. Bereits einen Tag später erklärte das Bundesverkehrsministerium in einem Memorandum, daß den französischen Forderungen „kein deutscher Wunsch entgegengestellt werden [kann], der auch nur annähernd ein solches wirtschaftliches und politisches Gewicht hat",[53] womit der

---

Erfahrungen bei der Frage der zollfreien Einfuhr saarländischer Erzeugnisse nach Deutschland hin, bei der nach einer „voreiligen Behandlung in der saarländischen Presse" Frankreich nun „eine weitere Behandlung der Frage ablehne".

[48] Besonders zu nennen ist die Forderung nach dem Bau der Autobahn Saarbrücken-Mannheim und nach der Elektrifizierung des saarländischen Eisenbahnnetzes, LASB StK 1712, Kabinettsprotokoll v. 16.1.56.

[49] LASB AA 433 Brief Bundesjustizminister an AA v. 21.1.56 - es handelt sich um eine 21seitige (!) Darstellung juristischer Einzelprobleme; zu sozialen Fragen: LASB AA 435, Protokoll der Sitzung des Arbeitsausschuß VII v. 30.1.56; zum Bereich des Innenministeriums: LASB AA 433, Brief (Dr. Füßlein) an Bundesinnenministerium v. 31.1.56; zu Zollfragen LASB AA 437, Stellungnahme des Bundesfinanzministeriums „zu Einzelfragen der Rückgliederung des Saarlandes" v. 30.1.56, die Bezug nimmt auf eine frühere Stellungnahme von 23.12.55 (!).

[50] Hierbei griff die Saar-Regierung die - bereits in den Konflikten während der Teilautonomie entwickelte - Grundlinie auf, daß die Regelung der Warndtfrage es dem saarländischen Bergbau erlauben müsse, mit neuen Schachtanlagen die Kohlevorräte im Warndt in eigener Regie auszubeuten. Vgl. hierzu die umfangreiche Materialsammlung in LASB StK Kabinettsregistratur, Anlage MW Ministerium für Finanzen, Akten Blind, Dossiers zur Warndtfrage v. Februar 1956.

[51] LASB StK 1712, Kabinettsprotokoll v. 16.1.56.

[52] LASB AA 432, Besprechungsprotokoll v. 17.1.56.

[53] LASB AA 432, Memorandum v. 18.1.56.

Saar-Pfalz-Kanal auch von der Agenda der saarländisch-deutschen Verhandlungen abgesetzt war.

Zwischen bundesdeutscher und saarländischer Seite traten zudem Probleme auf, die auf Unsicherheiten über die angemessene Verhandlungsführung zurückzuführen sind: Anfang Februar nahm die Saar-Regierung Kenntnis von einer Direktive des Auswärtigen Amtes in Bonn, nach der die bisher von Deutschland nicht anerkannten Konventionen zwischen dem Saarland und Frankreich „auch in Zukunft nicht anerkannt" werden dürften. Der Saarvertrag sei als „ein formell neues, umfassendes Abkommen" zu schließen. Aus den Konventionen vom 3. Mai 1955 seien höchstens „nützliche, wenn auch nicht in allen Punkten befriedigende Hinweise" zu ziehen.[54] Dagegen schlug der interministerielle Saarausschuß in Bonn in einem Grundsatzpapier für Außenminister von Brentano vor, die Konventionen zwar weiterhin nicht anzuerkennen, aber immerhin vom Status quo auszugehen und die gegenwärtige Situation sogar zur Grundlage der weiteren Ausgestaltung der Übergangszeit zu machen.[55] Dieser Standpunkt wurde von Adolf Blind aufgenommen und akzeptiert.[56] Viele saarländische Experten und Fachministerien argumentierten jedoch weiterhin vollständig vom Standpunkt der geltenden Regelungen aus, so z.B. das Arbeitsministerium, das am 30. Januar 1956 in einer internen Besprechung die Richtlinie festlegte, man „dürfe den Gedanken an eine freiwillige Aufgabe der höheren [sozialen] Leistungen [im Saarland] nicht aufkommen lassen".[57] Teilweise reichten die Widersprüche aber auch über rein taktische Aspekte weit hinaus.[58] Anfang Februar beispielsweise erfuhr das saarländische Finanzministerium von einer Studie aus dem Bundesfinanzministerium, die nicht nur eine weitreichende Berücksichtigung franzö-

---

[54] LASB AA 436, Direktive v. Februar 56. Instruktiv zur Unsicherheit auf bundesdeutscher Seite in dieser Frage ist der Bericht des Bundesaußenministers vor dem Auswärtigen Ausschuß des Bundestages, abgedruckt in: Wolfgang Hölscher (Bearb.), Der Auswärtige Ausschuß des Deutschen Bundestages. Sitzungsprotokolle 1953-1957, Düsseldorf 2002 (= Quellen zur Geschichte des Parlamentarismus und der politischen Parteien, Vierte Reihe: Deutschland seit 1945, Bd. 13/II), Dok. 53, v.a. S. 1111f. und die Diskussion hierzu ebd., S. 1127ff.

[55] LASB AA 382, Protokoll v. 6.2.56. Möglicherweise können diese Unsicherheiten auf deutscher Seite als weitere Erklärung für die von Lappenküper, Deutsch-französische Beziehungen, S. 1116 und S. 118, erwähnten Bestrebungen innerhalb der Bundesregierung gelten, die Verhandlungsführung im Auswärtigen Amt zu zentralisieren. Vgl. hierzu auch Daniel Koerfer, Zankapfel Europapolitik: Der Kompetenzstreit zwischen Auswärtigem Amt und Bundeswirtschaftsministerium 1957/58, in: Politische Vierteljahresschrift 29 (1988), S. 553-568.

[56] Vgl. seine Überarbeitung des Sitzungsprotokolls in: LASB StK, Kabinettsregistratur, Anlage MW Ministerium für Finanzen, Akten Blind, Vorlage v. 6.2.56.

[57] LASB AA 435, Protokoll v. 30.1.56.

[58] M.E. stellt der verhandlungstaktische Aspekt einen der wichtigsten Gründe für die von Lappenküper erwähnten Vorstöße des Auswärtigen Amtes dar, die darauf abzielten, die Kontakte zwischen deutschen und saarländischen Stellen „auf das äußerste Maß" einzuschränken, Lappenküper, Deutsch-französische Beziehungen, S. 1114. Diese Linie, die im Januar gar zu einer Richtlinie der Politik des Bundeskanzlers wurde (ebd., S. 1116), ist weniger auf Rücksichtnahmen auf französische Interessen zurückzuführen, sondern steht wohl eher im Kontext der Bemühungen des Auswärtigen Amtes, die Federführung in den Verhandlungen auch faktisch zu behalten und eine einigermaßen klare deutsche Verhandlungslinie aufzubauen.

sischer Wirtschaftsinteressen bei den kommenden Verhandlungen befürwortete, sondern auch vor einer Zwischenetappe bei der Eingliederung warnte, die sowohl für die französischen als auch für die saarländischen Interessen besonders günstig sein würde.[59] Wenige Tage vorher hatte der spätere Leiter der saarländischen Staatskanzlei sogar zwei Typen von saarländischen Positionen identifiziert, nämlich saarländische Forderungen an die Verhandlungen zwischen Deutschland und Frankreich und Forderungen gegenüber der Bundesrepublik bezüglich der Eingliederung, wobei er allerdings den letztgenannten eine sehr viel geringere Priorität zuwies.[60]

1.1.3 Der „Schock" am 20./21. Februar 1956 in Paris

Noch bevor gegen Ende Februar die Verhandlungen auf internationaler Ebene auch offiziell begannen, deuteten sich weitere Probleme an. Zwar zeigte der erste Versuch der neuen Saar-Regierung, selbständig auf der Ebene der diplomatischen Beziehungen aktiv zu werden, kurzfristig den gewünschten Effekt: Durch einen „Höflichkeitsbesuch" von Ministerpräsident Ney bei dem französischen Außenminister Pineau trat nach Neys Darstellung eine deutliche Verbesserung des Gesprächsklimas ein.[61] Konterkariert wurden diese diplomatischen Bemühungen jedoch durch den öffentlichen Skandal um eine informelle Paris-Reise von Johannes Hoffmann und dem früheren Wirtschaftsminister Franz Ruland, die dort gemeinsam mit Pineau und Faure die kommenden Saarverhandlungen erörtert hatten. Die nach der Darstellung des deutschen Botschafters in Paris zitierte Erklärung des Kabinettchefs von Staatssekretär Faure hierzu, bei dem Gespräch sei von Seiten der Saarländer kein Widerspruch zu den Standpunkten der Saar-Regierungen formuliert worden und ein solcher sei von französischer Seite auch nicht gesucht worden, kann man wohl nur als indirekte Drohung damit werten.[62] Im Verhältnis zur deutschen Seite traten zudem die ungeklärten Fragen der Verhandlungsführung deutlich zutage. Das Kabinett sah sich am 16. Februar 1956 zu der Forderung veranlaßt, daß die saarländische Delegation bei allen künftigen Verhandlungen beteiligt sein solle, damit keine Abmachungen zwischen Deutschen und Franzosen getroffen würden, zu denen die Saar-Vertreter nicht vorher gehört worden seien. Weiterhin beschloß man vorsichtshalber, bereits zu Beginn der Verhandlungen in Paris mit einer möglichst hochkarätig besetzten Delegation anzureisen.[63] Andererseits berichtete zwei Tage später der saarländische Vertreter in Paris von einer Besprechung mit dem deutschen Delegationschef Rolf Lahr, während der dieser deutlich gemacht habe, daß die Anreise der saarländischen

---

[59] LASB StK, Kabinettsregistratur, Anlage MW Ministerium für Finanzen, Akten Blind, vertrauliches Memorandum v. 2.1.56.

[60] LASB AA 435, Protokoll v. 30.1.56.

[61] Allerdings hatte Ney nach eigener Darstellung auch darauf verzichtet, Details der zu verhandelnden Regelungen anzusprechen. LASB StK 1713, Kabinettsprotokoll v. 11.2.56.

[62] LASB AA 376, ungezeichneter Bericht (Maltzan?) v. 18.2.56. Interessant ist der Vergleich mit einem Bericht vom gleichen Tag aus der saarländischen Vertretung in Paris, in dem dieser Besuch keine Erwähnung findet, siehe LASB AA 436, Bericht v. 18.2.56.

[63] LASB StK 1713, Kabinettsprotokoll v. 16.2.56.

Delegation erst für den zweiten oder dritten Verhandlungstag sinnvoll sei, weil Deutsche und Franzosen vorher im engeren Kreis verhandeln würden. Der saarländische Geschäftsträger in Paris dagegen empfahl seiner Regierung genau das Gegenteil.[64]

Aus dieser Situation erklärt sich wohl auch der von Adolf Blind in seinen Erinnerungen ausführlich geschilderte Eklat zu Beginn der internationalen Verhandlungen. Erst nachdem die saarländische Delegation mit Abreise gedroht habe, so Blind, sei sie überhaupt vorgelassen worden. In politischer Hinsicht brachte die erste Verhandlungsrunde ein scharfes Aufeinandertreffen konträrer Standpunkte, der wie ein Schock auf die saarländische Delegation wirkte. Zwar setzte die deutsche Seite deren indirekte Beteiligung, nämlich auf Expertenebene, durch;[65] insbesondere in den Fragen, die sich auf die Dauer der Übergangszeit, den Bau des Moselkanals oder auf die Frage bezogen, welche rechtliche Ausgangssituation die Basis der Verhandlungen bilden sollte, konnte aber keine Einigkeit erzielt werden. Die größte Verunsicherung auf deutscher und saarländischer Seite rief der französische Vorschlag einer sehr lange bemessenen Übergangszeit von ca. zehn Jahren hervor.[66] Ebensowenig vereinbar mit der bisherigen Meinungsfindung im Saarland war die ultimative Forderung nach Kanalisierung der Mosel. Offenkundig präsentierten die französischen Verhandlungspartner hierbei eine ganze Reihe taktisch bedingter Maximalforderungen.

Die grundlegende Schwäche der saarländischen Position in dieser Situation bestand darin, daß keine angemessenen und verhandelbaren Gegenforderungen vorbereitet waren. Zwar konnte Blind seine Vorstellung zur Dauer der Übergangszeit gekoppelt mit einem allgemein-politischen Vorwurf wirkungsvoll plazieren,[67] weitergehende Mittel oder Argumente zur Durchsetzung dieses Standpunktes standen aber anscheinend nicht zur Verfügung. Ähnliches gilt in der Frage des Moselkanals. Der Saar-Regierung konnte keine Argumente anführen, die über die seit Anfang Februar durch ein Memorandum bekannten hinausgingen.[68] Darin wurden jedoch im wesentli-

---

[64] LASB AA 436, Bericht v. 18.2.56.

[65] Blind, Unruhige Jahre, Bd. II, S. 104; zur Durchsetzung der saarländischen Beteiligung LASB AA 436 Besprechungsvermerk v. 20.2.56.

[66] LASB AA 436 Besprechungsvermerk v. 26.2.56. Detaillierte Informationen zum Entscheidungsprozeß auf französischer Seite bietet eine Note v. 28.1.56, vgl. Ministère des affaires étrangères, commission de publication des documents diplomatiques français (Hg.), Documents diplomatiques français (im folgenden: DDF) 1956, Paris 1988, Dok. 52, bes. S. 97.

[67] Ebd.; nach seinen eigenen Erinnerungen konfrontierte Blind den französischen Partner mit dem Vorwurf, mit der Forderung nach einer langen Übergangszeit sozusagen auf „kaltem Wege" das Ergebnis der Volksabstimmung rückgängig machen zu wollen. Blind, Unruhige Jahre, Bd. 2 S. 112. Blind lieferte aus Anlaß dieser Besprechung - also nachträglich - der deutschen Seite auch eine Argumentationshilfe, nach der die Dauer der Übergangszeit für Frankreich ohnehin keine große Bedeutung habe, da ja auch Frankreich an einer Aufrechterhaltung der Wirtschaftsbeziehungen darüber hinaus interessiert sei.

[68] LASB AA 432, Memorandum der Saar-Regierung v. Februar 1956. Ludwin Vogel, Integrationspolitik, S. 252, erklärt die zeitliche Lücke in den Regierungsaktivitäten zur Moselfrage mit den Abstimmungsproblemen im Zuge der Regierungsbildung im Saarland von Anfang Januar 1956. Dem ist nur insofern zuzustimmen, als die Regierung zwar durchaus das mit diesem Projekt verbundene Problem thematisierte, aber keine überzeugenden Gegenargumente fand.

chen nur die negativen Effekte des Moselkanals für die Saarindustrie aufgezählt, was kaum als eine für die französischen Partner überzeugende Argumentation bewertet werden kann. In dieser Frage, die nach Einschätzung von Brentanos eine „politische Forderung" und einen „Schlüsselpunkt" der Verhandlungen darstellte[69] und die offenbar bereits in der ersten Verhandlungsrunde zum „préalable" einer Einigung in der Saarfrage erklärt worden war, verfügte die saarländische Seite somit nicht einmal über eine ausreichend vorbereitete Kompensationsforderung - wie z.B. die nach Bau des Saar-Pfalz-Kanals. Zudem hatte die Saar-Regierung in dem genannten Memorandum sich eigentlich sogar der Möglichkeit einer solchen Ausgleichsforderung beraubt, indem sie nämlich die Wirtschaftlichkeit des Moselkanals bezweifelte und diesen daher als dem Montanunion-Vertrag zuwiderlaufende Subvention bezeichnete - eine Argumentation, die nach damaligem Kenntnisstand genauso auch für den Saar-Pfalz-Kanal galt. Letztlich mußten die saarländischen Vertreter das Recht, zu dieser Frage überhaupt gehört zu werden, eigens reklamieren.[70] Von noch größerer Bedeutung für die weiteren Verhandlungen und die Position der Saar-Regierung war aber die Tatsache, daß es nicht gelang, eine gemeinsame Linie zum Ausgangspunkt der Lösung der Saarfrage zu fixieren. Auch die Saar-Regierung wollte die bisherigen rechtlichen Grundlagen des französisch-saarländischen Verhältnisses nicht oder zumindest nicht in allen Bereichen anerkennen - beispielsweise bezüglich der französischen Abbaurechte im Warndt. Damit blieb praktisch nur der im Referendum mehrheitlich ausgedrückte Wille der Saarbevölkerung, nämlich eine baldmögliche Eingliederung nach Deutschland, als allgemein-politische Grundlage der Regierungspolitik.[71] Diese Grundposition erwies sich allerdings von Beginn an als wenig tragfähig, da die Saar-Regierung selber in verschiedenen Punkten davon abweichen mußte, wenn sie z.B. eine Übergangszeit oder besondere Bedingungen für die Zeit nach der Eingliederung forderte. Dies schwächte auch die Stellung der Saar-Regierung gegenüber Bonn. Die Bundesregierung ließ von Anfang an keinen Zweifel daran, jede zu weit gehende Forderung der Saar-Regierung in der Öffentlichkeit als „neuen Separatismus" delegitimieren zu können.

Interessanterweise war das Thema „Saarverhandlungen" zwischen Mitte Februar und Mitte März nicht mehr Thema der Beratungen im saarländischen Kabinett. Dadurch wird die Bewertung der ersten Phase der internationalen Verhandlungen, die auch in der Literatur umstritten ist, nicht erleichtert.[72] Es zeichneten sich aber mehrere, für die

---

[69] LASB AA 436 Besprechungsvermerk v. 20.2.56.

[70] LASB AA 436 Besprechungsvermerk v. 21.2.56; in gleicher Richtung auch: Blind, Unruhige Jahre, Bd. 2, S. 121, sowie Cahn, Second retour, S. 93ff.

[71] Vgl. hierzu Cahn, Second retour, S. 123, und die Sammlung offizieller Dokumente bei Ludwig Dischler, Das Saarland, 1945-1956. Eine Darstellung der historischen Entwicklung mit den wichtigsten Dokumenten, 2 Bde. Hamburg 1956, hier: Bd. 1, S. 143.

[72] Robert H. Schmidt geht davon aus, daß die erste Phase der Verhandlungen aus saarländischer Sicht sehr erfolgreich verlaufen sei, und führt dies auf die besonders intensive und gründliche Vorbereitung durch den Lenkungsausschuß sowie die überlegenen Wirtschaftskonzepte des Heimatbunds zurück, vgl. Robert H. Schmidt, Saarpolitik, Bd. III S. 520. Dagegen sieht Cahn eher ein Scheitern, zumindest aber einen

Weiterentwicklung der saarländischen Position entscheidende Gestaltungselemente für die folgenden Verhandlungen ab. Die saarländischen Vertreter hatten die ihnen quasi nur zur Kenntnis gebrachte Ausweitung der Verhandlungsgegenstände auf generell alle zwischen Deutschland und Frankreich strittigen Punkte zu akzeptieren, insbesondere die Moselfrage. Gleichermaßen anerkannt wurde das Prinzip zweiseitiger Verhandlungen unter nur indirekter Beteiligung saarländischer Repräsentanten als Experten der deutschen Delegation. Schließlich wurde auch die einstweilige Ausklammerung der Frage nach den politischen Schutzbestimmungen[73] bzw. deren Regelung in Form eines Amnestiegesetzes sowie die generelle Ausklammerung der weiteren Ausgestaltung der kulturellen Beziehungen zwischen dem Saarland und Frankreich ebenfalls von saarländischer Seite angenommen.[74] Währendessen nahm jedoch ein auf saarländischer Seite gebildeter Lenkungsausschuß für die Verhandlungen bzw. die angegliederten Expertengremien der einzelnen Ressorts seine Arbeit auf. Namentlich in bezug auf die Verkehrsproblematik, das Banken- und Versicherungswesen[75] und die Warndtfrage[76] erfolgten anscheinend umfangreiche Konsultationen zwischen bundesdeutschen und saarländischen Vertretern. Gleichzeitig setzte auch eine umfangreiche Lobby-Arbeit verschiedener saarländischer Verbände und Institutionen ein, die versuchten, ihre jeweils besondere Sichtweise zu Einzelfragen in der Regierungsarbeit einzubringen.[77]

überraschend schlechten Start in die Verhandlungen, Cahn, Second retour, S. 96. Adolf Blind teilt in seinen Erinnerungen diese negative Einschätzung, betont aber gleichzeitig die klar fixierte Verhandlungslinie der Saarländer, die in dieser Phase daran arbeiteten, bereits während der vergangenen Konventionsverhandlungen erhobene Forderungen endlich durchzusetzen und weitergehende Zugeständnisse so weit als möglich zu vermeiden, Blind, Unruhige Jahre, Bd. 2 S. 107.

[73] Zu klären war, wie die Rechte von Personen - unter anderem französischer Staatsbürger -, die aus politischen Gründen mit den Heimatbundvertretern in Konflikt geraten waren oder welche die sich abzeichnende Veränderung der politischen Situation im Saarland nicht akzeptieren wollten, geschützt werden konnten. Zu dem Personenkreis zählten auch Bedienstete bei französischen Einrichtungen, wie z.B. bei der Mission diplomatique, die im Jahr 1959 in den saarländischen Landesdienst übernommen wurden, LASB StK 1721, Kabinettsprotokoll v. 23.5.59. Die Rechte der Betroffenen waren im Umfeld des Referendums durch die WEU-Kommission garantiert, in Anlage 1 des Saarvertrags wurde eine Anschlußregelung vereinbart.

[74] LASB AA 436, Besprechungsvermerk v. 20.2.56, und LASB AA 436, Besprechungsvermerk v. 21.2.56.

[75] LASB AA 438, Vermerk v. Februar 56; LASB StK Kabinettsregistratur, Anlage MW Ministerium für Finanzen, Akten Blind, Besprechungsprotokoll v. 2.2.56.

[76] LASB StK Kabinettsregistratur, Anlage MW Ministerium für Finanzen, Akten Blind, Expertengutachten zur Warndtfrage und zu den Saarbergwerken v. Februar 56.

[77] LASB StK Kabinettsregistratur, Anlage MW Ministerium für Finanzen, Akten Blind, Schreiben des Gesamtverbandes des Saarländischen Großhandels e.V. an Blind v. 30.1.56 mit umfangreichen Einlassungen zu Detailfragen der Währungsumstellung und der zu erwartenden Bilanzprobleme. LASB StK Kabinettsregistratur, Anlage MW Kabinettsvorlage Wirtschaftsministerium, Schreiben der Arbeitsgemeinschaft Saarländischer Filmtheater e.V. und des Verbands der Lichtspieltheater-Unternehmer des Saarlandes v. 11.2.56 zu Details der unterschiedlichen Steuerbelastung im Saarland im Vergleich zu Deutschland. LASB StK 1245. Memorandum des Saarländischen Bauernvereins e.V. v. 22.2.56 „Forderungen der Landwirtschaft des Saarlandes" zu Wettbewerbsnachteilen durch die zu erwartenden Neuregelungen. LASB AA 432, Memorandum der Chambre Syndicale de la Sidérurgie de la Sarre v. 2.3.56 mit detaillierten Forderungen zur Verbesserung der Transportkostensituation und zum Ausgleich der erwarteten Wettbewerbsnachteile durch den Moselkanal.

Möglicherweise ist hierin ein Auseinanderdriften zwischen politischer Führung und Expertenebene innerhalb der Ministerien festzustellen, dem ein ebensolches Auseinanderdriften der allgemein-politischen Aspekte der Saarverhandlungen einerseits und der konkreten Detailverhandlungen zwischen und innerhalb der Delegationen andererseits entsprach: Während auf Expertenebene die saarländischen Ausschüsse - gestützt auch auf ihren Informationsvorsprung - in einen intensiven Dialog mit ihren Parallelgremien auf bundesdeutscher Seite eintraten, gelang es auf der Spitzenebene des Kabinetts kaum, die saarländische Position in den internationalen Verhandlungen zu stabilisieren. Außerdem konnte keine Strategie präzisiert werden, die als klare Leitlinie für die weitere Verhandlungsführung hätte dienen können. In der ersten Phase der politischen Lösung der Saarfrage entwickelte sich somit die Position der Saar-Regierung eher als Reaktion auf Einflüsse von außen. Die Kabinette sahen sich mit diplomatischen Vorfällen und politischen Forderungen konfrontiert, die unmittelbare Reaktionen erforderlich machten, auf welche die Saarvertreter aber nicht ausreichend vorbereitet waren. Auf diese Weise wurde der Ansatz, die weitere Lösung aus dem politischen Mandat der Volksabstimmung zu entwickeln, von vornherein ausgeschaltet.

1.2 Die „heiße Phase" der Verhandlungen zwischen drohendem Scheitern und „glücklichem Ende"

1.2.1 Der zähe Verlauf der diplomatischen Verhandlungen und eine überraschende Wende

Das Treffen zwischen Adenauer, Pineau und von Brentano am 3. März 1956, das den Auftakt zur nächsten Runde der Verhandlungen bildete, kann sehr unterschiedlich bewertet werden.[78] Von besonderer Bedeutung für die saarländische Seite war jedenfalls die hier klar gewordene Bereitschaft der deutschen Seite, die französische Forderung nach Bau des Moselkanals früher oder später zu akzeptieren.[79] Die Saarländer lehnten dies zwar immer noch unter Hinweis auf die negativen Folgen für die Konkurrenzsituation der Saarwirtschaft ab, brachten jetzt aber ansatzweise Ausgleichsforderungen vor. Genannt wurden „finanzielle Hilfsmaßnahmen", die Forderung nach einer rein deutschen Verwaltung der Saarbergwerke, Maßnahmen zur Verbesserung der „Wirtschaftlichkeit der Saarbergwerke" und eine sehr kurze Über-

---

[78] Freymond glaubt, daß hier eine weitgehende Annäherung der Standpunkte erreicht wurde und insbesondere die Datierung der politischen Eingliederung erfolgt sei, Freymond, Saar, S. 199. Craddock dagegen sieht in dieser Zwischenrunde der Verhandlungen eher eine Art Schlichtungsphase, Craddock, Saar-Problem, S. 488.

[79] Lappenküper, Deutsch-französische Beziehungen, S. 1123. Auch Lappenküpers Darstellung zeigt - genauso wie die oben bereits zitierte Fülle an zeitgenössischen wirtschafts- und rechtswissenschaftlichen Arbeiten zur Frage der Moselkanalisierung -, welche hohe ökonomische und politische Bedeutung dieses Thema in der Bundesrepublik hatte. Daher erscheint Lappenküpers an anderer Stelle vorgetragene Bewertung, dem Moselkanal sei „weniger aus wirtschaftlichen, denn aus psychologisch-politischen Erwägungen ... in der Bundesrepublik" widersprochen worden, einigermaßen abwegig; siehe: ebd., S. 1101.

gangszeit.[80] Auch präzise Positionen in der Warndtfrage wurden den französischen Forderungen entgegengesetzt; insbesondere die Festlegung auf den Bau mindestens einer neuen Schachtanlage im Warndt sowie einer Beschränkung der französischen Kohleförderung wurde schrittweise in die Verhandlungsposition der deutschen Delegation integriert.[81] An dieser Stelle zeichnete sich in der saarländischen Verhandlungsführung eine wichtige Grundsatzentscheidung ab: Offenbar von der Vorstellung geprägt, in der Frage des Moselkanals auf einen zumindest zeitweisen Widerstand der deutschen Delegation aufbauen zu können, verknüpfte die saarländische Seite ihre Forderungen mit einer grundsätzlichen Ablehnung des Moselkanals. Soweit also die Rücknahme der deutschen Position schrittweise erfolgen würde, rechnete man sich wohl Chancen auf Durchsetzung der eigenen Forderungen aus. Das Kabinett beschloß dementsprechend, gegenüber der Bundesregierung die deutsche Verhandlungsbereitschaft in der Frage des Moselkanals weiterhin scharf zu kritisieren. Es wies die saarländische Delegation an, Befürchtungen zu äußern, denen zufolge das Saarland durch diese Maßnahme zum „Notstandsgebiet" werden könne - was in logischer Konsequenz allerdings ausreichende Ausgleichsforderungen weitgehend ausschloß: Selbst der Bau eines Saar-Pfalz-Kanals könne die negativen Wirkungen des Moselkanals für das Saarland nicht kompensieren, zumal er aus technischen und finanziellen Gründen wohl nicht realisierbar sein würde.[82]

Die bereits wenige Tage später, am 17. März 1956, auf Ebene der Staatssekretäre durchgeführten Verhandlungen brachten einen ersten empfindlichen Fehlschlag der saarländischen Verhandlungsführung.[83] Das französische Junktim zwischen Moselkanal und allgemeiner Bereitschaft zur Lösung der Saarfrage machte die Bindung saarländischer Forderungen an Zugeständnisse hinsichtlich der Mosel im Prinzip schon obsolet. Schlimmer noch: Sie führte zu einer weiteren Verhärtung der saarländischen Linie, die nunmehr sogar ein Scheitern der Verhandlungen in Kauf nehmen

---

[80] LASB AA 432, Stellungnahme v. 3.3.56.

[81] LASB AA 424, Memorandum v. 7.3.56, und LASB AA 424, Besprechungsprotokoll v. 8.3.56.

[82] Ebenso wenig würde die alleinige Verbesserung der Verkehrsinfrastruktur (Elektrifizierung und Autobahnbau) ausreichen; allenfalls eine aus Sicht der EGKS problematische Senkung der Frachttarife wurde als Ausweg dargestellt. Weiterhin formulierte das Kabinett weitreichende Forderungen in Hinblick auf die Warndtfrage, die z.B. in bezug auf die Frankreich zuzugestehenden Fördermengen noch weit unter der zwischenzeitlich bereits fixierten deutsch-saarländischen Linie blieben, LASB StK 1713, Kabinettsprotokoll v. 12.3.56. In gleicher Richtung, teilweise in der Formulierung und inhaltlichen Gestaltung aber noch schärfer: AA 130, Memorandum von Berghauptmann Schoenemann v. 13.3.56 zur Warndtfrage, und AA 432, Memorandum der Saar-Regierung zum Moselkanal v. 13.3.56.

[83] Zur ambivalenten Haltung in Deutschland zum Moselkanal, siehe: Marlies Kutz, Zur Geschichte der Moselkanalisierung von den Anfängen bis zur Gegenwart. Ein Überblick, in: dies. (Hg.), Moselkanalisierung, S. 9-110, hier v.a. S. 90ff. Die Vorgeschichte dieser Haltung bis zum Ersten Weltkrieg analysiert: Gertrud Milkereit, Das Projekt der Moselkanalisierung. Ein Problem der westdeutschen Eisen- und Stahlindustrie, in: Kutz (Hg.), Moselkanalisierung, S. 111-318. Ludwin Vogel, Integrationspolitik, S. 243ff., betont, daß die heftige Lobbyarbeit verschiedener Institutionen auf deutscher Seite - insbesondere von den Industrie- und Handelskammern - nach den Verhandlungen Anfang März allerdings erst direkte Interventionen des Bundeskanzlers in dieser Frage nötig gemacht haben, bevor auf der Ebene der internationalen Verhandlungen Zugeständnisse gemacht werden konnten.

wollte. Damit waren Konflikte mit dem bundesdeutschen Partner vorprogrammiert. Gegenüber den aufgebrachten Reaktionen im Saarland überrascht allerdings der recht optimistisch gehaltene Bericht Hallsteins über diese Verhandlungsrunde.[84] Weniger hoffnungsvoll gestalteten sich jedoch die Berichte anderer Teilnehmer, die eine Annäherung weder in der Frage des Moselkanals noch in der Frage der Fördermengen im Warndt erkennen konnten.[85] Selbst der eher vorsichtig formulierte Bericht von Rolf Lahr bestätigte schließlich die prekäre strategische Lage der saarländischen Regierung.[86] Das französische Junktim zwischen Moselkanal und gereneller Zustimmung zur Eingliederung der Saar nach Deutschland bewertete er als ein Scheitern der deutsch-saarländischen Verhandlungsstrategie, da somit die von der Saar-Regierung vorgenommene Koppelung von Moselkanal und französischen Zugeständnissen in der Warndtfrage nicht durchzusetzen war.[87] Heftige Reaktionen rief diese Verhandlungsrunde daher auch bei den saarländischen Vertretern hervor. Diese versteiften sich angesichts des französischen Junktims immer mehr auf weitreichende Forderungen in der Warndtfrage, wurden daraufhin aber von Hallstein mit der Gefahr des Scheiterns der Verhandlungen konfrontiert, was wohl als mehr oder weniger sanfter Druck zu verstehen ist.[88] Immerhin konnte Hallstein gegenüber den Saarländern wenigstens von einer vorläufigen - und den saarländischen Wünschen weitgehend entsprechenden - Fixierung der Eingliederungstermine berichten, welche die politische Eingliederung - bei Erfüllung der französischen Forderungen - zum 1. Januar 1957, die wirtschaftliche Eingliederung bis zum 1. Januar 1960 erwarten ließ. Allerdings war das saarländische Kabinett damit nicht zu beschwichtigen. In der Sitzung am 19. März 1956 kamen die Regierungsmitglieder überein, von ihrer harten Haltung in der Warndtfrage nicht abzurücken und auch die sich anscheinend im Verlauf der Verhandlungen bereits andeutende Kompromißlinie nicht zu akzeptieren. Die Saar-Regierung bekräftigte erneut ihre Haltung, daß von saarländischer Seite aus keine Gespräche über die Moselfrage möglich seien, wenn nicht vorher die Warndtfrage zufriedenstellend gelöst sei. Zwar fand man sich bereit, die Festlegung der Eingliederungstermine zu begrüßen,[89] ließ aber gleichzeitig keinen Zweifel daran,

---

[84] „Die Dinge seien in bemerkenswerter Weise in Bewegung gekommen", die Verhandlungsatmosphäre sei gut, insbesondere existierten Verhandlungsmöglichkeiten bei der Warndtfrage, LASB AA 436, Vermerk v. 17.3.56.

[85] LASB AA 130, Verhandlungsnotiz v. 16.3.56.

[86] Zur Unklarheit über die weitere Entwicklung der Verhandlungen siehe: Lappenküper, Deutsch-französische Beziehungen, S. 1125.

[87] LASB AA 436, Vermerk v. 17.3.56.

[88] LASB AA 436, Vermerk über eine Besprechung der saarländischen Vertreter mit Staatssekretär Hallstein am 17.3.56. Hallstein wird dahingehend zitiert, daß für den Fall eines Scheiterns der Verhandlungen mit einer Fortsetzung des Status quo zu rechnen sei, „ohne daß eine Intervention der Engländer und der Amerikaner zu erwarten ist. Wir können es in der gegenwärtigen Weltlage nicht auf einen offenen Krach mit den drei Westmächten ankommen lassen. Eine Gewaltlösung können wir uns nicht leisten. Das würde unerfreulicher sein als einige weitere Konzessionen, auch wenn uns diese sehr schwer fallen."

[89] Blind feiert diese Fixierung in seinen Memoiren geradezu euphorisch, Blind, Unruhige Jahre, Bd. 2 S. 128.

gegebenenfalls auch ein Scheitern der Verhandlungen in Kauf nehmen zu wollen, wenn die mit der Lösung der Saarfrage verbundenen Regelungen zu viele Zugeständnisse enthalten würden, die sich negativ auf die saarländische Wirtschaft auswirken könnten.[90] Die somit beschriebene sehr harte Linie der saarländischen Vertreter wurde noch kurz vor der nächsten Verhandlungsrunde erneut fixiert.[91] Diese verhärteten Positionen trafen in der nächsten Verhandlungsrunde zwischen den Staatssekretären am 27. März 1956 mit aller Schärfe aufeinander, so daß der Leiter der deutschen Delegation, Rolf Lahr, diese als die „weitaus härteste, die bisher in der Angelegenheit Saar zwischen der Bundesrepublik und Frankreich geführt worden war", charakterisierte.[92] Der Saar-Regierung kam spätestens durch den Lahr'schen Bericht zur Kenntnis, daß Edgar Faure die Verhandlungen sogar auf die Ebene der Regierungschefs heben wollte,[93] weil er selber zu keinen weiteren Konzessionen, insbesondere in der Warndtfrage, berechtigt sei. Dagegen scheint Hallstein auch in der Frage der Entschädigung für französische Investitionen im Warndt die sehr harte saarländische Linie, es handele sich um Investitionen auf Basis einer politischen Fehlspekulation, vertreten zu haben.

Auch der Chef der saarländischen Staatskanzlei präzisierte am 27. März 1956 erneut die saarländische Bereitschaft, ein mögliches Scheitern der Verhandlungen zu akzeptieren, denn „ein vorübergehender Verzicht auf die Verwirklichung seiner [des Saarlandes] Pläne" sei „weit eher vertretbar als die Übernahme der Verantwortung gegenüber der Bevölkerung für einen sich aus den Zugeständnissen ergebenden wirtschaftlichen und sozialen Niedergang der Saar".[94] Ebenso hart verlief die Beratung im Kabinett, wo erneut auf dem saarländischen Junktim zwischen Moselkanal und Warndtfrage beharrt wurde. Allerdings zeichnete sich gleichzeitig eine gewisse Kompromißbereitschaft in der Frage der französischen Kohleförderung im Warndt ab, insofern die maximal zuzugestehende Fördermenge von ursprünglich 40 auf nun 60 Mio. t erhöht wurde. Weitergehende Zugeständnisse seien, so der Beschluß weiter, dann aber erst in der Endphase der Verhandlungen zu machen, und das auch nur, wenn außenpolitischer Druck dazu zwinge und der Bestand der Saarwirtschaft dadurch nicht in Gefahr geriete.[95] Dieser Beschluß ist insofern bemerkenswert, als er die saarländische Verhandlungslinie geradezu auf den Kopf stellte: Eigentlich hatte man ja Zugeständnisse im Bereich des Moselkanals geplant, um die eigenen Forderungen unter anderem hinsichtlich des Warndts durchsetzen zu können. Eine weitere

---

[90] LASB StK 1713, Kabinettsprotokoll v. 19.3.56. Vgl. hierzu auch die Einordnung der Moselkanalisierung als „Lebensfrage der Saarwirtschaft" durch die Arbeitskammer: Probleme der Saarwirtschaft, in: Die Arbeitskammer. Zeitschrift der Arbeitskammer des Saarlandes 4 (1956), S. 78.

[91] LASB StK 1713, Kabinettsprotokoll v. 26.3.56.

[92] LASB AA 436, Vermerk v. 27.3.56. „Die Verhandlungen ... drehten sich im Kreise", so Ludwin Vogel, Integrationspolitik, S. 268.

[93] Lappenküper, Deutsch-französische Beziehungen, S. 1126.

[94] LASB AA 436, Rundschreiben des Chefs der Staatskanzlei an die Kabinettsmitglieder v. 27.3.56.

[95] LASB StK 1713, Kabinettsprotokoll v. 28.3.56.

interessante Festlegung erfolgte hinsichtlich der saarländischen Universität, die in Zukunft als rein deutsche und nicht mehr als europäische Einrichtung zu führen sei.[96] Möglicherweise deutete sich hier bereits eine Weiterentwicklung der saarländischen Verhandlungsposition an, die darauf basierte, im Bereich der Kulturpolitik verstärkt Druck auf die Verhandlungspartner ausüben zu können.[97]
Auf der Expertenebene sahen sich die Vertreter des Saarlandes jedoch sehr bald starkem Druck aus der Bundesrepublik ausgesetzt. Der spätere Referatsleiter im saarländischen Wirtschaftsministerium referierte schon am 28. März 1956 die deutsche Position gegenüber dem Saarland, nach der die Saar-Regierung die wirtschaftlichen Auswirkungen des Moselkanals auf die Saarwirtschaft überschätze. Der Kanal verbessere zwar die Rentabilität der lothringischen Eisenhütten, werde aber kaum die Wettbewerbssituation des Saarlandes nachhaltig beschädigen können. Jedoch seien positive Wirkungen auf die Ruhrindustrie wegen des günstigeren Bezugs lothringischer Produkte zu berücksichtigen. Ersatzweise einzuführende Ausnahmetarife der Bundesbahn seien wohl nur für echte Notstandsgebiete durchsetzbar, daher sei eine Rationalisierung der Saarindustrie und die Verbesserung der bestehenden Verkehrswege sinnvoller. Schließlich, so der Gedankengang weiter, könne „man sich durchaus auf den Standpunkt stellen ... [die Moselkanalisierung] verstoße gegen den Art. 4c des Montanvertrags" und stelle somit eine ungerechtfertigte Subvention dar, gegen die „jede Regierung" Klage erheben könne.[98] Die Saar-Regierung reagierte auf diese Zuspitzung der Lage, insbesondere auch durch die innersaarländischen Auseinandersetzungen im Vorfeld der Kommunalwahl Anfang Mai, mit einer nun stärker auf die Öffentlichkeit ausgerichteten Politik.[99] Zunächst nahm das Kabinett eine Presseerklärung des Vorstands der Saarbergwerke zum Anlaß, in aller Schärfe den Anspruch auf Selbstbestimmung der saarländischen Politik über den Warndt und die zukünftige Entwicklung der Kohleförderung zu bekräftigen.[100] Zwei Wochen später gerieten die Expertengespräche erneut ins Stocken. Daß kein französisches Entgegenkommen in der Warndtfrage herbeizuführen war, während gleichzeitig bereits Details

---

[96] Zu den Unsicherheiten bei der teilweise umgesetzten Restrukturierung der Universität vgl. Wolfgang Müller, „Nur unter Beibehaltung des übernationalen Universitätscharakters". Eine Denkschrift über die Universität des Saarlandes 1956, in: Haubrichs, Laufer u. Schneider (Hgg.), Zwischen Saar und Mosel, S. 473-485.

[97] Jedenfalls wurde diese Linie saarländischer Politik innerhalb der Universität und auch in der Öffentlichkeit breit zur Kenntnis genommen, siehe hierzu: Wolfgang Müller, Die Universität des Saarlandes in der politischen Umbruchsituation 1955/56, in: Rainer Hudemann, Burkhard Jellonnek u. Bernd Rauls unter Mitarbeit von Marcus Hahn (Hgg.), Grenz-Fall. Das Saarland zwischen Frankreich und Deutschland 1945-1960, St. Ingbert 1997 (= Geschichte, Politik und Gesellschaft. Schriftenreihe der Stiftung Demokratie Saarland 1), S. 413-426, hier: S. 421ff.

[98] LASB AA 432, Brief Krause-Wichmann an Lorscheider v. 28.3.56.

[99] Zum Zusammenhang zwischen den Wahlen und der Verhärtung der französischen Position siehe: Lappenküper, Deutsch-französische Beziehungen, S. 1127.

[100] LASB StK 1713, Kabinettsprotokoll v. 13.4.56. Vgl. hierzu auch Peter Weiant, Merkwürdige Pressekonferenz der Saarbergwerke, in: Mitteilungen der Industrie- und Handelskammer des Saarlandes 12 (1956), S. 306-307.

der Moselkanalisierung diskutiert wurden, scheint den sprichwörtlichen Tropfen im randvollen Faß dargestellt zu haben. Nach einem ungewöhnlich dramatischen Sitzungsbeschluß, der erneut auf die Möglichkeit eines Scheiterns der Verhandlungen rekurrierte,[101] trat Ministerpräsident Ney mit einer Grundsatzrede im Radio und vor dem Parlament in die Öffentlichkeit.[102]

Mit dieser Rede gelang es Ney aber kaum, die Zwangslage der Saar-Regierung durch die komplex verschränkten sachlichen und politischen Aspekte der bisherigen Verhandlungen zu verdecken oder gar zu mildern. Das Verhältnis zur bundesdeutschen Delegation wurde in seiner Ambivalenz nur ansatzweise thematisiert, und auch die problematische, weil immer weniger durchsetzbare Ablehnung des Moselkanals sowie das damit von saarländischer Seite verbundene Junktim wurden nicht bereinigt. Vielmehr verstrickte sich der Ministerpräsident in eine weitgehend von den Details der saarländischen Interessenformulierung bestimmten Redekonzeption. Ney brachte sogar bereits erarbeitete Unterstützungslinien seiner Position, z.B. durch die Erwähnung der Röchling-Frage, erneut in Gefahr. Schließlich muß der Versuch, Verständnis für die Schwierigkeiten der saarländischen Verhandlungsführung zu gewinnen, indem scharfe Kritik an den früheren Zugeständnissen der Regierung von Johannes Hoffmann gegenüber Frankreich geübt wurde, unabhängig von seiner innersaarländischen Komponente als in bezug auf die internationalen Verhandlungen völlig kontraproduktiv bewertet werden. Ein weiteres Indiz dafür, wie wenig es dem saarländischen Ministerpräsidenten gelungen war, seine internationale Position zu festigen, lieferte ein neuerlicher diplomatischer Konflikt zwischen Frankreich und dem Saarland. Um eine von Edgar Faure ausgesprochene Rüge „undemokratischer Zustände" an der Saar und einer Benachteiligung von europäisch eingestellten Saarländern entwickelte sich eine Auseinandersetzung, die nach Inhalt und Konfliktverlauf eher an die Frühphase der Zeit unmittelbar nach dem 23. Oktober 1955 erinnerte. Die Reaktion des Kabinetts auf diesen diplomatischen Zwischenfall bestand jedenfalls nur in dem Beschluß, die Presse besser über die Sachverhalte aus saarländischer Sicht zu informieren.[103] Vollends deutlich wird die negative Entwicklung der saarländischen Position in einem Kabinettsbeschluß vom 8. Mai 1956, in dem der Versuch unternommen wurde, die noch in Neys Rundfunkrede begrüßte Sitzung der Regierungschefs Anfang Juni kurzfristig zu verhindern. Offensichtlich erschien allerdings deutschen und französischen Vertretern zu diesem Zeitpunkt eine Einigung so wich-

---

[101] LASB StK 1713, Kabinettsprotokoll v. 25.4.56.

[102] Redemanuskripte in: LASB AA 436, Redemanuskript v. 27.4.56 und vom gleichen Tag in: LASB AA 439. Dieser Vorgang ist auch insofern interessant, als die innenpolitische Dimension der zu verhandelnden Gegenstände den Gang in die Öffentlichkeit auf französischer und deutscher Seite inopportun erscheinen ließ: „Weder in Deutschland noch in Frankreich war man in den Monaten März und April an öffentlichen Parlamentsdebatten zum Gang der deutsch-französischen Verhandlungen interessiert.", Ludwin Vogel, Integrationspolitik, S. 271.

[103] LASB StK 1713, Kabinettsprotokoll v. 4.5.56. De Carbonnel hatte am 27.4.56 persönlich bei Ministerpräsident Ney interventiert und ihn mit einer Fülle von Vorwürfen konfrontiert, vgl. seinen Bericht an Pineau v. 28.4.56, in: DDF 1956, Dok. 279, S. 675f.

tig, daß der saarländische Wunsch nach vorausgehender Klärung der sachlichen Einzelfragen unter direkter Beteiligung der Saarvertreter nicht mehr berücksichtigt wurde.[104]

Den Durchbruch in den bisher verhärteten Fronten brachten die Verhandlungen der Staatssekretäre im Mai 1956. Hier wirkte bereits der erhöhte Einigungsdruck durch die für Anfang Juni angekündigte Konferenz der Regierungschefs.[105] Insbesondere in der Frage der Ausgestaltung der Übergangszeit, aber durchaus auch in den bislang so problematischen Fragen von Moselkanal und Warndtregelung näherten sich die beiden Verhandlungspartner weitgehend an.[106] Diesem Einvernehmen lag jedoch - wie sich besonders deutlich an der Frage der Übergangszeit zeigen läßt - kein Einvernehmen über konkrete Detailregelungen und vor allem kein prinzipieller Konsens über die Funktion dieser Vertragsbestandteile zugrunde: Keines der bislang vorgetragenen Konzepte, sei es „Übergangszeit als Schutzphase der saarländischen Wirtschaft in der Umstellungsphase vor der deutschen Konkurrenz",[107] sei es „Übergangszeit als Periode der Vorbereitung der Wirtschaft auf die Verhältnisse in Deutschland"[108] oder „Übergangszeit als Schutzphase für französische Wirtschaftsinteressen an der Saar",[109] wurde als verbindlich fixiert - was sicherlich nicht nur darauf zurückzuführen ist, daß diese Konzepte widersprüchlich waren, sondern daß auch innerhalb der Delegationen offenbar keine Einigkeit in dieser Frage herrschte. Dementsprechend gestaltete sich die Direktive für die weiteren Gespräche gerade in dieser Frage sehr differenziert, indem sie eine Fülle von Einzelregelungen den Experten zur Verhandlung übergab.[110] Eine überraschende Wende deutete sich dagegen durch die französische Forderung nach Aufnahme kultureller Bestimmungen sowie von Schutzbestimmungen für Personen in den Saarvertrag an.[111] Erstere war spätestens am 21. Februar 1956 von deutscher Seite als nicht akzeptabel bezeichnet worden, wenn diese Frage auch in den damaligen Verhandlungen nicht vertieft worden war.[112] Auch in bezug auf die Schutzbestimmungen waren bereits früh

---

[104] LASB StK 1713, Kabinettsprotokoll v. 8.5.56.

[105] LASB AA 436, Bericht Hallsteins v. 17.5.56. Es wird eine Äußerung eines Vier-Augen-Gesprächs der Staatssekretäre zitiert: „Man dürfe keineswegs erwarten, daß Herr Adenauer und Herr Mollet die Arbeit abnehmen würden."

[106] Zum Umfang der in diesen Verhandlungen angenäherten Standpunkte: Lappenküper, Deutsch-französische Beziehungen, S. 1129. Auch nach dieser Darstellung erscheint Lappenküpers anschließende Bewertung der Verhandlungsrunde als „völliger Mißerfolg" (ebd., S. 1130) wenig plausibel.

[107] So Ney in seiner Rede noch im April 1956, LASB AA 436, Redemanuskript Ney v. 27.4.56. Sehr deutlich äußerte sich auch Adolf Blind in einer Besprechung mit von Brentano, LASB AA 436, Vermerk v. 20.2.56.

[108] Die Übergangszeit dient dazu, „die Anpassung der Saarwirtschaft an das Endstadium vorzubereiten und soweit wie möglich bereits zu verwirklichen", LASB AA 436, Memorandum der deutschen Delegation v. 26.2.56.

[109] LASB AA 436, Gegenüberstellung der Verhandlungspositionen v. 27.6.56.

[110] LASB AA 436, Verhandlungsdirektive v. 18.5.56.

[111] LASB AA 436, Bericht Hallsteins v. 17.5.56.

[112] LASB AA 436, Vermerk v. 21.2.56.

sowohl die deutsche als auch die saarländische Position geklärt worden, wenn auch ein bereits als Entwurf vorliegendes Amnestiegesetz für den Abstimmungskampf die Wünsche der französischen Seite wohl nicht hat erfüllen können.[113] Erwartungsgemäß lehnten die saarländischen Vertreter diesbezügliche Forderungen als unannehmbar ab; trotzdem fanden diese als offene Fragen Aufnahme in die abschließende Direktive für die weiteren Verhandlungen.[114]

Überraschend an dem Auftauchen dieser Forderungen ist, daß sie für die französische Seite ebensowenig Vorteile versprachen wie sie Chancen auf Durchsetzung gegenüber der bundesdeutschen und saarländischen Seite hatten. Am ehesten war wohl noch die Einarbeitung von Schutzbestimmungen realistisch, jedoch war dieser Punkt für die deutsche Delegation anscheinend sehr unangenehm, insbesondere im Hinblick auf die Signalwirkung für die Wiedervereinigung Gesamtdeutschlands.[115] Die französische Forderung nach Einbeziehung von kulturellen Bestimmungen überrascht noch mehr, standen die deutsch-französischen Kulturbeziehungen doch bereits seit dem 23. Oktober 1954 auf einer ausreichenden vertraglichen Grundlage.[116] Dieser Vorstoß Frankreichs bot der Saar-Regierung ein willkommenes Instrument, ihrer sehr defensiven Position zu entkommen.[117]

Kennzeichnend für die „heiße Phase" der Verhandlungen war somit ein schrittweises Auseinanderdriften der sich ausdifferenzierenden Detailverhandlungen auf Expertenebene, ein in Fragen grundsätzlicher Bedeutung immer weiteres Auseinanderklaffen der Positionen der Verhandlungspartner und ein auf oberster politischer Ebene immer deutlicher werdender Wille, die Verhandlungen schnellstmöglich zu einem Ende zu

---

[113] LASB StK 1713, Kabinettsprotokoll v. 12.1.56 und 16.1.56.

[114] LASB AA 436, Direktive v. 18.5.56.

[115] LASB StkK 1713, Kabinettsprotokoll v. 5.6.56.

[116] Ulrich Lappenküper, „Sprachlose Freundschaft"? Zur Genese des deutsch-französischen Kulturabkommens vom 23. Oktober 1954, in: Lendemains. Etudes comparées sur la France. Vergleichende Frankreichforschung H. 84 (1996), S. 67-82. Den Zusammenhang zur Entwicklung der kulturpolitischen Beziehungen bietet Ansbert Baumann, Der sprachlose Partner. Das Memorandum vom 19. September 1962 und das Scheitern der französischen Sprachenpolitik in der Bundesrepublik Deutschland, in: Revue d'Allemagne 34 (2002), S. 55-76; zur im Saarland besonders wichtigen Frage des Französischunterrichts: Georges Cuer, Der Französischunterricht und die französische Sprachpolitik in Deutschland nach 1945, in: Franz Knipping u. Jacques le Rider (Hgg.), Frankreichs Kulturpolitik in Deutschland 1945-1950, Tübingen 1987, S. 57-83. Zur offiziellen Kulturpolitik Frankreichs in seiner Besatzungszone vgl. Corine Defrance, La politique culturelle de la France sur la rive gauche du Rhin 1945-1955, Strasbourg 1994; zur Einordnung in die Tradition kultureller Beziehungen nach dem Ersten Weltkrieg vgl. Heike Arend, Gleichzeitigkeit des Unvereinbaren. Verständigungskonzepte und kulturelle Begegnungen in den deutsch-französischen Beziehungen der Zwischenkriegszeit, in: Francia 20 (1993), S. 131-149; zur Kulturpolitik als Forschungsfeld vgl. Hans Manfred Bock, Wiederbeginn und Neuanfang in den deutsch-französischen Gesellschafts- und Kulturbeziehungen 1949 bis 1955, in: Lendemains. Etudes comparées sur la France. Vergleichende Frankreichforschung H. 84 (1996), S. 58-66. Einschlägig für den problematischen Neuanfang der kulturellen Beziehungen zwischen Frankreich und dem Saarland ist Heinrich Küppers, Bildungspolitik im Saarland 1945-1955, Saarbrücken 1984.

[117] Das saarländische Kabinett nahm diese Forderung dann auch sofort als Chance wahr, juristisch und politisch gut legitimierte Maximalpositionen aufzubauen, vgl. LASB StK 1713, Kabinettsprotokoll v. 28.5.56.

führen. Dabei wirkte die Zuspitzung der Auseinandersetzung auf dem Niveau allgemeinpolitischer Fragen besonders im Umfeld des Kommunalwahlkampfs vom Mai 1956 negativ auf die Handlungsmöglichkeiten der Saar-Regierung. Je deutlicher diese in der innersaarländischen Diskussion entlang der Frontstellungen des Abstimmungskampfes argumentierte, um so weniger konnte sie einen konstruktiven Beitrag zur Lösung der Verhandlungsgegenstände leisten und um so mehr brachte sie den innersaarländischen Konsens in Gefahr.

1.2.2 Die Konferenz der Regierungschefs und das „stumpfe Ende"

Das mit großem Aufwand öffentlich inszenierte deutsch-französische Gipfeltreffen am 4. Juni 1956 brachte demgegenüber nach Wahrnehmung der Presse einen überraschend deutlichen Fortschritt.[118] Insbesondere die bis dato wohl umstrittensten Punkte, nämlich die Moselkanalisierung, die Regelung der Warndtfrage und die Festlegung der Eingliederungstermine, galten seitdem als einvernehmlich gelöst. Diese öffentliche Wahrnehmung stimmt zwar nur teilweise mit den aus den Akten rekonstruierbaren Verhandlungsvorgängen überein,[119] die öffentliche Präsentation des Verhandlungserfolgs der Regierungschefs vergrößerte aber den Einigungsdruck auf die Delegationen.[120] Suggestiv wirkte der offiziell verkündete Abschluß der Gespräche nicht nur auf internationaler Ebene,[121] sondern auch innenpolitisch auf die Parteien in der Bundesrepublik. Deutlich wird dies insbesondere an der Meinungsfindung der bundesdeutschen SPD zum Fortgang der Saarverhandlungen, die den Zustimmungs- und Konsensdruck hinsichtlich früher noch heftig umstrittener Einzelfragen belegt.[122]

---

[118] Einen Überblick über die Reaktionen der nationalen und internationalen Presse auf den Gipfel bietet: Cahn, Second retour, S. 99. Auch im Saarland fand diese Perspektive Niederschlag in der Berichterstattung, vgl. bspw. Anton Hoffmann, Das neue Saarabkommen. Eine kurze Betrachtung zum Luxemburger Saarabkommen, in: Die Arbeitskammer. Zeitschrift der Arbeitskammer des Saarlandes 4 (1956), S. 181-183. Um einiges skeptischer betrachtete man den Gipfel jedoch bereits wenig später: Peter Weiant, Wunsch und Wirklichkeit, in: Mitteilungen der Industrie- und Handelskammer des Saarlandes 13 (1957), S. 176-180.

[119] Völlig anders hierzu Lappenküper, Deutsch-französische Beziehungen, S. 1130: „Den ersehnten Durchbruch erbrachte erst das Treffen der beiden Regierungschefs Adenauer und Mollet am 4.6. in Luxemburg." Über die bereits erwähnten Punkte hinaus werden an dieser Stelle aber keine weiteren Erfolge genannt, die eine so positive Einschätzung des Regierungsgipfels rechtfertigen würden. Vielmehr geht auch Lappenküper recht ausführlich auf die nach der Einigung der Regierungschefs noch notwendigen, umfangreichen Sachverhandlungen ein, Lappenküper, Deutsch-französische Beziehungen, S. 1133-1135. Deutlich vorsichtiger urteilt Ludwin Vogel, Integrationspolitik, S. 274ff., der zwar einerseits die positiven Reaktionen der zeitgenössischen Öffentlichkeit zitiert, aber gleichzeitig betont, daß die Ergebnisse des Gipfels selbst in der Frage des Moselkanals „noch einiges offen ließen".

[120] Sehr deutlich formulierte schon Rolf Lahr: „Unsere Regierungen haben uns zur Einigung verurteilt.", Lahr, Zeuge, S. 247.

[121] Cahn, Second retour, S. 104ff.

[122] Vgl. hierzu Cahn, Quatrième République, S. 253ff. Bereits am 9.5.56 hatte von Brentano vor dem Auswärtigen Ausschuß des Bundestags Wert auf die Feststellung gelegt, daß die erhoffte Einigung der Regierungschefs einerseits kein ratifizierungsbedürftiges Präjudiz darstelle, daß der Ausschuß aber andererseits bereits vorab über die Grundlinien der Einigung informiert werde, um aus den Unterschieden zwischen den Parteien in der sachlichen Bewertung der Regelung resultierende Kontroversen in der

Ähnliche Auswirkungen zeigte der Gipfel auch auf die Position des saarländischen Kabinetts. Zunächst wurde große Zufriedenheit mit der Verhandlungsführung Adenauers ausgedrückt, durch die „selbst in kritischen Augenblicken der Verhandlungen kein Zugeständnis gemacht worden [ist] ... das nicht die Billigung der ... saarländischen Regierungsdelegation gehabt" hätte. Allerdings sah sich das Kabinett genötigt, deutsche Zugeständnisse im Warndt als noch vertretbar zu akzeptieren, die weit über die bisher vertretene Position hinausgingen.[123] Ein weiteres Indiz für die so erzwungene Revision der saarländischen Position stellt das Schicksal der saarländischen Initiative „Rettet den Warndt" dar. Dieser Aktionsausschuß war ursprünglich vom DGB-Saar unter Leitung von Paul Kutsch gegründet worden und hatte sich zum Ziel gesetzt, „mit allen uns zu Gebote stehenden Mitteln für eine gerechte Lösung" der Warndtfrage einzutreten. Dazu sollten die Saar-Regierung, die Heimatbundparteien, die Industrie- und Handelskammer, die Handwerkskammer und der Arbeitgeberverband zur Mitarbeit angerufen werden. Als Ehrenpräsident sollte Ministerpräsident Ney fungieren. Zur Finanzierung der Arbeit hatte der DGB nach eigenen Angaben bereits 18.000 DM eingesetzt, die weiteren Ausgaben von 60.000 DM sollten laut Antrag hälftig vom DGB und dem Ministerium für Gesamtdeutsche Fragen aufgebracht werden.[124] Dieser Antrag wurde unter Hinweis auf die mittlerweile auf Regierungsebene gehobenen Verhandlungen abgelehnt. Der Minister gestand zu, „daß die [dort gefundene] Lösung den Deutschen Gewerkschaftsbund Saar schwer enttäuscht hat", betonte aber gleichzeitig, daß sie einen „echten Kompromiß" und einen Beitrag zur Arbeitsplatzsicherung darstelle. Daher habe auch das Saar-Kabinett den Lösungen zugestimmt; somit sei das geplante Aktionsprogramm obsolet.[125] In der Tat gab die Saar-Regierung bereits ab dem 14. Juni 1956 in ihren Beratungen den fundamentalen Widerstand in der Warndtfrage auf und beschränkte sich auf reine Details.[126]

---

späteren Ratifizierungsdebatte zu vermeiden, vgl. Hölscher (Barb.), Auswärtiger Ausschuß, Dok. 57, S. 1225. Die Information erfolgte am 1.6.56 (!), ebd., S. 1240ff. Eine Woche später, am 6.6.56, weigerte sich von Brentano auf gezielte Nachfrage hin, die nach seiner Darstellung von den Regierungschefs formulierten Direktiven für die weiteren Verhandlungen dem Parlament zugänglich zu machen, ebd., S. 1301. Als einziger Beleg für diese Direktiven steht ein äußert knapper Text in DDF 1956, Dok. 366, zur Verfügung.

[123] LASB StK 1713, Kabinettsprotokoll v. 5.6.56. Konkret akzeptierte das Kabinett hier einen Kompromiß, der bereits das in der Endregelung vorgesehene Zugeständnis von Abbaurechten bzw. Kohlelieferungen von 90 Mio t Warndtkohle enthielt. Allerdings waren in der Regelung schon finanzielle Zusagen des Bundes gegenüber dem Saarland und die Bereitschaft, zwei Großschachtanlagen im Warndt niederzubringen, vorgesehen; weitere Fragen aber, ob der Liefer- auch eine Abnahmeverpflichtung Frankreichs gegenüberstehen sollte oder auch die Definition der der HBL zu überlassenden Kohlefelder, waren noch ungeklärt.

[124] LASB AA 130, Brief Karl Dinges an Ministerium für Gesamtdeutsche Fragen v. 1.6.56.

[125] LASB AA 130, Brief Dr. Knoop (Ministerium für Gesamtdeutsche Fragen) an Aktionsausschuß „Rettet den Warndt" v. 2.6.56.

[126] LASB StK 1713, Kabinettsprotokoll v. 14.6.56 - diskutiert wurde u.a. die Festlegung der einzelnen Flöze, aus denen die HBL die ihr zugesagten Mengen sollte fördern dürfen.

Trotzdem gelang es den Regierungschefs nicht, die nach den positiven Einschätzungen in der Öffentlichkeit allgemein erwartete baldige und umfassende Lösung der gesamten Saarfrage zu erzwingen. Vielmehr verlagerte sich nun die Diskussion auf andere, aber ebenso hart umkämpfte Sachbereiche. Insbesondere die Währungsfragen und die Regelung der Wirtschaftsbeziehungen in und nach der Übergangszeit entwickelten sich zu gravierenden Problemfällen der weiteren Lösungsbemühungen.[127] Durch die neu eingeführten Sonderverhandlungen in Kulturfragen zwischen Saar-Regierung und Frankreich veränderte sich zudem die diplomatische Grundlage: Erstmals gelangte die Saar-Regierung in die Position, eigenständige Verhandlungen mit Frankreich führen zu können.[128] Dies stärkte die Stellung der Saarvertreter ungemein. Ähnlich erwies sich auch die Thematisierung der Frage der Schutzbestimmungen als für die französische Seite ungünstig, für die saarländische Seite jedoch taktisch günstig. Schließlich ermöglichte diese neue Situation auch einen neuen Stil der Verhandlungsführung durch die Saarländer: Ihre Drohung mit einer Blockade der Kulturverhandlungen erwies sich nämlich im Unterschied zu früheren Drohungen mit einem Scheitern der Gesamtverhandlungen als wirksames Instrument.

Dementsprechend wiesen die diplomatischen Bemühungen um die Lösung der Saarfrage trotz der öffentlichen Inszenierung des Verhandlungsendes im Juni 1956 ein mehr oder weniger „stumpfes Ende" auf. Erstens wurde bis unmittelbar vor der Unterzeichnung der Verträge im Oktober noch in der Sache verhandelt,[129] zweitens erfolgte ein praktisch nahtloser Übergang der Verhandlungen um den Saarvertrag in die Problematik des Eingliederungsgesetzes. Als Gemeinsamkeit ist dabei der sich zuspitzende Konflikt zwischen saarländischen und bundesdeutschen Vertretern anzusehen, in dessen Verlauf immer deutlicher wurde, daß die eigentlich entscheidenden Fragen gar nicht auf der internationalen Ebene zu behandeln waren. Im Rahmen dieser Auseinandersetzung entwickelte sich der Einigungsdruck dann auch von seiner rein auf die Öffentlichkeit bezogenen Komponente zu einem Element der internen Abstimmung in den Delegationen fort. Angesichts der sich in den umfangreichen Expertendiskussionen nur sehr schleppend einstellenden Verhandlungsergebnisse erging Ende August - möglicherweise auf französischer Seite genau wie auf deut-

---

[127] Vgl. bes. zur Währungsfrage den Bericht von Hallstein im Auswärtigen Ausschuß des Bundestages, Hölscher (Bearb.), Auswärtiger Ausschuß, Dok. 60, S. 1328ff.

[128] LASB AA 383, Verhandlungsprotokoll v. 28.6.56.

[129] Dies erklärt auch die von Cahn, Second retour, S. 109, offen gelassene Frage nach dem relativ späten Datum der Unterzeichnung der Verträge. Vgl. hierzu die zeitgenössische Sichtweise von Lahr, Zeuge, S. 250, der diese Verhandlungsphase als einen „Großkampf" bezeichnet, wegen dem die Unterzeichnung der Verträge schon „zweimal verschoben" werden mußte. Nach Lappenküper, Deutsch-französische Beziehungen, S. 1134, erfolgte die letzte Zustimmung des Bundeskabinetts erst in einer Sitzung am 11.10.56 - wobei hier von Walter Hallstein audrücklich betont wurde, daß die Verhandlungen erst durch Besprechungen „in letzter Zeit" zu einem Ende geführt werden konnten und die Klärung letzter Details zur Währungsumstellung sogar noch ausstand, vgl. Hüllbüsch (Bearb.), Kabinettsprotokolle 1956, S. 634f. Ludwin Vogel, Integrationspolitik, S. 295ff., zeigt sogar, daß in der Frage des Moselkanals der letzte Durchbruch zwischen dem Luxemburger Premierminister und Staatssekretär Faure erst am 19. Oktober erzielt werden konnte.

scher - sogar eine „strenge Anweisung", die Verhandlungen bis Ende September 1956 abzuschließen.[130]

Zunächst jedoch galt es, die „leidige" Warndtfrage zu lösen. Nachdem die ursprünglichen saarländischen Forderungen in der Warndtfrage bereits in der zweiten Verhandlungsphase hatten schrittweise revidiert werden müssen, folgte nun eine hauptsächlich auf Details der im Grundsatz bereits vereinbarten Lösung ausgerichtete Diskussion.[131] Dabei arbeitete die Saar-Regierung hauptsächlich daran, das Verhandlungsergebnis sowohl gegenüber internen als auch innersaarländischen Kritikern durchzusetzen. Bis spätestens Juli scheint dieser Versuch gelungen zu sein.[132] Ein kurzfristiger Rückschlag trat ein, als das Kabinett mit der französischen Forderung konfrontiert wurde, daß die der französischen Seite im Warndt zugestandenen Kohlefördermengen sich auf verkaufsfähige Kohle - nicht also auf die „Bruttoförderung" - zu beziehen hätten.[133] Bis Anfang September wurde aber auch dieser - möglicherweise auch taktisch bedingte - Konflikt geregelt.[134] Neuer Konfliktstoff deutete sich jedoch mit der Regelung der Kohleverkaufsorganisation an. Diese Frage war bereits im März kurz andiskutiert worden,[135] allerdings ohne daß eine Übereinstimmung erzielt worden wäre. Neuerlich auf die Agenda geriet das Thema im Rahmen der Staatssekretärskonferenz am 11./12. September 1956.[136] Nachdem sich das Kabinett

---

[130] LASB AA 433, Brief Bundeswirtschaftsministerium an Bundesinnenministerium v. 29.8.56.

[131] Zum Beginn dieser Bemühungen unmittelbar nach der Konferenz der Regierungschefs, siehe: LASB StK 1713, Kabinettsprotokoll v. 14.6.56.

[132] Der Erfolg dieser Bemühungen wurde für die Saar-Regierung sichtbar in einem Memorandum der IHK des Saarlandes, die sich - entgegen früherer Äußerungen - nun der Sichtweise anschloß, daß die Warndtlösung zwar ein eigentlich unnötiges Opfer, aber letztlich eben doch akzeptabel sei; vgl. LASB AA 436, Memorandum der IHK des Saarlandes „Zum gegenwärtigen Stand der Saarfrage" v. Juli 1956. Deutlich wird dieser Erfolg auch in der Rundfunkrede von Ministerpräsident Ney, in der er diese Linie auch gegenüber der breiten Öffentlichkeit vertrat, vgl. LASB AA 940, Rundfunkrede v. 5.7.56.

[133] LASB StK 1714, Kabinettsprotokoll v. 16.7.56.

[134] LASB StK 1714, Kabinettsprotokoll v. 7.9.56. Die deutschen und saarländischen Experten hatten auf die französische Forderung hin sehr schnell eine umfangreiche Materialsammlung zusammengestellt, die Grundlagen der Mengen- und Preisberechnung infrage stellten. Mit dieser stark konfliktorientierten Vorgehensweise, die zudem auf den alten Vorwurf der unsachgemäßen Ausbeutung der Warndtvorräte durch den französischen Bergbau rekurrierte, konnte man sich offenbar durchsetzen. Vgl. LASB AA 424, Gutachten v. 21.8.56.

[135] LASB StK 1713, Kabinettsprotokoll v. 19.3.56. Die französische Forderung bedeutete direkte Einflußmöglichkeiten auf die Lieferverträge und vor allem auf die Preisgestaltung für die von den Saarbergwerken produzierte Kohle. Von saarländischer Seite war befürchtet worden, daß die Saarbergwerke dadurch Gewinneinbußen erleiden könnten.

[136] LASB AA 436 Bericht v. 8.9.56. Am 27.9.56 äußerte sich Hallstein vor dem Auswärtigen Ausschuß des Bundestages hierzu: „Die andere Gruppe von Problemen, mit denen wir [die Staatssekretäre] hoffen [sic!] heute und morgen fertig zu werden, ohne die Regierungschefs zu bemühen, sind die Probleme, die man nur in Erinnerung an die Sage von der Hydra richtig illustrieren kann. Jedesmal, wenn wir ein Problem gelöst hatten - eines von vielen Hundert, die beim Saarvertrag zu lösen waren -, stellte sich heraus, daß es uns in der nächsten Sitzung nicht in derselben Form, sondern wahrhaft dreifach entgegentrat, weil die Experten gefunden hatten, daß die Antwort, die die Staatssekretäre gegeben hatten, nicht reicht, um das Problem zu erledigen, und daß die Antwort neue Fragen aufwirft, und zwar mehr.", vgl. Hölscher (Bearb.), Auswärtiger Ausschuß, Dok. 62, S. 1400. Daraus ergaben sich eine in verschiedenen Punkten „rettungslos verhärtete Situation", ebd., S. 1402.

zunächst mit seiner bereits früher[137] formulierten Position, Frankreich allenfalls Einfluß auf den Absatz nach Frankreich zuzugestehen, durchgesetzt zu haben schien,[138] sahen sich die Saarvertreter im Oktober 1956 mit davon abweichenden französischen Forderungen konfrontiert, die sich zudem noch auf eine Auslegung der Vereinbarung der Regierungschefs vom Ende September beriefen.[139] Der Konflikt eskalierte so weit, daß der Ministerpräsident eine sehr kurzfristige und scharfe Intervention gegenüber von Brentano initiierte: Ney drohte unverhohlen damit, daß die Saar-Regierung im Falle einer für die Saar unvorteilhaften Lösung dieser Frage nicht bereit sein würde, das Kulturabkommen mit Frankreich zu schließen.[140] Dies entwickelte sich in den darauf folgenden Tagen zu einer Nagelprobe für die vorgesehene Terminabfolge, denn noch bis kur vor den Tag der Unterzeichnung des Luxemburger Vertrags durch die Regierungschefs beriet das saarländische Kabinett darüber, um nach der zwischenzeitlich herbeigeführten Einigung auf eine Kohleabsatzorganisation mit zwei Sitzen (in Strasbourg und in Saarbrücken) wenigstens in der Frage der personellen Besetzung für das Saarland günstigere Bedingungen herauszuverhandeln.[141]

Im Kontext der Neuordnung der Saarbergwerke spielten auch die Schutzbestimmungen eine Rolle, wobei vor allem die Höhe der Abfindungen für ausscheidende Mitarbeiter und deren Finanzierung für Konfliktstoff sorgte.[142] Zwar deutete sich zwischen den Delegationen Anfang Juli eine allgemeine Kompromißlinie an, die sowohl ein Amnestiegesetz als auch eine Verankerung im Vertrag vorsah;[143] diese Linie versuchte das saarländische Kabinett jedoch nochmals Anfang Oktober zur Disposition zu stellen, und zwar durch das Beharren auf der Forderung nach ausschließlicher

---

[137] Vgl. LASB AA 424, Protokoll v. 8.3.56, und noch klarer im Redemanuskript des Ministerpräsidenten LASB AA 436, Redemanuskript Ney v. 27.4.56.

[138] LASB StK 1714, Kabinettsprotokoll v. 24.9.56.

[139] LASB StK 1714, Kabinettsprotokoll v. 17.10.56.

[140] LASB AA 424, Brief Ney an von Brentano v. 18.10.56.

[141] LASB StK 1714, Kabinettsprotokoll v. 22.10.56 und LASB StK 1714, Kabinettsprotokoll v. 23.10.56 (!). In dieser letzten Sitzung wurde sogar noch einmal das Junktim mit dem Kulturabkommen formuliert. Zu der verwickelten Konstruktion der schließlich gefundenen Lösung vgl. von Arnim, Rechtsgrundlage, S. 3-10.

[142] In diesem Sinne bereits LASB StK 1712, Kabinettsprotokoll v. 1.12.55. Weiterhin wurden in diesem Zusammenhang die Fragen von Abfindungen für die Mitarbeiter bei der Saarbrücker Zeitung, vgl. LASB StK 1714, Kabinettsprotokoll v. 10.10.56, und auch die Frage nach der Versorgung der ehemaligen Regierungsmitglieder thematisiert, LASB StK 1714, Kabinettsprotokoll v. 2.10.56.

[143] LASB StK 1714, Kabinettsprotokoll v. 2.7.56. Es ist interessant zu beobachten, wie sich die Position der Bundesregierung zu dieser Frage mit der Zeit veränderte: Noch im Juni 1956 referierte Gotthard Lorscheider ihre Position dergestalt, daß „in Hinblick auf die späteren Verhandlungen zur Wiedervereinigung der deutschen Ostgebiete aus optischen Gründen die Festlegung von Schutzbestimmungen nicht grundsätzlich abgelehnt werden kann", diese jedoch besser in Form eines Amnestiegesetzes erfolgen solle, LASB StK 1713, Kabinettsprotokoll v. 5.6.56. Knapp drei Wochen später zitierte er einen ganz anderen Standpunkt: Die Bundesregierung, so Lorscheider, habe Bedenken gegen ein Amnestiegesetz, weil es zu einer öffentlichen Diskussion über eine allgemeine Amnestie führen könne, LASB StK 1714, Kabinettsprotokoll v. 25.6.56.

Regelung durch ein Amnestiegesetz.[144] Dies gelang zwar nicht mehr, jedoch behielt sich das Kabinett vor, diesen Ansatz unter Umständen sogar noch in den parlamentarischen Beratungen zu verwenden.[145] Im Bereich der wirtschaftlichen und zolltechnischen Bestimmungen war die abschließende Verhandlungsphase damit von einer grundlegenden Veränderung des saarländisch-französischen Verhältnisses geprägt. Noch Anfang des Jahres war die französische Position von einer grundsätzlichen Blockade und einem Beharren auf weitgehender Beibehaltung des Status quo gekennzeichnet. Im Verlauf der ungemein komplizierten Verhandlungen hierzu hatten sich die Positionen jedoch verschoben, so daß der Grundsatz der Aufrechterhaltung der Wirtschaftsbeziehungen auf möglichst hohem Niveau als für das Saarland besonders wichtig von allen Seiten akzeptiert wurde.[146]

Andererseits sah sich die Saar-Regierung über die ganze Verhandlungsdauer aber auch mit ins Grundsätzliche reichenden und - weil widersprüchlich angelegt - schwer zu vereinbarenden Standpunkten von französischer und bundesdeutscher Seite konfrontiert. Ein Strukturelement der französischen Argumentation bestand in der Belastung der französischen Wirtschaftspolitik durch die stets angespannte französische Außenhandelsbilanz, die noch nach der Konferenz der Regierungschefs im Juni 1956 eine Einigung unmöglich zu machen schien.[147] Dies reichte bis zu dem Versuch,

---

[144] Die Bewertung dieser Problematik durch die Saar-Regierung läßt sich aus einem umfangreichen Dossier des Auswärtigen Amtes nachzeichnen: Eine Aufnahme von Schutzbestimmungen sei mit den saarländischen Interessen nicht zu vereinbaren, denn erstens würde eine solche Regelung beim Kreis der Betroffenen dazu führen, daß sie „daraus die Folgerung ziehen, daß dieser Schutz nur der französischen Regierung zu verdanken ist, die diese Vertragsbestimmungen dem deutschen Verhandlungspartner abgerungen hat. Dies könnte auch für die zukünftige Haltung des betreffenden Personenkreises von Bedeutung sein." Und zweitens wurde ausgeführt: „Eine Zustimmung der Saarregierung zu den oben erwähnten Bestimmungen würde aber bei den Angehörigen der deutschen Parteien weitgehend auf Unverständnis und Ablehnung stoßen. Das Ziel der Befriedung würde daher nicht erreicht, sondern eher gefährdet." LASB AA 433, Brief Jungfleisch an Böx v. 21.6.56.

[145] LASB StK 1714, Kabinettsprotokoll v. 10.10.56. Die Bedeutung und Wirksamkeit der Schutzbestimmungen - und damit implizit natürlich auch die Frage nach dem Umfang von politisch begründeter Diskriminierung - ist bislang in der Forschung nicht aufgearbeitet worden. Deutlich ist bislang nur geworden, daß einzelne führende Vertreter der Regierung Hoffmann unzufrieden mit den sie betreffenden Maßnahmen waren; vgl.: Alexis Andres, Edgar Hector und die Saarfrage, in: Hudemann, Jellonnek u. Rauls (Hgg.), Grenz-Fall, S. 163-176, hier: S. 174ff., wo von 75-100 über die Regierungskreise hinaus betroffenen Personen die Rede ist (Fßn. 81). Eine interessante Bewertung liefert Johan Herman Marinus, De internationale rechtbank in Saarland 1956-1959, Leiden 1960, hier: S. 311, der die Notwendigkeit des zur Überwachung der Schutzbestimmungen eingerichteten internationalen Gerichtshofs angesichts der konkreten Rechtsverstöße als eher gering einschätzt; Kritik auch bei Henn, Verfassungsrechtliche Lage, S. 45.

[146] Aufschlußreich ist in diesem Zusammenhang auch ein diplomatischer Konflikt der beiden Partner, in dessen Verlauf die Regierung Frankreichs sich weigerte, die saarländische Wirtschaft an Außenhandelssubventionen für den Export nach Indochina zu beteiligen. LASB AA 1287, Monatsbericht der saarländischen Vertretung in Paris vom April 1956. Ab Mai veränderte sich die harte Haltung der französischen Regierung, vgl. LASB AA 1405, Brief Etzler an Secrétariat d'Etat aux Affaires Economiques, Direction des Relations Economiques Extérieures v. 23.7.56, sowie LASB AA 1287, Monatsbericht der saarländischen Vertretung in Paris vom Juli 1956. Die letztlich vereinbarte Beteiligung der Saarwirtschaft an diesen Subventionen ist wohl nicht mehr als ein symbolischer Akt, der trotzdem oder vielleicht gerade deshalb in seiner Bedeutung nicht unterschätzt werden darf

[147] LASB AA 434, Brief Etzler an Lorscheider v. 14.6.56, in dem der saarländische Geschäftsträger in

63

einseitige Begünstigungen der deutschen Seite gegenüber der Saarwirtschaft, wie z.B. die Aufhebung der Importzölle für bestimmte Produkte, zu verhindern.[148] Im Gegenzug war die deutsche Delegation immer weniger bereit, für die Erweiterung der saarländischen Einfuhr- und Ausfuhrkontingente Zugeständnisse in anderen Gebieten an Frankreich zu machen.[149] Es scheint zwischen den in diesen Fragen teilweise bereits seit Jahren verhandelnden Expertengremien geradezu zu einem Kleinkrieg über Detailfragen gekommen zu sein.[150] Gemeinsam engagierte man sich hauptsächlich für weitreichende Importmöglichkeiten für Investitionsgüter sowie die Neugestaltung des Niederlassungsrechtes und des saarländischen Banken- und Versicherungswesens.[151] Der Verhandlungsspielraum war allerdings in diesem Bereich nicht zuletzt durch die jeweiligen nationalen Gesetzgebungen stark eingeschränkt, was denkbare Sonderregimes für das Saarland von vornherein unmöglich machte.[152] Letztlich scheint der endgültige Durchbruch bei den Verhandlungen hierzu dann am 11./12. September 1956 bei einer Konferenz der Staatssekretäre erzielt worden zu sein, in deren Verlauf die Frage der Einfuhrmöglichkeiten von Investitionsgütern[153] und in deren Gefolge dann die Banken-Frage geklärt werden konnte.[154] Mindestens genauso schwierig gestalteten sich die Verhandlungen auch in der Währungsfrage.[155]

Paris die Saar-Regierung davon in Kenntnis setzte, daß eine direkte Einigung mit dem Leiter der Abteilung Deutschland und Saar im französischen Wirtschaftsministerium, Mettetal, an dessen grundsätzlichen Bedenken in bezug auf die französische Außenhandelsentwicklung gescheitert sei. Eine Einigung sei allenfalls auf Basis der offiziellen Verhandlungen möglich und erfordere zudem die Intervention der französischen Botschaft in Deutschland.

[148] LASB AA 434, Vermerk v. 10.7.56. Grundsätzlich ausgeräumt wurde dieses Problem anscheinend erst durch die Besprechung der Staatssekretäre am 17.7.56, vgl. LASB AA 229, Telegramm Hallstein an Bundesfinanzministerium v. 18.7.56.

[149] Sehr deutlich in: LASB AA 429, ungezeichneter Vermerk v. 25.7.56 zu den Expertenverhandlungen.

[150] Vgl. beispielsweise LASB AA 434, Vermerk v. 10.7.56, sowie die sporadisch in den Akten auftauchenden, ganze Aktenordner füllenden Entwürfe für Einfuhr- oder Ausfuhrlisten.

[151] Sehr exakt analysiert in der Sitzung des saarländischen Kabinetts in Bonn, vgl. hierzu LASB StK 1714, Kabinettsprotokoll v. 7.9.56. Bei der Vorbereitung der Ratifizierungsdebatte im Bundestag am 5.12.56 wertete Lahr es als Erfolg, daß die Einfuhr von Investitionsgütern immerhin für Großprojekte gesichert werden konnte, vgl. Hölscher (Bearb.), Auswärtiger Ausschuß, Dok. 67, S. 1479.

[152] Sehr instruktiv in dieser Hinsicht ist das Scheitern der französischen Delegation bei dem Versuch, eine von der deutschen Lesart abweichende Interpretation der Konferenz der Regierungschefs durchzusetzen. Die eilige Reaktion der saarländischen Vertreter diesbezüglich war eigentlich nicht nötig, LASB StK 1714, Kabinettsprotokoll v. 2.7.56.

[153] LASB StK 1714, Kabinettsprotokoll v. 14.9.56. Eine detaillierte Übersicht der Regelungen im einzelnen sowie ihrer praktischen Umsetzung liefert Erich Conrad, Auswirkungen, S. 66-136 und S. 207-212, mit Betonung auf den bürokratischen und „psychologischen" Schwierigkeiten. Die Frage der Wirksamkeit dieses Instruments wird an anderer Stelle in dieser Arbeit noch zu erörtern sein.

[154] LASB AA 438, Fernschreiben Dr. Schreihage (saarl. Wirtschaftsministerium, Arbeitsausschuß Kreditinstitute und Versicherungen) an Bundeswirtschaftsministerium v. 14.9.56. Detailliert hierzu die Dissertation von Weidig, Geldwesen; Manfred Pohl, Die Geschichte der Saarländischen Kreditbank Aktiengesellschaft, Saarbrücken 1972 (= Veröffentlichungen der Kommission für saarländische Landesgeschichte und Volksforschung 5), hier: S. 125-140; Wilhelm Vogel, Der Bankplatz Saarbrücken. Unter wechselvollen Währungsverhältnissen, in: Sparkasse Saarbrücken (Hg.), Saarbrücken - Wirtschaftszentrum an der Grenze, Saarbrücken 1960, S. 129-167, hier: S. 154-162.

[155] Zur Frage nach der Bedeutung von Währungsfragen im deutsch-französischen Verhältnis: Volker

Das saarländische Kabinett sah sich bereits Anfang des Jahres 1956 mit Stellungnahmen und Gutachten von Interessenverbänden konfrontiert, welche die möglichen Folgen einer ungünstigen Regelung dieser Frage aufzeigten.[156] Auch der zuständige Minister Adolf Blind legte seine Position bereits sehr früh fest. Schon am 6. Januar 1956 argumentierte er auf Basis der Erfahrungen vergangener Währungsumstellungen für eine Umrechnung der Frankenwährung nach einem Kurs, welcher der Kaufkraftparität entsprechen sollte.[157] Dem stand die von Beginn an harte Haltung der Vertreter Frankreichs gegenüber, die unter keinen Umständen einer anderen Regelung als der einer Umstellung nach einem „offiziellen" Wechselkurs zuzustimmen bereit waren.[158]

Der Wendepunkt zur Lösung der Währungsfrage scheint Anfang Juli 1956 eingetreten zu sein. Die deutsche Delegation erhielt erst kurz vor einer neuerlichen Verhandlungsrunde eine Vorlage von Staatssekretär Hallstein, die Entgegenkommen in dieser Frage ermöglichte.[159] Auf jeden Fall veränderte sich ab diesem Zeitpunkt die saarländische Verhandlungsposition, insofern nun die Verschiebung der Festlegung des Umrechnungskurses zur zentralen saarländischen Forderung erhoben wurde. Unklar bleibt nach Lage der Quellen, warum sich die Saar-Regierung in dieser Frage nicht schon bereits viel früher und nachdrücklicher in die Verhandlungen eingebracht hat. Möglicherweise schätzte man diese Frage als letztlich eher für die bundesdeutsche Seite bedeutend ein; vielleicht vertraute man aber auch darauf, daß im Falle eines Entgegenkommens gegenüber Frankreich entsprechende Ausgleichsmaßnahmen zugunsten der Saar getroffen würden. Für beides finden sich Indizien in einer Stellungnahme des saarländischen Finanzministers vom Ende des Monats August.[160] Hierin definierte Adolf Blind auf Basis einer „wissenschaftlichen Untersuchung"[161] die Grundlinien der saarländischen Position. Diese Stellungnahme wurde zwar von der deutschen Delegation unverändert als Verhandlungsposition akzeptiert,[162] fand aber offenbar keinerlei positives Echo bei der französischen Delegation. Diese hatte

---

Hentschel, Zwischen Zahlungsunfähigkeit und Konvertibilität. Frankreich und Deutschland in der Europäischen Zahlungsunion, in: Andreas Wilkens (Hg.), Die deutsch-französischen Wirtschaftsbeziehungen 1945-1960. Les relations économiques franco-allemandes 1945-1960, Sigmaringen 1997 (= Beihefte der Francia 42), S. 101-134.

[156] LASB StK Kabinettsregistratur, Anlage MW, Ministerium für Wirtschaft, Akten Blind, Schreiben des Gesamtverbandes des Saarländischen Großhandels e.V. v. 30.1.56 mit sehr instruktiven Beispielrechnungen.

[157] LASB StK Kabinettsregistratur, Anlage MW, Ministerium für Wirtschaft, Akten Blind, Rede Blinds v. 6.1.56.

[158] Zuletzt nochmal in aller Schärfe in: LASB StK 1714, Kabinettsprotokoll v. 2.7.56.

[159] LASB StK 1714, Kabinettsprotokoll v. 3.7.56. Im Gegensatz dazu sieht Blind den Wendepunkt in seinen Erinnerungen früher, möglicherweise sogar schon in der Konferenz der Regierungschefs im Juni 1956, vgl. Blind, Unruhige Jahre, Bd. 2 S. 197. Cahn dagegen glaubt, daß diese Frage bis Ende September noch offen gehalten worden ist, vgl. Cahn, Second retour, S. 104ff.

[160] LASB AA 438, Stellungnahme des Finanzministeriums v. 27.8.56.

[161] LASB StK 1714, Kabinettsprotokoll v. 1.9.56.

[162] LASB StK 1714, Kabinettsprotokoll v. 7.9.56.

bereits spätestens seit Juli[163] ihre stark finanzpolitische Sichtweise auf die Währungsfrage fixiert und dementsprechend nicht nur die Forderung nach Umtausch zum „offiziellen" Kurs, sondern darüber hinaus noch eine ganze Reihe von zusätzlichen Forderungen, insbesondere die kostenlose Rückgabe der von Deutschland im Saarland umgetauschten Banknoten, erhoben.[164] Bei der Lösung dieser Frage, die weitgehend nach den Vorschlägen der französischen Seite erfolgte, war die saarländische Seite faktisch nicht beteiligt, vielmehr scheint sie auf höchster Ebene der Regierungschefs geklärt worden zu sein.[165] Wichtig ist festzuhalten, daß die deutsche Seite im Vertragstext selber den Vorbehalt möglicher Ausgleichsmaßnahmen für das Saarland bei der Durchführung des Währungstauschs durchsetzte. Damit wurde auch diese Frage aus den eigentlichen Saarvertragslösung herausgelöst und auf das spätere deutsch-saarländische Verhältnis übertragen.

Schließlich das Kulturabkommen: Am 28. Juni 1956 formulierte Edgar Faure gegenüber dem saarländischen Ministerpräsidenten das Interesse an der Beibehaltung besonderer kultureller Beziehungen zwischen dem Saarland und Frankreich. Gleichzeitig zeigte er sich jedoch nicht bereit, Reziprozität in dieser Hinsicht zuzugestehen, und verwies an dieser Stelle auf die Ebene deutsch-französischer Kulturverhandlungen. Formal stellten die daraufhin eingeleiteten Verhandlungen eine Besonderheit dar; sie wurden nämlich ausdrücklich „streng vertraulich" und (auf französischer Seite) unter explizitem Ausschluß von Parlamentariern geführt, brachten aber trotzdem auf der Expertenebene kaum Fortschritte.[166] Die deutsche Seite versuchte in diesem Bereich, Druck auf die saarländische Verhandlungsführung auszuüben; beispielsweise konnte sie die pauschale Ablehnung einer französischen Schule im Saarland mit dem Hinweis auf die Pläne zum Aufbau deutscher Schulen im Ausland verhindern.[167] Das saarländische Kabinett zeigte sich aber daran interessiert, jedwede Zugeständnisse in dieser Frage zu verhindern und konnte sich damit auch weitgehend behaupten. Die Endregelung enthielt daher neben der Weiterexistenz des heutigen Deutsch-Französischen Gymnasiums sowie des französischen Instituts an der Universität des Saarlandes und einer im Vergleich zu den sonstigen Regelungen in Deutschland etwas stärkeren Stellung des Französischunterrichts an den Volks-

---

[163] LASB AA 438, Vermerk v. 15.7.56.

[164] LASB StK 1714, Kabinettsprotokoll v. 14.9.56.

[165] Zu den Details der Währungsfrage im Saarvertrag vgl. Burgard, Umstellungsverhältnis, wo insbesondere auf S. 10ff. die mißverständliche Verwendung des Begriffs „offizieller" Wechselkurs erläutert wird. Die letztendliche Regelung dieser Frage konnte nach Darstellung des deutschen Delegationsleiters nur auf Ebene der Regierungschefs erfolgen, da damit umfangreiche finanzielle Zugeständnisse der deutschen Seite verbunden waren, vgl. Lahr, Zeuge, S. 247. Ludwin Vogel, Integrationspolitik, S. 297, ordnet die Bereitschaft der Bundesregierung zur kostenlosen Rückgabe der Banknoten in die bis zuletzt schwierige Entscheidungsfindung um den Moselkanal ein; wenn auch dieser Zusammenhang nicht ganz klar wird, wird dennoch immerhin deutlich, daß die saarländischen Vertreter an der Klärung dieser Sachfrage nicht beteiligt waren, weil der Moselkanal seit Juli 1956 auch in Dreierverhandlungen zwischen Frankreich, der Bundesrepublik und Luxemburg diskutiert wurde.

[166] Ausführliches Protokoll dazu in: LASB AA 383, Besprechungsprotokoll v. 28.6.56.

[167] LASB StK 1714, Kabinettsprotokoll v. 7.9.56.

schulen nur wenig weitere Ansätze für besondere kulturelle Beziehungen zwischen Deutschland und Frankreich. Insbesondere hinsichtlich der auch innerhalb des Saarlandes intensiv diskutierten Zukunft der Universität des Saarlandes gelangten kaum mehr als Übergangsbestimmungen in die Endregelung - und selbst dieser Minimalkompromiß wurde nur in sehr zähen Verhandlungen, die ab Anfang September unter der Leitung von Egon Reinert geführt wurden, erreicht.[168] Allerdings gewann das Kulturabkommen immer stärkere Bedeutung als Druckmittel zur Beeinflussung der Verhandlungen, zunächst gegenüber Frankreich,[169] dann aber auch gegenüber der deutschen Delegation.[170] Seine endgültige Fassung erhielt das Abkommen daher erst Ende Oktober.

1.3 Zusammenfassung

In Hinblick auf die ab Mitte Oktober 1956 vorliegenden, endgültigen Vertragstexte zeigte sich die Saar-Regierung weitgehend zufrieden:[171] Zwar konzedierte man in der Abschlußbewertung, weitreichende Zugeständnisse, vor allem in der Warndtfrage, gemacht zu haben und drückte auch das Mißbehagen gegenüber deutschen Zugeständnissen, besonders was den Moselkanal angeht, in aller Deutlichkeit aus. Gleichzeitig wurde aber auch betont, daß die eigentlichen Kosten der Lösung der Saarfrage von Deutschland zu zahlen seien, was besonders unter Verweis auf die finanziellen Aspekte der Endregelung durchaus überzeugend war.[172] Aus analytischer Perspektive jedoch fällt die Bewertung des Luxemburger Vertragswerks und der komplizierten Verhandlungen, die zu seiner Ausarbeitung geführt hatten, sehr viel schwerer. Zunächst ist festzustellen, daß Defizite und ungelöste Probleme in der grundsätzlichen Anlage der Verhandlungen die Einigungsbemühungen von Beginn an belasteten. In diesen Punkten konnte durchweg auch im Verlauf der Verhandlungen keine Übereinstimmung herbeigeführt werden. Gerade die für die Partizipation der saarländischen Delegation gewählte, außergewöhnliche Konstruktion erwies sich im Verlauf der Verhandlungen teilweise als belastend, teilweise als schlicht untauglich.[173]

---

[168] LASB StK 1714, Kabinettsprotokoll v. 24.9.56.

[169] Z.B. in der Frage der Abfindungen für französische Mitarbeiter bei Saarbrücker Zeitung, Rundfunk und Universität, vgl. LASB StK 1714, Kabinettsprotokoll v. 10.10.56.

[170] Noch vor den Verhandlungen der Staatssekretäre in Beilstein hatte Ney mit dem Rückzug der saarländischen Delegation gedroht, wenn gewisse Punkte der Warndtregelung nicht gemäß den Leitlinien des saarländischen Kabinetts verhandelt würden, vgl. LASB AA 436, Brief Ney an Hallstein v. 16.7.56. Hallstein antwortete darauf erst nach Ende der Konferenz mit einem Brief, der völliges Unverständnis angesichts dieser Drohung ausdrückte und das Schreiben Neys als weder „nützlich noch notwendig" für die weiteren Verhandlungen bezeichnete - ein im diplomatischen Sprachgebrauch vernichtendes Urteil. Vgl. LASB AA 436, Brief Hallstein an Ney v. 20.7.56. Viel erfolgreicher dagegen war die Drohung mit dem Abbruch der Kulturverhandlungen, LASB AA 424, Brief Ney an von Brentano v. 18.10.56.

[171] LASB StK 1714, Kabinettsprotokoll v. 26.10.56.

[172] Diese Position wurde bemerkenswerterweise bereits Anfang Oktober fixiert, siehe: LASB StK 1714, Kabinettsprotokoll v. 2.10.56.

[173] Das verfassungsrechtliche Problem der Beteiligung der Länder an internationalen Vertragsverhandlungen wurde erst am 14.11.57 im sogenannten „Lindauer Abkommen" gelöst, nach dem den Ländern ein Beteiligungsrecht bei denjenigen Vertragsabschlüssen zugestanden wurde, welche die ausschließliche

Die Verhandlungspolitik der Saar-Regierung ist rückblickend als sehr stark negativ, auf die Blockade einer Einigung in bestimmten Sachbereichen ausgerichtet zu bewerten. Die Saar-Regierung war durchweg nicht in der Lage, spezifische saarländische Interessen zu behaupten oder gar durchzusetzen. Weder das politische Mandat der Volksabstimmung noch das ansatzweise Aufbrechen der formalen Bindung an die noch aus der unmittelbaren Nachkriegszeit stammende prekäre Autonomie noch die bereits absehbare Veränderung des juristischen Status des Saarlandes erwiesen sich als tragfähige Grundlage der Politik. Auch war die Formel einer „grundsätzlichen Bereinigung" des deutsch-französischen Verhältnisses zur Beschreibung des Verhandlungsgegenstandes zumindest mit den saarländischen Interessen kaum zu vereinbaren. Auf Basis dieser unpräzisen Bestimmung konnte zu keinem Zeitpunkt Einigkeit über den Ausgangspunkt der Verhandlungen hergestellt werden - und zwar weder zwischen den Delegationen noch intern. Dies berührte insbesondere die saarländische Seite, die keinen geeigneten Ansatzpunkt für die Entfaltung von strategisch sinnvollen Detailforderungen fand. Aber auch die Stellung der deutschen Abgesandten wurde deutlich geschwächt, weil sie zu Zugeständnissen, z.B. in der Frage der Finanzierung des Moselkanals, gezwungen waren, die über das in Einzelverhandlungen erzielbare Ergebnis möglicherweise hinausgingen.

Geradezu von Konfusion war schließlich die Frage nach dem eigentlichen Ziel der Verhandlungen geprägt. Hatte es zunächst den Anschein, als würde vornehmlich die Ausgestaltung der allseits akzeptierten Eingliederung des Saarlandes nach Deutschland zu diskutieren sein, geriet sehr bald die Frage, ob und wann es überhaupt dazu kommen würde, auf die Tagesordnung, und dies nicht nur durch strategisch begründete Blockaden Frankreichs, sondern häufiger noch durch kurzfristige Interventionen der saarländischen Seite. Am „stumpfen Ende" der Verhandlungen wird deutlich, daß insbesondere die saarländische Seite zu spät erkannte, daß die Ausgestaltung der Zukunft des Saarlandes auch kontroverse Diskussionen mit dem deutschen Verhandlungspartner erforderlich machen würde. Dieses Verhandlungsziel fand daher keinerlei Berücksichtigung auf der Agenda der Saarverhandlungen selber. Diese Faktoren führten die Luxemburger Verhandlungen bis Mitte des Jahres 1956 in eine Situation, in der die Ausübung von politischem Druck zum wichtigsten Instrument zur Herbeiführung einer Vereinbarung wurde. Nachdem bereits in der Frühphase klar geworden war, daß eine Einigung in den entscheidenden Punkten wohl sehr viel schwieriger zu erzielen sein würde als vielleicht zu Anfang der Verhandlungen erhofft, erzeugte die

---

Gesetzgebungskompetenz der Länder berührten, vgl. hierzu Thomas Fischer, Die Außenbeziehungen der deutschen Länder als Ausdruck „perforierter" nationalstaatlicher Souveränität? Transföderalismus zwischen Kooperation und Konkurrenz, in: Hans-Georg Wehling (Hg.), Die deutschen Länder. Geschichte, Politik, Wirtschaft, Opladen 2000, S. 355-376, hier: S. 369; Siegfried Magiera, Verfassungsrechtliche Aspekte der Rolle der Länder in den internationalen Beziehungen - aus Sicht der Länder, in: Johannes Ch. Traut (Hg.), Die Rolle der deutschen Länder und der US-Bundesstaaten in den internationalen Beziehungen, Kaiserslautern 1997 (= Atlantische Texte 4), S. 96-113, hier: S. 100, sowie (mit einigen sachlichen Fehlern) Martin Sattler, Der deutsch-französische Zusammenarbeitsvertrag. Eine Untersuchung zur Vertragsmacht des Bundes und der Länder, Meisenheim 1976.

oberste politische Führungsebene durch ihre geschickte öffentliche Inszenierung von Fortschritten Einigungsdruck bei den Delegationen, der spätestens gegen Ende in unverhohlenen Einigungszwang überging. Diese Strategie war vor allem erfolgreich, weil die politischen Kosten dieser Vorgehensweise wegen der sinkenden Priorität der Saarfrage auf der internationalen Agenda und auch im Vergleich zu einem möglichen Scheitern der Verhandlungen recht gering waren.[174]

Die Verlagerung von strittigen und ungelösten Fragen auf die Übergangszeit bedeutete jedoch gleichzeitig den Verzicht auf eine stringente Lösung. Die Möglichkeit, durch eine entsprechend konzeptionierte Übergangszeit die Bewältigung der Übergangsprobleme unter Hinzuziehung aller Beteiligten anzugehen, wurde ersetzt durch eine Lösung, welche die Mehrzahl der jeweiligen Einzelfragen zum Gegenstand rein deutsch-saarländischer Verhandlungen machte. Unter der Perspektive der regionalen Weiterentwicklung des Saarlandes muß daher festgestellt werden, daß der Preis dieser Einigung in einem weitgehenden Offenhalten bzw. Außerkraftsetzen des Einigungsprozesses in seiner Funktion als Übergangs- und Anpassungsinstrument bestand. Der Luxemburger Vertrag stellt, als Ganzes betrachtet, eher ein Regelwerk zur Verhinderung negativer Folgen von Kooperation und Weiterentwicklung als ein Anreiz- und Entwicklungssystem für die Ausgestaltung der regionalen Zukunft dar. Die einzigen Teilergebnisse der Verhandlungen, die sich in späterer Zeit als wirksame und hilfreiche Instrumente zur Gestaltung des Übergangs erweisen sollten, nämlich die weitgehende Aufrechterhaltung des grenzüberschreitenden Warenverkehrs und die langfristige Festschreibung von Lieferbeziehungen zwischen Saarbergwerke AG und Frankreich, wurden von den Zeitgenossen in ihrem Wert nicht erkannt.

Zwar wurden die Verhandlungen als politischer Prozeß der Komplexität und dem Umfang der zu lösenden Probleme nicht vollständig gerecht, die Verhandlungspartner leisteten aber deutlich mehr als nur die Fixierung einer bereits vorgezeichneten Lösung. Es zeigt sich vielmehr ein vielschichtiges Bild von Lösungsversuchen, die aber teilweise nur durch gezieltes Ausblenden von Themenbereichen oder auch durch Einräumen von weitreichenden Zugeständnissen und durch massive Interventionen der politischen Führung in den Staaten erfolgreich umgesetzt konnten. Als sachlicher Beitrag zur weiteren Ausgestaltung der Zukunft des Territoriums an der Saar dagegen und zur Lösung seiner wirtschaftlichen, politischen und gesellschaftlichen Probleme sind die Saarverhandlungen und die dort vereinbarten Regelungen dagegen eher negativ zu bewerten. Vielmehr wohnte ihnen sogar ein strukturkonservativer Zug inne, insofern Gestaltungsspielräume der regionalen Politik überwiegend im Bereich des Montankerns und hier insbesondere der Steinkohlenwirtschaft entstanden.

---

[174] Völlig anders hatte sich die Situation dagegen noch wenige Jahre vorher, nämlich beim Auftakt der diplomatischen Versuche zur Lösung der Saarfrage zwischen der neugegründeten Bundesrepublik und Frankreich dargestellt. „Selbst geringfügige Pendelausschläge an diesem neuralgischen Punkt strahlten ... wie in einem System konzentrischer Kreise von der Saar auf die bilateralen deutsch-französischen Beziehungen und von da aus auf die multilateralen Ebenen der westeuropäischen Integrations- wie der transatlantischen Allianzpolitik aus.", Thoss, Saarfrage, S. 225.

2 Die Lösung der Saarfrage zwischen Bonn und Saarbrücken

2.1 Wirtschaftspolitische Konzeptionen und Realitäten zwischen Volksabstimmung und Eingliederungsgesetz

2.1.1 Vom Saarvertrag zum Eingliederungsgesetz

Nach dem Referendum vom 23. Oktober 1955 wurde sehr bald die Vorstellung entwickelt, die Eingliederung des Saarlandes in die Bundesrepublik analog zur Phase nach der ersten Saarabstimmung des Jahres 1935 mit einer Übergangszeit abzuwickeln. Der Begriff fand als Bezeichnung für den Zeitabschnitt zwischen der politischen Eingliederung am 1. Januar 1957 und der wirtschaftlichen Eingliederung, die spätestens Ende des Jahres 1959 erfolgen sollte, auch Eingang in den Saarvertrag. De facto wurde der Übergang jedoch bereits im Jahr 1956 eingeleitet, als umfangreiche Sofortmaßnahmen wie z.B. der Bau der Autobahn Mannheim - Saarbrücken initiiert wurden. Als politisches Konzept erhielt die Übergangszeit dadurch immer mehr wirtschaftspolitische Elemente; sie wurde zum Instrument, das die Herauslösung des Saarlandes aus der französisch-saarländischen Zoll- und Währungsunion unter geordneten Bedingungen gewährleisten sollte.

Zur Analyse von Prinzipien und Wirkung dieses Instrumentes steht neben den Vertrags- und Gesetzestexten mit den Veröffentlichungen des Statistischen Amts des Saarlandes im ökonomischen Bereich eine als befriedigend zu bezeichnende Quellengrundlage zur Verfügung. In Fortführung seiner Funktion während der Zeit der Teilautonomie publizierte das Amt bis 1961 in der Reihe der Saarländischen Bevölkerungs- und Wirtschaftszahlen[1] in Doppeljahrgängen zusammengefaßte, ausführlich kommentierte Analysen der strukturellen und konjunkturellen Entwicklung des Saarlandes. Ergänzend können die in der Reihe der Einzelschriften zur Statistik des Saarlandes[2] veröffentlichten Spezialanalysen, u.a. zum Außenhandel, zur Industrie sowie zu Handel und Gewerbe im Saarland Verwendung finden. Hinzu kommt die Industrieberichterstattung der Landesbank- und Girozentrale,[3] während die Periodika der Kammern[4] eine zeitnahe Perzeptionsanalyse der strukturellen Entwicklungen im Saarland erlauben. Diese stark wirtschaftshistorisch ausgerichteten Quellen können durch die Protokolle der Kabinettssitzungen der saarländischen Landesregierungen sowie die stenographischen Berichte des saarländischen Landtags in den Kontext der

---

[1] Statistisches Amt des Saarlandes (Hg.), [im folgenden Stat. Amt d. Saarl. (Hg.)] Saarländische Bevölkerungs- und Wirtschaftszahlen, Saarbrücken 1949-1960.

[2] Stat. Amt d. Saarl. (Hg.), Einzelschriften zur Statistik des Saarlandes [im folgenden Einzels. z. Stat. d. Saarl.], Saarbrücken 1949ff., sowie dass. (Hg.), Saarland in Zahlen. Sonderhefte [im folgenden SiZ, Sonderh.], Saarbrücken 1957ff. Gerade bei den hier vorzufindenden qualitativen Analysen ist die Beachtung des jeweiligen Erscheinungsjahres wichtig. Um eine Verwechselung der verschiedenen Reihen auszuschließen, wurde im folgenden auf eine weitere Verkürzung der Zitierung verzichtet.

[3] Landesbank und Girozentrale Saar (Hg.), Wirtschaftsberichte 1958ff., Saarbrücken 1958ff.

[4] Ausgewertet wurden die Mitteilungen der Industrie- und Handelskammer des Saarlandes 12 (1956)ff. und Die Arbeitskammer. Zeitschrift der Arbeitskammer des Saarlandes 4 (1956)ff.

politischen Entscheidungen über die Ausgestaltung der Übergangszeit gestellt werden. Wesentlich zur Klärung der Frage nach Perzeptionsmustern in der öffentlichen Wahrnehmung der Übergangszeit trägt dabei auch die recht große Zahl an Stellungnahmen und politischen Schriften von Verbänden und Interessenvertretern bei - insbesondere der Industrie- und Handelskammer, aber auch einzelner Wirtschaftsvertreter oder der Arbeitskammer. Schließlich kann auf eine erstaunliche Fülle von zeitgenössischen Analysen,[5] wissenschaftlichen Untersuchungen[6] oder Gutachten dieser Zeit[7] zurückgegriffen werden.

Allerdings fand die Frage nach der Übergangszeit bisher in der historischen Forschung nur wenig Berücksichtigung: Zwar wurde der Vorgang der Einführung der neuen Währung selber mehrfach dargestellt,[8] aber nur Hans-Walter Herrmann und Hans-Christian Herrmann[9] beleuchten die politische Dimension der in der Übergangszeit getroffenen Entscheidungen. Ansätze zu einer wirtschaftshistorischen Interpretation finden sich in den knappen Darstellungen von Jörg Roesler und Armin Hei-

---

[5] Die Saar, Wirtschaft und Wiedervereinigung, Der Volkswirt 11 (1957), Sonderheft; Die Auswirkungen der wirtschaftlichen Eingliederung in ausgewählten Branchen des Saarländischen Einzelhandels. Ergebnisse aus Betriebsvergleichen und Betriebsuntersuchungen für das zweite Halbjahr 1958 und das zweite Halbjahr 1959, Saarbrücken 1962 (= Einzelschriften des Handelsinstituts an der Universität des Saarlandes 3); Wirtschaft an der Saar - fünf Jahre danach. Eine Studie des Industriekurier, Industriekurier 17 (1964); Die Saarwirtschaft. Zwischenbilanz nach der Wiedereingliederung, Der Volkswirt 11 (1960), Beilage; Klaus Liepelt u. Christoph Loew, Menschen an der Saar. Arbeitnehmer, Verbraucher und Staatsbürger nach dem Tage X, Frankfurt a.M. 1962; Saarländische Gemeinschaft zur Förderung der Produktivität (Hg.), 10 Jahre Produktivitätszentrale, Saarbrücken 1964; Landesbank und Girozentrale Saar (Hg.), Saarwirtschaft 1958-1963. Ein Rückblick auf wirtschaftliche Probleme und Entwicklungen des Saarlandes vor und nach der wirtschaftlichen Rückgliederung, Saarbrücken 1964; Even, Strukturfragen.

[6] Droege (Bearb.), Beiträge; Seyler, Übergangszeit; Eduard Martin, Die Umgestaltung der saarländischen Banken und Versicherungen vor und während der Übergangszeit, in: Eduard Dietrich (Hg.), Saarland, S. 180-195; Burgard, Umstellungsverhältnis; Wilfried Ueberhorst, Die sozialen Probleme der Rückgliederung des Saarbergbaus, (Diss.) Bonn 1958; Weidig, Geldwesen; Karlheinz Klein, Erkenntnisse; Eduard Dietrich, Eingliederungs- und Konjunkturprobleme der Saarindustrie, in: Forschungs- und Sitzungsberichte der Akademie für Raumforschung und Landesplanung 34 (1966), S. 101-116; Aubin, Baer-Kaupert u. Folz, Saarvertrag; Erich Conrad, Auswirkungen.

[7] Buddeberg, Verlagerung; Bruno Tietz, Die Beschaffung französischer Waren nach der wirtschaftlichen Eingliederung in vier saarländischen Einzelhandelsbranchen, Saarbrücken 1961; Karl Schwantag, Untersuchung über die Wettbewerbsfähigkeit der Industrie des Saarlandes unter dem Gesichtspunkt ihrer Eingliederung in die Bundesrepublik, Frankfurt a.M. 1957; Wolfgang Uebe, Industriestruktur und Standort. Regionale Wachstumsunterschiede der Industriebeschäftigung in der Bundesrepublik Deutschland 1950-1962, Stuttgart 1967 (= Prognos Studien H. 1); Dieter Schröder, Strukturwandel, Standortwahl und regionales Wirtschaftswachstum. Bestimmungsgründe der regionalen Wachstumsunterschiede der Beschäftigung und der Bevölkerung in der Bundesrepublik Deutschland 1950 bis 1980, Stuttgart 1968 (= Prognos Studien 3).

[8] Ewald Wannemacher, Überschwemmung nach dem „Mairegen". Die wirtschaftliche Integration des Saarlandes vor und nach dem „Tag X", in: Stadtverband Saarbrücken, Regionalgeschichtliches Museum (Hg.), Von der „Stunde 0" zum „Tag X". Das Saarland 1945-1959. Katalog zur Ausstellung des Regionalgeschichtlichen Museums im Saarbrücker Schloß, Saarbrücken 1990, S. 245-254; Cordes, Währungsgeschichte; Hans-Christian Herrmann, Vom Wiederaufbau zur Landeshauptstadt. Europastadt und Grenzmetropole (1945-1974), in: Rolf Wittenbrock unter Mitarbeit v. Marcus Hahn (Hg.), Geschichte der Stadt Saarbrücken, 2 Bde. Saarbrücken 1999, Bd. 2 S. 339-450.

[9] Hans-Walter Herrmann, Modellfall; Hans-Christian Herrmann, Bilanz.

nen, die beide der Übergangszeit eine hohe Bedeutung für die spätere Entwicklung der Saarwirtschaft zumessen.[10] Gerade die Einordnung der Übergangszeit in die regionale Wirtschaftsgeschichte ist jedoch besonders interessant: Kann die Übergangszeit auch als Periode verstanden werden, innerhalb derer fundamentale Richtungsentscheidungen getroffen wurden, die zumindest im ökonomischen Bereich die 60er Jahre entscheidend prägten?

Nachdem sich abzeichnete, daß der Saarvertrag wohl nur einen Teil der mit der Eingliederung verbundenen Fragen und Probleme würde lösen können, stellte die Erarbeitung eines Eingliederungsgesetzes den ersten systematischen Schritt bei der Ausgestaltung der Eingliederung des Saarlandes in die Bundesrepublik dar. Auf dieses Gesetz richteten sich große Hoffnungen, weil der von Experten und Landesregierung unternommene Versuch, Bedürfnisse und Interessen des Saarlandes auf der Ebene der internationalen Verhandlungen durchzusetzen, weitgehend erfolglos blieb. Zur Vorbereitung der diesbezüglichen Verhandlungen mit der Bundesregierung, die am 8. August 1956 beginnen sollten, setzte die Landesregierung am 3. Juli einen eigenen Arbeitsausschuß ein.[11] Aus einer umfangreichen Stellungnahme vom September 1956 geht allerdings hervor, daß das saarländische Innenministerium die Frage der Übergangszeit schon früh intensiv bearbeitet hatte und nun bereits detaillierte Vorstellungen über den rechtlichen Rahmen der zu treffenden Regelungen vorlegen konnte.[12] Auch das Finanzministerium verfügte schon über eine ähnlich detailreiche Stellungnahme.[13] Wenn auch noch nicht alle Fragen im einzelnen behandelt werden konnten, „weil bisher alle Kraft und Zeit auf die deutsch-französischen Verhandlungen verwandt werden mußten", so lag somit doch immerhin schon für die erste Kabinettssitzung, die sich mit der Ausgestaltung der Übergangszeit in Form eines Eingliederungsgesetzes beschäftigte, eine breite Materialgrundlage vor.[14]

Im Bereich der Organisation der politischen Zukunft des Saarlandes zeigte sich die Saar-Regierung gut vorbereitet. Bereits in der ersten Stellungnahme hierzu wurden interessante Planspiele darüber entwickelt, wie die Ratifizierung des Saarvertrags und die Eingliederung durchgesetzt werden könnten. Dabei wurde festgehalten, daß der

---

[10] Armin Heinen, Ein saarländischer Blick zurück in die Zukunft. Warum die Geschichte des Saarlandes ein Lehrstück für die bevorstehende Vereinigung Deutschlands sein kann, in: Saarbrücker Zeitung, 31.3./1.4.1990; Jörg Roesler, Die wirtschaftliche Rückgliederung der Saar. Erwartungen, Enttäuschungen, Entwicklungen, in: Hudemann, Jellonnek u. Rauls (Hgg.), Grenz-Fall, S. 445-464.

[11] LASB StK 1714, Kabinettsprotokoll v. 3.7.56. Vgl. hierzu den leider sehr knappen Erfahrungsbericht von Karl Waltzinger, der von 1956 bis 1968 Bevollmächtigter des Saarlandes beim Bund war; Karl Waltzinger, Ein Land wird Bundesland, in: Rudolf Hrbek (Hg.), Miterlebt - Mitgestaltet. Der Bundesrat im Rückblick, Stuttgart 1989, S. 313-331.

[12] LASB AA 1721, Stellungnahme des Innenministeriums zu rechtlichen Fragen des Eingliederungsgesetzes v. September 1956.

[13] LASB AA 1540, Stellungnahme des Finanzministeriums zu „wichtigen finanzwirtschaftlichen Fragen, die bei der politischen Eingliederung des Saarlandes in die Bundesrepublik geregelt werden müssen" v. 18.9.56.

[14] LASB StK 1714, Kabinettsprotokoll v. 24.9.56.

Weg der Eingliederung über eine Änderung der Verfassung des Saarlandes „bei der derzeitigen Stärke der Heimatbundparteien immerhin ein gewisses Risiko" darstelle und daß daher einem einfachen Beschluß der Vorzug zu geben sei. Gleichzeitig wurde erörtert, wie man durch geschickte Formulierung des Eingliederungsgesetzes eine zu starke Vertretung der CVP im Bundestag verhindern könnte.[15] Und auch in wirtschaftlicher Hinsicht wiesen schon die frühe Stellungnahme des Finanzministeriums, besonders aber das Mitte November 1956 verabschiedete Memorandum der Regierung zur Begründung von Finanzhilfen des Bundes an das Saarland[16] eine Fülle von sehr differenzierten Argumenten und Sachfeststellungen zur saarländischen Situation und zu den Möglichkeiten ihrer Weiterentwicklung auf.[17] Bereits hier konnte aber der in der Öffentlichkeit wie in der Regierung diskutierte, weitreichende Schutz der saarländischen Wirtschaft vor direkter Konkurrenz durch deutsche Unternehmen nicht vollständig durchgesetzt werden.[18]

Bei den Verhandlungen über das Eingliederungsgesetz dominierte eine außerordentlich differenzierte, von technokratischer Expertensicht bestimmte Perspektive; die hier zu klärenden rechtlichen Fragen reichten aber weit über die juristische Bedeutung im engeren Sinne hinaus: Zwar war vor allem die schrittweise Angleichung von saarländischen Rechtsvorschriften an das deutsche Vorbild und die Außerkraftsetzung von saarländischen bzw. die zeitweise Inkraftsetzung von deutschen Sonderregelungen zu klären. Diese Fragen waren aber eng gekoppelt an Sonderrechte von Saar-Landtag und Saar-Regierung während der Übergangszeit, weil hierzu ein ansonsten im Grundgesetz der Bundesrepublik nicht vorgesehenes, zeitweises Weiterbestehen von konkurrierenden rechtlichen Regelungen nötig war. Beispielsweise hatte die Landesregierung - v.a. die Minister Blind und Conrad - bereits zu Beginn der Saarverhandlungen umfangreiche Vorarbeiten zur Weiterführung des saarlän-

---

[15] LASB AA 1721, Stellungnahme des Innenministeriums zu rechtlichen Fragen des Eingliederungsgesetzes v. September 1956. An diesem Punkt setzten sich die saarländischen Vertreter übrigens durch: Mit der Einführung der Möglichkeit von Listenverbindungen anstelle eines reinen Proporz-Systems war es möglich, die Zahl der CVP-Vertreter auf zwei zu reduzieren, siehe auch: Landtag des Saarlandes, Drucksachen, 3. Wahlperiode (im folgenden zitiert als LTDS, 3. WP), Abt. I, 28. Sitzung v. 4.1.57.

[16] LASB StK Kabinettsregistratur, Anlage MW, Kabinettsvorlage Wirtschaftsministerium v. 20.11.56. Besonders diese Vorlage enthält eine lange Auflistung von Detailanalysen, die darauf schließen lassen, daß sie in enger Kooperation mit dem Statistischen Landesamt und wohl auch mit den Wirtschaftsvertretungen, v.a. wohl der IHK, erarbeitet worden sind. Publiziert wurde das Memorandum als Regierung des Saarlandes (Hg.), Memorandum der Regierung des Saarlandes an die Bundesregierung vom 13. November 1957, Saarbrücken 1957.

[17] Die Bandbreite der Themen reichte von Analysen der möglichen Folgen des Saarvertrags über detailreiche Darstellungen der künftigen Wettbewerbssituation bis hin zu detaillierten Feststellungen über Investitionsrückstände, Produktionsbedingungen und Absatzchancen der Industrie im Saarland.

[18] Zuletzt hierzu: Industrie- und Handelskammer des Saarlandes (Hg.), Forderungen der Saarwirtschaft zur Rückgliederung, Saarbrücken 1956, S. 16. Ähnliche Forderungen zur Ausdehnung der Schutzfrist wurden auch von der saarländischen Regierung vorgetragen, siehe: LASB StK 1714, Kabinettsprotokoll v. 6.11.56, scheiterten aber bereits kurz darauf am Widerstand Bonns, siehe: LASB StK 1714, Kabinettsprotokoll v. 14.11.56.

dischen Sozialleistungssystems vorgelegt.[19] Diese Frage war im Rahmen der Verhandlungen zunächst nicht weiter thematisiert worden, traf aber von Beginn an auf Zurückhaltung aus Bonn.[20] Im September 1956 geriet dieser Punkt im Zusammenhang damit, wie lange dem Saarland überhaupt das Recht auf eine vom Bundesrecht abweichende Gesetzgebung zuzugestehen sei, erneut auf die Tagesordnung. Mit Blick auf die Beibehaltung des saarländischen Sozialsystems wurde dabei von Seiten des Bundesarbeitsministeriums erwogen, dieses Recht zumindest in einigen Sachbereichen über die Dauer der eigentlichen Übergangszeit hinaus auszudehnen.[21] Wenige Wochen später wurde dieser Vorschlag zugunsten einer generellen Beschränkung auf die Übergangszeit fallen gelassen.[22] Möglicherweise ist an diesem Punkt bereits eine Vorentscheidung über den später heftig diskutierten „sozialen Besitzstand" gefallen.

Von ebenso grundlegender Bedeutung war eine Auseinandersetzung in der Endphase der Vorbereitung des Eingliederungsgesetzes, die sich um die Fixierung einer allgemeinen Verpflichtung des Bundes zu einer Finanzhilfe für den saarländischen Landeshaushalt drehte. Möglicherweise bereits im Kontext der sich andeutenden Konfrontation mit der DPS, auf jeden Fall aber gleichzeitig mit der Verabschiedung des Textes der Beitrittserklärung durch das Kabinett wurde von Seiten der Landesregierung die Forderung erhoben, im §10 des Eingliederungsgesetzes eine Regelung einzuführen, nach der die Bundesregierung grundsätzlich zu all denjenigen Finanzhilfen verpflichtet werden sollte, die sich zum Erreichen der Ziele der Übergangszeit als notwendig erweisen würden.[23] Diese Forderung fand in mehreren Besprechungen mit den Bonner Partnern keinen Erfolg,[24] und auch eine Intervention des Ministerpräsidenten in dieser Frage blieb wirkungslos.[25] Zuletzt spielten die bundesdeutschen Vertreter offenbar gezielt auf Zeit, so daß das Kabinett letztlich am 10. Dezember

---

[19] LASB StK Kabinettsregistratur, Anlage MW, Wirtschaftsministerium, Akten Blind, Materialsammlung zu einer Rede Blinds v. 6.1.56; sehr weitreichende Forderungen erhob der zuständige Arbeitsausschuß der Saar-Regierung schon Ende Januar, als er eine Lösung forderte, „wonach bisherige Leistungen, soweit höher als in der Bundesrepublik, beibehalten werden und höhere Leistungen der Bundesrepublik an der Saar eingeführt werden sollen" und auch auf der Beibehaltung der Familienzulagen bestand. LASB AA 435, Protokoll Arbeitsausschuß VII v. 30.1.56. Ähnlich auch die Stellungnahme Conrads gegenüber dem Bundesarbeitsministerium, LASB StK Kabinettsregistratur, Anlage MW, Wirtschaftsministerium, Akten Blind, Brief Conrad an Bundesarbeitsminister v. 6.2.56.

[20] „Das deutsch-französische Vertragswerk vom 10.7.50 ... [Gemeint sind die Konventionen, M.H.] enthält einige Bestimmungen (z.B. ... Familienzulagen), die für die Bundesrepublik unbefriedigend sind und ... revidiert werden müssen." LASB AA 435, Brief des Arbeitsausschuß für soziale und arbeitsrechtliche Fragen an das Auswärtige Amt von 21.6.56.

[21] LASB AA 1721, Besprechungsprotokoll v. 22.9.56.

[22] LASB StK 1714, Kabinettsprotokoll v. 14.11.56.

[23] LASB StK 1714, Kabinettsprotokoll v. 6.11.56.

[24] Z.B. LASB AA 1538, Besprechungsprotokoll v. 12.6.56.

[25] LASB StK 1714, Kabinettsprotokoll v. 1.12.56. Bonn hatte die nochmalige „Prüfung" dieser Forderung zugesagt, wobei sich die Frage stellt, ob in Anbetracht der Kürze der Zeit bis zur geplanten Verabschiedung das Gesetz in einer so entscheidenden Frage nochmal hätte geändert werden können.

1956 das Eingliederungsgesetz auch ohne diesen Passus in den Landtag einbringen mußte.[26]

Die konkreten Bestimmungen des Eingliederungsgesetzes regelten dann hauptsächlich die Sachfragen, die sich in juristischer und administrativ-politischer Hinsicht aus den vorangegangenen Regelungen im Saarvertrag ergaben.[27] Die Fragen dagegen, welche die finanzpolitische Ausgestaltung der Übergangszeit und die wirtschaftspolitischen Maßnahmen für das Saarland betrafen, wurden recht formal und unpräzise geregelt.[28] Detailliert berücksichtigt wurde nur die Übertragung der saarländischen Eisenbahnen und der Post auf den Bund (§§ 11-13), wobei die vom Saarland ursprünglich erhobene Forderung nach weitreichendem Bestandsschutz der Mitarbeiter[29] keine Aufnahme in das Gesetz fand. Die im Eingliederungsgesetz letztlich fixierten Regelungen wurden daher der ursprünglich hoch eingeschätzten Bedeutung des Gesetzes kaum gerecht.

2.1.2 Die Übergangszeit als Sonderregime

Dies ist zum großen Teil damit zu erklären, daß keine Einigkeit über grundlegende Prinzipien des Eingliederungsvorgangs bestand. Derartige Prinzipien wurden in den normativen Texten zur Ausgestaltung der Eingliederung auch gar nicht erst formuliert; vielmehr trafen sehr unterschiedliche, teilweise in bestimmten Traditionen stehende und kaum vereinbare Vorstellungen über die wirtschaftliche Lage des Saarlandes und ihrer Weiterentwicklung zusammen. Diese lassen sich daher nur deduktiv aus den von den Verhandlungspartnern bezogenen Positionen sowie vor allem aus den Bestimmungen des Saarvertrages und des Eingliederungsgesetzes ableiten, die insofern gemeinsam als die im Jahr 1956 gelegte Grundlage der Übergangszeit zu verstehen sind. Stark von den Auseinandersetzungen um die prekäre Autonomie des Saarlandes in der Vergangenheit geprägt waren die Aspekte der Übergangszeit, die dem Saarland mehr Autonomie und Selbstbestimmung in wirtschaftlichen Fragen verschaffen sollten.[30] Zu nennen sind hier v.a. die Neuordnung der Verwaltung der Saarbergwer-

---

[26] LASB StK 1714, Kabinettsprotokoll v. 10.12.56.

[27] Zu nennen sind hier vor allem die politische Eingliederung, die Vertretung des Saarlandes im Bundestag (§§1 und 2) sowie das Verfahren zur Einführung der DM und des deutschen Wirtschaftssystems nach Ende der Übergangszeit (§§ 17 und 18). Der Schwerpunkt der vereinbarten Regelungen lag jedoch auf der Frage der Anpassung der Rechtssysteme und der juristischen Gestaltung des rechtlichen Sonderregimes während der Übergangszeit (§§ 3-9, 14-16).

[28] Vor allem in §10 Absatz 4: „Der Bund gewährt dem Saarland in jedem Rechnungsjahr eine Finanzhilfe, um einen auf andere Weise nicht auszugleichenden Fehlbedarf im Landeshaushalt zu decken und eine Anpassung der Wirtschaft im Saarland an die Wirtschaftsstruktur und Wirtschaftsentwicklung im übrigen Geltungsbereich des Grundgesetzes zu fördern. Auch die Länder können eine solche Finanzhilfe gewähren."

[29] LASB StK 1714, Kabinettsprotokoll v. 14.11.56.

[30] Dieser Aspekt spielte in der öffentlichen Diskussion bereits von Beginn an eine wichtige Rolle, ausführlich hierzu Cahn, Second retour, S. 77ff.

ke, die Schaffung einer neuen Kohleverkaufsorganisation[31] und die Röchling-Frage.[32] Kennzeichnend für diesen Teilbereich war, daß die vereinbarten Maßnahmen zwar erheblichen symbolisch-politischen Wert für das Saarland besaßen und hinsichtlich ihrer finanziellen Konsequenzen vor allem für Frankreich leicht quantifizierbar waren, daß ihre regionalwirtschaftliche und strukturpolitische Bedeutung bzw. Wirksamkeit sich erst im späteren Verlauf hat erweisen müssen.[33]

In der Tradition der Diskussionen über die Konventionen und über den deutsch-französischen Wirtschaftsvertrag[34] standen Forderungen, der Saarwirtschaft Bezugs- und Absatzquellen in Deutschland zu verschaffen. Dieser Teilbereich wurde im Saarvertrag hauptsächlich in den Kapiteln über die wirtschaftlichen Beziehungen mit Deutschland und über die Einfuhr von Investitionsgütern geregelt.[35] Dabei wurde eine beschränkte Zollfreiheit von saarländischen Exporten nach Deutschland bereits als Sofortmaßnahme im Sommer 1956 vereinbart,[36] und es wurden steuerliche und absatzfördernde Maßnahmen im Eingliederungsgesetz ermöglicht, die nach Beginn

---

[31] Saarvertrag, Art. 85ff. und Art. 83f.

[32] Zu den wirtschaftsstrukturellen Aspekten dieser Frage vgl. Hans Mauersberg, Deutsche Industrien im Zeitgeschehen eines Jahrhunderts. Eine historische Modelluntersuchung zum Entwicklungsprozeß deutscher Unternehmen von ihren Anfängen bis zum Stand von 1960, Stuttgart 1966, hier: S. 117ff. und S. 171ff. Zur Firmengeschichte zuletzt: Seibold, Röchling. Eine Einordnung der Frage in die regionalwirtschaftliche Struktur - mit problematischen Bewertungen - versucht: Hermann Overbeck, Das Industriegebiet an der mittleren Saar. Eine wirtschafts- und politisch-geographische Strukturanalyse, in: ders., Kulturlandschaftsforschung und Landeskunde. Ausgewählte, überwiegend methodische Arbeiten, Heidelberg 1965 (= Heidelberger Geographische Arbeiten 14), S. 261-277 (Erstveröffentlichung: 1957), hier: S. 270. Umfassend zu Vorgeschichte und Details der Regelung Cahn, Röchling.

[33] Dies gilt besonders für die an die Warndtregelung geknüpften Lieferverpflichtung der Saarbergwerke gegenüber Frankreich, die mit einer Abnahmeverpflichtung verbunden war, deren späterer Wert im Jahr 1956 verschiedentlich nicht erkannt worden ist. Sehr deutlich wird dies v.a. in einem Memorandum der Industrie- und Handelskammer zu dieser Frage vom Juli 1957, in der die sich abzeichnende Regelung nur „schweren Herzens" akzeptiert wird, siehe: LASB AA 436, Memorandum der IHK „Zum gegenwärtigen Stand der Saarfrage" v. Juli 1956.

[34] Zu diesen Fragen im einzelnen Heinen, Saarjahre, S. 348ff. und S. 461ff. Auffällig ist, wie klar die Stellungnahmen und Gutachten der IHK des Saarlandes Elemente aus diesen Diskussionen praktisch wortgleich wieder aufgriffen, siehe insb. Industrie- und Handelskammer des Saarlandes (Hg.), Europäisierung, und Industrie- und Handelskammer des Saarlandes (Hg.), Wie sieht die Saarwirtschaft die Auswirkungen des Saarstatuts vom 23. Oktober 1954?, Saarbrücken 1955. Einen Überblick über die zoll- und handelspolitischen Probleme der Neuordnung der westeuropäischen Wirtschaftsbeziehungen bietet: Christoph Buchheim, Nachkriegsdeutschland und Bundesrepublik Deutschland im Welthandelssystem nach 1945, in: Hans Pohl (Hg.), Die Auswirkungen von Zöllen und anderen Handelshemmnissen auf Wirtschaft und Gesellschaft vom Mittelalter bis zur Gegenwart, Stuttgart 1987 (= Vierteljahrschrift für Sozial- und Wirtschaftsgeschichte Beiheft 80), S. 380-397.

[35] Dieses Kapitel beinhaltete eine Aufzählung und Kontingentierung von Waren und Investitionsgütern, die während der Übergangszeit zollfrei nach Deutschland exportiert bzw. aus Deutschland importiert werden durften. Saarvertrag, Anlagen 13 („Liste S") und 15.

[36] Dieser Punkt hatte die saarländische Regierung bereits früh beschäftigt, vgl. den Bericht des Wirtschaftsministers über seine diesbezüglichen Verhandlungen im Bundeswirtschaftsministerium, LASB StK 1713, Kabinettsprotokoll v. 6.1.56, sowie kurz darauf den Bericht des Ministerpräsidenten über seine erste Vorbesprechung mit von Brentano, LASB StK 1713, Kabinettsprotokoll v. 16.1.56. Die Übereinkunft mit Frankreich in dieser Frage wurde am 17.7.56 auf der Ebene der Staatssekretäre erreicht, vgl. LASB AA 229, Telegramm Hallstein an Bundesfinanzministerium v. 18.7.56.

der Übergangszeit wirken sollten.[37] Über die zollfreie Ausfuhr in die Bundesrepublik herrschte dabei anscheinend weitgehende Übereinstimmung zwischen allen saarländischen Beteiligten, insbesondere den verschiedenen Wirtschaftsorganisationen,[38] aber anscheinend auch mit den Parteien im Saar-Landtag.[39]

Im Kontext traditioneller Wirtschaftspolitik des Saarlandes seit den ersten Montankrisen der 20er Jahre standen Forderungen, in der Übergangszeit die Konjunkturabhängigkeit der Saarwirtschaft zu verringern, ihre Ertragslage zu verbessern und ihre Struktur aufzulockern. Bereits im Sommer 1956 hatte die Saar-Regierung ein Wirtschaftsförderungsprogramm im Umfang von einer Mrd. Francs aufgelegt, das besonders der mittelständischen Industrie, dem Handel und dem Handwerk zugute kommen sollte.[40] Gegenüber der Bundesregierung betonte die Saar-Regierung die Bedeutung dieser Forderungen spätestens ab November 1956.[41] Diese allgemeinen Ziele von Wirtschaftspolitik wurden bei der Ausgestaltung der Übergangszeit zwar in einer Vielzahl von Einzelmaßnahmen aufgegriffen, jedoch an keiner Stelle zu einer verbindlichen allgemeinen regionalpolitischen Zielsetzung oder zu einem konkreten wirtschaftspolitischen Programm präzisiert. Dieses Fehlen einer Rückbindung der einzelnen Maßnahmen an ein regionalwirtschaftliches Programm wurde jedoch von den Zeitgenossen nicht weiter thematisiert.[42]

Einen Reflex der ungünstigen Entwicklung der Saarwirtschaft im Gefolge der vergangenen politischen Neuordnungen, insbesondere nach der Rückgliederung von 1935,[43]

---

[37] Eingliederungsgesetz, § 18.

[38] Siehe: LASB AA 434, Memorandum des Gesamtverband des saarländischen Großhandels e.V. zur Auswirkung der Übergangszeit und der Rückgliederung auf den Handel v. 22.5.56; sehr weitgehend in dieser Frage auch: LASB AA 436, Memorandum der IHK „Zum gegenwärtigen Stand der Saarfrage" v. Juli 1956, sowie Industrie- und Handelskammer des Saarlandes (Hg.), Einbeziehung, S. 7 und S. 15f.

[39] Selbst in der außerordentlich heftigen Debatte über die Verabschiedung der Beitrittserklärung des Saarlandes zur Bundesrepublik, in der besonders die DPS die Saarlösung einer kritischen Bestandsaufnahme unterzog, wurde dieser Aspekt praktisch nicht thematisiert, siehe: LTDS, 3. WP, Abt. I, 24. Sitzung v. 13.12.56, S. 602ff.

[40] LASB StK 1714, Kabinettsprotokoll v. 2.7.56.

[41] LASB StK Kabinettsregistratur, Anlage MW, Memorandum der Regierung des Saarlandes zur Begründung einer Finanzhilfe durch die Bundesregierung v. 20.11.56 mit detaillierten Zahlenangaben.

[42] Weder in den Quellen noch in der zeitgenössischen Literatur finden sich Hinweise auf eine Forderung nach einer umfassenden saarländischen wirtschaftspolitischen Programmatik für die Übergangszeit. Vielmehr wurde zumindest von der IHK des Saarlandes sogar ausdrücklich ein solcher planender Eingriff des Staates zugunsten einer autonomen Steuerung des wirtschaftlichen Übergangs durch die Unternehmen selber abgelehnt, vgl. IHK, Einbeziehung, S. 8. Dagegen scheinen die Produktivitätszentrale, die am 13.12.54 gegründet worden war, und die Gesellschaft für Wirtschaftsförderung Saar (gw-Saar) eine gewisse koordinierende Funktion übernommen zu haben, vgl. zur gw-Saar: Industrie- und Handelskammer des Saarlandes (Hg.), Wirtschaft zwischen den Grenzen. 100 Jahre Industrie- und Handelskammer des Saarlandes, Saarbrücken 1964, hier: S. 202; zur absatzfördernden Tätigkeit der gw-Saar siehe Buddeberg, Verlagerung, S. 120. Zur Finanzierung der Arbeit aus Übergangs-Mitteln siehe: Wirtschaft an der Saar - fünf Jahre danach. Eine Studie des Industriekurier, Industriekurier 17 (1964), S. 28. Zur Beratungstätigkeit der Produktivitätszentrale vgl. Saarländische Gemeinschaft zur Förderung der Produktivität (Hg.), 10 Jahre.

[43] Da die Forschung zur Volksabstimmung von 1935 und der darauf folgenden Rückgliederung nach

stellten schließlich diejenigen Ansätze dar, die besonders die Gefahr einer Zerstörung von vorhandenen Wirtschaftsstrukturen durch die Eingliederung in die Bundesrepublik betonten. In diesem Zusammenhang sind insbesondere die Diskussion um die Aufrechterhaltung saarländischer Sozialleistungen, die Schutzbestimmungen zugunsten der saarländischen Wirtschaft, aber auch das Prinzip der Aufrechterhaltung des französisch-saarländischen Wirtschaftsaustausches zu nennen. Ihren Niederschlag in der juristischen Fixierung der Übergangszeit fand besonders die letztgenannte Frage, umfaßte doch der Saarvertrag eine außerordentlich differenzierte Systematik von Warengruppen und Zollregelungen, die als Grundlage der besonderen Wirtschaftsbeziehungen zwischen Frankreich und der Saar sowohl in der Übergangszeit als auch noch danach gedacht waren.[44]

Schon für die Zeit vor dem Beginn der „eigentlichen" Übergangszeit, die nach dem Wortlaut des Saarvertrags ja erst mit der politischen Eingliederung am 1. Januar 1957 einsetzte, kann daher nicht von einer Konformität zwischen Zielen und politischen Maßnahmen bei der Ausgestaltung der Eingliederung gesprochen werden. Die Übergangszeit ist vielmehr als ein offenes Entscheidungssystem zu verstehen, das Entscheidungen über grundsätzliche und konzeptionelle Fragen überwiegend zunächst vom Saarvertrag auf das Eingliederungsgesetz und dann von diesem Gesetz auf die späteren Aushandlungsvorgänge zwischen dem Bund und dem Saarland verlagerte. In dem Maße jedoch, wie die Einzelentscheidungen grundlegende Widersprüche in prinzipiellen Fragen offenbarten, erhöhte sich die politische Bedeutung der Übergangszeit. Auf der Grundlage der Entscheidung vom 23. Oktober 1955 waren praktisch alle Elemente der saarländischen Rechts- und Wirtschaftsordnung einer Überprüfung und der Möglichkeit einer Korrektur unterworfen; daher stellt sich die Übergangszeit auch als eine bestimmte Form der Herrschaftsausübung, als ein Regime, dar. Mit der Übergangszeit wurde ein Sonderregime für das Saarland ge-

---

Deutschland bislang die ökonomischen Fragen weitgehend außer acht gelassen hat - vgl. hierzu die immer noch als Standardwerk zu bezeichnende Arbeit von Fritz Jacoby, Die nationalsozialistische Herrschaftsübernahme an der Saar. Die innenpolitischen Probleme der Rückgliederung des Saargebietes bis 1935, Saarbrücken 1973 (= Veröffentlichungen der Kommission für Saarländische Landesgeschichte und Volksforschung 6) - ist ein direkter Vergleich der beiden Vorgänge praktisch nicht möglich. Vgl. zum Forschungsstand: Hans-Walter Herrmann, Saarbrücken unter der NS-Herrschaft, in: Wittenbrock (Hg.), Saarbrücken, Bd. 2 S. 243-338. Neben den hier S. 293-300 vorgelegten Informationen zur Wirtschaft in der Stadt Saarbrücken nach der Rückgliederung ist man daher noch auf ältere Arbeiten angewiesen, wobei insbesondere Erich Dittrich, Die deutsch-französischen Wirtschaftsverhandlungen der Nachkriegszeit, Berlin u. Leipzig 1931, nicht nur die diplomatische Ausgestaltung des Status quo der Saargebietszeit analysiert, sondern auch weitergehende Informationen zur Diversifizierungspolitik der saarländischen Wirtschaft seit 1925 liefert. Eine gewisse Ausnahme stellt der Sektor der Schwerindustrie dar, die Rolf E. Latz, Die saarländische Schwerindustrie und ihre Nachbarreviere 1878/1938. Technische Entwicklung, wirtschaftliche und soziale Bedeutung, Saarbrücken 1985, untersucht. Hier, bes. S. 225ff., wird deutlich, daß offenbar die Eingliederung der Schwerindustrie in das System der NS-Kriegswirtschaft eine Sondersituation auslöste, die mit einer „normalen" Eingliederung in ein marktwirtschaftliches System schwer vergleichbar ist.

[44] Saarvertrag, Art. 64 und Anlage 21.

schaffen, das seine Rechtfertigung überwiegend aus seiner formalen Funktion als Instrument zur Ausgestaltung der Eingliederung bezog.[45]

Allerdings war auch diese Funktion des Sonderregimes keinesfalls unumstritten, was besonders im Hinblick auf die spätere Diskussion über Erfolg und Mißerfolg der Übergangszeit interessant ist. Anfangs war sie als Mittel zur Wahrung französischer Wirtschaftsinteressen gefordert worden, und auch die Bundesregierung maß zuletzt der Übergangszeit diese Funktion zu. Einer anderen Sichtweise zufolge war die Übergangszeit als Schutzinstrument zugunsten der saarländischen Wirtschaft zu verstehen, die entweder zur Stabilisierung der Wirtschaftskraft, zur Stabilisierung der Außenhandelsstruktur (v.a. in bezug auf Frankreich), zur Veränderung der Außenhandelsstruktur (Verstärkung der Beziehung zu Deutschland) oder zur Auflockerung der saarländischen Wirtschaftsstruktur durch Rationalisierung und Modernisierung der Produktion dienen konnte. Weiterhin wurde der Übergangszeit von verschiedener Seite die Funktion zugewiesen, die Bindung an Frankreich zu lösen und das Saarland durch Angleichungsmaßnahmen an das deutsche Rechts- und Wirtschaftssystem auf seine Zukunft vorzubereiten bzw. in diesem Prozeß die deutschen Sonderinteressen zu schützen - insbesondere durch die Verhinderung von unangemessener Subventionierung saarländischer Unternehmen.

Unabhängig von der noch zu prüfenden Frage nach der Wirkung der zur Ausgestaltung der Eingliederung getroffenen Maßnahmen war das saarländische Sonderregime der Übergangszeit daher bereits in grundlegenden Fragen von schwerwiegenden Defiziten geprägt. Diese führten sehr früh bereits zu politischen Problemen. Schon in der Schlußphase der politischen Diskussion um das Eingliederungsgesetz[46] fokussierte sich nämlich die allgemeine Debatte über die Zukunft des Saarlandes auf den sogenannten „sozialen Besitzstand". Von der SPD als Experten-Thema mit weitreichenden juristisch-administrativen Ansätzen „besetzt", erhielt die Beibehaltung der als günstig empfundenen saarländischen Sozialleistungen vor allem seit ihrer Instrumentalisierung durch die DPS einen moralischen, die Betroffenheit des einzelnen in den Vordergrund rückenden Zug. Zentraler Punkt dieser Debatte war - neben dem Expertenstreit um Tauglichkeit und Funktionalität unterschiedlicher Sozialsysteme - die implizite Forderung nach einer Art „Wohlstandsgarantie", nach der versichert werden sollte, daß die erforderlichen, geforderten und auch die nur unverbindlich zugesagten Maßnahmen zugunsten des Saarlandes nicht nur in vollem Umfang gewährt würden, sondern auch wirksam sein sollten. Dieser Ansatz stand im Widerspruch zur eher technokratischen Perspektive, von der die Saarverhandlungen

---

[45] Dieses Sonderregime war insbesondere auch durch ein spezielles Verhältnis von Exekutive und Legislative geprägt; die starke Machtstellung der Landesregierung als Verhandlungspartner in der Übergangszeit steht im Widerspruch zum von Edwin Czerwick, Demokratisierung der öffentlichen Verwaltung in Deutschland. Von Weimar zur Bundesrepublik, in: Geschichte und Gesellschaft 28 (2002), S. 183-203, hier: S. 197ff. erkannten Prinzip der „legislatorisch gesteuerten Bürokratie" in der Verwaltungsgeschichte der Bundesrepublik in der Nachkriegszeit.

[46] Vgl. hierzu die schon fast „legendär" gewordene Beratung des Eingliederungsgesetzes in Dritter Lesung in: LTDS, 3. WP, Abt. I, 24. Sitzung v. 13.12.56, S. 602-664.

und das Eingliederungsgesetz geprägt waren. Die Wirksamkeit der dort erarbeiteten Maßnahmen stellte aus Sicht vieler an den Verhandlungen beteiligter Experten und Politiker aufgrund der Entwicklungskraft des Saarlandes quasi nur noch eine logische Konsequenz dar. Diese Sichtweise war - positiv gesprochen - von großem Vertrauen in die Entwicklungspotentiale der Saarwirtschaft und in die Macht und Funktionsfähigkeit bestimmter, von Saarländern selber steuerbarer Organisationen und Institutionen gekennzeichnet. Die Saarwirtschaft und ihre Vertreter, vor allem die IHK, aber auch die sich bereits abzeichnenden neuen Organe der Kreditwirtschaft sowie besonders die neuen Saarbergwerke, in denen nun erstmals das Saarland selber direkte und umfangreiche Mitbestimmungsrechte besaß, dienten sozusagen als institutionelle Garantie für den Erfolg der wirtschaftlichen Eingliederung.[47] Negativ gesprochen wohnte dieser Sichtweise insofern ein strukturkonservativer Aspekt inne, als sich z.B. im Bereich der Montanwirtschaft die bereits in den Saarverhandlungen angelegte Konzentration der saarländischen Wirtschaftspolitik auf die strukturpolitische Bedeutung der neu zu gründenden Saarbergwerke verstärkte. Der allgemein erhoffte Erfolg der Wirtschaftspolitik trat damit in eine noch engere Beziehung zur ökonomischen Entwicklung des Montankerns.

2.1.3 Die wirtschaftliche Entwicklung im Jahr 1956 als ambivalente „Normalität"
Welche Wirkung hatten nun die in teilweise hektischen, auf jeden Fall aber intensiv geführten Debatten um die zur Neuordnung der saarländischen Verhältnisse vereinbarten Maßnahmen? Bereits ein erster Blick auf die Konjunkturdaten zeigt eine überraschend „normale" Entwicklung der Wirtschaft im Laufe des Jahres 1956. Diese ist zum Teil damit zu erklären, daß die Volksabstimmung in wirtschaftlicher Hinsicht kaum unmittelbare Auswirkungen gehabt hatte. Auch die Sofortmaßnahmen, wie z.B. die Zollfreiheit für manche saarländischen Exportgüter, wurden nämlich erst spät im Jahr in Kraft gesetzt. Ein weiterer Grund lag in der stark auf außenwirtschaftliche Tätigkeit ausgerichteten Wirtschaftsstruktur des Landes.[48] Dadurch war die Saarwirtschaft stark von internationalen Konjunkturentwicklungen abhängig, wobei diese Dependenz sich aufgrund des regionalen Übergewichts von Kohle-, Eisen- und Stahl-

---

[47] Es wäre um einiges zu kurz gegriffen, diesen „Eingliederungsoptimismus" allein auf Seiten der Wirtschaft festzumachen; ein ebenso überzeugendes Beispiel ist beispielsweise der Artikel von Heinz K. Grössle, Die saarländische Industrie im deutschen Wirtschaftsraum. Eine Prüfung ihrer Möglichkeiten nach der Eingliederung in die westdeutsche Wirtschaft, in: Die Arbeitskammer. Zeitschrift der Arbeitskammer des Saarlandes 4 (1956), S. 281-283. Als wahrscheinlicher ist anzunehmen, daß es sich bei diesen Projektionen zumindest teilweise auch um eine spezielle Form der Verarbeitung der grundlegenden Infragestellung der regionalen Zukunft im Abstimmungskampf vor dem 23. Oktober 1955 handelte.

[48] Dieser Aspekt hatte die zeitgenössische Diskussion bereits seit Beginn der Auseinandersetzung um die nationale Zugehörigkeit des Saarlandes genauso wie in der Diskussion um einen den wirtschaftlichen Erfordernissen angemessenen Status des Saargebiets beschäftigt. Insbesondere die IHK und ihre Analysten betonten praktisch durchgängig diesen Aspekt, der auch in einer Reihe von halboffiziellen (Selbst-)Darstellungen des Landes nach dem Referendum immer wieder hervorgehoben wurde. Vgl. Peter Weiant, Die Wirtschaftsbeziehungen Saar-Frankreich, in: Eduard Dietrich (Hg.), Saarland, S. 52-58; Eduard Dietrich, Die Saar als Ein- und Ausfuhrland, ebd., S. 36-45.

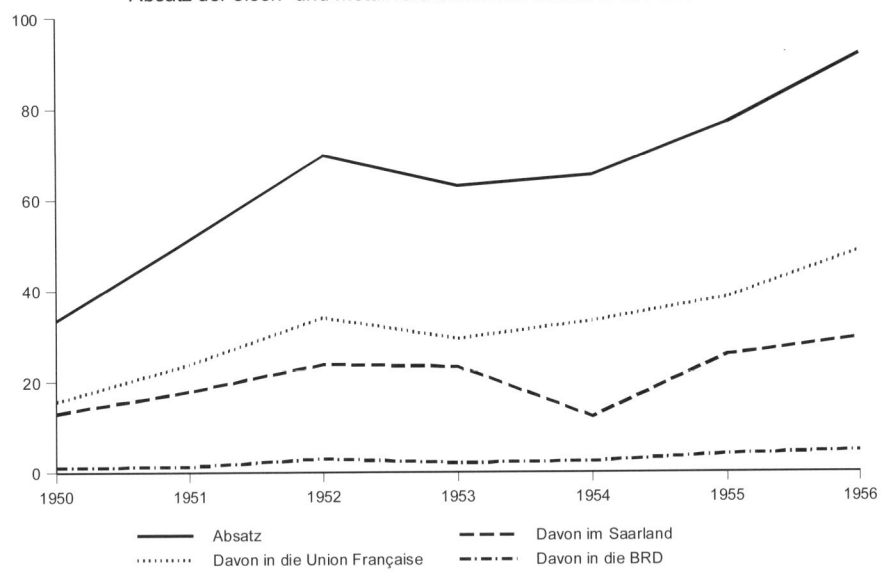

Absatz der eisen- und metallverarbeitenden Industrie des Saarlandes

— Absatz — — — Davon im Saarland
.... Davon in die Union Française — · — · — Davon in die BRD

Angaben in Mrd. FF. Lesebeispiel: Die Absatzsteigerungen nach 1953 beruhen überwiegend auf Erfolgen im französischen und saarländischen Markt. Quelle: Stat. Amt d. Saarl.(Hg.), Saarländische Bevölkerungs- und Wirtschaftszahlen 8 (1956), S. 48.

produktion speziell auf Konjunkturen im Bereich der Montanwirtschaft bezog.[49] Drittens dominierte schon aufgrund der Größenverhältnisse die Entwicklung der benachbarten Volkswirtschaften diejenige des Saarlandes und kompensierte so regionale Sonderentwicklungen zumindest teilweise, selbst wenn diese z.B. politisch oder auf Basis unternehmerischer Entscheidungen ausgelöst worden wären.

Als „Normalität" im internationalen Kontext stellte sich die wirtschaftliche Entwicklung des Jahres 1956 als Fortsetzung eines positiven Trends dar: Die Störungen in der Wirtschaftsentwicklung, die in der Vergangenheit - unter anderem im Gefolge der Korea-Krise - aufgetreten waren, wurden überwiegend beseitigt. Der Anstieg der Produktionszahlen in den Bereichen Eisen- und Stahlerzeugung sowie Metallverarbeitung verdeutlichte den schon Ende 1954 absehbaren Trend zur Überwindung der

---

[49] Die saarländische Außenhandelsbilanz des Jahres 1956 wies Exporte im Wert von 247,8 Mrd. FF aus, denen Importe von 222,6 Mrd. FF gegenüberstanden. Einen besonders hohen Außenhandelsüberschuß wies der Bergbau auf (mit Exporten von 49 Mrd. FF gegenüber Importen von 5,9 Mrd. FF); den größten Anteil an der Exportleistung hatte jedoch die eisenschaffende Industrie mit Exporten von 88,6 Mrd. FF, denen aber auch Importe von 44,3 Mrd. FF gegenüberstanden. Von den Exporten insgesamt nahm Frankreich mit 151,6 Mrd. FF den weitaus größten Anteil auf, wobei der westliche Nachbar aber mit 171,1 Mrd. FF auch das Gros der importierten Güter lieferte. Die Bundesrepublik folgte mit 58,6 Mrd. FF bei den Exporten und 42 Mrd. FF bei den Importen auf Rang zwei der wichtigsten Handelspartner. Zu den Zahlen siehe: Stat. Amt d. Saarl. (Hg.), Saarländische Bevölkerungs- und Wirtschaftszahlen 8 (1956), S. 78.

Baisse des Jahres 1953.[50] Die Kohlewirtschaft überwand seit 1954 die zwischen 1951 und 1953 eingetretene Stagnation der Kohleförderung und hielt sich nun auf sehr hohem Niveau, während aufgrund des gestiegenen Absatzes nicht nur die Haldenbestände zurückgingen, sondern sogar eine Kohleknappheit eintrat.[51] Ähnlich positive Zahlen meldeten auch der Handel und die meisten übrigen Wirtschaftssektoren, was sich auch in nennenswerten Lohnsteigerungen niederschlug, wenn deren realer Wert auch - bedingt durch die Preissteigerungen - etwas geringer stieg als noch im Vorjahr.[52]

Im nationalen Kontext bedeutete die „Normalität" des Jahres 1956, daß in Frankreich eintretende Veränderungen sich weiterhin durchgängig im Saarland auswirkten. Eine vorübergehende Entlastung der französischen Handelsbilanz und eine Entspannung der Devisenprobleme ermöglichten Liberalisierungsmaßnahmen im Außenhandel. Dadurch konnte der Umfang des saarländischen Außenhandels mit Deutschland zunehmen, und hierbei vor allem der Warenbezug. Gleichermaßen verstärkte jedoch die auch in Frankreich steigende Inlandsnachfrage die Nachfrage des westlichen Nachbarn nach saarländischen Produkten. Allerdings war auch - nach einer vorübergehenden Beruhigung - ein sogar im Vergleich mit Frankreich etwas stärkerer Anstieg der Lebenshaltungskosten feststellbar, obwohl dort inflationäre Tendenzen ohnehin bereits stärker als in anderen Ländern ausgeprägt waren. Die Besonderheiten des französisch-saarländischen Finanzwirtschaftssystems beschränkten allerdings weiterhin den Handlungsspielraum der saarländischen Banken, besonders was die Ausstattung von Grundstoffindustrien mit langfristigen Krediten angeht.[53] Von der positiven Entwicklung profitierten daher hauptsächlich Handwerk und mittelständische Industrie.

Im regionalen Kontext schließlich stellte sich die „Normalität" als fortgesetzte Wachstumsbeschränkung für die Saarwirtschaft dar. Insbesondere die hohe Auslastung des Arbeitsmarktes begrenzte allzu kühne Hoffnungen. Der starke Mangel an männlichen Arbeitskräften, der auch durch Zuzug von Arbeitskräften oder durch Einpendler auf den saarländischen Arbeitsmarkt nicht ausgeglichen werden konnte, blieb weiterhin ein gravierendes Problem. Per Saldo schrumpfte sogar die Zahl der Beschäftigten um ca. 1200.[54] Ein weiteres Wachstumshindernis stellte die hohe Bedeutung der Grundstoffindustrien dar, und hier vor allem der Kohlewirtschaft: Trotz der im Vergleich zu den späteren Jahren noch günstigen Entwicklung in 1956 waren die Wachstumsmöglichkeiten dieses Sektors beschränkt, was sich aufgrund des hohen Strukturgewichts des Bergbaus auf die gesamte Wirtschaftsbilanz negativ

---

[50] Stat. Amt d. Saarl. (Hg.), Saarländische Bevölkerungs- und Wirtschaftszahlen 8 (1956), S. 38-40.

[51] Stat. Amt d. Saarl. (Hg.), Die saarländische Industrie im Jahre 1957, Saarbrücken 1958 (= SiZ, Sonderh. 1), S. 8; Stat. Amt d. Saarl. (Hg.), Saarländische Bevölkerungs- und Wirtschaftszahlen 8 (1956), S. 23.

[52] Ebd., S. 72 und S. 111ff.

[53] Ebd., S. 97ff., S. 78, S. 101 und S. 108ff.

[54] Ebd., S. 10. Vgl. hierzu auch die tabellarische Übersicht in: Stat. Amt d. Saarl. (Hg.), Die saarländische Industrie im Jahre 1957, Saarbrücken 1958 (= SiZ, Sonderh. 1), S. 18.

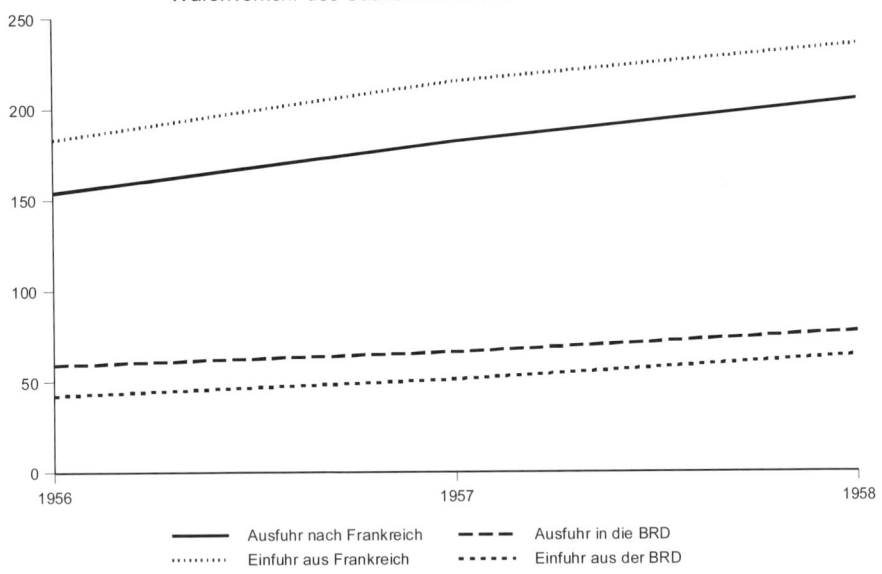

Warenverkehr des Saarlandes mit dem Ausland 1956-1958

——— Ausfuhr nach Frankreich   — — — Ausfuhr in die BRD
·········· Einfuhr aus Frankreich   · · · · · Einfuhr aus der BRD

Angaben in Mrd. FF. Lesebeispiel: Im Untersuchungszeitraum entwickelte sich der Wert der vom Saarland ex- bzw. importierten Waren kontinuierlich. Quelle: Stat. Amt d. Saarl. (Hg.), Saarländische Bevölkerungs- und Wirtschaftszahlen 9/10 (1957/58).

auswirkte. Die höchsten Steigerungsraten der Wertschöpfung im Saarland wies dagegen mittlerweile der tertiäre Sektor auf, wobei insbesondere das Ergebnis des Handels hervorsticht.[55]

Das Ausbleiben von unmittelbar wirksamen Impulsen für eine Neuordnung der wirtschaftlichen Verhältnisse im Saarland machte sich auch im Außenhandel bemerkbar: Die in der Vergangenheit nicht selten als problematisch empfundene Frankreich-Orientierung der Saarwirtschaft verstärkte sich durch die steigende Nachfrage aus Frankreich weiter, schließlich versprach aufgrund der Devisenproblematik das Frankreichgeschäft auch schlichtweg höhere Erträge. Steigerungen im Warenverkehr mit Deutschland konnten daher beim Absatz nur in geringem Umfang erzielt werden, während dagegen der Import nennenswerte Zuwächse aufwies.[56] Die Investitionstätigkeit bereitete weiter Sorgen: Der Anteil der Nettoanlageinvestitionen am Sozialprodukt war 1956 sogar geringer als im Vorjahr.[57] Ein Grund dafür ist allerdings auch

---

[55] Stat. Amt d. Saarl. (Hg.), Saarländische Bevölkerungs- und Wirtschaftszahlen 8 (1956), S. 120.

[56] Ebd., S. 3, S. 5 und S. 53. Besondere Probleme hatte die weiterverarbeitende Industrie, aber auch die Glas-, Keramik- und chemische Industrie. Die Konsumgüterindustrie blieb weitgehend auf den saarländischen Markt konzentriert, wo sie ihre Stellung knapp behauptete. Einer Verringerung der Absätze nach Deutschland stand eine Steigerung des Frankreich-Geschäftes gegenüber, ebd., S. 56.

[57] Ebd., S. 124. Vgl. hierzu auch den mit reichhaltigem statistischem Material versehenen Überblick über die Investitionstätigkeit saarländischer Unternehmen in der Übergangszeit bei: Josef Even, Die Investitionen der Saarwirtschaft in der Übergangszeit, in: Mitteilungen der Industrie- und Handelskammer des Saarlandes 15 (1959), S. 159-166.

in der Zurückhaltung mancher Unternehmer zu suchen, die damit rechneten, daß bestimmte Investitionsgüter nach der Eingliederung bzw. nach der Festlegung der Regelungen der Übergangszeit billiger beschafft werden könnten.[58] Erhebliche Anlageinvestitionen waren dagegen im Bereich der eisenschaffenden Industrie zu verzeichnen, deren Politik der Kapazitätsausweitung in längeren Zyklen angelegt war.[59] In der Gesamtschau stellt sich damit die „Normalität" als eine höchst ambivalente Situation dar: Günstige nationale und internationale Entwicklungen förderten auch die regionale Wirtschaft. Die Auswirkungen waren hier jedoch deutlich abgeschwächt, da die im Saarland besonders stark vertretenen Wirtschaftszweige in immer geringerem Maße vom Wachstum der Wirtschaft insgesamt profitierten. Die positiven Effekte in der Wirtschaft des Saarlandes waren trotzdem großteils auf äußere Einflüsse zurückzuführen. Die eigenen Wachstumspotentiale der Saarwirtschaft waren nahezu ausgeschöpft, insbesondere im Bereich des Arbeits- und Kapitalmarktes. Über die allgemeine positive konjunkturelle Lage hinaus griffen somit keine besonderen, auf die Region zugeschnittenen Wachstumsimpulse. Zudem sicherte die Verstärkung der Frankreich-Orientierung der saarländischen Wirtschaft zwar Wachstumsraten, erhöhte aber auch den Problemdruck hinsichtlich der kommenden Umorientierung der Wirtschaft. Trotzdem griff - wie besonders an der Investitionstätigkeit deutlich wird - ein gewisser Attentismus Raum.

2.2 Die Ausgestaltung der Übergangszeit 1957-1959 und ihre Bewährungsprobe

2.2.1 Die Saarwirtschaft im Übergang?

Nach der vorübergehenden „Normalisierung" der ökonomischen Entwicklung im Saarland brachte die eigentliche Übergangszeit bereits nach kurzer Zeit aufsehenerregende Verwerfungen vor allem des internationalen Umfelds, die im stark auf den Außenhandel ausgerichteten Saarland uneinheitliche Impulse setzten. Die konjunkturelle Entwicklung in Europa blieb günstig, wenn auch 1958 die Konjunktur in Deutschland zunächst schwächelte.[60] Dies wurde jedoch im Saarland durch günstigere Trends aus Frankreich weitgehend kompensiert.[61] Die günstige Binnenkonjunktur in Frankreich war jedoch mit einer Reihe von für den Außenhandel relevanten Problemen belastet. Währungsprobleme, Preissteigerungen und die daraus folgende De-Liberalisierungspolitik Frankreichs hatten durch die Außenhandels- und Währungsmaßnahmen des Jahres 1957 schockartige Auswirkung. Im Saarland trat zu-

---

[58] Stat. Amt d. Saarl. (Hg.), Saarländische Bevölkerungs- und Wirtschaftszahlen 8 (1956), S. 101. Einen Überblick über die Investitionspolitik der saarländischen Stahlindustrie bietet die Datensammlung: Fachverband der Weiterverarbeitenden Eisen- und Metallindustrie des Saarlandes (Hg.), Zehn Jahre Fachverband der Weiterverarbeitenden Eisen- und Metallindustrie des Saarlandes. Schaubilder zur wirtschaftlichen Entwicklung 1948-1957, Saarbrücken 1958.

[59] Stat. Amt d. Saarl. (Hg.), Saarländische Bevölkerungs- und Wirtschaftszahlen 8 (1956), S. 46.

[60] Vgl. hierzu den Jahresrückblick in: Landesbank und Girozentrale Saar (Hg.), Wirtschaftsberichte 1958, Saarbrücken 1958, H. 3.

[61] Stat. Amt d. Saarl. (Hg.), Saarländische Bevölkerungs- und Wirtschaftszahlen 11/12 (1959/60), S. 43 und S. 314.

nächst eine Flucht in Sachwerte ein, die zu einem Umsatzschub im Einzelhandel führte, dem allerdings ein noch stärkerer Einbruch 1958 gegenüberstand.[62] Einigermaßen stabilisiert wurde die Entwicklung erst Ende 1958 durch neuerliche französische Währungsmaßnahmen, die mit der nun endgültigen Abwertung des Franc den Übergang zur neuen Währungspolitik der V. Republik einleiteten.[63] Nicht zuletzt aufgrund dieser Maßnahmen trat eine weitere Verstärkung des Warenaustauschs mit Frankreich ein, die 1957 sogar zu nominell höheren Wachstumsraten führte als der Warenaustausch mit Deutschland - und dies auf insgesamt viel höherem Niveau.[64] Die nach Sektoren differenzierte Statistik[65] zeigt zudem, daß Frankreich eine stark wachsende Bedeutung bei Exporten der verarbeitendenen Industrie sowie der Glas-, Keramik- und Chemieindustrie zukam. Diese tendenziell wachstumsorientierten Branchen verstärkten ihre Absatzerfolge in Frankreich deutlich, während die Exporterfolge in Deutschland in geringerem Maße eintraten.[66] Trotz einer ansatzweisen Liberalisierung der Außenhandelsbestimmungen Frankreichs, trotz der Einfuhrerleichterungen in Deutschland und trotz der Erstattung der Grenzüberschreitungskosten durch das Saarland bestand nur eine geringe Fähigkeit der saarländischen Industrie, Marktanteile in Deutschland zu erobern. Nennenswerten Einfluß hatte allerdings die Zollbefreiung von aus Deutschland importierten Investitionsgütern, die

---

[62] Ebd., S. 56. In der Zeitschrift der Arbeitskammer war bereits bei den Verhandlungen über den Saarvertrag das Währungsproblem Frankreichs als das wichtigste Hindernis für die wirtschaftliche Entwicklung des Saarlandes angesehen worden; sollte bei der damals diskutierten Frage des Umstellungskurses und -zeitpunktes sich keine frühe, an der Kaufkraft orientierte Lösung durchsetzen, „werden wir [die Saarländer] wohl alle Phasen der einsetzenden französischen Währungskrise noch während drei Jahren am eigenen Leibe miterleben müssen", Prof. Dr. Aufermann, Der französische Kampf gegen die Inflationsgefahr, in: Die Arbeitskammer. Zeitschrift der Arbeitskammer des Saarlandes 4 (1956), S. 265-267, hier: S. 266.

[63] Eine detaillierte Darstellung der währungs- und wirtschaftspolitischen Maßnahmen in Frankreich im Übergang von IV. zur V. Republik bietet: Helga Grote, Frankreichs Wirtschaftsreform 1958/1959. Maßnahmen und Auswirkungen, Bonn 1964. Zur Einordnung des Währungsschnitts in die westeuropäische Wirtschafts- und Währungsintegration vgl. Christoph Buchheim, Die Wiedereingliederung Westdeutschlands in die Weltwirtschaft 1945-1958, München 1990 (= Quellen und Darstellungen zur Zeitgeschichte 31), hier: S. 188f., und Monika Dickhaus, Die Bundesbank im westeuropäischen Wiederaufbau. Die internationale Währungspolitik der Bundesrepublik Deutschland 1948 bis 1958, München 1996 (= Schriftenreihe des Instituts für Zeitgeschichte 72). Übrigens waren diese Maßnahmen im Saarland durchaus nicht unumstritten, obwohl sie die lang ersehnte Stabilität der Währungsverhältnisse brachten, denn ihr langfristiger Erfolg würde dem Saarland nicht mehr zugute kommen, vgl. Norbert Engel, Sitzen wir alle in einem Boot?, in: Die Arbeitskammer. Zeitschrift der Arbeitskammer des Saarlandes 6 (1958), S. 321-322.

[64] Stat. Amt d. Saarl. (Hg.), Saarländische Bevölkerungs- und Wirtschaftszahlen 9/10 (1957/58), S. 127ff. Landesbank und Girozentrale Saar (Hg.), Wirtschaftsberichte 1958, Saarbrücken 1958, H. 3 S. 73.

[65] Vgl. zu den methodischen Fragen der sektorspezifischen Analyse von Währungsungleichgewichten Roland Döhrn u. Antoine-Richard Milton, Marktpreise, reale Wechselkurse und internationale Wettbewerbsfähigkeit, Essen 1998 (= Untersuchungen des Rheinisch-Westfälischen Instituts für Wirtschaftsforschung 24).

[66] Der Warenverkehr mit Deutschland entwickelte sich daher zwar ebenfalls stark ansteigend - vor allem, was den Import angeht -, aber auf niedrigem Niveau. Stat. Amt d. Saarl. (Hg.), Saarländische Bevölkerungs- und Wirtschaftszahlen 9/10 (1957/58), S. 134 und S. 141.

jedoch hauptsächlich dem Bergbau (1958: 41% der Investitionsgüter), der Verkehrswirtschaft (20 %) und der eisenschaffenden Industrie zugute kamen (14%).[67]
Insgesamt war in den Jahren 1957 bis 1959 eine Abschwächung der positiven Impulse aus dem Montansektor festzustellen, wobei der eisenschaffenden Industrie immer mehr die Rolle eines stabilisierenden Elementes der gesamtwirtschaftlichen Entwicklung zukam. Spätestens seit Anfang 1958 veränderte sich die Absatzlage im Steinkohlenbergbau zu einer „krisenhaften Veränderung der Marktsituation", die zu steigenden Aufhaldungen führte.[68] Damit trat diese neue, für die kommenden Jahrzehnte prägende Entwicklung im Bergbau des Saarlandes gegenüber der Bundesrepublik etwas verzögert ein. Sie verstärkte sich dafür aber um so mehr, als die ungünstige Verkehrslage des Montanreviers an der Saar vergleichsweise hohe Frachtkosten verursachte und damit die zu erzielenden Erträge minderte. In der Bilanz der Saarbergwerke hinterließ dies deutliche Spuren.[69] In der Industrie war zudem in den vorangegangenen Jahren ein erheblicher Investitionsbedarf aufgelaufen, der nach einer Erhebung des Statistischen Landesamtes im Juli 1958 in der gesamten Industrie - ohne Bergbau - bei ca. 70 Mrd. FF lag. Davon entfielen auf die eisenschaffende Industrie 47,5 Mrd. FF.[70] Allerdings zeigten auch die Bruttoinvestitionen in diesem Sektor bereits seit 1955 eine sehr starke Zunahme,[71] wobei der hohe Zuwachs im Anteil der Abschreibungen an den Investitionen in der Übergangszeit auf hohe Nettoinvestitionen hinwies.[72] Andererseits war der Rückstand des Saarlandes besonders bei der Rohstahlerzeugung gegenüber Deutschland nicht leicht aufzuholen:

---

[67] Landesbank und Girozentrale Saar (Hg.), Wirtschaftsberichte 1958, Saarbrücken 1958, H. 3 S. 33-36. Stat. Amt d. Saarl. (Hg.), Saarländische Bevölkerungs- und Wirtschaftszahlen 9/10 (1957/58), S. 136f.

[68] Die Föderung stagnierte auf etwas geringerem Niveau als 1956; Landesbank und Girozentrale Saar (Hg.), Wirtschaftsberichte 1958, Saarbrücken 1958, H. 3 S. 39. Stat. Amt d. Saarl. (Hg.), Saarländische Bevölkerungs- und Wirtschaftszahlen 9/10 (1957/58), S. 30.

[69] Die Saarbergwerke waren zusätzlich durch starke Lohnerhöhungen, welche die Lohnsumme Ende 1958 um 11,4% steigen ließen, durch die anlaufenden Investitionen im Warndt (Schacht Karlsbrunn, aber auch die geplante Kokerei Fürstenhausen) belastet. Ebd., S. 31f. und S. 34f.

[70] Ebd., S. 41. Eduard Martin, Aufgestauter Kapitalbedarf an der Saar, in: Die Saar, Wirtschaft und Wiedervereinigung (= Der Volkswirt 11 (1957), Sonderheft), S. 32-33, nennt in seiner Schätzung - die den Handel einbezieht - sogar den Wert von 115 Mrd. FF.

[71] Zur Investitionspolitik der Stahlunternehmen vgl. Hans-Walter Herrmann, Von der Thomasbirne zum Oxygenblasstahlwerk. Bemerkungen zum Modernisierungsgrad der Saarhütten 1890-1980, in: Kommission für saarländische Landesgeschichte und Volksforschung (Hg.), Forschungsaufgabe Industriekultur, Saarbrücken i.V., und Saarländische Wirtschaftsvereinigung Eisen und Stahl, Die saarländische Hüttenindustrie, in: Die Saar, Wirtschaft und Wiedervereinigung (= Der Volkswirt 11 (1957), Sonderheft), S. 38-42.

[72] Die Investitionen in diesem Sektor erfolgten während der Übergangszeit hauptsächlich im Bereich der Hochofenwerke; auf die Stahl- und Walzwerke entfiel demgegenüber jeweils ca. die Hälfte des restlichen Investitionsumfangs. Das aufgenommene Fremdkapital sollte sich dabei größtenteils bis 1967, zu einem weiteren großen Teil bis 1973 amortisieren. Das Investitionsprogramm - so die Analyse des Statistischen Landesamtes - wurde ermöglicht durch Zufluß von Fremdkapital, da die durch die besondere Situation des Kapitalmarkts an der Saar früher übliche Beschränkung auf Eigenkapital durch die veränderte politische Situation überwunden werden konnte. Stat. Amt d. Saarl. (Hg.), Saarländische Bevölkerungs- und Wirtschaftszahlen 9/10 (1957/58), S. 50f.

Nach einer vorübergehenden Erholung in 1958 sank der Anteil des Saarlandes an der deutschen Rohstahlerzeugung kontinuierlich ab, so daß im Vergleich zur stürmischen Entwicklung der internationalen Stahlmärkte geradezu von einer Stagnation gesprochen werden konnte.[73] Nach Darstellung des Statistischen Landesamtes reagierte die Industrie während der Übergangszeit somit durchaus mit einer gezielten Investitionspolitik, die jedoch dadurch gehemmt wurde, daß die Zukunftsaussichten der Saarwirtschaft nach der Übergangszeit noch nicht übersehbar waren. Zudem kristallisierte sich sehr bald heraus, daß trotz der Investitionstätigkeit die stark - und zunehmend verstärkt - auf den französischen Markt ausgerichtete Industrie von der Eingliederung besonders heftig getroffen werden würde, wobei nur die wirklich unter Außenhandelsbedingungen wettbewerbsfähigen Unternehmen diese Umstellung würden bewältigen können.[74]

In der gesamtwirtschaftlichen Bilanz zeichneten sich diese Einzelentwicklungen jedoch nicht sehr deutlich ab. Zwar verlangsamte sich zunächst das Wachstum insbesondere der eisenschaffenden Industrie - was auch Rückwirkungen auf die nachgelagerten Industrien auslöste -, dies wurde jedoch durch positive Effekte Anfang 1958 etwas abgeschwächt. Per Saldo konnten daher die negativen Einflüsse des Bergbaus auf die gesamtwirtschaftliche Entwicklung durchaus kompensiert werden.[75] Der saarländische Arbeitsmarkt dagegen zeigte sich von der facettenreichen Entwicklung der saarländischen Wirtschaftsentwicklung weitgehend unberührt. Bei konstanter Vollbeschäftigung war als stärkste Einflußgröße noch die Verlegung des Einschul- bzw. Schulentlassungstermins im Jahr 1958 zu nennen, die mit ihrer vorübergehenden Verschiebung des Berufseintritts von ca. 10.000 Schulabgängern die Lücke bei Nachwuchskräften statistisch signifikant vergrößerte. Auch die nach bereinigten Zahlen feststellbare weitere Zunahme der Frauenbeschäftigung steht für eine kontinuierliche Entwicklung der Arbeitsmarktlage.[76] Die branchenmäßige Differenzierung

---

[73] Stat. Amt d. Saarl. (Hg.), Saarländische Bevölkerungs- und Wirtschaftszahlen 11/12 (1959/60), S. 43f.

[74] Stat. Amt d. Saarl. (Hg.), Saarländische Bevölkerungs- und Wirtschaftszahlen 9/10 (1957/58), S. 39. Damit ist ein bemerkenswerter Gedanke angesprochen, nämlich die Feststellung, daß von der Eingliederung in die Bundesrepublik gerade diejenigen Unternehmen besonders hart getroffen wurden, die sich in Bezug auf die vorher herrschende Situation besonders anpassungsfähig gezeigt hatten. Vgl. hierzu auch Buddeberg, Verlagerung, S. 88, sowie Dohmen, Geld, S. 19. Dies betraf z.B. den Einzelhandel besonders stark, vgl. Manfred Schäfer, Vom saarländischen Einzelhandel, in: Die Saar, Wirtschaft und Wiedervereinigung (= Der Volkswirt 11 (1957), Sonderheft), S. 51-52; Tietz, Beschaffung, sowie ders., Die Auswirkungen der wirtschaftlichen Eingliederung in ausgewählten Branchen des Saarländischen Einzelhandels. Ergebnisse aus Betriebsvergleichen und Betriebsuntersuchungen für das zweite Halbjahr 1958 und das zweite Halbjahr 1959, Saarbrücken 1962 (= Einzelschriften des Handelsinstituts an der Universität des Saarlandes H. 3).

[75] Landesbank und Girozentrale Saar (Hg.), Wirtschaftsberichte 1958, Saarbrücken 1958, H. 3, S. 43. Stat. Amt d. Saarl. (Hg.), Saarländische Bevölkerungs- und Wirtschaftszahlen 9/10 (1957/58), S. 39.

[76] Stat. Amt d. Saarl. (Hg.), Saarländische Bevölkerungs- und Wirtschaftszahlen 9/10 (1957/58), S. 9. Landesbank und Girozentrale Saar (Hg.), Wirtschaftsberichte 1958, Saarbrücken 1958, Heft 3, S. 38. Nicht zuletzt durch die wieder zugelassenen deutschen Banken und Versicherungen entstand Bedarf an weiblichen Beschäftigten; deren Zahl in diesem Sektor hatte sich gegenüber 1949 von 10.000 auf 24.000 um mehr als das Doppelte vergrößert; Stat. Amt d. Saarl. (Hg.), Saarländische Bevölkerungs- und Wirtschafts-

der Zahlen zeigt außerdem, daß besonders der Bergbau trotz der beginnenden Umstrukturierung und der Absatzprobleme keineswegs von einer aktiven Arbeitsmarktteilnahme absah: Die zunehmende Überalterung der Belegschaft führte dazu, daß weiterhin viele Berufsanfänger von den Gruben angeworben wurden.[77] Trotzdem sank der Anteil des Bergbaus sowie der gewerblichen Wirtschaft an der Beschäftigung im Saarland insgesamt während der Übergangszeit gegenüber 1950 deutlich, nämlich um 5,7 Prozentpunkte. Dagegen erhöhte sich der Anteil der nichtgewerblichen Sektoren beträchtlich von 26,4 auf 30,7 %.[78]

2.2.2 Die Steuerungsversuche der Saarpolitik

Obwohl somit die Übergangszeit schon in der ökonomischen Situation fühlbare, wenn auch schwer interpretierbare Veränderungen auslöste, ist ihre Bedeutung für die Struktur politischer Entscheidungen sehr viel höher einzuschätzen. Mit dem offiziellen Beginn der Übergangszeit am 1. Januar 1957 veränderte sich die politische Zuständigkeit für die Ausgestaltung des saarländischen Sonderregimes: Waren bislang die meisten Verhandlungen und Maßnahmen auf internationaler Ebene erfolgt, gewann nun der unmittelbare Machtbereich der Landesregierung an Bedeutung. Zum Teil schlug sich dies auf das Parlament als Ort der politischen Auseinandersetzung nieder.[79] Nach Ansicht zeitgenössischer Beobachter kam dem sogenannten Gesetz über steuerliche Maßnahmen, das bereits in den Verhandlungen über das Eingliederungsgesetz konzipiert worden war[80] und als das entscheidende Instrument saarländischer Politik zur Beeinflussung der saarländischen Wirtschaftslage gedacht war,[81] die höchste Bedeutung zu.[82] Saarländische Unternehmen sollten in die Lage

---

zahlen 9/10 (1957/58), S. 12 und S. 17.

[77] Ebd., S. 14. Bei der öffentlichen Berufsberatung suchten im Jahr 1959 so wenige Jugendliche wie noch nie Rat, Saarländische Bevölkerungs- und Wirtschaftszahlen 11/12 (1959/60), S. 14; vgl. hierzu auch: Stat. Amt d. Saarl. (Hg.), Berufsberatung - Lehrstellenvermittlung im Jahre 1957, Saarbrücken 1958 (= SiZ, Sonderh. 4), bes. S. 7ff.

[78] Das Statistische Landesamt verglich die Beschäftigungsentwicklung der Jahre 1959/60 sogar mit den Auswirkungen der Weltwirtschaftskrise 1927/28, Saarländische Bevölkerungs- und Wirtschaftszahlen 11/12 (1959/60), S. 18 und S. 23.

[79] In gewissem Sinne könnte dieser Vorgang als Re-Etablierung des früheren Verhältnisses von Regierung und Parlament verstanden werden, das - wie in der Bundesrepublik - von einem stärker dualistischen Zug geprägt war, vgl. Ludger Gruber, Die CDU-Landtagsfraktion in Nordrhein-Westfalen 1946-1980. Eine parlamentshistorische Untersuchung, Düsseldorf 1998 (= Forschungen und Quellen zur Zeitgeschichte 31), S. 378ff. Dagegen ist von der von Gruber in den frühen 60er Jahren festgemachten Funktionsausweitung des Parlamentarismus hin zu einem integrierten Bestandteil des Verhandlungssystems der sozialen Demokratie an dieser Stelle noch nichts zu spüren.

[80] LASB StK Kabinettsregistratur, Anlage MW, Kabinettsvorlage Wirtschaftsministerium v. 20.11.56.

[81] Siehe hierzu die ausführliche Begründung von Adolf Blind zu dem Gesetz in erster Lesung, LTDS, 3. WP, Abt. I, 31. Sitzung v. 18.3.57, S. 855ff.

[82] Interessanterweise fand das Gesetz über die DM-Eröffnungsbilanz praktisch keine Berücksichtigung, obwohl die Währungsreform und die DM-Eröffnungsbilanz im Deutschland des Jahres 1948 als gravierender Wettbewerbsvorteil angesehen wurden und in der zeitgenössischen Debatte um die Einbindung des Saarlandes in die französisch-saarländische Wirtschaftsunion eine wichtige Rolle gespielt hatten, vgl. Oswald Hager, Die Frankeneröffnungsbilanz im Saarland und die DM-Eröffnungsbilanz. Ein kritischer

versetzt werden, bereits während der Übergangszeit notwendige Investitionen für die spätere Eingliederung in den deutschen Wirtschaftsraum durchzuführen. Dazu wurde eine Sonderabschreibung für zwischen 1956 und 1959 beschaffte Investitionsgüter sowie die Bildung von steuerfreien Rücklagen, die nach dem Ende der Übergangszeit mit dem Betriebsergebnis verrechnet werden sollten, ermöglicht.[83] Zusätzlich wurden aber auch steuerliche Erleichterungen für Arbeitnehmer eingeführt.

Interessant an diesem Gesetz ist zum einen die dominant auf die Angebotsseite ausgerichtete Orientierung der Maßnahmen, zum anderen aber auch die haushaltspolitische Komponente. Von Seiten der CDU wurde ganz deutlich klargestellt, daß die steuerlichen Maßnahmen stets unter Finanzierungsvorbehalt standen.[84] Zur Deckung der Steuerausfälle durch dieses Gesetz sollte ausschließlich die von Bonn hierfür zugesagte Summe von 4,5 Mrd. FF[85] verwendet werden - ein Umstand, der insbesondere von Heinrich Schneider als Fortsetzung einer nicht sachgerechten Wirtschaftspolitik früherer Jahre heftig kritisiert wurde.[86] Die verzögerte Verabschiedung des Gesetzes erklärte sich jedoch offenbar weniger aus diesen Kritikpunkten und auch nicht aus dem zaghaft von der SPD vorgebrachten Einwand, das Gesetz sei zu stark auf die Belange von Unternehmern fixiert und zu wenig auf die Arbeitnehmer ausgerichtet,[87] sondern scheint durch die Regierungskrise Anfang des Jahres 1957 entstanden zu sein.[88] Allerdings blieb das Gesetz über steuerliche Maßnahmen der einzige systematische Beitrag allgemeiner saarländischer Wirtschaftspolitik zur Ausgestaltung der Übergangszeit. Insbesondere die französischen Währungs- und

---

Vergleich, Frankfurt a.M. 1952. Zu der hier intensiv diskutierten Frage des angemessenen Umrechnungskurses zwischen DM und Reichsmark vgl. Eckhard Wandel, Die Entstehung der Bank deutscher Länder und die deutsche Währungsreform 1948. Die Rekonstruktion des westdeutschen Geld- und Währungssystems 1945-1949 unter Berücksichtigung der amerikanischen Besatzungspolitik, Frankfurt a. M. 1980 (= Schriftenreihe des Instituts für Bankhistorische Forschung e.V. 3), S. 142-156. Zu den Bilanzproblemen im Zuge der Eingliederung 1959 vgl. W. Kleinsorge, Das D-Markbilanzgesetz für das Saarland, Freiburg 1959, sowie Reinhard Koch, Die Neubewertung in französischen Bilanzen, Saarlouis 1961.

[83] Die Sonderabschreibung (zeitgenössisch als „Investitionsprämie" bezeichnet) betrug 10% für in 1956 beschaffte Güter, 25% für solche Güter, die zwischen 1957 und 1959 beschafft wurden. Die steuerfreien Rücklagen betrugen maximal 5% des Bilanzwertes in 1956, 10% für 1957 und 20% für 1958. Zu den Details der Regelung siehe: Buddeberg, Verlagerung, S. 177f.

[84] Rede von Manfred Schäfer (CDU) zur zweiten Lesung, LTDS, 3. WP, Abt. I, 32. Sitzung v. 26.3.57, S. 893.

[85] LASB StK 1715, Kabinettsprotokoll v. 20.2.57.

[86] „Was diesem Entwurf fehlt, ist die wirtschaftspolitische Konzeption. Wir stellen seit zehn Jahren fest, daß, wenn in diesem Hohen Haus steuerliche Maßnahmen beschlossen wurden, diese immer nur von fiskalischen Grundsätzen diktiert waren.", LTDS, 3. WP, Abt. I, 32. Sitzung v. 26.3.57, S. 897.

[87] Rudolf Hussong (SPD) hatte auf diesen Kritikpunkt im Rahmen einer kurzen Wortmeldung zur dritten Lesung hingewiesen; vgl. LTDS, 3. WP, Abt. I, 36. Sitzung v. 12.6.57, S. 980. Sein Parteifreund Rudolf Recktenwald widersprach dieser Auffassung aber noch in der gleichen Sitzung mit dem Hinweis darauf, daß die Steuervergünstigungen für Unternehmer noch nicht weit genug gegangen seien, vgl. ebd, S. 984.

[88] Friedrich Regitz (SPD) sprach in diesem Zusammenhang von einer „latenten Regierungskrise" seit dem 13.12.56, die eben auch die Verabschiedung des Gesetzes über steuerliche Maßnahmen verzögert habe, vgl. LTDS, 3. WP, Abt. I, 34. Sitzung v. 6.5.57, S. 948.

Außenhandelsmaßnahmen ab Mitte des Jahres 1957[89] blieben praktisch ohne Reflex in der wirtschaftspolitischen Gesetzgebungstätigkeit. Statt dessen wurden die sich daraus ergebenden Probleme fast durchweg im Kontext sozialpolitischer Debatten und Maßnahmen betrachtet, sowohl bei der Ausgestaltung des saarländischen Sozialversicherungssystems als auch bei speziellen Ausgleichsmaßnahmen zur Kompensation der Teuerung in den Lebenshaltungskosten.[90]

Damit ist ein zentraler Punkt der Interpretation saarländischer Politik zur Ausgestaltung der Übergangszeit angesprochen. Zumindest in der parlamentarischen Auseinandersetzung gewannen Themen, die eher im Bereich der Sozialpolitik anzusiedeln waren, deutlich an Aufmerksamkeit. Möglicherweise ist hierin der Versuch zu erkennen, den begrenzten Handlungsspielraum saarländischer Politik dadurch auszugleichen, daß unerwünschte Tendenzen der Übergangszeit sozialpolitisch abgefedert wurden. Dies trat besonders bei den Diskussionen um sogenannte Teuerungszulagen deutlich zutage, den Zuschlägen zu Sozialleistungen, die zum Ausgleich der besonders durch die Währungsentwicklung entstehenden Kaufkraftdefizite eingeführt wurden.[91] Diese Maßnahmen standen neben der außerordentlich komplizierten schrittweisen Einführung von deutschem Sozialversicherungsrecht (bzw. dessen Vorbereitung), die größtenteils bereits im Jahr 1957 durchgeführt wurde. Die Teuerungszulagen wurden in drei Wellen in den Jahren 1957 bis 1959[92] ausgebracht und standen in engem Kontext zu ähnlichen Maßnahmen in der Besoldung im Öffentlichen Dienst. Deren Durchsetzung war allerdings sehr viel problematischer, weil sie noch enger mit dem Finanzierungsvorbehalt aus Bonn verknüpft waren.[93]

In den sozialpolitischen Maßnahmen und Diskussionen läßt sich der Versuch erkennen, soweit wie möglich als positiv empfundene saarländische Sonderregelungen be-

---

[89] Schon seit Anfang des Jahres hatte die französische Regierung Devisenbeschränkungen für den Reiseverkehr (Devisenabgabe) erlassen, seit März wurden dann schrittweise scharfe Eingriffe in den Außenhandel (Bardepotpflicht, Sonderabgabe für Importe, Exportsubventionen) vorgenommen: Ziel der Maßnahmen war eine Abschwächung des stark ansteigenden Importüberschusses, Ergebnis war eine faktische Abwertung des Franc, die sich allerdings in den einzelnen Wirtschaftssektoren sehr unterschiedlich auswirkte. Vgl. im einzelnen zur Außenhandelspolitik Frankreichs und ihren Auswirkungen auf das internationale Währungssystem: Hentschel, Zahlungsunfähigkeit, S. 111 ff.

[90] Als Ausnahme ist hier die Gründung der Gesellschaft für Wirtschaftsförderung Saar (gw-Saar) zu nennen, die koordinierende Funktion für die absatzfördernden und marktschließenden Maßnahmen der Saarwirtschaft übernehmen sollte und Beratungsfunktionen bei der Modernisierung saarländischer Unternehmen besaß, vgl. GW-Saar (Hg.), 25 Jahre im Dienste des Landes, Saarbrücken 1982. Diese Einrichtung stand in institutioneller Tradition der früheren Produktivitätszentrale, vgl. Saarländische Gemeinschaft zur Förderung der Produktivität (Hg.), 10 Jahre. Zum Modernisierungsprogramm der gw-Saar vgl. bspw. August Altmeyer u.a., USA-Mission 1956 „Banken und Sparkassen", Saarbrücken 1956.

[91] In der Öffentlichkeit riefen die inflationsbedingten Preissteigerungen erhebliche Unruhe aus, vgl. Entschließung der Arbeitskammer-Vollversammlung vom 28.11.1957 zur Frage der Preis- und Lohnentwicklung an der Saar, in: Die Arbeitskammer. Zeitschrift der Arbeitskammer des Saarlandes 5 (1957), S. 346-347.

[92] LTDS, 3. WP, Abt. I, 43. Sitzung v. 22.1.57, S. 1182 ff.; LTDS, 3. WP, Abt. I, 49. Sitzung v. 9.5.58, S. 1427 ff.; LTDS, 3. WP, Abt. I, 66. Sitzung v. 30.4.59, S. 1847 ff.

[93] LTDS, 3. WP, Abt. I, 47. Sitzung v. 14.2.58, S. 1342.

reits während der Übergangszeit so zu modifizieren, daß sie über den Tag X hinaus Bestand haben konnten. Klar zu erkennen war dies bei der Neuordnung des saarländischen Rentensystems,[94] aber beispielsweise auch in der Beratung um den Stellenplan der saarländischen Post.[95] Die hohe Publikumswirksamkeit, aber auch der letztlich geringe Spielraum der saarländischen Politik zeigte sich wohl am deutlichsten in der Diskussion um die Beibehaltung des saarländischen Familienzulagensystems. Diese Einrichtung, die französische und deutsche Traditionen zu einem Teil des speziell saarländischen „sozialpolitischen Maßanzugs" vereinte,[96] galt praktisch allen saarländischen Akteuren als besonders positiv und erhaltenswert. Seit dem Beginn der Verhandlungen um den Saarvertrag hatten Parlament und Regierung gleichermaßen den Wunsch formuliert, dieses System möglichst über das Ende der Übergangszeit hinaus zu bewahren. Im Jahr 1958 wurde das entsprechende saarländische Gesetz dann reformiert, und zwar mit dem ausdrücklichen Wunsch, dadurch die Beibehaltung über die Eingliederung hinaus zu sichern.[97] Noch in der Aussprache zur Regierungserklärung von Egon Reinert nach seiner Wiederwahl zum Ministerpräsidenten erklärte daher der zuständige Minister, Herrmann Trittelvitz, daß die Beibehaltung der Familienzulage ein wichtiges Ziel der Regierungspolitik sei.[98] Nachdem die deutsche Seite in dieser Frage von Beginn an sehr zurückhaltend agiert hatte, markierte jedoch wohl schon eine hochrangig besetzte Besprechung zwischen Saar-Regierung und Bundeskabinett im Mai 1959 das endgültige Scheitern der saarländischen Position.[99]

Ein weiterer Ansatzpunkt zur Interpretation der saarländischen Politik in der Übergangszeit besteht darin, daß im Regierungshandeln ein Perspektivenwechsel von

---

[94] Bei der Anpassung an das (damals neue) deutsche Rentensystem wurde versucht, einen möglichst günstigen Umrechnungskurs zu erzielen, LTDS, 3. WP, Abt. I, 39. Sitzung v. 13.3.57, bes. Wortmeldung von Franz Schneider (CVP), S. 1100.

[95] Durch gezielte Eingriffe wurde versucht, die Voraussetzungen für die saarländischen Arbeitnehmer bei der Übernahme durch die Bundespost zu verbessern. LTDS, 3. WP, Abt. I, 26. Sitzung v. 20.12.56, S. 682ff. Eine interessante Wortmeldung lieferte in diesem Zusammenhang der spätere Ministerpräsident Franz Josef Röder (CDU), der sich während der Debatte um diesen Punkt beim Landtagspräsidium erkundigte, ob wohl dieser Teil der Sitzung live im Radio übertragen werde, vgl. ebd., S. 685.

[96] Vgl. hierzu umfassend: Hans-Christian Herrmann, Sozialer Besitzstand und gescheiterte Sozialpartnerschaft. Sozialpolitik und Gewerkschaften im Saarland 1945 bis 1955, Saarbrücken 1996 (= Veröffentlichungen der Kommission für saarländische Landesgeschichte und Volksforschung 28).

[97] LTDS, 3. WP, Abt. I, 51. Sitzung v. 1.7.58, S. 1523. Erst mit einer gewissen Verzögerung - dann aber mit großem Nachdruck - setzte die Werbung der Arbeitnehmervertreter für den Erhalt der Familienzulagen ein, vgl. die Artikelserien in: Die Arbeitskammer. Zeitschrift der Arbeitskammer des Saarlandes 7 (1959), S. 8-18 und S. 89-102.

[98] LTDS, 3. WP, Abt. I, 63. Sitzung v. 3.3.59, S. 1749.

[99] LASB StK 1712, Kabinettsprotokoll v. 23.5.59, Bericht der Kabinettsvertreter von den Besprechungen mit Adenauer und verschiedenen Ministern in Bonn am 10. und 21.5.59. Die Saarländer sahen sich mit einer „derart negativen" Reaktion konfrontiert, daß es schwierig war, die Wünsche des Saarlandes v.a. auf dem Gebiet des Familienlohns und der Kriegsopferversorgung überhaupt „mit Aussicht auf Erfolg vorzutragen und zu vertreten". Interessant ist allerdings auch der Hinweis, daß man das von Bonner Seite vorgelegte umfangreiche Zahlenmaterial nicht gekannt habe und sich daher auf die „psychologischen Aspekte" konzentriert habe.

Gestaltung der Übergangszeit zu nachdrücklichem Einsatz für deren Abkürzung festzustellen ist. Unmittelbar nach der Verabschiedung des Gesetzes über steuerliche Maßnahmen gewann diese Frage durch die französischen Währungs- und Außenhandelsmaßnahmen an Brisanz. Im Juli griff das Kabinett unter Ministerpräsident Egon Reinert bei diesem Thema auf ein Mittel zurück, das sich schon in den Verhandlungen über den Saarvertrag bewährt hatte: Jedes Ministerium sollte einen Referenten abstellen, der speziell für die Grundsatzfragen der Übergangszeit zuständig sein sollte.[100] Am 22. August 1957 dann, zwölf Tage nach den gravierendsten Eingriffen der französischen Regierung in den Außenhandel, wurden diese Ressort-Vertreter gemeinsam mit der Erarbeitung eines Memorandums zur Abwehr negativer Folgen für das Saarland beauftragt;[101] ein halbes Jahr später entwickelte sich daraus erneut ein Lenkungsausschuß auf Ministerebene.[102] Gegenüber Bonn vertrat die Landesregierung ihre Position spätestens ab dem 23. November 1957 auch mit differenzierten Argumenten.[103] Dabei wurde eindeutig erklärt, daß die Übergangszeit bereits zu diesem Zeitpunkt die Funktion einer allmählichen Rationalisierung und Modernisierung der Wirtschaft zur Erleichterung des Übergangs nicht würde erfüllen können. Daher - und vor allem auch aufgrund des Wertverfalls des Franc - sei sie schnellstmöglich zu beenden. Im gleichen Zuge wurde jedoch die hohe Bedeutung des kontingentierten zollfreien Warenverkehrs mit Frankreich betont.[104] Präzisiert und ergänzt wurden diese Forderungen der Saar-Regierung durch ein praktisch gleichzeitig veröffentlichtes Gutachten der Industrie- und Handelskammer des Saarlandes, das allerdings die Frage der Abkürzung der Übergangszeit differenzierter behandelte: „Auf Grund der Erfahrungen des Jahres 1935 [sei] eine überstürzte Rückgliederung" auf jeden Fall zu vermeiden, statt dessen müsse „mit größter Behutsamkeit und in voller Übereinstimmung mit den zuständigen französischen Stellen" vorgegangen werden. Allerdings erfülle die Übergangszeit durch die einseitigen französischen Maßnahmen ihre Funktion nun nicht mehr, daher seien zumindest Ausgleichsmaß-

---

[100] LASB StK 1716, Kabinettsprotokoll v. 16.7.57.

[101] LASB StK 1716, Kabinettsprotokoll v. 22.8.57.

[102] LASB StK 1717, Kabinettsprotokoll v. 1.2.58. Kurz darauf wurde der Lenkungsausschuß sogar zur Chefsache, indem der Ministerpräsident persönlich den Vorsitz übernahm, vgl. LASB StK 1718, Kabinettsprotokoll v. 30.6.58.

[103] Derartige Pläne fanden breiten Wiederhall in der politischen Öffentlichkeit, vgl. Stellungnahme der Arbeitskammer zur Frage einer vorzeitigen Beendigung der wirtschaftlichen Übergangszeit, in: Die Arbeitskammer. Zeitschrift der Arbeitskammer des Saarlandes 5 (1957), S. 282-284, sowie Gedanken zum Saar-Memorandum, in: ebd., S. 313-315.

[104] Memorandum der Saarländischen Regierung zur Verkürzung der Übergangszeit, LASB StK Kabinettsregistratur, Anlage MW, Kabinettsvorlage Wirtschaftsministerium v. 26.9.57. Publiziert wurde der Text auch als: Memorandum über die wirtschaftliche Lage des Saarlandes, in: Mitteilungen der Industrie- und Handelskammer des Saarlandes 13 (1957), S. 811-812. Die Publikation wurde am 13.11.57 beschlossen, vgl. LASB StK 1716, Kabinettsprotokoll v. 13.11.57. Wie sehr sich die Ereignisse im Saarland angesichts der französischen Maßnahmen überstürzten, wird an einem Vorgang vom Oktober 1957 deutlich: Der Wirtschaftsminister mußte um Aufschub der Abgabe von Stellungnahmen als Anlage zu einem Schreiben an den Bundeskanzler bitten, da die bereits erarbeiteten ersten Versionen durch die sich überschlagenden Ereignisse bereits wieder veraltet seien, siehe: LASB StK 1716, Kabinettsprotokoll v. 28.10.57.

nahmen notwendig, damit wenigstens die „Wiederherstellung gleicher Vergünstigungen wie bei Vertragsabschluß" erreicht werden könne.[105]

Prinzipiell ist das Ergebnis dieser Strategie wohl eher negativ zu beurteilen:[106] Die Regierung scheiterte mit ihrer zentralen Forderung nach einem vorzeitigen Ende der Übergangszeit. Auch die Gewährung eines Kredits von 300 Mio. DM aus ERP-Mitteln für Rationalisierungsmaßnahmen der saarländischen Industrie ist sicher nicht auf das Memorandum zurückzuführen, sondern war bereits Ende 1956 fest zugesagt.[107] Sie scheint jedoch mit ihrer Vorgehensweise die Grundlage für die Durchsetzung ihrer Forderung nach einer Währungsgarantie gelegt zu haben.[108] Daran wird das grundsätzliche Dilemma der saarländischen Politik in der Übergangszeit deutlich. Die Übergangszeit als Sonderregime entwickelte sich sehr schnell zu einer Art politischem „Korsett",[109] weil der Handlungsspielraum des Landes in entscheidenden regionalwirtschaftlichen Fragen entweder durch international fixierte Regelungen oder durch die nationalen Zuständigkeiten beschränkt war.[110]

---

[105] Industrie- und Handelskammer des Saarlandes (Hg.), Auswirkungen. Zitate S. 10 und S. 3.

[106] Pikant ist die Tatsache, daß die Bundesregierung das Memorandum, das in der saarländischen politischen Debatte eine wichtige Rolle spielte, auf der Ebene des Bundeskabinetts anscheinend gar nicht weiter thematisierte. Statt dessen verwies man in einer Sitzung am 13.12.57 darauf, „man müsse im Auge behalten, daß das Saarland jetzt seine finanziellen und wirtschaftlichen Interessen sehr kräftig wahrnehmen wolle", vgl. Ulrich Enders u. Josef Henke (Bearb.), Die Kabinettsprotokolle der Bundesregierung 1957, München 2000 (= Bundesarchiv Koblenz (Hg.), Die Kabinettsprotokolle der Bundesregierung 10), S. 449. Auch der Kabinettsausschuß für Wirtschaft hat die Frage der Eingliederung des Saarlandes in den Jahren 1956-1957 „nur marginal" thematisiert, vgl. Ralf Behrendt u. Uta Rössel (Bearb.), Der Kabinettsausschuß für Wirtschaft 1956-1957, München 2001 (= Bundesarchiv Koblenz (Hg.), Die Kabinettsprotokolle der Bundesregierung, Kabinettsausschuß für Wirtschaft 3), hier: S. 15f.

[107] LASB StK 1714, Kabinettsprotokoll v. 24.9.56, sowie - in aller Öffentlichkeit - die Betonung dieser Zusage aus Bonn durch Minister Brinkmann, LTDS, 3. WP, Abt. I, 24. Sitzung v. 13.12.56, S. 605. Allenfalls die Aufnahme des Kreises St. Wendel in das Programm der Bundesausbaugebiete ist möglicherweise direkt auf das Memorandum zurückzuführen. Insgesamt sehr positiv wertete der Regierungsdirektor im Bundesschatzministerium das Memorandum, vgl.: Wirtschaft an der Saar - fünf Jahre danach. Eine Studie des Industriekurier (= Industriekurier 17 (1964), S. 28.

[108] Hierbei handelte es sich um die Zusage der Bundesregierung, am 3. März 1958 bestehende Konten von Privatpersonen unabhängig vom am Tag X angewandten Umstellungsverhältnis zum festen Umtauschkurs von 100 FF zu einer DM umzustellen. LASB StK 1717, Kabinettsprotokoll v. 5.3.58 sowie v. 26.3.58, in denen der Verhandlungslinie gegenüber Bonn fixiert wurde. Die Garantie wurde am 19.12.58 offiziell ausgesprochen, vgl. Erich Conrad, Auswirkungen, S. 113. Die Zusage dieser Garantie erfolgte aber bereits am 30.7.58, vgl. LTDS, 3. WP, Abt. I, 54. Sitzung v. 25.11.58, S. 1594, sowie Weidig, Geldwesen, S. 75ff.

[109] Sehr deutlich wird diese „Korsett-Wirkung" in einer schon fast resignativ anmutenden Rede des Wirtschaftsministers im Frühsommer 1958, vgl. Heinrich Schneider, Die Probleme der wirtschaftlichen Eingliederung des Saarlandes in die Bundesrepublik. Vortrag des Ministers für Wirtschaft, Verkehr und Landwirtschaft Heinrich Schneider, gehalten vor dem Ausschuß für Wirtschaft und Verkehr des saarländischen Landtags am 2. Mai 1958, Saarbrücken 1958.

[110] Vgl. hierzu die Auseinandersetzung um die von Frankreich im Saarland durchgesetzte Transportmittelsteuer, LTDS, 3. WP, Abt. I, 33. Sitzung v. 8.5.57, S. 924ff. Andererseits erwiesen sich gewisse Regelungen zumindest formal als funktionsfähig, wie sich z.B. an der zwischenzeitlich mehrfach erfolgten Anpassung der nominellen Beträge in den Kontingentvereinbarungen an die durch die Währungsmaßnahmen veränderte Situation zeigt.

2.3 Von den Übergangsschwierigkeiten zur Stagnationskrise 1959-1963

2.3.1 Strukturprobleme in der Übergangszeit

Bereits die Analyse der Übergangszeit aus konjunktureller und wirtschaftspolitischer Perspektive hat die Bedeutung des Sonderregimes relativiert. In strukturpolitischer Perspektive ist nun interessant, daß die für die weitere Entwicklung der Saarwirtschaft besonders wichtigen Sektoren gar nicht oder zumindest nicht primär von den Maßnahmen zur Ausgestaltung der Eingliederung erfaßt wurden. Weitgehende Einigkeit herrscht in der Literatur darüber, daß die Kohlewirtschaft sowie die eisen- und stahlproduzierende Industrie von den Maßnahmen der Übergangszeit weniger direkt betroffen waren als andere Sektoren.[111] In ähnliche Richtung gehen diejenigen Ansätze, welche die Hauptprobleme der saarländischen Wirtschaft mit den durch die Auswirkungen vergangener nationaler Politiken bedingten Defiziten erklären zu können glaubten. Als besonders wichtig wurde hierbei das Investitionsdefizit der saarländischen Wirtschaft eingeschätzt, das praktisch in allen Untersuchungen und sonstigen Äußerungen nachdrücklich betont wurde.[112] Weiterhin wurde die Verkehrslage oder die durch Kriegseinwirkungen oder die politische Entwicklung in der Vergangenheit ausgelösten Sonderentwicklungen genannt.[113]

Nach diesem Ansatz ist die spezielle ökonomische Entwicklung im Saarland als regionalspezifischer Niederschlag säkularer Trends in Westeuropa seit dem Zweiten Weltkrieg zu verstehen. Die Schließung erster Grubenstandorte im saarländischen Bergbau noch im Jahre 1958[114] stellte eine Reaktion auf die sich schnell verändern-

---

[111] Zur Unternehmensführung der Saarbergwerke in der Übergangszeit siehe: Dörrenbächer, Entwicklung, S. 206ff. Mit einer umfassenden Einordnung in die saarländische Wirtschaftsstruktur ders., Ferdinand Bierbrauer u. Wolfgang Brücher, The External and Internal Influence on Coal Mining and Steel Industry in the Saarland / FRG, in: Zeitschrift für Wirtschaftsgeographie 32 (1988), S. 209-221, hier: S. 210. Sehr deutlich verfolgt diese Interpretation der Leiter der Abteilung Außenhandel der IHK des Saarlandes, Peter Weiant, Das Saarland lebt vom Export, in: Die Saarwirtschaft. Zwischenbilanz nach der Wiedereingliederung (= Der Volkswirt 11 (1960), Beilage), S. 10-12. Ähnlich auch IHK (Hg.), Auswirkungen, S. 4. Ebenso Wilfried Loth, „Ein vertracktes Gelände". Das Bundesland Saarland 1957-1989, in: Das Saarland - Der Chef der Staatskanzlei (Hg.), Saarland, S. 111-140, hier: S. 115.

[112] Diese These durchzieht in unterschiedlicher politischer Bewertung praktisch die ganze Saar-Literatur, am deutlichsten vielleicht zunächst in den gegenüber der saarländisch-französischen Wirtschaftsunion kritisch eingestellten Arbeiten: Werner Bosch, Wirtschaftliche Struktur und Volkseinkommen des Saarlandes, 2 Bde. Mainz 1953; ders., Die Saarfrage. Eine wirtschaftliche Analyse, Heidelberg 1954 (= Veröffentlichungen des Forschungsinstituts für Wirtschaftspolitik an der Universität Mainz 4), hier: S. 40; Fritz Hellwig, Saar zwischen Ost und West. Die wirtschaftliche Verflechtung des Saarindustriebezirks mit seinen Nachbargebieten, Bonn 1954 (= Veröffentlichungen des Instituts für geschichtliche Landeskunde der Rheinlande der Universität Bonn), hier: S. 42. Die entgegengesetzte Position vertrat - allerdings weitgehend folgenlos - wohl nur Buddeberg, Verlagerung, hier: S. 85, der einen von dem der Bundesrepublik nicht zu stark abweichenden Ausrüstungsstand konstatierte. Interessant ist, daß diese Perspektive praktisch nicht weiter aufgegriffen wurde, handelte es sich bei der Arbeit von Buddeberg doch immerhin um ein vom Bundeswirtschaftsministerium in Auftrag gegebenes Gutachten.

[113] Einen ausführlichen Überblick über den Expertendiskurs der Zeit zu diesen beiden Themen erlaubt Droege, Beiträge, passim.

[114] Zu den Einzelmaßnahmen vgl. Saarbergwerke AG (Hg.), 25 Jahre, S. 17ff.; Helmut Frühauf, Eisenindustrie und Steinkohlenbergbau im Raum Neunkirchen/Saar, Trier 1980, S. 243ff.; mit stark statistischem

den Verhältnisse am internationalen Energiemarkt dar,[115] war gleichzeitig aber genauso durch die bereits seit langem schlechte Ertragslage des saarländischen Steinkohlenbergbauunternehmens hervorgerufen.[116] Sehr unterschiedliche Einflüsse lösten daraufhin bei den Saarbergwerken eine Strategie aus, die auf eine Expansion des Unternehmens in bergbaufremde Bereiche aus Kostengründen zunächst noch verzichtete und statt dessen lieber die vertikale Integration des Unternehmens förderte.[117] Allerdings weist die strukturelle Entwicklung der Saarwirtschaft auch auf grenzraumtypische und in der regionalspezifischen Wirtschaftsentwicklung begründete Einflüsse hin. Nach dem Zweiten Weltkrieg war das Wiedererstarken regionaler Unternehmernetzwerke im Eisen- und Stahlbereich durch die Sequestrierung der Unternehmen weitgehend verhindert worden - besonders deutlich wird dies am Fall Röchling -, und im Bereich des Steinkohlenbergbaus hatte im Saarrevier bekanntlich von Beginn an der Staat eine dominierende Rolle,[118] ganz im Unterschied z.B. zum weitgehend privatwirtschaftlich organisierten Bergbau an der Ruhr. Möglicherweise ist daher als Charakteristikum der Saarwirtschaft eine hohe Verantwortlichkeit und Interventionstiefe des Staates angesichts der durchaus ähnlich wie in anderen Regionen gelagerten Probleme anzunehmen.[119]

Ansatz: Delf Slotta, Der Saarbergbau in den Jahren 1955-1957, Saarbrücken 1985, sowie ders., Die Entwicklung der Saarbergwerke AG in den Jahren 1958 bis 1984, Saarbrücken 1986. Früher bereits: Saarbergwerke AG (Hg.), Zahlen über den Saarbergbau, Saarbrücken 1971.

[115] Detailliert hierzu: Pretor u. Rinn, Bergbau, S. 128ff. Eine wichtige Grundlage nationaler Energiepolitik bildete das auf Beschluß des Bundestags erarbeitete Gutachten der Arbeitsgemeinschaft deutscher wirtschaftswissenschaftlicher Forschungsinstitute e.V. (Hg.), Untersuchung über die Entwicklung der gegenwärtigen und zukünftigen Struktur von Angebot und Nachfrage in der Energiewirtschaft der Bundesrepublik unter besonderer Berücksichtigung des Steinkohlenbergbaus, Berlin 1961. Eine umfassende Einordnung der Geschichte des Steinkohlenbergbaus in die Energiepolitik der Bundesrepublik findet sich in: Werner Abelshauser, Der Ruhrkohlenbergbau seit 1945. Wiederaufbau, Krise, Anpassung, München 1984.

[116] Besonders interessant ist die Sicht des Vorstandsvorsitzenden auf die Ertragslage seines Unternehmens, Rolshoven, Steinkohlenbergbau, S. 20.

[117] Dörrenbächer, Entwicklung, S. 206; Dörrenbächer, Bierbrauer u. Brücher, Coal Mining, S. 210. Der hier verwendete Begriff der „defensiven Adaption" als Bezeichnung für die Unternehmensstrategie der Saarbergwerke AG zwischen 1957 und 1963 wird im folgenden noch auf seine Angemessenheit zu prüfen sein. Auf jeden Fall ist es wichtig, hier bereits zu betonen, daß es sich um eine aktive, gezielte Unternehmenspolitik handelte.

[118] Ernst Klein, Der Staat als Unternehmer im saarländischen Steinkohlenbergbau, in: Vierteljahrschrift für Sozial- und Wirtschaftsgeschichte 57 (1970), S. 323-349.

[119] Dieser Aspekt wurde bislang bei praktisch allen Untersuchungen zur regionalen Strukturpolitik im Saarland übersehen. Selbst in besonders aufwendigen Arbeiten wie Hans-Peter Dietrich u.a., Strukturelle Anpassung altindustrieller Regionen im internationalen Vergleich. Forschungsvorhaben im Auftrag des Bundesministers für Wirtschaft, Endbericht, Hamburg 1989, S. 91ff., wird die Rolle des Staates nur ganz am Rande gestreift. Sehr aufschlußreich dagegen ist das Beispiel Lothringens, vgl. Nicole May, Wandel der Region Lothringen: Kontinuitäten und Brüche, in: Heiderose Kilper u. Dieter Rehfeld (Hgg.), Konzern und Region. Zwischen Rückzug und neuer Integration - international vergleichende Studien über Montan- und Automobilregionen, Münster 1994, S. 13-60, sowie François Reitel, Probleme des Strukturwandels in den Montanregionen Lothringen und Nordfrankreich, in: Hans Heinrich Blotevogel (Hg.), Europäische Regionen im Wandel. Strukturelle Erneuerung, Raumordnung und Regionalpolitik im Europa der Regionen, Dortmund 1991, S. 169-178.

Weiterhin waren abgesehen von der auch bereits seit der Zwischenkriegszeit geschrumpften Landwirtschaft[120] im Saarland der späten 50er Jahre auch andere Wirtschaftszweige - z.b. die weiterverarbeitende Industrie, die Konsum- oder die Investitionsgüterindustrie - im Vergleich zum nationalen Durchschnitt Frankreichs oder Deutschlands deutlich unterrepräsentiert.[121] Nach den Verschiebungen der deutsch-französischen Grenze seit der Zwischenkriegszeit entstanden - neben den ordnungspolitischen Konsequenzen -[122] im Saarland ganze Branchen und Marktsegmente, die sich teilweise völlig anders als die beiden nationalen Binnenmärkte entwickelten. Sehr deutlich wird dies im Bereich der Investitionsgüterindustrie, die sich besonders seit den 20er Jahren im Saarland herausgebildet hatte, nachdem die Lieferbeziehungen des Saarlandes und auch der angrenzenden französischen Gebiete zu ihren deutschen Lieferanten weitgehend unterbrochen worden waren und sich somit eine Marktlücke für im Saarland gefertigte Ersatzprodukte gebildet hatte. Dies führte zu einer unter regionalwirtschaftlicher Perspektive durchaus nicht überraschenden geringen Erwerbsquote bei vollständiger Ausschöpfung des Arbeitskräftepotentials.[123] Diese Unternehmen verfügten jedoch durchweg nicht über ausreichende Betriebsgrößen und -ausrüstungen, um im deutschen Markt bestehen zu können, und

---

[120] Jutta Müller, Die Landwirtschaft im Saarland. Entwicklungstendenzen der Landwirtschaft eines Industrielandes, Saarbrücken 1976 (= Veröffentlichungen des Instituts für Landeskunde des Saarlandes 23), S. 37.

[121] Umfangreiches Zahlenmaterial für die vergleichende Perspektive liefern die beiden Prognos-Studien: Uebe, Industriestruktur, und Dieter Schröder, Strukturwandel. Besonders aufschlußreich sind die methodischen Vorüberlegungen von Dieter Schröder, die das bis heute ungelöste Problem der mangelnden Datenbasis für regional disaggregierte Untersuchungen der 50er und frühen 60er Jahre erläutern, das z.B. bei Uebe zur weitgehenden Vernachlässigung des Saarlandes geführt hat. Andererseits darf der Beitrag kleinerer und mittlerer Unternehmen zur regionalen wirtschaftlichen Entwicklung nicht unterschätzt werden, vgl. Margit Grabas unter Mitarbeit von Paul W. Frey, Der vergessene Mittelstand - Entwicklung und Bedeutung kleiner und mittelgroßer Unternehmen an der Saar in der Zeit des krisenhaften Strukturwandels 1873 bis 1894/95, in: Vierteljahrschrift für Sozial- und Wirtschaftsgeschichte 89 (2002), S. 41-71.

[122] Vgl. besonders zum 19. und frühen 20. Jahrhundert François Reitel, Die Veränderungen der politischen Grenzen im Saar-Lor-Lux-Raum und ihre wirtschaftlichen und regionalen Konsequenzen, in: Soyez u.a. (Hgg.), Saarland, S. 127-138. Zu den 20er Jahren im Saarland: Dittrich, Wirtschaftsverhandlungen. Der Gedankengang einer Benachteiligung des Saarlandes - aber auch der angrenzenden französischen Gebiete - schlug sich in teilweise eindeutig propagandistischer Verwendung in verschiedenen Arbeiten zur regionalen Wirtschaftsstruktur nieder. Besonders zu nennen sind die Arbeiten von Overbeck, Kulturlandschaftsforschung, der übrigens nach 1943 am Lothringischen Institut für Landes- und Volksforschung in Metz tätig war. Vgl. zur Biographie Overbecks: Wolfgang Freund, Volk, Reich und Westgrenze: Wissenschaften und Politik in der Pfalz, im Saarland und im annektierten Lothringen 1925-1945, (Diss.) Saarbrücken 2002, S. 110-121. Ähnlich wie Overbeck argumentierten aber z.B. auch Hellwig, Verflechtung, S. 165, und Bosch, Saarfrage, S. 67. Zugespitzt hierzu: Jean-Paul Lehners, Menschen über Grenzen - Grenzen über Menschen. Zu den Begriffen Region, Raum und Grenze am Beispiel des Saar-Lor-Lux-Raumes, in: Edwin Dillmann (Hg.), Regionales Prisma der Vergangenheit. Perspektiven der modernen Regionalgeschichte (19./20. Jahrhundert), St. Ingbert 1996, S. 67-86, hier: S. 85.

[123] Hier wirkte sich die hohe Zahl von aus gesundheitlichen Gründen arbeitsunfähig gewordenen Männern aus, wobei gleichzeitig bei den Frauen gegen die Aufnahme einer Beschäftigung nicht nur die traditionell vermittelte Lebensweise und das saarländisch-französische Sozialohnsystem, sondern ganz rational auch die im Vergleich zu den Löhnen von Männern in der Schwerindustrie viel zu geringen Löhne sprachen. Vergleiche hierzu die Auswertung von statistischen Erhebungen und Umfragen (aus dem Jahr 1960!) in: Liepelt u. Loew, Menschen, S. 16.

konnten schon während der Übergangszeit nicht von den steigenden Investitionen der Saarwirtschaft profitieren.[124] Sie richteten vielmehr ihren Absatz noch stärker auf Frankreich aus.[125] Ein Beispiel im Bereich der Konsumgüterindustrie stellt die Geschichte der saarländischen Waschmittelfabrik TIP-Werke C. Hartung dar. Nach der Abschottung des saarländischen Marktes gegenüber der Konkurrenz aus Deutschland nach dem Zweiten Weltkrieg konnte das Unternehmen zunächst eine sehr positive Entwicklung nehmen, die sich auch auf eine rege Innovationstätigkeit stützte. Unmittelbar nach der Eingliederung jedoch verlor das Unternehmen schnell gegenüber der deutschen Konkurrenz an Boden, weil es aufgrund der zu geringen Betriebsgröße und den zu wenig entwickelten Vertriebs- und Absatzmethoden den Übergang zu einem der mittlerweile bereits international organisierten Konkurrenz ebenbürtigen Wettbewerber nicht bewältigen konnte.[126]

Gerade angesichts der in der Übergangszeit zu beherrschenden enormen Finanzströme durch den Kapitalzufluß aus Deutschland ist weiterhin die durch die spezielle nationale und politische Vergangenheit des Landes begründete Sonderentwicklung im Bereich der Banken und Versicherungen als besonders wichtig einzuschätzen. Das nach dem Zweiten Weltkrieg im Rahmen des Wirtschaftsanschlusses an Frankreich zügig etablierte saarländische Bankensystem stellte eine im internationalen Vergleich einmalige Regelung dar.[127] Dieses konnte zwar im Verlauf der Übergangszeit vollständig reorganisiert werden, um die Arbeitsfähigkeit des Kapitalmarktes sicherzustellen,[128] allerdings blieben gewisse, mittlerweile schon traditionelle Elemente des saarländischen Kreditwesens - insbesondere im Bereich der Unternehmensfinanzie-

---

[124] Karlheinz Klein, Erkenntnisse, S. 27; sehr kritisch auch: Johann Latz, Der Saarmarkt zwischen Deutschland und Frankreich, in: Die Saar, Wirtschaft und Wiedervereinigung (= Der Volkswirt 11 (1957), Sonderheft), S. 15-17, hier: S. 16.

[125] Zu den Zahlen vgl. Stat. Amt d. Saarl. (Hg.), Saarländische Bevölkerungs- und Wirtschaftszahlen 9/10 (1957/58), S. 165 und S. 204, sowie - nach der neuen, bundesdeutschen Systematik als eigene Rubrik geführt - Stat. Amt d. Saarl. (Hg.), Saarländische Bevölkerungs- und Wirtschaftszahlen 11/12 (1959/60), S. 45. und S. 124f.

[126] Gerhard Ames, „VALAN - die Waschmaschine in der Tüte", in: Stadtverband Saarbrücken, Regionalgeschichtliches Museum (Hg.), „Stunde 0", S. 203-220. Die problematische Geschichte saarländischer Diversifizierungsversuche stellte übrigens auch in der zeitgenössischen Reflexion ein wichtiges Thema dar: Besonders vor dem Hintergrund der bis dahin positive Ergebnisse zeigenden Konzentration der Entwicklungspolitik auf den Bereich der Schwerindustrie im benachbarten Lothringen wurde die Tauglichkeit einer auf Diversifizierung der Wirtschaftsstruktur angelegten regionalen Entwicklungspolitik durchaus auch kritisch betrachtet, vgl. Albert Seyler, Lothringen an der Spitze. Das Montangebiet an Saar und Mosel - Unbefriedigende Arbeitsteilung und unterschiedliche Entwicklung, in: Die Arbeitskammer. Zeitschrift der Arbeitskammer des Saarlandes 5 (1957), S. 30-32.

[127] Vgl. hierzu den Überblick bei Weidig, Geldwesen, bes. S. 2ff., sowie Klaus Martin, Die Errichtung der französisch-saarländischen Währungsunion im Jahre 1947 und die sich daraus ergebenden Maßnahmen des französischen Staates hinsichtlich des Kreditwesens im Saarland, Saarbrücken 1955.

[128] Detaillierte Informationen zum Reorganisationsprozeß finden sich in: Eduard Martin, Umgestaltung, S. 180-195, sowie in Dohmen, Geld, S. 19-21. Zur Bedeutung des Kapitalmarktes auf die wirtschaftliche Entwicklung der Bundesrepublik zwischen 1952 und 1965 vgl. Wilfried Feldenkirchen u.a., Zur Geschichte der Unternehmensfinanzierung, Berlin 1990 (= Schriften des Vereins für Socialpolitik, Gesellschaft für Wirtschafts- und Sozialwissenschaften N.F. 196), bes. S. 115.

rung - über die Eingliederung hinaus erhalten und mußten erst langsam an die neue Situation angepaßt werden.[129] Auf diese Weise scheint im Saarland eine Art besonderer Unternehmenskultur entstanden zu sein, die aus Sicht mancher Zeitgenossen als Grundlage für die Eingliederung nach Deutschland denkbar ungeeignet war. Sowohl die Art der Unternehmensführung, die Anpassungsbereitschaft und -fähigkeit als auch das Dispositionsverhalten der Wirtschaft fanden teilweise heftige Kritik.[130] Ein prägnantes Beispiel für das Aufeinandertreffen sehr unterschiedlicher Elemente und Einflüsse in der Übergangszeit stellt die Behandlung der Schließung der Grube St. Ingbert Anfang 1957 dar. Der Grubenstandort wurde ab Anfang des Jahres 1958 durch Umstrukturierungs- und Zusammenlegungsmaßnahmen de facto geschlossen, nachdem die Anlage sich bereits in den 30er Jahren als unrentabel bzw. im Rahmen der weiteren Ausbauplanung der Saargruben als nicht haltbar erwiesen hatte. Eine Schließung der Grube war allerdings damals aus kriegswirtschaftlichen Gründen nicht erfolgt und war auch nach Ende des Zweiten Weltkriegs zunächst ausgeblieben.[131]

Interessant an dem Vorgang ist die Tatsache, daß bei Bekanntwerden der Schließungspläne umgehend das zu diesem Zeitpunkt eigentlich in einer Umbruchsphase befindliche Kabinett mit der Frage beschäftigt wurde. Dieses pflichtete einerseits der Meinung der gegenüber der Schließung kritisch eingestellten Arbeitnehmervertreter bei, akzeptierte aber andererseits prinzipiell die Notwendigkeit von Restrukturierungsmaßnahmen im Bergbau und vertrat allgemein den Standpunkt, daß eine voreilige Entscheidung in dieser Frage nicht getroffen werden solle, solange nicht der neue Rechtsträger der Saarbergwerke gemeinsam mit der Bundesrepublik etabliert sei. Dem wiederum stimmten die aufgebrachten Arbeitnehmervertreter zu, wobei sie an ihrer Ablehnung der Schließung des Standorts festhielten, sich aber gleichzeitig bereiterklärten, auch eine solche Entscheidung zu akzeptieren, falls sie vom neuen Rechtsträger gefällt werden sollte.[132] Letztlich erfolgte der Beschluß zur Schließung

---

[129] Dohmen, Geld, S. 20.

[130] Sehr deutlich hierzu Buddeberg, Verlagerung, S. 88. Zur Frage der unterschiedlichen Unternehmenskulturen v.a. im Mittelstand und dem Zusammenhang zu Grundfragen der nationalen Wirtschaftsorganisation vgl. Meinolf Dierkes, Der Beitrag des französischen Mittelstandes zum wirtschaftlichen Wachstum, Opladen 1969 (= Abhandlungen zur Mittelstandsforschung 39).

[131] Vgl. hierzu Gerd Schuster, 200 Jahre Bergbau an der Saar (1754-1954), Bielefeld 1955. Sehr aufschlußreich ist auch die mehr als 100 Seiten umfassende Zusammenstellung des Wirtschaftsministeriums zu diesem Thema, die anscheinend angesichts des intensiven öffentlichen Widerhalls als Hintergrundmaterial für die Presse angefertigt wurde, vgl. LASB StK Kabinettsregistratur, Anlage MW, Kabinettsvorlage Wirtschaftsministerium v. 5.4.57.

[132] LASB StK 1715, Kabinettsprotokoll v. 21.1.57. Das Protokoll gibt ausnahmsweise einige Passagen der Sitzung wörtlich wieder, so z.B. die Argumentation der Arbeitnehmervertreter, die der Schließung widersprachen, weil sie mit Verlegungen von Bergleuten auf andere Gruben - hauptsächlich Maybach und Jägersfreude - verbunden sein würde: Dies sei unter anderem abzulehnen, weil die „Verlegung in einen fremden Betrieb ... nicht zu einer Hebung der Arbeitsfreude" beitrage.

dann doch noch vor Gründung der neuen Saarbergwerke AG, wobei aber verschiedene Forderungen der Arbeitnehmer vorher zugesagt werden mußten.[133]

Das Beispiel zeigt, wie aus dem Aufeinandertreffen von in der Regionalstruktur begründeten Faktoren (hohe Bedeutung des Bergbaus auf dem Arbeitsmarkt, starke Betroffenheit in der Bevölkerung durch betriebliche Maßnahmen) und historisch begründeten (verzögerte Schließung eines Standortes bzw. sogar neue, letztlich ebenso unrentable Investitionen in einen Grubenstandort durch die spezifischen Kriegs- und Wiederaufbauanforderungen) eine Problemlage entstand, die durch die im Sonderregime der Übergangszeit vorgesehenen Instrumente nicht lösbar war. Zwar konnte durch Schlichtung der Landesregierung der Konflikt entschärft und einer Lösung zugeführt werden; die durch diese Art der Konfliktbewältigung entstehenden materiellen wie immateriellen Kosten waren jedoch wahrscheinlich sehr viel höher als unter „normalen" Bedingungen.[134] Denn schließlich stellt das gewählte Verfahren zumindest einen teilweisen Verzicht einer Unternehmensleitung auf autonomes Handeln in strategisch bedeutsamen Fragen der Betriebsführung dar, genauso, wie die Arbeitnehmervertretung ihre Möglichkeiten in der Interessenvertretung ihrer Mitglieder mehr oder weniger freiwillig beschränkte. Zudem bedeutete die Einschaltung der Landesregierung faktisch die Verlagerung einer Sachentscheidung auf eine in unternehmenspolitischer Hinsicht unangemessene Entscheidungsebene, die zu umfangreichen Kompensationsleistungen für eine allgemein als notwendig und alternativlos erachtete betriebliche Entscheidung führte.

2.3.2 Der Weg in die wirtschaftliche und politische Stagnation

Mit dem lang erwarteten Tag X, also der Einführung der deutschen Währung[135] und dem Ende der eigentlichen Übergangszeit, waren zunächst eine Reihe von Friktionen

---

[133] Es wurde ein kostenloser Transport zur Arbeitsstätte für die auf andere Gruben zu verlegenden Bergleute eingerichtet, die Beibehaltung der gewohnten Arbeitsgruppen wurde zugesagt und auf die Versetzung von Bergleuten, die einen ungünstigen Arbeitsweg haben würden, wurde verzichtet. Schließlich wurde der Bestand der Betriebskapelle garantiert. LASB StK 1715, Kabinettsprotokoll v. 5.2.57.

[134] Übrigens beugte sich der Saar-Landtag, und hier v.a. die Fraktion der SPD, dieser Konfliktlösungsstrategie. Dies läßt sich deutlich daran erkennen, daß die sozialdemokratische Landtagsfraktion auf die Diskussion einer von ihr eingebrachten Großen Anfrage im Parlament verzichtete, nachdem der Wirtschaftsminister auf die Behandlung dieses Themas im Kabinett hingewiesen hatte, siehe: LTDS, 3. WP, Abt. I, 10. Sitzung v. 29.2.56, S. 264. Bereits Anfang 1956 war die KP mit einem Antrag gescheitert, der die Schließung der Anlage hätte verbieten sollen, vgl. LTDS, 3. WP, Abt. I, 10. Sitzung v. 17.1.56, S. 67f.

[135] Interessanterweise fand die Ausdehnung des Währungsgebiets der DM bislang in den Handbüchern und Überblicksdarstellungen zur deutschen Geldgeschichte praktisch keine Berücksichtigung, vgl. z.B. Bernd Sprenger, Das Geld der Deutschen. Geldgeschichte Deutschlands von den Anfängen bis zur Gegenwart, 2. Aufl. Paderborn 1995, Hans Roeper u. Wolfram Weimer, Die D-Mark. Eine deutsche Wirtschaftsgeschichte, Frankfurt a.M. 1996. Selbst in der halbamtlichen Darstellung der Geschichte der DM durch die Bundesbank wird dieses Thema abseits von technischen Details nicht erwähnt, Deutsche Bundesbank (Hg), Währung und Wirtschaft in Deutschland 1876-1975, Frankfurt a.M. 1976, und auch das Mitglied des Direktoriums der Bundesbank und spätere Vizepräsident Otmar Emminger würdigt diese Frage in seiner Aufsatzsammlung keines Wortes, Oskar Emminger, Währungspolitik im Wandel der Zeit, Frankfurt a.M. 1966.

verbunden, die eine Zeitlang die Aufmerksamkeit der Öffentlichkeit erregten.[136] Betroffen war insbesondere die Preisentwicklung:[137] Obwohl nach der Abwertung des Franc Ende 1958 ein relativ angemessener Wechselkurs angewandt wurde, löste die Einführung der DM heftig kritisierte Steigerungen der Konsumentenpreise aus.[138] Dies war wohl nicht ausschließlich auf Währungsfragen, sondern auch auf aufgestaute Konsumwünsche,[139] auf die Unerfahrenheit saarländischer Kunden auf dem neuen Markt[140] und auf saisonale Gründe[141] zurückzuführen.[142] Dem entsprachen auch teilweise hektische Reaktionen im Bereich der Löhne und Gehälter. Diese wurden zum Teil durch die faktische Neufestsetzung der Bezüge gemäß dem Gesetz zur Einführung deutschen Rechts auf den Gebieten der Arbeitsbedingungen und des Familienlastenausgleichs im Saarland vom 30. Juni 1959,[143] zum Teil - insbesondere im Öffentlichen Dienst - durch punktuelle Ausgleichsmaßnahmen überwunden. Einen wichtigen Beitrag zur Kompensation der Schwankungen von Preisen und Löhnen leisteten auch gewisse Sonderregelungen. Zum einen wirkten sich die gesetzlich verankerten „Lohnsteuerpräferenzen" positiv auf die Höhe der Nettolöhne aus, zum

---

[136] Gegen die zu erwartende Verunsicherung setzten die Institutionen der saarländischen Wirtschaft eine regelrechte Aufklärungskampagne, die sich anhand der jeweiligen Ausgaben von Zeitungen und Verbandszeitschriften, aber auch anhand einzelner Informationsbroschüren wie z.B. Peter Weiant, Grundlagen und Aspekte der Endregelung des Saarvertrages, Saarbrücken 1957, nachvollziehen läßt.

[137] Aus statistischen Gründen ist es sehr schwierig, die Auswirkungen der Währungsumstellung nachzuvollziehen: Ein direkter Vergleich z.B. der in DM und Franc bilanzierten Umsatzwerte ist kaum sinnvoll, weil nach der Eingliederung z.T. auch völlig andere Preisgestaltungen zum Einsatz kamen. Vgl. hierzu: Stat. Amt d. Saarl. (Hg.), Saarländische Bevölkerungs- und Wirtschaftszahlen 11/12 (1959/1960), Saarbrücken 1960, S. 88, mit ausführlichen Preisvergleichen. Leichter fällt demgegenüber die Auswertung der Produktionsentwicklung, zumal hierzu auch in den zeitgenössisch publizierten Statistiken etliche Vorarbeiten geleistet wurden. Vgl. Die Rückgliederung des Saarlandes und die Entwicklung des Binnenaustausches in den Erzeugnissen der EGKS, in: Statistische Informationen des Statistischen Amts der Europäischen Gemeinschaften (1961), S. 157-164.

[138] Hans-Walter Herrmann, Modellfall, S. 47; Wannemacher, Mairegen, S. 250; Heinen, Blick zurück.

[139] Liepelt u. Loew, Menschen, S. 56.

[140] Heinen, Blick zurück. Von den Zeitgenossen wurde auch der Einfluß allzu offensiver Marketingstrategien der bundesdeutschen Unternehmen gegenüber ihrer saarländischen Konkurrenz sehr oft betont, vgl. bspw. Paul Keuth, Der Saarmarkt in der Umstellung, in: Die Saarwirtschaft. Zwischenbilanz nach der Wiedereingliederung (= Der Volkswirt 11 (1960), Beilage), S. 13-14; die mit Macht auftretenden neuen Marktteilnehmer fanden sogar Eingang in den Saarbrücker Karneval, vgl. hierzu die Büttenrede mit dem vielsagenden Titel „Die Invasion" von Willi Decker bei Hans-Christian Herrmann, Landeshauptstadt, S. 380f.

[141] Erich Conrad, Auswirkungen, S. 151.

[142] Diese plötzlichen Preissteigerungen fielen im Vergleich zur dramatischen Entwicklung der Lebenshaltungskosten in den Jahren 1957 bis 1958 jedoch sehr viel geringer aus. Vgl. hierzu: Stat. Amt d. Saarl. (Hg.), Saarländische Bevölkerungs- und Wirtschaftszahlen 9/10 (1959/60), S. 92f.

[143] Ausführlich hierzu: H. D. Wurthmann, Löhne und Lohnkosten im Saarland. Strukturunterschiede erschweren Anpassung, in: Der Volkswirt 11 (1957), S. 12-15; Industrie- und Handelskammer des Saarlandes (Hg.), Das französische und deutsche Wirtschaftssystem aus der Sicht der Saarwirtschaft. Eine kritische Würdigung durch die Industrie- und Handelskammer des Saarlandes insbesondere im Hinblick auf die Schaffung des Gemeinsamen Europäischen Marktes, Saarbrücken 1960, hier: S. 23ff.

anderen wurden verschiedene Elemente des saarländischen Sozial- und Steuersystems weitergeführt.[144]

Der Tag X brachte für die saarländische Wirtschaft in den einzelnen Sektoren sehr unterschiedliche Auswirkungen. Während der Einzelhandel in manchen Bereichen sehr heftigen Friktionen ausgesetzt war,[145] verzeichneten z.B. die Verbrauchsgüterindustrien nach der Eingliederung sogar eine „ungewöhnlich günstige" Entwicklung. Bereits ab dem vierten Quartal des Jahres 1959 wurden davon auch andere Bereiche erfaßt, was sich auf dem Arbeitsmarkt niederschlug. Das Potential an männlichen Arbeitnehmern war weiterhin quasi restlos ausgeschöpft, so daß eine weitere Expansion der Beschäftigung nur durch Zuführung von Arbeitskräften von außen erreicht werden konnte, und dies, obwohl der Bergbau weiterhin in hohem Umfang Stellen abbaute und Arbeitskräfte freisetzte. Diese fanden - sofern sie dem Arbeitsmarkt überhaupt noch zur Verfügung standen - in der expandierenden Eisen- und Stahlindustrie unmittelbar wieder eine Beschäftigung.[146] Die Frauenerwerbstätigkeit stieg auf Basis des unausgeschöpften Potentials deutlich an, und zwar hauptsächlich in den Branchen der Eisen- und Metallerzeugung und -verarbeitung sowie im Sektor von Handel, Banken und Versicherungen.[147]

Die Einschätzung der wirtschaftlichen Entwicklung im Jahr 1960 ist erheblichen Problemen unterworfen. Kam das Statistische Landesamt im Jahr 1961 noch zu einer eher zurückhaltenden Einschätzung des Konjunkturverlaufs von 1960, der als stabil, aber „auf einem niedrigeren Niveau als vor der Eingliederung" beschrieben wurde,[148] stellte sich dieses Jahr in der Perspektive des Jahres 1963 sehr viel günstiger dar. Wieder ein Jahr später wurde dann das Jahr 1961 als der Beginn einer „Verlangsamung des Wachstums der gesamten saarländischen Wirtschaft" bezeichnet.[149]

---

[144] Die Präferenzen betrugen 15% für 1959 und 1960, 10% für 1961; weitergeführt wurde z.B. die „Weitere Lohnzulage" und die Leistungen aus der Familienzulage, welche die Löhne von verheirateten Männern mit Kindern aufwertete. Stat. Amt d. Saarl. (Hg.), Saarländische Bevölkerungs- und Wirtschaftszahlen 9/10 (1959/60), S. 93.

[145] Davon war nicht nur der Absatz, sondern v.a. auch die Warenbeschaffung betroffen, vgl. Tietz, Beschaffung, S. 11. Das Datenmaterial hierzu ist publiziert in: Die Auswirkungen der wirtschaftlichen Eingliederung in ausgewählten Branchen des Saarländischen Einzelhandels. Ergebnisse aus Betriebsvergleichen und Betriebsuntersuchungen für das zweite Halbjahr 1958 und das zweite Halbjahr 1959, Saarbrücken 1962 (= Einzelschriften des Handelsinstituts an der Universität des Saarlandes H. 3). Schluppkotten, Saarwirtschaft, S. 6, spricht von Einbußen, die nach einigen Monaten wieder ausgeglichen werden konnten.

[146] Stat. Amt d. Saarl. (Hg.), Saarländische Bevölkerungs- und Wirtschaftszahlen 9/10 (1959/60), S. 47 und S. 17.

[147] Ebd., S. 13f. Landesbank und Girozentrale Saar (Hg.), Wirtschaftsberichte 1961, Saarbrücken 1961, H. 1, S. 3.

[148] Stat. Amt d. Saarl. (Hg.), Die saarländische Industrie im Jahre 1960, Saarbrücken 1961 (= SiZ, Sonderh. 18), S. 7. Eine ähnliche Verschiebung in der Beurteilung ist übrigens auch in der Berichterstattung der Landesbank und Girozentrale Saar (Hg.), Wirtschaftsberichte 1962, Saarbrücken 1962, H. 1, im Vgl. zu ebd., H. 8, nachzuvollziehen.

[149] Stat. Amt d. Saarl. (Hg.), Die saarländische Industrie im Jahre 1964, Saarbrücken 1964 (= SiZ, Sonderh. 30), S. 9. Zu den methodischen Problemen des Vergleichs der wirtschaftlichen Entwicklung anhand der

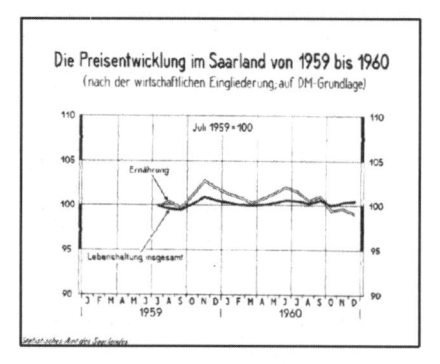

Lesebeispiel: Zwischen 1957 und 1959 ist eine deutliche Preissteigerung festzustellen. Entnommen aus: Stat. Amt d. Saarl. (Hg.), Saarländische Bevölkerungs- und Wirtschaftszahlen 9/10 (1959/60), S. 92.

Der Grund für diese Widersprüchlichkeit in der Bewertung ist nicht alleine in einer Verschiebung der gewählten Referenzperiode zu suchen. Wie bereits während der Übergangszeit prognostiziert, vollzog sich ein großer Teil der Anpassungsleistung in der saarländischen Wirtschaft erst nach deren Ende. So erfolgte z.B. die Neuausrichtung der eisenschaffenden Industrie in vollem Umfang erst ab dem Jahr 1960, wobei besonders die bereits vorher gut ausgelastete saarländische Stahlerzeugung aufgrund ihrer Investitionsrückstände der Expansion der deutschen Industrie nicht folgen konnte.[150] Gleichermaßen wirkten sich Umstellungsprobleme in anderen Branchen vorübergehend negativ aus, wie z.B. im Bereich der Investitionsgüterindustrie, in dem umfangreiche Initiativen zur Neuerschließung von Absatzmärkten notwendig wurden.[151] Angesichts dieser Schwierigkeiten wurden positive Impulse, die sich durch die starke Nachfrage aus Deutschland und Frankreich, aber auch aufgrund der besonderen saarländischen Situation im Bereich der Nahrungs- und Genußmittelindustrie[152] ergaben, nicht berücksichtigt. Nur die infolge der günstigen Auftragslage erhöhte Aufnahmefähigkeit der saarländischen Eisen- und Stahlindu-

---

Meßgröße „Bruttosozialprodukt" vgl. Udo Ludwig u. Reiner Stäglin, Das Bruttoinlandsprodukt in der DDR und in der Bundesrepublik Deutschland von 1980 bis 1989. Quellen, Methoden und Daten, in: Lothar Baar u. Dietmar Petzina (Hgg.), Deutsch-deutsche Wirtschaft 1945 bis 1990. Strukturveränderungen, Innovationen und regionaler Wandel. Ein Vergleich, St. Katharinen 1999, S. 530-581.

[150] Stat. Amt d. Saarl. (Hg.), Die saarländische Industrie im Jahre 1960, Saarbrücken 1961 (= SiZ, Sonderh. 18), S. 10. Hier ist sogar von einer „Stagnation" die Rede. Zur Modernisierungspolitik der bundesdeutschen Stahlindustrie vgl. Werner Plumpe, Krisen in der Stahlindustrie der Bundesrepublik Deutschland, in: Friedrich-Wilhelm Henning (Hg.), Krisen und Krisenbewältigung vom 19. Jahrhundert bis heute, Frankfurt a.M. 1998, S. 70-91, hier bes. S. 74ff.

[151] Stat. Amt d. Saarl. (Hg.), Die saarländische Industrie im Jahre 1960, Saarbrücken 1961 (= SiZ, Sonderh. 18), S. 11.

[152] Dieser Sektor profitierte besonders von der Möglichkeit der Einfuhr landwirtschaftlicher Produkte aus Frankreich gemäß den Bestimmungen über die Endregelung laut Saarvertrag, siehe: Stat. Amt d. Saarl. (Hg.), Die saarländische Industrie im Jahre 1960, Saarbrücken 1961 (= SiZ, Sonderh. 18), S. 15.

strie für im Bergbau freigesetzte Arbeitskräfte wurde eigens vom Statistischen Landesamt erwähnt.[153]

Für die Jahre 1961 bis 1963 ist somit - nach zunächst durchaus hoffnungsvollen Anfängen - ein „Durchsacken" der wirtschaftlichen Entwicklung hin zu einer „relativen Stagnation" festzustellen. Das Besondere an dieser relativen Stagnation lag daran, daß eine Reihe von durchaus positiven Aspekten eintrat. So konnten die meisten Branchen die Verlagerung ihrer Liefer- und Absatzbeziehungen von Frankreich auf Deutschland bewältigen,[154] der Arbeitsmarkt blieb weiterhin von Vollbeschäftigung gekennzeichnet[155] und auch das Sozialprodukt wies erkennbare Zuwachsraten auf.[156] Getragen wurde diese Entwicklung zu einem erheblichen Teil jedoch von der durch Lohnsteigerungen positiv beeinflußten Binnennachfrage,[157] einer weiterhin stabilen Entwicklung der Beziehungen mit Frankreich, vor allem durch dort neu errichtete Betriebe und Produktionsstätten,[158] sowie durch Sonderentwicklungen im Gefolge der in der Übergangszeit vorgenommenen Investitionen, besonders im Bereich der Investitionsgüterindustrie,[159] die sich nach einer gewissen Anlaufphase nun in der Statistik niederschlagen.[160] Diese positive Entwicklung fand jedoch bis spätestens 1963 ihr Ende,[161] wie sich besonders deutlich an einem Vergleich der Entwicklung des Bruttoinlandsprodukts je Einwohner in den Bundesländern und im Bundesschnitt zeigte: Das Saarland wies hierbei durchgängig sehr niedrige Zuwachsraten auf, die nicht nur unterdurchschnittlich, sondern im Jahr 1963 sogar unter denen des Landes Rheinland-Pfalz lagen.[162] Daher konnte spätestens jetzt formuliert werden: „Die Wachstumsschere hat sich weiter geöffnet".[163]

---

[153] Ebd., S. 9. Vgl. hierzu auch den Überblick in: Landesbank und Girozentrale Saar (Hg.), Wirtschaftsberichte 1962, Saarbrücken 1962, H. 3.

[154] Stat. Amt d. Saarl. (Hg.), Die saarländische Industrie im Jahre 1961, Saarbrücken 1962 (= SiZ, Sonderh. 22), S. 9.

[155] Stat. Amt d. Saarl. (Hg.), Die saarländische Industrie im Jahre 1964, Saarbrücken 1964 (= SiZ, Sonderh. 30), S. 17.

[156] Stat. Amt d. Saarl. (Hg.), Statistisches Handbuch für das Saarland 1963, Saarbrücken 1963, S. 264ff.

[157] Stat. Amt d. Saarl. (Hg.), Die saarländische Industrie im Jahre 1962, Saarbrücken 1963 (= SiZ, Sonderh. 26), S. 9.

[158] Stat. Amt d. Saarl. (Hg.), Die saarländische Industrie im Jahre 1961, Saarbrücken 1962 (= SiZ, Sonderh. 22), S. 9.

[159] Landesbank und Girozentrale Saar (Hg.), Wirtschaftsberichte 1963, Saarbrücken 1963, H. 1, S. 2.

[160] Stat. Amt d. Saarl. (Hg.), Die saarländische Industrie im Jahre 1962, Saarbrücken 1963 (= SiZ, Sonderh. 26), S. 9.

[161] Stat. Amt d. Saarl. (Hg.), Die saarländische Industrie im Jahre 1964, Saarbrücken 1964 (= SiZ, Sonderh. 30), S. 9 und 14. Landesbank und Girozentrale Saar (Hg.), Wirtschaftsberichte 1963, Saarbrücken 1963, H. 1.

[162] Stat. Amt d. Saarl. (Hg.), Sozialprodukt des Saarlandes 1960 bis 1964, Saarbrücken 1965 (= SiZ, Sonderh. 35), S. 25.

[163] Wachstumsschere hat sich weiter geöffnet, in: Mitteilungen der Industrie- und Handelskammer des Saarlandes 19 (1963), S. 363-367, hier: S. 363.

Die langfristigen Gründe für die insgesamt negative Entwicklung der Saarwirtschaft wurden vom Statistischen Landesamt schon früh und in aller Deutlichkeit benannt. Die Einseitigkeit der Wirtschaftsstruktur im Saarland rief in Phasen allgemein abflauender Konjunktur im regionalen Kontext besonders heftige Reaktionen hervor. Dies wiederum zeigte nicht nur Folgen für die nachgelagerten Betriebe im Saarland, sondern beeinträchtigte auch direkt die im Saarland anfallenden Lohnsummen - mit allen Konsequenzen auch für die Binnennachfrage.[164] Gleichzeitig zeigte sich in der Entwicklung der Saarwirtschaft ein weiteres Strukturelement der ökonomischen Entwicklung einseitig strukturierter Regionen, in denen nämlich positive Impulse der allgemeinen Konjunktur weniger stark als im nationalen Schnitt meßbar wirkten.[165] Besonders deutlich wird dies im Bereich der Bauindustrie, die durch die geringeren Zuwächse der Staatseinnahmen beeinträchtigt wurde, ebenso wie im Bereich der Investitionsgüterindustrie, welche die sinkende Investitionsbereitschaft der Montanwirtschaft nicht durch gegenläufige Impulse aus Wachstumsbranchen ausgleichen konnte, weil diese im Saarland nicht in ausreichendem Maße vertreten waren.[166] Neben diesen strukturellen Gründen für die Entwicklung der Saarwirtschaft wirkten aus Sicht des Statistischen Landesamtes noch zwei weitere Elemente negativ: Zum einen die Aufwertung der DM im Jahr 1961, die den Absatz nach Frankreich und damit die Ertragslage der saarländischen Unternehmen beeinträchtigte, zum anderen die Inbetriebnahme des Moselkanals, der die Konkurrenzfähigkeit der saarländischen Schwerindustrie auf deutschen und internationalen Märkten gegenüber der Konkurrenz aus Lothringen schwächte.[167]

Etwas anders stellte sich dagegen die Entwicklung im saarländischen Steinkohlenbergbau dar. Im Rahmen ihrer bereits in der Übergangszeit entwickelten Strategie setzten die Saarbergwerke nach der Eingliederung zunächst ihre Unternehmenspolitik fort. Die Rationalisierung der Produktion durch Schließung bzw. Stillegung unrentabler Standorte und die Verlagerung der Produktion in den Warndt, die Stabilisierung der Fördermengen und der Abbau von Arbeitsplätzen sollten das Unternehmen an die sich verändernde Marktsituation anpassen. Gemäß dieser Leitlinie erfolgte die Stillegung von elf Gruben und die Reduktion der Beschäftigtenzahl von ca. 57.000 im Jahr 1956 auf knapp 44.000 Personen im Jahr 1963[168]. Damit wurde zwar die erwartete Anpassungsleistung erzielt, das Anpassungstempo des Bergbaus im Bun-

---

[164] Stat. Amt d. Saarl. (Hg.), Die saarländische Industrie im Jahre 1962, Saarbrücken 1963 (= SiZ, Sonderh. 26), S. 14f.

[165] Stat. Amt d. Saarl. (Hg.), Die saarländische Industrie im Jahre 1961, Saarbrücken 1962 (= SiZ, Sonderh. 22), S. 14.

[166] Stat. Amt d. Saarl. (Hg.), Die saarländische Industrie im Jahre 1964, Saarbrücken 1964 (= SiZ, Sonderh. 30), S. 14.

[167] Stat. Amt d. Saarl. (Hg.), Die saarländische Industrie im Jahre 1962, Saarbrücken 1963 (= SiZ, Sonderh. 26), S. 10.

[168] Stat. Amt d. Saarl. (Hg.), Die saarländische Industrie im Jahre 1964, Saarbrücken 1964 (= SiZ, Sonderh. 30), S. 12.

desgebiet möglicherweise sogar überboten.[169] Die Ertragslage des Unternehmens war jedoch immer noch unbefriedigend und die Aussichten angesichts der hohen Haldenbestände getrübt.[170] In regionalwirtschaftlicher Perspektive interessant ist, daß durch diese Vorgänge der Anteil des Bergbaus am saarländischen Sozialprodukt immer stärker sank.[171] Allerdings verbesserte sich die Struktur der Erwerbstätigkeit dadurch nicht wesentlich, weil eine beträchtliche Verschiebung von Arbeitskräften in den Bereich der Stahlindustrie zu beobachten war,[172] während ein anderer Teil der im Bergbau freigesetzten Arbeitskräfte keine weitere Beschäftigung mehr aufnahm.

Gegenüber den anfänglichen Umstellungsproblemen im Umfeld des Tages X erwiesen sich somit schnell die strukturellen Probleme der Saarwirtschaft als sehr viel gravierender. Auch Erfolge bei der Ansiedlung neuer Industriebetriebe[173] konnten nicht darüber hinwegtäuschen, daß die regionalen Wachstumspotentiale weitgehend ausgeschöpft waren. Impulse für eine Expansion der Saarwirtschaft gingen weder vom restlos ausgeschöpften Arbeitsmarkt noch von den teilweise in prekärer wirtschaftlicher Situation stehenden saarländischen Betrieben aus. Expansionsmöglichkeiten bestanden allenfalls im Bereich von Arbeitsplätzen für Frauen. Betriebe, die vornehmlich männliche Arbeitnehmer beschäftigten, konnten sich in konjunkturell günstigem Umfeld nicht gegen die Schwerindustrie durchsetzen, in konjunkturell ungünstigem Umfeld konnten sie dagegen keine ausreichenden Wachstumsimpulse setzen.

Politische Aufmerksamkeit fanden aber vor allem die Anpassungs- und Übergangsschwierigkeiten im Zuge der Eingliederung, die nicht selten akute Gefahren für einzelne Unternehmen auslösten. Die Landesregierung reagierte darauf mit Finanzhilfen für diese Betriebe, meistens in Form von Bürgschaften für Darlehen von Kreditinstituten. Dieses Verfahren wurde aber spätestens ab 1959 zum wichtigsten Instrument zur Überwindung von Anpassungsproblemen.[174] Dabei wurde ein sehr

---

[169] Stat. Amt d. Saarl. (Hg.), Die saarländische Industrie im Jahre 1962, Saarbrücken 1963 (= SiZ, Sonderh. 26), S. 12.

[170] Eine Übersicht über die Entwicklung von Förderung und Absatz bietet die Tabelle in: Stat. Amt d. Saarl. (Hg.), Statistisches Handbuch für das Saarland 1963, Saarbrücken 1963, S. 139.

[171] Ebd., S. 265.

[172] Stat. Amt d. Saarl. (Hg.), Die saarländische Industrie im Jahre 1962, Saarbrücken 1963 (= SiZ, Sonderh. 26), S. 13.

[173] Einen Überblick über die in der Übergangszeit neu angesiedelten Unternehmen bietet das Bundesministerium für Arbeit und Sozialordnung (Hg.), Die Standortwahl der Industriebetriebe in der Bundesrepublik Deutschland im Zeitraum von 1955 bis 1960, Bonn 1961, hier: Tab. 1. Auf die Bewertung der Industrieansiedlungspolitik der Landesregierung wird an anderer Stelle dieser Arbeit noch einzugehen sein.

[174] Aufgrund der bislang fehlenden Verzeichnung der Akten des Wirtschaftsministeriums - die zudem teilweise wohl infolge laufender Verfahren und Geheimhaltungsvorschriften noch gar nicht aus dem Geschäftsgang abgegeben worden sein dürften - kann kein vollständiger Überblick über die Bürgschaftstätigkeit des Landes gegeben werden. Die folgende Darstellung beruht vielmehr auf dem Teil der Kabinettsentscheidungen, der in den zugänglichen Kabinettsprotokollen niedergelegt wurde. Zur Bewertung derartiger Strategien in wissenschaftlicher Perspektive vgl. Udo Padtberg, Regionale Wirtschaftspolitik durch Subventionen? Eine Untersuchung über den Erfolg des Landeskreditprogramms in Nord-

differenziertes Interventions- und Steuerungsinstrumentarium entwickelt, das gleichwohl weder als dirigistisch noch programmfixiert zu bezeichnen ist. Vielmehr beruhte die Wirtschaftsförderungstätigkeit auf profunden Einzelanalysen, die stets in den Kontext allgemeiner Ziele der regionalen Entwicklung eingebettet wurden. Insgesamt betrug die Summe der zwischen 1956 und 1963 vom Kabinett erteilten Bürgschaften mindestens 30 Mio. DM, wahrscheinlich aber sehr viel mehr. Die Bürgschaften wurden fast ausschließlich zugunsten kleiner und mittlerer mittelständischer Unternehmen ausgesprochen, wobei sich die Bürgschaftssummen meistens zwischen 0,5 und 2,5 Mio. DM beliefen. Das Kabinett bürgte durchweg in den Fällen, in denen entweder schnelle Hilfe nötig oder in denen eine anderweitige Sicherung von notwendigen Krediten nicht möglich war. Besonders aufschlußreich sind diese Vorgänge, weil aus Anlaß des Bürgschaftsantrags fast immer von Seiten des Wirtschaftsministeriums umfangreiche Analysen des jeweiligen Betriebs angefertigt wurden, welche die Kabinettsmitglieder in die Lage versetzen sollten, das mit der Bürgschaft verbundene Risiko besser einzuschätzen. Zudem waren diese Betriebsanalysen meistens mit grundsätzlichen Erwägungen über die regionalwirtschaftliche Bedeutung des zu fördernden Projektes verbunden.

Auf Basis dieser Analysen lassen sich die einzelnen Maßnahmen nach drei Gruppen systematisch voneinander unterscheiden: Eine erste Gruppe bildeten diejenigen Bürgschaften, die erteilt wurden, um politisch zu verantwortende Schwierigkeiten eines Betriebs auszugleichen. Ein sehr interessantes Beispiel stellt dabei die Bürgschaft zugunsten eines Neunkircher Betriebs im Textilbereich dar. Diese wurde im Jahr 1956 übernommen, weil der Betrieb aufgrund des politischen Engagements seines Inhabers bis zur Abstimmung vom 23. Oktober 1955 zunächst von Teilen der Kundschaft gemieden worden war und weil danach diese Schwierigkeiten durch die im Osten des Saarlandes besonders starke Kundenabwanderung nach Deutschland weiter verstärkt wurden.[175] Ein ähnlicher Fall betraf ein Unternehmen im Kreis Homburg, das durch die mit der Eingliederung in Kraft gesetzten Beschränkungen im Warenverkehr mit Frankreich einen Teil seiner Exportmärkte verloren hatte. Konkret konnten - so die Analyse des Wirtschaftsministeriums - nur noch 40% des früheren Umsatzes im Frankreichgeschäft getätigt werden.[176] Jedoch wurde durchaus nicht jedem Antrag dieser Gruppe zugestimmt: Vielmehr lehnte das Kabinett noch im Jahr 1957 ausdrücklich einen Verfahrensvorschlag ab, nach dem „kreditübliche Maßstäbe" bei der Entscheidungsfindung grundsätzlich nur insoweit hätten angelegt werden sollen, als „staatspolitische Ziele" dadurch nicht gefährdet würden.[177]

Eine weitere Gruppe von Maßnahmen begünstigte Unternehmen, die im Zuge der Entwicklung seit 1956 - aus teilweise völlig unterschiedlichen Gründen - in Liquidi-

---

rhein-Westfalen, Köln 1970.

[175] LASB StK Kabinettsregistratur, Anlage MW, Kabinettsvorlage Wirtschaftsministerium v. 2.10.56.
[176] LASB StK Kabinettsregistratur, Anlage MW, Kabinettsvorlage Wirtschaftsministerium v. 2.5.60.
[177] LASB StK 1715, Kabinettsprotokoll v. 30.4.57.

tätsschwierigkeiten geraten waren. Dieses Problem war offenbar recht früh nach der Eingliederung in größerem Umfang aufgetreten, so daß das Kabinett noch im Juli 1959 eigene Richtlinien zur Erteilung von Liquiditätshilfen - Bürgschaften, Krediten und Zuschüssen - erließ.[178] Derartige Maßnahmen wurden hauptsächlich zwischen der Eingliederung und dem Jahr 1962 durchgeführt, wobei die verbürgten Kreditsummen meistens recht niedrig, nämlich unter 1 Mio. DM lagen. Ein gutes Beispiel für eine solche Bürgschaft stellt ein Kredit von 600.000 DM zugunsten eines nordsaarländischen Betriebes dar, der nach Überwindung von Umstellungsschwierigkeiten durch einen Werksbrand in eine Liquiditätskrise geraten war.[179] Viele andere Fälle betrafen aber Unternehmen, die aus nicht näher erläuterten Gründen eine Erhöhung ihrer Betriebsmittel benötigten. Eine dritte Gruppe von Bürgschaften wurde zugunsten von regionalwirtschaftlich besonders „wertvollen" Unternehmen übernommen. Dabei konnte es sich um Betriebe handeln, die - wie z.B. ein Unternehmen im nordwestlichen Saarland - als Teil der weiterverarbeitenden Industrie dem Ziel der „Auflockerung des saarländischen Industriegefüges" besonders dienlich sein könnten.[180]
Politische Aufmerksamkeit fanden auch die Restrukturierungsmaßnahmen im Bergbau. Nachdem bereits seit dem Jahr 1958 eine lebhafte Diskussion über die Einführung einer Bergmannsprämie im Saarland - und zwar zum Ausgleich der zu erwartenden Rekrutierungsprobleme der Saarbergwerke AG - diskutiert wurde[181] und nachdem im Spätsommer 1959 ein alter Kohlevorrangbeschluß wieder aufgegriffen wurde,[182] setzte ab Ende September 1959 eine recht intensive Abstimmung mit der Unternehmenspolitik der Saarbergwerke ein. Im Rahmen einer eigens dafür einberufenen Kabinettssitzung legte der Vorstand der Saarbergwerke seine Zukunftsplanungen vor, nach denen binnen drei Jahren der „Betrieb der Saarbergwerke zu reorganisieren" sei, so daß man der Konkurrenz des Erdöls ohne größere Verluste begegnen zu können glaubte. Die Zeitspanne, so der Vortrag der Direktoren Müller und Hauck weiter, ergebe sich aus den hohen Kosten für die Umstellung auf Heizöl bei den industriellen Großkunden bzw. aus der Bauzeit der geplanten süddeutschen Raffinerien. Es sei jedoch - neben der Rationalisierung der Förderung - mit einer Verringerung der Produktionsziele von 17 Mio. t Kohle auf ca. 13 Mio. t pro Jahr zu

---

[178] LASB StK 1721, Kabinettsprotokoll v. 8.7.59.

[179] LASB StK Kabinettsregistratur, Anlage MW, Kabinettsvorlage Wirtschaftsministerium v. 26.7.62.

[180] LASB StK Kabinettsregistratur, Anlage MW, Kabinettsvorlage Wirtschaftsministerium v. 23.11.59.

[181] Erstmals brachten CSU und SPD im Landtag derartige Gesetzentwürfe ein, vgl. LTDS, 3. WP, Abt. I, 49. Sitzung v. 9.5.58, S. 1450ff. Der Wirtschaftsausschuß forderte kurz darauf die Regierung auf, einen entsprechenden Gesetzentwurf vorzulegen, siehe: LTDS, 3. WP, Abt. I, 52. Sitzung v. 7.7.58, S. 1572ff. Nachdem das Kabinett dem nicht nachgekommen war, legte die SPD Anfang 1959 wiederum einen Antrag vor, siehe: LTDS, 3. WP, Abt. I, 58. Sitzung v. 27.1.59, S. 1633 - zwei Tage, bevor diese Frage im Kabinett erstmals beraten wurde, vgl. LASB StK 1720, Kabinettsprotokoll v. 29.1.59.

[182] Das Kabinett beschloß, Zuschüsse zur Errichtung von Gebäuden der öffentlichen Hand nur dann zu gewähren, wenn deren Heizung mit Kohle oder Kohleprodukten erfolgt, vgl. LASB StK 1721, Kabinettsprotokoll v. 2.9.59. Dieser Beschluß war bereits am 10.9.58 einmal gefaßt worden und stand sieben Jahre später zur Disposition, vgl. LASB StK 1736, Kabinettsprotokoll v. 4.5.65.

rechnen; dadurch sei eine Personalreduzierung von ca. 20.000 Arbeitsplätzen zu bewältigen, die durch die natürliche Fluktuation sowie Pensionierungen abgewickelt werden sollte. Das Kabinett sanktionierte diese Vorgehensweise als Grundlinie der weiteren Entwicklungspolitik der Saarbergwerke und sagte die notwendige politische Unterstützung zu.[183]

Ingesamt kennzeichnete Hoffnung auf Entspannung die Landespolitik in den ersten Monaten nach der Eingliederung: Nicht nur, daß die Regierungsmitglieder sich nach der „außergewöhnlichen Inanspruchnahme durch die Amtsgeschäfte" bei der Vorbereitung der Eingliederung ohnehin allesamt urlaubsreif fühlten,[184] auch die problemlose Einführung der degressiven Absatzhilfen zugunsten der Saarwirtschaft[185] sowie die Abwicklung der Eingliederung selber[186] zeigten deutliche Züge einer Normalisierung. Unsicherheiten rief vor allem der kurzfristige Anstieg der Preise und Lebenshaltungskosten im Zusammenhang mit der Währungsumstellung hervor: Hatte noch Anfang 1959 das Kabinett die Möglichkeit, den inflationären Tendenzen der Übergangszeit mit einer Teuerungszulage für die Mitarbeiter des öffentlichen Dienstes zu begegnen,[187] war diese Möglichkeit in der zweiten Jahreshälfte nicht mehr gegeben, obwohl der Innenminister in einer eigens angefertigten Studie den Kaufkraftverlust im öffentlichen Dienst klar darlegte.[188] Insbesondere das Ausbleiben der immer wieder befürchteten dramatischen Übergangsschwierigkeiten auf dem Arbeitsmarkt[189] wirkte aber sehr beruhigend. Zudem setzte eine intensive Werbetätigkeit für die Region ein. In einer Vielzahl von Publikationen und Broschüren wurde die

---

[183] LASB StK 1722, Kabinettsprotokoll v. 23.9.59.

[184] „In Anbetracht der außergwöhnlichen Inanspruchnahme der Regierungsmitglieder durch die Amtsgeschäfte, die allein schon im Zusammenhang mit der wirtschaftlichen Eingliederung des Saarlandes in den Bund in ungewöhnlichem Maße zugenommen haben und kaum noch die aus gesundheitlichen Gründen erforderliche zeitweilige Ausspannung zuläßt, schließt sich der Ministerrat dem Vorschlag des Saarländischen Städte- und Gemeindetags an, entsprechend den Bestrebungen des „Kuratoriums Freies Wochenende" ein freies Wochenende im Monat zu verbringen, das frei von der Teilnahme an Veranstaltungen jeglicher Art sein soll, die über den Raum der religiösen Besinnung und der Erholung hinausgehen.", LASB StK 1721, Kabinettsprotokoll. v. 23.7.59. Bereits im März hatte die Regierung dem Landtagsdirektor mitteilen lassen, daß eine bestimmte Regierungsvorlage nicht hatte bearbeitet werden können, „da z. Zt. wegen der Eingliederungsverhandlungen die für eine Überprüfung der Richtlinien im Sinne des Beschlusses des Landtagsausschusses für Haushalts- und Finanzfragen erforderlichen Referenten nicht zur Verfügung stehen", LASB StK 1720, Kabinettsprotokoll v. 18.3.59.

[185] Es handelte sich um eine (ursprünglich bis 1962 befristete, später bis 1964 verlängerte) Subvention auf saarländische Lieferungen nach Deutschland, siehe Industrie- und Handelskammer des Saarlandes (Hg.), Wirtschaft, S. 210, sowie Roesler, Rückgliederung, S. 453; die Entscheidung fiel auf Vorschlag des Bundesfinanzministers noch im April 1959, LASB StK 1720, Kabinettsprotokoll v. 2.4.59.

[186] Das Kabinett wurde am 25.6.59 in einer Sondersitzung in Bonn über den Termin informiert; der Ministerpräsident hatte bereits am Vortag Kenntnis davon erhalten; LASB StK 1721, Kabinettsprotokoll v. 25.6.59.

[187] LASB StK 1720, Kabinettsprotokoll v. 20.3.59.

[188] LASB StK 1721, Kabinettsprotokoll v. 2.9.59.

[189] Negative Effekte auf dem Arbeitsmarkt hatten eine der „bedrückendsten Sorgen" vor der Eingliederung dargestellt, vgl. Landesbank und Girozentrale Saar (Hg.), Wirtschaftsberichte 1960, Saarbrücken 1960, H. 1.

wirtschaftliche Leistungsfähigkeit des gerade eingegliederten Saarlandes übereinstimmend in schillernden Farben dargestellt, und auch die Auswahl der Autoren zeigte eine enge, harmonische Zusammenarbeit saarländischer und bundesdeutscher Politik mit Unternehmern, Interessenvertretern, Verbänden und Wirtschaftsorganisationen aus dem Saarland sowie dem überregionalen Kontext.[190]

Mit der rapiden Verschlechterung der volkswirtschaftlichen Daten zerstoben diese Hoffnungen auf politische Entspannung jedoch. Als erster Schritt in dieser Entwicklung ist die am 6. März 1961 vorgenommenen Aufwertung der DM um 5% zu nennen, die eine gravierende Belastung im deutsch-saarländischen Verhältnis mit sich brachte.[191] Obwohl das Kabinett die Auswirkungen dieser Maßnahme noch am 7. März 1961 in recht moderaten Tönen analysierte,[192] schlug es Mitte April vor dem Landtag eine völlig andere Argumentationsweise ein. In einer vorab im Kabinett ausführlich diskutierten Regierungserklärung hob der Wirtschaftsminister Eugen Huthmacher das Problem von der Ebene der von SPD und SVP geforderten direkten Ausgleichsmaßnahmen zugunsten einzelner Unternehmer auf die Ebene einer strukturellen Benachteiligung der Saarwirtschaft, die gemäß einem Zehn-Punkte-Programm durch Hilfen der Bundesregierung ausgeglichen werden sollte.[193] Allerdings konnten nicht einmal Ausgleichsmaßnahmen für die von der Aufwertung direkt betroffenen Grenzgänger im lothringischen Bergbau gegen den Widerstand aus Bonn durchgesetzt werden.[194] Ein ähnliches Schicksal teilte ein von der Landesregierung ein Jahr später erarbeitetes Programm „großzügiger Maßnahmen" von Seiten Bonns, die als notwendig dargestellt wurden, um die in der Stagnation sichtbar werdenden, aus Eingliederung und Standortlage entstandenen Benachteiligungen der Saarwirtschaft

---

[190] Als teilweise „graue Literatur" sind die Arbeiten meistens leider bibliographisch nicht nachgewiesen. Als Beispiele für derartige Publikationen seien genannt: Eduard Dietrich (Hg.), Saarland; Vogel-Verlag (Hg.), Die Saarwirtschaft heute, Würzburg 1959; Saarbrücker Druckerei und Verlag GmbH (Hg.), Bundesland.

[191] Einen chronologischen Überblick über die währungs- und finanzpolitischen Maßnahmen der Bundesregierung bietet Kurt-Dieter Wagner (Bearb.), Chronologie zur Finanzgeschichte 1949-1969. Daten und Erläuterungen, Bonn 1993 (= Schriftenreihe zur Finanzgeschichte 2). Zur Einordnung der Aufwertung in die handelspolitische Westbindung vgl. Jürgen Bellers, Außenwirtschaftspolitik der Bundesrepublik Deutschland 1949-1989, Münster 1990, hier: S. 266ff. Den Zusammenhang zur aktuellen Diskussion über die konjunkturpolitische Dimension der bundesdeutschen Politik in den späten 50er Jahren vgl. Helge Berger, Konjunkturpolitik im Wirtschaftswunder. Handlungsspielräume und Verhaltensmuster von Bundesbank und Regierungen in den 1950er Jahren, Tübingen 1997, hier: S. 142ff.

[192] LASB StK 1725, Kabinettsprotokoll v. 7.3.61. Der Bericht des Wirtschaftsministers ließ erkennen, daß wohl der überwiegende Teil der saarländischen Exporte betroffen sei, und zwar so lange, bis entsprechende Preiserhöhungen in Frankreich möglich würden. Relativ unbeschadet blieben nur diejenigen saarländischen Firmen, die Niederlassungen in Frankreich unterhielten. Allerdings seien Importe aus Frankreich in gleichem Umfang begünstigt. Besonders unangenehm sei jedoch die Lage der saarländischen Grenzgänger nach Lothringen, die faktisch eine Lohnminderung hinzunehmen hätten.

[193] Das Programm wurde in der Kabinettsitzung formuliert, LASB StK Kabinettsregistratur, Anlage MW, Kabinettsvorlage Wirtschaftsministerium v. 17.4.61. In der Landtagsdebatte rekurrierte Hutmacher aber nicht auf eine geschlossene Programmatik, sondern stellte die einzelnen Forderungen nebeneinander, vgl. LTDS, 4. WP, Abt. I, 7. Sitzung v. 18.4.61, S. 162ff.

[194] LASB StK Kabinettsregistratur, Anlage MW, Kabinettsvorlage Wirtschaftsministerium v. 19.10.61.

auszugleichen.[195] In einer hochkarätig besetzten Arbeitssitzung im August konnte die saarländische Seite zwar ihre Forderungen in Bonn vortragen; als positivstes Ergebnis mußte aber festhalten werden, daß der Staatssekretär im Bundeswirtschaftsministerium dem wenigstens nicht in „unverhältnismäßig scharfer Form entgegengetreten" war.[196]

Auf diese Weise geriet die Landesregierung zu Anfang der 60er Jahre in eine ungewohnte Situation. Die Stagnationskrise der Jahre nach 1960 erzeugte wirtschaftspolitischen Handlungsbedarf, der über die bisherigen Konzeptionen der Politik weit hinausreichte. Der Versuch, dem mit einer Wiederaufnahme der seit den Saarvertragsverhandlungen bewährten Strategien zu begegnen, scheiterte jedoch. Aus konkreten Anlässen entwickelte Einzelforderungen und Hilfsprogramme konnten nicht mehr durchgesetzt werden; dagegen waren die in Verhandlungen mit Bonn erreichten Zusagen wie die zur Hilfe bei der Finanzierung von Anpassungsmaßnahmen im Bergbau oder auch die Verlängerung der Absatzhilfe für die Saarwirtschaft zur Eindämmung der Probleme nicht ausreichend. Diese Mißerfolge stellte auch die saarländische Opposition in aller Deutlichkeit heraus.[197]

2.4 Zusammenfassung

Die Bewertung der Übergangszeit fiel im Expertendiskurs der Zeitgenossen durchweg negativ aus:[198] Einhellig wurde die Meinung vertreten, daß sie „starke Züge der Aufrechterhaltung des Status quo"[199] gezeigt habe, daß keine „irgendwie nennenswerte Anpassung an die nach der wirtschaftlichen Rückgliederung zu erwartende Absatzsituation"[200] erfolgte und somit „das Ziel der Übergangszeit nicht erreicht"[201] wurde, weil „die Hauptphase des Eingliederungsprozesses ... nach dem Tage X [hat]

---

[195] Beschlußlage im Kabinett wurde diese sehr allgemeine Forderung nach Hilfe bereits Anfang Mai, siehe: LASB StK 1728, Kabinettsprotokoll v. 2.5.62, und zwar auf Basis einer Vorlage des Wirtschaftsministeriums, siehe: LASB StK Kabinettsregistratur, Anlage MW, Kabinettsvorlage Wirtschaftsministerium v. 2.5.62. Eine ausführliche Beschreibung der Gegenstände, die gegenüber Bonn verhandelt wurden, liefert die Regierungserklärung Röders in: LTDS, 4. WP, Abt. I, 21. Sitzung v. 14.5.62, S. 783ff.

[196] LASB StK Kabinettsregistratur, Anlage MW, Kabinettsvorlage Wirtschaftsministerium v. 2.11.62.

[197] Besonders deutlich wurde dies in der Rede von Rudolf Recktenwald (SPD) in: LTDS, 4. WP, Abt. I, 28. Sitzung v. 5.12.62, S. 1059ff., der ausdrücklich kritisierte, daß die Regierung zu unpräzise Forderungen gegenüber Bonn erhoben habe, das Saarland brauche statt dessen mehr als einen „Freundesschwur".

[198] Schon 1957 titelte Norbert Welter, Alles umsonst?, in: Die Arbeitskammer. Zeitschrift der Arbeitskammer des Saarlandes 5 (1957), S. 294-295. Die Autoren der Arbeitskammer-Zeitung hielten an diesem negativen Urteil über die Übergangszeit praktisch durchgängig fest. So hieß es bei Walter Gerisch, Die Saar zieht Bilanz, in: Die Arbeitskammer. Zeitschrift der Arbeitskammer des Saarlandes 6 (1958), S. 4-5: „Es ist im wesentlichen nicht gelungen, die Wettbewerbsfähigkeit der Saarbetriebe nennenswert zu erhöhen.."

[199] IHK des Saarlandes (Hg.), Wirtschaft, S. 207.

[200] Buddeberg, Verlagerung, S. 181.

[201] IHK des Saarlandes (Hg.), Auswirkungen, S. 7.

beginnen"[202] müssen. War also die Übergangszeit insgesamt „nur von einem begrenzten Wert"[203]?

Jedenfalls fällt die Bilanz sehr uneinheitlich aus. Die noch aus der Zeit der Diskussion des Europäischen Statuts stammende Forderung nach gleichartigen Wirtschaftsbeziehungen mit Deutschland und Frankreich konnte nicht erfüllt werden. An deren Stelle trat die praktisch vollständige Eingliederung in die bundesdeutsche Wirtschaftsordnung. Allerdings konnten - wenn auch nur zeitlich befristet - immerhin gewisse Sonderregelungen für die saarländisch-französischen Beziehungen fixiert werden, deren ökonomische Bedeutung für die Saarwirtschaft anfangs sehr hoch war, im Verlauf der Zeit jedoch stark an Bedeutung verlor. Dem entsprachen gewisse Vorteile und Vergünstigungen im neuen, bundesdeutschen nationalen Rahmen, die allerdings ebenfalls zeitlich befristet waren. Überwiegend negative Bedeutung kommt auch den während der Übergangszeit durchgeführten einseitigen nationalen Maßnahmen Frankreichs und Deutschlands zu. Eine „Immunisierung" der Region gegenüber solchen nationalen Sonderentwicklungen kann für die Übergangszeit nicht festgestellt werden. Andererseits sind auch eine Reihe von unzweifelhaft positiven Einflüssen während der Übergangszeit zu nennen: Die Verbesserung der Kapitalausstattung des Industriegebietes beispielsweise, aber auch die Möglichkeit der Partizipation an nationalen Sonderkonjunkturen wirkten regionalwirtschaftlich günstig. Allerdings sind die meisten der in diesem Zusammenhang zu nennenden Punkte nicht zwanghaft mit der Einrichtung einer Übergangszeit verbunden. Das Kreditprogramm der Kreditanstalt für Wiederaufbau oder auch die Investitionshilfen hätten z.B. genauso gut auch ohne ein eigenes Sonderregime vergeben werden können. Zudem ergaben sich bereits auf der Ebene der Einzelmaßnahmen eine Reihe von Unzulänglichkeiten und Widersprüchen, die teilweise - wie z.B. in der Frage der zollfreien Importe und der französischen Währungsmaßnahmen - zu einer gegenseitigen Aufhebung von finanziell sehr umfangreichen Initiativen führten. Obwohl die Übergangszeit als politisches und ökonomisches Sonderregime also ungewöhnliche Kompetenzen und Handlungsmöglichkeiten bot, kann sie kaum als ein wirksames Instrument zur geordneten Eingliederung des Saarlandes in die Bundesrepublik bezeichnet werden.

Allerdings bedeutete der Übergang die Notwendigkeit einer weitreichenden Umformung der gegebenen Verhältnisse. Sei es die Reorganisation des Bergbaus im Saarland, die Modernisierung der Eisen- und Stahlindustrie, die Neuordnung der Sozialpolitik, die Einführung der DM oder die Schaffung neuer Arbeitsplätze - praktisch alle Bereiche öffentlichen Lebens waren einem verstärkten Anpassungs- und Veränderungsdruck ausgesetzt. Dabei traten aber Grundprobleme in den Vordergrund, die die Politik im Saarland teilweise schon seit Jahren bestimmt hatten. Diesbezüglich verstärkte sich die Tendenz, auf bestehende Konzepte zurückzugreifen. In scharfem

---

[202] IHK des Saarlandes (Hg.), Wirtschaft, S. 207.
[203] Seyler, Übergangszeit, S. 489.

Gegensatz zum grundlegenden Neuordnungsanspruch standen schon die strukturkonservativen Impulse der Übergangszeit auf Landespolitik und Wirtschaft. Bereits in den Saarverhandlungen war die Montanwirtschaft einer der wichtigsten Gegenstände saarländischer Politik. Die zu erwartenden Schwierigkeiten bei der Umstellung verstärkten diejenige Tendenz, welche die Stabilisierung des Montankerns als wichtigstes Element saarländischer Politik ansah. Zweifellos diente dann die Aufrechterhaltung des Montankerns, aber auch die weitgehende Fortsetzung, teilweise sogar weitere Intensivierung der saarländisch-französischen Wirtschaftsbeziehungen zur Stabilisierung der ökonomischen Situation im Saarland und zur Kompensation möglicher Probleme durch die Neuausrichtung auf Deutschland. Hinzu trat, daß die Umorientierung der vorhandenen Unternehmen auf den neuen nationalen Bezugsrahmen sich mit der Zeit als immer schwieriger erwies. Viele eingesessene Betriebe verfolgten so lange wie irgend möglich die Strategie, ihre bewährten Märkte und Geschäftsbeziehungen im französischen Wirtschaftsraum aufrechtzuerhalten. Im Hinblick auf die mittelfristige Weiterentwicklung kann daher festgestellt werden, daß die Übergangszeit kaum Impulse für eine fundamentale Neuorientierung der saarländischen Wirtschaftspolitik setzte; statt dessen wurden eher Elemente der Kontinuität gefördert. Auch im Hinblick auf die Übergangszeit als saarländisches Sonderregime muß daher eine negatives Urteil gesprochen werden: Zwar fanden die speziellen Probleme und Bedürfnisse der saarländischen Wirtschaft in den Diskussionen um die Übergangszeit durchaus Beachtung, besondere Erfolge bei der Entwicklung neuer Lösungsansätze konnten jedoch nicht erzielt werden.

Das vielleicht gravierendste Defizit der Übergangszeit ist somit darin zu sehen, daß keine konsistente und zielorientierte regionalpolitische Programmatik entwickelt wurde. An deren Stelle fand die Formel von der „Auflockerung der Industriestruktur" Verwendung, die sich spätestens seit dem ersten Auftreten von ökonomischen Problemen im Saarland im Jahr 1949 zum wichtigsten Grundgedanken saarländischer Wirtschaftspolitik entwickelt hatte. Nach 1955 setzte sich dieser Politikansatz fort. Fast alle auftretenden Schwierigkeiten oder geplanten Maßnahmen wurden in diesen Zusammenhang gestellt. Obwohl der dabei zugrundeliegenden Feststellung, daß die Wirtschaft im Saarland einseitig strukturiert war, durchaus zuzustimmen ist, stellt sich die Frage, ob Maßnahmen der „Auflockerung" tatsächlich geeignet waren, alle Schwierigkeiten ausreichend zu verstehen - und sie zu überwinden. Vielmehr erscheinen die regionalwirtschaftlichen Probleme der Übergangszeit zum größten Teil aus heutiger Sicht als Symptom des Auslaufens der Phase extensiven Wachstums.[204] Nachdem über Jahre hinweg das Wachstum durch eine steigende Ausnutzung der regionalen Produktionsfaktoren ermöglicht wurde, war nach deren vollständigen

---

[204] Zum Begriff vgl. Dietmar Petzina, Eine Industrieregion im Wandel. Siegerland, Wittgenstein und Südsauerland, Siegen 1995, S. 55ff.

Nutzung kein weiteres Wachstum mehr möglich. Die erklärt auch das Abkoppeln des Landes von der Entwicklung in den beiden Nachbarstaaten.[205]
Dieser Aufgabe gegenüber erwies sich der spezielle politische Stil, der die Übergangszeit kennzeichnete, als wenig angemessen, und die Landespolitik zeigte sich weitgehend überfordert. Die politische Vorgehensweise war nämlich davon geprägt, aus Anlaß konkreter Krisenphänomene - die meistens auf politische Maßnahmen auf nationaler Ebene zurückzuführen waren - umfangreiche Kompensationsprogramme mit weitreichenden strukturpolitischen Maßnahmen zu entwickeln und deren Verwirklichung einzufordern. Dieser Stil war bereits in der saarländischen Politik im Rahmen der Verhandlung der Luxemburger Verträge angelegt, griff vor allem im Umfeld der Kompensationsforderungen hinsichtlich des Moselkanals und erreichte seinen Höhepunkt bei den französischen Währungsmaßnahmen ab 1957. Dieser Politikstil war zunächst durchaus erfolgreich, wenn - wie z.B. bei der Verkehrspolitik, aber auch im Zusammenhang mit absatzfördernden Maßnahmen zugunsten der Saarwirtschaft - eine Reihe von positiven Einzelmaßnahmen durchgesetzt werden konnte. Seine Leistungsfähigkeit beruhte auf einer engen Abstimmung der Durchsetzung von Forderungen auf politischer Ebene mit der Erarbeitung solcher Wünsche durch die regional bedeutsamen Experten- und Interessengremien wie z.B. der IHK des Saarlandes. Allerdings erforderte diese Vorgehensweise einen relativ hohen politischen Aufwand und Koordinierungsbedarf, da stets „ad hoc" geeignete Programme und Maßnahmenkataloge erarbeitet werden mußten. Darüber hinaus begünstigte dieser Politikstil eine Perspektive auf den Handlungsspielraum und auf die Möglichkeiten von Regionalpolitik, nach der es nur sinnvoll erschien, diejenigen Forderungen zu erheben, die auch ad hoc eine Chance auf Umsetzung besaßen. Insbesondere die in ihrer regionalpolitischen Bedeutung umstrittene Forderung nach dem Bau eines Saar-Pfalz-Kanals schied dadurch von vornherein als Programmelement regionaler Wirtschaftspolitik und regionaler Interessenvertretung aus, da ein so umfangreiches und kostenintensives Projekt kaum mit aktuellen Fehlentwicklungen überzeugend zu begründen war. Fraglich ist weiterhin, inwieweit dieser Stil dazu geeignet war, strukturelle Fehlentwicklungen zu erkennen und hierfür Lösungen zu erarbeiten. Jedenfalls scheiterten die Versuche, diesen politischen Stil in der Stagnationskrise zu reaktivieren am Widerstand aus Bonn. Den strukturellen Defiziten der saarländischen Wirtschaft standen somit ihrer Bedeutung nach durchaus vergleichbare Defizite der Übergangszeit als saarländisches Sonderregime und der in den Jahren nach 1955 praktizierten Politik gegenüber.

---

[205] Zur qualitativen Veränderung des Wirtschaftswachstums vgl. Werner Plumpe, „Wir sind wieder wer!" Konzept und Praxis der Sozialen Marktwirtschaft in der Rekonstruktionsphase der westdeutschen Wirtschaft nach dem Zweiten Weltkrieg, in: Marie-Luise Recker, Burkhard Jellonnek u. Bernd Rauls (Hgg.), Bilanz: 50 Jahre Bundesrepublik Deutschland, St. Ingbert 2001 (= Geschichte, Politik und Gesellschaft. Schriftenreihe der Stiftung Demokratie Saarland 5), S. 237-278, hier: 240ff.

3 Die Lösung der Saarfrage in Saarbrücken

3.1 Von der Unmöglichkeit, miteinander zu sprechen, zur Unmöglichkeit, einander zu widersprechen

3.1.1 Der schwierige Anfang parlamentarischer Kooperation

Obwohl das Ergebnis des Referendums vom 23. Oktober 1955 tiefgehende Veränderungen in völkerrechtlicher und ökonomischer Hinsicht auslöste, blieb die parlamentarische Grundstruktur des politischen Systems[1] im Saarland erhalten.[2] Die aufgrund des Abstimmsergebnisses für den 18. Dezember 1955 angesetzten Wahlen zum saarländischen Landtag veränderten allerdings die Zusammensetzung der Volksvertretung. Kennzeichnend für die Phase der Teilautonomie war, daß eine parlamentarische Opposition hinsichtlich der nationalen Zugehörigkeit des Saarlandes praktisch nicht existierte. Im nach dem Abstimmungskampf neugewählten Landtag waren jedoch die ehemaligen „Ja-Sager" in nennenswertem Umfang vertreten. Die Bewältigung der daraus resultierenden Konflikte war ein Teil der Eingliederungsaufgabe. Daher soll im folgenden die Frage nach der Verarbeitung vergangener Konfrontationen als ein Leitgedanke verwendet werden. In diesem Zusammenhang kommt den Parteien und ihren Fraktionen im saarländischen Landtag eine besondere Funktion

---

[1] Die allgemeine Frage, ob für das Saarland in dieser Phase überhaupt von einem politischen System gesprochen werden kann, soll hier fürs erste ausgeblendet werden. Einen Überblick bieten Karl-Rudolf Korte, Das politische System der Bundesrepublik Deutschland, in: Manfred Mols, Hans J. Lauth u. Christian Wagner (Hgg.), Politikwissenschaft. Eine Einführung, 3. Aufl. Paderborn 2001, S. 67-98. Der Forschungsstand zu dieser Frage ist als recht disparat zu bezeichnen. Beispielsweise geht Schissler, Hessen, wie selbstverständlich davon aus, daß dem Bundesland eine eigene Systemqualität zuzuschreiben sei, während Rüdiger Voigt, Der kooperative Staat. Auf der Suche nach einem neuen Steuerungsmodus, in: ders. (Hg.), Der kooperative Staat. Krisenbewältigung durch Verhandlung?, Baden-Baden 1995, S. 33-92, diese eher als von der nationalen Ebene abgeleitet als „kooperatives Interaktionssystem" versteht. Gerade dieser Aspekt hatte in den 70er Jahren zu einer grundlegenden Kritik des föderalen Verfassungs - und damit der Systemqualität der Länder - geführt, mit der besonders Fritz Wilhelm Scharpf, Bernd Reissert u. Fritz Schnabel, Politikverflechtung. Theorie und Empirie des kooperativen Föderalismus in der Bundesrepublik, Kronberg 1976, große Aufmerksamkeit erlangten. Mit der Gegenüberstellung von Zentralisierungs- und Dezentralisierungstendenzen als Grundlinien des föderalen „interorganisatorischen Systems" konnte Arthur Benz, Föderalismus als dynamisches System. Zentralisierung und Dezentralisierung im föderativen Staat, Opladen 1985, diese Kritik aus Sicht der Institutionensoziologie zu einem Forschungsprogramm umformen. Der Tauglichkeit solcher Forschungsvorhaben widerspricht aber Mohr, Landesgeschichtsschreibung, S. 222, bereits dem Prinzip nach: „Gerechterweise sei jedoch festgehalten, daß Bereiche wie die Wirtschafts- oder die Umweltpolitik eigentlich nur aus dem Blickwinkel des Bundes beleuchtet werden können, es also eine Farce wäre, die Fiktion einer autonomen politischen Verantwortlichkeit der Länder aufrechtzuerhalten." Auf die damit angesprochene methodische Komponente dieser Diskussion wird an anderer Stelle dieser Arbeit noch zurückzukommen sein.

[2] Eine wichtige Voraussetzung hierfür war, daß die saarländische Verfassung bereits von Anfang an in den wichtigsten Elementen den Prinzipien föderaler Länderverfassungen entsprach, vgl. Rainer Hudemann, 50 Jahre Landtag - 40 Jahre Bundesland - Notizen zur Saarländischen Identität, in: Protokoll der Sondersitzung des saarländischen Landtages aus Anlaß seines 50jährigen Bestehens, Saarbrücken 1997, S. 21-36, hier: S. 21-32; Adolf M. Birke, Die Bundesrepublik Deutschland. Verfassung, Parlament und Parteien, München 1997 (= Enzyklopädie Deutscher Geschichte 41), S. 4. Einen Überblick über die zeitgenössische Diskussion zur Verfassung bietet Hans Ernst Folz, Bibliographie zum Recht des Saarlandes seit 1945, in: Annales Universitatis Saraviensis VI (1959), S. 39-79.

zu.³ Über die üblichen Funktionen regionaler Parteiverbände hinaus⁴ hatte sich in den letzten Monaten vor dem Abstimmungskampf die innersaarländische Diskussion über die nationale Zukunft des Saarlandes immer stärker auf den Konflikt zwischen Parteien konzentriert.⁵ Dabei verlief die Frontstellung quer zu den ideologischen und programmatischen Trennlinien im deutschen - und auch früheren saarländischen - Parteiensystem. Dies öffnet den Blick auf die politische Bewältigung der Eingliederungsaufgabe gegenüber seiner Fixierung auf das Handeln zahlenmäßig kleiner (Partei- und Parlaments-)Eliten: Insofern sich die Parteien mit ihrer Politik in der Übergangszeit mehrfach dem Votum der Wähler stellen mußten und das Ergebnis dieser Wahlen eine wichtige Vorbedingung von Regierungsbildung war, kann eine Untersuchung der Ergebnisse dieser Wahlen weitergehenden Aufschluß über die Eingliederung als politischen Prozeß bieten.

Schließlich soll im folgenden die öffentliche Haushaltswirtschaft im Saarland untersucht werden. Dies nicht nur, weil die Budgets „in Zahlen gegossenes Regierungsprogramm" und somit zentraler Gegenstand parlamentarischer Kontrolle sind; auch der stark von finanzwirksamen Entscheidungen geprägte Überleitungsvorgang in die Bundesrepublik läßt sich anhand der Etatentwicklung deutlicher nachzeichnen. Zudem reicht die Aussagekraft der Haushaltsentwicklung trotz der dem Haushaltsrecht innewohnenden Annuität weit über den jeweiligen Berichtszeitraum hinaus. Ähnlich wie strukturpolitische Entscheidungen wirkten auch haushaltspolitische - z.B. durch eintretende Verschuldung - weit in die Zukunft. Da es kaum eine bedeutendere Umschichtung öffentlicher Haushalte als die Anpassung an eine völlig neue Währungs-, Einnahmen- und Ausgabensystematik und -verteilung geben kann, stellt sich die Frage nach den mittelfristigen Folgen der in der Übergangszeit getroffenen Entscheidungen.

Die Wiederaufnahme der parlamentarischen Arbeit erfolgte Anfang 1956 in einer außerordentlich komplizierten politischen Situation. Zweifellos ist die These von den

---

³ Ausgewertet wurden hierzu die stenographischen Berichte der Parlamentssitzungen sowie die dazu als Drucksachen veröffentlichten Materialien - Anträge, Gesetze etc. Darin spiegelt sich „wie in kaum einer anderen zeitgenössischen Quelle ... Klima und Inhalt der jeweiligen öffentlichen Debatte wider", Matthias Peter u. Hans-Jürgen Schröder, Einführung in das Studium der Zeitgeschichte, Paderborn 1994, S. 228. Den Autoren Peter und Schröder ist dahingehend zuzustimmen, daß diese Quellengattung „erstaunlicherweise ... in der empirischen Forschung immer wieder stark unterschätzt [wird], obwohl ihr Quellenwert für alle Fragen der deutschen Innen- und Außenpolitik außerordentlich hoch zu veranschlagen ist", ebd., S. 228.

⁴ Everhard Holtmann, Funktionen regionaler Parteien und Parteiensysteme - Überlegungen für ein analytisches Konzept, in: Benz u. Holtmann (Hgg.), Gestaltung, S. 65-76, hier: S. 72.

⁵ In der Phase der Teilautonomie verfolgte die Regierung des Saarlandes die Strategie, die Institutionalisierung der in dieser grundsätzlichen Frage gegen ihre Politik ausgerichteten Bestrebungen zu verhindern. Ein wichtiges Instrument hierzu war das Verbot der DPS, die sich ab 1949/50 schrittweise zur Plattform dieser oppositionellen Kräfte entwickelt hatte, aber auch die Nicht-Zulassung von CDU und SPD vor den Landtagswahlen 1952. Vgl. Marcus Hahn, Die DPS - Liberaler Neuanfang im deutsch-französischen Spannungsfeld, in: Hudemann, Jellonnek u. Rauls (Hgg.), Grenz-Fall, S. 199-224. Dieser Strategie ist in kurzfristiger und in innersaarländischer Perspektive durchaus machtsichernde und deeskalierende Funktion zuzuweisen.

„unversöhnlichen Fronten der Ja- und Nein-Sager"[6] eines der grundlegenden Erklärungsmuster für die Entwicklung der Parteien und politischen Strömungen im Saarland zwischen dem „frühen Scheitern" der französischen Saarpolitik bzw. dem Entstehen einer prodeutschen Opposition Ende der 40er Jahre und dem Abstimmungskampf Mitte 1955. Das überraschend schnelle Abklingen der Auseinandersetzung nach dem 23. Oktober 1955 wurde dagegen nur selten konstatiert.[7] In jüngster Zeit wird jedoch deutlich, daß schon sehr früh nach der Volksabstimmung eine Reihe von Ansätzen zur Kooperation, möglicherweise gar zur Zusammenführung der ehemals durch die Referendumsfrage getrennten politischen Parteien begann.[8] Auch bei den Christdemokraten war an diesen Bemühungen durchweg auch das spätere Führungspersonal beteiligt; zu nennen sind beispielsweise Egon Reinert und Franz Josef Röder, aber auch Rolf Best (der spätere Chef der Staatskanzlei) und Wilhelm Kratz (der spätere Landtagspräsident). Ausgleichende Wirkung ist dabei auf jeden Fall dem Übergangskabinett nach dem Rücktritt der Regierung Johannes Hoffmanns zuzusprechen. Dieses führte zwar die Parteien nicht zu gemeinsamer Regierungstätigkeit zusammen, mit Heinrich Welsch übernahm aber eine von allen Seiten anerkannte Persönlichkeit die Regierungsgeschäfte, die auch vor konfliktbehafteten Personalentscheidungen[9] nicht zurückzuschrecken brauchte. Dies entspannte das politische Klima an der Saar deutlich.

---

[6] Jürgen Hannig, Separatisten - Nationalisten? Zum Abstimmungskampf 1955, in: Rainer Hudemann u. Raymond Poidevin unter Mitarbeit v. Annette Maas (Hgg.), Die Saar 1945-1955. Ein Problem der europäischen Geschichte, München 1992, S. 381-396, hier: S. 382. Diese These wird in der älteren Literatur nicht nur als Erklärung für die Härte des Abstimmungskampfes, sondern auch für die Schwierigkeiten bei den Vereinigungsbemühungen zwischen den Parteien verwendet, vgl. Gerhard Bauer, Hundert Jahre christliche Politik an der Saar. Vom Zentrum zur CDU, Saarbrücken 1981; Markus Gestier, Die christlichen Parteien an der Saar und ihr Verhältnis zum deutschen Nationalstaat in den Abstimmungskämpfen 1935 und 1955, St. Ingbert 1991; zu den - trotz der schnell erfolgten Vereinigung - gravierenden innerparteilichen Problemen bei den Sozialdemokraten: Jean-Paul Cahn, Von der sozialistischen Einheit zum Bruch der Heimatbundregierung. Sozialdemokratie an der Saar und ihr Verhältnis zum Parteivorstand der SPD von der Volksabstimmung bis zum Ende der Heimatbundregierung (1955-1957), in: Jahrbuch für westdeutsche Landesgeschichte 25 (1999), S. 603-624.

[7] „Der Spuk war mit dem Abstimmungstag vorbei." Hannig, Separatisten, S. 383. Möglicherweise zeigt sich hier ein bereits von Winfried Becker formuliertes Problem in Teilen der Forschung, daß nämlich die „Konzentration auf den deutsch-französischen Gegensatz bei der Schilderung des Saarproblems wesentliche Aspekte des innenpolitischen Lebens an der Saar während des ersten Nachkriegsjahrzehnts ausblendet"; Winfried Becker, Johannes Hoffmann und die frühe Programmatik der CVP. Zum Beginn christlicher Parteibildung im Saarland nach 1945, in: Revue d'Allemagne 18 (1986), S. 25-45, hier: S. 44.

[8] Auf Seiten der Christdemokraten begannen die ersten Treffen bereits zwei Tage nach der Volksabstimmung, vgl. Markus Gestier u. Armin Herrmann, Die Christliche Einigung an der Saar. CVP und CDU 1955-1959, in: Zeitschrift für die Geschichte der Saargegend 48 (2000), S. 276-307, hier: S. 281. Ähnlich bereits Jean-Paul Cahn, Die christlichen Parteien bei der Auflösung des saarländischen Heimatbundes 1956, in: Jahrbuch für westdeutsche Landesgeschichte 11 (1985), S. 299-321, hier: S. 303.

[9] Bereits erwähnt wurde die Entlassung des bisherigen Generaldirektors beim Saarländischen Rundfunk, Hermann Görgen, siehe: LASB StK 1712, Kabinettsprotokoll v. 31.10.55. Ein heftiger Schlagabtausch zu dieser Frage fand im saarländischen Landtag im Januar 1956 statt, als gegen die Stimmen der CVP ein Untersuchungsausschuß eingesetzt wurde, der die Amtsführung von Hermann Görgen überprüfen sollte, vgl. LTDS, 3. WP, Abt. I, 3. Sitzung v. 17.1.56, S. 60ff.

Stimmenverteilung bei der Landtagswahl 1955

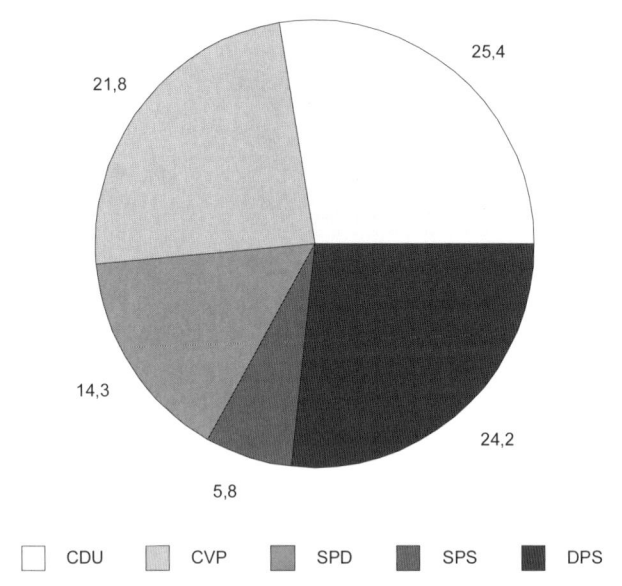

25,4
21,8
14,3
24,2
5,8

☐ CDU ▨ CVP ▨ SPD ▨ SPS ■ DPS

Angaben in Prozent der gültigen Stimmen. Lesebeispiel: Die sozialdemokratischen Parteien erreichten mit zusammen nur knapp über 20% nicht das Ergebnis der CVP. Quelle: Stat. Amt d. Saarl. (Hg.), Die Wahlen im Saarland am 4. Dezember 1960, Saarbrücken 1961 (= SiZ, Sonderh. 17).

Möglicherweise erklärt diese Konstellation auch die Entspannung der Lage im Vorfeld der Landtagswahlen 1955. Nach dem heftigen Aufeinandertreffen im Abstimmungskampf verlief der Wahlkampf in überraschender Ruhe.[10] Allerdings zeigt die Übereinkunft zwischen den Parteien, in der Wahlauseinandersetzung auf bestimmte Verunglimpfungen des politischen Gegners zu verzichten,[11] wie belastet der Umgang miteinander noch war.[12] Zudem war von einer scharfen Abgrenzung der Positionen eine mobilisierende Wirkung zu erwarten, während eine auf Kooperation und Ausgleich angelegte Strategie allenfalls die eigene Position zu schwächen drohte, kaum aber nennenswerte Vorteile zu bringen versprach. Den politischen Kosten einer

---

[10] Vgl. u.a. Craddock, Saar-Problem, S. 465, Cahn, Second retour, S. 30.

[11] Schmidt bezeichnete diese Episode als „Separatismus-Streit", zu den Details siehe: Robert H. Schmidt, Saarpolitik, Bd. 3 S. 382ff. Bei der Interpretation dieser Vorgänge ist der Hinweis von Cahn, Quatrième République, S. 36, hilfreich, der die zunehmende Ausrichtung der Argumentation der deutschen Sozialdemokraten auf eine scharfe Polemik gegen die führenden Vertreter auf deren eigene Unsicherheit im Umgang mit der Saarfrage, besonders seit dem Bekanntwerden des Naters-Plans, zurückführt.

[12] Zu Symbolik und Methoden der Auseinandersetzung siehe: Jürgen Hannig, Grenzen der Politik. Saarfrage und Abstimmungskampf 1955, in: Stadtverband Saarbrücken, Regionalgeschichtliches Museum (Hg.), Tag X, S. 351-376, hier: S. 367ff. Zum Referendum als „ungeheuerlicher Vorgang": Otto Klinkhammer, „Nein" war positiv, „Ja" war negativ. Die Abstimmung über das Saar-Statut 1955, in: Klaus-Michael Mallmann, Gerhard Paul, Ralph Schock u. Reinhard Klimmt (Hgg.), Richtig daheim waren wir nie. Entdeckungsreisen ins Saarrevier 1815-1955, Bonn 1987, S. 258-263.

frühen Kooperation - das hatte das Scheitern der ersten Annäherungsversuche der christlichen und sozialdemokratischen Parteien gezeigt - standen keine angemessenen politischen Vorteile gegenüber.[13]

Das Parlament als - neuer - Ort der politischen Auseinandersetzung zwischen den Kontrahenten wies jedoch gewisse Eigenschaften auf, die den Umgang mit dieser schwierigen Situation entscheidend prägten. Rein machtbehauptende oder auf Verdrängung der Meinung des politischen Gegners angelegte Strategien - wie sie z.B. noch die Konfliktführung im Abstimmungskampf bestimmt hatten - waren hier von vornherein ohne Chance, weil allen Kräften prinzipiell das gleiche Recht zukam, ihre Ansichten zu äußern. Ein deutliches Indiz für die relativ gemäßigte Vorgehensweise der Kontrahenten aus dem Abstimmungskampf war der weitgehende Verzicht auf das Mittel der Geschäftsordnungsdebatte im ersten Halbjahr 1956. Trotz der teilweise leidenschaftlich geführten Sachdebatten sahen sich nur die Vertreter der Kommunistischen Partei mit derartigen Vorstößen - hier dann übrigens aller Fraktionen - zur Aushebelung ihrer Initiativen konfrontiert.[14] Eine wirkliche Diskussionsverweigerung kam in den ersten Monaten der Parlamentsarbeit nur in einer Sitzung während des Kommunalwahlkampfes 1956 vor, und zwar durch die CVP.[15] Wahrscheinlich hing der Parlamentsauszug der Fraktion aber eher mit dem in der gleichen Sitzung festgestellten Ergebnis des Wahlprüfungsausschusses zusammen, nach dem die CVP ein Mandat an die DPS abgeben mußte.[16] Ansonsten waren dezidierte Äußerungen des früheren Gegners offenbar sogar erwünscht, weil sie Gelegenheit boten, die eigene Position abzugrenzen. Dies wurde bereits in der ersten Parlamentssitzung deutlich, in

---

[13] Dies galt insbesondere für CDU und CVP. Bei den Sozialdemokraten war die Situation insofern anders, als sie - aus der Minderheitensituation operierend - befürchteten, von einer schnell vereinigten Christdemokratie unversehens majorisiert zu werden. Dieser Gedankengang hat - obwohl er sich im Nachhinein als Fehlspekulation erwies - maßgeblich zur Beschleunigung der Auflösung der SPS geführt, vgl. Cahn, Sozialistische Einheit, S. 611.

[14] Beispielsweise wurde noch ein Antrag der KP, die Präambel der Verfassung außer Kraft zu setzen, durch geschickte Auslegung der Geschäftsordnung von der Tagesordnung genommen, nachdem alle Parteien ein derartiges Vorgehen als „zu früh" bezeichnet hatten. vgl. LTDS, 3. WP, Abt. I, 3. Sitzung v. 17.1.56, S. 79. Auf ähnliche Weise scheiterte auch ihr Antrag zur Außerkraftsetzung des Flaggengesetzes eine Woche später; Kurt Conrad (SPD) bezeichnete dabei diesen Antrag als „Propagandaantrag", LTDS, 3. WP, Abt. I, 4. Sitzung v. 24.1.56, S. 93.

[15] Dabei zog die CVP-Fraktion geschlossen aus einer Sitzung aus, nachdem ihr Gesetzesvorschlag zur Änderung des Diätengesetzes - Senkung der Diäten war eine Forderung des Heimatbundes aus der Abstimmungszeit - von der CDU als Propagandaantrag bezeichnet worden war, LTDS, 3. WP, Abt. I, 14. Sitzung v. 27.4.56, S. 305.

[16] Zu den Details der Aberkennung des Mandats von Maria Schweitzer siehe Robert H. Schmidt, Saarpolitik, Bd. 3 S. 388. Einen frühen Versuch der Einordnung dieses Vorgangs in das sich vor der Kommunalwahl wieder verschärfende Klima zwischen den Parteien unternahm Craddock, Saar-Problem, S. 477. Gerhard Bauer glaubt, in der Aberkennung des Mandats noch ein gemeinsames Vorgehen des Heimatbundes gegen die CVP erkennen zu können, vgl. Bauer, CDU, S. 64f., Dagegen bewertet Cahn, Auflösung, S. 309, der auch die rechtliche Grundlage der Entscheidung des Wahlprüfungsausschusses referiert, diese Aktion als Teil der DPS-Strategie, die durch ihre heftige Polemik gegenüber der CVP eine Vereinigung der beiden C-Parteien sabotieren wollte. Wahrscheinlich ist dieser Interpretation am ehesten zuzustimmen, und zwar besonders deshalb, weil sie sich auch mit den Rückschlägen des Einigungsprozesses zwischen CDU und CVP im Frühsommer 1956 deckt, siehe: Gestier u. Herrmann, Christliche Einigung, S. 307.

der insbesondere Karl Albrecht (CDU) die CVP massiv attackierte. Nur innerhalb des Heimatbundes galt dies nicht: Die SPD-Fraktion trat betont defensiv auf, wenn sie zugunsten der schnellen Vereinigung mit Deutschland auf wichtige Elemente ihres eigentlichen Programms verzichten wollte. Auf diese Weise schlossen sich die Sozialdemokraten praktisch selber aus der Parlamentsdebatte aus, die im weiteren Verlauf so gut wie ohne ihre Beteiligung geführt wurde.[17]

Bis Mitte Juli 1956 band so der Versuch, angemessene Kooperationsformen zu finden, einen erheblichen Teil der Arbeitszeit in den Plenarsitzungen. Richtungsweisend hierfür war die Diskussion um eine Resolution zur Zukunft der Röchling-Werke Mitte Januar 1956. Die Landesregierung hatte es nicht zuletzt auf Druck aus Bonn hin übernommen, durch eine gemäßigt formulierte Resolution die Verabschiedung eines DPS-Antrags über einen Volksentscheid in dieser Frage zu verhindern.[18] In der folgenden Debatte zeigte sich die besondere Bedeutung der „Vergangenheitsbewältigung" in der Frühphase der parlamentarischen Arbeit: Die DPS erklärte sich mit der Nichtbefassung ihres Antrages einverstanden - nachdem sie ihn vorher hatte immerhin ausführlich begründen können. Die CVP wiederum versäumte nicht, darauf hinzuweisen, daß sie dem DPS-Antrag alleine schon aus verfassungsrechtlichen Gründen nicht hätte zustimmen können, daß sie aber mit dem Regierungsentwurf zufrieden sei, weil er direkt an ihre Politik vor der Volksabstimmung anknüpfe. Nach einer kurzen Attacke gegen die Saarpolitik Adenauers konnte die Resolution dann verabschiedet werden.[19] Mit der Verabschiedung dieser Resolution schrammte die saarländische Politik innen- wie außenpolitisch haarscharf an einer „Katastrophe" vorbei. Die Lösung baute inhaltlich auf dem Vertrauen der Partner im Heimatbund, formal aber auf dem steuernden Eingreifen der Regierung in die Vorgänge innerhalb des Parlamentes auf. Die gelungene Zusammenführung aller Parteien in der gemeinsamen Resolution kann als Indiz dafür gelten, daß bei den handelnden Personen die Erkenntnis reifte, auch in solch politisch hochgradig belasteten Themen eine zweckmäßige Konsenslösung herbeiführen zu können, ohne die Chance, sich eindeutig zu positionieren, aufgeben zu müssen.

Ein symbolisch wie sachpolitisch noch sehr viel bedeutsameres Ereignis stellte kurz darauf die gemeinsame Grundsatzerklärung der Landtagsfraktionen zur Eingliederung

---

[17] LTDS, 3. WP, Abt. I, 1. Sitzung v. 10.1.56, S. 27. Möglicherweise spiegeln sich hier noch Rückwirkungen aus der für die Saar-SPD besonders schwierigen Einbindung in den Heimatbund wider, vgl. hierzu Jean-Paul Cahn, CDU, FDP et SPD face à la question sarroise 1947-1956, in: Gilbert Krebs u. Gérard Schneilin (Hgg.), L'Allemagne 1945-1955. De la capitulation à la division, Asnières 1996, S. 153-176. Aus dieser Sitzung scheint der Fraktionsvorstand der SPD sehr schnell gelernt zu haben, zumindest gab die SPD bereits drei Wochen später diese zurückhaltende Linie auf.

[18] LASB AA 436, Besprechungsvermerk v. 13.1.56.

[19] LTDS, 3. WP, Abt. I, 3. Sitzung v. 17.1.56, S. 49ff. Größere Schwierigkeiten scheint diese Resolution den Vertretern der Kommunisten und der Fraktion der SPD gemacht zu haben: Der Abgeordnete Bäsel (KP) versuchte - fast möchte man sagen: verzweifelt - die Rückgabe des Werkes als Erfolg der Arbeiter gegen das Kapital darzustellen, s. ebd., S. 47. Und auch Friedrich Regitz (SPD) betonte hauptsächlich den Aspekt des Mitspracherechts der Mitarbeiter der Völklinger Hütte und weniger die Reprivatisierung dieses Werks der Grundstoffindustrie, s. ebd., S. 51.

dar. Darin formulierte das Parlament seine Interpretation des Referendums und der daraus abzuleitenden politischen und wirtschaftlichen Konsequenzen für die Eingliederung. Die Parlamentsdebatte darüber ist in den Kontext der schrittweisen Erarbeitung einer saarländischen Position für die kommenden Saarverhandlungen einzuordnen. Sie steht außerdem für den Versuch aus Bonn, möglichst eine Vertiefung der Spaltung der Parteienlandschaft an der Saar mit unkontrollierbaren Folgen - zu sehr auf Frankreich fixierte ehemalige Anhänger des europäischen Statuts, möglicherweise aber auch zu energische Vertretung saarländischer Interessen durch radikalisierte Heimatbundparteien - zu verhindern. Die Erklärung brachte zwar in der Sache wenig Neues,[20] ihre Entstehung zeigt jedoch Veränderungen in der Parlamentsarbeit und im Verhältnis der Parteien zueinander: Die Grundsatzerklärung stellte ein Konsenspapier dar, dessen Hauptteil in vor allem durch Vorstellungen der CVP wesentlich modifizierter Form verabschiedet wurde. Hatte noch bei der Resolution zur Röchling-Frage die Regierung sozusagen „von oben" in die Parlamentsdebatte eingreifen können und müssen, gelangten die Fraktionen des Landtags nun über eine nicht ausschließlich konfrontativ geführte Debatte zu einer gemeinsamen Linie.

Trotz des am Ende gefundenen Kompromisses herrschte aber im Debattenverlauf zunächst kein Mangel an Schärfe. Die SPD griff die Fraktion der CVP in aller Härte an,[21] und auch die CVP sparte nicht mit deutlichen Repliken.[22] Insbesondere aber die DPS-Fraktion, die den Großteil der streng rückwärtsgewandten Diskussion bestritt,[23] aber auch einzelne Vertreter der anderen Parteien stellten sich durch ihre Polemik fast so sehr ins Abseits wie die Fraktion der Kommunisten mit ihrem eigenständig vor-

---

[20] Vor allem setzte sie kaum Impulse hinsichtlich der politischen Schwierigkeiten der Landesregierung gegenüber ihren internationalen Partnern. Der Text der Erklärung wurde mehrfach publiziert, z.B. bei Robert H. Schmidt, Saarpolitik, Bd. 3 S. 757f.

[21] Friedrich Regitz (SPD) wiederholte den Vorwurf, daß die CVP sich „immer noch mehr an der Haltung des offiziellen Paris als an der Haltung der deutschen Regierung in Bonn orientiere" und damit letztlich eine Position stärke, die am Ende doch noch „aus dem Saargebiet [sic!] ... etwa ein europäisches Tanger" mache. LTDS, 3. WP, Abt. I, 6. Sitzung v. 31.1.56, S. 111ff.

[22] Insbesondere der Hinweis, daß die CVP sich eindeutig zu dem Ergebnis der Volksabstimmung bekannt habe, entwickelte sich als wichtigste Formel zur Verteidigung gegen den impliziten Vorwurf des Vaterlandsverrates, siehe insb. den Redebeitrag von Franz Schneider, LTDS, 3. WP, Abt. I, 6. Sitzung v. 31.1.56, S. 117. Von weitergehender Bedeutung ist, daß Schneider mit seiner Rede den hinter den Angriffen steckenden Vorwurf, das Bekenntnis der CVP zum Ergebnis der Volksabstimmung sei möglicherweise nicht glaubwürdig, zu parieren suchte.

[23] Besonders Heinrich Schneider (DPS) versuchte, eine erneute Generalabrechnung mit der Regierungszeit Johannes Hoffmanns zu inszenieren, die nicht nur völlig gescheitert sei, sondern deren einseitige Anbindung an Frankreich noch bis in die Gegenwart reiche, insofern die Vorlage der CVP eine Rückübersetzung aus dem Französischen sei, LTDS, 3. WP, Abt. I, 6. Sitzung v. 31.1.56, S. 121ff. Diese recht weitgehenden Angriffe konterte die CVP mit dem Hinweis auf die problematische, schier auswegslose Situation nach der Kapitulation Deutschlands, ein Diskussionsverlauf, der von Manfred Schäfer (CDU) treffsicher als formelhaft charakterisiert wurde: „Es ist offenbar Übung geworden, wenn von den Parteien der Regierungskoalition von der Vergangenheit der CVP gesprochen wird, daß diese ihrerseits noch einen Schritt zurückgeht und sagt: Ja, wenn die Nazis nicht gewesen wären, dann säßen wir nicht hier.", ebd., S. 137.

gelegten Textentwurf.[24] Der konfrontative Teil der Debatte stand auch praktisch unverbunden neben der schließlich erfolgten Einigung. Nach Ende der inhaltlichen Debatte wurde die Sitzung nämlich für ca. drei Stunden unterbrochen, um das Konsenspapier zu redigieren. Zwar hing somit die Integration der CVP in die kooperative Arbeitsweise des Parlamentes hauptsächlich davon ab, inwieweit sie glaubwürdig darstellen konnte, sich auf dem Boden des neuen demokratischen Konsens' aus dem Referendum zu bewegen. Mit der Verabschiedung der Grundsatzerklärung hatte sich aber die Kooperation allgemein als sinnvolle und erfolgreiche Möglichkeit zur Ausgestaltung der Arbeit im Parlament erwiesen. Darüber hinaus deutete sich an, daß die Möglichkeit einer programmatisch begründeten Kritik am Vorgehen der Landesregierung in den Verhandlungen über den Saarvertrag im Parlament praktisch nicht plazierbar war. Die Regierungspolitik im engeren Sinne stand angesichts der Dominanz der Grundsatzfragen eigentlich überhaupt nicht zur Diskussion. Die Fragmentierung der Parteienlandschaft entlang der herkömmlichen ideologischen Grenzen wurde also nicht von der Frage des „nationalen Bekenntnisses" überlagert, vielmehr lösten beide Konfliktlinien gemeinsam im Parlament einen erhöhten Konsensdruck aus, der selbst eine konstruktive Opposition in Sachfragen weitgehend erschwerte.

Praktisch wie eine Art Zusammenfassung der bisherigen Feststellungen wirkt in der Retrospektive die Behandlung der Frage nach den Symbolen des teilautonomen Saarlandes.[25] Noch im Januar 1956 hatten die Vertreter der Kommunistischen Partei eine Gesetzesinitiative zur Frage von Wappen, Dienstsiegel und Flagge des Saarlandes gestartet. Die Heimatbundparteien hatten damals alle Mühe, die Behandlung dieser Anträge zu verhindern. Bereits zwei Wochen später legten sie dann einen eigenen Gesetzesantrag vor. Wie groß der Druck durch den kommunistischen Vorschlag dabei war, zeigte sich auch daran, daß bei der ersten Lesung eine Stellungnahme von Seiten der Kommunisten per Geschäftsordnung verhindert wurde.[26] Nach einer Pause in der parlamentarischen Beratung, die sicherlich in der Rücksichtnahme auf die internationalen Verhandlungen begründet war, erfolgte die Verabschiedung

---

[24] Dieser wurde übrigens mit den Stimmen aller anderen Fraktionen niedergestimmt, ebd., S. 150.

[25] Zur - teilweise tragikomischen - Vorgeschichte der saarländischen Staatssymbole siehe: Heinen, Saarjahre, S. 238ff. Differenzierte methodische Überlegungen zur Symbolgeschichte finden sich bei: Armin Heinen, Marianne und Michels illegitimes Kind. Das Saarland 1945-1955 in der Karikatur, in: Hudemann, Jellonnek u. Rauls (Hgg.), Grenz-Fall, S. 45-62.

[26] LTDS, 3. WP, Abt. I, 7. Sitzung v. 7.2.56, S. 156. Brosig, Verfassung, S. 213f., interpretiert die Verfassungsrevision der Übergangszeit - insbesondere der faktischen, später auch expliziten Außerkraftsetzung der früheren Präambel - als Ablösung der früheren „Protektoratsverfassung". Die damit ausgedrückte Bewertung ist allein schon insofern wenig überzeugend, als Brosig selber betont, daß bei der Revision der Verfassung fast ausschließlich diejenigen Punkte neu geordnet wurden, die sich auf die internationalen Abkommen mit Frankreich bezogen, während der demokratische Kern des Verfassungswerks von 1947 bis auf die bereits zeitgenössisch umstrittene Verfassungskommission unberührt blieb, siehe ebd., S. 221-225. Weiterhin dient die hier gewählte Begrifflichkeit nicht dazu, die Unterschiede in der Bewertung der Phase des teilautonomen Saarlandes zwischen den neuen Erkenntnissen der jüngeren Saarforschung und den teilweise noch stark vom Abstimmungskampf geprägten älteren Arbeiten klarzumachen.

dann Anfang Juli 1957 - gegen die Stimmen der DPS.[27] Nachdem also erst einmal die Kommunisten ausgeschaltet waren, war die Debatte symbolisch hochgradig belasteter Fragen, ja sogar Abstimmungen mit wechselnden Mehrheiten mittlerweile möglich geworden. Daß diese Entwicklung von den Beteiligten sehr aufmerksam verfolgt wurde, verdeutlichte eine Äußerung von Werner Scherer (CVP), der darauf hinwies, daß eine Verschiebung des Inkrafttretens der Flaggenregelung durchaus akzeptabel sei, da die politische Eingliederung zum 1. Januar 1957 wohl nur noch dann in Frage stehe, wenn der Landtag selber die Beitrittserklärung ablehnen würde.[28]

3.1.2 Eingliederungsgesetz und Beitrittserklärung: Die Heimatbund-Koalition zerbricht

Nach der parlamentarischen Sommerpause des Jahres 1956 änderte sich der Stil der parlamentarischen Debatten erneut.[29] Angesichts der sich abzeichnenden Einigung bei den Luxemburger Verhandlungen suchte die DPS zunehmend den Konflikt mit ihren Koalitionspartnern, zunächst auf Basis einer Liste von positiven und negativen Verhandlungsergebnissen, die im Ausschuß für Europäische Angelegenheiten - also unter Ausschluß der Öffentlichkeit - diskutiert worden war.[30] Daraufhin entwickelte sich eine ungewöhnlich scharfe und lange Geschäftsordnungsdebatte, in deren Verlauf die Fraktionen von CDU, CVP und SPD gemeinsam den Tagesordnungspunkt absetzten. Im folgenden Teil der Sitzung gelang es zwar der DPS bei der Verabschiedung des Rundfunkgesetzes noch einmal, die CVP hart mit ihrer Vergangenheit zu attackieren, auch hier setzte sich am Ende jedoch ein Kompromiß durch, der einen Ausschluß der CVP von der Mitarbeit im Rundfunkrat verhinderte.[31] Wirklich politisch isoliert wurde während dieser Sitzung daher alleine die DPS. Der vollständige Eklat trat jedoch erst drei Wochen später bei der Ratifizierung des Eingliederungsgesetzes und der Beitrittserklärung des saarländischen Landtags ein. Die Zeichen standen dabei schon deutlich vor der Sitzung „auf Sturm",[32] in der

---

[27] Praktisch in letzter Sekunde war noch ein Änderungsantrag eingebracht worden, der mit Rücksicht auf die Interessen Frankreichs das Inkrafttreten der Gesetze auf den 1. Januar 1957 verlegte. Dies fand keine Zustimmung bei der DPS, LTDS, 3. WP, Abt. I, 18. Sitzung v. 9.7.56, S. 419ff.

[28] Ebd., S. 424.

[29] Reibungspunkte innerhalb der Koalition hatte es vorher bereits gegeben, wie sich an der Debatte über die Besetzung des Universitätsrates zeigte, bei der die DPS sich übergangen fühlte. Heinrich Schneider kritisierte das Vorgehen der Koalitionspartner: „Man kann nicht eine Regierungskoalition bilden, man kann nicht das Verhältnis 14:13:7 haben und sich zugleich über 13 oder 7 Mitglieder dieser Koalition einfach hinwegsetzen und sie so behandeln, als wären sie nicht da." LTDS, 3. WP, Abt. I, 19. Sitzung v. 10.7.56, S. 522.

[30] Die Liste war bereits im September von der Staatskanzlei in Auftrag gegeben worden und sollte kurz darauf dem Landtag vorgelegt werden, vgl. LASB AA 436, Kirsch, Chef der Staatskanzlei, an Regierungsmitglieder v. 5.9.56. Auf diese Diskussion spielt die Debatte im Plenum an, LTDS, 3. WP, Abt. I, 22. Sitzung v. 27.11.56, S. 568.

[31] LTDS, 3. WP, Abt. I, 22. Sitzung v. 27.11.56, S. 579.

[32] Anfang November hatte Heinrich Schneider beim Amt für Europäische und Auswärtige Angelegenheiten angefragt, ob er den Schriftwechsel zwischen Johannes Hoffmann und der französischen Regierung über das Abkommen zum Europäischen Statut erhalten könne. Eine Veröffentlichung dieses Schrift-

Debatte sah allerdings zunächst vieles nach einem ruhigen Sitzungsverlauf aus: Nach erschöpfenden Reden von Regierungsmitgliedern zu Inhalt und Bedeutung der Vereinbarungen beschränkte Wilhelm Kratz (CDU) seine Bewertung des Ergebnisses im wesentlichen darauf, „daß der Saarvertrag gegenüber dem Saarstatut aus dem Jahre 1954 einen wesentlichen Fortschritt bedeutet".[33] Zum Eklat kam es, als Heinrich Schneider die Verhandlungsführung, die Strategie der Saar-Regierung und vor allem eine Reihe von Verhandlungsergebnissen angriff. Die entscheidende Wendung erhielt diese Kritik dadurch, daß Heinrich Schneider den seiner Meinung nach unbegründeten Eingliederungsoptimismus der Landesregierung einer Überprüfung unterzog. Im Gegensatz zur Landesregierung vertraute er nicht darauf, daß die noch offenen Fragen sich nach der Verabschiedung des Eingliederungsgesetzes würden lösen lassen, und er bezweifelte auch, daß die bislang vereinbarten Regelungen ohne weiteres die erwünschte positive Entwicklung im Saarland würden auslösen können.[34] Interessanter vielleicht noch als die Kritik Schneiders ist jedoch die Reaktion der CVP. Die Zustimmung zur Beitrittserklärung, so die Abgeordnete Irmgard Fuest, sei für die Parlamentarier nach dem 23. Oktober 1955 geradezu eine Pflicht; weitergehende Forderungen zu stellen sei jetzt nicht mehr möglich, da das Saarland kein autonomer Staat und daher auch kein Verhandlungspartner mehr sei. Diese Möglichkeit habe allenfalls vor dem Referendum bestanden.[35] Gerade weil diese Argumentation unter verfassungsrechtlicher Perspektive als wenig überzeugend einzuschätzen war, zeigt diese Äußerung die Veränderung im Verhältnis der Parteien zueinander: Die CVP konnte darauf vertrauen, daß ihre politische Abkehr von der früheren

---

wechsels, so Schneider, sei angesichts der laufenden Debatte über den Saarvertrag möglicherweise hilfreich. Nach Rückfrage Gotthard Lorscheiders beim Ministerpräsidenten erhielt Schneider die von ihm gewünschten Unterlagen offenbar nicht - die natürlich auch eine glänzende Materialgrundlage für eine Debatte mit der CVP im Zusammenhang mit Saarvertrag und Eingliederungsgesetz abgegeben hätten. LASB AA 266, Brief Lorscheider an Ney v. 3.11.56. Schneider mahnte nochmal am 5.12.56 an, daß er in dieser Sache nichts mehr gehört habe; anscheinend wurde sein Anliegen schlichtweg ignoriert. In der parlamentarischen Debatte wurden derartige Schriftstücke dann auch nicht zitiert.

[33] Das stenographische Protokoll der Regierungsbeiträge umfaßt nicht weniger als knapp 20 Druckseiten, LTDS, 3. WP, Abt. I, 24. Sitzung v. 13.12.56, S. 602-618; Zitat: S. 620.

[34] Sehr aufschlußreich ist in diesem Zusammenhang der Teil der Debatte, der sich auf öffentliche Äußerungen des Bundesarbeitsministers und einen Briefwechsel mit der saarländischen Landesregierung von Anfang Dezember 1956 bezog: Anton Storchs Einlassungen wurden von den Eingliederungsoptimisten zunächst als Garantie des „sozialen Besitzstandes" - also der sozialpolitischen Leistungen, die im Saarland günstiger waren als in der Bundesrepublik - interpretiert worden. Das Bundeskabinett hatte jedoch keinen Zweifel daran gelassen, daß Storch mit einer derartigen Zusage seine Kompetenz sowohl inhaltlich als auch formal überschritten hätte - dementsprechend ruderte dieser dann auch öffentlich zurück, vgl. Hüllbüsch (Bearb.), Kabinettsprotokolle 1956, S. 759 und S. 766 (Sitzungen v. 5. und 12.12.56). Damit war genau das Dilemma sichtbar geworden, das den entscheidenden Punkt der Argumentation von Heinrich Schneider bildete. Der saarländische Arbeitsminister Kurt Conrad hatte daher in der Parlamentsdebatte alle Schwierigkeiten, diese „Storch-Affäre" aus der Debatte heraus zu halten, vgl. LTDS, 3. WP, Abt. I, 24. Sitzung v. 13.12.56, S. 616. Vgl. hierzu auch Edda Schlesier, Der Kampf um den Erhalt der sozialen Errungenschaften im Zusammenhang mit der Rückgliederung des Saarlandes 1957 im Spiegel der saarländischen Presse, (Mag.Arb.) Saarbrücken 1998, bes. S. 49ff.

[35] LTDS, 3. WP, Abt. I, 24. Sitzung v. 13.12.56, S. 629f.

Autonomie-Politik vom Gros der anderen Parteien nicht mehr als unglaubwürdig gebrandmarkt werden würde - auch wenn die von der CVP für ihr Verhalten angeführten Gründe einer systematischen Überprüfung möglicherweise nicht standgehalten hätten. Die auf die vergangene politische Situation vor dem Referendum bezogenen Angriffe der DPS liefen somit - obwohl weiterhin mit aller Schärfe vorgetragen - genauso ins Leere wie ihre sachliche Kritik an den zur Diskussion stehenden Vertrags- und Gesetzestexten.[36] Es war daher fast schon zwangsläufig, daß Heinrich Schneider, für seine Partei sprechend, CDU, SPD und CVP gleichermaßen als „zum gegenwärtigen Zeitpunkt politische Gegner" bezeichnete.[37]

Im Bezug auf die Neudefinition des Verhältnisses der Parteien untereinander ist daher bereits ab Dezember 1956 von einer veränderten Situation auszugehen: Zwar hatte sich die Schärfe der Auseinandersetzungen um diese Frage um nichts vermindert, jedoch waren die Parteien nichtsdestoweniger längst zu einem kooperativen Arbeitsstil übergegangen. Gerade die Tatsache, daß die CVP den verfassungsrechtlich problematischen Weg einer Eingliederung über eine einfache Beitrittserklärung akzeptiert hatte,[38] dürfte dabei sogar ein weitergehendes Vertrauensverhältnis hergestellt haben. Weiter erschwert wurde dagegen die Möglichkeit für Oppositionsarbeit im saarländischen Parlament. Durch den am deutlichsten von Irmgard Fuest formulierten Verzicht auf parlamentarische Kontrolle war jede Opposition grundsätzlich delegitimiert, ja eigentlich sogar sinnlos geworden. Einen guten Beleg für diese spezielle Form des Parlamentarismus[39] stellt der Umgang mit der ersten Regierungs-

---

[36] Ebd., S. 647.

[37] Angesichts dieser Frontstellung wird der von Cahn, Sozialistische Einheit, S. 622, vorgebrachte Hinweis, daß das Eingliederungsgesetz auch in diesen Parteien, und hier insbesondere bei der SPD, umstritten war, gerne übersehen. Gerade dadurch wird aber um so deutlicher, daß die DPS mit ihrer Strategie auch über ihre Partei hinaus einen nennenswerten Teil von „Eingliederungspessimisten" in der saarländischen Politik ansprach.

[38] Im scharfen Gegensatz zur Interpretation der Juristin und ehemaligen Mitarbeiterin der Verfassungskommission des Saarlandes, Dr. Irgmard Fuest, tendierte die zeitgenössische rechtswissenschaftliche Forschung eher zu der Meinung, daß zur Eingliederung eine Verfassungsänderung notwendig gewesen sei, siehe: Gerhard Halstenberg, Die Verfassungsmäßigkeit des Gesetzes über die Eingliederung des Saarlandes vom 23. Dezember 1956, Münster 1961, S. 107f. Ausführlich zur Rechtsprechung des Bundesverfassungsgerichts in dieser Frage: Widhofer, Eingliederung, bes.: S. 84ff.

[39] Der hier vorgefundene Anpassungsdruck geht weit über das von Beatrix W. Bouvier, Zwischen Godesberg und Großer Koalition. Der Weg der SPD in die Regierungsverantwortung. Außen-, sicherheits- und deutschlandpolitische Umorientierung und gesellschaftliche Öffnung der SPD 1960-1966, Bonn 1990, hier: S. 33f., herausgearbeitete Modell der „Gemeinsamkeit" als Postulat und Leitmotiv von oppositionellem Verhalten hinaus. Explizit als Grundlinie der Entscheidungsfindung wurde diese „Gemeinsamkeit" bei der Debatte über das neue Universitätsgesetz im Frühjahr 1957 thematisiert: Hans Simon (CDU) führte aus, daß „es in dieser Frage keine Meinungsverschiedenheiten gab und gibt, sondern nur gemeinsame sachliche Bemühungen. ... um so mehr als alle Fraktionen des Hohen Hauses von Anfang an erklärt und bewiesen haben, daß unsere Landesuniversität nicht in den politischen Tagesstreit hineingezogen werden dürfe, sondern ein gemeinsames Anliegen, ein Herzensanliegen aller bilde.", LTDS, 3. WP, Abt. I, 32. Sitzung v. 26.3.57, S. 918. Die Opposition im saarländischen Landtag hatte somit praktisch keine Wahl zwischen konfrontativem und kooperativem Verhalten, trotzdem errang sie durch ihre Kooperation keine weitergehenden Möglichkeiten zur politischen Mitbestimmung, wie dies Hans-Joachim Veen, Opposition im Bundestag. Ihre Funktionen, institutionellen Handlungsbedingungen und das Verhalten der

erklärung Egon Reinerts dar, die dieser nach der außerordentlich komplizierten Regierungsbildung im Sommer 1957 im Parlament abgab:[40] Nachdem die Aussprache zu dieser Regierungserklärung zunächst vertagt worden war, fand das Parlament - anscheinend auch angesichts der hohen Belastung mit sozialpolitischen Themen - keine Gelegenheit mehr dafür; somit fand zur ersten Regierungserklärung eines neugewählten Ministerpräsidenten schlichtweg keine Aussprache statt - ein in demokratischen Systemen wohl einmaliger Vorgang.

Regierungskoalitionen und Kabinette im Saarland 1956-1965

Kabinette	CDU	CVP	SPD	SPS	DPS ab 1964 FDP/DPS	SVP	CNG
Kabinett Ney, 10.1.56-25.3.57	X		X			X	
1. Kabinett Reinert, 4.6.57-21.1.59	X		X			X	
2. Kabinett Reinert, 26.2.59-23.4.59	X	X	X				
1. Kabinett Röder, 30.4.59-2.1.61	X		X				
2. Kabinett Röder, 17.1.61-10.7.65	X				X		

Nach dem öffentlichen Eklat zwischen den Heimatbundparteien am 13. Dezember 1956 gelang es der DPS in der Folgezeit kaum noch, wirklich „Fuß" in der Parteienlandschaft des Saar-Parlamentes zu fassen. Durch ihre Regierungsbeteiligung teilte sie alle möglichen Angriffspunkte mit den beiden anderen Parteien, was sich insbesondere im Bereich des Ministeriums für Öffentliche Arbeiten und Wiederaufbau als nachteilig erweisen sollte. Die ständigen Probleme im Bereich der umfangreichen Baumaßnahmen, vor allem im Verkehrssektor, führten zu einer dauernden Bedrohung durch öffentliche Angriffe.[41] Gleichzeitig gelang es ihren Ministern jedoch nicht,

---

CDU/CSU-Fraktion in der 6. Wahlperiode 1969-1972, Bonn 1976, hier: S. 15ff., als Regelmäßigkeit annimmt.

[40] LTDS, 3. WP, Abt. I, 37. Sitzung v. 12.6.57, S. 1051-1063(!).

[41] Es drängt sich der Eindruck auf, daß in dieser Frage ein „Skandal" über Monate, wenn nicht länger, „am Kochen gehalten" wurde, obwohl offenbar kein wirklicher Anlaß vorlag: Die in Rede stehende Vergabe von Bauaufträgen war bereits Anfang 1957 Gegenstand von Beratungen im Kabinett, in dem die Vorwürfe als Mißverständnis bei der Amtsübergabe nach dem Ausscheiden von Minister Blind dargestellt wurden, siehe: LASB StK 1715, Kabinettsprotokoll v. 25.6.57. Trotzdem sah sich die DPS Anfang 1959 gezwungen, einen Untersuchungsausschuß gegen ihren eigenen Minister zu beantragen, um diesen von den Vorwürfen freizusprechen, siehe LTDS, 3. WP, Abt. I, 73. Sitzung v. 17.7.59, S. 1999. Der Antrag wurde jedoch abgelehnt, was als „Schweinerei" bezeichnet wurde. Daneben wurde aber auch der schleppende Vollzug verschiedener Baumaßnahmen immer wieder kritisiert, was umfangreiche Rechtfertigungsversu-

selbst überzeugende Akzente zu setzen; insbesondere Heinrich Schneider scheint keinen Ausweg aus dem „Korsett" des saarländischen Übergangsregimes gefunden zu haben. Anfangs überbot man sich noch mit der SPD hinsichtlich sozialer Maßnahmen,[42] später bezeichnete die DPS die hohen Sozialleistungen der Vergangenheit als Anzeichen einer Bankrottwirtschaft,[43] und auch in Heinrich Schneiders persönlichem Aufgabenbereich, der Wirtschaftspolitik, fehlten nennenswerte Impulse.[44] In dieser Situation entwickelten sich die Debattenbeiträge der DPS-Fraktion, soweit sie sich auf die jüngste Vergangenheit bezogen, immer stärker zu formelhaften Äußerungen. Zwar gelang es dadurch immer noch von Zeit zu Zeit, erregte Diskussionen auszulösen, jedoch liefen diese meistens am eigentlichen Beratungsgegenstand völlig vorbei. Zuletzt gestand die DPS ihre strategische Zwangslage indirekt sogar selber ein: Nachdem in der Regierungserklärung zu Egon Reinerts zweitem Kabinett von der versäumten Möglichkeit einer Allparteienregierung gesprochen worden war, hielt Heinrich Schneider bei seiner Eröffnung der Aussprache den anderen Parteien vor, durch ihre Ablehnung eines solchen Allparteienkabinetts die Spaltung in der Bevölkerung noch weiter zu vertiefen. Damit sprach ausgerechnet der ehemalige „Chef" des Heimatbundes sein Bedauern darüber aus, daß er nicht an einer gemeinsamen Regierung mit seinen einst schärfsten Widersachern beteiligt wurde.

Weitreichende Auswirkungen hatten die Veränderungen im Verhältnis der Parteien zueinander aber auch auf die Entwicklung der sozialdemokratischen Strategie. Besonders in der Debatte am 14. Februar 1957, in der ein DPS-Antrag zur Wahrung des „sozialen Besitzstands" zur Diskussion stand, nutzte die SPD die Chance, ihr spezielles Profil herauszuarbeiten. Sie setzte sich gegenüber der stark moralisierenden, in den Kategorien der Auseinandersetzung um die Vergangenheit vorgetragenen Position der DPS ab, indem sie sich als erfahrenen, sachkundigen Experten darstellte, der die Vor- und Nachteile der zum Vergleich anstehenden Regelungen im Detail kennt und, basierend auf diesem technischen Expertenwissen, den jeweils optimalen Weg rein sachlich argumentierend vorschlagen kann.[45] Weitere Aspekte der Profilierung der SPD in der veränderten Situation waren ihre des öfteren und stets pointiert

---

che auslöste, die jedoch meistens auf Skepsis trafen, LTDS, 3. WP, Abt. I, 46. Sitzung v. 12.2.58, S. 1317.

[42] LTDS, 3. WP, Abt. I, 42. Sitzung v. 20.9.57, S. 1141ff. Zur Debatte stand die Frage einer einmaligen Teuerungszulage für Empfänger von Leistungen aus der Renten-, der Unfallversicherung und der Kriegsopferversorgung.

[43] LTDS, 3. WP, Abt. I, 46. Sitzung v. 12.2.58, S. 1295.

[44] Mitte 1958 forderte Schneider zwar eine wirtschaftspolitische Generaldebatte, diese wurde jedoch nicht angesetzt, LTDS, 3. WP, Abt. I, 50. Sitzung v. 18.6.58, S. 1497.

[45] Die Hauptlast dieses Profilierungsversuchs trug Kurt Conrad, siehe: LTDS, 3. WP, Abt. I, 29. Sitzung v. 14.2.56, S. 792ff. Conrad hatte diese dezidiert sachlich-technokratische Herangehensweise bereits während der Saarvertragsverhandlungen als saarländischer Arbeitsminister eindeutig bevorzugt, wie man an den früh erstellten, umfangreichen Dossiers zum Vergleich der Sozialgesetzgebung in beiden Ländern unschwer erkennen kann, vgl. LASB StK Kabinettsregistratur, Anlage MW, Schreiben Conrads an den Bundesarbeitsminister v. 6.2.56 mit ausführlicher Darstellung und Prognose zum sozialpolitischen Teil der Eingliederung. Dieser Teil der Ausgestaltung von Endregelung (und Übergangszeit) war jedoch weder im Saarvertrag noch im Eingliederungsgesetz in größerem Umfang berücksichtigt worden.

vorgetragenen guten Beziehungen nach Bonn. Bereits wenige Wochen später konnte Conrad einen weiteren sozialpolitischen Vorstoß der DPS - es handelte sich um Vorschußzahlungen für Rentenempfänger - mit dem Hinweis torpedieren, daß seine eigene Vorlage zwar weniger weitgehend sei, er dafür aber bereits die Zustimmung der Bundesregierung erhalten habe. Damit konnte die SPD-Fraktion die Zustimmung aller anderen Fraktionen praktisch erzwingen, da kein Politiker die politische Verantwortung für ein möglicherweise völliges Ausbleiben der Vorschüsse übernehmen wollte.[46] Dieser Fall zeigt aber auch Risiken und Einschränkungen der Strategie der SPD. Erstens war die Partei damit auf einem Verbleiben in der Regierungsverantwortung festgelegt, denn nur aus dem Gestaltungsspielraum und dem Informationsvorsprung von Regierungsmitgliedern heraus konnte diese Strategie wirksam verfolgt werden.[47] Und zweitens übernahm die SPD mit dieser Politik umfassende Verantwortung für den Erfolg der von ihr initiierten Maßnahmen. Eine negative Bewertung der sozialen Situation in der Übergangszeit bzw. nach der Eingliederung des Saarlandes in die Bundesrepublik, soviel war klar, würde vor allem die SPD treffen, insofern sie für sich selber die Stellung als sachlich verantwortlich reklamierte.

Sehr viel unklarer gestaltete sich die Position der Christdemokraten in diesem neuen Machtverhältnis. Für die CDU als Regierungspartei bedeuteten die neuen Entwicklungen im Parteiensystem eigentlich eine sehr „komfortable" Situation. Da die Chance für eine systematische Oppositionsarbeit sich deutlich verschlechtert hatte, bot sich der CDU die Möglichkeit, die von ihr geführte Landesregierung als ebenso kundigen wie unumstrittenen Sachwalter saarländischer Interessen darzustellen. Diese nutzte besonders der Regierungschef, als er z.B. im Juni 1957 bei der dritten Lesung zum Haushalt erstmals auf eine „Generalabrechnung" mit der CVP und ihrer früheren Finanzpolitik verzichtete.[48] Andererseits entwickelte sich die Diskussion um das Verhältnis zur mit ihrer Vergangenheit belasteten CVP immer stärker zum wirksamen Instrument der innerparteilichen Auseinandersetzung um den Führungsanspruch in der Partei. Sicherlich sind ein Teil der Verschärfung im Oppositionskurs der vor der Bundestagswahl kurzzeitig als Landesverband der CSU auftretenden CVP und vor allem auch die härteren Attacken von Franz Josef Röder gegen die ehemalige Hoffmann-Partei ab Anfang 1958 auf diese Ursache zurückzuführen.[49] Mit der Ent-

---

[46] LTDS, 3. WP, Abt. I, 33. Sitzung v. 8.4.57, S. 928ff.

[47] Insofern war die strategische Situation der saarländischen SPD nicht weniger prekär als die ihrer in Opposition stehenden Parteigenossen in Rheinland-Pfalz, vgl. Kurt Thomas Schmitz, Opposition im Landtag. Merkmale oppositionellen Verhaltens in Länderparlamenten am Beispiel der SPD in Rheinland-Pfalz 1951-1963, Hannover 1971, bes. S. 139.

[48] LTDS, 3. WP, Abt. I, 36. Sitzung v. 12.6.57, S. 994ff.

[49] Sehr aufschlußreich ist die Debatte um das saarländische Jugendschutzgesetz: Franz Josef Röder hatte noch Anfang 1957 gemeinsam mit zwei Mitgliedern der CVP einen eigenen Antrag eingebracht, der die gegenüber der bundesdeutschen Gesetzgebung weitergehenden saarländischen Regelungen im Filmprüfungsgesetz aufrechterhalten sollte, und dabei ausführlich auf dem Niveau der Gemeinsamkeiten in der christlichen Weltanschauung argumentierte, siehe: LTDS, 3. WP, Abt. I, 29. Sitzung v. 14.2.57, S. 787ff. Mit ähnlichen Wendungen hatte bereits unmittelbar nach Konstituierung des Landtags die CVP-Abgeordnete Maria Schweitzer die Gemeinsamkeiten zwischen CDU und CVP herzustellen und die

spannung der innenpolitischen Situation nach dem Abflauen der ökonomischen Krise der Jahre 1957/58 setzte sich dann der Kurs des Regierungschefs Reinert langsam durch.⁵⁰ So formulierte denn schließlich in der heftigen und emotional geführten Debatte über die Regierungserklärung anläßlich der zweiten Kabinettsbildung unter Egon Reinert ausgerechnet Franz Josef Röder wohl am schärfsten pointiert die Haltung der Christdemokraten. Nachdem bereits Josef Schmitt die Politik der CVP aus dem „Chaos" des Jahres 1945 gerechtfertigt hatte - eine typische CVP-Wendung -, beschied Röder die DPS folgendermaßen: „Es weiß heute jedes kleine Kind, daß es für die weitere Entwicklung in unserem Land besser gewesen wäre, wir hätten schon vor zwei Jahren mit der Vergangenheit Schluß gemacht." Angesichts dieser Vorgeschichte ist somit das Urteil Karl Albrechts über Röder, dieser sei der „Chefpsychologe der christlichen Einheit",⁵¹ durchaus mehrdeutig zu verstehen.

Nachdem der Wendepunkt im Umgang der Parteien mit der jüngeren Vergangenheit als politisches Instrument somit bereits längst überschritten war, hatte Franz Josef Röder im Zuge seiner Regierungserklärung nach der Landtagswahl von 1960 die Möglichkeit, einen weiteren „Meilenstein" in der Fortentwicklung des Parteiensystems zu setzen. Seine Rede stellte den ersten Beitrag von grundsätzlicher Bedeutung im Saar-Landtag dar, der seinen Ansatzpunkt nicht am 23. Oktober 1955 wählte, sondern den Tag der Beitrittserklärung, den 13. Dezember 1956, als „Aufhänger" nahm. Das Saarland, so rief Röder dem Parlament - und der Öffentlichkeit - zu, habe „sich [darin] zur föderalistischen Struktur der Bundesrepublik" bekannt.⁵² Mit diesem neuen Ansatz saarländischer „Vergangenheitsbewältigung" deutete sich eine neuerliche Wendung im Parteiensystem an,⁵³ die nunmehr über Jahre hinaus vor allem für

---

frühere Regierungstätigkeit ihrer Partei zu rechtfertigen versucht, siehe: LTDS, 3. WP, Abt. I, 2. Sitzung v. 10.1.56, S. 29. Nachdem sich Röder jedoch im Laufe des Jahres immer weiter von seiner ursprünglichen Position distanziert hatte, nutzte er die Enthaltung der CVP bei der dritten Lesung des Jugendschutzgesetzes zu einem frontalen Angriff, indem er der CVP einen „Rückfall in die Vergangenheit" bescheinigte, weil sie die Sachzwänge des Grundgesetzes nicht akzeptieren wolle, LTDS, 3. WP, Abt. I, 45. Sitzung v. 28.1.58, S. 1241.

⁵⁰ Der außerordentlich komplizierte Einigungsprozeß der christlichen Parteien wurde permanent von sehr unterschiedlich wirkenden Faktoren überlagert. Neben den innen- und personalpolitischen Aspekten spielten stets - wie am Beispiel der Kommunalwahlen 1956 bereits gezeigt - auch die anstehenden Wahlentscheidungen eine große Rolle. Zu betonen ist hierbei insbesondere die Bedeutung der Bundestagswahl von 1957, die offensichtlich die formale Zusammenarbeit der Parteien förderte - um nämlich den drohenden Verlust von Stimmen für das christliche Lager zu verhindern -, andererseits durch die nicht erfolgte vollständige Vereinigung nach dem Wahltermin neuen Spielraum für taktisch bedingte Konflikte bot. Siehe hierzu: Gestier u. Herrmann, Christliche Einigung, S. 289.

⁵¹ LTDS, 3. WP, Abt. I, 61. Sitzung v. 26.2.59, S. 1751, S. 1760 und S. 1794.

⁵² LTDS, 4. WP, Abt. I, 3. Sitzung v. 17.1.61, S. 16.

⁵³ Möglicherweise bedeutet Röders Wahl auch in Hinblick auf sein Karrieremuster eine Neuerung: Gerhard Lehmbruch, Parteienwettbewerb im Bundesstaat. Regelsysteme und Spannungslagen im politischen System der Bundesrepublik Deutschland, 3. Aufl. Wiesbaden 2000, hier: S. 86ff., erkennt in der politischen Sozialisation der „zweiten Generation" von Ministerpräsidenten in Deutschland, die im Gegensatz zu ihren meistens durch Verwaltungstätigkeit geprägten Vorgängern bereits vor ihrer Wahl eine „parlamentarische Karriere" absolviert hatten, ein Strukturelement der Personalrekrutierung in den deutschen Bundesländern nach 1945. Röders Vorgänger hatten sich - im Prinzip alle - über Verwaltungs- oder

die Christdemokraten prägend wirken sollte. Die CDU hatte soweit an Autonomie gewonnen, daß auf die Möglichkeit einer rückwärtsgewandten Diskussionsweise verzichtet werden konnte. Die schrittweise erfolgte Integration der ehemaligen Gegner im gleichen Lager war damit auch im Umgang der Landtagsvertreter miteinander erfolgt.[54] Zwar war dieser Vorgang bis zuletzt problematisch geblieben, wie sich z.B. bei der Gestaltung des Kommunalwahlgesetzes für die Wahl der Kreis- und Gemeinderäte im Jahr 1960 zeigte;[55] die Bedeutung des Konflikts über die Vergangenheit war aber soweit geschrumpft, daß er prinzipiell auf der Ebene rein innerparteilicher Auseinandersetzungen kanalisiert und ausgetragen werden konnte.

Dem Koalitionspartner DPS kam diese Reinterpretation der Vergangenheit denkbar ungelegen. Nur mit äußerster Mühe gelang es ihrem Fraktionsvorsitzenden, sich aus der Defensive zu befreien, in die seine Partei durch Röders Rede gekommen war: Seine Versuche, das Verhalten seiner Fraktion und auch verschiedene seiner allzu pessimistischen Äußerungen zu rechtfertigen, ließen der Entfaltung einer weitergehenden Programmatik keinen Raum.[56] Nicht weniger schwierig gestaltete sich aber auch die strategische Situation der Saarländischen Volkspartei (SVP), in der sich überwiegend frühere CVP-Politiker zusammengeschlossen hatten, die die Vereinigung der Christdemokraten nicht akzeptiert hatten. Ihr krampfhafter Versuch, die Regierung und hier insbesondere die CDU für das nicht ausreichende Ausnützen der Möglichkeiten der Übergangszeit verantwortlich zu machen, wurde vor allem von Norbert Brinkmann mit Hinweis auf den guten Verlauf der Eingliederung schnell gekontert.[57] Der Versuch hingegen, die „alte" Gemeinsamkeit aller Parteien zu beschwören und das einmütige Einstehen für saarländische Interessen zu fordern, erschien demgegenüber als unzeitgemäßer, allzu optimistischer Rückgriff auf die Vergangenheit.[58] Damit stellte sich ein aus Sicht der CDU und ihrer Landesregierung

---

Regierungstätigkeiten, zumindest aber außerparlamentarische Arbeit profiliert. Röder dagegen, der früh bereits zur „Bonner Gruppe" gezählt wurde und der das Saarland ab 1957 auch im Bundestag vertreten hatte, weist ein anderes Karrieremuster auf. Möglicherweise trat so mit Röders Wahl ein Effekt ein, der in anderen Bundesländern viel früher bereits stattgefunden hatte. Vgl. zur Biographie Röders: Erich Voltmer, Franz Josef Röder. Ein Leben für die Saar, Dillingen 1979; zur parlamentarischen Vertretung des Saarlandes im Bundestag zwischen politischer Eingliederung und der Bundestagswahl 1957: Martin Schumacher, M.d.B. Volksvertretung im Wiederaufbau 1946-1961. Bundestagskandidaten und Mitglieder der westzonalen Vorparlamente. Eine biographische Dokumentation, Düsseldorf 2000, bes. S. 57ff.

[54] Detailliert zur Endphase des Vereinigungsprozesses siehe Gestier u. Herrmann, Christliche Einigung, S. 301ff. Im Parlament erfolgte die Institutionalisierung der Zusammenarbeit bereits am 23.11.58 in der Arbeitsgemeinschaft Christlicher Demokraten, die Auflösung der CVP fand jedoch erst am 19.4.59 statt.

[55] Die in dem Wahlgesetz zunächst vorgesehene Möglichkeit, auch mehrere Kandidatenlisten von einer Partei zuzulassen, sollte dazu dienen, einige lokale „Abweichler" dem ansonsten gefestigten Stimmenblock der CDU zuzuführen - so zumindest die Wahrnehmung der anderen. Zum Vorwurf, die CDU habe durch die Möglichkeit von A- und B-Listen so elegant ihrer Probleme mit der CVP entledigen wollen, LTDS, 3. WP, Abt. I, 88. Sitzung v. 29.9.60, S. 2394ff.

[56] LTDS, 4. WP, Abt. I, 4. Sitzung v. 20.1.61, S. 52ff.

[57] Ebd., S. 68ff. Bemerkenswert an dieser Rede war die klare wirtschaftsliberale Ausrichtung, die gegen die Eingliederungsprobleme mancher Betriebe die Formel vom natürlichen „Werden und Vergehen" setzte.

[58] Aufschlußreich hierzu v.a. die Rede von Claus Becker, ebd., S. 83ff.

durch die veränderte Bedeutung der Vergangenheitsbewältigung für die Politik im Saarland außerordentlich günstiges Ergebnis ein. Der DPS war als Koalitionspartner die Beschäftigung mit ihrer problematischen Haltung zur Beitrittserklärung aufgegeben,[59] der SVP als möglicherweise für Abweichler aus eigenen Reihen interessante Alternative war die Spitze ihres Alleinvertretungsanspruchs für die Zeit vor 1956 genommen.

Für die SPD bedeutete diese neue Grundlage einer Regierungsbildung die Notwendigkeit, eine grundsätzlich neue Form von oppositionellem Verhalten zu entwerfen. Als erstes der neuen Versatzstücke einer Oppositionsstrategie konstatierte die SPD hierbei einen „gewissen Rechtsruck in der Politik unseres Landes" und nahm damit die DPS ins Visier.[60] Ein weiterer wichtiger Punkt bestand in der faktischen Kündigung der Gemeinsamkeit mit der CDU, die Grundlage der gemeinsamen Vorbereitung und Ausgestaltung der Übergangszeit gewesen war. Durch den Vorwurf, gewisse Versäumnisse in der Übergangszeit seien auf die Unfähigkeit der CDU zurückzuführen, die sich gegenüber Bonn nicht genügend durchgesetzt habe,[61] fand die SPD zwar einen Ansatzpunkt für Kritik gegenüber der neuen Regierung, akzeptierte damit aber praktisch die von Röder gesetzte Grundlegung der „neuen" saarländischen Politik mit der Beitrittserklärung. Schließlich versuchten die Sozialdemokraten nachdrücklich, das Profil ihrer Partei als Vertretung der Arbeiterinteressen zu schärfen.[62] Damit beschritt die SPD im Saarland einen in gewisser Weise untypischen Weg. Ihre Beteiligung an einem Quasi-Allparteienkabinett nach dem Referendum könnte als eine Art Rückgriff auf ein für die deutschen Länder in der frühen Nachkriegszeit typisches - wenn hier auch unzeitgemäßes - Koalitionsbildungsmuster zu interpretieren sein.[63] Ihr Ausscheiden aus der Regierung und die danach einsetzende, schärfer konfrontative Abgrenzung gegenüber der Regierung steht jedoch in krassem Gegensatz zur zeitgenössischen Strategie der Bundes-SPD, die sich unter Rückgriff

---

[59] Diese Aufgabe „verfolgte" die DPS über die ganze Legislaturperiode, so z.B. noch zwei Jahre später bei einer Diskussion um das saarländische Besoldungsgesetz, LTDS, 4. WP, Abt. I, 36. Sitzung v. 17.7.63, S. 1359.

[60] Diese „von 24 Prozent auf 13 Prozent zu bringen und von den 13 Prozent noch weiter hinunterzubringen" wurde zu einem der wichtigsten Ziele erklärt. LTDS, 4. WP, Abt. I, 4. Sitzung v. 20.1.61, S. 54ff.

[61] Ebd., S. 43ff.

[62] Bereits der „Aufhänger" der Rede von Kurt Conrad, der die Aussprache zur Regierungserklärung eröffnete, war in einem Sprichwort gelegt, nach dem es einem Lande gut gehe, wenn es dem Bauern gut geht, das der Fraktionsvorsitzende angesichts der veränderten Beschäftigungsverhältnisse auf die Arbeiter übertrug, ebd., S. 41. Dabei mag es bereits in der damaligen Debatte ein wenig skurril angemutet haben, wenn der Fraktionsvorsitzende der größten Oppositionspartei beim Versuch, sich als der Interessenvertreter der Arbeiterschaft zu profilieren, einen starken, in Bonn durchsetzungsfähigen Ministerpräsidenten einforderte - und dies praktisch im ganzen Verlauf seiner Rede mit dem gedruckten Exemplar der vorangegangenen Regierungserklärung eben dieses Minsterpräsidenten in der Hand sprechend, ebd., S. 44ff. Ähnlich verhielt sich übrigens Erwin Müller (SVP), ebd., S. 48.

[63] Uwe Jun, Koalitionsbildung in den deutschen Bundesländern. Theoretische Betrachtungen, Dokumentation und Analyse der Koalitionsbildungen auf Länderebene seit 1949, Opladen 1994, hier: S. 106f., betrachtet die Bildung von Allparteienkabinetten als typisch für die Entwicklung der späteren Bundesländer in der Nachkriegszeit.

auf das kooperative Konzept der „strategischen Grundlinie" der „Gemeinsamkeit" als überzeugendere Alternative zur Regierung darzustellen versuchte.[64]

3.2 Wahlen und Regierungsbildungen

3.2.1 Der mühsame Weg der SPD zur zweiten Kraft

Welchen Niederschlag fand die Aufarbeitung der jüngsten saarländischen Geschichte im Wählerverhalten? Nachdem der „Spuk" des Abstimmungskampfes unmittelbar nach dem 23. Oktober 1955 sein plötzliches Ende gefunden hatte, war die innenpolitische Situation im Saarland so offen wie seit einem Jahrzehnt nicht mehr. Der Rücktritt von Johannes Hoffmann hatte - obwohl die Ablösung seiner Regierung eines der wichtigsten gemeinsamen Ziele der Heimatbundparteien gewesen war -[65] viele Fragen aufgeworfen. Die Restrukturierung der politischen Landschaft zwischen Volksabstimmung und Regierungsbildung durch den Heimatbund erinnern dabei stark an die unmittelbare Nachkriegszeit.[66] Mit der Übergangsregierung unter Heinrich Welsch[67] wurde ein Kabinett aus politisch „unbelasteten" und für die internationalen Partner akzeptablen Personen quasi eingesetzt, das sich aufgrund des persönlichen Profils der Minister auch auf einen gewissen Vertrauensvorschuß bei den Saarländern berufen konnte. Nach außen hin sah das Kabinett seine Aufgabe vor allem in der Bewahrung von Ruhe und Ordnung und einem geregelten Übergang bis zur Neuwahl des Landtags.[68] Ein sehr wichtiger Unterschied zur Nachkriegszeit bestand jedoch darin, daß die Zulassung von Parteien nicht an eine weitergehende Überprüfung der von ihnen vertretenen politischen Positionen geknüpft war.[69] Nicht einmal die Zustimmung zum als Votum für Deutschland interpretierten Abstimmungsergebnis vom 23. Oktober 1955 stellte eine Zutrittsschwelle zum politischen

---

[64] Bouvier, SPD, S. 76ff.

[65] Eingängig und bis heute lebendig war der Wahlslogan „Der Dicke muß weg"; zur symbolischen Bedeutung siehe Albert H.V. Kraus, Die Saarfrage (1945-1957) im Spiegel der Publizistik. Die Diskussion um das Saarstatut vom 23.10.54 und sein Scheitern in der deutschen, saarländischen und französischen Presse, Saarbrücken 1988; Paul, Bastion, S. 46, Heinen, Marianne und Michel, S. 51.

[66] Zur Errichtung des Regierungspräsidiums: Heinen, Saarjahre, S. 64; Michael Sander, Die Entstehung der Verfassung des Saarlandes, in: Landtag des Saarlandes (Hg.), 40 Jahre Landtag des Saarlandes 1947-1987, Dillingen 1987, S. 9-40, hier: S. 11-15.

[67] Biographische Daten zu Welsch siehe: Hans-Christian Herrmann, Sozialer Besitzstand, S. 525f. Kritisch zu Welschs Funktionen im NS-Staat: Klaus-Michael Mallmann u. Gerhard Paul, Herrschaft und Alltag. Ein Industrierevier im Dritten Reich, Bonn 1991 (= Hans-Walter Herrmann (Hg.), Widerstand und Verweigerung im Saarland 1935-1945 Bd. 2), S. 300ff.

[68] Sehr deutlich wurde dieses Selbstverständnis im Rahmen des Notenwechsels mit de Carbonnel im November 1955, LASB AA 454, Note der saarländischen Regierung an de Carbonnel v. 8.11.55.

[69] Die Erstzulassung von Parteien im Saarland nach dem Krieg und deren Beeinflussung in programmatischer Hinsicht war - zunächst nach Besatzungsrecht, dann nach eigener gesetzlicher Regelung des Saarlandes organisiert - einer der zentralen Kritikpunkte im Zusammenhang mit der Gewährung von politischen Freiheiten an der Saar, Winfried Becker, Die Entwicklung der Parteien im Saarland 1945 bis 1955 nach französischen Quellen, in: Hudemann u. Poidevin (Hgg.), Saar, S. 253-296, sowie die einschlägigen Artikel in: Richard Stöss (Hg,), Parteien-Handbuch. Die Parteien der Bundesrepublik Deutschland 1945-1980, Opladen 1984.

System dar: Ein derartiges Bekenntnis war rein formal nicht gefordert, und außerdem hatten sich rechtzeitig vor der Landtagswahl ohnehin alle Parteien dazu bekannt.[70] Wahrscheinlich erklärt der - wenn auch bei einigen Beteiligten nur schwer akzeptierte - Konsens in dieser Frage und die Unklarheit darüber, wie dieses Votum konkret würde umgesetzt werden können, die programmatische Unschärfe und die auffällige Gelassenheit im Wahlkampf zu den Landtagswahlen 1955.[71]

Eine Klärung der Verhältnisse war von den Wahlen nicht zu erwarten - und trat auch nicht ein. Die Wahlergebnisse brachten einen deutlichen, wenn auch nicht überragenden Sieg des Heimatbundes, aber auch eine in diesem Umfang nicht erwartete Stabilisierung der CVP.[72] Dies löste bei den Beobachtern große Unsicherheit aus.[73] Einigkeit bestand allenfalls in der Einschätzung, daß das Ergebnis der SPS - aber auch der SPD - als besonders schlecht zu bewerten sei.[74] Völlig anders dagegen stellte sich die Situation im Umfeld der Kommunalwahlen am 13. Mai 1956 dar. Nachdem in einem heftig geführten Wahlkampf die alten Gegensätze noch einmal in aller Schärfe aufeinandergeprallt waren - was, wie bereits erwähnt, bis hin zur internationalen Ebene Aufmerksamkeit erregte -, traten einige Grundlinien der weiteren Entwicklung im Kräfteverhältnis der Parteien zutage. Nach den Stimmenanteilen stabilisierten sich die Resultate von DPS und Sozialdemokraten gegenüber den Landtagswahlen - allerdings mit unterschiedlichen Vorzeichen, nämlich mit leichten Verlusten für die DPS und geringfügigen Gewinnen für die SPD. Deutlicher waren dagegen schon die Verluste der CVP, von denen jedoch die CDU kaum profitieren konnte, ganz im Gegensatz zur SPD, die zumindest nach den reinen Zahlen die SPS-Anteile bei den Landtagswahlen von 1955 weitgehend für sich gewinnen konnte. Auch die regionale Verteilung der Stimmenanteile bestätigte bereits bekannte Muster. Die SPD konnte besonders in den Kreisen Homburg, Ottweiler und Saarbrücken-Land gute Ergebnisse erzielen, die CDU war in den Kreisen Saarlouis, Merzig und St. Wendel stark vertreten, und schließlich errang die CVP ihre besten Ergebnisse in den Kreisen Saarbrücken-Stadt und St. Ingbert. Eindeutiger Schwerpunkt der DPS war - wie bereits

---

[70] Die CVP hatte im November 1955 bei einem außerordentlichen Parteitag diese „Hürde" genommen, indem sie in einer politischen Entschließung dem Ergebnis des Referendums Rechnung trug. Sehr kritisch hierzu Robert H. Schmidt, Saarpolitik, Bd. 3 S. 392ff.

[71] Ausführlich zur Programmatik der einzelnen Parteien: Cahn, Second retour, S. 29ff.

[72] Die Ergebnisse des Referendums und der Landtagswahl 1955 wurden mittlerweile neu publiziert in: Statistisches Landesamt Saarland (Hg.), Das Ergebnis der Volksbefragung am 23. Oktober 1955. Nachdruck anläßlich des 40. Jahrestages der Volksbefragung über das Europäische Statut für das Saarland am 23. Oktober 1955, Saarbrücken 1995.

[73] Ausführlich zur Presseberichterstattung über die Wahlergebnisse: Kraus, Saarfrage; sehr einseitig als „Enttäuschung, ja Wut in Paris" stellt dagegen Lappenküper, Deutsch-französische Beziehungen, S. 1111, die Reaktionen der Presse in Frankreich dar, von der jedoch lt. Cahn das gute Ergebnis der CVP nicht übersehen worden ist, Cahn, Second retour, S. 43ff.

[74] Gestier u. Herrmann, Christliche Einigung, S. 284.

Stimmen- und Sitzverteilung bei der Kommunalwahl 1956

Stimmenverteilung in %   Sitzverteilung

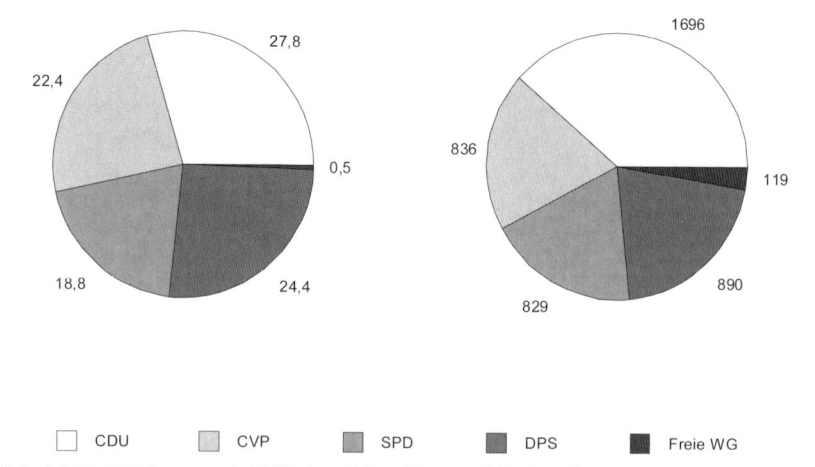

[Kreisdiagramm links: 27,8 / 0,5 / 24,4 / 18,8 / 22,4]
[Kreisdiagramm rechts: 1696 / 119 / 890 / 829 / 836]

☐ CDU ☐ CVP ■ SPD ■ DPS ■ Freie WG

Lesebeispiel: Die CDU errang mit 27,8% der gültigen Stimmen 1696 Mandate. (Berücksichtigt wurden nur Stimmen und Sitze bei der Gemeinderatswahl.) Quelle: Stat. Amt d. Saarl. (Hg.), Die Wahlen im Saarland am 4. Dezember 1960, Saarbrücken 1961 (= SiZ, Sonderh. 17).

früher - die Stadt Saarbrücken, wo sie einen sensationell anmutenden Anteil von ca. 41% der gültigen Stimmen erreichen konnte. Ansonsten jedoch schwankten ihre Ergebnisse um 20% bzw. lagen knapp darunter, mit Ausnahme des Kreises St. Wendel, wo sie mit 13,4% schlecht abschnitt.

Ein Blick auf die von den Parteien errungenen Gemeinderatssitze offenbart jedoch eine völlig andere Sichtweise. Aufgrund der Besonderheiten bei Kommunalwahlen im Saarland[75] ist der Wahlausgang aus Sicht der CDU als geradezu erdrutschartiger Wahlsieg zu bezeichnen. Bei einem Anteil von ca. 27% der gültigen Stimmen errang die CDU knapp 39% der zu vergebenden Gemeinderatssitze. Danach verfügte die CDU mit landesweit 1696 gewählten Kommunalpolitikern über annähernd jeweils doppelt so viele Vertreter wie DPS (890), CVP (836) oder SPD (829). Zusätzlich erreichte die CDU damit in allen Kreisen außer Saarbrücken-Stadt und -Land (teil-

---

[75] Das Saarland verfügte damals über eine sehr große Zahl von teilweise recht kleinen Gemeinden, denen nur wenige mittlere Städte und nur eine Großstadt gegenüberstanden. Da unabhängig von der Größe jede Gemeinde über eine gewisse Mindestzahl von Gemeinderatsmitgliedern verfügte und andererseits die Größe der Räte nicht proportional mit der Einwohnerzahl anstieg, stammte der weit überwiegende Anteil der zu vergebenden politischen Ämter aus kleineren Gemeinden. Umgekehrt konnten also Parteien wie z.B. die DPS, aber auch die CVP, die in der Stadt Saarbrücken sowohl absolut wie relativ gute Erfolge erzielten, bei der Zahl der insgesamt im Saarland errungenen Mandate nicht im selben Maße profitieren. Dieser Effekt hatte sich bereits bei den Kommunalwahlen im Jahr 1949 ausgewirkt, damals jedoch eindeutig zugunsten der CVP, vgl. hierzu: Stat. Amt d. Saarl. (Hg.), Die Gemeinderatswahl am 27. März 1949, Saarbrücken 1952 (= Einzels. z. Stat. d. Saarl. 6), bes. S. 27ff.

weise mit Abstand) mindestens die relative Mehrheit, also auch in den Gebieten, in denen sie auf Kreisebene gar nicht die höchsten Stimmenanteile auf sich vereinen konnte.[76] Die Interpretation dieses Wahlergebnisses und seiner Folgen für die Arbeit der Parteien ist daher sehr schwierig.[77] Sicherlich bedeutete die Stärkung der CDU eine Klarstellung im Kräfteverhältnis mit der CVP und insofern einen Erfolg für die Kräfte, die eine schnelle Vereinigung der beiden Parteien noch vor der Kommunalwahl hinausgezögert hatten.[78] Darüber hinaus stellte dieser Erfolg aber auch die Arbeit der CDU auf eine neue institutionelle Grundlage. Erstmals verfügte die Partei über eine große Basis von Multiplikatoren, die durch ihre politische Tätigkeit und ihren Status als Mandatsträger problemlos in den Informationsfluß und die Meinungsbildung einbezogen werden konnten. Im Gegensatz dazu fiel das Ergebnis der SPD enttäuschend aus. Hatten die Christdemokraten die absolute Zahl an Gemeinderatssitzen gegenüber der vorhergehenden Wahl sogar noch leicht ausbauen können, mußten die frisch vereinigten Sozialdemokraten, von ihrem Wahlergebnis 1949 aus betrachtet, per Saldo sogar noch ca. 200 Sitze abgeben. Möglicherweise ist dies als Beleg für die von Cahn kritisierte mangelnde Sensibilität auf SPD-Bundesebene für die Bedeutung der Kommunalwahlen zu sehen; auf jeden Fall scheiterte der Versuch, die Sozialdemokratie insgesamt zu stärken, noch viel weitgehender als anhand einer Betrachtung der relativen Stimmenanteile erkennbar.[79] Es deutete sich an, daß der Weg der SPD zur zweitstärksten politischen Kraft im Saarland sehr mühsam sein würde.[80]

---

[76] Die CDU war z.B. im Landkreis St. Ingbert der CVP im Stimmenanteil klar, und zwar mit 27%:31,1% unterlegen, führte jedoch bei der Zahl der errungenen Gemeinderatssitze ebenso eindeutig mit 110:89.

[77] Ganz allgemein muß festgestellt werden, daß Bedeutung und Funktion von kommunalpolitischer Arbeit in Parteien bislang sehr wenig Berücksichtigung in der Forschung fand. Methodische Hinweise finden sich bei Paul Kevenhörster, Parallelen und Divergenzen zwischen gesamtsystemarem und kommunalem Wahlverhalten, in: Horst Kanitz u. Paul Kevenhörster (Hgg.), Kommunales Wahlverhalten, Bonn 1976 (= Studien zur Kommunalpolitik 4), S. 241-283, der die Bedeutung „kommunaler Parteisysteme" besonders betont, aber kaum Hinweise auf die Bedeutung von Kommunalwahlen für die Landespolitik liefert. Aufschlußreich ist in diesem Zusammenhang der Hinweis von Holtmann, der den stark normativen und auf die „Input-Seite" ausgerichteten Ansatz in der Politikwissenschaft kritisiert: „Sie [die Landesparteien] sind vielmehr aufgrund ihrer Positionierung an den Schnittstellen von Vertretungs- und Verwaltungsorganen, im Zusammenwirken mit privaten (verbandlichen) und staatlichen bzw. kommunalen Akteuren, auch an der Erarbeitung von Problemlösungsvorschlägen und Festlegung entsprechender Handlungsprioritäten beteiligt.", Holtmann, Regionale Parteien, S. 72.

[78] Teilweise bedeutete dieses Ergebnis eine Stärkung der Vertreter einer harten Linie gegen die CVP, zu denen neben Hubert Ney anfangs wohl auch Franz Josef Röder gezählt werden muß, Cahn, Christliche Parteien, S. 303. Nach Bauer, CDU, S. 61, war die Ablehnung eines „Burgfriedens" zwischen den Parteien vor der Kommunalwahl auch auf den Einfluß der Bonner CDU-Spitze zurückzuführen, andererseits existierten lt. Gestier u. Herrmann, Christliche Einigung, S. 287, auch bei dieser Wahl schon einige gemeinsame Listen von CVP und CDU.

[79] Cahn, Sozialistische Einheit, S. 617.

[80] Zur Bedeutung von Erfolgen bei Kommunalwahlen für die Entwicklung der SPD im Ruhrgebiet Ende der 50er Jahre siehe Bernd Faulenbach, Modernisierung der Partei und Sozialdemokratisierung der Region. Der SPD-Bezirk Westliches Westfalen von 1949 bis 1969, in: ders., Günther Högl u. Karsten Rudolph (Hgg.), Vom Außenposten zur Hochburg der Sozialdemokratie. Der SPD-Bezirk Westliches Westfalen 1893-1993, 2. Aufl. Essen 1998, S. 210-221, hier: S. 215.

Die DPS schien sich mit der Stabilisierung ihrer Stimmenanteile auf hohem Niveau sowie der annähernden Verfünffachung der Zahl der von ihr errungenen Gemeinderatsmandate als zweitstärkste politische Kraft im Saarland etabliert zu haben. Zumindest erlaubte diese Stärkung der Partei, auf Landesebene in direkte Konkurrenz zu den „großen" Parteien CDU und SPD zu treten, verfügte man mit der relativen Mehrheit in der Hauptstadt Saarbrücken doch zusätzlich noch über ein symbolisch wie machtpolitisch bedeutsames Instrument.[81] Andererseits hatten im Unterschied zu den früheren und den folgenden Kommunalwahlen im Jahr 1956 Freie Listen nur eine sehr geringe Bedeutung. Falls also wenigstens ein Teil der Zugewinne der DPS durch den Verlust von ca. 400 Gemeinderatsmandaten bei den Freien Listen zu erklären ist, so war davon auszugehen, daß die DPS in Zukunft erhebliche Zugewinne in der Wählerschaft der anderen Parteien benötigen würde, um ein Wiederauftreten der Freien Listen auszugleichen. Dies erschwerte eine politische Strategie nach dem Prinzip der „Partei zweiter Wahl"[82] in hohem Maße.

Obwohl die Heimatbundparteien nach außen hin vor der Landtagswahl 1955 keinen Zweifel an ihrem Wunsch gelassen hatten, eine gemeinsame Regierung zu bilden, barg die Zusammenstellung der Kabinettsliste im Dezember 1955 erhebliches Konfliktpotential.[83] Schon der designierte Ministerpräsident Hubert Ney war innerhalb seiner Partei nicht unumstritten, und außerdem wurde aufgrund seines Lebensalters[84] bereits bei seiner Wahl unverhohlen die Frage nach seiner Nachfolge diskutiert. Als einziger der möglichen Nachfolger schaffte Egon Reinert den Sprung in das erste Heimatbundkabinett, und dies sogar in das nicht nur aufgrund seiner Größe, sondern auch wegen seiner Bedeutung für die politische Neuorientierung des Saarlandes besonders wichtige Doppelamt des Kultus- und Justizministers. Unter diesen personalpolitischen Voraussetzungen gestaltete sich die Erarbeitung eines stringenten Regierungsstils problematisch. Unter vielfältigem außen- und innenpolitischem Druck sowie innerparteilichen Belastungen stehend, wählte Hubert Ney in seiner

---

[81] Als direkte Folge dieses Wahlergebnisses wurde Fritz Schuster zum Oberbürgermeister der Stadt Saarbrücken gewählt, der die Politik der Stadt bis in die 70er Jahre hinein bestimmte. Vgl. Hans-Christian Herrmann, Landeshauptstadt, S. 356ff.

[82] Jürgen Dittberner, FPD - Partei zweiter Wahl. Ein Beitrag zur Geschichte der liberalen Partei und ihrer Funktion im Parteiensystem der BRD, Opladen 1987.

[83] Die Rivalitäten zwischen den Heimatbundparteien schlugen sich in sachlichen Auseinandersetzungen, aber auch in einer Reihe von persönlichen Animositäten nieder, Bauer, CDU, S. 68ff. Im Juni 1957 bezeichnete Emil Weiten (CVP) die Situation Hubert Neys als „mit einer Mauer aus Mißtrauen und Haß umgeben", LTDS, 3. WP, Abt. I, 37. Sitzung v. 12.6.57, S. 1049.

[84] Ney wurde am 12.10.1892 geboren - zur Biographie siehe: Robert H. Schmidt, Saarpolitik, Bd. 1, S. 283 - und war damit praktisch genauso alt wie die führenden Vertreter von CVP und SPS, Johannes Hoffmann und Richard Kirn. Demgegenüber waren die meisten der Politiker, die ab 1956 recht rasch die Spitzenfunktionen im Saarland einnahmen, deutlich jünger, nämlich ab 1910 geboren, wie z.B. Franz Josef Röder, Egon Reinert, Heinrich Schneider, Kurt Conrad, aber auch Erwin Müller und Ludwig Schnur. Wie das Beispiel Edgar Hector zeigt, konnten jedoch nicht alle Spitzenpolitiker aus der Hoffmann-Zeit ihre Karriere später fortsetzen, vielmehr zeigte der Abstimmungskampf auch Züge eines Verdrängungswettbewerbs jüngerer Nachwuchskräfte gegenüber den in der unmittelbaren Nachkriegszeit (teilweise re-)aktivierten Führungskräften.

ersten Regierungserklärung[85] zunächst eine recht defensive Vorgehensweise. Er gab praktisch keine relevanten Informationen zur Frage der internationalen Verhandlungen über die Saarfrage preis, und auch seine Analyse der innenpolitischen Angelegenheiten wies - obwohl detailreicher - nur sehr wenig programmatische Schärfe auf.[86] Statt dessen verwendete Ney immer wieder Wendungen, die auf die durch das Christentum bestimmte Basis seiner Politik rekurrierten, und beschränkte sich im wesentlichen auf Wiederholungen bereits bekannter Programmpunkte des Heimatbundes. Etwas ausführlicher dagegen wurde die Kulturpolitik gewürdigt, wobei hier auch die Person des verantwortlichen Ministers ausführlich thematisiert wurde.[87] Auch die zweite Regierungserklärung Neys im April 1956 war von den vielfältigen äußeren und inneren Einflüssen auf die Politik der Landesregierung geprägt. Wie bereits erwähnt, stellte diese Rede offenbar einen Versuch der „Flucht in die Öffentlichkeit" dar, der aber in engem Zusammenhang mit den anstehenden Kommunalwahlen stand. In seiner breiten Darstellung der Regierungsperspektive auf die Saarverhandlungen betonte Ney die Einigkeit der Parteien des Heimatbunds und grenzte indirekt seine Politik gegenüber der CVP ab.[88] Diese Vorgehensweise wurde zu diesem Zeitpunkt auch - noch - von allen Heimatbundparteien akzeptiert, die zwar die Chance zur inhaltlichen Profilierung durch Reden zu bestimmten Teilaspekten nutzten,[89] auf grundlegende Kritik am Verhandlungs- und Regierungsstil Neys jedoch verzichteten.[90]

Diese Grundlinie der Politik Neys gegenüber dem Parlament sollte sich jedoch schon bald als nicht haltbar erweisen - nicht nur aufgrund der veränderten außenpolitischen Situation und der wachsenden Konflikte innerhalb des Heimatbundes, sondern auch, weil er de facto das Parlament in seiner Funktion als einem Kontrollorgan gegenüber der Regierung und als einem wichtigen Ort zur Diskussion von Politik außer Funktion setzte.[91] Am 27. November 1956 forderte die DPS im Landtag eine ausführliche

---

[85] LTDS, 3. WP, Abt. I, 2. Sitzung v. 10.1.56, S. 16-20.

[86] Bevor die Debatte in eine Grundsatzdiskussion um die jüngste saarländische Vergangenheit abglitt, wurde Ney von einzelnen Rednern der CVP an genau diesem Punkt indirekt kritisiert. Franz Schneider z.B. fragte ganz konkret nach den Details der Saarverhandlungen, LTDS, 3. WP, Abt. I, 2. Sitzung v. 10.1.56, S. 22.

[87] LTDS, 3. WP, Abt. I, 2. Sitzung v. 10.1.56, S. 19. Ney begründete die Auswahl Egon Reinerts für das Doppelamt des Justiz- und Kultusministers damit, daß ein gesundes Empfinden für Kultur Ähnlichkeit habe mit einem gesundem Rechtsempfinden. Stellten diese Ausführungen möglicherweise eine Art Rechtfertigung dafür dar, daß der Jurist Reinert auch für das Kulturressort verantwortlich wurde - und nicht z.B. Franz Josef Röder?

[88] LTDS, 3. WP, Abt. I, 14. Sitzung v. 27.4.56, S. 321ff.

[89] Heinrich Schneider (DPS) hielt eine lange Rede über die Vergangenheit des Warndt-Problems, Friedrich Regitz (SPD) betonte die sozial- und arbeitsmarktpolitischen Aspekte, LTDS, 3. WP, Abt. I, 14. Sitzung v. 27.4.56, S. 336ff.

[90] Ansatzweise Kritik äußerte nur Manfred Schäfer, der vor einem zu frühen Eingehen auf französische Vorbedingungen, insbesondere beim Moselkanal, warnte, LTDS, 3. WP, Abt. I, 14. Sitzung v. 27.4.56, S. 341.

[91] Unter diesem Aspekt könnte der Regierungsstil Neys als Reaktivierung einer in der unmittelbaren

Diskussion über den Gang der Verhandlungen zum Saarvertrag, was die Fraktionen von CDU, CVP und SPD gemeinsam verhinderten,[92] genauso wie Ney auch noch in der Regierungserklärung am 13. Dezember 1956 dem Parlament die Möglichkeit einer inhaltlichen Diskussion faktisch zu verweigern suchte.[93] In dieser Sitzung jedoch ging diese Strategie nicht völlig auf: Zwar hielten sich die Minister seiner Regierung auch in den Erklärungen zu den von ihnen zu verantwortenden Sachbereichen an die eher defensive Linie, bekanntlich scherte aber die DPS aus dieser gemeinsamen Linie der Heimatbundregierung nun endgültig aus.[94]

Wie schwierig die Neuordnung der politischen Verhältnisse im Saarland nach dem Eklat im Dezember 1956 war, zeigt sich bereits in der recht langen Zeitspanne bis zur Neubildung einer Regierung. Trotz der „latenten Regierungskrise"[95] dauerte es bis Juni 1957, bis der - zwischenzeitlich bereits zurückgetretene - Ministerpräsident Hubert Ney durch Egon Reinert abgelöst werden konnte.[96] In diesen Monaten veränderte sich der Stil der Zusammenarbeit von Regierung und Parlament stark. Schon in der Debatte über einen Antrag der DPS zur Frage des „sozialen Besitzstandes",[97] endgültig aber bei der Lesung des „Gesetz über steuerliche Maßnahmen im Saarland"[98] trat deutlich zutage, daß nunmehr dem Parlament eine größere Bedeutung für die Austragung und Darstellung von Konflikten zwischen den Parteien[99] zukam.

Nachkriegszeit durch verschiedene Ministerpräsidenten gewählten Strategie verstanden werden. Oft als Regierungschefs von Allparteienkabinetten gewählt bzw. von der Besatzungsmacht eingesetzt, konnten sie die Austragung von politischen Konflikten mit Hinweis auf die weitreichenden Probleme und die daher gebotene „Sachlichkeit" in ihrer Behandlung zeitweise verhindern, vgl. Foelz-Schroeter, Föderalistische Politik, S. 147.

[92] Über diesen Antrag kam es zu einer bemerkenswert scharfen Debatte, LTDS, 3. WP, Abt. I, 22. Sitzung v. 27.11.56, S. 566-569.

[93] Ney legte in seiner Eröffnungsrede zwar die wichtigsten Verhandlungsgegenstände und auch Teile des Verhandlungsverlaufs dar, nannte aber praktisch nur Informationen, die auch über die Presse bereits bekannt waren. Eine weitergehende Systematisierung des Themas oder gar eine Erklärung der politischen Zusammenhänge unterblieb völlig, LTDS, 3. WP, Abt. I, 24. Sitzung v. 13.12.56, S. 602ff.

[94] Interessant ist der Umstand, daß Heinrich Schneider in seiner Eröffnungsrede zur Aussprache den Stil der Regierungserklärungen zum Anlaß für seine später inhaltlich begründete Kritik nutzte, wenn er den Charakter der Sitzung als „Feierstunde" mit dem Hinweis darauf bezweifelte, daß die Minister hauptsächlich vorgefertigte Redemanuskripte vorgelesen haben, LTDS, 3. WP, Abt. I, 24. Sitzung v. 13.12.56, S. 621.

[95] So Friedrich Regitz, LTDS, 3. WP, Abt. I, 34. Sitzung v. 6.5.57, S. 948.

[96] In der Literatur wird üblicherweise die Regierungskrise als die wichtigste Phase in den Einigungsbemühungen zwischen CDU und CVP dargestellt. Sicherlich erreichten zumindest die innerparteilichen Verwerfungen in der CDU in dieser Phase ihren Höhepunkt, so zuletzt: Gestier u. Herrmann, Christliche Einigung, S. 297ff. Dabei wird leicht übersehen, daß ähnliche Konflikte sich auch innerhalb der DPS abspielten; schließlich entschied man sich nach heftigen Auseinandersetzungen doch für den Eintritt in die Heimatbundregierung Reinerts, eine Entscheidung, der Heinrich Schneider aus der Perspektive der Koalitionsentscheidung des Jahres 1961 Vorbildcharakter zuwies: Den Austritt aus der Regierung im Jahr 1959 bezeichnete er rückblickend als größtmögliche „politische Dummheit", da die DPS ohne Regierungsbeteiligung gravierende Nachteile zu befürchten habe. Heinrich Schneider, Wunder, S. 497ff.

[97] LTDS, 3. WP, Abt. I, 29. Sitzung v. 14.2.57, S. 792ff.

[98] LTDS, 3. WP, Abt. I, 31. Sitzung v. 18.3.57, S. 855ff.

[99] Genauso übrigens auch wie zur Austragung von innerparteilichen Konflikten, wie sich am Beispiel der

Diese Veränderung ist dabei keineswegs auf die vorübergehende Schwächung der Landesregierung durch die Regierungskrise zurückzuführen, der neue Stil setzte sich auch in der Amtszeit der Regierung Egon Reinerts fort.[100] In den parlamentarischen Debatten konzentrierte sich nun die Aufmerksamkeit auf die Zuständigkeiten der einzelnen Fachressorts, wobei insbesondere der Finanzminister, der Arbeitsminister[101] und der Kultusminister[102] die dadurch gegebene Möglichkeit, ihre Politik in der Öffentlichkeit zu diskutieren, ausgiebig nutzten.

Allerdings hatte dieser neue Arbeitsstil auch eine Reihe von insbesondere für den Ministerpräsidenten unangenehmen Konsequenzen. Im Rahmen der offen geführten Diskussionen konnte auch der Regierungschef direkt in die Kritik der Fraktionen geraten und war dann durchaus nicht immer in der Lage, kraft seiner Autorität die Angriffe abzuwehren.[103] Andererseits bot gerade dieser offenere Regierungsstil die Chance, die internen Konfliktpotentiale innerhalb der Regierungskoalition zu kanalisieren und damit eine Spaltung der saarländischen Parteienlandschaft entlang der

---

Wahl von Wilhelm Kratz (CDU), der von der DPS vorgeschlagen wurde, gegen seinen Gegenkandidaten Karl Albrecht (von der CDU vorgeschlagen) zeigt, LTDS, 3. WP, Abt. I, 31. Sitzung v. 18.3.57, S. 553.

[100] Für die Schwierigkeiten der Parlamentarier, ihre Rolle und Funktion - insbesondere auch im Verhältnis zum Bund - zu definieren, kann als aufschlußreiches Indiz ein Disput zwischen Heinrich Schneider (DPS) und Franz Schneider (CVP) dienen: Heinrich Schneider sah seine Entscheidungsfreiheit dadurch eingeengt, daß in Beschlußvorlagen der Regierung mehrfach der Hinweis enthalten war, daß die Bundesregierung dem schon zugestimmt habe - was er als indirekten Zwang zur Zustimmung auch durch das Parlament wertete. „Ich frage Sie: Warum sitzen wir überhaupt noch hier, wenn jedes Gesetz uns vorgelegt wird mit dem Bemerken, Bonn habe zugestimmt, wenn wir nicht wollten, dann mache Bonn nicht mit? Unter solchen Voraussetzungen gehen wir doch lieber in der schönen Sonne spazieren.", LTDS, 3. WP, Abt. I, 32. Sitzung v. 26.3.57, S. 899. Dagegen setzte Franz Schneider den verfassungsmäßigen Zusammenhang: „Seit dem 1. Januar dieses Jahres ist die Saar ein Bundesland geworden. Und in der Bundesrepublik sind die Aufgaben, die die Länderparlamente zu erfüllen haben, genau fixiert und festgelegt.", ebd., S. 902.

[101] Z.B. in der Debatte um die Teuerungszulagen, LTDS, 3. WP, Abt. I, 42. Sitzung v. 20.9.57, S. 1143. Bemerkenswert ist weniger die Tatsache, daß innerhalb der SPD-Fraktion sowohl die Rednerlisten ausgewogener waren als bei den anderen Parteien - die Debatten der DPS wurden fast durchgängig, die der CDU weitgehend von einigen wenigen Hauptrednern geprägt -, sondern daß sich der Minister auch sehr viel stärker in die Argumentationslinien seiner Fraktion einbinden ließ als andere Regierungsmitglieder. Dies ist möglicherweise auf die ambivalente Rolle Conrads zurückzuführen, der Kabinettsmitglied einer saarländischen Regierung unter Führung des politischen Gegners auf Bundesebene war. In der oben zitierten Debatte wurde auch dieser Aspekt deutlich, da Conrad dem Bund eine zu starke Einmischung in die saarländischen Vorbehaltsrechte vorwarf.

[102] Ausführlich z.B. bei der Debatte um eine Anfrage der CSU zur Schulpolitik, die Röder praktisch dazu nutzte, eine Art Regierungserklärung als Gesamtdarstellung seiner Schul- und Bildungspolitik abzugeben, LTDS, 3. WP, Abt. I, 45. Sitzung v. 18.1.58, S. 1248ff.

[103] Sehr aufschlußreich war schon die Attacke Ludwig Schnurs (CVP) gegen den Haushaltsentwurf für 1958, in der er der Regierung eine nicht sachlich, sondern nur koalitionspolitisch gerechtfertigte Ausweitung des Personalbestands vorwarf; LTDS, 3. WP, Abt. I, 47. Sitzung v. 14.2.58, S. 1345. Ebenso deutlich, und diesmal direkt gegen Reinert angelegt, waren die Vorwürfe der CSU im Zusammenhang mit der Versetzung von Gotthard Lorscheider (Chef der Staatskanzlei) in den Wartestand, LTDS, 3. WP, Abt. I, 52. Sitzung v. 17.7.58, S. 1546. Zu beiden Gelegenheiten gelang es Egon Reinert auch mit Hilfe der Autorität seines Amtes nicht, die Lage zu klären, obwohl er genau dies versuchte, betraf doch zumindest der letztgenannte Punkt unmittelbar seine Amtsführung.

ideologischen Trennungslinie zu verhindern.[104] Obwohl die Person Egon Reinerts im Kontrast zu Hubert Ney sehr viel mehr für eine Politik der Aussöhnung zwischen CDU und CVP stand,[105] konnte die SPD bis zur Landtagswahl 1960 in die Regierungsarbeit eingebunden werden. Diese an sich bemerkenswerte Tatsache ist auch darauf zurückzuführen, daß die Spitzenpolitiker der SPD die politischen Kosten einer Beteiligung an der christdemokratisch geführten Regierung als niedriger einschätzten als die Vorteile, die ihnen der Handlungsspielraum in der Sozialpolitik brachte.[106] Die DPS hingegen, obwohl programmatisch und hinsichtlich ihrer Rolle im bundesdeutschen Parteiensystem anders positioniert, traf diese Entscheidung bereits Anfang 1959 bei der Neubildung der Regierung anders.

3.2.2 Die Wahlen des Jahres 1960: der Beginn einer neue Ära?

Große Unklarheit herrschte bei den Zeitgenossen - und herrscht bis heute - über die Bewertung der Landtagswahl 1960. Die Grundfrage lautet, ob das Ergebnis dieser Wahl eher als Ausweis einer Stabilisierung der Christdemokraten oder als Wahlsieg der SPD zu interpretieren ist. Anders formuliert, bedeutet dies die Frage, ob die Wahl historisch eher in den Zusammenhang der Übergangszeit als Phase der Etablierung des saarländischen Parteiensystems oder bereits in die Geschichte des Bundeslandes Saarland als vollintegrierter Bestandteil der bundesrepublikanischen Parteienentwicklung einzuordnen ist. Dem Urteil des Spitzenkandidaten der CDU, der die Wahl als „Enttäuschung" bezeichnete,[107] steht die Bewertung Dietmar Hüsers entgegen, der die Landtagswahl im Kontext des gelungenen Versuchs Röders sieht, eine Allianz von selbständigem Mittelstand, aufsteigenden Angestellten, Freiberuflern und vor allem

---

[104] Umfassend zu dieser Funktion von Regierungsbildungen: Rainer Kunz, Die Bedeutung der Koalition in den westdeutschen Parteiensystemen, Augsburg 1979, bes. S. 163ff. Die hohe Bedeutung des Regierungsstils - insbesondere des Ministerpräsidenten - für diese Funktion von Koalitionen ist übrigens auch darauf zurückzuführen, daß im Saarland bis zur siebten Wahlperiode Koalitionen nicht durch einen schriftlichen Koalitionsvertrag begründet wurden, vgl. hierzu: Tanja Moser-Praefcke, Koalitons- und Regierungsbildung im Saarland nach der Landtagswahl vom 4. Mai 1975, (Mag.Arb.) Saarbrücken 2002.

[105] Vgl. zur Biographie Egon Reinerts: Helmut Bergweiler, Hans Egon Reinert, in: Norbert Blüm (Hg.), Christliche Demokraten der ersten Stunde, Bonn 1966, S. 313-330. Reinert war schon in der Gründungsphase der saarländischen CDU aktiv, vertrat diese im Rechtsstreit um ihre offizielle Zulassung als Partei und zählte anfangs zu den engagierten Kritikern der Politik der CVP. Im Gegensatz aber zu seinem Nachfolger im Amt des Ministerpräsidenten war seine Zuordnung zur „Bonner Gruppe" in der CDU, vgl. Bauer, CDU, S. 60, aber nicht eindeutig. Er gewann vielmehr seine Bedeutung in der saarländischen Politik durch seine Regierungstätigkeit und seine integrative Funktion in der Frühphase des Vereinigungsprozesses von CVP und CDU. Vgl. hierzu demnächst: Marcus Hahn, Egon Reinert, in: Neue Deutsche Biographie i.V.

[106] Sehr deutlich wurde diese Entscheidung noch im Zusammenhang mit einer der zentralen sozialpolitischen Debatten zu Beginn der Amtszeit von Franz Josef Röder, in deren Verlauf Friedrich Regitz die DPS in die Position der Bundes-FDP abdrängte und das klare Bekenntnis der SPD zur Koalition betonte, LTDS, 3. WP, Abt. I, 68. Sitzung v. 18.6.59, S. 1912.

[107] Franz Josef Röder, Leistung und Aufgabe. Rede am Landesparteitag 1965 in Saarbrücken, Saarbrücken 1965, S. 3.

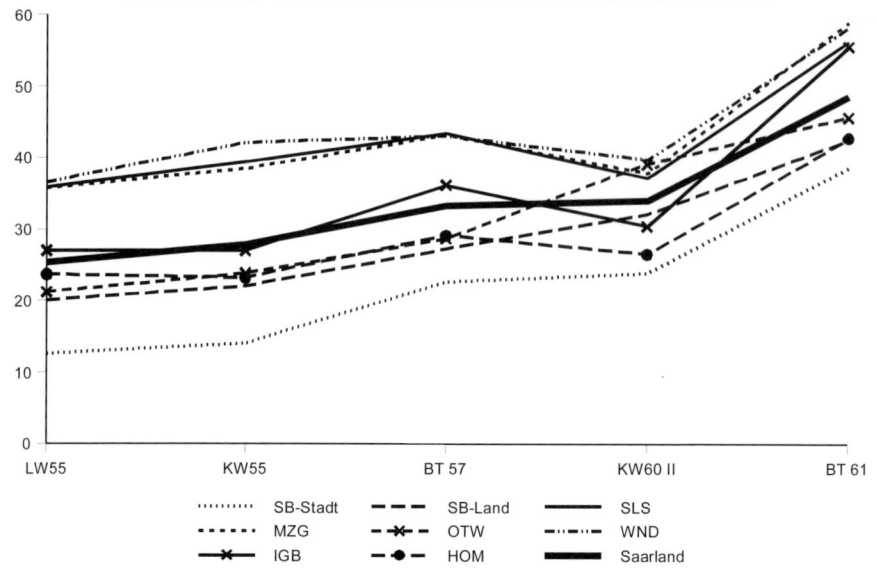

Stimmenanteile der CDU nach Landkreisen und im Landesdurchschnitt

Angaben in Prozent der gültigen Stimmen. LW55 = Landtagswahl 1955, KW56 = Kommunalwahl 1956, BT57 = Bundestagswahl usw.; KW60 II = Wiederholungswahl; SB-Stadt = Saarbrücken, SB-Land = Saarbrücken-Land, SLS = Kreis Saarlouis, MZG = Kreis Merzig, OTW = Kreis Ottweiler, WND = Kreis St. Wendel, IGB = Kreis St. Ingbert, HOM = Kreis Homburg, vgl. Karte S. 34. Lesebeispiel: Die Stimmenanteile der CDU in den Kreisen Saarlouis, Merzig und St. Wendel entwickelten sich recht ähnlich und blieben im Untersuchungszeitraum stets überdurchschnittlich. Quelle: Stat. Amt d. Saarl. (Hg.), Die Wahlen im Saarland am 4. Dezember 1960, Saarbrücken 1961 (= SiZ, Sonderh. 17).

katholischen Arbeitern zu schaffen, die das wichtigste Fundament seiner späteren Regierungszeit bildete.[108] Auch für Wilfried Loth stellte die Landtagswahl 1960 und die darauf folgende Regierungsbildung „eine Entscheidung [dar], die die politische Kultur des Landes auf Jahre hinaus prägen sollte".[109] Walter Kappmeier dagegen setzt die Zäsur bereits deutlich früher an, wenn er davon spricht, daß die „Aufweichung des katholischen Lagers" als der wichtigste Trend der Veränderung im Wahlverhalten der 60er Jahre zwischen 1957 und 1960 stattfand.[110] Dagegen war nach Kappmeier der Bruch der Koalition zwischen Kirchen und CDU in dieser Wahl zwar bereits

---

[108] Dietmar Hüser, Wahlen, Parteien und politische Kultur im Saarland der 70er und 80er Jahre - Aspekte eines Umbruchs mit Konstanten, in: Edwin Dillmann u. Richard van Dülmen (Hgg.), Lebenserfahrungen an der Saar. Studien zur Alltagskultur 1945-1995, St. Ingbert 1996, S. 40-65, hier: S. 44.

[109] Loth, Vertracktes Gelände, S. 114.

[110] Walter Kappmeier, Konfession und Wahlverhalten. Untersucht am Beispiel der Bundestagswahl 1976 und der Landtagswahl 1975 im Saarland, Frankfurt a.M. 1984, hier: S. 73. Für Kappmeier stellt in dieser Perspektive eher die Landtagswahl 1965 eine Ausnahme dar. Zur historischen Herleitung des Wählerverhaltens aus der speziellen politischen Geschichte des Saarlandes vgl. auch ders., Sozialstruktur und Wählerverhalten im Saarland, in: ders. (Hg.), Der saarländische Wähler, Saarbrücken 1990, S. 17-77.

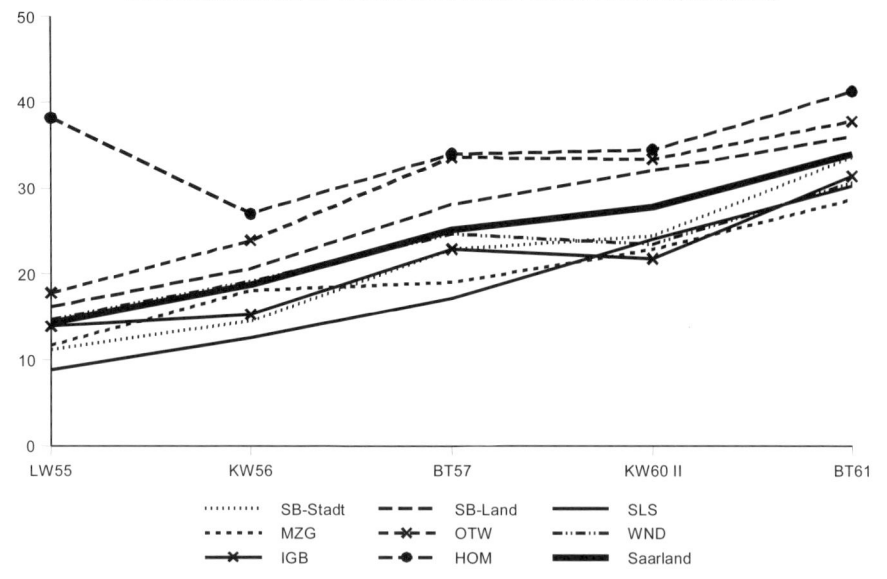

Stimmenanteile der SPD nach Landkreisen und im Landesdurchschnitt

Angaben in Prozent der gültigen Stimmen. Lesebeispiel: Die Stimmenanteile der SPD in den Landkreisen Homburg, Ottweiler und Saarbrücken-Land blieben im Untersuchungszeitraum stets überdurchschnittlich. Quelle: Stat. Amt d. Saarl. (Hg.), Die Wahlen im Saarland am 4. Dezember 1960, Saarbrücken 1961 (= SiZ, Sonderh. 17); dass. (Hg.), Endgültige Ergebnisse der Bundestagswahl im Saarland am 28. September 1969, Saarbrücken 1969 (= SiZ, Sonderh. 60).

angedeutet, setzte sich aber erst bei der Landtagswahl 1965 wirklich durch.[111] Diese Widersprüche in den Bewertungen sind nicht auf Basis der Wahlergebnisse vom Dezember 1960 und der darauf folgenden Regierungsbildung alleine aufzulösen, sondern allenfalls in Betrachtung der im Zeitraum von vier Jahren nicht weniger als fünf Wahlen.[112]

Bei der Bundestagswahl 1957 gelang es den Christdemokraten, ihre Dominanz im Saarland zu stabilisieren. Dazu trug bei, daß noch rechtzeitig vor dem Urnengang eine Zwischenlösung gefunden werden konnte, die das drohende Verfallen der Stimmenanteile der CVP verhinderte. Demgegenüber erhöhte sich der Anteil der

---

[111] „Die Koalition zwischen katholischer, kirchlich gebundener Bevölkerung und der Parteielite wurde demnach durch die Stellungnahmen der kirchlichen Führung bis 1965 gestützt; diese Hilfe war jedoch innerkirchlich ab 1959 zunehmend in Frage gestellt und wurde 1969 sowie 1970 aufgegeben, die Kirche als Organisation trat in diesen beiden Wahlen parteipolitisch neutral auf.", Kappmeier, Konfession und Wahlverhalten, S. 40.

[112] Und zwar die Bundestagswahl am 15.9.1957, die Kommunalwahl (Gemeinde- und Kreisratswahlen) am 15.5.1960, die vom Verfassungsgericht später für ungültig erklärt wurde, da im Wahlgesetz keine freien Listen vorgesehen waren, die Kommunalwahlen am 4.12.1960 (Wiederholung der vorhergehenden), die Landtagswahl am gleichen Datum und die Bundestagswahl am 17.9.1961. Die Ergebnisse der Wahlen sind - teilweise mit Analyse - publiziert in: Stat. Amt d. Saarl. (Hg.), Die Wahlen im Saarland am 4. Dezember 1960, Saarbrücken 1961 (= SiZ, Sonderh. 17) und in: Stat. Amt d. Saarl. (Hg.), Statistisches Handbuch für das Saarland 1976, Saarbrücken 1976, S. 85ff.

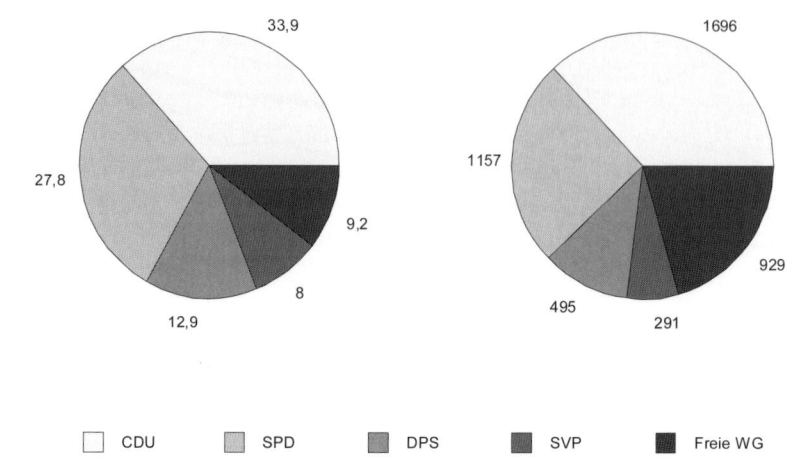

Stimmen- und Sitzverteilung bei der zweiten Kommunalwahl 1960

Stimmenverteilung in %
Sitzverteilung

33,9
27,8
9,2
8
12,9

1696
1157
929
495
291

☐ CDU ▨ SPD ▨ DPS ▨ SVP ■ Freie WG

Lesebeispiel: Die SPD errang mit 27,8% der gültigen Stimmen 1157 Mandate. (Berücksichtigt wurden nur Stimmen und Sitze bei der Gemeinderatswahl.) Quelle: Stat. Amt d. Saarl. (Hg.), Die Wahlen im Saarland am 4. Dezember 1960, Saarbrücken 1961 (= SiZ, Sonderh. 17).

CDU nach der Vereinigung bei der ersten Kommunalwahl 1960 nicht so weit, daß die früheren Anteile der CVP komplett beansprucht werden konnten. Zwar verbuchte sie Zugewinne gegenüber 1956, blieb aber mit 33% der Stimmen deutlich unter der absoluten Mehrheit, die CDU und CVP rein rechnerisch bei der ersten Kommunalwahl nach der Volksabstimmung (wie bereits seit 1949) gehalten hatten. Die Auswirkungen dieses Kommunalwahlergebnisses auf die Verteilung der Gemeinderatssitze waren dabei noch viel dramatischer, als an den relativen Stimmenanteilen ersichtlich ist. Die CDU steigerte zwar die Zahl der von ihr erreichten Mandate per Saldo um ca. 40, die mehr als 800 ehemaligen Mandate der CVP gingen aber praktisch verloren. Gegenüber diesem Einbruch erschienen die neuerlichen leichten Verluste der CDU bei der Wiederholungswahl Ende 1960 nur als sehr gering, zumal anscheinend das CDU-Ergebnis überraschend wenig von dem Erfolg der wieder zugelassenen freien Listen beeinflußt wurde.[113] Vor diesem Hintergrund ist dann auch

---

[113] Nach Analyse des Statistischen Amtes scheinen vielmehr DPS und SPD das Gros der Verluste der etablierten Parteien durch das Auftreten der freien Listen getragen zu haben, Stat. Amt d. Saarl. (Hg.), Die Wahlen im Saarland am 4. Dezember 1960, Saarbrücken 1960 (= SiZ, Sonderh. 17), S. 22. Wirklich überraschen kann dies allerdings zumindest für die DPS nicht, da deren Stimmenanteil bereits in der Vergangenheit stark mit dem der freien Listen korreliert hatte, vgl. Hahn, DPS, S. 218ff. Möglicherweise stellt die im Vergleich zur SPD größere Immunität der CDU gegenüber den freien Listen auch eine Rückwirkung der Wahl von 1956 dar, nach der die CDU durch ihre große Zahl an Gemeinderatssitzen besser als die Sozialdemokraten in der Lage war, ihre Position in den Gemeinden zu stabilisieren. Eine sehr aufschlußreiche Analyse der Bedeutung der Repräsentation lokaler Eliten im ländlich geprägten, dörflichen Zusammenhang bietet: Antonia Maria Humm, Auf dem Weg zum sozialistischen Dorf? Zum

das Ergebnis der CDU bei der Landtagswahl 1960 nicht besonders überraschend. Die CDU hatte wohl bei der äußeren Einigung, nicht aber bei dem Kampf um die Integration des ehemaligen Wählerpotentials der CVP Fortschritte gemacht und dementsprechend - zumal in der Konkurrenzsituation zu SVP und CNG[114] stehend - ihren Stimmenanteil nicht signifikant verändert. Statt dessen erscheint das Ergebnis bei der ein Jahr später durchgeführten Bundestagswahl eher als Überraschung, gelang hierbei der CDU doch mit 48% der Stimmen die praktisch nahtlose Anknüpfung an die frühere Dominanz. Die SPD dagegen konnte ihre bereits seit den Kommunalwahlen 1956 erkennbare Ausdehnung der Stimmenanteile bis zur ersten Kommunalwahl 1960 fortsetzen, bei der sie mit 31% der Stimmen erstmal wieder die 30%-Marke überschritt. Dabei dürfte der Erfolg bei der Wahl der Gemeinderäte noch als sehr viel höher zu veranschlagen sein, da die Sozialdemokraten hierbei einen Zugewinn von fast 500 Mandaten erzielen konnten. Allerdings stagnierte ihr Stimmenanteil sowohl bei der Wiederholungswahl als auch bei der Landtagswahl mit Werten deutlich unter 35%. In den Regionen, in denen die SPD früher bereits erfolgreich war, nämlich den Kreisen Saarbrücken-Stadt, Saarbrücken-Land und Ottweiler, konnte sie vor allem die absolute Zahl der für sie abgegebenen Stimmen nicht verbessern.[115] Erst bei der Bundestagswahl 1961 setzte sich ihr Aufwärtstrend mit 34% wieder fort.

Die angemessene Interpretation der Wahlgänge zwischen 1957 und 1961 wird zusätzlich dadurch erschwert, daß im Saarland zumindest bis 1961, von wenigen Ausnahmen abgesehen, ein im Vergleich zu den Bundesergebnissen hoher Anteil von Stimmen entweder ungültig oder zugunsten von regional begründeten Sondererscheinungen in der Parteienlandschaft abgegeben wurde.[116] Diese Gruppe war auch keiner der Fronten des Abstimmungskampfes eindeutig zuzuordnen, wie das Kräfteverhältnis von CDU und SPD[117] sowie die Ergebnisentwicklung der DPS[118] zeigt. In der

---

Wandel der dörflichen Lebenswelt in der DDR und der Bundesrepublik Deutschland 1952-1969, Göttingen 1999 (= Kritische Studien zur Geschichtswissenschaft 131), hier: S. 314.

[114] In der Christlich-Nationalen Gemeinschaft arbeiteten Kritiker des Vereinigungsprozesses von CDU und SVP unter Führung des früheren Ministerpräsidenten Hubert Ney zusammen. Wahlerfolge konnte diese neue Partei allerdings nur vorübergehend und auf lokaler Ebene, vorwiegend im Kreis Saarlouis, erzielen.

[115] Stat. Amt d. Saarl. (Hg.), Die Wahlen im Saarland am 4. Dezember 1960, Saarbrücken 1960 (= SiZ, Sonderh. 17), S. 14.

[116] Diese Erscheinung hatte sich, schon bei den Kommunalwahlen 1949 abgezeichnet, fand ihre Fortsetzung in den „Weißen Wahlen" 1952 und bestätigte sich zuletzt noch in den Landtagswahlen von 1961, bei denen SVP und CNG zusammen alleine schon ca. 15% der Stimmen auf sich vereinten, von dem für FDP-Verhältnisse immer noch ungewöhnlich guten Abschneiden der DPS ganz abgesehen.

[117] Der relative Erfolg der C-Parteien in der Frühphase ist mit einer für die Bundesrepublik breit erforschten Faktorenkonstellation in konfessioneller Verteilung und sozio-ökonomischer Entwicklung zu erklären und insofern „normal". Allerdings sind die Erfolge der SVP und die gleichzeitig eintretende Schwächung der CDU Ende der 50er Jahre wohl teilweise auf deren indirekte Nachfolge der CVP zurückzuführen. Kappmeier, Konfession und Wahlverhalten, S. 72, spricht ohne weiteres gar von der „Nachfolgepartei der CVP". Andererseits war damit eben auch eine ideologisch-programmatische Nähe ihrer Wählerschaft zur CDU gegeben.

[118] Ebd., S. 77. Die ungünstigen Ergebnisse der DPS an der Schwelle zu den 60er Jahren sind sicherlich auch im Zusammenhang mit dem Scheitern des bis zum Abstimmungskampf unternommenen Versuchs zu

zweiten Hälfte der 50er Jahre stellte sich daher für die beiden großen Parteien die Aufgabe, eine den Besonderheiten des regionalen politischen Systems angemessene - und dadurch überzeugende - Interpretation des auf nationaler Ebene so erfolgreichen Musters „Volkspartei" zu entwickeln, durch welche die bislang nicht eingebundenen Wähler trotz ihrer Heterogenität in Zusammensetzung und politischer Prioritätensetzung wahlwirksam erreicht werden konnten.[119] Auf diesem Weg zur Saarland-spezifischen Volkspartei wählten die beiden großen Parteien unterschiedliche Vorgehensweisen, die als Vorbedingung die weitere Entwicklung der Parteienlandschaft nach 1960 bestimmten. Die SPD führte die Integration der SPS sehr frühzeitig durch, was nur unter heftigen innerparteilichen Konflikten und unter Einsatz teilweise sehr restriktiver Maßnahmen (z.B. bei der Entscheidung über die Übernahme von alten SPS-Mitgliedern) gelang. Ein wichtiges Instrument zur Durchsetzung dieser Strategie, die der SPD nach der Landtagswahl von 1955 erhebliche Wachstumspotentiale bot, stellte die Regierungsbeteiligung dar, durch die einerseits das Problem der Erarbeitung einer Oppositionsstrategie vermieden werden konnte und durch die andererseits besonders Kurt Conrad die politischen Konflikte von der moralischen Überhöhung der Vergangenheit auf die Ebene sachlich-technischen Expertendiskurses verlagerte.[120] Daß die SPD bei den Kommunalwahlen 1956 bei wachsenden Stimmenanteilen sogar Gemeinderatssitze verlor, dürfte dabei die stark auf die Landesleitung der Partei konzentrierte Strategie der SPD nicht beeinträchtigt haben.[121]

---

interpretieren, die Liberalen zur saar-spezifischen Volkspartei zu entwickeln. Durchaus vergleichbar mit der Strategie der FPD in Nordrhein-Westfalen hatte der nationalliberale Flügel der DPS um Heinrich Schneider zu Anfang der 50er Jahre versucht, auf Basis seiner Kritik an der saarländischen Teilautonomie die Partei als Massenintegrationspartei in Konkurrenz zu den großen Parteien zu stellen. Noch im Abstimmungskampf war die Selbstdarstellung der DPS als die „bessere CDU" angesichts der unklaren Strategie der Bundes-CDU ein wählerwirksames Element. Mit der oben aufgezeigten schrittweisen Bedeutungsveränderung der nationalen Frage verlor dieses Argument aber seine Bindungwirkung und führte so - wenn auch auf anderem Wege - zu einem ähnlichen Scheitern dieser Weiterentwicklung der Liberalen wie in Nordrhein-Westfalen. Vgl. hierzu Hans-Heinrich Jansen, Dritte Kraft oder Partei der Mitte? Die Auseinandersetzungen über die Stellung der FDP im deutschen Parteiensystem zu Beginn der fünfziger Jahre, in: Jahrbuch zur Liberalismus-Forschung 13 (2001), S. 200-209.

[119] Ansatzweise ist dieser Gedankengang bereits bei Kappmeier, Konfession und Wahlverhalten, S. 63, zu finden, wenn er, von dem erfolgreichen Einbruch der SPD in die katholischen Wählerschichten ausgehend, die höhere Bedeutung „anderer Variablen" für die Weiterentwicklung der Parteien betont. Leider führt Kappmeier diesen Gedanken aber nicht aus.

[120] Die „Tendenz zur moralischen und ideologischen Überhöhung der Stellungnahmen zu konkreten politischen Fragen" war eines der zentralen Elemente der von dem Konflikt über die nationale Zugehörigkeit geprägten politischen Kultur im Saarland der Nachkriegszeit, Maria Zenner, Politische Bewußtseinsbildung in internationalen Sonderregimen, in: Hudemann u. Poidevin (Hgg.), Saar, S. 397-404, hier: S. 402.

[121] Bemerkenswert ist in diesem Zusammenhang die Begründung von Friedrich Regitz zur Zustimmung der SPD zum Wahlgesetz für die Landtagswahl 1960: Für die SPD-Fraktion begrüßte Regitz insbesondere die Tatsache, daß die ursprünglich vorgesehene Aufteilung des Wahlgebietes in 25 Wahlkreise fallen gelassen wurde, da es dadurch „sehr viel schwieriger gewesen wäre, die Wünsche der Parteiführung [gegenüber der eigenen Partei] durchzusetzen", LTDS, 3. WP, Abt. I, 88. Sitzung v. 29.9.60, S. 2388. Im übrigen waren gerade bei den Kommunalpolitikern noch viele der potentiell gegenüber dem neuen Kurs kritisch einge-

Diese Strategie war bis zu den ersten Kommunalwahlen im Jahr 1960 erfolgreich, weil sie das Kräfteverhältnis gegenüber der CDU sehr günstig beeinflußte. Die Ergebnisse stagnierten dann jedoch bis nach den Landtagswahlen dieses Jahres. Diese Stagnation deutet darauf hin, daß die Möglichkeiten auf Zugewinne durch den Einbruch in katholische, bis daher eher den C-Parteien zugewandte Wählerpotentiale die negative Entwicklung in den Hochburgen der Sozialdemokratie nicht überkompensieren konnten. In historisch-politischer Perspektive bedeuteten diese Wahlergebnisse, daß die politischen „Kosten" der bisherigen Strategie, nämlich die Nachteile aus der Regierungsbeteiligung wie z.B. die Teilverantwortung für die nicht für jeden zufriedenstellenden Veränderungen im sozialen Besitzstand, aber auch für die heftig diskutierte Problematik des für ungültig erklärten Kommunalwahlgesetzes so hoch waren, daß die daraus gezogenen Vorteile nicht für eine Ablösung der CDU als stärkste Partei ausreichten. Damit ging die SPD aus der Gründungsphase des Bundeslandes Saar in einer ähnlichen Situation heraus wie bereits im Jahr 1947 nach der Gründung des teilautonomen Saarlandes.

Die CDU wählte demgegenüber einen anderen Weg: Von der Basis der eindeutigen Dominanz der Christdemokraten gegenüber der Sozialdemokratie vor der Volksabstimmung aus betrachtet, bedeutete der Verzicht auf eine schnelle Vereinigung die Aufgabe einer dominanten Machtposition. Keine der C-Parteien konnte gegenüber der SPD die Rolle spielen, welche die CVP scheinbar selbstverständlich gegenüber der SPS innegehabt hatte. Zwar stellte die Kommunalwahl des Jahres 1956 eine gravierende institutionelle wie organisatorische Stärkung der CDU dar, genauso, wie bei der Bundestagswahl 1957 deutlich wurde, daß die C-Parteien weiterhin über ein Wählerpotential von ungefähr der Hälfte der saarländischen Wahlbevölkerung verfügten. Trotzdem ist festzuhalten, daß die Fragmentierung des nicht eindeutig sozialdemokratischen Lagers bis zur Landtagwahl 1960 anhielt und die Wachstumschancen der CDU deutlich einschränkte. Dieser Trend wurde wahrscheinlich durch die verzögerte Entscheidung zugunsten einer Regierungsbeteiligung der CVP - genauso wie durch die Konsequenz dieser Entscheidung, nämlich die Ausgrenzung der DPS - weiter verstärkt. Andererseits muß festgestellt werden, daß die CDU durch diese Strategie auf die Zeit nach der Landtagswahl 1960 besser vorbereitet war: Bereits während der Übergangszeit hatte sie über eine negative strategische Mehrheit verfügt, durch die eine Regierungsbildung unter Ausschluß der CDU nur rechnerisch, nicht aber politisch-praktisch möglich gewesen war. Diese Position konnte die CDU noch 1960 halten.[122] Gleichzeitig verfügte sie durch die komplizierte Entwicklung bei den „kleinen" Parteien, besonders der SVP, über direkten Zugang zu einem erhebli-

---

stellten SPS-Funktionäre vertreten.

[122] Alleine schon dem Amtsbonus des Ministerpräsidenten ist außerordentlich hohe Bedeutung zuzumessen, wie sich anhand von Umfragedaten zeigt: Franz Josef Röder hätte demnach im Jahr 1960 ca. 60% der Stimmen erhalten, sein Gegenkandidat Kurt Conrad aber nur 15%, Jürgen W. Falter, Faktoren der Wahlentscheidung. Eine wahlsoziologische Analyse am Beispiel der saarländischen Landtagswahl 1970, Köln u.a., S. 93.

chen Anteil desjenigen Wählersockels, der sich in der Vergangenheit nicht dazu entschließen konnte, Stammwähler einer der beiden großen Parteien zu werden.[123]

Damit ist das Urteil Jean-Paul Cahns, der davon ausgeht, daß die Aufrechterhaltung des Heimatbundes für die SPD nicht besonders vorteilhaft gewesen sei, zumindest in seiner zeitlichen Gültigkeit zu bezweifeln: Bis in das Jahr 1959, möglicherweise bis zur Regierungsbildung unter Röder war die Regierungsbeteiligung für die SPD unter dem Gesichtspunkt der Stärkung ihrer Position gegenüber der CDU durchaus erfolgreich. Aus Kenntnis der weiteren Entwicklung der Partei erscheint erst das Festhalten an der Regierungsbeteiligung bis 1960, also so lange, bis die SPD praktisch aus der Regierung „herausgewählt" wurde, viel eher als politischer Fehler. Unter diesem Blickwinkel bedeutete die für die Christdemokraten nach der Landtagswahl 1960 gegebene Möglichkeit zur Regierungsfortsetzung sowie die ideologisch-programmatische Nähe eines Großteils auch desjenigen Wählerpotentials, das sich nicht für die CDU entschieden hatte, zugleich die Chance, die Einigung zur Volkspartei jetzt nachzuholen. Damit steht die Landtagswahl eindeutig noch im Kontext der Übergangszeit, und insofern gilt Hüsers These von der Integrationskraft der Röder-CDU allenfalls erst für die Zeit nach dieser Wahl. Die Ausbildung eines Rechts-Links-Gegensatzes, wie sie von Loth angenommen wird, dürfte sich angesichts der sich aus der Vereinigungs-Aufgabe ergebenden Notwendigkeit eines integrativen Regierungsstils wahrscheinlich gar nicht erhärten lassen, und wenn doch, dann steht zu erwarten, daß dieser Gegensatz eher auf das Verhalten der SPD zurückzuführen sein wird.

Indizien zur Stützung dieser Interpretation liefert auch der Regierungsstil Franz Josef Röders. Zunächst überließ dieser - besonders im Zusammenhang mit den im Umfeld der wirtschaftlichen Eingliederung auftretenden sozialpolitischen Fragen - die Verantwortung weitgehend seinen Ministern. Dies betraf insbesondere die Frage der Auflösung der Kasse für Familienzulagen, über die noch am 18. Juni 1959 eine Grundsatzdiskussion geführt wurde. Hier verschärfte sich die Konfrontation insbesondere zwischen DPS und SPD, was der SPD erlaubte, ihre Kompetenz in diesem Bereich zu betonen,[124] wobei jedoch der sozialdemokratische Arbeitsminister zum

---

[123] Sehr interessante Umfrageergebnisse zu dieser Frage zitiert Falter, Wahlentscheidung, S. 88ff. Danach stellte die CDU für die Wähler aller „kleiner" Parteien - SVP, CNG -, aber auch für die von der DPS abwandernden Wähler die mit Abstand attraktivste Alternative dar. Dabei kann Falter die Zugewinne der CDU in den 60er Jahren und ihre allmähliche Entwicklung zur auch bei Landtagswahlen stark dominierenden Partei statistisch sehr durch Korrelation der Wahlergebnisse der DPS und der SVP erklären und so den Umfragebefund erhärten.

[124] LTDS, 3. WP, Abt. I, 71. Sitzung v. 18.6.59, S. 1909. Interessant ist die Argumenation von Kurt John (DPS), der die Familienzulage zum „schwerwiegendsten Streitpunkt der gesamten wirtschaftlichen Eingliederung" erklärte und angesichts des Scheiterns der Saarvertreter bei der Aufrechterhaltung des sozialen Besitzstandes - ein „politisches Versprechen" aus dem Abstimmungskampf - feststellte: „Die Bevölkerung unseres Landes ist verbittert." Vollends griff John die eigentlich sozialdemokratische Argumentationslinie auf, als er betonte, daß nicht haushaltstechnische Erwägungen für die negative Entscheidung aus Bonn verantwortlich seien, sondern prinzipielle: „Man fürchtet", so John über einen möglichen Erfolg der saarländischen Regelung in Bonn, „daß die Einführung im übrigen Bundesgebiet unvermeidlich wäre und damit eine Mehrbelastung der deutschen Wirtschaft einträte."

Jahresende hin die Maßnahmen zur Auflösung der Kasse im Parlament vertreten mußte.[125] Diese Verschärfung des Konflikts mit der DPS griffen auch die CDU-Minister auf.[126] Der Ministerpräsident jedoch zeigte sich stets um ein grundsätzlich kooperatives, auf Basis der gemeinsamen Verantwortung stehendes Verhältnis zur DPS bemüht. Die Sozialdemokraten jedoch zwang der verschärfte Konflikt zwischen Regierung und Opposition zu problematischen Konkretisierungen ihrer Politik. So sah sich z.B. Friedrich Regitz in der gleichen Debatte dazu veranlaßt, gegenüber der DPS die Grubenstillegungen bei den Saarbergwerken als notwendige Modernisierung und als keinesfalls unangemessene Reaktion auf die Absatzkrise zu verteidigen.[127] Allerdings nutzte die SPD auch den ihr eingeräumten Spielraum. Im Vorfeld der (ersten) Kommunalwahlen 1960 versuchte Innenminister Kurt Conrad nachdrücklich, die kommunalpolitische Kompetenz der SPD herauszustellen. Überdeutlich bestimmte dieses Element seine Rede zur Neufassung des kommunalen Finanzausgleichs im Frühjahr 1960.[128]

Eine Veränderung dieses Stils deutete sich erst mit dem Urteil über die Verfassungswidrigkeit des Gesetzes zur Kommunalwahl im Mai 1960 an. Dieses Gesetz war im Laufe des Jahres 1959 im Kabinett ohne Diskussion, aber stets mit Hinweis auf die Verspätung der Vorlagen beraten worden, was wohl als Indiz für die politische Problematik der dort vorgenommenen Regelungen gewertet werden muß.[129] In der folgenden parlamentarischen Beratung wurde der später entscheidende Kritikpunkt, nämlich der Wegfall der Kandidatur freier Listen, nur ansatzweise thematisiert.[130] Nachdem die Wahl für ungültig erklärt worden war,[131] setzte ein intensives Krisenmanagement der Regierung ein: In einer geschickt angelegten Regierungserklärung nahm der Ministerpräsident einerseits den zuständigen Minister aus der Schußlinie der Kritik, indem er die Schwächen des Gesetzes zugestand, demonstrierte aber gleichzeitig Handlungsfähigkeit, indem er seine weiteren Maßnahmen zur Abwendung der akuten Krise bei den Gemeinden und präzise Terminvorstellungen über die

---

[125] Die Kasse stellte Ende des Jahres 1959 ihren Betrieb ein, die restlichen Mittel wurden an die Leistungsempfänger ausgeschüttet, LTDS, 3. WP, Abt. I, 75. Sitzung v. 4.11.59, S. 2035.

[126] So z.B. in einer Auseinandersetzung zwischen Wirtschaftsminister Manfred Schäfer und Heinrich Schneider über die Verkehrspolitik. LTDS, 3. WP, Abt. I, 77. Sitzung v. 1.12.59, S. 2092.

[127] Ebd., S. 2096.

[128] Conrad hielt nicht nur ein detailreiches Referat über die juristischen und politischen Regelungen, sondern verwendete viel Zeit darauf, durch Vergleich mit der Situation in anderen Bundesländern die außerordentlichen Leistungen des Saarlandes für die Kommunen zu würdigen, LTDS, 3. WP, Abt. I, 79. Sitzung v. 29.3.60, S. 2142ff.

[129] Erstmals wurde das Gesetz im Juni 1959 „mit Verspätung" eingebracht, LASB StK 1721, Kabinettsprotokoll v. 22.6.59, und auch in der „Beratung" im Juli wurde aus „Zeitmangel" auf eine Diskussion verzichtet, so daß die Stellungnahmen der Minister erst bei der Beratung im Landtag erfolgen sollten, LASB StK 1721, Kabinettsprotokoll v. 8.7.59.

[130] LTDS, 3. WP, Abt. I, 73. Sitzung v. 17.7.59, S. 1976.

[131] Das Urteil löste geradezu hektische Reaktionen im Kabinett aus. Zur Abstimmung des weiteren Vorgehens wurde sogar eigens eine Kabinettssitzung nach München einberufen, LASB StK 1724, Kabinettsprotokoll v. 4.8.60.

weitere Vorgehensweise vorlegte.[132] Angesichts dieser Linie der Regierung, die als neues Element besonders die Stellung des Ministerpräsidenten hervorhob, gelang es der Opposition im Landtag nicht, eine überzeugende kritische Haltung zu formulieren. Die DPS sah sich gezwungen, ihre Nicht-Ablehnung des Gesetzes zu erklären, und auch die SVP fand mit ihrer Generalabrechnung, die sich gegen praktisch alle Parteien im Landtag richtete, kaum Widerhall.[133]

Eine Verschärfung der Auseinandersetzung mit der SPD dagegen trat im ersten Kabinett Röders - soweit überhaupt feststellbar - erst recht spät ein. Zu nennen ist hauptsächlich der von der SPD-Fraktion eingebrachte Entwurf für ein Gesetz über eine Weihnachtsgratifikation für Beamte. Diese Vorlage rief heftige Empörung bei der CDU hervor, die teilweise unter Verweis auf die haushaltspolitischen Rückwirkungen im Verhältnis zum Bund, teilweise aber auch - und hier besonders von Röder - unter Hinweis auf den Bruch mit den Gepflogenheiten in der Koalition formuliert wurde.[134] Mit der Neubildung der Regierung nach den Landtagswahlen 1960 verschärften sich diese Konflikte. Die nun erstmals in der Opposition befindliche SPD wählte einen neuen Stil in ihrer Debattenführung, indem sie bei kontroversen Debatten die jeweils zuständigen Minister in ihrer persönlichen Verantwortung für ihren Geschäftsbereich angriff.[135] Neu hinzu trat auch die direkte und persönliche Attacke auf die Amtsführung des Ministerpräsidenten. Zunächst noch in die Form der bereits bekannten Polemik gegen seinen Dispositionsfonds gekleidet,[136] wurden die

---

[132] LTDS, 3. WP, Abt. I, 86. Sitzung v. 22.8.60, S. 2337f.

[133] Emil Weiten (SVP) argumentierte damit, daß der Justizminister bei der Abstimmung über das Gesetz den Raum verlassen habe, daß die SPD dem Gesetz zugestimmt habe, weil der Verzicht auf Doppellisten der CDU sich für sie „rentiert" habe, und schließlich sogar damit, daß die DPS die Regierung habe „blamieren" wollen, LTDS, 3. WP, Abt. I, 86. Sitzung v. 22.8.60, S. 2350f.

[134] Die SPD-Fraktion verwahrte sich von Anfang an gegen den Vorwurf, ein Wahlkampfgeschenk machen zu wollen, und argumentierte statt dessen mit der Gleichstellung der saarländischen Beamten gegenüber dem Personal in der Wirtschaft und in anderen Bundesländern, LTDS, 3. WP, Abt. I, 90. Sitzung v. 15.11.60, S. 2415. Den Hinweis darauf, daß diese Frage auch in Berlin zu Problemen angesichts der Finanzhilfe des Bundes und der Länder geführt habe, wollte Regitz nicht gelten lassen: „Wir wollen uns nicht mit Berlin vergleichen, wir wissen, daß es dort eine völlig andere Situation ist. Berlin wird Finanzhilfe brauchen, wenn man an der Saar lange nicht mehr darüber reden wird.", ebd., S. 2420.

[135] Auf diese Weise wurden geradezu der Reihe nach praktisch alle Minister im Laufe des Jahres 1961 attackiert: Der Finanzminister, der mit dem „Rotstift" „gewütet" habe, LTDS, 4. WP, Abt. I, 5. Sitzung v. 8.2.61, S. 117; die „Unfähigkeit" des Wiederaufbauministeriums, die bereits zugesagte Bundesmittel gefährde, LTDS, 4. WP, Abt. I, 7. Sitzung v. 18.4.61, S. 175, und dessen Bericht zur Raumplanung eine „Bankrotterklärung" darstelle, LTDS, 4. WP, Abt. I, 8. Sitzung v. 20.4.61, S. 311; der Arbeitsminister, der unsachgemäße, weil partei-orientierte Personalpolitik betreibe, LTDS, 4. WP, Abt. I, 8. Sitzung v.20.4.61, S. 302; der Innenminister, weil die verzögerte Einbringung des Gesetzes über kommunale Selbstverwaltung ein „schweres Versäumnis" darstelle, LTDS, 4. WP, Abt. I, 10. Sitzung v. 26.6.61, S. 357; der Wirtschaftsminister, dessen Antwort auf eine Anfrage zu den Auswirkungen der DM-Aufwertung „nicht angemessen", weil lapidar gewesen sei, ebd., S. 390; die Reihe ließe sich fortsetzen.

[136] Die rein persönlichen Vorwürfe konterte Röder übrigens von Anfang an, so z.B. in der Frage seiner Dispositionsfonds, auf die er praktisch eine Antwort verweigerte und sich statt dessen gegen den - so gar nicht erhobenen - Vorwurf verteidigte, seine Dienstwohnung zu kostspielig ausbauen zu lassen. Röder nutzte diese Wendung, um sich für seine Bescheidenheit loben zu lassen, LTDS, 4. WP, Abt. I, 8. Sitzung v. 20.4.61, S. 224f.

Vorwürfe mit der Zeit deutlicher und politisch brisanter. Zuletzt fragte Friedrich Regitz im Zusammenhang mit einem Vergleich der Finanzausstattung der Rundfunkanstalten im Saarland und in anderen Ländern, ob die bessere Situation anderer Länder darauf zurückzuführen sei, daß diese „tüchtigere Ministerpräsidenten" haben.[137] Gegenüber dieser neuen Vorgehensweise erschien die noch aus der Regierungstätigkeit der Übergangszeit stammende Strategie Röders, den Ministern weitgehend die Vertretung ihrer Fachpolitiken im Parlament zu überlassen, sehr defensiv. Zwar blieb Röder in seinem eigenen Zuständigkeitsbereich, dem Kultusministerium, in seiner Sachkompetenz weitgehend unbeschadet - wohl auch aufgrund der recht unsystematisch vorgetragenen Angriffe der Opposition -,[138] vor allem aber die SPD konnte das Kabinett als ganzes als eine wenig abgestimmte und daher auch konzeptionell schwache Regierung darstellen.[139] Eine Anpassung des Regierungsstils an diese neue Situation erfolgte zunächst nur zaghaft.[140]

3.3 Haushaltspolitik zwischen Geldsegen aus Bonn und Beinahe-Bankrott

3.3.1 Der Versuch einer bürokratischen Verarbeitung von Budgetproblemen

Die Besonderheiten des teilautonomen Status des Saarlandes seit dem Zweiten Weltkrieg hatten auch eine Reihe von Rückwirkungen auf die Struktur seines Finanzwesens.[141] Einerseits waren bestimmte Ausgabenarten vorgesehen, die vor 1945 und

---

[137] LTDS, 4. WP, Abt. I, 11. Sitzung v. 12.7.61, S. 416.

[138] Sehr aufschlußreich in diesem Zusammenhang ist eine Debatte zur Bildungspolitik Anfang 1962: Nachdem Kurt Conrad im Zusammenhang mit der Finanzierung des Saarländischen Rundfunks noch von einem „Canossa" des Ministerpräsidenten hatte sprechen können, der sich an diesem Punkt kaum verteidigte und auch keine Unterstützung aus der Mehrheitsfraktion fand - LTDS, 4. WP, Abt. I, 16. Sitzung v. 30.1.62, S. 552 -, dominierte Röder die Debatte um den Etat des Kultusministeriums praktisch nach Belieben: Trotz seiner strikt konservativen, teilweise moralisch-nostalgischen Argumentation war die Opposition offenbar nicht in der Lage, konkrete Sachargumente gegen Röders Vorstellungen einzubringen. Dies ließ die Diskussion gegen Ende der Debatte in eine Erörterung der Vor- und Nachteile von Mehrzweck- und Schulsporthallen abgleiten, ebd., S. 688.

[139] Interessant ist in diesem Zusammenhang der Vorwurf von Friedrich Regitz, Röder unterhalte in der Staatskanzlei eine Art „Nebenregierung", die willkürlich und unabgestimmt in die Parlamentsvorlagen der Ministerien eingreife, ebd., S. 589. Aus dem Zusammenhang mit der kurz vorher vorgetragenen Forderung, die Regierungsarbeit müsse „elastischer" und weniger streng an formalen Zuständigkeiten orientiert organisiert werden (LTDS, 4. WP, Abt. I, 13. Sitzung v. 7.11.61, S. 473), zeigt sich, daß hier nicht eine - möglicherweise sogar positiv zu wertende - enge Koordination der Regierungsarbeit angesprochen wurde, sondern im Gegenteil die Reibungsverluste durch fehlende Lenkung der Kabinettstätigkeit kritisiert wurden.

[140] Ein solcher Ansatz fand sich in der Grundsatzdiskussion über Sozialpolitik, die sich aus der neuerlich aufgeworfenen Frage nach einer Weihnachtsgratifikation für Beamte Ende 1961 entwickelte. Nachdem die Gefahr bestand, daß die Einigkeit innerhalb der Regierungskoalition durch das unvermittelte Aufeinandertreffen von klassisch-liberalen Ordnungsvorstellungen aus den Reihen der DPS und an der „sozialen Tradition" des Saarlandes orientierten Grundüberlegungen aus Teilen der CDU-Fraktion zerbrechen könnte, griff Röder in die Diskussion ein und formulierte einen christlich-anthropologisch fundierten Standpunkt, der als Basis für eine Leitlinie des Regierungshandelns verstanden werden konnte: Durch seinen Rückbezug auf die Enzyklika quadragesimo anno und das christliche Menschenbild gelang es ihm, die Debatte praktisch zu beenden, LTDS, 4. WP, Abt. I, 14. Sitzung v. 30.11.61, S. 516.

[141] Zu den Haushaltsproblemen in der Zeit der Teilautonomie Heinen, Saarjahre, S. 337ff.

auch nach der Eingliederung in die Bundesrepublik nicht existierten, so z.B. die - recht geringen - Aufwendungen für die diplomatische Vertretung des Saarlandes in Frankreich, die Besatzungskosten bzw. die Kosten für die Vertretung Frankreichs an der Saar, aber auch Belastungen durch das eigenständige saarländische Sozialsystem oder die selbständig geführten Eisenbahnen und das Postwesen. Diesen besonderen Ausgaben stand ein ebenso ungewöhnliches System der Einnahmenverteilung zwischen dem Saarland und Frankreich gegenüber: Ein Großteil der schwer radizierbaren Einnahmen - insbesondere die Mehrwertsteuer - wurde nach dem französisch-saarländischen Steuer- und Haushaltsvertrag als gemeinsame Einnahmen geführt und nachträglich aufgeteilt. Weiterhin waren nach dem „Vertrag zwischen Frankreich und dem Saarland über den gemeinsamen Betrieb der Saargruben" die Saarbergwerke weder der Gewerbe- noch der Vermögenssteuer unterworfen, sondern zahlten statt dessen eine an die Höhe der Nettoproduktion gekoppelte sogenannte Bergbauabgabe.[142]

Neben diesen in der speziellen völkerrechtlichen Situation begründeten Besonderheiten[143] bestimmten aber auch andere Faktoren die saarländische Finanzpolitik. Außer dem großen Zerstörungsgrad durch Kriegsschäden, der sich in hohen Kosten für den Wiederaufbau,[144] aber auch in überdurchschnittlichen Ansätzen für den Wohnungsbau niederschlug, verursachte die saarländische Wirtschaftsstruktur Probleme auf der Einnahmeseite des Landeshaushalts. Das relative Gewicht des ertragsschwachen Bergbaus im Saarland, die nach anfänglichen Erfolgen nur langsam wachsende Stahlindustrie und die schwache Ausprägung der weiterverarbeitenden Industrie führten zu Ausfällen im Bereich der Unternehmenssteuern.[145] Darin lag der wichtigste Grund für die große Bedeutung von Lohn- und Einkommensteuern für den Landeshaushalt. Ein weiteres wichtiges Element der saarländischen Finanzsituation stellte der eigentümlich strukturierte Kapitalmarkt dar. Während z.B. in der Bundesrepublik die Leistungsfähigkeit des Kapitalmarkts, aber auch die Refinanzierungsmöglichkeiten für Unternehmen durch privates Kapital als zentrale Faktoren für die

---

[142] Vgl. hierzu den „Vertrag zwischen Frankreich und dem Saarland über den gemeinsamen Betrieb der Saargruben", Art. 9, abgedruckt in: Regierung des Saarlandes (Hg.), Staatsverträge.

[143] Die exakte Quantifizierung dieser Sondereinflüsse gestaltet sich aufgrund der ungünstigen Datenlage und vor allem aufgrund der sehr komplexen Struktur der gegenseitigen Verflechtung außerordentlich schwierig. Einen Ansatzpunkt bieten die statistischen Übersichten in: Saarland, Ministerium für Wirtschaft (Hg.), Strukturdaten der Saarwirtschaft, Saarbrücken 1956. Nichtsdestoweniger wurden die Kosten der Souveränität in der politischen Auseinandersetzung vor und während des Abstimmungskampfes oft thematisiert. Sehr aufschlußreich hierzu das Heimatbund-Plakat in: Robert H. Schmidt, Saarpolitik, Bd. 3 S. 236f.

[144] Beispielhaft für die auch in finanzpolitischer Hinsicht heftigen Konflikte zwischen Kommunalverwaltung, Landesregierung und Besatzungsmacht war die Diskussion um die Neugestaltung der Stadt Saarlouis, Lutz Hauck, Saarlouis nach der Stunde Null. Der Wiederaufbau zwischen Tradition und Moderne, Saarlouis 1998 (= Schriften des Landkreises Saarlouis 3), hier: S. 23-34. Im Landeshaushalt hatten die Mittel für den Wiederaufbau mit 17,5 Mrd. FF im Jahr 1953 (bei einem Gesamthaushalt von ca. 80 Mrd. FF) fast genauso große Bedeutung wie die Sozialausgaben mit 18,6 Mrd. FF, Stat. Amt d. Saarl. (Hg.), Saarländische Bevölkerungs- und Wirtschaftszahlen 5 (1953), H. 1 S. 116.

[145] Sehr deutlich hierzu: Stat. Amt d. Saarl. (Hg.), Saarländische Bevölkerungs- und Wirtschaftszahlen 7 (1955), H. 1 S. 106.

Erklärung der günstigen wirtschaftlichen Entwicklung bis in die 60er Jahre hinein angesehen wurden,[146] war der Kapitalmarkt im Saarland durch das Fehlen größerer Privatunternehmer sowie durch die sehr restriktive französische Banken- und Kreditpolitik nachhaltig geschwächt.[147]

Bereits ab 1953 schlug sich dies in einer Unterdeckung der staatlichen Haushalte nieder. Erstmals konnte der Etat - bei stagnierenden, möglicherweise sogar rückläufigen Ausgaben - nicht ausgeglichen werden, so daß ein Defizit von ca. 5 Mrd. FF ausgewiesen werden mußte.[148] Schon diese Krise war größtenteils nicht auf zu hohe Ausgaben, sondern eher auf die zu geringen Einnahmen des Staates zurückzuführen. Einschränkend muß allerdings darauf hingewiesen werden, daß die Entwicklung der kommunalen Finanzen im Saarland von den Zyklen der Landeshaushalte deutlich abwich. So fand die wachsende Finanzkrise des Landeshaushalts seit 1953 zunächst auf der Ebene der Gemeinden keine Entsprechung, vielmehr waren dort weiterhin steigende Einnahmen zu verzeichnen. Diese Zuwächse waren jedoch vor allem auf die günstige Entwicklung der Gewerbesteuereinnahmen[149] zurückzuführen, was sowohl Zusammenhänge zur Entwicklung des Geldwertes herstellt als auch die Konjunkturreagibilität kommunaler Etats verdeutlicht.[150] Weiterhin hatte der große Anteil der Gewerbesteuer bei der Finanzierung von Gemeindehaushalten eine einseitige

---

[146] Besondere Betonung findet vor allem die Möglichkeit zur Finanzierung von Unternehmen durch Eigenkapital, Feldenkirchen u.a., Unternehmensfinanzierung.

[147] Zur Einordnung dieses Themenkomplexes in die regionalhistorische Forschung Celia Applegate, Reflections on the Historiography of Sub-National Places in Modern Times, in: American Historical Review 104 (1999), S. 1157-1182, bes. S. 1169. Ausführlich zur Organisation des Kreditwesens: Weidig, Geldwesen, S. 1-40, sowie Klaus Martin, Errichtung, passim. Zur Bedeutung des Kapitalmarkts für die Wirtschaftspolitik der ersten Hälfte der 50er Jahre in Deutschland: Heiner R. Adamsen, Investitionshilfe für die Ruhr. Wiederaufbau, Verbände und Soziale Marktwirtschaft 1948-1952, Wuppertal 1981 (= Düsseldorfer Schriften zur Neueren Landesgeschichte und zur Geschichte Nordrhein-Westfalens 4), S. 237ff. Die regionalwirtschaftliche Bedeutung einer angemessenen Organisation des Kapitalmarktes, besonders unter Einbeziehung privaten Kapitals, betonen: Hesse u. Schlieper, Strukturwandel, S. 594f. Die Nachteiligkeit des französischen Systems für die Regionalentwicklung schwerindustrieller Regionen analysiert: Ulrich Weinstock, Regionale Wirtschaftspolitik in Frankreich. Eine Auseinandersetzung mit ihren Problemen und Methoden, Hamburg 1968, S. 323. Eine prägnante Darstellung der wirtschaftspolitischen Folgen der auf Frankreich ausgerichteten Kapitalmarktstruktur liefert Hellwig, Verflechtung, S. 168.

[148] Stat. Amt d. Saarl. (Hg.), Saarländische Bevölkerungs- und Wirtschaftszahlen 5 (1953), H.1 S. 115.

[149] Das saarländische System der Primärfinanzierung von Gemeinden durch Gewerbeertrags- und Gewerbekapitalsteuer stellte eine Kontinuität zum deutschen Steuersystem dar, die 1951 durch eine umfangreiche Finanzausgleichsregelung ergänzt wurde. Zu den Regelungen im einzelnen: Olav Sievert u.a., Kommunaler Finanzausgleich für das Saarland, Saarbrücken 1981, S. 7f. Allerdings führte dieses System - im Vergleich zur französischen „patente" - zu einer höheren Steuerbelastung saarländischer Unternehmer; vgl. Industrie- und Handelskammer des Saarlandes (Hg.), Kritische Würdigung, S. 16; Senf, Steuerprobleme, S. 27; Bosch, Saarfrage, S. 30. Andererseits war damit die in Deutschland durch die uneinheitliche Politik der Besatzungsmächte ausgelöste Diskussion um die „Realsteuergarantie" der Gemeinden, welche die finanzpolitischen Debatten der frühen Bundesrepublik stark beeinflußt hatte, recht früh und konsequent gelöst, Rüdiger Voigt, Die Auswirkungen des Finanzausgleichs zwischen Staat und Gemeinden auf die kommunale Selbstverwaltung von 1919 bis zur Gegenwart, Berlin 1975, hier: S. 126ff.

[150] Sehr kritisch zum Einfluß der Kommunen auf steuerpolitische Fragen Anfang der 50er Jahre: Senf, Steuerprobleme, S. 26.

regionale Verteilung zur Folge, und zwar insbesonderen zugunsten der Industriezone an der mittleren Saar,[151] die durch die rückläufigen allgemeinen Finanzzuweisungen nicht ausgeglichen werden konnte.[152]

Diese ungünstige finanzielle Situation vor allem des Landeshaushaltes rief bereits in der Übergangsregierung unter Ministerpräsident Welsch hektische Verwaltungsaktivitäten hervor. Nicht nur der Verzicht auf eine Weihnachtsgratifikation für Bedienstete des Öffentlichen Dienstes, sondern auch die Aufforderung, die Zahl der Wechsel in der Besetzung von Sekretariats- und Fahrerstellen bei der Neubesetzung von politischen Führungsämtern soweit wie möglich zu reduzieren,[153] sowie die schon von der ersten Heimatbundregierung erlassene Verfügung, die in den Dienststellen vorhandenen Telefonanschlüsse einzeln auf ihre Notwendigkeit zu überprüfen und möglichst abzumelden,[154] verdeutlichen dies. Allerdings finden sich bereits im Frühjahr 1956 auch erkennbare Anzeichen für ein systematischeres Vorgehen bei der Bewältigung der Finanzkrise. Hierzu zählt nicht nur der Einstellungsstopp vom April 1956, der mit einer generellen Überprüfung des Stellenbestandes in der Verwaltung einherging,[155] sondern vor allem die Restrukturierungsmaßnahmen bei der Aufstellung des Etats für 1956. Die aus den Vorjahren stammenden Fehlbeträge von insgesamt ca. 32 Mrd. FF, die bislang über Neuveranschlagung von Haushaltsresten[156] sowie durch Rückgriffe auf sogenannte Betriebsmittel[157] zwischenfinanziert worden

---

[151] Im Jahr 1953 vereinnahmte alleine die Stadt Saarbrücken mehr als ein Drittel der kommunalen Gewerbesteuern im Saarland, Stat. Amt d. Saarl. (Hg.), Saarländische Bevölkerungs- und Wirtschaftszahlen 5 (1953), H. 1 S. 117.

[152] Die Zuweisungen sanken in 1954 und 1955 um insgesamt eine Mrd. FF, Stat. Amt d. Saarl. (Hg.), Saarländische Bevölkerungs- und Wirtschaftszahlen 7 (1955), H. 1 S. 107f.

[153] LASB StK 1712, Kabinettsprotokoll v. 23.12.55.

[154] LASB StK 1713, Kabinettsprotokoll v. 16.2.56.

[155] LASB StK 1713, Kabinettsprotokoll v. 9.4.56. Kurz darauf wurde der Leiter der Personalabteilung im Innenministerium, Staatsanwalt Kurt van Recum, an die Spitze der Personalkommission berufen, LASB StK 1713, Kabinettsprotokoll v. 8.5.56. Van Recum war später auch im Beirat für Verwaltungsvereinfachung sowie in der Arbeitsgruppe zur Vorbereitung der kommunalen Gebietsreform tätig, Werner Dingfelder, Die kommunale Gebiets- und Verwaltungsreform im Saarland, in: Der Landkreis 44 (1974), S. 111-117, hier: S. 112.

[156] Ausführlich zur Bedeutung der Ausgabereste in der deutschen Finanzwirtschaft und in der zeitgenössischen Diskussion: Uwe Plachetka, Die Finanzwirtschaft des Bundes und der Länder in der Bundesrepublik Deutschland (in den Jahren von 1950 bis 1965), (Diss.) Bonn 1969, S. 123ff. „Ausgabereste sind schwebende Zahlungsverpflichtungen, d.h. sie entstehen am Ende eines Rechnungsjahres als Differenz zwischen zustehenden Etatmitteln aufgrund der Etatansätze und ihrer nichterfolgten Verausgabung. Diese Reste werden - soweit sie nicht durch Fristablauf verfallen - den jeweiligen Ausgabenpositionen des nächsten bzw. übernächsten Rechnungsjahres zugeschlagen.", ebd., S. 126. Im Saarland waren bereits im Haushalt des Jahres 1955 14,1 Mrd. FF dieser faktisch zweckgebundenen Mittel aus Ausgaberesten nicht übertragen, sondern im neuen Haushalt neu veranschlagt worden, was den Fehlbetrag im Haushalt rechnerisch reduzierte, Stat. Amt d. Saarl. (Hg.), Saarländische Bevölkerungs- und Wirtschaftszahlen 7 (1955), H.1 S. 106f.

[157] Gemeint waren hierbei hauptsächlich Postscheck- und Postspargutlhaben, die lt. französisch-saarländischem Vertrag eigentlich hätten in Frankreich hinterlegt werden müssen - was aber nicht erfolgte - sowie bestimmte Mittel, die zwar Anfang des Jahres vereinnahmt, aber nur ratenweise abgerufen wurden, wie z.B. Zuschüsse zu den Gemeindehaushalten. Neben der verfassungsrechtlichen Problematik

waren, wurden in Form einer Anleihe des Bundes in Höhe von 14,7 Mrd. FF teilweise in fundierte Schulden umgewandelt.[158] Diese Maßnahmen reduzierten jedoch die Verschuldung des Landes per Saldo nicht, und weiterhin konnte dadurch auch nicht verhindert werden, daß trotz gestiegener Steuereinnahmen auch im Haushalt für 1956 ein Defizit ausgewiesen werden mußte.

Angesichts der offenkundig mit administrativen Maßnahmen kaum zu behebenden Haushaltsschwierigkeiten wählte die Regierung im Unterschied zu anderen Sachbereichen von Beginn an den Weg, diesen Themenkomplex der Restrukturierung saarländischer Politik in Kooperation mit dem Parlament zu bearbeiten.[159] Bereits in seiner ersten Regierungserklärung sprach der neugewählte Ministerpräsident das Problem der unzureichenden Finanzkraft deutlich an und stellte den Zusammenhang zu anderen Themenbereichen her: Man müsse anerkennen, so Ney, daß „unsere wirtschaftlichen Probleme in hohem Maße auch finanzielle, genauer gesagt Finanzierungsprobleme sind". Um diese Probleme zu lösen, sei Hilfe von außen, von der Bundesrepublik, nötig, die zu erhalten „berechtigte Hoffnung" bestehe. Allerdings führte Ney die Liquiditätsprobleme in dieser Rede - noch - hauptsächlich auf die spezielle Struktur der französisch-saarländischen Finanzordnung und die hohen Sozialausgaben zurück.[160] Das letztgenannte Argument wurde dabei besonders von Heinrich Schneider in den folgenden Sitzungen immer wieder aufgegriffen.[161] Etwas konkreter verlief die Debatte anläßlich der Haushaltsrede von Finanzminister Blind im Februar. Nachdem Blind in einer Art Lehrvortrag die Methodik der Haushaltsführung in der Vergangenheit, insbesondere das System der Rückgriffe auf Betriebsmittel, ausführlich, dabei aber betont sachlich erläutert hatte, stellte er sein Konsolidierungskonzept vor, das im wesentlichen durch die Fundierung von Altschulden und die Finanzierung von neuen Aufgaben durch Anleihen geprägt war. Als wichtigste neue Elemente in der Haushaltsgestaltung nannte er die Entlastung des Haushalts um die Etats von saarländischer Post und Eisenbahn und die Notwendigkeit, die geplanten Verkehrsmaßnahmen, vor allem Autobahnbau und Elektrifizierung von Eisenbahnstrecken, mit Mitteln aus Bonn zu finanzieren. Trotzdem stellte der Haushalt keine völlige Neuorientierung dar, was sich insbesondere im Verzicht auf die Erstellung eines neuen Stellenplans niederschlug. Angesichts der weiterhin bestehenden „nationalen Aufgaben" der Landesregierung blieb einstweilen der Personalbedarf unverändert. Dagegen fand die strukturelle Finanzschwäche des Landes im Unterschied zur Regierungserklärung nun bereits deutliche Pointierung: „Aber auch angesichts dieser Zahlen stellt sich von selbst die Frage, wie es dazu kommt, daß ein Industriegebiet, das seiner Struktur nach bei oberflächlicher Betrachtung für be-

---

dieses Vorgehens konnte dieses Finanzgebaren zu einer Einschränkung der Liquidität des Staates führen.
[158] Stat. Amt d. Saarl. (Hg.), Saarländische Bevölkerungs- und Wirtschaftszahlen 8 (1956), H.1 S. 104.
[159] Zur Bedeutung der Etatberatungen als „Sonderfall des Verhältnisses von Legislative und Exekutive" vgl. Gruber, CDU-Landtagsfraktion, S. 285-291.
[160] LTDS, 3. WP, Abt. I, 2. Sitzung v. 10.1.56, S. 17.
[161] Z.B. LTDS, 3. WP, Abt. I, 6. Sitzung v. 31.1.56, S. 143.

sonders finanzkräftig gehalten werden könnte, in zunehmenden Maße auf Anleihmittel angewiesen ist."[162]

Im Parlament fand die so vorgezeichnete Grundlinie der Haushaltspolitik nur wenig Präzisierung. In den vergleichsweise kurzen Debatten wurde vor allem die Frage der früheren Finanzierungstechniken im Rahmen der Auseinandersetzung mit der CVP um die jüngste Vergangenheit aufgegriffen, wobei insbesondere die CDU-Fraktion ihre diesbezügliche Kritik scharf vortrug.[163] Mit diesem Debattenstil gelang es jedoch kaum, die Vorgängerregierungen bzw. die CVP politisch zu isolieren, da dem Gegenargument, das sich primär auf den Hinweis auf die historisch und politisch einzigartige - und alternativlose - Situation stützte, keine Sachargumente entgegengesetzt wurden.[164] Interessanter dagegen gestaltete sich die Diskussion um die Frage nach Kontinuitäten und Neuansätzen in der saarländischen Politik, die in dieser Schärfe nur anläßlich der Haushaltspolitik geführt worden ist. Nachdem Franz Schneider ironisch darauf hingewiesen hatte, daß er eigentlich von der neuen Landesregierung den Nachweis für den vom Heimatbund im Abstimmungskampf prognostizierten „Staatsbankrott" erwartet habe, führte er aus, daß Blinds erster Haushaltsentwurf eigentlich „eine absolut typische und klassische Rede über das Haushaltsgesetz ... gewesen" sei.[165] In dieser Wertung war implizit - und mit vorsichtigen Formulierungen auch andeutungsweise explizit - die Kritik enthalten, daß sich der Haushalt in weiten Teilen auf der Hoffnung auf den Zufluß von Bundesmitteln gründe. Dieses Argument rief erhebliche Irritationen auf Seiten des Heimatbundes hervor, die wohl auf tatsächlich bestehende Unsicherheiten über das weitere Verhältnis zwischen Bund und dem Saarland zurückzuführen waren. Die Bandbreite der Reaktionen reichte vom Vorwurf Manfred Schäfers, die saarländische Autonomie sei eigentlich gar keine gewesen, weil die CVP auf Finanzhilfen aus Frankreich habe verzichten müssen, um nicht in Abhängigkeit zu geraten,[166] bis hin zur Argumentation von Hans-Peter Will,

---

[162] LTDS, 3. WP, Abt. I, 8. Sitzung v. 22.2.56, S. 177-191, hier: S. 188. Blind gelangte in seiner Analyse der damit aufgeworfenen Frage zu keiner neuen Lösung, sondern stellte die Finanzprobleme in den Kontext der hohen Sozialkosten und des Wiederaufbaus.

[163] Sehr pointiert hierzu Wilhelm Kratz. Der Ansatz wurde - auch von anderen Rednern - auf die Grundfrage der rechtlichen Stellung des Saarlandes zugespitzt: „Aus rein politischen Erwägungen zur Errichtung eines autonomen Staates hat man hier an der Saar Institutionen geschaffen und Geld für Zwecke ausgegeben, wie es sich kaum ein großer Staat leisten kann.", LTDS, 3. WP, Abt. I, 9. Sitzung v. 27.2.56, S. 198ff.

[164] Die CVP führte als Erklärung für die Haushaltsführung seit 1953 an, daß „seit 1953 eine endgültige Lösung der Saarfrage immer wiederum, sozusagen stündlich, erwartet" wurde, und daß außerdem die Ausweitung der Haushalte als Übertragung der Kriegsfolgekosten auf spätere Generationen durchaus gerechtfertigt gewesen sei, ebd., S. 204ff.

[165] Ebd., S. 203.

[166] LTDS, 3. WP, Abt. I, 9. Sitzung v. 27.2.56, S. 214f. Dieses Argument ist insofern interessant, als es doch immerhin die ja eigentlich zu kritisierende Haushaltsführung unter Johannes Hoffmann wenigstens politisch legitimiert hat, genauso, wie es - als Verhaltensregel für die Zukunft verstanden - zur Vorsicht im Umgang mit Bundeshilfen mahnte. Eine völlig andere Einschätzung lieferte dagegen Heinrich Schneider, der der CVP Versäumnisse in der Finanzpolitik unterstellte, weil sie 1947 nicht genügend Mittel von Frankreich für die Wirtschaftsförderung eingefordert habe: „Paris hätte Ihnen das Geld gegeben", LTDS,

der die Bundeshilfe als Ausdruck der „Fürsorgepflicht" des Bundes gegenüber den Ländern wertete.[167]
Gegenüber diesen heftig geführten und stark grundsatzorientierten Debatten blieb die Diskussion einzelner Haushaltsansätze zurückhaltend und unscharf. Statt dessen kam es in dieser Phase zu Konflikten über die Prioritätensetzung im Haushalt, und zwar über die Frage nach dem Ausgleich von sozial- und wirtschaftspolitischen Maßnahmen, die auf Unterschiede in der programmatischen und ideologischen Grundlegung der Parteien zurückzuführen sind. Besonders Manfred Schäfer formulierte seine Kritik an den seiner Meinung nach zu hohen Sozialkosten des Landes - ohne aber den Spielraum des Parlaments bei der Anpassung dieser Kosten zu präzisieren.[168] Demgegenüber legte die SPD mehrfach ein eindeutiges Bekenntnis zu dem Vorhaben der Modernisierung der saarländischen Wirtschaft ab, das jedoch stets mit der Einschränkung versehen wurde, daß diese „um keinen Preis und in keinem Falle zu Lasten des Sozialetats ... zu gehen hat".[169] Trotzdem führten diese Debatten weniger zu einem Konflikt entlang der herkömmlichen Links-Rechts-Polarisierung, sondern waren eher Ausdruck des Versuchs der jeweiligen Politiker, in den eigenen Reihen Übereinstimmung über Grundlinien der Politik herbeizuführen. Sehr deutlich wird dies vor allem bei der SPD, deren Redner in nicht selten sehr komplexen Argumentationen einerseits die Notwendigkeit von Anpassungen im Sozialsystem nicht leugneten, andererseits aber diese Maßnahmen als „wahrhaftige" Umsetzung des vor der Volksabstimmung von der Partei beworbenen „Nein" zum Saarstatut darstellten.[170] Damit rückte die SPD-Spitze - wie auch schon zu anderen Gelegenheiten - ihren Anspruch als durch ihr Expertentum für die Wahrung des „sozialen Besitzstandes" kompetente Regierungspartei in den Vordergrund. Ähnliche Konflikte zeigten sich auch zwischen CDU, DPS und CVP beim Thema Wirtschaftspolitik. Norbert Brinkmann versuchte die Übernahme einer Neunkirchener Metallverarbeitungsfabrik durch den Staat als sinnvolle, weil regionalwirtschaftlich vertretbare und ordnungspolitisch

---

3. WP, Abt. I, 6. Sitzung v. 31.1.56, S. 126. Dieser Beitrag Schneiders, der eigentlich gar nicht in die sonstige Darstellung des Verhältnisses Paris - Saarbrücken paßt, zeigt wohl mit am deutlichsten die Konfusion in dieser Frage.

[167] LTDS, 3. WP, Abt. I, 24. Sitzung v. 13.12.56, S. 636. Mit dieser Vorstellung stand Will in deutlichem Gegensatz zu Schäfers Ansatz vom „Vertrauen" gegenüber der Bundesregierung als Bedingung der Möglichkeit, Finanztransfers zu akzeptieren, und auch im Gegensatz zur Selbstdarstellung der Regierung besonders in dieser Sitzung, bei der es um die Verabschiedung der Beitrittserklärung ging, nach der nämlich die Finanztransfers auf die gute Verhandlungsführung des Kabinetts zurückzuführen seien.

[168] „Ich möchte darauf hinweisen, daß unser Sozialetat auch mit der Begründung der Angleichung an die Bundesrepublik inzwischen ein Ausmaß angenommen hat ... [das] hinsichtlich der Leistungsfähigkeit unserer Industrie und unserer Wirtschaft vielleicht gar nicht einmal auf die Dauer vertreten werden kann. ... Wir verlangen also mit Fug und Recht, daß wir uns den Leistungen der Bundesrepublik anpassen, wir vergessen aber darüber, daß unsere Leistungsfähigkeit derjenigen der Bundesrepublik noch lange nicht angepaßt ist.", LTDS, 3. WP, Abt. I, 18. Sitzung v. 9.7.56, S. 448.

[169] Ebd., S. 449.

[170] LTDS, 3. WP, Abt. I, 24. Sitzung v. 13.12.56, S. 626.

notwendige Mittelbewilligung darzustellen.[171] Dafür erntete er scharfe Kritik von Seiten der DPS, die Erhaltungssubventionen zugunsten „oberfauler Betriebe" mit wirtschaftsliberalen Erwägungen grundsätzlich ablehnte.[172] Die CVP dagegen wertete diese Politik als Bestätigung und Fortsetzung ihrer Wirtschaftspolitik, die früher bereits regionalwirtschaftlich sinnvolle Betriebe - insbesondere den in Rede stehenden - unterstützt hatte.[173]

3.3.2 Defizite in der Finanzpolitik der Übergangszeit

Gegenüber dem Jahr 1956 gewannen die Haushaltsberatungen in den Jahren 1957 bis 1960 immer mehr an Umfang. Zuletzt zog sich der Gesetzgebungsprozeß beim Haushalt für 1960 über fast ein halbes Jahr hin. Als wichtigstes Charakteristikum entwickelte sich dabei der Verzicht auf eine grundlegende Auseinandersetzung über die Politik der Landesregierung. Anstatt, wie in anderen Parlamenten durchaus üblich, den Haushalt als zahlenmäßige Repräsentation des Regierungsprogramms zu verstehen, die dann von der parlamentarischen Opposition kritisiert bzw. mit einem alternativen Konzept konfrontiert wurde, fanden bei den Haushaltsberatungen politische Konflikte allenfalls in der Auseinandersetzung um die jüngere saarländische Vergangenheit Platz.[174] Damit waren die Haushaltsberatungen noch deutlicher als die restliche Parlamentstätigkeit vom Fehlen einer grundsatzorientierten Oppositionsarbeit geprägt. Sehr deutlich trat dagegen die Funktion der Haushaltsberatungen zutage, das Verhältnis des Saarlandes zu Deutschland zu thematisieren und den zahlenmäßigen Niederschlag dieses Verhältnisses zu problematisieren. Hierbei entwickelten die führenden Debattenredner ein eigenes Instrumentarium, das dazu diente, mit wiederkehrenden Ansätzen und Argumentationsmustern die finanzpolitische Komponente saarländischer Politik zu deuten. Den vielleicht interessantesten Beitrag lieferte der saarländische Finanzminister bereits Anfang 1957: Aus der Höhe der von Bonn zugesagten Mittel ergebe sich, so der Gedankengang, die politische, wenn nicht gar moralische Verpflichtung, von Seiten des Saarlandes alles Mögliche zu unternehmen, um keine gegenüber anderen Ländern überhöhten Kosten zu verursachen.[175] Dieser Gedankengang ließ sich genauso gut aber auch umkehren und stellte dann geradezu eine Begründung für das Ausbleiben von Bundeshilfen

---

[171] LTDS, 3. WP, Abt. I, 19. Sitzung v. 10.7.56, S. 512f. Die konkrete Maßnahme ist wohl als Sonderfall der bereits erwähnten Bürgschafts- und Kredithilfepolitik der Landesregierung zu sehen. Zum Hintergrund der Entscheidung vgl. das umfangreiche, mehr als 100seitige Dossier in: LASB StK Kabinettsregistratur, Anlage MW, Kabinettsvorlage Wirtschaftsministerium v. 30.4.63.

[172] LTDS, 3. WP, Abt. I, 19. Sitzung v. 10.7.56, S. 513.

[173] So Franz Ruland, LTDS, 3. WP, Abt. I, 6. Sitzung v. 31.1.56, S. 132ff.

[174] Z.B. in der Rede des Finanzexperten der CDU, Jakob Feller, LTDS, 3. WP, Abt. I, 48. Sitzung v. 27.3.58, S. 1396ff., in direkter Konfrontation mit Ludwig Schnur.

[175] Im Zusammenhang mit der Besteuerung von Lichtspielhäusern führte Blind aus: „Aber glauben Sie, daß es unsere Verhandlungsposition stärken und die Ernsthaftigkeit unserer Argumentation unterstreichen würde, wenn wir nun kämen und verlangten, daß die bundesdeutschen Steuerzahler auch noch eine Million DM aufbringen sollen, damit die Saarländer billig ins Kino gehen können?", LTDS, 3. WP, Abt. I, 29. Sitzung v. 14.2.57, S. 837.

bzw. einen Aufruf zur Selbstbescheidung in bezug auf Forderungen gegenüber der Bundesrepublik dar.[174]

Leistungen des Bundes im Zusammenhang mit der Eingliederung

Leistungen	Zuschüsse	Darlehen	Summe
zum Ausgleich des saarländischen Haushaltes	1009,3	332,4	1341,7
zur Erleichterung der wirtschaftlichen Eingliederung	328,1	645,1	973,2
im Zusammenhang mit der Währungsumstellung	578,7	0	578,7
Gesamtsumme	1916,1	977,5	2893,6

Angaben in Mio. DM.

Dieser Ansatz wurde im Rahmen der Diskussionen mehrfach auf die ebenso ambivalent eingeschätzte Grundfrage nach den politischen Aspekten der Finanzhilfen weiterentwickelt. Einerseits herrschte weitgehend Einigkeit im Parlament darüber, daß die saarländischen Finanzforderungen prinzipiell gerechtfertigt seien,[175] andererseits sah man aber auch mit großem Unbehagen die Gefahr, durch die Finanzhilfen in zu starke Abhängigkeit von Bonn zu geraten. Josef Schmitt (CDU) befürchtete gar, daß das Saarland zum ersten „bundesunmittelbaren Regierungsbezirk" werden könne.[176] Darüber hinaus nutzte die Regierung die Finanzzusagen aus Bonn als Mittel, sich als sachkundiger und erfolgreicher Sachwalter saarländischer Interessen darzustellen; dementsprechend breiten Raum nahm die Darstellung der eingeworbenen Mittel in den Reden ein.[177] Gleichzeitig benutzte sie die Schwierigkeiten bei der

---

[174] Manfred Schäfer erläuterte prägnant den Gedankengang deutscher Politik gegenüber dem Saarland: „Selbstverständlich bekommst du 23 Milliarden Franken von mir, damit es dir nicht schlechter geht als den Steuerzahlern, die diese 23 Milliarden aufbringen, aber auch nicht mehr; denn daß es dir besser geht mit den Steuergroschen des bundesdeutschen Steuerzahlers, das kannst du ja schlechterdings nicht verlangen." LTDS, 3. WP, Abt. I, 44. Sitzung v. 17.12.57, S. 1221. Vorher hatte Josef Schmitt (CDU) es bereits als geradezu „unanständig" bezeichnet, wenn man angesichts der hohen Zuwendungen aus Bonn im Saarland nicht sparsam wirtschaften würde, LTDS, 3. WP, Abt. I, 37. Sitzung v. 12.6.57, S. 997.

[175] Ein Infragestellen dieser Berechtigung wurde als schwerwiegender Verstoß gegen die sachlich gebotenen Gepflogenheiten gewertet, wobei v.a. die Politik der anderen Bundesländer mehrfach mißtrauisch begutachtet wurde, z.B. von Friedrich Regitz: „Wir haben erlebt, daß - durch alle Parteien hindurch - die anderen Bundesländer nicht bereit sind, dem Saarland für immer Sondervorteile zuzugestehen.", LTDS, 3. WP, Abt. I, 81. Sitzung v. 14.4.60, S. 2220.

[176] Wenn der Bund erhebliche Mittel bewillige, so Schmitt, stehe zu befürchten, „daß er dann auch ein erhebliches Mitspracherecht geltend machen wird. In der Konsequenz kann das bedeuten, daß das Saarland dann der erste bundesunmittelbare Regierungsbezirk wird", LTDS, 3. WP, Abt. I, 48. Sitzung v. 27.3.58, S. 1266.

[177] Besonders für das Haushaltsjahr 1958, vgl. die Haushaltsrede von Manfred Schäfer, LTDS, 3. WP, Abt. I, 44. Sitzung v. 17.12.57, S. 1206ff.

Leistungen des Bundes im Zusammenhang mit der Eingliederung

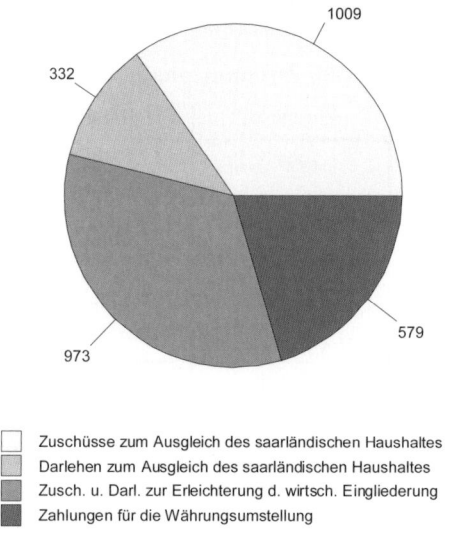

- [ ] Zuschüsse zum Ausgleich des saarländischen Haushaltes
- [ ] Darlehen zum Ausgleich des saarländischen Haushaltes
- [ ] Zusch. u. Darl. zur Erleichterung d. wirtsch. Eingliederung
- [ ] Zahlungen für die Währungsumstellung

Angaben in Mio. DM. Lesebeispiel: Die im Zusammenhang mit der Eingliederung gewährten Zuschüsse zum Ausgleich des saarländischen Haushaltes waren ungefähr so hoch wie die zur Erleichterung der wirtschaftlichen Eingliederung gewährten Zuschüsse und Darlehen. Quelle: Cuntze, Eingliederung, S. 114ff.

Mitteleinwerbung zur Disziplinierung einzelner Abgeordneter oder gar des ganzen Parlaments, wenn die Debatten im Plenum unerwünschte Verläufe nahmen. So wurde nach dem Motto „Feind hört mit" der Versuch unternommen, eine allzu positive Darstellung der Finanzverhältnisse des Saarlandes zu unterbinden,[180] oder es wurde gar den in dieser Hinsicht zu deutlichen Reden einzelner Abgeordneter die Schuld für das Ausbleiben erwarteter Mittel zugewiesen.[181]

---

[180] Bereits Ende Dezember 1956 fragte Franz Josef Röder in einer Wortmeldung zur Geschäftsordnung während der laufenden Debatte über den Stellenplan bei der saarländischen Post nach, ob die Debatte denn im Rundfunk übertragen werde - was selbstverständlich der Fall war, wie jeder Beteiligte wußte, LTDS, 3. WP, Abt. I, 26. Sitzung v. 20.12.56, S. 685. Ähnlich zu bewerten ist ein Zwischenruf von Minister Schäfer zu Ausführungen von Norbert Engel (SPD) über die Verfahrensweise bei Altschulden: „Mußte das hier gesagt werden?", LTDS, 3. WP, Abt. I, 37. Sitzung v. 12.6.57, S. 1009.

[181] Minister Schäfer erklärte z.B. den Umstand, daß im Bundeshaushalt die allgemeine Finanzhilfe für 1958 als Darlehen eingestellt worden war, unter anderem mit Äußerungen von Ludwig Schnur in der vorangegangenen Haushaltsdebatte, mit denen er die Finanzlage des Saarlandes als nicht so schlecht charakterisiert hatte, LTDS, 3. WP, Abt. I, 48. Sitzung v. 27.3.58, S. 1388. Neben der eigenständigen Analyse des Landeshaushaltes durch Bonn und der Möglichkeit, einen Präzedenzfall für die Verhandlungen des Bunds mit anderen Ländern zu schaffen, nannte Schäfer als vierten Grund übrigens auch die Erhöhung des Haushalts in den Ausschußberatungen gegenüber dem von der Regierung eingebrachten Entwurf. Dieses letztgenannte Argument ging vom verfassungsrechtlichen Standpunkt her betrachtet sogar noch weiter.

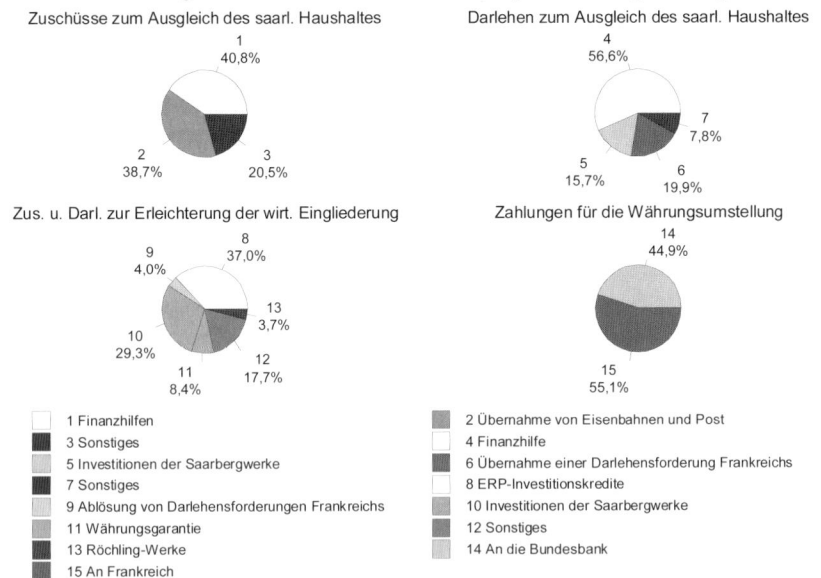

Leistungen des Bundes im Zusammenhang mit der Eingliederung

Zuschüsse zum Ausgleich des saarl. Haushaltes
- 1: 40,8%
- 2: 38,7%
- 3: 20,5%

Darlehen zum Ausgleich des saarl. Haushaltes
- 4: 56,6%
- 5: 15,7%
- 6: 19,9%
- 7: 7,8%

Zus. u. Darl. zur Erleichterung der wirt. Eingliederung
- 8: 37,0%
- 9: 4,0%
- 10: 29,3%
- 11: 8,4%
- 12: 17,7%
- 13: 3,7%

Zahlungen für die Währungsumstellung
- 14: 44,9%
- 15: 55,1%

1 Finanzhilfen
2 Übernahme von Eisenbahnen und Post
3 Sonstiges
4 Finanzhilfe
5 Investitionen der Saarbergwerke
6 Übernahme einer Darlehensforderung Frankreichs
7 Sonstiges
8 ERP-Investitionskredite
9 Ablösung von Darlehensforderungen Frankreichs
10 Investitionen der Saarbergwerke
11 Währungsgarantie
12 Sonstiges
13 Röchling-Werke
14 An die Bundesbank
15 An Frankreich

Lesebeispiel: Ein großer Teil der Zuschüsse des Bundes zum Ausgleich des saarländischen Haushaltes wurde bei der Übernahme der Eisenbahnen und der Post gewährt. Quelle: Cuntze, Eingliederung, S. 114ff.

Dabei fällt bereits die exakte Quantifizierung der im Zuge der Eingliederung von der Bundesrepublik geleisteten Finanzhilfen sehr schwer.[182] Den realen „Subventions"-Wert dieser Leistungen zu bemessen erscheint sogar praktisch unmöglich: Denn selbstverständlich können z.B. bei Darlehen nicht die nominellen Kreditsummen, sondern allenfalls die Zins- und Rückzahlungsvergünstigungen als finanziell meßbare Vorteile angesetzt werden.[183] Weiterhin stellt sich die Frage, ob die im Saar-

---

[182] Die „halboffizielle" Darstellung von Albert Cuntze, Die finanzwirtschaftliche Eingliederung des Saarlandes, in: Die finanzielle Liquidation des Krieges beim Aufbau der Bundesrepublik Deutschland, Bonn o.J. (1962) (= Schriftenreihe des Bundesministeriums der Finanzen 3), spricht auf S. 113f. von ca. 2,8 Mrd. DM bis 1961. Seine Darstellung entspricht damit fast wortgleich derjenigen des Bundesministerium der Finanzen (Hg.), Finanzbericht 1962, Die volkswirtschaftlichen Grundlagen und die wichtigsten finanzwirtschaftlichen Probleme des Haushaltsplans der Bundesrepublik Deutschland für das Rechnungsjahr 1962, Bonn 1962, S. 149. In der politischen Bildung wurde ein Betrag von 2,5 Mrd. DM verbreitet, vgl. Institut für Staatsbürgerliche Bildung in Rheinland-Pfalz u. Landeszentrale für den Heimatdienst des Saarlandes (Hgg.), Der freie Bürger 10 (1966) (= Sonderausgabe 10 Jahre Bundesland Saarland). Im scharfen Gegensatz dazu steht Fiedler, Rückgliederung, S. 674f., der im Bundeshaushalt ca. 1 Mrd DM. auffinden konnte, während Hans-Walter Herrmann, Modellfall, S. 46, ca. 2,3 Mrd. DM summiert, und Adami, Haushaltspolitik, S. 42, nur 1,465 Mrd. DM. Eine Einordnung dieser Summen erlaubt allenfalls der Vergleich zur Berlin-Hilfe des Bundes, die das Steueraufkommen des Landes bei weitem überschritt, vgl. hierzu Plachetka, Finanzwirtschaft, S. 55ff., Adami, Haushaltspolitik, S. 42ff., und Walz, Budgetpolitik, S. 56ff.

[183] Dies war als Anspruch bereits in den frühen Gutachten zur Frage der Wirtschaftsförderung im Saarland formuliert worden: „Die besonderen Verhältnisse am Kapitalmarkt, die wir aus dem letzten Jahrzehnt des Kapitalmangels und der gebundenen Zinssätze gewöhnt sind, verführen leicht zu der Annahme, daß allein schon die Bereitstellung von Krediten eine Unterstützungsmaßnahme sei. Dies ist sie aber selbstver-

vertrag vereinbarten Zahlungen von dreistelligen Millionenbeträgen an Frankreich bzw. an die Bundesbank - wenn nicht sogar die Leistungen aus der Währungsgarantie für saarländische Sparer -[184] überhaupt in diesem Zusammenhang aufgeführt werden können, wie dies in Teilen der zeitgenössischen Diskussion und auch in der Forschung geschah. Schließlich wäre noch zu klären, inwiefern der Aufkauf von Unternehmensanteilen an der neu- bzw. umgegründeten Saarbergwerke AG einen Finanztransfer für „das Saarland" darstellte. Schließlich war damit der im Vergleich zur Belastung des französischen Reparationskontos nach dem Krieg und zur noch in der ersten Hälfte der 50er Jahre in Deutschland diskutierten Sozialisierung der Ruhrindustrie recht kostengünstige Erwerb eines umsatzstarken, wenn auch ertragsschwachen Unternehmens verbunden. Interessant ist jedenfalls der Hinweis bei Albert Cuntze, daß im Jahr 1960 die im Saarland anfallenden Steuereinnahmen des Bundes die im jüngsten Bundesland getätigten Aufwendungen des Bundes um ca. 5,7 Mio. DM überschritten, wobei der Einnahmeüberschuß „der Deckung solcher Bundesausgaben [diente], die ihrer Art nach nicht auf die einzelnen Länder aufgeteilt werden können".[185]

Schließlich übernahmen die Haushaltsberatungen die Funktion, Raum für eine wenigstens teilweise zusammenhängende Diskussion der Übergangszeit zu bieten. Hierbei wurden nicht nur einzelne Maßnahmen, wie z.B. die Teuerungszulage für Empfänger von Sozialleistungen, in ihrer Finanzierbarkeit diskutiert,[186] sondern auch vor allem die strukturelle Anpassung der Haushalte an die kommende bundesdeutsche Systematik und die durch die bundesdeutsche Steuer- und Finanzstruktur zu erwartenden Veränderungen in den Einzeletats thematisiert. Diesen Aspekt in den Etatberatungen kennzeichnete, daß Parlamentarier - und Regierung - praktisch über die ganze Übergangszeit hinweg diese Anpassung zwar forderten, die konkrete Umsetzung aber nicht zu leisten in der Lage waren.[187] Dazu trug die grundsätzliche

---

ständlich nur dann, wenn der Zinssatz gegenüber normalen Marktbedingungen ermäßigt und die Tilgung verlängert wird. Die Saarwirtschaft benötigt wegen ihrer oben geschilderten Bedingungen Kredithilfe, [Hervorhebung im Original] nicht Kredit zu Bedingungen, die die Konkurrenz in der Bundesrepublik in Zeiten höchster Kapitalknappheit auf sich nehmen konnte.", Schwantag, Industrie, S. 94.

[184] Die Kosten für die Währungsumstellung betrugen lt. Bundesministerium der Finanzen (Hg.), Finanzbericht 1962, S. 144, ca. 580 Mio. DM, für die Währungsgarantie ca. 85 Mio. DM, ebd., S. 149. Zusätzlich sind in der vom Bundesfinanzministerium errechneten Summe noch 400 Mio. DM für die Übernahme der saarländischen Post und Eisenbahnen enthalten.

[185] Cuntze, Eingliederung, S. 110.

[186] Z.B. LTDS, 3. WP, Abt. I, 43. Sitzung v. 22.11.57, S. 1182ff.

[187] Besonders deutlich wurde dieser Aspekt bei den Beratungen zum Haushalt 1959: Zwar gingen Regierung und Parlament unisono davon aus, daß mit dem Wegfall der saarländischen Sonderregelungen (insb. §10 Eingliederungsgesetz) der Landeshaushalt grundlegend würde umgestellt werden müssen - eine Erkenntnis, die bereits früh Raum gegriffen hatte, vgl. LTDS, 3. WP, Abt. I, 46. Sitzung v. 12.2.58, S. 1264, wo die Erstellung eines DM-Haushaltes bereits gefordert wurde. Die Erstellung eines „fiktiven Haushalts" wurde aber bis zuletzt weitgehend abgelehnt, LTDS, 3. WP, Abt. I, 59. Sitzung v. 4.2.59, S. 1649. Vielmehr wurde es im Laufe der Übergangszeit erklärtes Ziel der Regierung, die saarländischen Sonderregelungen so lange wie möglich, auf jeden Fall möglichst für das ganze Jahr 1959, in Kraft zu halten, LTDS, 3. WP, Abt. I, 54. Sitzung v. 25.11.58, S. 1586.

Entscheidung über den Umgang mit der Defizit-Belastung des Landeshaushaltes bei. Mit aller Schärfe wandte sich Finanzminister Schäfer dagegen, laufende Ausgaben per Defizit zu decken.[188] Dies wurde auch von den Fraktionen im Landtag nicht prinzipiell in Frage gestellt. Da die Gesamt-Deckung der Landeshaushalte aber stets nur schwer zu erreichen war, mußten die anfallenden Mehrbelastungen durch Maßnahmen der Übergangszeit aus den Zuwendungen aus Bonn bzw. den in der Übergangszeit noch fließenden Sondereinnahmen des Landes finanziert werden. Daher stellten die finanziellen Hilfen des Bundes, die überwiegend in Form allgemeiner Finanzhilfen ausgewiesen worden waren, praktisch doch zweckgebundene Mittel dar. Infolgedessen mußte bereits ab dem Haushaltsjahr 1957 auf eine weitere Reduzierung der Altschulden verzichtet werden, so daß für das Haushaltsjahr 1960 der größte Teil der aus der Zeit vor 1956 stammenden Schulden noch zur Deckung, teilweise sogar zur Fundierung anstand.[189] Dies war auch ein wesentlicher Grund dafür, daß dieser Haushalt zu Recht als erster „Übergangshaushalt" und die darauf folgenden als „Anpassungsjahre" bezeichnet werden mußten.[190]

Unter den verschiedenen Sachbereichen der Debatten war vor allem der Personalsektor derjenige, in denen Parlament und Regierung weitgehend unabhängig von allgemeinpolitischen Erwägungen eine Entwicklungspolitik verfolgten. Die Entwürfe der Landesregierung kennzeichnete eine deutliche Ausweitung des Personalbestandes im Landesdienst,[191] die sich vor allem auf die Bereiche Bildung und Schule[192] sowie

---

[188] „Meine Herren, ich werde mich niemals dazu verstehen können, irgend jemandem - auch in diesem Hause - eine defizitäre Haushaltspolitik zu empfehlen, solange ich nicht weiß, wie ... dieses Defizit abgedeckt werden kann.", LTDS, 3. WP, Abt. I, 37. Sitzung v. 12.6.57, S. 1047.

[189] Die endgültige Entscheidung darüber fiel in der zweiten und dritten Lesung des Haushalts für 1959, in der die Haushaltsreste der vorangegangenen Jahre in Abgang gestellt und 1960 neu veranschlagt wurden, „um bei den Verhandlungen mit dem Bund über die Abdeckung der aus der Zeit vor dem Rechnungsjahr 1956 verbliebenen Rechnungsfehlbeträge in Höhe von 23,3 Milliarden Franken eine günstigere Verhandlungsposition zu besitzen." Liquiditätsprobleme sollten dabei vom Finanzminister über eine Vorschußkasse vermieden werden, LTDS, 3. WP, Abt. I, 72. Sitzung v. 3.7.59, S. 1955. Damit wurde zuletzt also ein ähnliches Verfahren wie das hart kritisierte Vorgehen der letzten Regierung Hoffmann gewählt. Bereits 1958 war dieses Verfahrensweise auch in der Öffentlichkeit problematisiert worden, vgl. Walter Gerisch, Zunehmende Ausgaben des Saarstaates, in: Die Arbeitskammer. Zeitschrift der Arbeitskammer des Saarlandes 6 (1958), S. 337-338, sie wurde hier aber noch als Strategie - und nicht als Notbehelf - des Finanzministers interpretiert.

[190] LTDS, 3. WP, Abt. I, 76. Sitzung v. 24.11.59, S. 2048f.

[191] In den verschiedenen Stellenplänen wurden zwischen 1957 und 1960 insgesamt deutlich mehr als 3000 neue Stellen geschaffen. Allerdings ist eine Bewertung dieser Zahl recht schwierig, weil sie teilweise in erheblichem Umfang Planstellen für bereits vorher aus Sachmitteln vergütete Personen enthielt. Auch ein Vergleich mit den Vorjahren ist praktisch unmöglich, da nicht nur, gesetzlich bedingt, gravierende Veränderungen eintraten (wie z.B. die Übernahme von Post und Eisenbahnen mit ca. 13.000 Stellen durch den Bund), sondern vor allem, weil eine ausreichende statistische Zusammenstellung des Personalbestandes nicht vorlag. Lt. Berichterstattung zum Nachtragshaushalt von 1958 waren für 1954 im Stellenplan insgesamt eine Zahl von 15.517 Stellen (ohne Eisenbahn und Post) ausgewiesen, die 1955 um 569, 1956 um 486, 1957 um 577 und 1958 dann um 1485 Stellen auf 18.634 Stellen erhöht wurde, LTDS, 3. WP, Abt. I, 52. Sitzung v. 17.7.58, S. 1539. In diesen Zahlen sind jedoch die aus Globalmitteln bezahlten Mitarbeiter nicht enthalten. Eine eigene Personalstatistik wurde erstmals für 1960 vom Statistischen Landesamt vorgenommen, Stat. Amt d. Saarl. (Hg.), Personal im öffentlichen Dienst am 2.10.1960,

auf das Aufgabengebiet der Verwaltung öffentlicher Arbeiten bezog. Gleichzeitig trat eine gewisse Ausdehnung der zentralen Verwaltungen sowie eine Verschiebung zugunsten höherbewerteter Planstellen ein.[193] In der parlamentarischen Debatte hierzu bestand zwischen Abgeordneten und Regierungsmitgliedern weitgehende Einigkeit im Unbehagen über den Stellenzuwachs, der als geradezu „beängstigend" verstanden wurde.[194] Andererseits herrschte Unsicherheit, möglicherweise gar Ratlosigkeit darüber, wie diese Entwicklung aufgehalten werden könnte, erschienen doch die Zuwächse als das Minimum dessen, was sachlich geboten war.[195] Kritik daran wurde dementsprechend als unqualifiziert bezeichnet.[196] Nichtsdestoweniger nutzte vor allem die CVP-Fraktion die Gelegenheit der Stellenplan-Diskussion, um anhand der Stellenzuwächse zu verdeutlichen, daß offensichtlich die Heimatbund-Propaganda vom „Wasserkopf" in der Verwaltung, der durch die nationalen Aufgaben des teilautonomen Staates bedingt gewesen sei, sachlich unbegründet sei.[197] Als weiteres

---

Saarbrücken 1962 (= SiZ, Sonderh. 21).

[192] Allein das Lehrpersonal (im Landesdienst) bestand 1960 aus mehr als 4500 Personen, ebd., S. 14. Die Bediensteten im Schul- und Bildungsbereich machten nach Berechnungen des Innenministeriums ca. 34% des Landespersonals aus, LTDS, 3. WP, Abt. I, 88. Sitzung v. 29.9.1960, S. 2400.

[193] Damit ist ein genereller Trend in öffentlichen Verwaltungen - auch der Gemeinden und des Bundes - gekennzeichnet, der bis heute anhält. Auf der Ebene der zentralen Landesverwaltungen im Saarland bedeuteten die neu ausgewiesenen Stellen zwar prozentual erhebliche Zuwächse, im Vergleich zu den Ausweitungen des Personalbestands in den sonstigen Bereichen stellten sie aber nur einen eher geringen Anteil dar, LTDS, 3. WP, Abt. I, 52. Sitzung v. 17.7.58, S. 1540. Die hier vorgelegten Zahlen sagen aber nichts über die Personalbewegungen aus, die durch Versetzungen oder Beförderungen ausgelöst wurden. So wurden beispielsweise im Stellenplan für 1958 1850 Beförderungsstellen eingestellt, ebd., S. 1541. Ebenso unklar bleibt die Frage nach dem Bezug von Personalmaßnahmen zu politischen Ereignissen: Zwar zeigten die Kabinettsprotokolle der Perioden unmittelbar nach der Volksabstimmung eine gewisse Häufung von Personalbeschlüssen, insb. LASB StK 1712, Kabinettsprotokoll v. 26.10.55, ansonsten sind aber im hier behandelten Zeitraum keine Indizien für durch Wahlkämpfe oder politische „Säuberungen" bedingte Personalentscheidungen aufzufinden.

[194] So Minister Blind in seiner Haushaltsrede in: LTDS, 3. WP, Abt. I, 31. Sitzung v. 18.3.57, S. 886. Diese Personalausweitung war andererseits durchaus typisch für zentrale Landesverwaltungen und wurde z.B. auch in Nordrhein-Westfalen kritisch diskutiert, Romeyk, Verwaltungsgeschichte, S. 23.

[195] Sehr deutlich äußerte sich Friedrich Regitz rückblickend hierzu: „Was gesagt worden ist, deutet darauf hin, daß man zwar in einigen Punkten Meinungsverschiedenheiten haben kann ... daß aber im Prinzip niemand einen Ausweg gewußt hat, das Haushaltsvolumen entscheidend zu verändern oder einen entscheidend anderen Aufbau des Haushaltsplanes vorzunehmen.", LTDS, 3. WP, Abt. I, 81. Sitzung v. 14.4.60, S. 2216. Zum Problem der überproportional steigenden Personalkosten in kleinen Bundesländern Wolfgang Renzsch, Finanzverfassung und Finanzausgleich. Die Auseinandersetzungen um ihre politische Gestaltung in der Bundesrepublik Deutschland zwischen Währungsreform und deutscher Vereinigung (1948 bis 1990), Bonn 1991, S. 199.

[196] Sehr deutlich hierzu Friedrich Regitz im Konflikt mit Ludwig Schnur, LTDS, 3. WP, Abt. I, 52. Sitzung v. 17.7.58, S. 1551.

[197] Dieses Argument kam bereits bei der ersten Stellenplan-Diskussion auf, LTDS, 3. WP, Abt. I, 31. Sitzung v. 18.3.57, S. 875. Mit der Zeit entwickelte sich dieser Gesichtspunkt geradezu zum „Steckenpferd" insb. von Ludwig Schnur, der allerdings als Innenminister bei den Beratungen zum Stellenplan 1960 dann zugestehen mußte, „daß entgegen der allgemein vertretenen Auffassung die Aufgaben [der Landesregierung] ... nach der Eingliederung in das Bundesgebiet ... nicht geringer, sondern teilweise erheblich größer geworden sind" und daher eine neuerliche Ausweitung des Personalbestands nötig sei., LTDS, 3. WP, Abt. I, 88. Sitzung v. 29.9.60, S. 2399f.

Argument fand die Forderung nach Maßnahmen zur Vereinfachung und Effizienzsteigerung der Verwaltungstätigkeit praktisch durchgehend Verwendung, eine Forderung, die jedoch mangels konkreter Vorschläge meistens ohne weitere Wirkung blieb.[198] Statt dessen häuften sich die Forderungen nach einer allgemeinen Wiederbesetzungssperre,[199] die Anfang 1960 dann auch in Kraft gesetzt wurde.[200]

Um nichts weniger problematisch gestaltete sich die Meinungsfindung zu wirtschaftspolitischen Elementen der Haushaltsberatungen. Obwohl mit der Aufteilung des Etats in einen sogenannten „ordentlichen" und einen „außerordentlichen" Haushalt bereits ein erheblicher Teil der staatlichen und mit Sondermitteln der Übergangsmaßnahmen finanzierten Investitionen gesondert ausgewiesen wurde,[201] waren andere regionalwirtschaftlich wirksame Mittel, wie z.B. die Steuerausfälle aus dem Gesetz über steuerliche Maßnahmen[202] oder die Steuerpräferenzen,[203] in unterschiedlichen Einzeletats berücksichtigt. Zudem war die Höhe der jeweils eingesetzten Positionen durchgängig entweder durch Mittelzusagen aus Bonn oder durch Schätzungen der Verwaltung weitgehend vorgegeben, so daß eine Veränderung kaum in Frage kam. Dementsprechend wurden die finanzpolitischen Grundlagen der Wirtschaftspolitik im engeren Sinne nur Anfang des Jahres 1957 intensiv diskutiert. In dieser Debatte trafen insbesondere die grundsätzliche Ablehnung eines deficit-spending durch Manfred Schäfer[204] und die Forderung einer von fiskalischen Erwägungen zunächst

---

[198] Mit einem solchen konkreten Vorschlag: LTDS, 3. WP, Abt. I, 46. Sitzung v. 12.2.58, S. 1329. Das Problem der Verwaltungsvereinfachung scheint im hier zu besprechenden Untersuchungszeitraum in der sonstigen Tätigkeit der Regierung weitgehend „untergegangen" zu sein, obwohl bereits Anfang 1957 die Erarbeitung einer allgemeinen Dienstpostenbewertung vorgesehen war, LASB StK 1715, Kabinettsprotokoll v. 30.1.57. Die Personalkommission unter van Recum scheint diese Tätigkeit aber durchgeführt zu haben, so daß erst Ende 1960 die dazu eingesetzte Kommission ihre Arbeit aufnahm, LTDS, 4. WP, Abt. I, 40. Sitzung v. 27.11.63, S. 1470.

[199] Erstmals in: LTDS, 3. WP, Abt. I, 52. Sitzung v. 17.7.58, S. 1545, wobei der Antragsteller Ludwig Schnur ausdrücklich mit dem Vorbild von Rheinland-Pfalz argumentierte.

[200] Ein solcher Wiederbesetzungsstopp hatte bereits 1956 kurzzeitig bestanden, LASB StK 1713, Kabinettsprotokoll v. 9.4.56.

[201] Z.B. liefen die Mittel für den Ausbau des saarländischen Verkehrsnetzes, insbesondere der Ausbau der Bundesstraßen und der Neubau der Autobahn Mannheim-Saarbrücken, über diesen Haushalt. Die dazu eingesetzten Mittel bezifferte Weiant für die Jahre bis 1958 auf 66,5 Mio. DM, Peter Weiant, Die Saar und ihre Wirtschaft, o.O. 1958 (= Bundes-Firmenregister, Nachdruck). Nach Angaben des Bundesfinanzministeriums wurden bis 1960 insgesamt 83 Mio. DM zu diesem Zweck verausgabt, Cuntze, Eingliederung, S. 102-114, hier: S. 113.

[202] Cuntze, Eingliederung, S. 105, beziffert die hauptsächlich zum Ausgleich für die Einnahmeausfälle aus diesem Gesetz geleistete allgemeine Finanzhilfe auf 110 Mio. DM. Karlheinz Klein, Erkenntnisse, S. 117, geht von einer Summe von 91 Mio. DM (= 10,7 Mrd. FF) konkret eingetretener Ausfälle aus, die sich nach Even, Investitionen, S. 16, auf 6,9 Mrd. FF Einkommen- und Körperschaftsteuer und 3,8 Mrd. FF Gewerbesteuer verteilten. Buddeberg, Verlagerung, S. 179, erwartete dagegen noch Ausfälle von 18 Mrd. FF.

[203] Zu den Steuerpräferenzen siehe: Reinhard Koch, Finanz- und Steuerpolitik im jüngsten Bundesland, in: Die Saarwirtschaft. Zwischenbilanz nach der Wiedereingliederung (= Der Volkswirt 11 (1960), Beilage), S. 17-18. Cuntze, Eingliederung, S. 114, beziffert die Kosten für den Bund auf 33,4 Mio. DM.

[204] Schäfer bekannte sich zu dem Ziel, daß die Übergangszeit „unter keinen Umständen zu wirtschaftlicher Stagnation führen [darf] ... [es muß] sogar über das normale Maß hinaus investiert werden" - gleichzeitig

unabhängigen Wirtschaftspolitik durch Heinrich Schneider[205] unvermittelt aufeinander, ohne daß jedoch eine weitergehende programmatische Lösung dieses Problembereiches erreicht worden wäre.[206]

Statt dessen verlagerte sich in den Etatdebatten der Schwerpunkt der Wirtschaftspolitik von struktur- zu konjunkturpolitischen Ansätzen. Anfang 1959 verteidigte Minister Schäfer die Regierungspolitik gegen den Vorwurf einer fehlenden wirtschaftspolitischen Konzeption mit dem Hinweis darauf, daß die Lösung der „Kardinalprobleme", nämlich die Sicherung des Absatzes und der Vollbeschäftigung, durch einschlägige Maßnahmen durchaus erreicht worden seien. Die Verlagerung des Absatzes dagegen sei „nur teilweise erreicht" worden, was alleine aber nicht als Beweis für das Scheitern der Übergangszeit dienen könne, da hierzu auch nur recht wenige Einflußmöglichkeiten bestanden hätten.[207] Wichtige Elemente dieser Politik seien, so Schäfer, die hohen Aufwendungen im außerordentlichen Etat gewesen, vor allem für Baumaßnahmen. Folglich konnte Schäfer bei der Vorstellung seines Etatentwurfs für 1960 auch die „volle Erhaltung der Arbeitsplätze im Saarland" über die Eingliederung hinweg als die „Erfüllung der obersten Zielsetzung" saarländischer Politik bezeichnen.[208] Damit konnte er dann auch die Entscheidung, nicht übertragene Haushaltsreste aus den Vorjahren zur Deckung der Altschulden aus der Regierungszeit Hoffmanns zu verwenden, inhaltlich rechtfertigen, da die während der Übergangszeit stark gewachsenen Ansätze für Baumaßnahmen nicht mehr in der früheren Höhe veranschlagt werden mußten.[209]

---

müsse, so Schäfer weiter, die Deckung aller dazu nötigen staatlichen Maßnahmen auf jeden Fall sichergestellt sein, LTDS, 3. WP, Abt. I, 32. Sitzung v. 26.3.57, S. 893. Dieser Gedanke wurde weitergeführt zu der Grundfrage: „Nach welchen Grundsätzen soll an der Saar in den kommenden Jahren Finanzpolitik betrieben werden? Soll an dem Prinzip des unter allen Umständen ausgeglichenen Haushalts festgehalten werden, und muß die Wirtschaft sich notfalls diesem Prinzip beugen, oder soll nicht vielmehr die wirtschaftspolitische Überlegung der unbedingten Konkurrenzfähigkeit unserer Wirtschaft vor den Etatgrundsätzen rangieren?", ebd., S. 895.

[205] Nach Heinrich Schneider gelangte man bei einer Betrachtung der wirtschaftspolitischen Reden im Parlament „... zu dem Ergebnis, daß der Fiskus nach rein fiskalischen Gesichtspunkten gearbeitet und ein Sammelsurium von Bestimmungen aller Art in einen Topf gebracht hat, die jetzt im Landtag mit einem Schub durchgebracht werden sollen. Was diesem Entwurf fehlt, ist die wirtschaftspolitische Konzeption. Wir stellen seit zehn Jahren fest, daß, wenn in diesem Hohen Haus steuerliche Maßnahmen beschlossen wurden, diese immer nur von fiskalischen Grundsätzen diktiert waren.", LTDS, 3. WP, Abt. I, 32. Sitzung v. 26.3.57, S. 897. Schneider führte weiter aus, daß gerade diese Politik zu den Investitionsrückständen im Saarland geführt habe, auch, weil vorab wegen einer zu vorsichtigen Schätzung der steuerlichen Folgen von Wirtschaftsförderungsmaßnahmen die Einstellung nötiger Mittel unterblieben war.

[206] Insbesondere Manfred Schäfer sah sich gezwungen, angesichts der weitgehenden Forderungen in der Debatte, die er selber eröffnet hatte, schließlich eine eher defensive Position zu beziehen, indem er betonte, daß die Möglichkeiten der Steuerpolitik gar nicht ausreichten, um die von u.a. Schneider geforderte Wiederherstellung der Konkurrenzfähigkeit der saarländischen Industrie zu erreichen, LTDS, 3. WP, Abt. I, 32. Sitzung v. 26.3.57, S. 904.

[207] LTDS, 3. WP, Abt. I, 63. Sitzung v. 3.3.59, S. 1747ff.

[208] LTDS, 3. WP, Abt. I, 76. Sitzung v. 24.11.59, S. 2041. Auf die Problematik dieser Politik wies bereits Koch, Steuerpolitik, S. 17, hin.

[209] LTDS, 3. WP, Abt. I, 76. Sitzung v. 24.11.59, S. 2046.

Die beiden grundlegenden Entwicklungslinien in der saarländischen Haushaltspolitik, nämlich die Ausdehnung der laufenden Kosten und der Verzicht auf die Deckung der Altschulden durch die Bundeshilfe zugunsten konjunkturwirksamer und strukturstabilisierender Maßnahmen, führten zu einer krisenhaften Zuspitzung der Haushaltssituation gegen Ende der Übergangszeit.[210] Im Haushalt des Jahres 1960 wurde bei stark schrumpfenden Ansätzen für Bauausgaben die Deckung der Altschulden der „größte Ausgabeposten im Entwurf",[211] nachdem die Bundesregierung - wohl auch angesichts der nach Abbau des „Juliusturms"[212] schrumpfenden Handlungsspielräume -[213] die vollständige Übernahme der Altschulden per verlorenem Zuschuß verweigert hatte. Die dadurch ausgelösten Deckungsprobleme zwangen die Landesregierung, die Genehmigung zur Aufnahme von Anleihen auf dem Kapitalmarkt in erheblichem Umfang beim Parlament zu erwirken. Diese Vorgehensweise war jedoch zum einen mit der Gefahr belastet, daß unter der Einwirkung der verschärften Geldpolitik des Bundes und der Bundesbank die nötigen Mittel nicht in ausreichendem Maße fließen würden,[214] und zum anderen stellte dies eine Art Vorgriff auf die im Jahr 1960 bei guter Konjunktur zu erwartende positive Weiterentwicklung der Wirtschaft dar, die ihre Fortsetzung später durch das verstärkt eingesetzte Instrument der Bindungsermächtigungen finden sollte.

---

[210] Die Möglichkeit einer solchen Entwicklung war durchaus bereits in der Übergangszeit thematisiert worden, damals aber nicht bis zu einer konkreten und grundsätzlichen Kritik an dieser Haushaltspolitik weitergeführt worden. Insbesondere Ludwig Schnur hatte den Aspekt, daß am Ende der Übergangszeit die Verschuldung unverändert geblieben sein würde, die Deckungsmöglichkeiten durch die zu erwartende Schrumpfung der Steuereinnahmen aber geringer würden, bereits Anfang 1958 angesprochen, war damals aber noch davon ausgegangen, daß die Restschuld dann von Bonn abzudecken sei, LTDS, 3. WP, Abt. I, 46. Sitzung v. 12.2.58, S. 1278.

[211] LTDS, 3. WP, Abt. I, 76. Sitzung v. 24.11.59, S. 2046.

[212] Umfassend zur Frage des Abbaus der seit den frühen 50er Jahren angehäuften Beträge aus nicht verausgabten Verteidigungslasten: Wilhelm Pagels, Der „Juliusturm". Eine politologische Fallstudie zum Verhältnis von Ökonomie, Politik und Recht in der Bundesrepublik, (Diss.) Hamburg 1979.

[213] Umfassend hierzu: Heinz Anton Walz, Die Budgetpolitik des Bundes. Studie über den Bundeshaushalt der Bundesrepublik Deutschland unter besonderer Berücksichtigung seiner historischen und politischen Bedeutung, Heidelberg 1985. Eine mehr theoretisch angelegte Einführung bietet: Karl Häuser (Hg.), Budgetpolitik im Wandel, Berlin 1986 (= Schriften des Vereins für Socialpolitik N.F. 149). Zur defensiven Haushaltspolitik Schäffers siehe: Dieter Grosser, Die Rolle Fritz Schäffers als Finanzminister in den ersten beiden Kabinetten Konrad Adenauers, in: Wolfgang J. Mückl (Hg.), Föderalismus und Finanzpolitik. Gedenkschrift für Fritz Schäffer, Paderborn 1990 (= Rechts- und staatswissenschaftliche Veröffentlichungen der Görres-Gesellschaft N.F. 55), S. 67-80. Zur Person Schäffers und seinem Verhältnis zum Föderalismus: Winfried Becker, Fritz Schäffer und der Föderalismus, in: ebd., S. 9-36. Kritisch zum „Diktat der leeren Kassen" seines Nachfolgers Etzel: Nikolaus Adami, Die Haushaltspolitik des Bundes von 1955 bis 1965, Bonn 1970 (= Schriftenreihe des Bundesministeriums der Finanzen 14), S. 72.

[214] Umfassend zur Geldpolitik der Bundesbank und ihrer Einordnung in die allgemeine Wirtschafts- und Finanzpolitik: Gerd Hardach, Krise und Reform der Sozialen Marktwirtschaft. Grundzüge der wirtschaftlichen Entwicklung in der Bundesrepublik der 50er und 60er Jahre, in: Axel Schildt, Detlef Siegfried u. Karl Christian Lammers (Hgg.), Dynamische Zeiten. Die 60er Jahre in den beiden deutschen Gesellschaften, Hamburg 2000 (= Hamburger Beiträge zur Sozial- und Zeitgeschichte 37), S. 197-217. Zur regionalwirtschaftlichen Bedeutung: Eva Kirchdörfer, Keynesianismus und seine wirtschaftspolitische Umsetzung im Saarland 1966-1982 - Eine rezeptionshistorische Betrachtung, (Mag.Arb.) Saarbrücken 1999, S. 94.

Dies veränderte die Sicht auf die saarländischen Landeshaushalte. Hatte noch zu Anfang der Übergangszeit das Hauptproblem in der Verbesserung der Einnahmesituation durch Einwerbung von Mitteln aus Bonn bestanden, verschoben sich die Prioritäten nun auf die Frage, wie die als überhöht angesehenen Haushaltsausgaben verringert werden konnten.[215] Dieser Aspekt gewann um so mehr an Bedeutung, als die Ausgabereste sich zu einer Art „Schattenhaushalt"[216] zu entwickeln begannen. Dadurch war nicht nur das Annuitätsprinzip in der Haushaltsführung durchbrochen und damit das Budgetrecht des Parlamentes eingeschränkt, vielmehr deutet dieser Umstand auch die immer geringer werdende Fähigkeit, die finanztechnische Dimension von Regierungshandeln noch in Form von „klaren und wahren" Haushalten darzulegen.[217] Die Übergangszeit geriet somit immer mehr zu einem mit den konventionellen Methoden unbeherrschbaren Sonderregime.[218]

3.3.3 Die kommunalen Finanzen im Anpassungsdruck

Ähnlich wie der Landeshaushalt waren auch die Etats der Gemeinden, Ämter, Kreise und der Stadt Saarbrücken von einer Ausweitung von Aufgaben und Personalbestand sowie von den inflationären Tendenzen des Franc bis 1958 betroffen. Eine weitere Unsicherheit in der Gestaltung der kommunalen Finanzpolitik stellte der hohe Anteil der Gewerbesteuereinnahmen mit im Schnitt über 80% der gesamten Steuereinnahmen dar. Da das Aufkommen aus dieser Steuer in hohem Maße konjunkturabhängig war und zudem konjunkturelle Schwankungen erst mit mindestens einjähriger Verzögerung haushaltswirksam wurden, verfügten die Gemeinden in den Jahren bis 1958 sowohl über steigende Einnahmen als auch über gewisse Finanzreserven.[219] Ab 1959 jedoch wirkten sich nicht nur die nur teilweise vom Land (bzw. indirekt vom Bund) ausgeglichenen Gewerbesteuerausfälle aus dem Gesetz über steuerliche Maßnahmen negativ aus,[220] sondern auch Veränderungen in den Zuweisungen des

---

[215] Werner Scherer glaubte, einen wichtigen Grund für die sich auftuenden finanziellen Probleme in der „Bewilligungsfreude" der Übergangszeit ausmachen zu können, LTDS, 3. WP, Abt. I, 81. Sitzung v. 14.4.60, S. 2189; Walter Lorang erkannte in den „zu hohen Ausgabesätzen" das Grundproblem des saarländischen Haushalts, LTDS, 3. WP, Abt. I, 80. Sitzung v. 4.4.60, S. 2167.

[216] LTDS, 4. WP, Abt. I, 9. Sitzung v. 21.4.61, S. 343.

[217] Sehr deutlich wurde dies in der Diskussion um die Entlastung der Regierung für die Jahre 1960 bis 1962, die auf Basis der 1967 vorgelegten Haushaltsprüfung erfolgte. Für den Haushaltsausschuß legte Jakob Feller dar, wie sich in diesen Haushalten ein „echtes Defizit" ergeben hatte, das bis 1962 auf 29 Mio. DM angestiegen wäre, wenn nicht einzelne, bereits bewilligte Maßnahmen gestrichen worden wären. Allerdings war dieses Defizit aufgrund der Unklarheiten über den Abfluß der Ausgabereste bei Aufstellung der Haushalte nicht erkennbar gewesen. LTDS, 5. WP, Abt. I, 32. Sitzung v. 8.3.67, S. 817ff.

[218] Zur Frage der Einschränkung der politischen Kontrolle durch Ausgabereste siehe: Plachetka, Finanzwirtschaft, S. 127ff., der eine Größenordnung von nicht mehr als 3-5% nennt, die der Anteil der Ausgabereste am Gesamthaushalt normalerweise nicht überschreiten sollte.

[219] Zur Entwicklung der Zahlen: Stat. Amt d. Saarl. (Hg.), Kommunale Finanzen 1957, Saarbrücken 1958 (= SiZ, Sonderh. 3), S. 5, und Stat. Amt d. Saarl. (Hg.), Kommunale Finanzen 1958, Saarbrücken 1958 (= SiZ, Sonderh. 9), S. 5.

[220] Stat. Amt d. Saarl. (Hg.), Kommunale Finanzen 1959, Saarbrücken 1960 (= SiZ, Sonderh. 13), S. 5.

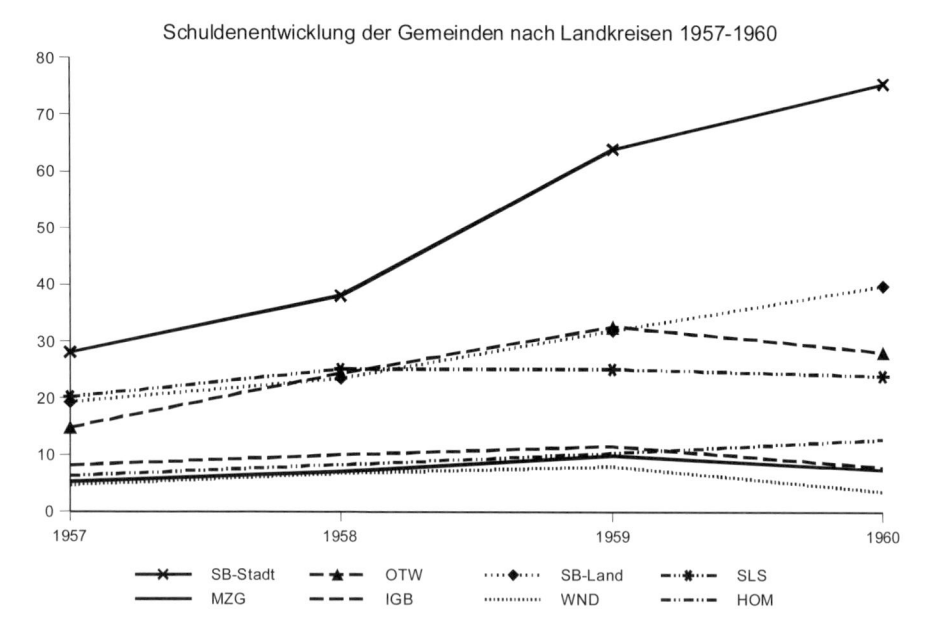

Schuldenentwicklung der Gemeinden nach Landkreisen 1957-1960

Legende: SB-Stadt, OTW, SB-Land, SLS, MZG, IGB, WND, HOM

Angaben in Mio. DM, nach offiziellem Kurs vom Juli 1959 errechnet. Lesebeispiel: Die Verschuldung der Stadt Saarbrücken stieg nach 1957 schnell an und erreichte einen vergleichsweise hohen Stand. (Die Angaben beruhen auf dem Wert in FF, der mit dem Umtauschkurs der Währungsumstellung umgerechnet wurde.) Quelle: Eigene Berechnung. Stat. Amt d. Saarl. (Hg.), Kommunale Finanzen im Kalenderjahr 1957, 1958, 1959 bzw. 1960, Saarbrücken 1958, 1959, 1960 bzw. 1962 (= SiZ, Sonderh. 3, 9, 13 bzw. 20); dass. (Hg.), Schuldenstand von Staat und Gemeinden (Gv.) am 31. März 1960, Saarbrücken 1961 (= SiZ, Sonderh. 19).

Landes. Diese führten zu einer relativen Senkung des Gesamtbetrages[221] und durch die Erhöhung des nach Schlüsselverfahren zugewiesenen Anteils zu einer Verschiebung in der Verteilung zwischen den Empfängern.[222] Diese negative Entwicklung wurde in den Jahren 1960 und 1961 durch die (nach dem Auslaufen der steuerlichen Maßnahmen der Übergangszeit) rapide ansteigenden Einnahmen aus der Gewerbesteuer zwar kompensiert, jedoch wirkten sich bereits 1961 die neu gefaßten Regelungen über die Kommunale Selbstverwaltung und den Kommunalen Finanzausgleich aus. Für die Stadt Saarbrücken bedeutete die Verpflichtung, erstmals wieder in den Kommunalen Finanzausgleich einzuzahlen, eine erhebliche finanzielle Belastung, nämlich von ca. 6 Mio. DM oder einem Viertel der Gewerbesteuereinnahmen.[223] Genauso schmälerte die Senkung der Finanzzuweisungen des Landes an

---

[221] Besonders in 1957, Stat. Amt d. Saarl. (Hg.), Kommunale Finanzen 1957, Saarbrücken 1958 (= SiZ, Sonderh. 3), S. 9.

[222] Stat. Amt d. Saarl. (Hg.), Kommunale Finanzen 1959, Saarbrücken 1960 (= SiZ, Sonderh. 13), S. 11. Diese Verschiebung zugunsten der Schlüsselzuweisungen traf insbesondere die Stadt Saarbrücken negativ, weil sie sich mit sinkender Gemeindegröße um so weniger auswirkte.

[223] Stat. Amt d. Saarl. (Hg.), Kommunale Finanzen 1960, Saarbrücken 1962 (= SiZ, Sonderh. 20), S. 11.

die Kommunen die Finanzbasis der Stadt, die recht hohe Mittel aus diesem Etat erhielt.[224] Diese Strukturreform wirkte sich aber auch auf die kleineren Gemeinden, vor allem in den Kreisen St. Wendel und Merzig-Wadern, ungünstig aus. Wegen ihres nur schwach ausgeprägten Industriebesatzes konnten sie nur wenig von den günstigen konjunkturellen Einwirkungen auf die Gewerbesteuererträge profitieren, während gleichzeitig die Stärkung des per Schlüsselverfahren verteilten Anteils an den allgemeinen Finanzzuweisungen zwar stabile, aber zur Finanzierung von besonderen Projekten nicht ausreichende Mittel erbrachte.

Im Parlament war das Problem der kleinteilig organisierten Industriedorflandschaft in seinen finanzpolitischen Folgen bereits früh thematisiert worden.[225] Haushaltspolitisch traten die Kommunalfinanzen allerdings zunächst noch primär als technische Größe in Erscheinung, und zwar hauptsächlich im Zusammenhang mit der Bewältigung der nicht-fundierten Schulden des Landes, die über Betriebsmittel, und das hieß auch: verzögert ausgezahlte Zuwendungen des Landes an die Gemeinden,[226] zwischenfinanziert worden waren.[227] Nachdem diese Mittel durch die steigende Investitionstätigkeit der Gemeinden beschleunigt abzufließen begannen, entstand ein Liquiditätsproblem beim Land.[228] Die Position der Landespolitiker gegenüber den Gemeinden war dabei von einer gewissen Ambivalenz geprägt. Einerseits trugen viele Parlamentarier - und auch Regierungsmitglieder - selber kommunale Verantwortung und sahen sich durch ihre Bindung an die lokalen Parteiorganisationen wohl auch gewissen Einflüssen in Finanzfragen ausgesetzt, andererseits war die Situation der Kommunalfinanzen im Vergleich zu denen des Landes weniger angespannt.[229]

---

[224] Stat. Amt d. Saarl. (Hg.), Kommunale Finanzen 1961, Saarbrücken 1962 (= SiZ, Sonderh. 24), S. 13.

[225] Josef Schmitt (CDU) prägte die Formel: „Man wird den Belastungen, die sich durch die Industrie, die Bergwerke und das enge Zusammenleben auf verhältnismäßig kleinem Raume ergeben, eher gerecht werden, wenn man davon ausgeht, daß es sich im Saarland praktisch um eine Großstadt handelt", LTDS, 3. WP, Abt. I, 46. Sitzung v. 12.2.58, S. 1286. Zur besonderen Problematik der Kommunalfinanzen in stark industrialisierten Regionen als politisches Problem der frühen 60er Jahre siehe: Petzina, Industrieregion, S. 152, sowie ders., Wirtschaft und Arbeit, in: Hüttenberger (Hg.), Vierzig Jahre, S. 109-128, hier: S. 127. Die zeitgenössische finanzwissenschaftliche Debatte um die Frage des kommunalen Finanzausgleichs spiegelt der Band von Herbert Timm u. Horst Jecht (Hgg.), Kommunale Finanzen und Finanzausgleich, Berlin 1964 (= Schriften des Vereins für Socialpolitik, Gesellschaft für Wirtschafts- und Sozialwissenschaften N.F. 32) wider.

[226] Die Rolle der Länder bei der Weiterleitung von Steueranteilen an Gemeinden hatte in der Bundesrepublik seit Bestehen der Finanzausgleichssysteme zu Konflikten geführt. Erst mit der großen Finanzreform von 1969 wurden den Gemeinden Anteile an Einkommen- und Körperschaftsteuer in Form einer Steuerzuweisung zugesprochen. Das saarländische System sah dagegen eine Finanzzuweisung vor, die zwar einen Rechtsanspruch auf Mittel beinhaltete, das Verfahren der Auszahlung aber dem Land überließ. Zu den Kontroversen in der Bundesrepublik zu diesem Thema: Voigt, Finanzausgleich, S. 157.

[227] Diese Fortführung der Finanzierungspraxis der Regierung Hoffmanns hatte bereits 1957 zu heftigen Auseinandersetzungen geführt, in denen auch die Frage der Finanzautonomie der Kommunen als Argument eingeführt worden war: Das Zurückhalten der den Gemeinden zustehenden Mittel verringerte - so wurde geäußert - den Handlungsspielraum der kommunalen Repräsentanten, LTDS, 3. WP, Abt. I, 31. Sitzung v. 12.6.57, S. 1006ff.

[228] Sehr deutlich hierzu Manfred Schäfer in: LTDS, 3. WP, Abt. I, 54. Sitzung v. 25.11.58, S. 1584.

[229] Ende des Jahres 1957 faßte das Kabinett den Beschluß, gegen die Auszahlung von Weihnachts-

Anfang 1959 spitzte sich der Konflikt zwischen Landes- und Kommunalpolitik deutlich zu. Die schrittweise Anpassung insbesondere der Bauinvestitionen im Landeshaushalt wurde von Fritz Schuster (DPS), der ausdrücklich als Parlamentarier und Oberbürgermeister der Stadt Saarbrücken sprach, heftig kritisiert.[230] Der Hintergrund dieses Konflikts ist dabei aus den Zahlen des Landeshaushalts nicht auf den ersten Blick ersichtlich, erhielten die Gemeinden doch mit ca. 95 Mio. DM gegenüber 88 Mio. DM im Vorjahr sogar mehr an allgemeinen Zuweisungen.[231] Allerdings hatte sich zwischenzeitlich die Finanzierungslage der Gemeinden durch die umfangreichen Baumaßnahmen zuerst im Wohnungsbau und dann verstärkt im Bereich der Verkehrsmaßnahmen soweit verschärft, daß eine ständig steigende Neuverschuldung nötig geworden war.[232] Von diesem Finanzierungsproblem war zudem vor allem die Stadt Saarbrücken betroffen,[233] die besonders hohe Investitionen im Verkehrswesen zu tätigen hatte.[234]

Obwohl die eingliederungsbedingte Änderung der Finanzverfassung eine Neuregelung der Kommunalfinanzen alleine schon aus rechtlicher Sicht unabdingbar machte,[235] ist es doch ein bemerkenswerter Umstand, daß die Saar-Regierung ausgerechnet in einem Doppelwahljahr mit Kommunal- und Landtagswahlen das Reformprojekt einer grundlegenden Neufassung der Kommunalfinanzen offensiv anging. Das hauptsächlich von Kurt Conrad als Innenminister vorbereitete Projekt sah neben den formalen Veränderungen vor allem die Einführung klarer Prinzipien zur Be-

---

gratifikationen an kommunale Beamte, die vereinzelt vorgenommen wurde, vorzugehen, da man dies nicht nur als gesetzeswidrig, sondern vor allem in der gleichzeitig auf Landesebene emotional geführten Debatte als wenig vorteilhaft ansah, LASB StK 1716, Kabinettsprotokoll v. 23.12.57. Und auch in der Debatte über das Gesetz über steuerliche Maßnahmen fand die günstigere finanzielle Situation Berücksichtigung: Manfred Schäfer rechtfertigte die Regelung, die zu Steuerausfällen bei den Gemeinden führte, damit, daß ja nicht nur die Hälfte der Ausfälle erstattet würde, sondern daß das Ziel des Gesetzes, nämlich die Schaffung leistungsfähiger Industrieunternehmen, über höhere Gewerbesteuererträge auch direkt den Gemeinden zugute komme, LTDS, 3. WP, Abt. I, 46. Sitzung v. 12.2.58, S. 1292. Auch Hans-Peter Will (SPD) sah sich zu der Feststellung genötigt, daß die Situation der Kommunalfinanzen mit Steuereinnahmen von ca. dem Zehnfachen des Durchschnitts in Rheinland-Pfalz Kritik an dem Gesetz nicht rechtfertige, ebd., S. 1322.

[230] Schuster kritisierte, daß „die Gemeindefinanzen in einer Art und Weise gerupft werden", daß sie „empfindlich getroffen" sind. Dadurch ergebe sich auf Seiten der Städte und Gemeinden eine problematische Finanzierungslücke, die zudem nur schwer durch Kreditaufnahme gedeckt werden könne, da die Gemeinden im Pro-Kopf-Vergleich bereits heute ähnlich hoch verschuldet seien wie die in Deutschland, LTDS, 3. WP, Abt. I, 59. Sitzung v. 14.2.59, S. 1692f.

[231] Stat. Amt d. Saarl. (Hg.), Kommunale Finanzen 1959, Saarbrücken 1960 (= SiZ, Sonderh. 13), S. 11.

[232] Die Verschuldung der Kommunen stieg im Jahr 1959 um nicht weniger als 35,5% gegenüber dem Vorjahr und damit auf 193,4 Mio. DM, ebd., S. 22.

[233] Die Kreditaufnahme der Stadt Saarbrücken machte ca. 46% der von allen Gemeinden neu aufgenommenen Schulden aus, wodurch die Verschuldung der Stadt um ca. Zweidrittel zunahm, ebd., S. 22.

[234] Einen Überblick über den Umfang der zu bewältigenden Probleme gibt das instruktive und mit einer Vielzahl von Karten versehene Gutachten von: Max-Erich Feuchtinger, Verkehrsplanung Saarbrücken. Untersuchung über das künftige Hauptverkehrsstraßennetz, Ulm 1957.

[235] In der „kleinen" Finanzreform war zwischenzeitlich insbesondere die für die Gemeindehaushalte so wichtige Frage der Realsteuergarantie im Grundgesetz festgeschrieben worden; zu diesem Komplex vgl Voigt, Finanzausgleich, S. 139ff., sowie Renzsch, Finanzverfassung, S. 131ff.

rechnung der Anteile der Gemeinden an den Steuereinnahmen vor.[236] Gleichzeitig sollte das Problem der gravierenden Einnahmeunterschiede, das Wohngemeinden gegenüber Gemeinden mit hohem Industriebesatz schlechter stellte, durch ein kompliziertes System von Ausgleichs- und Umlagemitteln gelöst werden.[237] Dieser Entwurf wurde im Parlament als „idealer Kompromiß" einmütig verabschiedet.[238] Allerdings stellte dieser Entwurf die Gemeinden in eine doppelte Abhängigkeit, nämlich von der Höhe der Steuereinnahmen im Landeshaushalt und von den Gewerbesteuererträgen, wobei insbesondere die Stadt Saarbrücken zu Zahlungen zugunsten der wirtschaftlich schwächeren Gemeinden gezwungen war. Im Ergebnis bedeutete dies erstens für Saarbrücken im Vergleich zu den Umlandgemeinden des Kreises Saarbrücken-Land eine relative Stagnation in der finanziellen Entwicklung,[239] zweitens bereits ab dem Jahr 1961 einen deutlichen Rückgang der allgemeinen Finanzzuweisungen des Staates an die Kommunen[240] und drittens - nach Jahren der scheinbar stabil positiven Entwicklung - einen Einbruch in der Finanzlage der Gemeinden durch den konjunkturell bedingten Rückgang der Gewerbesteuererträge ab dem Jahr 1962.[241]

3.4 Zusammenfassung

Deutlicher noch als in anderen Bereichen zeigte sich in der Entwicklung der öffentlichen Haushalte der ambivalente Charakter des Sonderregimes Übergangszeit. Obwohl gerade im Finanzwesen die notwendigen Anpassungsleistungen womöglich am deutlichsten zutage traten, zeigen sich erstaunlich starke Kontinuitätslinien zwischen der Übergangszeit und der Zeit der Teilautonomie. Nicht nur die formale Struktur öffentlicher Ausgabenwirtschaft erwies sich als bemerkenswert resistent gegenüber Veränderung, auch die strukturellen und aktuellen Belastungen wirkten ungebrochen fort. Die Finanzausstattung des Landes deckte bereits in diesen Jahren die als notwendig erachteten Ausgaben nicht, und die Altschulden blieben eine gravierende Hypothek für die Finanzpolitik des Landes. Eine Lösung brachten die Finanzhilfen des Bundes entgegen ihrer ursprünglichen Zielsetzung nicht. Auf eine Formel gebracht, entwickelte sich bereits in der Übergangszeit der „drohende Staatsbankrott"

---

[236] Zu den Grundzügen der Reform: Sievert, Kommunaler Finanzausgleich, S. 8ff.

[237] Zum ursprünglichen Entwurf vgl. die ausführliche Begründung des Innenministers in: LTDS, 3. WP, Abt. I, 79. Sitzung v. 29.3.60, S. 2141ff.

[238] Die ausführliche Debatte hierzu in: LTDS, 3. WP, Abt. I, 83. Sitzung v. 28.6.60, S. 2306ff.

[239] Kritisch zu den Auswirkungen dieser Reform auf die Stadt Saarbrücken: Bruno Tietz, Die sozialökonomische Entwicklung im Saarland und in der Stadt Saarbrücken bis zum Jahre 1975, Saarbrücken 1965, S. 386ff., und Heinz Monz, Probleme einer kommunalen Neuordnung des Saarbrücker Raumes, Saarbrücken 1960, S. 28.

[240] Stat. Amt d. Saarl. (Hg.), Kommunale Finanzen 1961, Saarbrücken 1962 (= SiZ, Sonderh. 24), S. 12. Zur Auswirkung der Reform auf die kleineren Gemeinden: Bruno Tietz, Die künftige sozialökonomische Entwicklung in Teilräumen des Saarlandes unter besonderer Berücksichtigung der Landeshauptstadt Saarbrücken und ihres Umlandes. Sozialökonomische Bestandsaufnahme, Verflechtungsanalysen, Projektionen, regionalpolitische Konsequenzen, Saarbrücken 1965, S. 177.

[241] Stat. Amt d. Saarl. (Hg.), Kommunale Finanzen 1962, Saarbrücken 1963 (= SiZ, Sonderh. 27), S. 9.

vom allgemeinpolitischen Schlagwort zur finanzpolitischen Realität. Allerdings führten die Finanztransfers der Übergangszeit zur Entstehung einer Art Sonderföderalismus. Über die speziellen Beziehungen des Landes zum Bund etablierte sich ein Sondersystem föderaler Finanzbeziehungen, welches das auch in anderen Ländern geltende Problem der fehlenden Einnahmeautonomie der Länder teilweise löste. Dadurch konnte sich im Saarland politisch positiv profilieren, wem es gelang, deutlich zu machen, durch Verhandlungen finanzielle Zusagen erreicht zu haben. Die Möglichkeit, finanzielle Mittel oder auch nur die Zustimmung von Bonn für gewisse Maßnahmen zu erzielen, entwickelte sich zu einer Art Ersatzlegitimation für politische Konzepte. Andererseits blendete diese spezielle Konsens- und Entscheidungsfindung aber die Notwendigkeit langfristiger und konzeptionell ausgerichteter Politikansätze aus.

Von den Besonderheiten der Übergangszeit war auch das politische System geprägt. Auf parlamentarischer Ebene gelang die Integration der Kontrahenten aus der Zeit des Abstimmungskampfes überraschend schnell. Neben dem persönlichen Engagement der Spitzenpolitiker wirkte dabei besonders die spezielle Form der „Vergangenheitsbewältigung" als ein wohl austariertes System von teilweise ernst gemeinten, mitunter leidenschaftlich geführten Auseinandersetzungen und teilweise auch ritualisierten, auf immer wiederkehrenden Formeln basierenden Konfliktverläufen. Sehr schnell entstand daraus sogar ein Konsenszwang, der ein grundsätzliches oder auch nur auf Einzelfälle bezogenes Infragestellen politischer Standpunkte quasi unmöglich machte. Dies erklärt einen erheblichen Teil der in der Übergangszeit getroffenen - aber auch der ausgebliebenen - Richtungsentscheidungen in der Wirtschaftspolitik. Vor dem Wähler dagegen wählten die Parteien sehr unterschiedliche Wege zur Kooperation. Bei den Sozialdemokraten bedingten sich ihre Regierungsbeteiligung und das Gelingen der frühzeitigen organisatorischen Integration der beiden Schwesterparteien gegenseitig. Obwohl die Parteileitung erhebliche Mitverantwortung für das nur teilweise geglückte Experiment der Eingliederung übernahm, erreichte sie aber kaum mehr als eine Stabilisierung der Partei auf Nachkriegs-Niveau. Die weitaus größeren Schwierigkeiten bei der organisatorischen Vereinigung der Christdemokraten dagegen schwächten die CDU weniger als zu erwarten war, weil sie sich auf eine negative strategische Mehrheit im Parlament - und eine breite Mehrheit in den Kommunen - stützen konnte und weil trotz aller Probleme rechtzeitig vor den entscheidenden Wahlen die Integration der CVP weitgehend gelang. Auf diese Weise konnte eine dauerhafte Verhärtung der Fronten, z.B. in Form einer weiteren Desintegration der beim Referendum unterlegenen Gruppen, vermieden werden. Trotzdem blieb eine für das Parteiensystem der Bundesrepublik untypisch hohe Zahl von Wählern wenigstens auf Landesebene von dem für die Bundesrepublik spätestens ab 1957 typischen Drei-Parteien-System nicht erfaßt. Davon profitierte besonders die DPS, der ihr programmatischer „Spagat" zwischen profiliertestem Eintreten für eine deutsche Lösung der Saarfrage und pointiertester Kritik am Weg der Eingliederung gelungen zu sein schien.

Der regionale Strukturwandel
im Bundesland Saarland

1 Stagnationskrise oder strukturelle Krise?

1.1 Der Regionale Strukturwandel als Forschungs- und Perzeptionsproblem

1.1.1 Alte Industrieregionen im Wirtschaftswunderland Bundesrepublik

Die Eingliederung führte das Saarland in einen Wirtschaftsraum, der nach 1945 eine vergleichsweise günstige ökonomische Entwicklung durchlaufen hatte. Zwar war diese Teil eines Booms, der nach dem Zweiten Weltkrieg die meisten Industriestaaten Europas prägte,[1] trotzdem wurde das „Wirtschaftswunder" aus zeitgenössischer saarländischer Perspektive als eine Besonderheit der Bundesrepublik angesehen.[2] In der Forschung entwickelte sich aus der Frage nach dieser Sonderstellung eine Diskussion um die „langen Fünfziger" und eine lebhafte Kontroverse um die Periodisierung der Geschichte der frühen Bundesrepublik im „Goldenen Zeitalter", in deren Verlauf strukturelle Elemente des Booms in der Bundesrepublik herausgearbeitet werden konnten.[3] Die Nachkriegsentwicklung der bundesdeutschen Wirtschaft erfolgte durch das „Aufsaugen" traditioneller Wirtschaftssektoren, während der schnelle Wandel der Sektorstrukturen in Wachstumsbranchen[4] hohe Wachstumsraten sicherte. Es entstand

---

[1] Hartmut Kaelble (Hg.), Der Boom 1948-1973. Gesellschaftliche und wirtschaftliche Folgen in der Bundesrepublik und in Europa, Opladen 1992. Dezidiert auf die weltwirtschaftlichen Bedingungen ausgerichtet: Ludger Lindlar, Das mißverstandene Wirtschaftswunder. Westdeutschland und die westeuropäische Nachkriegsprosperität, Tübingen 1997 (= Schriften zur angewandten Wirtschaftsforschung 77). Einen Überblick über die verschiedenen ökonomischen Erklärungsmodelle gibt Thomas Bittner, Das westeuropäische Wirtschaftswachstum nach dem Zweiten Weltkrieg. Eine Analyse unter besonderer Berücksichtigung der Planification und der Sozialen Marktwirtschaft, Münster 2001 (= Münsteraner Beiträge zur Cliometrie und quantitativen Wirtschaftsgeschichte 9).

[2] Zum „Mißverständnis" der „Normalität" des Wirtschaftswachstums nach dem Zweiten Weltkrieg: Burkart Lutz, Der kurze Traum immerwährender Prosperität. Eine Neuinterpretation der industriell-kapitalistischen Entwicklung im Europa des 20. Jahrhunderts, Frankfurt a.M. u.a. 1984, hier bes.: S. 16ff. Die Kontroverse über die Interpretation und Erklärung des Wirtschaftswunders hat zu einer schier unübersehbaren Fülle von Arbeiten geführt. Instruktive Darstellungen der verschiedenen Ansätze bieten Lindlar, Wirtschaftswunder, und Heinen, Saarjahre, S. 110f.

[3] Werner Abelshauser, Die Langen Fünfziger Jahre. Wirtschaft und Gesellschaft der Bundesrepublik Deutschland 1949-1966, Düsseldorf 1987; Eric Hobsbawm, Age of Extremes. The Short Twentieth Century 1914-1991, London 1994. Grundlegend für diese Diskussion ist Knut Borchardt, Zäsuren in der wirtschaftlichen Entwicklung. Zwei, drei oder vier Perioden?, in: Martin Broszat (Hg.), Zäsuren nach 1945. Essays zur Periodisierung der deutschen Nachkriegsgeschichte, Oldenbourg 1990, S. 21-33. Einen Überblick über die Kritik an den verschiedenen Modellen zur Erklärung des „Wirtschaftswunders" bietet Hardach, Marktwirtschaft, sowie Harm G. Schröter, Von der Teilung zur Wiedervereinigung 1945-2000, in: Michael North (Hg.), Deutsche Wirtschaftsgeschichte. Ein Jahrtausend im Überblick, München 2000, S. 351-419.

[4] Vgl. hierzu Christoph Juen, Die Theorie des sektoralen Strukturwandels. Konzeptionelle Grundlegungen, Probleme und neuere theoretische Ansätze zur Erklärung des sektoralen Strukturwandels, Frankfurt a.M. u.a. 1983. In vergleichender Perspektive des „Boomsektors" chemische Industrie in BRD und DDR: Harm G. Schröter, „Handlungspfadverengung bis zur Selbstzerstörung"? Oder: Warum die chemische Industrie der DDR im Vergleich zu der der Bundesrepublik zwischen 1945 und 1990 so hoffnungslos veraltete, in: Baar u. Petzina (Hgg.), Wirtschaft, S. 304-325, sowie Rainer Karlsch, „Wie Phoenix aus der Asche?". Rekonstruktion und Strukturwandel in der chemischen Industrie in beiden deutschen Staaten bis Mitte der 60er Jahre, in: ebd., S. 262-303. Die regionalwirtschaftliche Problematik im hiervon besonders betroffenen Rhein-Main-Gebiet liefert die ökonometrisch angelegte Arbeit von Karl-Gerhard Kern, Systemanalyse des

so eine neue „Konsumlandschaft"⁵, die unter anderem sozial- und gesellschaftspolitisch abgesichert wurde.⁶ In europäischer Perspektive beschreiben diese Aspekte des Booms eine weitreichende Konvergenz der Wirtschaftsstrukturen - besonders zwischen Deutschland und Frankreich.⁷
Strukturelle Krisen werden demgegenüber allenfalls als Phänomen traditioneller Sektoren wie z.B. der Landwirtschaft betrachtet.⁸ Auch diese Anpassungsprozesse wurden aber weitgehend überlagert von dem ungewöhnlichen Anstieg von Wohlstand und privater Kaufkraft, der - neben der schnellen Überwindung der unmittelbaren Kriegsfolgen - die Formel vom Wirtschaftswunder überhaupt erst rechtfertigte.⁹ Dies löste eine rapide Angleichung der wirtschaftlichen und gesellschaftlichen Bedingun-

---

Rhein-Neckar-Raumes. Ein Simulationsmodell zur Ermittlung der natürlichen und sozio-ökonomischen Grenzen einer weiteren Industrialisierung, (Diss.) Mannheim 1977.

⁵ Burkart Lutz, Die Singularität der europäischen Prosperität nach dem Zweiten Weltkrieg, in: Kaelble (Hg.), Boom, S. 35-59, hier: S. 48. Dieses Erklärungsmuster fand bereits in der älteren Forschung Verwendung, vgl. den Sammelband: Heinz König (Hg.), Wandlungen der Wirtschaftsstruktur in der Bundesrepublik Deutschland, Berlin 1962 (= Schriften des Vereins für Socialpolitik N.F. 26). Eine interessante Zwischenstellung wird dabei übrigens der Mittelstandspolitik zugewiesen, vgl. Abdulreza Scheybani, Handwerk und Kleinhandel in der Bundesrepublik Deutschland. Sozialökonomischer Wandel und Mittelstandspolitik 1949-1961, München 1996, und Ursula Beyenburg-Weidenfeld, Wettbewerbstheorie, Wirtschaftspolitik und Mittelstandsförderung 1948-1963, Stuttgart 1992 (= Vierteljahrschrift für Sozial- und Wirtschaftsgeschichte Beiheft 96).

⁶ Für Bernd Faulenbach, „Modernisierung" in der Bundesrepublik und in der DDR während der 60er Jahre, in: Zeitgeschichte 25 (1998), S. 282-294, hier: S. 284, stellt dieser Prozeß sogar eine Art „Neugründung" der Gesellschaft dar. Vgl. hierzu in breiter Perspektive: Schildt, Siegfried u. Lammers (Hgg.), Dynamische Zeiten. Diese Perspektive findet auch in Synthesen zur bundesrepublikanischen Kultur wenig - und vor allem nicht: regional-differenziert - Verwendung, vgl. Jost Hermand, Die Kultur der Bundesrepublik Deutschland 1965-1985, München 1988, oder Alf Lüdtke, Inge Marßolek u. Adelheid von Saldern (Hgg.), Traum und Alptraum im Deutschland des 20. Jahrhunderts, Stuttgart 1996.

⁷ Gerold Ambrosius, Wirtschaftswachstum und Konvergenz der Industriestrukturen in Westeuropa, in: Kaelble (Hg.), Boom, S. 129-168, hier: S. 168. Christian Deubner, Interdependenz und Ungleichheit in den deutsch-französischen Wirtschaftsbeziehungen, in: Klaus Manfrass (Hg.), Paris-Bonn. Eine dauerhafte Bindung schwieriger Partner, Sigmaringen 1984, S. 117-124, hier: S. 122. Einen breiten Überblick gewährt: Wilkens, Wirtschaftsbeziehungen.

⁸ Vgl. im Überblick hierzu: Clemens Zimmermann, Ländliche Gesellschaft und Agrarwirtschaft im 19. und 20. Jahrhundert. Transformationsprozesse als Thema der Agrargeschichte, in: Werner Troßbach u. Clemens Zimmermann (Hgg.), Agrargeschichte. Positionen und Perspektiven, Stuttgart 1998 (= Quellen und Forschungen zur Agrargeschichte 44), S. 137-163; Wilfried Feldenkirchen, Agrarpolitik im Nachkriegsdeutschland: Leitbilder und Ziele der deutschen Politiker, Parteien und Interessenvertretungen, in: Hans-Jürgen Gerhard (Hg.), Struktur und Dimension. Festschrift für Karl Heinrich Kaufhold, Stuttgart 1997, Bd. 2, S. 266-291; eine Gesamtdarstellung unternehmen Wilhelm Magura, Chronik der Agrarpolitik und der Agrarwirtschaft in der Bundesrepublik Deutschland von 1945-1967, Hamburg 1970 (= Berichte über die Landwirtschaft N.F. Sonderheft 185), sowie Ulrich Kluge, Vierzig Jahre Agrarpolitik in der Bundesrepublik Deutschland, 2 Bde. Hamburg u. Berlin 1989.

⁹ Zur Bedeutung des „Wohlstands" für die Deutung der 60er Jahre: Axel Schildt, Materieller Wohlstand - pragmatische Politik - kulturelle Umbrüche. Die 60er Jahre in der Bundesrepublik, in: ders., Siegfried u. Lammers (Hgg.), Dynamische Zeiten, S. 21-53, hier: S. 25ff. Die Besonderheit der politischen Stabilisierung der Bundesrepublik trotz des heftigen Strukturwandels der 60er Jahre betonen Thomas Schlemmer u. Hans Woller, Einleitung, in: dies. (Hgg.), Die Erschließung des Landes 1949 bis 1973, Oldenbourg 2001 (= Bayern im Bund 1), S. 1-31, hier: S. 3.

gen in Deutschland[10] und Europa[11] aus. Daher skizziert der Abbau der (auch: regionalen) Unterschiede in den ökonomischen und gesellschaftlichen Bedingungen der Lebensgestaltung eine der wichtigsten Entwicklungslinien der 50er und 60er Jahre in der Bundesrepublik.[12]

Ein methodisches Problem stellen dabei jedoch Regionen wie z.B. das Ruhrgebiet oder auch das Saarland dar, deren wirtschaftliche Entwicklung bemerkenswerte Abweichungen von diesen Grundlinien zeigte. Besonders für das Ruhrgebiet konnte deutlich gemacht werden, wie bereits in den 50er Jahren eine vergleichsweise ungünstige wirtschaftliche Entwicklung umfangreiche Anpassungsprobleme hervorrief.[13] Dies deutet auf Besonderheiten der Raumstruktur der bundesdeutschen Wirtschaft;[14] gleichzeitig löste das Weiterbestehen regionaler Ungleichgewichte aber

---

[10] Wolfgang Ruppert (Hg.), Fahrrad, Auto, Fernsehschrank. Zur Kulturgeschichte der Alltagsdinge, Frankfurt a.M. 1993. Eine Einordnung in die wirtschaftswissenschaftliche Diskussion um die Entwicklung privater Kaufkraft nehmen vor: Lothar Hübl u. Walter Schepers, Strukturwandel und Strukturpolitik. Eine Einführung, Hannover 1983. Gleichermaßen haben sich auch die regionalen Disparitäten in der Erwerbsstruktur - zumindest in langfristiger Perspektive - seit der Zwischenkriegszeit angenähert, vgl. Hartmut Kaelble u. Rüdiger Hohls, Der Wandel der regionalen Disparitäten in der Erwerbsstruktur Deutschlands 1895-1970, in: Jürgen Bergmann, Jürgen Brockstedt, Rainer Fremdling, Rüdiger Hohls, Hartmut Kaelble, Hubert Kiesewetter u. Klaus Megerle, Regionen im historischen Vergleich. Studien zu Deutschland im 19. und 20. Jahrhundert, Opladen 1989 (= Schriften des Zentralinstituts für sozialwissenschaftliche Forschung der Freien Universität Berlin 55), S. 288-413.

[11] Hartmut Kaelble, Boom und gesellschaftlicher Wandel 1948-1973: Frankreich und die Bundesrepublik Deutschland im Vergleich, in: ders. (Hg.), Boom, S. 219-247, hier: S. 238. Ders., Europäische Besonderheiten des Massenkonsums 1950-1990, in: Hannes Siegrist, Hartmut Kaelble u. Jürgen Kocka (Hgg.), Europäische Konsumgeschichte. Zur Gesellschafts- und Kulturgeschichte des Konsums (18. bis 20. Jahrhundert), Frankfurt a.M. 1997, S. 169-204.

[12] Hermann Rudolph, Die Herausforderung der Politik. Innenansichten der Bundesrepublik, Stuttgart 1985; Hermann Korte, Eine Gesellschaft im Aufbruch. Die Bundesrepublik Deutschland in den sechziger Jahren, Frankfurt a.M. 1987, S. 108ff. Helmut Klages, Traditionsbruch als Herausforderung. Perspektiven der Wertewandelsgesellschaft, Frankfurt a.M. u. New York 1993. Die Bedeutung des Wandels in der Konsumgesellschaft der späten 50er Jahre betont Michael Wildt in seiner Kulturgeschichte der Lebens- und Genußmittel, Am Beginn der „Konsumgesellschaft". Mangelerfahrung, Lebenshaltung, Wohlstandshoffnung in Westdeutschland in den fünfziger Jahren, Hamburg 1994, bes. S. 72. Die Rückbindung an Schelskys Konzept der „nivellierten Mittelstandsgesellschaft" leistet: Paul Erker, Zeitgeschichte als Sozialgeschichte. Forschungsstand und Forschungsdefizite, in: Geschichte und Gesellschaft 19 (1993), S. 202-238, hier: S. 225. Umfassend zur Konsumgeschichte: Hartmut Berghoff (Hg.), Konsumpolitik. Die Regulierung des privaten Verbrauchs im 20. Jahrhundert, Göttingen 1999, sowie Siegrist, Kaelble u. Kocka (Hgg.), Konsumgeschichte. Einen technikhistorischen Ansatz verfolgt Wolfgang König, Geschichte der Konsumgesellschaft, Stuttgart 2000 (= Vierteljahrsschrift für Sozial- und Wirtschaftsgeschichte Beiheft 154).

[13] Dietmar Petzina, Wirtschaftspolitik, in: Boldt (Hg.), Nordrhein-Westfalen, S. 122-135; Abelshauser, Ruhrkohlenbergbau, S. 87, spricht von der „unerwarteten Wende" des Jahres 1958. Dietmar Petzina sieht den entscheidenden Umbruch in der wirtschaftlichen Entwicklung mit dem Umschlag auf dem Energiesektor in den 60er Jahren, was „scheinbar unbemerkt" zu einem massiven Arbeitsplatzverlust bereits in den späten 50er Jahren führte, vgl. Petzina, Wirtschaft und Arbeit, S. 113.

[14] Dietmar Petzina, Von der industriellen Führungsregion zum Krisengebiet: Das Ruhrgebiet in historischer Perspektive, in: Rainer Schulze (Hg.), Industrieregionen, S. 246-274. Werner Abelshauser u. Dietmar Petzina, Krise und Rekonstruktion. Zur Interpretation der gesamtwirtschaftlichen Entwicklung Deutschlands im 20. Jahrhundert, in: Wilhelm Heinz Schröder u. Reinhard Spree (Hgg.), Historische Konjunkturforschung, Stuttgart 1980, S. 75-114; Dietmar Petzina, Standortverschiebungen und regionale Wirtschafts-

Erwerbsstruktur im Saarland und in Nordrhein-Westfalen
Anteil der Beschäftigten im jeweiligen Sektor an der aktiven Bevölkerung

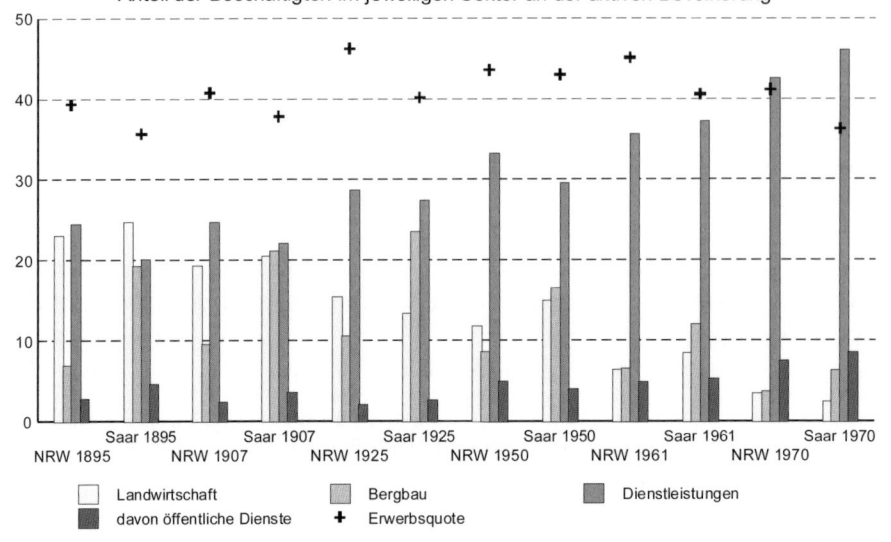

☐ Landwirtschaft ☐ Bergbau ☐ Dienstleistungen
■ davon öffentliche Dienste + Erwerbsquote

Angaben in Prozent. Lesebeispiel: Im Vergleich zu Nordrhein-Westfalen bewegte sich der Anteil des Bergbaus im Saarland nach 1950 auf höherem Niveau und sank langsamer. Quelle: Kaelble u. Hohls (Hgg.), Erwerbsstruktur, S. 84ff.

auch ein allgemeines „Unbehagen" am Wert gesamtwirtschaftlicher Erklärungen[15] aus und führte zu dem Postulat, die Region zur wichtigen forschungsstrategischen Größe zu erheben.[16]

Dies gilt um so mehr, als ähnliche Problemstellungen auch in montanindustriellen Regionen anderer Länder zu beobachten waren. In der daher erforderlichen methodischen Neuorientierung stellte die Einführung des Konzepts vom „Altern" von Industrieregionen einen wesentlichen Schritt dar.[17] Daraus entwickelte sich ein eigenes Feld interdisziplinärer Regionalforschung, in dem mittlerweile ein gewisser „Stand der Technik" erreicht werden konnte.[18] Altindustrielle Regionen sind einseitig

---

kraft in der Bundesrepublik Deutschland seit den fünfziger Jahren, in: Josef Wysocki (Hg.), Wirtschaftliche Integration und Wandel von Raumstrukturen im 19. und 20. Jahrhundert, Berlin 1994 (= Schriften des Vereins für Socialpolitik N.F. 232), S. 101-128, hier: S. 101.

[15] Rainer Schulze (Hg.), Industrieregionen. Auf die marxistische Kapitalismus-Kritik, die mitunter auch regionalwirtschaftliche Ansätze verfolgt, vgl. z.B. Klaus Wieland, Regionale Krisenentwicklung in den Wirtschaftsräumen Hamburg und Ruhrgebiet, traditionelle Überwindungsstrategien und alternative Lösungsansätze, Frankfurt a.M. 1990, soll hier nicht weiter eingegangen werden.

[16] Rainer Schulze, Region, S. 15.

[17] Dietmar Petzina, Strukturwandel in einer altindustriellen Region - das südwestfälische Siegerland nach dem Zweiten Weltkrieg, in: Hans-Jürgen Gerhard (Hg.), Struktur, Bd. 2 S. 550-571. Zu dem Begriff vgl. den als „klassisch" zu bezeichnenden Aufsatz von Michael Steiner, Old industrial Areas: A theoretical approach, in: Urban Studies 22 (1985), S. 387-398.

[18] Diesen „Stand der Technik" postuliert Manfred Hommel, Die Erneuerung alter Industriegebiete - Internationale Erfahrungen im Vergleich, in: Blotevogel (Hg.), Europäische Regionen, S. 170-190, hier:

von früher erfolgreichen, nun aber wachstumsschwachen Industriesektoren geprägt; sie verfügen über eine auf diese einseitige Industriestruktur ausgerichtete und damit veraltete Infrastruktur; ihre Bevölkerungs- und Sozialstruktur ist stark industriell überformt und ihr Ökosystem hochgradig belastet, was die durch die regional dominanten Unternehmenskreise ohnehin blockierte Erschließung neuer Industrieflächen und die Ansiedlung neuer Industrien zusätzlich erschwert.

Allerdings darf das „Altern" vor allem in historischer Perspektive nicht als quasi-natürlicher Vorgang mißverstanden werden.[19] Gerade am Beispiel des Ruhrgebiets konnte gezeigt werden, daß ungünstige Entwicklungen regionaler Wirtschaft auch durch auf nationaler Ebene zu vertretende Entscheidungen, in diesem Fall im Bereich der Energiepolitik, zurückzuführen waren.[20] Schon deswegen erscheint das allgemeinere Konzept des Strukturwandels[21] als eine eher angemessene Grundlage für die historische Analyse von regionalwirtschaftlichen Vorgängen.[22] In vergleichender

---

S. 186. Vgl. auch die Sammelbände von Rainer Schulze, Industrieregionen, und Hartmut Häußermann (Hg.), Ökonomie und Politik in alten Industrieregionen Europas. Probleme der Stadt- und Regionalentwicklung in Deutschland, Frankreich, Großbritannien und Italien, Basel u.a. 1992 (= Stadtforschung aktuell 36). Den Anspruch, diesen Stand der Technik im Bereich der Industriepolitik zu repräsentieren, erhebt Hesse (Hg.), Erneuerung. Eine präzise Zusammenfassung und Hinweise zum Forschungsstand bieten Hesse u. Schlieper, Strukturwandel, bes. S. 582-590.

[19] Vgl. hierzu die prägnante Analyse von Heiderose Kilper u. Dieter Rehfeld, Einleitung, in: dies. (Hgg.), Konzern, S. 1-12. Sehr deutlich hierzu auch: Petzina, Führungsregion, S. 264ff.

[20] Vgl. hierzu Werner Abelshauser, Historische Ursachen der gegenwärtigen Strukturkrise in der nordrhein-westfälischen Industrie, in: Kurt Düwell u. Wolfgang Köllmann (Hgg.), Rheinland-Westfalen im Industriezeitalter, 4 Bde. Wuppertal 1983ff., Bd. 3, S. 343-361, der die an nationalen energiepolitischen Interessen ausgerichtete Förderung des Bergbaus im Ruhrgebiet bis Mitte der 50er Jahre als Erklärung für die spätere Strukturkrise der Region ansieht; ähnlich Petzina, Wirtschaftspolitik, S. 126. Eine präzise Analyse dieses Zusammenhangs liefert Adamsen, Investitionshilfe. Ganz anders dagegen Harry Walter Jablonowski, Gesellschaftliche Kooperationsformen und politisches Instrumentarium zur Bewältigung der Strukturkrise im Steinkohlenbergbau und des energiewirtschaftlichen Strukturwandels in der Bundesrepublik bis Anfang der 70er Jahre, (Diss.) Dortmund 1978, der die regionale Dimension völlig ausblendet.

[21] Strukturwandel, so der Gedankengang, ist prinzipiell eine der wichtigsten „Voraussetzungen für wirtschaftliche Entwicklung" und insofern auch grundsätzlich unproblematisch, es sei denn, daß er sich „abrupt" oder in Phasen „insgesamt unzureichenden Wirtschaftswachstums" ergibt. In diesem Fall jedoch können sich Probleme - wie z.B. Arbeitslosigkeit - in einem Umfang ergeben, der sich als wirtschaftspolitisch schwer beherrschbar erweist. Da jedoch eine „geschlossene theoretische Konzeption der regionalen Wirtschaftsentwicklung, die zugleich empirisch fundiert wäre", fehlt, kann eine allgemeine Klärung der Frage nach dem „richtigen" Umfang und Ablauf von Strukturwandelvorgängen auf theoretischer Ebene nicht erfolgen. Hans-Peter Dietrich, Strukturelle Anpassung, S. 8ff.

[22] Rüdiger Hamm u. Helmut Wienert, Strukturelle Anpassung altindustrialisierter Regionen im internationalen Vergleich, Berlin 1990 (= Schriftenreihe des Rheinisch-Westfälischen Instituts für Wirtschaftsförderung Essen 48). Vgl. hierzu auch: Elisabeth Lauschmann, Grundlagen einer Theorie der Regionalpolitik, Hannover 1970 (= Veröffentlichungen der Akademie für Raumforschung und Landesplanung 60); Matthias Köppel, Ansatzpunkte der regionalen Wirtschaftsprognose. Eine methodenkritische Untersuchung von Modellen zur Prognose der langfristigen regionalen Wirtschaftsentwicklung, Berlin 1979 (= Volkswirtschaftliche Studien 287); speziell zur Shift-Analyse: Horst Dieter Hoppen, Die Shift-Analyse. Untersuchungen über die empirische Relevanz ihrer Aussagen, in: Raumforschung und Raumordnung 33 (1975), S. 6-18. Evelyn Nieth, Industriestruktur und regionale Entwicklung. Eine theoretische und empirische Untersuchung der Bundesrepublik 1960-1972, Berlin 1980 (= Schriften zu Regional- und Verkehrsproblemen in Industrie- und Entwicklungsländern 30), bes. S. 4-71; Margot Kröber-Weik u. Susanne Wied-Nebbeling, Wirtschaftskraft und Wirtschaftsentwicklung in den Bundesländern seit 1970.

Perspektive wurde auch deutlich, daß die unterschiedlichen institutionellen und rechtlichen Rahmenbedingungen von Regionalpolitik in den Staaten der westlichen Welt „das größte methodische Problem bei internationalen Regionalvergleichen" darstellen.[23] Die Einbeziehung der „institutionell-organisatorischen Ebene" von Regionalpolitik macht es daher nötig, strukturelle Veränderungen in der Wirtschaft als eine „umfassende, weit über ökonomische Anpassungsleistungen hinausgehende Aufgabe" für Regionen anzusehen, der sich regionale Akteure in einer Art „Lernvorgang" stellten.[24] In den Vordergrund rücken in dieser Perspektive die Kommunikations- und Handlungsnetzwerke regionaler Akteure, die angesichts des durch den Strukturwandel ausgelösten Problemdrucks auf eine regionsspezifische Weise aktiviert wurden.[25]

Diese regionsspezifische Aktivierung von regionalen Akteuren bot bei der Bewertung der wirtschaftlichen Veränderungen im Saarland zu Anfang der 60er Jahre und bei der politischen Bearbeitung von daraus resultierenden Problemen Anlaß für heftige Kontroversen. Mit der Stagnationskrise trat zu Anfang der 60er Jahre eine wirtschaftliche Entwicklung ein, die weder mit den an die Eingliederung verbundenen Erwartungen noch mit dem Wirtschaftswunder der Bundesrepublik in Übereinstimmung zu bringen war. Anhand einer Analyse der Entwicklung des Bruttosozialproduktes konnte diese ungünstige Entwicklung als relative Depression des ganzen Bundeslandes dargestellt werden.[26] Insbesondere aus der Perspektive der Stahlkrise

---

Eine vergleichende Analyse. Gutachten im Auftrag des Bundesministers für Wirtschaft, Tübingen 1986. Hans-Ulrich Jung, Regionales Wachstum und räumliche Verteilung von Bevölkerung und wirtschaftlichen Aktivitäten. Eine Untersuchung räumlicher Ungleichgewichte in Hessen für den Zeitraum 1960-1980, Hannover 1982 (= Jahrbuch der Geographischen Gesellschaft).

[23] Hommel, Erneuerung, S. 182. Zudem wird durch das hier letztlich unterstellte Primat der Industriepolitik gegenüber regionalen Politikansätzen die Rolle der Regionen leicht auf die Aufgabe der Regionalisierung sektoral ausgerichteter, nationaler Programmatik reduziert. Diese Perspektive wird z.B. bevorzugt von Joachim Jens Hesse, Europäische Regionen zwischen Integrationsanspruch und neuem Regionalismus, in: Blotevogel (Hg.), Europäische Regionen, S. 11-25, bes. S. 19ff.

[24] Heiderose Kilper, Erich Latniak, Dieter Rehfeld u. Georg Simonis, Das Ruhrgebiet im Umbruch. Strategien regionaler Verflechtung, Opladen 1994, S. 13f. Gernot Grabher, Wachstums-Koalitionen und Verhinderungs-Allianzen. Entwicklungsimpulse und -blockierungen durch regionale Netzwerke, in: Informationen zur Raumentwicklung H. 11 (1993), S. 749-758.

[25] Vgl. hierzu: Hommel, Erneuerung, S. 186. Stark auf das Ruhrgebiet bezogen: Manfred Hommel (Hg.), Umbau alter Industrieregionen, Stuttgart 1995 (= 49. Deutscher Geographentag Bochum 1). Nach diesem Ansatz ist verstärkte Aufmerksamkeit auf das „ökonomisch-politische Klima" zu richten, auf die Frage also, inwiefern sich „Aufbruchstimmung" oder „Resignation" als Grundmuster des Verhaltens regionaler Akteure darstellen lassen, ebd., S. 181. Vgl. hierzu auch den Versuch von Rainer Klump, Wirtschaftsgeschichte der Bundesrepublik Deutschland. Zur Kritik neuerer wirtschaftshistorischer Interpretationen aus ordnungspolitischer Sicht, Wiesbaden 1985, zur Verknüpfung von Modellen der Wirtschaftsgeschichte und der Institutionensoziologie, der allerdings die Ebene regionaler Akteure weitgehend ausblendet. Die Gesamtdarstellung von Andreas Schlieper, 150 Jahre Ruhrgebiet. Ein Kapitel deutscher Wirtschaftsgeschichte, Düsseldorf 1986, bes. S. 177ff., betont besonders die negativen Aspekte des Strukturwandels im Ruhrgebiet und zeichnet so ein anschauliches - allerdings möglicherweise aus einem verkürzten Strukturwandelbegriff resultierendes - Beispiel für eine negative Grundstimmung, die eine gesamte Region erfaßt hatte.

[26] Roesler, Rückgliederung, S. 450ff.

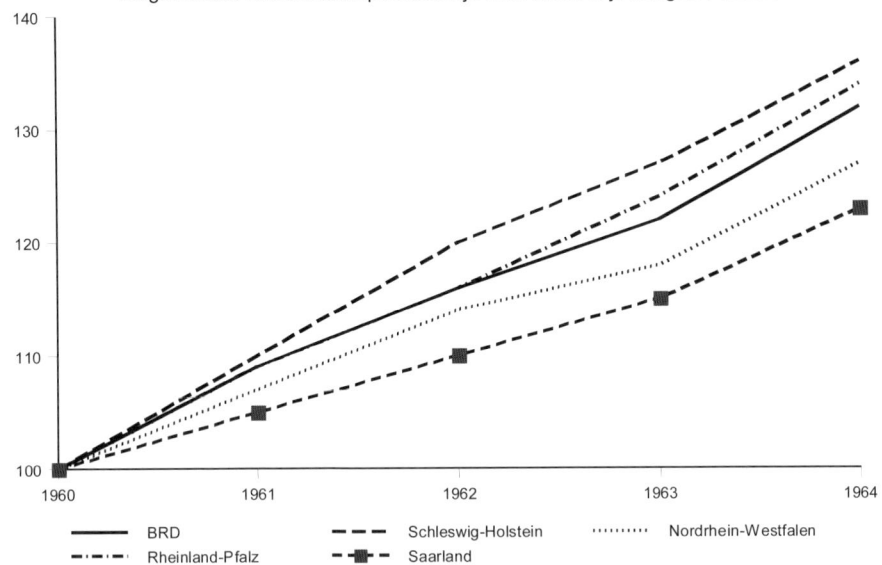

Vergleich des Bruttoinlandsproduktes je Einwohner in jeweiligen Preisen

——— BRD   – – – Schleswig-Holstein   ·········· Nordrhein-Westfalen
–·–·– Rheinland-Pfalz   –■– Saarland

Index 1960 = 100. Lesebeispiel: Der Index des BIP je Einwohner im Saarland zeigt niedrigere Zuwächse und ein niedrigeres Niveau als der anderer Bundesländer und der Bundesrepublik. Quelle: Stat. Amt d. Saarl. (Hg.), Sozialprodukt des Saarlandes 1960 bis 1964, Saarbrücken 1965 (= SiZ, Sonderh. 35), S. 25.

der 70er Jahre wurde die saarländische Wirtschaftspolitik der späten 50er und frühen 60er Jahre daher heftig kritisiert.[27] Allerdings ist diesbezüglich in der Forschung ein Perspektivenwechsel festzustellen. In späteren Arbeiten wurde dem Saarland zwar keine „erfolgreiche Umstrukturierung" wie im schwedischen Fallbeispiel bescheinigt, sondern eine „anhaltenden Instabilität"; allerdings wurde das Saarland hinsichtlich der flexibleren Krisenreaktionsmechanismen, die insbesondere auf der engen Kooperation zwischen Privatwirtschaft, regionalen Institutionen und Politik beruhten, ausdrücklich sogar als Vorbild genannt.[28] Als erfolgreich wurde auch die Anpassungspolitik des Steinkohlenbergbaus im Saarland eingeschätzt, durch die die Re-

---

[27] Zuletzt findet sich diese Einschätzung bei Kirchdörfer, Keynesianismus, S. 81ff. Explizit wurde festgestellt, daß die Landesregierung in den 60er Jahren die Strukturprobleme „verharmlost" habe und „jeglichen Ansatz zu einer der Diversifizierung dienenden Industrieansiedlungspolitik zu verhindern" wußte, Josef Esser, Wolfgang Fach u. Werner Väth, Krisenregulierung. Zur politischen Durchsetzung ökonomischer Zwänge, Frankfurt a.M. 1983, S. 60. Ähnlich auch: Christoph Albrecht, Wirtschaftsstruktur, Bevölkerungsstruktur, Struktur der Arbeitslosigkeit im Saarland, Berlin 1980 (= Wissenschaftszentrum Berlin, Discussion Papers Series 80-76). Insbesondere die Sicht der Gewerkschaften wurde stark von diesem Gedanken geprägt, Uwe Jürgenhake, Winfried Mengelkamp u. Beate Winter, Fallstudie „Saarstahl/Völklingen", Dortmund 1988, sowie polemisch hierzu: Rudolf Judith u.a. (Hgg.), Die Krise der Stahlindustrie, Krise einer Region: Das Beispiel Saarland, Köln 1980, und Hans-Böckler-Stiftung (Hg.), Zur Subventionspolitik des Staates. Das Beispiel Saar. Protokoll der Regionalkonferenz Saar, 22. Februar 1985, Düsseldorf 1985. Einige interessante Quellen zur Politik der DKP liefert: Anne Lenhardt u. Gerhard Weiß, Stahlkrise an der Saar - Ein Kampf um Arbeitsplätze, Frankfurt a.M. 1978 (= Soziale Bewegungen. Analyse und Dokumentation des Instituts für marxistische Studien und Forschungen 11).

[28] Hans-Peter Dietrich, Strukturelle Anpassung, S. 91ff., S. 338ff. und S. 353.

strukturierung der Saarbergwerke AG, aber auch der Wirtschaftsregion betrieben wurde.[29] Zuletzt kam Olaf Sievert zu dem Urteil, daß „die Umstrukturierung der Saarwirtschaft ... keine Story des Mißerfolgs" war.[30]

Ein sehr wichtiges Kriterium für die Bewertung der Politik im Saarland zu Anfang der 60er Jahre ist daher die Frage der Perzeption struktureller Veränderungen als regionaler Strukturwandel. Hans-Christian Herrmann kam diesbezüglich zu dem Schluß, daß eine angemessene und rechtzeitige Perzeption der ungünstigen wirtschaftlichen Entwicklung im Saarland unterblieb, weil regionale Meinungskartelle der dominierenden Wirtschaftszweige dies anfangs verhinderten. Der regionale Strukturwandel wurde daher „nicht sichtbar",[31] und die daraus resultierenden Probleme wurden so auch nicht erfolgreich bearbeitet.

1.1.2 Finanzpolitik in einer alternden Industrieregion

Indizien dafür liefert die zeitgenössische wirtschaftspolitische Diskussionen durchaus. Hatte in der Phase der unmittelbaren Eingliederung noch eine gewisse Nervosität in Hinblick auf das Gelingen der Eingliederung geherrscht - erinnert sei an dieser Stelle nur an das Umschlagen von Strukturpolitik zu eher konjunkturell orientierten Ansätzen -, erzeugten die in den folgenden Monaten günstigen wirtschaftlichen Indikatoren zunächst Zuversicht und Zufriedenheit. Am deutlichsten zeigte sich diese Zufriedenheit an der Diskussion um die im April 1960 von Heinrich Schneider geprägte Formel vom Saarland als wirtschaftlich „unterentwickeltem" Land. Diese Formel hatte sich Anfang 1961 bereits verselbständigt und wurde allgemein als grob unangemessene Beschreibung der ökonomischen Stellung des Saarlandes angesehen.[32] Zwar zögerte die parlamentarische Opposition aus SPD und SVP nicht, die Regierung mit dem Argument zu kritisieren, sie habe während der Übergangszeit manche Chancen vertan, die sich aus den Hilfen des Bundes ergeben hätten, wodurch „der Umstellungsprozeß vielfach daneben gegangen ist",[33] insgesamt befand sich aber auch die SPD im Konsens mit dem amtierenden Wirtschaftsminister Eugen Huthmacher, der diesen Schwierigkeiten allenfalls die Qualität von „Randerscheinungen" zuzumessen bereit war.[34] Weite Teile der saarländischen Politik interpretierten dies -

---

[29] Albert Seyler, Die regionalwirtschaftlichen Auswirkungen der Stillegungen und Einschränkungen im Steinkohlenbergbau und der getroffenen Maßnahmen zur Umstrukturierung im Saarland, Brüssel 1972 (= Kommission der Europäischen Gemeinschaften (Hg.), Hefte der industriellen Umstellung 23), S. 29ff. Deutlich kritischer gegenüber den frühen Restrukturierungsmaßnahmen argumentierte dagegen die Darstellung der Saarbergwerke selber, vgl. Saarbergwerke AG (Hg.), 25 Jahre, S. 70ff.

[30] Olaf Sievert u.a., Zur Standortqualität des Saarlandes, St. Ingbert 1991, S. 4.

[31] Hans-Christian Herrmann, Bilanz, S. 321f.

[32] Zitat: LTDS, 3. WP, Abt. I, 81. Sitzung v. 14.4.60, S. 2188. Vgl. dazu die Diskussion in: LTDS, 4. WP, Abt. I, 4. Sitzung v. 20.1.61, S. 48ff.

[33] So Kurt Wolf (SVP), ebd., S. 63.

[34] Ebd., S. 74. Der Satz „Die wirtschaftliche Eingliederung als solche ist, insgesamt gesehen, zufriedenstellend verlaufen." entwickelte sich geradezu zu einem Credo der ersten parlamentarischen Debatten in der vierten Wahlperiode.

einer der Leitlinien zur Ausgestaltung der Übergangszeit folgend - so, daß es Hauptaufgabe sein müsse, die „Erblast" aus der besonderen politischen Vergangenheit des Saarlandes zu überwinden. Dabei war man sich ganz im Sinne der am 13. Dezember 1956 getroffenen Grundsatzentscheidung sicher, auf das Funktionieren der hierfür erarbeiteten Instrumente vertrauen zu können, die großteils auch rechtlich kodifiziert worden waren. Übereinstimmung herrschte darüber auch mit den meisten zeitgenössischen Beobachtern und Analysten der Saarwirtschaft.[35]

Einige Risse erhielt dieser Konsens allerdings schon in der Debatte um die Folgen der Anfang 1961 beschlossenen DM-Aufwertung, in deren Verlauf die SVP einen Widerspruch aufdeckte zwischen der allgemein verbreiteten Sichtweise der erfolgreichen Eingliederung und der öffentlichen Stellungnahme der Landesregierung zu der Währungsmaßnahme, die das Land in einer wirtschaftlich „schwierigen Zeit" getroffen habe.[36] Besorgnis über die ökonomische Lage wurde auch im Kontext der Haushaltsberatungen Ende 1961 geäußert: Kurt Conrad wertete die sich zunehmend verschlechternde Finanzsituation als „Alarmzeichen" für eine ungünstige Entwicklung des Landes, das gegenüber der Bundesrepublik immer mehr zurückbleibe.[37] Damit entwickelte die parlamentarische Opposition schrittweise eine Perspektive, die insbesondere das Sinken der Industriebeschäftigung bzw. die Stagnation der Beschäftigung insgesamt und die daraus resultierenden Finanzprobleme[38] kritisierte.

---

[35] Sehr deutlich wird dies in der Analyse von Peter Weiant, in deren erster Auflage von 1958 ausführlich die Vorgeschichte des Saarvertrags und die Vorbelastungen der Saarwirtschaft aus der Zeit der Teilautonomie erörtert wurden, vgl. Weiant, Saar, S. 1-8. Zuletzt vertrat Manfred Schäfer den Standpunkt, daß die ungünstige Situation des Saarlandes in den 60er Jahren auf Fehlentwicklungen in der Zeit der Teilautonomie zurückzuführen sei, vgl. hierzu seine Intervention in: Hudemann u. Poidevin (Hgg.), Saar, S. 229-231. In der zweiten Auflage des Artikels von Weiant aus dem Jahr 1965 dagegen wurde dieser Aspekt sehr viel weniger stark betont, vielmehr wurde der Grund für die unzureichende Wirtschaftsentwicklung im Saarland bei dem „noch im Gange" befindlichen Anpassungsprozeß gesucht. Walter Schütz u. Peter Weiant, Die Saar und ihre Wirtschaft, o.O 1965 (= Bundesfirmenregister 1965/66, Sonderdruck), S. 20.

[36] LTDS, 4. WP, Abt. I, 7. Sitzung v. 18.4.61, S. 167. Die Aufwertung der DM, gegen die sich die Bundesregierung aus innenpolitischen Erwägungen - 1961 war ein Wahljahr - lange gesträubt hatte, ist in den Kontext der Politik einzuordnen, die nach dem Tiefpunkt 1958 wieder stark expansive konjunkturelle Entwicklung der Bundesrepublik einzudämmen, die insbesondere unter außenhandelspolitischen Gesichtspunkten zu großen Problemen geführt hatte, vgl. Helge Berger, Konjunkturpolitik, S. 134ff.

[37] Dies wurde von Regierungsseite allerdings mit dem Hinweis auf konjunkturelle Ungleichgewichte, besonders im Stahlsektor, gekontert, LTDS, 4. WP, Abt. I, 13. Sitzung v. 7.11.61, S. 470ff.

[38] Hermann Trittelvitz (SPD) in: LTDS, 4. WP, Abt. I, 29. Sitzung v. 18.12.62, S. 1159. Sehr deutlich Kurt Conrad (SPD): „Der Herr Kollege Bulle hat vorhin gesagt, wir könnten nur vom Zuwachs des Bruttosozialprodukts leben. Herr Kollege Bulle, dann müßten wir morgen sterben, denn wir haben keinen Zuwachs des Bruttosozialprodukts. Nehmen Sie das einmal zur Kenntnis. Wir liegen in den letzten zehn Jahren unter zwei Prozent.", LTDS, 4. WP, Abt. I, 42. Sitzung v. 15.1.64, S. 1560. Vgl. hierzu auch: Otto Buchheit, Wirtschaftliche Strukturverbesserung ist notwendig. Die Entwicklung des Arbeitsmarktes seit Juli 1959, in: Die Arbeitskammer. Zeitschrift der Arbeitskammer des Saarlandes 8 (1960), S. 251-252.

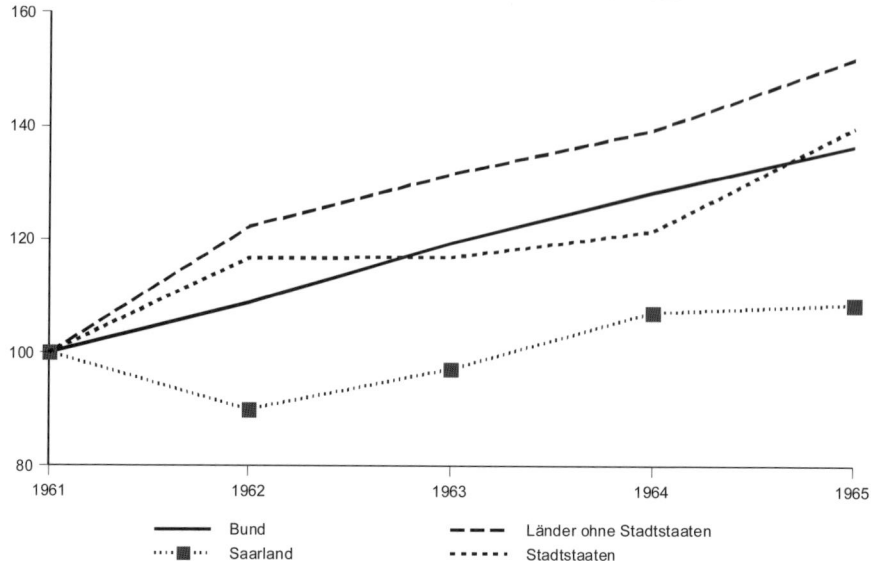

Steuereinnahmen von Bund und Ländern 1961-1965

― Bund   - - - Länder ohne Stadtstaaten
■ Saarland   ····· Stadtstaaten

Index 1961 = 100. Lesebeispiel: Der Index der Steuereinnahmen des Saarlandes entwickelte sich auf sehr viel niedrigerem Niveau als der von Bund und Ländern. Quelle: Eigene Berechnungen. Statistisches Bundesamt Wiesbaden (Hg.) Finanzen und Steuern, Reihe 3: Schulden und Vermögen von Bund, Ländern und Gemeinden, I Schulden, 31. Dezember 1960ff. (jährlich), Stuttgart u. Mainz 1961ff.

Die „strukturelle Krise"[39] der saarländischen Wirtschaft wurde somit durchaus bereits zu Anfang der 60er Jahre „sichtbar" - wenn auch in einem speziellen Sachzusammenhang, nämlich der Haushaltspolitik.[40] Allerdings trat auch in den Haushaltsberatungen zunächst ein Aspekt in den Vordergrund, der noch stark mit der Auflösung der besonderen finanziellen Situation in der Übergangszeit verknüpft war: Hauptaufgabe der Haushaltspolitik wurde der Abbau der besonders im außerordentlichen Haushalt aufgelaufenen Haushaltsreste der Vorjahre.[41] Diese Aufgabe erwies sich im Rahmen der Haushaltsberatungen des Frühjahrs 1961 als kaum zu lösendes Problem. Bereits zu diesem Zeitpunkt schätzte Minister Heitschmidt die „Bewegungsmöglichkeit des Haushalts" - also den Umfang der nicht von vornherein gebundenen Mittelansätze -

---

[39] In der öffentlichen Debatte um die Kohlepolitik fand der Begriff spätestens seit 1959 Verwendung, vgl. Emil Schrumpf, Strukturkrise im Bergbau ohne soziale Härten lösen, in: Die Arbeitskammer. Zeitschrift der Arbeitskammer des Saarlandes 7 (1959), S. 226-227, hier: S. 226.

[40] Zum Zusammenhang von Haushalts- und Strukturpolitik vgl. Boldt u. Mick, Handlungsspielräume, S. 100f.

[41] Die ursprüngliche Planung setzte im ordentlichen Haushalt für das Jahr 1960 sogar einen Überschuß von 52,8 Mio. DM an, denen jedoch zum Stand Dezember 1960 Reste von ca. 160 Mio. DM gegenüberstanden, die praktisch nicht gedeckt waren. Dadurch ergab sich ein rechnerischer Anleihebedarf von nicht weniger als 300 Mio. DM für 1961 - bei einem geplanten Haushaltsvolumen von ca. 780 Mio. DM, LTDS, 4. WP, Abt. I, 5. Sitzung v. 8.2.61, S. 109ff.

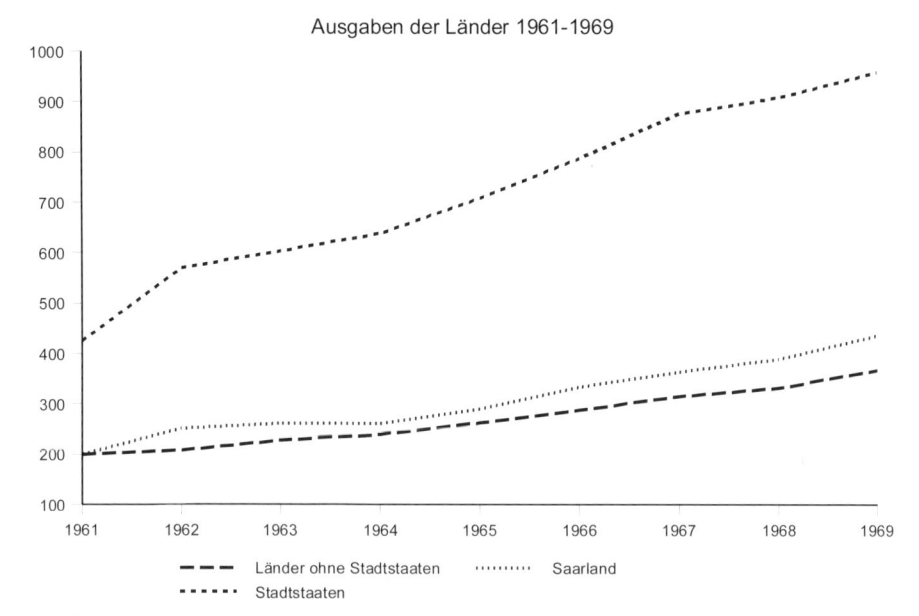

Ausgaben der Länder 1961-1969

– – – Länder ohne Stadtstaaten ········· Saarland
····· Stadtstaaten

Angaben in DM pro Einwohner. Lesebeispiel: Pro Einwohner waren die Ausgaben des Saarlandes im Untersuchungszeitraum stets etwas höher als der Durchschnitt der anderen Länder (ohne Stadtstaaten). Quelle: Eigene Berechnungen. Statistisches Bundesamt Wiesbaden (Hg.), Finanzen und Steuern, Reihe 3: Schulden und Vermögen von Bund, Ländern und Gemeinden, I Schulden, 31. Dezember 1960ff. (jährlich), Stuttgart u. Mainz 1961ff.

auf nicht mehr als 7 - 8% des Volumens.[42] Zwar konnte der zuständige Minister bei der Verabschiedung des Haushaltes seiner Hoffnung Ausdruck verleihen, daß die noch aus der Zeit der Teilautonomie stammenden Altschulden des Saarlandes - Anfang 1960 immerhin noch rund 200 Mio. DM - bis Ende 1961 komplett zurückgeführt bzw. fundiert werden könnten, gleichzeitig mußte er jedoch zugestehen, daß die Haushaltsreste der vergangenen Jahre immer mehr zu einem „Neben- oder Schattenhaushalt" wurden, der in erheblichem Umfang Kreditbedarf für die Zukunft erwarten ließ.[43]

Bereits im Folgejahr trat die erwartete Entwicklung ein. Trotz einer gewissen Reduzierung der Ansätze im außerordentlichen Haushalt - wie übrigens im Gesamthaushalt insgesamt - standen weiterhin erhebliche Haushaltsreste aus den Vorjahren an, die nur durch umfangreiche Anleihen finanziert werden konnten. Dadurch stieg die Pro-Kopf-Verschuldung des Saarlandes mit 520 DM auf den höchsten Wert aller Flächenländer in der Bundesrepublik.[44] Aus Sicht der Opposition trat somit eine

---

[42] Ebd., S. 120.
[43] LTDS, 4. WP, Abt. I, 9. Sitzung v. 21.4.61, S. 343f.
[44] So der Berichterstatter des Haushalts- und Finanzausschusses, Friedrich Regitz (SPD), LTDS, 4. WP, Abt. I, 16. Sitzung v. 30.1.62, S. 565.

Schulden der Länder pro Einwohner 1961-1964

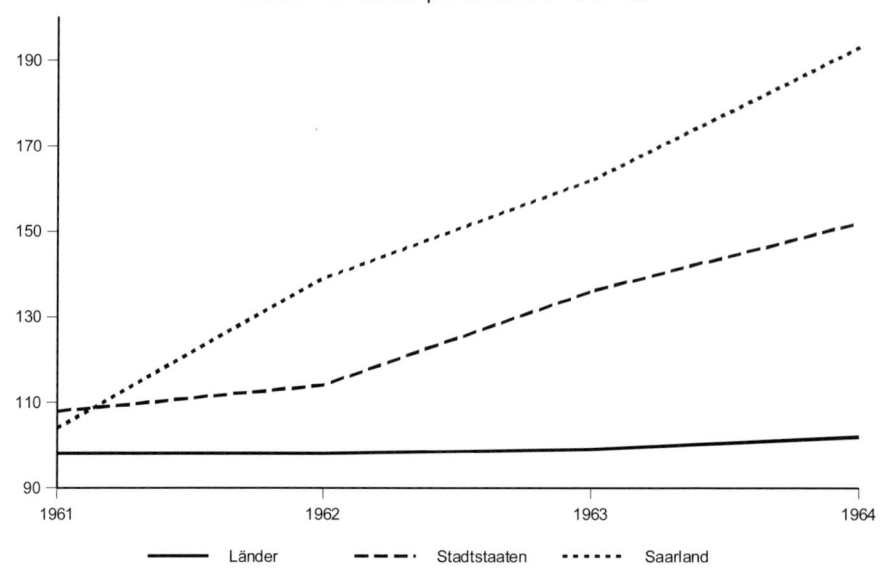

―――― Länder   ― ― ― Stadtstaaten   ⋯⋯⋯ Saarland

Index 1960 = 100. Lesebeispiel: Der Index der Schulden pro Einwohner zeigt für das Saarland eine starke Steigerung. Quelle: Eigene Berechnungen. Statistisches Bundesamt Wiesbaden (Hg.), Finanzen und Steuern, Reihe 3: Schulden und Vermögen von Bund, Ländern und Gemeinden, I Schulden, 31. Dezember 1960ff. (jährlich), Stuttgart u. Mainz 1961ff.

„katastrophale Lage"[45] der Finanzen ein. In diesem Zusammenhang ist die von Kurt Conrad vorgetragene Forderung einer Verbesserung der Steuerkraft des Landes zu interpretieren. Aus einem längeren Vortrag über Prinzipien der Wirtschaftspolitik in der Bundesrepublik und einer Analyse der in Baden-Württemberg verfolgten Strategien leitete er die Forderung ab, daß die saarländische Wirtschaftspolitik unbedingt an dem Ziel ausgerichtet werden müsse, durch geeignete strukturpolitische Initiativen das Steueraufkommen im Saarland zu erhöhen.[46] Allerdings wurden die Erfolgsaussichten einer derartigen Politik durch eine Besonderheit der Haushaltsfinanzierung im föderalen Finanzausgleichssystem stark eingeschränkt: Schon im Vorjahr hatte der Haushaltsexperte der CDU-Fraktion darauf hingewiesen, daß die Einnahmen des Saarlandes aus Steuern und Zuweisungen von Bund und Ländern faktisch auf einen Höchstbetrag begrenzt waren. Die Einnahmeseite des Landes hätte sich demnach nur dann haushaltswirksam verbessern können, wenn die Einnahmen des Landes aus Steuern und aus Zuweisungen des horizontalen Finanzausgleichs den Höchstbetrag - 435 Mio. DM - überschritten hätten.[47] Jede Erhöhung der Steuereinnahmen unterhalb dieser Marge führte dagegen nur zur Senkung von Zuweisungen des Bundes in

---

[45] So Emil Weiten (SVP), ebd., S. 613.
[46] LTDS, 4. WP, Abt. I, 16. Sitzung v. 30.1.62, S. 577.
[47] Die Steuereinnahmen betrugen tatsächlich im Jahr 1961 ca. 321 Mio. DM, im Jahr 1962 ca. 355 Mio. DM, Stat. Amt d. Saarl. (Hg.), Statistisches Handbuch für das Saarland 1963, Saarbrücken 1963, S. 183.

Verhältnis der Kreditmarktschulden der Länder zu ihren Gesamtschulden

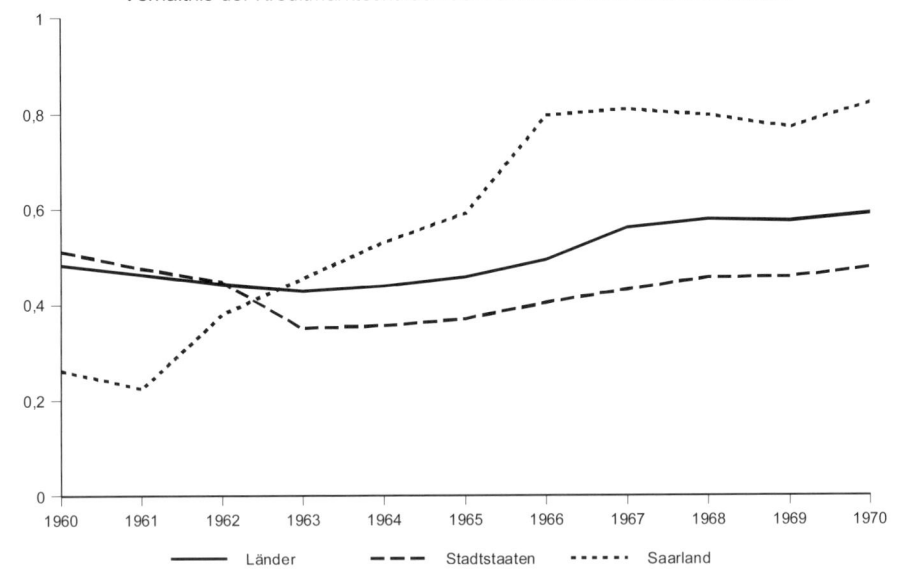

——— Länder   – – – Stadtstaaten   ······ Saarland

Lesebeispiel: Der Anteil der Kreditmarktschulden stieg im Saarland nach 1961 stark an und übertraf ab 1963 den entsprechenden Wert in den anderen Ländern und in den Stadtstaaten. Quelle: Eigene Berechnungen. Statistisches Bundesamt Wiesbaden (Hg.), Finanzen und Steuern, Reihe 3: Schulden und Vermögen von Bund, Ländern und Gemeinden, I Schulden, 31. Dezember 1960ff. (jährlich), Stuttgart u. Mainz 1961ff.

gleicher Höhe.[48] Damit war ein Mechanismus in Kraft gesetzt, der - solange die eigenen Steuereinnahmen des Saarlandes geringer ausfielen als der Durchschnitt der anderen Länder - praktisch die zu erwartenden Einnahmensteigerungen auf einen im „kleinen Steuerverbund" festgelegten Anteil an der allgemeinen Steigerung der Steuereinnahmen der anderen Länder begrenzte.[49]

---

[48] So Jakob Feller (CDU), LTDS, 4. WP, Abt. I, 8. Sitzung v. 20.4.61, S. 241. Aufgrund der Entwicklung der Steuereinnahmen im Saarland griff diese Regelung auch sehr bald: Die Saar-Regierung hatte anfangs noch mit Bundeszuweisungen von 52 Mio. DM gerechnet, während die Bundesregierung in ihren Planungen bereits nur von 26 Mio. DM ausging. Da sich die Steuereinnahmen positiver entwickelten als geplant, wurde aber auch dieser Betrag nicht ausgeschüttet, vgl. Cuntze, Eingliederung, S. 112. Detailliert hierzu auch: Bundesministerium der Finanzen (Hg.), Finanzbericht 1962, Die volkswirtschaftlichen Grundlagen und die wichtigsten finanzwirtschaftlichen Probleme des Haushaltsplans der Bundesrepublik Deutschland für das Rechnungsjahr 1962, Bonn 1962, S. 293.

[49] Ausführlich zur Vorgeschichte und zu den Detailregelungen des Länderfinanzausgleichs nach der Schaffung des „kleinen Steuerverbunds" 1955: Renzsch, Finanzverfassung, S. 131ff. Zur bis heute heftig diskutierten Problematik der Grenzbelastungen der Länderhaushalte durch Ausgleichsregelungen und der sich daraus ergebenden „Armutsfalle" vgl. Wolfgang Scherf, Der Länderfinanzausgleich in Deutschland. Ungelöste Probleme und Ansatzpunkte einer Reform, Frankfurt a.M. u.a. 2000, S. 225. Zu Prinzipien und Funktionsweise des „sekundären" Ausgleichs mit dem Bund: Jürgen W. Hidien, Handbuch Länderfinanzausgleich, Baden-Baden 1999, S. 24ff.

Dies rief bereits wenige Monate später geradezu resignierte Reaktionen im Parlament hervor.[50] Die gegenüber anderen Länder weiterhin zu geringen Zuwachsraten bei den Steuereinnahmen, die maßgeblich auf das geringe Wirtschaftswachstum und das strukturelle Übergewicht des ertragsschwachen Bergbaus zurückzuführen waren, ließen die Schuldenlast so weit steigen, daß sie „nicht mehr in einem normalen Verhältnis zu den Einnahmen des Landes"[51] standen. Die Landesregierung und die CDU-Fraktion richteten ihre Hoffnungen für den Haushalt des Jahres 1964 auf die künftige Finanzreform[52] - wenn auch die geplante Erhöhung des Bundesanteils an Einkommen- und Körperschaftsteuer kaum kalkulierbare Risiken barg - und auf erste Anzeichen einer Entspannung des Vollzugs des außerordentlichen Haushaltes für 1963.[53] Immerhin konnten große Teile der eingestellten Mittel tatsächlich verausgabt werden, was dem Problem des „Schattenhaushaltes" ein Ende zu setzen versprach. Es wurde aber auch der finanzpolitische Aspekt der strukturellen Probleme des Landes neu durchdacht. Da die Auswirkungen der nach der Eingliederung neu angesiedelten Unternehmen auf die Steuereinnahmen geringer als erwartet ausfielen,[54] fand die hohe Bedeutung der Montanindustrien für die Wirtschaftskraft - wenn auch nicht für die Steuerkraft - des Landes wieder mehr Berücksichtigung. Zwar müsse, so der Gedankengang, zweifellos auch dafür gesorgt werden, daß die Steuereinnahmen des Landes aus den montanfremden Sektoren erhöht werden, z.B. indem Unternehmen modernisiert und gegenüber Konjunkturschwankungen unempfindlicher gemacht werden; grundsätzlich sei aber an dem Montankern festzuhalten, der immerhin die Grundlage auch der Möglichkeiten weiterer Umgestaltung der Saarwirtschaft darstelle.[55]

---

[50] So z.B. von Heinrich Schneider, der feststellte: „Das Saarland paßt in dieses Gesetz einfach nicht hinein. Wir sind in einem Ausmaße benachteiligt, das für uns unerträglich ist.", LTDS, 4. WP, Abt. I, 29. Sitzung v. 18.12.62, S. 1086.

[51] So Friedrich Regitz (SPD), LTDS, 4. WP, Abt. I, 29. Sitzung v. 18.12.62, S. 1078. Erwin Müller forderte für die SVP gar die Aufstellung eines „Notstandshaushaltes", ebd., S. 1087.

[52] Der wichtigste Punkt für das Saarland in diesem Zusammenhang war die in einem ersten Referentenentwurf vorgesehene „Einwohnerveredelung" für das Saarland um 7%. Dieser Vorschlag ist möglicherweise auch als eine Reaktion auf die Probleme bei der Integration des Saarlandes in das System des Länderfinanzausgleichs zurückzuführen: „Die Eingliederung des Saarlandes erwies sich nicht nur bei seinem Beitritt zur Bundesrepublik Deutschland als schwierig, es zeigte sich bald sehr deutlich, daß die bestehenden horizontalen Finanzausgleichsmechanismen nicht hinreichten, um die historischen und strukturellen Benachteiligungen dieses kleinsten Flächenlandes auszugleichen.", Renzsch, Finanzverfassung, S. 195.

[53] So Finanzminister Paul Senf in seiner Haushaltsrede, LTDS, 4. WP, Abt. I, 39. Sitzung v. 13.11.63, S. 1422ff.

[54] Zwischen 1959 und 1962 wurden insgesamt ca. 70 neue Betriebe im Saarland angesiedelt, die ca. 10.000 Arbeitsplätze boten, vgl. Schütz u. Weiant, Saar, S. 9. Auf die Frage nach der regionalwirtschaftlichen Bedeutung dieser Ansiedlungserfolge wird an anderer Stelle noch einzugehen sein; auf jeden Fall hatten noch 1962 neu angesiedelte Betriebe die Stagnation in anderen Bereichen der Saarwirtschaft weitgehend kompensieren können, Stat. Amt d. Saarl. (Hg.), Die saarländische Industrie im Jahre 1962, Saarbrücken 1964 (= SiZ, Sonderh. 26), S. 10. Dieser Effekt schwächte sich in den folgenden Jahren ab, Stat. Amt d. Saarl. (Hg.), Die saarländische Industrie im Jahre 1963, Saarbrücken 1964 (= SiZ, Sonderh. 30), S. 14.

[55] So formulierte Max Schneider (CDU): „Im laufenden Jahr, meine Damen und Herren, haben wir an

In der Folgezeit fanden die strukturpolitischen Ansätze um so mehr Beachtung, je weiter sich die finanzielle Lage des Landes verschärfte. Die frühere Betrachtungsweise, nach der die Überwindung der letzten Auswirkungen der Übergangszeit als Hauptproblem der saarländischen Finanzen angesehen wurde, wurde praktisch dadurch abgelöst. Als Fritz Wedel unwidersprochen feststellte, „das Parlament hat bei der Gestaltung dieses Haushalts [für das Jahr 1964] fast keinen Spielraum mehr gehabt", wodurch „das Budgetrecht des Parlaments sehr eingeengt worden ist", konnte auch Werner Scherers These, bei den Finanzproblemen der vergangenen Jahre habe es sich möglicherweise um einen „überschaubaren finanziellen Engpaß"[56] gehandelt, nicht mehr überzeugen. Zwar konnte Jakob Feller für die CDU die Bewahrung der „finanziellen Selbständigkeit" des Landes als einen Erfolg der Regierungstätigkeit seiner Partei reklamieren,[57] allerdings vermißte die Opposition den „großen Gedanken" in der Budgetpolitik - nämlich eine Lösung für die zunehmend als drängender empfundenen Strukturprobleme.[58] Dies wurde um so wichtiger, als im Jahr 1965 die geplante Verschuldung des Landes sich erstmals dem Umfang eines gesamten Jahres-Budgets näherte.[59] Die Landesregierung konnte zwar deutlich machen, daß damit keine verfassungsmäßig verankerte oder gar finanzpolitisch relevante Grenze erreicht sei,[60] trotzdem spitzte die Opposition ihre Kritik an diesem Punkt zu. Die im Bundesvergleich extrem hohe Verschuldung des Landes, die auch nach Auffassung von Jakob Feller dem Parlament der folgenden Legislaturperiode keine

---

dieser Stelle sehr oft über die Struktur unserer Wirtschaft diskutiert, und es entstand hier der Eindruck, daß die Lösung aller Schwierigkeiten in einer Umstrukturierung unseres im Schwerpunkt auf Kohle, Eisen und Stahl basierenden Wirtschaftsgebietes zu finden wäre. Ich glaube, wenn wir ernsthaft die Probleme durchdenken, kann das nicht der Weisheit letzter Schluß sein. Wir sollten vielmehr bestrebt sein, alles zu tun, um die bestehenden Industrien zu erhalten. Sicherlich muß auch hier alles versucht werden, um neue Industrien anzusiedeln. Eine intensive Verbesserung unserer gesamten Wirtschaftssituation wird nur dann zu erreichen sein, wenn die bestehenden Industrien ihre eigene Produktion um weitere Programme erweitern, um so gegen die jeweiligen Konjunkturerscheinungen mehr oder weniger krisenunempfindlich zu sein.", LTDS, 4. WP, Abt. I, 39. Sitzung v. 13.11.63, S. 1432.

[56] LTDS, 4. WP, Abt. I, 42. Sitzung v. 15.1.64, S. 1547 und S. 1560.

[57] „Die Forderung der Selbstbescheidung, der Ruf nach Maßhalten, antizyklisches Verhalten der öffentlichen Hand sollen bei uns nicht nur Parolen sein.", ebd., S. 1548.

[58] Vor allem wird dies deutlich bei Kurt Conrad, ebd., S. 1553.

[59] Bei einem Haushaltsvolumen von ca. 800 Mio. DM betrug die Verschuldung über 900 Mio. DM, worin allerdings noch 250 Mio. DM Altschulden aus der Übergangszeit enthalten waren, über deren Umwandlung in einen verlorenen Zuschuß bereits seit geraumer Zeit diskutiert wurde, LTDS, 4. WP, Abt. I, 52. Sitzung v. 11.11.64.

[60] Der Finanzminister konstruierte ein Beispiel, nach dem eine Grenze erst dann auftrete, wenn der Schuldendienst das Haushaltsvolumen sprenge, LTDS, 4. WP, Abt. I, 55. Sitzung v. 27.1.65, S. 2037. Tatsächlich wurde im saarländischen Landtag in dieser Frage weitgehend die Ansicht vertreten, eine Verschuldungsgrenze sei dann erreicht, wenn der Schuldendienst des Landes - also Zinsbelastung und Tilgungsleistung - die Einnahmen aus vom Saarland gewährten Krediten und Darlehen überschreitet - ein Zustand, der bereits 1962 erreicht war, LTDS, 4. WP, Abt. I, 16. Sitzung v. 30.1.62, S. 571. Später wurde nicht selten die Finanzierung konsumtiver, also nicht zu Investitionszwecken ausgebrachter Mittel, per Kreditaufnahme abgelehnt, wobei dies jedoch eher als politische Maßgabe und nicht als rechtliche Vorgabe zu verstehen ist, vgl. Eva Lang u. Walter A.S. Koch, Staatsverschuldung, Staatsbankrott?, Würzburg 1980, hier: S. 53.

„Bewegungsfreiheit"[61] mehr ließ, war nämlich trotz sehr moderater, kaum über den Zuwachs des Bruttosozialprodukts hinausgehenden Steigerungsraten der Ausgaben entstanden. Für Kurt Conrad stellte die Tatsache, daß die Haushalte zwischen 1961 und 1965 im Volumen nur um 17% gestiegen seien, was einer jährlichen Zuwachsrate von ca. 2% entspreche, den am deutlichsten sichtbaren Ausweis der „Malaise des Saarlandes" dar.[62] Ebenso drastisch formulierte diesen Kritikpunkt Erwin Müller für die Fraktion der SVP/CVP: Obwohl bereits hohe Belastungen im Haushalt eingeplant seien, beinhalte der Plan immer noch sehr hohe Risiken, so daß die Gefahr bestehe, daß der Haushalt nicht nur defizitär, sondern möglicherweise gar in Teilen ungedeckt sei. Daher verweigerte seine Fraktion die Zustimmung.[63] Die Stagnationskrise entwickelte sich somit nach Ende der Übergangszeit schrittweise zur strukturbedingten Finanzkrise des Landes.[64]

1.1.3 Das Altern der Industrieregion in der Sicht der Wissenschaft

Indizien für ein frühzeitiges Sichtbarwerden der strukturellen Krise im Saarland finden sich auch in einer zu Anfang der 60er Jahre heftig geführten Auseinandersetzung zwischen Wissenschaftlern, Fachleuten und Politikern, die rückblickend als „saarländischer Gutachterstreit" bezeichnet werden kann. Auch der wirtschafts- und strukturpolitische Teil der Diskussion um die Teilautonomie kannte zwar schon eine rege Beteiligung von Wissenschaftlern und Fachleuten, die sich in einer Fülle von Detailstudien, besonders aber in den vielzitierten Arbeiten von Werner Bosch und Fritz Hellwig niedergeschlagen hatte.[65] In der Übergangszeit selber konzentrierte sich die Aufmerksamkeit jedoch primär auf das Problem der Eingliederung. Danach trat aber ein neues Element in die Diskussion ein. Die Stagnationskrise in den frühen 60er Jahren rief nämlich vor allem auf der Ebene der Kommunen schwerwiegende Verwerfungen hervor. Davon war die Landeshauptstadt Saarbrücken gleich mehrfach

---

[61] LTDS, 4. WP, Abt. I, 55. Sitzung v. 27.1.65, S. 2030.

[62] LTDS, 4. WP, Abt. I, 52. Sitzung v. 11.11.64, S. 1927. Die Haushaltsvolumina von Bund und Ländern waren dagegen üblicherweise deutlich stärker gestiegen als das Bruttosozialprodukt, s. Plachetka, Finanzwirtschaft, S. 38. Allerdings stellte sich nach dem Abbau des sog. „Juliusturmes" insofern eine gewisse Veränderung ein, als nunmehr auch in anderen Ländern zunehmend Kapitalmarktmittel zur Finanzierung der Etats herangezogen wurden, vgl. Walz, Budgetpolitik, S. 138f.

[63] „Ich habe schon einmal gesagt, einen defizitären Haushalt können wir verantworten, aber einen ungedeckten Haushalt können wir nicht verantworten.", LTDS, 4. WP, Abt. I, 55. Sitzung v. 27.1.65, S. 2039. Müller kritisierte hier eine Haushaltssituation, die derjenigen zur Mitte der ersten Hälfte der 50er Jahre entsprach, als, wie bereits erwähnt, ebenfalls im Kontext ungünstiger volkswirtschaftlicher Rahmendaten zur Deckung der Haushalte eine verdeckte Verschuldung über die Betriebsmittel vorgenommen wurde.

[64] Gerhard Lehmbruch kommt gar zu der Auffassung, daß das deutsche Finanzsystem grundlegende Dysfunktionalitäten aufweise: „Die finanzpolitischen Notlagen der Montanregionen ließen sich nicht mit den Kriterien erfassen, die den Ausgleichsbedarf zurückgebliebener ländlicher Räume maßen.", Lehmbruch, Parteienwettbewerb, S. 127.

[65] Hellwig, Verflechtung. Kennzeichnend für diese Debatte war ihr enger Bezug zur damals aktuellen Frage der nationalen Zugehörigkeit des Saarlandes und schon damals prägte eine gewisse „Aufgeregtheit" die Veröffentlichungen der Wissenschaft, wenn z.B. Werner Bosch prägnant formulierte, die Situation des Saarlandes „gleicht in ihrer Standfestigkeit einem Kartenhaus", vgl. Bosch, Saarfrage, S. 40.

betroffen, nämlich als Grenzstadt der neu gezogenen nationalen Grenze, als Montanstadt im Strukturwandel sowie als Einzelhandels- und Dienstleistungszentrum einer nun deutschen Grenzregion.[66]

Bis zur Mitte der ersten Hälfte der 60er Jahre spitzte sich die wissenschaftliche Diskussion darüber in einem öffentlichen Schlagabtausch zu: Im Jahr 1963 nahm der zwischenzeitlich zum Landrat des Kreises Saarbrücken avancierte ehemalige Chef der Staatskanzlei, Gotthard Lorscheider, die Vorstellung eines Gutachtens von Gerhard Isbary zum Anlaß, die damals diskutierten Vorschläge zur kommunalen Neuordnung des städtischen Umfelds von Saarbrücken in aller Schärfe zu kritisieren.[67] Dies rief den Oberbürgermeister der Stadt Saarbrücken auf den Plan, der in einer Pressekonferenz einen Stadtratsbeschluß vorstellte, nach dem die Stadt Saarbrücken ihre Interessen durch das von Lorscheider propagierte Gutachten von Gerhard Isbary zu wenig berücksichtigt sah. Insbesondere bemängelte der Oberbürgermeister die Idee der Schaffung eines neuen saarländischen Zentrums in Lebach. Diese Pläne, so der Gedankengang, seien nicht nur viel zu teuer, sondern auch wenig dazu geeignet, die eigentlichen strukturellen Probleme des Saarlandes, die nämlich im Bereich Saarbrückens zu verorten seien, einer Lösung zuzuführen. Aber auch der so kritisierte Gutachter ließ es nicht an deutlichen Worten fehlen: Kurz darauf äußerte er als Hauptredner einer Tagung des Landkreistages Saarbrücken angesichts dieser Kritik an seinen Vorschlägen die Befürchtung, daß ein zukünftiges Gutachten über das Saarland den Titel „Konsequenzen mangelnder Entscheidungsbereitschaft für die Raumordnung des Saarlandes" tragen werde.[68]

Ihren Anfang hatte diese Debatte mit der Arbeit von Heinz Monz genommen, der erstmals in wissenschaftlich abgesicherter Form Anregungen für eine Neugliederung des Großraumes Saarbrücken vorgelegt hatte.[69] Für Monz war eine Neuordnung der Saarbrücker Verhältnisse alleine schon erforderlich, um die dringend nötige Arrondierung des Verwaltungsgebietes im Sinne einer Gebiets- und Funktionalreform

---

[66] Vgl. hierzu Hans-Christian Herrmann, Landeshauptstadt, S. 382-385. Interessante Daten liefern: Kurt Schmidt unter Mitarbeit von Hermann Josef Speth, Zur Aktivität der Gemeinden und Gemeindeverbände im Spiegel ihrer Einnahmen und Ausgaben, in: Beiträge zur Raumplanung in Hessen, Rheinland-Pfalz, Saarland, 4 Teile Hannover 1974-1983 (= Veröffentlichungen der Akademie für Raumforschung und Landesplanung. Forschungs- und Sitzungsberichte 91), Teil I 1974, S. 45-78, sowie CAPEM, Infrastructures, S. 65ff. Zu den Problemen des Einzelhandels durch die Eingliederung vgl. die aufwendige Studie von Jürgen Wildhagen u. Klaus Dürr (Bearb.), Einkaufsgewohnheiten der Verbraucher im Saarland und im Grenzraum der benachbarten französischen Departements, Saarbrücken 1963 (= Einzelschriften des Handelsinstituts an der Universität des Saarlandes 4). Dagegen vermittelt Sparkasse Saarbrücken (Hg.), Saarbrücken, einen Einblick in die mit der Eingliederung verbundenen Hoffnungen der lokalen Wirtschaft.

[67] Die Kritik Lorscheiders ist publiziert als: Gerhard Isbary, Regionale Probleme der Raumordnung. Eine Untersuchung am Beispiel des Landkreises Saarbrücken als Mittelpunkt des saarländischen Verdichtungsraumes. Gutachten erstattet im Auftrag des Landkreises Saarbrücken, Saarbrücken 1963, Vorwort.

[68] Gerhard Isbary, Konsequenzen der Bevölkerungsentwicklung bis zum Jahre 2000 für die Raumordnung des Saarlandes, Saarbrücken 1964, S. 4; der Stadtratsbeschluß und die Äußerungen des Oberbürgermeisters ebd., S. 49-52.

[69] Heinz Monz, Die kommunale Neuordnung städtischer Ballungsräume. Lösungsmöglichkeiten - dargestellt am Beispiel des Raumes Saarbrücken, Saarbrücken 1962.

durchführen zu können. Außerdem war sie wichtig, um die durch den Strukturwandel und die wachsende Bedeutung der Stadt als (Einzel-)Handels- und Arbeitsmarktzentrum notwendige Infrastruktur aufbauen zu können. Und drittens sollte damit das immer drängender werdende Problem der Finanzausstattung bzw. der Verschuldung der Stadt eingedämmt werden können. Mit 35.000 FF pro Einwohner hatte die Verschuldung der Landeshauptstadt nämlich schon 1960 das Doppelte der am zweitstärksten verschuldeten Stadt Ottweiler erreicht, womit fast ein Viertel der gesamten kommunalen Verschuldung im Saarland alleine von der Stadt Saarbrücken zu tragen war.[70] Für die weitere Diskussion anregend war besonders die von Monz beabsichtigte Bildung eines „Saarsiedlungsverbandes" in Anlehnung an den Siedlungsverband Ruhrkohlenbezirk. Als wichtigstes Strukturelement der neu gegliederten Region sollte dieser Saarsiedlungsverband eine zentrale und zentralisierende Funktion für das ganze Gebiet bis an die neu abzusteckenden Grenzen des Kreises Saarlouis übernehmen.[71] Mit diesem recht weitgehenden Konzept, das ganz deutlich bereits Züge einer integrierten Planung als Antwort auf die aktuellen Erfordernisse des Strukturwandels trug, war ein Ansatzpunkt gefunden, der in rascher Folge eine Reihe von weiteren, teilweise gutachterlichen Stellungnahmen von Experten und Wissenschaftlern auslöste.

Als erstes zu nennen ist hierbei das im Auftrag der Stadt Saarbrücken erstellte Gutachten von Ludwig Neundörfer. Diese Arbeit führte als Teil eines Gesamtwerkes aus noch zwei weiteren Gutachten den Gedankengang der Kommunalreform weiter. Neundörfer legte dar, wie nach seiner Prognose der Rückgang der Zahl der Arbeitsplätze im Montansektor das Stadtgebiet und das Umland Saarbrückens treffen würde und wie die Stadt daher in Zukunft durch ihr Angebot an alternativen Arbeitsplätzen im sekundären und vor allem tertiären Sektor zunehmend sowohl Zentralfunktion als Dienstleistungszentrum für das Saarland wie Nahbereichsfunktion für die Versorgung mit Arbeitsplätzen für das städtische Umland übernehmen solle. Die daraus resultierenden Probleme - vor allem im Verkehrssektor - sah Neundörfer als so gravierend an, daß er eine enge, institutionell abgesicherte Zusammenarbeit der Entscheidungsträger im durch einen Radius von ca. 20 km um Saarbrücken definierten Gebiet der Stadtregion als notwendig erachtete. Dazu sah sein Konzept vor, einen Regionalverband Saarbrücken zu schaffen, der die infrastrukturellen und planerischen Aufgaben zu leisten habe und dabei durch eine mittels Urwahl legitimierte „Legislative" sowie eine in Anlehnung an die Ideen der Magistratsverfassung zu schaffende „Exekutive" strukturiert sein sollte.[72] Charakteristisch an der Argumentationsweise beider Autoren ist, daß sie die Vielzahl der zu bewältigenden Probleme des Strukturwandels in der Perspektive der Kommunalpolitik auf ein Beschreibungsmuster

---

[70] Monz, Neuordnung, S. 153ff., S. 40ff.

[71] Ebd., S. 158.

[72] Ludwig Neundörfer, Die gemeinsame Lösung infrastruktureller Aufgaben durch die Gemeinden des Saarbrücker Raumes. Gutachten im Auftrag der Stadt Saarbrücken, Saarbrücken 1962, S. 17ff., S. 26ff. und S. 59ff.

zurückführten, das heute als „Spillover-Problem" bezeichnet wird.[73] Der von beiden Autoren gewählte Lösungsansatz für dieses Problem - nämlich eine Reform der Kommunalstruktur des Stadt-Land-Umfeldes - verweist dabei auf eine Diskussion, die im Saarland erst Ende der 60er und vor allem Anfang der 70er Jahre breiten Raum griff.[74] Im Zuge der kommunalen Gebiets- und Verwaltungsreform wurde dieser Ansatz für das erweiterte Stadtgebiet Saarbrückens[75], aber auch für das ganze Saarland verwirklicht.[76]

Diese Reform basierte allerdings auf einem anderen Ansatz. Zu ihrem wichtigsten Ziel wurde die sogenannte Stärkung der Verwaltungskraft der Gemeinden erklärt, was sich unter anderem in der Festlegung gewisser Mindestgrößen für selbständige Gemeinden niederschlug.[77] Die Verwaltungskraft wurde als Voraussetzung für die Bewältigung der Aufgaben in Raumplanung und Infrastrukturpolitik gesehen, die sich aus der Veränderung der ökonomischen Situation im Saarland ergaben.[78] Diese Vorschläge wurden in einer lebhaft geführten Diskussion[79] schließlich bis Mitte der

---

[73] In Verdichtungsräumen werden öffentliche Güter von bestimmten Gebietskörperschaften bereitgestellt, die aber von Angehörigen anderer genutzt werden. Damit übernehmen einzelne Gebietskörperschaften Aufgaben, für deren Erfüllung prinzipiell die anderen, meistens benachbarten Gebietskörperschaften Mittel über pauschalisierte Finanzzuweisungen erhalten, ohne daß jedoch ein Entschädigungsanspruch besteht. Dieses Problem kann je nach Perspektive als Kapitalfehlleitung oder als Problem interkommunaler Kooperation beschrieben werden und stellt eine wichtige Herausforderung der Kommunalpolitik dar. Am Beispiel der Stadtregion München: Thomas Hueck, Kommunalpolitik in Verdichtungsräumen. Eine ökonomische Analyse, Baden-Baden 1995.

[74] Vgl. hierzu die 19-bändige Dokumentation der kommunalen Gebietsreformen in der Bundesrepublik von Hans-Joachim von Oertzen u. Werner Thieme (Hgg.), Die kommunale Gebietsreform, 19 Bde. Baden-Baden 1979-1987, sowie die zusammenfassende Bewertung von Eberhard Laux, Erfahrungen und Perspektiven der kommunalen Gebiets- und Funktionalreformen, in: Wollmann u. Roth (Hgg.), Kommunalpolitik, S. 168-185.

[75] Vgl. hierzu im Überblick Klaus Walker, Das Jahrhundertwerk. Eine kritische Untersuchung der kommunalen Gebietsreform, dargestellt am Beispiel des Stadtverbandes Saarbrücken, Saarbrücken 1982.

[76] Einen Überblick über diese Reform mit ausführlichen bibliographischen Hinweisen bietet Günter Endruweit, Verwaltungswissenschaftliche und regionalplanerische Aspekte der Kommunalreform. Eine Fallstudie zur kommunalen Territorial- und Funktionalreform, Hannover 1982 (= Veröffentlichungen der Akademie für Raumforschung und Landesplanung 56). Zur Grundlegung der Reform durch die Vorschläge zur Neugliederung Saarbrückens vgl. ebd., S. 37.

[77] Die geringe Einwohnerzahl der bis zur Reform über 340 selbständigen Gemeinden erschwerte selbst die rationale Ausnutzung einfacher Büromaschinen, vgl. Frido Wagener, Gemeindeverwaltung und Kreisverwaltung, in: Archiv für Kommunalwissenschaften (1964), S. 237ff. Zur Frage der Effizienzwirkung im Bereich der Personalkosten vgl. Günter Endruweit, Personaleffekte der Kommunalreform, in: Saarländische Kommunal-Zeitschrift 29 (1979), S. 303-306.

[78] Vgl. die frühe programmatische Schrift: Saarland, Der Minister des Inneren (Hg.), Denkschrift über die Stärkung der Verwaltungskraft kleinerer saarländischer Gemeinden. Eine Untersuchung zur saarländischen Amtsordnung, Saarbrücken 1968, hier: S. 20ff. Gerhard Bahrenberg, Infrastrukturversorgung und Verkehrsangebot im ländlichen Raum - am Beispiel der Region Trier 1960-1982, Bremen 1987, hier: S. 59, kommt zu dem Ergebnis, daß das Ziel der „Stabilisierung des ländlichen Raums durch kleinräumige Konzentration auf der unter- und mittelzentralen Ebene" weitgehend erreicht werden konnte.

[79] Zu den verschiedenen Neuordnungsvorschlägen vgl. Peter Moll, Gebietsreform und Regionalplanung im Saarland, in: Berichte zur deutschen Landeskunde 47 (1973), S. 97-108.

70er Jahre in mehreren Gesetzen[80] umgesetzt.[81] Kennzeichnend für diese Debatten war, daß - obwohl selbst ex post die Frage nach der Wirksamkeit der hier vorgenommenen Maßnahmen nicht eindeutig beurteilt werden kann -[82] die kommunalpolitischen Aspekte die ursprüngliche Zielsetzung der Reform überlagert zu haben scheinen.[83] Vor diesem Hintergrund wird ersichtlich, welchen politischen Sprengstoff die Arbeiten von Heinz Monz und später Ludwig Neundörfer boten, und damit ist auch die Erklärung für die oben erwähnte heftige Reaktion des Landrats des Kreises Saarbrücken gefunden. Kaum frisch im Amt,[84] sah er sich mit weitreichenden, möglicherweise zur Entmachtung der Landkreise führenden Reformvorhaben aus der dominanten Landeshauptstadt konfrontiert.[85]

Die wissenschaftliche Aufarbeitung struktureller Probleme im Saarland leistete aber deutlich mehr als die gutachterliche Überformung kommunalpolitischer Machtkämpfe. Isbarys Gutachten wählte nämlich einen völlig anderen Ansatz als die Arbeiten von Monz und Neundörfer. Isbary ging von der Überlegung aus, daß das ganze Saarland bereits 1919 durch die Schaffung des Saargebiets zu einer „Region" geworden sei, was unabhängig von den nationalen und politischen Aspekten dieser Entwicklung gewisse Anforderungen an die hier zu implementierende Politik stelle.

---

[80] Vgl. hierzu die Dokumentation der saarländischen Neuordnungsvorschläge in Minister des Inneren (Hg.), Die kommunale Neugliederung im Saarland. Schlußbericht der Arbeitsgruppe für die kommunale Gebiets- und die Verwaltungsreform im Saarland bei dem Minister des Inneren, Saarbrücken 1972.

[81] Zum Verlauf des Entscheidungsprozesses vgl. Dingfelder, Verwaltungsreform.

[82] Vgl. insbesondere zu der zentralen Frage nach den Veränderungen in der Aufgabenverteilung zwischen Landkreisen und Gemeinden: Günter Endruweit, Untersuchungen zur saarländischen Kommunalreform, in: Beiträge zur Raumplanung in Hessen, Rheinland-Pfalz, Saarland, 4 Teile Hannover 1974-1983 (= Veröffentlichungen der Akademie für Raumforschung und Landesplanung, Forschungs- und Sitzungsberichte 91), Teil IV 1983, S. 1-18. Die finanzpolitischen Effekte der Reform im Stadtverband Saarbrücken analysieren Carl E. Haury u. Ernst-Moritz Lipp, Stadtverband und Finanzausgleich. Die Stellung des Stadtverbandes und der stadtverbandsangehörigen Gemeinden im kommunalen Finanzausgleich des Saarlandes. Gutachten erbeten vom Präsidenten des Stadtverbandes Saarbrücken, Saarbrücken u. Wiesbaden 1980. Zu methodischen Problemen bei der Beurteilung der Effizienzsteigerung vgl. Peter Eichhorn u. Heinrich Siedentopf, Effizienzeffekte der Verwaltungsreform. Exemplarische Ansätze einer Wirkungsanalyse der territorialen und funktionalen Verwaltungsreform in Rheinland-Pfalz, Baden-Baden 1976.

[83] Ein sehr deutliches Beispiel dafür, wie weit dieser Aspekt auch die Expertendiskussionen beeinflußte, ist die fast ausschließlich kommunalpolitisch ausgerichtete „Informationsbroschüre" des späteren Finanzministers Edmund Hein, Die Kommunalreform im Saarland. Anlaß, Ziel und Verfahren, Saarbrücken 1971. Große Bedeutung hatte aber auch die Frage nach der angemessenen Kommunalverfassung. Zum aktuellen Stand der Debatte hierzu vgl. Dian Schefold u. Maja Neumann, Entwicklungstendenzen der Kommunalverfassungen in Deutschland. Demokratisierung und Dezentralisierung?, Basel u.a. 1996 (= Stadtforschung aktuell 56).

[84] Seine Ernennung zum Landrat passierte im Juni 1962 das Kabinett, vgl. LASB, StK 1728, Kabinettsprotokoll v. 26.6.62.

[85] Andererseits hatte der Kreis bis zur konkreten Umsetzung der Reformpläne, die ja immerhin noch zehn Jahre auf sich warten ließ, Zeit genug, durch ein Gegengutachten eine andere Sicht auf diese Problematik erarbeiten zu lassen: Erich Becker, Rechts- und Verwaltungsfragen der kommunalen Neugliederung. Eine Erörterung von Problemen der Kommunalstruktur des Saarlandes unter dem Gesichtspunkt der Raumordnung, veranlasst vom Landkreis Saarbrücken, Saarbrücken 1965. Becker stellt fest, daß anstelle groß angelegter Eingemeindungen sinnvollerweise und besser die bewährte Zusammenarbeit von Kreis und Stadt in Form von regionalen Planungsverbänden intensiviert werden sollte, ebd., S. 156.

Ähnlich wie bei der Schaffung des Siedlungsverbands Ruhrkohlenbezirk sei es nötig, verwaltungstechnische Instrumente zu aktivieren, um so die Regionalisierung der Region zu vervollständigen.[86] Unter dem Begriff Vervollständigung der Region verstand Isbary dabei eine funktionale Differenzierung der Verwaltungsgliederung, die sich nicht an den in seiner Sicht dysfunktionalen, weil aus einer bürokratischen Tradition gewachsenen Verwaltungsgrenzen orientieren dürfe; vielmehr sah Isbary die Aufgabe darin, die politischen Strukturen an die durch säkulare Trends geprägten räumlichen Entwicklungsmuster anzupassen. Dabei, so Isbary, sei es zudem nötig, auf künftige Entwicklungspotentiale zu achten. Die besten Eingriffsmöglichkeiten ergaben sich nach seiner Analyse im nördlichen Teil des Landes, wo das „saarländische V", also die beiden am stärksten industrialisierten Entwicklungsachsen entlang der Saar über Völklingen, Dillingen, Saarlouis Richtung Merzig bzw. gen Osten über St. Ingbert, Homburg und Neunkirchen zu einem Ring zusammengeführt werden sollten. Damit sei die Schaffung einer ringförmigen Städtelandschaft möglich, die nach Einwohnerzahl und Industrialisierung durchweg die Kriterien einer Stadtregion erfülle. Gegenüber dieser sozusagen „von oben" ausgerichteten Sichtweise auf die Erfordernisse der Gesamtregion erschienen die Pläne von Neundörfer und Monz als viel zu kleinteilig, mit ihrer starken Orientierung an der zeitgenössischen Aufgaben- und Kompetenzverteilung sogar eher schädlich.[87]

Isbarys Konzept reflektierte aber nicht nur die vergangene Ausbildung von Regionalstrukturen, sondern basierte auch auf einer Prognose der ökonomischen Entwicklung für das Land. Er sagte einen drastischen Arbeitsplatzabbau in der Landwirtschaft und insbesondere im Montanbereich voraus, der bis 1980 ein Arbeitsplatzdefizit von 50.000 bis 80.000 Stellen auslösen würde. Dieser bereits in vollem Gange befindliche regionale Strukturwandel werde zusätzlich zu den bereits entstandenen verkehrstechnischen und infrastrukturellen Anpassungszwängen weiteren Handlungsdruck erzeugen. Das Ziel der Regionalplanung müsse, über die Bewältigung der internen Konflikte hinaus, darin bestehen, das Entwicklungspotential des Saarlandes, das in europäischer Perspektive günstig mitten auf der industrialisierten Achse Europas gelegen sei, durch eine geeignete Raumordnung zu aktivieren, um so zu verhindern, daß das Saarland zur Entleerungsregion werde.[88] Sein Konzept mündete daher in der Forderung nach einer integrierten Planung für die gesamte Region auf Landesebene, die gegenüber der gemeindlichen Planung eindeutig zu bevorzugen sei und die durch

---

[86] Isbary, Probleme, S. 1f. Isbary ging dabei übrigens davon aus, daß diese historisch-politisch bedingte Regionsbildung in weiten Teilen auch den langfristigen Trends von wirtschaftlicher und demographischer Entwicklung entsprochen habe. Vgl. hierzu auch die Zusammenfassung der unterschiedlichen Standpunkte zu dieser Frage von Paul Keuth, Ein Gutachten zur Frage der Raumordnung im Saarland, in: Mitteilungen der Industrie- und Handelskammer des Saarlandes 20 (1964), S. 467-470.

[87] Isbary, Probleme, S. 50f., S. 57ff. und S. 101ff.

[88] Gerhard Isbary, Regionale Probleme der Raumordnung. Rede des Verfassers vor dem Kreisrat des Kreises Saarbrücken am 4. April 1963 anläßlich der Übergabe seines Gutachtens, Saarbrücken 1963, S. 5.

eine Ausweitung der kommunalen Befugnisse oder auch nur der faktischen Planungsmacht der Stadt Saarbrücken nur behindert werden könne.[89]

Es ist leicht zu erkennen, daß Isbarys Ansatz von regionaler Planung und Entwicklungspolitik in wesentlichen Aspekten von den bislang diskutierten Entwürfen abwich. Er griff - durchaus ähnlich wie die Untersuchungen in der Phase der Teilautonomie - die regionale Qualität des Saarlandes als Ganzes auf, ohne jedoch die Fixierung auf bestimmte Aspekte, v.a. der Industriepolitik, zu teilen. Vielmehr weitete Isbary seinen Blick auf alle Aspekte des regionalen Strukturwandels bis hin zu demographischen Prognosen aus. Dabei ließ er sich von Erwägungen über den europäischen „Standort" des Saarlandes leiten. Seine Forderung nach einer integrierten Regionalplanung auf Landesebene kann insofern als die Forderung nach einer von konventionellen kommunalpolitischen Betrachtungsweisen abstrahierenden Sichtweise auf den regionalen Strukturwandel verstanden werden.[90]

1.2 Der regionale Strukturwandel im Saarland als Problem von Kommunalpolitik und politischer Bürokratie

1.2.1 Der regionale Strukturwandel in der Kommunalpolitik der frühen 60er Jahre
In der politischen Debatte auf Landesebene setzte sich diese abstrahierende Sichtweise zu Anfang der 60er Jahre nur schrittweise durch. Zwar bildete die Frage nach Aufgaben und Möglichkeiten der Kommunalpolitik einen wichtigen Ansatzpunkt für politische Diskussionen über den regionalen Strukturwandel; es dominierten anfangs jedoch vorwiegend ältere Problemstellungen. Insbesondere rückte der finanzpolitische Aspekt aufgrund der mit der Eingliederung verbundenen Infrastrukturmaßnahmen noch weiter in den Vordergrund.[91] Besonders deutlich wird dies daran, daß dem in der Kommunalreform, dem letzten Reformprojekt der Großen Koalition, gefundenen „idealen Kompromiß"[92] des Jahres 1960 nur eine recht geringe „politische Halbwertzeit" zuteil wurde. Schon in der Debatte um den Haushalt für 1961 wurde klar, daß die Belastungen der Gemeinden durch Bauprojekte die finanziellen Möglichkeiten etlicher Kommunen bei weitem überstiegen. Innenminister Schnur mußte einerseits erklären, daß die Personalengpässe seines Ministeriums als Grund

---

[89] Eine solche Planung, so Isbary, „zerreißt" die Region eher als sie rational zu überplanen; zudem sei ohnehin gegenüber der Schaffung von Mammutgemeinden Skepsis angebracht, Isbary, Probleme, S. 101ff. Sinnvoller sei dagegen die Schaffung von Planungsgemeinschaften unterhalb der Regionen, die von den Gebietskörperschaften gemeinsam zu tragen seien und die Vorgaben der Landespolitik umzusetzen hätten, ebd., S. 125.

[90] Einen Überblick über die Handlungsfelder von Kommunalpolitik liefert der Sammelband von Hellmut Wollmann u. Roland Roth (Hgg.), Kommunalpolitik. Politisches Handeln in den Gemeinden, 2. Aufl. Bonn 1998. Zu dem aus den grundsätzlich unterschiedlichen Ansätzen von Politik entstehenden Spannungsfeld vgl. Bernhard Blanke (Hg.), Staat und Stadt - Systematische, vergleichende und problemorientierte Analysen „dezentraler" Politik, Opladen 1991 (= PVS Sonderheft 22).

[91] Vgl. hierzu den Überblick über die Bedeutung der Kommunalfinanzen in der staatlichen Steuerungspolitik von Hannes Rehm, Zur Zukunft der Kommunalfinanzen, in: Blanke (Hg.), Staat und Stadt, S. 126-150.

[92] So Arthur Heitschmidt (DPS) in: LTDS, 3. WP, Abt. I, 83. Sitzung v. 28.6.60, S. 2306.

für die zu geringe Ausnutzung von Bundesmitteln im Bereich von Baumaßnahmen anzusehen seien. Zudem blieb ihm gegenüber dem Vorwurf der Opposition, bei verschiedenen Bauprojekten sei es zu unvertretbaren Mehrkosten gekommen, nichts anderes übrig als zu bestätigen, daß der bei der Umrechnung der Einzelpläne für Bauprojekte auf die neue Währung angesetzte Kurs von 100 FF für 0,70 DM zu niedrig und daher eine „Fehlumstellung" gewesen sei. In dieser Zwangslage, einerseits die zugesagten Mittel aufgrund organisatorischer Defizite nicht vollständig abrufen zu können, andererseits aber durch die Kostenexplosion bei den durchgeführten Projekten die jeweiligen Mittelansätze deutlich zu überschreiten, konnte auch der Versuch des Ministerpräsidenten, die Finanzprobleme auf überdimensionierte Bauprojekte der Gemeinden zurückzuführen, nicht überzeugen.[93] Nötig war eine erneute Reformierung der Lastenverteilung zwischen Land und Kommunen.

Die Diskussion darüber erreichte sehr bald die Ebene von Grundsatzfragen. Ende 1961 formulierte Innenminister Ludwig Schnur als Leitgedanke der Regierungspolitik, daß die zunehmende funktionale Differenzierung der saarländischen Gemeindelandschaft, die gestiegenen Bedürfnisse der Menschen hinsichtlich der Qualität ihres Wohnumfelds und die wachsende Integration des ländlichen Raumes in die Infrastruktur des Landes in zunehmendem Maße finanzielle Anforderungen an die kleinen Gemeinden im Saarland stellten. Diesem Trend, so der Gedankengang, werde das herkömmliche System der Kommunalfinanzierung nicht gerecht, da es einerseits die größeren Kommunen zu stark bevorteile und andererseits die kleinen Gemeinden zwinge, im Maßstab des Bundeslandes als klein zu bezeichnende Maßnahmen, wie z.B. im Bereich des Kanalbaus, über Bedarfszuweisungen zu finanzieren, obwohl diese Mittel eigentlich für größere Projekte gedacht seien. Daher, so der Minister, seien Schlüsselmasse und Verteilungsschlüssel dergestalt zu ändern, daß die kleineren Gemeinden zu Lasten der größeren bevorteilt werden. Diesem Gedankengang, der vom Ministerpräsidenten im für seine Argumentationsweise typischen Stil zusätzlich noch mit dem Verweis auf die Sozialenzykliken rerum novarum und quadragesimo anno untermauert wurde, stimmte die SPD-Opposition im Grundsatz zu,[94] nicht ohne jedoch eine Ausnahmeregelung für Saarbrücken zu fordern.[95]

---

[93] LTDS, 4. WP, Abt. I, 8. Sitzung v. 20.4.61, S. 330f.

[94] LTDS, 4. WP, Abt. I, 14. Sitzung v. 30.11.61, S. 491ff. und S. 515. Der damalige Innenminister Kurt Conrad hatte bereits seinen Reformvorschlag von 1960 ausdrücklich mit dem Ziel verknüpft, die Durchsetzungsfähigkeit der Landespolitik zu erhöhen, dieses jedoch eng auf die Beibehaltung der sog. Kompetenz-Kompetenz der Landkreise bezogen, also das Recht, auch gegen den Willen der kommunalen Ebene die Zuständigkeit für gewisse Fragen von den Ämtern auf die staatlich dominierte Ebene der Landkreise zu ziehen, vgl. hierzu LTDS, 3. WP, Abt. I, 82. Sitzung v. 13.6.60, S. 2249.

[95] LTDS, 4. WP, Abt. I, 14. Sitzung v. 30.11.61, S. 494. Herrmann Trittelvitz argumentierte mit der Funktion Saarbrückens als Landeshauptstadt und „Schaufenster unseres Landes", um trotz der relativ hohen Gewerbesteuereinnahmen eine Verringerung der Finanzzuweisungen zugunsten Saarbrückens zu verhindern; LTDS, 4. WP, Abt. I, 15. Sitzung v. 19.12.61, S. 528. Interessant ist auch der Vorschlag von Kurt Wolf (SVP), in einer Sonderregelung zwischen Land und Stadt dem Kommunalhaushalt die „effektiven" Kosten für Landesfunktionen zu ersetzen, ebd., S. 530. Einen Hinweis auf die innerparteilichen Proporz-Probleme, die diese Thematik mit sich brachte, liefern die Einlassungen von Max Schneider

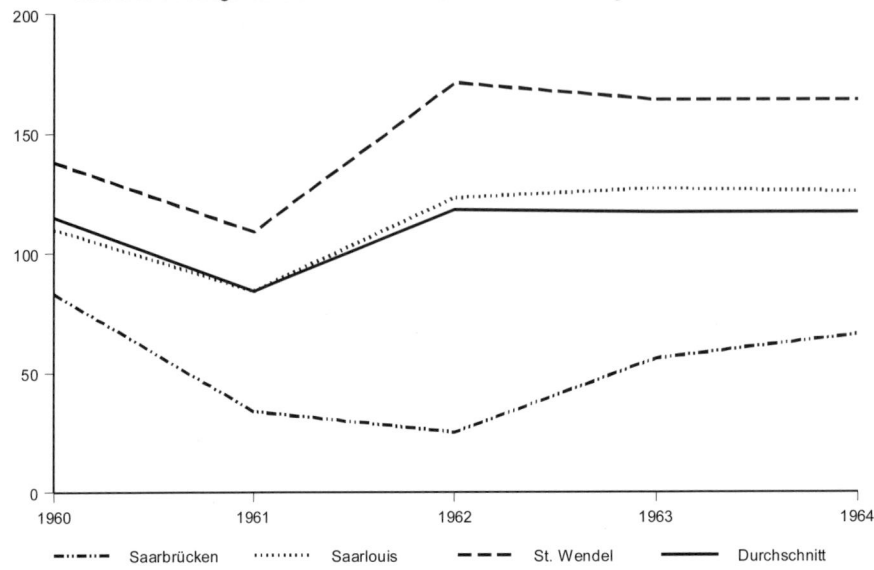

Einnahmen ausgewählter Kommunen aus Finanzzuweisungen nach Landkreisen

–·–··– Saarbrücken ·········· Saarlouis – – – St. Wendel ——— Durchschnitt

Angaben in DM pro Einwohner. Lesebeispiel: Die Stadt Saarbrücken erzielte stark unterdurchschnittliche Einnahmen aus Finanzzuweisungen. Quelle: Stat. Amt d. Saarl. (Hg.), Kommunale Finanzen im Kalenderjahr 1962, 1964, Saarbrücken 1963, 1965, (= SiZ, Sonderh. 27, 36)

Diese Zustimmungsbereitschaft der SPD-Opposition erklärt sich sicherlich zum Teil daraus, daß diese Grundlinie von Kommunalpolitik dem maßgeblich von Kurt Conrad initiierten Reformprojekt des Jahres 1960 zumindest nicht widersprach.[96] Die Einführung einer „U-förmigen" Verteilungskurve für die Bemessung der Finanzausstattung von Gemeinden kann zudem als wegen der speziellen Geschichte des Saarlandes verspätete Perzeption von Trends in der Bundesrepublik verstanden werden.[97] Nach den Daten der Haushaltspolitik waren diese Maßnahmen aber nicht geeignet, die dramatische Zuspitzung der Finanzlage zu verhindern. Eine Aufschlüsselung der zwischen 1960 und 1965 neu aufgenommenen Schulden der Gemeinden, Ämter, Landkreise und der Stadt Saarbrücken zeigt, daß in diesem Zeitraum - ausgehend von einem bereits hohen Schuldenstand zu Beginn der Periode - die kommunalen Verpflichtungen um mehr als 100% angestiegen waren.[98] Dabei ist besonders die Vertei-

---

(CDU), welcher der SPD vorwarf, sich intern ebenfalls nicht zu einer Erhöhung des Hauptansatzes durchringen zu können, dann aber ihre Saarbrücken-freundliche Politik durch Einzelanträge umsetzen zu wollen, ebd., S 531. Leider bieten die Parlamentsdebatten praktisch keinen Aufschluß über die Zwangslage der DPS, die einerseits Regierungspartei war, andererseits mit Fritz Schuster den Oberbürgermeister der Landeshauptstadt stellte. Möglicherweise erklärt dieses Dilemma aber die Zurückhaltung ihrer Parlamentarier in der Debatte, die aber gleichwohl in Abstimmungen die Regierungspolitik mittrugen.

[96] Sievert, Kommunaler Finanzausgleich, S. 10ff.

[97] Vgl. Voigt, Finanzausgleich, S. 141.

[98] Stat. Amt d. Saarl. (Hg.), Schuldenstand von Land und Gemeinden (Gv.) am 31. Dezember 1965,

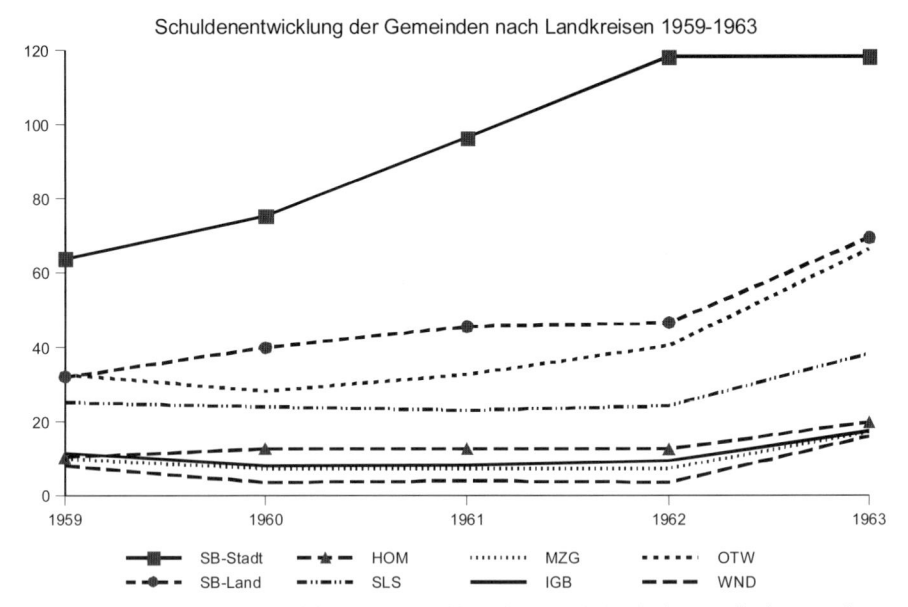

Schuldenentwicklung der Gemeinden nach Landkreisen 1959-1963

Angaben in Mio. DM. Lesebeispiel: Die Verschuldung der Gemeinden in den Landkreisen Homburg, Merzig, St. Ingbert und St. Wendel blieb zu Anfang der 60er Jahre recht konstant auf niedrigem Niveau. Quelle: Stat. Amt d. Saarl. (Hg.), Kommunale Finanzen im Kalenderjahr 1960, 1961, 1962 bzw. 1963, Saarbrücken 1962 (2x), 1963 bzw. 1964 (= SiZ, Sonderh. 20, 24, 27 bzw. 31).

lung der Neuverschuldung über die verschiedenen Gemeindegrößenklassen aufschlußreich. Hieraus geht hervor, daß die mit Abstand stärkste prozentuale Zunahme bei den Gemeinden zwischen 3000 und 5000 Einwohnern zu verzeichnen war, während die Gemeinden zwischen 5000 und 10.000 sowie zwischen 20.000 und 50.000 Einwohnern deutlich geringere Schuldenzuwächse hinzunehmen hatten. Die Kommunalpolitik des Landes griff also wohl das richtige Problem auf, es gelang ihr aber anscheinend nicht, das strukturelle Ungleichgewicht zu lösen.

Die Erklärung für dieses Ungleichgewicht ist im Zusammenspiel einer Reihe von sehr unterschiedlichen Faktoren zu finden. Einerseits bewirkte das im Zusammenhang mit der Stagnationskrise bereits thematisierte relative Absinken der Gewerbesteuereinnahmen eine zunehmende Aushöhlung der eigenen Finanzquellen der Gemeinden. Gleichzeitig führte die Vielzahl der projektierten Aufgaben in den Bereichen von Wohnungs-, Straßen- und Brückenbau sowie im Bereich der sonstigen Infrastruktur zu einer erheblichen Ausweitung des Finanzbedarfs, was vor allem in den größeren Gemeinden bereits die Hälfte der Schuldenaufnahmen erklärt. Auffällig ist außerdem der enorme Einfluß der Investitionen im Bereich des Schulbaus, besonders bei den kleineren Gemeinden: Während die Schuldenaufnahme für Schulbau beispielsweise bei der Stadt Saarbrücken „nur" ungefähr die gleiche Höhe erreichte

---

Saarbrücken 1966 (= Einzels. z. Stat. d. Saarl. 39), S. 12.

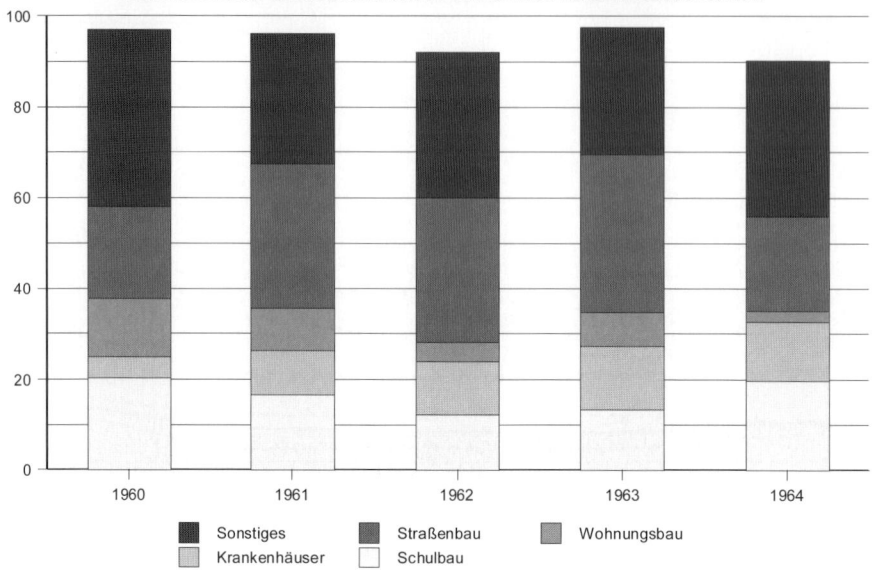

Bauinvestitionen der saarländischen Gemeinden nach Investitionsarten

■ Sonstiges ■ Straßenbau ■ Wohnungsbau
■ Krankenhäuser □ Schulbau

Angaben in Mio. DM. Lesebeispiel: Neben dem Straßenbau war der Schulbau einer der wichtigsten Investitionsbereiche in der ersten Hälfte der 60er Jahre. Quelle: Stat. Amt d. Saarl. (Hg.), Kommunale Finanzen im Kalenderjahr 1960ff., Saarbrücken 1962ff. (= SiZ, Sonderh. 13ff.)

wie jeweils für die beiden anderen eben genannten Aufgabenbereiche, übertraf dieser Wert die Aufwendungen für Öffentliche Einrichtungen und Wirtschaftsförderung mit sinkender Einwohnerzahl um so stärker. Mit anderen Worten: Die Aufwendungen für Schulbau können als eine der wichtigsten Erklärungen für die massive Zunahme der Verschuldung von „kleinen" Gemeinden angesehen werden; insgesamt machte der Anteil der für Schulbau aufgenommenen Mittel mit ca. 92 Mio. DM fast ein Viertel der bis 31. Dezember 1965 noch nicht getilgten Schulden der Gemeinden aus.[99]

Die hohe Finanzbelastung kleinerer Gemeinden durch den Schulbau ist im wesentlichen auf die von den christdemokratisch geführten Landesregierungen aufgelegten sogenannten Volksschulbauprogramme zurückzuführen.[100] Dieser Aspekt, der ange-

---

[99] Vgl. hierzu die Tabelle in: Stat. Amt d. Saarl. (Hg.), Schuldenstand von Land und Gemeinden (Gv.) am 31. Dezember 1965, Saarbrücken 1966 (= Einzels. z. Stat. d. Saarl. 39), S. 28 und S. 18.

[100] Vgl. hierzu den Überblick bei Leo Nikes, Die Volksschulbauprogramme des Saarlandes, in: Saarländische Kommunalzeitschrift 18 (1968), S. 55-59. In vier jeweils dreijährigen Programmen wurden 314 Bauprojekte mit einem Umfang von insgesamt ca. 316 Mio. DM an zuschußfähigen Kosten durchgeführt. Mit über 210 Mio. DM lag dabei das Schwergwicht der Investitionen in den beiden ersten Programmen (1957 und 1960). Interessant ist der Hinweis darauf, daß das Land zwar die Hälfte der zuschußfähigen Kosten übernommen hatte, daß aber die deutlich höheren Gesamtkosten zu einer Gesamtbelastung der Gemeinden mit mehr als 211 Mio. DM in der Summe aller Programme führten. Ein knapper Überblick über die wichtigsten Zahlen findet sich auch in Ständige Konferenz der Kultusminister der Länder der Bundesrepublik Deutschland, Kulturpolitik der Länder 1960, München 1960, S. 152. Interessant ist, daß hier die Politik der Landesregierung als nahtlose Fortsetzung der Schulpolitik in der Phase der Teilautonomie dargestellt wird.

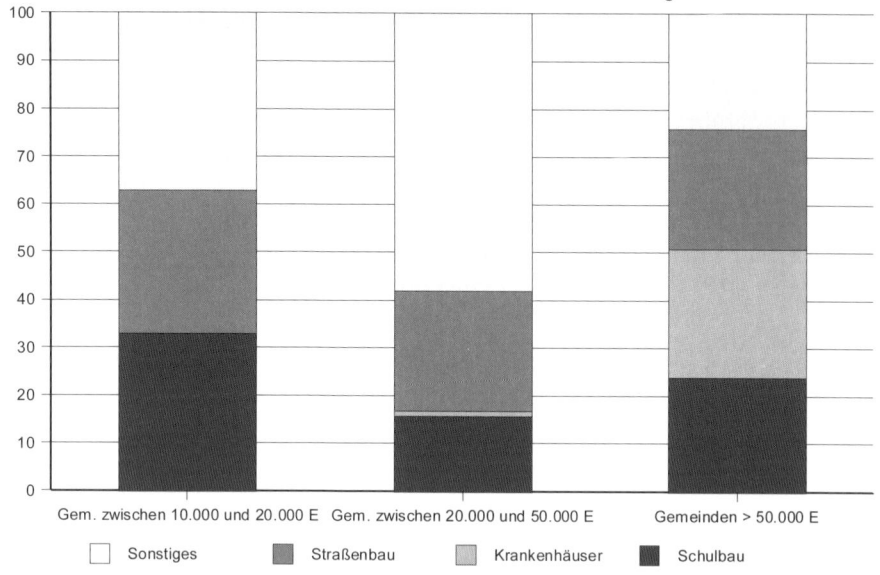

Bauinvestitionen der Gemeinden im Jahr 1964 nach Gemeindegrößenklassen

[Bar chart with x-axis categories: Gem. zwischen 10.000 und 20.000 E; Gem. zwischen 20.000 und 50.000 E; Gemeinden > 50.000 E. Legend: Sonstiges, Straßenbau, Krankenhäuser, Schulbau.]

Anteil der Investitionsarten an der Gesamtsumme in Prozent. Lesebeispiel: Die Investitionen für den Schulbau belasteten die Gemeinden mit weniger als 20.000 Einwohnern am stärksten. Quelle: Stat. Amt d. Saarl. (Hg.), Kommunale Finanzen im Kalenderjahr 1964, Saarbrücken 1965 (= SiZ, Sonderh. 36).

sichts des lebhaften Interesses der historischen Bildungsforschung für die Reformen im Umfeld von „1968" und der damit verbundenen Fixierung auf das höhere Bildungswesen häufig übersehen wird,[101] verweist auf einen weiteren wichtigen Interaktionsraum zwischen Kommunal- und Landespolitik bei der Perzeption wirtschaftsstruktureller Veränderungen. Das Engagement für die Bekenntnisschule und die Orientierung an der Volksschule als wichtigstem Modell der Bildungspolitik hatte schon früh eine gemeinsame Grundlage für Politiker der beiden C-Parteien im Saarland gebildet, stellte einen Anknüpfungspunkt an die Bildungspolitik der Zeit der Teilautonomie dar[102] und wird allgemein als typisch für die Schulpolitik der Christde-

---

[101] Vgl. hierzu die Hinweise zum Forschungsstand bei Alfons Kenkmann, Von der bundesdeutschen „Bildungsmisere" zur Bildungsreform in den 60er Jahren, in: Schildt, Siegfried u. Lammers (Hgg.), Dynamische Zeiten, S. 402-423, und Sibylle Reinhardt, Etappen und Perspektiven der Bildungspolitik, in: Thomas Ellwein u. Everhard Holtmann (Hgg.), 50 Jahre Bundesrepublik Deutschland. Rahmenbedingungen, Entwicklungen, Perspektiven, Opladen 1999 (= PVS Sonderheft 30), S. 310-326. Die Einordnung der Schulpolitik der 60er Jahre in die deutsche Bildungsgeschichte leisten Christoph Führ u. Carl-Ludwig Furck (Hgg.), Handbuch der deutschen Bildungsgeschichte, Bd. VI,1 München 1998, und Klaus Hüfner u. Jens Neumann, Konjunkturen der Bildungspolitik in der Bundesrepublik Deutschland, Bd. I Stuttgart 1977. Zur Problematik der Bildungspolitik in Nordrhein-Westfalen vgl. Hans Georg Kirchhoff, Schulpolitik, in: Hüttenberger (Hg.), Vierzig Jahre. S. 129-148.

[102] Vgl. auch: Michael Müller, Konfessionell oder simultan? Der Streit um die Volksschule in Rheinland-Pfalz 1945-1955, in: Rheinische Vierteljahresblätter 45 (1981), S. 317-346. Zur zeitgenössischen Diskussion um die Haupt- bzw. Volksschule vgl. Alois Roth, Idee und Gestalt der künftigen Hauptschule, Ratingen 1966, sowie Edgar Christoffel, Die Geschichte der Volksschule im Raum des heutigen Regierungsbezirks Trier von den Anfängen bis zur Gegenwart, Bd. 2 Trier 1977.

mokraten in praktisch allen Ländern angesehen.[103] Dieses Engagement war auch Grundlage für die Entwicklung der Volksschulbauprogramme, die nach der Überwindung der unmittelbaren Kriegsfolgen den Ausbau des saarländischen Volksschulwesens gewährleisten sollten.[104] Alfons Dawo präzisierte diese Vorstellungen dergestalt, daß die Bildungspolitik als „Privileg der Länder" eine Form erweiterter Sozialpolitik darstelle: Die Sozialpolitik fand nach diesem Ansatz „ihre Krönung in der Bildungspolitik".[105] Konkret bedeutete dies, daß die Regierung durch Verbesserungen in der Organisation des Bildungswesens, durch eine Ausweitung der Schulpflicht mit der Einführung des neunten Volksschuljahres und durch Verbesserungen in der Lehrerbildung die durch den wirtschaftlichen Strukturwandel notwendig gewordenen gesellschaftlichen Veränderungen auslösen wollte.[106]

Allerdings zeigte sich sehr bald neben den immensen finanziellen Belastungen auch ein weiterer Kritikpunkt. Die weitgehend von der CDU und hier insbesondere vom langjährigen Kultusminister Röder geprägten Schulkonzepte der Landesregierung waren sehr stark von einem speziellen Bild über die Bedeutung der Schule im sozialen, vor allem dörflichen Umfeld bestimmt. Der Leitgedanke dieser Konzeption bestand darin, die Bewältigung der gesellschaftlichen Veränderungen durch die Nutzung der Leistungsfähigkeit sozialer Bezugssysteme auf lokaler Ebene zu ermöglichen, in denen der Volksschule eine hohe Bedeutung als integrierendes Element zukam.[107] Diese Konzeption stand jedoch in einem Zielkonflikt mit anderen Erfordernissen des Strukturwandels, wie z.B. dem einer fachlichen Differenzierung des Unterrichts, welche die nicht selten einklassig organisierte „Schule als Mittelpunkt für jedes Dorf" zu leisten nicht imstande war.[108] Mit finanzpolitischen Argumenten

---

[103] Frank Bösch, Die Adenauer-CDU. Gründung, Aufstieg und Krise einer Erfolgspartei 1945-1969. Stuttgart u.a. 2001, bes. S. 127ff. Wolfgang Klafki, Die fünfziger Jahre - eine Phase schulorganisatorischer Restauration. Zur Schulpolitik und Schulentwicklung im ersten Jahrzehnt der Bundesrepublik, in: Dieter Bänsch (Hg.), Die fünfziger Jahre. Beiträge zu Politik und Kultur, Tübingen 1985, S. 131-162. Rudolf Hars, Die Bildungsreformpolitik der CDU in den Jahren 1945 bis 1954. Ein Beitrag zum Problem des Konservatismus in der Deutschen Bildungspolitik, Frankfurt a.M. 1981. Den Forschungsstand zu diesem Thema bietet die breit angelegte Darstellung der schulpolitischen Reformen in Bayern von Winfried Müller, Ingo Schröder u. Markus Mößlang, „Vor uns liegt ein Bildungszeitalter." Umbau und Expansion - das bayerische Bildungssystem 1950 bis 1975, in: Schlemmer u. Woller (Hgg.), Erschließung, S. 273-355, hier bes. S. 277ff.

[104] 1962 konnte die Landesregierung in ihrem Bericht an die Ständige Konferenz der Kultusminister feststellen, daß die „ärgste Not" nunmehr überwunden sei, vgl. Ständige Konferenz der Kultusminister der Länder der Bundesrepublik Deutschland, Kulturpolitik der Länder 1961-1962, München 1962, S. 163.

[105] LTDS, 4. WP, Abt. I, 29. Sitzung v. 18.12.62, S. 1125.

[106] Vgl. hierzu die schulpolitische Grundsatzdebatte in: LTDS, 3. WP, Abt. I, 45. Sitzung v. 28.1.58, S. 1245, in der vor allem das Problem der Pädagogischen Hochschulen ausführlich erörtert wurde.

[107] Vgl. hierzu auch die Selbstdarstellung der Schulpolitik der Landesregierung in: Ständige Konferenz der Kultusminister der Länder der Bundesrepublik Deutschland, Kulturpolitik der Länder 1963-1964, München 1964, v.a. S. 223.

[108] So Maria Schweitzer (SVP) in: LTDS, 4. WP, Abt. I, 29. Sitzung v. 18.12.62, S. 1137. Trotz ihrer Oppositionsrolle verteidigte die SVP bzw. v.a. deren Abgeordnete Schweitzer diesen herkömmlichen christdemokratischen Ansatz von Schulpolitik wohl am schärfsten. Vgl. in diesem Zusammenhang Caspar Kuhlmann, Schulreform und Gesellschaft in der Bundesrepublik Deutschland 1946-1966. Die Differenzie-

wurde dieser Zielkonflikt als Kritik an den durch die Volksschulbauprogramme entstehenden „Zwergschulen" besonders von der SPD harsch vorgebracht.[109]

Im Kontext des saarländischen Gutachterstreits erhielt diese zunächst weitgehend schulpolitisch geführte Debatte noch weitergehende Bedeutung. Besonders Gerhard Isbary hatte in seinen gutachterlichen Stellungnahmen den demographischen Aspekten des Strukturwandels hohe Aufmerksamkeit gewidmet. Sein daraus abgeleiteter Vorschlag, die zukünftige Entwicklung des Saarlandes am Leitbild einer ringförmigen Städtelandschaft auf der Linie Völklingen - Saarlouis - Dillingen - Merzig - Losheim - Dagstuhl - Oberthal - St. Wendel zu orientieren,[110] kann als „Stich ins Wespennest" der schwelenden kommunalpolitischen Debatte interpretiert werden. Dieser Vorschlag berührte nicht nur die immer wieder diskutierte Frage der Sonderrolle Saarbrückens im kommunalen Finanzausgleich, sondern stellte eine alternative Konzeption zu der vor allem in der Schulpolitik dominierenden gesellschaftspolitischen Vorstellung von der hohen Bedeutung der Vielzahl kleiner Orte für die Bewältigung des Strukturwandels dar. Letztlich wurde durch den Gutachterstreit also bereits in dieser Phase die politische Auseinandersetzung sowohl von der Ebene der Stadt-Umland-Konflikte um Saarbrücken als auch von der Ebene der fachpolitischen Auseinandersetzung im Ressort des Kultusministeriums auf ein sehr viel allgemeines Niveau von Grundfragen der politischen Begleitung des Strukturwandels gehoben.

Dieser Verschiebung entsprach die Eskalation der früher ressortbezogenen Diskussionen im Landtag zu sehr viel weiter ins Grundsätzliche reichenden Reformdebatten. Bereits anläßlich der Reform des Kommunalen Selbstverwaltungsgesetzes im Jahr 1963 wurde ausdrücklich die Notwendigkeit betont, der „künftigen Entwicklung der Gemeinde", wie sie Gerhard Isbary prognostiziert hatte, „keinen Riegel vorzuschieben".[111] Unklar blieb jedoch, wie die im gleichen Zusammenhang thematisierte „Stärkung der Selbstverwaltungskraft" der Gemeinden konkret umgesetzt werden sollte. Bedeutete dies die Beibehaltung der „bewährten" Bürgermeisterverfassung zur Stärkung von demokratischer Basis und exekutiver Handlungsfähigkeit der Gemeinden,[112] die Forderung an die Gemeinden zur Erhebung „kostenechter Gebühren" zur Stärkung ihrer eigenen Finanzbasis[113] oder gar die verstärkte Einbindung des

---

rung der Bildungswege als Problem der westdeutschen Schulpolitik, in: Saul B. Robinsohn u.a. (Hgg.), Schulreform im gesellschaftlichen Prozeß, Bd. 1 Stuttgart 1970, S. 10-165, hier: S. 85ff.

[109] So Richard Klein in: LTDS, 4. WP, Abt. I, 29. Sitzung v. 18.12.62, S. 1133. Gegenstand der Kritik waren auch die durch die Vielzahl der kleinen ein- und zweiklassigen Schulen entstehenden Verzerrungen in der Statistik der Klassenfrequenzen. Trotz der landesweit günstigen Entwicklung der durchschnittlichen Klassenfrequenz verblieben in bestimmten Gegenden recht viele Schulen mit Klassen von z.T. über 50 Schülern, vgl. Statistik der Volks- und Sonderschulen des Saarlandes. Stichtag: 1. Juli 1963, o.O. o.J. (Saarbrücken 1963).

[110] Isbary, Probleme, S. 61.

[111] So Hans Maurer (CDU) in: LTDS, 4. WP, Abt. I, 33. Sitzung v. 8.5.63, S. 1270.

[112] Vgl. hierzu insbesondere die Dritte Lesung des KSVG in: LTDS, 4. WP, Abt. I, 41. Sitzung v. 11.12.63, S. 1497ff.

[113] Ausführlich thematisiert in der Haushaltsberatung in: LTDS, 4. WP, Abt. I, 42. Sitzung v. 15.1.64,

Landes bei der bis dato in der Verantwortung der Kommunen befindlichen Weiterentwicklung des Öffentlichen Personennahverkehrs[114]? Präzisere Vorstellungen entwickelten die Parteien dagegen in der Bildungspolitik. Während die SVP in aller Schärfe auf der Beibehaltung der traditionellen Rolle von Schule und Lehrer im dörflichen Umfeld sowie auf der konfessionellen Trennung sowohl des Schulsystems als auch der Lehrerbildung beharrte,[115] bezeichnete die SPD das saarländische Volksschulwesen aufgrund seiner konfessionellen Trennung als das rückschrittlichste in ganz Deutschland.[116] Zusätzlich hatte sich noch während der Abwicklung des Volksschulbauprogramms, nämlich anläßlich der Diskussion um ein neues Schulordnungsgesetz,[117] die Lage weiter verschärft: In seiner Funktion als Kultusminister mußte der Regierungschef zugestehen, daß Teile des Volksschulbauprogramms, die unter anderem zum Neubau einklassiger Volksschulen geführt hatten, faktisch als Fehlinvestition angesehen werden mußten.[118]

Gegen Ende der ersten Hälfte der 60er Jahre verdichteten sich so in der Kommunalpolitik des Landes konventionelle Problemstellungen (wie z.B. der Stadt-Umland-Konflikt in Saarbrücken), akute, letztlich jedoch politisch induzierte Krisenerscheinungen (wie z.B. die Finanznot der Gemeinden) und mittelfristig wirksame, gesellschaftliche wie politische Strukturen in Frage stellende Faktoren zu einem starken politischen Handlungsdruck, der eine erhöhte Reformbereitschaft einforderte. In der Folgezeit versuchte die CDU, der zunehmenden Kritik an ihrer Politik dadurch offensiv zu begegnen, daß sie einerseits ihre bisherigen Maßnahmen - Einführung des neunten Schuljahrs, geplante Einrichtung einer Volksschuloberstufe - als „epochale Neuerungen" darstellte[119] und daß sie andererseits von sich aus einen Vorstoß unternahm, die Einrichtung von Gemeinschaftsschulen per Verfassungsänderung zu ermöglichen. Möglich wurde diese Initiative dadurch, daß unter dem Hinweis auf das „Elternrecht" und durch die Verwendung des Begriffs „christliche Gemeinschaftsschule" innerparteiliche Vorbehalte in der CDU entschärft werden konnten, während gleichzeitig die überraschende und kurzfristige Einbringung des Gesetzentwurfes eben diese innerparteilichen Differenzen in den anderen Parteien um so deutlicher

---

S. 1566ff.

[114] Vgl. hierzu die Debatte über die Regierungserklärung zur Situation des ÖPNV in: LTDS, 4. WP, Abt. I, 43. Sitzung v. 21.2.64, S. 1650ff.

[115] Sehr deutlich erneut Maria Schweitzer (SVP) in: LTDS, 4. WP, Abt. I, 42. Sitzung v. 15.1.64, S. 1590ff. Schweitzers Äußerungen veranlaßten Friedrich Regitz zu der Einschätzung: „Ich habe so ein bißchen den Eindruck gehabt, daß die SVP zum konfessionellen Gewissen der CDU in diesem Lande werden möchte.", vgl. ebd., S. 1597.

[116] Ebd, S. 1598.

[117] Das Gesetz hatte bereits im Frühjahr 1964 das Kabinett passiert, vgl. LASB StK 1733, Kabinettsprotokoll v. 3.3.64.

[118] LTDS, 4. WP, Abt. I, 60. Sitzung v. 5.5.65, S. 2144.

[119] So Werner Scherer in: LTDS, 4. WP, Abt. I, 60. Sitzung v. 5.5.65, S. 2145.

Sitzverteilung bei der Kommunalwahl 1964

Landesergebnis — Stadt Saarbrücken

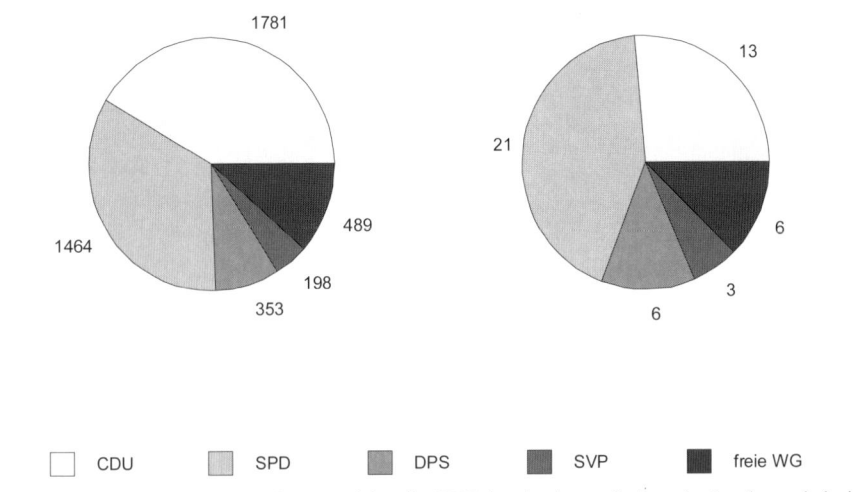

Landesergebnis: CDU 1781, SPD 1464, DPS 353, SVP 198, freie WG 489

Stadt Saarbrücken: CDU 13, SPD 21, DPS 6, SVP 3, freie WG 6

☐ CDU ▦ SPD ▨ DPS ▪ SVP ■ freie WG

Lesebeispiel: Nach Gemeinderatssitzen erreichte die CDU eine dominante Stellung im Landesergebnis, in der Stadt Saarbrücken erzielte die SPD das beste Ergebnis. Quelle: Stat. Amt d. Saarl. (Hg.), Statistisches Handbuch für das Saarland 1976, Saarbrücken 1976.

hervortreten ließ.[120] Zudem verlagerte die vorgeschlagene Bindung der Einrichtung einer Gemeinschaftsschule an deren Beantragung durch die Elternschaft eines Ortes die - auch aus finanzpolitischen Gründen - zunehmend schwieriger werdende Entscheidung über die Schulstandorte zurück auf die Ebene der Kommunalpolitik. Schließlich stellte die Beibehaltung der konfessionell getrennten Lehrerbildung eine „Sollbruchstelle" im Ratifizierungsverfahren dar und sicherte die Rechtfertigung des mittlerweile heftig umstrittenen Projekts der beiden Pädagogischen Hochschulen.[121]

Diese recht komplizierten Vorgänge schlugen sich am 25. Oktober 1964 in einem schwer zu interpretierenden Kommunalwahlergebnis nieder. Erstaunlich ist bereits die Entwicklung der Wahlbeteiligung. Zwar stieg diese gegenüber der letzten Kommunalwahl leicht an, allerdings war im Jahr 1960 nach einem Urteil des Verfassungsgerichts ein zweiter Urnengang nötig geworden; gegenüber der ersten Kommunalwahl des Jahres 1960 dagegen ist ein Rückgang der Wahlbeteiligung um nicht

---

[120] Vgl. hierzu insbesondere die Erste Lesung des Antrags auf Verfassungsänderung in: LTDS, 4. WP, Abt. I, 55. Sitzung v. 27.1.65, S. 2019ff. Zur Bedeutung des Begriffs „Elternrecht" in der innerparteilichen Diskussion um die Konfessionsschule vgl. Hars, Bildungsreformpolitik, S. 215ff.

[121] Insbesondere Werner Scherer profilierte sich in den Debatten über diesen Punkt durch seine taktisch geschickte Vorgehensweise, vor allem mit seiner Ablehnung der Änderung des Art. 31 der Verfassung, die nach den Beratungen des Verfassungsausschusses als Änderungsantrag eingebracht worden war.

weniger als 5 Prozentpunkte festzustellen.[122] Noch deutlichere Verschiebungen im Wählerverhalten zeigt ein Blick auf das Wahlergebnis der SPD. Durch einen sensationell anmutenden Anstieg ihres Stimmenanteils um ca. ein Drittel ihres Ergebnisses von 1960 konnte sie mit landesweit 36,9% der Stimmen erstmals die Christdemokraten überflügeln und zur stärksten Partei des Saarlandes werden. In der Stadt Saarbrücken stellten die Sozialdemokraten nun sogar die mit weitem Abstand stärkste Fraktion. Als einziger Wermutstropfen in diesem Wahlsieg kann die Verteilung der Gemeinderatssitze genannt werden, bei der die SPD sich aufgrund der Besonderheiten der saarländischen Gemeindestruktur mit 1464 Sitzen erneut der CDU (1781 Sitze) geschlagen geben mußte. Auffällig ist jedoch, daß der Erfolg der CDU beim Wähler offenbar nicht in gleichem Umfang geschmälert wurde. Mit landesweit 35,3% der abgegebenen gültigen Stimmen erreichte deren Wert ungefähr den Durchschnitt der beiden Kommunalwahlen des Jahres 1960, wobei leichte Verluste in Saarbrücken-Stadt und z.T. deutliche Gewinne in den Kreisen St. Ingbert und St. Wendel das insgesamt uneinheitliche Bild der CDU-Ergebnisse nur wenig strukturieren. Ihren Bestand an Mandatsträgern konnte die CDU stabilisieren; die leichte Zunahme dürfte wohl auch auf eine Erhöhung der Gesamtzahl der zu vergebenden Sitze zurückzuführen sein. Ein echtes Debakel erlitten dagegen die beiden „kleinen" Parteien DPS und SVP, die jeweils Einbußen auf bis zur Hälfte des Ergebnisses von 1960 hinnehmen mußten. Für die DPS bedeutete dabei der Einbruch in den Kreisen Ottweiler und St. Wendel eine Gefährdung ihrer ohnehin schwachen landesweiten Präsenz, während dem Verlust von einem Drittel der Stimmen in Saarbrücken-Stadt - wo die Partei immerhin den Oberbürgermeister stellte - hohe symbolische Bedeutung zuzumessen ist. Die SVP schließlich schien mit ihrem schlechten Ergebnis, das landesweit nur knapp über der 5%-Marke lag, weiter an Bedeutung zu verlieren, obwohl sie immerhin noch ca. 200 Mandate erringen konnte.

Die Frage nach der Wirkung der politischen Veränderungen auf das Wählerverhalten bzw. den Erfolg einzelner Parteien im Saarland ist daher schwierig zu beantworten. Zwar konnte die SPD flächendeckend deutliche Zuwächse erzielen, die möglicherweise auf eine gewisse Unzufriedenheit mit der Vorgehensweise der anderen Parteien bei der Bewältigung der Strukturprobleme zurückzuführen sein könnte, andererseits hatte die DPS ausgerechnet in Saarbrücken deutliche Einbußen zu verzeichnen, obwohl sie mit Fritz Schuster dort den Oberbürgermeister stellte, der sich als erster mit Macht hinter frühe Reformansätze gestellt hatte. Währenddessen zeigte sich die CDU als landesweit führende kommunalpolitische Kraft mehr oder weniger unberührt von den Reformdiskussionen, die sie auf Landesebene zuletzt stark unter Handlungsdruck gesetzt hatten. Wahrscheinlich ist daher die komplizierte Gemengelage der Wahlergebnisse des Jahres 1964 nur durch das Zusammenwirken sehr unterschiedlicher Trends zu erklären. Zunächst darf bei dem „Kantersieg" der SPD

---

[122] Die folgenden Zahlenangaben stammen, soweit nicht anders angegeben, aus: Stat. Amt d. Saarl. (Hg.), Statistisches Handbuch für das Saarland 1976, Saarbrücken 1976, S. 82ff.

nicht übersehen werden, daß auch die hohen Zuwächse der Sozialdemokraten ihre Partei nicht auf ein Ergebnis brachten, das für ein hochindustrialisiertes Gebiet als herausragend bezeichnet werden könnte. Das Ergebnis ist aber trotzdem als wichtig zu erachten, weil die SPD damit erstmals auch bei rein saarländischen Wahlen sich als ebenbürtiger Partner bzw. Gegner der CDU profilieren konnte. Das konnte die Hoffnung auf ein Anknüpfen an den bundesweit zu beobachtenden positiven Trend der Sozialdemokratie begründen.[123] Da präzise Wählerwanderungsanalysen für diese Zeit leider vollständig fehlen, kann insbesondere das Ergebnis der CDU nur sehr schwer eingeordnet werden. Von der Stagnation ihres Stimmenanteils kann sicherlich nicht direkt auf eine unveränderte Wählerschaft geschlossen werden, immerhin geben die deutlichen Verschiebungen bei den kleinen Parteien - denen übrigens ein im Landesschnitt praktisch unveränderter Erfolg der Freien Wählergruppen gegenüberstand - Anlaß zu der Vermutung, daß die Christdemokraten die sich von SVP und DPS wegorientierenden Wähler zumindest nicht gleichzeitig integrieren konnten. Die quantitativen Analysen von Kappmeier deuten vielmehr an,[124] daß die CDU eher in der Lage war, Potentiale der zweiten Oppositionspartei zu integrieren als solche ihres Koalitionspartners.

Hinsichtlich der Frage nach frühen Ansätzen zur Bewältigung des Strukturwandels bietet dieses Wahlergebnis jedoch den Anlaß, weitergehende Fragen zu präzisieren. Offenbar führte die im Kontext der Haushaltspolitik und auf der Ebene der Kommunen für die Experten und die beteiligten Politiker immer deutlicher werdende Strukturkrise im Verhalten der Wählerschaft nicht zu umwälzenden Reaktionen. Die Wahlbeteiligung pendelte sich auf ein für spätere Kommunalwahlen im Saarland „normales" Maß ein, und auch die Zuwächse der SPD können als „Normalisierung" im Sinne einer allmählichen Angleichung an die in ähnlich strukturierten Gebieten erzielten Ergebnisse der deutschen Sozialdemokratie interpretiert werden. Das Schrumpfen der Stimmenanteile der beiden kleinen Parteien hingegen darf angesichts der Tatsache, daß immer noch über 20% der Wähler ihre Stimme nicht für eine der beiden großen Parteien abgegeben haben, nicht überbewertet werden. Vielmehr ist wohl eher anzunehmen, daß die frühen Versuche zur Bewältigung des Strukturwandels keine wachsende Polarisierung in der kommunalpolitischen Landschaft auszulösen vermochten und daß es bis zu diesem Zeitpunkt insbesondere der SPD nicht gelang, die CDU auf die Rolle eines Reformverweigerers festzulegen. Vielmehr ist eher anzunehmen, daß der komplexe Zusammenhang der neuen Strukturwandelpolitik - obwohl mit weitreichenden politischen Reformen verbunden - zumindest als Unterscheidungsmerkmal von den Parteien nicht instrumentalisiert werden konnte.[125]

---

[123] So Hans-Christian Herrmann, Landeshauptstadt, S. 362.

[124] Kappmeier, Konfession und Wahlverhalten, S. 72.

[125] Möglicherweise ist dies als Bestätigung der These von Ralf Zoll (Hg.), Vom Obrigkeitsstaat zur entgrenzten Politik. Politische Einstellungen und politisches Verhalten in der Bundesrepublik seit den sechziger Jahren, Opladen 1999, zu bewerten, der davon ausgeht, daß der fundamentale Wandel in der politischen Partizipation auf kommunalpolitischer Ebene in der Bundesrepublik schrittweise erst in den

1.2.2 Der regionale Strukturwandel im Saarland als Problem von Landesplanung und Raumordnung

Eher noch komplizierter gestalteten sich die frühen Versuche zur Verarbeitung der aus dem regionalen Strukturwandel resultierenden Probleme durch die politische Bürokratie im Saarland. Auch hierbei stand die Frage nach der Einbindung der kommunalen Ebene in die Landespolitik lange im Vordergrund. Ähnliches galt für die Bundesrepublik, wo schon in der unmittelbaren Nachkriegszeit das Wiederingangsetzen der Wirtschaft und der Wiederaufbau vor allem für die Länder eine zentrale politische Herausforderung darstellten, während die Errichtung einer zentralen und ressortübergreifenden Planung ausblieb.[126] Erst die Gründung des Interministeriellen Ausschusses für Notstandsgebiete (IMNOS) im Jahr 1950 war ein wesentlicher Schritt, mit dessen Hilfe auf Bundesebene regionalpolitische Maßnahmen - hauptsächlich für die Zonenrandgebiete - organisiert werden sollten.[127] Vor allem unter Verwendung von Kreditprogrammen, die überwiegend dem Ausbau der „unternehmensnahen Infrastruktur" sowie einzelnen Unternehmen zugute kamen, sollten die gröbsten Probleme in diesen Gebieten überwunden werden.[128] Im Saarland war die Situation in der Nachkriegszeit durch das komplizierte Verhältnis zwischen Besatzungsmacht, teilautonomer Landesregierung und mit besonders schwerwiegenden Kriegszerstörungen konfrontierten Gemeinden keinesfalls weniger komplex strukturiert. Zunächst engagierte sich die französische Besatzungsmacht im Kontext ihrer mit weitreichenden Hoffnungen konzipierten Saar-Politik stark im Wiederaufbau.[129] Das hierzu eigens installierte Architektenteam legte zwar keine landesplanerisch ausgerichtete Gesamtplanung für das Saarland vor,[130] versuchte anfangs

---

60er Jahren begann.

[126] Zur Geschichte von Raumforschung und Landesplanung in Deutschland vgl.: Josef Umlauf, Zur Entwicklungsgeschichte der Landesplanung und Raumordnung, Hannover 1986 (= Veröffentlichungen der Akademie für Raumforschung und Landesplanung 90); Akademie für Raumforschung und Landesplanung (Hg.), Zur geschichtlichen Entwicklung der Raumordnung, Landes- und Regionalplanung in der Bundesrepublik Deutschland, Hannover 1991 (= Akademie für Raumforschung und Landesplanung, Forschungs- und Sitzungsberichte 182). Zu konzeptionellen und juristischen Problemen bei der Etablierung der Raumordnung nach dem Krieg vgl. Hanspeter Maute, Räumliche Leitbilder im Wandel. Auswirkungen auf die Raumorganisation in Bayern, (Diss.) München 1994, hier: S. 24ff. Den Vergleich zu Frankreich leisten: Gérard Marcou, Hans Kistenmacher u. Hans-Günther Clev, L'aménagement du territoire en France et en Allemagne, Paris 1994; Wolfgang Neumann u. Henrik Uterwedde, Raumordnungspolitik in Frankreich und Deutschland, Stuttgart 1994.

[127] Neumann u. Uterwedde, Raumordnungspolitik, S. 31. Allerdings waren in Deutschland aufgrund der regionale Disparitäten - insbesondere hinsichtlich der Verteilung der Kriegsschäden und der Bewältigung der Flüchtlingsproblematik - bereits lange vor Gründung der Bundesrepublik ebenso differenzierte wie komplizierte Finanzausgleichsregelungen zwischen den Ländern etabliert wurden, Renzsch, Finanzverfassung, S. 29ff.

[128] Scharpf, Reissert u. Schnabel, Politikverflechtung, S. 76.

[129] Zur Einordnung in die französische Politik an der Saar vgl. Rainer Hudemann u. Burkhard Jellonnek, Saar-Geschichte: neue Methoden, Fragestellungen, Ergebnisse, in: Hudemann, Jellonnek u. Rauls (Hgg.), Grenz-Fall, S. 11-29, hier: S. 17.

[130] Die programmatische Schrift: Équipe des Urbanistes de la Sarre (Hg.), Urbanisme en Sarre, Saar-

aber doch, den Wiederaufbau der Gemeinden gemäß seinen Vorstellungen zu koordinieren und zu beeinflussen. Allerdings teilten diese Versuche das „frühe Scheitern" französischer Besatzungspolitik an der Saar.[131] Auch die Politik der Landesregierung war von gewissen Elementen des saarländischen Sonderstatus nach 1945/47 geprägt. Für Johannes Hoffmann stellte die erfolgreiche Bewältigung des materiellen Wiederaufbaus neben der Schaffung eines vorbildlichen Sozialsystems und der Durchsetzung der Europa-Idee einen besonders wichtigen Bestandteil seiner Politik dar. Dementsprechend sah das bereits am 30. Juli 1948 verabschiedete Gesetz über Planung und Städtebau einen weitreichenden Einfluß der Landesregierung, genauer gesagt: des Ministeriums für Wiederaufbau, das lange Zeit von Johannes Hoffmann selber verwaltet wurde, auf die Landesplanung vor. Da aber eine überörtliche Gesamtplanung nicht erarbeitet wurde, wurde jedoch faktisch keine übergreifende Landesplanung, sondern vielmehr eine Orts- und Gemeindeplanung realisiert.[132] Dies reduzierte den Stellenwert einer systematischen landesweiten Planung und legte es den Gemeinden auf, auch weite Teile der Fachkompetenz im Planungsbereich bereitzustellen.

Um dieses Problem zu begrenzen, wurden im Laufe des Jahres 1954 Experten für Landesplanung auf der Ebene der Landkreise eingestellt, die in die Zusammenarbeit mit dem Wiederaufbauministerium und den Gemeinden die nötige Fachkompetenz einbringen sollten.[133] Allerdings konnte damit nur ein Teil der Schwierigkeiten überwunden werden, da die besonders komplizierte Kommunalverfassung im Saarland, die alte bayerische und preußische Elemente als selbständige Teile enthielt, zusätzliche organisatorische Probleme erzeugte. Schon die gänzlich unterschiedlichen Zuständigkeiten verhinderten eine landesweit nach einem einheitlichen Schema organisierte Landesplanungs- oder Raumordnungspolitik.[134] Auch die gesetzlichen Neuordnungsbemühungen reflektierten diese Probleme.[135] Einerseits wurde die

---

brücken 1947, zeigt vielmehr die stadtplanerischen und architektonischen Aspekte der Wiederaufbauplanung.

[131] Ausführlich hierzu Rémi Baudouï, Französische Wiederaufbaupolitik an der Saar, oder: Funktionalismus als politische Doktrin (1945-1950), in: Hudemann, Jellonnek u. Rauls (Hgg.), Grenz-Fall, S. 279-291.

[132] Vgl. als Überblick über die saarländische Planungsgeschichte: Paul Jost, Zur Geschichte der Landesplanung im Saarland, in: Akademie für Raumforschung und Landesplanung (Hg.), Entwicklung, S. 321-385, hier: S. 327f. Möglicherweise kann diese Politik als Versuch interpretiert werden, in diesem ursprünglich von den Vertretern Frankreichs beanspruchten Machtbereich durch einen stark personalisierten Regierungsstil Einfluß zu gewinnen, ohne diplomatische Probleme mit der früheren Besatzungsmacht zu riskieren. Im Kontext der bereits angesprochenen Schwierigkeiten bei der Aufstellung der saarländischen Landeshaushalte in der Phase der Teilautonomie, die insbesondere den Zugang zu regulären Kreditmarktmitteln erschwerten, dürfte weiterhin die Verlagerung der finanziellen Zuständigkeit für den Wiederaufbau auf die Gemeinden bei gleichzeitiger Inanspruchnahme außerordentlicher Mittel im Landeshaushalt als unter pragmatischen Gesichtspunkten durchaus nicht kontraproduktiv angesehen werden.

[133] Vgl. Ministerium für Öffentliche Arbeiten und Wohnungsbau, Fortschrittliche Leistungen im Bausektor, in: Saarbrücker Druckerei und Verlag GmbH (Hg.), Bundesland, S. 73-83, S. 76.

[134] Vgl. hierzu Endruweit, Kommunalreform, S. 37ff.

[135] Vgl. hierzu: Fritz Ahammer, Landesplanung im Saarland, in: Raumforschung und Raumordnung 16

Aufstellung von Flächennutzungs- und Aufbauplänen nicht zwingend vorgeschrieben, andererseits sah das Gesetz eine Genehmigungspflicht für solche Pläne durch das Kabinett vor, was aufgrund des hohen Aufwandes die Kapazitäten der Genehmigungsbehörde sehr schnell zu überfordern drohte.

Nach dem Referendum des Jahres 1955 waren daher nennenswerte Erfolge besonders beim Wiederaufbau festzustellen, und die Landesregierung verfügte auch über weitreichende Einflußmöglichkeiten auf die konkreten Projekte der Gemeinden. Jedoch war die konzeptionelle und fachliche Seite der Landesplanung sowohl personell wie organisatorisch recht schwach entwickelt. Außerdem entsprach die Rolle der gemeindlichen Planung als Vorläufer der Landesplanung zwar dem deutschen Muster,[136] jedoch dominierte auch nach der Lösung der Saarfrage noch die Perspektive der Konflikte um die Teilautonomie bei der politischen Behandlung dieses Politikfeldes. So wurden die weitreichenden direkten Befugnisse von Gemeinden (z.B. bei Enteignungsverfahren), aber auch der bei der Landesregierung angesiedelten Genehmigungsbehörde unter ausdrücklichem Verweis auf das frühe Scheitern der französischen Architektengruppe um Georges-Henri Pingusson als „eines der fragwürdigsten Erzeugnisse der Gesetzgebung des früheren Regimes" verstanden.[137] Allerdings gestaltete sich die Weiterentwicklung dieses Arbeitsbereiches auch in der Bundesrepublik recht schwierig. Das von Erich Dittrich formulierte wissenschaftliche und programmatische Fundament der Raumordnung[138] basierte auf der Grundthese, daß Fördermaßnahmen an der Bedürftigkeit von Regionen auszurichten seien.[139] Dies lenkte die Aufmerksamkeit von Planung und Politik auf die Probleme strukturschwacher Regionen und erschwerte dadurch die Einbeziehung bereits hochindustrialisierter Regionen in die Raumordnungspolitik.[140] Ein grundlegender Wandel in dieser

---

(1958), S. 1-9 und S. 69-77.

[136] Neben dem konkret praktischen Problem des Wiederaufbaus stellt die gemeindliche Planung quasi den Vorläufer anderer Formen der Regionalplanung in Deutschland dar, vgl. Arthur Benz u. Franz Walter Henrich, Regionalplanung in der Bundesrepublik Deutschland, in: Informationen zur Raumentwicklung H. 12 (1980), S. 699-716, hier: S. 699. Das Problem des auf Selbstverwaltung ausgerichteten politischen Konzepts zur Überwindung der unmittelbaren Nachkriegsprobleme in Nordrhein-Westfalen untersucht Hans-Joachim Behr, Kommunen und Staat, in: Hüttenberger (Hg.), Vierzig Jahre, S. 71-88. Am Beispiel der Stadt Regensburg verfolgen Barbara Finke u. Harald Pohl, Studien zur kommunalen Industrieförderung im 20. Jahrhundert. Das Beispiel Regensburg von 1900 bis 1985, Regensburg 1986, die Verschränkung von regionalen Disparitäten und kommunalpolitischen Lösungsansätzen über einen längeren Zeitraum hinweg.

[137] So Adolf Heiz (DPS) in: LTDS, 3. WP, Abt. I, 15. Sitzung v. 29.5.56, S. 358.

[138] Erich Dittrich, Grundfragen deutscher Raumordnung, Bad Godesberg 1955 (= Mitteilungen aus dem Institut für Raumforschung 21).

[139] Eine detaillierte Darstellung dieses Konzeptes liefern: Siegfried Geisenberger, Wolfgang Mälich, J. Heinz Müller u. Günter Strassert, Zur Bestimmung wirtschaftlichen Notstands und wirtschaftlicher Entwicklungsfähigkeit von Regionen, Hannover 1970 (= Veröffentlichungen der Akademie für Raumforschung und Raumordnung 59).

[140] Das Problem stellte sich insbesondere für die größeren Bundesländer, die sehr unterschiedlich strukturierte Gebiete administrativ vereinigten, vgl. Minister für Landesplanung, Wohnungsbau und öffentliche Arbeiten des Landes Nordrhein-Westfalen (Hg.), Strukturverbesserung des Siegerlandes. Denkschrift des

Politik trat erst mit dem Gutachten des Sachverständigenausschusses für Raumordnung[141] und dann vor allem mit der schrittweisen Ausarbeitung geeigneter rechtlicher Instrumente zur Erfüllung des im Grundgesetz dem Bund vorbehaltenen Aufgabengebietes von Raumordnung und Landesplanung Anfang der 60er Jahre ein.[142] Erst dieser Wandel markiert einen Übergang von der punktuellen Notstandsbeseitigung hin zur längerfristigen Regionalentwicklung,[143] in dessen Zusammenhang dann auch Industriegebiete verstärkt Gegenstand von Entwicklungspolitik wurden.[144] Die Eingliederung des Saarlandes in die Bundesrepublik fiel damit in einen Zeitraum, in dem auch die zeitgenössische Forschung und Gesetzgebung der Bundesrepublik einer grundlegenden Neuorientierung unterzogen wurde. Die Anforderungen des regionalen Strukturwandels verkomplizierten dabei die Situation zusätzlich. Besonders deutlich wird dies an der Geschichte des wohl bekanntesten Planungsprojekts der Nachkriegszeit, der Wohnstadt Überherrn.[145] Ursprünglich dazu gedacht, den erwarteten Zuzug von bis zu 20.000 Arbeitnehmern durch die Verlagerung des Bergbaus in den Warndt aufzunehmen, 1957 dann erweitert in Hinblick auf die Unterbringung der im Rahmen der Eingliederung erwarteten Zuwanderung von Flüchtlingen und Vertriebenen,[146] geriet das Projekt durch die massiven Stellenstreichungen und Reorganisationsbestrebungen der Saarbergwerke sehr bald in die Krise und erforderte umfangreiche finanzielle Eingriffe der Landesregierung.[147] Trotzdem

---

Interministeriellen Ausschusses, Düsseldorf 1963, bes. S. 1. Zu den konzeptionellen Grundlagen der Raumordnungspolitik: Arthur Benz, Föderalismus, S. 140ff.

[141] Sachverständigenausschuß für Raumordnung, Die Raumordnung in der Bundesrepublik Deutschland, Stuttgart 1961.

[142] Im Gegensatz zur hier formulierten Position ordnet Michael Ruck, Ein kurzer Sommer der konkreten Utopie - Zur westdeutschen Planungsgeschichte der langen 60er Jahre, in: Schildt, Siegfried u. Lammers (Hgg.), Dynamische Zeiten, S. 362-401, hier: S. 365ff., die frühen 60er Jahre noch in die Phase der „Tabuisierung" der Planung. Möglicherweise ist aus der Perspektive des öffentlich-politischen Diskurses der Ruck'schen These zuzustimmen; gleichermaßen wichtig ist es jedoch aufzuzeigen, daß die Erfolge von Planungsansätzen ab Mitte der 60er Jahre auf eine längere Vorgeschichte zurückgehen. Einen Überblick über die Entstehung von Konzepten und Instrumenten der Raumordnung und der Landesplanung im Bereich der ländlichen Räume gibt Gerhard Henkel, Der ländliche Raum. Gegenwart und Wandlungsprozesse in Deutschland seit dem 19. Jahrhundert, Stuttgart 1993, bes. S. 195-213.

[143] Gerold Ambrosius, Staat und Wirtschaft im 20. Jahrhundert, München 1990 (= Enzyklopädie Deutscher Geschichte 7), S. 54.

[144] In Nordrhein-Westfalen hatte dieser Prozeß bereits 1960 - mithin recht früh - mit dem Strukturprogramm Nordrhein-Westfalen eingesetzt, Petzina, Industrieregion, S. 118. Zumindest in Hessen wurden mit dem sog. Hessenplan ähnliche Ansätze auch recht früh verfolgt, vgl. Jochen Schulz zur Wiesch, Entstehungsbedingungen und Motive der hessischen Planungspolitik, in: Schissler (Hg.), Hessen, S. 269-308.

[145] Vgl. hierzu umfassend: Alois Weyrath u. Peter Moll, Die neue Stadt Überherrn, in: Mitteldeutscher Kulturrat (Hg.): Zwischen Rostock und Saarbrücken. Städtebau und Raumordnung in beiden deutschen Staaten, Düsseldorf 1973, S. 191-202.

[146] Vgl. die Antwort der Regierung auf eine Anfrage zum Wohnstadt-Projekt in: LTDS, 4. WP, Abt. I, 26. Sitzung v. 11.7.62, S. 988ff.

[147] Bereits im Sommer 1960 sprang die Regierung bei der Finanzierung der Planungskosten ein, nachdem die Saarbergwerke ihren Rückzug aus dem Projekt angekündigt hatten; LASB StK 1724, Kabinettsprotokoll v. 30.8.60. In der Folgezeit übernahm das Land mehrfach Bürgschaften und Kreditleistungen in Millionenhöhe, um die Finanzierung sicherzustellen, LASB StK 1732, Kabinettsprotokoll v. 12.11.63,

wurde Überherrn von Regierungsseite als vorbildliches Projekt gelobt, da es einerseits mit seiner engen Ausrichtung an übergeordneten Entwicklungsvorstellungen und seiner funktionalen Trennung von Wohnen, Arbeit und Freizeit als konzeptionell besonders gut gelungen eingeschätzt wurde und da sich in der Perspektive der Regierung andererseits an diesem Projekt die enge Abstimmung zwischen kommunaler und Landesplanung als funktionsfähig gezeigt hatte.[148] Dieses positive Urteil ist als sehr aussagekräftig für die frühe Konzeption von Landesplanung und Raumordnung im Saarland nach der Volksabstimmung anzusehen. Nach anfänglichen Irritationen übernahmen die Landesregierungen sehr schnell das Grundkonzept der Planungsorganisation im Saarland, das sich als Gemeindeplanung mit weitreichenden und direkten Einflußmöglichkeiten der Landesregierung nahtlos in das Land-Kommunen-Verhältnis einfügte. Dieses Verhältnis war ja auch in anderen Aufgabengebieten, wie z.B. der Infrastruktur oder dem Volksschulbau, aber auch in Grundfragen der Gemeindefinanzierung durch die enge und direkte Abstimmung zwischen den beiden „Exekutiven" geprägt.

Allerdings wurden bereits zur Mitte der ersten Hälfte der 60er Jahre immer mehr Schwächen dieser Konzeption deutlich. Die wachsenden Schwierigkeiten der Gemeinden bei Planung und - besonders haushaltstechnischer - Abwicklung von Projekten wurden von der Opposition im Landtag heftig kritisiert.[149] In der Regierung und den sie tragenden Fraktionen lösten diese Probleme offenbar heftige Kontroversen, aber nur eine schrittweise Annäherung an neue Konzepte aus. Während der zuständige Minister noch lange Zeit die gängige Praxis der stark an den Gemeinden orientierten Planung verteidigte, reagierten gewisse Teile der CDU, besonders in der Fraktion, auf den zunehmenden Druck der Opposition mit einer schrittweisen Anerkennung der Notwendigkeit von Planung auf Landesebene.[150] Für die Regierung bedeutete dieser innere Konflikt eine schwierige Gratwanderung, die sich noch in der

---

LASB StK 1736, Kabinettsprotokoll v. 19.1.65, LASB StK 1740, Kabinettsprotokoll v. 30.11.65, LASB StK 1745, Kabinettsprotokoll v. 21.2.67 und LASB StK 1750, Kabinettsprotokoll v. 26.3.68. Bereits 1964 plädierte der merklich entnervte Abgeordnete Peter Schwarz (SPD) dafür, die Bezuschussung einer Filmdokumentation des Bundes über das mittlerweile zur Demonstrativbaumaßnahme avancierte Projekt abzulehnen - wenn der Bund einen solchen Film haben wolle, solle er ihn auch finanzieren, LTDS, 4. WP, Abt. I, 42. Sitzung v. 15.1.64, S. 1629.

[148] So Helmut Bulle in: LTDS, 4. WP, Abt. I, 31. Sitzung v. 6.2.63, S. 1214.

[149] Z.B. war die Gemeinde Überherrn nicht in der Lage, die für das Wohnstadt-Projekt notwendige Planung zu leisten, was eine Bezuschussung durch das Land über die Mittel für gemeindliche Planungs- und Erschließungsmaßnahmen unmöglich machte - und dazu führte, daß das Land die Kosten ganz übernahm, LTDS, 4. WP, Abt. I, 26. Sitzung v. 11.7.62, S. 989. Aber auch die Mittelbewirtschaftung wurde von Seiten der SPD-Opposition bemängelt, die kritisierte, daß in bestimmten Fällen kommunale Projekte nicht umgesetzt werden konnten, weil die dazu nötigen Haushaltsmittel an andere Projekte vergeben waren, deren Umsetzung aus anderen Gründen jedoch gar nicht erfolgte, LTDS, 4. WP, Abt. I, 29. Sitzung v. 16.12.62, S. 1981.

[150] Sehr deutlich wird dieses Aufeinandertreffen von praktisch unvereinbaren Standpunkten in: LTDS, 4. WP, Abt. I, 8. Sitzung v. 20.4.61, S. 314. Huthmacher rückte praktisch während der ganzen Legislaturperiode von seiner hier griffig formulierten Position nicht mehr ab, während Helmut Bulle bereits eine konzeptionelle Neufassung unter dem Stichwort „Generalplan" indirekt forderte.

Debatte um das Mitte 1964 - rechtzeitig vor der Kommunalwahl - vorgelegte Landesplanungsgesetz niederschlug.[151] Einerseits wurde selbst dieses Gesetz noch kritisiert, weil es die Zuständigkeit der Gemeinden und damit ihr Recht auf Selbstverwaltung einschränkte,[152] andererseits machte insbesondere die SPD-Opposition deutlich, daß das Gesetz aufgrund seines eher administrativen Charakters als unzureichend zu bezeichnen sei.[153] Weiterhin bedeutete die Vorlage des Gesetzes einerseits das Eingeständnis, daß angesichts der neuen Herausforderungen durch die wirtschaftlichen und gesellschaftlichen Veränderungen die Verantwortung für Landesplanung nicht mehr primär bei den Gemeinden liegen könne, andererseits hielt die Regierung aber an ihrem alten Standpunkt fest, daß eine eigene Regionalplanung im Saarland nicht nötig sei, da das Land als eine „geschlossene Wirtschafts- und Lebensregion" zu verstehen sei.[154] Schließlich betonte insbesondere die SPD, daß das vorgelegte Gesetz viel zu sehr die Zuständigkeiten der Exekutive betone und somit quasi eine Entmachtung des Parlaments darstelle,[155] während aus heutiger Perspektive nicht

---

[151] Zu diesem Gesetz vgl. die ausführliche Darstellung in: Minister des Inneren (Hg.), Raumordnung im Saarland, Erster Tätigkeitsbericht der Landesplanungsbehörde, Saarbrücken 1968. Zur Einordnung in die Entwicklung der saarländischen Raumordnung und Landesplanung vgl. Paul Jost, Industrielle Entwicklung und räumliche Planung im Saarland, in: Soyez u.a. (Hgg.), Saarland, S. 243-255. Einen synoptischen Vergleich der saarländischen Lösung mit der Gesetzgebung in anderen Ländern leistet: Heinz Hohberg, Das Recht der Landesplanung. Eine Synopse der Landesplanungsgesetze in der Bundesrepublik Deutschland, Hannover 1966 (= Veröffentlichungen der Akademie für Raumforschung und Landesplanung 47); einen Überblick über die Entstehung von Landesplanungsgesetzen in der Bundesrepublik gibt Maute, Leitbilder, bes. S. 28ff.

[152] Einen Überblick über die bis heute heftig diskutierte Frage der angemessenen Kompetenzverteilung liefert Arthur Benz, Regionalisierung als Gemeinschaftsaufgabe von Staaten und Kommunen, in: ders. u. Holtmann (Hgg.), Gestaltung, S. 101-122. Vgl. weiterhin: Arthur Benz, Neue Konzepte für die Regionalplanung - Dokumentation ausgewählter Literatur, in: Informationen zur Raumentwicklung, H. 12 (1980), S. 725-731.

[153] „Wir haben ein Landesplanungsgesetz im Hause vorliegen. In diesem Landesplanungsgesetz ist also, ich möchte sagen, bürokratisch wenig geordnet; es ist ein sparsames, ich will nicht sagen spärliches Gesetz. ... Wo ist der große Gedanke den die Regierung vorzutragen hat?", so Kurt Conrad in : LTDS, 4. WP, Abt. I, 42. Sitzung v. 15.1.64, S. 1553. Diese Kritik Conrads bezog sich darauf, daß das Gesetz eher als ein Verwaltungsgesetz konzipiert war, das durch ein Raumordnungsgesetz bzw. durch Raumordnungspläne inhaltlich noch gefüllt werden mußte. Zu dem administrativen Charakter des Gesetzes vgl. Peter Moll, Diethard Osmenda u. Theophil Weick, Der Raum Westpfalz/Trier/Saarland - eine Standortbestimmung der Raumordnung und Landesplanung an der Schwelle der neunziger Jahre, in: Berichte zur deutschen Landeskunde 63 (1989), S. 273-325. Grundlegend zur Frage der Organisationsüberprüfung: Rolf Blumenberg, Das System der Raumplanung in der Bundesrepublik Deutschland - eine Organisationsüberprüfung, Göttingen 1977.

[154] Vgl. die außerordentlich spannungsreiche Rede von Helmut Bulle in der Ratifizierungsdebatte in: LTDS, 4. WP, Abt. I, 47. Sitzung v. 27.5.64, S. 1802ff.

[155] So Karl Petri (SPD) in: ebd. S. 1805. Einen Überblick über die Organisation der Landesplanung in der Regierungstätigkeit gibt der Landesbericht Saarland in: Klaus König (Hg.), Koordination und integrierte Planung in den Staatskanzleien. Vorträge und Diskussionsbeiträge der verwaltungswissenschaftlichen Arbeitstagung 1975 der Hochschule für Verwaltungswissenschaften Speyer, Berlin 1976 (= Schriftenreihe der Hochschule Speyer 60), S. 391-403.

selten die zögerliche und eher zu wenig intensive Nutzung der Möglichkeiten des Landes in der Planungsgesetzgebung kritisiert wird.[156]

Diese inneren und äußeren Widersprüche kennzeichneten auch die weitere Geschichte dieses Gesetzes. Obwohl die Arbeiten an einem Industrieflächenatlas und an verschiedenen anderen Kartenwerken sehr bald schon beginnen konnten, gestaltete sich offenbar die personelle Ausgestaltung der zuständigen Behörden[157] und Expertengremien recht schwierig.[158] Und auch die Frage, welche Konsequenzen aus dem neuen Instrument der Politik für die kommunalen Finanzen zu ziehen seien, spaltete das Parlament. Insbesondere die im Jahr 1964 diskutierte Erhöhung des Ausgleichsstocks um 5 Prozentpunkte zu Lasten der Schlüsselzuweisungen wurde unter diesem Aspekt heftig diskutiert. Während die SPD darauf hinwies, daß die Reform ihres früheren Innenministers gerade darin bestanden habe, den Ausgleichsstock zu reduzieren und damit den Gemeinden mehr Spielraum für eigene Entscheidungen zu geben, konterte die CDU damit, daß Landesplanungspolitik nur dann sinnvoll sein könne, wenn auch entsprechende Spielräume zur plankonformen Mittelverteilung bestünden: „Wie wollen Sie [die Vertreter der SPD] denn eine gezielte Raumordnungspolitik im Lande betreiben, wenn Sie dem Herrn Innenminister nicht die Möglichkeit geben, auf verschiedenen Gebieten gezielt Mittel in das Land hineinzugeben; zum Beispiel dann, wenn eine Gemeinde nicht in der Lage ist, irgendwelche Maßnahmen auf dem Gebiet der Infrastruktur durchzuführen, die wir aber vom Lande her durchführen wollen."[159]

1.3 Zusammenfassung

An die Eingliederung des Saarlandes in die Bundesrepublik schloß sich eine wirtschaftliche Stagnation an, die eine Vielzahl von Problemen in den unterschiedlichsten Politikbereichen auslöste. Insofern dies auf Defizite bei der Ausgestaltung des Eingliederungsvorgangs zurückgeführt werden kann, bestätigt sich darin die These von der über die Eingliederung im engeren Sinne hinausreichenden Übergangszeit. Besonders deutlich wird dies an den Problemen der Haushaltspolitik des Landes, die aus dem nach 1955 zwar angestrebten, aber aufgrund der besonderen Konstruktion der finanziellen Beziehungen zwischen der Bundesrepublik und dem Saarland letztlich weitgehend ausgebliebenen Abbau der Verschuldung aus der Zeit der Teilautonomie resultierten. Auch die ungünstige Entwicklung der ökonomischen Rahmendaten konnte zumindest teilweise auf die durch die Konstruktion der Übergangs-

---

[156] Vgl. z.B. Jost, Entwicklung, S. 248. Dieser Punkt ist auch bei der Beurteilung des Verhältnisses von Regierung und Parlament interessant: Im Gegensatz zur saarländischen Vorgehensweise war in Nordrhein-Westfalen die Novelle der Landesplanung auf Initiative des Parlaments hin erfolgt, was Gruber, CDU-Landtagsfraktion, S. 166-188, als Beleg für die bedeutende Kontrollfunktion des Landtags ansieht.

[157] Vgl. hierzu das Problem der Regierung bei der Besetzung der Stelle eines Referenten für Landesplanung in: LASB StK 1736, Kabinettsprotokoll v. 9.2.65.

[158] Minister des Inneren (Hg.), Raumordnung, S. 2. Vgl. hierzu auch die Debatte in: LTDS, 4. WP, Abt. I, 59. Sitzung v. 25.3.65, S. 2118ff. Der Landesplanungsbeirat wurde erst am 19.5.65 berufen.

[159] So Helmut Bulle in: LTDS, 4. WP, Abt. I, 49. Sitzung v. 8.7.64, S. 1846.

zeit eher verzögerte Umorientierung vieler saarländischer Unternehmen zurückgeführt werden. Ab der Mitte der ersten Hälfte der 60er Jahre spitzten sich diese Probleme soweit zu, daß die haushaltspolitische Handlungsunfähigkeit drohte. Ähnlich wie die Landespolitik waren davon die Kommunen tangiert. Die Überforderung der saarländischen Städte und Gemeinden mit den im Zuge der Eingliederung zu bewältigenden Investitionen führte aber nicht nur zu einer dramatisch ansteigenden Verschuldung, sondern verschärfte auch bestehende Stadt-Umland-Konflikte und verdeutlichte die Dysfunktionalität der historisch gewachsenen Verwaltungsgliederung im Saarland. Davon war die Stadt Saarbrücken besonders stark betroffen, deren unbewältigbar erscheinende Probleme bereits zu Anfang der 60er Jahre eine wissenschaftliche Debatte über Neuordnungs- und Reformvorschlägen auslösten.

In der auf landespolitischer Ebene geführten Diskussion über die angemessene Bewertung und Lösung dieser Probleme kam größte Bedeutung der von der Landespolitik erworbenen Erfahrung zu, daß die - durchaus erfolgreich - zur Überwindung der Probleme der Übergangszeit initiierten Maßnahmen die aktuellen Schwierigkeiten eher noch vergrößerten. Die Fundierung der Altschulden und der Abbau der zum „Schattenhaushalt" aufgeblähten Haushaltsreste führte zu einer dramatischen Verschuldung des Landesetats. Die immer drängender werdenden finanziellen Schwierigkeiten des Landes wurden aber recht bald auch als wirtschaftsstrukturelles Problem erkannt. Ansatzweise wurde eine Umorientierung der Landespolitik eingefordert, die durch strukturwirksame Maßnahmen auch die Finanzprobleme lösen sollte. Genauso konnte allerdings aus der Finanzkrise mit guten Argumenten zungsten einer Stärkung des Montankerns und damit einer Beibehaltung der tendenziell strukturkonservativen Grundlinie der Wirtschafts- und Strukturpolitik aus der Übergangszeit plädiert werden. Die Komplexität der Perzeption von Problemen als regionaler Strukturwandel zeigt sich eher noch deutlicher in der wissenschaftlichen Diskussion. Im saarländischen Gutachterstreit bestand zwar Einigkeit zwischen allen Kontrahenten darüber, daß eine Modernisierung der Verwaltungsstrukturen als notwendige Voraussetzung für die Bewältigung der aus den wirtschaftsstrukturellen Veränderungen resultierenden neuen Aufgaben anzusehen sei; insofern waren in diesem Bereich die größten konzeptionellen Fortschrtitte erzielt worden. Die konkreten Vorschläge zur Umsetzung dieser Neuordnung unterschieden sich jedoch stark und sprachen außerdem einen partei- und machtpolitisch besonders sensiblen Gegenstand an.

Die vielfältigen administrativen, wirtschaftlichen und finanziellen Probleme der Stagnationskrise nach der Eingliederung wurden daher im Saarland zu Anfang der 60er Jahre durchaus als Probleme des regionalen Strukturwandels perzipiert; zusätzlich zu den konzeptionellen Fragen traten aber insbesondere in der Kommunalpolitik des Landes Schwierigkeiten hinzu, die in die Konflikt- und Problemstellungen der Teilautonomie zurückwiesen. Aus Perspektive des Landes standen die wachsenden Schwierigkeiten bei der Finanzausstattung der Kommunen, die in der politischen

Diskussion die wichtigste Nahtstelle für die Aufnahme der im Gutachterstreit entwickelten Reformvorschläge bildeten, im Zusammenhang mit der erst in der Übergangszeit vorgenommenen Neuordnung des innersaarländischen Finanzausgleichs. Gerade mit diesem letzten Reformprojekt der großen Koalition hatte man geglaubt, die Voraussetzungen für eine auf Dauer tragfähige und den neuen Aufgaben angemessene Kommunalpolitik geschaffen zu haben. Noch weiter zurück reichte die bildungspolitische Dimension dieses Problembereiches: Der Ausbau des konfessionell gegliederten und dislozierten Volksschulwesens hatte nach dem Zweiten Weltkrieg in der Perspektive vieler - nicht nur christdemokratischer - Politiker die angemessene Antwort auf die künftigen Anpassungs- und Modernisierungszwänge dargestellt. Kaum mehr als ein Jahrzehnt später war dieses Vorhaben nun nicht mehr nur praktisch unfinanzierbar, sondern schien auch den mittlerweile veränderten wirtschaftlichen und gesellschaftlichen Anforderungen nicht mehr zu entsprechen.

Noch stärker verknüpft mit der Politik der Teilautonomie und den problematischen Bedingungen von Landespolitik im teilautonomen Saarstaat war der Arbeitsbereich von Landesplanung und Raumordnung. Nach dem Referendum hatten die Landesregierungen zwar sehr deutlich die Notwendigkeit einer Neuorientierung formuliert; diese blieb jedoch in der Übergangszeit - womöglich auch bedingt durch die Vielzahl der ansonsten notwendigen Anpassungsleistungen - weitgehend aus. Erst zu Anfang der 60er Jahre wurde sie dann nachgeholt, wodurch dem Landesplanungsgesetz immerhin der Rang als erster systematischer Versuch der Verarbeitung struktureller Probleme zukommt. Insoweit bestätigt sich Michael Rucks These von der „Inkubation" der Planungspolitik durch die Vorlage des Bundesbaugesetzes im Jahr 1960 am saarländischen Beispiel teilweise.[160] Allerdings gestaltete sich der Neuansatz von Raumplanungspolitik im Saarland nicht zuletzt deshalb so schwierig, weil er mit dem Übergang von einer bereits etablierten gemeindlichen Planung zu einer zentralen föderalen Planung verbunden war.[161] Bei diesem Übergang war nicht von vornherein erkennbar, daß das neue Modell tatsächlich in allen Bereichen überlegen war.

Sowohl auf der Ebene der Perzeption als auch bei den ersten Versuchen zur politischen Verarbeitung entwickelte sich der regionale Strukturwandel im Saarland schon zu Anfang der 60er Jahre somit zu einem außerordentlich komplizierten Problem. Hinzu traten Probleme mit dem neuen institutionellen und rechtlichen Rahmen von

---

[160] Ruck, Planungsgeschichte, S. 364. Vgl. hierzu auch Umlauf, Entwicklungsgeschichte, S. 25. Im Saarland wurde dieses Gesetz aber zunächst eher als Anreiz zu einer verstärkten Abstimmung der Landespolitik mit der gemeindlichen Planung interpretiert, wie z.B. die Einlassungen von Helmut Bulle - immerhin in dieser Legislaturperiode der profilierteste Befürworter von Landesplanung innerhalb der CDU - ausführte: LTDS, 4. WP, Abt. I, 16. Sitzung v. 30.1.62, S. 694.

[161] Eine ähnliche Situation kennzeichnete auch den Beginn der Landesplanung in Hessen, wo sich zunächst eine Zeitlang die Investitionspolitik zu Lasten der Entstehung einer zentralen föderalen Planung durchsetzen konnte. Allerdings hatte in Hessen die Landesplanung Rückhalt im Wirtschaftsministerium, vgl. Schulz zur Wiesch, Planungspolitik, S. 274. Die Einschätzung von Arthur Benz, Regionalplanung in der Bundesrepublik Deutschland. Eine empirische Untersuchung zur Organisation und Problemlösungsfähigkeit, Münster 1982, hier: S. 25, der die Planung im Saarland als „staatlich" kennzeichnet, ist als Ergebnis einer Entwicklung in den 60er Jahren zu bezeichnen.

Regionalpolitik, besonders in der Haushaltspolitik. Mit der Eingliederung kamen schrittweise die meisten der positiven finanziellen Effekte des „Sonderföderalismus" der Übergangszeit in Wegfall. Durch die strukturbedingt zu geringen Steuereinnahmen des Landes und durch die im föderalen Finanzausgleichssystem angelegte, faktische Begrenzung des Haushaltsumfangs war die finanzpolitische Handlungsfähigkeit der Landespolitik so weit eingeschränkt, daß alternative strukturpolitische Initiativen kaum umsetzbar erschienen. Das föderale Finanzausgleichssystem der Bundesrepublik war insofern nicht nur nicht geeignet, die Finanzierungsgrundlagen des Landes zu sichern, sondern bot auch keine eindeutigen Anreize für eine angemessene Perzeption und Lösung der Probleme des regionalen Strukturwandels. Ähnliches galt für den Bereich von Landesplanung und Raumordnung: Die zeitgenössische bundesdeutsche Diskussion hierzu befand sich zum Zeitpunkt der Eingliederung in einer sehr dynamischen Phase. Mit seinem speziellen Profil als industrielles Problemgebiet entsprach das Saarland nicht den bis dahin entwickelten Prinzipien der Regionalpolitik im bundesdeutschen Föderalismus. Dies war aber im Saarland insofern eine politisch besonders sensible Frage, weil die Politik des Landes gegenüber den Gemeinden in der Zeit der Teilautonomie seit dem Wiederaufbau heftig umstritten war. Daher war es schwer absehbar, wie sich die besonders im Gutachterstreit entwickelten neuen Konzepte in eine auch vor dem Wähler erfolgversprechende Strategie umsetzen lassen würden. Insbesondere bezüglich der von Gerhard Isbary öffentlichkeitswirksam aufgeworfenen Frage nach der Qualität des Landes als Planungsregion verfuhr die saarländische Politik daher dilatorisch. Statt dessen wurde - den Traditionen aus der Zeit der Teilautonomie folgend - weitgehend auf allgemeine planerische und konzeptionelle Ansätze zugunsten einer direkten, auf konkrete Einzelprojekte bezogenen Investitionspolitik verzichtet. Daran zeigt sich einerseits, daß die von Gerold Ambrosius geschilderte „Integration der unterschiedlichsten Gesetzes- und Politikbereiche unter raumordnungspolitischer Perspektive" im Saarland sehr schwierig war.[162] Andererseits stellt dies aber insofern auch eine Parallele zur Bundesrepublik dar, als die Raumordnung auch dort nicht als „explizites Konzept" entstanden ist.[163] Zu fragen ist daher aber, ob auch im Saarland - wie auf Bonner Ebene - der „eigentliche Durchbruch" zur „angewandten Planung" auf dem „strategischen Feld der Wirtschaftspolitik" erfolgte.[164]

---

[162] Ambrosius, Staat, S. 54ff.
[163] Werner Väth, Raumplanung. Probleme der räumlichen Entwicklung und Raumordnungspolitik in der Bundesrepublik Deutschland, Königstein 1980, hier: S. 131.
[164] Ruck, Planungsgeschichte, S. 380.

2 Von der Strukturkrise zum doppelten Strukturwandel

2.1 Der regionale Strukturwandel als Problem der Landespolitik

2.1.1 Der regionale Strukturwandel als Problem der Wirtschaftspolitik

Zur Bearbeitung von regionalwirtschaftlichen Problemen konnte die saarländische Wirtschaftspolitik Anfang der 60er Jahre auf eigenständige und durchaus erfolgreiche Strategien zurückgreifen. Zuletzt war in der Übergangszeit ein Instrumentarium erarbeitet worden, das im wesentlichen die direkte Intervention der Regierung durch Bürgschaften und Kreditmittel vorsah. Dieses Instrumentarium entwickelte die Regierung in den folgenden Jahren konzeptionell weiter. Zunächst wurden die Fördermaßnahmen regional ausdifferenziert. Beispielsweise wurde die Förderung eines Textilunternehmens in St. Wendel Anfang 1960 nicht nur mit der „strukturellen Kohlekrise" begründet, vielmehr wurde der besondere Wert des Unternehmens darin gesehen, daß es in einem Landesteil angesiedelt war, der aufgrund der dort noch vorhandenen Arbeitskräftereserven die wirtschaftlichen Potentiale des Landes aktivieren sollte.[1] Weiterhin wurden die Fördermaßnahmen auf Branchen ausgerichtet, die im Kontext der saarländischen Industriestruktur als besonders entwicklungsfähig angesehen wurden. Solche Fördermaßnahmen konnten punktuell erfolgen, wurden aber durchaus auch über einen gewissen Zeitraum hinweg aus Regierungsmitteln finanziert.[2] Zwar konnten trotz detaillierter Einzelfallprüfungen bestimmte Fehlentwicklungen nicht verhindert werden, wenn z.B. ein mit nennenswerten öffentlichen Mitteln sanierter Betrieb kurz nach erfolgter Bürgschafts- und Kreditgewährung durch einen bundesdeutschen Betrieb übernommen wurde; die Regierung legte jedoch primär Wert auf die Aufrechterhaltung von Unternehmensstandorten.[3]

Zu Anfang der Legislaturperiode etablierte die Landesregierung auf diese Weise eine Förderkulisse, die die Ansiedlung von ca. 70 Betrieben mit rund 10.000 Arbeitsplätzen[4] ermöglichte. Diese Erfolge fanden bereits bei den Zeitgenossen viel Beachtung,[5] wobei insbesondere der Beitrag zur Förderung des ländlichen Raums ausführ-

---

[1] LASB, StK Kabinettsregistratur, Anlage MW, Kabinettsvorlage Wirtschaftsministerium v. 22.3.60. Der arbeitsmarktpolitische Aspekt spielte z.B. bei einer Neuansiedlung - ebenfalls im Textilgewerbe - im Kreis Ottweiler eine Rolle, LASB, StK Kabinettsregistratur, Anlage MW, Kabinettsvorlage Wirtschaftsministerium v. 23.11.60. Teilweise wurde unmittelbar auf die zu erwartenden Ausfälle an Arbeitsplätzen durch die Restrukturierungsmaßnahmen der Saarbergwerke AG rekurriert, LASB, StK Kabinettsregistratur, Anlage MW, Kabinettsvorlage Wirtschaftsministerium v. 3.10.61.

[2] So z.B. im Fall eines im weitesten Sinne der chemischen Industrie zuzurechnenden Unternehmens im Raum Wadern, vgl. LASB, StK Kabinettsregistratur, Anlage MW, Kabinettsvorlage Wirtschaftsministerium v. 28.11.60. LASB, StK 1728, Kabinettsprotokoll v. 3.4.62 und LASB, StK 1734, Kabinettsprotokoll v. 5.5.64.

[3] So z.B. im Fall eines Betriebes im Bereich Lebach, vgl. LASB, StK 1728, Kabinettsprotokoll v. 27.3.62 und LASB, StK 1728, Kabinettsprotokoll v. 17.4.62.

[4] Eine Analyse der Landesregierung sprach von mehr als 100 zwischen 1959 und 1966 neu angesiedelten Unternehmen mit ca. 15.000 Arbeitsplätzen, LTDS, 5. WP, Abt. I, 21. Sitzung v. 12.7.66, S. 478ff.

[5] Schütz u. Weiant, Saar, S. 9, bezeichnen dieses Programm als „5. Welle" der Restrukturierung der saarländischen Industrie nach 1919. Die Autoren nennen die Zahl von 70 angesiedelten Betrieben mit

Neu errichtete oder verlagerte Industriebetriebe im Saarland nach Gründungszeiträumen

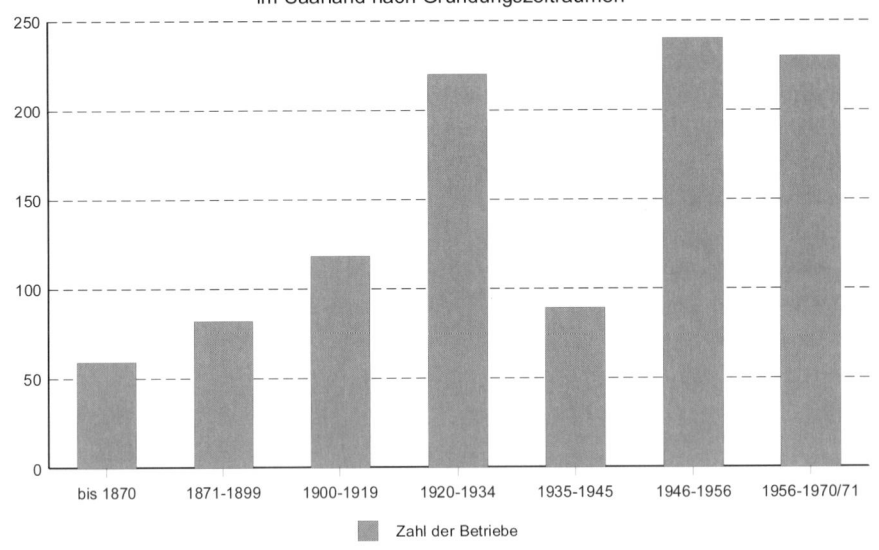

Zeitraum	Zahl der Betriebe
bis 1870	~60
1871-1899	~82
1900-1919	~120
1920-1934	~220
1935-1945	~90
1946-1956	~240
1956-1970/71	~230

Lesebeispiel: Nach 1945 setzte im Saarland eine Phase intensiver Betriebsansiedlungen ein. Quelle: Eigene Berechnungen. Biehl u.a., Strukturprogramm Saar, Bundesminister für Arbeit und Sozialordnung (Hg.), Standortwahl 1955-1967 (versch. Jahrgänge), LTDS 3., 4. u. 5. WP.

lich gewürdigt wurde.[6] Diese Einschätzung wurde auch von weiten Teilen der späteren Analysen geteilt, die unisono den vergleichsweise großen Umfang der Ansiedlungserfolge herausstellten und dabei die strukturwirksamen Effekte - Ansiedlung im ländlichen Raum, Bereitstellung von „leichten" Arbeitsplätzen, Erhöhung der Frauenerwerbsquote[7] - hervorhoben.[8] Obwohl daher ein Teil der Forschung heute sogar

---

9.700 Arbeitsplätzen, die im Endausbau auf 13.900 steigen sollte. Etwas davon abweichende Zahlen nennt die Industrie- und Handelskammer des Saarlandes (Hg.), Wirtschaft, S. 208, die von im Endausbau 13.990 geplanten Arbeitsplätzen spricht. Auch die Regierungsmitglieder selber versäumten nicht, auf die Erfolge ihrer Politik hinzuweisen, so z.B. Eugen Huthmacher, Struktur- und Verkehrsprobleme im Saarland, in: Struktur- und Verkehrsprobleme an Rhein, Mosel und Saar, Heidelberg 1962 (= Schriften des Europa-Hauses Otzenhausen 1), S. 40-49 - übrigens mit sehr vorsichtigen Zahlenangaben.

[6] Wirtschaft an der Saar - fünf Jahre danach. Eine Studie des Industriekurier, Industriekurier 17 (1964), S. 34. Hier wird ebenfalls die Zahl von 70 angesiedelten Betrieben genannt, wobei die Zahl der geschaffenen Arbeitsplätze aber mit 10.500 (14.000) etwas höher beziffert wird. Das Konzept der Industrieförderung erläutert sehr instruktiv: Josef Even, Struktur- und Standortfragen der Saarwirtschaft. Analysen und Wege, in: Die Arbeitskammer. Zeitschrift der Arbeitskammer des Saarlandes 9 (1961), S. 377-390. Zum damaligen Stand der Diskussion über die Aktivierung ländlicher Räume mit ausführlichem Vergleich zu französischen Ansätzen vgl. Dams, Industrieansiedlung.

[7] Vgl. hierzu im Überblick: Klaus Jörg Ruhl, Verordnete Unterordnung. Berufstätige Frauen zwischen Wirtschaftswachstum und konservativer Ideologie in der Nachkriegszeit 1945-1963, München 1994. Die Frage der Berufstätigkeit von Frauen ist für das Saarland bislang v.a. für die Zeit vor 1955 untersucht, vgl. hierzu den Überblick bei Susanne Nimmesgern, Frauenarbeit zwischen Wandel und Tradition. Zur Entwicklung der weiblichen Erwerbstätigkeit in der Nachkriegszeit in: Hudemann, Jellonnek u. Rauls

von einem „Strukturwandel größeren Ausmaßes" durch diese Ansiedlungspolitik spricht,[9] wird die Politik jener Jahre von einem Teil der Beobachter harsch kritisiert oder doch zumindest in ihrer Strukturwirksamkeit in Frage gestellt.[10]

Ähnlich disparat gestaltete sich auch die Meinungsbildung im saarländischen Landtag. Schon in den ersten wirtschaftspolitischen Debatten nach der Landtagswahl 1960 forderte die SPD, Gelder für „Strukturuntersuchungen" über die Saarwirtschaft bereitzustellen, welche die Grundlage für eine planmäßig abzuwickelnde „Umstrukturierung" der Wirtschaft bilden sollten.[11] Diese Forderung entwickelte sich zu Anfang der 60er Jahre immer mehr zur Grundlinie der Opposition. Diese begründete Mißerfolge und negative Phänomene - nicht nur bei wirtschaftspolitischen Themen - damit, daß die Arbeit der Regierung aufgrund des Fehlens von Plänen als konzeptionell unzulänglich bezeichnet werden müsse.[12] Der Regierung wurde vorgeworfen,

---

(Hgg.), Grenz-Fall, S. 359-378, sowie die umfangreiche Fallstudie dies., „Vater Staat" und „Mutter Fürsorge". Weibliche Angestellte im kommunalen Verwaltungsdienst am Beispiel der Stadt Saarbrücken 1910-1950: Arbeitsplätze, Berufsfelder, Biographien, St. Ingbert 1999, mit weiterführender Literatur. Die lebensweltliche Perspektive betont Bärbel Kuhn, Haus Frauen Arbeit 1915-1965. Erinnerungen aus fünfzig Jahren Haushaltsgeschichte, 2. Aufl. St. Ingbert 1995. Einen quantitativen Zugang bietet: Franz Brandt (Bearb.), Frauen zwischen Haushalt, Familie und Beruf. Zur Situation der Frau im Saarland. Empirisch-soziologische Studie des ISO-Instituts für Sozialforschung und Sozialwirtschaft, Saarbrücken 1974.

[8] Einen ausführlichen Überblick über die Ansiedlungstätigkeit im Saarland liefert: Der Chef der Staatskanzlei u. Industrie- und Handelskammer des Saarlandes (Hgg.), Neue Betriebe an der Saar. Bestandsaufnahme, Analyse, Perspektiven. Eine Auswertung der gemeinsam von der Staatskanzlei und der Industrie- und Handelskammer des Saarlandes vorgenommenen Unternehmensbefragung aus dem Jahre 1976 sowie der gemeinsam von der Staatskanzlei und dem Statistischen Amt des Saarlandes erstellten Ansiedlungsstatistiken, vorgenommen von Hanspeter Georgi und Volker Giersch, Saarbrücken 1977. Die Analyse: Bundesminister für Arbeit und Sozialordnung (Hg.), Standortwahl 1955-1967, S. 88, kommt sogar zu dem Ergebnis, daß die Phase zwischen 1961 und 1963 die stärkste Industrieansiedlung im Saarland gebracht habe, wobei auch hier die innerregionale Verteilung der Ansiedlungsaktivität als besondere Leistung herausgestellt wird. Aus statistischen Gründen sind die hier genannten Zahlen aber schwer mit denen des Statistischen Landesamtes zu vergleichen. Den Vergleich zur Ansiedlungstätigkeit in anderen Regionen Deutschlands erlaubt der ausführliche Zahlen- und Statistikteil bei Wittenberg, Industriebetriebe, passim, sowie die Analyse der Ansiedlungstätigkeit bei Hans Brede, Bestimmungsfaktoren industrieller Standorte, Berlin u. München 1971.

[9] Karl Mathias (Hg.), Wirtschaftsgeographie des Saarlandes. Ein Beitrag zur Landeskunde, Saarbrücken 1980, S. 288. Vgl. zu dieser Bewertung auch die differenzierte und v.a. methodisch interessante Studie: Günter Strassert u. Werner Fleck, Fallstudie Saarlouis/Saar zu regionalen Auswirkungen neuerrichteter Industriebetriebe, in: Beiträge zur Raumplanung in Hessen, Rheinland-Pfalz, Saarland, 4 Teile Hannover 1974-1983 (= Veröffentlichungen der Akademie für Raumforschung und Landesplanung. Forschungs- und Sitzungsberichte 91), Teil II 1975, S. 13-48.

[10] Esser, Fach u. Fäth, Krisenregulierung, S. 59ff., kennzeichnen die Politik als „passive Sanierungsstrategie". Kirchdörfer, Keynesianismus, S. 82, stellt fest: „Erst nach dem Schock der Wirtschaftskrise [von 1966/67]... ergriff die Landesregierung konkrete Maßnahmen, um die Ansiedlung neuer Industrien zu forcieren." und folgt darin einem Urteil von Jürgenhake, Mengelkamp u. Winter, Fallstudie, S. 15. Um einiges ausgewogener urteilt übrigens bereits Klaus Bürger, Zweig- und Raumstrukturen der Industrie des Saarlandes und ihre Veränderungen im Zeitabschnitt von 1960 bis 1970, Potsdam 1972, bes. S. 359 und S. 375ff., der zwar die einseitig kapitalorientierte Förderpolitik als typisch kapitalistisch kritisiert, aber doch immerhin von einer „Strukturveränderung" spricht, wenn er auch die Bezeichnung „Strukturwandel" ablehnt, weil weiterhin der Montansektor ein wichtiges Element der Wirtschaftsstruktur blieb.

[11] LTDS, 4. WP, Abt. I, 8. Sitzung v. 20.4.61, S. 313.

[12] Die Vertreter der Opposition waren sich der enormen Reichweite des Schlagworts „Plan" durchaus

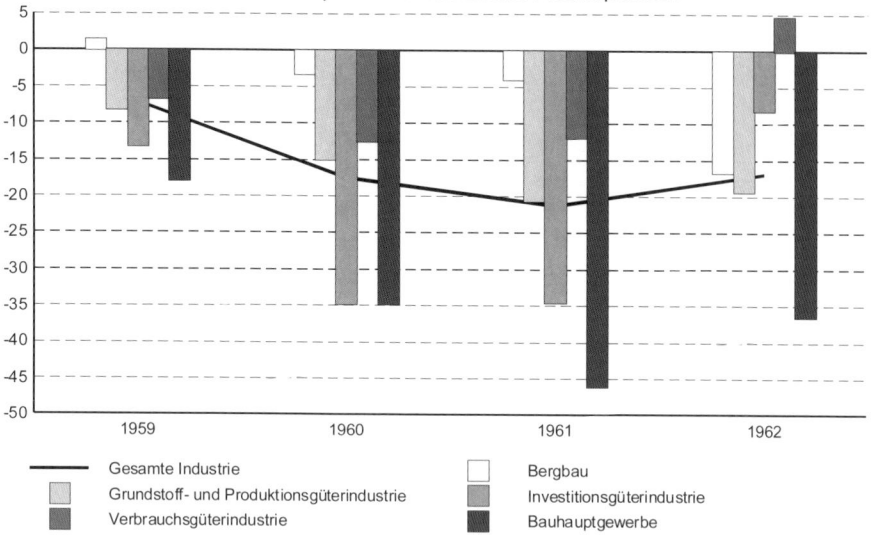

Differenz der Wachstumsraten der industriellen Nettoproduktion gegenüber 1958 von Bundesrepublik und Saarland in Prozentpunkten

——— Gesamte Industrie   ▢ Bergbau
▨ Grundstoff- und Produktionsgüterindustrie   ▨ Investitionsgüterindustrie
■ Verbrauchsgüterindustrie   ■ Bauhauptgewerbe

Lesebeispiel: Das saarländische Bauhauptgewerbe blieb in seinen Wachstumsraten besonders stark gegenüber dem der Bundesrepublik zurück. Quelle: Eigene Berechnungen. Stat. Amt d. Saarl. (Hg.), Statistisches Handbuch für das Saarland 1963, Saarbrücken 1963, S. 134.

angesichts struktureller Probleme geradezu in „Resignation" zu verfallen.[13] Als besonders taugliches Argument erwies sich dabei der Hinweis auf die Stagnation der Beschäftigtenzahlen im Saarland, die als direkte Auswirkung der „stationären" und „zurückhaltenden" Wirtschaftspolitik insbesondere des Wirtschaftsministers Eugen Huthmachers dargestellt wurde und die sich auch in einer spürbaren Benachteiligung bestimmter Landesteile niederschlug.[14] Zwar konnte dagegen eingewandt werden, daß die Gefahr einer auch nur teilweisen „Verödung" des Saarlandes als gering anzusehen sei[15] und daß, nach nationalen Vergleichsmaßstäben gemessen, nicht

---

bewußt; man kann geradezu von einer Inszenierung der „Planidee" als Ausdruck einer modernen Form von Politik durch die SPD sprechen. „Es gibt ein Wort, das kann man nur mit der größten Vorsicht in den Mund nehmen. Dieses Wort heißt: ‚Planung'.", Rudolf Recktenwald (SPD) in: LTDS, 4. WP, Abt. I, 16. Sitzung v. 30.1.62, S. 690.

[13] LTDS, 4. WP, Abt. I, 27. Sitzung v. 7.11.62, S. 1024.

[14] LTDS, 4. WP, Abt. I, 29. Sitzung v. 18.12.62, S. 1160. LTDS, 4. WP, Abt. I, 31. Sitzung v. 6.2.63, S. 1213. Die SPD bemängelte dabei insbesondere die regionalen Verschiebungen in der Entwicklung der Erwerbsquote, die im Zurückfallen der ehemals stark industrialisierten Kreise Saarbrücken-Land und Ottweiler und im weiterhin „hoffnungslos rückständigen" Kreis St. Wendel gut sichtbar wurden. Vgl. hierzu auch: Paul Jost, Raumordnung heute. Ihre Notwendigkeit in der sozialen Marktwirtschaft, in: Die Arbeitskammer. Zeitschrift der Arbeitskammer des Saarlandes 10 (1962), S. 358-363.

[15] So Eugen Huthmacher: „Die Regierung des Saarlandes ist nicht der Auffassung, daß der Wirtschaftsraum Neunkirchen - St. Wendel Gefahr läuft, wirtschaftlich zu veröden.", LTDS, 4. WP, Abt. I, 33. Sitzung v. 8.5.63, S. 1288.

Beschäftigte und Umsätze in der saarländischen Industrie im Jahr 1960

■ Beschäftigte (y1)   ■ Umsatz (y2)

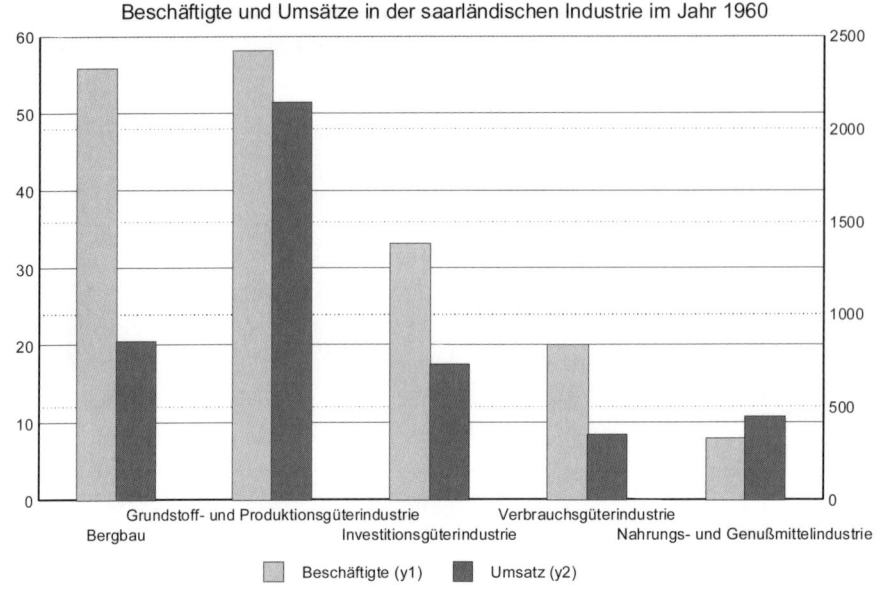

Angaben in 1000 Personen (y1) und Mio. DM (y2). Lesebeispiel: Der Beitrag des Bergbaus zum Gesamtumsatz der saarländischen Industrie blieb deutlich hinter seinem Anteil an der Beschäftigung zurück. Quelle: Stat. Amt d. Saarl. (Hg.), Statistisches Handbuch für das Saarland 1963, Saarbrücken 1963, S. 129.

einmal die Förderungswürdigkeit aller Landkreise im Saarland gegeben sei.[16] Schon im April 1961 konstatierte der Fraktionsvorsitzende der SPD aber bei der Landesregierung eine „Abneigung", ja eine „Neurose" gegenüber einer „sinnvollen Weiterentwicklung unserer Wirtschaft" und forderte eine „aktive Wirtschaftspolitik" ein.[17] Demgegenüber hielt Eugen Huthmacher wegen der „Überschaubarkeit" des Landes allgemeine Strukturuntersuchungen für zu kostenträchtig und schlichtweg für unnötig. Sinnvoller sei daher seine aktive Ansiedlungspolitik, auf deren Erfolge er verwies.[18] An dieser Argumentationslinie hielt der Minister praktisch über die ganze

---

[16] „Diese [Kriterien des Bundes für Förderungswürdigkeit von Landkreisen] treffen leider für keinen anderen Kreis [außer St. Wendel] zu. Ich könnte auch sagen, daß sie Gott sei Dank nicht zutreffen, weil die Verhältnisse in unseren Kreisen hinsichtlich der industriellen und allgemeinen wirtschaftlichen Situation wirklich nicht so beängstigend sind, wie es manchmal dargestellt wird. Ich darf hier nochmals in Erinnerung rufen, daß das Saarland hinsichtlich der Zahl der Beschäftigten in der Industrie mit Nordrhein-Westfalen und Baden-Württemberg an der Spitze aller Bundesländer liegt.", Eugen Huthmacher in: LTDS, 4. WP, Abt. I, 42. Sitzung v. 15.1.64, S. 1624.

[17] LTDS, 4. WP, Abt. I, 8. Sitzung v. 20.4.61, S. 311.

[18] Ebd., S. 315ff. Ende 1962 führte Arthur Heitschmidt in seiner Haushaltsrede aus: „Gerade in diesem Bereich drückt es sich doch sehr deutlich aus, daß in den letzten Jahren durch die Ansiedlung industrieller Unternehmen dieser Schrumpfungsprozeß im Bergbau sehr wohl aufgefangen worden ist, daß die Regierung also mit nachweisbarem Erfolg darum bemüht gewesen ist, die industriellen Ansiedlungen an der Saar unter dem Gesichtspunkt der Auflockerung unserer Wirtschaftsstruktur durchzuführen, denn inzwischen beschäftigen diese Unternehmen immerhin rund 10.000 Arbeitskräfte.", LTDS, 4. WP, Abt. I, 27. Sitzung v. 7.11.62, S. 1022.

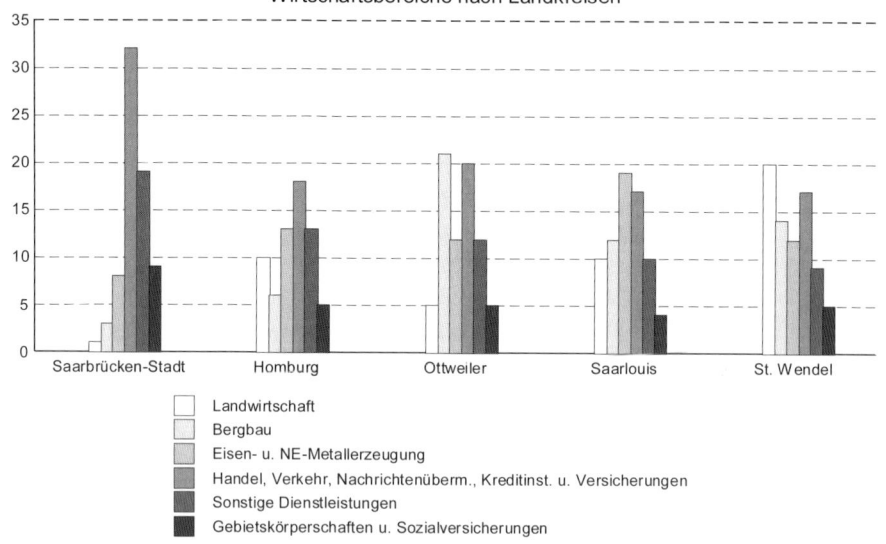

Die Erwerbstätigkeit im Saarland im Jahr 1961. Anteil ausgewählter Wirtschaftsbereiche nach Landkreisen

- Landwirtschaft
- Bergbau
- Eisen- u. NE-Metallerzeugung
- Handel, Verkehr, Nachrichtenüberm., Kreditinst. u. Versicherungen
- Sonstige Dienstleistungen
- Gebietskörperschaften u. Sozialversicherungen

Angaben in Prozent. Lesebeispiel: Im Landkreis Ottweiler dominierte der Bergbau die Erwerbstätigkeit. Quelle: Stat. Amt d. Saarl. (Hg.), Statistisches Handbuch für das Saarland 1963, Saarbrücken 1963, S. 84f.

Legislaturperiode hinweg fest und versuchte so auch die von der SPD mitunter heftig vorgetragene Kritik abzuschmettern, das Land besitze nicht einmal ausreichende Vorstellungen darüber, wie Mittel der Montanunion zum Ausgleich der Stillegungen im Bergbau verwendet werden könnten: „Wir sind heute in der Lage und waren bei jeder in der Vergangenheit vorgenommenen Stillegung ohne weiteres in der Lage, Ersatzindustrien billige Kredite aus Luxemburg zur Verfügung zu stellen. Aber Voraussetzung für die Gewährung solcher billiger Kredite ist, daß in diesen neuen Industrien abgelegte Bergarbeiter beschäftigt werden. Wir haben bisher im Saarland noch keine abgelegten Bergarbeiter gehabt, die entlassen worden sind und die den Wunsch gehabt hätten, von heute auf morgen in einer anderen Fabrik tätig zu sein."[19] Sehr viel differenzierter argumentierte allerdings der spätere Finanzminister und zwischenzeitlich auch mit der Wahrung der Geschäfte des Wirtschaftsministers beauftragte Helmut Bulle. Schon im Kontext der Entwicklung des Landesplanungsgesetzes als deutlich „planungsfreundlicher" profiliert, bemühte Bulle sich, den mit seiner starren Haltung immer stärker unter Druck geratenden Wirtschaftsminister zu verteidigen. Nach seiner Darstellung war das Land auch planungstechnisch auf die kommenden Herausforderungen vorbereitet, da bei den Arbeiten am Landesplanungs-

---

[19] LTDS, 4. WP, Abt. I, 34. Sitzung v. 24.5.63, S. 1321.

gesetz immerhin eine Art Zusammenstellung von einzelnen Fachplanungen aus den Bereichen Infrastruktur und Bevölkerungsentwicklung erarbeitet worden sei.[20]
Diese Widersprüche innerhalb der Landesregierung und vor allem innerhalb der CDU boten den oppositionellen Sozialdemokraten die Möglichkeit, in der Debatte über die Bewältigung der Probleme des regionalen Strukturwandels erheblichen politischen Druck auszuüben. Zum einen konnten sie sich mit ihrem Ruf nach einer „Umstrukturierung" und nach Aufstellung eines „Generalplanes"[21] auf den Ministerpräsidenten berufen, der in seiner ersten Regierungserklärung nach der Landtagswahl von 1960 eine gezielte Strukturpolitik zum Regierungsprogramm erhoben hatte.[22] Zum anderen konnte der Landesregierung besonders im Kernbereich dieser Auseinandersetzung, nämlich der Kohlepolitik, inkonsequentes Verhalten nachgewiesen werden: Einerseits trat die Regierung öffentlich für die Stärkung der Saarbergwerke ein, andererseits forderte sie in den parlamentarischen Debatten selber eine Politik der „Auflockerung der Industriestruktur".[23] Diesbezüglich leitete Werner Scherer mit der Gegenüberstellung der beiden Begriffe „Auflockerung der Wirtschaftsstruktur" und „Umstrukturierung der Wirtschaft" eine wesentliche Weiterentwicklung der Darstellung der CDU-Politik ein. Scherer argumentierte damit, daß die „Umstrukturierung" im Sinne einer Abkehr von den bestehenden montanindustriellen Wirtschaftsunternehmen eine „wirklichkeitsfremde Auffassung" darstelle und daß statt dessen eine „behutsame" Auflockerung der Wirtschaftsstruktur vorzunehmen sei, die ausdrücklich sogar auf Basis der bestehenden, weite Teile der Wirtschaftskraft und des Arbeitsplatzangebotes garantierenden Montanindustrien erfolgen solle.[24] Der Regierung war damit die Chance geboten, ihre wirtschaftspolitischen Maßnahmen in die Tradition früherer saarländischer Strukturpolitik zu stellen und diese als angemessene Reaktion auch auf die neuen Anforderungen darzustellen.[25] Mit der so konzeptionell

---

[20] LTDS, 4. WP, Abt. I, 8. Sitzung v. 20.4.61, S. 318. Bulle hatte bereits Anfang 1961 ein Konzept entwickelt, das die unterschiedlichen planerischen Funktionen des Bundeslandes, wie z.B. Freizeitmöglichkeiten, Bereitstellung von Industrieflächen oder die politische Begleitung der Umstrukturierung der Landwirtschaft in lose integrierten Entwicklungsprogrammen für das Saarland, vorsah, LTDS, 4. WP, Abt. I, 4. Sitzung v. 20.1.61, S. 77.

[21] Vgl. hierzu die bereits zitierte Rede von Kurt Conrad in: LTDS, 4. WP, Abt. I, 8. Sitzung v. 20.4.61, S. 304ff., wo ausdrücklich das Wort „Umstrukturierung" als Ausgangspunkt gewählt wird.

[22] LTDS, 4. WP, Abt. I, 3. Sitzung v. 17.1.61, S. 23: „Die saarländische Wirtschaft ist trotz aller Auflockerungsbestrebungen noch sehr einseitig strukturiert." Einschränkend fügte Röder jedoch hinzu, daß die Ansiedlung neuer Betriebe „keine unbillige Beeinträchtigung bestehender Betriebe" bringen dürfe.

[23] LTDS, 4. WP, Abt. I, 34. Sitzung v. 24.5.63, S. 1300.

[24] So die prägnante Formulierung in: LTDS, 4. WP, Abt. I, 16. Sitzung v. 30.1.62, S. 572.

[25] Eine präzise Zusammenfassung dieser neuen Grundlinie lieferte der Abgeordnete Max Schneider: „Im laufenden Jahr, meine Damen und Herren, haben wir an dieser Stelle sehr oft über die Struktur unserer Wirtschaft diskutiert und es entstand hier der Eindruck, daß die Lösung aller Schwierigkeiten in einer Umstrukturierung unseres im Schwerpunkt auf Kohle, Eisen und Stahl basierenden Wirtschaftsgebietes zu finden wäre. Ich glaube, wenn wir ernsthaft die Probleme durchdenken, kann das nicht der Weisheit letzter Schluß sein. Wir sollten vielmehr bestrebt sein, alles zu tun, um die bestehenden Industrien zu erhalten. Sicherlich muß auch hier alles versucht werden, um neue Industrien anzusiedeln. Eine intensive Verbesserung unserer gesamten Wirtschaftssituation wird nur dann zu erreichen sein, wenn die bestehenden

begründeten Ablehnung eines „Generalplans" war es dann sogar möglich, der SPD-Opposition Gespräche über Teile ihrer Programmatik anzubieten, die, zum „Industrieplan" reduziert, durchaus auch für die Koalition zustimmungsfähig waren.[26] Für die SPD bedeutete diese Wendung einen gravierenden strategischen Nachteil. Im Laufe der Zeit wurde sie immer wieder mit der These konfrontiert, daß eine Umstrukturierung der Wirtschaft mit Rücksicht auf die Erhaltung der Montanarbeitsplätze, die von der SPD selber als wichtiges Ziel angesehen wurde, kaum praktikabel sei.[27] Die Sozialdemokraten gaben in der Folge ihren ursprünglichen Ansatz, die Wirtschaftspolitik der Regierung in ihren konzeptionellen Defiziten zu kritisieren, bald wieder auf und übernahmen die Strategie der „Auflockerung" als das grundlegende Konzept der Wirtschaftspolitik.[28] Dementsprechend konnten sie sich praktisch nur noch über Detailkritik an einzelnen Maßnahmen zu profilieren suchen. Dieser konzeptionelle Teil der wirtschaftspolitischen Debatte endete so in einem - wenn auch nicht ganz freiwillig herbeigeführten - Konsens zwischen Regierung und Opposition.

2.1.2 Der regionale Strukturwandel als Problem der Kohlepolitik

Auch in der Kohlepolitik als konkretem Feld der wirtschaftspolitischen Debatte schien es zunächst so, als ob sich die unterschiedlichen Konzeptionen von Regierung und Opposition besonders deutlich - und öffentlichkeitswirksam - würden formulieren lassen. Die SVP übte bereits früh heftige Kritik an Finanztransfers des Landes zugunsten der Saarbergwerke oder zugunsten von Institutionen in deren Umfeld.[29] Sie versäumte bei keiner Gelegenheit darauf hinzuweisen, daß die vom Land als Miteigentümer für das Bergbauunternehmen bereitgestellten Kredite die finanziellen

---

Grundindustrien ihre eigene Produktion um weitere Programme erweitern, um so gegen die jeweiligen Konjunkturerscheinungen mehr oder weniger krisenunempfindlich zu sein.", LTDS, 4. WP, Abt. I, 39. Sitzung v. 13.11.63, S. 1432.

[26] „Geben wir doch auch einmal im Ausschuß für Wirtschaft und Verkehr Ihrer Lieblingsidee, Herr Kollege Conrad, der Industrieplanung, Raum. Ich glaube, es lohnt sich, einmal über Ihre Möglichkeiten zu diskutieren.", so Heinrich Schneider (DPS) in: LTDS, 4. WP, Abt. I, 29. Sitzung v. 18.12.62, S. 1161.

[27] So z.B. durch Fritz Hoffmann (CDU) in: LTDS, 4. WP, Abt. I, 52. Sitzung v. 11.11.64, S. 1933: „Sie wissen doch ganz genau, meine Herren, daß man nicht auf der einen Seite die Forderung erheben kann, die Schwerindustrie müsse in vollem Umfange bestehen bleiben wie sie heute besteht ... und daß man gleichzeitig mit allen Mitteln eine weiterverarbeitende Industrie aufbauen möchte, was überhaupt nur denkbar wäre, wenn man dem Bergbau so viele Arbeitskräfte entzieht, daß er einfach die 14 Millionen Tonnen Kohle an der Saar nicht mehr fördern kann."

[28] Zuletzt wurde diese Sichtweise sogar in einer kurz vor den Landtagswahlen 1965 publizierten, im Forschungsinstitut der Friedrich-Ebert-Stiftung angefertigten Studie zur Raumordnung im Saarland bestätigt: Als zentrales Ziel der Wirtschaftspolitik wurde hier die Auflockerung der einseitigen Wirtschaftsstruktur definiert, siehe: Thomas Keller u. Gerhard Stümpfing, Die Raumordnung im Saarland, Bonn 1965, hier: S. 25.

[29] Kritisiert wurden insbesondere jährlich ausgebrachte Bürgschaften zugunsten der Saarbergwerke AG in Höhe von 6,5 Mio. DM; vgl. hierzu Frühauf, Eisenindustrie, S. 242, Dörrenbächer, Bierbrauer u. Brücher, Coal mining, S. 211, sowie Dörrenbächer, Entwicklung, S. 207. Emil Weiten kritisierte sogar ein für den Wohnungsbau gedachtes Darlehen an eine Stiftung der Saarbergwerke, LTDS, 4. WP, Abt. I, 8. Sitzung v. 20.4.61, S. 255.

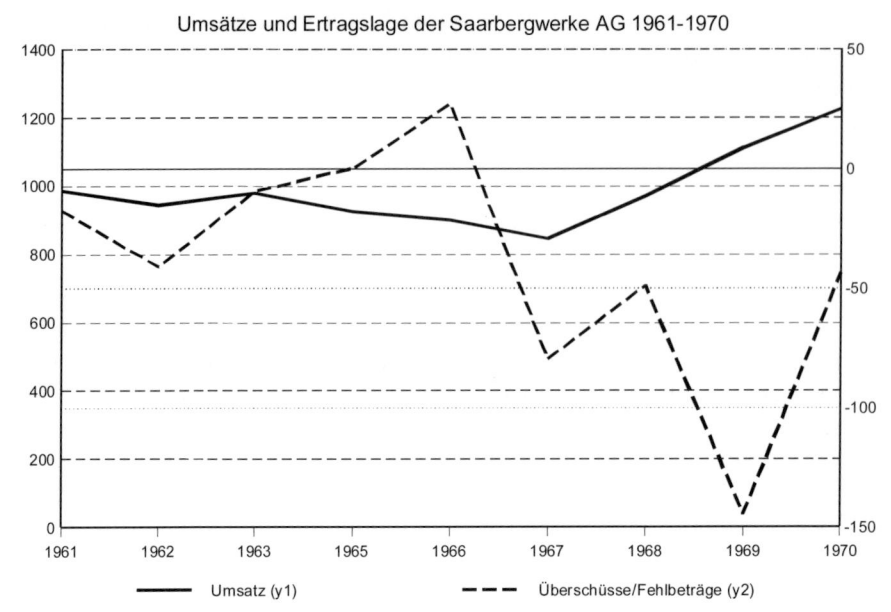

Umsätze und Ertragslage der Saarbergwerke AG 1961-1970

Angaben in Mio. DM. Lesebeispiel: Die Bilanz der Saarbergwerke wies im Jahr 1962 einen besonders hohen Fehlbetrag aus. Quelle: Slotta, Saarbergwerke 1955-1984.

Möglichkeiten des Landeshaushaltes bei weitem überforderten.[30] Anklang fand die SVP mit dieser Argumentation allerdings nur bei der DPS, für die Heinrich Schneider die haushaltstechnische Abwicklung der Finanztransfers kritisierte; diese sah in der Praxis zunächst Zinsgarantien für von den Saarbergwerken aufzunehmende Darlehen vor, dann die Übernahme der Darlehen in den Haushalt des Landes und anschließend deren Umwandlung in Kapitalbeteiligungen und einen Forderungsverzicht gegenüber dem Unternehmen. Auch für Heinrich Schneider deutete dies darauf hin, daß das Land auf Dauer der Belastung durch die Umstrukturierung des Steinkohlenbergbaus nicht gewachsen sein würde.[31]

Die sozialdemokratische Opposition wählte demgegenüber einen anderen Ansatz. Bereits in seiner Erwiderung auf Röders erste Regierungserklärung verdeutlichte Kurt Conrad, daß das Hauptaugenmerk der SPD darauf gerichtet sei, daß die Kosten des Strukturwandels nicht einseitig auf die Arbeitnehmer abgewälzt würden.[32] Politisch virulent wurde dies im Umfeld eines Tarifkonflikts im Bergbau im Frühsommer

---

[30] Vgl. z.B. LTDS, 4. WP, Abt. I, 16. Sitzung v. 30.1.62, S. 613. Das Saarland stellte zwischen 1959 und 1970 nicht weniger als 85 Mio. DM alleine für Restrukturierungsmaßnahmen der Saarbergwerke AG zur Verfügung, vgl. die Übersicht bei Seyler, Auswirkungen, S. 18ff.

[31] LTDS, 4. WP, Abt. I, 29. Sitzung v. 18.12.62, S. 1086. Emil Weiten sprach in diesem Zusammenhang von politisch gedeckten „Sichtwechseln", ebd., S. 1177.

[32] LTDS, 4. WP, Abt. I, 4. Sitzung v. 20.1.61, S. 41.

1962.[33] Auf Antrag der Fraktionen von SVP und SPD wurde der saarländische Landtag am 2. Mai 1962 zu einer Sondersitzung einberufen, in der Redner dieser beiden Fraktionen den Unmut der Bergleute in Form von Angriffen gegen die Landesregierung und die ihrer Meinung nach unzulängliche Kohlepolitik zu kanalisieren wußten. Die Landesregierung argumentierte demgegenüber sehr defensiv und griff zunächst die Forderung, der Bergmannsberuf habe aufgrund seiner spezifischen Anforderungen das Recht, an der „Spitze der Lohnpyramide" zu stehen, als eigene Beschlußlage auf.[34] Zwölf Tage später hatte der Ministerpräsident die Lage dann jedoch wieder fest im Griff. Erneut trat der Landtag zusammen, um in einer Regierungserklärung die Erfolge der Vermittlungstätigkeit des Regierungschefs zur Kenntnis zu nehmen. Röder ließ keinen Zweifel daran, daß sein persönliches Engagement und das seiner Regierung bei den Tarifparteien und der Bundesregierung einen tragfähigen Kompromiß möglich gemacht habe;[35] auch die Presse war weitgehend diesem Bild des Ministerpräsidenten als dem entscheidenden Schlichter gefolgt.[36] Um diesen Effekt weiter zu verstärken, wurden auch alle Möglichkeiten der Mediendemokratie genutzt:[37] In einer heftigen Geschäftsordnungsdebatte setzte die Regierungskoalition mit ihrer „Kanzlermehrheit" durch, daß die Aussprache zu dieser Regierungserklärung auf die nächste Sitzung vertagt wurde. Das hatte zur Folge, daß in der Fernsehberichterstattung über die für die politische Begleitung des Tarifkonflikts

---

[33] Selbst im nationalen Vergleich war dieser Konflikt bedeutend: An dem sich um die Tariffrage entzündenden Streik waren 36.836 Personen beteiligt, es kam zu 257.851 Ausfalltagen. Damit war dies der mit Abstand größte Streik in diesem Jahr in der ganzen BRD und v.a. der einzige nennenswerte im Bereich Bergbau, vgl. Hasso Spode, Heinrich Volkmann, Günter Morsch u. Rainer Hudemann (Hgg.), Statistik der Arbeitskämpfe in Deutschland. Deutsches Reich 1936/37, Westzonen und Berlin 1945-1948, Bundesrepublik Deutschland 1949-1980, St. Katharinen 1992 (= Quellen und Forschungen zur historischen Statistik von Deutschland 15), S. 453. Werner Abelshauser bezeichnet den Streik als einen „der großen gewerkschaftlichen Streiks 1950-63", vgl. Abelshauser, Die Langen Fünfziger, S. 83.

[34] Der Ministerpräsident stellte dies als Leitgedanke seiner Politik dar, vgl. LTDS, 4. WP, Abt. I, 20. Sitzung v. 2.5.62, S. 763, und berief sich dabei auch auf einen Kabinettsbeschluß - ohne zu erwähnen, daß dieser Beschluß am gleichen Tag gefallen war, vgl. LASB StK 535, Anlage MW, Kabinettsvorlage Wirtschaftsministerium v. 2.5.62. Die Rede Röders war offenbar eng abgestimmt mit dem Debattenbeitrag von Werner Scherer, der den Tarifkonflikt von der Frage der prozentualen Erhöhung der Gehälter auf die Ebene der Lohnstruktur im Verhältnis von Übertage- und Untertagelöhnen hob und damit eine Verhandlungslösung vorbereitete.

[35] LTDS, 4. WP, Abt. I, 21. Sitzung v. 14.5.62, S. 782ff. Erwin Müller (SVP) mußte gar konstatieren, daß Röder aufgrund seiner Vermittlungsleistung „in den Himmel gehoben" worden sei, LTDS, 4. WP, Abt. I, 22. Sitzung v. 15.5.62, S. 800.

[36] Vgl. hierzu die Berichterstattung der Saarbrücker Zeitung am 5., 8. und 11.5.62, jeweils S. 1. Alle Aufmacher auf S. 1 tragen das Wort „Röder" als Subjekt in der Überschrift.

[37] Umfassend zur Frage der Parlamentsberichterstattung: Gregor Mayntz, Zwischen Volk und Volksvertretung. Entwicklung, Probleme und Perspektiven der Parlamentsberichterstattung unter besonderer Berücksichtigung von Fernsehen und Deutschem Bundestag, (Diss.) Bonn 1992, mit einem vergleichenden Teil zur Geschichte der Rundfunkübertragungen in den einzelnen Bundesländern, zum Saarland hier bes. S. 305. Die Koordination dieser Maßnahme übernahm die Staatskanzlei, vgl. hierzu auch die Analyse der Entwicklung der Staatskanzleien zu „supraministeriellen Institutionen" in: Peter Altmeier (Hg.), Die Staatskanzlei. Aufgaben, Organisation und Arbeitsweise auf vergleichender Grundlage, Berlin 1967 (= Schriftenreihe der Hochschule Speyer 34), hier: S. 54.

entscheidenden Sitzung ausschließlich der Ministerpräsident und sein Bericht über die Tätigkeit der Regierung erschien.[38]

In der späteren Aussprache zeigten sich aber auch inhaltlich-politische Rückwirkungen auf die Opposition. Dem Argument, daß die Beschäftigten im Kohlenbergbau einen Großteil der Umstrukturierungslast zu tragen hatten, kam nun, nach beendetem Tarifkonflikt, ein anderer Stellenwert zu. Nach der Einigung mit den Arbeitgebern formulierte der Fraktionsvorsitzende der SPD damit einen Standpunkt, der nur noch den Teil der von den Gewerkschaften vorgetragenen Argumente reflektierte, welcher die Unzufriedenheit mit dem erreichten Kompromiß ausdrückte. Zudem nahm die Doppelfunktion des Landes als kleinerer Anteilseigner und erfolgreicher Schlichter den Angriffen die Spitze. Indem Conrad seine Kritik an der Unternehmensleitung zunehmend auf die Bundesregierung als größten Anteilseigner und für die Energiepolitik verantwortliche Kraft konzentrierte,[39] verlagerte er selber die politische Verantwortung von der Landesregierung weg. Eine weitere Belastung für die SPD bestand darin, daß in der Partei Unstimmigkeiten über Art und Umfang der in der Kohlepolitik vorzunehmenden Umstrukturierung herrschten. So übten ihre Vertreter einerseits massive Kritik an dem Konzept der Stillegungsprämien,[40] durch die der Rückzug des Kohleunternehmens aus bestimmten, bislang für den Bergbau reservierten Bereichen vorgenommen werden sollte. Andererseits beantragte die SPD einen Beschluß, nach dem die Unternehmensleitung der Saarbergwerke aufgefordert werden sollte, ihre Bodensperre aufzugeben und statt dessen Industrieflächen zur sonstigen Nutzung freizugeben.[41]

Die erheblichen Irritationen, welche die kohlepolitische Diskussion bei den Parlamentariern auslöste, sind sicherlich auch auf das überraschend hohe Ausmaß der in diesem Sektor vorgenommenen Anpassungsleistungen zurückzuführen. Zwar hatten

---

[38] LTDS, 4. WP, Abt. I, 21. Sitzung v. 14.5.62, S. 792. Die Fraktionen von SPD, SVP und DDU zogen daraufhin aus dem Parlament aus. Gleichzeitig wurde übrigens auch die Berichterstattung des Untersuchungsausschusses über das Grubenunglück in Luisenthal vertagt, genauso wie eine Lesung des Ministergesetzes, das die Bezüge der Minister erhöht hätte.

[39] Conrads entscheidende Sätze lauteten: „Wir haben in den letzten Jahren erlebt, daß die saarländischen Bergarbeiter große Anstrengungen gemacht haben, um dem Eingliederungsprozeß und den veränderten Verhältnissen, mit denen sich auch die Saarbergwerke zurechtfinden mußten, Rechnung zu tragen. Zu diesen veränderten Verhältnissen zählt natürlich auch die Tatsache, daß der Bergbau im ganzen Bundesgebiet sich in einer Krise befindet, die die Bundesregierung bisher nicht steuerte, sondern der sie nur dann und wann glaubte, mit Pflästerchen begegnen zu können.", LTDS, 4. WP, Abt. I, 22. Sitzung v. 15.5.62, S. 798.

[40] Der Abgeordnete Manfred Zeiner (SPD) wies darauf hin, daß die Berechnungsgrundlagen für die Stillegung von Zechen nicht angemessen seien. Mit solcher „Finanzakrobatik" könne letztlich die Rentabilität jeder Grube bezweifelt werden - mit negativen Auswirkungen auf die Belegschaft, LTDS, 4. WP, Abt. I, 33. Sitzung v. 8.5.63, S. 1314. Die Frage nach der Angemessenheit dieser Vorgehensweise soll hier nicht weiter thematisiert werden; interessant ist immerhin die Perzeption dieser Methode der Subventionierung von Strukturwandel in den belgischen Kohlegebieten, wo die gesellschaftlichen Konflikte sehr viel härter auftraten, vgl. hierzu Lucien Denis, Umstellung der Kohlenbergwerke in den belgischen Gebieten (Borinage, Centre, Charleroi-Bass-Sembre und Lüttich, Brüssel 1972 (= Kommission der Europäischen Gemeinschaften (Hg.), Hefte für die industrielle Umstellung 18), bes. S. 41.

[41] LTDS, 4. WP, Abt. I, 44. Sitzung v. 4.3.64, S. 1691ff.

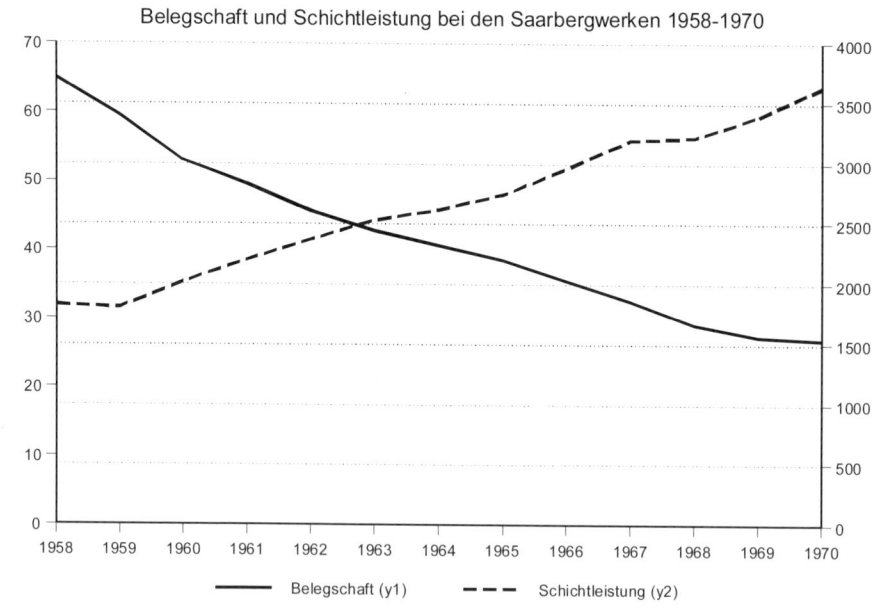

Belegschaft und Schichtleistung bei den Saarbergwerken 1958-1970

Belegschaft in 1000 Personen, Schichtleistung in t/Mann/Schicht. Lesebeispiel: Zwischen 1958 und 1961 ist ein starker Rückgang der Beschäftigtenzahl festzustellen. Quelle: Slotta, Saarbergbau 1955-1957 und ders., Saarbergwerke 1955-1984.

immer schon lebhafte Schwankungen und teilweise stürmische Entwicklungen die Geschichte des Steinkohlenbergbaus im Saarland dominiert;[42] nachdem aber nun bereits zwischen 1957 und 1960 ca. 12.000 Arbeitsplätze (von ursprünglich ca. 64.000) abgebaut worden waren,[43] folgten bis 1964 wieder mehr als 10.000 Stellen.[44] Damit hatte der größte Arbeitgeber im Saarland die Zahl seiner Arbeitsplätze auf Zweidrittel reduziert und viele der verbleibenden Mitarbeiter zwischen den aufrechterhaltenen Betriebsstätten verlegt.[45] Trotz dieser massiven Stellenstreichungen und der schrittweisen Rücknahme der Fördermengen, die ursprünglich auf bis zu 17 Mio. t pro Jahr hatten ausgebaut werden sollen, entwickelte sich die Rentabilität des

---

[42] Durchaus aufschlußreich ist hierfür das Zahlenmaterial bei Schuster, Bergbau; Slotta, Saarbergbau 1955-1957, und ders., Saarbergwerke 1955-1984. Vgl. auch Frühauf, Eisenindustrie, sowie die Zusammenfassung seiner Ergebnisse in ders., Der Montanindustriestandort Neunkirchen/Saar (1820-1910), in: Institut für Landeskunde und Regionalforschung der Universität Mannheim (Hg.), Rhein-Neckar-Raum an der Schwelle des Industrie-Zeitalters, Mannheim 1984, S. 199-218. Zur Einordnung in die regionale Entwicklung: Bernd Martin, Industrialisierung und regionale Entwicklung. Die Zentren der Eisen- und Stahlindustrie im deutschen Zollgebiet 1850-1914, Berlin 1983.

[43] Saarbergwerke AG, 25 Jahre, S. 95.

[44] Saarbrücker Zeitung (Hg.), Fünf Jahre danach. Sonderbeilage der Saarbrücker Zeitung zum 5. Jahrestag der wirtschaftlichen Eingliederung, Saarbrücken 1964, S. 5.

[45] Die Saarbergwerke selber beziffern den Umfang der Verlegungen auf nicht weniger als 34.000 zwischen 1957 und 1970, vgl. Saarbergwerke AG, 25 Jahre, S. 98.

Unternehmens jedoch weiterhin schwach. Das Dilemma von Kohlepolitik im Saarland und Unternehmenspolitik der Saarbergwerke AG läßt sich verkürzt als „Rationalisierungsfalle" beschreiben: Da die Umstellung der Förderung auf kapitalintensivere Formen des mechanisierten Bergbaus hohe Investitionen erforderte, wurden die erhofften positiven Auswirkungen der Personaleinsparungen auf das Betriebsergebnis weitgehend kompensiert.[46] Außerdem wirkte sich die ungünstige Sorten- und Kostenstruktur der Saarbergwerke aus. Daß ausgerechnet die eigentlich erlösgünstigsten Kohlearten in den Anlagen gefördert wurden, die die ungünstigste Kostenstruktur aufwiesen, belastete die Unternehmensbilanz zusätzlich.[47] Aus diesen Gründen drohte die ursprünglich konzipierte Anpassungspolitik der Saarbergwerke, die, basierend auf der speziellen Standortsituation und auf den langfristigen Absatzgarantien aus dem Saarvertrag, eine Gesundung der Steinkohlenförderung durch Rationalisierungsmaßnahmen vorsah, bereits früh zu scheitern.[48]

In politischer Perspektive stellte sich die Problemlage nicht weniger kompliziert dar. Noch in den 50er Jahren hatte im Saarland wie in Deutschland das primäre Ziel der Kohlepolitik in einer Ausweitung der Fördermengen bestanden, deren wirtschaftspolitische Vorteile die auch damals anfallenden hohen Subventionslasten akzeptabel erscheinen ließen.[49] Vor allem die veränderten energiepolitischen Rahmenbedingungen erforderten seit Ende des Jahrzehnts aber eine Rückführung der Produktion. Wie bereits erwähnt, hatte die Landesregierung gegen Ende der Übergangszeit diesbezüglich der Unternehmensführung der Saarbergwerke ihre politische Unterstützung zugesagt. In der Landespolitik führte die „Rationalisierungsfalle" somit dazu, daß aufgrund der weiterhin ungünstigen Entwicklung ihres Betriebsergebnisses die Saarbergwerke als mit weitem Abstand größtes Unternehmen des Landes praktisch keine Ertragssteuern zahlten,[50] während gleichzeitig die Steuereinnahmen aus den für

---

[46] Zum im Bergbau außerordentlich komplizierten Zusammenhang zwischen Fördermenge und Gesamtkosten im Saarland und den daraus erwachsenden Dispositionsproblemen vgl. Edgar Zahler, Empirische Untersuchung über den Gesamtkostenverlauf in den Grubenbetrieben des Saarbergbaus, Saarbrücken 1968.

[47] Arbeitsgemeinschaft deutscher wirtschaftswissenschaftlicher Forschungsinstitute e.V. (Hg.), Entwicklung, S. 97.

[48] Vgl. zur frühen Strukturwandelkonzeption die programmatische Darstellung der Unternehmenspolitik durch den Vorstandsvorsitzenden auf dem deutschen Steinkohletag in: Rolshoven, Steinkohlenbergbau.

[49] Vgl. hierzu mit ausführlichen Zahlenangaben zur Subventionspolitik von Bund und Ländern: Demetre Zavlaris, Die Subventionen in der Bundesrepublik Deutschland 1951 bis 1963. Eine Untersuchung ihres Umfangs, ihrer Struktur und ihrer Stellung in der Finanz- und Volkswirtschaft, Berlin 1969, bes. S. 80ff. Zur Einordnung in die Energiepolitik der Bundesrepublik siehe: Jens Hohensee u. Michael Salewski (Hgg.), Energie - Politik - Geschichte. Nationale und internationale Energiepolitik seit 1945, Stuttgart 1993 (= Historische Mitteilungen der Ranke-Gesellschaft Beiheft 5); Jürgen Meinert, Strukturwandlungen in der westdeutschen Energiewirtschaft. Die Energiepolitik der Bundesregierung von 1950 bis 1977 unter Berücksichtigung internationaler Dependenzen, Frankfurt a.M. 1980; Albrecht Mulfinger, Auf dem Weg zur gemeinsamen Mineralölpolitik. Die Interventionen der öffentlichen Hand auf dem Gebiet der Mineralölindustrie in Hinblick auf den gemeinschaftlichen Mineralölmarkt, Berlin 1972 (= Volkswirtschaftliche Schriften 188).

[50] Dieser Aspekt wurde ab Anfang der 60er Jahre verstärkt problematisiert, vgl. hierzu z.B. die Debatte um

Entwicklung des Energieverbrauchs in der Bundesrepublik und der Anteile der Energieträger 1958-1970

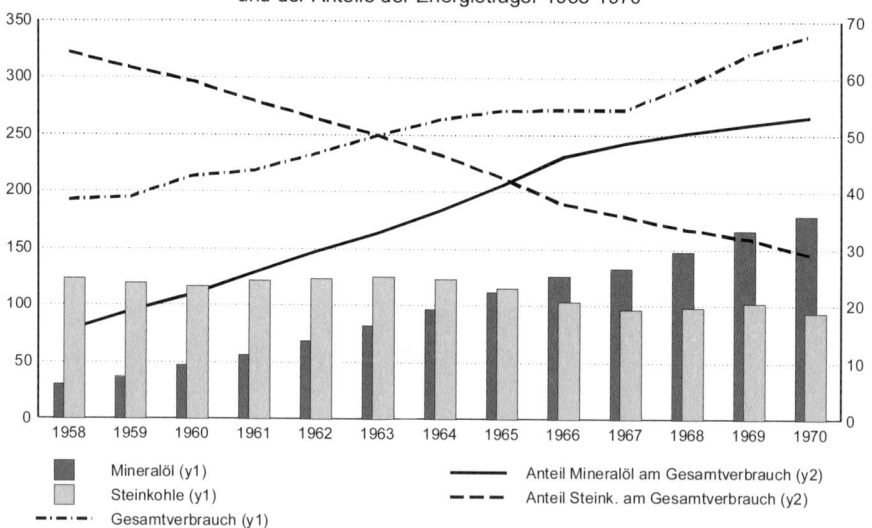

- Mineralöl (y1)
- Steinkohle (y1)
- Gesamtverbrauch (y1)
- Anteil Mineralöl am Gesamtverbrauch (y2)
- Anteil Steink. am Gesamtverbrauch (y2)

Angaben in Mio. SKE (y1) und Prozent (y2). Lesebeispiel: Der Anteil der Steinkohle am Energieverbrauch in der Bundesrepublik reduzierte sich im Laufe der späten 50er und der 60er Jahre auf weniger als die Hälfte. Quelle: Slotta, Saarbergwerke 1955-1984.

die Bergleute aufzubringenden Lohnsteuern wegen des Arbeitsplatzabbaus immer stärker schrumpften.[51] Trotzdem mußte die Landesregierung als Anteilseigner die Restrukturierung mit erheblichen Finanzmitteln unterstützen. Zu Anfang der 60er Jahre verschärfte sich dann der Anpassungsdruck in sehr kurzer Zeit weiter, so daß trotz der Anpassungsmaßnahmen die Konsolidierung des Unternehmens nicht gelang. Bis 1963 hatte sich daher auch in der CDU die Erkenntnis durchgesetzt, daß „die beachtlichen Rationalisierungserfolge" nicht ausreichten, um „die Wettbewerbsfähigkeit der Steinkohle gegenüber dem Öl zu gewährleisten".[52] Neue Konzepte - und vor allem auch zusätzliche Finanzmittel - waren gefragt.

Der energiepolitische Lösungsansatz der Landesregierung für dieses Dilemma bestand darin, bei der Bundesregierung um wirtschaftspolitische Maßnahmen zu werben, die eine dauerhafte Stabilisierung der Kohleförderung in Deutschland bei 140 Mio. t Jahresförderung garantieren, die Wettbewerbsnachteile der Kohle gegenüber dem Erdöl ausgleichen und durch Investitionen im Kraftwerksbereich die Ertragslage der Kohleunternehmen stabilisieren sollten.[53] Dabei konnte die Landesregierung zur

---

den Landeshaushalt für 1963 in: LTDS, 4. WP, Abt. I, 27. Sitzung v. 7.11.62, bes. S. 1020ff.

[51] Vgl. hierzu die Erörterungen des Kabinetts zu diesem Problem in LASB StK 1729, Kabinettsprotokoll v. 2.10.62, sowie bes. die Berichterstattung zum Haushalt 1964 durch Friedrich Regitz (SPD) in: LTDS, 4. WP, Abt. I, 42. Sitzung v. 15.1.64, hier: S. 1541f.

[52] LASB StK Kabinettsregistratur, Anlage MW, Kabinettsvorlage Wirtschaftsministerium v. 6.5.63.

[53] Ausführliche Argumentationsvorlagen für Gespräche mit der Bundesregierung enthält die Vorlage des

Steinkohlenförderung in der Bundesrepublik Deutschland 1958-1970

―― Bundesrepublik   – – – Saarland   .... Ruhrgebiet

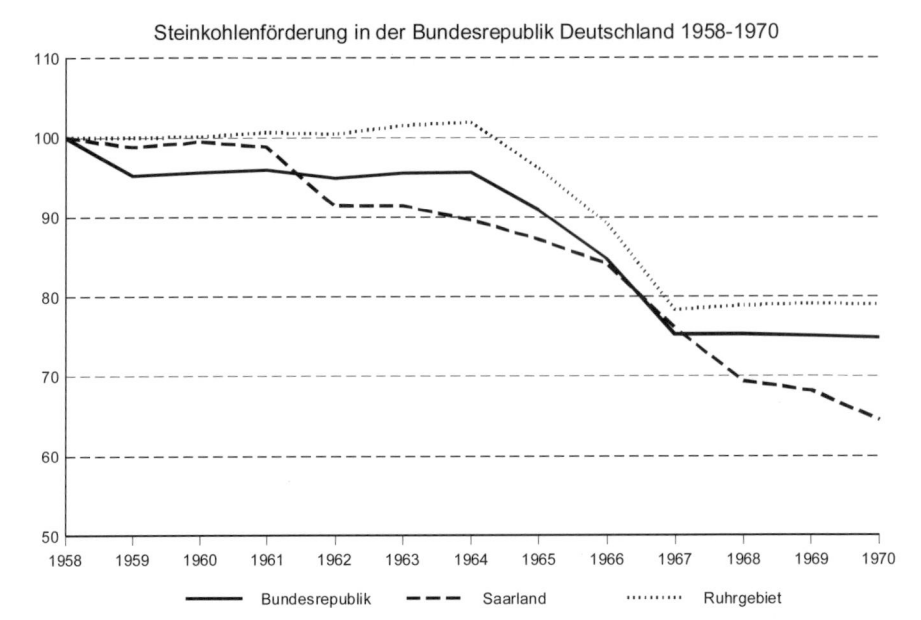

Index 1958 = 100. Lesebeispiel: Die Steinkohlenförderung sank im Saarland nach 1961 stärker als im Ruhrgebiet. Quelle: Slotta, Saarbergwerke 1955-1984.

Unterstützung ihres Standpunktes darauf verweisen, daß die Saarbergwerke in ihren Rationalisierungsbemühungen gegenüber den anderen Unternehmen in Deutschland deutlich weiter fortgeschritten waren.[54] Einen stärker unternehmenspolitischen Ansatz stellte dagegen der sogenannte erste Generalplan dar. Nach der hierin formulierten Unternehmensstrategie der Saarbergwerke für den Zeitraum bis 1967 sollten die Rationalisierungs- und Schrumpfungsmaßnahmen durch eine Reihe von begleitenden Aktivitäten ergänzt werden. Hierzu waren der Ausbau der Kraftwerkswirtschaft zur Stärkung der Wettbewerbsfähigkeit der Saarkohle, der Aufbau einer chemischen Sparte zur Weiterentwicklung der Produktions- und Fertigungstiefe im Konzern und die Diversifizierung der Unternehmensaktivitäten bis hin zum Einstieg in den Bereich

---

Wirtschaftsministeriums: LASB StK Kabinettsregistratur, Anlage MW, Kabinettsvorlage Wirtschaftsministerium v. 22.2.63.

[54] Große Bedeutung hatte in diesem Zusammenhang eine hochrangig besetzte Besprechung am 7.3.63, in der die Kohleländer (vertreten durch die Ministerpräsidenten Meyers und Röder) sowie die Bundesregierung (Minister Erhard) und das in der Ausweitung seiner Raffineriekapazitäten energiepolitisch besonders interessierte Bayern (Ministerpräsident Goppel) ihre Vorstellungen abstimmen wollten. Die Landesregierung war sichtlich bemüht, den enttäuschenden Verlauf dieser Gespräche zu kaschieren, vgl. LASB StK Kabinettsregistratur, Anlage MW, Kabinettsvorlage Wirtschaftsministerium v. 6.5.63, sowie die parlamentarische Debatte über diese Gespräche in: LTDS, 4. WP, Abt. I, 33. Sitzung v. 8.5.63, und LTDS, 4. WP, Abt. I, 34. Sitzung v. 24.5.63, S. 1309ff.

der Mineralölwirtschaft zur Verbesserung der Rentabilität des Unternehmens vorgesehen.[55]

Obwohl sich die eingeleiteten Maßnahmen von Regierungs- und Unternehmensseite ergänzten und aufeinander abgestimmt waren, führten sie zunächst zu einer weiteren Verschärfung der politischen Probleme. Schon im Plenum des Landtages wurde der Generalplan anfangs skeptisch aufgenommen, weil durch die darin vorgesehenen weiteren Rücknahmen der Fördermengen und vor allem durch den Arbeitsplatzabbau erhebliche Rückwirkungen auf die Landespolitik befürchtet wurden.[56] Aber auch die allgemeine Wirtschaftspolitik der Landesregierung wurde von diesen Plänen tangiert.[57] Besonders deutlich wurde das spannungsreiche Verhältnis zwischen Regierungsaktivitäten und Unternehmenspolitik an einem skandalträchtigen Vorgang Anfang des Jahres 1964. Im Vorjahr hatten sich die Regierungsvertreter im Aufsichtsrat - im Unterschied zu denen der Bundesregierung - gegen die vom Vorstand der Saarbergwerke geplante Beteiligung an einem Betrieb der metallverarbeitenden Industrie[58] ausgesprochen. Dem lag der Gedanke zugrunde, der Diversifizierung des Unternehmens nur insoweit zustimmen zu wollen, als sie in Bereichen erfolgte, die in „organischem Zusammenhang ... mit der ureigensten Aufgabe der SBW, nämlich der Gewinnung, Verwertung, Veredelung und dem Absatz von Kohle" standen. Als Grund dafür nannten Regierungsvertreter, daß wegen des hohen Bedarfs an „Fremdmitteln" - gemeint waren hier die Finanztransfers der öffentlichen Hand - eine Beteiligung „an einem anderen Unternehmen ... schwerlich zu rechtfertigen sei", selbst wenn diese Investition „eine gute Verzinsung" verspreche. Trotzdem wurde diese Frage vom Vorstand der Saarbergwerke zur Entscheidung gebracht, wodurch die Ablehnung der Vertreter der Landesregierung sowohl als Affront gegenüber den zustimmungswilligen Vertretern des Bundes als auch als Zweifel an der „Bonität" des Mutterkonzerns des zu übernehmenden Betriebes interpretiert wurde.[59] Für die Landesregierung waren diese Vorgänge nicht nur deshalb unangenehm, weil die

---

[55] Vgl. hierzu die Zusammenfassungen der Zielsetzungen bei: Dörrenbächer, Entwicklung, S. 202ff; Seyler, Auswirkungen, S. 11ff. Eine umfassende Einordnung der Generalpläne in die Unternehmensstrategie gibt Peter Dörrenbächer, Unternehmerische Anpassungsprozesse. Ein industriegeographisches Arbeitsmodell, dargestellt am Beispiel der Saarbergwerke AG, Saarbrücken 1992 (= Arbeiten aus dem Geographischen Institut der Universität des Saarlandes 38), hier bes. S. 68-74.

[56] Vgl. die schon im Februar 1963 sehr kritischen Äußerungen von Friedrich Regitz (SPD) in: LTDS, 4. WP, Abt. I, 31. Sitzung v. 6.2.63, S. 1209.

[57] „Der Generalplan der Saarbergwerke wäre eine unzumutbare Belastung für weite Bevölkerungskreise, wenn er isoliert zur Durchführung gelangen würde." Norbert Engel, Die Folgen meistern, in: Die Arbeitskammer. Zeitschrift der Arbeitskammer des Saarlandes 11 (1963), S. 97-98, hier: S. 98.

[58] Der in Rede stehende Betrieb ist vorher bereits mehrfach Gegenstand von Erörterungen im Kabinett sowie von Kredit- und Bürgschaftsleistungen des Landes gewesen, vgl. LASB StK Kabinettsregistratur, Anlage MW, Kabinettsvorlage Wirtschaftsministerium v. 23.11.59, sowie LASB StK 1728, Kabinettsprotokoll v. 15.5.62. Die Errichtung der Produktionsstätte im nördlichen Saarland fügte sich nahtlos in die oben beschriebene Förderkonzeption des Landes ein.

[59] Vgl. die umfangreiche Materialsammlung zu diesem Vorgang in: LASB StK Kabinettsregistratur, Anlage MW, Kabinettsvorlage Wirtschaftsministerium v. 30.4.64.

Saarbergwerke offensichtlich regionalpolitische Strategien des Landes in Frage stellten, sondern auch weil der Eindruck entstand, das Land erfahre - obwohl Anteilseigner - nur „zufällig" von Entscheidungen der Saarbergwerke über Beteiligungen an anderen Unternehmen.[60] Die Landesregierung beschloß in der Folge, dem Beteiligungsbegehren doch zuzustimmen, da man „aus politischen Gründen" keinen anderen Standpunkt als die Bundesregierung einnehmen könne.[61] Danach stimmte das Kabinett dann noch einer Reihe von weiteren Beteiligungen an anderen Unternehmen zu.[62] Dieser Eklat ist für die Analyse des regionalen Strukturwandels aufschlußreich: Primär bildete die spezielle Eigentümerstruktur im Saarbergbau, die durch die im Saarvertrag festgelegte Übernahme der Saargruben in gemeinsames Eigentum des Bundes und des Landes geprägt war und die staatliche Tradition des Bergbaus in dieser Region weiterführte, den Hintergrund dieses Konfliktes. Mit dem zentralisierten Bergbaukonzern verfolgte man ein Modell, das z.B. im Ruhrgebiet mit der Gründung der Ruhrkohle AG erst nach langen Auseinandersetzungen und sehr viel später erreicht wurde.[63] Die recht frühzeitige Erarbeitung eines „Generalplans" zur Bewältigung des Strukturwandels im Saarland, der energie-, kohle- und unternehmenspolitische Aspekte integrierte, ist auf diese besondere Konstellation zurückzuführen. Die andernorts in altindustriellen Regionen zu beobachtende Auflösung der engen Beziehungen von Konzernen und Region - im Zuge der durch die Diversifizierung von Unternehmen bedingten räumlichen Verlagerungen - blieb so weitgehend aus.[64]

Dagegen betont insbesondere Hans-Christian Herrmann, daß „die Tatsache, daß Saarberg als größter Arbeitgeber über erheblichen wirtschaftlichen und politischen Einfluß verfügte ... eher als Hemmschuh für einen Strukturwandel" wirkte.[65] Diese Bewertung greift einen Gedankengang auf, der die Auswirkungen regionaler Netzwerke und insbesondere die Stellung von Großunternehmen darin als für den Struk-

---

[60] So Fritz Wedel (DPS) in: LTDS, 4. WP, Abt. I, 44. Sitzung v. 4.3.64, S. 1688.

[61] LASB StK 1734, Kabinettsprotokoll v. 30.4.64. Nebenbei wurde die Zustimmung an die Bedingung geknüpft, daß die Saarbergwerke 66,33% der Anteile durch Erhöhung des „unzulänglichen" Stammkapitals des Betriebs erwerben sollten.

[62] So z.B. an einem - ebenfalls vorher bereits mit öffentlichen Mitteln unterstützten - Betrieb im Bereich der Kautschukverarbeitung, vgl. LASB StK 1734, Kabinettsprotokoll v. 5.5.64.

[63] Vgl. Abelshauser, Ruhrkohlenbergbau, S. 139. Zu einer sehr positiven Einschätzung der Gründung der Ruhrkohle AG gelangt auch Petzina, Wirtschaftspolitik, S. 128. Zu den frühen Anpassungsleistungen im Ruhrbergbau vgl. auch Hans-Wilfried Lauffs, Umstellung der Kohlenbergwerke in den deutschen Gebieten - Ruhr. Die regionalwirtschaftlichen Auswirkungen der Stillegungen und Einschränkungen im Steinkohlenbergbau und der getroffenen Maßnahmen zur Umstrukturierung im Ruhrgebiet, Brüssel 1971 (= Kommission der Europäischen Gemeinschaften (Hg.), Hefte für die industrielle Umstellung 19). Möglicherweise kann diese „fortschrittliche" Form der Unternehmensorganisation im Saarland zum Teil als Erklärung für die früh und nachhaltig einsetzende Umstrukturierung und Rationalisierung der Steinkohlenförderung im Saarland dienen.

[64] Kilper u. Rehfeld, Einleitung„ S. 4.

[65] Hans-Christian Herrmann, Bilanz, S. 322.

turwandel eher problematisch ansieht.[66] Auch diesen Kontext strukturiert der Streit zwischen Landesregierung und Vorstand der Saarbergwerke. Hier überschnitt sich nicht nur öffentlichkeitswirksam die Investitionspolitik der Saarbergwerke mit dem traditionell stark projektorientierten Ansatz der Wirtschaftspolitik des Landes, sondern er markiert auch eine Veränderung der allgemeinen Wirtschaftspolitik. Indem sich der Wirtschaftsminister nach 1963 verstärkt hinter den in der parlamentarischen Debatte mit regionalpolitischen Aspekten angereicherten Generalplan stellte, trat dieser Plan an die Stelle des von der Opposition über Jahre hinweg eingeforderten allgemeinen Wirtschaftsplans für das Saarland.[67] Bis zur ersten Regierungserklärung nach der Landtagswahl von 1965 hatte sich dieser Wandel so weit verfestigt, daß der neugewählte Ministerpräsident formulieren konnte: „Die Regierung sieht es als eine ihrer wichtigsten Aufgaben an, die Verwirklichung des Generalplans nachhaltig zu unterstützen."[68] Darin kann der Versuch erkannt werden, die Saarbergwerke AG zu einer Art „regionalen Modernisierungsagentur"[69] zu entwickeln.[70] Dies ist besonders deshalb interessant, weil die ambitionierten Projekte des Generalplans als eigenständiges Entwicklungsprogramm des Landes die finanziellen Möglichkeiten seiner Haushaltspolitik bei weitem überfordert hätten. Die staatliche Konstruktion des Bergbaus an der Saar stellt daher nicht nur eine im Vergleich z.B. zum Ruhrgebiet in gewisser Hinsicht fortschrittliche Organisationsform dar, sondern letztlich wurden im Saarland von ihrem Umfang her eigentlich regionalpolitische Projekte in korporativer Zusammenarbeit und in Kofinanzierung - im Verhältnis 1 : 3 - zwischen Saarland und Bund als Anteilseigner durchgeführt.

---

[66] Vgl. die griffige Darstellung dieses Gedankengangs bei Grabher, Wachstums-Koalitionen.

[67] Sehr deutlich wird diese Wendung in der Rede Huthmachers in: LTDS, 4. WP, Abt. I, 55. Sitzung v. 27.1.65, S. 2040.

[68] LTDS, 5. WP, Abt. I, 2. Sitzung v. 19.7.65, S. 12.

[69] Verstärkte Aufmerksamkeit erhielt auch das Vorhaben, gemeinsam mit der Wirtschaft des benachbarten Lothringen im Projekt der Saar-Lor-Chemie die Kohleindustrie der Großregion zu diversifizieren und auf Dauer lebensfähig zu machen. Vgl. hierzu die überaus optimistischen Erwartungen auf Seiten der Saarbergwerke: Hubertus Rolshoven, Wirtschaftsgrundlagen im Montandreieck Saar-Lothringen-Luxemburg, Saarbrücken 1965. Interessant ist auch der Vergleich zu regionalpolitischen Strategien im Bereich der Energiepolitik in den 80er Jahren, siehe: Gerhard Jochum, Der Beitrag von Regionalunternehmen bei der Realisierung örtlicher Energiekonzepte: Das Beispiel der Vereinigten Saar-Elektrizitäts-AG, in: Informationen zur Raumentwicklung H. 6/7 (1990), S. 391-395.

[70] Diese Sichtweise setzte sich sehr schnell in der veröffentlichten Meinung durch, vgl. Arbeitskammer des Saarlandes (Hg.), Entschließung der Vertreterversammlung der Arbeitskammer des Saarlandes vom 15. Juli 1963 betreffend die Wirtschaftslage des Saarlandes und die hieraus zu ziehenden Folgerungen, o.O. o.J. (Saarbrücken 1963), bzw. den Kommentar hierzu in: Die Entschließung der Vertreterversammlung der Arbeitskammer des Saarlandes vom 15. Juli 1963 betreffend die Wirtschaftslage des Saarlandes und die hieraus zu ziehenden Folgerungen, in: Die Arbeitskammer. Zeitschrift der Arbeitskammer des Saarlandes 11 (1963), S. 193-195, wo es auf S. 193 heißt: „Darüber hinaus ergeben sich im Saarland besondere Möglichkeiten, die Strukturauflockerung voranzutreiben, durch das Vorhandensein der unter Kapitaleinfluß von Bund und Land stehenden Saarbergwerke AG."

2.1.3 Der regionale Strukturwandel als Problem der Standortpolitik

Neben der Zukunft der saarländischen Kohle stellte die Frage nach dem Saarland als Wirtschaftsstandort ein zentrales Thema der Debatte über die Stagnation der ökonomischen Entwicklung der Saarwirtschaft dar. Dabei bedeutete der Zusammenhang zur besonderen politischen Geschichte des Grenzraums einen wichtigen Interpretationsansatz. Bereits seit den Friedensvertragsregelungen nach 1918 hatte eine ökonomisch unvorteilhafte Entflechtung der Wirtschaft in der Großregion eingesetzt;[71] nach 1945 war die französische Industriepolitik zwar von konstruktiven Ansätzen geprägt, eine regional integrierende, die saarländisch-lothringische Grenze überschreitende Entwicklungsstrategie fehlte jedoch weitgehend. In dem Maße, in dem die Bedeutung der saarländischen Rohstoffvorkommen und der Eisenproduktion für Frankreichs Wirtschaft schrumpfte, verlor eine derartige Strategie weiter an Aufmerksamkeit in Paris.[72] In der regionalen Wirtschaftspolitik wurden sogar die Aspekte von Konkurrenz und Wettbewerb wieder stärker betont. Die Fördermaßnahmen des französischen Staates zugunsten der lothringischen Schwerindustrie wurden im Saarland mißtrauisch verfolgt, und insbesondere die Kanalisierung der Mosel fand zuletzt noch im Zuge der Saarverhandlungen Ablehnung. Anhand umfangreicher volkswirtschaftlicher Analysen wurden deren negative Auswirkungen auf die Zukunftsaussichten der saarländischen Stahlindustrie - genau wie übrigens auch auf die des Ruhrgebiets - problematisiert.[73]

In diesem Zusammenhang gewann der Aspekt der Verkehrsanbindung des Saarlandes sehr schnell an Bedeutung. Bis heute wird die unzureichende Infrastrukturausstattung als wesentlicher Grund für die negative gesamtwirtschaftliche Entwicklung des Saarlandes angesehen.[74] Unternehmerische Anpassungsleistungen genügten ange-

---

[71] Einen Überblick über die Auswirkungen auf die Unternehmenspolitik im Eisen- und Stahlsektor bieten Joachim Becker, Die eisen- und metallverarbeitende Industrie des Saarlandes, ihre Lage bei einer europäischen Integration, Freiburg 1958, bes. S. 22ff., und Rolf E. Latz, Schwerindustrie, bes. S. 224. Eine differenzierte Darstellung der ansonsten in der Forschung praktisch nicht berücksichtigten deutsch-französisch-saarländischen Wirtschaftsverhandlungen in den 20er Jahren gibt Dittrich, Wirtschaftsverhandlungen. Zu den schwerwiegenden Anpassungsproblemen nach der Wiedereingliederung in die deutsche Wirtschaft nach 1935 vgl. Industrie- und Handelskammer des Saarlandes (Hg.), Wirtschaft, S. 124ff.

[72] So übrigens bereits Erich Conrad, Auswirkungen, S. 57.

[73] Als sehr früher Beleg hierzu vgl. die im Jahr 1959 publizierte, unter „Mithilfe" der Wirtschaftsvereinigung Eisen- und Stahlindustrie in Düsseldorf in Freiburg/Schweiz erstellte Synthese von Balters, Moselkanalisierung - mit ausführlichem Zahlenmaterial. Zur günstigen Entwicklung des Moselkanals vgl. Eckoldt (Hg.), Flüsse, S. 98. In den frühen 60er Jahren entwickelte sich diese Sichtweise zur zentralen Argumentation in bezug auf die Strukturprobleme, vgl. hierzu Paul Jost, Zum Strukturproblem der Saarwirtschaft, in: Die Arbeitskammer. Zeitschrift der Arbeitskammer des Saarlandes 9 (1961), S. 129-132, oder: Landesbank und Girozentrale Saar (Hg.), Wirtschaftsberichte 1964, Saarbrücken 1964, Heft 1, S. 1, wo es heißt: „Das Schwergewicht wirtschaftspolitischer Diskussion und Aktivität verlagerte sich im Jahre 1963 von den Problemen der wirtschaftlichen Rückgliederung zu den standort- und strukturpolitischen Fragen des saarländischen Wirtschaftsraumes."

[74] Hans-Peter Dietrich u.a., Strukturelle Anpassung, S. 92ff. Vgl. auch Dieter Biehl u.a., Bestimmungsgründe des regionalen Entwicklungspotentials. Infrastruktur, Wirtschaftsstruktur und Agglomeration, Tübingen 1975, S. 157ff.

sichts dieser Standortdefizite nicht mehr.[75] Bis zum Ende der 60er Jahre wurde das Saarland in der volkswirtschaftlichen Debatte daher als Industriestandort ähnlich skeptisch beurteilt wie vormals nur ländlich strukturierte Notstandsgebiete. Da das regionale Arbeitskräftepotential weitgehend ausgeschöpft sei und die „gegenwärtige Energiepolitik" allenfalls zu einem „vorübergehenden Aufschub der Freisetzung von Arbeitskräften im Steinkohlenbergbau" führe, sei langfristig mit einer weiteren Verschlechterung der Wachstumsaussichten der Saarwirtschaft zu rechnen. Das Saarland sei daher bereits als „industrielles Problemgebiet" zu bezeichnen: „Das Saarland scheidet unter rein ökonomischen Gesichtspunkten (d.h. falls nicht Transportsubventionen gewährt werden) als Konkurrenzstandort [zur Eisen- und Stahlindustrie des Ruhrgebietes] aus." Der wichtigste Ansatzpunkt für eine sinnvolle Industriepolitik - die immer „nolens volens Regionalpolitik"[76] bedeute - bestand in der Weiterentwicklung der regionalen Infrastruktur.

Bereits in der Übergangszeit waren diesbezüglich Fortschritte erzielt worden. Der Ausbau der Ost-West-Straßenanbindung und die Elektrifizierung von Eisenbahnlinien hatten sehr rasch eine infrastrukturelle Aufwertung des Landes ausgelöst. Diesen Projekten wurde als Ausgleichsforderung für die Kanalisierung der Mosel mitunter auch eine höhere Bedeutung zugemessen als einer eigenen Kanalanbindung, zumal nicht klar war, ob diese in Form des Saar-Pfalz-Kanals nach Osten oder durch eine Kanalisierung der Saar Richtung Mosel erfolgen sollte.[77] Als eigenständige und nachdrücklich erhobene Forderung tauchte die „Schaffung eines guten Anschlusses an das nationale und internationale Wasserstraßennetz" aber Anfang 1961 auf, als das

---

[75] Vgl. zu Umfang und Bedeutung der Anpassungsleistungen im Stahlsektor den Überblick im Gutachten von Rolf E. Latz, Gegenwart und Zukunftschancen der deutschen Stahlindustrie. Eine Betrachtung der Wettbewerbslage der deutschen Stahlindustrie mit exemplarischem Einfluß der Saar-Stahlindustrie, Frankfurt a.M. 1978, sowie Esser, Fach u. Väth, Krisenregulierung, S. 67. Im Unterschied zum Kohlesektor fand dieser Bereich allerdings bislang praktisch keine Aufmerksamkeit in der Forschung, was sicherlich zum Teil auf die besonders ungünstige Quellenlage zurückzuführen ist, vgl. Hans-Walter Herrmann, Thomasbirne. Einen differenzierten Überblick über Stellung und Entwicklung der saarländischen Stahlindustrie liefert die ältere Darstellung von Martin Nathusius, L'acier sarrois et l'Europe, Lausanne 1970, hier bes. S. 110ff.

[76] So die vielbeachtete Prognos-Studie Dieter Schröder, Strukturwandel. Zitate S. 199, S. 162 u. S. 17.

[77] Sehr deutlich wurde dies in den bereits zitierten, stark verkehrspolitisch ausgerichteten Stellungnahmen der IHK: Industrie- und Handelskammer des Saarlandes (Hg.), Einbeziehung, bes. S. 44, sowie bereits früher: Industrie- und Handelskammer des Saarlandes (Hg.), Stellungnahme der Saarwirtschaft zur Moselkanalisierung, Saarbrücken 1955, hier: S. 27, wo es heißt: „[Daher] erwartet die Saarwirtschaft, falls die Mosel kanalisiert werden sollte, als Ausgleich für die damit eintretende Standortverschlechterung die Gewährung von Eisenbahnfrachten in der Höhe, wie sie Lothringen für die gleichen Transporte über den Moselwasserweg hat." Zum zeitgenössischen Stand der Diskussion vgl. die ausführliche Bibliographie bei Bode, Grenzen, sowie Thomas Peucker, Struktur- und Verkehrsprobleme an Rhein, Mosel und Saar. Eine Literaturübersicht, Otzenhausen 1961. Ein Teil der Zurückhaltung von Wirtschaft und Politik hinsichtlich der Kanalforderung ist möglicherweise auch auf den Anfangs dominierenden Eingliederungsoptimismus zurückzuführen, vgl. LASB StK 1713, Kabinettsprotokoll v. 12.3.56. „Die Saarwirtschaft hat bisher ihre frühere Forderung 'Saar-Pfalz-Rhein-Kanal' nicht wieder erhoben, noch das Ersatzprojekt 'Saarkanalisierung' zur Diskussion gestellt. Sie ging dabei von der Erwägung aus, daß die gegebenen Verkehrsbedürfnisse von den vorhandenen Verkehrsträgern befriedigt werden können.", Eduard Dietrich, Verkehrsfragen, S. 43.

Wirtschaftsministerium im Kontext der heftigen öffentlichen Reaktionen auf die Aufwertung der DM ein 10-Punkte-Programm vorlegte, das die Handlungsfähigkeit der Landesregierung gegenüber den zu erwartenden negativen Auswirkungen dieser Maßnahme darstellen sollte. Die Forderung wurde dabei aus einer integrierten Sichtweise auf Kohle- und Stahlpolitik entwickelt: „Beide Industriezweige an der Saar sind aus historischen und geographischen Gründen auf Gedeih und Verderb aufeinander angewiesen."[78] Allerdings legte sich die Regierung auch in diesem Text nicht auf ein bestimmtes Kanalprojekt fest.[79]

Dies kann auch darauf zurückgeführt werden, daß es bereits den Zeitgenossen schwerfiel, die Wechselbeziehungen und Abhängigkeiten der beiden schwerindustriellen Branchen im Saarland zu überblicken.[80] Denn während die saarländische Politik auf das gute Zusammenspiel beider Branchen angewiesen war, um den Abbau von Arbeitsplätzen im Bergbau durch eine Verlagerung in den Stahlbereich kompensieren zu können, verhinderte gerade das staatliche Eigentum am Saar-Bergbau die - z.B. im Ruhrgebiet, aber auch im Aachener Revier übliche und erfolgversprechende - unternehmerische Integration der beiden Sektoren.[81] Und auch in rein unternehmerischer Perspektive gestaltete sich die Gemengelage der Interessen von Kohle und Stahl recht kompliziert. Wenn auch die Möglichkeit günstigeren Absatzes von Produkten vor allem nach Süddeutschland für beide Branchen ähnlich attraktiv erschien, war eine Senkung der Transportkosten beim Bezug von Produkten primär für die Stahlindustrie interessant, die auf diesem Wege ihre Rohstoffversorgung - z.B. mit schwedischem Eisenerz, das bessere Eigenschaften als die lothringische Minette besaß - kostengünstiger hätte gestalten können. Für die Saarbergwerke allerdings hätte dies eine Konkurrenz durch die zur Verhüttung ohnehin besser geeignete Ruhrkohle bedeutet, die möglicherweise Konzessionen bei der Preisgestaltung erfordert hätten, durch die das Betriebsergebnis weiter verschlechtert worden wäre.[82]

---

[78] LASB StK Kabinettsregistratur, Anlage MW, Kabinettsvorlage Wirtschaftsministerium v. 17.4.61.

[79] Gegenüber dem Parlament bezeichnete Eugen Huthmacher den Saar-Pfalz-Kanal als „Wunschtraum", LTDS, 4. WP, Abt. I, 7. Sitzung v. 18.4.61, S. 176ff., und dementierte, daß diesbezüglich bereits ein Memorandum der Landesregierung existiere.

[80] Vgl. hierzu den ebenso kurzen wie aufschlußreichen Artikel von Walter Gerisch, Die Saarwirtschaft fordert eine Wasserstraße, in: Die Arbeitskammer. Zeitschrift der Arbeitskammer des Saarlandes 9 (1961), S. 97. Entgegen der Überschrift wird der Kanalweg zum Rhein als „das nützlichste, aber auch teuerste" Projekt bezeichnet, das gegenwärtig hauptsächlich von der Eisenindustrie vertreten werde. „Mit Nachdruck" fordere, so Gerisch, die Wirtschaft jedenfalls Ausnahmetarife.

[81] Diesen Aspekt betont besonders Karl-Friedrich Gansäuer, Lagerung und Verflechtung der eisenschaffenden Industrie der Montanunionsländer in räumlicher Sicht. Dargestellt am Beispiel ausgewählter Unternehmensgruppen und Konzerne, Wiesbaden 1964 (= Kölner Forschungen zur Wirtschafts- und Sozialgeschichte 1), S. 76.

[82] Zum Rohstoffproblem in längerfristiger Perspektive vgl. Heinz Quasten, Die Rohstoffe in der saarländischen Montanindustrie seit dem späten 19. Jahrhundert, in: Kommission für saarländische Landesgeschichte und Volksforschung (Hg.), Forschungsaufgabe Industriekultur, Saarbrücken i.V. Zur Situation in den 60er Jahren vgl. die ausführlichen volks- bzw. betriebswirtschaftlichen Analysen von Hans Wettig, Betriebswirtschaftliche Studie über die Standortlage der saarländischen Schwerindustrie, verbunden mit einer vergleichenden Betrachtung zur Standortlage der Reviere in Lothringen und im Ruhrgebiet, (Dipl.

Die nach der Diskussion über die Aufwertung der DM immer mehr zunehmende Kritik an der enttäuschenden wirtschaftlichen Entwicklung des Saarlandes am Beginn der Stagnationskrise veranlaßte die Landesregierung zu einer Modifizierung ihrer Position. Anläßlich einer Anfrage der SPD im saarländischen Landtag bezog das Wirtschaftsministerium am 10. Juni 1961 den Standpunkt, daß erst seit Ende des Jahres 1960 die Meinungsbildung in Regierung und Wirtschaft soweit gediehen sei, daß die Forderung nach Bau des Saar-Pfalz-Kanals hat erhoben werden können.[83] Auch in diesem Text wurde aber dem Gedankengang, daß die politisch bedingten Benachteiligungen des Wirtschaftsstandorts und auch die Rückwirkungen des Moselkanals zunächst durch die Maßnahmen im Autobahnbau und die Elektrifizierung von Eisenbahnstrecken überwunden werden sollten, breiter Raum eingeräumt. Als eigenständige Forderung wurde der Bau des Saar-Pfalz-Kanals hauptsächlich mit der unzureichenden Wirkung von Als-ob-Tarifen[84] begründet. Ein darauf aufbauender Kabinettsbeschluß setzte jedoch andere Schwerpunkte. Darin wurde entschieden zugunsten von Als-ob-Tarifen argumentiert, die durch die Möglichkeit einer differenzierten Tarifgestaltung punktgenau die bestehenden Benachteiligungen der Saarwirtschaft ausgleichen sollten. Allerdings ließ das Kabinett keinen Zweifel daran, daß derartige Tarife weder mit dem Montanunionvertrag noch mit dem EWG-Recht vereinbar seien und daß daher der Bau des lange bereits diskutierten Saar-Pfalz-Kanals die einzig sinnvolle und mögliche Maßnahme darstelle.[85] Den so fixierten Standpunkt bezog die Landesregierung nicht nur gegenüber dem Parlament, sondern übergab ihn als Memorandum auch an die Bundesregierung. Die Industrie- und Handelskammer publizierte ein gleichlautendes Papier als Stellungnahme.[86]

Der zögerliche Neubeginn der Kanaldiskussion in den frühen 60er Jahren spiegelt somit die komplexe Strukturproblematik und die widersprüchlichen Interessenlagen wider. In der Begründung der Forderung nach einem Kanal vermischten sich die historisch-politische Argumentation im Hinweis auf die traditionelle Benachteiligung des Saarlandes gegenüber anderen Regionen mit Ausgleichsforderungen angesichts der Benachteiligungen durch für Wettbewerber günstige Entscheidungen, v.a. in Lothringen. Hinzu kamen tagesaktuelle Krisenphänomene in bestimmten Sektoren,

---

Arb.) Berlin 1963, Heinrich Krehbiel, Die Standortfrage der Saarhütten unter Berücksichtigung der sich aus Montanunion- und EWG-Vertrag ergebenden Konsequenzen, Graz 1963, und Heinz Würz, Die Berechnungsgrundlagen der Als-ob-Tarife für saarländische Massengüter und mutmaßliche Auswirkungen auf die Wettbewerbslage der saarländischen Stahl- und Kohlenwirtschaft, (Dipl. Arb.) Saarbrücken 1966.

[83] LASB StK Kabinettsregistratur, Anlage MW, Kabinettsvorlage Wirtschaftsministerium v. 10.6.61.

[84] Die Bezeichnung „Als-ob-Tarife" stammt aus der Zeit nach der Rückgliederung von 1935, als zum Ausgleich der Standortnachteile der saarländischen Schwerindustrie ein differenziertes System von Frachttarifen der Bahn eingeführt worden ist, vgl. hierzu Rolf E. Latz, Schwerindustrie, S. 225ff.

[85] LASB StK Kabinettsregistratur, Anlage MW, Kabinettsvorlage Wirtschaftsministerium, Exposé v. 10.6.61. Das Exposé wurde bald nach seiner Verabschiedung als Manuskript publiziert: Saarland, Der Minister für Wirtschaft, Verkehr und Landwirtschaft (Hg.), Verbesserung der saarländischen Standorte durch Verkehrsmaßnahmen, (Ms.) Saarbrücken 1961.

[86] Industrie- und Handelskammer des Saarlandes (Hg.), Verbesserung der Standortlage der Saarwirtschaft durch den Bau eines Saar-Pfalz-Kanals, Saarbrücken 1961.

zunächst der Kohlewirtschaft, zunehmend aber auch der Stahlindustrie, sowie die bundespolitische Entscheidung zur DM-Aufwertung als Auslöser der Debatte. Dabei war der regionalpolitische Ansatz ambivalent: Einerseits wurde die Förderung bzw. Benachteiligung des „Saarlandes" als integrierter Wirtschaftsregion gefordert bzw. moniert - was z.B. die Bevorteilung auch der Keramischen Industrie des Saarlandes durch eine Kanalanbindung gerechtfertigt erscheinen ließ -, andererseits besaß die Konstruktion von Als-ob-Tarifen offenbar eine hohe Attraktivität - möglicherweise ein Reflex auf den oben erwähnten Umstand, daß die gleichzeitige und pauschale Verringerung von Transportkosten vom und ins Saarland nicht allen Wirtschaftsvertretern gleichermaßen wünschenswert erschien.[87]

Diese inneren Widersprüche sind als Grund dafür anzusehen, daß die frühen Äußerungen von Regierung und Opposition vor der Öffentlichkeit an Präzision vermissen ließen. Zwar hatte der Regierungschef bereits in seiner ersten Regierungserklärung nach der Landtagswahl die „Schaffung eines Anschlusses an die internationalen Wasserstraßen" gefordert, einschränkend jedoch darauf hingewiesen, daß diese sowohl durch den Neubau von Wasserstraßen als auch durch Nutzung von „sonstigen modernen technischen Mitteln" erfolgen könne - um dann sofort in die Darstellung der bisher bereits geleisteten Verbesserungen der Infrastruktur durch die Straßenbauprogramme abzugleiten.[88] Und auch der Wirtschaftsminister formulierte seinen Redebeitrag in der Debatte zur oben zitierten Anfrage der SPD im Parlament recht zurückhaltend, wenn er auf die Regierungserklärung und die mittlerweile erfolgte Entscheidungsfindung in der Regierung verwies. Ein wenig präziser wurde nur die SPD-Opposition, die „den Kanal durch die Pfalz nach Mannheim ... für die bessere Lösung" hielt, ohne sich darauf aber schon definitiv festzulegen. Ihr Ausgangspunkt war vielmehr die Feststellung: „Wir wissen, daß die Hilfsbereitschaft des Bundes in dem Maße abnimmt, als wir uns von dem Zeitpunkt der politischen und wirtschaftlichen Eingliederung entfernen."[89]

Einen neuerlichen Anstoß erhielt die parlamentarische Debatte im Jahr 1962, als die SPD-Fraktion in Absprache mit ihren Oppositionskollegen im rheinland-pfälzischen Landtag einen Antrag einbrachte, nach dem die Regierungen gemeinsam die Streckenführung des Kanals endgültig festlegen und die Freihaltung der dafür notwendigen Gelände sicherstellen sollten. Interessant an diesem Antrag ist vor allem die dafür vorgebrachte Begründung. Der Abgeordnete Leo Moser rekurrierte zwar

---

[87] Besonders kraß tritt diese Widersprüchlichkeit in dem Memorandum: Saarland, Der Minister für Wirtschaft, Verkehr und Landwirtschaft (Hg.), Verkehrsmaßnahmen, zutage. Der eingeforderte Wasserstraßenanschluß sollte - so der Gang der Argumentation - die historisch-politischen Benachteiligungen der besonders förderungswürdigen saarländischen Wirtschaftsagglomeration ausgleichen, um so zur Erreichung des im EWG-Vertrag vereinbarten, besonders wichtigen „Ausgleichsziels" beizutragen. Über die Widersprüchlichkeit der Argumentation zum Saarland hinaus liegt hier auch noch ein europapolitisches „Mißverständnis" vor, bezieht sich das „Ausgleichsziel" doch gerade auf den regionalen Ausgleich von ökonomischen Aktivitäten zugunsten wirtschaftlich unterentwickelter Regionen.

[88] LTDS, 4. WP, Abt. I, 3. Sitzung v. 17.1.61, S. 23ff.

[89] Vgl. hierzu die Debatte in LTDS, 4. WP, Abt. I, 10. Sitzung v. 26.6.61, S. 396ff., Zitat S. 397.

auf den aktuellen Anlaß des Bergarbeiterstreiks, betrachtete den Kanal aber ausdrücklich als Lösung für die Standortprobleme des Landes: „Es muß der Saarwirtschaft darauf ankommen, vor allem einen anderen, möglichst kürzeren Weg nach Süddeutschland zu finden."[90] Mit dieser Begründung wurde die Kanalforderung nun erstmals zu einem politischen Symbol für die Bewältigung des Strukturwandels in der Saarwirtschaft als Ganzes umgedeutet. Von den mit dieser Forderung verbundenen inneren Widersprüchen - z.B. demjenigen, daß ein solcher Kanal dem Erhalt der Arbeitsplätze gerade im Bergbau nicht unbedingt förderlich gewesen wäre -, wurde weitgehend abstrahiert. Genauso blendete die Opposition in ihrem Antrag das problematische Verhältnis zwischen Saarvertretern und der Deutschen Bundesbahn aus. Der Hinweis auf die von dieser Seite vorgetragene Kritik an der Finanzierung des Kanalprojektes beschrieb nur einen Ausschnitt der Politik der Bahn. Diese hatte zum einen bereits im Zuge der Übernahme der saarländischen Eisenbahnen kostspielige Zugeständnisse hinsichtlich der Tarife für bestimmte im Saarland wichtige Produkte gemacht und sah zum anderen der Etablierung eines konkurrierenden Verkehrsträgers in der Großregion zusätzlich zu der bereits beschlossenen Moselkanalisierung schon aus Gründen der Rentabilität ihrer gerade erst elektrifizierten Eisenbahnlinien mit durchaus gemischten Gefühlen entgegen.[91]

Die von Werner Scherer an gleicher Stelle für die CDU beantragte Verweisung des Antrags in den Ausschuß - und mithin in das Umfeld nichtöffentlicher Beratung - war kaum mehr als eine „Notlösung"; detaillierte sachliche Argumente gegen den SPD-Antrag konnten oder sollten offenbar nicht genannt werden. Sichtbar wird darin der Versuch, das delikate Thema soweit wie möglich aus den parlamentarischen Beratungen herauszuhalten. Zwar bewegte sich die Regierungspolitik in den darauf folgenden Monaten zögerlich in die von der SPD geforderte Richtung,[92] die anderen Fraktionen hatten aber offenbar den politischen Wert des neuen Symbols schnell

---

[90] LTDS, 4. WP, Abt. I, 22. Sitzung v. 15.5.62, S. 834ff.

[91] Umfassend zu der unternehmenspolitischen Problemstellung der Bundesbahn durch ihren gemeinwirtschaftlichen Auftrag: Günther Schulz, Die Deutsche Bundesbahn 1949-1989, in: Lothar Gall u. Manfred Pohl (Hgg.), Die Eisenbahn in Deutschland. Von den Anfängen bis zur Gegenwart, München 1999, S. 317-376. Danach wickelte die Bundesbahn zu Ende der 50er Jahre bereits „mehr als die Hälfte ihres Transportvolumens" über Ausnahmetarife ab; Schulz interpretiert dies als „Abwehrkampf eines Monopolisten" gegen die Konkurrenz des Straßenverkehrs, ebd., S. 334. Klenke dagegen betont, daß auch die Binnenschiffahrt zu den Ausnahmetarifen ein durchaus ambivalentes Verhältnis hatte, da diese auch ihre Rentabilität gefährdeten. Die Konkurrenzfähigkeit der Wasserstraßen führt er dabei auch auf die gezielte Förderung der kleinen und mittelständischen Schiffahrtsbetriebe durch die Bundesregierung zurück, vgl. Dietmar Klenke, Bundesdeutsche Verkehrspolitik und Motorisierung. Konfliktträchtige Weichenstellungen in den Jahren des Wiederaufstiegs, Stuttgart 1993 (= Zeitschrift für Unternehmensgeschichte, Beiheft 79), bes. S. 45ff. Den Zusammenhang zur Förderung des Straßenverkehrs stellt Dietmar Klenke her, „Freier Stau für freie Bürger". Die Geschichte der bundesdeutschen Verkehrspolitik 1949-1994, Darmstadt 1995.

[92] Z.B. wurden im Haushalt für 1963 immerhin 50.000 DM für Planungsarbeiten am Saar-Pfalz-Kanal eingestellt. Werner Scherer begrüßte dies ausdrücklich, weil so die Planungsarbeiten für dieses Projekt, das „seit einem Jahr" in der Diskussion stehe, beginnen könnten. LTDS, 4. WP, Abt. I, 27. Sitzung v. 7.11.62, S. 1022.

erkannt, so daß Erwin Müller den Kanal bald schon als „wirtschaftspolitische Notwendigkeit"[93] bezeichnen konnte.

Einer der Gründe für die Zurückhaltung der Regierung kann darin gesehen werden, daß auch die Saarwirtschaft eher zögerlich auf das Kanalprojekt reagierte. Zwar hatte die GW-Saar in einer aufwendig gestalteten Werbebroschüre versucht, den Kanal als die geeignete Lösung für die Strukturprobleme der Saarwirtschaft als Ganzes darzustellen,[94] zur Gründung des Saar-Pfalz-Kanal-Vereins kam es jedoch erst am 18. Januar 1963.[95] Offensichtlich erforderte die Koordination der unterschiedlichen Interessen der Saarwirtschaft einen nennenswerten Zeitraum, bis z.B. auch der Vorstandsvorsitzende der Saarbergwerke auf die von Ernst Röchling bereits 1961[96] nachdrücklich erhobene Forderung nach Bau des Kanals einschwenkte. Außerdem stieß die Landesregierung mit diesem Projekt in Bonn auf harsche Ablehnung, wie ein Dossier des Wirtschaftsministeriums über eine Grundsatzbesprechung am 19. August 1962 zwischen Landespolitikern, Wirtschaftsvertretern und Mitgliedern der Bundesregierung zeigt. Die Bundesregierung war unter Hinweis auf die erfolgreich verlaufene Eingliederung nicht einmal ansatzweise bereit, auf die saarländische Forderung nach weiteren Investitionen in die Infrastruktur einzugehen.[97] Zwar konnte in der parlamentarischen Debatte über die Besprechung dieser Eindruck einigermaßen verwischt werden; allerdings sah sich die Landesregierung nun mit dem Vorwurf konfrontiert, sich nicht ausreichend für diese Forderung engagiert zu haben. Von Seiten der SPD-Opposition wurde die Alternative von Als-ob-Tarifen jetzt sogar als reines Verhinderungsinstrument gegenüber dem Kanalbau abgelehnt.[98]

---

[93] LTDS, 4. WP, Abt. I, 27. Sitzung v. 7.11.62, S. 1033.

[94] GW-Saar (Hg.), Weshalb Saar-Pfalz-Kanal, Saarbrücken 1962. In dieser Broschüre werden übrigens auch in einer bemerkenswert langen Reihung Danksagungen an praktisch alle führenden Vertreter der Wirtschaftselite aller Branchen im Saarland ausgesprochen.

[95] Vgl. Industrie- und Handelskammer des Saarlandes (Hg.), Wirtschaft, S. 233. Der Verein nahm seine Tätigkeit dann jedoch sehr schnell auf, was sich auch in der Herausgabe eines Mitteilungsblattes niederschlug; das Gros seiner Veröffentlichungen und seiner Lobby-Tätigkeit liegt jedoch eindeutig im Zeitraum nach der Kohlekrise 1966, worauf an anderer Stelle noch einzugehen sein wird. Diese Gründung stellt eine bemerkenswerte Parallele zur Gründung der „Arbeitsgemeinschaft Autobahn Dortmund-Hagen-Siegen-Gießen" dar, vgl. Petzina, Industrieregion, S. 122.

[96] Rolshoven, Wirtschaftsgrundlagen; Ernst Röchling, Industrie, S. 24.

[97] LASB StK Kabinettsregistratur, Anlage MW, Kabinettsvorlage Wirtschaftsministerium v. 2.11.62. In der endgültigen Fassung der Stellungnahme der Regierung wurde die Passage zur erfolgreichen Eingliederung drastisch entschärft: Ein ursprünglich vorgesehener Hinweis auf die positiven Auswirkungen auf den saarländischen Lebensstandard („ich verweise auf den Eigenwohnungsbau, den Schulbau, den Straßenbau, die ungewöhnlich schnelle Zunahme von privaten Kraftfahrzeugen, Fernsehapparaten, Haushaltsgeräten aller Art, den ständig steigenden Verbrauch an Nahrungs- und Genußmitteln höherwertiger Art, die Steigerung des privaten Reiseverkehrs usw. bei gleichzeitig starkem Anwachsen des Sparkapitals") wurde gestrichen; aber auch im Schlußsatz „Die Regierung ... ist überzeugt, daß das Gespräch bei dem Herrn Bundeskanzler entscheidend dazu beitragen wird ..." wurde das Wort „entscheidend" gestrichen. Zur Wirkung der Eingliederung auf die Versorgung der Bevölkerung mit langlebigen Gebrauchsgütern vgl. Paul Thomes, „Gebb Gas, Theo!" Autoalltag - Autobiographien - Autoerfahrungen, in: Dillmann u. van Dülmen (Hgg.), Lebenserfahrungen, S. 166-207.

[98] Vgl. hierzu die Debatte in LTDS, 4. WP, Abt. I, 28. Sitzung v. 5.12.62, S. 1060ff.

Der Strategiewechsel der Landesregierung, der in der Durchsetzung der „Als-ob-Lösung" anstelle des Kanalprojektes bestand, kann auf diese Widerstände zurückgeführt werden. Anfang 1963 fanden Gespräche mit der Deutschen Bundesbahn über die Gewährung von kanalgleichen Tarifen für die Saarwirtschaft statt, die am 17. Mai 1963 zu der scheinbar salomonischen Lösung der Konstruktion dieser Tarife als Wettbewerbstarife[99] führten. Dadurch konnte - im Rahmen von vertraulichen Expertengesprächen - neben der schnell möglichen Umsetzung auch eine nach Produkten und Branchen differenzierte Subventionierung realisiert werden, was unerwünschte Nebeneffekte vermied.[100] Auf den entscheidenden Nachteil dieser Lösung, daß nämlich Wettbewerbstarife nach damaliger Rechtslage nur zulässig waren, wenn der konkurrierende Verkehrsträger - sprich: der Saar-Pfalz-Kanal - tatsächlich vorhanden oder doch zumindest konkret geplant war, wies die in diesen Fragen stets erstaunlich gut informierte SPD-Opposition im Saar-Landtag bereits frühzeitig hin.[101] Dieses Problem wurde dadurch verschärft, daß die Deutsche Bundesbahn im Gegenzug zur Gewährung der Tarife von der Landesregierung die Zusage einforderte, in Zukunft die Forderung nach dem Bau des Saar-Pfalz-Kanals öffentlich nicht mehr zu erheben.[102] Hinzu kam, daß die Bahn das Land Rheinland-Pfalz aus der Gewährung von Sondertarifen ausschließen wollte, worauf von saarländischer Seite nicht rechtzeitig reagiert wurde.[103] Dadurch geriet die Tarifkonstruktion schon vor ihrer Inkraftsetzung am 1. Juni 1964 in die Gefahr, von den supranationalen Behörden nicht anerkannt zu werden.[104]

---

[99] Im Gegensatz zu Ausnahmetarifen für bestimmte Produktgruppen konnten Wettbewerbstarife nach Art. 70 und 80 des Vertrag über die Gründung der Europäischen Gemeinschaft für Kohle und Stahl von einem Verkehrsträger für bestimmte Unternehmen oder Waren gewährt werden, wenn dieser Verkehrsträger sich in direktem Wettbewerb zu einem Konkurrenten befand. In dieser Form waren sie auch nicht genehmigungspflichtig. Unterstützungstarife als Sonderform von Ausnahmetarifen dagegen bedurften einer Genehmigung durch die Europäischen Behörden und konnten nur zeitlich befristet zugunsten bestimmter Regionen oder Unternehmen gewährt werden, z.B. um Umstrukturierungsmaßnahmen zu fördern; vgl. hierzu: Georg Ress, Die Zulässigkeit potentieller Wettbewerbstarife im Verkehrsrecht der Montanunion. Überlegungen zur Auslegung von Artikel 70 EGKS-Vertrag anläßlich der Kanalisierung der Saar, in: Wilhelm G. Grewe, Hans Rupp u. Hans Schneider (Hgg.), Europäische Gerichtsbarkeit und nationale Verfassungsgerichtsbarkeit. Festschrift zum 70. Geburtstag von Hans Kutscher, Baden-Baden 1981, S. 339-370, bes. S. 350-360.

[100] LASB StK Kabinettsregistratur, Anlage MW, Kabinettsvorlage Wirtschaftsministerium v. 3.3.64.

[101] Kurz zusammengefaßt bestand das Problem darin, daß die Wettbewerbssituation der Schiene gegenüber dem Kanal ausschließlich in der erklärten Absicht begründet war, den Kanal zu bauen, wenn die Tarife nicht eingeführt werden würden. LTDS, 4. WP, Abt. I, 34. Sitzung v. 24.5.63, S. 1310. Einen Präzedenzfall der außerordentlich komplizierten juristischen Bewertung schildert Krehbiel, Standortfrage, S. 120.

[102] LASB StK 1733, Kabinettsprotokoll v. 7.1.64.

[103] An den Vergünstigungen aus den Tarifen hätten alle potentiellen Kunden des Kanals beteiligt werden müssen. LASB StK Kabinettsregistratur, Anlage MW, Brief Altmaier an Röder v. 25.2.64.

[104] Vgl. hierzu den aufschlußreichen Schriftwechsel zwischen dem Staatssekretär im Bundeswirtschaftsministerium, Hermann Eicher, den Ministerpräsidenten Röder und Altmaier sowie dem Bahn-Vorstand Oeftering in: LASB StK Kabinettsregistratur, Anlage MW, Kabinettsvorlage Wirtschaftsministerium v. 4.12.64. Zwischenzeitlich hatte die Bahn erkannt, daß die Genehmigung der Tarife unsicher war, da die Ernsthaftigkeit der Kanalbauabsichten bezweifelt wurde. Daher forderte Oeftering nun eine deutlichere Erklärung der Regierungsstellen über ihre Kanalabsichten. Eicher dagegen hatte laut seiner Antwort auf

Abgesehen von den juristischen Fragen erforderte die Entscheidung für die Als-ob-Tarif-Lösung auch eine politische Gratwanderung. Noch Anfang des Jahres 1964 hatte der Wirtschaftsminister im Kabinett seine grundsätzlichen Bedenken gegen diese Lösung deutlich gemacht, deren Dauerhaftigkeit er bezweifelte; offenbar hatte ihn vor allem die Akzeptanz dieses Modells in nicht näher beschriebenen „Wirtschaftskreisen" - und möglicherweise auch der eklatante Mangel an anderen Möglichkeiten - dazu gebracht, die Verhandlungen mit der Bundesbahn wie oben beschrieben zu forcieren. Nun war mit der Gewährung kanalgleicher Tarife die wichtigste Begründung für eine Entscheidung zugunsten des Kanalprojektes weggefallen. Dies stellte insofern ein politisches Problem dar, als noch gar keine Einigkeit über das Ziel bestand, die Saarwirtschaft in eine verkehrspolitisch vorteilhafte Situation zu bringen, wie sie nach dem Bau des Saar-Pfalz-Kanals zu erwarten war: „Weder in Frankreich noch im Ruhrgebiet ist man daran interessiert, daß wir in diese günstige Situation kommen. ... bisher hat uns noch keiner den Kanal angeboten."[105] Die als Begründung für eine derartige Maßnahme anzuführende Benachteiligung der Saarwirtschaft durch historisch-politische Besonderheiten war quantitativ kaum ausreichend detailliert zu fassen. Mit Zahlen zu untermauern war nur die Benachteiligung der Saarwirtschaft durch den Moselkanal, wobei der früher ansatzweise bereits erfolgte Ausgleich dieser Benachteiligung durch günstigere Eisenbahntarife kontraproduktiv wirkte; damit war die Benachteiligung des saarländischen Wirtschaftsraums nicht mehr anhand von Fakten nachweisbar, womit endgültig keine objektive Begründung mehr für den Bau eines Saar-Pfalz-Kanals hat angeführt werden können. In dieser reichlich verwickelten Situation präzisierte die Landesregierung im Laufe des Jahres 1964 ihren Standpunkt. Sie stellte die Entscheidung zugunsten des Saar-Pfalz-Kanals als Ausgleichsmaßnahme für den im Saarvertrag vereinbarten Moselkanal dar und erklärte die Gewährung kanalgleicher Tarife durch die Bahn als Reaktion eines Verkehrsträgers im „potentiellen" Wettbewerbsverhältnis.[106] Gegenüber der oben geschilderten Haltung der meisten Saarvertreter im Kontext der Debatte um den Moselkanal, die den Bau des Saar-Pfalz-Kanals gerade nicht als Ausgleichsforderung erhoben hatten, bedeutete diese Darstellung eine bemerkenswerte Reinterpretation der eigenen Position.

---

diese Forderung bereits am 4.2.64 die Bahnführung darauf aufmerksam gemacht, daß vom entschiedenen Willen zum Kanalbau die Genehmigung der Wettbewerbstarife abhänge. Die anschließenden Proteste der Bundesbahn gegenüber der Regierung in Rheinland-Pfalz, die ihre Bereitschaft zum Kanalbau - im Gegensatz zur Saar-Regierung - in aller Deutlichkeit öffentlich bekundete, sei in Bonn nicht verstanden worden: „Ich [Eicher] hob schließlich damals [am 4.2.64] noch hervor, daß die Landesregierung von Rheinland-Pfalz eine konsequente, jeder Nachprüfung vor einem Internationalen Gerichtshof standhaltende Haltung bezogen habe." Zu den geradezu „allergischen" Reaktionen der bayerischen Staatsregierung gegenüber jeder Äußerung, die Zweifel an ihrer Absicht erkennen ließ, den Rhein-Main-Kanal zu bauen, vgl. Alexander Gall, „Gute Straßen bis ins kleinste Dorf!" Verkehrspolitik und Landesplanung 1945 bis 1976, in: Schlemmer u. Woller (Hgg.), Erschließung, S. 119-204, hier S. 193.

[105] So Minister Huthmacher in seinen ersten grundsätzlichen Ausführungen zu dieser Problematik in LTDS, 4. WP, Abt. I, 42. Sitzung v. 15.1.64, S. 1626.

[106] Sehr deutlich bereits in: LTDS, 4. WP, Abt. I, 44. Sitzung v. 4.3.64, S. 1706ff.

Ein gewichtiger Grund für diese höchst problematische Selbstpositionierung der Regierung dürfte darin zu sehen sein, daß der Kanalfrage neben ihrer symbolisch-politischen Bedeutung als Teil der Frage nach der Standortqualität des Saarlandes hohe Bedeutung für Grundlinien der Wirtschaftspolitik des Landes zukam.[107] Es kann zwar allgemein festgestellt werden, daß im „magischen Dreieck" der regionalen Strukturfaktoren Arbeitskräftepotential, Transportkosten und Agglomerationsvorteile die Bedeutung der Transportkosten durch die technische Entwicklung und durch Produktinnovationen immer stärker an Bedeutung verlor; um so mehr wirkte sich aber der überdurchschnittliche Besatz mit transportkostenintensiven Industrien in bestimmten Regionen, so auch im Saarland, negativ auf deren Wachstumsmöglichkeiten aus.[108] Im Umkehrschluß war durch die ungünstige Standortlage auch der Erfolg von Maßnahmen zur Ansiedlung neuer, möglicherweise weniger transportkostenreagibler Industrien gefährdet. Für die aus regionalpolitischer Sicht wegen ihrer geringeren Konjunktursensibilität besonders begrüßenswerten Ansiedlungen in Form von Betriebsverlagerungen oder neu errichteten Werken mit Stufenbetrieben hatten Agglomerationsvorteile hohe Anziehungskraft. Da das Saarland über derartige Vorteile - nicht zuletzt aus politisch-historischen Gründen - nicht in gleichem Umfang verfügte wie die industriellen Zentren Deutschlands, hätten allenfalls deutliche Standortvorteile, wie z.B. eine günstigere Verkehrsanbindung, die Region für ansiedlungswillige Unternehmen attraktiv gemacht.[109] Dies gilt um so mehr für diejenigen Branchen der weiterverarbeitenden Industrie, die in enger Zusammenarbeit mit der bestehenden Schwerindustrie die Struktur des Industriegebietes hätten „auflockern" sollen. Vor allem aber für die Eisen- und Stahlindustrie hatte die Standortfrage hohe Bedeutung. Diese ist nicht nur in der akuten Kostenbelastung zu sehen,[110] die selbst durch andere Faktoren, wie z.B. niedrigere Arbeitskosten, nicht auszugleichen war,[111] sondern auch in Einschränkungen bei der Planung der Unternehmenspolitik. Die aufgrund des Kostendrucks eigentlich gebotene Entscheidung zugunsten einer Diversifizierung und Spezialisierung der Unternehmen erforderte hohe Investitionen, deren Rentabilität am Standort Saarland aufgrund der Transportkostenbelastung aber nicht gesichert war. Nach den bereits im Umfeld der Einführung des deutschen Eisenbahntarifsystems gemachten negativen Erfahrungen war die neuerliche Unsi-

---

[107] Einen ausführlichen Überblick über diesen Aspekt bietet CAPEM, Infrastructures, S. 1-26.

[108] Vgl. zu diesem Gedankengang Petzina, Standortverschiebungen, S. 120ff.

[109] Vgl. hierzu die auf breiter Datengrundlage erarbeiteten Ergebnisse bei Wittenberg, Industriebetriebe, S. 82.

[110] Die hohe Belastung der Saarhütten durch Transportkosten - und die damit verbundene geringere Konkurrenzfähigkeit bzw. niedrigere Rentabilität der saarländischen Unternehmen - ergab sich zum einen durch den in dieser Branche allgemein hohen Anteil der Transportkosten, aber auch aus der besonderen Absatzlage der saarländischen Stahlindustrie: Während z.B. im Ruhrgebiet 60% des Absatzes revierintern erfolgte, betrug der Wert für das Saarland nur ca. ein Drittel, vgl. Wettig, Studie, S. 68 und S. 24, mit ausführlichen Zahlenangaben.

[111] Krehbiel, Standortfrage, S. 56, beziffert den Anteil der Arbeitskosten an den Gesamtkosten der Roheisenphase auf ca. 2,3%.

cherheit über die zu erwartende zukünftige Kostensituation nicht dazu geeignet, die für umfangreiche Investitionen nötige Planungssicherheit zu schaffen.[112]

Einfluß auf die Politik der Landesregierung ist wohl auch dem besonders im Laufe des Jahres 1964 von der Opposition im Landtag ausgeübten Druck zuzumessen. Schon Anfang des Jahres setzten sich die Sozialdemokraten zum Ziel, die Regierung zu einer klaren Stellungnahme in der Kanalfrage zu zwingen.[113] Der Teilerfolg der Regierung, die Bereitschaft der Bahn zur Gewährung von Als-ob-Tarifen erreicht zu haben, überzeugte die Parlamentarier nicht. Vielmehr interpretierte die SPD diese Regelung - durchaus richtig - als indirekten Verzicht auf den Kanalbau: „Bedeutet das, daß Sie den Kanal an die Bundesbahn verkauft haben?"[114] Im weiteren Verlauf der Diskussionen eskalierte die SPD ihre Konfliktlinie mit der Regierung immer weiter, bis sie zuletzt sogar die Fähigkeit der Regierung, die Interessen des Landes gegenüber Dritten angemessen zu vertreten, grundsätzlich in Zweifel zog: „Wir stellen fest, daß die saarländische Regierung in der Frage des ... Saar-Pfalz-Kanals, der einmal die wichtigste Wasserstraßenverbindung zu unseren Hauptabsatzgebieten, nämlich zum Rhein, darstellen soll, kein Stehvermögen bewiesen hat."[115] Für die Opposition behinderte diese Politik die gesamte Landesentwicklung: Das Saarrevier sei so in „den Windschatten aller Montanreviere Europas getreten".[116]

Die demgegenüber von Regierungsseite auffallend heftig vorgetragene Argumentation, das Akzeptieren der Tarife bedeute eine „temporäre optimale Lösung"[117] und eine konsequente Fortführung der früheren Politik, nach der zwischen 1955 und 1959 auch die Wirtschaft den Bau des Kanals nicht gefordert habe, überzeugte anscheinend nicht einmal alle Skeptiker in den eigenen Reihen. In einer interessanten Nebenbemerkung führte Fritz Hoffmann (CDU) aus: „Auch viele von uns sind erst im Laufe der Zeit dahintergekommen, daß gewisse Probleme, nämlich die Standortprobleme, keine Übergangsschwierigkeiten sind."[118] Nervosität bestimmte fortan die Reaktionen der Regierung in dieser Frage. Schon in der ersten Sitzung nach der Sommerpause weigerte sich die Regierung schlichtweg, eine Anfrage der SVP zur Frage der Kanali-

---

[112] Vgl. hierzu Nathusius, L'acier, S. 128.

[113] Kurt Conrad forderte den Ministerpräsidenten ausdrücklich dazu auf, „das Schweigen dem Parlament gegenüber" zu durchbrechen, LTDS, 4. WP, Abt. I, 42. Sitzung v. 15.1.64, S. 1553.

[114] So die mehr als rhetorische Zwischenfrage von Kurt Conrad in ebd., S. 1625.

[115] Kurt Conrad (SPD) in LTDS, 4. WP, Abt. I, 46. Sitzung v. 12.5.64, S. 1756.

[116] Dieser Kritikpunkt bezog sich vor allem darauf, daß die „raumfüllende Kraft", die einem Kanal in Hinblick auf die Gesamtregion zukomme, den vereinbarten Tarifen nicht zuzurechnen sei, ebd., S. 1757.

[117] So der Abgeordnete Fritz Wedel (DPS), ebd., S. 1761.

[118] Ebd., S. 1769. Sehr interessant ist der damit ausgedrückte schrittweise Umschlag der Krisenwahrnehmung vom Standort- und Regionalproblem insgesamt, der sich auch in einer Reihe von öffentlichen Äußerungen außerhalb der Politik niederschlug. Z.B. enthält Menno Aden, Das Saarland. Wirtschaftsraum mit europäischer Atmosphäre, Essen 1964, S. 159, einen Forderungskatalog an die regionale Wirtschaftspolitik, der so gar nicht in den ansonsten eindeutigen Charakter der Broschüre als Werbeschrift für die Region - veröffentlicht auch als: La Sarre. Le pays et son industrie, Essen 1964 - passen will.

sierung der Saar in Richtung Mosel zu beantworten.[119] Allerdings trat der gewünschte Effekt nicht ein. Vielmehr beantragten SPD und SVP nun gemeinsam eine Sondersitzung des Parlamentes, in der sie den von Bundesverkehrsminister Seebohm öffentlich eingebrachten Alternativvorschlag einer Kanalisierung der Saar in ihren Rückwirkungen auf die saarländische Verkehrspolitik ausführlich problematisierten.[120] Der Vorstoß Seebohms wurde als Attacke gegen den Saar-Pfalz-Kanal und damit gegen die Grundlage der Als-ob-Tarife dargestellt, eine Attacke, die nur gelingen konnte, weil die Regierung die Kooperation mit dem Parlament aus parteitaktischen Rücksichtnahmen gegenüber der Bundesregierung nicht ausreichend gesucht habe. Aus dieser taktisch ungünstigen Lage fand die Regierungsseite keinen Ausweg.[121]

Geradezu zum Debakel drohte sich die Kanalfrage für die Landesregierung im Frühjahr des Jahres 1965 zu entwickeln. Nachdem die geplante Ansiedlung eines Automobilwerkes in der Nähe von Kaiserslautern die geplante Trassenführung des Saar-Pfalz-Kanals zu durchschneiden drohte[122] und nachdem die EWG-Kommission am 6. März 1965 zu erkennen gegeben hatte, daß sie die Konstruktion der Als-ob-Tarife als Wettbewerbstarife nicht anerkennen würde, trat der Landtag auf Antrag der Oppositionsparteien erneut zu einer Sondersitzung zusammen.[123] In dieser Sitzung inszenierte insbesondere die SPD eine Art „Generalabrechnung". Kritisiert wurde die unzureichende Informationspolitik der Landesregierung gegenüber den Landtagsfraktionen und ihre letztlich erfolglose Verhandlungsführung. Genauso wurde auch das zu geringe Engagement der Bundesregierung problematisiert, deren neue Beschlußlage, den Kanal zu bauen, wenn keine andere Lösung zur Verbesserung der Standortlage gefunden werde, immer noch „sehr dünn"[124] sei.

Daß auch im Rahmen dieser erneut leidenschaftlich geführten Debatte eine inhaltliche Weiterentwicklung der Positionen ausblieb, mag vielleicht noch am wenigsten

---

[119] Die Beantwortung dieser Anfrage wurde abgelehnt, da „sie [die Landesregierung] eine Diskussion der in der Anfrage behandelten Probleme im jetzigen Zeitpunkt für inopportun hält", LASB StK Kabinettsregistratur, Anlage MW, Kabinettsvorlage Wirtschaftsministerium v. 18.6.64.

[120] Vgl. hierzu die Niederschrift der Debatte in: LTDS, 4. WP, Abt. I, 51. Sitzung v. 14.10.64, S. 1890ff.

[121] Allenfalls der von Werner Scherer (CDU) vorgetragene Vorwurf, angesichts der delikaten Verhandlungen über die Berechnungsgrundlage der Als-ob-Tarife gefährde eher die von der SPD entfachte öffentliche Debatte als die Strategie der Regierung die saarländischen Interessen, ist erwähnenswert, ebd., S. 1894.

[122] Vgl. hierzu Mitteilungsblatt des Saar-Pfalz-Kanal-Verein e.V., H. 1 (1965), S. 1-4.

[123] LTDS, 4. WP, Abt. I, 58. Sitzung v. 18.3.65, S. 2098ff. Entgegen der Perzeption im Parlament bezog sich das Prüfungsverfahren auf europäischer Ebene zu diesem Zeitpunkt bereits auf die Frage, ob die Wettbewerbssituation zwischen Bahn und Kanal überhaupt als gegeben anzunehmen sei, weil die Absicht, den Saar-Pfalz-Kanal zu bauen, nicht ausreichend eindeutig dargelegt worden ist, vgl. Ress, Wettbewerbstarife, S. 343f. Wenn eine solche Willenbekundung ausreichend klar formuliert vorgelegen hätte, hätten die Sondertarife als „potentielle Wettbewerbstarife" keiner Genehmigung bedurft. Dieser politische Wille, den Kanal zu bauen, war überwiegend ausschlaggebend; das Freihalten der Trasse dagegen war keine notwendige Bedingung für den potentiellen Wettbewerb, vgl. Albert Rebhan, Die Beseitigung und Verhinderung von Diskriminierungen sowie Subventionen in den Verkehrstarifen Westeuropas, Bad Godesberg 1965, bes. S. 78ff.

[124] LTDS, 4. WP, Abt. I, 58. Sitzung v. 18.3.65, S. 2099.

überraschen. Allenfalls die neuerliche Verengung der Zielsetzung der Landesregierung, die nun endgültig ausschloß, dem „Sirenengesang" von Unterstützungstarifen nachzugeben und statt dessen alle Kraft auf die Durchsetzung eines Beschlusses (!) zum Bau des Kanals verwenden wollte, ist erwähnenswert.[125] Bemerkenswert ist jedoch, daß die Opposition trotz ihrer starken Position an diesem Punkt, der bis hin zur Frage reichte, ob die Informationspolitik der Landesregierung gegenüber dem Parlament überhaupt noch mit der Verfassung in Einklang steht, und trotz der bereits mehrfach in anderen Zusammenhängen thematisierten,[126] hauchdünnen Mehrheit der Regierung von nur 26 von insgesamt 50 Sitzen auf weitergehende Initiativen letztlich doch verzichtete. Statt dessen zog die SPD am Ende der Debatte sogar ihren eigenen Beschlußantrag, der auch eine Mißtrauenserklärung gegenüber der Regierung „wegen unzureichender Vertretung der Landesinteressen" enthalten hatte, zugunsten eines gemeinsamen Papiers aller Fraktionen zurück.

2.1.4 Der regionale Strukturwandel in der Landtagswahl von 1965

Angesichts dieser recht weitgehenden Zuspitzung der politischen Debatte im Saarland bestand die zentrale Frage darin, ob es den Sozialdemokraten bei den im Jahr 1965 anstehenden Wahlen - die Landtagswahl fand am 27. Juni 1965, die Bundestagswahl am 19. September 1965 statt - gelingen könnte, ihren Teilerfolg bei den Kommunalwahlen des vergangenen Jahres weiterzuführen und die CDU als Regierungspartei abzulösen.[127] Die Vorzeichen dafür standen günstig.[128] Die Saar-SPD hatte den neuen Stil der SPD-Politik, die Übereinstimmung ihrer fachlich fundierten Sichtweise mit allgemeinen Erkenntnissen über Notwendigkeiten und Anforderungen an Politik zu betonen, früh und nachhaltig adaptiert.[129] Zwar war im Bereich der Kohlepolitik die Grundsatzentscheidung zwischen „Umstrukturierung" und „Auflockerung" nur reklamiert, aber von der SPD nicht einheitlich beantwortet worden;[130]

---

[125] So Huthmacher ebd., S. 2104.

[126] So z.B. Friedrich Regitz (SPD) in: LTDS, 4. WP, Abt. I, 42. Sitzung v. 15.1.64, S. 1543, der Teile der Haushaltspolitik der Landesregierung damit erklärte, daß „heiße Eisen" bei solchen Mehrheitsverhältnissen nicht angefaßt werden könnten.

[127] Die Ergebnisse der Wahlen sind - nach Kreisen differenziert - publiziert in: Stat. Amt d. Saarl. (Hg.), Statistisches Handbuch für das Saarland 1978, Saarbrücken 1978, S. 75-88. Im folgenden werden, wie auch vorher schon, sofern nicht anders angegeben, bei Kommunalwahlen die Durchschnittsergebnisse der Gemeinderatswahlen auf Ebene der Landkreise, bei Bundestagswahlen die Zweitstimmenanteile auf Landkreisebene und bei Landtagswahlen die Stimmanteile auf Landkreisebene verglichen.

[128] Faulenbach, Modernisierung, S. 284. Christoph Nonn, Die Ruhrbergbaukrise. Entindustrialisierung und Politik 1958 bis 1969, Göttingen 2001 (= Kritische Studien zur Geschichtswissenschaft 149), S. 288, spricht davon, daß die Aussicht auf Stimmengewinne von der SPD „gar kein besonderes Kopfzerbrechen mehr" erfordert hätten.

[129] Vgl. zur Entwicklung der „Regierungsfähigkeit" der Sozialdemokratie auf Bundesebene: Bouvier, SPD, S. 178.

[130] Zur programmatischen Dimension der Schwierigkeiten der SPD, eine klare Konzeption in der Kohlepolitik zu finden, vgl. Christoph Nonn, Das Godesberger Programm der SPD und die Krise des Ruhrbergbaus, in: Vierteljahrshefte für Zeitgeschichte 50 (2002), S. 71-97, der auf S. 88 gar von einem „Verzicht auf konstruktive Kohlepolitik" spricht.

allerdings hatte die Sozialdemokratie in der Kanalfrage eine ebenso eindeutige wie klar alternativ zur Politik der Landesregierung positionierte Linie gefunden, als sie das Projekt der Als-ob-Tarife kategorisch ablehnte. Zudem spielte die auf Bundesebene die Dynamik hemmende Strategiediskussion über das Verhältnis zur Regierung eine geringere Rolle. Der gegen Willy Brandt erhobene Vorwurf, einen zu sanften Oppositionsstil zu pflegen, konnte gegenüber der Saar-SPD zumindest in den letzten 18 Monaten vor der Landtagswahl 1965 kaum formuliert werden.[131]

Das Wahlergebnis zeigt jedoch, daß die Zusammenhänge zwischen politischer Diskussion und Wählerverhalten im Saarland offenbar deutlich komplizierter waren. Zwar hat die SPD ihr Wahlergebnis bei der Landtagswahl gegenüber dem Wahlgang von 1960 deutlich ausbauen können und mit über 40% der gültigen Stimmen ihr Ergebnis der Kommunalwahl von 1964 nochmals verbessert; allerdings konnte auch die CDU deutliche Zuwächse verbuchen und rangierte mit 42,7% nun wieder vor allen Konkurrenten. Gegenüber der Kommunalwahl von 1964 wies sie damit sogar einen deutlich höheren Zugewinn auf als die SPD. Relativ einheitlich entwickelte sich eigentlich nur der Wahlerfolg der DPS - und zwar negativ. Auch deren „Absturz", der sie 1964 im Landesschnitt unter die 10%-Marke geführt hatte, war aber zumindest gebremst. Noch deutlicher treten diese Trends hervor, wenn man die Ergebnisse der Bundestagswahl von 1965 einbezieht. Bei zur Mitte des Jahrzehnts stagnierenden Werten der DPS weisen die Kurven für SPD wie CDU nach oben, wobei die Stellung der CDU als stärkster Partei dem Anschein nach kaum in Gefahr geriet.

Komplizierter wird dieser Befund, wenn man die Veränderung der Wahlbeteiligung regional differenziert in Betracht zieht. Sowohl bei der Kommunalwahl des Jahres 1964 als auch bei der folgenden Landtagswahl betrug sie knapp über 80%, bei der Bundestagswahl jedoch über 90% im Landesschnitt. Auffällig sind dabei besonders die niedrigen Beteiligungsquoten in der Stadt Saarbrücken, die ungefähr zehn Prozentpunkte unter dem Landesschnitt lagen, wobei die Abweichung bei der Bundestagswahl geringer war als bei anderen Wahlen. In der Landeshauptstadt erreichten die Sozialdemokraten dabei zwar sehr gute Resultate, die Zahl der für sie abgegebenen Stimmen variierte jedoch nur sehr schwach mit den Verschiebungen in der Wahlbeteiligung: zwischen 25.000 und 27.000 Stimmen, mehr schien für die SPD in Saarbrücken nicht erreichbar.[132] Dieses ungünstige Ergebnis kann teilweise durch Berücksichtigung der besonderen Geschichte der Saar-SPD erklärt werden: Karl Rohe hat bei seiner Analyse der vor dem Hintergrund der sozio-ökonomischen Struktur des Ruhrgebiets bis in die späten 60er Jahre eigentlich enttäuschenden Wahlergebnisse der SPD auf Landesebene die Formel von der „verspäteten Region"

---

[131] Bouvier, SPD, S. 228ff.

[132] Zu den Rückwirkungen der enttäuschenden Ergebnisse der SPD bei Wahlen in Bundesländern zur Mitte der 60er Jahre in der Wahrnehmung der Bundespartei vgl. Kurt Klotzbach, Der Weg zur Staatspartei. Programmatik, praktische Politik und Organisation der deutschen Sozialdemokratie 1945 bis 1965, Berlin u. Bonn 1982, S. 593ff.

entwickelt.[133] Damit kann Rohe den schwierigen Weg der SPD in Nordrhein-Westfalen zur Ablösung der CDU als regional dominanter Partei erklären.[134] Möglicherweise ist das im Vergleich dazu schlechte Abschneiden der Saar-SPD auf ihre nicht zuletzt aus der problembehafteten Vereinigung mit der SPS im Jahr 1956 resultierenden Organisationsdefizite und weniger auf ihre unzureichende politische Innovationskraft zurückzuführen.[135]

Allerdings stellt Walter Kappmeier gegen die nicht selten kolportierte Sichtweise von einer kontinuierlichen Dominanz der CDU im Saarland seine These, daß die ungünstigeren Ergebnisse zur Mitte der 60er Jahre nicht als Ausnahme verstanden werden sollten. Kappmeier sieht die Zuwächse bei der SPD als Ausdruck der schrittweisen Reduktion des monopolartigen Erfolgs der CDU bei den Katholiken.[136] Dieser Hinweis ist insofern wichtig, als er den Blick für den „Ausbruch" der S-Parteien aus dem 30%-Ghetto der Nachkriegszeit schärft, der offensichtlich zur Mitte der 60er Jahre gelungen war. Andererseits ist vor dem Hintergrund der Veränderungen der Wahlbeteiligung - und auch der Wahlergebnisse bis Ende der 70er Jahre - mit Karsten Rudolph zu fragen, ob dieser Ausbruch nicht auch die nun endlich gelungene Ausschöpfung des regionalen Wählerpotentials durch die SPD darstellt.[137] Kann also der Weg der Saar-SPD zur Volkspartei im Rudolphschen Sinne über ihren Beitrag zur „Regulierungsleistung" der Politik gegenüber den neuen gesellschaftlichen und ökonomischen Herausforderungen der 60er Jahre erklärt werden?[138] Die Antwort darauf sollte im saarländischen Fall besonders leicht gelingen, stellt doch die im Umfeld der Wahlen akut gewordene Frage nach Verkehrsinfrastruktur ein in den Bundesländern besonders wahlkampfwirksames Thema dar.[139] Möglicherweise sind

---

[133] Sein Grundgedanke lautet, daß auch aus vormodernen Erklärungsansätzen Deutungen des Strukturwandels in Form von kontingenten „Weltbildern" überzeugend entwickelt werden können, und zwar insbesondere dann, wenn deren Integrationskraft durch geeignete organisatorische Instrumente zur Beeinflussung der politischen Kommunikation gestärkt wird. Eine Zusammenfassung seiner Analyse findet sich in: Karl Rohe, Die „verspätete" Region. Thesen und Hypothesen zur Wahlentwicklung im Ruhrgebiet vor 1914, in: Peter Steinbach (Hg.), Probleme politischer Partizipation im Modernisierungsprozess, Stuttgart 1982, S. 231-252.

[134] Karl Rohe, Vom alten Revier zum heutigen Ruhrgebiet. Die Entwicklung einer regionalen politischen Gesellschaft im Spiegel der Wahlen, in: ders. u. Herbert Kühr (Hgg.), Politik und Gesellschaft im Ruhrgebiet. Beiträge zur regionalen Politikforschung, Königstein 1979, S. 21-73.

[135] Zu den innerparteilichen Problemen nach der „Kapitulation" der SPS vgl. Rauls, SPD, S. 71ff. Die ebd., S. 78, vorgetragene Kritik an der fehlenden Aggressivität der Parteiführung zwischen 1961 und 1967 scheint eher die Sichtweise der von Rauls interviewten Zeitzeugen des „Umbruchs" der späten 60er Jahre in der SPD zu reflektieren, auf den an anderer Stelle dieser Arbeit noch einzugehen sein wird. Jedenfalls ist es vermutlich der Sozialdemokratie im Saarland sehr viel weniger gelungen, ein System von „basisnahen Stellvertretern" zu entwickeln, dessen Durchsetzung die Wahlerfolge der SPD im Ruhrgebiet ermöglich hat, vgl. Nonn, Ruhrbergbaukrise, S. 285ff.

[136] Kappmeier, Konfession und Wahlverhalten, S. 73.

[137] Karsten Rudolph, Die 60er Jahre - das Jahrzehnt der Volksparteien?, in: Schildt, Siegfried u. Lammers (Hgg.), Dynamische Zeiten, S. 471-491, hier: S. 481.

[138] Ebd., S. 479.

[139] Schulz zur Wiesch, Planungspolitik, S. 277.

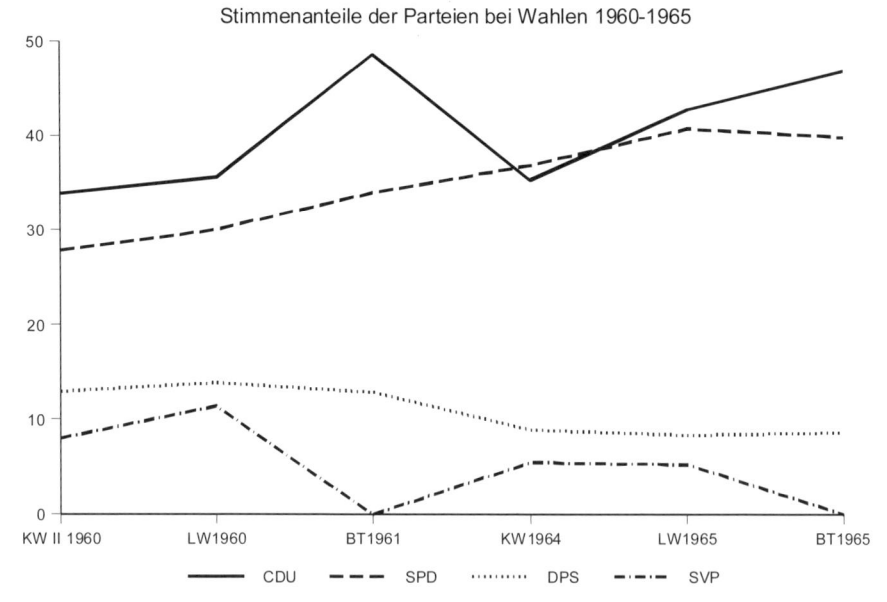

Stimmenanteile der Parteien bei Wahlen 1960-1965

——— CDU   - - - SPD   ·········· DPS   -·-·- SVP

Angaben in Prozent der gültigen Stimmen. Lesebeispiel: Der relativ geringe Erfolg der CDU bei den Kommunalwahlen 1964 läßt diese Wahl zum einzigen Urnengang werden, bei dem die SPD im Landesschnitt einen höheren Anteil von Stimmen auf sich vereinigen konnte. Quelle: Stat. Amt d. Saarl. (Hg.), Die Wahlen im Saarland am 4. Dezember 1960, Saarbrücken 1961 (= SiZ, Sonderh. 17); dass. (Hg.), Endgültige Ergebnisse der Bundestagswahl im Saarland am 28. September 1969, Saarbrücken 1969 (= SiZ, Sonderh. 60); dass. (Hg.), Statistisches Handbuch für das Saarland 1976, Saarbrücken 1976.

aber diesbezüglich die Veränderungen in der Wahlbeteiligung aussagekräftiger als die Verschiebungen zwischen den Parteien. Der deutliche Anstieg der Wähleraktivität bei den Bundestagswahlen 1965 könnte demnach auch als statistischer Niederschlag einer Einstellung verstanden werden, nach der nicht nur die Bundesebene wichtiger als die Landesebene ist, sondern nach der auch für die Lösung der auf Landesebene anstehenden Probleme dem Zusammenhang zwischen von einer Partei auf Landes- und Bundesebene vertretenen Lösungsansätzen eine hohe Bedeutung zukommt.[140]

Dann aber stellt sich die Frage nach der Ursache für die Stabilisierung der CDU-Ergebnisse neu. Es steht zu vermuten, daß die von Patzelt vorgeschlagene

---

[140] Ein Indiz dafür liefern die Umfrageergebnisse in: Arbeitskammer des Saarlandes (Hg.), Zehn Jahre danach. Meinungen, Einstellungen und Verhaltensweisen zehn Jahre nach dem Tag X, Wiebelskirchen 1969, S. 85f., nach denen die Zuständigkeit des Bundes zur Lösung wirtschaftlicher Probleme von den Saarländern, die direkt vom Strukturwandel betroffen waren, besonders stark betont wurde. Hierbei stand jedoch im Saarland der „bundespolitischen Enthaltsamkeit" der SPD-Saar - Bernd Rauls, Die SPD im Saarland. Struktur und innerparteiliche Entwicklung 1955-1985, (Mag. Arb.) Trier 1989, S. 312 - die bis dahin bei Wahlen wenig erfolgbringende Keynes-Perzeption der Bundespartei gegenüber, vgl. Michael Held, Sozialdemokratie und Keynesianismus. Von der Weltwirtschaftskrise bis zum Godesberger Programm, Frankfurt a.M. 1982, S. 226.

Funktion von Landesparteien als Garanten der „Responsivität" des politischen Systems[141] weniger stark an Erfolg oder Mißerfolg einzelner „Regulierungsleistungen"gebunden ist.[142] Nachdem noch bis zu den unmittelbar vorhergehenden Kommunalwahlen auf saarländischer Ebene ein hoher Anteil an Stimmen abweichend von der für die Bundesrepublik dieser Jahre typischen Verteilung auf CDU, FDP und SPD abgegeben wurde, trat bei der Landtagswahl 1965 erstmals eine deutliche Veränderung ein: Die DPS schrumpfte auf einen für die Liberalen kaum noch besonders günstigen Wert, die SVP erreichte nur mühsam die 5%-Marke, und der Anteil der „Sonstigen" war viel zu gering, als daß irgendwo ein „Auffangbecken" für die bei Kommunalwahlen immer noch sehr erfolgreichen Freien Listen gesucht werden könnte. Vermutlich hat die CDU von diesen neu in das Drei-Parteien-System stoßenden Wählerstimmen maßgeblich profitiert.[143] Dieser Erfolg kann darauf zurückgeführt werden, daß die CDU als langjährige Regierungspartei eben auch für die Durchsetzung der Einstellung stand, daß die konkret zu bewältigenden Probleme grundsätzlich im föderalen System als lösbar einzuschätzen waren -[144] unabhängig von der Durchsetzung bestimmter Einzelmaßnahmen. Dies würde z.B. dem ursprünglich wohl machterhaltend gemeinten Eingreifen Röders im Zusammenhang mit dem Bergarbeiterstreik 1962 auch systemstabilisierende Funktion zuweisen. Letztlich wäre jedenfalls der relative Erfolg der Christdemokraten zur Mitte des Jahrzehnts damit zu erklären, daß die von ihnen repräsentierte Form - nicht unbedingt der Inhalt - der föderalen Problemverarbeitung den Menschen angemessen erschien.[145]

---

[141] Vgl. hierzu die Definition von Hermann Schmitt, Neue Politik in alten Parteien. Zum Verhältnis von Gesellschaft und Parteien in der Bundesrepublik, Opladen 1987, S. 48: „Wir wollen im folgenden unter parteilicher Responsivität verstehen das Ausmaß der Wahrnehmung und politikrelevanten Verarbeitung von Veränderungen des gesellschaftlichen Problemhaushaltes durch (in Mehrparteiensystemen: mindestens eine) politische Partei(en) mit dem Ziel der dauerhaften Stabilisierung/Verbreiterung ihrer Wählerbasis." Zu methodischen Aspekten bei der Untersuchung von regionalen Parteiensystemen: Werner J. Patzelt, Die vergleichende Untersuchung von Landesparteien. Kommentar zum Beitrag von Everhard Holtmann, in: Arthur Benz u. Holtmann (Hgg.), Gestaltung, S. 77-88, bes. S. 83ff.

[142] Einen völlig anderen Ansatz zur Erklärung des Wegs der CDU zur Volkspartei wählt Dorothee Buchhaas, Die Volkspartei. Programmatische Entwicklung der CDU 1950-1973, Düsseldorf 1981 (= Beiträge zur Geschichte des Parlamentarismus und der politischen Parteien 68), die hauptsächlich den Zusammenhang von Programmatik und ideologischen Grundlagen der Partei und den allgemein beobachtbaren gesellschaftlichen Veränderungen problematisiert. Die Reichweite derartiger Ansätze scheint recht begrenzt, da gerade die hier diskutierten Strukturwandelvorgänge in unterschiedlichen Ländern völlig unterschiedliche Anforderungen an Politik stellten.

[143] Falter, Wahlentscheidung, S. 92f.

[144] Holtmann unterscheidet verschiedene Raumfunktionen auf Länderebene (z.B. „Problemräume" vs. „Optionsräume"), denen die einzelnen Parteifunktionen („Partei im Parlament", „Partei in der Regierung") in ihren Vermittlungsleistungen zuzuweisen sind; Holtmann, Regionale Parteien, S. 73.

[145] Die prägnante Formulierung des Ministerpräsidenten, der die Landtagswahlen von 1960 als „Rosinenwahlen" bezeichnete, weil seiner Meinung nach zwischenzeitlich eine gewisse Enttäuschung über die CDU eingetreten sei, nachdem die jeweils besten Ideen aus deutschem und früherem saarländischem System entgegen den Erwartungen nicht hatten nahtlos zusammengebacken werden können, spricht für diese These: Immerhin steigerte die CDU ihren Stimmenanteil trotz dieser Enttäuschung um ca. 7 Prozentpunkte. Ganz ähnlich interpretiert dies auch Nonn, Ruhrbergbaukrise, S. 291, der den im Unterschied zum Saarland in Nordrhein-Westfalen eingetretenen Mehrheitsverlust der CDU mit einer „Vertrauenskrise"

Zum Teil sind diese Probleme bei der Interpretation auch darauf zurückzuführen, daß schon ganz allgemein der Zusammenhang zwischen Landespolitik und regionalem Strukturwandel in der Bundesrepublik nicht geklärt ist. Einen Versuch zur Klärung unternahm zuletzt Stephan Deutinger mit seiner Arbeit über die Förderpolitik Bayerns im Bereich Forschung und Entwicklung und deren Zusammenhang mit der Modernisierung des Landes. Enttäuschend ist dieser Versuch insofern, als sogar für den Autor selber der Bezug zwischen Strukturpolitik auf Länderebene und Strukturwandel unklar blieb. Nicht einmal eine Aussage darüber, ob die Ansiedlung von neuen Industrien Auslöser oder Folge der Modernisierung war, erscheint Deutinger am Ende seiner Arbeit möglich. Um die Frage zu klären, ob dieser Zusammenhang sich wirklich dem „Methodeninstrumentarium des Historikers"[146] entzieht, sollen im folgenden regional orientierte Disziplinen, insbesondere die Landes- und Regionalgeschichte, daraufhin untersucht werden, inwieweit sie methodische Ansätze für regional ausgerichtete zeithistorische Forschung bieten.

2.2 Der regionale Strukturwandel als methodisches Problem der Zeitgeschichte

2.2.1 Anknüpfungspunkte in Landes- und Regionalgeschichte

Die Einrichtung des Lehrstuhls für Landes- und Siedlungsgeschichte in Leipzig im Jahr 1906 stellte eine entscheidende Zäsur auf dem Weg der Institutionalisierung der Landesgeschichte als wissenschaftlicher Disziplin dar.[147] In methodischer Hinsicht wurde daraus der Ansatz entwickelt, „in Grenzen unbegrenzt" mit einer „relativ klar umrissenen Methodik [nämlich des] erklärenden Vergleichs ... überschaubare Raumtypen mittlerer Größe" zu bearbeiten.[148] Das Forschungsinteresse konzentrierte sich bald auf weiter zurückliegende Epochen,[149] wobei in der interdisziplinären Zusam-

---

erklärt, in welche die Christdemokraten geraten waren, nachdem ihre Landesregierung kein regionales Konzept zur Überwindung der Kohlekrise vorlegen konnte - bzw. wollte. Allerdings weist das saarländische Beispiel einer dem Bundestrend zuwiderlaufenden Entwicklung darauf hin, daß der Eigenwert der politischen Ebene des Bundeslands keinesfalls unterschätzt werden darf.

[146] Stephan Deutinger, Vom Agrarland zum High-Tech-Staat. Zur Geschichte des Forschungsstandorts Bayern 1945-1980, München 2001, hier: S. 233.

[147] Ulrike Albrecht, Zum Stellenwert der historischen Regionalforschung heute, in: Hans-Jürgen Gerhard (Hg.), Struktur, Bd. 2 S. 597-608, hier: S. 601. Vgl. auch den wissenschaftshistorischen Überblick von Luise Schorn-Lütte, Territorialgeschichte - Provinzialgeschichte - Landesgeschichte - Regionalgeschichte. Ein Beitrag zur Wissenschaftsgeschichte der Landesgeschichtsschreibung, in: Helmut Jäger, Franz Petri u. Heinz Quirin (Hgg.), Civitatum communitas. Studien zum europäischen Städtewesen. Festschrift Heinz Stoob zum 65. Geburtstag, Köln 1984, Bd. 1 S. 390-416 (= Städteforschung. Veröffentlichungen des Instituts für vergleichende Städtegeschichte in Münster, Reihe A, Band 21,1), hier: S. 400ff.

[148] Ludwig Petry, In Grenzen unbegrenzt. Möglichkeiten und Wege der Geschichtlichen Landeskunde, Mainz 1961. Franz Irsigler, Landesgeschichte als regional bestimmte multidisziplinäre Wissenschaft, in: Lieselotte Enders u. Klaus Neitmann (Hgg.), Brandenburgische Landesgeschichte heute, Potsdam 1999 (= Brandenburgische Historische Studien 4), S. 9-22, hier: S. 14.

[149] Einen gerafften Überblick und die unterschiedlichen Schwerpunkte in DDR und Bundesrepublik liefert Peter Steinbach, Territorial- oder Regionalgeschichte: Wege der modernen Landesgeschichte. Ein Vergleich der „Blätter für deutsche Landesgeschichte" und des „Jahrbuchs für Regionalgeschichte", in: Geschichte und Gesellschaft 11 (1985), S. 528-540.

menarbeit, die von Beginn an den landesgeschichtlichen Ansatzes prägte, ein „Stand der Technik" der Methodenlehre erreicht werden konnte.[150] Gemeinsam mit der geographischen Forschung wurde besonders die Frage nach Raummodellen und Raumtypologien intensiv untersucht.[151] Begriffe wie „Kulturlandschaft", „Industrielandschaft" oder „Siedlungslandschaft", die den „anti-etatistischen"[152] Grundzug der Landesgeschichte geprägt hatten, erhielten angesichts der Erfahrung der sich stark beschleunigenden Veränderungen politisch-administrativer Grenzen in Mitteleuropa hohe Bedeutung.[153] Wissenschaftshistorisch stand die Entwicklung der deutschen Landesgeschichte als Disziplin nach dem Ersten Weltkrieg im Kontext der „Geschichtlichen Landeskunde", deren komplexe Beziehung zum Nationalsozialismus die Kontinuitätsprobleme nach dem Zweiten Weltkrieg teilweise erklärt.[154]

Die „Erfindung" der in den 60er Jahren entstehenden Regionalgeschichte beruhte primär auf der Einführung sozialwissenschaftlicher Fragestellungen. Dabei wurde die historische Raumtypologie insofern weiterentwickelt, als „Region" als durch die Forschungspraxis bestimmtes Feld für den Test sozialgeschichtlicher Theorien verstanden wurde.[155] Die Debatte um den innovativen Anspruch der Regionalge-

---

[150] Wichtige Querschnitte des Forschungsstands liefern: Heinz Gollwitzer, Die politische Landschaft in der deutschen Geschichte des 19./20. Jahrhunderts. Eine Skizze zum deutschen Regionalismus, in: Zeitschrift für Bayerische Landesgeschichte 27 (1964), S. 523-552; Franz Petri, Probleme und Aufgaben der Landesgeschichte in Nordwestdeutschland und in den westlichen Nachbarländern, in: Rheinische Vierteljahresblätter 34 (1970), S. 57-87, sowie die Sammlung älterer Aufsätze: Pankraz Fried (Hg.), Probleme und Methoden der Landesgeschichte, Darmstadt 1978.

[151] Klaus Fehn, Zentrale Aufgaben der Landesgeschichte aus der Sicht des Nachbarfaches „Historische Geographie" und des interdisziplinären Arbeitsfeldes „Genetische Siedlungsforschung", in: Buchholz (Hg.), S. 61-74.

[152] Friedrich Prinz, Regionalgeschichte - Landesgeschichte, in: Gerhard A. Ritter u. Rudolf Vierhaus (Hgg.), Aspekte der historischen Forschung in Frankreich und Deutschland. Schwerpunkte und Methoden, Göttingen 1981, S. 202-215, hier: S. 204. Applegate betont besonders das konfliktuelle Verhältnis zu nationalgeschichtlichen Ansätzen: „The devaluation of regions and their pasts in the nineteenth century thus emerged naturally alongside the triumph of the national historiographies.", Applegate, Reflections, S. 1160.

[153] Vgl. zu diesem Modell die zusammenfassenden Aufsätze von Franz Irsigler, Raumkonzepte in der historischen Forschung, in: Alfred Heit (Hg.), Zwischen Gallia und Germania, Frankreich und Deutschland. Konstanz und Wandel raumbestimmender Kräfte. Vorträge auf dem 36. Deutschen Historikertag Trier, Trier 1987 (= Trierer Historische Forschungen 12), S. 11-27, sowie ders., Landesgeschichte. Eine anschauliche graphische Darstellung der verschiedenen Konzepte liefert: Ernst Hinrichs, Zum gegenwärtigen Stand der Landesgeschichte, in: Niedersächsisches Jahrbuch für Landesgeschichte 57 (1985), S. 1-18, hier: S. 5.

[154] Sehr kritisch zum innovativen Anspruch der Kulturraumforschung im Zusammenhang mit der Westraumforschung: Hans Derks, Deutsche Westforschung. Ideologie und Praxis im 20. Jahrhundert, Leipzig 2001 (= Geschichtswissenschaft und Geschichtskultur im 20. Jahrhundert 4). Zur problematischen Rolle der landesgeschichtlichen Forschung in der Auseinandersetzung um das Saargebiet in der Zwischenkriegszeit vgl. Freund, Volk, Reich und Westgrenze, S. 43ff.

[155] Ein entscheidender Unterschied zwischen Landes- und Regionalgeschichte ist also darin zu sehen, daß „Region" als ein durch eine bestimmte Forschungsperspektive bestimmter Raum zu definieren ist. Vgl. hierzu den ausgezeichneten Überblick von Göttmann, Raum, hier: S. 43ff. Zuletzt definierte Carl-Hans Hauptmeyer, Zu Theorien und Anwendungen der Regionalgeschichte. Warum sind Überlegungen zur Theorie der Regionalgeschichte sinnvoll? Auf welche Weise läßt sich Regionalgeschichte anwenden?, in:

schichte eskalierte binnen eines Jahrzehnts zu einer leidenschaftlich geführten Auseinandersetzung zwischen den Vertretern der „älteren" Landesgeschichte und der auch in außeruniversitären Initiativen wie z.B. Geschichtswerkstätten verankerten „modernen Regionalgeschichte".[156] Gerade die Vielfalt der dabei eingeführten „modernen" Fragestellungen schien zunächst die Tauglichkeit des regionalen Ansatzes als solchen in Frage zu stellen.[157] Zudem zeigte sich immer deutlicher ein gewisses Unbehagen angesichts der Dominanz quantitativer Methoden in der Regionalgeschichte.[158] Anstelle des Versuchs der definitorischen Unterscheidung zwischen Landes- und Regionalgeschichte[159] führten aber besonders die inhaltlichen Fortschritte[160] recht bald zu einem „bemerkenswerten Konsens" über die Notwendigkeit räumlicher Ansätze im allgemeinen und der Entwicklung regionalwissenschaftlich grundgelegter Methoden der Neueren und der Zeitgeschichte im besonderen.[161] Mit

---

Jahrbuch für Regionalgeschichte und Landeskunde 21 (1997/1998), S. 121-130, hier: S. 123: „Eine Region ist eine sich wandelnde sozialräumliche Einheit, die modellhaft ähnliches Handeln und Wirken einer menschlichen Gesellschaft abbildet. Allerdings entstehen je nach Erkenntnisinteressen, Fragestellungen, Methoden, Arbeitstechniken, Materialaufbereitung und Darstellungsweise der Forschenden unterschiedliche historische Raumzuordnungen."

[156] Sehr kritisch und mit umfangreichen Literaturangaben zu dieser Phase der Auseinandersetzung: Peter Steinbach, Neue Wege der regionalhistorisch orientierten Alltagsgeschichte, in: Hessisches Jahrbuch für Landesgeschichte 30 (1980), S. 312-336. Einen ausführlichen Überblick über die differenzierte geführte Debatte bietet - mit ausführlicher Bibliographie - der Themenband: Detlef Briesen u. Jürgen Reulecke, Regionalgeschichte. Ein Ansatz zur Erforschung regionaler Identität (= Informationen zur Raumentwicklung 11 (1993), bes. S. 735ff, und Reinhard Stauber, Regionalgeschichte versus Landesgeschichte? Entwicklung und Bewertung von Konzepten der Erforschung von „Geschichte in kleinen Räumen", in: Geschichte und Region / Storia e regione 3 (1994), S. 227-260.

[157] Zum Vorwurf der Beliebigkeit der verwendeten Regionalbegriffe: Otto Dann, Die Region als Gegenstand der Geschichtswissenschaft, in: Archiv für Sozialgeschichte 23 (1983), S. 652-661, hier: S. 656.

[158] Ernst Hinrichs, Regionale Sozialgeschichte als Methode der modernen Geschichtswissenschaft, in: ders. u. Wilhelm Norden (Hgg.), Regionalgeschichte. Probleme und Beispiele, Hildesheim 1980 (= Veröffentlichungen der Historischen Kommission für Niedersachsen und Bremen 24), S. 1-20, hier: S. 5. Zur Antikritik Hans-Ulrich Wehlers an der „theoriefernen" Alltagsgeschichte vgl. Jürgen Reulecke, Von der Landesgeschichte zur Regionalgeschichte, in: Geschichte im Westen 6 (1991), S. 202-208, hier: S. 204.

[159] Erwähnenswert erscheint v.a. der prägnante Definitionsversuch bei Albrecht, Stellenwert, S. 602: „Während Landesgeschichte sowohl Gegenstand einer ganzheitlichen historischen Betrachtung eines Territoriums als auch Mittel zur Erforschung genereller Fragen an die Geschichte sein kann, bezeichnet Regionalgeschichte eine Richtung der Geschichtswissenschaft, die sich mit veränderlichen Teilgebieten befaßt. Als Region im ökonomisch-sozialen Sinne betrachtet man im allgemeinen eine Gruppe geographisch benachbarter Gebiete, die bestimmte gemeinsame oder sich ergänzende Merkmale besitzen oder die durch sich aufeinander erstreckende Aktivitäten oder wechselseitigen Austausch der Gebiete untereinander verbunden sind." Interessant ist dieser Definitionsversuch, weil er die dabei auftretenden Schwierigkeiten deutlich zeigt: Einerseits ist zwar von der Veränderlichkeit der räumlichen Grenzen von Regionen im Sinne der Regionalgeschichte die Rede, andererseits wird doch noch der Versuch unternommen, Regionen „von der Mitte her" über eine Struktur primordialer Faktoren zu definieren - möglicherweise, weil die Problematik rein aus Forschungsperspektive definierter Räume definitorisch nicht zu lösen ist.

[160] Vgl. hierzu z.B. Düwells grundlegenden Aufsatz zur Bedeutung regionaler Ansätze bei der Erforschung des Nationalsozialismus: Kurt Düwell, Die regionale Geschichte des NS-Staates zwischen Mikro- und Makroanalyse. Forschungsaufgaben zur „Praxis im kleinen Bereich", in: Jahrbuch für westdeutsche Landesgeschichte 9 (1983), S. 285-344.

[161] Hinrichs, Stand, S. 1. Albrecht, Stellenwert, S. 599, bezeichnet diese Entwicklung gar als einen

einer Verlagerung des Forschungsinteresses auf Fragen regionaler Wirtschaftsgeschichte[162] trat - möglicherweise aus tagesaktuellen politischen Gründen - eine gewisse Beruhigung im Streit zwischen Landes- und Regionalgeschichte ein, deren Bezeichnungen zwischenzeitlich ohnehin eine Tendenz zur „Synonymität" zu eigen war.[163] Währenddessen war jedoch auch die Institutionalisierung der Regionalgeschichte so weit fortgeschritten, daß sie als „neue Subdisziplin" im Kanon der historischen Wissenschaft bezeichnet werden konnte.[164]

Allerdings stellt die Geschichte Deutschlands in der Nachkriegszeit für die Landes- bzw. Regionalgeschichte einen besonders sperrigen Untersuchungsgegenstand dar.[165] Die Frage ist also, welche methodischen Anknüpfungspunkte die landes- oder regionalgeschichtliche Erforschung früherer Epochen hierfür bietet. Besonders plausibel hierbei ist der Zusammenhang von Industrialisierungsgeschichte und Modernisierungstheorie. Das damit markierte Spannungsfeld bildete in der Regionalgeschichte bei Arbeiten zum 19. Jahrhundert bereits einen methodischen Schwerpunkt[166] und wird als Desiderat der zeithistorischen Forschung zur frühen Bundesrepublik bezeichnet.[167] Vor allem im Kontext der manchmal als „De-Industrialisierung" verstandenen Strukturwandelvorgänge in Regionen der DDR nach der „Wende" gewann dieser

---

„Paradigmenwechsel".

[162] In der westlichen Wissenschaftsgeschichte wird diese Entwicklung nicht selten auf die Arbeit von Sidney Pollard (Hg.), Region und Industrialisierung. Studien zur Rolle der Region in der Wirtschaftsgeschichte der letzten zwei Jahrzehnte, Göttingen 1980 (= Kritische Studien zur Geschichtswissenschaft 42), zurückgeführt. Werner Buchholz, Vergleichende Landesgeschichte und Konzepte der Regionalgeschichte von Karl Lamprecht bis zur Wiedervereinigung im Jahre 1990, in: ders. (Hg.), Landesgeschichte, S. 11-60, hier: S. 36, weist jedoch auf das bereits 1967 erfolgte Plädoyer Erich Maschkes zugunsten einer Untersuchung der Industrialisierung hin, vgl. Erich Maschke, Industrialisierungsgeschichte und Landesgeschichte, in: Blätter für deutsche Landesgeschichte 102 (1967), S. 71-84. Zur Einordnung in die Wissenschaftspolitik der DDR: Karlheinz Blaschke, Die Landesgeschichte in der DDR - ein Rückblick, in: Blätter für deutsche Landesgeschichte 126 (1990), S. 243-261; Ernst Hinrichs, Landes- und Regionalgeschichte, in: Hans-Jürgen Goertz (Hg.), Geschichte. Ein Grundkurs, Hamburg 1998, S. 539-556, hier: S. 539.

[163] Gerhard Stiens, Zur Wiederkunft des Regionalismus in den Wissenschaften, in: Informationen zur Raumentwicklung H. 5 (1980), S. 315-333, hier: S. 317. Buchholz, Vergleichende Landesgeschichte, S. 52.

[164] Reulecke, Landesgeschichte, S. 202.

[165] „Denn es ist doch befremdend, daß eine ihrer ehrwürdigsten Zweige, die Landesgeschichtsforschung, über Jahrzehnte hinweg die Bundesländer als würdiges Untersuchungsfeld so gut wie gar nicht wahrgenommen hat.", Mohr, Landesgeschichtsschreibung, S. 223. Ähnlich auch Jürgen Osterhammel, Die Wiederkehr des Raumes: Geopolitik, Geohistorie und historische Geographie, in: Neue Politische Literatur 43 (1998), S. 374-397, hier: S. 374, der von der „Weigerung deutscher Neuzeithistoriker" spricht, „Geschichte im Raum zu sehen". „Geographische Konkretion bleibt der Landesgeschichte überlassen, einer respektablen, aber sicher nicht das intellektuelle Klima im Fach bestimmenden Unterabteilung der Geschichtswissenschaft." Einen Überblick über die strukturelle und institutionelle Situation der Landesgeschichte in der Nachkriegszeit bietet Wilhelm Janssen, Landesgeschichte im Nachkriegsdeutschland, in: Ulrich Reuling u. Winfried Speitkamp (Hgg.): 50 Jahre Landesgeschichtsforschung in Hessen, Marburg 2000 (= Hessisches Jahrbuch für Landesgeschichte 50), S. 403-421.

[166] Applegate, Reflections, S. 1063ff.

[167] Erker, Zeitgeschichte, S. 231ff.

Ansatz eine hohe Aktualität,[168] hat aber auch in einer Reihe von historischen Arbeiten zur Geschichte der alten Bundesländer eine gewisse Rolle gespielt.[169] Das in der Industrieregionenforschung erarbeitete Postulat einer scharfen Abgrenzung der dabei zugrundegelegten Regionen nach einem ökonomischen Homogenitätskriterium bietet aber Anlaß zur methodischen Kritik: Da schon die Industrialisierung „nicht nur ein technischer, organisatorischer und ökonomischer Umwälzungsprozeß" war, sondern besonders dessen Rückwirkungen auf Gesellschaft und Politik im Vordergrund des Interesses stehen, kann der regionale Strukturwandel kaum in scharf nach einem Homogenitätskriterium abgegrenzten Industrie- oder Montanregionen untersucht werden.[170]

Auch die Unternehmensgeschichte kennt Ansätze, die die Bedeutung der Regionen, ihrer Akteure und deren Verflechtung für den Modernisierungsprozeß untersuchen wollen.[171] Dies verweist auf das ältere Konzept der Kulturregion, das - in methodisch abgewandelter und erweiterter Form - ebenfalls in der auf das 19. Jahrhundert und die Industrialisierung bezogenen Regionalgeschichte breit rezipiert worden ist.[172] Einen wichtigen Bestandteil der methodischen Erneuerung bildete dabei die Einführung von mentalitätsgeschichtlichen und verhaltenswissenschaftlichen Ansätzen.[173] Gemeinsam ist diesen Arbeiten, die teilweise auf hochkomplexe theoretische Modelle von Raum und sozialer Kommunikation zurückgreifen,[174] eine funktionale, wenn nicht gar finale

---

[168] Vgl. hierzu insbesondere das umfangreiche Projekt der Leipziger Studien zur Erforschung von regionenbezogenen Identifikationsprozessen, dessen Ergebnisse in einer gleichnamigen Reihe publiziert werden. Vor dem Hintergrund von Erkers dezidierter Haltung zu Periodisierungsfragen in der Zeitgeschichte ist interessant zu erwähnen, daß, unter der Modernisierungsfragestellung betrachtet, die regionalgeschichtlichen Ansätze Korrekturen an dem traditionell stark nationalgeschichtlich orientierten Bild von der Bedeutung bestimmter Zäsuren in der Geschichte erlauben, vgl. Ulrich Heß, Leipziger Regionalforschung im 20. Jahrhundert, in: Dillmann (Hg.), Prisma, S. 47-65, hier: S. 59.

[169] Einen Forschungsüberblick gibt Göttmann, Raum. Vgl. auch Fried Esterbauer, Regionalismus - ideologische Wurzel, Begriffsfeld, Funktionen, in: Informationen zur Raumentwicklung H. 5 (1980), S. 255-272, sowie die Projektvorstellung bei Thomas Schlemmer, Gesellschaft und Politik in Bayern 1949-1973. Ein neues Projekt des Instituts für Zeitgeschichte, in: Lanzinner u. Henker (Hgg.), Landesgeschichte und Zeitgeschichte, S. 103-109, bes. S. 104. In langfristiger Perspektive: Helmut Berding, Staatliche Identität, nationale Integration und politischer Regionalismus, in: Blätter für deutsche Landesgeschichte 121 (1985), S. 371-393, bes. S. 374f.

[170] Hubert Kiesewetter, Region und Industrie in Europa 1815-1995, Stuttgart 2000 (= Grundzüge der modernen Wirtschaftsgeschichte 2), S. 185ff.

[171] Auch hierbei eröffnet die seit der Wiedervereinigung gegebene Chance des interregionalen Vergleichs neue Möglichkeiten, vgl. Ulrich Heß, Michael Schäfer, Werner Bramke u. Petra Listewnik (Hgg.), Unternehmer in Sachsen. Aufstieg - Krise - Untergang - Neubeginn, Leipzig 1998 (= Leipziger Studien zur Erforschung regionenbezogener Identifikationsprozesse 4).

[172] Einen guten Überblick gewährt der Sammelband: Stefan Brakensiek u.a. (Hgg.), Kultur und Staat in der Provinz. Perspektiven und Erträge der Regionalgeschichte, Bielefeld 1992.

[173] Volker Ackermann, Aspekte der Mentalitätsgeschichte. Fragestellungen und Interpretationsmethoden für die Regionalgeschichte, in: Geschichte im Westen 5 (1990), S. 142-150. Volker Sellin, Mentalität und Mentalitätsgeschichte, in: Historische Zeitschrift 241 (1985), S. 555-598. Wolfgang Lipp, Soziale Räume, regionale Kultur: Industriegesellschaft im Wandel, in: ders. (Hg.), Industriegesellschaft und Regionalkultur. Untersuchungen für Europa, Köln u.a. 1984, S. 1-56.

[174] Vgl. Helmut Klüter, Raum als Element sozialer Kommunikation, Gießen 1986; stärker auf die For-

Perspektive auf ihren Untersuchungsgegenstand. Neben dem Versuch der Identifizierung von Kulturräumen in Deutschland durch die Beschreibung und Analyse regionalspezifischer Verhaltensweisen[175] steht die Erarbeitung von konkreten Modellen, anhand derer sich Bedeutung und Stellenwert von „Region" im Prozeß der Entwicklung der modernen Gesellschaften erklären lassen, im Vordergrund. Für die Nachkriegszeit sind dabei besonders diejenigen Arbeiten interessant, die die regionale Bewältigung des Strukturwandels in Zusammenhang mit der Frage der Nationsbildung bzw. mit politischem Regionalismus allgemein stellen.[176] So gelangt Karl Rohe zwar zu der Auffassung, daß die Herausbildung des Ruhrgebiets als Region mit eigener politischer Kultur in der Bundesrepublik Deutschland in engem Zusammenhang mit der Tradition älterer Geschichts- und Kulturräume steht, betont aber gleichzeitig die Bedeutung des „vergleichsweise geschlossenen" Territoriums, das eine „vergleichsweise nach außen abgeschottete Subkultur" entstehen ließ.[177]

Der Hinweis auf die „Gemachtheit" von Regionen bildet einen weiteren Anknüpfungspunkt zeithistorischer Forschung an Regionalgeschichte. Mit Detlef Briesens plakativem „Fahndungsaufruf" nach dem Urheber der Region „Siegerland" wurde klar, daß „regionale Identifikation auch in geschichtswissenschaftlichen Untersuchungen als Kognitives Kartieren analysiert werden kann".[178] Demnach kann Erinnern als sozialer Prozeß in den Kontext der Bildung einer „assoziativen Hand-

---

schungspraxis bezogen: Kurt Mühler, Aspekte der Konzeption einer interdisziplinären Untersuchung regionsbezogener Identifikationsprozesse, in: Heinz-Werner Wollersheim, Sabine Tzschaschel u. Matthias Middel (Hgg.), Region und Identifikation, Leipzig 1998 (= Leipziger Studien zur Erforschung regionenbezogener Identifikationsprozesse 1), S. 205-220.

[175] Sehr optimistisch gegenüber diesem Ansatz: Arthur E. Imhof, Die Ermittlung regionaler Verhaltensweisen als Aufgabe der Geschichte kollektiver Mentalitäten, in: H. L. Cox u. Günter Wiegelmann (Hgg.), Volkskundliche Kulturraumforschung heute, Münster 1984, S. 85-112.

[176] Vgl. hierzu mit umfangreichen Literaturangaben: Rüdiger Gans, Bedingungen und Zusammenhänge regionaler und nationaler Identifikation in der Provinz im 19. Jahrhundert am Beispiel des Siegerlandes, in: Detlef Briesen, ders. u. Armin Flender, Regionalbewußtsein in Montanregionen im 19. und 20. Jahrhundert. Saarland - Siegerland - Ruhrgebiet, Bochum 1994 (= Mobilität und Normenwandel - Changing Norms and Mobility 10), S. 49-106.

[177] Karl Rohe, Regionalkultur, regionale Identität und Regionalismus im Ruhrgebiet. Empirische Sachverhalte und theoretische Überlegungen, in: Lipp (Hg.), Industriegesellschaft, S. 123-153, hier: S. 135. Mit dem Hinweis auf die Bedeutung der „Abschottung" wird zudem die Definition der Region-Begriffe von der dominierenden Rolle unveränderlicher, primordialer Faktoren gelöst und statt dessen neben der Forschungsperspektive vor allem die Bedeutung der Perzeptionsebene in Form von Fremd- und Selbstwahrnehmung betont. Damit rückt die Rolle der Medien als eine der wichtigsten Vermittlungsinstanzen von Fremd- und Selbstbildern in den Vordergrund. Ein besonders interessantes „Projektdesign" hierzu verwendet Gerald Wood, Regionalbewußtsein im Ruhrgebiet in der Berichterstattung regionaler Tageszeitungen, in: Berichte zur deutschen Landeskunde 63 (1989), S. 537-562. Zum theoretischen Hintergrund vgl. Beatrice Ploch u. Heinz Schilling, Region als Handlungslandschaft. Überlokale Orientierung als Diapositiv und kulturelle Praxis: Hessen als Beispiel, in: Rolf Lindner (Hg.), Die Wiederkehr des Regionalen. Über neue Formen kultureller Identität, Frankfurt a.M. 1994, S. 122-157.

[178] Detlef Briesen u. Rüdiger Gans, Regionale Identifikation als „Inventing of Tradition". Wer hat und warum wurde eigentlich im 19. Jahrhundert das Siegerland erfunden?, in: Berichte zur deutschen Landeskunde 66 (1992), S. 61-73, hier: S. 65.

lungslogik"[179] gestellt werden; Geschichte (als kollektives Erinnern) kann zum zentralen, primordialen Element einer - regionalen - Identitätskonstruktion werden.[180] Dies verweist auch auf die Bedeutung der regionalen „Geschichtspolitik" in der Zeitgeschichte der Bundesländer.[181]

Auch wenn der damit angesprochene, ursprünglich aus der Psychologie stammende Begriff der regionalen Identität[182] durch die Vielzahl der Definitionsversuche mittlerweile eine durchaus problematische Stellung in der Wissenschaft innehat,[183] stellt er einen der meistdiskutierten Ansätze für regional ausgerichtete Untersuchungen der deutschen Nachkriegsgeschichte dar. Zumindest der größere Teil der juristisch und politikwissenschaftlich ausgerichteten Forschung ist sich unter den Stichwörtern „Verfassungspatriotismus" und „Subsidiarität"[184] sicher, daß die dezentral organisierte Verfassungsstruktur der Bundesrepublik in enger Beziehung zur Ausbildung regionaler Identitäten stehe, ja, daß die Bildung und Förderung eben dieser geradezu deren Aufgabe sei.[185] Sowohl im Bereich der auf kulturelle Aspekte und auf Identität bezogenen[186] wie auch der eher auf politische Aspekte[187] von Mentalität bezogenen

---

[179] Armin Flender, Vom Saargebiet zum Saarland: Zum Gebrauch kollektiver Erinnerungen in einer Grenzregion nach dem Ersten Weltkrieg, in: Briesen, Gans u. ders., Regionalbewußtsein, S. 107-144, hier: S. 119.

[180] Detlef Briesen, „Historische Ausprägung und historischer Wandel von regionaler Identität in ausgewählten Montanregionen". Einleitung zu einem Abschlußbericht, in: ders., Gans u. Flender, Regionalbewußtsein, S. 7-49, hier: S. 10.

[181] Zur Bedeutung der Pädagogisierbarkeit von regionaler und nationaler Identität vgl. Rüdiger Gans u. Detlef Briesen, Das Siegerland zwischen ländlicher Beschränkung und nationaler Eingrenzung: Enge und Weite als Elemente regionaler Identität, in: Rolf Lindner (Hg.), Wiederkehr, S. 64-90, hier: S. 70ff. Ansatzpunkte hierzu finden sich in der Geschichte einiger Bundesländer, so z.B. in der Gründung des Instituts für Landeskunde im Saarland im Rückgliederungsjahr 1959, vgl. Kurt Hoppstädter, Die Entstehung der saarländischen Eisenbahnen, Saarbrücken 1961 (= Veröffentlichungen des Instituts für Landeskunde des Saarlandes 2), Geleitwort; ferner in der merkwürdigen Geschichte der Brandenburgischen Historischen Kommission nach der Wiedervereinigung, vgl. Enders u. Neitmann (Hgg.), Landesgeschichte; oder auch in der vorsichtigen Politik der amerikanischen Besatzungsmacht bei der Gründung des Landes Hessen nach dem Zweiten Weltkrieg, vgl. Wolf-Heino Struck, Zur ideenpolitischen Vorbereitung des Bundeslandes Hessen seit dem 19. Jahrhundert, in: Schissler (Hg.), Hessen, S. 45-92.

[182] Zur Identität als ursprünglich vorwissenschaftlichem Begriff: Detlev Ipsen, Regionale Identität. Überlegungen zum politischen Charakter einer psychosozialen Raumkategorie, in: Rolf Lindner (Hg.), S. 232-254.

[183] Odo Marquard spricht von der Identität in „Identitätsschwierigkeiten", vgl. Odo Marquard, Identität: Schwundtelos und Mini-Essenz - Bemerkungen zur Genealogie einer aktuellen Diskussion, in: ders. u. Karlheinz Stierle (Hgg.), Identität, München 1979, S. 347-369, hier: S. 347.

[184] Arthur Benz, Dynamisches System, S. 41.

[185] Holtmann, Regionale Parteien, S. 72.

[186] Vgl. zu den methodischen Aspekten Rolf Lindner, Einleitung, in: ders. (Hg.), Wiederkehr, S. 7-12. Interessante Präzisierungen anhand eines konkreten Projektes sowie bibliographische Hinweise liefert: Edwin Dillmann, „Land und Leute". Regionalbewußtsein und Sozialkultur an der Saar, in: ders. u. van Dülmen (Hgg.), Lebenserfahrungen, S. 362-407.

[187] Das politikwissenschaftliche Schrifttum zu dieser Frage ist mittlerweile kaum noch zu überblicken, da praktisch zu allen Bundesländern eine Fülle von Arbeiten vorliegt; die methodische Grundlage bietet Stefan Immerfall, Territorium und Wahlverhalten. Zur Modellierung geopolitischer und geoökonomischer Prozesse, Opladen 1992. Vgl. hierzu neben den bereits zitierten Forschungsüberblicken die Sammelrezen-

Ansätze liegen mittlerweile auch eine Reihe von Untersuchungen anderer Disziplinen für die Bundesländer vor. Dabei wird der Begriff Region zunehmend in zwei grundsätzlich unterschiedlichen Perspektiven betrachtet, nämlich „bottom-up" als Handlungs- und Erfahrungsregion[188] oder „top-down"[189] als Anbindung regionaler Prozesse an nationale Entwicklungen. Durch die Perzeption der „bottom-up-Ansätze" konnte dabei der Anschluß der Erforschung der Bundesländer an die internationale Regionalismusforschung hergestellt werden, gerade hinsichtlich der Frage nach dem Stellenwert von Regionalismus in postindustriellen Gesellschaften.[190] Die Auseinandersetzung mit alternativen Region-Konzepten und der Methodenpluralismus als „methodisches Erbe" der Bundeslandgeschichte aus der Landesgeschichte[191] ermöglichten es, „in Grenzen unbegrenzt" subtile Beobachtungen über die Probleme der Integration der Vertriebenen nach 1945 in Nordrhein-Westfalen[192] in Zusammenhang zu stellen mit ebenso differenzierten politikwissenschaftlichen Analysen zum Parteiensystem und zur regionalen politischen Kultur des Landes.[193]

---

sion von Kirsten Mensch, Wähler und Parteien: eine strategische Interaktion. Ein Überblick über die neuere Wahl- und Parteienforschung, in: Neue Politische Literatur 44 (1999), S. 380-401.

[188] Ullrich Hoffmann u. Manfred Huppertz, Lebensraum Ruhrgebiet. Räumliche Vorstellungsbilder im und über das Ruhrgebiet, Essen 1992. Zum Konzept vgl. Ploch u. Schilling, Region, bes. S. 126, sowie ausführlich: Detlef Briesen, Vom Kohlenpott zum Ruhrgebiet: Einige Beispiele kognitiver Kartographie und die Konstruktion von Regionalbewußtsein durch Geschichte, in: ders., Gans u. Flender, Regionalbewußtsein, S. 145-192. Zur Einführung in den psychologischen Begriff der mentalen Landkarte: Roger M. Downs u. David Stea, Kognitive Karten. Die Welt in unseren Köpfen, New York 1982. Zum Zusammenhang zur Alltagsgeschichte vgl. Gert Zang, Die unaufhaltsame Annäherung an das Einzelne. Reflexionen über den theoretischen und praktischen Nutzen der Regional- und Alltagsgeschichte, Konstanz 1985 (= Schriftenreihe des Arbeitskreises für Regionalgeschichte Konstanz e.V. 6).

[189] Diese Sichtweise spielt besonders im Zusammenhang mit der Planungsgeschichte eine wichtige Rolle, auf die an anderer Stelle noch einzugehen sein wird. Als reine „Expertensicht" wird diese Sichtweise - und deren Untersuchung - nicht selten als eher konventionell, zu wirklichkeitsfremd und vor allem zur Erarbeitung zukunftsfähiger Strategien ungeeignet kritisiert, vgl. Jürgen Aring, Bernhard Butzin, Rainer Danielzyk u. Ilse Helbrecht, Krisenregion Ruhrgebiet? Alltag, Strukturwandel und Planung, Oldenburg 1989 (= Wahrnehmungsgeographische Studien zur Regionalentwicklung 8), bes. S. 22ff. Interessanterweise ist das wirkliche Potential dieses Ansatzes erst in jüngerer Zeit dargelegt worden, Holtmann, Regionale Parteien, bes. S. 65f., sowie Josef Schmid, CDU, bes. S. 9ff.

[190] Als „ein subnationaler oder grenzüberschreitender Prozeß gesellschaftlicher Mobilisierung und Organisierung zur Verfolgung territorial definierter Interessen kultureller, politischer oder wirtschaftlicher Art" definiert, eignet sich der Begriff zum internationalen Vergleich; einen konzentrierten Überblick über die methodischen und begrifflichen Probleme liefert: Gerhard Brunn, Regionalismus in Europa, in: Comparativ 5 (1995), S. 23-39.

[191] Detlef Briesen, Region, Regionalismus, Regionalgeschichte - Versuch einer Annäherung aus der Perspektive der neueren und Zeitgeschichte, in: Gerhard Brunn (Hg.), Region und Regionsbildung in Europa. Konzeptionen der Forschung und empirische Befunde, Baden-Baden 1996 (= Schriftenreihe des Instituts für Europäische Regionalforschung 1), S. 151-162, hier: S. 152, spitzt diesen Gedanken in folgender prägnanten Formulierung zu: „Wann und unter welchen Umständen begreift der Historiker Zustände und Ereignisse als regional geordnet, also: Welche Vorstellungen haben Historiker vom Regionalen?"

[192] Ackermann, Aspekte, hier bes. S. 146.

[193] Karl Rohe, Wahlen und Wählertraditionen in Deutschland. Kulturelle Grundlagen deutscher Parteien und Parteiensysteme im 19. und 20. Jahrhundert, Frankfurt a.M. 1992, hier bes. S. 11ff. Vgl. hierzu auch: Bernd Faulenbach, Entwicklungslinien der politischen Kultur des Ruhrgebiets, in: Rainer Schulze (Hg.),

Gegen diesen Ansatz kann die Kritik angebracht werden, daß hier die Reichweite föderalistischer Traditionen in der deutschen Geschichte allgemein überschätzt werde und daß insbesondere die Verankerung der Bundesländer in dieser Tradition allenfalls als sehr schwach anzusehen sei.[194] Dieser Einwand ist in engem Zusammenhang mit der sich ab Ende der 60er Jahre rasch entwickelnden Föderalismuskritik unter dem Schlagwort der „Politikverflechtung" zu verstehen,[195] die über ihre Kritik an der unzureichenden Rolle der Länder indirekt der Kritik an deren historisch-wissenschaftlichen Untersuchung Nahrung gab.[196] Denn wenn die Bundesländer schon keine besondere historische Tradition besitzen und zudem über die normative Ebene der Verfassungstexte hinaus in der Verfassungs- und Lebenswirklichkeit keine nennenswerte Rolle spielen, muß zwangsläufig ihre Regionalqualität bestritten werden.[197] Bundeslandgeschichte sei dann, so der Gedankengang, ein Ansatz, der allenfalls „auf die Chronologie verweist und zu Konzepten der Aneinanderreihung von politischer

---

Industrieregionen, S. 275-290. Zu anderen Bundesländern vgl. die bereits erwähnten Forschungsüberblicke sowie besonders die methodisch interessanten Artikel von Hüser, Wahlen, und Schacht, Hessen.

[194] An dieser Stelle mag der Hinweis auf die Debatte um die identitätsstiftende Rolle der föderalen Verfassung der Bundesrepublik genügen, in deren Zusammenhang Arno Mohr prägnant feststellt: „Hier wird die Stellung des Landtags in der Landespolitik unverhältnismäßig überschätzt. Außerdem wird nicht beachtet, daß die Ubiquität des Parlamentarismus in der Bundesrepublik und darüber hinaus in weiten Teilen Westeuropas es diesem per se verwehrt, eine auf einen typischen Raum bezogene identitätsbildende Funktion auszuüben.", Mohr, Landesgeschichtsschreibung, S. 247.

[195] Sehr früh formulierte bereits Werner Thieme seinen Föderalismus-Pessimismus nicht nur sachlich-rational, sondern auch in bezug auf Mentalitätsfragen: „Diese Frage [über die Zukunft des Föderalismus] kann nur beantwortet werden, wenn man weiß, woher der Föderalismus seine innere Kraft nimmt, um weiterzubestehen. Dabei ist es offenbar, daß sich bei den heutigen Ländern eine eigene Staatsidee kaum ausgebildet hat. Bayern mag insofern eine Ausnahme darstellen.", Thieme, Föderalismus, S. 148. Grundlegend zur Föderalismuskritik: Fritz W. Scharpf, Reissert u. Schnabel, Politikverflechtung, sowie Fritz W. Scharpf, Die Politikverflechtungs-Falle. Europäische Integration und deutscher Föderalismus im Vergleich, in: Politische Vierteljahresschrift 26 (1985), S. 323-356.

[196] Den extremen Gegen-Standpunkt nimmt Josef Schmid, Die CDU. Organisationsstrukturen, Politiken und Funktionsweisen einer Partei im Föderalismus, Opladen 1990, S. 22, ein, der die „Republik der Landesfürsten" zitiert. Den Bundesländern kommt nach seiner Ansicht sogar ein je eigenes „Regierungssystem" zu, vgl. ebd., S. 32.

[197] Insbesondere in bezug auf die „Bindestrich-Bundesländer" wurde diese Sichtweise breit rezipiert. Zu Nordrhein-Westfalen als prominentestem Beispiel hierfür seien genannt: Wolfram Köhler, Landesbewußtsein als Sehnsucht, in: Hüttenberger (Hg.), Vierzig Jahre, S. 171-185, hier: S. 171, konstatiert beispielsweise eine Art „Staats-Minderwertigkeitskomplex", der darin begründet sei, daß das Land keine Vorläufer gehabt habe, ja bei leicht abweichenden Entscheidungen „in London" möglicherweise gar nicht gegründet worden wäre, Wolfram Köhler, Nordrhein-Westfalen - ein Land der Bundesrepublik Deutschland, in: Boldt (Hg.), Nordrhein-Westfalen, S. 23-39. Mit der Feststellung: „Den Nordrheinwestfalen wird es so schnell nicht geben" raubte sodann Hansgeorg Molitor, Land und Staat. Der geschichtliche Raum Nordrhein-Westfalen, in: Hüttenberger (Hg.), Vierzig Jahre, S. 13-30, hier: S. 28, sozusagen dem Land auch noch seine Bürger, weil auch seine Suche nach historischen Vorläufern ergebnislos blieb. Völlig anders dagegen Guido Thiemeyer, Kriegsende und Neubeginn in Europa: nationale und regionale Erfahrungen, in: Neue Politische Literatur 44 (1999), S. 426-445, hier: S. 427, der bei den Deutschen ein „intensives Bedürfnis nach historischer Legitimation und kultureller Identität" ausmacht, das sich besonders auf die Bundesländer bezieht.

Geschichte, Wirtschafts- und Sozialgeschichte, Kultur- und Bildungsgeschichte führt."[198]

Auch greift an dieser Stelle die von Axel Flügel pointiert vorgetragene Kritik von der „Überforderung des Historikers" durch den Anspruch einer in Grenzen unbegrenzten „Totalgeschichte" der Region.[199] Diese stellt sich nicht nur als Quellenproblem dar, wenn selbst bei einem Projektdesign, das einem institutionell-administrativen Ansatz folgt und die Länder in ihren Grenzen mit „Region" gleichsetzt, die z.B. zur Erstellung mentaler Landkarten notwendigen Quellen zur Vergangenheit in der Regel nicht vorliegen,[200] sondern verweist auch auf methodische Schwierigkeiten. Es ist zu bedenken, ob der „totalgeschichtliche" Ansatz nicht „über den Charakter der gesellschaftlichen Verhältnisse selbst und über den Grad der kulturellen Kohärenz einer Gesellschaft hinaus [geht]".[201] Dieser Kritik folgend, wählt ein nennenswerter Teil der regionalwissenschaftlich grundgelegten Arbeiten zur Geschichte der Bundesrepublik nicht die Bundesländer, sondern anders abgegrenzte Regionen als Untersuchungsgegenstand.[202]

Noch weiter geht der Teil der Forschung, der sogar die Irrelevanz der Bundesländer nachzuweisen sucht. Besonders heftig polemisiert Peter Heil gegen das Land Rheinland-Pfalz: Nachdem er bereits die ideologischen Züge der Föderalismus-Debatten in der Nachkriegszeit betont hatte,[203] entschied er sich für die These, daß es kein rhein-

---

[198] Ernst Hinrichs, Regionalgeschichte, in: Carl-Hans Hauptmeyer (Hg.), Landesgeschichte heute, Göttingen 1987, S. 16-34, hier: S. 28. Pointierte Kritik an Festschriften und Jubiläumswerken der Bundesländer bringt auch Reusch, Föderalismus, S. 111, an.

[199] Axel Flügel, Chancen der Regionalgeschichte, in: Dillmann (Hg.), Prisma, S. 24-46.

[200] Dies mag sich in Zukunft ändern, wenn die seit den 70er Jahren verstärkt unternommenen Feldstudien und Interview-Kampagnen als Quellen zur Verfügung stehen - sofern diese neben der eigenen Auswertung auch die Rohdaten und die Untersuchungsmethode ausreichend dokumentieren. Vgl. für das Saarland z.B. Roman Glauben u. Peter Pfahler, Solidarisches Handeln und regionale Kultur im Saarland und in Lothringen. Eine Vorstudie, Saarbrücken 1986; Hans Treinen u. Hans Arthur Klein, Menschen an der Saar. Eine Bestandsaufnahme des Institutes für Sozialforschung und Sozialwirtschaft, Saarbrücken 1977; Werner Kroeber-Riel, Gunter Franz Schneider u. Volker Trommsdorff, Das Image des Saarlandes. Ergebnisse einer Untersuchung über das Bild des Saarlandes aus der Sicht seiner Bevölkerung, seiner Nachbarn und seiner Zuwanderer, Saarbrücken 1972; dies., Das Image des Saarlandes. Ergebnisse einer Untersuchung über das Bild des Saarlandes in den Augen seiner Bevölkerung und seiner Nachbarn. Eine erste Auswertung, Saarbrücken 1971.

[201] Flügel, Chancen, S. 42. Völlig anders dagegen Berding, Identität, S. 92f., der davon ausgeht, daß sich nach 1945 „in kürzester Zeit ... Bundesländer ... mit je eigenem politischen Profil" entwickelten, und zwar - dem klassischen Föderalismus-Ansatz folgend - aufgrund der hohen integrativen Kraft, die von demokratisch legitimierten Staatswesen ausgeht.

[202] So zuletzt Nonn, Ruhrbergbaukrise, in dessen Ansatz die regionale Dimension der von ihm analysierten Netzwerke kollektiver Akteure im Entindustrialisierungsprozeß praktisch keine Rolle spielt. Ganz im Gegenteil spricht Nonn im Schluß seiner Arbeit sogar davon, daß die komplexer werdenden Problemlagen der postindustriellen Gesellschaft konventionelle - und hier ist auch zu denken: regional geordnete - Verteilungssysteme überforderten und neue gesellschaftliche Regelungssysteme notwendig machten, ebd., S. 383f.

[203] Peter Heil, Föderalismus als Weltanschauung. Zur Geschichte eines gesellschaftlichen Ordnungsmodells zwischen Weimar und Bonn, in: Geschichte im Westen 9 (1994), S. 165-182. Vgl. auch ders., „Gemeinden sind wichtiger als Staaten". Idee und Wirklichkeit des kommunalen Neuanfangs in Rhein-

land-pfälzisches Regionalbewußtsein geben könne, weil sich ältere Teil-Identitäten als resistent erwiesen hätten und regionale Argumentationsweisen in der Nachkriegszeit allenfalls auf Landkreisebene eine gewisse politische Funktion hätten.[204] Bei diesem Urteil zeigt sich Heil inspiriert von Celia Applegates Arbeiten zum Heimatbegriff und seiner Bedeutung für die deutsche Nachkriegsgeschichte. Auch Applegate kommt zu dem Ergebnis, daß „Germany, in short, was rebuilt from the regions outward and upward", daß diese Regionen aber eindeutig unter Rückbezug auf das Konzept von „Heimat" konstruiert worden seien;[205] die Bundesländer spielen in ihrer Arbeit dagegen praktisch keine Rolle.[206]

2.2.2 Grenzen und Möglichkeiten der Bundeslandgeschichte
Muß angesichts dieser weitreichenden methodisch-forschungspraktischen Kritik das Postulat vom vierfachen „Nur am Ort", das noch für Jürgen Reulecke die allgemeine Grundlegung der modernen Regionalgeschichte gebildet hatte,[207] in Perspektive auf die deutschen Bundesländer abgelehnt werden? Obwohl die Systemqualität der Bundesländer a priori keineswegs feststeht[208] und gut erforschte säkulare Trends der

---

land-Pfalz 1945-1957, Mainz 1997 (= Veröffentlichungen der Kommission des Landtages für die Geschichte des Landes Rheinland-Pfalz 21). In seiner „Gründungsgeschichte" des Landes Rheinland-Pfalz führt Heil das Konzept des „organischen Föderalismus" ein. Dabei handelt es sich um das aus Heils Sicht dominierende Gesellschaftskonzept, das als komplexes System von Weltanschauungen angesichts der Probleme des Wiederaufbaus die Rückführung gesellschaftlicher Ordnungen auf „überschaubare Verhältnisse" - in den Gemeinden als Heimat - angemessen erscheinen ließ. Demgegenüber stellten die Länder einen Strukturbruch dar, der sich jedoch durch die „Konsolidierung der Gesellschaft" und die „Stabilisierung der staatlichen Verhältnisse" zur Mitte der 50er Jahre durchsetzte, vgl. ebd., S. 13ff. Ähnlich hohe Bedeutung weisen der kommunalen Ebene zu: Gisela Schwarze, Eine Region im demokratischen Aufbau. Der Regierungsbezirk Münster 1945/46, Düsseldorf 1984 (= Düsseldorfer Schriften zur Neueren Landesgeschichte und zur Geschichte Nordrhein-Westfalens 11), und Everhard Holtmann, Politik und Nichtpolitik. Lokale Erscheinungsformen politischer Kultur im frühen Nachkriegsdeutschland. Das Beispiel Unna und Kamen, Wiesbaden 1989, wobei letzterer die Ebene des Bundeslandes nicht einmal streift.

[204] Ders., Warum es keine Rheinland-Pfälzer gibt. Über die Beständigkeit und Wirkung älterer Regionalidentitäten in einem neuen Land, in: Michael Matheus (Hg.), Regionen und Föderalismus. 50 Jahre Rheinland-Pfalz, Stuttgart 1997, S. 49-64.

[205] Celia Applegate, A nation of provincials. The German Idea of Heimat, Berkeley 1990, hier: S. 229ff.

[206] Einen ähnlichen, zeitlich und methodisch aber breiteren Ansatz bietet der Sammelband von Konrad Köstlin u. Hermann Bausinger (Hgg.), Heimat und Identität. Probleme regionaler Kultur, Neumünster 1980. An alternativen Regionalkonzepten herrscht im übrigen kein Mangel; selbst für wirtschaftsgeschichtliche Fragestellungen können derartige Konzeptionen verwendet werden, wie z.B. die Arbeit von Wolfgang Köllmann, Die Strukturelle Entwicklung des südwestfaelischen Wirtschaftsraumes 1945-1967, Hagen 1969, zeigt, der explizit einen regionalen Ansatz für den Bezirk eines IHK-Sprengels wählt.

[207] Wolfgang Köllmann, Zur Bedeutung der Regionalgeschichte im Rahmen struktur- und sozialgeschichtlicher Konzeptionen, in: Archiv für Sozialgeschichte 15 (1975), S. 43-50, hier: S. 45ff.; Reulecke, Landesgeschichte, S. 202.

[208] Vgl. zum methodischen Problem der Zusammenhänge von Systemforschung und politischer Kultur Jakob Schissler, Einleitung, in: ders. (Hg.), Hessen, S. 7-41, hier v.a. S. 7-10. Falls Untersuchungsgegenstände, denen die Systemqualität fehlt, mit systemischen Methoden untersucht werden, führt dies nicht selten zu schwerwiegenden Fehldeutungen. Auf solche Fehldeutungen im synchronen Vergleich bezog sich Otto Dann, als er im Zusammenhang mit der beginnenden „modernen" Regionalgeschichte bemängelte, daß hier nicht selten nur lokal interessante Details durch die Verwendung des Begriffs „Region" rein rhetorisch aufgewertet würden, Dann, Region, S. 656. Insbesondere aber im diachronen Vergleich kann ein

Nachkriegszeit auch ganz allgemein gegen die These einer regionalen Gliederung der Gesellschaft sprechen,[209] fanden die Bundesländer als Teil strukturgeschichtlicher Forschung in der Zeitgeschichte unter der Perspektive des Föderalismus Aufmerksamkeit, da, unter diesem Blickwinkel betrachtet, ihre Systemqualität per Definition bestimmt werden kann.[210] Ausgehend auch von der Feststellung, daß die meisten Länder der Bundesrepublik verfassungshistorisch älter als der Bund sind,[211] entwickelte ein Teil der Forschung eine pragmatische Herangehensweise an die Länder als Untersuchungsgegenstand.[212] Diese Herangehensweise war insofern erfolgreich,

---

derartiges Vorgehen geradezu groteske Züge annehmen, wenn z.B. die Landesgeschichte Nordrhein-Westfalens bereits in prähistorischer Zeit beginnt, vgl. Jörg Engelbrecht, Landesgeschichte Nordrhein-Westfalens, Stuttgart 1994.

[209] Die steigende soziale und räumliche Mobilität mit ihrer Aufhebung von sozialer Kontrolle und räumlicher Bindung, der Trend der Verwestlichung mit einer völlig neuer Konsumkultur sowie die Durchsetzung der Massenmedien mit gleichzeitigem Bedeutungsverlust des identitätsstiftenden Bürgertums sprechen eher für die Auflösung regionaler Bindungen. Besonders für das Land Nordrhein-Westfalen wird diese These von der „Auflösung der Region", die allenfalls in eine „beliebige Ballungsraumkultur" führt, heftig diskutiert, vgl. Hans H. Blotevogel, Bernhard Butzin u. Rainer Danielzyk, Historische Entwicklung und Regionalbewußtsein im Ruhrgebiet, in: Geographische Rundschau 7-8 (1988), S. 8-13, hier: S. 12, und Rohe, Regionalkultur, S. 144ff.

[210] Udo Wengst, Staatsaufbau und Regierungspraxis 1948-1953. Zur Geschichte der Verfassungsorgane der Bundesrepublik Deutschland, Düsseldorf 1984 (= Beiträge zur Geschichte des Parlamentarismus und der politischen Parteien 74). Besonders optimistisch hinsichtlich dieses Erklärungsansatzes ist Nipperdey, Föderalismus, bes. S. 99. Föderalismus ist dabei übrigens nicht nur in Deutschland ein sehr geschätzter Anknüpfungspunkt für regionale Zeitgeschichte, vgl. Ernst Hanisch, Regionale Zeitgeschichte. Einige theoretische und methodologische Überlegungen, in: Zeitgeschichte 7 (1979/80), S. 39-60. Einen Überblick über die Bedeutung des Föderalismuskonzepts in der historischen Deutschland-Forschung liefern die Sammelbände: Dieter Langewiesche u. Georg Schmidt (Hgg.), Föderative Nation. Deutschlandkonzepte von der Reformation bis zum Ersten Weltkrieg, München 2000, und Maiken Umbach (Hg.), German Federalism. Past, Present, Future, Basingstoke 2002. Zum Forschungsstand der Föderalismus-Forschung vgl. Arthur Benz, Der deutsche Föderalismus, in: Ellwein u. Holtmann (Hgg.), 50 Jahre Bundesrepublik, S. 135-153.

[211] „Das Grundgesetz ist durch den Filter der Länderverfassungen gegangen.", Birke, Bundesrepublik Deutschland, S. 3ff. Diese Aussage bezieht Birke übrigens explizit auch auf das Saarland, dessen Verfassung er als weitgehend mit den Prinzipien der Verfassungsgebung der Bundesrepublik übereinstimmend ansieht, ebd., S. 4. Vgl. hierzu auch Erhard H. M. Lange, Die Länder und die Entstehung des Grundgesetzes, in: Geschichte im Westen 4 (1989), S. 145-159, und 5 (1990), S. 55-68. Gerade die Wahlforschung bedient sich darüber hinaus der Möglichkeit, durch die Beobachtung einzelner Wahlkreise langfristige Zeitreihen über das Wählerverhalten zu treffen und so Thesen zur Politik in den Bundesländern zu entwickeln; vgl. hierzu den Sammelband von Dieter Oberndörfer u. Karl Schmitt (Hgg.), Parteien und regionale politische Traditionen in der Bundesrepublik Deutschland, Berlin 1991 (= Ordo Politicus 28).

[212] Sehr deutlich wird dieses Selbstbewußtsein insbesondere bei Arbeiten zu Ländern, die sich auf eine historische Tradition berufen konnten, vgl. Peter Jakob Kock, Bayern und Deutschland. Föderalismus als Anspruch und Wirklichkeit, in: Wolfgang Benz (Hg.), Bayern, S. 183-203. Der Benz'sche Sammelband kann dabei übrigens stellvertretend für denjenigen Ansatz zur Erforschung der Geschichte der Bundesländer stehen, der quasi in einer Art „Gründungsgeschichte" den Zusammenhang zwischen Besatzungspolitik und der Entstehung der Bundesländer untersucht. Da diesen Arbeiten jedoch nur selten ein regionalgeschichtlicher Aspekt zu eigen ist, sollen sie hier nicht weiter diskutiert werden. Dagegen argumentiert Werner Reh, Rahmenbedingungen nordrhein-westfälischer Politik I: Die Bundesländer im föderativen System der Bundesrepublik und der Europäischen Gemeinschaft, in: Boldt (Hg.), Nordrhein-Westfalen, S. 60-77, hier: S. 62, ausdrücklich mit dem Umstand, daß das Land Nordrhein-Westfalen eine „Vollverfassung" - also inkl. einer Grundrechtegarantie - besitzt, um die „Föderalisierung" der Bundesrepublik

als mittlerweile für viele Bundesländer Überblicksdarstellungen in Form von Monographien oder Sammelbänden vorliegen.[213] Zugespitzt kann als Ergebnis dieses Ansatzes formuliert werden, daß erst die föderale Verfassung die Bundesrepublik angesichts der umfangreichen Modernisierungskonflikte und Strukturwandelvorgänge überhaupt „regierbar" gemacht habe.[214]
Insbesondere Detlef Briesens Reiheninterviews mit Zeitzeugen des Strukturwandels im Ruhrgebiet verweisen weiterhin darauf, daß eine regionale Verarbeitung kollektiver Krisenerfahrungen offenbar eine gewisse „Notwendigkeit" besitzt und in Form von „Alltagswissen" Regionalbewußtsein mit Bezug auf das Bundesland prägt.[215] Für Briesen entsteht das Bundesland als Region durch die gemeinsame Krisenerfahrung seiner Bewohner und ihre historische Erinnerung daran. Briesens Ansatz ist dabei in engem Zusammenhang mit der theoretischen Grundlage des Projektes von Jürgen Aring, Bernhard Butzin, Rainer Danielzyk und Ilse Helbrecht zu verstehen. Diese sprechen in ihrem Versuch der Beschreibung der „sozialen Konstruktion von Wirklichkeit" den Regionen die Funktion „sozialer Deutungsmuster" zu, das in einer Art „Spurensuche" entschlüsselt werden kann.[216]

---

zu erklären.

[213] Sogar auf die Wirtschaftsgeschichte der DDR finden die Bundesländer als Untersuchungsansatz mittlerweile Verwendung, vgl. Rainer Karlsch, Rekonstruktion und Strukturwandel in der sächsischen Industrie von 1945 bis Anfang der sechziger Jahre, in: Werner Bramke u. Ulrich Heß (Hgg.), Wirtschaft und Gesellschaft in Sachsen im 20. Jahrhundert, Leipzig 1998 (= Leipziger Studien zur Erforschung von regionenbezogenen Identifikationsprozessen 2), S. 89-132, der die Strukturprobleme des Landes Sachsen in direkte Kontinuität zum regionalen Strukturwandel der jüngeren Vergangenheit stellt. Die methodische Absicherung dieses Ansatzes liefern die Herausgeber dieses Sammelbandes in der Einleitung: Ihr ausdrücklicher Rückbezug auf die „zweihundertjährige industrielle Entwicklung Sachsens" (S. 14) verweist dabei wieder auf die älteren Ansätze von Industrieregionenforschung und führt von der Föderalismus-Leitidee weg. Unter Verwendung dieses Ansatzes kommt übrigens Christian Kurzweg, Unternehmeridentität und regionale Selbstthematisierung. Auseinandersetzungen um die maschinelle Herstellung von Zigarren im sächsischen Döbeln, in: Comparativ 5 (1995), S. 127-145, bei der Frage nach dem Einfluß des DDR-Regimes auf die Industrielandschaftskultur zu von Karlsch abweichenden Ergebnissen. Scharf gegen diese methodische Übertragung argumentiert Rainer S. Elkar, Option Regionalgeschichte - Über Unmöglichkeiten und Möglichkeiten einer sachsen-anhaltinischen Landesgeschichte, in: Jahrbuch für Regionalgeschichte und Landeskunde 21 (1997/1998), S. 131-142

[214] Konrad Schacht, Politische Kultur und Bürgerbewußtsein in Hessen, in: Schissler (Hg.), Hessen, S. 183-204, hier: S. 199. Eine interessante Variation zu dieser Frage der „Regierbarkeit" als regionalen Besonderheiten angemessene Selbststeuerung administrativer Vorgänge liefern: Andreas Eisen u. Wolfgang Seibel, Kooperative Verwaltungspolitik und die Steuerungsfähigkeit des Staates. Der Aufbau der Umweltverwaltungen in Sachsen und Brandenburg zwischen Technokratismus und Dilettantismus, in: Voigt (Hg.), Krisenbewältigung, S. 235-256.

[215] Detlev Briesen, „Triviales" Geschichtsbewußtsein oder historische Elemente regionaler Identität? Über den notwendigen Dialog zwischen Geschichts- und Sozialwissenschaften zur Erforschung von Regionalbewußtsein, in: Informationen zur Raumentwicklung H. 11 (1993), S. 769-778, hier bes. S. 772f.

[216] Aring, Butzin, Danielzyk u. Helbrecht, Krisenregion, hier: S. 25 und S. 358. Vgl. auch dies., „... daß die Wahrnehmung wichtiger ist als die Realität"? Zur Krisenbewältigung und Regionalentwicklung im Ruhrgebiet, in: Berichte zur deutschen Landeskunde 63 (1989), S. 513-536, und Rainer Danielzyk u. Claus-Christian Wiegandt, Regionales Alltagsbewußtsein als Faktor der Regionalentwicklung. Untersuchungen im Emsland, in: Informationen zur Raumentwicklung H. 7/8 (1987), S. 441-449.

Abgesehen von der Frage, wie ein derartiges Regionalkonzept mit Bundesländern umgeht, die zu bestimmten Zeiten keine durch ökonomischen Strukturwandel bedingte Krise kennen, und von der daraus bereits abzuleitenden Verengung des Regionalbegriffs auf den Kontext von deindustrialisierten Krisenräumen, stellt sich darüber hinaus die Frage, welchen Stellenwert in diesen Konzepten die Bundesländer einnehmen. Letztlich leugnen diese Ansätze die Bedeutung der Bundesländer für regionalgeschichtliche Arbeiten, sind sie doch allenfalls dann relevant, wenn sie - zufällig? - mit den Grenzen einer Krisenregion übereinstimmen.[217] Zu kritisieren bleibt also der den Arbeiten zur Geschichte der Bundesländer nicht selten zugrunde liegende administrativ-institutionelle Zugang bei der Definition ihrer Untersuchungsgegenstände.[218] Hinterfragt wird eine Sichtweise, die den Bundesländern ohne weitere Begründung eine Systemqualität zuweist, wie dies ansonsten allenfalls bei Nationalstaaten für akzeptabel gehalten wird. Eine Erforschung der Bundesländer ist daher - das haben die strukturgeschichtlichen Arbeiten gezeigt - unbestritten „notwendig", darf jedoch keinesfalls als „Nationalgeschichte in kleinem Maßstab"[219] mißverstanden werden, sondern muß eine ausreichende methodische Grundlegung des Ansatzes erfahren. Mit anderen Worten ist der Anspruch, daß im Rahmen der auf Bundeslandgeschichte ausgerichteten Forschung den deutschen Ländern eine Qualität „sui generis"[220] zuzuweisen sei, die im einzelnen durch konkrete Forschungsarbeit noch zu definieren wäre,[221] noch nicht eingelöst.

---

[217] Vgl. hierzu z.B. die frühe Arbeit von Helmuth Croon u. Karl Utermann, Zeche und Gemeinde. Untersuchungen über den Strukturwandel einer Zechengemeinde im nördlichen Ruhrgebiet, Tübingen 1958 (= Soziale Forschung und Praxis 19), welche die Bewältigung des durch den Ausbau des Steinkohlenbergbaus und den Zuzug von Arbeitskräften bedingten Strukturwandels nach 1945 auf regionaler Ebene erklären, ohne auf das Bundesland zu rekurrieren. Ähnliche Ansätze verwenden Hartmut Esser, Lokale Identifikation im Ruhrgebiet. Zur allgemeinen Erklärung einer speziellen Angelegenheit, in: Informationen zur Raumentwicklung H. 3 (1987), S. 109-119, und Ferdinand Böltken, Ortsgebundenheit und Ortsverbundenheit. Empirische Befunde im Zeit- und Regionalvergleich, in: Informationen zur Raumentwicklung H. 12 (1987), S. 147-156, die ähnlich wie bereits Erich Reigrotzki, Soziale Verflechtungen in der Bundesrepublik. Elemente der sozialen Teilnahme in Kirche, Politik, Organisationen und Freizeit, Tübingen 1956, auf Umfrageergebnisse zurückgreifen.

[218] Vgl. hierzu die harsche Kritik von Kiesewetter, Region und Industrie, S. 189-193.

[219] Hans-Joachim Behr, Zeitgeschichte in Land und Region. Anmerkungen und Hinweise, in: Geschichte im Westen 4 (1989), S. 181-197. „Bundeslandgeschichte [ist] ... wenn nicht wissenschaftlich zwingend, so doch politisch dringend geworden", Ernst Hinrichs, Bundeslandgeschichte zwischen Regionalgeschichte und „Staaten"geschichte. Eine Betrachtung anläßlich des Jubiläums des Landes Niedersachsen, in: Hans-Jürgen Gerhard (Hg.), Struktur, Bd. 2 S. 487-497, hier: S. 492. Dagegen interpretiert das umfangreiche Projekt von Etienne François u. Hagen Schulze (Hgg.), Deutsche Erinnerungsorte, 4 Bde. München 2001, die deutsche Geschichte in langfristiger Perspektive anhand eines Großteils der hier beschriebenen Forschungsansätze, glaubt aber auf den Rückgriff auf regionalgeschichtliche Methoden weitgehend verzichten zu können. Vgl. hierzu auch die methodischen Vorüberlegungen in: Etienne François (Hg.), Lieux de mémoire, Erinnerungsorte. D'un modèle français à un projet allemand, Strasbourg 1996 (= Cahier du Centre Marc Bloch 6), sowie Etienne François, Hannes Siegrist u. Jakob Vogel (Hgg.), Nation und Emotion. Deutschland und Frankreich im Vergleich. 19. und 20. Jahrhundert, Göttingen 1995.

[220] Düwell, Föderalismus, S. 43. Vgl. hierzu auch die Einleitung des Herausgebers in dem Sammelband Boldt (Hg.), Nordrhein-Westfalen, S. 13.

[221] Reulecke, Landesgeschichte, S. 206.

Methodische Ansätze hierfür brachte die in der Geographie über Jahre hinweg geführte „BHP-Kontroverse", die in der zeithistorischen Forschung bislang kaum rezipiert wurde, obwohl methodische Einflüsse aus dieser Disziplin die Landesgeschichte schon seit ihrer Institutionalisierung maßgeblich geprägt hatten.[222] Ihren Ausgangspunkt fand sie im Jahr 1987 in einem Aufsatz in den „Informationen zur Raumentwicklung".[223] Hans H. Blotevogel, Günter Heinritz und Herbert Popp schlugen vor, das Bewußtsein von Menschen über ihre Zugehörigkeit zu einem Raum, größer als die lokale, aber kleiner als die nationale Ebene, zu untersuchen. Unter dem Leitbegriff des Regionalbewußtseins sollte Aufschluß über Entstehung, Wandlung und Verdrängung von Raumideen gewonnen werden können. Dies sollte einen Beitrag zur Lösung aktueller politischer Probleme darstellen, insofern die politisch gebotene Regionalisierung von Regionalpolitik durch eine kulturgeographische Gliederung des Raumes und eine rationale Rekonstruktion des Bewußtseins aus der Insider-Perspektive unterstützt werden sollte.

Prinzipiell kann dieser Ansatz weder als neu noch als einzigartig bezeichnet werden.[224] Trotzdem rief der Vorstoß unmittelbar nach seiner Veröffentlichung heftige Kritik hervor. Nach der Auffassung von Gerhard Hard waren die Autoren des Forschungsprojektes in die „Falle" der sogenannten „semantischen Substitution" getappt. Letztlich, so Hard, gehe es bei dem vorgeschlagenen Projekt um Gefühle, Empfindungen und Ideen; man wähle also einen räumlichen Code, um Emotionen zu beschreiben. Diese Herangehensweise müsse jedoch in funktional differenzierten Gesellschaften versagen, möglich sei allenfalls, die räumliche Distribution von Raumabstraktionen in der Gesellschaft zu beschreiben.[225] Außerdem, so der Vorwurf, handele es sich letztlich bei dem Projekt um die Übernahme politischer Vorgaben der regionalisierten Regionalpolitik in die Geographie - bei Beibehaltung einer veralteten Herangehensweise, nämlich der Abbildung von Regionsvorstellungen (-bewußtsein) und Regionsnamen auf einen realen Raum. Dadurch werde das nicht-regionale

---

[222] Pauschalisierend hierzu Osterhammel, Wiederkehr, S. 375: „In der gesamten Theoriediskussion der letzten drei Jahrzehnte fehlte das neben Ökonomie, Soziologie und Ethnologie/Anthropologie vierte wichtige Nachbarfach der Geschichtswissenschaft, das ihr in der alteuropäischen Fächersystematik sogar nächste: die Geographie."

[223] Hans H. Blotevogel, Günter Heinritz u. Herbert Popp, Regionalbewußtsein - Überlegungen zu einer geographisch-landeskundlichen Forschungsinitiative, in: Informationen zur Raumentwicklung H. 7 (1987), S. 409-418.

[224] Zur Wissenschaftsgeschichte von Raum als Forschungskonzept vgl. Ute Wardenga u. Judith Miggelbrink, Zwischen Realismus und Konstruktivismus: Regionsbegriffe in der Geographie und anderen Humanwissenschaften, in: Wollersheim, Tzschaschel u. Middel (Hgg.), Region, S. 33-46. Klüter, Raum, hatte praktisch zeitgleich mit „BHP" in seiner hochtheoretischen Arbeit versucht, geographische Raum-Begriffe mit sozialwissenschaftlicher Theorie, hier v.a. die Gesellschaftstheorie Luhmanns, zu verknüpfen und dabei durchaus vergleichbare Ansätze gewählt. Ein ähnliches Forschungsprojekt wie „BHP" mit ebenfalls ausgeprägter Methodik legten vor: Hans-Peter Meier-Dallach, Susanne Hohermuth u. Rolf Nef, Regionalbewußtsein, soziale Schichtung und politische Kultur. Forschungsergebnisse und methodologische Aspekte, in: Informationen zur Raumentwicklung H. 7 (1987), S. 377-394.

[225] Gerhard Hard, „Bewußtseinsräume". Interpretationen zu geographischen Versuchen, regionales Bewußtsein zu erforschen, in: Geographische Zeitschrift 75 (1987), S. 127-148, hier: S. 130ff. u. S. 145.

Phänomen einer Kommunikation bzw. eines Diskurses zu einem räumlichen Etwas gemacht, was letztlich nicht viel mehr zutage bringe als Regionalfolklorismus.[226]

Im Verlauf der sich an dieser Kritik entzündenden Debatte konnten einige Aspekte der Verwendbarkeit des Konzepts Raumbewußtsein in der Forschung geklärt werden. Bereits Blotevogel, Heinritz und Popp selber präzisierten ihr Modell, indem sie drei verschiedene Ausprägungen unterschieden.[227] Wichtiger aber erscheint die Präzisierung und Erweiterung durch Peter Weichhart. Basierend auf einem leicht abgewandelten Konzept von Raumbewußtsein stellt er fest: „Auch auf der Ebene sozialer Systeme läßt sich der Sinn raumbezogener Identität als funktionale Leistung darstellen, die der Systemerhaltung und dem Ablauf systemstabilisierender Prozesse dient." Diese sei aber nun weder zu kartieren noch zu beschreiben, sondern gemäß der Leitfragestellung: „Welche Voraussetzungen und Prozesse bewirken denn, daß der Konsument des produzierten Regionalbewußtseins dieses dann internalisiert, sich zu eigen macht?" zu untersuchen.[228]

Bei der regionalwissenschaftlichen Grundlegung der Bundeslandgeschichte ist daher in Betracht zu ziehen, daß es offenbar eine universelle Eigenschaft menschlicher sozialer Systeme zu sein scheint, Probleme oder ihre Lösungen räumlich bzw. mit Raumbezügen zu verarbeiten oder zu vermitteln.[229] In regionalgeschichtlicher Perspektive sollen daher nicht die jeweiligen Räume (bzw. Raumabstraktionen) untersucht werden, sondern es gilt die Frage zu verfolgen, welche Probleme mit Hilfe räumlicher Bezüge gesellschaftlich verarbeitet wurden.[230] Die Bundeslandgeschichte sollte daher davon ausgehen, daß die Bundesländer eine Art räumlichen Code darstellen, durch den Wahrnehmung und Verarbeitung von Problemen in sozialer Interaktion erfolgen.[231] Damit wird also Raum zur Region, indem er als soziale Repräsen-

---

[226] Ders., Das Regionalbewußtsein im Spiegel der regionalistischen Utopie, in: Informationen zur Raumentwicklung H. 7 (1987), S. 419-440, hier: S. 423ff. Ähnliche Argumente, insbesondere den Vorwurf des „Anachronismus", vgl. auch bei Gerhard Bahrenberg, Unsinn und Sinn des Regionalismus in der Geographie, in: Geographische Zeitschrift 75 (1987), S. 149-160. Vgl. hierzu auch Ulf Hahne, Das Regionstypische als Entwicklungschance? Zur Identifizierbarkeit und Vermarktung regionaler Produkte, in: Informationen zur Raumentwicklung H. 7/8 (1987), S. 465-473.

[227] Nämlich „räumliche Identität", „individuelle räumliche Identifikation" und „soziale räumliche Identifikation", vgl. Hans H. Blotevogel, Günter Heinritz u. Herbert Popp, Regionalbewußtsein. Zum Stand der Diskussion um einen Stein des Anstoßes, in: Geographische Zeitschrift 77 (1989), S. 65-88, hier: S. 72ff.

[228] Peter Weichhart, Raumbezogene Identität. Bausteine zu einer Theorie räumlich-sozialer Kognition und Identifikation, Stuttgart 1990, hier: S. 32.

[229] Vgl. hierzu die sehr instruktive Luhmann-Kritik bei Jürgen Habermas, Können komplexe Gesellschaften eine vernünftige Identität ausbilden?, in: ders., Zur Rekonstruktion des Historischen Materialismus, Frankfurt a.M. 1976, S. 92-126, bes. S. 113ff.

[230] Franz Steinbach, Zur Diskussion über den Begriff der Region - eine Grundsatzfrage neuerer Landesgeschichte, in: Hessisches Jahrbuch für Landesgeschichte 31 (1981), S. 185-210, hier: S. 208, definiert diesen Gedanken als wichtigste Interpretationslinie der Regionalgeschichte.

[231] An dieser Stelle sollte der bislang vielleicht weitestgehende Ansatz von Detlef Briesen, Warum Bundeslandgeschichte? Reflexionen am Beispiel einer „Wirtschafts- und Gesellschaftsgeschichte des Rheinlandes und Westfalens 1955-1995", in: Comparativ 5 (1995), S. 102-111, modifiziert werden. Briesen spricht zwar zu Recht davon, daß durch Untersuchung der Bundesländer die komplexen Beziehun-

tation von Problemen in Form von und durch räumliche(n) Bezüge(n) verstanden wird. Daher besteht nicht die Notwendigkeit, die jeweilige Region in ihrer Systemqualität a priori bereits vollständig definieren zu müssen.[232] Region ist in Forschungsperspektive als Ordnungsbegriff,[233] aber nicht als reine Residualkategorie[234] zu verstehen. Der Ordnungsbegriff gewährleistet die Zusammenführung unterschiedlich ausgerichteter Forschungsinteressen bzw. Disziplinen auf den Untersuchungsgegenstand.[235] Insofern ist der Region-Begriff der Bundeslandgeschichte auch als heuristischer Begriff zu verwenden.[236]

Dies erlaubt eine Präzisierung der oben aufgeworfenen Frage nach dem Zusammenhang zwischen Landespolitik und regionalem Strukturwandel in den 60er Jahren. Der Begriff Strukturwandel steht für eine Vielzahl sehr unterschiedlicher Veränderungen ökonomischer Grundlagen, die die Modernisierung der westlichen Industriegesellschaften in den 60er Jahren bestimmten. Die Analyse der Perzeption dieser Veränderungen durch die Bundesländer als räumlicher Code ermöglicht eine angemessene Bewertung des Beitrags der Bundesländer zu dieser Modernisierung. Dabei ist darauf zu achten, welche positiven oder negativen Auswirkungen des Strukturwandels überhaupt als regionale Probleme verarbeitet wurden und wie sich die Perzeptionsmuster mit der Zeit veränderten.[237] Interessant erscheinen daher gerade diejeni-

---

gen zwischen Staat und Gesellschaft in der Bundesrepublik besser gedeutet werden können, ebd., S. 106. Sein Vorschlag aber, die Bundesländer als spezifische interaktive und diskursive „Felder" zu deuten, in denen soziale Gruppen das Geschick der staatlichen Einheit bestimmen, birgt die Gefahr, als zu gegenständliches Denken bzw. als naive Raumabstraktion mißverstanden zu werden. Es stellt sich die Frage, ob nicht die Verwendung des Begriffs „Feld" die Frage nach Möglichkeiten der Abgrenzung im chorisch-räumlichen Sinne geradezu provoziert.

[232] Die „Einbeziehung des Definitions- und Abgrenzungsprozesses in die Untersuchung, und dabei die Anwendung vielfältiger Frageraster anstatt des Versuchs einer a-priori-Definition", ist unter den „selten thematisierten Attributen", die die moderne Regionalgeschichte für sich in Anspruch nimmt, an erster Stelle zu nennen, vgl. Stauber, Regionalgeschichte, S. 233.

[233] In der Formulierung von Rüdiger Gans, Regionalbewußtsein und regionale Identität. Ein Konzept der Moderne als Forschungsfeld der Geschichtswissenschaft, in: Informationen zur Raumentwicklung H. 11 (1993), S. 781-792, hier: S. 781: „Der Begriff Region stellt eine wissenschaftliche Beschreibungs- bzw. Beobachterkategorie dar, durch die ein regionalgeschichtliches Forschungsroblem einen objektivierbaren Bezugspunkt erhält."

[234] Diese Sichtweise definiert Karl Rohe, Die Region als Forschungsgegenstand der Politikwissenschaft, in: Brunn (Hg.), Region und Regionsbildung, S. 100-112, hier: S. 101, als Minimalkonsens der Politikwissenschaft. Daß dies aber keinesfalls die einzige Verwendung des Begriffs sein darf, formuliert ders., Wahlen, S. 11. Zur theoretischen Abgrenzung der Begriffe Residualkategorie und Ordnungskategorie vgl. Briesen, Gans u. Flender, Regionalbewußtsein, S. 39.

[235] Zu dieser Funktion des Region-Begriffes vgl. die ausführlichen Erwägungen bei: Wolfgang Fach, Karl-Christian Köhnke, Matthias Midell, Kurt Mühler, Hannes Siegrist, Sabine Tzschaschel u. Heinz-Werner Wollersheim, Regionsbezogene Identifikationsprozesse. Das Beispiel „Sachsen" - Konturen eines Forschungsprogramms, in: Wollersheim, Tzschaschel u. Middel (Hgg.), Region, S. 1-32, sowie Buchholz, Vergleichende Landesgeschichte, S. 60.

[236] Vgl. hierzu die instruktiven Erwägungen von Bernd-A. Rusinek, Was heißt: „Es entstanden neue Strukturen"? Überlegungen am landesgeschichtlichen Beispiel, in: Geschichte im Westen 5 (1990), S. 150-162, hier: S. 153, sowie Stauber, Regionalgeschichte, S. 248f.

[237] Vgl. hierzu Benno Werlen, Sozialgeographie alltäglicher Regionalisierungen, 2 Bde. Stuttgart

gen autoreflexiven Teile der sozialen Interaktion, die die regionale Verarbeitung in Frage stellen.[238]

Dies steht in engem Zusammenhang mit der Frage nach den historischen Voraussetzungen für die räumliche Problemverarbeitung in der Bundesrepublik. In den späten 80er Jahren entwickelte Dirk Gerdes, aufbauend auf Vorarbeiten zum Regionalismus als internationalem Phänomen und seinen Zusammenhang mit regionaler Identität, eine politikwissenschaftliche Theorie der „Neuen Sozialen Bewegungen".[239] Er versteht Regionalismus als „Ausdruck der (wachsenden) Politisierung des subnationalen territorialen Bezugsrahmens"[240] und konnte mit seinen Arbeiten zu Frankreich nicht nur die neue - überraschende - Konjunktur längst vergessen geglaubter Regionalismen in den industriellen und postindustriellen Gesellschaften Mittel- und Westeuropas zeigen, sondern auch deren „Wiederentdeckung" in der Politikwissenschaft.[241] Diese Konjunktur stellt einen eklatanten Unterschied zur Geschichte der Bundesrepublik dar, die von diesem Phänomen weitgehend unbeeinflußt blieb.[242] Die aus der Theorie der NSBs entwickelten Modellvorstellungen über die Funktion von Regionalismus in der Gesellschaft[243] werfen somit die Frage nach den Methoden auf,

---

1995-1997, sowie ders., Gesellschaft, Handlung und Raum. Grundlagen handlungstheoretischer Sozialgeographie, 3. Aufl. Stuttgart 1997. Werlens Forderung nach „handlungswissenschaftlichen" Ansätzen soll die „Hypostasierung" von Raum in der Geographie überwinden helfen, die er mit der Hypostasierung von „Zeit" in der Geschichtswissenschaft gleichsetzt, und die letztlich den Zugang zur Gesellschaftsforschung versperren, ebd., S. 393.

[238] Vgl. hierzu die theoretischen Erwägungen von Rusinek, Überlegungen. Zu der hochkomplexen Frage nach der Rolle von Raumbezügen in gesellschaftstheoretischen Arbeiten vgl. Klüter, Raum, S. 167ff. Klüter verwendet zur Erklärung hier den Begriff der Abkehr von eindimensionalen Räumen.

[239] Dirk Gerdes (Hg.), Aufstand der Provinz. Regionalismus in Westeuropa, Frankfurt a.M. 1980. Zum Forschungsstand vgl. Christian Lemke, Neue soziale Bewegungen, in: Ellwein u. Holtmann (Hgg.), 50 Jahre Bundesrepublik, S. 440-453.

[240] Dirk Gerdes, Regionalismus als soziale Bewegung. Westeuropa, Frankreich, Korsika: Vom Vergleich zur Kontextanalyse, Frankfurt a.M. 1985, hier: S. 27. Vgl. auch: Rainer S. Elkar, Europas unruhige Regionen, Stuttgart 1981.

[241] Dirk Gerdes, Regionalismus und Regionalisierung in Frankreich. Ansatzpunkte einer vergleichenden Regionalismus- / Nationalismusforschung, in: Geschichte und Gesellschaft 20 (1994), S. 385-401. Ders., Regionalismus und Politikwissenschaft. Zur Wiederentdeckung von „Territorialität" als innenpolitischer Konfliktdimension, in: Geographische Rundschau 39 (1987), S. 526-531. Vgl. hierzu in Perspektive auf die Europäische Integration: Fritz René Allemann, Aufstand der Regionen, in: Wilhelm Hennis, Peter Graf Kielmansegg u. Ulrich Matz (Hgg.), Regierbarkeit. Studien zu ihrer Problematisierung, Stuttgart 1979, Bd. 2 S. 279-309, hier: S. 307, sowie in langfristiger Perspektive Matthias Schulz, Regionalismus und die Gestaltung Europas. Die konstitutionelle Bedeutung der Region im europäischen Drama zwischen Integration und Desintegration, Hamburg 1993.

[242] Z.B. in Jochen Blaschke (Hg.), Handbuch der westeuropäischen Regionalbewegungen, Frankfurt a.M. 1980, spielt Deutschland praktisch keine Rolle. Den Versuch, sozialen Protest als regional verankertes Protestverhalten - im Vergleich der Konflikt um die Startbahn West in Frankfurt mit Protesten in Erdbebengebieten Italiens - darzustellen, unternimmt: Robert Geipel, Regionale Fremdbestimmtheit als Auslöser territorialer Bewußtwerdungsprozesse, in: Berichte zur deutschen Landeskunde 58 (1984), S. 37-46.

[243] Aus diesen Modellen läßt sich allgemein beschreiben, welche Aufgaben in den zwar funktional differenzierten, aber eben auch hochgradig integrierten „westlichen" Gesellschaften zu bewältigen sind. Vgl. hierzu die prägnante und begrifflich eng geführte Zusammenfassung bei Richard Pieper, Region und Regionalismus. Zur Wiederentdeckung einer räumlichen Kategorie in der soziologischen Theorie, in:

mit deren Hilfe die gesellschaftliche Integration in der Bundesrepublik bewerkstelligt werden konnte, ohne die ansonsten in praktisch ganz Europa auftauchenden politisch-konfliktuellen Regionalismen auszulösen.[244]

Etwas allgemeiner formuliert, verweist dies darauf, daß zwar prinzipiell jedem Teilnehmer sozialer Interaktion Freiheit bei der Wahl der räumlichen Bezüge zuzugestehen ist, daß jedoch durch verschiedene Formen von Herrschaft bestimmte Problem-Raum-Beziehungen als weitgehend verbindlich definiert oder zumindest als allgemein akzeptiert zu betrachten sind.[245] Ein solches Regelwerk stellt z.B. der in Verfassung und Gesetzen verankerte bundesdeutsche Föderalismus dar, das durch die föderale, politisch-administrative Herrschaftspraxis ergänzt wurde.[246] Die Entstehung, Durchsetzung und Ausgestaltung dieser föderalen Ordnung erfolgte aber nicht als schematische Übertragung eines statischen Föderalismus-Konzepts,[247] sondern als ein dynamischer Vorgang, den man als „Födcralisierung" bezeichnen könnte und der im Zeitverlauf sehr unterschiedliche Formen annehmen konnte. Dieser Vorgang erfolgte unter Beteiligung von im übrigen meistens ebenfalls regional gegliederten Institutionen und Organisationen, aber auch unter Beteiligung einer hohen Zahl von regionalen Eliten, z.B. in den parlamentarischen Vertretungen.[248] In regionalgeschichtlicher Perspektive stellt dies einen Sonderweg der Bewältigung der schon im Rahmen der Staatsgründung aufgetretenen und auch später durch Anpassungs- und Modernisierungszwänge ausgelösten Probleme dar. Die Bundesländer und ihre Geschichte

---

Geographische Rundschau 39 (1987), S. 534-539.

[244] Regionalismus wird zumindest im hier diskutierten Zusammenhang von Industriegesellschaften meistens als Ausdruck von Zentrale-Peripherie-Konflikten gedeutet, so daß dem Regionalismus also normalerweise eine zentrifugale Tendenz innewohnt, Brunn, Regionalismus, S. 29. Allenfalls die Konvergenzhypothese könnte als ungefähr der besonderen Rolle von Regionalismus in der bundesdeutschen Gesellschaft entsprechend angesehen werden: „Regionalismus ist auf Konvergenz systemintegrativer und sozialintegrativer Strukturbildungsprozesse auf einer Ebene im Maßstab der Region zurückzuführen.", Pieper, Region, S. 537.

[245] Der von Gans, Regionalbewußtsein, S. 782, für das 19. Jahrhundert vorgetragene Gedanke, daß regionales Bewußtsein ohne nationale Identität undenkbar ist, sollte in dieser Form verallgemeinert werden.

[246] Diesen Aspekt betont in bezug auf die Bundesländer besonders Winfried Steffani, Die Republik der Landesfürsten, in: Gerhard A. Ritter (Hg.), Regierung, Bürokratie und Parlament in Preussen und Deutschland von 1848 bis zur Gegenwart, Düsseldorf 1983, S. 181-213, hier: S. 213. Daher kann davon gesprochen werden, daß bundeslandgeschichtlichen Ansätzen bereits vom Gegenstand her eine stark politisch/administrative bzw. institutionelle Sichtweise zu eigen ist, Briesen, Reflexionen, S. 108.

[247] Die verfassungsrechtliche Sicht hierzu bietet Kirsten Schmalenbach, Föderalismus und Unitarismus in der Bundesrepublik Deutschland. Die Reform des Grundgesetzes von 1994, Düsseldorf 1998, bes. S. 3-55.

[248] Einen sehr interessanten Einblick gestattet der Vergleich der in den Einleitungen der verschiedenen Neuauflagen von Heinz Laufer, Der Föderalismus in der Bundesrepublik Deutschland, Stuttgart 1974, bis Heinz Laufer u. Ursula Münch, Das föderative System in der Bundesrepublik Deutschland, 7. Aufl. München 1997, vorgenommene Perspektivwechsel auf die Geschichte des Föderalismus in Deutschland. Zur Frage der politischen Vertretung in regional gegliederten Parteien vgl. die knappe Zusammenfassung in: Udo Wengst, Deutsche Parteien nach 1945 und ihre Geschichte. Anmerkungen zu Quellen und Ergebnissen historischer Parteienforschung in der Bundesrepublik Deutschland, in: Jürgen Heideking, Gerhard Hufnagel u. Franz Knipping (Hgg.), Wege in die Zeitgeschichte. Festschrift zum 65. Geburtstag von Gerhard Schulz, Berlin u. New York 1989, S. 165-181.

können daher als eine spezifisch bundesdeutsche Form der Vergesellschaftung angesehen werden.[249]

In diesem Zusammenhang ist wohl auch die Forderung Erkers nach der Schaffung einer „historischen Infrastrukturforschung" zu verstehen: Die „ökonomischen Wandlungsprozesse veränderten die politischen Herrschaftsstrukturen und bestimmten mehr denn je die politische Legitimationsbasis nach 1945. ... Wie gestalteten sich Art, Ausmaß und Richtung der wirtschaftlichen Veränderungen? Und was bedeutete die qualitative Veränderung der Industriewirtschaft für diese selbst, für Gesellschaft und Politik?"[250] Um den Beitrag der Bundesland-Politik bei der Verarbeitung des regionalen Strukturwandel angemessen zu bewerten, ist demnach zu hinterfragen, welche strukturellen Elemente des Föderalismus die Verarbeitung und Lösung von Problemen prägten. Dies sollte auch die Analyse der dadurch ausgelösten Politisierung der regionalen Ebene erleichtern, die sich z.B. in schwer interpretierbaren Veränderungen im Wahlverhalten niederschlug. Möglicherweise wird dabei von einer typisch deutschen Form eines integrativen Bundeslandregionalismus auszugehen sein.

Die so funktional[251] definierten Bundesländer als räumlicher Code zur Verarbeitung von Problemen können allerdings schon auf theoretischer Ebene keinen Anspruch auf Exklusivität erheben. Es konnten für die Bundesrepublik bereits alternative Region-Konzepte entworfen werden, die mehr oder weniger unvermittelt neben dem Nation-Konzept stehen und letzteres sinngebend ergänzen. Zumindest für die „nation of provincials" wäre mit „Heimat" ein solches alternatives und zudem hochgradig emotional aufgeladenes Konzept zu nennen.[252] Damit erscheint das Konzept regionaler Identität für die Bundeslandgeschichte sowohl aus inhaltlichen wie auch aus methodischen Gründen problematisch.[253] Gemäß der funktionalen Definition ist

---

[249] Rolf Lindner, Einleitung, S. 8, formuliert die Aufgabe kultureller Deutung ökonomischer Prozesse anhand des Beispiels: „Was bedeutet Arbeitslosigkeit in Hamburg?".

[250] Paul Erker, Industriewirtschaft und regionaler Wandel. Überlegungen zu einer Wirtschaftsgeschichte Bayerns 1945-1995, in: Lanzinner u. Henker (Hgg.), Landesgeschichte und Zeitgeschichte, S. 41-51, hier: S. 41f.

[251] Bernd Schönemann, Die Region als Kategorie und Problem historischer Forschung, gesellschaftlicher Geschichtskultur und geschichtsdidaktischer Reflexion, in: Bernd Mütter u. Uwe Uffelmann (Hgg.), Regionale Identität im vereinten Deutschland. Chance und Gefahr, Weinheim 1996, S. 54-80, hier: S. 56.

[252] In diesen Zusammenhang kann auch das des öfteren als für den deutschen Föderalismus prägend angesehene Reservatsrecht der Länder im kulturellen Bereich gestellt werden. Die Funktion der Bundesländer wäre demnach weniger im Köstlin'schen Sinne als Verräumlichung von Kultur, sondern in der zumindest formalen Garantie nicht regionalen, aber auch lokalen kultureller Unterschieden zu sehen. Einen Versuch, diese alternativen historischen Regionalbezüge in ihrem Verhältnis zum Bundesland zu analysieren, unternimmt das große Projekt Düwell u. Köllmann (Hgg.) Rheinland-Westfalen. Vgl. hierzu dies., Einleitung der Herausgeber, in: ebd., Bd. 1, S. 11-18. Vgl. hierzu auch den Katalog zur Jubiläumsausstellung Horst Romeyk (Hg.), Nordrhein-Westfalen, Kernland der Bundesrepublik, Siegburg 1989 (= Veröffentlichungen der staatlichen Archive des Landes Nordrhein-Westfalen Reihe D, Ausstellungskataloge staatlicher Archive H. 23). Wie schmal der Grat zur naiven Raumabstraktion ist, verdeutlicht Heinz Günter Steinberg, Die „Geographische Lage" Nordrhein-Westfalens und ihre Bedeutung für die Landesentwicklung, in: Hüttenberger (Hg.), Vierzig Jahre, S. 31-48.

[253] In dieser Hinsicht ist dem radikalen Verdikt von Lutz Niethammer, Kollektive Identität. Heimliche Quellen einer unheimlichen Konjunktur, Reinbek bei Hamburg 2000, teilweise zuzustimmen: „Wie wäre

nämlich primär zu fragen, inwieweit die sozial kommunizierten Vorstellungen über räumliche Bezüge den zu bewältigenden Problemen entsprachen.[254] Regionale Identität im Sinne der Bundeslandgeschichte kann daher streng genommen nicht die Übereinstimmung zwischen Menschen hinsichtlich der von ihnen kommunizierten Raumsymbole bedeuten,[255] sondern kann nur die Übereinstimmung von Menschen über die räumlichen Bezüge der von ihnen kommunizierten Probleme meinen. Bedenkenswert ist aber der von Karl Rohe angebrachte Hinweis, daß (politische) Regionalkultur im Sinne „habituell verfestigter Orientierungen des Denkens" auch dann vorliegen kann, wenn ein regionales Identitätsgefühl nicht nachweisbar ist.[256] Zur Klärung des Zusammenhangs von Landespolitik und Strukturwandel in der Bundesrepublik ist daher in bundeslandgeschichtlicher Perspektive zu fragen, inwiefern der „Geschichte" als Wissen über vergangene regionale Problemverarbeitung im Bundesland Einfluß auf die Muster der Perzeption von Problemen und vor allem auf die Art ihrer Lösung zuzumessen ist. Gerade vor dem Hintergrund der bei den Bundesländern besonders problematischen Kontinuitätsfrage ist aber auch zu prüfen, ob älteren oder alternativen räumlichen Codes ebenfalls ein solcher Einfluß zuzusprechen ist.

2.3 Zusammenfassung

Die Wurzeln der aus wirtschaftsstrukturellen Veränderungen resultierenden Probleme der frühen 60er Jahre im Saarland reichen bis weit in die Vergangenheit, teilweise bis in das 19. Jahrhundert zurück. Schon die Herausbildung der Industrieregion an der mittleren Saar stand in engem Zusammenhang mit der Entwicklung der Schwerindustrie.[257] Gewisse Indizien sprechen dafür, daß aus diesem Grund in mittelfristiger Perspektive sogar von der Herausbildung einer Kultur- und Mentalitätsschranke zu sprechen ist, die das Saarland[258] gegenüber den westlichen Teilen des heutigen Bundeslandes Rheinland-Pfalz abhob.[259] Auch bestimmte Formen der politischen

---

es, wenn wir kollektive Identität aus unserem politischen Wortschatz einfach streichen, und sei es nur für einen Versuch? ... Die quasi-religiöse Erhabenheit unserer politischen Sprache würde etwas einknicken, und wir wären zu größerer Genauigkeit gezwungen. Wir müßten wieder davon sprechen, was uns alles geprägt hat, und würden gewahr werden, wie viele und unterschiedliche Einflüsse auf uns eingewirkt haben, darunter auch nationale, geschlechtliche, religiöse, berufliche, um nur ein paar der durchschnittlich wichtigsten zu nennen.", ebd., S. 627.

[254] Auch Hard, Bewußtseinsräume, S. 144, sieht es als Aufgabe der Identitätsforschung, Raumsymbole in der sozialen Kommunikation zu identifizieren, will diese dann aber im sozialen und semantischen Raum verorten. Weichhart, Identität, S. 47, präzisiert diesen Gesichtspunkt unter dem Stichwort der „Kontextualisierung".

[255] Blotevogel, Heinritz u. Popp, Stand, S. 82.

[256] Rohe, Regionalkultur, S. 123.

[257] Vgl. hierzu die Arbeit von Ralf Banken, Die Industrialisierung der Saarregion 1815-1914. Die Frühindustrialisierung 1815-1850, Stuttgart 2000 (= Regionale Industrialisierung 1), die Teil eines größeren Forschungsprojekts zur Industrialisierungsgeschichte ist, sowie Mallmann, Paul, Schock u. Klimmt (Hgg.), Entdeckungsreisen.

[258] Zur Begriffsgeschichte: Wolfgang Laufer, Der Weg zum „Saarland". Beobachtungen zur Benennung einer Region, in: Haubrichs, Laufer u. Schneider (Hgg.), Zwischen Saar und Mosel, S. 367-380.

[259] Volker Friedrich, Die Saarlandgrenze - Kulturgeographische Untersuchungen über die Landesgrenze

Auseinandersetzung über die wirtschaftlichen Probleme zu Anfang der 60er Jahre können vor dem Hintergrund der Regionsbildung in der ersten Hälfte des 20. Jahrhunderts verständlich gemacht werden:[260] Insbesondere gilt dies für die Teile der Debatte in der Bundesland-Politik, die strukturelle Probleme und Lösungsvorschläge mit quasi-historischen Argumenten versah. Armin Flender wies auf die hohe Bedeutung von „Geschichtspolitik" für die Auseinandersetzung zwischen regionalen Eliten seit der Zwischenkriegszeit hin und explizierte unter diesem Aspekt Teile der innersaarländischen Debatten in der Phase der Teilautonomie als Kampf regionaler Eliten um die Deutungshoheit über die Region.[261]

Allerdings wählen sowohl Flender als auch die eher strukturgeschichtlich ausgerichteten Forschungsansätze für die Nachkriegszeit ihren grundlegenden Ansatzpunkt in der Sonderrolle des Saarlandes in den deutsch-französischen Beziehungen.[262] Mit

---

zwischen dem Saarland und Rheinland-Pfalz, Marburg 1971, bes. S. 47. Interessant hierzu auch die Selbstbetrachtung französischer Saarpolitik aus Sicht eines Beteiligten, der glaubte, einen Beitrag zur Schaffung einer saarländischen Nationalität geleistet zu haben, Jacques Dircks-Dilly, La Sarre et son destin, Paris 1956, bes. S. 39ff.

[260] Instruktiv hierzu insbesondere die noch stark vom Konflikt der Zwischenkriegszeit bestimmten Arbeiten im Reader von Hermann Overbeck, Kulturlandschaftsforschung, besonders die 1956 erstmals veröffentlichte Studie: Die Stellung und natürliche Einordnung der Lande an der mittleren Saar. Eine politisch-geographische Betrachtung, ebd., S. 249-260, und ders., Industriegebiet [1957]. Ähnlich auch: Fritz Kloevekorn, Geschichte des saarländisch-lothringischen Eisenhüttenwesens, Saarbrücken 1958. Hinweise über die Notwendigkeit einer differenzierteren Sichtweise auf die Bedeutung der Industrialisierung für die Regionsbildung bietet: Klaus-Michael Mallmann, „Eine preußische Industrie-Kolonie mit kaplanokratischer Opposition". Die Entstehung des Saarreviers, in: Deutsche Kunst und Denkmalpflege 48 (1990), S. 90-97. Zur Instrumentalisierung in der NS-Zeit vgl. Rolf Wittenbrock, Identitätsbildung in einer Grenzregion: Das Saarland bis 1935, in: Zeitschrift für die Geschichte der Saargegend 41 (1993), S. 219-227; Jürgen Hannig, Historisch-politische Erziehung im Saargebiet in der Zeit des Völkerbundsamts und in der Zeit des Nationalsozialismus 1929-1945, in: Rolf Wittenbrock (Hg.), Schule und Identitätsbildung in der Region Saar-Lor-Lux, Ottweiler 1994, S. 71-90; Jürgen Hannig, Die deutsche Saar 1935 und 1955. Nationalbewußtsein als politisches Argument, in: Informationen für den Geschichts- und Gemeinschaftskundelehrer 34 (1987), S. 25-37.

[261] Armin Flender, Die Inszenierung der Erinnerungskultur im Saarland nach dem Zweiten Weltkrieg, in: Dillmann u. van Dülmen (Hgg.), Lebenserfahrungen, S. 14-39; ders., Öffentliche Erinnerungskultur im Saarland nach dem Zweiten Weltkrieg. Untersuchungen über den Zusammenhang von Geschichte und Identität, Baden-Baden 1998 (= Schriftenreihe des Instituts für Europäische Regionalforschungen 2). Flender geht sogar so weit, diesem Aspekt eine gegenüber dem ökonomisch bedingten Strukturwandel überlegene Regionsbildungs-Kraft zuzuweisen: Für das Saargebiet der 1920er Jahre geht er davon aus, daß die „Geschichtspolitik" bestimmter regionaler Akteure der auslösende Faktor zur Entwicklung der regionalen Identität sei, wohingegen der in einem stürmischen Prozeß entwickelten Montanindustrielandschaft eher eine nachgeordnete Bedeutung zuzuweisen sei, ders., Saargebiet, S. 142.

[262] Auch Armin Flender sieht offenbar nach der Überwindung der letzten Nachwehen des Abstimmungskampfes von 1955 keine Ansatzpunkte für eine saarspezifische regionale „Geschichtspolitik" mehr, vgl. Flender, Inszenierung, S. 28. Noch deutlicher argumentiert Zenner, die gegenüber der Identitätsbildung in der Saarregion ohnehin skeptisch eingestellt ist und diese nicht einmal als im „Sonderregime" der Teilautonomie als erfolgreich ansah, vgl. Zenner, Bewußtseinsbildung, S. 402. Für die Zeit nach 1955 muß daher eine solche Identitätsbildung um so mehr abgelehnt werden, als sie mit Johannes Hoffmann ihren „wichtigsten Vertreter" verloren hatte, siehe dies., Region - Nation - Europa. Untersuchungen zur historisch-politischen Argumentation saarländischer Politiker: Johannes Hoffmann, in: Revue d'Allemagne 18 (1986), S. 5-24, hier: S. 7. Einen wenig überzeugenden Versuch der „Verlängerung" saarländischer Identitätsbildung aus der Zeit der Teilautonomie bis in die Gegenwart der 1980er Jahre unternehmen:

dem Wegfall dieser Sonderrolle stellt sich die Frage, auf welche Weise die strukturellen Veränderungen im Saarland zum regionalen Problem wurden.[263] Den institutionellen Ansatz zur Lösung dieser Frage wählte Hans-Walter Herrmann, der auf die Tradition administrativer und teilweise auch politischer Selbständigkeit hinwies. Die in den Versailler Friedensvertragsregelungen erstmals etablierte Selbständigkeit habe sich als tragfähig erwiesen und sei daher nach dem Referendum fortgeführt worden.[264] Allerdings stellte gerade die Frage, inwieweit die überkommenen politischen Strukturen den Anpassungszwängen aus der wirtschaftlichen Entwicklung angemessen waren, das Hauptproblem der zeitgenössischen wissenschaftlichen und landespolitischen Debatte dar.

Auf sachpolitischer Ebene ist dabei besonders die Kritik an Prinzipien der Wirtschaftspolitik des Landes hervorzuheben. Die Stagnation der gesamtwirtschaftlichen Entwicklung zu Anfang der 60er Jahre delegitimierte die bisherige Politik; gleichzeitig erhöhten sich die Ansprüche an die Politik, die nun, nach der Eingliederung in die Bundesrepublik, von den in der Nachkriegszeit geltenden politischen Beschränkungen entbunden war und sich an rational-wissenschaftlich fundierten, aber auch an den Entwicklungsaussichten des neuen nationalen Bezugsrahmens orientierten

---

Bernd Krewer, Mechthild Momper u. Lutz Eckensberger, Das Saarland war zumeist Objekt der Geschichte. Zur Identität des Saarländers, in: Hans-Georg Wehling u.a., Regionale politische Kultur, Stuttgart 1985, S. 90-115. Die auf die deutsch-französischen Konflikte ausgerichtete Betrachtungsweise fand jedoch bereits unmittelbar nach der Eingliederung Eingang in den Bildungskanon, vgl. Helmut Hoffmann, Die Rückgliederung des Saargebietes, ein Modellfall für eine gesamtdeutsche Wiedervereinigung, in: Welt der Schule 15 (1962), S. 407-419. Sehr kritisch zu älteren Versuchen zur regionaler Identität: Hans Horch, Saarländische Legenden. Anmerkungen zur regionalistischen Geschichtsschreibung, in: Saarbrücker Hefte 63 (1990), S. 33-38.

[263] Möglicherweise geht es zu weit, den Stoßseufzer Armin Heinens am Ende seines Buches als These vom Ende der saarländischen Regionalgeschichte mit dem Jahr 1955 zu interpretieren, vgl. Heinen, Saarjahre, S. 564. Man wird aber in der Tat Arno Mohrs Kritik zustimmen müssen, der darauf hinweist, daß auch die jüngsten, umfangreichen Forschungsinitiativen zur saarländischen Nachkriegsgeschichte mit ganz wenigen Ausnahmen die Saargeschichte nur bis 1955, also nicht einmal bis zur Rückgliederung, in den Blick nehmen, folglich „vor allem auf die Bedeutung der Saar im europäischen Kontext gerichtet [sind], ein Aspekt, der hier [im Kontext von Regionalgeschichte] vernachlässigt werden kann." Mohr, Landesgeschichtsschreibung, S. 236. Walter Först (Hg.), Die Länder und der Bund. Beiträge zur Entstehung der Bundesrepublik, Essen 1989, bringt in seiner Gründungsgeschichte keinen Artikel zum Saarland, weil es erst nach 1955 Teil der Bundesrepublik wurde, ebd., S. 5, obwohl schon auf S. 1 festgestellt wird, daß mit Ausnahme von Baden-Württemberg alle Länder - genau wie das Saarland - „älter als der Bund" sind.

[264] „So sind im Laufe von einehalb Jahrhunderten die Uferlandschaften der mittleren Saar und ihrer Nebenflüsse zu einem eigenen Raum mit einem stabilen Kern mit unterschiedlichen Grenzen im administrativen, wirtschaftlichen und kulturellen Bereich geworden. ... Das Fortbestehen dieser Verwaltungseinheit Saargebiet/Saarland bis zur Gegenwart bezeugt die Richtigkeit der im Versailler Vertrag getroffenen Maßnahme.", Hans-Walter Herrmann, Das Saarland: Vom Industrierevier zum Bundesland, in: Deutsche Kunst und Denkmalpflege 48 (1990), S. 81-89, hier: S. 88. Allerdings wurde bereits im Zuge der Eingliederung die Möglichkeit einer Neufassung der politischen Grenzen von Saarland und Rheinland-Pfalz durch eine Länderneugliederung erwogen; diese Überlegungen blieben allerdings folgenlos. Inwiefern diese Alternative jedoch praktisch undurchführbar gewesen wäre, wie Widhofer, Eingliederung, S. 108, meint, ist unklar. Im Gegensatz dazu vertritt z.B. Jean-Paul Lehners dezidiert die Meinung, daß sich die Entwicklung des Saarlandes zur Region nicht linear aus der Geschichte oder seiner (Wirtschafts-)struktur ableiten läßt: „Saar-Lor-Lux [also: nicht das Saarland!] wäre eine einheitliche Region geworden, wenn Deutschland den Ersten Weltkrieg gewonnen hätte.", Lehners, Menschen, S. 85.

Zielprojektionen messen lassen mußte.[265] Eingefordert wurde die als überfällig angesehene, nach dem Referendum politisch möglich gewordene Modernisierung der Landespolitik. Daraus entwickelte sich eine weit gespannte Planungsdebatte im saarländischen Landtag. Allerdings war diese nur teilweise von Erfolg gekrönt: Bestimmte, überwiegend in den Reihen der CDU angesiedelte politische Kräfte lehnten eine umfassende, mit weitreichendem Verbindlichkeitsgrad ausgestattete Planung grundsätzlich ab und bezweifelten auch deren Notwendigkeit. Zudem war die Planungsdebatte verknüpft mit dem Konzept der „Umstrukturierung" als Leitbild der Wirtschaftspolitik, über dessen Auswirkungen nicht einmal innerhalb der planungsfreundlichen Kreise Einigkeit bestand. Ähnliches gilt für die Debatte über die regionale Infrastrukturausstattung. Mit dem Saar-Pfalz-Kanal stand hierbei ein Projekt zur Diskussion, das bereits seit Jahrzehnten immer wieder die Politik beschäftigt hatte. Die unübersehbar negative Entwicklung der Saarwirtschaft ließ die Frage wieder akut werden. Zunächst wurde die Kanalfrage noch aus Anlaß bestimmter politischer Ereignisse wie z.B. der Aufwertung der DM thematisiert; ab Mitte der ersten Hälfte des Jahrzehnts wurde dieses Projekt aber zum zentralen Symbol einer allgemeinen Diskussion über die Zukunft des Wirtschaftsstandorts Saarland. Auch diesbezüglich gestaltete sich die Entscheidungsfindung schwierig: Bis zuletzt konnte keine einheitliche und unumstrittene Linie der Befürwortung erarbeitet werden.

Diese Verzögerungen hatten mehrere Gründe. Erstens war die Bereitschaft regionsexterner Kräfte, nach der Übergangszeit weitere Fördermaßnahmen zugunsten des zwar in prekärer Entwicklung befindlichen, aber eben doch hochindustrialisierten und wirtschaftlich besonders aktiven Saarlandes zu etablieren, nicht besonders stark ausgeprägt. Zweitens konnte auf die früheren - und gegenwärtigen - Erfolge der traditionellen landespolitischen Lösungsansätze verwiesen werden. Die Förderkulisse zur Ansiedlung neuer Industriebetriebe zeigte viele Einzelerfolge und hatte strukturwirksame Bedeutung, und auch die Modernisierung der nicht-wassergebundenen Verkehrsträger war bereits seit 1956 in großem Umfang erfolgt. Drittens banden bereits die konventionellen Instrumente der Politik erhebliche Mittel; in der Kohlepolitik beispielsweise waren die budgetären Möglichkeiten mehr als ausgeschöpft. Weitergehende oder zusätzliche Initiativen, erst recht ein Kanalbau, hätten die Landespolitik bereits in finanzieller Hinsicht überfordert. Viertens war ein kompliziertes Geflecht wechselseitiger Abhängigkeiten und divergierender Interessen zu berücksichtigen: Dies gilt besonders für den Kanalbau, der nicht in allen Wirtschaftsbereichen gleichermaßen günstig gewirkt hätte, dies gilt aber auch im Bereich der Planungsdebatte, wo die Entscheidung für eine grundsätzliche Umstrukturierung die durch den sektoralen Strukturwandel ausgelösten Anpassungsprobleme zumindest kurz- und mittelfristig eher noch verstärkt hätte. An dieser Problemstellung wird

---

[265] Dies stellt übrigens einen wichtigen Unterschied zum von Gall, Verlehrspolitik, S. 129ff., analysierten Beginn der Planungsdebatte in Bayern dar: Während in Bayern die Verkehrsproblematik als wichtigster Auslöser anzusehen ist, entwickelte sich die Planungsdebatte im Saarland aus der Stagnation der gesamtwirtschaftlichen Entwicklung bzw. der Anpassungskrise im Steinkohlenbergbau.

deutlich, wie zu Anfang der 60er Jahre wirtschaftliche und politische Veränderungen einander gegenseitig beeinflußten und so Perzeption und Verarbeitung der strukturellen Veränderungen als regionale Strukturkrise prägten: Das Saarland befand sich in einem doppelten Strukturwandel. Zu leisten war die Umformung der bisherigen Landespolitik zu einer den veränderten ökonomischen und politischen Grundlagen entsprechenden Regionalpolitik.

Den wichtigsten Wendepunkt stellte dabei die Zuspitzung der sektoralen Anpassungsvorgänge im Steinkohlenbergbau im Tarifkonflikt des Frühjahrs 1962 dar.[266] Die als politischer Streik interpretierten Unmutsbekundungen der Bergarbeiter markierten das Umschlagen der Stagnationskrise zur regionalen Strukturkrise. Dadurch wurden konzeptionelle Fortschritte in der Landespolitik ausgelöst, die sich bald darauf zum einen in der Umdeutung des Generalplans der Saarbergwerke zur regionalpolitischen Entwicklungskonzeption und zum anderen in der Konstruktion der Als-ob-Tarife im „potentiellen Wettbewerb" zum Saar-Pfalz-Kanal niederschlagen. Beide Konzepte können als Teillösungen angesehen werden: Der Generalplan verband mit den Saarbergwerken als regionaler Modernisierungsagentur die Erneuerung der Wirtschaftspolitik mit einer geschickten Ausnutzung regionaler Entwicklungspotentiale und einer innovativen Form der Finanzierung. Die Als-ob-Tarife erlaubten die Integration der in dieser Frage stark divergierenden ökonomischen Interessen im Land, brachten nennenswerte Kostenentlastungen für die Industrie und ermöglichten die Durchsetzung einer Förderung der Region, die nach der Eingliederung bei den nationalen Akteuren auf starke, unterschiedlich begründete Widerstände gestoßen war. Nachteilig an beiden Lösungen war ihre letztlich doch enge Ausrichtung auf die Montanindustrie und die Unsicherheit über ihre mittelfristige Tragfähigkeit. Der Generalplan war eng mit bestimmten Erwartungen an die Stabilität bundesdeutscher Energiepolitik und der Bedeutung der Steinkohle darin verknüpft, hinsichtlich der Tarife bestanden gravierende juristische Unsicherheiten. Die letztliche Zustimmung aller beteiligten Kräfte dazu kann als Ausdruck einer Politik verstanden werden, die den ohnehin problematischen Anpassungsprozeß nicht noch mit zusätzlichen politischen Risiken belasten wollte.

Für die zeithistorische Regionalforschung zur Bundesrepublik stellt die erste Hälfte der 60er Jahre im Saarland einen interessanten Fall dar. Für die Perzeption ökonomischer Veränderungen war „das Saarland" als Raumsymbol auch in der Bundesland-Politik von Anfang an sehr wichtig. Dies ist zum Teil sicherlich darauf zurückzuführen, daß alternative Raumsymbole wie z.B. „Industrieregion" aufgrund der immer noch hohen Bedeutung der Schwerindustrie damit weitgehend kongruent waren. Zum Teil wird aber auch davon gesprochen werden können, daß der mit der Errichtung des Saarstaates maßgeblich von Johannes Hoffmann „erfundene" räumliche Code sich als angemessene Form zur Verarbeitung sehr unterschiedlicher regio-

---

[266] Eine ähnliche Periodisierung verwendet Mathias, Wirtschaftsgeographie, S. 305, der mit der Übernahme bestimmter Landkreise in die Regionalförderung des Bundes argumentiert und das Jahr 1963 als Beginn einer „bewußten Strukturpolitik im Saarland" ansieht.

naler Probleme in der Politik mittlerweile durchgesetzt hatte. Dem 23. Oktober 1955 als historische Zäsur kommt in dieser Hinsicht eine sehr viel geringere Bedeutung zu als der Gründung des Saarstaates in den Jahren 1947/48. Ausgerechnet die Landesregierung tat sich aber mit dem Bundesland sehr schwer. Die christdemokratischen Politiker waren überwiegend in den älteren Formen der Problemverarbeitung verhaftet; anstelle der Verarbeitung neuer Probleme wurden ältere Aufgaben mit graduell angepaßten älteren Instrumenten bearbeitet. Bei den meisten anderen politischen Kräften jedoch war die Problemwahrnehmung sehr viel weiter fortgeschritten. Insbesondere die Sozialdemokraten vertraten mit ihrer Annäherung an die „Umstrukturierung" der Region als regionalpolitischem Konzept und ihrem Eintreten für den Bau des Saar-Pfalz-Kanals als regionalpolitischer Forderung eine sehr viel modernere Politik. Diese Unterschiede deuten darauf hin, daß vom Saarland der frühen 60er Jahre zwar als „alte Region", aber als noch sehr jungem Bundesland zu sprechen ist. Die von der Landespolitik zur Lösung der drängenden Probleme initiierten Teillösungen reflektieren die komplexe Mischung unterschiedlicher Perzeptionsmuster. Sie spiegeln den besonders in der Kanalfrage teilweise gelungenen Versuch wider, mit quasi-historischen Argumenten Wissen über aus älterer Zeit stammende Probleme und über vergangene Initiativen zur Sicherung des Wirtschaftsstandorts zu aktivieren. Dabei traten jedoch innere Widersprüche zutage - besonders im Interessenkonflikt zwischen Kohle und Stahl -, die die Untauglichkeit älterer Region-Konzepte noch mehr verdeutlichten. Zugleich fand nach dem Wegfall des Sonderföderalismus der Übergangszeit, der sich durch einen besonderen politischen Stil und auch durch eine spezielle Konstruktion der Finanzbeziehungen zwischen Bund und Land ausgezeichnet hatte, auch der „Sonderparlamentarismus" der Übergangszeit sein Ende. Der maßgeblich aus der Bewältigung der jüngsten Vergangenheit des Saarlandes resultierende Konsenszwang in der saarländischen Politik wurde durch ein eher konfrontatives, auf eine systematisch Gegenüberstellung von Alternativen hin ausgerichtetes Verhältnis zwischen den Parteien abgelöst. Über die mit dem Bundesland Saarland kommunizierten Probleme konnte dabei keine Einigkeit in der Landespolitik hergestellt werden. Die Föderalisierung des Saarlandes erfolgte insofern allenfalls teilweise.

Das Beispiel der Kanalfrage zeigt aber auch, daß einzelne der im bundesdeutschen föderalistischen System gegebenen, neuen Möglichkeiten auch durchaus genutzt werden konnten, indem nämlich die Als-ob-Tarife ausgehandelt wurden. Als vorteilhaft erwies sich auch die Möglichkeit, gegenüber den auf nationaler Ebene oder in anderen Regionen etablierten Lösungsstrategien alternative Konzepte zu entwickeln. Dies erlaubte mit der Umdeutung des Generalplans zur regionalpolitischen Entwicklungsstrategie den Ausgleich der gerade in finanzpolitischer Hinsicht viel zu geringen Leistungsfähigkeit des föderalen Ausgleichssystems. Gemeinsam mit der im bundesdeutschen Föderalismus angelegten Möglichkeit, die politische Verantwortung für Fehlentwicklungen und Probleme genauso wie für politische Erfolge zwischen den

Ebenen zu verteilen, wurde so eine stärkere Politisierung der regionalen Ebene vermieden. Die Bedeutung dieses Aspekts wird am saarländischen Beispiel besonders klar, hatte doch das Fehlen derartiger Möglichkeiten in der Phase der Teilautonomie zermürbende Zuständigkeits- und Verantwortungs-Konflikte zwischen der saarländischen und der französischen Politik hervorgebracht. Der gegenüber den Verschiebungen im Kräfteverhältnis zwischen CDU und SPD sehr viel deutlicher zutage tretende Konzentrationsprozeß im Parteiensystem, der die bis zur Mitte des Jahrzehnts prägnanten regionalen Besonderheiten beendete, verdeutlicht, daß sich die Bedeutung des Bundeslandes als räumlicher Code zur Perzeption und Verarbeitung von Problemen stark erhöhte. Dies kann als Durchsetzung des integrativen Bundeslandregionalismus angesehen werden.

Regionalpolitik zwischen regionaler Krise
und nationalen Lösungsmustern

1 Die Rezession der Jahre 1966/67 als regionale Wirtschaftskrise

1.1 Die Neufassung der Regionalpolitik in der Bundesrepublik und die regionale Wirtschaftskrise

1.1.1 Die Neufassung der Regionalpolitik in der Bundesrepublik

Die ökonomische Krise der Jahre 1966/67 bedeutete in der Wirtschaftspolitik der Bundesrepublik einen markanten Einschnitt.[1] Erstmals trat ein starker Abschwung der wirtschaftlichen Aktivität der Bundesrepublik auf, der zuletzt sogar ein Schrumpfen der Volkswirtschaft mit sich brachte. Damit war ein über lange Jahre hinweg erfahrenes - und inszeniertes - bruchloses Wachstum beendet.[2] Ein Teil der Forschung sieht in dem konjunkturellen Einbruch der späten 60er Jahre das nach dem Absinken der Investitionstätigkeit der deutschen Wirtschaft seit 1964 absehbare Ende des Nachkriegs-Booms.[3] Allerdings geriet auch die Politik auf Bundesebene in die Kritik: Ein wichtiger Grund dafür, daß der konjunkturelle Einbruch sozusagen verfrüht, nämlich vor im europäischen Maßstab als Ende der Nachkriegsprosperität anerkannten ersten Hälfte der 70er Jahre eintrat, wird in gewissen konjunkturdämpfenden Maßnahmen der Bundesbank erkannt, die ab 1965 verstärkt das Mittel der Geldmengenpolitik einsetzte und damit die Rezession auslöste.[4] Ein anderer Argumentationsstrang ordnet die Krise in die „Logik dezentraler Entscheidungsmuster" zwischen Bundesbank und Außenwirtschaftspolitik der Bundesregierung ein[5] und sucht ihre Auslöser vor allem in einer prozyklischen Politik der Bundesregierung und in einzelnen Maßnahmen der unmittelbaren Vorgeschichte der Krise, wie z.B. der Einführung der Kuponsteuer, also dem Versuch, den deutschen Markt für ausländische

---

[1] Einen schnellen Überblick bieten Wagner (Bearb.), Chronologie, und Ralf Rytlewski u. Ralf Opp de Hipt, Die Bundesrepublik Deutschland in Zahlen 1945/49-1980. Ein sozialgeschichtliches Arbeitsbuch, München 1987 (= Statistische Arbeitsbücher zur neueren deutschen Geschichte 4).

[2] Und dies, obwohl sich dieser Einbruch in Perspektive der neuen Aufgaben in Wirtschafts- und Finanzpolitik nach Erreichen der „Grenzen des Wachstums" Mitte der 70er Jahre vergleichsweise harmlos darstellte. Christoph von Roehl, Große Depression und Stagflation. Eine kritische Analyse der deutschen Wirtschaftspolitik 1927/33 und 1970/86, Göttingen 1988, wählt konsequenterweise in seiner vergleichenden konjunktur- und finanzpolitischen Analyse den Ansatzpunkt zwar im Stabilitätsgesetz, untersucht aber die Wirtschaftspolitik erst ab 1970, vgl. ebd., S. 22.

[3] Ganz klar formuliert Harald Winkel, Die Wirtschaft im geteilten Deutschland 1945-1970, Wiesbaden 1974, S. 76, diesen Standpunkt: „Die Krise des Jahres 1966 ist im wesentlichen bedingt durch das Auslaufen des Nachkriegs-Booms." Zur Forschungskontroverse vgl. Ambrosius, Staat, S. 108.

[4] So bereits Winkel, Wirtschaft, S. 87, differenzierter Bellers, Außenwirtschaftspolitik, S. 277, Hans-Hagen Härtel, Wechselwirkungen von Geldpolitik, Inflation und Strukturwandel, Hamburg 1984 (= Analyse der strukturellen Entwicklung der deutschen Wirtschaft, Ergänzungsband), bes. S. 160ff., und Hardach, Marktwirtschaft, S. 212. Ausführlich zu den methodischen und theoretischen Problemen Michael Holstein, Moderne Konjunkturtheorie: Reale Schocks, multiple Gleichgewichte und die Rolle der Geldpolitik, Marburg 1998.

[5] Umfassend hierzu Helge Berger, Konjunkturpolitik, S. 250. Egbert Osterwald, Die Entstehung des Stabilitätsgesetzes. Eine Studie über Entscheidungsprozesse des politischen Systems, Frankfurt a.M. 1982, bes. S. 39ff., kommt zu einer extrem negativen Wertung der Finanz- und Konjunkturpolitik der Bundesregierung.

Investitionen in festverzinsliche deutsche Wertpapiere durch die Einführung einer Besteuerung in seiner Attraktivität zu verringern.[6]

Abgesehen von dieser Kontroverse über die Ursachen der Krise und die in ihr begrenzte Handlungsfähigkeit der Politik, richtet sich ein großer Teil des Forschungsinteresses auf die Gründe ihrer Überwindung. Eine entscheidende Rolle wird dabei dem sogenannten Stabilitätsgesetz von 1967 zugemessen. Ursprünglich noch stark von dem Gedanken geprägt, die Wachstumsraten in der Bundesrepublik zu verstetigen und Perioden konjunktureller „Überhitzung" sowie den starken Zustrom von Kapital aus dem Ausland zu bremsen, erhielt dieses Gesetz im Lauf seiner Entstehungsgeschichte zwischen dem 4. Juli 1966 und dem 14. Juni 1967 immer mehr Elemente des Wachstumsgedankens. Hierbei wurde erstmals der Versuch unternommen, die Konjunkturwirksamkeit der öffentlichen Haushaltswirtschaft in Bund, Ländern und Gemeinden verbindlich, koordiniert und planmäßig zu nutzen.[7] Die Überwindung der Krise steht damit für einen - zunächst partei-, dann wirtschaftspolitischen - Neuanfang von Politik in der Großen bzw. dann erstmals sozialliberalen Koalition, der eine Grundlage der Ablösung der Christdemokraten von der Regierungsverantwortung und den Auftakt der langjährigen Regierungstätigkeit der SPD in Bonn bildete. Die Bedeutung der Wirtschaftskrise 1966/67 als Zäsur wird aber auch darin ersichtlich, daß sie neben ihren Rückwirkungen auf die nationale Wirtschaftspolitik auch zu einer Neufassung der Regionalpolitik in der Bundesrepublik führte. Nachdem die „Grundsätze für die raumbedeutsamen Maßnahmen des Bundes und ihrer Koordinierung", die erstmals bereits 1962 im Bundeskabinett beschlossen worden waren, einen mehrjährigen Diskussionsprozeß durchlaufen hatten, beschleunigte die Krise den Entscheidungsprozeß. In der Ministerkonferenz für Raumordnung wurde im Jahr 1967 eine Institution geschaffen, der die Aufgabe der Integration der sehr unterschiedlichen politischen Konzepte der Länder und des Bundes über Grundfragen und Instrumente der Raumordnung zukam.[8] In der Literatur wird jedoch der eigentliche Durchbruch zu einer neuen Regionalpolitik in der Regel in der Einrichtung der Gemeinschaftsaufgaben, insbesondere der Gemeinschaftsaufgabe zur Förderung der regionalen Wirtschaftsstruktur (GRW) gesehen.[9] Dieser Schritt ist in

---

[6] Eine interessante Quelle zur Sicht der Bundesregierung auf die Rahmenbedingungen ihrer Politik ist Rolf Dahlgrün (Hg.), Probleme einer Neuordnung der Haushaltswirtschaft bei Bund und Ländern, Bonn o.J. (1964) (= Schriftenreihe des Bundesministeriums der Finanzen 8).

[7] Zur Einordnung in die Wirtschafts- und Finanzpolitik der Bundesregierung vgl. Hardach, Marktwirtschaft, S. 214ff., Osterwald, Stabilitätsgesetz, und Heinz Kock, Stabilitätspolitik im föderalistischen System der Bundesrepublik Deutschland. Analyse und Reformvorschläge, Köln 1975. Das Stabilitätsgesetz wurde so zur „magna charta" der Großen Koaliton, vgl. Klaus Hildebrand, Von Erhard zur Großen Koalition 1963-1969, Stuttgart 1984 (= Karl Dietrich Bracher (Hg.), Geschichte der Bundesrepublik Deutschland 4), hier: S. 285ff.

[8] Im Überblick hierzu: Väth, Raumplanung, v.a. S. 157ff.

[9] Vgl. hierzu den Überblick in Akademie für Raumforschung und Landesplanung (Hg.), Entwicklung. Sehr aufschlußreich ist auch der Sammelband von Hans K. Schneider (Hg.), Beiträge zur Regionalpolitik, Berlin 1968 (= Schriften des Vereins für Socialpolitik N.F. 41), der den zeitgenössischen Stand der Diskussion um diesen Übergang repräsentiert.

engem politischen Zusammenhang mit der Weiterentwicklung der föderalen Finanzbeziehungen zu sehen,[10] denn daraus erklärt sich seine große Bedeutung für die juristische - und hier vor allem die verfassungsrechtliche - Diskussion über die Weiterentwicklung des Föderalismus und des Bund-Länder-Verhältnisses.[11]

Aus dem Reformansatz der späten 60er Jahre entwickelte sich somit die moderne Form von Regionalpolitik in der Bundesrepublik, die mit den Instrumenten der Raumordnung,[12] der Landesplanung[13] und der regionalen Strukturpolitik[14] ein integriertes Instrumentarium der föderalen Politik[15] darstellte. Trotz der weiterhin bestehenden Unterschiede in der wirtschaftlichen Entwicklung der Bundesländer[16] ist dieser Modernisierung der staatlichen Steuerungsinstrumente hinsichtlich ihrer messbaren Ergebnisse Erfolg zu bescheinigen.[17] Ein wichtiger Grund hierfür ist sicherlich auch darin zu sehen, daß besonders die Gemeinschaftsaufgabe zur Förderung der regionalen Wirtschaftsstruktur bereits selber Vorgaben für die Evaluation ihrer Ergebnisse einführte. Daraus entwickelte sich in der Forschung ein eigenes Arbeitsgebiet unterschiedlicher Disziplinen, die komplexe - primär allerdings ökonometrische - Modelle zur Evaluation der GRW entwickelten.[18] Gleichermaßen wurden

---

[10] Vgl. zu diesem Aspekt die ausführliche Analyse von Renzsch, Finanzverfassung, S. 212-259, sowie die Sammlung der wichtigsten Rechtsquellen von Franz Klein (Hg.), Finanz- und Haushaltsreform in der Bundesrepublik Deutschland. Gesetzestexte, München u. Wien 1969. Den aktuellen Stand der Diskussion liefert Arthur Benz, Fiskalische Krise: Räumliche Ausprägungen, Wirkungen und Reaktionen, Hannover 1999 (= Akademie für Raumforschung und Landesplanung, Forschungs- und Sitzungsberichte 209), und Dieter Carl, Bund-Länder-Finanzausgleich im Verfassungsstaat, Baden-Baden 1995. Detlef Schönherr, Der föderative Finanzausgleich in den Vereinigten Staaten von Amerika, Kanada und der Bundesrepublik Deutschland. Ein politikwissenschaftlicher Vergleich, Bonn 1984, stellt die bundesdeutsche Diskussion in den Kontext international vergleichender Föderalismus-Forschung.

[11] Zur rechtswissenschaftlichen Diskussion: Helmuth Neupert, Regionale Strukturpolitik als Aufgabe der Länder: Grundlagen, Verknüpfungen, Grenzen. Eine Untersuchung wirtschaftsrechtlicher und wirtschaftspolitischer Aspekte der regionalen Strukturpolitik im Verhältnis der Länder zum Bund und zu den Europäischen Gemeinschaften, Baden-Baden 1986.

[12] Vgl. hierzu Akademie für Raumforschung und Landesplanung (Hg.), Grundriß der Raumordnung, Hannover 1982.

[13] Vgl. hierzu den Aufriß der aktuellen Debatte in: Akademie für Raumforschung und Landesplanung (Hg.), Regional- und Landesplanung für die 90er Jahre. Wissenschaftliche Plenarsitzung 1990, Hannover 1990 (= Forschungs- und Sitzungsberichte 186).

[14] Hans-Friedrich Eckey, Grundlagen der regionalen Strukturpolitik: Eine problemorientierte Einführung, Köln 1978 (= Problemorientierte Einführungen 7).

[15] Vgl. hierzu das in vielen Auflagen erschienene Handbuch Laufer u. Münch, Föderatives System, hier bes. S. 197ff.

[16] Vgl. hierzu die auf breiter statistischer Datenbasis vorgenommene Analyse von Kurt Geppert u.a. (Hgg.), Die wirtschaftliche Entwicklung der Bundesländer in den siebziger und achtziger Jahren - eine vergleichende Analyse, Berlin 1987 (= DIW-Beiträge zur Strukturforschung 94), sowie die Gegenüberstellung wichtiger volkswirtschaftlicher Daten in BMWI (Hg.), Die wirtschaftliche Entwicklung in den Bundesländern, Dokumentation Nr. 289, Bonn 1988.

[17] Vgl. dazu die präzise Zusammenfassung von Christoph Asmacher, Hans-Joachim Schalk u. Rainer Thoss, Wirkungsanalyse der regionalen Strukturpolitik, in: Informationen zur Raumentwicklung H. 9/10 (1986), S. 721-733.

[18] Vgl. hierzu umfassend Christoph Asmacher, Regionale Strukturpolitik in der Bundesrepublik Deutsch-

die aus den Prinzipien der Regionalpolitik entwickelten Förderkonzeptionen einer wissenschaftlichen Untersuchung unterzogen, wobei insbesondere die Wiedervereinigung und die damit verbundenen Veränderungen in der regionalpolitischen Förderkulisse hohe Aufmerksamkeit erregten.[19]
In scharfem Kontrast dazu brachten die späten 60er Jahre in Frankreich das öffentlichkeitswirksame Scheitern neuer regionalpolitischer Ansätze. Das symbolträchtigste Ereignis stellte hierbei sicherlich die Ablehnung der von Charles de Gaulle vorgeschlagenen Neufassung der Regionalpolitik dar. Allerdings hatte das spannungsreiche Verhältnis zwischen zentralistischen und dezentralistischen Tendenzen die Strukturpolitik in Frankreich praktisch während des ganzen 20. Jahrhunderts geprägt.[20] Schon die erheblichen ökonomischen Probleme während des Ersten Weltkriegs hatten zu dem Versuch geführt, dezentrale administrative Einheiten mit beschränkter lokaler Autonomie einzurichten. Die Wirtschaftspolitik Frankreichs nach dem Zweiten Weltkrieg folgte dagegen zunächst einem zentralistischen und hochgradig interventionistischen Modell. Nach der Überwindung der unmittelbaren Kriegsfolgen fand hier bereits früher als in Deutschland die Ausrichtung auf eine Politik zur Stabilisierung des gesamtwirtschaftlichen Wachstums Verwendung,[21] die

---

land: Wirkungsweise und zielkonforme Gestaltung, Münster 1989 (= Beiträge zum Siedlungs- und Wohnungswesen und zur Raumplanung 129). Einen in dem hier zu diskutierenden Kontext interessanten Hinweis liefern Kröber-Weik u. Wied-Nebbeling, Wirtschaftskraft, S. 5, die derartige Ansätze hinsichtlich des ihnen innewohnenden „Theoriedefizits" problematisieren: Da keine allgemeingültigen Aussagen über den Zusammenhang der Variablen in der volkswirtschaftlichen Gesamtrechnung vorliegen, stellt die sachgerechte Disaggregation makroökonomischer Ansätze ein grundlegendes methodisches Problem dar.

[19] Eine systematische Darstellung des - allerdings in sehr dynamischer Entwicklung befindlichen - Forschungsstands zu diesem Komplex bietet Frank Nägele, Regionale Wirtschaftspolitik im kooperativen Bundesstaat. Ein Politikfeld im Prozeß der deutschen Vereinigung, Opladen 1996. Aufschlußreich ist der Versuch von Rüdiger Budde, Hans-Friedrich Eckey, Paul Klemmer, Bernhard Lageman u. Heinz Schrumpf, Die Regionen der fünf neuen Bundesländer im Vergleich zu anderen Regionen der Bundesrepublik, Essen 1991, die eine im Sinne der GRW „angemessenere" Regionaleinteilung der fünf neuen Länder auf Basis von Arbeitsmarktdaten vorschlagen. Zu methodischen Fragen vgl. Agnes Aschfalk-Evertz, Die wirtschaftliche Förderung in den Neuen Bundesländern. Eine systematische Untersuchung der theoretischen Grundlagen und ihrer praktischen Anwendung in Brandenburg, Berlin 1995. Umfassend zu den durch die Wiedervereinigung entstandenen Belastungen des föderalen Finanzausgleichssystems: Jens Altemeier, Föderale Finanzbeziehungen unter Anpassungsdruck. Eine vergleichende Untersuchung zur Regelung vereinigungsbedingter Verteilungskonflikte in der bundesdeutschen Verhandlungsdemokratie, Konstanz 1998. Umfassend zur finanzpolitischen Perspektive: Georg Hirte, Effizienzwirkungen von Finanzausgleichsregelungen. Eine empirische allgemeine Gleichgewichtsanalyse für die Bundesrepublik Deutschland, Frankfurt a.M. 1996. Zu den mit der fortschreitenden Integration auf europäischer Ebene ausgelösten Problemen: Barbara Seidel, Die Einbindung der Bundesrepublik Deutschland in die Europäischen Gemeinschaften als Problem des Finanzausgleichs, Frankfurt a.M. 1992.

[20] Einen differenzierten Überblick bietet Wolfgang Brücher, Zentralismus und Raum. Das Beispiel Frankreich, Stuttgart 1992. Vgl. hierzu auch Wilfried Loth, Der Durchbruch zur Dynamisierung: Die französische Gesellschaft in den 50er Jahren, in: Axel Schildt u. Arnold Sywottek (Hgg.), Modernisierung im Wiederaufbau. Die westdeutsche Gesellschaft der 50er Jahre, 2. Aufl. Bonn 1998, S. 69-80.

[21] Vgl. hierzu die präzise Gegenüberstellung von planerischen Grundlagen der Wirtschaftsförderung in Frankreich, dem empirischen Befund und der volkswirtschaftlich-dogmatischen Perspektive, in F. Jenny u. A.-P. Weber, Concentration et politique des structures, Paris 1974 (= La Documentation française). Interessant ist übrigens, daß der in vergleichbaren deutschen Arbeiten erfolgende Rekurs auf die Raumwirtschaftstheorie hier unterbleibt; stattdessen werden hauptsächlich neoklassische Wachstums- und

in den 60er Jahren nach der Überwindung der außenhandels- und währungspolitischen Probleme in die Neufassung gaullistischer Außenpolitik integriert wurde. Hierbei wurden zunächst liberale und dirigistische Elemente in einem sehr speziellen Konzept sektoral spezifizierter Industriepolitik zusammengefaßt.[22] Die regionalen Unterschiede im Wirtschaftswachstum verdeutlichen jedoch bald die Dysfunktionalität streng zentralistischer Konzepte.

Daher kannte noch die IV., vor allem aber die V. Republik verschiedene Ansätze zur Modifikation der Strukturpolitik.[23] In der Reform von 1964 wurden durch die Einrichtung von 21 Planungsregionen die dezentralistischeren Ansätze wirksam institutionalisiert.[24] Vertreten durch einen Koordinierungspräfekten, der seinen Sitz in der Hauptstadt der jeweiligen Planungsregion hatte, konnten die Regionen eine gewisse Beteiligung an der Planifikation als integriertes Modell der Wirtschafts- und Strukturpolitik erreichen. Sie konnten im Rahmen enger Vorgaben über die Verausgabung von regionalwirksamen Mitteln entscheiden, waren indirekt an der Erstellung regionaler Raumordnungsschemata beteiligt, fungierten als Koordinator der regionalen Administrationen und konnten erheblichen Einfluß auf die Lokalisierung staatlicher Investitionen ausüben.[25]

Das Problem der Einbindung der regionalen Ebene in die nationale Regionalpolitik stellte sich in der Bundesrepublik anders. Schon in verfassungs- und rechtshistorischer Sicht ist die traditionell hohe Bedeutung der Länder bei der politischen Bewältigung des Strukturwandels zu betonen.[26] Dafür spricht auch, daß die Förderpolitik des Bundes nur hypothetisch ein geschlossenes System darstellte, das als praktische Regionalpolitik inhaltlich von den Ländern auf dem Verordnungswege ausgestaltet wurde.[27] Und auch in der neueren historischen Forschung deutet sich ein Wandel in der Bewertung des Verhältnisses der verschiedenen Ebenen in der Regionalpolitik an: Zuletzt konnte am Beispiel Bayerns gezeigt werden, wie die Landespolitik in diesem

---

Konkurrenztheorien besprochen.

[22] Vgl. hierzu Wolfgang Neumann u. Henrik Uterwedde, Industriepolitik. Ein deutsch-französischer Vergleich, Opladen 1986, bes. S. 46ff.

[23] Diese Kontinuitätslinien betonen besonders Jean-Paul Laborie, Jean-François Langumier u. Priscilla de Roo, La politique française d'aménagement du territoire de 1950 à 1985, Paris 1985.

[24] Eine detaillierte Analyse dieser Phase der Institutionalisierung der Regionalpolitik bietet Henri Stéphane Giraud, Probleme der regionalen Wirtschaftsentwicklung in Frankreich und ihre Beeinflussung durch den Staat, (Diss.) München 1963. Zu den Planungsregionen bes. S. 80ff.

[25] Vgl. hierzu Wolfgang Neumann u. Henrik Uterwedde, Abschied vom Zentralismus? Neue regionale Modernisierungspolitiken in Frankreich, Stuttgart 1997, bes. S. 21-29.

[26] Gabriele Metzler, Einheit und Konkurrenz im Bundesstaat. Föderalismus in der Bundesrepublik, 1949-2000, in: Thomas Kühne u. Cornelia Rau-Kühne (Hgg.), Raum und Geschichte. Regionale Traditionen und föderative Ordnungen von der Frühen Neuzeit bis zur Gegenwart, Leinfelden-Echterdingen 2001 (= Schriften zur südwestdeutschen Landeskunde 40), S. 232-256.

[27] „Die Länder waren auch durch ihre prioritäre Kenntnis des regionalpolitischen Handlungsbedarfs schon immer Herz und Motor der regionalen Strukturpolitik. Das hat sie in besonderem Maße befähigt, auch den anderen Trägern regionaler Strukturpolitik die Anstöße zur Weiterentwicklung der regionalen Strukturpolitik zu geben." Neupert, Strukturpolitik, S. 445 und S. 432.

Bundesland programmatisch gefaßte regionalpolitische Ansätze bereits seit den frühen 50er Jahren verfolgte und wie sie dabei strukturpolitische Maßnahmen - z.B. im Bereich der Verkehrspolitik - an planerisch formulierten Zielsetzungen ausrichtete.[28] Dabei tritt immer deutlicher hervor, daß auch die Gemeinden und die Kommunalpolitik lange vor ihrer „Aktivierung" durch die Modernisierung des regionalpolitischen Instrumentariums auf nationaler Ebene umfangreiche regionalpolitische Handlungsspielräume besaßen und diese - wenn auch lokal unterschiedlich intensiv - nutzten.[29]

Mit den Worten von Arthur Benz ist daher der deutsche Föderalismus als Prozeß der Herausbildung einer Struktur von Problemlösungsinstrumenten zu verstehen. Die Interaktion von Entscheidungszentren - Benz bezieht sich hier allerdings hauptsächlich auf die Länder und den Bund, die kommunale Planung sieht er eher noch als Vorstadium - war demnach bis weit in die 60er Jahre hinein von Dezentralisierungstendenzen geprägt. Anhand des Beispiels der Raumplanung in Nordrhein-Westfalen läßt sich dann zeigen, daß gerade die inneren Widersprüche in den kommunalen Planungsversuchen die Konzentration der Raumplanung auf Länderebene ausgelöst haben.[30] Die Neuordnung der Regionalpolitik im Umfeld der Rezession von 1966/67 ist demgegenüber als eine verzögerte Hinwendung zu zentralistischeren Tendenzen zu interpretieren; diese löste jedoch praktisch unmittelbar auch schon Gegenbewegungen und den Ruf nach mehr regionaler Eigenständigkeit in der Regionalpolitik aus.[31]

---

[28] Gall, Verkehrspolitik, S. 119-204. Völlig anders dagegen Hesse, Integrationsanspruch, S. 16f., der die Entstehung programmatischer Ansätze von Regionalpolitik erst in dem Moment ansetzt, als trotz der Angleichung durch die Industriepolitik Entwicklungsunterschiede zwischen den Ländern weiterbestanden.

[29] Jaromír Balcar, Die Kosten der Erschließung. Kommunale Infrastrukturpolitik auf dem Land und ihre Folgen für die Gemeinden (1948-1972), in: Daniela Münkel (Hg.), Der lange Abschied vom Agrarland. Agrarpolitik, Landwirtschaft und ländliche Gesellschaft zwischen Weimar und Bonn, Göttingen 2000, S. 249-277. Vgl. hierzu auch das bereits zitierte Regensburger Beispiel bei Finke u. Pohl, Industrieförderung. Interessant ist übrigens die sehr frühe Analyse des Verhältnisses von Strukturpolitik und Kommunalpolitik bei Hans-Dieter Indetzki, Umstellung der Kohlenbergwerke in den deutschen Gebieten - Aachen. Die regionalwirtschaftlichen Auswirkungen der Stillegungen und Einschränkungen im Steinkohlenbergbau und der zur Umstrukturierung im Aachener Bezirk getroffenen Maßnahmen, Brüssel 1972 (= Kommission der Europäischen Gemeinschaften (Hg.), Hefte für die industrielle Umstellung 20), hier: S. 23ff., in der ebenfalls den kommunalpolitischen Initiative maßgeblicher Anteil bei der Bewältigung der durch den sektoralen Strukturwandel ausgelösten regionalen Krise zugesprochen wird.

[30] Arthur Benz, Dynamisches System, S. 144 und S. 153-183.

[31] Ebd., S. 133ff. Vgl. im Gegensatz dazu Hesse u. Schlieper, Strukturwandel, S. 594, welche die zu stark verflochtenen und zu differenzierten Organisationsmodelle der Regionalpolitik kritisieren, die teilweise sogar zu einer innovationshemmenden „Abschottung" des Arbeitsbereichs von Regionalpolitik durch „formal-organisatorische" Beziehungsgeflechte geführt haben. Ausführlich analysiert dieses Problem Grabher, Wachstums-Koalitionen. Zur „regionalisierten Regionalpolitik" als konkurrierendem Modell vgl. die praxisorientierte Einführung Arthur Benz u.a. (Hgg.), Regionalisierung: Theorie, Praxis, Perspektiven, Opladen 1999. Eine differenzierte Zusammenstellung der Instrumente von Regionalpolitik bietet Peter Tennagels, Instrumentarium der regionalen Wirtschaftspolitik, Bochum 1980 (= Beiträge zur Struktur- und Konjunkturforschung XII). Einen Überblick über den aktuellen Forschungsstand sowie Hinweise zur Frage der Effizienzsteigerung von Regionalpolitik durch Regionalisierung bietet Frank Havighorst, Regionalisierung der Regionalpolitik, Münster u.a. 1998. Den ökonomischen Zusammenhang zwischen Wachstums-

In Frankreich stellte der Versuch, Regionalpolitik über die staatlich geführte Planifikation umzusetzen, möglicherweise eine Art Kompromiß zwischen den scheinbar unvereinbaren Prinzipien von Zentralismus und Dezentralismus sowie einen Versuch der Kompensation unzureichender regionalpolitischer Instrumente dar. Mit dem Aufbau eines differenzierten Geflechts von Institutionen und gesetzlichen Regelungen wurde versucht, die seit dem IV. Plan, also ab 1962, als unumgänglich anerkannte Neuorientierung der Politik umzusetzen.[32] Dabei konzentrierte sich die planungspolitische Verantwortung hauptsächlich auf das comité interministériel d'aménagement du territoire (CIAT) und die délégation à l'aménagement du territoire et à l'action régionale (DATAR).[33] Beide Institutionen waren direkt beim Premierminister angesiedelt, wobei das CIAT als Koordinierungsinstanz zwischen den Regierungsinstanzen über deutlich mehr Einfluß verfügte als der - annähernd vergleichbare - Interministerielle Ausschuß für Raumordnung (IMARO), da ihm mit dem fonds d'intervention pour l'aménagement du territoire (FIAT) sogar gewisse Finanzmittel zur Verfügung standen. Die DATAR dagegen war durch ihre Position außerhalb der normalen Ressortverteilung und durch ihre vertikalen Weisungskompetenzen nicht nur sehr flexibel, sondern konnte durch ihre direkte Beteiligung an der staatlichen Planung auch unmittelbar Einfluß ausüben. Gerade an dieser Konstruktion wird auch der Charakter der französischen Regionalpolitik deutlich, die im aménagement du territoire kein übergeordnetes Zielsystem, sondern ein Instrument zur Förderung der gesamtwirtschaftlichen Produktivität sah.

Allerdings war selbst diese recht bescheiden anmutende Institutionalisierung von dezentralen Ansätzen von Kritik in Teilen von Politik und Öffentlichkeit begleitet. Obwohl längst bekannt war, daß das hohe Übergewicht des Pariser Beckens gegenüber der ökonomischen „Wüste"[34] in der Provinz ein volkswirtschaftliches Problem

---

politik und Regionalisierung analysiert Stefan Berger, Die Dezentralisierung und Regionalisierung der Regionalpolitik als eine wesentliche Implikation der neuen Wachstumstheorie, Aachen 1999.

[32] Vgl. hierzu die Überblicksdarstellungen zu Strukturen und Instrumenten der Regionalpolitik in Frankreich bei Hans Dieter Ockenfels, Regionalplanung und Wirtschaftswachstum, dargestellt am Beispiel Frankreichs, Köln 1969 (= Abhandlungen zur Mittelstandsforschung 42), Adolf Fritsch, Planifikation und Regionalpolitik in Frankreich, Stuttgart 1973 (= Schriften des Deutschen Instituts für Urbanistik 42), und Gregor Halmes, Regionenpolitik und Regionalismus in Frankreich 1964-1983 unter besonderer Berücksichtigung der Dezentralisierungspolitik der Linksregierung seit 1981, Frankfurt a.M. 1984. Eine ebenso übersichtliche wie detailreiche Darstellung gibt auch Thomas Stumm, Staatstätigkeit in Frankreich im Spannungsfeld innerstaatlicher Dezentralisierung und europäischer Integrationsdynamik. Die Territorialisierung und Europäisierung der räumlichen Modernisierungspolitik in Frankreich während der 80er und 90er Jahre, vertieft am Beispiel der Umstellungspolitik in den traditionellen Industrieregionen Lorraine und Nord-Pas-de-Calais, (Diss.) Tübingen 1999, bes. S. 92-119.

[33] Vgl. zum folgenden die Überblicksdarstellungen über Institutionen und Konzeptionen französischer Regionalpolitik in: Hans Kistenmacher u. Dieter Gust, Grundzüge der Raumplanungssysteme in der Bundesrepublik Deutschland und in Frankreich und Möglichkeiten der besseren Abstimmung in beiderseitigen Grenzräumen, in: Probleme räumlicher Planung und Entwicklung in den Grenzräumen an der deutsch-französisch-luxemburgischen Staatsgrenze, Hannover 1983 (= Veröffentlichungen der Akademie für Raumforschung und Landesplanung, Forschungs- und Sitzungsberichte 149), S. 9-39, sowie Neumann u. Uterwedde, Raumordnungspolitik.

[34] Jean F. Gravier, Paris et le désert français, Paris 1947. Graviers Buch gilt allgemein als der Anstoß der

darstellte, gestaltete sich die Implementierung dezentraler Verwaltungs- und Politikstrukturen außerordentlich schwierig - und dies, obwohl doch gerade die starke Stellung der zentralstaatlichen Exekutive der Politik eher mehr Möglichkeiten zum Aufbau einer wirksamen Regionalpolitik geboten hätte. Dies darf nicht nur auf Traditionen in Verwaltung und Politik der französischen Republik zurückgeführt werden. Vielmehr ist zu berücksichtigen, daß die Planifikation als zentrales Element der staatlichen Wirtschaftspolitik im französischen politischen System eher ein Instrument darstellte, die Öffentlichkeit mit den aktuellen wirtschaftspolitischen Zielsetzungen bekannt zu machen und diese in Abhängigkeit von der gesamtwirtschaftlichen Entwicklung zu diskutieren. Eine - möglicherweise regionalpolitische - Verfeinerung dieses Planungsinstrumentes hätte demgegenüber seine Vollzugsverbindlichkeit herabgesetzt. Zudem stand mit dem Planungskommissariat zwar eine herausgehobene Einrichtung mit übergreifender politischer Verantwortung zur Verfügung, insgesamt bestand jedoch nur eine geringe institutionelle Verflechtung von Planung und Budget; daher mußte bei veränderter allgemeiner wirtschaftlicher Lage stets der Plan neu gefaßt werden. Eine weitere wichtige Einschränkung dezentraler regionalpolitischer Möglichkeiten ist im Fehlen eines dezentral organisierten Bankenwesens zu sehen, wie es sich z.B. in Deutschland bereits seit langem entwickelt hatte und das auch gezielte Impulse für die regionalwirtschaftliche Entwicklung geben konnte.[35]

Gerade der finanzpolitische Aspekt löste in der Bundesrepublik die wohl härteste und in ihrer Reichweite wohl auch bedeutendste Kritik an der neuen Regionalpolitik aus: Praktisch zeitgleich mit der Neufassung der Regionalpolitik wurde die komplexe Verschränkung der föderalen Finanzbeziehungen, die durch die neu gestaltete Regionalpolitik eher noch verstärkt wurde, als zu wenig transparent kritisiert. Daraus wurde die Forderung nach einer stärkeren Konnexität von Aufgaben- und Ausgabenkompetenz - mithin eine Trennung der verflochtenen politischen Entscheidungsträger - entwickelt.[36] Schon Anfang der 70er Jahre fand die dysfunktionale Unterfinanzierung

---

Raumordnungsdiskussion im Frankreich der Nachkriegszeit. Er verband eine Gegenüberstellung von regionalen Disparitäten Frankreichs und der hypertrophen Entwicklung der Pariser Agglomeration mit einer Kritik am Zentralismus und seinen ökonomischen Folgen. Vgl. übrigens zu den Problemen Ostfrankreichs auch: Jean F. Gravier, Problèmes et perspectives de l'Est Lorrain, o.O. 1970.

[35] Vgl. hierzu bes. Brücher, Zentralismus, S. 160ff., und den Überblick über die strategische Situation der regionalen Wirtschaftspolitik in: Weinstock, Wirtschaftspolitik, S. 320ff.

[36] Einen Überblick über die rechtliche Konstruktion des Finanzausgleichs bietet Hans Pagenkopf, Der Finanzausgleich im Bundesstaat. Theorie und Praxis, Stuttgart u.a. 1981. Die Ausgleichsmechanismen der föderalen Finanzbeziehungen folgen grundsätzlich drei Prinzipien, nämlich denen der Autonomie, der Äquivalenz und der Konnexität. Kurz zusammengefaßt können diese Prinzipien folgendermaßen erläutert werden: Das Prinzip der Autonomie verlangt, daß Gebietskörperschaften bestimmte Steuern, feste Anteile an Steuern und/oder das Recht auf Festlegung von Hebesätzen zugestanden werden soll. Das Prinzip der Äquivalenz fordert, daß bestimmte öffentliche Leistungen an dem Ort, an dem sie erbracht werden, möglichst auch finanziert werden sollten. Das Prinzip der Konnexität fordert möglichst den Zusammenfall von Entscheidungs- und Ausführungskompetenz; für den Fall, daß Entscheidung über und Durchführung einer Maßnahme auf unterschiedlichen Ebenen des föderalen Staates angesiedelt sind, soll die entscheidende Ebene den ausführenden Stellen alle dafür anfallenden Kosten ersetzen. Vgl. hierzu: Scherf,

bestimmter Bundesländer Eingang in die Debatte um das Projekt einer Neugliederung der Länder, wobei der Hinweis darauf, daß auch mittlerweile breit ausdifferenzierte Finanzausgleichsregelungen dieses Problem nicht lösen konnten, als zusätzliches Argument eingeführt wurde.[37]

Noch weiter ins Grundsätzliche reichte der Teil der Kritik an der neuen Regionalpolitik, der die Möglichkeit einer Einschränkung der verfassungsrechtlich abgesicherten Autonomie der Länder durch eine „Angebotsdiktatur" des Bundes sah, weil der Bund mit dem Einsatz relativ geringer Mittel durch die Kofinanzierung der Länder in den Gemeinschaftsaufgaben umfangreiche Beträge bindet.[38] Aus ähnlichen Grundgedanken wurde dann im direkten Gegensatz zu der historischen Entwicklung der Regionalpolitik mit dem Konzept des „separativen Föderalismus" ein konkurrierendes Modell entworfen. Die Grundthese lautet dabei, daß der spezifische Weg der Verrechtlichung von Regionalpolitik ab Ende der 60er Jahre durch die Etablierung bestimmter regionalpolitischer Instrumente - wie z.B. der GRW - das Ausgleichsziel von Regionalpolitik und die unitaristischen Tendenzen unangemessen gestärkt habe. Jedoch weise diese Tendenz ein hohes Maß an inneren Widersprüchen und Dysfunktionalitäten auf; daher wird dagegen das Konzept einer „Wiederentflechtung" von Politik gestellt, das auch die Chance bietet, das Wachstumsziel stärker in den Blick der Regionalpolitik zu nehmen.[39]

Länderfinanzausgleich, S. 32ff. Die tagesaktuelle Bedeutung dieser Auseinandersetzung gibt Jürgen B. Donges u.a. (Hgg.), Die föderative Ordnung in Not, Bad Homburg 2000.

[37] Vgl. hierzu den Überblick über Grundlinien und Argumentationsweisen dieser Debatte in Reinhard Timmer, Neugliederung des Bundesgebiets und künftige Entwicklung des föderativen Systems, in: Harry Westermann u.a. (Hgg.), Raumplanung und Eigentumsordnung. Festschrift für Werner Ernst, München 1980, S. 463-500. Interessant ist dabei der Hinweis darauf, daß das Bundesland Bayern im Laufe der 70er Jahre mit einer Ausnahme stets insofern von den Ausgleichsregelungen profitierte, als diese immer eine höhere Finanzausstattung zur Folge hatten, als dies bei einem Verzicht auf die Ausgleichsregelungen bei gleichzeitiger Erhöhung des Länderanteils an der Umsatzsteuer der Fall gewesen wäre. Im Gegensatz dazu trat diese Situation im Saarland nur in den Jahren 1972, 1976, 1977 und 1978 ein, vgl. ebd., S. 477. Ähnliche Kritik traf auch die schrittweise ausgebauten Sonderregelungen, wie z.B. die Anerkennung von Hafenlasten, die sogenannte „Einwohnerveredelung" oder die Erstattung von Kosten für die „politische Führung". Das ohnehin bereits bestehende Problem der hohen Grenzbelastung der Einzelhaushalte durch die Ausgleichsmechanismen wurde dadurch noch verstärkt, daß auch „Nehmerländer" durch diese Regelungen zu Zahlungen in den Finanzausgleich verpflichtet wurden, was Äquivalenz und Konnexität der staatlichen Steuerpolitik gefährdet. Scherf, Länderfinanzausgleich, S. 229.

[38] Diesen Gedankengang führt besonders Jens-Peter Rosenhayn, Die Kooperation von Bund und Ländern im Bereich der Gemeinschaftsaufgabe Hochschulbau, Bonn 1996, aus.

[39] Die stärkere Ausrichtung auf das Wachstumsziel wird als eines der Kennzeichen der modernen Regionalpolitik nach der Krise von 1966/67 angesehen, Väth, Raumplanung, S. 168. Ein umfangreiches Entwicklungsmodell zur Wiederbelebung dieses Ziels liefert Willy Spannowsky, Der Handlungsspielraum und die Grenzen der regionalen Wirtschaftsförderung des Bundes, Berlin 1987, der allerdings z.B. S. 212 oder S. 73 von einer „Wiederentflechtung" bzw. einer „Rückkehr" zum entflochtenen Zustand spricht. Dies legt eine Sichtweise nahe, nach der die Regionalpolitik vor der Verflechtung sachlich angemessene und ausreichend wirksame Instrumente besessen habe. Vgl. mit direktem Bezug zur politischen Debatte: Joachim Jens Hesse, Zum Bedeutungsverlust der Raumordnungspolitik und Raumplanung in der Bundesrepublik, in: Westermann u.a. (Hgg.), Raumplanung, S. 201-213. Zum Niederschlag dieses Ansatzes in der Reformdiskussion um den Föderalismus vgl.: Hartmut Klatt, Reform und Perspektiven des Föderalismus in der Bundesrepublik Deutschland, in: Aus Politik und Zeitgeschichte 28 (1986), S. 3-21.

Im Gegensatz dazu bestand ein grundlegendes Problem des französischen Systems zur Implementierung der Regionalpolitik darin, daß den zentralstaatlichen Planungsinstanzen keine planungsfähigen Regionalinstanzen gegenüberstanden. Dadurch wurden die Probleme in der Kooperation mit den Gemeinden, deren zum Teil ungünstige Größenstruktur und unzureichende Finanzausstattung die frühen regionalpolitischen Ansätze ohnehin bereits stark erschwert hatten, weiter vergrößert.[40] Erst mit den - allerdings nicht flächendeckend oder gleichzeitig eingesetzten - organisations régionales d'études et d'aménagement des aires métropolitaines (OREAM) konnte dieses Defizit ansatzweise ausgeglichen werden. Die raumordnerische Vorstellung bestand dabei darin, daß Ausgleichspole sowohl die regionalen Disparitäten austarieren wie die Inzidenz raumwirksamer Mittel der Planifikation sicherstellen könnten.[41] Schrittweise wurden dabei auch kleinere Städte und ländliche Regionen einbezogen, was eine Erweiterung der Regionalpolitik mit ihrer aus der Nachkriegszeit stammenden urbanistischen Tradition und ihrer Ausrichtung auf den Ausgleich des wirtschaftlichen Wachstums darstellte.[42]

Die Unterschiede zwischen der Bundesrepublik und Frankreich bei der Ausgestaltung von Regionalpolitik machen die Grundprobleme dieses Politikbereiches deutlich: Regionalpolitik bezieht sich primär auf immobile, unteilbare und polyvalente Engpaßfaktoren. Deren Auslastung kann zwar bestimmt werden, was quantitative Analysen ermöglicht; ob der so gemessene Zustand aber eine Veränderung mit der Aussicht auf Wachstum nach dem Ungleichgewichtsmodell nahelegt oder ob diese Auslastung als regionales Optimum verstanden werden soll, dessen Veränderung höhere Kosten verursacht als volkswirtschaftliche Vorteile zu erwarten sind, ist damit nicht zu bestimmen. Außerdem bleibt die Frage zu beantworten, ob die Intensität der Förderung von Regionen umgekehrt proportional zu ihrer tatsächlichen Wirtschaftskraft oder nach dem Umfang der unausgeschöpften regionalen Entwicklungspotentiale erfolgen soll.[43] Schließlich steht der Tendenz zur Regionalisierung von Regional-

---

[40] Ausführlich hierzu bereits Adolf Fritsch, Planifikation, S. 204ff.

[41] Kistenmacher u. Gust, Grundzüge, S. 18. Die OREAM Nancy-Metz-Thionville wurde am 28.5.66 gegründet, vgl. Bruno Tietz, Das CECOFA-Projekt. Ein deutsch-französisches Großhandelszentrum im Grenzraum Saarbrücken-Saargemünd. Vorstudie, erstellt im Auftrage des Bundesministeriums für Wirtschaft und des Ministeriums für Wirtschaft, Verkehr und Landwirtschaft des Saarlandes, Saarbrücken 1969, S. 2.

[42] Marcou, Kistenmacher u. Clev, L'aménagement, S. 14.

[43] Vgl. hierzu Havighorst, Regionalisierung, S. 10, und Biehl u.a., Bestimmungsgründe, S. 157ff. Als besonders kritisch erweist sich dieser Problemkomplex im Bereich der in den 70er Jahren immer wichtiger werdenden Arbeitsmarktpolitik. Zweifellos konnte durch die Fördermaßnahmen der Regionalpolitik in der Bundesrepublik die Schaffung von neuen Arbeitsplätzen in bestimmten Regionen angeregt werden; es stellt sich jedoch die Frage, ob diese Erfolge mehr als ein Abwerben von Arbeitsplatzschaffungspotential aus anderen Regionen darstellen, ob also der volkswirtschaftliche Effekt der Förderung nicht möglicherweise gleich null ist. Diesen Standpunkt vertreten Hans-Jürgen Ewers u. Michael Fritsch, Beschäftigungswirkungen regionaler Wirtschaftspolitik, in: Dietrich Garlichs, Friederike Maier u. Klaus Semlinger (Hgg.), Regionalisierte Arbeitsmarkt- und Beschäftigungspolitik, Frankfurt a.M. u.a. 1983, S. 38-65, hier: S. 51, sehr pointiert. Nach Darstellung der Autoren können die Industriegebiete „mittlerer Verdichtung" als die „Hauptverlierer" der Arbeitsplatzentwicklung in der Bundesrepublik im Zeitraum zwischen 1969

politik der säkulare Trend zur Interregionalisierung bzw. sogar Internationalisierung der Industrie gegenüber.[44] Dabei besteht ein schon in der Begrifflichkeit fassbarer grundsätzlicher Widerspruch zwischen dem - ebenfalls zur Krisenüberwindung entworfenen - Konzept der „Globalsteuerung" und den Erfordernissen von Regionalpolitik.[45]

Dies schlug sich in der Bundesrepublik und in Frankreich in einer sehr speziellen Ausgestaltung von regionalpolitischen Instrumenten ebenso wie in einer charakteristischen Definition der raumordnerischen und landesplanerischen Ziele nieder. Der französische Begriff von Planung bezog sich direkt und unmittelbar auf die Planung finanzieller Interventionen des Staates. Insofern war Planung zwar fachlich und fachübergreifend, aber keinesfalls unbedingt raumfüllend. Regionale Planung dagegen war dann möglich, wenn der Staat auf Planungsanstrengungen verzichtete. Im Gegensatz dazu beschrieb Planung in der Bundesrepublik gerade keine konkreten Interventionen des Staates, sondern legte Prinzipien für die Nutzung des Raumes fest, denen sich dann auch die öffentliche Hand zu beugen hatte. Ähnlich wie bei dem Stellenwert der Planung als Zielsystem kann daher festgestellt werden: „La conception française de l'aménagement du territoire se situe presque à l'opposé."[46] Daß zudem die Einflußmöglichkeiten staatlicher Planung auf die Wirtschaft - im wesentlichen Subventionen, Kredite und Kontrolle der Einhaltung von Vorgaben, aber gerade keine „imperative" Planung -[47] kaum ausreichen, um die seit den Strukturkrisen der 60er Jahre zutage tretenden Probleme zu lösen, wird als wesentlicher Auslöser für die Neufassung der Regionalpolitik in Frankreich nach den 70er Jahren angesehen.

Im deutsch-französischen Grenzraum beeinflußten diese nationalen Unterschiede in der Regionalpolitik die jeweiligen Integrationsprozesse der Teilregionen maßgeblich

---

und 1983 gelten; „Gewinner" sind dagegen vor allem die ländlichen Räume, während sich die Agglomerationen nur knapp unterdurchschnittlich entwickelten, vgl. ebd, S. 54.

[44] Sehr präzise formuliert diesen Gedankengang Barbara Mettler-Meibom, Grundzüge einer regionalen Regionalpolitik. Erfordernisse bei zunehmender Interregionalisierung und Internationalisierung der Produktion, in: Informationen zur Raumentwicklung, H. 5 (1980), S. 273-282.

[45] Zu einer sehr negativen Einschätzung des Zusammenhangs zwischen nationaler Konjunkturpolitik und regionalen Entwicklungschancen v.a. strukturschwacher Gebiete kommt Karl Keinath, Regionale Aspekte der Konjunkturpolitik. Ein Beitrag zum Problem der regionalen Differenzierung der Globalsteuerung, Tübingen 1978, hier bes. S. 300: „Strukturschwache Regionen werden bei globalem Instrumenteneinsatz im Vergleich zu strukturstarken Gebieten ‚benachteiligt'; es besteht eine generelle Asymmetrie der Wirkungen expansiver Maßnahmen zwischen strukturschwachen und strukturstarken Regionen." Andererseits sieht auch Keinath das Problem, daß eine zu starke Konzentration auf regionale Aspekte die Vorteile einer auf „Globalsteuerung" ausgerichteten Politik zugunsten eines „Interventionismus" ausschaltet. Daher plädiert auch er für das Primat einer nationalen Konjunkturpolitik, die aber regionale Aspekte - insbesondere die Investitionstätigkeit der Gemeinden - ausreichend berücksichtigen sollte. Vgl. hierzu auch: Knut Gerlach u. Peter Liepmann, Zur regionalpolitischen Förderungskonzeption in der Bundesrepublik Deutschland, in: Archiv für Kommunalwissenschaft 12 (1973), S. 269-281.

[46] Vgl. Marcou, Kistenmacher u. Clev, L'aménagement, S. 10; vgl. hierzu auch die Zusammenfassung der Argumente in: Ammon, Fischer, Hickmann u. Stemmermann (Hgg.), Föderalismus.

[47] Adolf Fritsch, Planifikation, S. 202.

und prägten auch die Perzeption der regionalstrukturellen Veränderungen.[48] Die Strukturpolitik der 60er Jahre bezog sich dabei allerdings in Lothringen auf eine Region, deren Wirtschaftsstruktur sehr viel länger andauernden und sehr viel differenzierteren Strukturwandelvorgängen ausgesetzt war als die im Saarland.[49] Zwar hatte zumindest der östliche Teil Lothringens in durchaus ähnlicher Weise vom Aufschwung des Steinkohlenbergbaus profitiert, was gleichzeitig auch ähnliche Probleme im Bereich der Industriestruktur, der Bevölkerungsentwicklung und der Siedlungsstruktur ausgelöst hatte,[50] allerdings gestaltete sich auch der Weg Lothringens in die regionale Strukturkrise nur teilweise parallel zu dem des saarländischen Nachbarn. Bereits ab 1950 geriet mit der Textilindustrie ein bedeutender Wirtschaftszweig der Region in die Krise, was gravierende Arbeitsplatzverluste - der Umfang wird auf ca. 1500 Arbeitsplätze pro Jahr geschätzt - und auch regionalwirtschaftliche Konsequenzen nach sich zog. Mitte der 50er Jahre traten dann ähnlich wie im Saarland zunehmend Probleme auch im Bergbau auf, die sich aber nicht nur auf den Bereich der Kohle, sondern auch auf den Eisenerzbergbau bezogen. Der Einbruch in der Stahlindustrie stellte dann die dritte krisenhafte Zuspitzung in einem regional bedeutsamen Industriebereich dar. Für die regionale Strukturpolitik war dabei besonders bedeutsam, daß die Krisen und Boomphasen eine Desintegration der Region bewirkten: Anstelle eines regionalen Zentrums entwickelten sich drei geographische Schwerpunkte, nämlich um Nancy, auf der Achse Metz-Mosel-Thionville und im östlichen Kohlerevier, die jeweils sehr unterschiedliche Funktionen ausbildeten.[51]

Entscheidend für die Krisenbewältigungsstrategien war dabei, daß die einzelnen Krisen weder einem gemeinsamen Rhythmus folgten noch als unmittelbar zusammenhängend wahrgenommen wurden.[52] Sehr deutlich wird dies im Vergleich von

---

[48] Vgl. hierzu die Abrisse der historischen Entwicklung von Hans-Walter Herrmann, Die Großregion aus historischer und politisch-wirtschaftlicher Sicht - historischer Abriß, in: Jo Leinen (Hg.), Saar-Lor-Lux. Eine Euro-Region mit Zukunft?, St. Ingbert 2001 (= Geschichte, Politik und Gesellschaft. Schriftenreihe der Stiftung Demokratie Saarland 6), S. 27-47, sowie Jean-Paul Lehners u. Lars Bolle, Region in Westeuropa: Am Beispiel der grenzüberschreitenden Region Saar-Lor-Lux, in: ebd., S. 361-378. Paul Thomes, Wirtschaftliche Verflechtungen einer Grenzregion. Die Industrielandschaft Saar-Lor-Lux im 19. Jahrhundert, in: Jahrbuch für westdeutsche Landesgeschichte 14 (1988), S. 181-198.

[49] Zur Frühphase der Industrialisierung Lothringens vgl. den Überblick von Gérard Noiriel, Die verspätete Industrialisierung der lothringischen Eisen- und Stahlregion, in: Rainer Schulze (Hg.), Industrieregionen, S. 366-389, sowie Claude Prêcheur, La Lorraine sidérurgique, Paris 1959.

[50] Vgl. hierzu die Darstellung bei Peter Moll, Das lothringische Kohlenrevier. Eine geographische Untersuchung seiner Struktur, Probleme und Entwicklungstendenzen, Saarbrücken 1970 (= Veröffentlichungen des Instituts für Landeskunde des Saarlandes 18). Zum Strukturwandel in den agrarisch strukturierten Teilen vgl. Susanne Albrecht, Der ländliche Raum Lothringens zwischen Verfall und Neubelebung. Politische Rahmenbedingungen und strukturelle Auswirkungen von Anpassungs- und Entwicklungsvorgängen in jüngerer Zeit, Mainz 1995 (= Mainzer geographische Studien 42).

[51] François Reitel, L'industrie en Lorraine. Die Industrie in Lothringen, in: Wolfgang Brücher, Reinhold Grotz u. Alred Pletsch (Hgg.), Industriegeographie der Bundesrepublik Deutschland und Frankreichs in den 1980er Jahren. Géographie industrielle de la France et de la République fédérale d'Allemagne dans les années quatre-vingt, Frankfurt a.M. 1991 (= Studien zur internationalen Schulbuchforschung 70), S. 261-272, hier: S. 262ff.

[52] May, Wandel, S. 15. Eine Skizze der wichtigsten Entwicklungslinien des Strukturwandels in Lothringen

Kohle- und Stahlsektor. Während die Verstaatlichung des Steinkohlenbergbaus nach dem Zweiten Weltkrieg die Etablierung einer einheitlichen Unternehmensstrategie ermöglichte - wobei trotz der Krise ein relativer Bedeutungszuwachs Lothringens gegenüber den nordfranzösischen Kohlegebieten feststellbar war -, führte die privatwirtschaftliche Organisation des Eisen- und Stahlsektors zu einer Art „Flickenteppich" von modernisierten und weniger krisenreagiblen Betrieben, dessen Krise später den „eigentlichen Aderlaß" der Region darstellte.[53] Besonders daran knüpfen Sichtweisen an, welche die negativen Folgen von zentralstaatlichem Denken in Frankreich für die Region betonen. Nicht nur sicherheitspolitisches Glacis-Denken, sondern auch eine generell zu wenig an der Peripherie orientierte Strukturpolitik[54] hat laut François Reitel dazu geführt, daß Teile Lothringens in einer für einen eher zentralistisch organisierten Staat ungewöhnlich schlechten Weise infrastrukturell angebunden waren. Weiterhin wird der französische Zentralismus als wesentlicher Grund für die unzureichende Ausschöpfung der Möglichkeiten einer grenzüberschreitenden Zusammenarbeit angesehen, während gleichzeitig die wenig hilfreiche Konkurrenz der regionalen Metropolen ebenso auf dieses Strukturelement von französischer Verfassung und Politik zurückgeführt wird.[55]

Diese negativen Aspekte der Krisenpolitik in Lothringen wurden auf saarländischer Seite breit perzipiert. Andererseits weckten die scheinbar größeren Möglichkeiten aktiver Planung und Strukturbeeinflussung im Saarland erhebliche Neugier.[56] Dies verweist auf einen Grundwiderspruch in der Beurteilung der französischen Regionalpolitik in Lothringen: Während einerseits die auf die regionale Entwicklung durch den Ausbau regionaler Metropolen ausgerichtete zeitgenössische Regionalpolitik mit der Einbindung Lothringens in nationale Entwicklungsmuster große Hoffnungen verband,[57] bot diese Vorgehensweise in der Ex-post-Analyse Anlaß zu Kritik. Das Ergebnis der politischen Maßnahmen zur Bewältigung der regionalen Krise falle, so

---

bietet auch: dies., Das Eisen- und Stahlbecken Nord-Lothringen: räumliche Krise und lokale Politik, in: Häußermann (Hg.), Ökonomie, S. 191-213.

[53] May, Wandel, S. 20ff. und S. 38, weist darauf hin, daß zwischen 1962 und 1975 durch Umstrukturierungserfolge v.a. im tertiären Sektor insgesamt 25.000 zusätzliche Arbeitsplätze geschaffen werden konnten.

[54] Vgl. hierzu auch die aufschlußreiche Gegenüberstellung der Fördermaßnahmen in den einzelnen Regionen Frankreichs in: Kommission der Europäischen Gemeinschaften, Regionale Entwicklungsprogramme Frankreich 1976-1980, Brüssel 1978 (= Sammlung Programme, Reihe Regionalpolitik Nr. 13). Zuletzt hierzu Stumm, Staatstätigkeit.

[55] François Reitel, Krise und Zukunft des Montandreiecks Saar-Lor-Lux, Frankfurt a.M. u.a. 1980, hier: S. 126 und S. 159.

[56] Vgl. hierzu Josef Even, Strukturpolitik in Lothringen, in: Die Arbeitskammer. Zeitschrift der Arbeitskammer des Saarlandes 12 (1964), S. 40-47. Josef Even war als Beamter im saarländischen Wirtschaftsministerium in der zweiten Hälfte der 60er Jahre in führender Position mit der Umsetzung des Kohleanpassungsgesetzes betraut.

[57] Vgl. hierzu die präzise Zusammenfassung bei Organisations Régionales d'Etudes et d'Aménagement des Aires Métropolitaines Lorraine (Hg.), Politique régionale d'industrialisation, Pont-à-Mousson 1970 (= feuillets de l'O.R.E.A.M. Lorraine 13.2). Der Leitgedanke der Entwicklungspolitik wird hier mit dem Grundsatz: „Les villes, moteurs du développement" wiedergegeben, ebd., S. 19.

Reitel, im Vergleich mit dem Saarland oder dem Ruhrgebiet so „niederschmetternd" aus, weil das französische politische System die Einrichtung dezentral verwalteter Einheiten mit eigenen finanziellen Mitteln, z.B. als „Agglomerationsbudget", schon rein rechtlich ausschließe.[58]

1.1.2 Die regionale Wirtschaftskrise im Saarland

Diese vergleichsweise positive Bewertung der regionalpolitischen Verarbeitung struktureller Veränderungen im Saarland anhand der Fakten der regionalökonomischen Entwicklung nachzuvollziehen fällt aber bereits aus methodischen Gründen schwer. Da im Saarland nur für die Industrie eine regelmäßige und regional differenzierte Berichterstattung vorgenommen wurde, ist die Datenlage nur für diesen Bereich einigermaßen lückenlos und vor allem ausreichend differenziert. Daher muß die ökonomische Entwicklung des Bundeslandes weitgehend aus der Entwicklung der industriellen Wirtschaftsbereiche erklärt werden; alle anderen Bereiche des Wirtschaftslebens - Handel, Handwerk, aber auch der Öffentliche Dienst - können quasi nur in einer Art „Zuschlagverfahren" berücksichtigt werden.[59] Zwar ist diese Vorgehensweise für das Saarland mit seinem weit überdurchschnittlichen Anteil der Industrie an der regionalen Wirtschaft, der sich nicht nur an dem hohen Besatz mit Industriearbeitsplätzen, sondern vor allem an dem hohen Anteil der Industrie an der gesamten Wertschöpfung festmachen läßt, noch eher zu vertreten als in anderen Ländern. Nichtsdestoweniger werden bestimmte Aspekte des Strukturwandels durch dieses Vorgehen ausgeblendet. Von besonderer Bedeutung ist dabei im Saarland die Frage nach der Entwicklung der Landwirtschaft, weil dieser Sektor allgemein durch seine im Vergleich zur Industrie komplementär angelegte Regional- und Beschäftigungsstruktur sozusagen spiegelbildlich die Verlaufsmuster der industriellen Entwicklung wiedergeben kann. Allerdings ist gerade für diesen Sektor der Forschungsstand als besonders wenig ausgeprägt zu bezeichnen.[60] Allgemein gilt die These, daß

---

[58] Reitel, Probleme, S. 176. Vgl. hierzu übrigens auch die positive Bewertung der Strukturpolitik im Ruhrgebiet bei Organisation d'études d'aménagement de l'aire Métropolitaine de Nancy-Metz-Thionville (Hg.), L'aménagement d'une région européenne: La Ruhr (= feuillets de l'O.R.E.A.M. Lorraine 5 (1968).

[59] Vgl. zu diesem methodischen Problem der regionalwirtschaftlichen Analyse der 60er Jahre, das partiell im übrigen bis heute besteht: Dieter Schröder, Strukturwandel, S. 60ff.

[60] Vgl. hierzu die Überblicksdarstellung bei Kluge, Agrarpolitik, Werner Rösener, Einführung in die Agrargeschichte, Darmstadt 1997; Feldenkirchen, Agrarpolitik, sowie Münkel (Hg.), Agrarland. Eine knappe Zusammenfassung bietet Theodor Bergmann, Agrarstrukturwandel und Agrarpolitik, in: Jürgen Stark u. Martin Doll (Hgg.), Strukturwandel und Strukturpolitik im ländlichen Raum. Festschrift zum 65. Geburtstag für Helmut Röhm, Stuttgart 1978, S. 157-189. Einen Überblick über den Forschungsstand liefert Peter Blickle, Deutsche Agrargeschichte in der zweiten Hälfte des 20. Jahrhunderts, in: Troßbach u. Zimmermann (Hgg.), Agrargeschichte, S. 7-32. Zur Einordnung in die allgemeine Wirtschaftspolitik siehe: Harm G. Schröter, Konsumpolitik und „Soziale Marktwirtschaft". Die Koexistenz liberalisierter und regulierter Verbrauchsgütermärkte in der Bundesrepublik der 1950er Jahre, in: Berghoff (Hg.), Konsumpolitik, S. 113-134. Hinweise auf den Zusammenhang zwischen regionaler Agrargeschichte und dem Prozeß der europäischen Einigung liefert: Heino von Meyer, Walter Ort u. Hermann Priebe (Hgg.), Agrarpolitik und Regionalentwicklung. Räumliche Auswirkungen der Agrarpolitik dargestellt am Beispiel der Region Trier, Bonn 1981.

im Boom der Nachkriegsjahre die Landwirtschaft als Reserve industrieller Entwicklung praktisch in ganz Europa einem „Sog" ausgesetzt war.[61] Dieser Prozeß kann einerseits als Anbindung des ländlichen Raums an die industriellen regionalen Zentren,[62] andererseits aber auch als zunehmender Funktionsverlust kleiner Gemeinden durch multifunktionale lokale Zentren interpretiert werden.[63]

Im Zuge der raschen Industrialisierung und vor allem durch den in der wirtschaftlichen Anbindung des Saargebiets an Frankreich entstehenden Preisdruck im Bereich der Grundnahrungsmittel war der „stürmische Anpassungsprozeß"[64] der Landwirtschaft allerdings in der Saarregion früher und intensiver als in anderen Teilen Deutschlands erfolgt.[65] Dieser Trend setzte sich auch nach dem Zweiten Weltkrieg unter ähnlichen Rahmenbedingungen weiter fort, wobei insbesondere die ungünstige Ertragslage der technisch vergleichsweise schlecht ausgestatteten Betriebe sowie die umfangreichen Sozialbrachen ab Mitte der 50er Jahre zunehmend zu einem politischen Problem wurden.[66] Erst nach der Eingliederung in die Bundesrepublik konnte mit umfangreichen Investitions- und Flurbereinigungsprogrammen schrittweise die Lebensfähigkeit vor allem der verbliebenen größeren Betriebe sichergestellt werden. Die saarländische Landwirtschaft als Ganzes hatte ihre Funktion als „Reservewirtschaft" der Industrie nach dem Zweiten Weltkrieg längst verloren.[67]

---

[61] Kaelble, Boom, S. 17ff. Zur Bedeutung der 60er Jahre als Wendepunkt in der Entwicklung ländlicher Gemeinden siehe: Peter Exner, Ländliche Gesellschaft und Landwirtschaft in Westfalen 1919-1969, Paderborn 1997, bes. S. 449. Interessantes Zahlenmaterial verarbeiten Franz Grumbach u. Gerd Greve, Wandlungen in der Beschäftigtenstruktur, in: Heinz König (Hg.), Wandlungen, S. 23-46.

[62] Im Saarland besonders durch das vom Bergbau etablierte System der Pendlerbusse, vgl. Friedrich, Saarlandgrenze, S. 33.

[63] Bahrenberg, Infrastrukturversorgung, S. 49, spricht vom „Rückzug [von Versorgungseinrichtungen] aus der Fläche". Als Ergebnis der Einflüsse des Strukturwandels der Nachkriegszeit kristallisiert sich daher ein „Umschlag von Bauernsiedlung in gewerblich geprägte, urbanisierte Wohngemeinde" als teilräumliches Entwicklungsmuster heraus, vgl. Clemens Zimmermann, Ländliche Gesellschaft, S. 159.

[64] Hans-Jürgen Seraphim u. Paul-Helmuth Burberg, Strukturwandlungen in der Landwirtschaft der Bundesrepublik Deutschland, in: Heinz König (Hg.), Wandlungen, S. 397-438, hier: S. 436.

[65] Vgl. hierzu die älteren Arbeiten: Anton E. Oldofredi, Die Landwirtschaft des Saarlandes mit besonderer Berücksichtigung ihrer soziologischen und volkswirtschaftlichen Bedeutung sowie ihrer betriebswirtschaftlichen Entfaltungsmöglichkeiten, Hohenheim 1952; Manfred Mohm, Die Nachkriegsentwicklung der saarländischen Landwirtschaft (von 1947-1954), Innsbruck 1956. Walter Vollmar, Die Existenzbedingungen der saarländischen Landwirtschaft, Hohenheim 1959. Einen Überblick über die Agrargeschichte Deutschlands in langfristiger Perspektive versucht: Kerstin C. Bollmann, Agrarpolitik. Entwicklungen und Wandlungen zwischen Mittelalter und Zweitem Weltkrieg, Frankfurt a.M. 1990. Die Analyse der Beschäftigtenzahlen bei Hartmut Kaelble u. Rüdiger Hohls (Hgg.), Die regionale Erwerbsstruktur im Deutschen Reich und in der Bundesrepublik Deutschland 1895-1970, St. Katharinen 1989 (= Quellen und Forschungen zur historischen Statistik von Deutschland 9), S. 84-89, bestätigt diesen Befund.

[66] Die Anpassungs- und Übergangsschwierigkeiten im Zuge der Eingliederung in die Bundesrepublik analysieren: Wilfried Rabe, Die Agrarstrukturen des Saarlandes, Bonn 1963; Gerd Hamann (Bearb.), Bundesland Saarland. Landwirtschaft im Industrieland, Göttingen 1964. Einen Aufriß der zeitgenössischen Diskussion liefern: Helmut Röhm, Die Strukturveränderungen in der Landwirtschaft und Neuordnungen des ländlichen Raumes als aktuelle Probleme der Agrarpolitik, in: Agrarwirtschaft (1963), H. 11, und Magura, Chronik.

[67] Vgl. hierzu die ausführliche Darstellung der saarländischen Agrarpolitik der 60er Jahre bei Jutta Müller,

Einige Besonderheiten sind nur im Bereich der Nebenerwerbslandwirtschaft festzustellen. Deren Übergang zur Hobby- und Freizeitlandwirtschaft verlief mit einer eindeutig benennbaren räumlich-zeitlichen Differenzierung.[68] Im Gegensatz zur unmittelbaren Industriezone, in der auch die Nebenerwerbslandwirtschaft schon viel früher stark geschrumpft war, war der stärkste Rückgang der Nebenerwerbslandwirtschaft im mittleren Saarland (besonders Saarlouis, Merzig, Ottweiler und St. Wendel) erst ab 1960 zu verzeichnen. Im nördlichen Saarland läßt sich sogar ein recht enger Zusammenhang zwischen diesem Trend und dem Ausbau anderer Wirtschaftssektoren feststellen.[69] Während somit der Strukturwandel über seine Rückwirkungen auf die Landwirtschaft im Bereich der ländlichen Siedlungen durchaus typische Probleme hervorrief,[70] war die ausgleichende Wirkung des Agrarsektors auf durch den Strukturwandel ausgelöste Schwankungen der regionalen Wirtschaftsentwicklung im Saarland nicht gegeben.[71]

In den industriellen Sektoren zeigte die regionalwirtschaftliche Entwicklung im Saarland zur Mitte der 60er Jahre dagegen zunächst Parallelen zur Phase zu Ende der Übergangszeit. Nach der Stagnationskrise der frühen 60er Jahre folgten 1964 und 1965 zwei Jahre der Stabilisierung bzw. des Wachstums, auf die dann - ähnlich wie nach 1961 - ein konjunktureller Einbruch mit fatalen Auswirkungen auf die Situation der Saarwirtschaft eintrat. Diese Sichtweise dominierte auch die Berichterstattung des Statistischen Landesamtes des Saarlandes, das den Aufschwung des Jahres 1964 erstmals als rein konjunkturell bedingt und ohne meßbare Einwirkung von Sondereinflüssen aus der regionalen Situation kennzeichnete. Allerdings machten auch die

---

Landwirtschaft, S. 45ff. Einen quantitativen Zugang zu den Ergebnissen des Strukturwandels bietet die Publikation Statistisches Landesamt des Saarlandes (Hg.), EWG-Strukturerhebung in der Landwirtschaft 1966/67. Zusammenfassende Darstellung für das Saarland (Ergebnisse des Programms für nationale Zwecke), Saarbrücken 1969 (= SiZ, Sonderh. 61).

[68] Jutta Müller, Landwirtschaft, S. 65ff.

[69] In den Krisenjahren 1966/67 war sogar kurzfristig ein Rückgang der Sozialbrache zu verzeichnen, vgl. ebd., S. 135ff., S. 146ff., S. 165ff., S. 179ff. und S. 204ff. Isbary, Probleme, S. 74, führt den Rückgang der Ziegenhaltung in bestimmten Gemeinden als ein Kriterium zur Abgrenzung seines „Halbring-Konzeptes" ein.

[70] Vgl. hierzu die Fallstudie von Alois Prediger, Neuerung und Erhaltung im ländlichen Raum (1830-1970). Eine sozialgeographische Untersuchung im Stadt-Umland-Bereich westlich von Saarlouis, Saarbrücken 1986 (= Arbeiten aus dem Geographischen Institut der Universität des Saarlandes 30), bes. S. 197ff.

[71] Einen Überblick über die Landwirtschaft in der strukturpolitischen Debatte der 70er Jahre mit ausführlichen bibliographischen Hinweisen gibt Heinrich Niehaus, Strukturwandel und Strukturpolitik. Beiträge zur agrarischen und regionalen Entwicklung in der Bundesrepublik Deutschland, Bonn 1973. Vgl. hierzu auch die vergleichende Analyse der Strukturwandelvorgänge der späten 70er und der 80er Jahre bei Alfred Bures u. Volker Schmidt, Regionalwirtschaftliche Arbeitsplatzdynamik in ländlich geprägten und altindustriellen Regionen. Fallstudien Trier und Saarland, in: Informationen zur Raumentwicklung H. 1 (1990), S. 21-30.

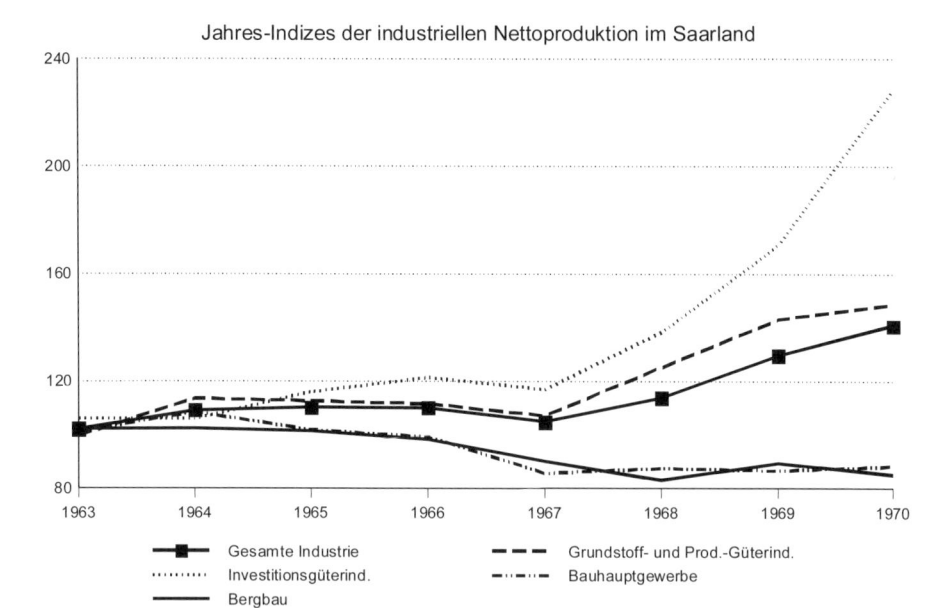

Jahres-Indizes der industriellen Nettoproduktion im Saarland

- ■ Gesamte Industrie
- ········ Investitionsgüterind.
- ——— Bergbau
- – – – Grundstoff- und Prod.-Güterind.
- –··–··– Bauhauptgewerbe

Index 1962 = 100. Lesebeispiel: Das Bauhauptgewerbe und der Bergbau hatten zur Mitte der 60er Jahre die ungünstigste Entwicklung ihrer Nettoproduktion zu verzeichnen. Quelle: Stat. Amt d. Saarl. (Hg.), Industrie, Bau, Handwerk und Energiewirtschaft im Jahre 1970, Saarbrücken 1971 (= SiZ, Sonderh. 75).

Beobachter dieser Behörde deutlich, daß das Schwergewicht des „in diesem Ausmaß unerwarteten" Aufschwungs primär aus dem Erfolg der saarländischen Eisen- und Stahlindustrie zu erklären war. Dagegen verlor die Auslandsnachfrage ihre zuletzt so wichtige stabilisierende Wirkung, während die gestiegene Investitionsneigung der saarländischen Investitionsgüterindustrie neue Impulse verlieh.[72] Nach Sektoren differenziert, ergab sich somit ein ungleichmäßiges Bild: Während der Bergbau weiterhin seine Förderung massiv reduzierte und bei den „Fremdabnehmern" - vor allem im bundesdeutschen Markt - neuerlich Absatzeinbrüche hinnehmen mußte,[73] entwickelte sich die weiterverarbeitende Industrie zunehmend zur Wachstumsbranche, deren Zuwachsraten im Produktionsvolumen von 7,4% bzw. im Umsatz von 11,5% nur noch vom um 15,4% gestiegenen Auftragsvolumen übertroffen wurden. Dementsprechend gestaltet sich die Interpretation der auf Landesebene aggregierten

---

[72] Stat. Amt d. Saarl. (Hg.), Die saarländische Industrie im Jahre 1964, Saarbrücken 1965 (= SiZ, Sonderh. 33), S. 9f. Vgl. hierzu auch die Einschätzung in: Landesbank und Girozentrale Saar (Hg.), Wirtschaftsberichte 1964, Saarbrücken 1964, H. 2, in der die Planungsschwierigkeiten der Stahlindustrie angesichts der ungeklärten Kanalfrage betont werden. Allerdings war auch nach Einschätzung der Beobachter der LGS die Eisen- und Stahlindustrie im Begriff, den Bergbau als Leitsektor abzulösen.

[73] Evelyn Kroker, Zur Entwicklung des Steinkohlenbergbaus an der Ruhr zwischen 1945 und 1980, in: Hohensee u. Salewski (Hgg.), Energie, S. 75-88, hier: S. 86, spricht von einer zweiten Phase der Kohlekrise, in der bereits 1965 nach dem „Jahrhundertwinter" 1962/63 das Förderziel von 140 Mio. t Jahresförderung nicht mehr gehalten werden konnte. Vgl. auch Landesbank und Girozentrale Saar (Hg.), Wirtschaftsberichte 1964, Saarbrücken 1964, H. 1.

Daten schwierig.[74] Die durchweg günstige Entwicklung in bestimmten Bereichen wurde weitgehend von der ungünstigen Entwicklung im Bergbau kompensiert, da dessen Strukturgewicht in der Industriestruktur des Bundeslandes trotz der Rückführungsmaßnahmen der Vergangenheit immer noch außerordentlich hoch war.

Eine weitere Besonderheit zeigte sich in der Auswirkung des Aufschwungs auf die Beschäftigungslage: Während die Gesamtumsätze der Industrie sich um nicht weniger als 8% auf 5,4 Mrd. DM erhöhten, stieg die Zahl der Beschäftigten gegenüber dem Vorjahr nur um 188 auf 168.663 - mithin um wenig mehr als 0,1%. Dabei war zudem eine regionale Verschiebung zu beobachten. Während die Stadt und vor allem der Landkreis Saarbrücken insgesamt mehr als 2000 Arbeitsplätze verloren, bauten die restlichen Kreise, mit Ausnahme des praktisch stagnierenden Kreises St. Ingbert, ihr Arbeitsplatzangebot aus.[75] Die Uneinheitlichkeit in der Beschäftigungsentwicklung setzte sich auch im Folgejahr fort. Von dem nun etwas stärkeren Anstieg der Beschäftigung um ca. 2000 Beschäftigte profitierten erneut die stark montanindustriell geprägten Kreise Saarbrücken-Land und Ottweiler sowie die Landeshauptstadt nur geringfügig. Vor allem war die Zahl der geleisteten Arbeitsstunden in diesen Kreisen trotz der stabilen bzw. leicht positiven Beschäftigungsentwicklung teilweise sogar stark rückläufig. Aus dieser Sonderentwicklung, von der die Stadt Saarbrücken übrigens nicht betroffen war, erklärt sich dann auch das Zurückbleiben dieses Wertes auf Landesebene.[76]

Klarer dagegen stellt sich die konjunkturelle Lage der Saarindustrie dar. Die neuerliche Verschärfung der Absatzprobleme bei den Saarbergwerken, die nur teilweise über die Rücknahme der Förderung ausgeglichen wurde und zu erheblichen Aufhaldungen führte, sowie das Abflauen der Nachfrage auf dem Stahlmarkt, die - entgegen früherer Erfahrungen - nicht durch eine wachsende Nachfrage aus Frankreich ausgeglichen wurde, kompensierten die immer noch recht günstige Entwicklung in anderen Industriesektoren. Obwohl dort immer noch Produktionszunahmen von teilweise mehr als 7% zu verzeichnen waren, betrug die Wachstumsrate der gesamten

---

[74] Ein Teil der zeitgenössischen Beobachter glaubte, im Jahr 1964 eine Trendwende gegenüber der Stagnationskrise beobachten zu können, was sich in Formeln wie „Erstmals hat das Saarland den Anschluß gefunden" niederschlug, vgl. Walter Gerisch, Die Saarwirtschaft im Jahre 1964, in: Die Arbeitskammer. Zeitschrift der Arbeitskammer des Saarlandes 13 (1965), S. 10-12, hier: S. 10. In Landesbank und Girozentrale Saar (Hg.), Wirtschaftsberichte 1966, Saarbrücken 1966, H. 1, wurde das Jahr 1964 als „erstes Normaljahr" seit der Eingliederung bezeichnet, weil hier erstmals die Wachstumsraten von BRD und Saarland sich einander annäherten.

[75] Stat. Amt d. Saarl. (Hg.), Die saarländische Industrie im Jahre 1964, Saarbrücken 1965 (= SiZ, Sonderh. 33), S. 13. Der Bergbau alleine stellte mit ca. 41.000 Beschäftigten immer noch ein Viertel aller Industriebeschäftigten im Saarland - und praktisch genauso viel wie die Investitionsgüterindustrien. Obwohl dabei die Zahl der in der Investitionsgüterindustrie geleisteten Arbeitsstunden sogar etwas geringer ausfiel als die im Bergbau, blieb deren Lohnsumme deutlich hinter der des Bergbaus zurück. Vgl. hierzu die Tabelle ebd., S. 20 sowie S. 22.

[76] Vgl. hierzu die tabellarische Übersicht in: Stat. Amt d. Saarl. (Hg.), Die saarländische Industrie im Jahre 1965, Saarbrücken 1966 (= SiZ, Sonderh. 38), S. 20.

saarländischen Industrie nur noch 2,7%. Gleichzeitig deutete sich anhand der schrumpfenden Auftragsbestände eine weiterhin negative Tendenz an.[77]
Die Phase des konjunkturellen Aufschwungs zur Mitte des Jahrzehnts erlaubt einige weiterführende Folgerungen: Zunächst ist festzustellen, daß der Aufschwung zwar im Vergleich zu den Vorjahren recht kräftig ausfiel, daß aber die Wachstumsraten der letzten Periode in der Übergangszeit deutlich unterschritten wurden. Außerdem war die Wachstumsphase im Vergleich zu vorherigen konjunkturellen Zyklen deutlich verkürzt. Weiterhin gestalteten sich die Effekte der einzelnen Sektoren nun anders. Während der Bergbau unbeeindruckt von der allgemein günstigen Entwicklung seine klar negative Tendenz fortsetzte, entfaltete der Bereich Eisen und Stahl im Montankern eine stabilisierende Wirkung. Hinzu trat zwar die - von der Regionalpolitik der späten 50er und frühen 60er Jahre erhoffte - positive Wirkung anderer Industriegruppen, insbesondere der Investitionsgüterindustrie bzw. der verarbeitenden Industrie; deren z.T. in direktem Zusammenhang zur stabilen Entwicklung im Stahlbereich stehenden Impulse wurden jedoch zunehmend vom Abwärtstrend des Montankerns überkompensiert.[78] Deutlich sichtbar wurde diese zunehmende Verschärfung der strukturellen Probleme der Saarwirtschaft an der Beschäftigungsentwicklung. Zwar erzeugte auch der Arbeitsplatzabbau im Bergbau, der sogar auf dem Höhepunkt des Booms zu einer Verringerung der Beschäftigtenzahlen in diesem Sektor um mehr als 2000 führte, keine Arbeitslosigkeit, allerdings konnte die Gesamtbeschäftigung in der Region kaum gesteigert werden; der recht hohe Zuwachs der Brutto-Lohn- und -gehaltssummen täuscht darüber hinweg, daß 1965 im Vergleich zum Vorjahr in der saarländischen Industrie insgesamt weniger Arbeitsstunden geleistet wurden.
Die Bedeutung dieser Tendenzen wird im Zusammenhang mit einem Vergleich der Sozialprodukte in der Bundesrepublik und im Saarland deutlich.[79] Insgesamt blieb das Saarland mit seinen Wachstumsraten bis zur Mitte der 60er Jahre stets hinter dem Bundesdurchschnitt zurück. Aus der Perspektive der Boomjahre 1964/65 betrachtet, stellt dies aber nun gerade keine Abkopplung vom Bundestrend dar, sondern vielmehr eine engere Ankopplung.[80] Die früher mitunter eintretenden Sondereinflüsse, die - neben ihrer manchmal auch negativen Beeinflussung des Wachstums - wenigstens teilweise einen Ausgleich ungünstiger Einflüsse aus Deutschland hatten be-

---

[77] „Deutliche Belebung in der saarländischen Investitionsgüterindustrie", Landesbank und Girozentrale Saar (Hg.), Wirtschaftsberichte 1966, Saarbrücken 1966, H. 3.

[78] Trotzdem wurde noch bis zur Jahresmitte 1965 die Entwicklung im Zwischenboom sehr positiv beurteilt: Landesbank und Girozentrale Saar (Hg.), Wirtschaftsberichte 1965, Saarbrücken 1965, H. 6, titelte mit: „Die wirtschaftliche Zukunft des Saarlandes hat begonnen" - und spielte damit auf die konjunkturelle Erholung im Vorjahr und den relativen Erfolg der Eisen- und Stahlindustrie sowie der neu angesiedelten Unternehmen an, vgl. auch ebd., H. 1.

[79] Vgl. hierzu die Darstellung in: Stat. Amt d. Saarl. (Hg.), Sozialprodukt des Saarlandes 1960 bis 1964, Saarbrücken 1965 (= SiZ, Sonderh. 35), und Statistisches Amt des Saarlandes (Hg.), Sozialprodukt des Saarlandes. Landeswerte 1960 bis 1965, Kreiswerte 1961 und 1964, Saarbrücken 1967 (= SiZ, Sonderh. 43).

[80] Ganz anders hierzu Roesler, Rückgliederung, S. 456.

wirken können, waren nun weitgehend eliminiert. Statt dessen verlief die wirtschaftliche Entwicklung des Landes großen Teils entsprechend der konjunkturellen Lage in Deutschland. Dabei schrumpfte sogar der Beitrag des Saarlandes zum nationalen Bruttosozialprodukt insgesamt, und auch eine Bereinigung um Abschreibungen, abzugsfähige Steuern bzw. Subventionen zeigte ein kaum verändertes Bild.[81]

Dieser Bedeutungsverlust ist als Auswirkung des ungünstigen Branchenmix im Saarland zu verstehen, durch den die Probleme des europäischen Steinkohlenbergbaus sich im Saarland verstärkt niederschlugen; den Zusammenhang zum regionalen Strukturwandel stellt die Veränderung der wirtschaftlichen Rahmendaten in den einzelnen Landkreisen bzw. der Stadt Saarbrücken her:[82] Während allgemein die Wachstumsraten der stark montanindustriell geprägten Teilregionen - zu nennen sind vor allem Saarbrücken, Saarbrücken-Land, St. Ingbert, Ottweiler und Homburg - durch die ungünstige Entwicklung dieses Sektors gehemmt waren, zeigten die anderen Kreise - nämlich Saarlouis, Merzig und St. Wendel - eine deutlich bessere Entwicklung. Hier wirkten sich die günstigen Impulse aus den Nicht-Montansektoren und aus den teilweise neu angesiedelten Unternehmen dieser Branchen aus. Innerhalb der Gruppe der montanindustriellen Kreise sind dann wieder Ottweiler und Saarbrücken-Land als besonders von der Kohlekrise getroffene Gebiete zu verstehen. Arbeitsplatzabbau und Grubenschließungen bzw. Fördermengenreduzierungen wirkten hier besonders stark hemmend. Dagegen gestaltete sich die Gesamtbilanz der Kreise Homburg und St. Ingbert, die einen größeren Anteil von spezialisierter Eisen- und Stahlindustrie bzw. sonstiger Industrie aufweisen konnten, noch vergleichsweise positiv. Schließlich vollzog sich der Strukturwandel in der Stadt Saarbrücken geradezu dramatisch. Innerhalb von nur vier Jahren fiel der Anteil des Waren produzierenden Gewerbes in Saarbrücken um nicht weniger als acht Prozentpunkte, während der Ausbau des tertiären Sektors und die dort erzielten Wachstumsraten den Anteil der Landeshauptstadt an der wirtschaftlichen Aktivität des Landes annähernd stabilisierten. Damit deutete sich insofern eine neue Qualität in der wirtschaftlichen Entwicklung des Saarlandes an, als die frühen Versuche zur Bewältigung des Strukturwandels in ihrer Bedeutung für den gesamtwirtschaftlichen Verlauf als wichtiger anzusetzen sind als die aus der Übergangszeit bzw. der vorangegangenen Phase der Teilautonomie stammenden Einflüsse aus dem saarländisch-französischen Verhältnis.

Wie stabil dieses komplexe Geflecht saarländischer Wirtschaftsstruktur war, zeigte sich, als ab Ende 1965 die wieder abnehmenden Auftragseingänge die Wirtschafts-

---

[81] Und zwar sogar unter den Anteil seiner Bevölkerung an der Bevölkerung der BRD, vgl. Stat. Amt d. Saarl. (Hg.), Sozialprodukt des Saarlandes. Landeswerte 1960 bis 1965, Kreiswerte 1961 und 1964, Saarbrücken 1967 (= SiZ, Sonderh. 43), S. 9 und S. 13. Ein gutes Beispiel für diese Analyse ist die saarländische Bauindustrie, die zwar aufgrund des Investitionsbooms im Zuge der Eingliederung hohe Zuwachsraten erzielen konnte, nach Abklingen dieses Sondereinflusses im Jahr 1965 aber sogar einen Umsatzrückgang hinnehmen mußte, vgl. Philipp W. Fabry, Bauen im Grenzland an der Saar. 100 Jahre Einheitsverband der Bauindustrie und des Bauhandwerks 1899-1999, Saarbrücken 1999, S. 202-206.

[82] Vgl. hierzu ebd., S. 23-28.

Zahl der Beschäftigten nach Landkreisen

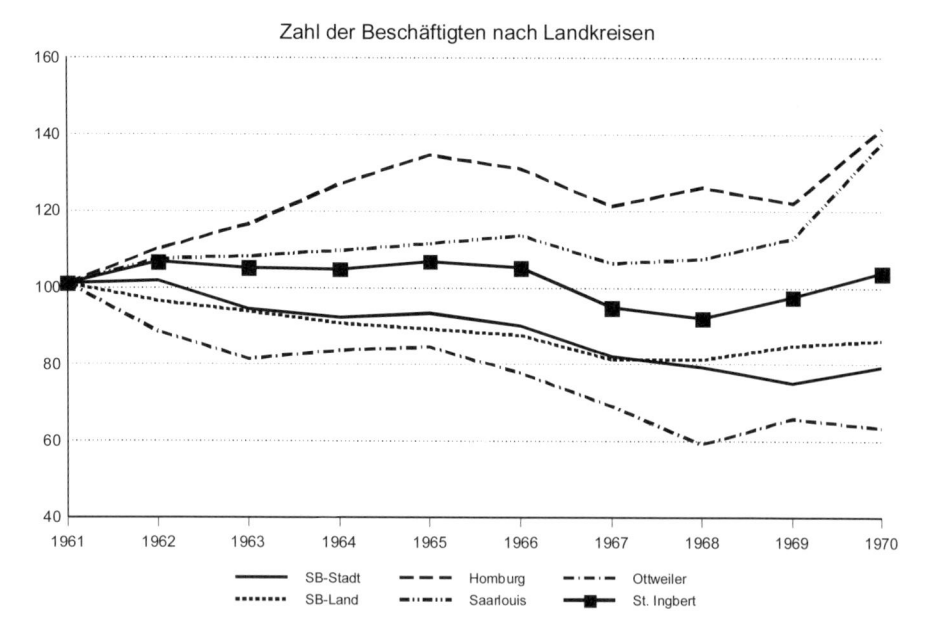

[Diagramm mit Linien für SB-Stadt, SB-Land, Homburg, Saarlouis, Ottweiler, St. Ingbert von 1961 bis 1970]

Index 1960 = 100. Lesebeispiel: Im Vergleich zum Ausgangswert von 1960 erfuhr der Landkreis Homburg die günstigste Beschäftigungsentwicklung während der 60er Jahre, der Kreis Saarlouis folgt mit geringem Abstand an zweiter Stelle. Quelle: Stat. Amt d. Saarl. (Hg.), Industrie, Bau, Handwerk und Energiewirtschaft im Jahre 1970, Saarbrücken 1971 (= SiZ, Sonderh. 75).

krise absehbar erscheinen ließen.[83] Zunächst verschärfte sich vor allem die Absatzlage im Bergbau, was trotz Aufhaldung und umfangreicher Lieferungen an die Notgemeinschaft deutscher Steinkohlenreviere weitere Rücknahmen der Förderung und der Beschäftigung notwendig machte. Gleichzeitig stagnierten jedoch auch die Grundstoff- und Produktionsgüterindustrien, und auch die Konsumgüterindustrie konnte nach jahrelanger Expansion keine nennenswerten Zuwächse mehr erreichen. Diese Effekte konnten - nach bereits bekanntem Muster - von der noch recht günstigen Entwicklung in der weiterverarbeitenden Industrie gesamtwirtschaftlich nicht ausgeglichen werden, zumal ein weiterer drastischer Einbruch im Bausektor die Gesamtbilanz des Saarlandes verschlechterte.[84] Im Laufe des Jahres 1967 spitzte sich diese Entwicklung zu einer allgemeinen Rezession zu, von der nun mit Ausnahme der chemischen Industrie, des Stahlbaus und der Konsumgüterindustrie praktisch alle Branchen betroffen waren.[85] Auch hier waren wieder die bedeutendsten Verluste im

---

[83] „Verlangsamung der industriellen Expansion" titelte die Landesbank und Girozentrale Saar (Hg.), Wirtschaftsberichte 1966, Saarbrücken 1966, H. 3, in bezug auf den Jahreswechsel 1965/66.

[84] Vgl. hierzu: Stat. Amt d. Saarl. (Hg.), Die saarländische Industrie im Jahre 1966, Saarbrücken 1966 (= SiZ, Sonderh. 45), S. 9-17.

[85] Vgl. hierzu die desolate Situationsbeschreibung in: Landesbank und Girozentrale Saar (Hg.), Wirtschaftsberichte 1967, Saarbrücken 1967. H. 9, die den kaskadenartigen Einbruch auch der nicht-montanindustriellen Sektoren verdeutlicht.

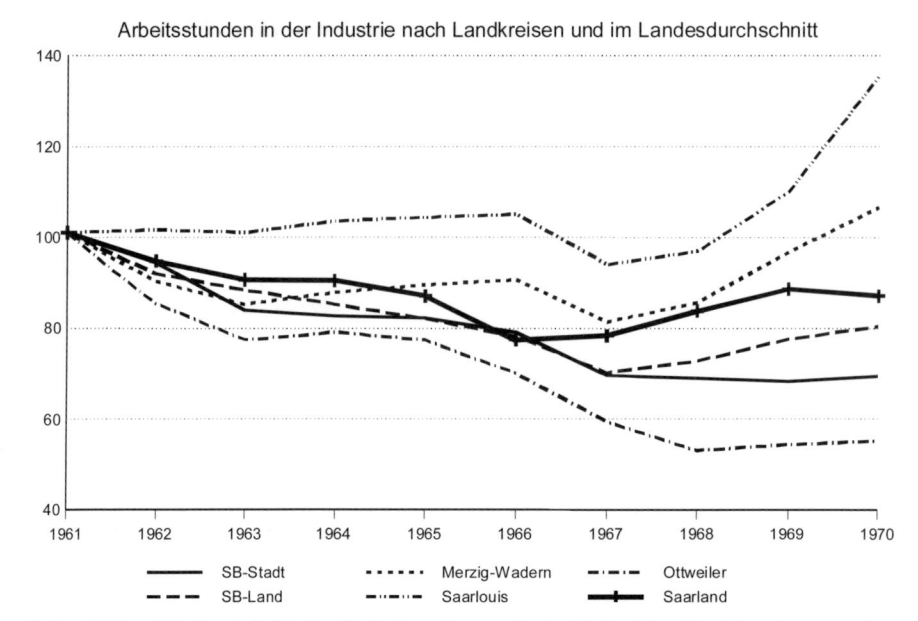

Arbeitsstunden in der Industrie nach Landkreisen und im Landesdurchschnitt

Index 1960 = 100. Lesebeispiel: Im Kreis Ottweiler wurden im Verlauf der 60er Jahre immer weniger Arbeitsstunden geleistet. Dieser Trend veränderte sich durch den Aufschwung nach der Überwindung der regionalen Wirtschaftskrise nicht. Quelle: Stat. Amt d. Saarl. (Hg.), Industrie, Bau, Handwerk und Energiewirtschaft im Jahre 1970, Saarbrücken 1971 (= SiZ, Sonderh. 75).

Bergbau und bei der eisenschaffenden Industrie zu verzeichnen, wobei der Inlandsabsatz der saarländischen Industrie insgesamt sehr viel stärker sank als im Bundesschnitt. Mehr noch: Während im gleichen Zeitraum in der eisenschaffenden Industrie der Bundesrepublik durch einen fast verdoppelten Auslandsabsatz eine gewisse Kompensationswirkung eintrat, konnten die saarländischen Unternehmen ihren Auslandsabsatz nur vergleichsweise geringfügig um 3,7% erhöhen. Und auch der Bausektor adaptierte die Krisensituation, insofern sie im Bereich des gewerblichen und industriellen Bauwesens einen Umsatzrückgang von nicht weniger als 18,7% hinnehmen mußte, dem gegenüber der Rückgang im öffentlichen Bauwesen mit 6,9% noch recht bescheidene Ausmaße annahm.[86]

Der sich aus der sektoralen Betrachtung andeutende Befund, daß die Wirtschaftskrise im Saarland zunächst eine Baisse der Leitsektoren und dann im zweiten Schritt eine allgemeine Rezession brachte,[87] verdichtet sich noch durch die Analyse der regiona-

---

[86] Vgl. hierzu: Stat. Amt d. Saarl. (Hg.), Die saarländische Industrie im Jahre 1967, Saarbrücken 1968 (= SiZ, Sonderh. 51), S. 9-21.

[87] „Wenn man das Jahr 1966 für die Saarwirtschaft als das bis dahin schlechteste seit der wirtschaftlichen Wiedereingliederung in die Bundesrepublik angesehen hat, so war das Ergebnis im abgelaufenen Jahr noch wesentlich ungünstiger.", so Christoph Loew, Karl Guckelmus u. Peter Springer, Die Saarwirtschaft im Jahre 1967, in: Die Arbeitskammer. Zeitschrift der Arbeitskammer des Saarlandes 16 (1968), S. 3-11, hier: S. 3.

len Beschäftigungsentwicklung.[88] Zwar führte schon der Rückgang der Industriebeschäftigung im Jahr 1966 auf insgesamt 167.747 Beschäftigte unter das bereits 1964 erreichte Niveau zurück, er traf jedoch vor allem die Stadt Saarbrücken sowie die Landkreise Ottweiler und Saarbrücken-Land. Der Kreis St. Ingbert büßte praktisch nur seine Fortschritte des Jahres 1965 ein, die anderen Kreise entwickelten sich weitgehend stabil. Noch deutlicher wird dies beim Vergleich der geleisteten Arbeitsstunden, bei denen vor allem in den Kreisen Saarlouis, St. Wendel und Merzig-Wadern sogar ein Zuwachs gegenüber 1964 festzustellen ist, was nicht zuletzt einen der Gründe für die nach 1965 zunächst noch ansteigende Brutto-Lohnsumme darstellt.

Erst der im Jahr 1967 eintretende dramatische Einbruch der Gesamtbeschäftigung um mehr als 13.000 Beschäftigte (ca. 8%) wirkte sich kreisübergreifend im ganzen Saarland aus.[89] Die Beschäftigung fiel mit ca. 154.000 Industriebeschäftigten praktisch schlagartig auf das Niveau von 1954 zurück. Zwar war damit das Minimum noch nicht erreicht - im Jahr 1968 verringerte sich die Zahl der Industriebeschäftigten um weitere 3000 Personen -, die regionale Verteilung folgte jedoch nach 1967 sehr schnell wieder dem alten Muster: Während Saarbrücken, Ottweiler und St. Ingbert weitere Arbeitsplätze verloren, verhielt sich sogar Saarbrücken-Land stagnierend. Die anderen Landkreise hatten dagegen schon wieder Zuwächse zu verzeichnen.[90] Diese Entwicklung deutet auf die Struktur des zaghaften Wiedereingangsetzens der saarländischen Wirtschaft, die von weiter rückläufigen Zahlen im Bergbau und der eisenschaffenden Industrie geprägt war, während andere Sektoren sich stabilisierten oder wie die Investitionsgüterindustrie zu einem Wachstumspfad zurückfanden.[91] Eine durchaus ähnliche Tendenz zeigt die Zahl der geleisteten Arbeitsstunden. Hatte sich der Einbruch des Jahres 1967 in dieser Variablen besonders deutlich gezeigt - der

---

[88] Vgl. hierzu auch Peter Springer, Das Sozialprodukt der saarländischen Kreise, in: Die Arbeitskammer. Zeitschrift der Arbeitskammer des Saarlandes 14 (1966), S. 36-39, mit sehr instruktiven Vergleichen des Bruttosozialprodukts auf Landkreisebene. Allerdings ist das hier gewählte Verfahren insofern methodisch problematisch, als das Bruttosozialprodukt als sehr stark aggregierte Variable ohnehin nur indirekt Aufschluß über wirtschaftliche Aktivitäten erlaubt und zudem kleinräumige und zeitlich schnell aufeinander folgende Veränderungen nur unzureichend abbildet.

[89] Vgl. Karl Guckelmus, Die Saarindustrie in der Talfahrt. Die Arbeitnehmer sind von der Rezession am stärksten betroffen, in: Die Arbeitskammer. Zeitschrift der Arbeitskammer des Saarlandes 15 (1967), S. 289-292.

[90] Vgl. hierzu: Stat. Amt d. Saarl. (Hg.), Die saarländische Industrie im Jahre 1968, Saarbrücken 1969 (= SiZ, Sonderh. 62), S. 20, sowie den BSP-Vergleich auf Landkreisebene in: Zur wirtschaftlichen und sozialen Lage im Saarland, in: Die Arbeitskammer. Zeitschrift der Arbeitskammer des Saarlandes 15 (1967), S. 65-73.

[91] Vgl. ebd., S. 12ff. Interessanterweise liegt in der Berichterstattung des Statistischen Landesamtes insofern ein Bruch, als auf den Abdruck von in den Vorjahren in einem „Allgemeinen Überblick" präsentierten Analysen der Wirtschaftsentwicklung verzichtet wurde. In den folgenden Heften wurde dieser Teil zwar wieder eingeführt, aber in Umfang und Analysetiefe deutlich reduziert. Daher müssen die Aussagen zur sektoralen Entwicklung der Saarwirtschaft hier aus dem Tabellenteil einzeln extrahiert werden. Ob dieser Bruch im Zusammenhang mit den vor allem für das Jahr 1967 besonders dramatischen Krisenschilderungen zu sehen ist, konnte nicht geklärt werden.

Arbeitslosigkeit im Saarland 1964-1970

Arbeitslos gemeldete Personen. Lesebeispiel: Ab 1966 ist ein deutliches Ansteigen der Zahl der arbeitslos gemeldeten Personen zu verzeichnen. Quelle: Stat. Amt d. Saarl. (Hg.), Statistisches Handbuch für das Saarland 1976, Saarbrücken 1976.

Rückgang betrug im Saarland mit insgesamt ca. 30.000 Stunden über 11% -, stabilisierte sich diese Zahl in 1968 wieder. Auffallend ist, daß dabei auch die Stadt Saarbrücken von der Beruhigung profitierte und daß im Kreis Saarbrücken-Land sogar eine leichte Zunahme zu verzeichnen war; insbesondere im Kreis Ottweiler ging dagegen die negative Entwicklung der Vorjahre nur wenig gebremst weiter. Der deutlichste Hinweis der Statistik auf die Rückwirkungen der wirtschaftlichen Probleme zeigt sich jedoch in der Arbeitslosenstatistik. Bis in die Boomjahre 1964 und 1965 hatte die Arbeitslosigkeit im Bundesland praktisch keine Rolle gespielt, und auch als 1966 erstmals wieder die Grenze von 3000 Arbeitslosen überschritten wurde, lag die Arbeitslosenquote immer noch unter 1%. Im Jahr 1967 jedoch vervierfachte sich dieser Wert schlagartig auf über 12.000 Personen, um dann erst in 1969 wieder zu sinken - mit zunächst ca. 6.000, dann ca. 4000 Personen jedoch auf ein deutlich höheres Niveau als zuvor.[92]

Der Weg der Saarwirtschaft aus der Wirtschaftskrise gestaltete sich nicht minder komplex als die Boomphase. Bereits 1968 konnten die meisten Branchen der Saarindustrie wieder eine Steigerung ihrer Nettoproduktion verzeichnen, wobei sich zunächst die verarbeitende Industrie als „Zugpferd" erwies.[93] Entgegen der bisherigen

---

[92] Vgl. hierzu den tabellarischen Überblick in: Stat. Amt d. Saarl. (Hg.), Statistisches Handbuch für das Saarland 1976, Saarbrücken 1976, S. 110.

[93] Vgl. hierzu die Analyse von Walter Schütz, Die Saarwirtschaft im Jahre 1968, in: Die Saarländische Wirtschaft. Mitteilungen der Industrie- und Handelskammer des Saarlandes 24 (1968), S. 392-395, der die

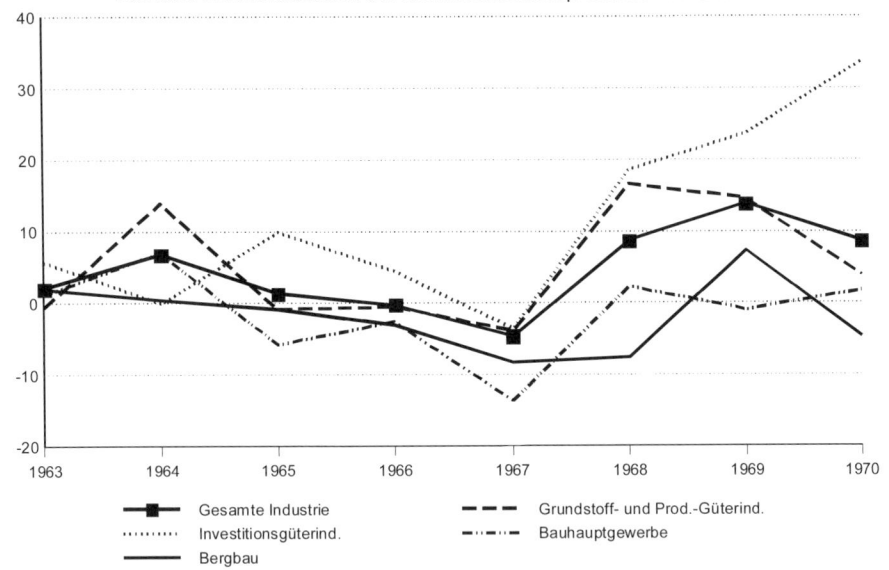

Jährliche Wachstumsraten der industriellen Nettoproduktion im Saarland

■— Gesamte Industrie   --- Grundstoff- und Prod.-Güterind.
····· Investitionsgüterind.   —··—··— Bauhauptgewerbe
— Bergbau

Angaben in Prozent, Basis jeweils 1962. Lesebeispiel: Besonders die Investitionsgüterindustrie verzeichnete ab 1967/68 hohe Wachstumsraten. Quelle: Stat. Amt d. Saarl. (Hg.), Industrie, Bau, Handwerk und Energiewirtschaft im Jahre 1970, Saarbrücken 1971 (= SiZ, Sonderh. 75).

Entwicklung konstatierte dabei auch das Baugewerbe erstmals wieder geringe Zuwachsraten. Im Jahr 1969 schlug sich dann die allgemein günstige konjunkturelle Lage voll in der saarländischen Situation nieder,[94] was sich vor allem in einem bemerkenswerten Aufschwung des Energiesektors mit erstmals wieder annähernd stagnierenden Fördermengen im Bergbau und einer ausgesprochen günstigen Entwicklung im Bereich der Eisen- und Stahlindustrie bemerkbar machte. In diesem Jahr schienen somit zunächst die Unternehmen des Montankerns wieder ihre alte Funktion als Leitsektoren regionalwirtschaftlicher Entwicklung übernehmen zu können. Die positive Entwicklung anderer Sektoren trat vor allem hinsichtlich der absoluten Zahlen gegenüber dieser „Renaissance" zurück.[95] Im Jahr 1970 traten dann wieder die gewohnten Verhältnisse ein, als die Förderleistung des Bergbaus deutlich reduziert wurde und die Zuwachsraten der Investitionsgüterindustrie die des Grundstoff- und Produktionsgütersektors deutlich übertrafen.[96] Die einzige Ausnahme stellt dabei das

---

Grundstoff- und Investitionsgüterindustrien als Auslöser der Trendänderung sieht. „Tendenzumschwung bei Investitionsgütern?" fragten die zeitgenössischen Beobachter schon im August 1967 in: Die Saarländische Wirtschaft. Mitteilungen der Industrie- und Handelskammer des Saarlandes 23 (1967), S. 62.

[94] Landesbank und Girozentrale Saar (Hg.), Wirtschaftsberichte 1969, Saarbrücken 1969, H. 11, titelt: „Kräftiger Aufschwung der Saar-Industrie".

[95] Vgl. hierzu Landesbank und Girozentrale Saar (Hg.), Wirtschaftsberichte 1969, Saarbrücken 1969, H. 1, und Stat. Amt d. Saarl. (Hg.), Die saarländische Industrie im Jahre 1969, Saarbrücken 1970 (= SiZ, Sonderh. 65), bes. S. 14.

[96] Vgl. hierzu: Stat. Amt d. Saarl. (Hg.), Die saarländische Industrie im Jahre 1970, Saarbrücken 1971 (=

Baugewerbe dar, das nach Rückgängen in 1969 im Folgejahr nur sehr schwach expandieren konnte und dabei vor allem im Bereich der öffentlichen Auftraggeber sogar weitere Rückgänge zu verzeichnen hatte. Die Beschäftigungslage zeigte dagegen für das Saarland insgesamt einen sprunghaften Anstieg auf ca. 168.000, also auf das Niveau von 1964.[97] Dabei wiesen die in der Vergangenheit problematischen Landkreise eine stabile bzw. leicht positive Entwicklung auf, während die restlichen Kreise sich durchweg günstig entwickelten.[98]

Für die ganze Periode der „goldenen" 60er Jahre kann dementsprechend festgestellt werden, daß die Saarindustrie trotz des Aufschwungs nach der Krise der Jahre 1966/67 mit 6000 Beschäftigten 3,4% ihres Anfangsbestandes an Industriebeschäftigten verloren hatte, wobei besonders der Kreis Ottweiler mit ca. 12.000 verlorenen Arbeitsplätzen (gegenüber ca. 31.000 im Jahr 1960) heftig in Mitleidenschaft gezogen wurde, sich zuletzt aber stabil entwickelte. Auch der Großraum Saarbrücken hatte mit reichlich einem Siebtel des Wertes von 1960 gravierende Einbußen in der Industriebeschäftigung zu verzeichnen. Die Stadt selber wurde dabei - nicht zuletzt durch ihre geringere Partizipation am Aufschwung zum Ende des Jahrzehnts - noch etwas härter getroffen als der Landkreis.[99] Andererseits hatte sich nach der Rezession der Jahre 1966/67 der montanindustrielle Kern der Saarwirtschaft dem Anschein nach stabilisiert, ja teilweise sogar Wachstumsfunktionen übernommen, und auch die Veränderung der Beschäftigungsstruktur, in der der Bergbau im Jahr 1969 nur noch 17,7% (anstatt 31,9% in 1960), die Investitionsgüterindustrien dagegen 29,2% (18,6%) der Beschäftigten stellten gaben Anlaß zur Hoffnung. Schon im Jahr 1970 konnten vor allem die zwischenzeitlich neu angesiedelten Betriebe einen erheblichen Beitrag zum regionalen Wirtschaftswachstum liefern.

Gerade dieser Umstand verweist auf einen weiteren interessanten Aspekt des saarländischen Wegs in und durch die Wirtschaftskrise. Noch aus der Perspektive des Jahres 1967 erweckte die Ansiedlung von neuen Industriebetrieben im Saarland den Anschein, als könne dadurch - im Gegensatz zur Ansiedlungsaktivität in anderen Regionen - „keine nennenswerte" Beeinflussung der Wirtschafts- oder Beschäftigungsstruktur erreicht werden.[100] Diese Bewertung des Bundesministeriums für Arbeit und Sozialordnung bezog sich auf die nach dem Ende des noch durch die Übergangszeit

---

SiZ, Sonderh. 75), S. 17-19.

[97] Die Rede war von einem „Sonnenschein auf dem Arbeitsmarkt", vgl. Die Saarwirtschaft 1969. Vom Boom begünstigt, in: Die Arbeitskammer. Zeitschrift der Arbeitskammer des Saarlandes 18 (1970), S. 1-6, hier: S. 1.

[98] Landesbank und Girozentrale Saar (Hg.), Wirtschaftsberichte 1971, Saarbrücken 1971, H. 1, erkennt rückblickend auf das Jahr 1970 eine Stabilisierung der günstigen Entwicklung und fragt in H. 6 im Hinblick auf die Verschiebung in der sektoralen Verteilung: „Die Investitionsgüterindustrie auf dem Wege zur bedeutendsten Industriegruppe des Saarlandes?".

[99] Vgl. hierzu die tabellarische Zusammenstellung in: ebd., S. 30f.

[100] Bundesministerium für Arbeit und Sozialordnung (Hg.), Verlagerte, neuerrichtete und stillgelegte Industriebetriebe im Jahre 1966. Zwischenbericht über die Standortwahl der Industriebetriebe in der Bundesrepublik Deutschland, Bonn 1967, S. 28.

ausgelösten Ansiedlungsbooms eintretende Stagnation bei den Ansiedlungserfolgen, die im Gegensatz zum Rest der Bundesrepublik selbst im Zwischenboom der Jahre 1964/65 kaum noch positive Impulse erfuhr - übrigens ein weiterer Beleg für die schwache Partizipation der ungünstig strukturierten Region an nationalen Aufschwungtendenzen.[101] Andererseits wurde aber auch klar, daß die angestrebte Konzentration der Förderpolitik auf Räume außerhalb der bestehenden Verdichtungsräume offenbar erreicht worden war. Besonders stark profitierten vor allem die Landkreise St. Wendel, Saarlouis und Homburg von den neu angesiedelten Betrieben, von den Stillegungen von Betrieben waren dagegen besonders die alten Industrieverdichtungszonen des Kreises Ottweiler, des Gebiets um Saarbrücken, aber auch Teile des Landkreises Homburg betroffen.[102]

Bis zum Jahr 1973 hatte sich diese Entwicklung soweit herauskristallisiert, daß eine Analyse der Industrie- und Handelskammer die Landkreise Saarbrücken, Saarbrücken-Land und Ottweiler eindeutig zu „Verlierern des Strukturwandels" erklären konnte.[103] Dadurch wurde klar, daß die Industrieansiedlungen den negativen Effekt des Strukturwandels im Landesdurchschnitt nicht nur nicht kompensieren konnten, sondern daß von den strukturverbessernden Maßnahmen gerade die vorher bereits ausgewogener strukturierten Kreise profitiert haben. Allerdings haben die Ansiedlungen die frühere Verteilung in den alten Industriezonen nur zum Rand hin verschoben, nicht völlig verlagert, besonders wenn man die über einen längeren Zeitraum hinweg stabilen Betriebe betrachtet. Daher forderte man für die Zukunft eine Abkehr von der flächendeckenden Förderung hin zu einer Förderung entlang der Industrieachsen - und damit eine grundsätzliche Umkehr der Anfang der 60er Jahre von der allgemeinen Wirtschaftspolitik entwickelten Förderkonzeption.[104]

---

[101] Bundesministerium für Arbeit und Sozialordnung (Hg.), Die Standortwahl der Industriebetriebe in der Bundesrepublik Deutschland und Berlin (West). Neuerrichtete, verlagerte und stillgelegte Industriebetriebe in den Jahren 1970 und 1971, Bonn 1975, S. 18. Die Studie kommt zu dem Ergebnis, daß für die Jahre 1961-1965 nicht zuletzt wegen der starken Ansiedlungskonjunktur ab 1964 von einer „flächenerfassenden Industriedurchsetzung" zu sprechen sei. An diesem Vorgang partizipierte das Saarland, das sich in dieser Zeit, wie bereits analysiert, in einer Phase der grundlegenden Neuformulierung seiner Strukturpolitik durch die allgemeine Wirtschaftspolitik befand, nur sehr schwach.

[102] Bundesminister für Arbeit und Sozialordnung (Hg.), Standortwahl 1955-1967, S. 88. Interessant ist übrigens auch der dort vorgebrachte Hinweis, daß in den neu angesiedelten Betrieben im Saarland ungewöhnlich viele Frauenarbeitsplätze geschaffen wurden, daß sich deren Übergewicht aber trotz der insgesamt vergleichsweise stabilen Entwicklung der Unternehmen durch Stillegungen wieder zugunsten der Männer abbaute. Eine namentliche Aufzählung neu angesiedelter Unternehmen liefert Wolf-Dieter Kresse, Industrieansiedlungen 1968/69, in: Die Arbeitskammer. Zeitschrift der Arbeitskammer des Saarlandes 18 (1970), S. 39-41.

[103] Industrie- und Handelskammer des Saarlandes (Hg.), Industrielle Entwicklung der saarländischen Landkreise, Saarbrücken 1973, S. 10. Differenzierter hierzu auch: Franz-Josef Bade, Die Stellung des Saarlandes im wirtschaftlichen Strukturwandel der Bundesrepublik Deutschland, in: Zeitschrift für Wirtschaftsgeographie 34 (1990), S. 195-207. Bade interpretiert die mittelfristigen Folgen dieser Entwicklung als Trend zur Suburbanisierung, betont aber die im Vergleich zu anderen Verdichtungszonen in den 70er Jahren relativ günstige Entwicklung des Saarbrücker Raumes.

[104] Ebd., S. 17 und S. 24, vgl. auch: Karl Guckelmus, Gemeinden und Kreise konkurrieren um neue Industrien, in: Die Arbeitskammer. Zeitschrift der Arbeitskammer des Saarlandes 17 (1969), S. 103-104,

1.2 Konzeptionelle Antworten auf die regionale Wirtschaftskrise

1.2.1 Die Fortsetzung des saarländischen Gutachterstreits

Allerdings löste die regionale Wirtschaftskrise bereits bei den Zeitgenossen selber konzeptionelle Bemühungen in Politik und Wissenschaft zu ihrer Überwindung aus. Eine der spektakulärsten Äußerungen stellte dabei sicherlich das von der Regierung des Saarlandes im Jahr 1967 publizierte „Saar-Memorandum" dar.[105] Darin legte die Regierung einen Überblick über saarländische Strukturprobleme und eine fundamentale Re-Interpretation ihrer politischen und ökonomischen Ursachen vor. Als erstes ist die Bewertung der Übergangszeit nach 1955 zu nennen: Bereits im Vorwort des Memorandums bezog sich der Ministerpräsident auf die nach seiner Meinung aus der politisch-ökonomischen Situation der Nachkriegszeit resultierenden Benachteiligungen des Saarlandes, die - so der entscheidende Punkt - nach Sicht aller an den Verhandlungen zum Saarvertrag Beteiligten die Etablierung einer wirtschaftlichen Übergangszeit nötig gemacht habe. Allerdings, so Röder weiter, sei die zeitliche Begrenzung auf nur zweieinhalb Jahre ohne eine entsprechende Anschlußregelung ein schwerwiegender Fehler gewesen.[106] Des weiteren wurden die akuten wirtschaftlichen Probleme in den Zusammenhang der Frage nach der Wirksamkeit der im Zuge der Eingliederung und danach eingesetzten Förder- und Hilfsmaßnahmen gestellt. Zwar wurde weder der große Umfang dieser Maßnahmen geleugnet, noch deren Wirksamkeit grundsätzlich in Frage gestellt; das Memorandum versuchte jedoch mit umfangreichen Sozialproduktanalysen nachzuweisen, daß das Saarland nach der Eingliederung zwar in Deutschland „Fuß fassen", nicht jedoch mit der Bundesrepublik habe „Schritt halten" können.[107] Zur Absicherung dieser Interpretation verwies das Memorandum auf eine ganze Reihe von gutachterlichen Äußerungen über den Strukturwandel und die jüngste wirtschaftliche Entwicklung im Saarland. Diese Gutachten können als Fortsetzung oder zweite Phase des bereits erwähnten „saarländischen Gutachterstreits" verstanden werden.

---

der diesen Wandel in der Anforderung an die Förderkonzeption ebenfalls vollzieht. Interessant ist übrigens der Hinweis, daß die neu angesiedelten Betriebe, die überdurchschnittlich viele Männer beschäftigten, eher am Rand der Industriezonen angesiedelt wurden, wohingegen die Mehrzahl der auf weibliche Erwerbstätigkeit ausgerichteten Ansiedlungsprojekte räumlich disloziert erfolgte. In gewisser Hinsicht könnte man daher davon sprechen, daß die Ansiedlungsmaßnahmen zugunsten der ländlich strukturierten Gebiete eine nachgeholte Industrialisierung der Frauen im Saarland darstellten.

[105] Regierung des Saarlandes (Hg.), Das Saarland 10 Jahre nach seiner Eingliederung in die Bundesrepublik Deutschland. Bilanz und Aufgaben. Memorandum der Regierung des Saarlandes vom 10. April 1967, Saarbrücken 1967. Mit dieser Arbeit griff die Landesregierung auf eine bereits in der frühen Nachkriegszeit etablierte Tradition von in Form von eigenständigen Publikationen gefaßten (Regierungs-)Selbstbetrachtungen des Saarlandes zurück: Regierung des Saarlandes (Hg.), Das Saarland. Memorandum der Regierung des Saarlandes, 1. Aufl. Saarbrücken 1949, 2. Aufl. Saarbrücken 1952, 3. Aufl. Saarbrücken 1953, sowie: dies. (Hg.), Memorandum der Regierung des Saarlandes an die Bundesregierung vom 13. November 1957, Saarbrücken 1957.

[106] Regierung des Saarlandes (Hg.), Saarland, S. 5.

[107] Ebd., S. 24.

Unter diesen Gutachten nimmt dasjenige von Olaf Sievert und Manfred Streit nicht nur in der Chronologie den ersten Platz ein, sondern zeichnete sich auch durch seinen engen Bezug zur ersten Phase des Gutachterstreits aus - es wurde unter anderem von der Stadt Saarbrücken in Auftrag gegeben.[108] Dieses Gutachten gelangte unter anderem zu dem Ergebnis, daß eine stärkere Förderung der Stadt Saarbrücken als zentraler Agglomeration des Saarlandes positive Auswirkungen auf die ganze Region würde haben können.[109] Recht skeptisch äußerte sich das Gutachten jedoch hinsichtlich der Zukunftsaussichten des Montankerns. Die zu erwartende ungünstige Entwicklung des Steinkohlenbergbaus und die sich abzeichnende weitere Belastung der Eisen- und Stahlindustrie durch Standortkostennachteile lege, so der Gedankengang, eine Strategie nahe, die bei weitgehendem Verzicht auf Subventionen die Zukunft in einer Umstrukturierung der regionalen Wirtschaft sucht.[110]

Überhaupt gewichteten die beiden Gutachter die Auswirkungen politischer Einflüsse auf die Saarwirtschaft und insbesondere das dadurch zu erklärende Fehlen einer guten Verkehrsanbindung besonders stark.[111] Dies wurde als Hindernis für die an sich wünschenswerte und naheliegende Weiterentwicklung der dem Montankern verbundenen Sektoren verstanden. Die bereits im Generalplan der Saarbergwerke AG vorgeschlagene Konzeption zur Diversifizierung - besonders der Ausbau der Petrochemie -, aber auch die Möglichkeit der Ansiedlung von dem Montanbereich immerhin nahestehenden Branchen wie z.B. der Automobilindustrie wurde jedoch als mit staatlicher Förderung realisierbar und dann auch sinnvoll eingeschätzt. Dementsprechend optimistisch fiel die grundsätzliche Beurteilung der Wirtschaftsregion aus:[112] Die regionalen Probleme seien primär Probleme des Montanbereiches; die Sonderregelungen der Übergangszeit dagegen hatten in der jüngsten Vergangenheit eine hohe Anziehungskraft des Standortes Saarland für andere Branchen herstellen können. Die standortfördernden Aktivitäten der saarländischen Stellen seien demgegenüber als zu gering einzuschätzen.[113]

Ein prinzipiell durchaus ähnliches Konzept verfolgte das ebenfalls auf „Anregung" der Stadt Saarbrücken erstellte Gutachten von Bruno Tietz.[114] Auch dieses betonte die

---

[108] Olaf Sievert u. Manfred Streit, Entwicklungsaussichten der Saarwirtschaft im deutschen und westeuropäischen Wirtschaftsraum, Saarbrücken 1964. Sievert war nach seiner wissenschaftlichen Ausbildung im Saarland ab 1965 über 15 Jahre hinweg Mitglied des Sachverständigenrates zur Begutachtung der gesamtwirtschaftlichen Entwicklung der Bundesregierung. An der saarländischen Strukturpolitik war er als Mitglied der an anderer Stelle dieser Arbeit noch zu besprechenden Strukturkommission des Ministerpräsidenten auch nach seiner Gutachtertätigkeit beteiligt. Vgl. Munzinger Archiv der Gegenwart 50/98.

[109] Ebd., S. 268.

[110] Ebd., S. 99ff.

[111] Ebd., S. 9-88.

[112] Ebd., S. 150-231. Sehr deutlich hierzu auch: Manfred Streit, Probleme einer Wachstums- und Strukturpolitik im Saarland, in: Mitteilungen der Industrie- und Handelskammer des Saarlandes 21 (1965), S. 406-408.

[113] Sievert u. Streit, Entwicklungsaussichten, S. 251ff.

[114] Tietz, Teilräume. Das Gutachten ist binnen weniger Monate in einer zweiten Auflage erschienen: Tietz,

Bedeutung der Stadtregion Saarbrücken für die weitere Entwicklung des gesamten Landes und zeigte sich grundsätzlich wenig optimistisch für die Perspektiven im Bergbau. Deutlich wird allerdings der Versuch des Autors, der seine Studie ausdrücklich als in Abgrenzung zu „zwei weiteren Gutachten" angelegt sah,[115] eine politisch wie ökonomisch sinnvolle und vor allem durchsetzbare Konzeption zur Lösung des Stadt-Umland-Konfliktes im Bereich Saarbrückens zu erarbeiten. Wohl auch in der Hoffnung, den kommunalpolitischen Streit um die Eingemeindungsvorschläge aus der Landeshauptstadt entschärfen zu können, konzentrierte sich Tietz auf den Begriff der „Stadtregion", der - richtig definiert - die Grundlage für den durch den Strukturwandel erforderlichen angemessenen Neuzuschnitt der Gebiets- und Verwaltungsgrenzen in Saarbrücken und seinem Umland bieten sollte. Letztlich ging es Tietz also darum, Verwaltungs- und Planregionen deckungsgleich mit durch bestimmte Formen von Strukturwandel geprägten Regionen zu machen, um damit Reibungsverluste und Dysfunktionalitäten, wie sie sich z.B. bei der Frage der interkommunalen Zusammenarbeit auf dem Gebiet der Industrieflächenerschließung gezeigt hatten, zu verhindern.[116]

Dieser Optimismus gegenüber der föderalen Ordnung, der Tietz somit indirekt die Funktion zusprach, für einen geordneten und sachlich angemessenen Konfliktaustrag zwischen den Gemeinden des Saarlandes sorgen zu können, spiegelt sich auch in der Herangehensweise des Autors an die Analyse der ökonomischen Situation des Bundeslandes wider: Seinen Ansatzpunkt wählte Tietz in einer ausführlichen Exegese der wirtschaftspolitischen Ziele von Landesregierung und „Selbstverwaltung der Wirtschaft". Dabei kam er zu dem Ergebnis, daß die Landesregierung primär die Sicherung und Stärkung des Eisen- und Kohlesektors sowie eine Auflockerung der Industriestruktur durch Ansiedlung von Unternehmen in den bisher wenig entwickelten Randgebieten des Saarlandes vorsah - allerdings „nicht über den Rahmen der Freisetzung von Arbeitskräften an anderen Stellen hinaus". Den Wirtschaftsvertretern maß Tietz eine Konzeption bei, die vor allem eine Einschränkung der Arbeitskräfteversorgung im Montankern verhindern wollte und Neuansiedlungen primär aus mit diesem Kern verbundenen Sektoren für wünschenswert hielt.[117]

Allerdings formulierte der Gutachter in seiner Prognose der künftigen sektoralen Entwicklung mit überraschend deutlichen Worten eine ganz andere Entwicklung. Im direkten Gegensatz zu seiner Darstellung der Regierungspolitik ging Tietz davon aus, daß das Gros der kommenden Industrieansiedlungen im südlichen Verdichtungsraum

---

Saarland. Da es sich bei dieser zweiten Auflage um eine deutlich veränderte Ausgabe handelt, werden beide Ausgaben im folgenden parallel zitiert. Tietz arbeitete zur Zeit der Abfassung der Gutachten als Assistent an der Universität des Saarlandes, wo er ab 1969 Direktor des Instituts für empirische Wirtschaftsforschung wurde.

[115] Tietz, Teilräume, S. II. Gemeint ist der erste Teil des Gutachterstreits zwischen Monz und Isbary.
[116] Ebd., S. 2-28.
[117] Ebd., S. 55 und S. 58.

des Saarlandes zu erwarten sei.[118] Auch der von ihm - übrigens durchaus zutreffend - prognostizierte Rückgang der Beschäftigung bei den Saarbergwerken werde dabei das Problem des Arbeitskräftemangels speziell in diesem Gebiet nicht lösen können, da großer Mangel vor allem an jungen und gut ausgebildeten Arbeitnehmern in dieser Branche bestehe. Da selbst ohne weitere Fördermaßnahmen mit der Entstehung von mindestens 8000 zusätzlichen Arbeitsplätzen in der weiterverarbeitenden Industrie zu rechnen sei, sei die Haltung der bestehenden Unternehmen, weitere Ansiedlungen verhindern zu wollen, „von ihrem Standpunkt aus nicht ungerechtfertigt".[119] Da zudem der Bestand der Hüttenstandorte im Saarland als gesichert anzunehmen sei und auch nennenswerte Freisetzungen von Arbeitnehmern aus der Landwirtschaft nicht zu erwarten seien, weil der weitere Rückgang in diesem Sektor um ca. 10.000 Arbeitsstellen vor allem Nebenerwerbslandwirte treffe, seien Spannungen auf dem Arbeitsmarkt unvermeidlich, zumal mit Ford in Saarlouis möglicherweise ein neues Großunternehmen eine Betriebsstätte errichten wolle.[120]

Die Tietz'sche Prognose beruhte insofern auf einem Gesamtbild, das ein hohes Maß an Strukturkonstanz bei nur leicht sinkendem Industrieanteil annahm und vor allem im nördlichen Landesteil weiterhin stark agrarische Struktur vorsah. Dementsprechend maß Tietz der landesplanerischen und raumordnenden Politik hohe Bedeutung für die Gestaltung und Durchsetzung des kommenden, notwendigen Strukturwandels bei. Als Grundlage hierfür wurde die Haushalts- und Finanzsituation einer breiten Analyse unterzogen. Dabei kam Tietz zu dem Ergebnis, daß die starke Unterfinanzierung staatlicher und kommunaler Haushalte im Saarland nicht nur den aktuellen Handlungsspielraum der Verantwortlichen unangemessen einschränke, sondern daß auch der von Land und Gemeinden gleichermaßen beschrittene Ausweg einer starken Verschuldung auf Dauer die Entwicklungsmöglichkeiten reduziere.[121] Zugleich wurde aber auch bemängelt, daß die Strukturen und Institutionen der Zusammenarbeit zwischen Land und Gemeinden, aber auch unter den Gemeinden selber, den Problemstellungen nicht entsprächen. Erfolgversprechende Kooperationen fänden, so Tietz, in der Regel nur in ganz bestimmten Bereichen statt, während Autarkiebestrebungen gegenüber der Landeshauptstadt im Raum Saarbrücken eher als kontraproduktiv zu bewerten seien.[122] Mit diesen strukturellen Defiziten sei zu erklären, daß gezielte

---

[118] Ebd., S. 80.

[119] Tietz, Saarland, S. 203 ff., Zitat S. 208.

[120] Tietz, Teilräume, S. 98 ff. Kritisch äußerte sich der Gutachter auch zur künftigen Rolle des Handels in der saarländischen Wirtschaftsstruktur: „Der vielfach erhoffte Aufschwung des saarländischen Großhandels als Mittler zwischen Frankreich und der übrigen Bundesrepublik ist ausgeblieben und wird auch im Projektionszeitraum nicht eintreten.", ebd., S. 112. Vgl. hierzu auch: Bruno Tietz, Zum Standort des Einzelhandels. Eine Analyse unter Fragestellungen der Raumforschung und Raumordnung dargelegt am Beispiel des Saarlandes, in: Raumforschung und Raumordnung 23 (1965), S. 1-18.

[121] Tietz, Teilräume, S. 164 ff.

[122] Ebd., S. 182 ff. Die wichtigste Forderung bezog sich auf eine engere Koppelung und Koordination der Entwicklungsmaßnahmen von Staat, Gemeinden und Wirtschaft durch eine bessere organische Verflechtung. Einer exakteren Definition der Aufgabenbereiche der Beteiligten sollte dabei eine Erhebung von

Aktivitäten der Gemeinden zu Ansiedlung neuer Unternehmen bzw. zur Entwicklung der lokalen und regionalen Wirtschaftsstruktur nicht intensiv genug vorgenommen würden[123] und daß Großprojekte wie z.B. im Bereich der Weiterentwicklung der Siedlungsstruktur im Saarland nur vereinzelt und für die Stadtregion Saarbrücken gar nicht durchgeführt würden.[124]

Einen völlig anderen Ansatz wählte dagegen das von Josef Heinz Müller im Auftrag der Hohen Behörde der Montanunion vorgelegte Gutachten, das die „ausschlaggebenden und spezifischen" Probleme der Wirtschaftsstruktur des Saarlandes analysieren wollte.[125] Der Freiburger Universitätsprofessor nahm zu diesem Zweck zunächst eine detaillierte Untersuchung der einzelnen Wirtschaftssektoren im Saarland vor - und zwar vor dem Hintergrund eines Vergleichs mit der jeweiligen Situation im Bundesschnitt - und entwickelte daraus eine Prognose der Beschäftigungsentwicklung bis 1980. In diesem Teil seines Gutachtens kam Müller zu einer geradezu katastrophalen Bewertung der Zukunftsaussichten des saarländischen Montankerns. Sowohl dem Steinkohlenbergbau als auch weiten Teilen der Eisen- und Stahlindustrie maß der Gutachter eine sehr ungünstige Zukunft bei; nicht nur der immer noch vorhandene Investitions- und Produktivitätsrückstand, sondern auch die Benachteiligung aus der verkehrsmäßig ungünstigen Standortsituation würden auf Dauer keinen wirtschaftlich sinnvollen Betrieb der Unternehmen gestatten; allenfalls durch umfangreiche Subventionen im Bereich der Frachtkosten sei der Erhalt gewisser Teile dieses Wirtschaftssektors denkbar.[126]

Auch seine Analyse der regionalen Verflechtung der Wirtschaftssektoren im Saarland bestätigten den Gutachter in seiner Einschätzung. Das Hauptproblem der saarländischen Wirtschaftsstruktur bestand nach seiner Darstellung darin, daß die Verflechtung der Unternehmen im Montankern im Vergleich zu anderen Revieren viel zu schwach ausgeprägt sei, um ein Überleben aus eigener Kraft auf Dauer zu gewährleisten. Bereits die aus dem Bergbau erhofften positiven Impulse für die Eisen- und Stahlindustrie seien aufgrund dessen ungünstiger Kosten- und Produktstruktur viel zu gering. Zwar sei die Verflechtung dieses Sektors mit der weiterverarbeitenden Industrie etwas besser, aber im Bundesvergleich immer noch zu gering, und vor allem bewirke der Nicht-Montanbereich nur wenig günstige Impulse auf den Mon-

---

Bedürfnissen aus der Wirtschaft vorausgehen, deren Umsetzung durch ein abgestuftes System ineinandergreifender Maßnahmen unter Einbeziehung auch der Wirtschaftsverbände oder der gw-Saar sichergestellt werden sollte.

[123] „Die Aktivität bei der Industrialisierungspolitik ist bei den meisten Gemeinden gering. Nur in Einzelfällen werden Suchanzeigen von Industriefirmen bearbeitet. Man überläßt die Entwicklung weitgehend dem Zufall. Die Aktivität liegt bei den ansiedlungswilligen Firmen.", ebd., S. 200.

[124] Ebd., S. 130ff. und 207ff.

[125] Josef Heinz Müller, Probleme der Wirtschaftsstruktur des Saarlandes, Freiburg 1966, hier: S. 5. Josef Heinz Müller, Methoden zur regionalen Analyse und Prognose, 2. Aufl. Hannover 1976. Vgl. zum Autor: Joachim Klaus u.a. (Hgg.), Wirtschaftliche Strukturprobleme und soziale Fragen. Analyse und Gestaltungsaufgaben. J. Heinz Müller zum 70. Geburtstag, Berlin 1988.

[126] Ebd., S. 98ff.

tankern.[127] Dementsprechend ging Müller davon aus, daß bis 1980 durch das von ihm noch erwartete Bevölkerungswachstum und vor allem durch die Schrumpfung des Montankerns nicht weniger als 120.000 Arbeitsplätze im Saarland fehlen würden. Dies, so Müller, würde tiefgreifende - auch wirtschaftliche - Entleerungstendenzen in der Region auslösen, die zu verhindern ökonomisch sinnvoll sei.[128] Dabei sollte diese Verhinderungsstrategie auf der durch die prognostizierte mittelfristige Verfügbarkeit von Arbeitskräften aufbauen und eine „Auflockerung" der Wirtschaftsstruktur durch die Ansiedlung von montanfremden Industrien, die aber mit dem Montankern doch verflochten sein sollten, aufbauen. Eine ausführliche Analyse aller in Frage kommenden Branchen führte Müller zu der Vorstellung, daß hierbei vor allem die weiterverarbeitende Industrie und die Petrochemie zu fördern sich als sinnvoll würde erweisen können.[129]

Die Frage nach der Implementierung seiner Prognosen in der Regionalpolitik bearbeitete Müller nur sehr zurückhaltend. Er gelangte zwar zu einer eindeutig negativen Bewertung des Einflusses nationaler Politik - insbesondere der Grenzverschiebungen - auf die regionalen Entwicklungspotentiale und sah in den frühen Ansiedlungserfolgen nach der Eingliederung gleichermaßen Anzeichen für gelungene Maßnahmen zur Auflockerung der Industriestruktur. Primär war sein Gesichtspunkt aber auf konkrete Rückwirkungen auf die europäische Politik bestimmt: Insbesondere die bereits zitierte skeptische Einschätzung der regionalen Effekte von Frachtsubventionen als De-facto-Erhaltungssubventionen und seine pointiert vorgetragene Forderung, die saarländische Montanindustrie müsse für die Zukunft sinnvollerweise aus dem Kreis förderungswürdiger Industrien ausscheiden, verdeutlichen dies.

Im Konzept durchaus ähnlich gestaltete sich das Gutachten von Gerhard Isenberg, das - in mehreren Einzelteilen bereits seit 1963 in Arbeit - seine Ergebnisse mit denen der anderen Gutachter konfrontierte.[130] Auch Isenberg sah in der demographischen Entwicklung sowie in der prognostizierten Freisetzung von Arbeitskräften durch die Schwerindustrie einen gewissen Standortvorteil der Region, der aber durch die in mehrerer Hinsicht „isolierte"[131] Lage der Saarwirtschaft überkompensiert zu werden drohte. Daher gelangte Isenberg zu einer sehr skeptischen Bewertung der regionalen Wirtschaftsstruktur. Der hohe Anteil von in Beschaffung oder Absatz raumgebundenen Industrien im Saarland stellte geradezu einen Kontrast zu derjenigen der wachstumsstarken Region Württemberg-Hohenzollern dar.[132] Isenberg sah daher die besten

---

[127] Ebd., S. 112ff.

[128] Ebd., S. 144.

[129] Ebd., S. 157ff.

[130] Gerhard Isenberg, Die künftige Entwicklung der Existenzgrundlagen des Saarlandes und deren räumliche Auswirkungen, Saarbrücken 1968, hier: Vorbemerkung. Isenberg übernahm in diesem Zeitraum einen Lehrstuhl für Raumordnung und Landesplanung an der TH Stuttgart und arbeitete später in der Akademie für Raumforschung und Landesplanung.

[131] Ebd., S. 24.

[132] Ebd., S. 78.

Entwicklungsmöglichkeiten in denjenigen Branchen, die weder beim Absatz noch bei der Beschaffung einen zu intensiven bzw. unausgeglichenen Raumbezug aufwiesen. Hierin kann ein Widerspruch zum Müller'schen Ansatz gesehen werden, der ja die Förderung der inneren Verflechtung durch wechselseitig aufeinander angewiesene Unternehmen als angemessenes Ziel vorgeschlagen hatte.

Diesen Ansatz entwickelte Isenberg - auch hier im partiellen Gegensatz zu anderen Gutachtern - insofern weiter, als er nach einer Bereinigung des Sozialprodukts um Sonder- und externe Einflüsse betonte, daß Kohle und Stahl eine zentrale Bedeutung für die „Existenzgrundlage"[133] des Saarlandes zuzumessen sei.[134] Insofern sei die starke Exportorientierung der Region eine aus der Wirtschaftsstruktur resultierende Besonderheit, welche die Grundlage der regionalen Wirtschaft weiterhin bestimmen werde. Isenberg ging jedoch davon aus, daß diese künftige Entwicklung unterdurchschnittliche Zuwachsraten beim Bruttosozialprodukt auslösen werde, die mittelfristig hohe Transferleistungen aus dem nationalen Umfeld notwendig machen würden.[135]

1.2.2 Vom Saar-Memorandum zum Aktionsprogramm Saar-Westpfalz

Die Gegenüberstellung der Gutachten zeigt bereits hinsichtlich der fundamentalen Rahmendaten erhebliche Unterschiede. Weder über die zukünftige Bevölkerungsentwicklung noch über die Entwicklungsaussichten der einzelnen Wirtschaftssektoren - und hier insbesondere derjenigen von Kohle und Stahl - bestand Einigkeit in der Wissenschaft. Diese Unterschiede sind vor dem Hintergrund der im großen und Ganzen ähnlichen Datenlage schwer zu erklären. Große Unterschiede bestanden zwischen den einzelnen Arbeiten auch hinsichtlich der Frage, wie die von allen Gutachtern als wünschenswertes Ziel verstandene positive Entwicklung der Saarwirtschaft zu erreichen sein würde. Dies ist zum Teil damit zu erklären, daß die Arbeiten verschiedene Modelle zur Erklärung regionalen Wirtschaftswachstums verwendeten.[136] Vollkommen disparat schließlich gestalteten sich die Vorstellungen der Gutachter über die Möglichkeiten zur Implementierung ihrer Analysen und Prognosen in der Regionalpolitik. Präzisen Vorgaben über die Ausgestaltung der interkommunalen

---

[133] Vgl. zu diesem Konzept seine früheren Arbeiten: Gerhard Isenberg, Tragfähigkeit und Wirtschaftsstruktur, Bremen-Horn 1953 (= Veröffentlichungen der Akademie für Raumforschung und Landesplanung 22); ders., Die ökonomischen Bestimmungsgründe der räumlichen Ordnung, München 1967, und die Sammlung verschiedener Methodenaufsätze: ders., Existenzgrundlagen in Stadt- und Landesplanung, Tübingen 1965 (= Schriftenreihe der Deutschen Akademie für Städtebau und Landesplanung 14).

[134] Josef Heinz Müller dagegen hatte im Rahmen seiner Verflechtungsanalysen durch Input-Output-Tabellen ausdrücklich davor gewarnt, die regionalwirtschaftliche Bedeutung des Kohlebergbaus zu überschätzen, und statt dessen das Gewicht der unternehmensbezogenen Dienstleistungen hervorgehoben, vgl. Josef Heinz Müller, Probleme, S. 67f.

[135] Isenberg, Existenzgrundlagen, S. 133ff.

[136] Einen Überblick über die Wachstumsmodelle und Zielkonzeptionen von Regionalpolitik bieten: Karl-Heinz Grünewald, Elemente einer strategieorientierten regionalen Wirtschaftspolitik, Darmstadt 1984, S. 22-74, und Barbara Jörg, Regionalpolitische Entwicklungskonzepte. Ein Entwicklungsvergleich der strukturschwachen Planungsregionen Westpfalz und Regensburg, Regensburg 1992, S. 1-20.

Beziehungen standen Empfehlungen über die Weiterentwicklung der Wirtschaftspolitik des Landes oder gar ein völliges Offenhalten dieser Frage gegenüber.

Diese grundlegenden Defizite glich auch das Saar-Memorandum der Landesregierung nicht aus. Zwar wurden darin unter der Überschrift „Zur künftigen Entwicklung der Saarwirtschaft" zwar fast alle Gutachten aufgezählt; bis auf die Begründung der daran anschließend vorgenommenen eigenen Prognose der zukünftigen Beschäftigungsstruktur verzichtete aber dieses - kürzeste - Kapitel im Memorandum genau wie die anderen Teile auf eine Exegese der Arbeiten. Insbesondere der programmatische letzte Teil („Zur künftigen Standortentwicklung") wurde ohne expliziten Bezug zu den Gutachten formuliert.[137] Statt dessen griff der Text mit seiner ausführlichen Darstellung der historischen Wurzeln der aktuellen Situation[138] - ähnlich wie die Gutachter - primär das Ausgleichsziel als Priorität von Regionalpolitik auf. Praktisch ausgeblendet wurden dagegen die institutionell-gesetzgeberischen Aspekte der Strukturpolitik, und zwar insbesondere die koordinierende und integrierende Funktion des Landes bei der Zusammenarbeit der Kommunen. Die Landesregierung gestattete in diesem Memorandum keinen Einblick in den inneren Zusammenhang ihrer Strukturpolitik, sondern bemühte sich, diese als administrative Umsetzung gesetzlicher oder sonstiger verbindlicher Regelungen zu erklären. Dagegen manifestiert sich insbesondere im letzten Teil des Memorandums in den Kapiteln „Zur künftigen Entwicklung der Saarwirtschaft" und „Zur künftigen Standortentwicklung" eine bemerkenswerte Ausrichtung auf das Wachstumsziel. Hierzu wurde ein Katalog umfangreicher und direkt wirksamer Hilfen des Bundes für die Schaffung neuer Arbeitsplätze eingefordert.[139]

Dieser Teil markiert insofern die zentrale Stelle des Memorandums, weil hier der konzeptionelle Bruch in der Argumentation der Landesregierung besonders deutlich wurde. Als Ziel der Regionalpolitik wurde die Schaffung von 50.000-55.000 Arbeitsplätzen in der Industrie bis zum Jahr 1980 definiert. Zur Begründung für den in dieser Größenordnung anzusetzenden Fehlbestand an Arbeitsplätzen wurde aber nicht mehr die historische Benachteiligung der Saarwirtschaft angeführt, sondern daß „die Erfahrungen der vergangenen Jahre" gezeigt hätten, daß die „notwendige Umstrukturierung" der Saarwirtschaft durch die bislang etablierten Fördermaßnahmen nicht in der notwendigen Geschwindigkeit vorgenommen werden konnte. Zudem wurde der Gedanke formuliert, daß die meisten anderen Bundesländer aufgrund ihrer besseren Finanzausstattung längst bereits Förderprogramme haben etablieren können, durch

---

[137] Regierung des Saarlandes (Hg.), Saarland, S. 43 und S. 49ff.

[138] Ebd., S. 14-40.

[139] Ebd., S. 43-62. Fritz W. Scharpf u. Fritz Schnabel, Steuerungsprobleme der Raumplanung, in: Wolfgang Bruder u. Thomas Ellwein (Hgg.), Raumordnung und staatliche Steuerungsfähigkeit, Opladen 1979 (= PVS Sonderheft 10), S. 12-57, hier: S. 43, beobachten, daß die Länder dazu neigen, Zielkonflikte in ihrer Programmatik durch rein additives Nebeneinanderstellen von Forderungen zu überspielen. Dem Rekurs auf das Wachstumsziel könnte demnach die von Scharpf und Schnabel an gleicher Stelle formulierte „Flucht in den Optimismus" entsprechen.

die „Gebiete", die über solche Programme nicht verfügen, in der Ansiedlungskonkurrenz um wachstumsstarke Branchen „schlechter dastehen".[140] Nach der Neubewertung der jüngsten Zeitgeschichte des Saarlandes vollzog der Text damit auch eine grundlegende Umorientierung im regionalpolitischen Ansatz, die in der ausdrücklichen Entscheidung zugunsten einer schnellen Umstrukturierung der Saarwirtschaft bestand. Zur Umsetzung dieses Zieles wurde von der Bundesregierung ein zusätzlich zu den bestehenden Maßnahmen einzurichtendes Kreditprogramm in Höhe von 500 Mio. DM für 14 Jahre gefordert.[141]

Der Bedarf an neuen Arbeitsplätzen wurde in dem von einer Planungsgruppe beim Ministerpräsidenten erarbeiteten Strukturprogramm Saar[142] sogar noch höher angesetzt. Falls keine zusätzlichen strukturverändernden Impulse gesetzt würden, sei bis in das Jahr 1980 mit einem Fehlbestand von nicht weniger als 100.000 Arbeitsplätzen zu rechnen. Und auch der finanzielle Aufwand für die Sanierungsmaßnahmen wurde zwei Jahre nach der Publikation des Saar-Memorandums mit bis zu 2,6 Mrd. DM sehr viel höher eingeschätzt. Allerdings verwendete dieses Programm ein anderes Grundkonzept. Das Strukturprogramm zeigte zunächst drei alternative Möglichkeiten auf, nach denen die zukünftige Politik entweder an einer weitgehenden Förderung und Beibehaltung des Montankerns als Ganzem (Alternative Ia), einer eingeschränkten Förderung dieses Bereiches (Alternative Ib) oder an einer gezielten Umstrukturierung der Region bei Fortschreibung des Status quo im Motansektor orientiert werden konnte.[143] Die Regierung entschied sich zugunsten der Alternative Ia als von ihr in Zukunft zu verfolgenden regionalpolitischen Strategie, obwohl diese mit dem Bau des Saar-Pfalz-Kanals die höchsten Kosten verursachte. Als Begründung für diese Entscheidung wurde genannt, daß dieser Weg unter regionalpolitischer Perspektive die geringsten Risiken bedeute, daß er zur weiteren Absicherung des Saarlandes gegen konjunkturelle Schwankungen geeignet sei und daß hierbei die gewünschten Effekte durch die Aufrechterhaltung eines hohen Lohnniveaus in der Region und

---

[140] Regierung des Saarlandes (Hg.), Saarland, S. 51 und S. 57.

[141] Ebd., S. 58.

[142] Dieter Biehl u.a., Strukturprogramm Saar: Möglichkeiten einer aktiven Sanierung der Saarwirtschaft. Ansatzpunkte, Maßnahmen, Kosten, Saarbrücken 1969.

[143] Mit den beiden Varianten Ia und Ib waren jeweils umfangreiche Infrastrukturmaßnahmen verbunden, die besonders die Errichtung einer Wasserstraße zur besseren verkehrstechnischen Erschließung des Saarreviers vorsahen. Dabei wurde der bereits in der standortpolitischen Diskussion Anfang der 60er Jahre aufgetretene Interessenkonflikt zwischen den einzelnen Branchen dergestalt aufgenommen, daß die Schaffung eines Saar-Pfalz-Kanals als Herzstück einer Weiterentwicklung des Montankerns allgemein angesehen wurde, die ebenfalls bereits früher thematisierte Kanalisierung der Saar dagegen nur als stabilisierende Maßnahme für den Steinkohlenbergbau bei gleichzeitig eintretenden starken Schrumpfungsprozessen im Stahlbereich. Variante II dagegen verzichtete gänzlich auf ein derartiges Projekt, sah jedoch eine flächendeckende und in großem Umfang betriebene Ansiedlungs- und Unternehmensförderungspolitik vor, Biehl u.a., Strukturprogramm Saar, S. 15-19. Aufschlußreich ist besonders die Tabelle auf S. 19, die einen Verlust von ca. einem Viertel der Arbeitsplätze in der Eisenschaffenden Industrie prognostizierte, falls die Entscheidung zugunsten der Kanalisierung der Saar erfolgen würde.

daher ohne den flächendeckenden Einsatz von direkten Subventionen erzielt werden könnten.[144]

Einen weiteren zentralen Punkt der Argumentation im Strukturprogramm stellte die grenzüberschreitende Zusammenarbeit dar. Anders als im Saar-Memorandum, wo die Grenzlage des Saarlandes praktisch ausschließlich als Standortproblem und als Benachteiligung durch Fördermaßnahmen zugunsten unmittelbarer Konkurrenten dargestellt wurde, fand die Möglichkeit einer grenzüberschreitenden Vernetzung im Strukturprogramm eine positive Würdigung als ein entscheidendes regionales Entwicklungspotential, auf dessen Nutzung sich die Regionalpolitik auch bei der Ansiedlung von neuen Betrieben konzentrieren müsse.[145] Ebenso deutlich wurde aber auch formuliert, daß das Gros dieser zusätzlich zu fördernden Neuansiedlungen innerhalb der industriellen Verdichtungszone zu planen sei. Im Kontrast zum Saar-Memorandum, das in Tradition der bisherigen Politik eine „verstärkte Industrialisierung in den Randgebieten" einforderte, sollten nun 80% der zusätzlichen Industriearbeitsplätze „im Verdichtungsraum" entstehen.[146]

Auch das Aktionsprogramm Saar-Westpfalz,[147] das die im Zuge der Neufassung der Regionalpolitik in der Bundesrepublik vereinbarten Fördermaßnahmen für das Saarland festschrieb, bekannte sich zu dem Ziel der Schaffung von 100.000 neuen Arbeitsplätzen. Das Programm widmete vor allem der Ansiedlungsförderung bzw. der Förderung von Modernisierungs- und Rationalisierungsmaßnahmen in bestehenden Unternehmen seine Aufmerksamkeit. Dazu wurde ein nach einzelnen Fördergebieten differenziertes System von an Unternehmen auszuzahlenden Subventionen eingerichtet. Aussagen über die für die Zukunft angestrebte Branchenstruktur fehlten dagegen vollständig. Vielmehr wurde als Grundgedanke formuliert, daß die „Verwirklichung dieses Programms ... automatisch zu der wünschenswerten Veränderung in der sektoralen Zusammensetzung der saarländischen Industrie führen" werde. Statt dessen wurde als eines der wichtigsten Arbeitsgebiete einer zukunftsorientierten Politik der Mangel an zur Ansiedlung von Industriebetrieben geeigneten Flächen angesehen. Daher wurden auch in großem Umfang Fördermittel zur Erschließung von neuen Industrie- und Gewerbeflächen bereitgestellt.[148] So sollte der erwartete Fehl-

---

[144] Ebd., S. 5. Die Alternative II sah die geringste Gesamt-Förderhöhe vor, rechnete aber damit, das ohne weitere Fördermaßnahmen absehbare dramatische Schrumpfen des Montansektors vollständig durch neu anzusiedelnde Unternehmen abfedern zu müssen. Dies hätte erhebliche Subventionen zur Ansiedlungsförderung in Höhe von 820 Mio. DM (bis 1980), mithin mehr als das Doppelte der für Alternative Ia angesetzten Summe erfordert, ebd., S. 65.

[145] Regierung des Saarlandes (Hg.), Saarland, S. 38; Biehl u.a., Strukturprogramm Saar, u.a. S. 23ff.

[146] Regierung des Saarlandes (Hg.), Saarland, S. 47; das Strukturprogramm leitete dieses Prinzip aus der aus dem Saar-Memorandum übernommenen Wachstumsorientierung ab: „Die innersaarländische Raumordnungspolitik muß ... primär wachstumsorientiert sein. ... Die Priorität bei der Förderpolitik sollte der Verdichtungsraum (primärer Förderraum) erhalten", Biehl u.a., Strukturprogramm Saar, S. 27.

[147] Regierung des Saarlandes (Hg.), Aktionsprogramm Saarland-Westpfalz, Saarbrücken 1969.

[148] Das Programm sah den Einsatz von 1.078,8 Mio. DM durch den Bund, das Land, die Kreditanstalt für Wiederaufbau und die Bundesanstalt für Arbeitslosenversicherung und Arbeitslosenvermittlung vor. Diese Mittel waren zu ca. 80% als Zuschüsse und nur zum geringeren Teil als Darlehen veranschlagt, vgl.

bestand an Arbeitsplätzen nicht nur ausgeglichen, sondern der Strukturwandel durch die Ansiedlung wachstumsstarker und krisensicherer Unternehmen sogar beschleunigt werden. Diese Ansiedlungs- und Modernisierungsmaßnahmen richteten sich auf den Rand der Verdichtungszone und vor allem auf strukturschwache Gebiete im ländlichen Raum - St. Wendel beispielsweise wurde als „übergeordneter Schwerpunkt" geführt, Saarbrücken dagegen nur als „Schwerpunkt".[149]

Im Unterschied zur ersten Hälfte der 60er Jahre fanden damit die Anregungen aus der zweiten Phase des saarländischen Gutachtstreits im Kontext der regionalen Wirtschaftskrise unmittelbar Aufnahme in eine elaborierte Neufassung der regionalpolitischen Programmatik im Saarland. Bis 1969 konnten auch erhebliche finanzielle Mittel zur Umsetzung dieser Programmatik geplant werden, die überwiegend aus Bonn bereitgestellt wurden. Eine bemerkenswerte Neuorientierung erfuhren dabei wichtige Grundlinien der bisherigen Landespolitik: Die Landesregierung erhob nun vor allem die möglichst schnell vorzunehmende „Umstrukturierung" zum Leitmotiv ihrer Politik. Die dabei auftretenden Schwierigkeiten wurden besonders an der vielfach gebrochenen Herleitung dieser Neuorientierung mit historischen und ökonomischen Argumenten sichtbar. Gleichermaßen fanden die bereits zwischen den wissenschaftlichen Gutachten umstrittenen Fragen in den politischen Texten unterschiedliche Antworten. Besonders galt dies für die zukünftige Bedeutung des Montankerns, und hierbei vor allem der Steinkohlenwirtschaft. Das mit besonders hohem Verbindlichkeitsgrad ausgestattete Aktionsprogramm traf überhaupt keine Aussage zur angestrebten Sektorstruktur der Saarwirtschaft, im Strukturprogramm erzwang der Versuch zur Formulierung eines Ansatzes, der die Umstrukturierung und die für die Wirtschafts- und Finanzkraft der Region notwendige Beibehaltung des Montankerns integrierte, die Einforderung außerordentlich hoher Bundeshilfen.

Überhaupt wurde die Frage nach der finanzpolitischen Zukunft des Saarlandes in den neuen programmatischen Texten nicht ausreichend beantwortet; dies ist um so bemerkenswerter, als diese Frage bereits seit den frühen 60er Jahren die Probleme der Landespolitik bei der Verarbeitung des regionalen Strukturwandels nachhaltig geprägt hatte und als nicht nur ein Teil der Gutachter, sondern auch die Landesregierung selber die finanzpolitischen Folgen des Strukturwandels als besonders gravierend bezeichnete. Direkte Widersprüche tauchten schließlich bei der Frage nach der geographischen Schwerpunktsetzung der zu planenden Maßnahmen auf. Diesbezüglich fiel das Aktionsprogramm hinter das zwischenzeitlich im Land offenbar bereits erfolgte Abrücken vom älteren Ansatz einer Förderung eher ländlicher, wenig industrialisierter Gebiete zurück. Die politische Bedeutung dieses Widerspruchs wird darin deutlich, daß in dieser Frage auch im zweiten Teil des Gutachterstreits Mei-

---

Regierung des Saarlandes (Hg.), Aktionsprogramm, S. 25. 10% der Mittel des Programms waren zum Ankauf bzw. zur Erschließung von Gelände vorgesehen, ebd., S. 24.

[149] „Übergeordnete Schwerpunkte" bildeten Homburg, Saarlouis, Neunkirchen, St. Ingbert, St. Wendel, „Schwerpunkte" dagegen Merzig, Nennig, Saarbrücken-Völklingen, Lebach, Losheim; Regierung des Saarlandes (Hg.), Aktionsprogramm, S. 8 und S. 3.

nungsunterschiede bestanden, die sich an die früheren Konfliktlinien in der Auseinandersetzung um die Bedeutung der Stadt Saarbrücken anlehnten.

1.3 Zusammenfassung

Die Wirtschaftskrise der Jahre 1966/67 markierte den tiefsten Einschnitt in der wirtschaftlichen Entwicklung des Saarlandes in der Nachkriegszeit. Sie kann als regionale Wirtschaftskrise verstanden werden, insofern sie eine Reihe von Strukturelementen deutlich werden ließ. Die fortschreitende Schwächung der immer noch stark übergewichteten Steinkohlenwirtschaft ließ die negativen Auswirkungen der gesamtwirtschaftlichen Konjunkturabschwächung im Saarland früher und intensiver eintreten. Innerhalb des Bundeslandes trat dadurch die bereits zu Anfang der 60er Jahre befürchtete Existenzbedrohung der stark montanindustriell geprägten Landkreise ein. Diese Gebiete profitierten auch von der konjunkturellen Erholung am Ende der Krise erst verzögert und nur relativ schwach. In der Krise wurden aber auch Resultate der Strukturverbesserung der vergangenen Jahre deutlich. Diejenigen Branchen, die in der Vergangenheit auch Gegenstand staatlicher Förderpolitik gewesen waren, wurden ihrer erhofften Rolle bei der Absicherung der Saarwirtschaft gegen konjunkturelle Schwankungen zumindest teilweise gerecht, und die in der Vergangenheit neu angesiedelten Betriebe wiesen relativ früh den Weg aus der Krise. Um so mehr verschärfte sich dadurch das Problem des innerregionalen Ausgleichs. Bereits früher ausgeglichener strukturierte Gebiete am Rand der Verdichtungszone erwiesen sich als auf die Zukunft besser vorbereitet, die ländlichen Gebiete hatten ihre Stellung nur teilweise verbessert, in der Verdichtungszone des südlichen Saarlandes intensivierte sich der Strukturwandel und für die östlichen Montankreise deutete sich eine Zukunft als Problemzone an.

In unmittelbarem zeitlichen Zusammenhang mit der regionalen Wirtschaftskrise erfolgte eine grundsätzliche Neuorientierung in der Landespolitik, in der - basierend auf dem Saar-Memorandum von 1967 - mit dem Strukturprogramm Saar und dem Aktionsprogramm Saar-Westpfalz eine elaborierte regionalpolitische Programmatik erarbeitet werden konnte.[150] Dies stellt einen wesentlichen Unterschied zur Stagnationskrise der frühen 60er Jahre dar. Ganz im Gegensatz zur damaligen Situation fanden in der zweiten Phase des saarländischen Gutachterstreits einige seiner Grundgedanken schnell Aufnahme in die Landespolitik. Dabei wurden Einzelforderungen nach Hilfs- und Fördermaßnahmen in eine umfassende regionalpolitische Programmatik eingebunden und auch weitgehend gegenüber dem Bund durchgesetzt, so daß bis 1969 auch die Bereitstellung von Finanzmitteln in erheblichem Umfang erfolgte. Ein sehr wichtiges politisches Instrument in diesem Prozeß stellte die strenge Ausrichtung der Landespolitik auf das Wachstumsziel dar, eine Ausrichtung, die erstmals im Saar-Memorandum vorgenommen wurde.[151] Diese Ausrichtung kann als Ausdruck

---

[150] Wilfried Loth glaubt, darin den Beginn der Modernisierung der Landespolitik im Saarland erkennen zu können, vgl. Loth, Vertracktes Gelände, S. 119.

[151] Den Umschlag der Regionalpolitik zur regionalen Wachstumspolitik im Zuge der Krise analysiert Väth,

der föderalen Selbstbindungskompetenz der Bundesland-Politik verstanden werden, erforderte aber gleichzeitig eine politisch höchst problematische Neubewertung der jüngsten Zeitgeschichte des Saarlandes, vor allem der Eingliederung in die Bundesrepublik und deren Auswirkungen. Als unter politischen Aspekten kaum weniger problematisch ist die Neubewertung der zukünftigen Rolle des Montankerns, und hier vor allem der Steinkohle, innerhalb der Saarwirtschaft anzusehen. Aufgrund ihrer engen Rückbindung an auf nationaler Ebene zu vertretenden energiepolitischen Entscheidungen war diese Frage durch die Saarpolitik nur schwer zu entscheiden, und auch auch in der wissenschaftlichen Analyse wurden sehr unterschiedliche Meinungen vertreten. Im Unterschied beispielsweise zur französischen Planifikation war aber die bundesdeutsche Regionalpolitik auch nach ihrer Neufassung zu einer abschließenden Stellungnahme hierzu nicht verpflichtet. Im Aktionsprogramm Saar-Westpfalz wurde diese Frage gar nicht erst thematisiert, in das Strukturprogramm der Landesregierung fand der Montankern Aufnahme als wichtiges regionales Entwicklungspotential, das in der angestrebten schnellen Umstrukturierung die Kauf-, Wirtschafts- und Finanzkraft der Region garantieren sollte.[152]

Die Einführung der grenzüberschreitenden Zusammenarbeit als weiteres wichtiges regionales Entwicklungspotential[153] im Strukturprogramm erforderte ebenfalls eine Neuformulierung älterer politischer Ansätze. Noch im Saar-Memorandum war die Grenzlage verstärkt im Zusammenhang mit den historisch-politischen Benachteiligungen des Saarlandes erwähnt worden, und dort fanden auch die eher auf Konkurrenzdenken ausgerichteten Argumentationsweisen der Nachkriegszeit noch Verwendung. Das Aktionsprogramm Saar-Westpfalz als rechtsverbindliche Planungsgrundlage der zu verausgabenden Fördermittel war allerdings streng auf Projekte innerhalb der nationalen Grenzen beschränkt. Gleichermaßen fiel die dort vorgenommene Schwerpunktsetzung der Fördermaßnahmen in ländlichen, weniger stark industrialisierten Gebieten hinter die bereits im Strukturprogramm erreichte Revision der Förderpolitik des Landes zugunsten einer stärkeren Förderung der Verdichtungszone zurück. Möglicherweise ist dies auf Probleme der „vertikalen Planungskoordination" in der neugefaßten bundesdeutschen Regionalpolitik zurückzuführen;[154]

Raumplanung, bes. S. 168ff., auf Basis raumplanerischer Konzepte.

[152] Insofern beschreibt die von Werner Abelshauser, Wirtschaft und Politik: Die Ausgangsbedingungen der nordrhein-westfälischen Wirtschaft nach 1945, in: Ludwig Bußmann (Hg.), Die Wirtschaft des Landes Nordrhein-Westfalen, Köln 1988 (= Schriften zur politischen Landeskunde Nordrhein-Westfalens 4), S. 43-62, hier: S. 59ff., im „Entwicklungsprogramm Ruhr" erkannte Entscheidung der nordrhein-westfälischen Politik zugunsten einer „geordneten Rückführung" des Bergbaus nur einen Teil der saarländischen Konzeption.

[153] Jean-Paul Lehners, Grenzüberschreitende Kooperationen: Ein zukunftsträchtiger Typus europäischer Regionsbildung? Das Beispiel Saar-Lor-Lux, in: Brunn (Hg.), Region und Regionsbildung, S. 300-312; Friedrich Uhlhorn, Die historischen Beziehungen Hessen, Rheinland-Pfalz und Saarland, in: Beiträge zur Raumplanung in Hessen, Rheinland-Pfalz, Saarland, 4 Teile Hannover 1974-1983 (= Veröffentlichungen der Akademie für Raumforschung und Landesplanung. Forschungs- und Sitzungsberichte 91), Teil I 1974, S. 1-14.

[154] Dieter Zimmermann, Vertikale Planungskoordination: Probleme der Realisierung integrierter Landes-

anzunehmen ist, daß dadurch die Inzidenz der eingesetzten Fördermittel nicht erhöht wurde.

Zur Frage der durch die Neufassung der Regionalpolitik auf Bundesebene entstandenen Abstimmungsprobleme zwischen Bundes- und Landesebene geben die programmatischen Texte jedoch keinen weiteren Aufschluß. Offen bleibt in diesen Texten auch der Zusammenhang zur Etatentwicklung des Landes, die von Beginn an eine entscheidende Rolle bei der Perzeption der regionalen Strukturkrise im Saarland dargestellt hatte. Für die Beurteilung der saarländischen Politik sind diese Zusammenhänge auch insofern besonders wichtig, weil die Ausrichtung des Stabilitätsgesetzes auf das Wachstumsziel und der Versuch der besseren Koordination der staatlichen Finanzpolitik Kernelemente der Krisenpolitik der Bundesregierung darstellten. Daher soll im folgenden anhand einer Analyse der politischen Perzeption der regionalen Wirtschaftskrise und der Neufassung der Regionalpolitik auf Bundesebene geprüft werden, inwieweit die Neufassung der Landespolitik im Saarland als „gelungenes Krisenmanangement"[155] bezeichnet werden kann, durch das das Land „erstmals die wirtschaftspolitische Verantwortung für eine ganze Region innerhalb des Landes" übernommen hat,[156] wie dies für Nordrhein-Westfalen gezeigt werden konnte.

---

entwicklungsplanung in Niedersachsen, (Diss.) Dortmund 1978.
[155] Nonn, Ruhrbergbaukrise, S. 376.
[156] Petzina, Wirtschaft und Arbeit, S. 124.

2 Krisenerfahrung und Strukturdebatte im saarländischen Landtag

2.1 Der Weg in die Krise

2.1.1 Das Scheitern der Stabilisierungsversuche

Nachdem die Regierungskoalition von CDU und DPS aus der Landtagswahl des Jahres 1965 als Sieger hervorgegangen war, versuchte die neugewählte Landesregierung, ihre zwischenzeitlich besonders durch die Kanal-Frage gefährdete Position in der regionalpolitischen Debatte zu stabilisieren. Dazu nutzte Franz Josef Röder die in der Geschäftsordnung des Landtags verankerte spezielle Funktion von Regierungserklärungen, durch die in der Vergangenheit der weitere Verlauf von Debatten oft weitgehend vorstrukturiert werden konnte.[1] Insbesondere von den jeweils ersten Regierungserklärungen nach Wahlen konnte zusätzlich erwartet werden, daß der Ministerpräsident grundsätzliche Aussagen zu seinem Regierungskonzept traf, auf deren Basis die Führung der Regierungsgeschäfte entwickelt werden sollte. Üblicherweise reflektierten diese Teile von Regierungserklärungen programmatische Aussagen der Regierungspartei(en) vor der Wahl oder im Rahmen von Koalitionsverhandlungen fixierte Programmpunkte.[2] Für den Regierungsstil von Franz Josef Röder war es typisch, daß er dabei versuchte, bestimmte Sichtweisen auf die saarländische Gegenwart und vor allem auf die Vergangenheit in Form von normativ gefaßten Grundsatzaussagen in die weiteren Debatten einzubringen.

---

[1] Wie bereits an anderer Stelle erwähnt, hatte Franz Josef Röder dieses Mittel bereits zu Beginn der vorangegangenen Legislaturperiode mit Erfolg eingesetzt, vgl. LTDS, 4. WP, Abt. I, 3. Sitzung v. 17.1.61, S. 16ff. Unmittelbar nach der Neukonstituierung des Landtags nach der Volksabstimmung hatte Hubert Ney eine durchaus ähnliche Strategie verfolgt: Seine Regierungserklärung war damals von der problematischen Regierungsbildung sowie den anlaufenden Verhandlungen um den Saarvertrag gekennzeichnet; trotzdem war es ihm gelungen, weite Teile der parlamentarischen Debatte vorzustrukturieren und insbesondere den Konflikt zwischen Heimatbund und den früheren Verfechtern der Teilautonomie zu kanalisieren, LTDS, 3. WP, Abt. I, 2. Sitzung v. 10.1.56, S. 16ff. Eine echte Ausnahme stellte dagegen die erste Regierungserklärung von Egon Reinert dar, auf die überhaupt keine Debatte folgte; LTDS, 3. WP, Abt. I, 37. Sitzung v. 12.6.57, S. 1051ff. Dagegen folgte auf dessen Regierungserklärung nach seiner zweiten Wahl anderthalb Jahre später sehr wohl eine - diesmal sogar besonders leidenschaftliche - Debatte, die zweifellos auch deshalb für die regierungstragenden Fraktionen so problematisch war, weil die Rede des Regierungschefs auf eine Vorstrukturierung praktisch verzichtet hatte; vgl. LTDS, 3. WP, Abt. I, 63. Sitzung v. 3.3.59, S. 1743ff.

[2] In den Ländern waren schriftliche Koalitionsverträge bis in die 60er Jahre hinein allgemein unüblich, vgl. Jun, Koalitionsbildung, S. 26, während auf Bundesebene erstmals im Jahr 1961 ein solcher Vertrag geschlossen wurde, vgl. Wolfgang F. Dexheimer, Koalitionsverhandlungen in Bonn. Zur Willensbildung bei Regierungsneubildungen in den Jahren 1961, 1965 und 1969, Bonn 1973. Moser-Praefcke, Regierungsbildung, weist darauf hin, daß im Saarland erstmal in der 7. Wahlperiode ein schriftlicher Vertrag die Grundlage einer Regierungsbildung darstellte. Gleichwohl hatte bereits im Jahr 1959 offensichtlich eine differenzierte und programmatische Koalitionsvereinbarung bestanden, vgl. LTDS, 3. WP, Abt. I, 63. Sitzung v. 3.3.59, S. 1756ff., deren Inhalt als öffentlich bekannt vorausgesetzt werden konnte und die auch Anlaß für Auseinandersetzungen im Parlament bot. Inwieweit die Regierungsbildung in der 5. Wahlperiode auf mündlich festgelegten Koalitionsvereinbarungen beruhte, die über personelle Fragen hinausgingen, konnte nicht geklärt werden; jedenfalls wehrte sich die FDP/DPS-Fraktion massiv gegen die Darstellung, die in der Regierungserklärung vorgetragenen Ansätze stellten ein reines CDU-Programm dar, vgl. LTDS, 5. WP, Abt. I, 4. Sitzung v. 23.7.65, S. 34.

Dieser Aspekt trat bei der ersten Regierungserklärung der 5. Wahlperiode besonders deutlich hervor. Mit dem Satz „Das Saarland hat die Schwierigkeiten der wirtschaftlichen Eingliederungs- und Anpassungsphase erfolgreich überwunden." formulierte Röder praktisch eine Kehrtwende in der allgemeinen Einschätzung der Geschichte des Landes. Das Saarland - so der Grundgedanke - konnte als „Land mit Zukunft"[3] gelten, und die zuletzt von der Opposition vorgetragene Kritik, die auf Problemkreise verwies, die bis hin zum Saarvertrag zurückreichten, war selber bereits Vergangenheit geworden. Dieser Neuansatz der Politik erschwerte nicht nur ganz allgemein ein direktes Anknüpfen der Opposition an ihre frühere erfolgreiche Strategie, sondern auch die Standortdebatte erfuhr eine neue Bewertung. Ohne auf die zuletzt im Parlament formulierte Kritik der Opposition einzugehen, postulierte Röder einen „Erfolg" in den „von der Wirtschaft des Landes und der gesamten Öffentlichkeit getragenen intensiven Bemühungen der Regierung um eine entscheidende Standortverbesserung". Zwar sei der Saar-Pfalz-Kanal noch nicht realisiert, aber durch die Gewährung von kanalgleichen Tarifen habe sich die konkrete Situation eindeutig zum Besseren gewendet.[4] Die so günstiger gewordene Verkehrslage sei nun weiter auszubauen, und zwar in Form eines Anschlusses an das europäische Luftverkehrsnetz.[5]

Eine ähnliche „Frontbegradigung" nahm der neugewählte Regierungschef hinsichtlich der Bedeutung planerischer und raumordnerischer Elemente in der Strukturpolitik

---

[3] Die Regierungserklärung wurde, angereichert um Materialien und Biographien der Kabinettsmitglieder, wie bereits frühere Reden in Form einer aufwendig gestalteten Informationsbroschüre veröffentlicht, Regierung des Saarlandes, Der Chef der Staatskanzlei (Hg.), Ein Land mit Zukunft. Saarland im Montandreieck 1965-1970. Regierungserklärung des Ministerpräsidenten des Saarlandes vom 19.7.65, Saarbrücken 1965.

[4] LTDS, 5. WP, Abt. I, 2. Sitzung v. 19.7.65, S. 13. Ganz ähnlich auch Heinz Bohr, Die Saarwirtschaft im Jahre 1964, in: Mitteilungen der Industrie- und Handelskammer des Saarlandes 21 (1965), S. 2-4, hier: S. 4, der die Einführung der Als-ob-Tarife als „bedeutsamste Maßnahme" ansah, oder auch Landesbank und Girozentrale Saar (Hg.), Wirtschaftsberichte 1966, Saarbrücken 1966, H. 1.

[5] Nach der Volksabstimmung hatte sich das Kabinett erstmals im Jahr 1957 mit der Frage des Ausbaus des Flughafens beschäftigt, vgl. LASB StK 1715, Kabinettsprotokoll v. 30.4.57. Eine damals entwickelte Konzeption, nach der ein deutscher Flugzeughersteller in Ensheim ein Werk errichten sollte, die dann eine gemeinsame Nutzung des Geländes mit der Bundeswehr auf einem vergrößerten Flugfeld vorsah, scheiterte jedoch hauptsächlich an Finanzierungsfragen; vgl. LASB StK 1715, Kabinettsprotokoll v. 12.6.57, und ebd. v. 19. und 25.6.57. Knapp drei Jahre später beschloß die Regierung dann, die Finanzierung des Ausbaus aus eigenen Kräften über die Flughafengesellschaft vorzunehmen, LASB StK 1723, Kabinettsprotokoll v. 22.3.60; bis zum Herbst 1964 wurden Ausbaupläne entworfen, LASB StK 1735, Kabinettsprotokoll v. 6.10.64, die einen Ausbau der Start- und Landebahn auf 1200 m vorsahen. Diese Entscheidung wird wohl zu Recht als „entscheidende Wende" in der Flughafenpolitik bezeichnet, vgl. http://www.flughafen-saarbruecken.de. Im Zusammenhang mit der Erweiterung der Landebahn auf 1800 m wurde später zunächst die Möglichkeit einer militärischen Nutzung wieder erwogen, LASB StK 1742, Kabinettsprotokoll v. 15.3.66; diese erwies sich jedoch sehr bald als nicht realisierbar, vgl. das mehrere Hundert Seiten starke Dossier zu finanziellen und technischen Aspekten der Flughafenfrage in: LASB StK Kabinettsregistratur, Anlage MW, Kabinettsvorlage Wirtschaftsministerium v. 20.10.66. Trotzdem unterstützte die Regierung den Ausbau des Flughafens mit allen Mitteln, z.B. beim Aufbau der Personalstruktur, LASB StK 1751, Kabinettsprotokoll v. 2.7.68, durch Beteiligung bei der Etablierung von regelmäßigen Fluglinien, LASB StK 1747, Kabinettsprotokoll v. 29.8.67, und beim Aufbau der für den Flugbetrieb nötigen Flugsicherung, LASB StK 1755, Kabinettsprotokoll v. 5.8.69.

vor. Als wichtigste Ziele formulierte er die „Herstellung [von] gleichwertigen Lebensverhältnissen in Stadt und Land" sowie die „wirtschaftliche und kulturelle Verflechtung unseres Landes mit den Nachbargebieten im Zuge der großräumigen europäischen Integration, um das Land zu einem Kernland im Montandreieck zu machen".[6] Mit dieser Formel versuchte der Regierungschef, die drei von ihm genannten Einzelbereiche saarländischer Strukturpolitik zu integrieren, nämlich „nachhaltige" Unterstützung des Generalplans der Saarbergwerke, Schaffung neuer Arbeitsplätze zum Ausgleich der erwarteten Strukturveränderungen und Bevölkerungsbewegung sowie Schutz bestehender Industrien vor einem „mörderischen Kampf" um Arbeitsplätze. Gleichzeitig vermied er dadurch eine Fixierung der weiteren Debatte auf das von ihm gleichzeitig angekündigte „längerfristige Landesprogramm".[7]

Diese Strategie erwies sich in den folgenden Monaten teilweise als erfolgreich. Obwohl die Regierungserklärung gerade keine einheitliche, von Regierungsseite anhand regionalpolitischer Zieldefinitionen entwickelte Programmplanung enthielt, machte der Oppositionsführer seine Antwort auf diese Regierungserklärung an der wohl süffisant gemeinten Bemerkung fest, die CDU habe hinsichtlich der Frage nach planerischer Politik viel von der SPD gelernt und weite Teile der SPD-Forderungen aus der Vergangenheit übernommen. Und auch das Stichwort der regionalen grenzüberschreitenden Zusammenarbeit fand sofort Beachtung. Offensichtlich überfordert mit dieser Wendung in der Regierungspolitik, welche die bisher stets betonte Konfliktstellung zum als Konkurrenten verstandenen Nachbarn ablöste, reagierte die Fraktionsführung der SPD mit pauschaler Ablehnung dieses als „Hochmut" und allenfalls im Zusammenhang mit der ersten Strophe des Deutschlandlieds zu verstehenden Projekts.[8] Als Ergebnis der Regierungserklärung hielt der Vorsitzende der Mehrheitsfraktion dagegen fest, daß die Landesregierung die Strukturprobleme der Vergangenheit in ihrer ganzen Breite aufgenommen und gestaltet habe, wobei er besonders die gute Kooperation mit dem Bund als beispielhaft darstellte.[9] Und schließlich glaubte der Vertreter der FDP/DPS sogar, sich Ausführungen zum Pro-

---

[6] LTDS, 5. WP, Abt. I, 2. Sitzung v. 19.7.65, S. 7. In der Selbstdarstellung der Regierung gegenüber der Öffentlichkeit hatte dieser Zug bereits vor den Landtagswahlen 1965 eine immer wichtigere Rolle gespielt, vgl. Saarland, Der Chef der Staatskanzlei, Saarwirtschaft im Montandreieck - Gemeinsamer Markt. Informationstagung für Wirtschaftsredakteure vom 13. bis 18. Dezember 1964, Saarbrücken 1965.

[7] LTDS, 5. WP, Abt. I, 2. Sitzung v. 19.7.65, S. 12 und S. 7. Dies war wohl ein Reflex auf die in der Anfangsphase der Strukturdebatte erworbene Erfahrung, als die Ankündigung von Entwicklungsplänen der Opposition die Chance geboten hatte, deren Aufstellung und Diskussion zu verlangen. Vgl. hierzu die heftige Debatte in: LTDS, 4. WP, Abt. I, 27. Sitzung v. 7.11.62, S. 1040, in der sich Huthmacher gegen den Vorwurf von „Plänen in der Schublade" wehren mußte.

[8] Kurt Conrad führte aus, daß er sich noch an Zeiten erinnern könne, „wo man Wörter wie Programm, Vorausschau, Planung nicht in den Mund nehmen konnte, ohne daß jemand von der CDU-Fraktion herbeigeeilt ist und erklärt hat, wie verderblich solche Programme, Planungen usw. seien.", LTDS, 5. WP, Abt. I, 4. Sitzung v. 23.7.65, S. 29 und S. 32.

[9] Die Landesregierung hat „dem föderalistischen Aufbau der Bundesrepublik entsprechend, über den Funktionsbereich des Landes hinaus maßgeblichen Einfluß auf die Gestaltung der gesamten Politik" genommen, ebd., S. 27.

blem des Saar-Pfalz-Kanals im Rahmen der Generaldebatte um die zukünftige Politik im Saarland „ersparen" zu können, da diese an anderer Stelle der Tagesordnung noch einmal aufgenommen würde.[10]

In dieser Situation gestaltete sich der Aufbau einer erfolgversprechenden, harten Oppositionslinie recht schwierig. Es ist durchaus signifikant, daß ausgerechnet dem Parlamentsneuling Wilhelm Silvanus die Aufgabe zufiel, ausgehend von dem bereits vorher in der Debatte erwähnten Zurückbleiben des Saarlandes während der Stagnationskrise die grundlegende Kritik am Regierungskonzept Röders zu pointieren.[11] Allerdings wurde diese Argumentation von den folgenden Rednern nur teilweise aufgenommen; vielmehr entwickelte sich eine Diskussion, inwieweit die in der letzten Legislaturperiode erreichten Industrieansiedlungen ausreichend waren, wobei die Vertreter der neuen und alten Regierungsmehrheit mit dem Hinweis auf die Zahl der geschaffenen Arbeitsplätze und dem immerhin gestiegenen Bruttosozialprodukt gute Argumente einbringen konnten.[12] Der CDU-Seite bot sich auch die Chance, ihre als planungsfeindlich negativ besetzte Konzeption des Vorrangs freier Unternehmertätigkeit vor staatlicher Planung positiv darzustellen. In der Diskussion über Verzögerungen bei der Einführung der Als-ob-Tarife konnte der Wirtschaftsminister die Landesregierung sogar von der Verantwortlichkeit in der Kanalfrage entbinden.[13]

Diese Schwierigkeiten der Opposition, gegenüber der maßgeblich von Franz Josef Röder geprägten Strategie eine Linie zu finden, ist als eine Erklärung für den konfusen Verlauf der weiteren strukturpolitischen Debatte anzusehen. Auch in den folgenden Monaten gelang es nur sehr begrenzt, eine widerspruchsfreie Sicht auf die Strukturprobleme zu entwickeln oder die Regierung anhand konkreter Maßnahmen in ihrer

---

[10] Kurt John (FDP/DPS) in ebd., S. 34.

[11] Silvanus bezeichnete die Regierungserklärung als „Stoffsammlung ... quer durch den Garten", der es an innerer Kohäsion und Zielausrichtung fehle. Unter ausdrücklichem Bezug auf „die Gutachter" und den von wissenschaftlicher Seite langfristig prognostizierten Fehlbestand an Arbeitsplätzen bewertete er den „Neckermann-Katalog" der Regierung als nicht ausreichend zur Bewältigung der sich abzeichnenden Strukturprobleme. Ebd., S. 45f.

[12] Harsche Kritik fand dabei die Röder'sche Formel vom „mörderischen Kampf" der Industrien um Arbeitsplätze, vgl. auch Die saarländische Industrie im Jahr 1964, in: Die Arbeitskammer. Zeitschrift der Arbeitskammer des Saarlandes 13 (1965), S. 277-283. Interessant an diesem Aufsatz ist besonders, daß angesichts der sich andeutenden Probleme der Wirtschaft die auch in diesem Blatt im Vorjahr noch vertretene Formel vom „Anschluß [an die BRD] gefunden" revidiert wurde. Tatsächlich neigte sogar einer der Gutachter 1965 noch dazu, von einer übereilten Ansiedlungspolitik eher abzuraten: „Die Gefahr einer Strukturkrise der Saarwirtschaft ist nicht so groß, daß es darauf ankäme, jedem Ansiedlungswilligen die Arbeitskraftreserven der Region anzubieten, gleichviel ob von ihm Impulse erwartet werden können, die auf die Mobilisierung der spontanen Wachstumskräfte des Landes hinwirken oder nicht." Vgl. Manfred Streit, Probleme einer Wachstums- und Strukturpolitik im Saarland, in: Mitteilungen der Industrie- und Handelskammer des Saarlandes 21 (1965), S. 406-408, hier: S. 408; und auch die für die Ansiedlungspolitik Verantwortlichen zogen noch bis in das Jahr 1966 eine günstige Bilanz der Ansiedlungstätigkeit „der letzten 25 Jahre", vgl. Josef Even, Zur Industrieansiedlung im Saarland, in: Mitteilungen der Industrie- und Handelskammer des Saarlandes 22 (1966), S. 799-800.

[13] „Der Bau des Saar-Pfalz-Kanals ist eine Angelegenheit der Bundesregierung, nicht der Landesregierung.", LTDS, 5. WP, Abt. I, 4. Sitzung v. 23.7.65, S. 51, Zitat ebd., S. 70.

politischen Verantwortung zu stellen. So stimmte beispielsweise die SPD-Fraktion einer Beteiligung der Saarbergwerke AG an der Frisia AG Emden erst nach einer Sitzungsunterbrechung und unter dem ausdrücklichen Hinweis darauf zu, daß dieser Schritt ein wirtschaftliches Risiko darstelle, das die Saarbergwerke AG alleine zu verantworten hätte.[14] Dagegen hatte noch in der vorangegangenen Sitzung der SPD-Abgeordnete Rudolf Recktenwald darauf hingewiesen, daß die Umstrukturierung der saarländischen Wirtschaft auch mit Risiken verbunden sei und das Land sich unbedingt an deren Absicherung zu beteiligen habe.[15] Ähnlich zu bewerten ist der Vorgang, daß die Opposition die Verweisung der von ihr beantragten Debatte über Fortschritte bei den Verhandlungen über die Inkraftsetzung der Als-ob-Tarife akzeptierte und sich dem Argument der Regierung anschloß, eine solche Debatte könne möglicherweise die - unter Ausschluß der Öffentlichkeit und des Parlaments - laufenden Verhandlungen stören.[16] Ein weiteres Indiz für die Verunsicherung der Parlamentarier kann dann in der Ansprache des Parlamentspräsidenten zum zehnten Jahrestag der Volksabstimmung von 1955 gesehen werden. In dieser Ansprache wurde die Phase der Eingliederung und die Frage nach Erfolg oder Mißerfolg der Anpassung an die neue Ordnung praktisch überhaupt nicht erwähnt; statt dessen bestand die Rede in einer stark konsensorientierten Darstellung der Vorgeschichte der Volksabstimmung und der konstruktiven Zusammenarbeit von Deutschland und Frankreich bei der Ausgestaltung des Saarvertrags.[17]

Klarer kritisierte die Fraktionsführung der SPD grundlegende Aspekte der christdemokratischen Politik- und Gesellschaftskonzeption, wobei sie sich - besonders im Vorfeld der Bundestagswahlen - speziell auf die Politik der CDU-geführten Bundesregierung bezog.[18] Damit wurde zwar der bereits in der letzten Periode eigentlich schon erreichte Ansatzpunkt, die Regierung in ihrer Verantwortung für konkrete Vorhaben der Strukturpolitik im Land zu fassen, weitgehend aufgegeben; die Verschärfung der Absatzprobleme im Bergbau ab dem zweiten Halbjahr des Jahres 1966 bot aber der sowohl im Bund wie in den beiden von der Kohlekrise besonders betroffenen Bundesländern in Opposition stehenden SPD die Möglichkeit, von einem generellen Scheitern der CDU im Bereich der Energiepolitik zu sprechen.[19] Jedoch

---

[14] LTDS, 5. WP, Abt. I, 5. Sitzung v. 7.10.65, S. 83. Vgl. hierzu die Beschlußfassung im Kabinett LASB StK 1739, Kabinettsprotokoll v. 6.8.65.

[15] LTDS, 5. WP, Abt. I, 4. Sitzung v. 23.7.65, S. 60.

[16] LTDS, 5. WP, Abt. I, 5. Sitzung v. 7.10.65, S. 85.

[17] LTDS, 5. WP, Abt. I, 7. Sitzung v. 23.10.65, S. 92ff.

[18] Bereits in seiner Antwort auf die Regierungserklärung hatte Kurt Conrad die seiner Einschätzung nach negative Rolle des Bundes in der Finanz- und Sozialpolitik betont, LTDS, 5. WP, Abt. I, 4. Sitzung v. 23.7.65, S. 31, und auch der in der Regierungserklärung angekündigten längerfristigen Landesplanung, die mittlerweile als „Röderplan" bezeichnet wurde, räumte Friedrich Regitz ebenso wenig Chance auf Verwirklichung ein wie dem Erhardschen Konzept der „formierten Gesellschaft", vgl. LTDS, 5. WP, Abt. I, 98. Sitzung v. 19.11.65, S. 127.

[19] „Nach sieben Jahren Kohlekrise hat die Bundesregierung immer noch keinen energiepolitischen Plan", so Manfred Zeiner (SPD) in: LTDS, 5. WP, Abt. I, 12. Sitzung v. 3.2.66, S. 217.

erhielt die kohlepolitische Debatte im Saarland durch die hauptsächlich von der Bundesregierung und den Ländern Nordrhein-Westfalen und Bayern eingeleiteten Maßnahmen eine neue Wendung. Obwohl die Rücknahme der Kohleförderung durch die Saarbergwerke AG in der Vergangenheit schneller erfolgt war als z.B. im Ruhrgebiet, wurden durch die stark schrumpfenden Absatzchancen ab Ende 1965 Aufhaldungen nötig. Die im Rahmen der Aktionsgemeinschaft deutscher Steinkohlenreviere[20] vorgesehenen Maßnahmen gefährdeten jedoch die saarländische Kohlepolitik. Erstens bedeuteten sie auch für die Saarbergwerke eine weitere Verringerung der Fördermenge, was nicht nur die Kostensituation verschlechtert, sondern zudem auch Feierschichten unumgänglich gemacht hätte. Zweitens sahen sie eine Beteiligung der Länder an den Kosten der Einlagerung von nicht absetzbarer Kohle vor, die nach Rechnung des Wirtschaftsministers den Landeshaushalt über die bereits zu leistenden Eigentümeranteile hinaus mit ca. 5,6 Mio. DM für vier Jahre belastet hätten.[21]

Den daher vorgeschlagenen einstweiligen Verzicht auf Beitritt zur Aktionsgemeinschaft deutscher Steinkohlenreviere erklärte Nikolaus Fery im Rahmen eines längeren wirtschaftspolitischen Referates mit dem indirekten Hinweis darauf, daß die vereinbarten Regelungen letztlich nichts anderes als eine weitere Wettbewerbsverzerrung zu Lasten der Saarbergwerke bedeuteten, die - „in den harten, rauhen, unbequemen Wettbewerb hineingestellt" - eine „stolze Bilanz" der Umstrukturierung vorzuweisen hätten.[22] Kurt Conrad betonte dagegen für die SPD den internationalen Aspekt der Energiepolitik. Nach den besonders herauszustellenden Vorleistungen auch der saarländischen Arbeitnehmer sei es an der Bundesregierung, die Wettbewerbsverfälschung durch konkurrierende Energieträger - besonders durch das Erdöl - aufzuheben. Er versprach sich von der Festlegung eines fixen Anteils der Steinkohle an der nationalen Energieversorgung die Möglichkeit einer „aktiven Energiepolitik".[23] Allerdings ließen sich die Sozialdemokraten einstweilen von der Beschlußfassung über einen von ihnen eingebrachten Antrag abbringen, der von der Bundesregierung ein energiepolitisches Programm forderte - übrigens mit dem Hinweis darauf, daß ein solcher Antrag als Kritik an Bundes- wie Landesregierung gleichermaßen interpretiert werden könne, was nicht zur Stärkung der Verhandlungsposition der Landesregierung gegenüber Bonn beitragen würde.

---

[20] Vgl. zur Bedeutung dieser Einrichtung im Strukturwandel die zusammenfassende Darstellung bei Nonn, Ruhrbergbaukrise, S. 314ff., und Kroker, Steinkohlenbergbau; speziell zur Aktionsgemeinschaft: Gerhard Böhmert, Aktionsgemeinschaft deutscher Steinkohlenreviere. Ihre Rolle im Strukturwandel des deutschen Steinkohlenbergbaus, Bergisch-Gladbach 1988.
[21] So die Darstellung von Minister Huthmacher in: LTDS, 5. WP, Abt. I, 12. Sitzung v. 3.2.66, S. 213ff. Vgl. hierzu auch die gleichermaßen abwartende Reaktion des Kabinetts in LASB StK 1741, Kabinettsprotokoll v. 18.1.66.
[22] Ebd., S. 218ff. Fery war selber in der vom Bergbau auch direkt betroffenen Gemeinde Schwalbach von 1956-1973 ehrenamtlicher Bürgermeister.
[23] Ebd., S. 221.

2.1.2 Die Eskalation zur regionalen Wirtschaftskrise

Die strukturpolitischen Diskussionen des Jahres 1966 waren anfangs von einer bundespolitischen Perspektive bestimmt. Im März 1966 begründete die SPD ihre Forderung nach einer programmorientierten Strukturpolitik damit, daß aufgrund der aktuellen Entwicklung nicht nur in der Geldpolitik, sondern auch in der Energiepolitik auf „dirigistische Maßnahmen" nicht mehr zu verzichten sei.[24] Dabei wurde nochmals der verspätete Beitritt zur Aktionsgemeinschaft deutscher Steinkohlenreviere kritisiert,[25] aber auch die Verschlechterung der konjunkturellen Lage wurde als Ausdruck einer verfehlten, weil ergebnislosen Strukturpolitik dargestellt.[26] Schrittweise wurde in der geradezu ausufernden Debatte der folgenden Wochen und Monate praktisch das ganze strukturpolitische Programm der Landesregierung in Frage gestellt. Vollkommen unrealistisch erschien nun die Konzeption, die zum verzögerten Beitritt des Saarlandes zur Aktionsgemeinschaft deutscher Steinkohlenreviere geführt hatte. Daß die Ruhrindustrie zu einer weitergehenden Rücknahme ihrer Kohleförderung bereit sein würde, weil sie die bereits früher vorgenommenen Anpassungsleistungen der Saarbergwerke anerkenne, entspreche schlichtweg nicht den Prinzipien der „sogenannten freien Marktwirtschaft".[27] Außerdem sei der Generalplan der Saarbergwerke praktisch hinfällig, da er von einem 10%igen Anteil der Saarbergwerke an einer nationalen Fördermenge von 140 Mio. t Kohle ausgegangen sei,[28] wobei die nun notwendigen Reduzierungen der Fördermenge zudem einen „Kaskadeneffekt" auch auf die saarländische Stahlindustrie erwarten ließen.[29]

Vollends ins Kreuzfeuer der Kritik geriet die Politik der Landesregierung, als in einer von der SPD-Fraktion beantragten Sondersitzung zur Kenntnis genommen werden mußte, daß die Bundesregierung bei der Hohen Behörde der Montanunion die Als-ob-Tarife als Ausnahmetarife beantragt hatte.[30] In einer ungewöhnlich heftigen

---

[24] Karl Wolfskeil (SPD) führte aus: „Heute sieht es doch wohl so aus, daß man beispielsweise auf den Gebieten der Energiepolitik und der Geldwertstabilität ohne dirigistische Maßnahmen nicht auskommen wird." Daher sei bei der CDU eine „gewisse Götterdämmerung" eingetreten, da früher „das Wort Planung nicht erwähnt werden konnte, ohne daß die CDU und DPS fast einen Herzanfall erlitten", LTDS, 5. WP, Abt. I, 13. Sitzung v. 9.3.66, S. 260.

[25] Manfred Zeiner (SPD) bezeichnete diesen Schritt als „Irreführung der Öffentlichkeit", da eine auf Eigenständigkeit aufbauende Strategie die umfangreichen Aufhaldungen nicht habe verhindern können, LTDS, 5. WP, Abt. I, 13. Sitzung v. 9.3.66, S. 268.

[26] „Am System der Industrialisierung bzw. am Bestand der Betriebe in unserem Lande stimmt [...] doch irgend etwas nicht", wenn schon der ordentliche Haushalt zu 26% aus Mitteln des Finanzausgleichs finanziert werden müsse, so Karl Heinz Schneider (SPD), in: ebd., S. 304.

[27] „Aber Herr Kollege Feller, wo leben wir denn? Wir leben doch in Ihrer sogenannten freien Marktwirtschaft. Und bilden Sie sich doch nicht ein, daß die Ruhr ihre Förderung nur deswegen zurücknehmen wird, damit wir an der Saar keine Feierschichten mehr bekommen.", so Manfred Zeiner (SPD) in: LTDS, 5. WP, Abt. I, 15. Sitzung v. 31.3.66, S. 366.

[28] LTDS, 5. WP, Abt. I, 15. Sitzung v. 31.3.66, S. 358.

[29] LTDS, 5. WP, Abt. I, 20. Sitzung v. 12.7.66, S. 456.

[30] Vgl. hierzu Ress, Wettbewerbstarife, S. 343. Die Hohe Behörde folgte in ihrer Genehmigung der Ausnahmetarife am 20.7.66 der Begründung der Bundesregierung, die diese als Unterstützungstarife für

Debatte zeigten die Redner der Opposition, daß dieser Schritt eine Abkehr vom Grundsatzbeschluß zugunsten einer Kanalanbindung des Saarlandes bedeute und daß die Möglichkeit ähnlicher Tarifgewährungen für die Reviere in Lothringen, in Aachen und im Ruhrgebiet die von der saarländischen Politik eigentlich intendierte Verbesserung der Wettbewerbsposition des Saarlandes verhindere.[31] Dies sei nicht nur ein Wortbruch der Bundesregierung, sondern man sei nun vollends der Willkür der Bundesbahn ausgesetzt, da die Kanalgleichheit als Maßstab für die Festlegung der Tarife entfallen sei. Die Landesregierung habe sich somit „von ihren Parteifreunden in Bonn" zum Schaden des Landes „abdrängen" lassen.[32] Vor allem aber sah die Opposition mit dieser Entscheidung die Möglichkeiten von Regionalpolitik im Saarland im Ganzen gefährdet: Die SPD, so formulierte Friedrich Regitz das konkurrierende Regierungsprogramm, habe früher schon geplant, die Tarife zur Auflockerung der saarländischen Industriestruktur zu verwenden. Statt dessen habe die Politik der CDU darin bestanden, „die Armut zu kultivieren". Nun aber, da die Zuständigkeit in der Tariffrage endgültig nach Luxemburg verlagert worden sei, sei mit einer deutlich verschlechterten Ausgangsposition für die Regionalpolitik zu rechnen.[33]

Diese durch die beginnende Wirtschaftskrise forcierte Verschärfung des Oppositionsverhaltens löste damit drei wesentliche Veränderungen der von Regierung und Koalition vertretenen Grundpositionen aus: Erstens erwies sich der seit der Regierungserklärung gewählte Kurs, die Eingliederung des Saarlandes in die Bundesrepublik als erfolgreich bewältigtes Projekt darzustellen, als nicht haltbar. Schon im März des Jahres 1966 mußte sich der Fraktionsvorsitzende der CDU im Rahmen der Haushaltsberatungen auf die Sichtweise zurückziehen, daß die akuten Haushaltsprobleme des Saarlandes auch „als Folge der noch nicht gänzlich beseitigten Belastung aus der Eingliederung seiner Wirtschaft [der des Saarlandes] in die des Bundes" zu erklären seien.[34] Währenddessen rückte sogar Röder selber von seiner bis dato vertretenen Linie völligen Einverständnisses mit dem Bund in Energiefragen ab. Die Landes-

---

die in Umstrukturierung befindlichen Montanunternehmen beantragt hatte. Der EuGH hob diese Entscheidung am 8.2.68 auf, da die Unterstützungstarife zeitlich nicht befristet genehmigt worden waren, und somit keinen Impuls für die saarländischen Unternehmer setzten, sich den veränderten Wettbewerbsbedingungen anzupassen.

[31] So Kurt Conrad in: LTDS, 5. WP, Abt. I, 22. Sitzung v. 21.7.66, S. 496ff. Vgl. hierzu auch Christoph Loew, Die neuen Zwittertarife, in: Die Arbeitskammer. Zeitschrift der Arbeitskammer des Saarlandes 14 (1966), S. 225-226.

[32] So Rudolf Recktenwald (SPD) in: LTDS, 5. WP, Abt. I, 22. Sitzung v. 21.7.66, S. 503ff.

[33] Ebd., S. 512ff.

[34] Jakob Feller (CDU), in: LTDS, 5. WP, Abt. I, 13. Sitzung v. 9.3.66, S. 236. Angesichts dieser Situation waren auch die Einlassungen des Wirtschaftsministers Eugen Huthmacher wenig hilfreich, der in Fortsetzung seiner bereits bekannten Argumentation darauf hinwies, daß das fehlende Arbeitskräftepotential die eigentliche Ursache für die unzureichenden Fortschritte bei der Auflockerung der Industriestruktur sei: „Wir sind heute und auch in absehbarer Zukunft in der guten Lage, daß es im Saarland insgesamt erheblich mehr unbesetzte Arbeitsplätze gibt als Arbeitskräfte.", LTDS, 5. WP, Abt. I, 15. Sitzung v. 31.3.66, S. 358.

regierung „gehört zu denen, meine Herren von der Opposition, die auch seit Jahren, genau wie Sie, bei vielen Gelegenheiten darüber geklagt haben und klagen, daß wir nicht früher zu auch für uns verwertbaren energiepolitischen Vorstellungen der Bundesregierung und darüber hinaus auch der Europäischen Gemeinschaft gekommen sind".[35]

Zweitens bewirkte die Wirtschaftskrise, daß neben den allgemeinen Grundlagen der Regierungsstrategie auch der Anspruch, die Interessen des Landes sachgerecht zu vertreten, in Frage gestellt wurde. Den härtesten Schlag stellte hierbei die Entwicklung der Tarif-Frage dar.[36] Daß nach Lage der Dinge dauerhafte Frachtsubventionen in Form von Wettbewerbstarifen endgültig nicht mehr realisiert werden würden, war mit dem regionalpolitischen Optimismus der Landesregierung nur schwer zu vereinbaren. Zwar versuchte Franz Josef Röder noch, die Ereignisse als zwar unbequemes Scheitern darzustellen, das aber nicht auf die „honorige" Haltung der Bundesregierung zurückgeführt werden könne;[37] dem nun auch noch positive Aspekte abgewinnen zu wollen, weil eine zu frühe Fixierung auf Wettbewerbstarife möglicherweise ein völliges Scheitern von standortverbessernden Maßnahmen hätte bedeuten können,[38] überzeugte jedoch nicht. Vielmehr kritisierte die Opposition die Vorgehensweise der Bundesregierung in aller Schärfe und machte deutlich, daß die ungünstige Entwicklung der Tarif-Frage überhaupt nur aufgrund der unzureichenden Arbeit der Landesregierung entstanden war, die sich zu früh mit den erreichten Verhandlungsergebnissen zufrieden gegeben habe.[39]

Als Reaktion auf diese Versäumnisse brachte die SPD nun einen Antrag ein, der ultimativ den Bau des Saar-Pfalz-Kanals forderte, um so die Standortfrage endgültig zu bereinigen. Demgegenüber vertrat insbesondere der Parlamentsneuling Rainer Wicklmayr die Auffassung, daß weder berechtigte Hoffnung darauf bestünde, daß die

---

[35] LTDS, 5. WP, Abt. I, 15. Sitzung v. 31.3.66, S. 367.

[36] Wie weit die Verunsicherung reichte, zeigt sich sehr deutlich daran, daß das Kabinett in einer eigens einberaumten Sitzung vier Stunden Diskussionszeit brauchte, bis die Reaktion auf diese Entwicklung abgestimmt war: Die Saar-Regierung bezog diesbezüglich den Standpunkt, daß sowohl Dauerhaftigkeit wie „Parität zum Wasserweg" der angestrebten Lösung durch das Vorgehen der Bundesregierung gefährdet seien und daher der Bau des Saar-Pfalz-Kanals nun als einzige verbleibende Möglichkeit einzufordern sei, LASB StK 1743, Kabinettsprotokoll v. 15.7.66.

[37] LTDS, 5. WP, Abt. I, 22. Sitzung v. 21.7.66, S. 511.

[38] So Eugen Huthmacher in: ebd., S. 501. Die Reaktionen der Regierungsmitglieder deckten sich so weit auch in keiner Weise mit der vom Kabinett selber gegenüber der Bundesregierung bezogenen Position.

[39] Vgl. hierzu auch die sehr instruktive Selbstdarstellung der Politik der SPD in: SPD-Landtagsfraktion (Hg.), Stellungnahme und Meinungen zum Saar-Pfalz-Kanal und den Als-ob-Tarifen, o.O. o.J. (Saarbrücken 1966). Interessant ist hier vor allem der Aspekt, daß die Sozialdemokraten die an anderer Stelle bereits erwähnte Reinterpretation ihrer anfangs auch durchaus unklaren Position in der Frage der Kanalpolitik zugunsten einer frühzeitigen und eindeutigen Forderung nach Bau des Saar-Pfalz-Kanals weiterführten. Die hier vorgenommene chronologische Zusammenstellung von Aktivitäten der SPD im Parlament legt die nur teilweise zutreffende Sichtweise nahe, nach der die SPD bereits seit dem 9.4.62 eindeutig den Bau des Kanals gefordert und demgegenüber die Probleme des Wegs über die Als-ob-Tarife klar und deutlich herausgestellt habe.

Bundesregierung einem solchen Antrag würde Folge leisten, noch daß Chancen zur Aufwertung des Wirtschaftsstandorts Saarland durch Tarifmaßnahmen auf europäischer Ebene bestünden, da es „mit dem Grundgedanken des Vertrages [EGKS-Vertrag] einfach nicht vereinbar [ist], daß auf Dauer die Geographie durch tarifarische Maßnahmen korrigiert wird."[40] Dies stellte ein Abrücken von früheren Positionen der Landesregierung dar[41] und außerdem eine Art zweite Verteidigungslinie gegenüber dem von der SPD scharf vorgetragenen Vorwurf, die Landesregierung gefährde durch unsachgemäßes Vorgehen saarländische Interessen.[42] Ähnliches gilt für die Debatte über den Beitritt des Saarlandes zur Aktionsgemeinschaft deutscher Steinkohlenreviere. Auch hier nutzte die Opposition ihre Chance, den Generalplan als Regierungsprogrammatik für die Legislaturperiode in seiner Wirksamkeit zu hinterfragen.[43] Dies wurde in den Kontext der Forderung nach einer integrierten Planung für die Region gestellt.[44] Die Bewältigung der regionalen Folgen der Kohlekrise - ein „wirtschaftliches Aushungern" der östlichen Landesteile[45] - wurde als wichtigste, vom Generalplan nicht zu leistende Aufgabe einer solchen Planung dargestellt. Das Fehlen eines umfassenden Programms zur Industrieansiedlung und für Werbemaßnahmen dagegen wurde als Ausdruck einer gegenüber den Großbetrieben konservierend wirkenden Landespolitik empfunden: „Solange die Regierung ein solches Programm nicht vorlegt, besteht der begründete Verdacht, daß ihre eigentliche Politik von handfesten Interessengesichtspunkten bestimmt wird."[46]

---

[40] LTDS, 5. WP, Abt. I, 22. Sitzung v. 21.7.66, S. 506.

[41] Fast noch deutlicher rückte Huthmacher von der alten Politik ab, indem er nicht nur die Möglichkeit, den Kanal zu bauen, als „Illusion" bezeichnete, sondern auch die Frage aufwarf, ob dieser Kanal überhaupt regionalpolitisch nützlich wäre: Schließlich habe man in Nordrhein-Westfalen „eine Reihe von Kanälen ... Trotzdem ist dort die Situation genauso schlecht wie unsere", ebd., S. 514f. Im direkten Widerspruch zu dieser Argumentation erneuerte das Kabinett - möglicherweise in Reaktion auf die vorangegangene Landtagssitzung - Anfang August seinen Beschluß, Verhandlungen mit der Hohen Behörde der Montanunion in dieser Frage nicht akzeptieren zu wollen und statt dessen den Bund zum Kanalbau aufzufordern, vgl. LASB StK 1743, Kabinettsprotokoll v. 1.8.66.

[42] Dieser Punkt hatte bereits den Ministerpräsidenten besonders provoziert, so daß er zu der - nicht neuen - Argumentation griff, es sei weniger auf die Politik der Landesregierung, sondern vielmehr auf das ständige Hinterfragen durch die Opposition zurückzuführen, daß in Bonn und Luxemburg Unsicherheiten über die Qualität und Funktion der verschiedenen Kanal- und Tarifprojekte entstanden seien, LTDS, 5. WP, Abt. I, 22. Sitzung v. 21.7.66, S. 510.

[43] Auch hier reagierte die Landesregierung mit einer teilweisen Neufassung ihrer Position, indem sie den verzögerten Beitritt des Saarlandes mit finanzpolitischen Erwägungen rechtfertigte. Während die anderen Länder als finanzstark gelten könnten, sei für das Saarland - auch vor dem Hintergrund seiner Leistungen in der Vergangenheit - Vorsicht geboten, damit es nicht „über seine eigene Leistungskraft hinaus" engagiert würde, LTDS, 5. WP, Abt. I, 15. Sitzung v. 31.3.66, S. 369. Tatsächlich war die Entscheidungsfindung im Kabinett über den Beitritt an die definitive - und schriftlich gefaßte - Zusage der Bundesregierung gebunden, weitere finanzielle Belastungen für den Landeshaushalt zu vermeiden, vgl. LASB StK 1743, Kabinettsprotokoll v. 29.11.66.

[44] Vgl. hierzu auch Karl Guckelmus, Sind die Ziele des Saar-Memorandums erreichbar?, in: Die Arbeitskammer. Zeitschrift der Arbeitskammer des Saarlandes 15 (1967), S. 131-133.

[45] So Günther Sahner in: LTDS, 5. WP, Abt. I, 15. Sitzung v. 31.3.66, S. 356.

[46] So Leo Moser in: LTDS, 5. WP, Abt. I, 13. Sitzung v. 9.3.66, S. 311. Dieser Vorwurf durchzieht einen

Drittens ist schließlich interessant zu beobachten, daß die Thematisierung der Krise durch die Politik der Bundesebene auf regionaler Ebene krisenverschärfend wirkte. Nicht nur die trotz der gewonnenen Bundestagswahl ausbleibende Stabilisierung der Bundesregierung, sondern auch konkrete Maßnahmen wie das Stabilitätsgesetz förderten die Zuspitzung der regionalpolitischen Debatte im Saarland. Die in der grundsätzlichen Diskussion um die bundesdeutsche Wirtschaftsordnung entwickelten Betrachtungen wurden offenbar von der saarländischen Politik zum Anlaß genommen, ihre regionalpolitische Debatte zu präzisieren. Gleichzeitig bot das von den bundespolitischen Akteuren abgesteckte Diskussionsfeld den regionalen Politikern die Möglichkeit, ihre jeweiligen Ansätze zu verorten und systematisch in konkurrierende Politikmodelle einzuordnen.[47] Dies hatte auch Rückwirkungen auf organisatorische Aspekte der Landespolitik und auf deren politischen Stil: Unmittelbar nach der Fertigstellung des Saar-Memorandums setzte das saarländische Kabinett einen interministeriellen Lenkungsausschuß ein, der die Umsetzung der in diesem Text genannten Ziele koordinieren und die Aufstellung einer „mittelfristigen Finanzplanung für das Land" durchführen sollte.[48] Bei diesem Gremium handelte es sich - wie hier auch schon der Name andeutet - offensichtlich um einen Rückgriff auf Instrumente der Übergangszeit; möglicherweise stellte der Lenkungsausschuß auch den Versuch dar, die bei der Erstellung des Memorandums übergangenen Ressorts zu

---

großen Teil der späteren Perzeption der regionalpolitischen Debatte. Aus der staatlichen Aktenüberlieferung ist dieser Aspekt natürlich nur schwer zu klären; immerhin gibt der Hinweis bei Fabry, Bauen, S. 206, daß die saarländische Bauindustrie Anfang der 60er Jahre „zu den schärfsten Gegnern" der Ansiedlung neuer Unternehmen gezählt habe und damit „nicht nur die Regierung, sondern auch die Öffentlichkeit gegen sich" aufgebracht habe, Aufschluß darüber, daß nicht nur die Großindustrie dem Strukturwandel durch Ansiedlungspolitik skeptisch gegenüber eingestellt war. Bemerkenswert ist weiterhin der bereits zitierte Hinweis darauf, daß der geringe Anteil der Lohnkosten an den Gesamtkosten in der Roheisenphase die durch die Konkurrenz um Arbeitskräfte möglicherweise eintretende Erhöhung der Arbeitskosten in ihrer Relevanz für unternehmenspolitische Entscheidungen der Eisen- und Stahlproduzenten relativiert. Auch hier ist eine stärkere Rückwirkung allenfalls auf die weiterverarbeitende Industrie - mithin die kleineren Unternehmen - anzunehmen. Jedenfalls wird im folgenden zu zeigen sein, daß die arbeitsmarktpolitischen Konsequenzen nur einen geringen Ausschnitt der mit der Strukturwandelpolitik verbundenen Problemstellung beschreiben.

[47] Interessanterweise wurde dieser Teil der Debatte weitgehend von den „jungen", also in dieser Legislaturperiode erstmals in den Landtag gewählten Abgeordneten intensiv genutzt. Dabei handelte es sich jedoch stets um eine Form der „Umwertung", also der begrifflichen (Neu-)Besetzung von Elementen der auf Bundesebene entwickelten Politikmodelle, die um aus der regionalen Tradition stammende Versatzstücke der regionalpolitischen Debatte angereichert wurden. Sehr gute Beispiele für diesen Ansatz lieferte immer wieder Nikolaus Fery (CDU), der z.B. die Schillersche Konzeption von Wirtschaftspolitik als „globale Planifikation" problematisierte; vgl. LTDS, 5. WP, Abt. I, 13. Sitzung v. 9.3.66, S. 262. Vgl. hierzu auch Christoph Loew, Wirtschaftspolitischer Kurswechsel, in: Die Arbeitskammer. Zeitschrift der Arbeitskammer des Saarlandes 15 (1967), S. 1, der mit „Kurswechsel" auf die Bundespolitik anspielt und neue Konzepte im Saarland fordert: „Die neuen Schwerpunkte der Regierungspolitik verpflichten das Saarland zu eigenen Anstrengungen, und zwar nicht nur zu Anstrengungen finanzieller Art, sondern auch und vor allem zu Anstrengungen ideeller Art."

[48] Der Ausschuß bestand aus Vertretern des Innenressorts, des Wirtschafts- und des Finanzministeriums, des Ministeriums für Öffentliche Arbeiten und Wiederaufbau und agierte unter Geschäftsführung der Staatskanzlei, vgl. hierzu: LASB StK 1747, Kabinettsprotokoll v. 16.6.67.

reintegrieren. Jedenfalls kann der Lenkungsausschuß als Teil einer umfassenden Neuordnung der politischen Verwaltung im Rahmen der Krisenbewältigungspolitik verstanden werden. Kurze Zeit später nämlich bildete das Kabinett aus den gleichen Ressorts ein Wirtschaftskabinett, eine Art Ausschuß der Regierung neben der geschäftsordnungsmäßigen Struktur der politischen Regierungstätigkeit.[49] Und während parallel dazu im unter neuer Führung stehenden Wirtschaftsministerium ein Strukturreferat mit weitreichenden Arbeitsgebieten aufgebaut wurde,[50] bildete die Planungsgruppe beim Ministerpräsidenten das Gremium, das aus dem Memorandum das Strukturprogramm Saar als übergreifende Plan- und Zielprojektion entwickelte.[51] Die Landespolitik reagierte somit auf die gestiegenen Anforderungen dadurch, daß verwaltungsnahe Entscheidungsverfahren durch die Einsetzung teilweise sogar zeitlich befristeter Aktions- und Entscheidungsstrukturen abgelöst bzw. ergänzt wurden, durch die auch externer Sachverstand in die inneren Abläufe der Politik integriert werden konnte.[52]

2.2 Die Krise der Politik

2.2.1 Das Saar-Memorandum als Befreiungsschlag?

Gegenüber der extremen Zuspitzung der regionalpolitischen Debatte, die kurz vor der Sommerpause des Jahres 1966 im Rahmen der Standortdiskussion sogar zu einem Mißtrauensantrag der Opposition gegenüber der Regierung geführt hatte,[53] veränderten sich Stil und Inhalt der Auseinandersetzung zwischen Regierung und Oppo-

---

[49] LASB StK 1747, Kabinettsprotokoll v. 15.7.67. Die SPD hatte in der Sitzung vom 16.11.67 die Einsetzung eines solchen Wirtschaftskabinetts gefordert, was Röder mit einem sehr aufschlußreichen Hinweis konterte: Er selber habe dies bereits seit Monaten geplant, und „es ist auch kein Geheimnis - und ich sage hiermit nichts Abwertendes über den früheren Wirtschaftsminister [gemeint ist Eugen Huthmacher] -, daß er dieser Idee nicht besonders zugetan war, obwohl ich diese Idee schon lange hege. Das wissen Sie doch auch.", LTDS, 5. WP, Abt. I, 47. Sitzung v. 16.11.67, S. 1238.

[50] Das Referat umfaßte insgesamt fünf Mitarbeiter, davon zwei im Höheren Dienst. Es sollte in enger Abstimmung mit der Landesplanung arbeiten und wichtige Beschlüsse dem Kabinett oder dem Wirtschaftskabinett vorlegen, vgl. LASB StK Kabinettsregistratur, Anlage MW, Kabinettsvorlage Wirtschaftsministerium v. 26.2.68

[51] LASB StK 1750, Kabinettsprotokoll v. 28.5.68. Der Planungsgruppe standen vergleichsweise umfangreiche Mittel zur Verfügung, so alleine für Personalkosten ein Betrag von über 80.000 DM, LASB StK 1750, Kabinettsprotokoll v. 11.6.68. Dieses Gremium, das nur zum Teil aus Mitarbeitern der Landesverwaltung, sondern hauptsächlich aus externen Experten bestand, arbeitete bis Ende 1969, LASB StK 1756, Kabinettsprotokoll v.16.12.69; danach wurde es gegen den Widerstand der SPD aufgelöst, vgl. LTDS, 5. WP, Abt. I, 78. Sitzung v. 17.12.69, S. 2207.

[52] Für die historische Forschung ergibt sich dadurch übrigens das gravierende Problem, daß die ohnehin schon kaum anders als miserabel zu bezeichnende Überlieferung der Entscheidungsprozesse weitere Brüche erhielt. So konnte die Tätigkeit der genannten Gremien bis auf die erwähnten Dokumente sowie wenig aufschlußreiche Sitzungsprotokolle des Wirtschaftskabinetts in LASB StK 926 und 1922 an keiner Aktenüberlieferung nachvollzogen werden.

[53] LTDS, 5. WP, Abt. I, 22. Sitzung v. 21.7.66, S. 517. Bei dieser Abstimmung lebte ein Antrag wieder auf, den die SPD-Fraktion, wie schon erwähnt, kurz vor Ende der vorangegangenen Legislaturperiode bereits gestellt hatte, vgl. LTDS, 4. WP, Abt. I, 46. Sitzung v. 12.5.64, S. 1754ff. Der Antrag wurde in namentlicher Abstimmung abgelehnt.

sition ab dem zweiten Halbjahr. Bereits in der ersten Sitzung legte die CDU-Fraktion einen Beschlußantrag zur Kohlepolitik vor, der energiepolitische und vor allem auf die Probleme der Kohle ausgerichtete Maßnahmen von der Bundesregierung forderte. Diese wurden mit der „Desintegration" der europäischen Kohlepolitik begründet, die sich in der zunehmenden Handlungsunfähigkeit auf europäischer Ebene bzw. in der wachsenden Bedeutung nationaler Maßnahmen gegenüber der Kohlekrise zeigte.[54] In diesem Antrag forderte nun erstmals auch die Mehrheitsfraktion eine bessere Information des Parlaments durch die Regierung, wollte also explizit einen Teil der Verantwortung für die Verhandlungen, die bislang zwischen den Ländern und dem Bund vor allem auf Regierungsebene geführt worden waren, übernehmen.

Für die Sozialdemokraten war dieser Vorstoß problematisch. Einerseits bot er die willkommene Gelegenheit, ihre alte Forderung nach einer umfassenden Wirtschaftsberichterstattung der Regierung mit Aussicht auf Erfolg zu formulieren.[55] Andererseits verursachte diese Einbindung des Parlaments einen gewissen Einigungsdruck und vor allem seinen Verzicht auf Autonomie in der zeitlichen Anordnung von regionalpolitischen Initiativen. Trotzdem ging die Opposition darauf ein. In der Debatte über den Antrag verlegte sie sich zwar auf in dieser Härte bis dato unbekannte Angriffe gegen den Regierungschef und seine Amtsführung - die Vorwürfe reichten bis hin zu Fragen der Wiederbewaffnung der Bundesrepublik -, letztlich gelang es jedoch, die SPD in den Grundkonsens der im Landtag vertretenen Parteien wieder einzugliedern. Von entscheidender Bedeutung in dieser Phase war dabei die Person des Ministerpräsidenten, auf den sich die heftigen Attacken der oppositionellen Parlamentarier konzentrierten, der aber - im Unterschied zu früheren Debatten - diese Angriffe nicht durch seine Mehrheit im Parlament einfach auslaufen ließ. Er wirkte im Gegenteil sogar integrativ, indem er darum bat, die aktuelle Debatte nicht als „Generaldebatte aus dem Stegreif" zu gestalten, da dies nur dazu führen würde, daß man sich „auseinanderreden" würde.[56] Gestärkt aus dem mißlungenen Mißtrauensantrag, konnte der Regierungschef es sich offenbar erlauben, die Kritik der Parlamentarier auf sich zu ziehen, um damit letztlich die Opposition wenigstens prozedural in den Gang der Diskussionen einzubinden.

Davon ausgehend erweiterte sich die Debatte um die saarländischen Strukturprobleme um eine grundsätzliche Auseinandersetzung über die Funktionalität bzw. Angemessenheit des föderalistischen Systems in Deutschland. Die Landesregierung nahm die bereits früher von der SPD vorgebrachte Kritik an politischen Maßnahmen auf Bundesebene auf[57] und löste eine Systemdebatte über das Grundgesetz aus: Die

---

[54] LTDS, 5. WP, Abt. I, 23. Sitzung v. 29.9.66, S. 524. Dieser Bericht sollte explizit die Grundlage für die „mit der gebotenen Härte" zu führenden Verhandlungen mit Nordrhein-Westfalen und dem Bund bieten.

[55] Die SPD-Fraktion brachte einen derartigen Abänderungsantrag in die Beschlußvorlage ein, siehe ebd., S. 525.

[56] Franz Josef Röder in: ebd., S. 531.

[57] Rudolf Recktenwald glaubte zuletzt gar eine Gefährdung des Föderalismus durch die haushaltspolitisch

Probleme des Saarlandes, so der Gedankengang, seien maßgeblich darauf zurückzuführen, daß im Föderalismus der gegenwärtigen Verfassung „die gesamtwirtschaftlichen Erkenntnisse ... Vorrang vor einer regionalbezogenen Individualpolitik haben müssen".[58] Daher „muß auch über die Frage entschieden werden, ob die Aufgabe der Überwindung wirtschaftlicher Strukturprobleme überregionalen Ausmaßes nur auf den Bund und das jeweilige Sitzland beschränkt werden darf, oder ob hier nicht ein klassisches Beispiel einer Gemeinschaftsaufgabe gegeben ist."[59] Daß dieser Ansatz vom Ministerpräsidenten sehr schnell bis hin zur Forderung nach einem ganz neuen Instrumentarium zur Steuerung wirtschaftlicher und finanzpolitischer Entwicklungen ausgebaut wurde,[60] rief heftige Reaktionen bei der Opposition hervor. Diese reklamierte nun nicht nur den Begriff der „Gemeinschaftsaufgabe" für die SPD, sondern versuchte umgehend, die Regierung wieder stärker in ihrer konkreten Verantwortung im Land zu fassen: „Herr Ministerpräsident, können Sie abstreiten, daß die SPD schon vor fünfzehn Jahren dieses Instrumentarium gefordert hat, weil sonst eine moderne Wirtschaftspolitik gar nicht mehr getrieben werden könne, und daß die CDU sich diesen Forderungen widersetzt hat?"[61]

Damit löste der Höhepunkt der Wirtschaftskrise als erstes eine weitgehende Verunsicherung in der regionalen politischen Diskussion aus. Die SPD-Opposition im Landtag schwankte in diesen Monaten stets zwischen fundamentaler Kritik an einzelnen Regierungsmaßnahmen bzw. Krisenerscheinungen im Land, partieller Kooperation mit den anderen Landtagsfraktionen und allgemeiner Darstellung alternativer Regierungskonzepte. Aber auch der Ministerpräsident und die Mehrheitsfraktion agierten unsicher: Während der Regierungschef beispielsweise am 11. November 1966 noch indirekt eingestand, in seiner Regierungszeit zu spät den Vorschlägen der Opposition zur Entwicklung eines regionalwirtschaftlichen Instrumentariums gefolgt zu sein,[62] formulierte er 13 Tage später eine Art Generalabrechnung mit der SPD, der er verantwortungslose Oppositionsarbeit vorwarf, weil sie nämlich die Regierung stets nur kritisiere, aber keine brauchbaren Alternativvorschläge entwickele.[63]

Allerdings verliefen die Debatten trotzdem keinesfalls unsystematisch. Besonders die Opposition nutzte die ihr zur Verfügung stehenden Mittel ausgiebig, um immer wieder die Strukturprobleme zu thematisieren, sei es in Form eines Antrags, die zwischenzeitlich veröffentlichten Gutachten zur künftigen wirtschaftlichen Entwicklung des Saarlandes dem Parlament vorzulegen und dort zu diskutieren,[64] sei es

---

bedingten Veränderungen im Länderfinanzausgleich erkennen zu können, ebd., S. 530.
[58] So Finanzminister Reinhard Koch in: LTDS, 5. WP, Abt. I, 25. Sitzung v. 9.11.66, S. 565.
[59] Ebd., S. 570.
[60] LTDS, 5. WP, Abt. I, 26. Sitzung v. 11.11.66, S. 606.
[61] Ebd., S. 595 und S. 607 (Zitat).
[62] Ebd., S. 607.
[63] LTDS, 5. WP, Abt. I, 27. Sitzung v. 24.11.66, S. 626.
[64] Ebd., S. 637. Aus diesem Antrag entwickelte die SPD erneut die Forderung nach einer Diskussion der

bei der Diskussion um die kommunalen Finanzhaushalte, bei der der Zuschußbedarf der Stadt Saarbrücken als deutlichstes Signal für eine verfehlte Strukturpolitik der Landesregierung dargestellt wurde.[65] Allerdings mangelte es offenbar an Möglichkeiten, mit konkreten politischen Initiativen eine Veränderung der Politik zu erreichen. Nachdem der Versuch einer direkten Ablösung der Regierung durch einen Mißtrauensantrag gescheitert war, schied die Möglichkeit einer Regierungsneubildung gegen die CDU aus. Für eigenständige Reaktionen des Parlaments auf die Krise standen jedoch offensichtlich keine ausreichenden Instrumente zur Verfügung; die maßgeblichen Entscheidungen zur Krisenbewältigung waren auf Bundesebene bzw. in der Verantwortlichkeit der Regierung angesiedelt, die jedoch nur sehr zögerlich Einblick in die Grundlagen ihrer Politik gestattete. Und schließlich verliefen die Grundsatzdiskussionen über Entwicklungskonzepte der saarländischen Politik für die Opposition insofern unbefriedigend, als ihre Strategie, diesbezüglich eine bessere Information des Parlamentes über die Vorhaben der Regierung zu fordern, dieser stets die Möglichkeit zur Gestaltung der Debatte nach ihren taktischen Erfordernissen bot.[66]

In dieser Zwangslage verlegte sich die Opposition schrittweise darauf, die gegenwärtigen Krisenerscheinungen als Konsequenz von Versäumnissen und Fehlern der Regierungspolitik in der Vergangenheit darzustellen. Wendungen wie „es hätte schon lange ..."[67] wurden immer häufiger zur Formel der Beschreibung einer Politik, die als

---

Grundsätze von Landesplanung im Saarland. Vgl. hierzu auch Albert Seyler, Gutachten - was nun?, in: Die Saarländische Wirtschaft. Mitteilungen der Industrie- und Handelskammer des Saarlandes 23 (1967), S. 8-10.

[65] LTDS, 5. WP, Abt. I, 28. Sitzung v. 14.12.66, S. 724. Die Frage nach den Auswirkungen des Strukturwandels auf die Landeshauptstadt kann nicht eindeutig beantwortet werden. Das Gutachten von Bruno Tietz u. Peter Rothaar, Die Stadt Saarbrücken als Einzelhandels- und Dienstleistungszentrum. Analysen und Projektionen unter besonderer Berücksichtigung der Einzelhandels- und Gastronomiebetriebe im Hauptgeschäftszentrum und in den Nebenzentren der Stadt Saarbrücken, Saarbrücken 1972, bes. S. 37f., betont das Zurückbleiben der Stadt im Wachstum ihres Bruttosozialprodukts gegenüber dem saarländischen Durchschnittswert - allerdings auf einem deutlich höheren Niveau. Problematisiert wird dabei insbesondere diejenige Tendenz, nach der Saarbrücken durch den Strukturwandel und die damit verbundene Verschiebung der Beschäftigungsstruktur seine frühere Funktion als bedeutender Montanindustriestandort verloren hat. Albert Leroy, Sarrebruck. L'exemple d'une métropole frontalière, Metz 1980, bes. S. 322, dagegen betont, daß Saarbrücken sich nach 1960 zu einer in allen Funktionen abgerundeten regionalen Metropole entwickelte.

[66] Sehr deutlich wurde dieser Aspekt im Generalbericht der Landesregierung zur wirtschaftlichen Entwicklung im Saarland, die der Ministerpräsident zu einer massiven Attacke gegen die Opposition nutzte: Diese, so der Gang der Argumentation, schade durch ihre unangemessen negative Darstellung der ökonomischen Entwicklung letztlich dem Land, weil sie permanent die Bereitstellung von Mitteln für die Strukturpolitik fordere, die er aber eigentlich in Bonn einwerben wolle, vgl. LTDS, 5. WP, Abt. I, 28. Sitzung v. 14.12.66, S. 674ff.

[67] So formulierte Kurt Conrad: „Es hätten schon lange Maßnahmen zur Freigabe von Industrieflächen erfolgen müssen, um Ansiedlung voranzutreiben. ... Sie wissen selbst, jahrelang hätten wir es tun können, Herr Ministerpräsident. ... Wir haben es immer gefordert. Und jetzt, wo es keinen Brei mehr regnet, fabrizieren Sie einen kleinen Löffel, einen unterdimensionalen Löffel, mit dem aber nichts aufzufangen ist. Zu Zeiten der Hochkonjunktur, als es Brei regnete, hatten wir keinen Löffel. Damals hätten Sie Geld bereitstellen müssen. Wir haben es Ihnen rechtzeitig gesagt, Sie haben es aber nicht getan.", ebd., S. 666.

Auslassen von Chancen, als zögerliches oder unsachgemäßes Handeln[68] oder Ausdruck einer „rückwärts gerichteten Politik, einer konservativen und einer konservierenden Politik"[69] dargestellt wurde. In diesen Debatten, in denen übrigens die Regierungsmitglieder den Hauptteil der Diskussionen bestritten - der Koalitionspartner FDP/DPS war schon seit der vorangegangenen Landtagswahl in strukturpolitischen Fragen praktisch nicht mehr in Erscheinung getreten -, versuchte die Regierungsseite eine Art „Politik der Schadensbegrenzung": Während anhand hochspezialisierter Nachfragen zu Details anscheinend die Haltlosigkeit der von der Opposition vorgetragenen Kritik an der Politik der Vergangenheit nachgewiesen werden sollte,[70] bemühte man sich ungeachtet der Schärfe der Kritik, gemeinsame Grundüberzeugungen und Zielprojektionen zu betonen und so die SPD in eine Art regionalen Konsens einzubinden.[71]

Teilweise übernahm in dieser recht verfahrenen Situation das Saar-Memorandum der Landesregierung vom April 1967 die Funktion eines Befreiungsschlages. Dabei ist bereits die Tatsache, daß ein solches Memorandum überhaupt vorgelegt wurde, schon bemerkenswert. Einerseits stellte es keinesfalls das schon in der Regierungserklärung angekündigte längerfristige Entwicklungsprogramm dar, dessen Fehlen die Opposition noch bis kurz vorher immer wieder kritisiert hatte.[72] Andererseits ging das Saar-Memorandum sogar über die Funktionen eines Entwicklungsplanes hinaus, griff der Ministerpräsident damit doch in seiner Funktion als Regierungschef zu dem Mittel, allgemeine Grundlinien und Zielprojektionen der Politik in einer Situation formulieren zu können, in der durch aktuelle Entwicklungen der Politik die Weiterentwicklung der saarländischen Wirtschaft in ihrem Grundbestand gefährdet zu sein schien.[73] Bemerkenswert ist weiterhin, daß der Ministerpräsident in dem Saar-Me-

---

[68] Kurt Conrad stellte fest, daß „die saarländische Regierung eine Sternstunde der möglichen saarländischen Politik versäumt" habe, „indem sie in den Jahren, als sie den Auftrag des Hauses" gehabt hätte, über die Realisierung des Saar-Pfalz-Kanals zu verhandeln, „sich alsbald von diesem Problem hätte abbringen lassen und sich ... mit der Erklärung der Bundesregierung zufrieden gegeben habe, daß der Kanal gebaut werde, wenn die Als-ob-Tarife nicht dauernd gesichert" werden könnten, LTDS, 5. WP, Abt. I, 33. Sitzung v. 11.4.67, S. 841.

[69] So Rudolf Recktenwald (SPD) in: ebd., S. 848.

[70] So konnte z.B. Friedrich Regitz auf Nachfrage hin keinen einzigen Fall nennen, in dem eine Gemeinde die Ansiedlung eines Industriebetriebes habe ablehnen müssen, weil keine ausreichenden Mittel zur Erschließung von Flächen zur Verfügung gestanden hätten, LTDS, 5. WP, Abt. I, 28. Sitzung v. 14.12.66, S. 673. Ähnlich verhalten optimistisch auch: Karl Guckelmus, Hoffnungsschimmer durch Industrieansiedlung?, in: Die Arbeitskammer. Zeitschrift der Arbeitskammer des Saarlandes 16 (1968), S. 61-62.

[71] Anfang 1967 erklärte der Fraktionsvorsitzende der SPD (!), mit aller Vorsicht argumentieren zu müssen, um nicht durch eine „Zerstörungsarbeit" den Konsens einer zur Verabschiedung anstehenden gemeinsamen Erklärung zur Wirtschaftspolitik zu gefährden, LTDS, 5. WP, Abt. I, 30. Sitzung v. 25.1.67, S. 769.

[72] Zuletzt hatte Franz Josef Röder sich auf den Standpunkt zurückgezogen, daß er den „Röderplan", der in der Presse kolportiert wurde, überhaupt nicht angekündigt habe und einen solchen schon gar nicht gegenüber der Öffentlichkeit geheimhalte, LTDS, 5. WP, Abt. I, 31. Sitzung v. 1.3.67, S. 806.

[73] Aus den vorliegenden Materialien konnten keine Hinweise auf die Autoren dieses Textes gewonnen werden. Die SPD-Opposition hatte noch anläßlich der vorangegangenen Regierungserklärung gemutmaßt,

morandum ein politisches Instrument quasi als Chefsache einsetzte, dessen Verwendung die Opposition im Landtag über Jahre hinweg gefordert hatte und das bereits seit Beginn der strukturpolitischen Debatte in der vierten Legislaturperiode den vielleicht wichtigsten Bestandteil der Profilierungsversuche der SPD dargestellt hatte. Möglicherweise ist darin die Erklärung für die einigermaßen irritierte Reaktion der Sozialdemokraten auf dieses Memorandum zu sehen. Der Oppositionsführer konzentrierte sich auf den Teil des Textes, in dem der Entscheidungsprozeß auf europäischer und nationaler Ebene skizziert wurde, der das Projekt der Als-ob-Tarife zu Unterstützungstarifen hatte werden lassen. Er kritisierte vor allem, daß die Bundesregierung wegen der fehlenden aufschiebenden Wirkung einer Klage auf Rechtsmittel gegen diese Entscheidung der Hohen Behörde der Montanunion verzichtet hatte und betonte die Mitverantwortung der saarländischen Regierung für den Mißerfolg. Mit den im Memorandum niedergelegten Ansätzen eines Entwicklungskonzepts setzte sich Conrad jedoch nicht weiter auseinander, sondern sagte sogar - ganz im Stile der konstruktiven Opposition - seine Mitarbeit bei der weiteren Ausarbeitung zu.[74]

Trotzdem konnte sich die Regierung mit ihrem Vorstoß nicht aus ihrer defensiven Position befreien: Gegenüber der in ihren Elementen bereits bekannten und nun immer wieder vorgebrachten Argumentation der Sozialdemokraten[75] verhielt sich die Mehrheitsfraktion merkwürdig zurückhaltend und gestand zuletzt sogar offen zu, „daß eben im großen und ganzen des Unterfangen der Bundesregierung, die Standortverbesserung auf nationaler tarifarischer Basis zu lösen, als gescheitert betrachtet

---

der Text sei von einer Arbeitsgruppe von ca. 30 Personen erstellt worden, LTDS, 5. WP, Abt. I, 4. Sitzung v. 23.7.65, S. 45. Diese Annahme ließ sich ebensowenig verifizieren, die genannte Zahl scheint aber deutlich zu hoch angesetzt und steht möglicherweise eher in der Tradition der bereits früher geäußerten Kritik an der Staatskanzlei als „Nebenregierung", vgl. LTDS, 4. WP, Abt. I, 16. Sitzung v. 30.1.62, S. 588. Die Tatsache, daß diejenigen Teile des Memorandums, die sich auf die frühere Ansiedlungspolitik bezogen, durchweg aus bereits publiziertem Material, insbesondere den Regierungserklärungen von Eugen Huthmacher entnommen waren, die Teile dagegen, die das Zukunftsprogramm mit umfangreichen finanzpolitischen Erwägungen verknüpften, praktisch neu entworfen waren, spricht dafür, daß der Text möglicherweise aus einer Zusammenarbeit mit Experten aus dem Finanzministerium stammte. Der damalige Finanzminister übernahm, wie noch zu zeigen sein wird, in seiner späteren Funktion als Wirtschaftsminister eben diese Teile besonders intensiv. Auch die im Aufbau begriffene Landesplanung im Ministerium für öffentliche Arbeiten und Wiederaufbau scheint an der Erstellung des Textes nicht beteiligt gewesen zu sein, zumindest erwähnt Jost, Geschichte, S. 335, nichts dergleichen, obwohl er selber bereits seit Anfang 1965 in dieser Abteilung Verantwortung innehatte, vgl. LASB StK 1736, Kabinettsprotokoll v. 9.2.65.

[74] LTDS, 5. WP, Abt. I, 33. Sitzung v. 11.4.67, S. 832ff. Interessant ist übrigens, daß die „Parlamentsregie" in dieser Debatte zu einem ähnlichen Mittel wie bereits bei der parlamentarischen Debatte zum Bergarbeiterstreik 1962 griff: Nach der Rede von Röder beendete das Fernsehen die Übertragung, so daß die Erwiderung des Oppositionsführers nicht mehr als Ganzes im Originalton gesendet wurde. Die heftigen Proteste der Sozialdemokraten - „Daß es sich dabei um einen, möglichst die Regierung unterstützenden Sendebetrieb handelt, das weiß die ganze Bundesrepublik", ebd., S. 841 - blieben ergebnislos.

[75] Sehr deutlich hierzu: ebd., S. 846f. und S. 848ff.: „Aber hätte es wirklich so weit kommen müssen, daß der Ministerpräsident des Landes an diesen Platz tritt und dem Landtag sagen muß: Wir sind nicht mehr in der Lage, aus eigener Kraft etwas zu tun zur Bewältigung der Aufgaben, die uns gestellt sind?".

werden muß."[76] Einzig der Wirtschaftsminister versuchte durch eine erneute Darstellung der Vorgeschichte der aktuellen Entwicklung die Situation zu retten - er erhielt jedoch dafür nicht einmal rhetorische Unterstützung aus den eigenen Fraktionen.[77] Ganz im Gegenteil eskalierte die strukturpolitische Diskussion in den auf die Publikation des Memorandums folgenden Monaten hinsichtlich Inhalt und Stil. Zunächst geriet der Wirtschaftsminister weiter unter Druck, dem die Opposition nun nicht mehr nur allgemein Unvermögen, sondern sogar ganz konkret die Blockade wichtiger Industrieansiedlungen in der Vergangenheit vorwarf. Dabei wurde seine frühere Position, Industrieansiedlungen seien vor allem durch die Arbeitskräfteknappheit erschwert worden, angesichts der neuerdings auch im Saarland erstmals wieder meßbar gewordenen Arbeitslosigkeit einer Überprüfung unterzogen.[78] Und auch sein Verhalten im Zusammenhang mit der Ansiedlung eines Automobilwerkes in Kaiserslautern wurde bemängelt.[79] Auch in dieser Debatte, in der Huthmacher sich auf die Position zurückzog, erst angesichts der Krise sei es möglich, „in der ganzen Bevölkerung" Konzepte der Umstrukturierung „populär" zu machen,[80] fand er praktisch keine Unterstützung aus den regierungstragenden Fraktionen.

Nur im Umfeld der Beratungen über das sog. Gesetz zur Anpassung und Gesundung des deutschen Steinkohlenbergbaus - das Kohleanpassungsgesetz - schien es zu einer Beruhigung der Debatte zu kommen; zwar scheiterte zunächst der Versuch, eine gemeinsame Erklärung aller Fraktionen zur Kohlepolitik zu verabschieden; nach

---

[76] Ebd., S. 847.

[77] Bemerkenswert ist die Rolle der FDP/DPS in dieser Diskussion: Karl Wust versuchte an dieser Stelle, seine Fraktion als diejenige politische Kraft darzustellen, die sich „schon immer" für den Kanalbau eingesetzt habe; das Scheitern der Tariffrage führte er auf die unzureichende Interessenvertretung Deutschlands in Europa zurück: „Ich kann mir nämlich, meine Damen und Herren, kaum vorstellen, daß, wenn der Präsident der Französischen Republik, Herr de Gaulle, unser Problem zu lösen gehabt hätte, es dann auch so negativ wie bei uns gelaufen wäre.", ebd., S. 844.

[78] Manfred Zeiner (SPD) bezog sich auf eine frühere Äußerung Huthmachers, der die unzureichende Ansiedlungsleistung während der Stagnationskrise darauf zurückgeführt hatte, daß die Regierung ansiedlungswilligen Firmen keine Arbeitskräfte zur Verfügung stellen konnte: „Wenn wir in der Lage wären, Unbeschäftigte hier anzubieten, dann wäre - das kann ich Ihnen sagen - die Ansiedlungspolitik ein Kinderspiel und keine schwierige Angelegenheit.", LTDS, 5. WP, Abt. I, 15. Sitzung v. 31.3.66, S. 370. Nun, so führte Zeiner aus, herrsche gar ein Überangebot an Arbeitskräften: „Bitte, Herr Minister, dann vollführen Sie dieses Kinderspiel heute, Sie brauchen es.", LTDS, 5. WP, Abt. I, 35. Sitzung v. 26.4.67, S. 913.

[79] Huthmacher mußte sich gegen den Vorwurf wehren, die Ansiedlung des später in der Nähe von Kaiserslautern errichteten Opel-Werkes mit Rücksicht auf die kurzfristigen Interessen der Stahlindustrie im Saarland verhindert zu haben. Dies leugnete er. Statt dessen zog er sich auf die Position zurück, daß die Ansiedlung dieses Unternehmens „die Entwicklung im Westraum des Saarlandes gestört" hätte, weil sie nicht in sein Entwicklungskonzept hätte integriert werden können. „Ich war deswegen froh, daß sich diese Verhandlungen zerschlagen haben." Aus regionalpolitischer Sicht sei sogar der jetzt gewählte Standort sinnvoller, weil damit der Leerraum zwischen Saarbrücken und Mannheim industriell erschlossen werde, ebd., S. 916ff.

[80] „Deswegen habe ich gesagt, daß der derzeitige Zeitpunkt der geeignetste sei den Ruf nach Umstrukturierung in der ganzen Bevölkerung populär zu machen, selbst bei denjenigen, die früher Hemmungen gehabt haben sollten.", ebd., S. 918.

ausführlichen Beratungen in Ausschüssen und im Plenum konnte aber schließlich doch eine gemeinsame Position erarbeitet und in Beschlußform gebracht werden.[81] Nach der durch den Tod von Eugen Huthmacher am 29. Mai 1967 notwendig gewordenen Kabinettsumbildung - Reinhard Koch übernahm die Funktion des Wirtschaftsministers, Helmut Bulle wurde Finanzminister - eskalierte die Debatte jedoch kaum einen Monat später vollends. Die Fortsetzung der Aussprache über die Regierungserklärung vom April, in der Franz Josef Röder das Saar-Memorandum veröffentlicht hatte, geriet zu einem langen und heftigen Schlagabtausch, in dem sich die Trennlinien zwischen Opposition, Regierung und der sie tragenden Fraktionen völlig verwischten. Zunächst schien die FDP/DPS-Fraktion praktisch aus der Regierung auszuscheren, als Karl Wust der Regierung bescheinigte, in der Vergangenheit sei „die Bedeutung des Problems [der Industrieansiedlung] entweder nicht voll erkannt worden ... oder [daß sie] zumindest nicht mit der richtigen Einstellung an diese Aufgabe herangegangen ist."[82] Demgegenüber erschienen die Wortbeiträge der SPD-Opposition - insbesondere die des Fraktionsvorsitzenden - noch geradezu harmlos. Der Kernpunkt der von ihren Rednern vorgetragenen Argumentation bestand darin, daß der Ministerpräsident in seinem Regierungsprogramm des Jahres 1965 die vorangegangene Legislaturperiode „schöngefärbt" habe und daß die in und nach der Übergangszeit vom Bund zur Verfügung gestellten Mittel sehr wohl hätten ausreichen können, um eine sinnvolle Politik zu betreiben. Statt dessen stehe man jetzt vor einem „Scherbenhaufen der saarländischen Wirtschaftspolitik"[83].

Teile der CDU-Fraktion hielten dieser Kritik gemäß der Strategie des Saar-Memorandums noch entgegen, daß gewisse Versäumnisse der Vergangenheit im Fehlen einer zweiten Stufe der Übergangszeit begründet waren, daß außerdem durchaus Ansiedlungserfolge eingetreten sind und daß schließlich eine sinnvolle Wirtschaftsplanung von Seiten der Regierung zu keinem Zeitpunkt grundsätzlich abgelehnt worden war.[84] Im krassen Gegensatz zu diesem - im Hinblick auf die Bewertung früherer Regierungsleistungen ja auch schon durchaus ambivalenten - Urteil führte der CDU-Abgeordnete Norbert Brinkmann aus, daß im Rahmen der Diskussion um den Saarvertrag die Landesregierung stets eine Verkürzung der Übergangszeit als wichtigstes politisches Ziel verfolgt habe. Dagegen sei in dieser Zeit der Bau des Saar-Pfalz-Kanals von keiner der beteiligten Personen oder Gruppen überhaupt nur

---

[81] LTDS, 5. WP, Abt. I, 38. Sitzung v. 14.6.67, S. 979ff., und ebd., 39. Sitzung v. 22.6.67, S. 986ff. Besonders interessant sind die offensichtlich um Ausgleich bemühten Äußerungen von SPD, CDU und Landesregierung, siehe S. 990 und S. 1004f.

[82] LTDS, 5. WP, Abt. I, 42. Sitzung v. 7.7.67, S. 1089.

[83] Kurt Conrad ebd., S. 1091ff., Karl Heinz Schneider (SPD) ebd., S. 1097, und ebd., S. 1099.

[84] Vgl. hierzu insbesondere die Wortbeiträge von Jakob Feller, ebd., S. 1094ff., und vor allem Rainer Wicklmayr: „Es hat, solange ich in diesem Hause bin, noch niemand einer sinnvollen Raumordnung mit dem Argument widersprochen, das sei Planwirtschaft ... Auch im kleinsten Land muß man klare Vorstellungen haben, muß man sie zu Papier bringen.", ebd., S. 1102. Wicklmayr war übrigens, wie bereits erwähnt, 1965 erstmals ins Parlament gewählt worden.

gefordert worden.⁸⁵ Diesen Ansatz entwickelte Brinkmann dann zu einer Art Generalabrechnung mit der Regierungszeit Franz Josef Röders. Er stellte klar, daß es in der Vergangenheit „bei uns" - unklar blieb, ob damit die CDU oder das Saarland gemeint war - als „Todsünde" gegolten habe, von „Umstrukturierung" zu sprechen, und daß auch Industrieansiedlungen von Regierungsseite verhindert worden seien, wenn auch vielleicht nicht aus Gründen der einseitigen Bevorteilung bestimmter Interessengruppen, sondern auf Grund eines „traditionellen Denkens".⁸⁶ Einzig in der rhetorischen Frage an die Opposition, ob sie die gegenwärtige Zuspitzung der wirtschaftlichen Lage denn damals bereits vorhergesehen habe, war ein schwacher Ansatz zur kritischen Auseinandersetzung mit der SPD zu erkennen.

Nach dieser Eskalation der parlamentarischen Auseinandersetzung war die Frage der „richtigen" Deutung der jüngsten Zeitgeschichte und ihres Einflusses auf die Entwicklung des Saarlandes völlig offen. Hierzu lagen mittlerweile in jeder Fraktion sehr unterschiedliche und innerfraktionell kaum ausgleichbare Meinungen vor. Das bereits weiter oben dargestellte Scheitern Röders, seine Deutung der vergangenen Regierungsjahre als Grundlage der Bewertung seiner Politik vorzugeben, setzte sich also weiter fort. Nun wurde der Regierungschef jedoch sogar persönlich in seiner politischen Verantwortung angegriffen und geriet mehr und mehr in die Gefahr, zum „Schuldigen" erklärt zu werden. Für Entlastung sorgte ausgerechnet der neugewählte Wirtschaftsminister Reinhard Koch: Ausgehend von einer Selbstbindung an das Ziel der „Umstrukturierung", entwickelte er ein dem Saar-Memorandum weitgehend entsprechendes Programm, das nicht nur regionalpolitische Maßnahmen, sondern auch kritische Bemerkungen zum Föderalismus und seiner Problemlösungsfähigkeit in der Energiepolitik enthielt und das auch die Zusammenarbeit in der europäischen Region Saarland-Lothringen-Luxemburg als die einzig zukunftsträchtige Entwicklungschance für das Saarland postulierte.⁸⁷

2.2.2 Von der Krise zur „Erfolgsstory"

Die Rückwirkungen dieser Eklat-artigen Zuspitzung der Debatte bestimmten die regionalpolitische Diskussion im Parlament über einen Zeitraum von fast einem Jahr. Im Überblick über die bis zum Mai 1968 geführten Debatten läßt sich sehr gut erkennen, wie die parlamentarische Opposition immer stärker mit dem Argument der in der Vergangenheit erwiesenen Erfolglosigkeit der Regierungen Röders argumen-

---

⁸⁵ „In den Jahren 1956/57 ist nach meiner Kenntnis - und Sie, verehrter Herr Kollege Conrad, werden mir da nur beipflichten können - von keiner Stelle des Saarlandes, also weder von den politischen Parteien noch vom saarländischen Landtag oder von einer wirtschaftlichen Organisation, der Bau des Kanals in irgendeiner substantiierten [sic!] Form vertreten oder vorgetragen worden.", ebd., S. 1107.

⁸⁶ Ebd., S. 1108. Die Einordnung dieses Debattenbeitrags fällt insofern schwer, als Röder und Brinkmann ein sprichwörtlich schlechtes persönliches Verhältnis zueinander hatten. Aufschlußreich ist immerhin, daß die gw-Saar in ihrer Selbstdarstellung als entscheidender Förderer des Strukturwandels durch Ansiedlung neuer Industrien ihre Gründung explizit auf die innovative Tätigkeit Brinkmanns als Wirtschaftsminister zurückführte, vgl. GW-Saar (Hg.), 25 Jahre, S. 4.

⁸⁷ LTDS, 5. WP, Abt. I, 42. Sitzung v. 7.7.67, S. 1112-1123.

tierte und wie die Perspektive der „verpaßten Chancen" sich als „richtige" Deutung der jüngsten Zeitgeschichte immer mehr durchsetzte.[88] Der Ministerpräsident gestand daraufhin immer öfter Versäumnisse in der Vergangenheit zwar zu, betonte aber gleichzeitig, daß in der Vergangenheit die Prioritäten der Politik anders gesetzt worden seien und daß damals die kommenden Probleme in dem Umfang von niemandem, auch nicht der SPD, vorhergesehen werden konnten.[89] Gleichzeitig zeigte sich die Regierung sichtlich bemüht, vor der Folie der negativen Bewertung der Vergangenheit die positiven und innovativen Aspekte ihres aktuellen Regierungsprogramms herauszuarbeiten. Insbesondere der neu ernannte Wirtschaftsminister variierte die im Saar-Memorandum angelegten politischen Leitlinien in mehreren Redebeiträgen, wobei er im Kontrast auch zu seinem Parteifreund Karl Wust die Chancen und Möglichkeiten regionalpolitischen Handelns betonte und gegenüber der von der SPD pauschal vorgetragenen Forderung einer „Umstrukturierung" ein differenziertes Vorgehen nahelegte.[90] In diese Linie schwenkte binnen kürzester Zeit praktisch die gesamte regierungstragende Koalition ein. Insbesondere die Vision einer grenzüberschreitenden Zusammenarbeit mit Lothringen, eine Vision, die vom Ministerpräsidenten nachdrücklich vertreten wurde,[91] fand sogar quer durch das Parlament

---

[88] Vgl. besonders eindrucksvoll hierzu die Redebeiträge von Friedrich Regitz (SPD) in: LTDS, 5. WP, Abt. I, 44. Sitzung v. 22.9.67, S. 1153, von Wilhelm Werth (SPD) in: LTDS, 5. WP, Abt. I, 49. Sitzung v. 12.12.67, S. 1279, von Rudolf Recktenwald in: LTDS, 5. WP, Abt. I, 51. Sitzung v. 14.2.68, S. 1345f., von Hermann Petri (SPD) in: LTDS, 5. WP, Abt. I, 52. Sitzung v. 6.3.68, S. 1420, oder auch von Ernst Tesar (SPD), in ebd., S. 1412. Von Regierungsseite wurde dagegen der aus früheren Debatten bekannte Hinweis darauf, daß die Kritik der Opposition am „Versagen" der Regierung die Einwerbung von Bundeshilfen gefährde, da Bonner Kreise auf Basis dieser Kritik erst angemessene Vorleistungen des Saarlandes selber einfordern könnten, nicht mehr besonders pointiert vorgetragen. Als wirksamer wurde offenbar eher schon der Hinweis angesehen, daß die SPD selber in der Übergangszeit Regierungsverantwortung getragen habe und daher ihre Kritik teilweise sie selber treffe, vgl. zuletzt Franz Josef Röder in: LTDS, 5. WP, Abt. I, 43. Sitzung v. 20.9.67, S. 1145.

[89] „Wir alle sind in einer Zeit, als es noch andere Möglichkeiten gab, nicht so sehr auf die Bereitstellung von Arbeitsplätzen, als vielmehr hinsichtlich der Möglichkeit, langfristige Maßnahmen zur Besserung unserer Standortsituation herbeizuführen, schuldig geworden in dem Sinne, daß wir nach 1955 geglaubt haben, wir müßten den sozialen und rechtlichen Besitzstand jedes einzelnen in diesem Lande absichern. In tausend Saarklauseln haben wir die Forderung nach Zuwendungen des Bundes immer wieder neu strapaziert. Wir hätten versuchen müssen, zur Sicherung dieser Bevölkerung und ihres sozialen Besitzstandes auf Dauer etwas zu erreichen, wobei Millionenbeträge in diesem Land hätten investiert werden müssen. Das haben Sie [angesprochen war Kurt Conrad] und ich und wir alle seinerzeit gemeinsam unterlassen.", LTDS, 5. WP, Abt. I, 50. Sitzung v. 7.2.68, S. 1316.

[90] Besonders deutlich gelang dies in seiner Antwort auf eine Anfrage der SPD zur Entwicklung der Saarwirtschaft: Während die SPD-Fraktion recht undeutlich den Rückgang der Industriebeschäftigung beklagte, legte Koch ein präzises Entwicklungsprogramm vor. Dabei spielte auch der Montankern eine wichtige Rolle: „Die Regierung sieht in der langfristigen Sicherung und Erhaltung des Wirtschaftspotentials der Eisen- und Stahlindustrie eine ihrer vordringlichen wirtschaftspolitischen Aufgaben.", LTDS, 5. WP, Abt. I, 49. Sitzung v. 12.12.67, S. 1280.

[91] Sehr deutlich z.B. in: LTDS, 5. WP, Abt. I, 50. Sitzung v. 7.2.68, S. 1317ff. Röder führte an dieser Stelle aus, daß es Aufgabe des Staates sei, strukturelle Anpassungsprobleme zu erleichtern; „aber man kann keine Hilfen geben, die nicht mehr haltbare Strukturen auf Dauer konservieren" - mithin ein recht weitgehender Umstrukturierungsvorschlag. Gerade deswegen, so sein Gedankengang, sei „Kooperation und Verbesserung der Standortlage" so wichtig, beispielsweise im grenzüberschreitenden CECO-

Zustimmung, wenn z.B. Ernst Tesar für die SPD ausführte, daß, vom Gesichtspunkt der Raumordnung betrachtet, „Lothringen und Saarland ein Raum" seien. Aus diesem Grunde sollte der westliche Nachbar „Partner, und nicht Konkurrent" sein.[92]
Ansonsten verfolgten die Sozialdemokraten eine Form der parlamentarischen Beratung von Strukturpolitik, die der in der vorangegangenen Legislaturperiode geübten Praxis sehr stark glich. Mit einer Fülle von Anträgen und Anfragen, die sich meistens auf aktuelle Ereignisse, nicht selten aber auch auf die Materialgrundlage von in Vorbereitung befindlichen Regierungsentwürfen bezogen, machte die Opposition das Thema Strukturpolitik quasi zum ständigen Beratungsgegenstand. Gleichzeitig verzichtete die Opposition jedoch darauf, ein präzises Gegenprogramm zu den von der Regierung vorgeschlagenen regionalpolitischen Maßnahmen zu entwickeln oder wenigstens die für die Zukunft avisierte Vorgehensweise mit Gegenvorschlägen zu kontrastieren. Besonders deutlich zeigte sich dieser Aspekt in der Mitte Februar angesetzten Debatte über die Aufhebung der Als-ob-Tarife durch den europäischen Gerichtshof. Obwohl die Opposition diese Entscheidung als „Fiasko" für die Standortpolitik der Regierung Röders darzustellen versuchte,[93] geriet die Debatte zu einer zwar heftigen, aber bezogen auf die aktuelle Programmatik der Regierung zusammenhanglosen, quasi zeithistorischen Diskussion über die Standortpolitik der Vergangenheit. So kam es zu einem heftigen Schlagabtausch über die Verantwortung einzelner Politiker und Parteien für frühere Fehlentscheidungen; letztlich muß aber doch dem Gesamturteil von Alfred Wilhelm zugestimmt werden: „Die Aktuelle Stunde hat, glaube ich, von seiten der Opposition bis jetzt zwar viele Worte, aber wenig Aktuelles gebracht."[94]
Etwas besser gelang der Opposition der Brückenschlag zwischen Kritik an Versäumnissen der Regierung in der Vergangenheit und Problemen der gegenwärtigen ökonomischen Entwicklung bei der Debatte über eine Regierungserklärung zum Generalplan II[95] der Saarbergwerke AG. Die Sozialdemokraten verlegten sich besonders auf den arbeitsmarktpolitischen Aspekt von Regionalpolitik und betonten, bereits in der Vergangenheit als Bedingung für den Stellenabbau im Bergbau die Schaffung neuer Arbeitsplätze in der Region gefordert zu haben, was aber nicht in ausreichendem

---

FA-Projekt, das weiter unten noch zu thematisieren sein wird.

[92] LTDS, 5. WP, Abt. I, 52. Sitzung v. 6.3.68, S. 1413. Diese Äußerung ist insofern interessant, als bis dahin die SPD das Konkurrenzverhältnis zu Lothringen gerade in regionalpolitischen Diskussionen, z.B. in der Tarif- und Verkehrsfrage, stets besonders betont hatte.

[93] So Friedrich Regitz (SPD) in: LTDS, 5. WP, Abt. I, 51. Sitzung v. 14.2.68, S. 1345. Vgl hierzu auch die Bewertung bei Christoph Loew, Nur eine Wasserstraße bringt die Saarwirtschaft den Märkten näher, in: Die Arbeitskammer. Zeitschrift der Arbeitskammer des Saarlandes 16 (1968), S. 300-301, hier: S. 300, der glaubte, daß wegen des Urteils „nach dem Bergbau der zweite Grundpfeiler der Saarwirtschaft, die Hüttenindustrie, zur Schrumpfung verurteilt" sei.

[94] Ebd., S. 1349. Sogar die Landesbank und Girozentrale Saar (Hg.), Wirtschaftsberichte 1968, Saarbrücken 1968, Heft 1, sprach von „Unbehagen" und „Ungeduld", die sich im Land breitgemacht hätten.

[95] Vgl. hierzu Seyler, Auswirkungen, S. 13ff; Dörrenbächer, Anpassungsprozesse, S. 109ff., sowie ders., Bierbrauer u. Brücher, Coal mining, S. 211.

Maße geschehen sei. Daher, so der Gedankengang, rühre die aktuelle Arbeitslosigkeit. Auch in dieser Debatte konzentrierte sich somit der Beitrag der SPD auf diejenige Formel, nach der die CDU-geführte Landesregierung in der Vergangenheit den Strukturwandel „verschlafen" und auch bei der Planung von Anpassungsleistungen nur „gewurstelt" habe;[96] mit konkreter Kritik am Generalplan oder gar der Formulierung von Alternativen hielten sich die sozialdemokratischen Parlamentarier aber sichtlich zurück. Im Gegensatz dazu stellte der FDP/DPS-Abgeordnete Karl Wust erneut die Regierungspolitik als Ganzes in Frage. Bereits die Debatte als solche empfand er als unangemessen, weil hier unternehmerische Entscheidungen öffentlich diskutiert würden, was der Konkurrenzsituation der Saarbergwerke unter Umständen nicht förderlich sein würde; außerdem fordere der Generalplan erneut die Erfüllung „politischer Aufgaben" von einem Wirtschaftsunternehmen, was nicht sinnvoll sei, da ein fundamentaler Widerspruch zwischen rentablem Wirtschaften und regionalpolitischer Umstrukturierung bestünde. Daher schlug er die Privatisierung des Unternehmens und eine Neufassung der Kohlepolitik vor, da mit dem gegenwärtigen Vorgehen „öffentliche Mittel unproduktiv" eingesetzt würden, was als „wirtschaftlich widersinnig" bezeichnet werden müsse.[97]

Von christdemokratischer und Regierungsseite dagegen wurde nun stark konsensorientiert diskutiert. Nachdem der Wirtschaftsminister die aktuellen Planungen im Kohlesektor als umfangreiches und differenziertes Zukunftsprogramm dargestellt hatte, das neben einer Restrukturierung der Förderung auch umfangreiche sozialpolitische Abfederungsmaßnahmen und auf die künftige Entwicklung ausgerichtete Diversifizierungsanstrengungen enthielt - all' dies in enger Verzahnung mit der Bundespolitik -,[98] beschränkte sich Franz Josef Röder im wesentlichen darauf, mit offenkundiger Zufriedenheit festzustellen, daß grundsätzliche Kritik an den Zukunftsplänen mit einer Ausnahme nicht geäußert worden sei. Als er zusätzlich im mittlerweile üblich gewordenen Stil die Generalverantwortung für die Politik der Vergangenheit - inklusive der Versäumnisse - übernommen hatte, nicht ohne jedoch an einer Vielzahl von Punkten auf die Alternativlosigkeit oder gar den Erfolg von Einzelmaßnahmen hinzuweisen,[99] konnte ein neuerlicher Beschlußantrag der SPD zu diesem

---

[96] Besonders deutlich wurde diese Argumentation bei Kurt Conrad (SPD), LTDS, 5. WP, Abt. I, 56. Sitzung v. 8.5.68, S. 1565.

[97] Ebd., S. 1569ff. Besonders aufschlußreich ist das Kernzitat seines Gedankengangs als Absage an die elementaren Grundlagen der Kohle- und Bergbaupolitik im Saarland der vergangenen Jahre: „Ich meine, es wäre überhaupt ein großer Segen für dieses Unternehmen, wenn der Staat - in diesem Falle der Bund und das Land - nicht mehr die Finger in ihm hätten, wenn wir also nicht Anteilseigner wären."

[98] Ebd., S. 1562ff.

[99] In diesen Teilen seiner Rede versuchte Röder, der gegen seine Regierungszeit erhobenen Kritik weitgehend die inhaltliche Grundlage zu entziehen: Weder sah Röder rückblickend eine Chance auf Verwirklichung des Kanalprojektes noch konnte er darin überhaupt ein „Allheilmittel" erkennen. Statt dessen führte er die verkehrspolitischen Probleme auf die seit „Jahrhunderten" durch nationales Glacis-Denken bestimmte Verkehrspolitik im Grenzraum zurück, ebd., S. 1575. Bemerkenswert ist auch seine Reinterpretation der Geschichte der Opel-Ansiedlung in Kaiserslautern: Im direkten Kontrast zur früheren

Themenbereich in den zuständigen Ausschuß verwiesen werden. Eine Überraschung brachte jedoch die auf diese Verweisung folgende Plenarsitzung, in der der SPD-Abgeordnete Wilhelm Silvanus mit den aktuellen Plänen von Regierung und Saarbergwerken hart ins Gericht ging. Der Generalplan II, so Silvanus, müsse zutreffender als „zweiter Generalrückzugsplan" bezeichnet werden; die von allen Fraktionen gemeinsam vorgelegte Beschlußvorlage rücke das Fehlen eines kritischen Ansatzes ins „Nebulöse".[100] Die Antikritik zu diesen Einlassungen kam jedoch nicht etwa von Regierungsseite, sondern vom Fraktionsvorsitzenden der SPD. Dieser verteidigte die in Ausschußberatungen erarbeitete Beschlußvorlage als akzeptablen Kompromiß, mit dem die kohlepolitische Diskussion „in Bewegung zu setzen" gewesen sei. Zwar sei die Formulierung gegenüber der ursprünglichen Fassung leicht abgemildert worden, die SPD-Fraktion habe sich gegen seinen Willen jedoch erst kurz vor der Plenarsitzung entschieden, dieser abgemilderten Form nicht zuzustimmen und einen neuerlichen Abänderungsantrag einzubringen.[101]

Man wird in diesem Agieren der Sozialdemokraten wohl nichts weniger als eine Desavouierung ihres Fraktionsvorsitzenden erkennen können; konsequenterweise setzte die CDU mit ihren Stellungnahmen zu diesem Vorgang an dieser Stelle an. Nachdem Nikolaus Fery den Konsens zwischen Regierung und Opposition darüber betont hatte, daß die Neuordnung des Kohlesektors nach marktwirtschaftlichen Prinzipien zu erfolgen habe,[102] interpretierte Rainer Wicklmayr die Vorgänge in der SPD parteipolitisch: „Aber es hat offenbar verschiedenen Leuten nicht gefallen, daß es solche Gemeinsamkeiten gibt. Das hat in das lange gepflegte Bild einer verfehlten Wirtschaftspolitik nicht ganz hineingepaßt."[103] Gegen Ende der Debatte, in deren

---

Darstellung von Eugen Huthmacher stellte Röder diese Frage nun so dar, als habe Opel - genau wie auch Ford - von vornherein kein Interesse an einer Ansiedlung im Saarland gehabt; daß eine derartige Ansiedlung wenigstens in einem Fall erfolgt war, konnte er somit auf die Politik seiner Regierung zurückführen, ebd., S. 1576. Jedenfalls hat die Regierung die Ansiedlungsmaßnahme in Saarlouis bzw. den dazu nötigen Ausbau der lokalen Infrastruktur auch mit finanziellen Maßnahmen begleitet, vgl. LASB StK 1740, Kabinettsprotokoll v. 21.12.65, und hat sich auch mit Einflußnahmen französischer Behörden zugunsten einer möglichen Abwerbung des ansiedlungswilligen Unternehmens beschäftigt, LASB StK Kabinettsregistratur, Anlage MW, Kabinettsvorlage Wirtschaftsministerium v. 23.12.65.

[100] LTDS, 5. WP, Abt. I, 57. Sitzung v. 15.5.68, S. 1621. Silvanus hatte sich früh bereits mit weitgehenden Reformforderungen in der Montanpolitik profiliert, vgl. Wilhelm Silvanus, Alternative zu Kohle und Stahl? Zur Frage der Umstrukturierung der Saarwirtschaft, in: Die Arbeitskammer. Zeitschrift der Arbeitskammer des Saarlandes 12 (1964), S. 97-99, wo substanzerhaltende Maßnahmen außerordentlich kritisch bewertet wurden.

[101] LTDS, 5. WP, Abt. I, 57. Sitzung v. 15.5.68, S. 1623f. Kurt Conrad (SPD) stellte in explizitem Widerspruch zum Wortbeitrag seines Fraktionskollegen fest, daß „bei beiden Parteien zweifellos der Wille bestanden hat, im Interesse des Landes Formulierungen zu finden, die etwas in Bewegung setzen, wenn auch die Mitglieder der Regierungsparteien mäßigend und Spitzen abbrechend eingewirkt haben."

[102] Einigkeit besteht nach seiner Darstellung darin, „ ... daß Kohlepolitik mit dem Markt, über den Markt, zumindest in der Tendenz gemacht werden muß" und daß bisherige Maßnahmen die Strukturkrise „verschleppt" haben, und zwar mit „großem Nachteil in volkswirtschaftlicher und auch in sozialpolitischer Hinsicht", ebd., S. 1624.

[103] Ebd., S. 1627.

weiterem Verlauf Vertreter der SPD-Fraktion ihre Ablehnung mit Bedenken hinsichtlich der noch nicht völlig geklärten Kostenbelastung durch die Umsetzung des Generalplans II begründet hatten, sah der Regierungschef sogar eine grundlegende Gefährdung elementarer regionalpolitischer Grundsätze durch das Taktieren von Teilen der SPD. Wenn bereits in dieser Phase die SPD darauf bestehe, alle möglicherweise künftig eintretenden Finanzbelastungen „exakt zu berechnen, aufzustellen und zu verkünden, dann werden Sie dadurch eine Situation schaffen, die es beinahe psychologisch notwendig macht, im Bergbau - wenn Sie es einmal ganz hart haben wollen - Schluß zu machen."[104] Dies aber, so Röder, wolle weder die CDU noch seine Regierung, die sich die Anliegen der Bergleute schließlich zur persönlichen Aufgabe gemacht habe.

Man geht sicher nicht fehl in der Annahme, daß diese Desavouierung der Fraktionsspitze ein wichtiger Grund für die im restlichen Jahr 1968 nur noch sehr zurückhaltende Aktivität der SPD-Fraktion im Bereich der Strukturpolitik war. Zweifellos wird dabei allerdings auch der durch das Wiederanlaufen der Konjunktur reduzierte Problemdruck und die Tatsache, daß auch die Sozialdemokraten auf Bundesebene an der Regierung beteiligt waren, eine Rolle gespielt haben. Aber selbst die außenhandels- und währungspolitischen Maßnahmen der Bundesregierung weckten offenbar nicht die Streitlust des Parlamentes,[105] während der Regierungschef - ganz als Landesvater - die positive Entwicklung der vorangegangenen Monate nicht zu zerreden bat.[106]

Zögerlich in Gang kam die Debatte über strukturelle Fragen der Saarwirtschaft erst wieder Anfang 1969. Mitten in den Haushaltsberatungen ergriff der Ministerpräsident das Wort, um den am 11. Februar 1969 erfolgten Grundsatzbeschluß des Bundeskabinetts zu zitieren, nach dem für das Saarland ein „Wasserstraßenanschluß" geschaffen werden sollte.[107] Die geradezu euphorische Wertung dieses Beschlusses veranlaßte den Oppositionsführer zu einer halbstündigen Rede über Strukturfragen, die im wesentlichen die seiner Ansicht nach inkonsequente Amtsführung und zögerliche

---

[104] Ebd., S. 1634.

[105] Ganz im Gegensatz zu den Reaktionen in der Wirtschaft, vgl. Fritz-Henning Karcher, Ein schwerer Schlag, in: Die Saarländische Wirtschaft. Mitteilungen der Industrie- und Handelskammer des Saarlandes 25 (1969), S. 270, oder Landesbank und Girozentrale Saar (Hg.), Wirtschaftsberichte 1970, Saarbrücken 1970, H. 1. Diskutiert wurde die Frage der auch durch die Abwertung des Franc eingetretenen Verschiebungen im Währungssystem vornehmlich in Perspektive ihrer Auswirkungen auf die sog. Grenzgänger, also Saarländer, die in Frankreich Arbeit gefunden hatten. Ähnlich wie bereits bei der Aufwertung der DM von 1961 hatte dieser Personenkreis Gehaltseinbußen hinzunehmen, für die allerdings kein genereller Ausgleich, sondern nur eine einmalige Überbrückungshilfe geleistet wurde, vgl. LASB StK 1756, Kabinettsprotokoll v. 25.11.69. Gleichzeitig stellte das Land - nachdem der Bund zugesagt hatte, sich mit 50% zu beteiligen - auch Sonderkredite in Höhe von 10 Mio. DM für Unternehmen bereit, die durch diese Maßnahmen in Schwierigkeiten geraten waren.

[106] „Ich meine deshalb, wir sollten keinesfalls in der Öffentlichkeit den Eindruck erwecken, als ob für uns eine schlechte Zukunft beginne und als ob es bergab ginge in unserem Land, weil wir besonders schwierige Verhältnisse haben. Dazu besteht im Augenblick kein Anlaß.", LTDS, 5. WP, Abt. I, 63. Sitzung v. 25.11.68, S. 1716.

[107] LTDS, 5. WP, Abt. I, 67. Sitzung v. 19.2.69, S. 1820f.

Vorgehensweise der Landesregierung anhand von Einzelpunkten kritisierte.[108] Der Tenor seines Wortbeitrages - und auch der seiner Fraktionskollegen - bestand darin, daß in der aktuellen Legislaturperiode im Hinblick auf die Umstrukturierung der Saarwirtschaft zu wenig erreicht worden sei. Sogar Frankreich sei, so das Gegenbeispiel, in Lothringen sehr viel weiter gekommen, daher müsse die Zusammenarbeit mit dem westlichen Nachbarn unbedingt verstärkt werden.[109] Gegen die somit sehr vorsichtig vorgetragene Kritik setzte besonders der Regierungschef eine in dieser Form neue Sichtweise. Ausgehend von der nun von ihm als allgemeingültige Erkenntnis verkündeten Feststellung, daß planerische Aspekte in der Gesellschaft immer wichtiger würden und daß dadurch die Anforderungen an die ordnende, aber auch auf Expertenwissen zurückgreifende Kraft der Politik immer höher würden, entwickelte er eine „Erfolgsstory" der Strukturpolitik in Vergangenheit und Gegenwart des Saarlandes. Die Regierung habe die sich abzeichnenden Probleme früh genug erkannt, in voller Übereinstimmung - hier wurde der frühere Wirtschaftsminister explizit einbezogen - alles Notwendige getan und mit ihrem konsequenten Kurs, der auch eine zu weitgehende Umstrukturierung ablehnte, nicht nur eine günstige Entwicklung ausgelöst, sondern auch Schlimmeres verhindert. Daher sei auch eine Länderneugliederung schlichtweg überflüssig, da sie allenfalls das „äußere Bild der Statistik", nicht aber die konkrete Situation ändere.[110]

Diese „Erfolgsstory" bestimmte die Darstellung der strukturpolitischen Gegebenheiten durch die Regierung und die sie tragenden Fraktionen praktisch für den Rest der Legislaturperiode. Der Wirtschaftsminister reicherte diesen Grundgedanken mit einer detaillierten Darstellung der Ansiedlungs- und Auflockerungserfolge der allgemeinen Wirtschaftspolitik an,[111] der Regierungschef nutzte die Gelegenheit einer Entscheidung des Bundestags gegen die Einstellung eines Titels für Kanalbaumaßnahmen, um das streng wachstumsorientierte „Strukturprogramm Saar" als Fortsetzung der „Erfolgsstory" in aller Breite zu präsentieren,[112] und auch die meisten sonstigen De-

---

[108] Ebd., S. 1822-1825. Sehr viel differenzierter dagegen: Christoph Loew, Nach dem Kabinettsbeschluß: Jetzt muß die Saar ihre Chancen wahrnehmen, in: Die Arbeitskammer. Zeitschrift der Arbeitskammer des Saarlandes 17 (1969), S. 77-78. Interessant ist die hier vorgetragene Bewertung, nach welcher der Kanal in erster Linie den Interessen der Hüttenindustrie würde dienen können und insofern „strukturkonservierenden Charakter" besitze. Daran schloß die Gewerkschaft der Eisenbahner Deutschlands ihre Stellungnahme an, nach der es volkswirtschaftlich sinnvoller sei, die Finanzmittel anstatt zum Bau des Kanals in Wirtschaftsfördermaßnahmen zu investieren, vgl. Saar-Pfalz-Kanal ein volkswirtschaftlicher Gewinn?, in: ebd., S. 31-32.

[109] Vgl. bes. den Beitrag von Hermann Petri (SPD) in: LTDS, 5. WP, Abt. I, 67. Sitzung v. 19.2.69, S. 1831f.

[110] Ebd., S 1858ff.

[111] Vgl. die Regierungserklärung zur wirtschaftlichen Situation in: LTDS, 5. WP, Abt. I, 79. Sitzung v. 25.2.69, S. 2266ff.

[112] LTDS, 5. WP, Abt. I, 69. Sitzung v. 21.4.69, S. 1888-1895(!). Vgl. hierzu auch Hans A. Klein, Die Saarwirtschaft kann saniert werden, in: Die Arbeitskammer. Zeitschrift der Arbeitskammer des Saarlandes 17 (1969), S. 223-225, mit einer präzisen Analyse der Zusammenhänge zwischen Kanalfrage und Wachstumsorientierung im Strukturprogramm.

battenredner der Koalition variierten diesen Grundgedanken in ihren Beiträgen.[113] Dabei setzte sich eine Sichtweise durch, nach der es auch unter struktur- und regionalpolitischer Perspektive wegen der Erfahrungen der Vergangenheit schlichtweg als nicht sinnvoll bezeichnet werden könne, sich vom Kurs der Erhaltung der lebensfähigen Teile des Industriekerns zugunsten einer Politik der Umstrukturierung „abdrängen" zu lassen.[114] Für die zukünftigen Aufgaben der Landespolitik war damit die Analyse klar zu definieren: „Wir sind kein Notstandsgebiet, wir sind auch kein armes Gebiet, sondern wir sind ein altes Industriegebiet."[115] Die hinsichtlich ihres eigenen Kurses zerstrittene Opposition[116] dagegen beschränkte sich weitgehend darauf, die Leistungen „ihrer" Bundesregierung für das Saarland in den Vordergrund zu stellen.[117]

2.3 Zusammenfassung

Nach den frühen Standort- und Planungsdebatten intensivierte sich die Aufarbeitung der Strukturwandelproblematik durch die Landespolitik in der zweiten Hälfte der

---

[113] Sehr aufschlußreich in diesem Zusammenhang ist der Wortbeitrag von Rainer Wicklmayr (CDU) in: LTDS, 5. WP, Abt. I, 69. Sitzung v. 21.4.69, S. 1893ff., der auch in der Verkehrspolitik große Erfolge der CDU-Regierung ausmachen zu können glaubte: Bereits die - wenn auch nicht dauerhaft gesicherte - Gewährung der Als-ob-Tarife habe dem Land große wirtschaftliche Vorteile gebracht. „Ich frage mich, was die saarländische Wirtschaft in der Zwischenzeit wohl getan hätte, wenn sie nicht im Schatten dieser Als-ob-Tarife noch eine Rendite in ihren Anlagen hätte erwirtschaften können." Sehr viel weniger gelassen hatte sich die Regierung intern und gegenüber dem Bund in der Kanalfrage verhalten. Mehrfach wurde der Beschluß erneuert, die Bundesregierung zum Bau des Kanals aufzufordern, z.B. LASB StK 1751, Kabinettsprotokoll v. 2.7.68, und dazu auch die enge Kooperation mit dem benachbarten Rheinland-Pfalz gesucht, vgl. die gemeinsame Sitzung der beiden Kabinette in: LASB StK 1753, Kabinettsprotokoll v. 25.3.69.

[114] LTDS, 5. WP, Abt. I, 69. Sitzung v. 21.4.69, S. 1904. Nikolaus Fery (CDU) ging von dem Grundgedanken aus, daß „die Geschichte dieses Industriereviers ... geradezu die Geschichte von andauernden, leider aber erfolglosen Versuchen, die Situation unseres Landes grundlegend zu verbessern", sei, weil einerseits die Restrukturierungsmaßnahmen selber eine Vielzahl neuer Probleme geschaffen hätten und andererseits immer wieder die nötige Unterstützung aus Bonn gefehlt habe. Gerade die Standortfrage zeige dies, da z.B. die Diskussion über die Rentabilität des Kanalprojektes erstens mit regionalpolitischen Zielen nicht in Übereinstimmung zu bringen sei und zweitens bei verkehrspolitischen Maßnahmen an anderer Stelle auch nicht geführt werde. Daher sei aus regionaler Sicht eine Strategie sinnvoll, die zwar keine Konservierung veralteter Strukturen, wohl aber den Erhalt von wirtschaftlich erfolgreichen Unternehmen vorsehe.

[115] LTDS, 5. WP, Abt. I, 71. Sitzung v. 4.6.69, S. 1958.

[116] Die inneren Widersprüche in der Politik der SPD zeigen sich z.B. sehr deutlich in der Kohlepolitik, wo, wie bereits dargelegt, einerseits eine zu weitgehende Rücknahme der Förderung kritisiert, andererseits aber auch eine Aufhebung der Flächensperre, d.h. der Reservierung von möglicherweise zur Industrieansiedlung tauglichen Flächen für künftigen Kohleabbau, gefordert wurde, vgl. LTDS, 5. WP, Abt. I, 68. Sitzung v. 19.3.69, S. 1877. Ähnliches gilt für den Bereich der Eisen- und Stahlindustrie, wo vor einem „Naturpark" für bestehende Industrien - einer einseitig kapitalorientierten Politik also - gewarnt wurde, LTDS, 5. WP, Abt. I, 69. Sitzung v. 21.4.69, S. 1897, andererseits aber die privatwirtschaftliche Ordnung dieses Industriesektors als am ehesten geeignete Organisationsform anerkannt wurde, obwohl die Zusammenarbeit zwischen den Unternehmen aus regionalpolitischer Sicht die SPD nicht überzeugte, LTDS, 5. WP, Abt. I, 69. Sitzung v. 21.4.69, S. 1913.

[117] Prägnant hierzu Wilhelm Silvanus (SPD), der sich bemühte, Karl Schiller als „großen Förderer der Saar" darzustellen, LTDS, 5. WP, Abt. I, 80. Sitzung v. 11.3.70, S. 2296.

60er Jahre. Der wichtigste Auslöser hierfür war die Wirtschaftskrise der Jahre 1966/67. Hierbei sind drei Wirkweisen dieser Krise zu unterscheiden: Erstens fokussierte der besondere Verlauf dieser Krise im Saarland die Aufmerksamkeit der Politik auf Strukturprobleme und ließ die Probleme im Kohlesektor als besonders wichtig erscheinen. Heftig umstritten waren daher im Saarland die teilweise eigenständigen Lösungsansätze in diesem Bereich, wobei besonders der Beitritt zur Aktionsgemeinschaft Deutscher Steinkohlenreviere und die Tarif- bzw. Kanal-Problematik intensiv bearbeitet wurden. Insbesondere die Landesregierung war immer wieder gezwungen, ihre Taktiken den sich schnell verändernden Gegebenheiten und den wechselnden politischen Bedingungen anzupassen. Auf den regionalspezifischen Verlauf der Krise ist schließlich zurückzuführen, daß bei ihrem Abflauen ein neuer Konsens in der optimistischen Bewertung der Zukunftschancen des Montansektors in der saarländischen Wirtschaft zustande kam.

Zweitens führte die Thematisierung der Krise durch die Bundespolitik zu einer Intensivierung der regionalpolitischen Diskussion im Saarland. Die Debatten um das Stabilitätsgesetz, die Reform der Energiepolitik und die Neufassung der Regionalpolitik brachten teilweise neue Gesichtspunkte in die saarländische Auseinandersetzung ein. Dabei überwog aber weniger die parteipolitische Instrumentalisierung der Debatte über die nationale Politik; diese trat überwiegend bei der Bewertung konkreter Maßnahmen, wie z.B. der Politik der Bundesregierung in der Tarif-Frage oder der Diskussion um den Bau eines Wasserstraßenanschlusses, in den Vordergrund. Vielmehr löste die bundespolitische Krisenperzeption ein grundlegendes Infragestellen des föderalistischen Systems sowie der Möglichkeiten regionaler Politik aus. Ein Konsens in diesen Fragen wurde zwar nicht explizit formuliert; trotzdem setzte sich die Auffassung weitgehend durch, daß das Bundesland die geeignete Struktur zur Bearbeitung regionaler politischer Probleme und auch des Strukturwandels und seiner Folgen sei. Dies führte dazu, daß auch auf Seiten der in dieser Frage früher eher zurückhaltenden Landesregierung die Notwendigkeit von umfassenden Konzeptionen bzw. politischen Entwicklungsplänen akzeptiert wurde.

Drittens schließlich löste die Krise eine umfassende Auseinandersetzung um die Deutungshoheit über die Geschichte der Region und die daraus abzuleitenden politischen Strategien aus. Anders als bei punktuell auftretenden Problemen - wie z.B. beim Bergarbeiterstreik 1962 - genügte eine partielle Veränderung der Regierungsstrategie nun nicht mehr. Besonders deutlich wird dies am Scheitern der Stabilisierungsversuche zu Anfang der Legislaturperiode. Die über einen längeren Zeitraum anhaltende und zuletzt praktisch alle Wirtschaftsbereiche erfassende Krise ermöglichte es, eine generelle Revision der Landespolitik einzufordern. Die Landesregierung geriet dabei vor allem durch den politischen Druck der Opposition zeitweise völlig in die Defensive. Diese Revision erfolgte teilweise im Saar-Memorandum als eine Art nachgeholte Regierungserklärung. Hierzu war aber auch die Reinterpretation der jüngeren saarländischen Zeitgeschichte und der Bewertung der Regierungspolitik in den späten 50er und frühen 60er Jahren nötig. Erst auf dieser Basis konnte die „Erfolgsstory" saarländischer Strukturpolitik glaubwürdig entwickelt und zumindest prinzipielle Zustimmung zum Strukturprogramm Saar als kontingentem Entwicklungskonzept herbeigeführt werden. Allerdings waren in allen Fraktionen einzelne Politiker zu finden, die zu einem solchen Konsens nicht bereit waren. Möglicherweise erklärt diese politische Zwangslage zum Teil auch die wachsende Bedeutung, die dem Projekt einer Kanalanbindung zugemessen wurde: Neben ihrer - allerdings aus nicht unumstrittenen Prognosen zur künftigen Entwicklung abgeleiteten - ökonomischen und neben der aus den früheren Phasen der Strukturdebatte resultierenden politischen Bedeutung wurde diese Frage zur Nagelprobe für die Entwicklungskonzeption der Saar-Regierung erhoben.

Dieser Dissens verweist auf einen ersten Problembereich bei der historischen Analyse der Krisenperzeption und der Strukturpolitik der späten 60er Jahre, nämlich den Konflikt zwischen „neuer Politik"[118] und traditionellen Themengebieten und Lösungsansätzen. Praktisch alle konkreten Sachgebiete der Debatten der späten 60er Jahre - wie z.B. die Standortfrage - waren bereits früher Gegenstand der politischen Auseinandersetzung im Saarland gewesen. Nicht zuletzt aufgrund ihrer engen Verzahnung mit politischen Ebenen bis hin zu europäischen Gremien waren Erfolg und Mißerfolg einzelner Lösungsansätze jedoch kaum präzise zu bestimmen. Die erprobten Lösungsansätze und Handlungsmuster der regionalen Politik wurden jedoch seit den Jahren 1966/67 grundsätzlich hinterfragt, als die wirtschaftliche Entwicklung als existenzgefährdender Ausdruck struktureller Defizite interpretiert wurde. Dabei brachten neugewählte Abgeordnete wie z.B. Nikolaus Fery oder Manfred Zeiner - aber auch neu ins Kabinett eintretende Minister wie Reinhard Koch und Helmut Bulle - zur Mitte des Jahrzehnts neue politische Konzepte in die Diskussion ein. Dieser Prozeß forderte die Integrationskraft der politischen Parteien, die diese neuen Ansätze in ihre Programmatik aufnehmen mußten. Bei den Sozialdemokraten deutet die Desavouierung ihres Partei- und Fraktionsvorsitzenden auf Überforderung hin; erschwerend wirkte auch, daß das Führungspersonal der SPD selber in der Phase ihrer Regierungsbeteiligung die Grundlagen der nun abzulösenden politischen Konzepte mitgetragen hatte. Bei den Christdemokraten dagegen scheint ihre Regierungsfunktion diesen Integrationsprozeß erleichtert zu haben, insofern der Ministerpräsident - auch durch politisch-organisatorische Maßnahmen - neue Politik in Form eigener, differenziert ausgearbeiteter und mit einem hohen Verbindlichkeitsgrad ausgestatteter Texte adaptierte. Daß dabei regionalpolitische Methoden eingesetzt wurden, die reformerische Kräfte schon seit längerem einforderten, fand kaum Beachtung. Allerdings erklärt dies die Grundstruktur vor allem des Saar-Memorandums: Dieser Text diente überwiegend zur Klärung früherer Streitpunkte der innersaarländischen Diskussion und zur Modernisierung der dort diskutierten Konzepte

---

[118] Vgl. hierzu die methodischen Erwägungen von Schmitt, Neue Politik, bes. S. 68ff.

und Instrumente.[119] Die in den politischen Debatten vor der Öffentlichkeit noch sehr viel weniger deutlich als in den programmatischen Texten vorgenommene Abkehr von der Steinkohle als Trägerin der Zukunftshoffnungen zeigt den von dieser Modernisierung der Regionalpolitik ausgehenden Anpassungsdruck.

Ein weiterer Problembereich der Analyse liegt im Spannungsfeld zwischen Allzuständigkeit und beschränkter Handlungsfähigkeit von Politik im Bundesland. Der noch bis in die Mitte der zweiten Hälfte der 60er Jahre vor allem von CDU-Vertretern unternommene Versuch, die Teil- und Mitverantwortung der Bundesebene für politische Fehlentwicklungen mit Bezug auf das Saarland hervorzuheben, folgte zwar teilweise der sachlichen Struktur der zu behandelnden Themen, entsprach aber längst nicht mehr den politischen Gegebenheiten. Erstens erwies sich dieser Versuch zumindest so lange als kontraproduktiv, wie auch im Bund die CDU den größeren Koalitionspartner stellte, und zweitens konnte angesichts der sich zuspitzenden Krise eine allgemeine Verantwortung der Landesregierung für alle Vorgänge im Saarland postuliert werden. Der Ministerpräsident griff diese Verantwortung erst recht spät auf, münzte dann aber in einem bemerkenswerten Schritt sogar das Zugeständnis von Fehlern in der Vergangenheit zum Vorteil der Regierungsparteien um. Dies verdeutlicht erneut die weit über die verfassungsmäßigen Rechte des Regierungschefs hinausreichende Bedeutung der Ministerpräsidenten als „Landesvater" im föderalen System der Bundesrepublik.[120] Ein anderer interessanter Aspekt dieses Vorgangs besteht darin, daß ausgerechnet der ehemals „prodeutsche" und phasenweise scharf gegen die CVP agierende Franz-Josef Röder die deutsch-französische Zusammenarbeit im Grenzraum zum zentralen Element der künftigen regionalen Wachstumshoffnungen erhob.

Gerade an diesem Punkt werden auch Widersprüche in der programmatischen Grundlage der neuen Politik im Saarland deutlich: Dem expliziten Bezug zur grenzüberschreitenden Zusammenarbeit stand die streng auf administrative und finanzielle Aspekte von Regionalpolitik ausgerichtete Konzeption des Aktionsprogramms Saar-Westpfalz gegenüber. Dies legt eine Relativierung der Ergebnisse der gegenüber dem Föderalismus und seiner Leistungsfähigkeit kritisch eingestellten Teil der Forschung nahe, der die Rolle der Bundesländer in der Krise negativ bewertet. Fritz W. Scharpf ging früh bereits davon aus, daß in den 60er Jahren die ungünstige Entwicklung im Bergbau zunächst von weiten Teilen der Politik als sektorale Krise mißverstanden worden sei. Dieser wurde auf dem Höhepunkt der Krise mit territorial

---

[119] Insofern ist das Saar-Memorandum eher als Abschluß der früheren, zu Anfang der 60er Jahre beginnenden Etappe der Modernisierung der Landespolitik anzusehen, anders hierzu: Loth, Vertracktes Gelände, S. 119.

[120] Diese ist wohl nicht nur auf die unitaristischen Tendenzen im deutschen Föderalismus und seiner Entwicklung zum Exekutivföderalismus zurückzuführen, wie Steffani, Landesfürsten, S. 189ff. und S. 209ff., betont. Entscheidend ist die formale und organisatorische Generalverantwortung, vgl. Herbert Schneider, Ministerpräsidenten. Profil eines politischen Amtes im deutschen Föderalismus, Opladen 2001, S. 166ff.

wie instrumentell arrondierten Förderprogrammen begegnet, welche durch ihre Integration in bundesweit eingerichtete Wirtschaftsförderungsmaßnahmen die Regionen in einen ökonomisch nicht sinnvollen Wettbewerb um das „knappe Gut" des Ansiedlungspotentials an Unternehmen stellte.[121] Es wurde aber bereits dargelegt, daß im Saarland schon zu Anfang der 60er Jahre die wirtschaftlichen Schwierigkeiten auch als regionaler Strukturwandel perzipiert worden sind; die Umsetzung der daraus in der zweiten Hälfte der 60er Jahre entwickelten regionalspezifischen Lösungen in die auf Bundesebene koordinierten Programme gelang aber anscheinend nur teilweise.

Unter methodischen Gesichtspunkten ist schließlich interessant, daß der saarländische Fall darauf hindeutet, daß die Verwendung eines räumlichen Codes zur Verarbeitung gesellschaftlicher Probleme die Reagibilität des politischen Systems stark erhöht hat. Ähnlich wie bereits in der ersten Hälfte der 60er Jahre führten negative Auswirkungen des Strukturwandels zu heftigen Debatten über die geeigneten Methoden seiner Bewältigung. Auf dem Höhepunkt der Krise traten strukturelle Defizite in einer Deutlichkeit zutage, die die Folgen des regionalen Strukturwandels geradezu unbeherrschbar erscheinen ließen. Die Debatten darüber nahmen zwar zeitweise einen geradezu konfusen Verlauf; charakteristisch ist aber der Austragungsmodus dieser Debatten: Im Laufe der parlamentarischen Auseinandersetzung wurde die z.B. in den wissenschaftlichen Gutachten verwendete, streng wissenschaftlich-deskriptive und oft ökonometrische bzw. verwaltungswissenschaftliche Sicht auf die Probleme in eine Auseinandersetzung um die Deutungshoheit über die regionale Geschichte übersetzt. Dazu konnte im saarländischen Fall auf eine besonders reiche Tradition an derartigen Deutungen zurückgegriffen werden; dadurch konnte nun weitreichende Übereinstimmung zwischen den regionalen Akteuren hinsichtlich der mit räumlichen Symbolen kommunizierten Probleme hergestellt werden.

---

[121] Scharpf, Reissert u. Schnabel, Politikverflechtung, S. 79ff. Scharpf glaubte dahinter eine „begrenzt leistungsfähige Modalität der aktiven staatlichen Problemverarbeitung" erkennen zu können, wobei das Ausmaß der Politikverflechtung weniger durch die Problemstruktur als vielmehr durch sachfremde, in einer Auseinandersetzung um Anteile an politischen Erfolgen bzw. politischen Kosten grundgelegten Faktoren bestimmt war, ebd., S. 236. Die theoretischen Grundlagen zur Beschreibung des Verflechtungsprozesses formulieren: Arthur Benz, Fritz W. Scharpf u. Reinhard Zintl, Horizontale Politikverflechtung. Zur Theorie von Verhandlungssystemen, Frankfurt a.M. 1992 (= Schriften des Max-Planck-Instituts für Gesellschaftsforschung 10).

3 Handlungsspielräume und Reformansätze der Landespolitik

3.1 Haushaltspolitik in der Krise

3.1.1 Die Zuspitzung der Finanzkrise

Ganz im Gegensatz zur strukturpolitischen Debatte wurde in der Finanzpolitik nach der Landtagswahl von 1965 kein Neuansatz gesucht. Insbesondere die erfahreneren Parlamentsabgeordneten legten die Finanzmisere des Saarlandes in aller Deutlichkeit dar[1] und stellten den Zusammenhang zwischen der Haushaltssituation des Landes, der Finanzierung der Gemeinden und der Ansiedlungspolitik in aller Deutlichkeit her.[2] Nach den günstigeren Ergebnissen in 1964 rechnete auch der Finanzminister für das Jahr 1966 wieder mit einem Überhang der Ausgaben.[3] Sorgen bereitete auch die erneut um ca. 100 Mio. DM auf nun mehr als 1 Mrd. DM angestiegene Verschuldung und die Tatsache, daß die Zuwachsrate im Landeshaushalt zwar nur 5% betrug, daß aber der außerordentliche Haushalt trotzdem fast vollständig durch die Aufnahme neuer Schulden zu finanzieren war. Einzig die - geplante - Erhöhung der Einnahmen aus Ertragssteuern führte Koch als positives Zeichen für die fortschreitende Stabilisierung der Saarwirtschaft an. Hoffnung versprach auch die in Rede stehende Entlastung des Haushaltes durch Sondermittel aus Bonn und vor allem durch die Übernahme von 250 Mio. DM Altschulden durch die Bundesregierung.[4] Angesichts dieser Zahlen mahnte der Minister in aller Deutlichkeit Reformen auf der Ausgabenseite an. Insbesondere der öffentliche Wohnungsbau, der den Landeshaushalt bereits seit der unmittelbaren Nachkriegszeit belastete, wurde hinterfragt.[5]

---

[1] Bes. Erwin Müller (SVP/CVP), in: LTDS, 5. WP, Abt. I, 4. Sitzung v. 23.7.65, S. 37, der seine Kollegen daher aufforderte, weiterhin „wie ein Mann" hinter dem Finanzminister zu stehen, wenn er in Bonn verhandele.

[2] So Karl Heinz Schneider (SPD) in: ebd., S. 46. Schneider kritisierte besonders die bereits viermal erfolgte Novellierung des Kommunalen Finanzausgleichs, die zeige, daß die Regierungspolitik hier „kein Meisterstück" gemacht habe.

[3] Nach den Zahlen des Ministers hatten sich für 1964 sogar leichte Überschüsse ergeben; diese Analyse erwies sich jedoch bei der Haushaltsrechnung als falsch. Vgl. zum folgenden die Haushaltsrede von Minister Koch in: LTDS, 5. WP, Abt. I, 8. Sitzung v. 11.11.65, S. 100ff.

[4] Der Bund verzichtete im Zusammenhang mit der Debatte um die Erhöhung seines Anteils an Einkommen- und Körperschaftsteuer von 38% (1963) auf 39% (1966) auf die Rückzahlung von Altschulden des Saarlandes in Höhe von 250 Mio. DM. So war die Zustimmung der Länder möglich, um dem Saarland weitere 35 Mio. DM als Sonderlastabzug im horizontalen Finanzausgleich zukommen zu lassen; vgl. hierzu Renzsch, Finanzverfassung, S. 170ff. und S 197. Bei den 250 Mio. DM Altschulden handelte es sich der Sache nach um diejenigen Betriebsmittel, die noch in der Phase der Teilautonomie zur Deckung der Haushalte aufgenommen worden waren und die im Zuge der Übergangszeit nur teilweise durch verlorene Zuschüsse des Bundes ausgeglichen worden waren; bei der Bereinigung der Finanzverhältnisse bei der Eingliederung des Saarlandes waren, wie bereits erwähnt, die Verpflichtungen gegenüber Frankreich zwar vom Bund übernommen worden, gleichzeitig war jedoch derselbe Betrag als Kredit des Bundes für das Saarland ausgewiesen worden.

[5] Daß im Bundesvergleich von einer echten Wohnraumnot im Saarland gar nicht mehr gesprochen werden könne, sei „ein Umstand, der zu einer generellen Überprüfung der Wohnungsbauförderung Anlaß geben sollte". Im Prinzip sei Wohnungsbau im Saarland längst bereits ein Instrument der Eigentumsbildung,

Eine enge Ausrichtung auf kritische bzw. reformbedürftige Bereiche der Landespolitik kennzeichnete auch die unmittelbare Reaktion der Opposition. Mit einem Antrag zur Verwaltungsvereinfachung wollten die Sozialdemokraten unbedingt die Einsetzung unabhängiger Gutachter durchsetzen, die die Landesregierung bei ihrem Versuch unterstützen sollten, die von Koch selber angesprochene exorbitante Steigerung der Personalausgaben zu verringern.[6] Später brachte Friedrich Regitz den Standpunkt der SPD aber auf die Grundlinie, daß die Regierung mit ihrer allzu defensiven Haushaltspolitik eine den speziellen Erfordernissen des Saarlandes im Strukturwandel unangemessene Linie verfolge. Die Zuwachsrate von knapp 5% sei „päpstlicher als der Papst", wo doch selbst der Bundeshaushalt noch mit 8% wachse.[7] Die Landesregierung wolle sich, so der Vorwurf, als „Musterschüler des Maßhaltekanzlers" darstellen, was im Saarland besonders fatal sei, da hier die auf Bundesebene feststellbare Überhitzung der Konjunktur nicht feststellbar sei. Vielmehr benötige das Land gerade jetzt Handlungsspielräume und dürfe nicht - so wie die Politik Röders dies tue - die „Armut kultivieren", indem sie sich über ohnehin zu geringe Sonderzuwendungen aus Bonn freue.[8]

Als Anfang 1966 Spekulationen aufkamen, daß die im Haushaltsplan vorgesehene Kreditaufnahme angesichts des angespannten Kapitalmarktes nicht würde realisierbar sein[9] - womit damit der Haushalt faktisch undurchführbar geworden wäre -, traten erste Auswirkungen der beginnenden Wirtschaftskrise ein. In seiner gereizten Reaktion hierauf betonte der CDU-Fraktionsvorsitzende Jakob Feller, daß bereits die hohe Belastung des Landes mit Personalausgaben, die nur knapp 50 Mio. DM von den Einnahmen aus eigenen Steuern übrig lasse, das Dilemma der saarländischen Landesfinanzen demonstriere. Trotz der von ihm propagierten Leitidee des „kooperativen Föderalismus"[10] bei der Gestaltung der Einnahmenseite sei eine strukturverändernde

---

ebd., S. 109.

[6] Die Personalausgaben betrugen nach dem ersten Entwurf für 1966 ca. 390 Mio. DM, was einer Steigerung von 15% entsprach, ebd., S. 104. Dabei setzte sich der aus der Vergangenheit bereits bekannte Trend weiter fort, nach dem die zentrale Verwaltung an dieser Steigerung im Vergleich zu anderen Bereichen recht wenig partizipierte. Der - inhaltlich keineswegs neue - Antrag wurde jedoch nach einer kurzen und heftigen Konfrontation nicht einmal in bekannter Manier „getötet", indem er nämlich als Material in die zuständigen Ausschüsse verwiesen wurde, sondern von der Koalition sogar abgelehnt, ebd., S. 114.

[7] Vgl. zu den konjunkturpolitischen Erwägungen der Bundesregierung Bundesministerium der Finanzen (Hg.), Finanzbericht 1966, Die volkswirtschaftlichen Grundlagen und die wichtigsten finanzwirtschaftlichen Probleme des Haushaltsplans der Bundesrepublik Deutschland für das Rechnungsjahr 1966, Bonn 1966, bes. S. 8, wo von den Ländern „stärkste Zurückhaltung" bei den Ausgaben gefordert wurde, um die überhitzte Konjunktur einzudämmen.

[8] LTDS, 5. WP, Abt. I, 9. Sitzung v. 16.11.65, S. 127 und S. 128.

[9] Schon in der ersten Lesung hatte Koch darauf hingewiesen, daß die Schuldenaufnahme durch das Land über ihre Auswirkungen auf den Kapitalmarkt die Investitionstätigkeit der Industrie gefährde, ebd., S. 133. Auf die Finanzierungsprobleme wies der Generalbericht durch den Berichterstatter Friedrich Regitz hin: LTDS, 5. WP, Abt. I, 13. Sitzung v. 9.3.66, S. 2035.

[10] Wolfgang Renzsch sieht den Beginn der Debatte über dieses Konzept in der Diskussion um das von einer Kommission um den ehemaligen hessischen Finanzminister Heinrich Troeger erstellte Gutachten:

Neuorientierung der Ausgaben nötig.[11] Aus Sicht der Opposition führte dagegen Kurt Conrad aus, daß selbst in den Ausschußberatungen an dem Entwurf der Regierung praktisch keine Änderungen vorgenommen werden konnten, da die finanzpolitische „Zwangssituation" des Landes de facto keine Spielräume mehr erlaubt habe.[12] Als unmittelbare Folge der Versäumnisse bei der Erhaltung des Bergbaus und bei der Umstrukturierung des Landes schließe so die schlechte Finanzlage die für die weitere Strukturpolitik notwendigen Maßnahmen praktisch aus.[13] Sehr viel härter noch kritisierte Wilhelm Silvanus für die SPD die Finanzpolitik der Regierung, die nur mit „Tricks" den Haushalt überhaupt habe ausgleichen können. So würden z.B. Zuschüsse für den Kapitaldienst von Krediten eingestellt, die die Gemeinden aufzunehmen hätten: „Hier wird mit einem Kredit der Schuldendienst des nächsten finanziert, aus 250.000 werden 2,5 Mio. Wenn auf Bundesebene dieses Beispiel Schule macht, dann ... wird die Rückzahlung leicht, denn dann ist die Währung kaputt."[14] Damit war eine wichtige Grundlinie formuliert, die einen großen Teil der Redebeiträge der Opposition kennzeichnete: Bereits jetzt, so der Gedanke, folge die Verschuldung nicht mehr rationalen Kriterien, und selbst unter diesen Umständen müsse auf die Erbringung eigentlich notwendiger Leistungen in großem Umfang verzichtet werden.[15]

Darüber hinaus entwickelte sich die Haushaltsdiskussion aber auch zu einer umfassenden Reformdebatte über viele Bereiche der saarländischen Politik, wobei insbesondere schul- und bildungspolitischen Themen breiter Raum eingeräumt wurde. Jedoch glichen die hier angeführten Argumente erstens noch sehr stark denjenigen der vorangegangenen Debatten[16] und waren zweitens eingebettet in die immer neu aufgenommene Auseinandersetzung um die Frage, inwieweit der Landeshaushalt als

---

Kommission für die Finanzreform, Gutachten über die Finanzreform in der Bundesrepublik Deutschland, Stuttgart 1966, das am 10.2.66 übergeben und im März 1966 veröffentlicht wurde, vgl. Renzsch, Finanzverfassung, S. 215. Offenbar erfolgte die Übernahme dieses Begriffs in die saarländischen Politik zumindest als Schlagwort recht früh.

[11] LTDS, 5. WP, Abt. I, 13. Sitzung v. 9.3.66, S. 236f.

[12] Da zudem die Koalitionsabgeordneten sich als „Gefolgsleute der Regierung" verstünden, sei der Haushalt „Ausdruck des politischen Willens dieser Regierung, dieser Koalition", ebd., S. 239.

[13] Ebd., S. 240ff. Vgl. hierzu auch: Den Circulus vitiosus aufbrechen. Betrachtungen zum Verhältnis von Steuerkraft und Wirtschaftskraft des Saarlandes, in: Die Arbeitskammer. Zeitschrift der Arbeitskammer des Saarlandes 13 (1965), S. 56-57.

[14] LTDS, 5. WP, Abt. I, 13. Sitzung v. 9.3.66, S. 248.

[15] So in der Formulierung von Karl Wolfskeil (SPD): „Wir müssen Schulden machen, um mit den neuen Schulden die alten Schulden bezahlen zu können.", ebd., S. 259. Besonders Friedrich Regitz (SPD) wies auf das Problem hin, daß die Ausgabenreduzierung zur Konjunkturdämpfung im Saarland völlig falsch sei, da hier notwendige Leistungen zur Umstrukturierung nicht erbracht würden. Insofern bestünde zwischen einem Verzicht auf eine expansive Ausgabenpolitik und der Notwendigkeit einer Haushaltssanierung volkswirtschaftlich kein Widerspruch, ebd., S. 268.

[16] Hauptsächlich die Volksschulbauprogramme wurden mit recht gemischten Gefühlen reflektiert, was eine zunehmende Konzentration auf die Alternative einer Mittelpunktschule als „echte Bürgerschule" bewirkte. Besonders deutlich: Richard Klein (SPD), ebd., S. 284f. Zu den ideologischen Implikationen der Diskussion um die Mittelpunktschule vgl. Kuhlmann, Schulreform, S. 88ff.

Schulden der Länder pro Einwohner 1965-1970

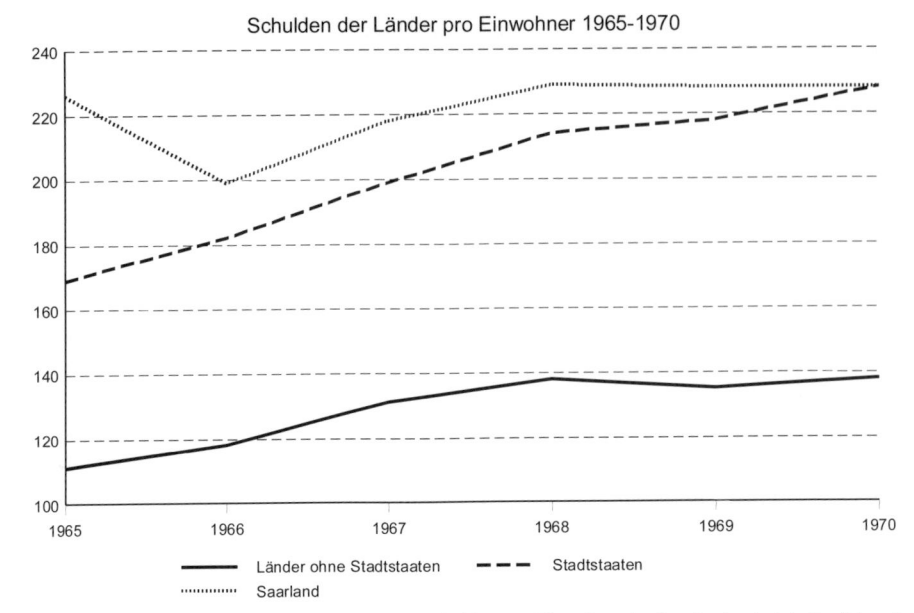

——— Länder ohne Stadtstaaten   − − − Stadtstaaten
·········· Saarland

Index 1960 = 100. Lesebeispiel: Der Index der Schulden pro Einwohner im Saarland entwickelte sich auf sehr hohem Niveau in der zweiten Hälfte der 60er Jahre recht konstant. Sehr deutlich ist die Auswirkung der Übernahme der 250 Mio. DM Altschulden durch den Bund im Jahr 1966. Quelle: Eigene Berechnungen. Statistisches Bundesamt Wiesbaden (Hg.) Finanzen und Steuern, Reihe 3: Schulden und Vermögen von Bund, Ländern und Gemeinden, I Schulden, 31. Dezember 1960ff. (jährlich), Stuttgart u. Mainz 1961ff.

Ausdruck einer der aktuellen Problemstellung angemessenen Strukturpolitik bezeichnet werden könne. Als neue Argumentationsweise brachte hier besonders Kurt John den analytischen Vergleich zu anderen Ländern bzw. der Entwicklung auf Bundesebene ein. Daß die Entwicklung der saarländischen Landeshaushalte sich in der Vergangenheit stets in der Nähe der Entwicklung des Bruttosozialproduktes bewegt habe, so der Gedankengang, stelle im Vergleich zu anderen Ländern eine Besonderheit dar und sei der Ausweis einer „reellen Finanzpolitik", da diese z.T. beträchtlich höhere Steigerungsraten verursacht hätten. Das strukturelle Problem allerdings bestünde darin, daß der Haushalt trotzdem nur durch umfangreiche Anleihen bzw. Kreditmarktmittel hatte gedeckt werden können und daß das Land zudem durch den hohen Investitionsbedarf der Gemeinden und auch durch Sonderlasten, wie z.B. die Universität, in der Summe zu hohe, aber faktisch gebundene Ausgaben zu tragen habe.[17]

Die Christdemokraten dagegen verteidigten die auf Ausgabenbeschränkung hin ausgerichtete Politik; im Haushaltsentwurf wurde eine neue Form der Politik gesehen, welche als Modell einer vernünftigen föderalen Finanzpolitik gelten könne, das weder

---

[17] LTDS, 5. WP, Abt. I, 13. Sitzung v. 9.3.66, S. 243ff.

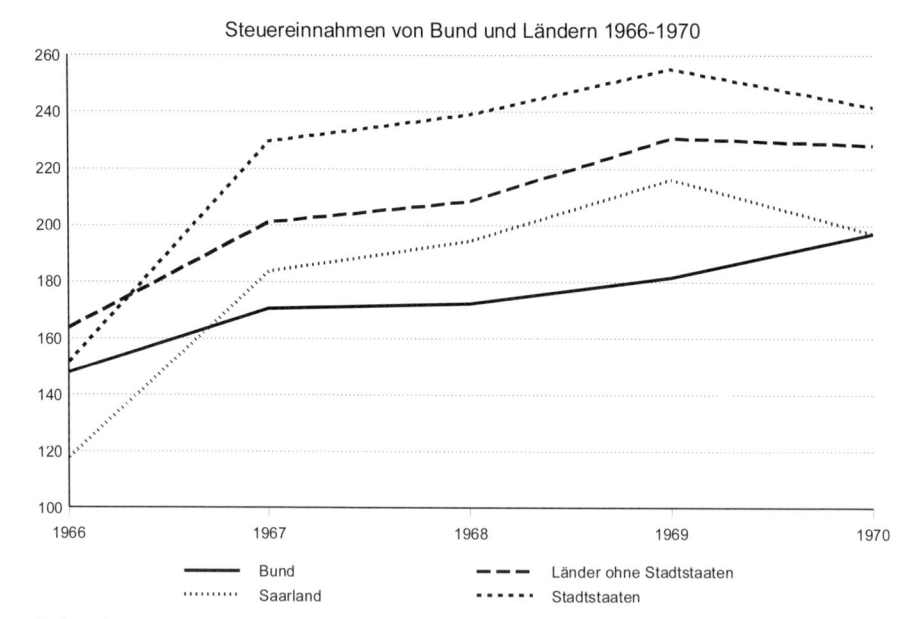

Steuereinnahmen von Bund und Ländern 1966-1970

— Bund
··· Saarland
--- Länder ohne Stadtstaaten
-·-·- Stadtstaaten

Index 1961 = 100. Lesebeispiel: Der Index der Steuereinnahmen des Saarlandes entwickelte sich auf sehr viel niedrigerem Niveau als der anderer Länder. Quelle: Eigene Berechnungen. Statistisches Bundesamt Wiesbaden (Hg.), Finanzen und Steuern, Reihe 3: Schulden und Vermögen von Bund, Ländern und Gemeinden, I Schulden, 31. Dezember 1960ff. (jährlich), Stuttgart u. Mainz 1961ff.

einem „laissez-faire" noch der „globalen Planifikation, die ja ein besonderes Anliegen des Herrn Professor Schiller ist", folgt.[18] Im Schul- und Bildungsbereich setzte man gegen die systemorientierte Argumentationsweise der SPD besonders die „fortschrittlichen Leistung" in der Vergangenheit - z.B. das Universitätsgesetz - und wies auf die Erfolge der Schulpolitik bei der Erschließung des ländlichen Raumes hin.[19] Allerdings gelang es auch von Regierungsseite nicht, das Dilemma der strukturellen Unterfinanzierung des Haushaltes zu verdecken. Sogar der Minister mußte zugestehen, daß die Deckung des Haushalts nur durch eine wachsende Verschuldung möglich war, die jedoch zur Finanzierung langfristiger Projekte weder unüblich noch grundsätzlich schlecht sei. Eine pauschale Reduzierung der Ansätze ausschließlich zu dem Zweck, die Schuldenaufnahme zu verringern, sei aus regionalpolitischen Gründen nicht sinnvoll. Wichtig sei aber, so Koch weiter, daß der Haushalt an keiner Stelle laufende Ausgaben oder gar Schuldendienste aus neuen Schulden finanziere.[20] Die finanzpolitische Diskussion der Folgezeit konnte sich widersprüchlicher kaum entwickeln: Einerseits forderte der CDU-Finanzexperte Jakob Feller die Einführung einer „volkswirtschaftlichen Kontrolle" der Budgetpolitik mit einer verbindlichen

---

[18] So besonders Nikolaus Fery (CDU), ebd., S. 261ff., Zitat S. 262.
[19] Vgl. hierzu den Beitrag von Berthold Budell (CDU), ebd., S. 291ff.
[20] Ebd., S. 277ff.

mittelfristigen Finanzplanung,[21] andererseits mußte der Finanzminister in einer von der SPD-Fraktion durchgesetzten Sondersitzung des Parlaments zugestehen, daß der außerordentliche Haushalt im geplanten Umfang tatsächlich nicht würde vollzogen werden können, weil die dazu nötigen Kapitalmarktmittel nicht beschafft werden konnten.[22] Aus dieser Situation entwickelte sich allerdings zunächst eine heftige Kontroverse über die Bundespolitik.[23] Inwieweit jedoch die auf nationaler Ebene eingeleiteten Maßnahmen in regionalpolitischer Hinsicht als sinnvoll bezeichnet werden konnten, blieb weitgehend unklar. Die Reagibilität der Landespolitik in Hinblick auf die sich zuspitzende Lage war zudem dadurch eingeschränkt, daß im außerordentlichen Haushalt, der ja in der Regel langfristige Investitionen größeren Umfangs beinhaltete, eine kurzfristige Anpassung kaum möglich schien. Zudem traf eine Sperre bestimmter Maßnahmen in diesem Bereich letztlich den Teil des Haushaltsplanes, der mit 4,3% eine besonders geringe Steigerungsrate im Vergleich zum Vorjahr aufwies.[24] Ergänzend wies die Opposition darauf hin, daß die von derartigen Kürzungen besonders betroffene Bauwirtschaft sich im Saarland - im Unterschied zu anderen Regionen - gerade nicht in einer konjunkturellen Überhitzung befand und daß außerdem die jüngsten Maßnahmen zur Verringerung der Kohleförderung gemeinsam mit der aktuellen Stabilisierungspolitik möglicherweise sogar einen „Kaskadeneffekt" auf die Stahlindustrie würden auslösen können. Daher wurde die Sperrung von Ansätzen im außerordentlichen Haushalt, die inkl. der Ausgabenreste der vergangenen Jahre ca. 20% der ursprünglich veranschlagten Mittel betraf, von den SPD-Parlamentariern als zu weitgehend abgelehnt.[25]

---

[21] Vgl. hierzu die Berichterstattung von Jakob Feller (CDU) zur Haushaltsrechnung der Jahre 1958 und 1959 und ihrer Prüfung durch den Landesrechnungshof in: LTDS, 5. WP, Abt. I, 15. Sitzung v. 31.3.66, S. 354f. Die volkswirtschaftliche Kontrolle sollte sicherstellen, daß der „Gesamtaufwand der öffentlichen Hand für gegenwärtige und zukünftige Bedürfnisse nicht die Mittel übersteigt, die aus dem Sozialprodukt zu diesem Zweck verfügbar gemacht werden können". Unter ausdrücklichem Rekurs auf die Problematik der „Währungsstabilität" wurde somit argumentiert, daß über drei Jahre im voraus die Investitionstätigkeit der öffentlichen Hand festgelegt werden solle, was als Nebeneffekt auch eine Erhöhung der Transparenz öffentlicher Haushaltsführung für „den Bürger" zur Folge haben sollte.

[22] „Wenn auch für die Beurteilung des weiteren Vollzugs des außerordentlichen Haushalts die Feststellung genügt, daß zum gegenwärtigen Zeitpunkt ein Kapitalmarkt im eigentlichen Sinne nicht mehr besteht.", LTDS, 5. WP, Abt. I, 12. Sitzung v. 12.7.66, S. 453.

[23] Der Finanzminister wies darauf hin, daß aufgrund der zugesagten und teilweise schon verwirklichten Sanierungsmaßnahmen aus Bonn die Haushaltslage sich wenigstens in Zukunft stabilisieren würde. Zu den haushaltspolitischen Grundlagen dieser Veränderungen vgl. Bundesministerium der Finanzen (Hg.), Finanzbericht 1966, S. 323ff. Nikolaus Fery erläuterte in einem längeren wirtschaftspolitischen Referat, daß die gegenwärtige Krise hauptsächlich durch die von außen „importierte Inflation" ausgelöst worden sei. Dagegen kritisierte die SPD mit harten Worten die Bundesregierung, die mit ihren Maßnahmen die Auswirkungen der restriktiven Politik der Bundesbank noch verschärft habe und damit die aktuelle Krisensituation am Kapitalmarkt erst herbeigeführt habe, LTDS, 5. WP, Abt. I, 12. Sitzung v. 12.7.66, S. 455ff.

[24] LTDS, 5. WP, Abt. I, 12. Sitzung v. 12.7.66, S. 454.

[25] Ebd., S. 455 und S. 463.

Allerdings war der Kritik der Sozialdemokraten an den finanzpolitischen Stabilisierungsmaßnahmen dadurch die Spitze genommen, daß ihre Partei derartige Maßnahmen auf Bundesebene in der Vergangenheit mehrfach gefordert hatte.[26] Daher konnte der Ministerpräsident in seiner abschließenden Rede eine gemeinsame Linie der Fraktionen formulieren, nach der in der aktuellen Lage diejenigen Länder, die ihre Haushalte ohne Rückgriff auf Kapitalmarktmittel ausgleichen konnten, gegenüber dem Saarland deutlich bevorteilt seien. Daher müsse die saarländische Politik „alles tun", um eben diesen Zustand zu erreichen. Man einigte sich darauf, in einer gemeinsamen Erklärung die währungsstabilisierenden Maßnahmen als solche zu begrüßen, gleichzeitig aber darauf hinzuweisen, daß eine Überhitzung der Konjunktur im Saarland nicht feststellbar sei und daß die konjunkturdämpfenden Maßnahmen auf Bundesebene zu einer „gefährlichen Situation" im Saarland führen könnten.[27]

3.1.2 Die regionale Wirtschaftskrise als Krise der Haushaltspolitik

Das in diesem formelhaften Kompromiß beschriebene Dilemma verschärfte sich noch in den darauf folgenden Haushaltsberatungen. Die Einnahmeseite des Etats hing nach den Worten des Finanzministers „nahezu unbeschränkt" von der konjunkturellen Entwicklung im Bundesgebiet ab, die „außerhalb der unmittelbaren Entscheidungsmöglichkeit dieses Hohen Hauses" lag, während gleichzeitig auch viele Ausgabeansätze durch Bundesgesetze vorgegeben seien. Darauf reagierte er mit einer neuerlichen Beschränkung der Ausgaben im außerordentlichen Haushalt bei gleichzeitig auf das Mindestmaß beschränkter Erhöhung der Ansätze im ordentlichen Haushalt. Neben der bescheidenen Gesamt-Zuwachsrate von 5,8% gegenüber den ursprünglichen Ansätzen für 1966 sollte dazu insbesondere der Rückgriff auf Bindungsermächtigungen als Mittel zur Finanzierung des außerordentlichen Haushaltes soweit wie möglich reduziert werden; schließlich hatte der Vollzug des Haushaltes 1966 bereits massive Liquiditätsprobleme der Landeskasse ausgelöst. Allerdings schien der Minister selber unsicher hinsichtlich des zu erwartenden Erfolgs seiner Politik: Es war bereits absehbar, daß selbst eine starke Steigerung der Landeseinnahmen aus Steuern durch die dann zu erhöhenden Zuweisungen an die Gemeinden und vor allem durch den Anstieg der Personalausgaben überkompensiert werden würde; daher kündigte Reinhard Koch einen generellen Verzicht auf Ausweisung neuer Stellen an.[28] Die Vertreter der Mehrheitsfraktion formulierten dagegen präzisere Anforderungen an den Haushaltsentwurf: Er müsse erstens ausgeglichen sein, einer „echten Strukturpolitik Rechnung tragen", um die „Wettbewerbsfähigkeit" des Landes zu

---

[26] Vgl. hierzu den durch Zwischenrufe ausgelösten Wortwechsel im Redebeitrag von Kurt Conrad (SPD), ebd., S. 457.

[27] Ebd., S. 467f.

[28] Koch ging von einer außerordentlich gestiegenen Bedeutung der Finanzpolitik aus: „Wohl niemals war der öffentliche Haushalt so in den Mittelpunkt des Tagesgeschehens gerückt wie heute", so Minister Koch in LTDS, 5. WP, Abt. I, 25. Sitzung v. 9.11.66, S. 564. Zu seinen Vorschlägen vgl. ebd., S. 564 und S. 566ff.

erhalten und um zu verhindern, daß das Land „politisch bedeutungslos" werde, und er müsse „größeren Spielraum" für nicht gesetzlich gebundene Ausgaben vorsehen. Um eine derartige „strukturelle Verbesserung" zu erreichen, seien insbesondere die Ausgabenstruktur zugunsten des ordentlichen Haushalts zu verändern und seien bestimmte Mittelansätze, z.B. bei Darlehen für den Wohnungsbau, drastisch zu kürzen.[29]

In dieser Form vorgetragen, fand die Haushaltspolitik von Regierung und Koalition allerdings wenig Zustimmung bei der parlamentarischen Opposition. Mit aller Härte brandmarkte die SPD den Rückgang der Ansätze im außerordentlichen Haushalt als „Bilanz eines untergehenden Unternehmens" - denn: „ein gesundes Unternehmen muß investieren".[30] Daß der Finanzminister sich angesichts der von den unzulänglichen Mitteln dominierten Situation einer geringen Zuwachsrate im Haushalt rühme, sei wohl als „Witz zur Eröffnung der Karnevalssession" gemeint: „Bei uns wäre es doch nötig, daß von der Politik des Landes Impulse ausgehen, auch für unsere Bauwirtschaft ... und auch für andere Wirtschaftszweige".[31] Gleichzeitig führte die auch in dieser Beratung wieder intensiv vorgenommene Diskussion bundespolitischer Themen, die auch Widersprüche zwischen den beiden Koalitionspartnern offenbarte, die SPD zur Frage, „ob hier etwa die Lösung der bisherigen Koalition zwischen der CDU und der FDP/DPS beabsichtigt" sei - eine Möglichkeit, angesichts derer den Sozialdemokraten „der Schreck in die Glieder gefahren" war.[32] Schließlich fand sich aber auch in den Beiträgen der Opposition das Dilemma der saarländischen Haushaltspolitik wieder, wenn unmittelbar nach der Kritik an der restriktiven Sparpolitik kritisiert wurde, daß auch damit das Ziel der Beschränkung der Staatsausgaben nicht erreicht werde, da gegenüber dem nach den Sperrungen des Sommers wirklich vollzogenen Haushalt für 1967 eine Steigerungsrate von mehr als 12% geplant war.[33]

Allerdings führte die harsche Kritik der Opposition und die bundespolitische Dimension der Debatte dazu, daß die Regierungsmitglieder weitgehend auf sich alleine gestellt waren. In einer ungewöhnlich defensiven Rede griff der Regierungschef selber ein und warf der Opposition vor, „Ausflüge in die Bundespolitik" zu unternehmen, um parteipolitisches Kapital zu schlagen: „Es ist wohl nur die scheinbare, die vage Möglichkeit, daß Sie zum ersten Mal nach zwanzigjähriger Opposition jetzt eine geringe Chance sehen, mit dem von uns [!] abgefallenen Koalitionspartner eventuell in die Regierung einzuziehen." Der so als von kurzfristigen Machtkalkülen geprägt dargestellten Politik stellte der Regierungschef die Erfolge seiner Regierungszeit gegenüber, um dabei mehr Zeit und grundsätzliche Unterstützung des Parlaments als

---

[29] So Jakob Feller (CDU) in: LTDS, 5. WP, Abt. I, 26. Sitzung v. 11.11.66, S. 588ff.

[30] So Rudolf Recktenwald (SPD), ebd., S. 599.

[31] Friedrich Regitz (SPD), ebd., S. 594.

[32] Ebd., S. 598.

[33] So Karl Heinz Schneider (SPD), ebd., S. 604.

Ganzes einzufordern: „Besonnene Strukturpolitik" brauche eben Zeit.[34] Bereits die unmittelbare Reaktion der SPD auf seine Rede zeigte jedoch, wie sehr sich im Kontext der Haushaltskrise die Form und die Ansprüche an parlamentarische Beratungen gegenüber der in der Vergangenheit gewohnten Praxis verändert hatten. „Wenn die Grundsatzberatung zum Haushalt nicht mehr der geeignete Anlaß [für scharfe politische Auseinandersetzungen] sein soll, dann weiß ich nicht mehr, welchen Anlaß es überhaupt noch gibt."[35]

Die weiteren Budgetberatungen waren von zwei Entwicklungslinien geprägt. Im auf Grundfragen der Haushaltspolitik bezogenen Teil wurden CDU-Fraktion und Landesregierung gleichermaßen weiter in die Defensive gedrängt, so daß der Fraktionsvorsitzende der CDU die Notwendigkeit einer generellen Neuorientierung der Landespolitik zugestand. Nötig sei „ein grundsätzliches Umdenken und eine Überprüfung sämtlicher Ausgaben in unserem Lande. Es kann entscheidend für die Gewährung von Leistungen weder ein Besitzstand - wir haben einmal das Wort ‚sozialer Besitzstand' geprägt - noch eine gesetzliche Notwendigkeit zu Ausgaben, sondern nur noch die Sicherung unserer Lebensgrundlagen sein."[36] Diesbezüglich gestand die Opposition zwar zu, daß eine auf nationaler Ebene beschlossene Fixierung der Anteile von Bund und Ländern an der Einkommen- und der Körperschaftssteuer die wichtigste haushaltswirksame Entscheidung im Saarland darstelle; allerdings wurden auch die Reformansätze der Landesregierung als nicht ausreichend bzw. nicht akzeptabel dargestellt.[37] Öl ins Feuer goß dabei auch die Fraktion von FDP/DPS, für die Kurt John im Stil einer klassischen Oppositionsrede das Fehlen von politischen Schwerpunktsetzungen im Haushalt und die immer noch zu hohen Bindungsermächtigungen und Ausgabereste kritisierte.[38] Allerdings verlagerten die Regierungsmitglieder - und hier insbesondere Franz Josef Röder - diese Diskussion ähnlich wie wie bei den allgemeinen Strukturdebatten auf die Ebene ihrer persönlichen Verantwortung für Einzelentscheidungen der Vergangenheit. Dadurch gerieten die Oppositionsredner bei dem Versuch in argumentative Schwierigkeiten, die Politik der Vergangenheit als Ganzes als fehlgeschlagen zu deuten. Erfolgreicher war dagegen der Ansatz, die Interessenvertretung des Landes durch seine Regierung anzugreifen. Insbesondere die Position der Landesregierung bei den Verhandlungen zur Neuordnung des Länder-

---

[34] Ebd., S. 603.
[35] So Friedrich Regitz (SPD), ebd., S. 604.
[36] Jakob Feller in: LTDS, 5. WP, Abt. I, 28. Sitzung v. 14.12.66, S. 666. Auch hier galt aber der Bezug zu Entscheidungen auf Bundesebene als ein kaum lösbares Grundproblem, weil „die Einnahmeentwicklung unseres Haushaltsplanes mehr von der Einnahmeentwicklung und dem Steueraufkommen der großen und reichen Länder abhängt als von unseren eigenen Steuereinnahmen."
[37] Insbesondere die Schaffung eines sogenannten Stellenpools, in den freiwerdende Stellen in der Verwaltung eingebracht und dann nach Maßgabe der Regierung - gegebenenfalls in anderen Bereichen - wiederbesetzt werden durften, wurde als Einschränkung des Budgetrechts des Parlaments abgelehnt, ebd., S. 663. Dieses Mittel war Gegenstand eines Berichts des Beirats für Verwaltungsvereinfachung, vgl. LASB StK 1743, Kabinettsprotokoll v. 25.11.66.
[38] LTDS, 5. WP, Abt. I, 28. Sitzung v. 14.12.66, S. 670f.

finanzausgleiches wurde bemängelt, weil die defensive Strategie Röders als Versuch gewertet werden konnte, direkte Bundesergänzungszuweisungen anstelle von Ansprüchen auf reguläre Mittel aus dem Finanzausgleich einzuhandeln. Darin sah Karl Wolfskeil den Versuch, sich von Bonn „kaufen" zu lassen und die „Solidarität" mit den anderen Ländern aufzugeben.[39]

Großen Anklang fand dagegen das zweite Element in der haushaltspolitischen Diskussion, das als eine Art generelle Reformdebatte insbesondere den Bildungsbereich zum Gegenstand der Beratungen machte. Bereits der CDU-Abgeordnete Berthold Budell hatte in seiner Rede darauf hingewiesen, daß die Universität als finanzielle Last für das Land nicht mehr zu tragen sei.[40] Dabei war diese Argumentationsweise durchaus nicht völlig neu. Wie bereits erwähnt, hatte schon 1959 die sich zuspitzende Haushaltssituation einzelne Parlamentarier dazu angeregt, öffentlich über mögliche Einsparpotentiale nachzudenken. Nun entwickelte sich jedoch eine vergleichsweise umfangreiche bildungspolitische Grundsatzdebatte. Die SPD-Abgeordneten nahmen ihre alte Argumentationslinie gegen die Volksschulbauprogramme wieder auf und leiteten daraus ein in dieser Eindeutigkeit bislang unbekanntes Bekenntnis gegen die Konfessionsschule ab. Dagegen hatte der Kultusminister Werner Scherer große Schwierigkeiten, das Eintreten der CDU für deren Aufrechterhaltung zu begründen.[41] Damit war ein neuer und für die späten 60er Jahre typischer Stil der Haushaltsdebatten im saarländischen Parlament erarbeitet. Hatte noch in der vorangegangenen Legislaturperiode die Finanznot des Saarlandes hauptsächlich Auswirkungen auf die kommunalpolitische Diskussion und auf diejenige um Raumordnung und Landesplanung gezeigt, entwickelte sich nun die Debatte verstärkt in Richtung auf eine allgemeine Reformdebatte in den Kernkompetenzen des Landes, insbesondere im Bildungsbereich.[42]

---

[39] Ebd., S. 678. Renzsch, Finanzverfassung, S. 199, sieht in der bei der schwelenden Diskussion um die Reform des Länderfinanzausgleichs im Herbst 1966 gefundenen Lösung, durch Sonderzuweisungen des Bundes an die finanzschwachen Länder den zur Debatte stehenden Entwurf Schleswig-Holsteins zur Neustrukturierung der föderalen Finanzverhältnisse zu verhindern, eine „Vertagung" des Problems in die große Koalition. Das Saarland hatte sich zu dem Entwurf offiziell überhaupt nicht geäußert.

[40] Budell kritisierte die seit Jahren steigenden Ausgaben in diesem Bereich: „Dies, meine Damen und Herren, ist eine Entwicklung, die uns auf die Dauer Kummer bereiten muß bei aller Bereitschaft des Parlaments, der Regierung und der saarländischen Bevölkerung, für die Ausstattung und den Ruf unserer Universität Opfer zu bringen.", LTDS, 5. WP, Abt. I, 28. Sitzung v. 14.12.66, S. 688.

[41] Ebd., S. 695ff. Scherer argumentierte, daß für die CDU „die Frage der Schulform nicht nur eine bildungsmaterialistische Frage" sei, ebd., S. 697.

[42] Selbst eher dem konservativen Flügel zuzurechnende Abgeordnete standen dieser Reformdebatte grundsätzlich positiv gegenüber; z.B. sprach die ehemalige CVP-Abgeordnete Maria Schweitzer, die sich in der Vergangenheit durch ihren besonderen Einsatz für die Beibehaltung der konfessionellen Gliederung des Bildungswesens profiliert hatte, von einem „echten Frühling" in der Kulturpolitik, der durch die nun entstandenen Sparzwänge und die daraus abgeleitete Notwendigkeit einer grundsätzlichen Bildungsdebatte ausgelöst worden sei, ebd., S. 691.

Obwohl allerdings bereits im Januar 1967 weitreichende Haushaltssperren nötig wurden[43] und obwohl der Finanzminister im März auch im Parlament keinen Zweifel darüber entstehen ließ, daß der Vollzug des Haushaltes völlig ungesichert sei, obwohl das Land de facto nur noch die gesetzlich vorgeschriebenen Leistungen erbringen und in den Landeseinrichtungen nur noch den Betrieb aufrecht erhalten wollte, verzögerten sich die weiteren Beratungen.[44] Statt dessen dominierte zunächst die allgemeine Strukturdebatte weitgehend das Feld der parlamentarischen Auseinandersetzung. Erst im Juni 1967 wurde dann - basierend auf einer Reihe von Ausschußberatungen - eine Grundsatzdiskussion zum Vollzug des Haushaltes angesetzt. Hier trug Jakob Feller als Berichterstatter die Meinung der parlamentarischen Mehrheit vor, die sich in weitgehender Übereinstimmung mit der Regierungskonzeption befand: Obwohl vollkommen klar sei, daß der Haushalt keinesfalls im geplanten Umfang vollzogen werden könne, weil die dazu notwendigen Einnahmen um ca. 40 Mio. DM unterschritten werden würden, verzichtete man auf einen Nachtragshaushalt. Dieser, so der Gedankengang, könne ohnehin das anstehende Problem nicht lösen, da echte Kürzungen, nicht Verschiebungen von Ausgaben nötig seien.[45]

Dies lehnte die Opposition scharf ab. Die Einschränkung der veranschlagten Mittel per Kabinettsbeschluß gefährde das Budgetrecht des Parlaments und sei außerdem dazu geeignet, die Mittelverausgabung an die Durchsetzungskraft bestimmter Lobbies zu binden. Noch weitergehender war der Hinweis darauf, daß die Weigerung der Regierung, einen Nachtragshaushalt aufzustellen, eigentlich nur als Indiz dafür gewertet werden könne, daß grundlegende Strukturveränderungen nicht durchgeführt werden sollten.[46] Aus Sicht der SPD war die Lage als so kritisch einzuschätzen, daß eine Zahlungsunfähigkeit des Landes kurz bevorstünde. Nicht nur die aktuelle Finanzierungsproblematik, sondern vor allem auch das Zusammenwirken mit den aus den Vorjahren aufgelaufenen Defiziten machten nach dieser Sichtweise ein Umsetzen der von Bundesebene als Lösungsmöglichkeit vorgeschlagenen Erhöhung der Kreditaufnahme unmöglich.[47] Von Seiten der Regierungsmitglieder, die auch in dieser

---

[43] LASB StK 1745, Kabinettsprotokoll v. 10.1.67.

[44] Nicht einmal die Regelung, Bindungsermächtigungen nur auf Sondergenehmigung hin und dann auch nur bis zu 20% des angesetzten Wertes auszuführen, scheint die SPD zu einer öffentlichen Debatte provoziert zu haben. Vgl. hierzu die Regierungserklärung zum Haushaltsvollzug in: LTDS, 5. WP, Abt. I, 32. Sitzung v. 8.3.67, S. 828f.

[45] LTDS, 5. WP, Abt. I, 36. Sitzung v. 7.6.67, S. 932ff.

[46] So Friedrich Regitz (SPD) in: ebd., S. 935ff.: „Die jetzigen Maßnahmen der Regierung deuten nicht darauf hin, daß sie die Absicht hat, Entscheidendes zu ändern, um größere Investitionsraten freizubekommen."

[47] Ebd., S. 944. Kurz vorher hatte der Bericht über die Haushaltsjahre 1960 bis 1962 ergeben, daß auch in diesen Jahren - genau wie praktisch durchgängig seit 1952/53 - ein echtes Haushaltsdefizit entstanden war. Wären damals alleine nur die übertragenen Ausgabenreste vollständig abgeflossen, hätte dies alleine 1962 einen Fehlbetrag von 29 Mio. DM erzeugt. Obwohl das Mittel der Bindungsermächtigungen zum Einsatz gekommen war und der Abfluß der Ausgabenreste nur teilweise erfolgte, war jedoch immer noch die Liquidität der Landeskasse gefährdet. Vgl. hierzu: LTDS, 5. WP, Abt. I, 32. Sitzung v. 8.3.67, S. 817-820.

Änderung der Steuereinnahmen der Länder und ihrer Gemeinden durch die Finanzreform

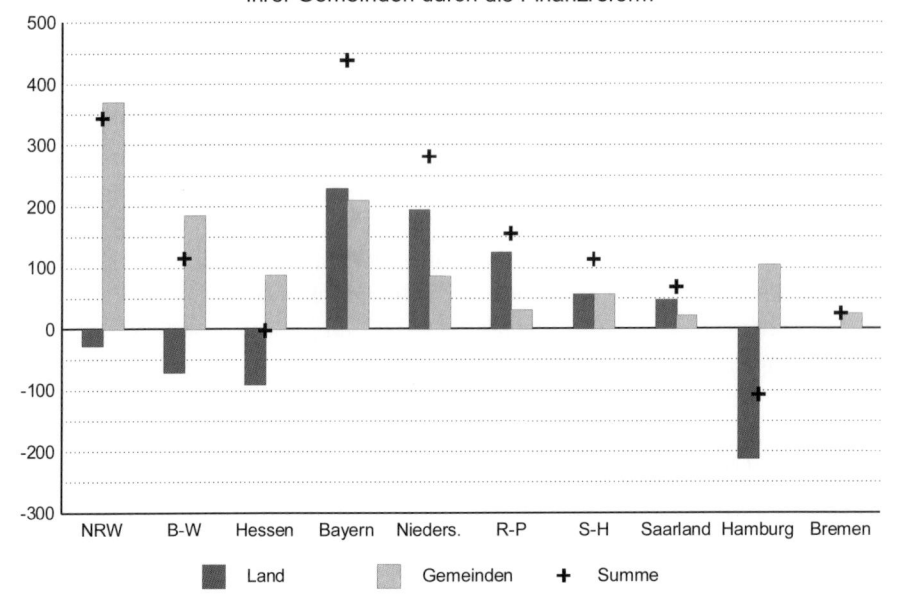

Angaben in Mio. DM. Wert bei Bremen (Land): 0,5. Lesebeispiel: Nach den absoluten Zahlen führte die Finanzreform in Bayern und in Nordrhein-Westfalen zu den stärksten Einnahmesteigerungen, wobei Bayern die stärksten Zuwächse auf Landes-, Nordrhein-Westfalen die absolut stärksten Zuwächse auf Gemeindeebene zu verzeichnen hatte. Quelle: Bundesministerium der Finanzen (Hg.), Finanzbericht 1970. Die volkswirtschaftlichen Grundlagen und die wichtigsten finanzwirtschaftlichen Probleme des Haushaltsplans der Bundesrepublik Deutschland für das Haushaltsjahr 1970, Bonn 1970, S. 170f. u. S. 176f.

Debatte das Gros der Kontroverse zu tragen hatten, wurde die Sachdarstellung der Opposition nicht kritisiert. Allerdings versuchte der Regierungschef, die Opposition auch in die politische Verantwortung für die aktuellen Probleme einzubeziehen. Nach seiner Darstellung hatte diese auf die Einbringung eigener Kürzungsvorschläge für die angesetzten Mittelsperrungen verzichtet und sich statt dessen in eine Fundamentalopposition begeben. Darin glaubte Franz Josef Röder eine Inkonsequenz erkennen zu können, da die SPD gegenwärtig differenzierte Kürzungen grundsätzlich ablehne, während sie bei der Diskussion um den Haushaltsvollzug des vorangegangenen Jahres lineare Kürzungen über alle Titel hinweg gleichermaßen kritisiert habe.[48]

Abgesehen von diesem letztlich parteipolitisch motivierten Konflikt zeigte sich aber in der Darstellung der finanziellen Lage durch die Regierung auch ein grundsätzlich neuer Zug. Hatte bis dato - vor allem in Zeiten der Stagnationskrise - üblicherweise die unzulängliche Entwicklung der eigenen Steuereinnahmen des Landes Finanzierungsprobleme im Haushalt ausgelöst, während die Zuweisungen von Bund und

---

[48] LTDS, 5. WP, Abt. I, 36. Sitzung v. 7.6.67, S. 937ff.

Änderung der Steuereinnahmen pro Einwohner der Länder und ihrer Gemeinden durch die Finanzreform

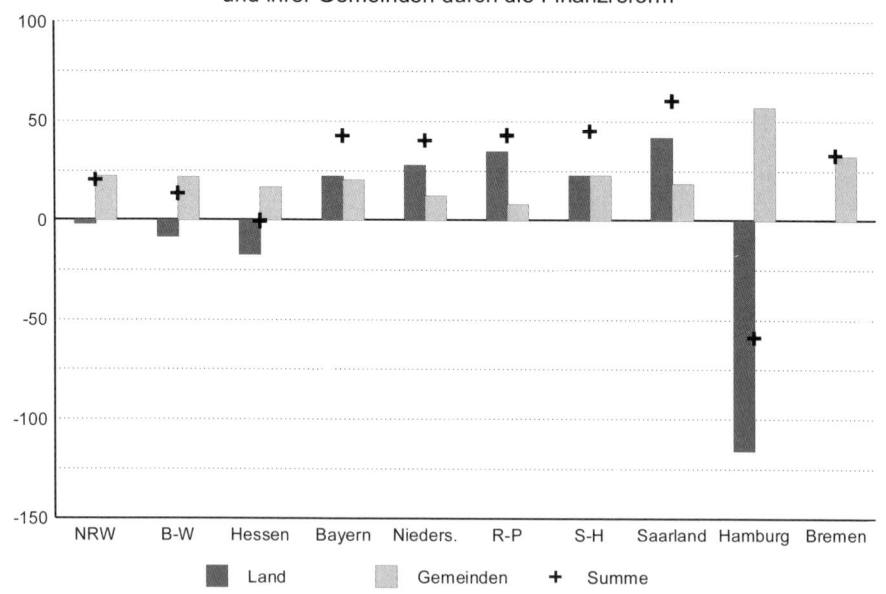

Angaben in DM pro Einwohner. Wert bei Bremen (Land): 0,66. Lesebeispiel: In Nordrhein-Westfalen sanken die Steuereinnahmen des Landes pro Einwohner durch die Finanzreform leicht ab, während die Einnahmen der Gemeinden anstiegen. Daraus resultiert ein insgesamt positiver Effekt gegenüber der vorherigen Regelung. Quelle: Bundesministerium der Finanzen (Hg.), Finanzbericht 1970. Die volkswirtschaftlichen Grundlagen und die wichtigsten finanzwirtschaftlichen Probleme des Haushaltsplans der Bundesrepublik Deutschland für das Haushaltsjahr 1970, Bonn 1970, S. 170f. u. S. 176f.

Ländern sehr oft sogar die prognostizierten Ansätze überschritten, entwickelten sich die Verhältnisse in der Rezession der Jahre 1966/67 genau anders herum. Die akute Unsicherheit über den Vollzug des Haushaltes für 1967 war primär dadurch ausgelöst, daß keine klare Aussage darüber möglich war, wie sich die Zuweisungen vom Bund und aus dem Finanzausgleich entwickeln würden; die eigenen Einnahmen des Landes dagegen erreichten durchweg die angesetzten Beträge.[49] Dadurch veränderte sich die Funktion der Budgetentwicklung als Krisenindikator teilweise: War bislang bereits klar geworden, daß die prekäre Autonomie des Saarlandes als Mitglied im föderalen Staat hauptsächlich durch die gesetzliche Bindung von Ausgabesätzen und die unzureichende Entwicklung der eigenen Steuereinnahmen geprägt war, trat nun als zusätzliches Element erstmals die Möglichkeit hinzu, daß auch die Einnahmen aus dem föderalen Finanzsystem auf einem zu geringen Niveau beschränkt sein könnten. Dies stellte bestimmte, aus den Erfahrungen der Vergangenheit heraus entwickelte Verhaltensmuster der saarländischen Politik grundsätzlich in Frage. Die Möglichkeit, mit dem Argument einer historisch-politisch begründeten Benachteiligung des Landes

---

[49] So Minister Koch, ebd., S. 939ff.

Maßnahmen vor allem des Bundes zugunsten des Landes zu fordern, war deutlich eingeschränkt. Dies traf zudem mit der sich im Rahmen der allgemeinen Strukturdiskussion abzeichnenden neuen Entwicklung zusammen, nach der strukturverbessernde Maßnahmen und Hilfen - wie z.B. die Gestaltung der Kohlekrise in Form der Aktionsgemeinschaft - zwar Bundeshilfen würden bringen können, deren Kofinanzierung durch das Land aber aufgrund der geringen Spielräume im Haushalt praktisch nicht sicherzustellen war.

Dies erklärt zum Teil die merkwürdige Mißachtung haushaltspolitischer Zusammenhänge in der durch das Saar-Memorandum ausgelösten allgemeinen Strukturdebatte im Landtag. Obwohl das Memorandum nämlich auch umfangreiche finanzielle Forderungen gegenüber dem Bund enthielt, wurde dieser Aspekt bei den Debatten darüber - insbesondere von der Opposition - kaum berücksichtigt. Auch bei der Fortsetzung der Debatte um den Haushaltsvollzug des Jahres 1967 blieb dieser Zusammenhang noch recht unscharf. Zwar kennzeichnete der neu ins Amt berufene Finanzminister seinen nun doch erarbeiteten Nachtrag als ersten „Haushaltsplan ..., der unmittelbar eine ausschließlich wirtschaftspolitische Zielsetzung hat", jedoch bezog sich das Zahlenwerk praktisch ausschließlich auf die Umsetzung der von der Bundespolitik vorgegebenen Finanz- und Investitionsdaten aus deren Konjunkturprogrammen.[50] Dementsprechend wirkte schon der Fraktionsvorsitzende der CDU allzu weitgesteckten Erwartungen entgegen. Zwar forderte er mit Hinweis auf das Verhalten der CDU-Opposition in Hessen die Zustimmung der saarländischen Sozialdemokraten ein, bewertete aber die Regierungsvorlage mehr als „Ausführungsgesetz auf Landesebene zum Konjunkturprogramm des Bundes", das zudem aufgrund der geringen finanziellen Spielräume des Landes längst nicht alle Investitionswünsche, v.a. der Gemeinden, berücksichtigen konnte. Besonders negativ merkte er an, daß die zur Umsetzung erforderlichen Eigenmittel des Landes von mehr als 35 Mio. DM einen neuerlichen Beitrag zur schnelleren Verschuldung darstellten. Letztlich, so sein Gedankengang, stelle dieser Nachtragshaushalt kaum mehr als die Fortsetzung der bereits in der Vergangenheit auf wachsende Verschuldung angewiesenen Investitionspolitik des Landes dar: „So gesehen könnte ich eigentlich sagen, daß das Saarland bereits seit 1961 jedes Jahr Eventualhaushalte verabschiedet." Zwar komme das Programm insbesondere dem Kultusminister „wie gerufen", weil dadurch die Finanzierung des vierten Volksschulbauprogramms sichergestellt werde; allerdings befürchtete Feller, daß die im Saar-Memorandum genannten sonstigen Ziele in Vergessenheit geraten könnten.[51]

Die Sozialdemokraten zeigten sich erstaunlich kompromißbereit. Zwar blieb der Hinweis auf Fehler der Landesregierung in der Vergangenheit nicht aus, die neue Wirtschaftspolitik auf Bundesebene lasse aber nun die Hoffnung keimen, eine „plan-

---

[50] Vgl. hierzu die Haushaltsrede des Ministers in: LTDS, 5. WP, Abt. I, 43. Sitzung v. 20.9.67, S. 1133ff.
[51] Ebd., S. 1136f.

vollere" Politik betreiben zu können - und dabei wollte die SPD unbedingt „mitmachen". Konkret bedeutete dies auch die Bereitschaft, die finanziellen Risiken der Investitionspolitik mitzutragen.[52] Demgegenüber zeigte die bereits zitierte Äußerung des Ministerpräsidenten, die SPD erschwere durch ihre Kritik an der Landesregierung seine Versuche, in Bonn Mittel einzuwerben,[53] eine gewisse Verärgerung über den neu gefundenen Konsens zwischen den Landtagsfraktionen. Offenbar befürchtete der Regierungschef, die „politischen Kosten" dieser Einigung bzw. der Integration der SPD alleine tragen zu müssen. Daß diese Sorge durchaus berechtigt war, zeigte sich bei der dritten Lesung des Nachtragshaushaltes, als - wenn auch nicht unbestritten - die These in den Raum gestellt werden konnte, daß möglicherweise die saarländischen Sozialdemokraten beim Bundesminister Schiller mehr für die Interessen des Landes erreichen könnten als der Ministerpräsident Röder selber.[54]

Wie weit sich die strategische Lage von Regierung und Mehrheitsfraktion im Parlament verschlechtert hatte, wurde vollends jedoch erst bei der Diskussion um den zweiten Nachtragshaushalt für das Jahr 1967 klar. Schon für das Jahr 1966 war mit ca. 40 Mio. ein hoher Fehlbetrag aufgelaufen, der sich durch die Ereignisse des Jahres 1967 - obwohl die Einnahmen des Landes aus eigenen Steuern sogar geringfügig über den angesetzten Beträgen lagen - auf 60 Mio. DM erhöht hatte; vorübergehend war dieser Fehlbetrag zwar mit Kassenkrediten und Einsparungen abgedeckt worden, nun aber drohte das Land seine Kreditlinie zu überschreiten. Daher sah der zweite Nachtragshaushalt die Aufnahme von zusätzlichen Krediten vor.[55] Die Sozialdemokraten entwickelten gegenüber diesem Vorhaben eine harte und grundlegend ablehnende Haltung. Daß erstmals Defizite im ordentlichen Haushalt per Kreditaufnahme - also aus dem außerordentlichen Haushalt - gedeckt werden sollten, wurde als politisch fatal und zudem verfassungswidrig bezeichnet. Daher kündigte die Opposition auch die Einleitung eines Normenkontrollverfahrens an.[56] Im Laufe der weiteren Debatte inszenierte die Opposition eine „Generalabrechnung" mit der Regierungspolitik: „Denn wenn Sie, wie das Gesetz und die Verfassung es vorschreiben, dieses Defizit aus 1966 im Haushalt 1967 abdecken wollen - eine löbliche Absicht -, dann müßten Sie aus dem ordentlichen Haushalt genau das herausnehmen, was Sie nicht mehr bezahlen können, und es in den außerordentlichen Haushalt überstellen und damit dem Volk gegenüber, das Sie regieren, die Einzelprobleme be-

---

[52] So Kurt Conrad, ebd., S. 1140f.

[53] Ebd., S. 1144ff.

[54] So Karl Heinz Schneider (SPD) in: LTDS, 5. WP, Abt. I, 44. Sitzung v. 22.9.67, S. 1159: „Ich kann mir sogar vorstellen, daß in manchen Fällen Gespräche zwischen den Parteifreunden Professor Schiller und Conrad für das Saarland erfolgreicher und nutzbringender sind als Gespräche zwischen dem Bundeswirtschaftsminister Professor Schiller und dem Ministerpräsidenten Dr. Röder."

[55] Vgl. hierzu die Haushaltsrede des Finanzministers in: LTDS, 5. WP, Abt. I, 47. Sitzung v. 16.11.67, S. 1228ff.

[56] So Friedrich Regitz (SPD), ebd., S. 1231.

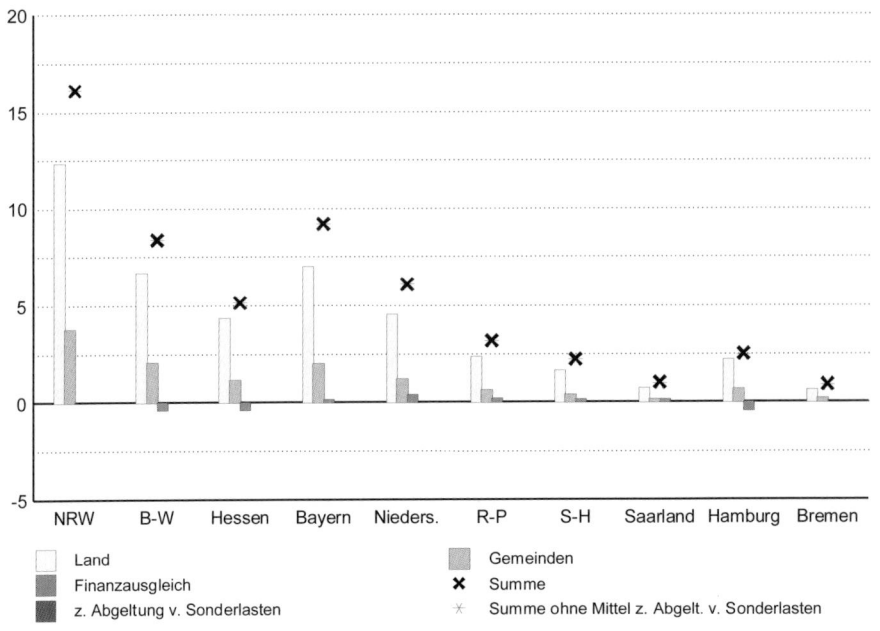

Einnahmen der Länder und ihrer Gemeinden nach der Finanzreform

Legende:
- ☐ Land
- ☐ Finanzausgleich
- ■ z. Abgeltung v. Sonderlasten
- ☐ Gemeinden
- ✗ Summe
- ✲ Summe ohne Mittel z. Abgelt. v. Sonderlasten

Angaben in Mrd. DM. Lesebeispiel: Auch nach der Finanzreform zählen die Einnahmen der öffentlichen Haushalte im Saarland zu den niedrigsten in der Bundesrepublik. Quelle: Bundesministerium der Finanzen (Hg.), Finanzbericht 1970. Die volkswirtschaftlichen Grundlagen und die wichtigsten finanzwirtschaftlichen Probleme des Haushaltsplans der Bundesrepublik Deutschland für das Haushaltsjahr 1970, Bonn 1970, S. 170f. u. S. 176f.

kennen, zu deren Ausführungen Sie vor einem Jahr angetreten sind ... und behauptet [haben], sie [könnten] das leisten. Nur scheuen Sie sich, das zuzugeben."[57]
Demgegenüber wirkte die Argumentation von Regierung und CDU-Fraktion, daß die Deckung von laufenden Ausgaben aus Krediten in diesem Fall durchaus rechtlich zulässig sei, weil die unplanmäßige Erhöhung der laufenden Ausgaben auf „außerordentliche" Umstände zurückzuführen gewesen sei, politisch wenig überzeugend, auch wenn sie - wie das Urteil des Verfassungsgerichts ein Jahr später bewies - juristisch offenbar haltbar war.[58] Auch der Hinweis, daß selbst die SPD noch bei der Beratung des Haushaltes für 1967 sogar eine Erhöhung mancher Ansätze gefordert hatte - mithin also die kommenden Defizite auch nicht erwartet hatte -, fand wenig Anklang bei den SPD-Vertretern. Zuletzt zog sich Helmut Bulle gar auf die Position zurück, das haushaltsrechtlich problematische Vorgehen der Regierung sei mehr auf

---

[57] So Karl Wolfskeil (SPD), ebd., S. 1233.

[58] Auf diese Linie schwenkte die CDU-Fraktion nach anfänglicher Zurückhaltung bei der Verabschiedung des Haushaltes letztlich ein, vgl. hierzu die Rede von Jakob Feller (CDU) in: LTDS, 5. WP, Abt. I, 48. Sitzung v. 21.11.67, S. 1247. Zum rechtlichen Rahmen vgl. Lang u. Koch, Staatsverschuldung, S. 49ff.

Einnahmen der Länder und ihrer Gemeinden pro Einwohner nach der Finanzreform

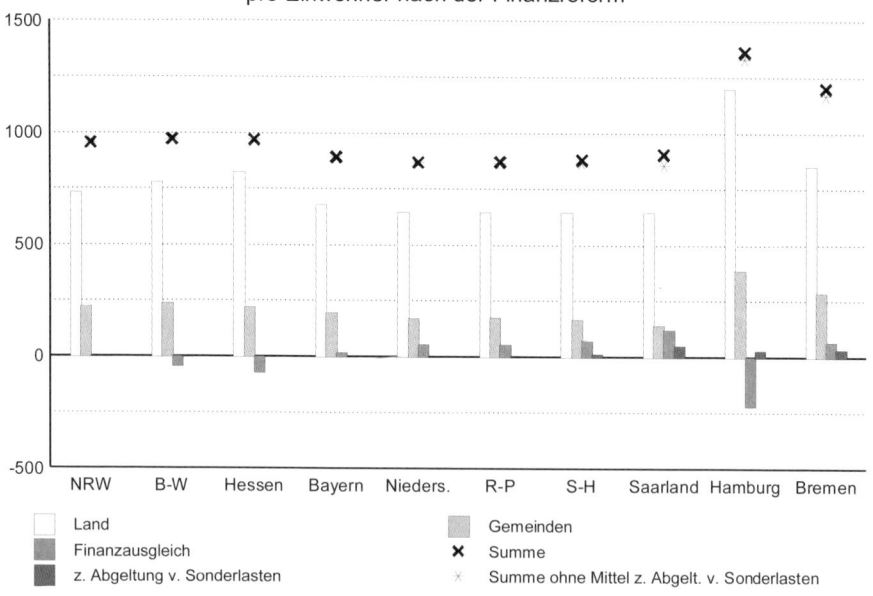

Land / Gemeinden / Finanzausgleich / z. Abgeltung v. Sonderlasten / × Summe / Summe ohne Mittel z. Abgelt. v. Sonderlasten

Angaben in DM. Lesebeispiel: Pro Einwohner hatten die öffentlichen Haushalte im Saarland nach der Finanzreform die geringsten Einnahmen aller Flächenländer, wenn man die Sondermittel zur Abgeltung von Sonderlasten außer acht läßt. Quelle: Bundesministerium der Finanzen (Hg.), Finanzbericht 1970. Die volkswirtschaftlichen Grundlagen und die wichtigsten finanzwirtschaftlichen Probleme des Haushaltsplans der Bundesrepublik Deutschland für das Haushaltsjahr 1970, Bonn 1970, S. 170f. u. S. 176f.

seine symbolische Wirkung hin abgestimmt, um nämlich in Deutschland auf die finanziellen Schwierigkeiten des Landes hinzuweisen.[59] Damit verblieb das Grunddilemma der Haushaltspolitik in der Krise, einerseits aus fiskalpolitischen Gründen eine Reduzierung der Landesausgaben fordern zu müssen, andererseits aus wirtschaftspolitischen sogar eine Verstärkung der Ausgabentätigkeit für sinnvoll halten zu können, praktisch vollständig bei der CDU und der von ihr gestellten Regierung. Die Opposition dagegen konnte beides gleichermaßen überzeugend fordern.[60]

3.1.3 Eine neue Phase der Gemeinsamkeit?

In den Haushaltsberatungen für den Jahresetat 1968 schlug sich dies - besonders in der Haushaltsrede des Ministers - in einem bemerkenswerten Nebeneinander eigent-

---

[59] „Er [Der Finanzminister] hat es getan aus eben den politischen Erwägungen, um zu demonstrieren - nicht nur in diesem Lande, sondern weit über dieses Land hinaus, nach Osten hin, am Rhein abwärts -, daß wir in diesem Lande den ordentlichen Haushalt nur dadurch ausgleichen können, daß wir Kredite aufnehmen. Ich meine, dieses Faktum allein ist bereits eine sehr deutliche politische Akzentuierung und eine deutliche politische Aussage.", ebd., S. 1258.

[60] Vgl. bes. den Wortbeitrag von Hermann Trittelvitz (SPD), ebd., S. 1254f.

lich unvereinbarer Grundaussagen nieder. Einerseits stellte Helmut Bulle fest, daß angesichts der angespannten Haushaltslage eine Politik des „deficit spending" praktisch nicht umsetzbar sei; andererseits zeigte er anhand der Haushaltsentwicklung der Vergangenheit auf, daß eine verstärkte Inanspruchnahme von Kreditmarktmitteln sich „nie in einer späteren proportionalen Verbesserung der Einnahmen [des Landeshaushalts] niedergeschlagen hat" - mithin also regional- und finanzpolitisch ohnehin unwirksam gewesen sei. Trotzdem, so Bulle weiter, müsse zum Ausgleich des Nachholbedarfs aus der Vergangenheit Wert darauf gelegt werden, alle Einnahmemöglichkeiten voll auszuschöpfen, bei Sachmitteln und Zuwendungen an Dritte möglichst sparsam zu wirtschaften und Bundesmittel wo immer möglich in Anspruch zu nehmen. Weiterhin blieb die geplante Volumensteigerung des Landesetats mit 5,3% sehr maßvoll; und das, obwohl „eine antizyklische Haushaltspolitik ... bei dem Konjunkturrückgang, der die Wirtschaftslage der letzten eineinhalb Jahre geprägt hat und der sich nur zögernd in einen leichten Wiederanstieg der Wirtschaftstätigkeit wandelt, eine möglichst kräftige Steigerung der staatlichen Ausgaben" verlange.[61] Da der Konjunkturrückgang erst mit einer gewissen Verzögerung eine Minderung der Steuereinnahmen auslöste, setzte der Entwurf nun sogar die eigenen Einnahmen niedriger an als 1967, konnte aber immerhin erhebliche Beträge an Sondermitteln aus Bonn ausweisen;[62] trotzdem blieb ein Defizit im ordentlichen Haushalt bestehen, das - wie bereits im Vorjahr - nur durch Kreditaufnahmen im außerordentlichen Haushalt abdeckbar schien. Umfangreichen Reformbedarf sah der Minister daher in der Kulturpolitik, und hier vor allem bei der Universität. Erstmals wurde hierbei von maßgeblicher Regierungsseite die Finanzierung der Universität aus finanziellen Gründen in Frage gestellt: „Meine Damen und Herren, das Saarland kann die laufend steigenden Aufwendungen dieses Bereichs nicht länger allein tragen."[63]

Trotz dieser ebenso inkonsistenten wie gegenüber der Universität, die lange Jahre hindurch als „Aushängeschild" des Landes in Haushaltsberatungen praktisch sakrosankt war,[64] aggressiven Einlassungen entwickelte sich die parlamentarische Debatte

---

[61] LTDS, 5. WP, Abt. I, 50. Sitzung v. 7.2.68, S. 1295.

[62] Die finanzschwachen Länder Bayern, Niedersachsen, Rheinland-Pfalz, Saarland und Schleswig-Holstein erhielten für 1967 und 1968 jährlich 260 Mio. DM, wovon 20 Mio. DM auf das Saarland entfielen. Zusätzlich wurden dem Saarland für die beiden Jahre jeweils 15 Mio. DM zur Durchführung der Hilfsmaßnahmen für den Steinkohlenbergbau zugesagt. Vgl. Bundesministerium der Finanzen (Hg.), Finanzbericht 1968. Die volkswirtschaftlichen Grundlagen und die wichtigsten finanzwirtschaftlichen Probleme des Haushaltsplans der Bundesrepublik Deutschland für das Rechnungsjahr 1968, Bonn 1968, S. 329.

[63] LTDS, 5. WP, Abt. I, 50. Sitzung v. 7.2.68, S. 1301.

[64] Die Debatte um die Universität ist dabei sicherlich im Zusammenhang mit der Diskussion über die geplante Schaffung der Gemeinschaftsaufgabe Hochschulbau zu sehen; allerdings ist die regionalpolitische Bedeutung von Hochschulen bis heute heftig umstritten, vgl. die differenzierten Ergebnisse von Jobst Seeber, Regionalwirtschaftliche Wirkungen von Hochschulen. Vergleichende empirische Untersuchung in der Bundesrepublik Deutschland, Oldenburg 1985. Wenn auch die vergleichende Fallstudie von Georg Küppers, Hochschule und regionaler Arbeitsmarkt. Ein Beitrag zur empirischen Analyse der Beschäftigungseffekte regionaler Studienplatzkapazitäten, Berlin 1978, hier: S. 226, den Befund von

zu diesem Haushalt nur sehr schleppend. Schon das Protokoll der ersten Lesung, die zeitlich mit dem Höhepunkt der allgemeinen Strukturdiskussion zusammenfiel, deutet mit kaum mehr als 20 Protokollseiten auf eine der kürzesten Lesungen in der Geschichte des Bundeslandes hin. Und auch inhaltlich gelangte die Debatte kaum über die unverbunden einander gegenübergestellten Schlagwörter von der „Konsolidierung des Landesfinanzen"[65] (nach dem enormen Anstieg der Verschuldung durch die Eingliederung), von der fehlenden fiskalpolitischen Abfederung des Strukturprogramms des Ministerpräsidenten[66] und über eine kurze Diskussion über die Frage nach der angemessenen Ausstattung der Gemeindefinanzen[67] hinaus.[68] Bis zum April 1968 zeichnete sich aber eine bemerkenswerte Kooperation zwischen Opposition und Mehrheitsfraktion während der Ausschußberatungen ab. Durch weitreichende Einsparungen war es hier nämlich gelungen, das ursprünglich angesetzte Defizit im ordentlichen Haushalt zu vermeiden und somit für einen regulären Ausgleich des Gesamthaushaltes zu sorgen. Dazu konnten auch zusätzliche Mittel aus Bonn verbucht werden, was letztlich sogar zu der Hoffnung Anlaß gab, zum Jahresende nicht mehr mit neuen Defiziten konfrontiert zu werden. Als Gesamtergebnis konnte festgehalten werden: „Wir haben ... das Haushalts- und Finanzgeschehen, das uns in den letzten beiden Jahren beinahe entglitten ist, wieder echt in den Griff bekommen."[69] Dieser Einschätzung setzte auch die SPD-Opposition keine grundsätzlich andere Bewertung entgegen. Zwar bemängelte sie eine ganze Reihe von problematischen Verfahren, die als „Tricks" zum formalen Ausgleich des Etats verwendet worden

---

Seeber bestätigt, daß Hochschulen wohl als die am schwächsten inzidente Form von Raumordnungsmaßnahmen bezeichnet werden müssen, darf doch nicht übersehen werden, daß im Vergleich zu Mannheim und Kaiserslautern die ökonomischen Effekte der Universität des Saarlandes zumindest auf ihr unmittelbares Umfeld im Stadtgebiet Saarbrückens relativ hoch einzuschätzen sind, vgl. ebd., S. 226ff.

[65] So betitelte Jakob Feller (CDU) den Haushaltsentwurf, LTDS, 5. WP, Abt. I, 50. Sitzung v. 7.2.68, S. 1367.

[66] Dies stellte das zentrale Argument im mit „Wehmütige Betrachtungen eines Finanzministers" betitelten Beitrag Kurt Conrads (SPD) dar, ebd., S. 1371.

[67] Ausführliches Zahlenmaterial präsentierte Innenminister Ludwig Schnur, ebd., S. 1375ff.

[68] Sehr viel heftigere haushaltspolitische Debatten als der Haushaltsentwurf löste in den ersten Monaten des Jahres 1968 sogar das Ausführungsgesetz zum Bundessozialhilfegesetz aus, durch das in einer saarländischen Sondersituation - die Abschaffung des Sozialrentnergesetzes als eines der letzten Bestandteile des „sozialen Besitzstandes" an der Saar - die Gemeinden finanzielle Rückwirkungen zu tragen hatten. Vgl. hierzu die Debatte in: LTDS, 5. WP, Abt. I, 52. Sitzung v. 6.3.68, S. 1393. Diese Debatte stellte übrigens ein „ungleichzeitiges" Wiederaufleben sozialpolitischer Diskussionen im Parlament dar. Ursula Münch, Sozialpolitik und Föderalismus. Zur Dynamik der Aufgabenverteilung im sozialen Bundesstaat, Opladen 1997, bes. S. 283ff., hält als eines der wichtigen Kennzeichen der Unitarisierung der Bundesrepublik fest, daß die Verantwortung für sozialpolitische Probleme als Teil der systemischen Integration der Bundesrepublik schon früh und sehr schnell auf den Bund verlagert wurde. Dementsprechend fand dieser Bereich in den von ihr ausgewerteten Parlamentsdebatten in Nordrhein-Westfalen und Bayern kaum Berücksichtigung - eine Tendenz, die nach dem Abflauen der Debatte um den „sozialen Besitzstand" ebenso die Föderalisierung des Saarlandes prägte.

[69] LTDS, 5. WP, Abt. I, 54. Sitzung v. 3.4.68, S. 1463ff.

seien.[70] Vor allem verlegte sich die SPD aber darauf, die jetzt vorgenommenen - und unbestritten erfolgreichen - Maßnahmen als „zu spät" zu charakterisieren.[71] Grundsätzliche Einwände gegen das finanzpolitische Programm der Landesregierung wurden aber nicht vorgebracht, sondern erste Ansätze einer Umsetzung von Maßnahmen aus dem Saar-Memorandum in den Haushalt fanden sogar positive Erwähnung.[72] Zuletzt bescheinigte der SPD-Fraktionsvorsitzende dem Haushalt, daß „für Umstrukturierungsmaßnahmen in unserem Lande jetzt endlich mehr Bewegungsmöglichkeiten geschaffen worden sind, als in den vergangenen Jahren vorhanden gewesen sind", auch wenn er den Grund dafür hauptsächlich in der Politik der neuen Bundesregierung erkennen zu können glaubte und zudem bemängelte, daß etliche Vorschläge der SPD nicht umgesetzt worden seien.[73] Bis zu den Beratungen des Landeshaushaltes für das Jahr 1969 hatte sich dieser neue Stil in der Debatte weitgehend durchgesetzt. Der Schwerpunkt der Haushaltsrede des Finanzministers lag auf der Frage, inwieweit der Etat den strukturverbessernden Maßnahmen - insbesondere den Programmen aus Bonn und dem Konzept des Saar-Memorandums - würde Rechnung tragen können. Dabei stellte der Minister besonders heraus, daß schon im Jahr 1969 Mittel im Gesamtvolumen von 154 Mio. DM für strukturpolitische Maßnahmen - des Aktionsprogramm Saar-Westpfalz - eingeplant waren. Die Finanzierung dieser Maßnahmen erfolgte nur zu 65% aus Bundesmitteln, was für das Land eine erhebliche Belastung bedeutete; allerdings war ein erheblicher Teil dieser Projekte bereits vorher geplant gewesen, nur ihre Umsetzung wurde jetzt vorgezogen.

---

[70] So insb. Karl Wolfskeil (SPD), ebd., S. 1466ff. Einer dieser „Tricks" bestand z.B. darin, daß das Defizit des Jahres 1967 dadurch verringert wurde, daß ein Teil der vorgesehenen Schuldentilgung nicht durchgeführt worden ist.
[71] So besonders Rudolf Recktenwald (SPD), ebd., S. 1488.
[72] Ebd., S. 150ff.
[73] LTDS, 5. WP, Abt. I, 55. Sitzung v. 4.4.68, S. 1555.

**Leistungen des föderalen Finanzsystems
an finanzschwache Länder (1966-1969)**

Jahr	Maßnahme	Empfänger		Summe
		Saarland	Bayern, Niedersachsen, Rheinland-Pfalz, Schleswig-Holstein	
1966	Sonderzuweisung des Bundes für Strukturmaßnahmen	15	165	180
1967	Ergänzungszuweisungen des Bundes	20	240	260
1968	Ergänzungszuweisungen des Bundes	27	363	390
	Sonderzuweisung des Bundes für Strukturmaßnahmen	20	30	50
1969	Ergänzungszuweisungen des Bundes	13	177	190
	Sonderzuweisung des Bundes für Strukturmaßnahmen	20	30	50
	Sonderzuweisung der ausgleichspflichtigen Länder (v. Bund finanziert)	13,4	186,6	200
	Summe	128,4	1191,6	1320

Angaben in Mio. DM[74]

Ein weiterer wichtiger Punkt im Zusammenhang von Struktur- und Finanzpolitik war die in der Mitte des Jahres vom Parlament genehmigte Gründung der Industrie-Beratungs- und Finanzierungs-GmbH (IBESA) als Tochter der Saarländischen Investitionskreditbank. Diese sollte laut Kabinettsbeschluß an der „Verbesserung der saarländischen Wirtschaftsstruktur mitwirken" und diese Aufgabe „im Rahmen des wirtschaftspolitischen Programms der saarländischen Regierung" erfüllen.[75] Im Plenum des Parlaments hatte dieser Vorstoß nicht nur Zustimmung gefunden;[76] bereits

---

[74] Quelle: Bundesministerium der Finanzen (Hg.), Finanzbericht 1969, Die volkswirtschaftlichen Grundlagen und die wichtigsten finanzwirtschaftlichen Probleme des Haushaltsplans der Bundesrepublik Deutschland für das Rechnungsjahr 1969, Bonn 1969, S. 357.

[75] LASB StK 1750, Kabinettsprotokoll v. 11.6.68. Bereits im Kabinett wurde die Frage einer möglichen Konkurrenz der verschiedenen strukturpolitischen Gremien diskutiert, abschließend jedoch unter ausdrücklicher Einbeziehung der Planungsgruppe beim Ministerpräsidenten verneint.

[76] Bereits bei den Haushaltsberatungen des Jahres 1968 kritisierte Friedrich Regitz (SPD) die mögliche

ein Jahr später jedoch konnte Helmut Bulle die Bedeutung dieser Einrichtung als zentrale Schaltstelle für die Ansiedlungs- und Modernisierungsmaßnahmen der Landesregierung hervorheben.[77] Schließlich wurde sogar die Veränderung der herkömmlichen Haushaltsstruktur als Dienst an dieser Sache dargestellt, da sich danach durch eine gemeinsame Veranschlagung von Tilgungsausgaben und neu aufgenommenen Kreditmarktmitteln die Gesamtbelastung des Kapitalmarktes leichter würde abschätzen lassen.[78]

Insoweit fand der Haushalt auch die ungeteilte Zustimmung der CDU-Fraktion, wenn auch bereits von Jakob Feller selber darauf hingewiesen wurde, daß erneut die wirtschaftspolitischen Schwerpunkte der Regierung nicht vollständig in der Ausgabenstruktur abgebildet werden konnten, weil die dazu notwendigen Spielräume bei wieder nur 5,3% Haushaltswachstum nicht zur Verfügung stünden. Auch die mittlerweile - nach dem Erlaß von 250 Mio. DM Altschulden - erstmals wieder die Grenze von einer Mrd. DM überschreitende Verschuldung rief wachsende Besorgnis hervor, wobei aber gleichzeitig der von der SPD in ihrer Verfassungsklage eingeforderte Deckungsgrundsatz als unrealistisch bezeichnet wurde und die Obergrenze der Verschuldung bei einer Schuldenaufnahme über dem Niveau der durchgeführten Investitionen gesehen wurde.[79]

Auch die SPD-Opposition stellte den Zusammenhang zwischen Haushaltspolitik und allgemeinem Reformbedarf in den Vordergrund. Schon die Tatsache, daß „die Konjunkturneutralität Ausfluß des Unvermögens" sei, wurde als Beleg für die Notwendigkeit grundlegender Reformen des Föderalismus und seiner Finanzregelungen angeführt. Dringender Reformbedarf bestand aber auch hinsichtlich der Neuordnung der saarländischen Gemeindestruktur.[80] Zuletzt verlor die Haushaltsdebatte sogar ihren

---

Zersplitterung der politischen Kräfte, vgl. LTDS, 5. WP, Abt. I, 54. Sitzung v. 30.4.68, S. 1504; ähnlich verlief die Debatte um die Genehmigung selber, in der Minister Koch die GmbH sogar als Koordinierungsstelle für die Fördermaßnahmen verstanden sehen wollte, LTDS, 5. WP, Abt. I, 59. Sitzung v. 3.7.68, S. 1679ff.

[77] LTDS, 5. WP, Abt. I, 71. Sitzung v. 4.6.69, S. 1956. Zu dieser Funktion der IBESA vgl. auch Landesbank und Girozentrale Saar (Hg.), Wirtschaftsberichte 1969, Saarbrücken 1969, H. 1.

[78] LTDS, 5. WP, Abt. I, 64. Sitzung v. 20.12.68, S. 1719ff. Die Überführung der traditionellen Haushaltsgestaltung in eine Projektstruktur war zeitgleich auch in anderen Ländern zu beobachte, vgl. Schulz zur Wiesch, Planungspolitik, S. 279. Im Unterschied dazu diente dieses Instrument im Saarland jedoch überwiegend dazu, die Kreditfinanzierung des Haushaltes transparenter zu machen und die Finanzierungsprobleme des Saarlandes offenzulegen.

[79] LTDS, 5. WP, Abt. I, 65. Sitzung v. 8.1.69, S. 1758ff.

[80] „Ich meine, daß wir uns auf die Dauer den Luxus nicht leisten können, als ginge uns das nichts an", so Kurt Conrad (SPD), ebd., S. 1763ff. Im Vorgriff auf diese Neuordnung legte die Regierung übrigens noch vor Ende der Legislaturperiode eine Neuordnung des Kommunalen Finanzausgleichs vor, welche die Konzentration von Finanzmitteln der Gemeinden zur Bildung eines sogenannten Investitionsstocks vorsah. Mit diesen Mitteln, über deren Verwendung das Land zu entscheiden hatte und die dem normalen Finanzsystem zu entnehmen waren, sollten konkrete Projekte zur Beschleunigung des Strukturwandels finanziert werden - letztlich eine Art Rückgriff auf Elemente des kommunalen Finanzausgleiches vor der Reform von 1960. Vgl. hierzu LTDS, 5. WP, Abt. I, 81. Sitzung v. 8.4.70, S. 2336ff., und LTDS, 5. WP, Abt. I, 84. Sitzung v. 27.5.70, S. 3326ff. [An dieser Stelle ist übrigens die Paginierung der Protokolle

früheren Charakter als fiskalpolitische Auseinandersetzung und wurde zur Debatte über die Maßnahmen der saarländischen - und bundesdeutschen - Politik zur Krisenbewältigung und zur Strukturverbesserung: Nachdem der SPD-Fraktionsvorsitzende bereits seine Redezeit fast vollständig für eine Antwort auf die Regierungserklärung verwendet hatte, weil zum Haushaltsplan „nicht viel zu sagen [ist], weil er zu 99 Prozent ein Haushaltsplan von puren Zwangsläufigkeiten ist",[81] setzte eine reichlich unsystematische Grundsatzdiskussion ein. Dabei gestalteten zunächst die Redner der Regierung, schrittweise dann aber auch die der CDU-Fraktion ihre Redebeiträge immer offensiver. Zunächst wurde die mittelfristig zu beobachtende Senkung der Neuverschuldung des Landes seit 1965 - die allerdings nur bei Ausblendung der außerplanmäßigen Defizite von 1966 und 1967 zu beobachten war - noch recht vorsichtig gelobt. Dann setzte die CDU sogar direkte Kritik an der Oppositionsstrategie an, allenthalben durch Änderungsanträge verstärkten Mitteleinsatz zu fordern, ohne jedoch gleichzeitig Finanzierungsmöglichkeiten für diese Wünsche zu präsentieren.[82]

In bezug auf die Debatte über den Haushalt 1970[83] konnte Kurt John - immerhin seit 1956 Parlamentsmitglied - dann sogar unbestritten feststellen, daß er „noch nie eine solch harmonische und friedliche Haushaltsberatung erlebt" habe.[84] Die guten Nachrichten des Finanzministers, der trotz maßvoller Neuverschuldung einen um 15,5% erhöhten Gesamthaushalt vorlegte, in dem aufgrund der überproportional angestiegenen eigenen Steuereinnahmen die Zuweisungen aus dem föderalen Finanzausgleich sogar niedriger als erwartet veranschlagt werden mußten, hatten die Gemüter weitgehend beruhigt.[85] Zwar konnte sich Friedrich Regitz für die Opposition den Hinweis darauf nicht verkneifen, daß der Haushalt vor allem wegen der Politik der neuen Bundesregierung nun erstmals die Möglichkeit biete, „die Landesaufgaben im Jahre 1970 besser zu erfüllen, als das in den Jahren zuvor der Fall gewesen ist"; auch er wies aber voller Stolz darauf hin, daß in 1969 das wirtschaftliche Wachstum im

---

fehlerhaft, nach durchlaufender Zählung „richtig" wäre: 2336ff.]

[81] So der Kommentar von Friedrich Regitz (SPD) hierzu in: LTDS, 5. WP, Abt. I, 67. Sitzung v. 19.2.69, S. 1827.

[82] Ebd., S. 1833 und S. 1842.

[83] Die Opposition hatte bereits vorher einen Nachtragshaushalt für das Jahr 1969 weitgehend mitgetragen, der nach der vorübergehenden Lösung über das Instrument des Stellenpools nun erstmals seit 1965 wieder einen neuen Stellenplan enthielt, LTDS, 5. WP, Abt. I, 72. Sitzung v. 2.7.69, und LTDS, 5. WP, Abt. I, 74. Sitzung v. 16.7.69.

[84] LTDS, 5. WP, Abt. I, 78. Sitzung v. 17.12.69, S. 2202.

[85] Einen detaillierten Überblick über die finanzpolitischen Auswirkungen der Reform des Grundgesetzes auf die Länderfinanzen gibt Bundesministerium der Finanzen (Hg.), Finanzbericht 1970. Die volkswirtschaftlichen Grundlagen und die wichtigsten finanzwirtschaftlichen Probleme des Haushaltsplans der Bundesrepublik Deutschland für das Rechnungsjahr 1970, Bonn 1970, S. 161-175. Überdies konnte Helmut Bulle in seinem Haushalt auch um fast ein Drittel gestiegene Investitionsleistungen sowie eine deutliche Verbesserung der Einnahmen der Kommunen ansetzen, LTDS, 5. WP, Abt. I, 75. Sitzung v. 5.11.69, S. 2077ff.

Saarland erstmals den Durchschnitt auf Bundesebene überschritten habe.[86] Mehr noch: Regitz bezeichnete die Ansätze antizyklischer Politik sogar ausdrücklich als reine Theorie: „In der Zeit, in der es notwendig gewesen wäre, Konjunkturanstöße durch öffentliche Ausgaben zu geben, ist dieses Land nicht dazu in der Lage gewesen, für Investitionen die wirklich notwendigen Mittel im Haushalt zur Verfügung zu stellen."[87] Angesichts derart weitgehender Übereinstimmungen kann es kaum überraschen, daß die Opposition schließlich sogar dem Etat ihre Zustimmung gab.

3.2 Reformen in der Krise

3.2.1 Strukturwandel in der Bildungspolitik

Die internen Konflikte innerhalb der SPD und besonders die öffentliche Desavouierung Kurt Conrads durch Teile seiner Fraktion bei der kohlepolitischen Debatte deuten darauf hin, daß diese Zustimmungs- und Kompromißbereitschaft im Gegensatz zur Übergangszeit nicht auf einen Konsenszwang zwischen Regierung und Opposition zurückgeführt werden kann. Vielmehr partizipierten auch die oppositionellen Sozialdemokraten an der Gestaltung von Politik im Saarland, und dies ganz besonders bei der Haushaltspolitik. Je enger diese im Laufe der Zeit mit grundlegenden Fragen der Bewältigung des Strukturwandels verwoben wurde, um so mehr konnte die SPD in bestimmten Elementen der Etatgestaltung Teile ihrer Forderungen wiedererkennen. In den Ausschußberatungen, in denen der Etatentwurf der Regierung zwischen den Fraktionen und unter Ausschluß der Öffentlichkeit besprochen wurde, konnte sie sogar einzelne Programmpunkte direkt umsetzen. Dies gilt um so mehr, als das Landesparlament im Rahmen seiner Tätigkeit neben den „großen" Beratungsgegenständen wie Strukturpolitik und Haushaltsfragen eine enorme Bandbreite von Themen zu behandeln hatte, bei denen dann auch der Opposition breiter Raum zur Durchsetzung eigener Ideen gegeben war.[88] Dabei zeichneten sich die Beratungen in der fünften Wahlperiode als besonders reformfreudig aus. Neben der üblichen Fülle an einzelnen Gesetzesinitiativen standen im Bereich der Bildungs- und Hochschulpolitik Themen zur Diskussion, die nicht nur der verstärkten Aufmerksamkeit der Öffentlichkeit für Bildungspolitik entsprachen, sondern als Lösung des schon zum Schlagwort gewordenen „saarländischen Schulstreits" um Beibehaltung oder Abschaffung der Konfessionsschule die Kulturpolitik nachhaltig prägten.

Dieser Politikbereich war zwar schon in der Phase der Teilautonomie, stärker noch aber seit dem Übergang zum Bundesland eine der Kernkompetenzen der Landespoli-

---

[86] LTDS, 5. WP, Abt. I, 78. Sitzung v. 17.12.69, S. 2198.
[87] Ebd., S. 2199.
[88] Diesen Aspekt vernachlässigt Manfred G. Schmidt, CDU und SPD an der Regierung. Ein Vergleich ihrer Politik in den Ländern, Frankfurt a.M. 1980, in seinem Vergleich der Regierungspolitik von CDU und SPD auf Länderebene. Gerade im von Schmidt als wichtiges Beurteilungskriterium herangezogenen Bildungssektor ist eine solche Herangehensweise jedoch als besonders problematisch anzusehen, weil hier die Interaktion zwischen Regierung und Opposition besonders viel Spielraum für Kompromisse ließ.

tik, unterschied sich jedoch in seinen politischen Zyklen von den teilweise an kurzfristig auftretenden Problemen orientierten anderen Sachbereichen. Wie bereits erwähnt, hatten die Kultusminister - in der Regel war dieses Amt in Personalunion vom Ministerpräsident bekleidet worden - langfristig ausgerichtete Projekte wie z.B. die Volksschulbauprogramme angestoßen, deren Grundgedanke noch bis weit in die 60er Jahre im Ausgleich der Lebensbedingungen in industriellem Ballungsraum und agrarisch geprägtem „Land" bestand.[89] Dabei wurden zwar durchaus auch Reformansätze wie z.B. die Einführung des neunten Volksschuljahres oder die Gründung der Pädagogischen Hochschulen gewählt, die Darstellung der Bildungspolitik dominierten jedoch meistens auf grundsätzliche Fragen von Zivilisation und hoher Kultur ausgerichtete Beiträge. Insbesondere Franz Josef Röder nutzte bildungspolitische Debatten mit Vorliebe zur Darstellung seiner Gedanken zur Kultur des christlichen Abendlandes - nicht ohne auch die Probleme der Integration der christlichen Parteien dabei im Blick zu halten.[90]

Die Einführung der christlichen Gemeinschaftsschule nach 1964 hatte daher eine schwere Belastungsprobe für die saarländischen Christdemokraten bedeutet. Etliche konservative Politiker - auch aus der SVP, die in diesem Punkt die Nachfolge der Christlichen Volkspartei angetreten hatte - kritisierten sie als Aufgabe eines zentralen Bestandteils christlicher Politik. Im Sommer 1967 zerschlugen sich aber deren letzte Hoffnungen.[91] Der neuernannte Kultusminister Werner Scherer hatte daher alle Schwierigkeiten, die früher bereits von der SPD genauso wie auch im Strukturgutachten von Josef Heinz Müller benannten Probleme im saarländischen Bildungswesen und auch die von ihm selber angekündigten Reformanstrengungen im Bildungssektor[92] als Gegenstand einer „evolutionären" Bildungspolitik der Landesregierung

---

[89] Vgl. hierzu die sehr interessante Fallstudie zur Gemeinde Orscholz von Helmut Kohn, Die Ausbildungswege der Kinder einer ländlichen Gemeinde im Saarland, in: Die Arbeitskammer. Zeitschrift der Arbeitskammer des Saarlandes 13 (1965), S. 316-318.

[90] Völlig anders dagegen schon früh: Peter Springer, Bildungspolitik als ökonomische Aufgabe, in: Die Arbeitskammer. Zeitschrift der Arbeitskammer des Saarlandes 13 (1965), S. 305-310.

[91] Diese hatten darauf vertraut, daß über das Schulordnungsgesetz quasi indirekt der flächendeckenden Einführung von Gemeinschaftsschulen ein Riegel vorgeschoben werden könnte. Wie bereits erwähnt, sah die im Jahr 1965 geänderte Verfassung vor, daß eine Gemeinschaftsschule eingerichtet werden konnte, wenn der „geordnete Schulbetrieb" sichergestellt war. Allerdings konnte ein solcher „geordneter Schulbetrieb" durchaus auch bedeuten, daß in einer Schule 50 Schüler der Klassenstufen 1 bis 6 in nur zwei Klassen unterrichtet wurden. Damit war der gestiegenen Ansprüchen an die Ausbildungsleistung der Volksschule, deren Erhalt ein zweites wichtiges Ziel der Bildungspolitik der CDU darstellte, kaum mehr Rechnung zu tragen. Vgl. hierzu Brosig, Verfassung, S. 235, und LTDS, 5. WP, Abt. I, 41. Sitzung v. 5.7.67, S. 1049ff.

[92] Josef Heinz Müller, Probleme, S. 156. Vgl. hierzu die Aussprache zu einer Anfrage der SPD zum Schulorganisationsgesetz in: LTDS, 5. WP, Abt. I, 21. Sitzung v. 12.7.66, S. 489ff. Hinsichtlich der Frage nach dem Stellenwert der Bildungspolitik in der politischen Diskussion ist übrigens der aus dem Protokoll ersichtliche Hinweis interessant, daß die Debatte zu diesem Thema kurz vor 19 Uhr abrupt abgebrochen wurde, weil die Übertragung eines Vorrundenspiels der Fußball-Weltmeisterschaft (Deutschland gegen die Schweiz, 5:0) anstand. Zu den frühen Reformkonzepten Scherers siehe auch Ständige Konferenz der Kultusminister der Länder der Bundesrepublik Deutschland, Kulturpolitik der Länder 1965-1966,

darzustellen.⁹³ Fragen wie z.B. die Personalentwicklung im Bildungsbereich,⁹⁴ aber auch die immer drängender werdende Problematik der Zersplitterung des Schulwesens in den Klassen 1 bis 9, die durch das Nebeneinander verschiedener Schulformen ausgelöst wurde, setzten den Minister unter Druck.⁹⁵ Dabei veränderte sich der Ton der Debatte seit Beginn der Amtszeit von Werner Scherer. Während früher zwar durchaus auch heftige Debatten geführt worden waren, die sich jedoch meistens auf Grundsatzfragen des Stellenwerts von Bildung und Kultur in der Gesellschaft bezogen, thematisierte die SPD nun mit einer Vielzahl von Anfragen und Vorlagen auch die Amtsführung im Kultusministerium selber. Hatte Franz Josef Röder daher kritische Nachfragen oder Initiativen der SPD meistens noch auf dem Niveau allgemeiner Erwägungen zur Bildung als solcher parieren können, sah sich Werner Scherer mit detaillierten Sachdebatten konfrontiert, die nicht selten eher technisch-bildungsplanerische Perspektiven als Anforderungen an die Bildungspolitik formulierten.⁹⁶ Obwohl sich also die bildungspolitische Debatte nach 1965 sichtlich veränderte, sind Rückwirkungen der auf nationaler Ebene geführten Grundsatzdiskussion über das Bildungswesen kaum feststellbar. Die Kritik am Volksschulbereich wurde hauptsächlich in Form der herkömmlichen Debatte um die konfessionelle Gliederung dieses

---

München 1966, S. 197.

⁹³ LTDS, 5. WP, Abt. I, 41. Sitzung v. 5.7.67, S. 1066ff. Ende Mai 1967 war erstmals das Bildungswesen direkt von massiven Einsparungen betroffen: War bis dahin der Bildungsbereich stets von Sparmaßnahmen, sogar von Haushaltssperren ausgenommen worden, wurde nun erstmals ein Antrag des Kultusministers auf Einstellung von Volksschullehrern zurückgestellt. Zur Begründung führte das Kabinett an, daß „die personelle Ausstattung der Volksschulen im Saarland wesentlich günstiger [sei] als in den anderen Bundesländern ... Die gegenwärtige Finanzlage setze den bildungspolitischen Vorstellungen Schranken, bei deren Überschreitung das Land finanziell ruiniert werde". LASB StK 1747, Kabinettsprotokoll v. 30.5.67.

⁹⁴ Bereits 1966 hatten sich aufgrund der Veränderungen im Kapitalmarkt Schwierigkeiten bei der Umsetzung des dritten Volksschulbauprogramms ergeben: Die Ausführung der Baumaßnahmen mußte eingeschränkt werden, weil die hohe Zinsbelastung den Kostenrahmen zu sprengen drohte, vgl. LASB StK 1743, Kabinettsprotokoll v. 30.8.66. Auch die Einstellung von Absolventen der evangelischen Pädagogischen Hochschule entwickelte sich immer mehr zum Problem, da in den häufig kleineren evangelischen Bekenntnisschulen aufgrund der per Erlaß festgelegten Klassenfrequenzen ein Bedarf im rechtlichen Sinne erst sehr spät entstand; Einstellungen über den Bedarf hinaus waren aber aufgrund der veränderten Finanzlage nicht durchsetzbar, vgl. LTDS, 5. WP, Abt. I, 34. Sitzung v. 12.4.67, S. 863ff. Ähnlich auch: LTDS, 5. WP, Abt. I, 47. Sitzung v. 16.11.67, S. 1224ff.

⁹⁵ Die Überwindung dieser Schwierigkeiten stellte die Regierung selber später als eines der größten Probleme dar, vgl. Ständige Konferenz der Kultusminister der Länder der Bundesrepublik Deutschland, Kulturpolitik der Länder 1967-1968, München 1968, S. 217.

⁹⁶ Sehr deutlich wird dies z.B. bei der von der SPD immer wieder vorgebrachten Forderung nach Vereinheitlichung - und Modernisierung - von Schulbüchern, LTDS, 5. WP, Abt. I, 31. Sitzung v. 1.3.67, S. 793, und LTDS, 5. WP, Abt. I, 47. Sitzung v. 16.11.67, S. 1224. Gleiches gilt für ihre Anträge zur Ausschreibungspraxis bei der Besetzung von Schulleiterposten an christlichen Gemeinschaftsschulen, LTDS, 5. WP, Abt. I, 32. Sitzung v. 8.3.67, S. 826, oder die Forderung, das saarländische Schulwesen strikt an nationalen Vorgaben bzw. dem Leistungsgedanken auszurichten, LTDS, 5. WP, Abt. I, 41. Sitzung v. 5.7.67, S. 1050. Der Ministerpräsident dagegen zog sich aus diesen Debatten zurück, während aus der CDU-Fraktion hauptsächlich Maria Schweitzer die Äußerungen der Christdemokraten zur Schul- und Bildungspolitik dominierte.

Sektors geführt, und auch der Erfolg des Ausbaus vor allem des ländlichen Schulwesens, der sich unter anderem in steigenden Abiturientenzahlen ausdrückte, wurde zumindest von Regierungsseite zunehmend skeptisch betrachtet.[97] Aus Forschungsperspektive ist dabei auch besonders bemerkenswert, daß die hier ausgewerteten Quellen praktisch überhaupt keinen Hinweis auf die Auswirkungen des Strukturwandels auf das berufliche Bildungswesen erkennen lassen.[98] Weder im Parlament noch in der Regierung scheint man die bildungspolitische Bedeutung dieses Bereiches besonders hoch eingeschätzt zu haben, obwohl der Strukturwandel alleine schon über die deutliche Verschiebung von Ausbildungsqualität wie -quantität im Montankern hier heftige Verwerfungen ausgelöst hatte.[99] Gleiches gilt für die Forschungslage: Während für die im Saarland besonders intensiv diskutierte Frage des Übergangs von der Volksschule zur Hauptschule immerhin gewisse Erkenntnisse vorliegen,[100] stellt das berufliche Bildungswesen als Ganzes ein Desiderat der Forschung dar.[101]

---

[97] Noch 1962 hatte die CDU steigende Abiturientenzahlen als Nachweis des Erfolgs ihrer Schulpolitik dargestellt, vgl. hierzu den Beitrag von Kurt Dawo (CDU) in: LTDS, 4. WP, Abt. I, 29. Sitzung v. 18.12.62, S. 1126. Auch Werner Scherer hatte anderthalb Jahre später keinerlei Befürchtungen vor der Entstehung eines „akademischen Proletariats", LTDS, 4. WP, Abt. I, 49. Sitzung v. 8.7.64, S. 1861. Bis zum Sommer 1968 hatte sich jedoch die Einschätzung insoweit verändert, als Franz Josef Röder die gestiegenen Abiturientenzahlen als Problem erkannte und eine Beratung dieser Frage im Parlament anregte, LASB StK 1750, Kabinettsprotokoll v. 18.6.68. Zur Frage der sozioökonomischen Analyse der saarländischen Abiturienten vgl. Peter Springer, Über die soziale Herkunft der Gymnasiasten, in: Die Arbeitskammer. Zeitschrift der Arbeitskammer des Saarlandes 16 (1968), S. 16-19.

[98] Vgl. hierzu auch die Arbeit von Oskar Anweiler u.a. (Hgg.), Bildungspolitik in Deutschland 1945-1990. Ein historisch-vergleichender Quellenband, Opladen 1992, in dem der Stellenwert der beruflichen Bildung praktisch völlig vernachlässigt wird. Eine Ausnahme stellt in diesem Zusammenhang das Aktionsprogramm Saar-Westpfalz dar, das nicht nur die Bedeutung beruflicher Bildung hervorhebt, sondern auch die Einrichtung von Berufsbildungszentren als Schulen „neuen Typs" an zentralen Plätzen vorsah, vgl. Regierung des Saarlandes (Hg.), Aktionsprogramm, S. 15ff., und Walter Rüth, Berufsbildungszentrum. Eine flankierende Maßnahme der Strukturhilfe, in: Die Arbeitskammer. Zeitschrift der Arbeitskammer des Saarlandes 17 (1969), S. 137-139.

[99] Anders dagegen die Wahrnehmung der Arbeitskammer, vgl. Peter Springer, Aufbruch in der Berufsausbildung. Noch fehlt ein einheitliches Konzept, in: Die Arbeitskammer. Zeitschrift der Arbeitskammer des Saarlandes 14 (1966), S. 374-378; Walter Rüth, Ausbildungsförderung an der Saar drängt nach einer Lösung. Guter Ausbildungsstand der Arbeitnehmer ist ein wesentlicher Beitrag zur Wirtschaftsförderung, in: Die Arbeitskammer. Zeitschrift der Arbeitskammer des Saarlandes 16 (1968), S. 47-52; ders., Arbeitsmarkt über Ausbildungsstruktur aktivieren, in: ebd., 18 (1970), S. 35-38.

[100] Vgl. hierzu besonders die Darstellung von Jürgen Baumert u.a., Das Bildungswesen in der Bundesrepublik Deutschland. Ein Überblick für Eltern, Lehrer, Schüler, 2. Aufl. Hamburg 1984, S. 70ff; Alois Roth, Hauptschule, sowie zum Vergleich mit Nordrhein-Westfalen Kirchhoff, Schulpolitik, S. 137ff.

[101] Einen Überblick über die Forschungslage bieten Führ u. Furck (Hgg.), Bildungsgeschichte, S. 447-494. Zur zeitgenössischen Debatte unter dem Schlagwort „Mobilisierung der Bildungsreserven" vgl. Rolf Arnold u. Fritz Marz, Einführung in die Bildungspolitik. Grundlagen, Entwicklungen, Probleme, Stuttgart u.a. 1979, bes. S. 21ff. Methodische wie inhaltliche Hinweise zum Zusammenhang von Strukturentwicklung und Bildungspolitik liefern Walter H. Brosi, Klaus Hembach u. Harald Spehl, Berufliche Qualifikation und regionale Entwicklung, Bonn 1982 (= Schriftenreihe 'Raumordnung' des Bundesministers für Raumordnung, Bauwesen und Städtebau 48), Karl-Hans Weimer, Berufliche Bildung und wirtschaftlicher Strukturwandel im Ruhrgebiet, Opladen 1987 (= Forschungsberichte des Landes Nordrhein-Westfalen 3225) und Rolf Derenbach, Zur Begründung und Ausgestaltung regionaler Berufsbildungspolitik, in: Garlichs, Maier u. Semlinger (Hgg.), Beschäftigungspolitik, S. 159-182 - hier auch

Dagegen konzentrierte sich der Reformeifer der saarländischen Politik auf den Bereich der Lehrerbildung, der ab 1968 eines der zentralen Felder der landespolitischen Diskussion mit Auswirkungen bis hin zu einer Verfassungsänderung wurde. Anfang 1968 brachte die SPD-Fraktion im saarländischen Landtag einen Antrag auf Verfassungsänderung ein,[102] der zum Ziel hatte, die konfessionelle Trennung der Lehrerbildung aufzuheben und die beiden Pädagogischen Hochschulen zusammenzuführen.[103] Vor dem Hintergrund der Lösung des saarländischen Schulstreits war dies alles andere als ein revolutionärer Akt, zumal die konfessionelle Trennung des Bildungssystems - betroffen war ja ohnehin nur ein Teil der Schulen - in der Bevölkerung kaum Rückhalt hatte.[104] Auch der kleinere Koalitionspartner hatte sich längst schon mit der Konfessionsschule nicht mehr anfreunden können.[105] Trotzdem war dieser Antrag kaum als „parteipolitische Agitation" zu bezeichnen.[106] Zwar kam er für die Regierung denkbar ungelegen, die sich offensichtlich noch in Verhandlungen und Beratungen zu dieser Frage befand,[107] und auch die FDP/DPS-Fraktion hatte unter diesem Antrag schwer zu leiden, war sie aus Koalitionsräson doch zur Ablehnung eines Antrages gezwungen, den sie inhaltlich wohl begrüßte.[108] Allerdings wird man trotzdem auch in diesem Antrag einen Versuch der SPD erkennen müssen, durch konstruktive Arbeit Mitbestimmung in der Landespolitik zu erreichen. Deutlich sichtbar wurde dieser Zug des Antrags auch daran, daß die Fraktion angesichts der Vorlage eines eigenen Antrags zur Lehrerbildung durch die FDP/DPS sogar aus der Sitzung auszog und somit deutlich machte, daß sie zur Kooperation besonders in dieser Frage nur bereit sein würde, wenn sie auch inhaltlich angemessen beteiligt würde.

mit statistischem Material zum Saarland. Die beiden stark bildungsstatistisch bzw. pädagogisch-didaktisch ausgerichteten Arbeiten von Albert Brengel, Wirklichkeit und Problematik des beruflichen Schulwesens im Saarland, Saarbrücken 1961, und ders., Bildung und Wirtschaft. 50 Jahre Diskussion um die wirtschaftsberuflichen Schulen, Bad Homburg 1967, liefern trotz der Breite ihrer Darstellung kaum Hinweise auf diesen Zusammenhang.

[102] LTDS, 5. WP, Abt. I, 51. Sitzung v. 14.2.68, S. 1359ff.

[103] Vgl. zur Chronologie der Verfassungsänderung Bernhard Stollhof, Die Entwicklung der Verfassung von 1947 bis heute, in: Landtag des Saarlandes (Hg.), Landtag, S. 129-146, hier: S. 136f.

[104] Nach einer Umfrage der Arbeitskammer sprachen sich 83% aller befragten Saarländer für die Gemeinschaftsschule aus, Arbeitskammer des Saarlandes (Hg.), Einstellungen, S. 95. Allerdings stellt sich die Frage, welche Rolle die Reform der Lehrerausbildung überhaupt in der zeitgenössischen Diskussion gespielt hat - zumindest in den zaghaften Versuchen der „68er" wurde diese Frage anscheinend nicht besonders prominent thematisiert, vgl. Renate Müller, „Die Möglichkeit hat uns einfach mitgerissen". Eine Spurensuche nach '68 und den Folgen im Raum Saarbrücken, (Mag.Arb.) Saarbrücken 2001.

[105] Bauer, CDU, S. 95, glaubt sogar, daß die Verfassungsänderungen der zweiten Hälfte der 60er Jahre nur auf Druck der FDP/DPS erfolgt seien.

[106] So Werner Scherer in: LTDS, 5. WP, Abt. I, 51. Sitzung v. 14.2.68, S. 1363.

[107] So Werner Scherer und Maria Schweitzer zur Begründung ihrer Ablehnung des SPD-Antrags, ebd., S. 1361 und S. 1362.

[108] Mit beißender Ironie machte Richard Klein (SPD) in seiner Rede zur Begründung des Antrags auf dieses Dilemma aufmerksam, vgl. ebd., S. 1360, wobei das politische Ziel dieser Angriffe aber im Dunkeln blieb.

Falls ein weiteres Ziel der Sozialdemokraten darin bestanden haben sollte, mit ihrem Vorstoß die inneren Widersprüche in Koalition und Regierung deutlich zu machen, erreichten sie dieses beinahe. Zumindest im Kabinett löste die PH-Reform im Laufe des Jahres 1968 hektische Betriebsamkeit aus, die bis hin zur Ablehnung eines Gesetzentwurfs des Kultusministers reichte.[109] Noch Ende Oktober formulierte das Kabinett zum dann genehmigten Gesetzentwurf einen Zusatz, daß auch eine Integration der Lehrerbildung in die Universität nicht von vornherein ausgeschlossen werden solle und daß Vorbereitungen zu einer Kooperation zwischen den beiden Hochschulen getroffen werden sollten.[110] Aber auch hinsichtlich ihrer parlamentarischen Beteiligung erreichte die SPD einen deutlichen Machtgewinn. Noch vor Jahresende waren die Ausschußberatungen so weit gediehen, daß zur Verfassungsänderung ein gemeinsamer Antrag aller drei Fraktionen vorgelegt werden konnte. Allerdings erwies sich dieser Erfolg der Sozialdemokraten als Pyrrhussieg. In einer höchst verwickelten Debatte führten verschiedene Redner Gründe dafür an, warum die SPD der von ihr selber angestoßenen Verfassungsänderung die Zustimmung verweigerte. Dabei war davon die Rede, daß die Regierung die Entwürfe für ein Gesetz über die Pädagogische Hochschule und für das Konkordat mit den Kirchen zur Lehrerbildung erst sehr spät vorgelegt habe, Entwürfe von Normen, die jedoch als eine Art Ausführungsgesetze von Bedeutung für die Verfassungsänderung waren;[111] weiterhin wurde erwähnt, daß Kräfte innerhalb der SPD auf einer ausführlichen Beratung besonders des PH-Gesetzes in den Parteigremien bestünden. Für diese Beratungen sei aber nicht ausreichend Zeit geblieben;[112] schließlich wurde angeführt, daß die gegenwärtige Konstruktion einer Kooperation mit der Universität die Wissenschaftlichkeit der Hochschule nicht ausreichend sicherstelle und daß außerdem der Einfluß der Kirchen über „Konkordatslehrstühle" und sonstige Möglichkeiten nicht ausreichend verringert sei.[113]

Den beiden anderen Fraktionen bot dieses merkwürdige Verhalten der SPD genügend Anlaß, „fassungslos"[114] zu reagieren. Werner Scherer dagegen konnte dadurch aus seiner defensiven Position herausgelangen, daß er seine Entwürfe als in allen Einzelheiten den Anforderungen an ein modernes Lehrerbildungssystem entsprechend

---

[109] LASB StK 1751, Kabinettsprotokoll v. 24.9.68.

[110] LASB StK 1752, Kabinettsprotokoll v. 22.10.68.

[111] Vgl. hierzu die Ausführung des Berichterstatters Rainer Wicklmayr (CDU) in: LTDS, 5. WP, Abt. I, 64. Sitzung v. 20.12.68, S. 1724f.

[112] So Wilhelm Werth (SPD), ebd., S. 1725ff. Die Rede war von Beratungen im „Landesparteitag", im „kulturpolitischen Ausschuß" und mit „Betroffenen".

[113] So Richard Klein (SPD) in: ebd., S. 1730f.

[114] So Norbert Brinkmann (CDU) in: ebd., S. 1733. Brinkmann bezog sich in seiner Rede darauf, daß es nicht nur die SPD gewesen sei, die diese Verfassungsdiskussion angestoßen habe, sondern daß auch von deren Seite noch im Februar des gleichen Jahres so argumentiert worden sei, daß die Verfassungsänderung Voraussetzung für eine weitere Beratung der „Ausführungsgesetze" sei; daß die SPD nun die Verfassungsänderung ablehnen wollte, weil die beiden Folgegesetze noch nicht ausreichend diskutiert seien, fand wenig Verständnis.

darstellte, während er gleichzeitig das wenig konstruktive Verhalten der Sozialdemokraten beanstandete.[115] Demgegenüber war dem Versuch von Friedrich Regitz, wenigstens einen Teil der „Schuld" für das sich abzeichnende Scheitern der Verfassungsänderung der CDU zuzuweisen, wenig Erfolg beschieden.[116] Nachdem bereits vorher ein Angebot der SPD, den Antrag mit den Stimmen nur der CDU durch die zweite Lesung zu bringen und dann die dritte Lesung zu vertagen, erfolglos geblieben war, scheiterte zuletzt auch ein Verweisungsantrag des Fraktionsvorsitzenden Kurt Conrad selber.[117]

Im Frühsommer des folgenden Jahres startete die SPD-Führung eine neuerliche Initiative. Nachdem sich die Fraktionen in intensiven Beratungen einander angenähert hatten und nachdem sich auch für die immer noch offene Frage der Privatschulen eine Lösung abzeichnete,[118] forderte die SPD nun die Regierung auf, die Verfassungsfrage erneut dem Parlament vorzulegen.[119] Das kurz darauf ins Parlament eingebrachte Gesetzespaket - es lagen drei unterschiedliche Entwürfe zur Änderung der Verfassung sowie ein Entwurf für das Schulordnungsgesetz vor - zeigte jedoch, daß die Bereitschaft zur Kooperation unter den Augen der Öffentlichkeit in dieser Frage nur recht gering ausgeprägt war. Vielmehr stellten die unterschiedlichen Entwürfe eher „Extrempositionen" der Parteien dar, die nach ihrer Verweisung ohne weitere Debatte in den Ausschüssen erst noch zu einer Kompromißlinie zusammengefaßt werden mußten.[120] Erst nach einigen Wochen war man so weit fortgeschritten, daß fraktionsübergreifend die ersatzlose Streichung des Artikels 31 der saarländischen Verfassung beschlossen werden konnte. Dadurch war die Vorschrift, daß die Ausbildung von Volksschullehrern konfessionell getrennt zu erfolgen habe, beseitigt und der Weg zur Neuordnung der Hochschullandschaft offen.[121]

Keine Einigung war dagegen bei der Frage der Neugestaltung des Artikels 27 der Verfassung zu erreichen. Hierzu lag ein Kompromißvorschlag aus den Ausschußberatungen vor, der die Einführung der sog. Gemeinsamen Schule für Schüler aller Bekenntnisse vorsah; zusätzlich sollte die Möglichkeit eröffnet werden, auf Antrag der Eltern Bekenntnisklassen einzurichten, falls dies im Rahmen der pädagogischen

---

[115] Ebd., S. 1734ff.

[116] Ebd., S. 1737.

[117] Ebd., S. 1741.

[118] Vgl. hierzu den Beitrag von Maria Schweitzer (CDU) in: LTDS, 5. WP, Abt. I, 70. Sitzung v. 7.5.69, S. 1928.

[119] Dabei zeigte man sich in hohem Maße verärgert darüber, daß aufgrund des eigenen Abstimmungsverhaltens nun der Eindruck entstanden sei, als behindere ausgerechnet die Sozialdemokratie die als notwendig erachtete Reform im Bildungswesen. Vgl. hierzu die Antragsbegründung von Richard Klein (SPD) ebd., S. 1925ff.

[120] Sehr deutlich hierzu Friedrich Regitz (SPD) in: LTDS, 5. WP, Abt. I, 71. Sitzung v. 4.6.69, S. 1945. Insbesondere die Frage der Privatschulen und ihrer finanziellen Ausstattung durch das Land rief heftige Kritik bei der SPD hervor.

[121] LTDS, 5. WP, Abt. I, 73. Sitzung v. 9.7.69, S. 2019, vgl. hierzu auch Brosig, Verfassung, S. 237, und Stollhof, Verfassung, S. 136.

und schulorganisatorischen Bedingungen möglich sei, und es sollten die Privatschulen in ihrer Existenz gesichert und mit finanzieller Unterstützung versehen werden.[122] Diesem Vorschlag verweigerte die SPD nun allerdings in letzter Minute die Zustimmung. Der Fraktionsvorsitzende Kurt Conrad mußte vor dem Parlament erklären, daß ungeachtet der Tatsache, daß die SPD „immer schon" die gemeinsame Unterrichtung von Schülern protestantischer und katholischer Konfession für den richtigen Weg gehalten habe, die Parteigremien der saarländischen SPD dem auch von ihm unterstützten Kompromiß in dieser Form mit einer Stimme Mehrheit die Zustimmung verweigert hatten.[123] Dieser neuerlichen Ablehnung eines Kompromißvorschlages durch die SPD begegneten die anderen Fraktionen mit großem Unverständnis und harter Kritik.[124] Auch wenn man bei dieser Abstimmung sicher nicht von einem „dunklen Tag in der Geschichte dieses Parlaments"[125] sprechen kann, wird man doch diese Vorkommnisse kaum anders als als neuerliche Desavouierung des SPD-Fraktionsvorsitzenden bezeichnen können, denn seine taktische und strategische Position als Verhandlungsführer bei interfraktionellen Beratungen war an die Zuverlässigkeit der von ihm gegebenen Zusagen gebunden.[126]

In den weiteren Beratungen zum Thema Bildungsreform[127] fanden die Sozialdemokraten dementsprechend kaum noch Ansatzpunkte für eine wirksame Oppositionsarbeit. So ging beispielsweise die parlamentarische Beratung des Gesetzes über die Pädagogische Hochschule als überkonfessionelle Körperschaft öffentlichen Rechts praktisch an der SPD vorbei, die sich nur mühsam mit ihrer Forderung nach Einrichtung einer Gesamthochschule behaupten konnte - ein Anklang immerhin an die in den vorangegangenen Debatten immer wieder erhobene Forderung nach Sicherstellung der „Wissenschaftlichkeit" in der Lehrerbildung.[128] Ähnliche Ansätze fanden sich auch noch in den praktisch kurz vor Ende der Legislaturperiode durchgeführten Diskussionen über das Gesetz über die Hochschule des Saarlandes, das den vorerst letzten Bestandteil der Neuordnung der saarländischen Hochschullandschaft bringen sollte. Auch hier legte die SPD einen Konkurrenzentwurf vor, der die Einrichtung

---

[122] Vgl. hierzu die Rede der Berichterstatterin Maria Schweitzer (CDU), ebd., S. 2005ff.

[123] Vgl. hierzu seine Reden ebd., S. 2006ff und 2015ff.

[124] An den Oppositionsführer persönlich richtete sich die Frage, ob er nicht „mit ... [seiner] Fraktion hier in eine Falle gelockt worden ... [sei] und heute morgen die Kapitulation derjenigen erklären [müsse], die von ... [seiner] Fraktion an diesen Verhandlungen teilgenommen haben." Alfred Wilhelm (CDU), ebd., S. 2009.

[125] So Berthold Budell (CDU), ebd., S. 2017.

[126] Auch daß die anderen Fraktionen auf die dritte Lesung dieses Gesetzes verzichteten und somit der SPD einige Monate später sogar die Chance einräumten, in der Zwischenzeit noch vorgenommene Änderungen des Textes als Erfolg ihrer Verzögerungspolitik darzustellen, ist demgegenüber als wenig hilfreich zu bewerten, LTDS, 5. WP, Abt. I, 75. Sitzung v. 5.11.69, S. 2106-2110.

[127] Einen Überblick über das Reformwerk gibt Ständige Konferenz der Kultusminister der Länder der Bundesrepublik Deutschland, Kulturpolitik der Länder 1969-1970, München 1970, S. 202-213.

[128] LTDS, 5. WP, Abt. I,78. Sitzung v. 17.12.69, S. 2179-2185(!).

einer integrierten Gesamthochschule vorsah,[129] während das Modell von Regierung und Koalition sich sozusagen auf ein Gerüst für den Aus- und Aufbau der saarländischen Hochschullandschaft beschränkte.[130]

3.2.2 Erfolge und Mißerfolge von Reformpolitik vor dem Wähler

Die Ergebnisse der Wahlen in der zweiten Hälfte der 60er Jahre zeigen auf den ersten Blick eine klar zu bestimmende Entwicklung: Insbesondere die Landtagswahl von 1970 führte zu einer weiteren Konzentration im Parteiensystem, die den Liberalen das vorübergehende Ausscheiden aus dem Parlament und der CDU eine absolute Mehrheit brachte. Dieser Wahlerfolg der CDU ist allerdings - wie Aggregatdatenanalysen und die Auswertung von Umfrageergebnissen zeigen - ambivalent zu bewerten. Die konfessionelle Verteilung im Saarland hatte nämlich ihre frühere Funktion als Garant der Machtbasis der CDU spätestens nach 1965 immer weiter verloren. Die Sozialdemokraten profitierten von ihrem Zugang zu katholischen Wählerschichten deutlich mehr als die CDU von ihren bescheidenen Erfolgen im protestantischen Bevölkerungsteil.[131] Weiterhin waren in der Wählerschaft der CDU viele ältere Bürger vertreten, während ein auffallend hoher Anteil der Jüngeren sich der SPD zuwandte. Auch war die Gruppe der mit der wirtschaftlichen Situation im Saarland Unzufriedenen in der Wählerschaft der SPD besonders stark vertreten. Die CDU dagegen sprach überwiegend die eher zufriedenen Bürger an, konnte allerdings auch einen viel größeren Anteil der parteipolitisch nicht festgelegten Wähler an sich binden.[132]

Teilweise scheint daher die Strategie von Sozialdemokraten und Liberalen Erfolg gezeigt zu haben, die gerade vor der Landtagswahl ihr Selbstbild eng an die politische Bewältigung des regionalen Strukturwandels geknüpft hatten.[133] Trotzdem konnte die CDU ihre regionale Dominanz behaupten, obwohl ihre Strukturpolitik eine besonders schwierige Entwicklung genommen hatte. Zweifellos ist dabei auch zu berücksichtigen, daß etablierte Parteipräferenzen sich auch bei den Wahlgängen am Ende der 60er Jahre als relativ stabil erwiesen, was angesichts der langjährigen Dominanz der Christdemokraten im Saarland die CDU begünstigte. Die Sozialdemokraten profitierten zwar bei Bundestagswahlen im nationalen Rahmen von ihrer mittlerweile in der

---

[129] Vgl. hierzu die Darlegungen von Wilhelm Werth (SPD), in: LTDS, 5. WP, Abt. I, 82. Sitzung v. 29.4.70, S. 2385ff.

[130] So Maria Schweitzer (CDU), ebd., S. 2383f.

[131] Kappmeier, Konfession und Wahlverhalten, S. 57ff.

[132] Jürgen W. Falter u. Volker Trommsdorff, Psychische und soziale Determinanten des politischen Verhaltens im Saarland, Saarbrücken 1972, S. 16, S. 24 und S. 81.

[133] Vgl. hierzu die aufschlußreichen programmatischen Wahlkampfschriften von Harald Feling u. Albert Graeser (Red.), F.D.P. Saar-Plan, Saarbrücken 1970, und SPD-Fraktion im Landtag des Saarlandes (Hg.), Bilanz eines Versagens. Die Wirtschaftspolitik der Regierung Dr. Röder, Saarbrücken 1970 (= SPD-Fraktion im Landtag des Saarlandes 1). Beide Schriften pointieren jeweils eine stark regierungskritische und explizit auf die damals moderne Form der Strukturpolitik ausgerichtete Selbstdarstellung.

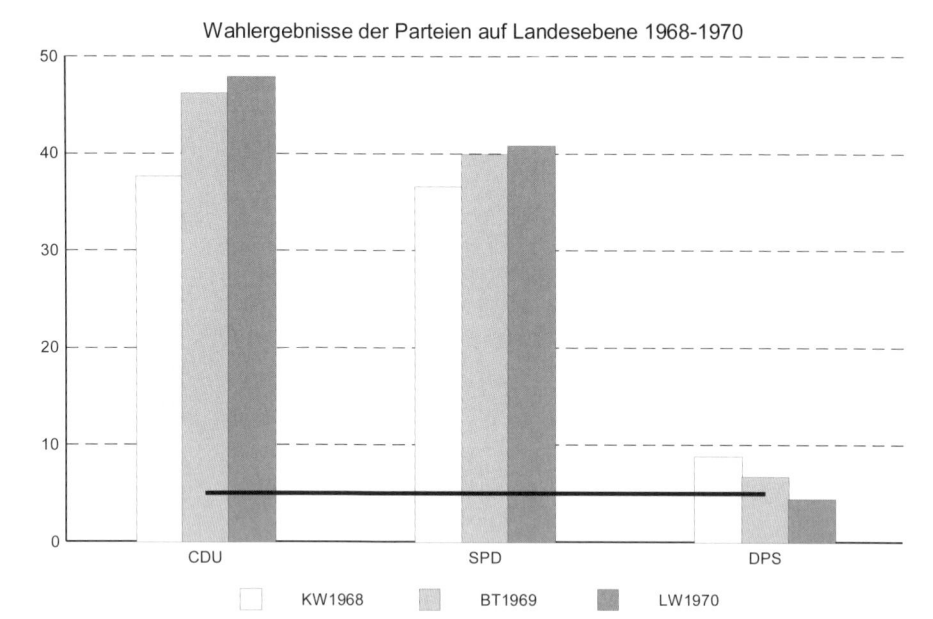

Wahlergebnisse der Parteien auf Landesebene 1968-1970

Angaben in Prozent der gültigen Stimmen. Lesebeispiel: Das Wahlergebnis der DPS fiel bei den Landtagswahlen 1970 erstmals unter die mit einer horizontalen Linie markierte 5%-Schwelle. Quelle: Stat. Amt d. Saarl. (Hg.), Statistisches Handbuch für das Saarland 1976, Saarbrücken 1976.

Wahrnehmung durch die Bevölkerung stark gestiegenen wirtschafts- und sozialpolitischen Kompetenz;[134] im Land dagegen waren sie jedoch offenbar noch keine vollwertige Alternative. Wahlentscheidend war nach dieser Erklärung, daß die CDU im Saarland - ähnlich wie die SPD auf Bundesebene - die politischen Vorteile der Überwindung der Krise von 1966/67 strikt auf sich konzentrieren konnte.[135]

Bereits in den der Landtagswahl von 1970 vorausgehenden Wahlen hatten sich auch gewisse Trends fortgesetzt, die im Gesamteffekt die Position der CDU eindeutig stärkten. Bei den Kommunalwahlen 1968 hatte sich das seit spätestens 1964 eingespielte Kräfteverhältnis zwischen CDU und SPD weitgehend stabilisiert, und zwar sowohl hinsichtlich der Stimmen- als auch der Sitzverteilung. Die SPD stagnierte - sogar bei leichtem Abwärtstrend - auf dem bis 1960 erreichten Wert und konnte auf kommunaler Ebene offenbar keine zusätzlichen Wählerpotentiale erschließen. Schlimmer noch, verschiedentlich verlor sie sogar Zuspruch bei den Wählern, insbesondere in Saarbrücken. Dagegen konnte die CDU ihre Erfolge immer noch leicht ausbauen, während die FDP/DPS kontinuierlich an Bedeutung verlor. Ähnliches gilt für die Bundestagswahlen im Saarland. Dies spricht für die Vermutung, daß die

---

[134] Vgl. hierzu Hans D. Klingemann u. Franz Urban Pappi, Die Wählerbewegungen bei der Bundestagswahl am 28. September 1969, in: Politische Vierteljahresschrift 11 (1970), S. 111-138, bes. S. 138.

[135] Max Kaase, Determinanten des Wahlverhaltens bei der Bundestagswahl 1969, in: Politische Vierteljahresschrift 11 (1970), S. 46-110, hier: S. 63 und S. 67f.

Stimmenanteile und Sitzverteilung bei der Kommunalwahl 1968

Stimmenverteilung in %   Sitzverteilung

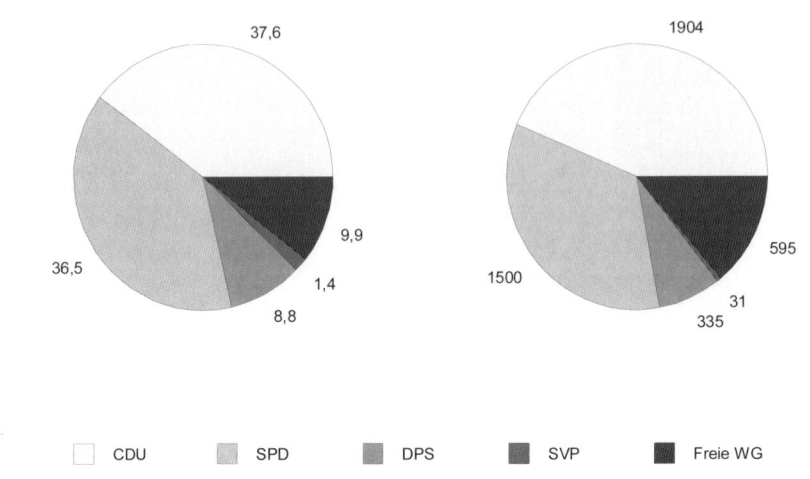

37,6   1904

36,5   1500

9,9   595

1,4   31

8,8   335

☐ CDU   ▨ SPD   ▨ DPS   ■ SVP   ■ Freie WG

Lesebeispiel: Die Freien Wählergemeinschaften erreichten bei dieser Wahl deutlich mehr Gemeinderatssitze als die DPS. Quelle: Stat. Amt d. Saarl. (Hg.), Endgültige Ergebnisse der Bundestagswahl im Saarland am 28. September 1969, Saarbrücken 1969 (= SiZ, Sonderh. 60).

strategische Situation der SPD-Saar Ende der 60er Jahre ähnlich zu beurteilen ist wie die der Bundes-SPD zu Anfang des Jahrzehnts. Gegen eine als erfolgreich akzeptierte (Landes-)Politik war es sehr schwer, konstruktive Oppositionspolitik oder auch ein alternatives Regierungskonzept durchzusetzen.[136]

Besonders deutlich wird dies an einem personalpolitischen Aspekt: Die Sozialdemokraten waren am Ende der 60er Jahre im Saarland mit einem Ministerpräsidenten konfrontiert, der die Rolle des „Landesvaters"[137] weitgehend adaptiert hatte und sich in seinem Bekanntheits- und Beliebtheitsgrad deutlich gegen den Spitzenkandidaten der SPD absetzte.[138] Dies ist aus Perspektive der innerparteilichen Entwicklung der Sozialdemokraten sicher auch darauf zurückzuführen, daß die SPD ab ca. 1966/67 in eine Umbruchphase eintrat, in der der zeitweise zu weit auf Kompromisse ausgerichtete Kurs gegenüber der Regierung Widerstand vor allem bei den jüngeren Parteimitgliedern hervorgerufen hat.[139] Die zweifache Desavouierung des Partei- und

---

[136] Vgl. hierzu die Einschätzung bei Held, Sozialdemokratie, S. 222.

[137] Herbert Schneider, Ministerpräsidenten, S. 200.

[138] Bei einer Direktwahl hätten sich 1968 60% der Saarländer für Röder, aber nur 15% für Kurt Conrad entschieden, vgl. Falter, Wahlentscheidung, S. 139.

[139] Rauls, SPD, S. 78ff. Kritisiert wurde nach dieser Sichtweise, daß sich die SPD mit der „Rolle des ewigen Zweiten" abgefunden habe, daß also einer der wichtigsten Zwecke von Parteien, nämlich der Wunsch nach Ablösung der Konkurrenten von der Machtausübung, nicht ausreichend verfolgt worden sei.

Fraktionsvorsitzenden durch Kritiker aus den eigenen Reihen spricht für diese These. Allerdings hatte die SPD-Führung auch mit ihrer bereits seit Anfang des Jahrzehnts zumindest zeitweise immer wieder scharf vorgetragenen und gegenüber dem Regierungsprogramm deutlich weitergehenden Konzeption von „Umstrukturierung" keine wählerwirksamen Erfolge erzielen können. Dies spricht gegen die Verallgemeinerbarkeit der These von Christoph Nonn, der den Erfolg der Sozialdemokraten in Nordrhein-Westfalen ab Mitte der 60er Jahre darauf zurückführt, daß die SPD sich in den entscheidenden Phasen der Strukturkrise in der Opposition befunden hat, wodurch ihre intern durchaus nicht geringeren Schwierigkeiten bei der Entwicklung einer angemessenen und vor allem ausgewogenen Problemlösungsstrategie[140] nicht so deutlich zutage traten.[141]

In gewisser Weise war von diesen Problemen auch die liberale Partei betroffen. Deren Mißerfolg im Jahr 1970 ist wohl zu einem erheblichen Teil darauf zurückzuführen, daß die Christdemokraten ihren Koalitionspartner im Wahlkampf rüde attackierten und ganz gezielt Wähler abzuwerben versuchten.[142] Die daraus resultierende Zwangslage zeigte sich noch Jahre später in einer Äußerung von Reinhard Koch, der als besondere Leistung der FDP/DPS in dieser Legislaturperiode vor allem das Wiederanlaufen der Ansiedlungserfolge durch die Förderpolitik des von ihm geführten Wirtschaftsressorts betonte.[143] Dagegen fand in dieser Äußerung die konzeptionelle Neufassung der regionalen Strukturpolitik, an deren Ausgestaltung und Umsetzung der Minister ja intensiv beteiligt war, kaum Beachtung. Der CDU gelang es offenbar mit ihrer aggressiven Strategie, die Liberalen aus der als erfolgreich dargestellten Bewältigung der regionalen Wirtschaftskrise zu verdrängen. Zudem stellte der dem Trend zur Konzentration des Parteiensystems nach dem „Bonner Modell" zu eigene Zwang zu bereits vor der Wahl zu treffenden Koalitionsaussagen die saarländischen Liberalen vor besonders große Probleme.[144] Das unsichere Taktieren der FDP vor den Landtagswahlen[145] deutet auf die Schwierigkeiten, nicht nur die in dieser Frage sehr dynamische Entwicklung ihrer Bundespartei zu berücksichtigen, sondern auch die in der saarländischen strukturpolitischen Diskussion jener Jahre deutlich hervortretenden Unterschiede innerhalb des regionalen Verbandes zu integrieren - erinnert sei nur

---

[140] Adolf Kimmel, Die saarländische Landtagswahl vom 4. Mai 1975. Erosionen im sozialliberalen Bündnis?, in: Zeitschrift für Parlamentsfragen 6 (1975), S. 498-508, hier: S. 508, spricht für die Mitte der 70er Jahre von einer „Saarlandisierung". Vgl. auch: ders, Die saarländische Landtagswahl vom 27. April 1980. Gefährdung der „bürgerlichen" Koalition?, in: Zeitschrift für Parlamentsfragen 11 (1980), S. 222-237.

[141] Nonn, Ruhrbergbaukrise, S. 285ff.

[142] Vgl. hierzu Moser-Praefcke, Regierungsbildung, S. 28.

[143] Voltmer, Röder, S. 235ff.

[144] Georg Fabritius, Der Bundesrat: Transmissionsriemen für die Unitarisierung der Bundesrepublik? Geschichte der Koalitionsbildung in den Bundesländern, in: Zeitschrift für Parlamentsfragen 7 (1976), S. 448-460.

[145] Vgl. hierzu Loth, Vertracktes Gelände, S. 119, und Bauer, CDU, S. 78.

an die regierungskritischen Einlassungen von Kurt John. Mittelfristig resultierte daraus eine Stärkung des sozialliberalen Flügels, der in der Folgezeit die Repräsentanten der früheren bürgerlichen Tradition aus der DPS ablöste.

3.3 Zusammenfassung

An den strukturpolitischen Debatten im saarländischen Landtag und an der Haushaltspolitik des Landes in der zweiten Hälfte der 60er Jahre wird deutlich, daß die Rede von „der" Krise eine problematische Verkürzung eines außerordentlich komplexen Gemenges von Einzelentwicklungen darstellt. „Die" Krise war eine höchst unangenehme Verschlechterung der Absatzbedingungen im Bergbau, die über steigende Gesamtkosten, durch Feierschichten ausgelöste Lohnausfälle und sinkende Steuereinnahmen den ganzen Wirtschaftssektor vor umfangreiche Anpassungsschwierigkeiten stellte. „Die" Krise war aber auch eine grundlegende Veränderung der Planungsgrundlagen von Kohlepolitik, die die Entwicklungsstrategie des mit Abstand größten Arbeitgebers im Saarland gefährdete und national abgestimmte Krisenbewältigungsstrategien - wie z.B. die Aktionsgemeinschaft deutscher Steinkohlenreviere - erzwang, obwohl die Landespolitik das Unternehmen ursprünglich zur zentralen Institution der Strukturveränderung hatte ausbauen wollen.

„Die" Krise war aber genauso gut auch eine Krise der Finanzierungsmethoden der öffentlichen Haushalte und der Leistungsfähigkeit des föderalen Finanzausgleichssystems. Nicht nur die bis dahin als quasi unerschöpflich angenommenen Kredit- und Kapitalmarktmöglichkeiten Deutschlands wurden in ihrer Begrenztheit offenkundig; auch die strukturelle Unterdeckung der Haushalte, also die stetig steigende Verschuldung, die sich daraus ergab, daß investive Ausgaben zum größeren Teil nicht aus Steuer- bzw. Finanzausgleichseinnahmen finanziert werden konnten, blieb bestehen.[146] Obwohl mit dem Erlaß der 250 Mio. DM Altschulden ein Schlußstrich unter die Belastungen aus der Zeit der Teilautonomie und der Eingliederung gezogen werden konnte, blieb schließlich auch die im Vergleich zu anderen Bundesländern exorbitante Verschuldung des Landes erhalten. Dadurch geriet die öffentliche Haushaltsführung im Saarland bereits 1966 an den Rand des Kollaps. Das zwang die Landespolitik dazu, die Lösung für die Überschuldung auch in eigenen Sparmaßnahmen zu suchen. Dieser Weg wurde letztlich mit Erfolg beschritten - wenn auch am Rande der Verfassungsmäßigkeit. Außerdem folgte man den Vorgaben der Politik in Bonn, die die in der Rezession auflaufenden Defizite durch eine mittelfristige Finanzplanung auffangen zu können glaubte. Dies war zwar im Grundsatz nicht umstritten, die Vorlage eines konkreten Plans hierfür gestaltete sich aber sehr schwierig, weil die Rahmendaten der ökonomischen Entwicklung so starken Veränderungen unterworfen waren, daß kaum eine verläßliche Grundlage für die Vorausschätzung der Finanzie-

---

[146] Zu den finanzwissenschaftlichen Problemen im teilweise ähnlich von den Strukturwandelerfordernissen betroffenen Nordrhein-Westfalen vgl. Willm Rolf Meyer, Ressourcenumverteilung zugunsten von Problemregionen. Das Beispiel Ruhrgebiet, Frankfurt a.M. u. New York 1982.

rungsgrundlagen zu gewinnen war. Allenfalls für die Entwicklung der Ausgabenseite war eine solche Planung teilweise möglich; deren wirtschaftspolitische Bedeutung ist jedoch angesichts des geringen Ausschnitts der Volkswirtschaft, der durch die saarländische Finanzpolitik zu beeinflussen war, eher gering anzusetzen.[147] Immerhin belasteten die Initiativen zur Überwindung der Probleme im Kohlesektor das Saarland insofern nicht zusätzlich, als der Bund die vom Saarland zu zahlenden Beträge übernahm. Die Umsetzung der strukturpolitischen Initiativen erfolgte allerdings überwiegend dadurch, daß Maßnahmen vorgezogen, auf die strukturpolitischen Programme hin umgewidmet bzw. über zusätzliche Verschuldung finanziert wurden. Das Problem, daß das Land durch das finanzielle Engagement des Bundes oder durch die mit der Neufassung des föderalen Finanzsystems verbundene politische Verflechtung an Autonomie verlieren könnte, stellte sich im Saarland daher nicht: Insbesondere auf dem Höhepunkt der Krise bestand das Ziel der Politik eher darin, Handlungsspielräume zu gewinnen.[148]

Damit war die Krise auch eine Krise teilweise gerade erst erarbeiteter politischer Stile. In der Krise differenzierte sich die landespolitische Debatte über den regionalen Strukturwandel aus, die Krise konkretisierte den Zusammenhang zu einer Vielzahl von Handlungsfeldern der Landespolitik und erzwang damit einen erweiterten Ansatz bei der Ausgestaltung der regionalpolitischen Verantwortung des Bundeslandes. Die saarländische Politik entwickelte z.B. mit der Reform der Kommunalfinanzen und mit den letztlich von Erfolg gekrönten Versuchen zur Reform der Bildungslandschaft neue Ansätze. Dabei befand man sich hinsichtlich der Kommunalfinanzen durchaus auf der „Höhe der Zeit" der damaligen Reformdiskussionen in Deutschland;[149] die Modernisierung der Bildungspolitik ist dagegen eher am Ende eines Veränderungsprozesses in ganz Deutschland zu plazieren. Ähnliches gilt auch für die Frage der Organisation der Politik: Mit Gründung der Industrie-Beratungs- und Finanzierungs-GmbH auf dem Bankensektor vervollständigte die Regierung die institutionelle Neuausrichtung der Ansiedlungs- und Modernisierungspolitik. Mit der Planungsgruppe bzw. dem Strukturreferat im Wirtschaftsministerium, der Gesellschaft für

---

[147] Vgl. hierzu auch Lehmbruch, Parteienwettbewerb, S. 119ff. Die optimistische Einschätzung von Ruck, Planungsgeschichte, S. 387, der in der „MiFriFi" immerhin noch eine „mittelfristige Ressourcenplanung" erkennen zu können glaubt, ist an diesem Punkt zumindest für die Länder zu korrigieren.

[148] Dies stellt einen wichtigen Unterschied zu anderen Ländern, darunter auch Nordrhein-Westfalen, dar, in denen dieser Aspekt bereits früh große Aufmerksamkeit erfuhr. Vgl. hierzu das umfangreiche Gutachten zu den Veränderungen im föderalen Finanzgefüge von Werner Thieme, Bund und Nordrhein-Westfalen 1949-1975. Analyse und Prognose des Verhältnisses von Bund und Land Nordrhein-Westfalen 1949 bis 1975. Gutachten, 3 Bde. Hamburg 1969, dessen Kurzfassung Thieme, Föderalismus, bereits zitiert wurde.

[149] Einen Vergleich zur ähnlichen Problemstellung in Nordrhein-Westfalen bietet: Hans Boldt, Rahmenbedingungen nordrhein-westfälischer Politik II: Finanzverteilung und Finanzausgleich in der Bundesrepublik, in: ders. (Hg.), Nordrhein-Westfalen, S. 78-99; den Überblick über die Diskussion in den Ländern gewährt Voigt, Finanzausgleich, S. 145; die Auswirkungen der damaligen Reformen auf die gegenwärtige Rechtslage analysiert Paul Marcus, Das kommunale Finanzsystem der Bundesrepublik Deutschland, Darmstadt 1987.

Wirtschaftsförderung gw-Saar und der neu geschaffenen IBESA waren nun drei Institutionen unter mehr oder weniger direkter Kontrolle der Landesregierung unmittelbar mit dem Strukturwandel bzw. der Umsetzung ihrer strukturpolitischen Vorstellungen betraut.[150] Diese Weiterentwicklung der Landespolitik zu einer integrierten regionalen Strukturpolitik erforderte erhebliche politische Vermittlungsleistungen. Nur wer eine möglichst kontingente Deutung vorlegen konnte, welche die aktuelle Krisenerfahrung auf historisch-politische Entwicklungen zurückführte, und wer gleichzeitig aus den aktuellen Maßnahmen heraus begründet darlegen konnte, daß Hoffnung auf eine positive zukünftige Entwicklung bestand, erhielt Zustimmung für seine politischen Aktivitäten. Andererseits: Wer diese Deutungskompetenz innehatte, konnte die Zustimmung der Wähler und selbst seiner politischen Gegner gewinnen.

Teile der inhaltlichen Widersprüche zwischen Saar-Memorandum und Strukturprogramm Saar erklären sich daher aus der unterschiedlichen Funktion der Texte: Während ersteres überwiegend die Aufarbeitung traditioneller Themenbereiche und Konfliktlinien der politischen Diskussion über den regionalen Strukturwandel leistete, legte letzteres die programmatische Grundlage für die neben den sektoralen Maßnahmen zu etablierende regionale Strukturpolitik und leitete so eine neue Phase der Modernisierung der Landespolitik ein. In den Kernfeldern der strukturpolitischen Diskussion der 60er Jahre, der Finanzpolitik und der Standortpolitik, wird dabei die Ambivalenz dieser regionalen Strukturpolitik des Landes deutlich. Die politische Aufarbeitung der regionalspezifischen Benachteiligungen des Saarlandes unter Verwendung des Bundeslandes als räumlichen Code und im Rahmen des föderalen Systems deeskalierte die regionalen Probleme auf das Niveau von Verteilungskonflikten mit dem Bund und mit anderen Ländern. Nicht zuletzt dadurch und durch die Ausreizung der Handlungsspielräume der regionalen Politik wurde die durchaus realistische Gefahr eines Staatsbankrotts einstweilen abgewendet und die auch ökonomisch wenig sinnvolle passive Sanierung der Region vermieden. Unklar blieb aber, ob die regionalspezifischen Belastungen durch die Raum- und Sektorstrukturen der bundesdeutschen Wirtschaftsentwicklung und durch die besondere politische Geschichte des Saarlandes dadurch mittelfristig würden ausgeglichen werden können. Die Frage, ob in diesen Verteilungskonflikten das regionalpolitisch wünschenswerte Optimum von Fördermaßnahmen erreicht werden konnte, ist nicht eindeutig zu beantworten: Weder reichten die Zuflüsse finanzieller Mittel aus, um die Handlungsfähigkeit der regionalen Politik im Saarland an die anderer Länder anzupassen, noch genügten die - insbesondere infrastrukturellen - Maßnahmen, um die Entwicklungspotentiale der regionalen Wirtschaft voll zu aktivieren. Weiterhin verknüpfte die Ausrichtung der regionalen Strukturpolitik auf die Stabilisierung des Montankerns ihre Erwartungen mit einer ebenso kontinuierlichen wie positiven Entwicklung einzelner Sektoren und der ökonomischen Rahmendaten. Dies löst beim heutigen

---

[150] Zu einem sehr positiven Urteil zur Tätigkeit der IBESA gelangt CAPEM (Hg.), Infrastructures, S. 105.

Betrachter, dem Stichwörter wie „Stagflation", „Ölpreisschock" oder „Stahlkrise" geläufig sind, ein gewisses Unbehagen aus.[151] Darin bestätigt sich die These von Michael Ruck, nach der die in den 70er Jahren unter dem Stichwort „Stagflation" charakterisierte ungünstige Wirtschaftsentwicklung der mit der Modernisierung der Neufassung der Regionalpolitik verbundenen Hoffnung auf „Rettung der Illusion fortwährender Prosperität ... den Garaus" machte.[152]

---

[151] Vgl. hierzu ausführlich die Prognose in Batelle-Institut e.V. (Hg.), Analyse und Prognose der Arbeitsmarktentwicklung in Rheinland-Pfalz und im Saarland. Bericht für das Bundesministerium für Arbeit und Sozialordnung, 3 Bde. Frankfurt a.M. 1969, hier: Bd. 1, S. X, die anhand einer ausführlichen Shift-Analyse der regionalen Branchenstruktur und auf Basis umfangreicher Daten zur Arbeitsmarktstruktur einen Bedarf von 59.000 neuen Arbeitsplätzen bis 1976 vorhersagte. Eine ähnlich ambivalente Einschätzung teilt auch Sigrid Hauschildt-Arndt, Zur Mobilität im Saarland, Saarbrücken 1973 (= Arbeitspapiere. Institut für Konsum- und Verhaltensforschung im Institut für Empirische Wirtschaftsforschung an der Universität des Saarlandes 23). Nach der Shift-Analyse von Arnold Künzer, Die Auswirkungen der Montanindustrie auf die Struktur und Entwicklung der saarländischen Wirtschaft, in: Statistische Nachrichten. Vierteljahresschrift des Statistischen Landesamtes 11 (1991), H. 3 S. 19-24, S. 21ff., hatte der Bergbau in den 80er Jahren sogar einen positiven Standortfaktor aufzuweisen; allerdings prägte besonders der Einbruch in der Stahlindustrie den insgesamt negativen Regionalfaktor des Saarlandes.

[152] Ruck, Planungsgeschichte, S. 388ff.

Zusammenfassung

Der 23. Oktober 1955 markierte mit der Ablehnung des europäischen Statuts für das Saarland einen Endpunkt für denjenigen Teil der Debatten der Nachkriegszeit, der auf die nationale Zugehörigkeit des Saarlandes und seinen völkerrechtlichen Status bezogen war. Die Saarfrage war damit jedoch noch lange nicht gelöst. Dieser Schritt erforderte langwierige deutsch-französische Verhandlungen, die erst ein Jahr später, am 27. Oktober 1956, mit dem sogenannten Luxemburger Vertrag zum Abschluß gebracht werden konnten. Der dabei vorzunehmende Ausgleich zwischen bundesdeutschen und französischen Interessen in wirtschaftlichen und finanziellen Fragen, der bereits in den Jahren vor dem Referendum ein wesentliches Hindernis für eine Einigung dargestellt hatte, erwies sich erwartungsgemäß auch danach als ein zentrales Problem. Die immer wieder eintretenden Stockungen in den Verhandlungen, die sich unerwartet lange hinzogen und bis zuletzt immer wieder vom Scheitern bedroht waren, verdeutlichen dies. Im Vorgriff auf die Ergebnisse der Luxemburger Verhandlungen wurden erste Sofortmaßnahmen im Zusammenhang mit der Eingliederung des Saarlandes bereits im Jahr 1956 in die Wege geleitet, also deutlich vor der politischen Eingliederung am 1. Januar 1957. Große Komplikationen ergaben sich jedoch daraus, daß die Integration des Saarlandes in die Bundesrepublik auch eine fundamentale Neuordnung der saarländischen Verhältnisse erforderte, die ihrerseits in den fünfziger Jahren gerade im wirtschaftlichen Bereich zunehmenden Anpassungszwängen unterworfen waren. Präzise Vorarbeiten für diese Neuordnung lagen nach dem Referendum bei keiner der beteiligten Parteien vor. Vor allem dieser als Ganzes schwer überschaubare Problemzusammenhang führte zu dem Lösungsansatz, die wirtschaftliche Integration des Saarlandes erst nach einer Übergangszeit vorzunehmen, deren Ende später auf den 5. Juli 1959 festgelegt wurde.

Welche komplizierten Probleme sich daraus ergaben, zeigt sich besonders deutlich im Bereich des Bergbaus: Zwar änderte sich in organisatorischer Hinsicht zunächst wenig in der aus dem 19. Jahrhundert stammenden, zentralisierten und seit dem Zweiten Weltkrieg in einem französisch dominierten Bergbauunternehmen konzentrierten Kohleindustrie. Kaum ein halbes Jahr nach dem Referendum löste jedoch die Frage, inwiefern französische Zugeständnisse bei der Verteilung der Abbaurechte im Warndt-Kohlerevier für die Zukunft des saarländischen Bergbaus relevant sein würden, eine vor aller Öffentlichkeit und zudem in einem für die Landesregierung denkbar ungünstigen Moment ausgetragene Diskussion aus. Das Beispiel der Schließung einer Kohlegrube bei St. Ingbert zeigt weiterhin, wie die Phase der Unsicherheit bis zur im Saarvertrag vorgesehenen Gründung der Saarbergwerke AG als neuer Rechtsträger des Saarbergbaus einen außerordentlich hohen Koordinierungsaufwand für die Landespolitik erzeugte, obwohl diese Schließung der Sache nach noch gar keine Reaktion auf die sich abzeichnende Kohlekrise darstellte, sondern eher in die Konsolidierungsbemühungen für den Bergbau in der unmittelbaren Nachkriegszeit einzuordnen war. Als es im dritten Jahr nach dem Referendum dann zur Gründung der neuen Saarbergwerke AG gekommen war, reagierte das Unternehmen jedoch umgehend auf die neuen, durch die Konkurrenz der Übersee-Kohle gewachsenen Absatzprobleme und legte umfangreiche Stillegungs- und Rationalisierungskonzepte vor, die die Streichung von mehr als 10.000 Arbeitsplätzen binnen weniger Jahre vorsahen.

Dieses Restrukturierungskonzept wurde auch eng mit der Landesregierung abgestimmt; die politische und wirtschaftliche Debatte im und über das Saarland hatte sich jedoch zwischenzeitlich deutlich verändert. Es mangelte weder in der Politik noch in den in großer Zahl vorgelegten wissenschaftlichen Gutachten und Forschungsarbeiten an Stimmen, die für eine Neuausrichtung der Wirtschaftspolitik plädierten. Die Grundlage dieser Diskussionsbeiträge bildete die bereits in den Jahren vorher überwiegend von den Kritikern der mit der politischen Teilautonomie verbundenen Währungs- und Zollunion mit Frankreich gewonnene Einsicht in die strukturellen Defizite des saarländischen Wirtschaftsstandorts. Der zur Mitte der 50er Jahre restlos ausgeschöpfte Markt an (männlichen) Arbeitskräften war demnach als wichtigstes Hemmnis industriellen Wachstums anzusehen; Investitionsdefizite, eine unzureichende Infrastruktur und Probleme des Kapitalmarkts taten das übrige: Ein weiteres überdurchschnittliches Wachstum der Saarwirtschaft wie in den ersten Nachkriegsjahren, soviel war klar, war innerhalb der gewachsenen Strukturen nicht mehr zu erwarten. Das Ende des extensiven Wachstums der Region war erreicht; als dringend nötig erkannt wurden strukturverbessernde Maßnahmen, die durch die Ansiedlung von Betrieben montanfremder Branchen die traditionelle Einseitigkeit der Wirtschaftsstruktur beseitigen sollten. Andererseits drängten die durch die Umstellung auf Deutschland und die Spezialkonstruktion einer wirtschaftlichen Übergangszeit ausgelösten Probleme die unmittelbaren Folgen der Eingliederung zunehmend in den Vordergrund der Debatte über die Neuausrichtung der Wirtschaftspolitik. Gegenüber den Schwankungen und kaum prognostizierbaren Aussichten in anderen Wirtschaftssektoren verstärkte sich daher die Bedeutung des Montankerns als Garant dauerhafter wirtschaftlicher Prosperität; dies um so mehr, als das Saarland durch seine Beteiligung an den Saarbergwerken erstmals selber zum Eigentümer „seines" Bergbaus wurde und weil die anfangs kritisierten, auf internationaler Ebene vereinbarten Lieferverpflichtungen gegenüber Frankreich in ihrer absatzsichernden Bedeutung erkannt wurden.

Daher wurde die Lage im Bergbau trotz der verstärkten Absatzprobleme, durch die sich die schlechte Ertragslage der Saarbergwerke ab 1957 zu einer Rentabilitätskrise zuspitzte, anfangs nicht von allen Seiten als Problem wahrgenommen. Die Rationalisierungs- und Modernisierungsmaßnahmen versprachen vielmehr in der Perspektive vieler, diejenigen Arbeitskräfte freizumachen, die eine auf Ansiedlung von Unternehmen anderer Branchen hin ausgerichtete Politik mittelfristig dringend benötigte. Kurzfristig erwartete man eine Kompensationswirkung der Eisen- und Stahlindustrie, die ebenfalls händeringend Arbeitskräfte suchte. Neue politische Konzepte waren daher nicht gefragt - und wurden auch nicht geliefert. CVP und SPS, die im teilautonomen Saarstaat über lange Jahre hinweg die politische Macht fest in den Händen gehalten hatten, wurden zwar nicht durch das Referendum, sondern durch die darauf folgende Landtagswahl vom 18. Oktober 1955 von ihren unmittelbaren politischen Gegnern abgelöst; die Heimatbundregierungen führten aber die spätestens 1949 entwickelte Wirtschaftspolitik nahtlos fort. Unter dem Schlagwort „Auflockerung der Industriestruktur" setzte man auch in der Übergangszeit zwischen Referendum und wirtschaftlicher Eingliederung auf die Ansiedlung von Unternehmen, die sowohl branchenmäßig als auch geographisch außerhalb des Montankerns liegen sollten. Nicht zuletzt mit Geld aus Bonn wurde eine regionale Wirtschaftsförderungskulisse weiter ausgebaut, die das Saarland gegen konjunkturelle Schwankungen absichern helfen und - als einziges neues Element - besondere Härten des angestrebten Umstellungsprozesses der Wirtschaft von Frankreich auf Deutschland abfedern sollte.

Zur Entwicklung grundlegend neuer Konzepte blieb auch gar keine Zeit. Neben der außerordentlich arbeitsintensiven Umstellung quasi aller administrativen und juristischen Normen und Regelungen vom saarländischen, in vielen Bereichen französisch beeinflußten Nachkriegsmodell auf das neue bundesdeutsche Vorbild kämpfte die Wirtschaftspolitik vor allem mit den Auswirkungen der französischen Devisenpolitik. Das spezielle außenhandels- und währungspolitische Modell der IV. Republik geriet in der zweiten Hälfte der 50er Jahre immer mehr in die Krise, was teilweise dramatische Währungs-, Preis- und Kaufkraftschwankungen auslöste. Zwar war man derartige Probleme im Saarland schon länger gewöhnt; der eifersüchtige Blick auf die stabile DM hatte schließlich auch einen Gutteil der Diskussion um die Tragfähigkeit des geplanten europäischen Statuts für das Saarland bestimmt. Und auch der stark anwachsende Kaufkraftverlust an der östlichen Landesgrenze gefährdete den Einzelhandel; sein mit dem Tag X, dem Tag der Einführung der DM, absehbares Ende ließ ihn aber nicht zum dringendsten Problem der Landespolitik werden. Die wachsenden Probleme in der Übergangszeit stellten vielmehr deren Ziele grundsätzlich in Frage und gefährdeten bereits Erreichtes. Wie sollte eine Umorientierung der Saarwirtschaft auf die Bundesrepublik erreicht werden, wenn die Währungsproblematik gemeinsam mit den immer noch diskriminierenden Kosten der Grenzüberschreitung nach Osten das Frankreichgeschäft immer attraktiver werden ließen - von den mittelfristig garantierten Sonderrechten im Verkehr mit Frankreich, die den Warenaustausch zwischen Saar und Frankreich auf möglichst hohem Niveau stabilisieren sollten, ganz abgesehen? Wie sollten Unternehmen ihre Betriebe modernisieren und auf den Wettbewerb mit deutschen Konkurrenten vorbereiten, wenn der Zugang zu Investitionsgütern für weite Teile der Wirtschaft außerhalb der Montanindustrie - wenn überhaupt - nur unter sehr ungünstigen finanziellen Bedingungen gegeben war? Und wie sollte sich die Abhängigkeit von der Schwerindustrie mildern, wenn der wichtigste regionalwirtschaftliche Impuls aus dem Luxemburger Vertrag zur Regelung der Saarfrage in der Garantie der Möglichkeit zum weiteren Ausbau des Steinkohlenbergbaus bestand?

Auf der Ebene der internationalen Saar-Verhandlungen des Jahres 1956 wurden diese Fragen nicht beantwortet, oft sogar nicht einmal behandelt. Zwar fiel mit der Ablehnung des europäischen Statuts die Verantwortung für die völkerrechtliche und politische Zukunft des Saarlandes wieder an die Partner Frankreich und Bundesrepublik zurück, die bereits seit Jahren in dieser Sache in intensiven diplomatischen Verhandlungen verstrickt waren. Man kam auch schnell überein, eine grundlegende Bereinigung aller strittigen Fragen und eine endgültige Lösung der Saarfrage herbeiführen zu wollen. Genauso wenig aber, wie die saarländische Landesregierung eine direkte Beteiligung an diesen Gesprächen erreichte, gelang es ihr, saarländische Interessen wirkungsvoll in den Verhandlungen zu plazieren oder gar durchzusetzen. Als „Experte" in die bundesdeutsche Delegation integriert, mußte sie sogar im Bereich der Kohlewirtschaft einige Vereinbarungen hinnehmen, die - wie z.B. die mittelfristige Garantie von französischen Abbaurechten unter saarländischem Territorium oder die Lieferverpflichtungen des Saarbergbaus gegenüber Frankreich - mit ihren Verhandlungszielen nicht übereinstimmten. Sie konnte zwar mit der Regelung der Warndt-Frage die Zukunft des saarländischen Bergbaus sichern; dies schrieb allerdings dessen überragende Bedeutung für die regionale Wirtschaft auf Dauer fest. In mittelfristiger Perspektive war die als „Aufrechterhaltung des Warenaustauschs" zwischen dem Saarland und Frankreich etablierte Sonderregelung außenhandelspolitischer Fragen für das Saarland interessant: Diese sah eine weitreichende Begünstigung von Im- und Exporten zwischen den beiden Wirtschaftsräumen vor, die die wirtschaftlichen Beziehungen zwischen den beiden Partnern stärken sollte - was allerdings im direkten Widerspruch zum erklärten Ziel, nämlich einer Umorientierung der Saarwirtschaft auf Deutschland, stand.

Der wichtigste Grund für dieses weitgehende Scheitern der Saar-Regierung ist im Einigungswillen der politischen Führungsebene in Frankreich und der Bundesrepublik zu erkennen. Da die öffentliche Aufmerksamkeit für die Saarfrage nach dem Referendum und der an sein Ergebnis geknüpften Interpretation, daß damit dieser langjährige Streitpunkt per Volksentscheid quasi bereits als gelöst anzusehen sei, immer stärker nachließ, stellte eine Einigung in dieser Frage kaum mehr eine nennenswerte politische Leistung dar. Im Juni 1956 ergriffen daher die Regierungschefs die womöglich letzte Chance, ihren Beitrag zur Völkerverständigung öffentlichkeitswirksam zu präsentieren, indem sie ihren Regierungsgipfel als den entscheidenden Wendepunkt der Verhandlungen inszenierten. Die längst noch in umfangreichen und durch kaum überwindbare Konflikte gekennzeichneten Verhandlungen verstrickten Delegationen waren dadurch zur Einigung verurteilt; strittige Themengebiete wurden daher soweit als möglich ausgeblendet und auf das spätere deutsch-saarländische Verhältnis verlagert. Den Vertretern Frankreichs gelang es dabei aufgrund der höheren symbolischen Bedeutung der Saarfrage in der bundesdeutschen Politik, ihre Interessen insbesondere in finanzieller Hinsicht noch am besten zu vertreten. Für die Saarländer erwies sich erst kurz vor dem „stumpfen Ende" der Verhandlungen der französische Wunsch nach einem eigenständigen Kulturabkommen als wirksames Druckmittel.

Statt eines kontingenten regionalpolitischen Entwicklungskonzepts wurde daher mit der Übergangszeit ein breit angelegtes System von Sonderregelungen und Hilfsmaßnahmen für die Eingliederung eingerichtet, das als eine Art Sonderregime den Sonderstatus der Saar aus der Nachkriegszeit teilweise weiterführte. In der Übergangszeit wurden direkte und indirekte Subventionen gezahlt, die die Benachteiligung der Saarwirtschaft auf dem bundesdeutschen Markt ausgleichen sollten; es wurden Kredite bereitgestellt, die die Anpassung von Unternehmen und Strukturen an die bundesdeutsche Situation ermöglichen sollten; es wurden umfangreiche Investitionen, insbesondere in die Verkehrsinfrastruktur, getätigt, und schließlich wurden auch erhebliche Haushaltsmittel an den Landeshaushalt überwiesen. Die Definition der an diese Einzelmaßnahmen geknüpften Ziele blieb allerdings unscharf. Selbst auf saarländischer Ebene blieb das Gesetz über steuerliche Maßnahmen der einzige systematische Beitrag zur Ausgestaltung der Eingliederung. Die mit hohen Ambitionen gestartete Wirtschaftspolitik reduzierte gegen Ende der Übergangszeit ihre Erwartungen immer stärker auf konjunkturpolitische Aspekte: Die Absicherung des Eingliederungsvorgangs gegen allzu heftige Friktionen, insbesondere gegen das punktuelle Entstehen von Arbeitslosigkeit, rückte immer weiter in den Vordergrund - und wurde auch erreicht. Daß hierzu allerdings das Sonderregime überhaupt notwendig gewesen ist, kann mit guten Gründen bezweifelt werden: Das Gros der letztlich durchgeführten Maßnahmen wäre auch ohne diese Konstruktion möglich gewesen. Die Spezialkonstruktion der Übergangszeit diente im Ergebnis wohl überwiegend dem Schutz französischer und auch deutscher Interessen, wobei insbesondere die Devisenproblematik und die Gefahr eines Eindringens zollbegünstigter Waren in die abgesicherten nationalen Märkte im Vordergrund standen. Der Beitrag des Sonderregimes zur Realisierung der an die Übergangszeit geknüpften Hoffnungen ist jedenfalls schon im wirtschaftspolitischen Bereich als sehr gering anzusetzen. Auch finanzpolitisch blieb die Übergangszeit unvollendet, insofern die Mittelzuflüsse aus Bonn nicht ausreichten, um die aus der prekären Situation der Teilautonomie resultierende Verschuldung des Landes zu beseitigen. Große Enttäuschung rief jedoch vor allem die Abwicklung bestimmter saarspezifischer sozialstaatlicher Strukturen wie z.B. der Kasse für Familienzulagen hervor, die als den regionalen Bedürfnissen besonders angemessen verstanden worden waren. Diese Abwicklung wurde als Schock empfunden, obwohl sich das Ende des sozialpolitischen Sonderwegs der Saar bereits sehr früh abzeichnete.

Daran änderte auch der vergleichsweise flexible Umgang der Landespolitik mit ihrem durch die Übergangszeit speziell strukturierten Handlungsspielraum nichts. Da konzeptionelle Ansätze weitgehend fehlten, wurden regionalpolitisch wichtige Fragen einem gestreckten und formal strukturierten Lösungsprozeß unterworfen. Die Landesregierung versuchte in diesem Prozeß, saarländische Interessen gegenüber Bonn mit einer quasi-diplomatischen Vorgehensweise durchzusetzen; dazu griff sie auf spezialisierte Institutionen und politische Stile, wie z.B. interministerielle Lenkungsausschüsse und Memoranden, zurück und entwickelte so eine tief in der Phase der Teilautonomie verankerte Strategie fort. Teilweise konnte sie damit gute Erfolge erzielen; allerdings förderte diese Strategie eine Konzentration auf ad hoc anstehende Fragen und ließ vor allem nur diejenigen Lösungskonzepte als sinnvoll erscheinen, die auf diesem Wege als sicher durchsetzbar anzusehen waren. Auch dadurch wurde eine grundsätzliche Neuorientierung der Wirtschaftspolitik des Landes nicht gefördert.

* * *

Obwohl also die Ablehnung des europäischen Statuts für das Saarland und der Saarvertrag markante Einschnitte in der saarländischen Geschichte darstellen, ist über die Eingliederung hinweg eine starke Kontinuität in den strukturpolitischen Problemen des Saarlandes ebenso wie in den von der Landespolitik zur Überwindung der daraus resultierenden wirtschaftlichen Schwierigkeiten verfolgten Konzepten festzustellen. Auch entsprachen diese Konzepte in der Übergangszeit nur zu geringen Teilen den bis dahin in der Bundesrepublik entwickelten Charakteristika des Bund-Länder-Verhältnisses. Die Eingliederung bewirkte zwar eine mittelfristig durchgreifende Umorientierung der Saarwirtschaft auf die Bundesrepublik; gegenüber den akuten, durch die Eingliederung bedingten Problemen entwickelte die Landespolitik aber Strategien, die überwiegend den Besonderheiten der Übergangszeit folgten.

Nach der wirtschaftlichen Eingliederung verschlechterten sich viele ökonomische und politische Rahmenbedingungen im Saarland, so daß das Land in eine mit der Zeit immer deutlicher erkennbare Stagnationskrise geriet. Nicht nur die wirtschaftlichen Wachstumsraten blieben hinter dem Bundesdurchschnitt zurück - und vor allem hinter den an die Eingliederung geknüpften Erwartungen -, auch die Ansiedlung neuer Betriebe geriet vorübergehend in die Krise. Gleichzeitig blieben die von den Anpassungsmaßnahmen im Bergbau erhofften Stabilisierungstendenzen aus. Obwohl die Rücknahme der Fördermengen und die Rationalisierung der Produktion gemäß den noch in der Übergangszeit entwickelten Plänen erfolgten, blieb die Ertragslage des Unternehmens schwach. Zum Teil war dies auf die besonders ungünstige Kosten- und Sortenstruktur des Saar-Bergbaus zurückzuführen, zum Teil auch auf den immer deutlicher werdenden Substitutionswettbewerb mit dem Mineralöl. Vor allem aber wurde nach dem Ende der eingliederungsbedingten Sondersituation klar, daß die Einnahmen im Landeshaushalt kaum ausreichten, um die notwendigen Ausgaben zu tätigen; Investitionen waren selbst per Kredit nicht mehr im als unabdingbar notwendig erkannten Umfang zu finanzieren. Fast härter noch traf es die Kommunen, die den Großteil der während der Übergangszeit und danach projektierten Infrastrukturinvestitionen zu tragen hatten. Insbesondere die Finanzlage der Stadt Saarbrücken drohte noch Ende der 50er, vor allem zu Anfang der 60er Jahre außer Kontrolle zu geraten. Politisch wurde dieses Problem zunächst noch mit dem konventionellen Mittel einer Anpassung des Finanzausgleichs bearbeitet. In einer als saarländischer Gutachterstreit geführten intensiven wissenschaftlichen Diskussion über Grundfragen regionaler Politik im Saarland wurde dann aber die Notwendigkeit einer grundlegenden Neuorientierung der Landespolitik mit den Instrumenten von Raumordnung und Landesplanung postuliert. Nur auf diese Weise schien es möglich, die neuen Anforderungen an die Politik zu bewältigen.

Die landespolitische Diskussion dagegen verlief weniger präzise - wenn auch um nichts weniger heftig. Die finanzpolitischen Fragen wurden als grundsätzliche Probleme des föderalen Finanzsystems diskutiert, was kurzfristig die Einwerbung gewisser Sonderregelungen für das Saarland in Bonn ermöglichte. Diese wurden teilweise noch in den politischen Mustern der Übergangszeit gegenüber dem Bund und den anderen Ländern durchgesetzt. Die Debatte darüber zeigt aber auch, daß zusätzlich zu den neuen Anforderungen aus der sich wandelnden ökonomischen Situation auch bestimmte Aufgaben, die aus früheren Phasen der Anpassung an strukturelle Veränderungen stammten, noch nicht vollständig bewältigt waren. Dies gilt insbesondere im Bildungsbereich, wo die bis an den Beginn des Jahrhunderts zurückreichende Selbstverpflichtung auf einen Ausgleich der Bildungschancen von Land- und Stadtbevölkerung immer noch Investitionen erforderte, die Land und Kommunen gleichermaßen überforderten. Noch sehr viel allgemeiner verlief die Diskussion um die Entwicklung der gesamtwirtschaftlichen Rahmendaten. Die als Stagnation bzw. Zurückbleiben gegenüber der Bundesrepublik verstandene Wirtschaftsentwicklung löste eine Grundsatzdiskussion über das Saarland als Wirtschaftsstandort aus. Den bedeutendsten Streitpunkt stellte dabei die Forderung nach einer Kanalverbindung zwischen der Saar und dem Rhein durch die Pfalz, dem Saar-Pfalz-Kanal, dar. Als Projekt war diese Möglichkeit bereits seit dem 19. Jahrhundert diskutiert worden; während der Saarverhandlungen des Jahres 1956 war dieses Thema aber nicht an die erste Stelle gerückt. Dies ist nicht nur auf taktische Unsicherheiten der Saar-Regierung im Rahmen der Verhandlungen zurückzuführen und auch nicht nur auf die geringe Bereitschaft der Bundesregierung, neben der sehr bald als notwendiges Zugeständnis erscheinenden Zustimmung - und Kofinanzierung ! - zur von französischer Seite gewünschten Kanalisierung der Mosel noch ein weiteres groß dimensioniertes Verkehrsprojekt zu unterstützen. Ausschlaggebend für den Verzicht der Saarländer auf die Forderung nach dem Saar-Pfalz-Kanal war wohl, daß innerhalb der Saarwirtschaft keine Einigkeit darüber herrschte. Die wirtschaftlichen Vor- und Nachteile dieses Projektes waren nämlich zwischen Kohle und Stahl durchaus ungleich verteilt, so daß erst Anfang der 60er Jahre eine einheitliche Linie der Befürwortung erreicht werden konnte. Damit war dieses Thema politisch in höchstem Maße sensibel, stand doch mit der Frage nach der notwendigen Förderung des Wirtschaftsstandorts auch die Frage nach der angemessenen Vertretung saarländischer Interessen gegenüber Bonn ganz allgemein zur Diskussion, wobei alle Beteiligten aufgrund der häufig wechselnden Koalitionsverhältnisse der Übergangszeit in bestimmtem Maße Teilverantwortung für Entscheidungen der Vergangenheit übernehmen mußten.

Nicht weniger sensibel war der zweite Themenschwerpunkt der landespolitischen Diskussion über die Stagnationskrise. In einer als konzeptionelle Debatte geführten Auseinandersetzung über Prinzipien der Wirtschaftspolitik trafen das Regierungskonzept der Auflockerung der Industriestruktur und die von der Opposition seit Anfang der 60er Jahre immer pointierter geforderte Umstrukturierung der Region aufeinander. Ökonomisch gesprochen betraf diese Debatte die schwer zu entscheidende Frage, ob staatliche Eingriffe in die Wirtschaftsstruktur nicht möglicherweise höhere Kosten verursachen würden, als sie Vorteile zu erzeugen versprachen. Politisch trafen damit die traditionelle Wirtschaftspolitik des Landes, die in der Stagnationskrise um bestimmte neue, an wissenschaftlich prognostizierten Auswirkungen des sektoralen Strukturwandels orientierte Instrumente ergänzt wurde, und ein vor allem von der SPD adaptierter neuer Politikstil aufeinander. Dieser forderte eine engere Anbindung politischer Konzepte an wissenschaftliche Experten und gutachterliche Stellungnahmen und sah die Rationalisierung und Optimierung staatlicher Maßnahmen durch das Instrument der Planung vor. Politisch war diese Auseinandersetzung bedeutend, weil darin zwei grundsätzlich verschiedene Ansätze aufeinandertrafen, zwischen denen ein Kompromiß kaum möglich erschien.

Das derartig zugespitzte Auftreten verschiedener Standpunkte war in der Geschichte des Bundeslandes bis dahin nicht bekannt. Zwar waren mit der CVP die Befürworter des europäischen Statuts für das Saarland praktisch während der ganzen Übergangszeit sogar als Fraktion institutionell abgesichert im Landtag vertreten, und pointierter als der Konflikt zwischen „Ja" und „Nein" konnte ein Widerspruch kaum formuliert werden. Allerdings war das Verhältnis der früheren Kontrahenten bereits sehr früh nach der Landtagswahl von 1955 immer deutlicher von Kooperation geprägt. Die frühere Einstellung zur Abstimmungsfrage stellte keine unüberwindbare Schwelle zur Partizipation an parlamentarischen Mitbestimmungsrechten dar und erst recht keine Zutrittsschwelle zum politischen System; selbst die Möglichkeit der Regierungsbeteiligung war davon unberührt, wie die Bildung einer Koalition gegen die DPS unter Ministerpräsident Egon Reinert im Jahr 1959 zeigt. Alle politischen Kräfte, die sich gemäß dem als Entscheidung für Deutschland interpretierten Abstimmungsergebnis zur Eingliederung als politisches Ziel bekannten, waren prinzipiell kooperationsfähig. Mehr noch: Als übergeordnetes Leitziel politischen Handelns ging von der Eingliederung geradezu Zustimmungs- und Konsenszwang aus, der damit schwer vereinbare Positionen wie z.B. die Kritik der DPS an bestimmten Aspekten des Eingliederungsgesetzes grundsätzlich delegitimierte. Dadurch entwickelte sich in der Übergangszeit eine Art Sonderparlamentarismus, der durch bestimmte Aspekte des deutsch-saarländischen Verhältnisses noch verstärkt wurde: Bei der Ausgestaltung der Übergangszeit zwischen Bundesrepublik und Saarland kam den Verhandlungen auf Regierungsebene die wichtigste Bedeutung zu. Das Verhältnis zwischen diesen beiden kann nicht nur aufgrund der speziellen rechts-, wirtschafts-, außenhandels- und finanzpolitischen Situation als temporärer Sonderföderalismus bezeichnet werden, sondern auch die politische Entscheidungsfindung wich in vielen Punkten von der ansonsten im bundesdeutschen Föderalismus üblichen Form ab. Dadurch wurden die Mitwirkungsrechte des saarländischen Parlamentes beschnitten, was oppositionelles Verhalten sehr erschwerte.

Als mit der Stagnationskrise der Saarwirtschaft auch die Eingliederung als Projektionsfläche der Hoffnung auf Prosperität in die Kritik geriet, löste die konzeptionelle Debatte über die angemessene Methode der Landespolitik diesen Konsens ab. Die Regierungskoalition aus CDU und DPS geriet stark unter Druck, nicht nur von Seiten der strenger als bisher auf Opposition ausgerichteten SPD, sondern auch durch Kritiker aus den eigenen Reihen. Einen wichtigen Wendepunkt stellte dabei die Tarifauseinandersetzung im Bergbau im Jahr 1962 dar, die zu einer als politischer Streik interpretierten Auseinandersetzung eskalierte. Der Landesregierung gelang es, eine Einigung der Tarifpartner auf dem Weg der Schlichtung herbeizuführen; die geschickte Inszenierung der Rolle des Ministerpräsidenten drängte die SPD-Opposition in die Defensive, die diesen Konflikt eigentlich als Höhepunkt der von ihr angestrebten Grundsatzdiskussion hatte nutzen wollen. Die Saarbergwerke dagegen legten mit dem „Generalplan" eine mittelfristige Unternehmensstrategie vor, die nach dem durch die wachsenden Substitutionsprozesse im Energiemarkt ausgelösten Übergang der Rentabilitätskrise des Bergbaus hin zur Absatzkrise durch eine grundlegende Diversifizierung und Modernisierung die Zukunft des Unternehmens sichern sollte. In den hektischen Wochen des Streiks übernahm die Landesregierung dieses Vorhaben schrittweise als regionalpolitische Entwicklungskonzeption. Dies konnte als sachgerechte Umsetzung der von der SPD geforderten Einführung planerischer Elemente in die Regierungspolitik dargestellt werden, brachte eine angesichts der strukturellen Veränderungen der Saarwirtschaft notwendig erscheinende Anpassung und Ergänzung wirtschaftspolitischer Instrumente und erlaubte zudem eine elegante Umgehung der drückenden Finanzierungsprobleme. Da Land und Bund gemeinsam als Anteilseigner der Saarbergwerke in der Pflicht standen, die unternehmenspolitische Konzeption zu unterstützen, bedeutete die Übernahme wichtiger Ziele dieser Konzeption in die Landespolitik de facto eine so im föderalen System nicht vorgesehene Kofinanzierung regionalpolitischer Maßnahmen durch Bund und Land - und zwar im Verhältnis 3:1.

Und auch in der Kanalfrage konnte eine scheinbar salomonische Lösung erarbeitet werden: Mit den Als-ob-Tarifen wurde ein System von Transportkostensubventionen für den Eisenbahnverkehr vorgelegt, das einerseits Begünstigungen enthielt, um die Standortnachteile der Stahlindustrie bei Bezug und Absatz von Rohstoffen und Produkten in nennenswertem Umfang zu kompensieren, das andererseits aber auch ausreichend differenziert gestaltet werden konnte, um unerwünschte Nebeneffekte wie z.B. eine Verschlechterung der Wettbewerbslage der Saarkohle gegenüber billiger anlieferbarer Ruhrkohle auszuschließen. Außerdem erforderten die Als-ob-Tarife nur sehr viel weniger Investitionen, die als eine politisch schwer durchsetzbare Begünstigung des Saarlandes gegenüber anderen Ländern anzusehen waren. Allerdings waren diese Tarife nicht nur zeitlich befristet, sondern auch die Frage, ob sie einer Zustimmung durch europäische Behörden bedurften, war nicht eindeutig geklärt; schließlich konnten sie durchaus auch als Abrücken von dem Ziel des Saar-Pfalz-Kanals verstanden werden, da sie zwar einerseits rechtlich nur mit dem Hinweis auf den potentiellen Wettbewerb der Bahn mit dem fest geplanten, aber noch nicht realisierten Kanal begründet werden konnten, da andererseits aber die Zustimmung der Bahn zu diesen Tarifen mit der inoffiziellen Zusage, den Kanal nie zu bauen, verknüpft war.

* * *

Von der Warte des zehnten Jahres nach dem Referendum aus betrachtet, erscheint die Eingliederung damit als komplizierter Vorgang phasenverschobener Prozesse. Das Projekt der politischen Eingliederung des Saarlandes war am frühesten vorangeschritten, als durch Wahlen, durch die Angleichung juristischer Normen und - am wenigsten tiefgreifend noch - durch Verfassungsänderungen das bundesdeutsche politische System auf das Saarland übertragen wurde. Dieser Prozeß war aber sehr bald ins Stocken geraten, als die besonderen Bedingungen der Übergangszeit eine spezielle Form der politischen Machtausübung und Entscheidungsfindung nötig erscheinen ließen. Bis zum Ende der 50er Jahre konnte die Spaltung des Parteiensystems entlang der im Referendum aufgeworfenen Frage weitgehend überwunden werden; CDU und SPD hatten die Vereinigung mit ihren saar-spezifischen Konkurrenten im gleichen weltanschaulichen Lager weitgehend erreicht. Trotzdem blieb mit der weiterhin ungewöhnlich starken liberalen Partei und der SVP als regionaler Sonderpartei eine von den bundesdeutschen Verhältnissen abweichende Verteilung der Wählerstimmen erhalten.

Ähnlich kompliziert waren die Probleme im wirtschaftlichen Bereich gelagert. Im Umfeld der Abstimmung über die politische Zukunft des Saarlandes hatte es den Anschein, als stellten die ordnungspolitischen Veränderungen die wichtigsten der kommenden Probleme dar. Zu deren Überwindung wurde ein auch konzeptionell breit gefächertes Sonderregime geschaffen, das seine Ziele jedoch unklar definierte - und weitgehend verfehlte. Die Steinkohle entwickelte sich demgegenüber - zumal gestützt durch die in diesem Bereich durchgesetzten Neuordnungsversuche auf internationaler Ebene - immer mehr zum Wachstumsgarant. Ihre Depression seit Anfang der 60er Jahre traf die Landespolitik weitgehend unvorbereitet. Allerdings dämpften die zur Mitte der 60er Jahre wieder günstigeren konjunkturellen Einflüsse aus dem Bundesgebiet nicht nur die Baisse des Montansektors; sie stärkten auch positive Effekte aus denjenigen Teilen der Wirtschaft, die in den vorangegangenen Jahren Gegenstand der traditionellen Wirtschaftsförderung gewesen waren, und kompensierten weitgehend den mit dem Wegfall der letzten Sonderbeihilfen für saarländische Unternehmen ausbleibenden Einfluß der speziellen Wirtschaftsgeschichte des Saarlandes zwischen Deutschland und Frankreich. Soweit also mit dem „Nein" im Referendum der Wunsch verbunden war, die ökonomische Zukunft des Saarlandes langfristig zu sichern, waren auf diesem Weg bis zur Mitte der 60er Jahre durchaus Erfolge zu verzeichnen. Ein Niedergang ganzer Branchen und ökonomische oder demographische Entleerungsprozesse der Region oder Teile von ihr blieben aus. Die Industrie war weiterhin wichtigster Arbeitgeber, auch wenn durch den Arbeitsplatzabbau im Bergbau die Beschäftigtenzahlen insgesamt stagnierten. Daher kann von einer Deindustrialisierung keine Rede sein, wurden durch die wirtschaftsstrukturellen Maßnahmen doch sogar ganz neue Teile des Landes und auch neue Bevölkerungsschichten dem industriellen Arbeits- und Lebensrhythmus unterzogen.

Zu Anfang der 60er Jahre trafen Probleme, die teilweise in der Übergangszeit anzusiedeln waren, teilweise aber auch auf noch unbewältigte ältere Phasen des Strukturwandels zurückzuführen waren, auf neue Schwierigkeiten, die zum Teil durch die sektoralen Anpassungszwänge in der Energiewirtschaft ausgelöst wurden, zum Teil aber auch aus der mit der Eingliederung verbundenen Anpassung an bundesdeutsche Verfahren und Instrumente der Regionalpolitik resultierten. Die Debatte um die Neufassung der juristischen und administrativen Grundlagen von Raumordnung und Landesplanung spiegelte diese komplexe Problemstellung wider: Das unter den speziellen Bedingungen des Wiederaufbaus und seinen Anforderungen an die Strukturpolitik in der Nachkriegszeit hierzu entwickelte Konzept - und vor allem die daraus abgeleitete Entscheidungspraxis - hatte schon vor dem Referendum massive Kritik hervorgerufen, weil es von vielen Einflüssen der speziellen politischen und wirtschaftlichen Bedingungen der Teilautonomie geprägt war. Trotzdem rückte während der Übergangszeit die Neufassung anderer Politikbereiche in den Vordergrund. Danach wirkte die Neufassung der entsprechenden Rahmenregelungen auf Bundesebene zwar begünstigend auf die saarländische Diskussion; ihre konzeptionellen Grundlagen waren jedoch ebenfalls in dynamischer Entwicklung begriffen und den speziellen Problemen eines hochindustrialisierten, aber dennoch von gravierenden strukturellen Defiziten geprägten Industriegebietes nicht angemessen. Zudem tangierte die Debatte durch ihren Bezug zum fragilen System der Finanzierung der Kommunen im Saarland, zum politisch sensiblen Bereich des Ausgleichs der Lebensbedingungen in Stadt und Land sowie zur Bildungspolitik und zur komplizierten mittelfristigen Restrukturierung des Steinkohlenbergbaus eine ganze Reihe von heftig umkämpften Politikbereichen.

Diese Problemstellung verdeutlicht, daß der in der Metapher vom „Altern von Industrieregionen" beschriebene Zusammenhang zwischen sektoralem Strukturwandel und Problemen der Regionalpolitik im Saarland besonders komplex strukturiert war. Die ungünstige Entwicklung der öffentlichen Haushalte entwickelte sich seit Anfang der 60er Jahre verstärkt zum Krisenindikator und zum - allerdings vergleichsweise unscharfen - Gradmesser für den unter dem Begriff „regionaler Strukturwandel" faßbaren regionalpolitischen Anpassungsdruck. In der dadurch ausgelösten, weitgefächerten Debatte über Grundfragen der Landespolitik konnten in Feldern wie der verkehrspolitischen Standortdebatte, dem regionalwissenschaftlichen Gutachterstreit oder der unternehmenspolitischen Kohledebatte durchaus gewisse Fortschritte und Teillösungen erreicht werden. Insgesamt konnte jedoch kein Konsens über Reichweite und Umfang der vorzunehmenden Strukturveränderungen hergestellt werden. Selbst innerhalb der in dieser Hinsicht sehr progressiven SPD tauchten immer wieder Widersprüche und Zweifel an dem von ihr frühzeitig postulierten Konzept der „Umstrukturierung" auf; politisch durchsetzen konnte sie ihr Konzept bis zur Mitte des Jahrzehnts nicht, und zwar weder in den politischen Debatten noch beim Wähler. Die schärfsten Widerstände erfuhr ihr Kurs durch Teile der CDU, und hier insbesondere aus dem Wirtschaftsministerium, das auf die Erfolge seiner leicht modifiziert fortgesetzten traditionellen Politik verweisen konnte. Insgesamt setzten sich überwiegend diejenigen Kräfte durch, die den ohnehin schon als problematisch empfundenen wirtschaftsstrukturellen Anpassungsprozeß nicht weiter als unbedingt nötig mit politischen Risiken belasten wollten. Die durch das Referendum ausgelöste Herausforderung des doppelten Strukturwandels wurde nur teilweise bewältigt.

* * *

Einen klaren Blick auf die bis zur Mitte der 60er Jahre erzielten Fortschritte im doppelten Strukturwandel erlaubt die Wirtschaftskrise der Jahre 1966/67. Nachdem gerade rechtzeitig zu den Landtagswahlen des Jahres 1965 positive Impulse der Konjunktur in Westdeutschland und Europa eine auch zahlenmäßig günstige Entwicklung im Saarland bewirkt hatten, die die Tauglichkeit der in der ersten Hälfte des Jahrzehnts erneuerten Regionalpolitik zu beweisen schien, stellte der Einbruch vieler Wirtschaftsdaten nun die Landespolitik vor neue Probleme. Zwar war ein Rückgang der Wachstumsraten auf nationaler Ebene einerseits anhand bestimmter volkswirtschaftlicher Faktoren wie z.B. der Investitionsneigung absehbar gewesen und aufgrund der „Überhitzung" der Konjunktur in den Jahren vorher in nationaler Perspektive durchaus auch nicht kontraproduktiv. Die Zuspitzung dieser Entwicklung zu einer Krise, die sogar ein vorübergehendes Sinken der Wirtschaftsleistung mit sich brachte, konnte zudem mit guten Argumenten auf bestimmte ordnungspolitische Entscheidungen wie die Einführung der Kuponsteuer und eine veränderte Kapitalmarktpolitik zurückgeführt werden. Als regionale Krise verdeutlichte die ökonomische Entwicklung dieser Jahre aber doch auch regionalspezifische Besonderheiten der strukturellen Anpassung. Besonders hervorzuheben ist dabei, daß diejenigen montan-fremden Unternehmen, deren Ansiedlung und Förderung in der Vergangenheit Gegenstand politischer Bemühungen gewesen war, die ihnen zugedachte Funktion einer Immunisierung der Region gegen konjunkturelle Schwankungen zumindest teilweise übernehmen konnten. Der besonders heftige und frühzeitige Einbruch der Montanindustrie, und hierbei insbesondere der Steinkohlenwirtschaft, traf die überwiegend von diesen Sektoren geprägten Landkreise des Saarlandes besonders heftig und zog sie auch mittelfristig in Mitleidenschaft. Dagegen entwickelten sich diejenigen Kreise, in denen die Strukturverbesserung weiter fortgeschritten war, auch in der Krise sehr viel günstiger. Indessen erwies sich in der gesamtwirtschaftlichen Entwicklung die bereits früher erworbene Erfahrung, daß das insgesamt einseitig und ungünstig strukturierte Land von positiven Einflüssen der nationalen Wirtschaftsentwicklung weniger stark, von negativen dafür um so stärker berührt wurde, erneut als richtig.

Der regionalspezifische Verlauf der Wirtschaftskrise beeinflußte deren Perzeption durch die Landespolitik. Bereits während der Übergangszeit war die politische Auseinandersetzung über die als notwendig angesehenen Anpassungsleistungen in Politik und Wirtschaft in einer mit historischen Argumenten geführten Debatte erfolgt. Damals spielte die Phase der Teilautonomie und die Bewertung der in dieser Zeit realisierten Politik die wichtigste Rolle. Besonders aufschlußreich für den dabei festzustellenden Perspektivenwechsel ist der Vergleich der in diesen Debatten vorgenommenen Periodisierungsversuche: Wurde zunächst das Referendum des Jahres 1955 als der entscheidende Wendepunkt in der Saargeschichte angesehen, traten später der Regierungsgipfel vom Juni 1956, die Verabschiedung des Eingliederungsgesetzes, die Währungsgarantie für saarländische Sparer oder auch der Tag der wirtschaftlichen Eingliederung an diese Stelle. Alternative Formen der Rückbindung von Landespolitik, wie z.B. die Legitimierung politischer Initiativen durch den Rückgriff auf Expertenwissen oder auf wissenschaftlich-technische Erkenntnisse waren demgegenüber schwer durchzusetzen. Noch in der Übergangszeit hatte vor allem die SPD-Führung einen derartigen Versuch unternommen, als sie sich in den zwischen den anderen Fraktionen teilweise leidenschaftlich geführten Debatten über die Teilautonomie besonders stark als vor allem durch ihre Sachkompetenz in der Sozialpolitik ausgezeichnete politische Kraft zu profilieren suchte. Damit konnten zwar die nach der früh erfolgten organisatorischen Vereinigung mit der SPS auf das Innenverhältnis übertragenen Grundsatzkonflikte kanalisiert werden, nach außen hin übernahm sie als langjährige Regierungspartei aber sogar Mitverantwortung für das Scheitern bestimmter Ziele im Zuge der Eingliederung. Ähnliches gilt für die frühen 60er Jahre, als die Partei ihre besonders moderne, auf den Einsatz planerischer, innovativer und wissenschaftlich abgesicherter regionalpolitischer Instrumente ausgerichtete Politik nicht in entsprechende Wahlerfolge umsetzen konnte. Genausowenig konnte auch die DPS, deren Saarbrücker Oberbürgermeister in dieser Zeit mit seiner auf eine grundlegende Reform der Kommunalpolitik ausgerichteten Politik erhebliche öffentliche Aufmerksamkeit erhielt, diesen Ansatz zur Verbesserung oder wenigstens Stabilisierung ihrer Wahlergebnisse verwenden: Nicht einmal in der Stadt Saarbrücken selber konnte sie ihre frühere Machtstellung halten.

Um so fataler wirkte sich die regionale Wirtschaftskrise der Jahre 1966/67 auf die Position des Ministerpräsidenten aus, der seine erste Regierungserklärung nach der Landtagswahl von 1965 auf der autoritativ formulierten Feststellung aufgebaut hatte, das Saarland habe die Aufgabe der Eingliederung im wesentlichen sowohl wirtschaftlich als auch politisch bewältigt. Vor allem war die daran geknüpfte These, die Landespolitik habe in den vorangegangenen Jahren alles getan, um die Grundlage regionaler Prosperität zu legen, mit der desolaten Lage in der Krise kaum in Übereinstimmung zu bringen. In der daran anschließenden landespolitischen Diskussion traten zwei Entwicklungslinien besonders deutlich hervor. Als erste ist hierbei der durch innerparteiliche Auseinandersetzungen vor allem innerhalb der SPD forcierte Deutungskonflikt über Leistungen und Versäumnisse früherer Phasen der Strukturpolitik im Saarland zu nennen. Am pointiertesten forderte ein bestimmter Flügel junger sozialdemokratischer Abgeordneter in der SPD-Fraktion die Einführung neuer Politik im Land. Daß mit der Kritik an der früheren Landespolitik, die wesentliche Phasen des Strukturwandels „verschlafen" habe, nicht nur der Ministerpräsident Franz Josef Röder und seine langjährige Regierungspartei angegriffen wurde, sondern auch der Fraktionsvorsitzende der eigenen Partei, wurde dabei billigend in Kauf genommen. Dieser hatte nämlich mit seiner bereits aus der Übergangszeit stammenden Strategie der konstruktiven, überwiegend auf Sachkompetenz beruhenden Opposition zwar einerseits erhebliche Mitwirkungs- und Mitbestimmungsmöglichkeiten bei konkreten politischen Entscheidungen gewonnen, war andererseits dadurch aber auch immer wieder gezwungen, Kompromisse mitzutragen. Im Umfeld der politischen Aufarbeitung der regionalen Wirtschaftskrise verweigerte die eigene Fraktion diesem Kurs zu zwei Gelegenheiten öffentlichkeitswirksam die Gefolgschaft: Gegenüber den weitreichenden Modernisierungs- und Umstrukturierungsforderungen zurückbleibende Kompromisse in der Bildungs- und Hochschulpolitik sowie in der Kohlepolitik, die in teilweise langwieriger Ausschußtätigkeit zwischen allen Parteien erarbeitet wurden, wurden vom streng reformorientierten Flügel der SPD um die jungen Abgeordneten, die sich ohnehin in innerparteilicher Auseinandersetzung mit der Fraktionsspitze befanden, nicht mitgetragen. Ähnliche Auflösungserscheinungen traten auch in den anderen Parteien ein, als unter den Augen der Öffentlichkeit sowohl in der DPS als auch in der CDU Kritik an der Partei- oder genauer gesagt: an der Regierungslinie formuliert wurde; die Auseinandersetzungen führten aber an keiner Stelle zu einer vergleichbaren Desavouierung des Führungspersonals, was zum Teil auch auf die im Kabinett vorgenommene personelle Erneuerung zurückzuführen ist.

Die zweite Entwicklungslinie in der Diskussion über die regionale Wirtschaftskrise stellte ebenfalls grundlegende Aspekte der bisherigen Politik in Frage. Schon vor dem Referendum war die strukturelle Unterfinanzierung des Landes ein wichtiges Thema in der Politik. Bereits ab 1953, also noch in der Phase der Teilautonomie, war es nicht mehr gelungen, die notwendigen Ausgaben aus den Einnahmen zu finanzieren. Teilweise problematisch finanzierte Defizite waren die Folge. Auch während und nach der Übergangszeit konnte dieses Problem nicht gelöst werden; die geplanten Investitionen mußten zunächst fast vollständig durch Mittelübertragungen und Bindungsermächtigungen finanziert werden, was sehr schnell zu einer schwindelerregenden Verschuldung führte. Als gut abgesicherter Erfahrungswert setzte sich dabei die Erkenntnis fest, daß die Steuereinnahmen des Landes aufgrund seiner ungünstigen Wirtschaftsstruktur zu gering waren, um die Ausgaben zu finanzieren, daß dagegen die Leistungen des föderalen Finanzsystems in der Regel sogar höher als geplant ausfielen. Dieses Verhältnis drehte sich vor allem aus konjunkturellen Gründen in der Wirtschaftskrise um. Obwohl die Steuereinnahmen des Landes sich teilweise sogar günstiger als veranschlagt entwickelten, konnte erstmals auch offiziell der ordentliche Haushalt nicht gedeckt werden. Nicht nur Investitionsprojekte, sondern auch laufende Ausgaben mußten per Kredit finanziert werden, weil die Mittel aus Bonn nicht im eingeplanten Umfang eingingen. Vor allem aber war die Weiterführung der Schuldenaufnahme nicht mehr möglich, weil der bundesdeutsche Kapitalmarkt die entsprechenden Mittel nicht zur Verfügung stellen konnte. Die Haushaltspolitik des Landes schrammte so in der Krise nur scharf an einem Kollaps der öffentlichen Finanzen vorbei.

In den Jahren 1966/67 spitzte sich damit der doppelte Strukturwandel als regionale Wirtschaftskrise, als Krise der Regionalpolitik, als Krise der Finanzpolitik und ganz allgemein als Krise herkömmlicher politischer Stile zu. Dies erforderte eine grundlegende Erneuerung der regionalen Politik, die mit der in diesen Jahren ebenfalls vorgenommenen Neuorientierung der Regionalpolitik und des föderalen Finanzsystems auf Bundesebene zusammenfiel. Zwar konnten die im Umfeld des Stabilitätsgesetzes und später in der Keynesianischen Reform der Wirtschaftspolitik vorgesehenen Instrumente im Saarland nicht verwendet werden: Erstens entsprachen sie nicht der regionalspezifischen Problemlage und zweitens standen insbesondere die für eine antizyklische Haushaltspolitik notwendigen finanzpolitischen Spielräume schlichtweg nicht zur Verfügung. Auch die Umsetzung der auf nationaler Ebene vorbereiteten Reform der Energiepolitik und insbesondere der ordnungspolitischen Grundlagen des Subventionsmodells für den Steinkohlenbergbau war im Saarland nicht unumstritten. Der Beitritt zur Aktionsgemeinschaft deutscher Steinkohlenreviere erfolgte mit deutlicher Verzögerung, weil erstens die Vorleistungen des Saarbergbaus bei der Restrukturierung als umfangreicher als die anderer Reviere angesehen wurden und daher negative Auswirkungen der verzögerten Modernisierung vor allem im Ruhrgebiet auf das Saarland befürchtet wurden; zweitens konnte unter haushaltstechnischer Perspektive auf die Vorteile des im Umfeld des Generalplans erarbeiteten Finanzierungsmodells hingewiesen werden. Die Zustimmung zum neuen Konzept erfolgte dann erst mit einiger Verzögerung, als die früheren Planungsgrundlagen sich als nicht mehr haltbar erwiesen, und im Rahmen einer Paketlösung zur Neuordnung der saarländischen Finanzen.

Die Neuausrichtung der bundesrepublikanischen Regionalpolitik, die nun auch die Förderung „alter" Industriegebiete erlaubte, und die Modernisierung des föderalen Finanzsystems, die durch die Anerkennung finanzieller Nachteile aus dem überdurchschnittlichen Besatz mit ertragsschwachen Sektoren die Stellung des Saarlandes im

Finanzausgleich stärkte, bot trotzdem eine Vielzahl von Ansatzpunkten für die Landespolitik. Diese wurden noch ergänzt durch die lange Jahre nach ihrer Zusage erfolgte vollständige Übernahme der Schulden des Landes aus der Zeit der Teilautonomie. Zur Umsetzung dieser Ansatzpunkte in praktische Politik fanden zwei Methoden Verwendung. Neben verstärkten Sparmaßnahmen wurde der Landeshaushalt deutlicher in eine Projektstruktur überführt, die die bessere Nutzung von Bundesmitteln und solchen aus dem föderalen Finanzsystem erlaubte. Gleichzeitig wurde mit dem Strukturprogramm Saar ein elaboriertes Investitions- und Förderprogramm entwickelt, das die Einbindung des Landes in die neugefaßte Regionalpolitik der Bundesrepublik erlaubte. Dieses fand durch das Aktionsprogramm Saar-Westpfalz eine erste partielle Umsetzung in das Großprojekt zur Förderung der regionalen Wirtschaftsstruktur. Ergänzt wurden diese Maßnahmen durch eine Ausweitung der Reformansätze auf grundsätzlich alle Politikbereiche. Insbesondere in der Bildungspolitik wurden alte Frontstellungen teilweise durchbrochen, als die faktisch vorher schon beseitigte konfessionelle Trennung durch die Reform der Lehrerbildung zum Abschluß gebracht wurde. Mit der Reform der saarländischen Hochschullandschaft wurde aber auch der Versuch unternommen, das Bildungssystem auf die gesellschaftlichen und strukturellen Veränderungen vorzubereiten.

Allerdings überschritt das Strukturprogramm den im Aktionsprogramm gesetzten Rahmen sowohl hinsichtlich des Umfangs der darin vorgesehenen Fördermittel als auch konzeptionell. Die darin besonders nachdrücklich geforderte Herstellung eines Wasserstraßenanschlusses für die Saarwirtschaft bezog sich zwar immer noch auf den Montankern als wichtige Stütze regionaler Prosperität und ist auch im Kontext des vorläufigen Scheiterns der Als-ob-Tarife auf europäischer Ebene zu sehen; trotzdem enthielt auch dieser Bereich einen neuartigen Ansatz, insofern selbst dieses ältere Projekt regionaler Infrastrukturförderung nun nicht mehr mit dem Verweis auf die Steinkohle, sondern mit der Eisen- und Stahlindustrie als neuem Leitsektor begründet wurde. Ansonsten bezog sich die Landesregierung in diesem Programm erstmals in aller Deutlichkeit auf das Mittel der Umstrukturierung der Region zum Ziel der Förderung des regionalen Wirtschaftswachstums. Und auch die Übernahme der Möglichkeit grenzüberschreitender Kooperation als besonders wichtiges regionales Entwicklungspotential überschritt den ansonsten in der neugefaßten Regionalpolitik auf Bundesebene vorgegebenen Rahmen - und zwar sowohl konzeptionell als auch geographisch.

Die Grundlage für diese Neuorientierung der Landespolitik hatte das Saar-Memorandum vom Frühjahr 1967 gelegt. Zwar gelang der Regierung Röder mit diesem Text nur teilweise ein Befreiungsschlag, insofern die landespolitische Diskussion auch nach dessen Publikation kaum an Schärfe verlor und auch die Kritikbereitschaft aus den Reihen des Parlamentes nicht sofort sank. Die durchschlagende Wirkung dieses Textes, der bis heute einen wichtigen Referenzpunkt saarländischer Politik darstellt, ist dabei mit Sicherheit auch darauf zurückzuführen, daß damit ein zentrales Stilelement der Saarpolitik in der Übergangszeit reaktiviert wurde. Des weiteren leistete das Memorandum eine Neuorientierung der Landespolitik in Fragen grundlegender Bedeutung und beendete damit die regionalpolitischen Richtungsdebatten, die in den Jahren zuvor sowohl zwischen den Parteien, vor allem aber auch innerhalb der CDU zu heftigen Konfrontationen geführt hatten. Die partielle Neubewertung der saarländischen Geschichte, das auf dieser Basis entwickelte Programm mit umfangreichen Reformvorschlägen sowohl gegenüber der Landespolitik als auch gegenüber dem Bund, vor allem aber die eindeutige Ausrichtung auf das Wachstumsziel als Leitgedanke regionaler Wirtschaftspolitik markierten wesentliche Orientierungspunkte für die weitere innersaarländische Diskussion und deren Wahrnehmung in der Bundesrepublik. Das Memorandum stellte aber auch den Auftakt einer Reorganisation der Regierungsstrukturen dar: Mit der Einrichtung einer eigenen Planungsgruppe beim Ministerpräsidenten, die für die Ausgestaltung des Strukturprogramms Saar verantwortlich war, wurden strategische Kompetenzen, die früher in den einzelnen Ministerien angesiedelt waren, im Umfeld der Staatskanzlei konzentriert. Dies entsprach nur teilweise den interministeriellen Lenkungsausschüssen, die z.B. in der Übergangszeit als zentrale Schaltstelle politischer Bürokratie gedient hatten, denn in die Arbeitsgruppe wurde eine Vielzahl von Experten und Spezialisten aus dem Umfeld der innersaarländischen wissenschaftlichen Diskussion integriert.

Man kann daher davon sprechen, daß mit der Aufarbeitung der wirtschaftlichen und politischen Probleme der Jahre 1966/67 als regionale Wirtschaftskrise die Landespolitik grundlegend reformiert wurde. Die Strukturen der Landespolitik waren nun dem bundesdeutschen föderalistischen Modell weitgehend angepaßt. Die vielfältigen Inkompatibilitäten, die anfangs während der Übergangszeit hatten beseitigt werden sollen, waren insofern erst jetzt überwunden, als die saarländische Politik sich fast nahtlos in das bundesdeutsche System von Regional- und Finanzpolitik einfügte. Die zu Anfang des Jahrzehnts im Gefolge der Übergangszeit aus früheren Konzeptionen der Landespolitik entwickelte Regionalpolitik wurde damit zur regionalen Strukturpolitik weiterentwickelt. Mehr als zehn Jahre nach dem Referendum hatte sich aber auch die Saarwirtschaft weitgehend in die bundesdeutsche Ökonomie eingefügt: Die konjunkturellen Zyklen hatten sich fast vollständig angenähert und auch die meisten Sondereffekte waren spätestens mit der Weiterentwicklung der europäischen Integration 1968 hinfällig geworden. Insbesondere die Depression derjenigen Sektoren, die das alte Industriegebiet gekennzeichnet hatten, folgte nunmehr den Bedingungen der bundesdeutschen Energiepolitik und dem hier etablierten ordnungspolitischen Subventionsmodell.

Dieser Entwicklungsschritt ist, aus der Perspektive des Referendums über die Saarfrage betrachtet, als Abschluß des Projektes der Eingliederung zu verstehen. Erst jetzt, mehr als zehn Jahre nach der Entscheidung für die Bundesrepublik, waren die letzten Sonderlasten aus der Phase der Teilautonomie größtenteils beseitigt und das während der Übergangszeit entwickelte Programm einer Angleichung von politischen und wirtschaftlichen Strukturen bewältigt. Auch viele Sondereinflüsse auf die und regionalspezifische Charakteristika in der Landespolitik, die teilweise weit in die Nachkriegszeit wiesen, konnten erst gegen Ende der 60er Jahre entweder außer Funktion gesetzt oder durch die bundesdeutschen Entsprechungen ersetzt werden. Dies gilt auch für das Parteiensystem, in dem nun die nach dem Referendum und bis in die 60er Jahre hinein wirkende Zersplitterung durch regionalspezifische Sonderparteien abgelöst wurde. Das Ausscheiden der DPS als liberaler Partei bei den Landtagswahlen von 1970 ging sogar über diesen Anpassungsprozeß hinaus.

* * *

Der Abschluß des doppelten Strukturwandels zu Ende der 60er Jahre verdeutlicht aber auch, daß es sich bei der Eingliederung des Saarlandes in die Bundesrepublik eindeutig nicht um einen Vorgang der Übertragung statischer Konzepte handelte; der Aspekt struktureller Konvergenz beschreibt nur einen geringen Teil der in der Region zu lösenden Aufgaben. Zu leisten war vielmehr die regionalspezifische Adaptierung bundesdeutscher und die Entwicklung neuer, eigener Konzepte, die gegenüber den besonderen Aufgaben, die sich aus den speziellen Vorbedingungen für regionale Politik ergaben, als angemessen einzuschätzen waren. Die Frage nach dem Beitrag der Landespolitik - oder auch ganz allgemein nach dem Beitrag des Föderalismus - zur Lösung der aus dem wirtschaftlichen Strukturwandel entstehenden Aufgaben ist daher zumindest im saarländischen Fall nur teilweise richtig formuliert. Die Landespolitik der Jahre 1956 bis 1970 war nicht nur Subjekt, sondern in weiten Teilen auch Objekt des Strukturwandels. Der Erker'schen Hypothese von der Veränderung politischer Herrschaftsstrukturen durch die ökonomischen Wandlungsprozesse in den 60er Jahren ist insoweit zuzustimmen. Ähnlich wie in der Teilautonomie wurden in der föderal gegliederten politischen Landschaft der Bundesrepublik säkulare Trends wirtschaftlicher Entwicklung auf eine bestimmte Weise zum Problem der Landespolitik. In der Verarbeitung dieser Probleme entwickelte sich die Landespolitik in den 60er Jahren zur Regionalpolitik bundesdeutschen Typs. Die Grundlage dieser Vorgänge bildete die Verwendung eines speziellen räumlichen Codes zur gesellschaftlichen Verarbeitung von Problemen. Raumabstraktionen wurden genutzt, um Übereinstimmung in der Beurteilung von Problemen struktureller Natur herzustellen und so einen politischen Lösungsprozeß zu ermöglichen. Besonders deutlich wurde dies bereits früh im Gutachterstreit, ebenso klar trat dieser Zug in den programmatischen Texten im Umfeld der Wirtschaftskrise hervor, die, als regionale Krise perzipiert, eine Erneuerung der Landespolitik auslöste. Anstatt nach dem Ende des Saarstaates an Gewicht zu verlieren, gewann das Saarland so als Raumsymbol mit der Zeit immer mehr an Bedeutung. Den bundesdeutschen Föderalismus zeichnet insofern besonders sein leistungsfähiger räumlicher Code aus. Möglicherweise war das andernorts überrascht festgestellte Wiederaufleben regionaler Bewegungen in den 60er Jahren insoweit in der Bundesrepublik genauso wie im schon seit dem Zweiten Weltkrieg teilautonomen Saarland vorweggenommen.

Eher als gering einzuschätzen ist dagegen die Bedeutung des föderalen Ausgleichs- und Verteilungssystems für staatliche, insbesondere finanzielle Ressourcen; dies zeigen bereits die umfangreichen, aber in ihrer Gesamtwirkung nicht ausreichenden Finanztransfers zugunsten des Saarlandes während der Übergangszeit. Die seit den frühen 50er Jahren nahtlos fortbestehenden Finanzierungslücken im Landeshaushalt führten in eine strukturelle Unterfinanzierung. Daraus resultierte eine gravierende Benachteiligung gegenüber wachstumsstärkeren Regionen, deren Ausgleich trotz komplizierter Berechnungsverfahren und punktueller Sonderleistungen nicht erfolgte. Als bedeutender ist die im föderalen Finanzsystem der Bundesrepublik angelegte Möglichkeit anzusehen, aktuell unbeherrschbare Probleme durch das Instrument der Verschuldung auf die Zukunft zu verlagern. Dies betraf das Land, das trotz seines Rückstands bei den Steuereinnahmen einen Teil der notwendigen Investitionen vor allem in die Infrastruktur per Kreditaufnahme ermöglichen konnte - auch wenn andere Länder ohne eine derart massive Verschuldung auskamen. Dies betraf aber auch die Kommunen, die besonders im Bildungsbereich einen Großteil der Last bei der Bewältigung älterer Phasen struktureller Veränderung zu tragen hatten. Am stärksten zu gewichten ist jedoch die Funktion des Föderalismus, regionale Konflikte tendenziell hoher politischer Sprengkraft auf das Niveau von Verteilungskonflikten zu deeskalieren. Die finanzpolitische Teilautonomie bildete eine wichtige Grundlage der Selbstbindungskompetenz der Länder, die regionale Probleme in der Bundesrepublik gesellschaftlich beherrschbar macht. Nicht zuletzt dadurch konnten zentrifugale Tendenzen, die eine in der Öffentlichkeit stark perzipierte Begleiterscheinung regionaler Verarbeitung struktureller Veränderungen in anderen Staaten Europas bildeten, weitgehend verhindert werden.

Die Selbstbindungskompetenz wurde weiter gestärkt durch die Planungsfähigkeit der Länder als regionale Einheiten. Die Bedeutungsveränderung des primären und sekundären Sektors, und hier insbesondere des Steinkohlenbergbaus, traf die Region mehr oder minder schlagartig, weil weitgehend unvorbereitet. Das föderale System führte zu einer recht intensiven und auch differenzierten Aufarbeitung dieser Trends als regionale Probleme. Die konzeptionelle Auseinandersetzung über „Umstrukturierung" und „Auflockerung der Industriestruktur" stand im Saarland im Zentrum dieser Aufarbeitung. Besonders bei dieser Diskussion wurden auch die vielfältigen Spannungslinien zwischen neuer Politik, älteren Problemlösungsmustern, national vorstrukturierten politischen Verfahren und auf nationaler Ebene vorgegebenen Grundsatzentscheidungen sichtbar. Die Selbstbindungskompetenz der Landespolitik ermöglichte es, regionalspezifische Lösungen zu entwerfen, die teilweise in Konkurrenz zu nationalen Ansätzen standen oder darüber hinausgingen. Am deutlichsten trat dies bei der durch die Übernahme des Generalplans als regionalpolitisches Entwicklungskonzept ausgelösten Umformung der Saarbergwerke zur regionalen Modernisierungsagentur zutage. Auch die Betonung der grenzüberschreitenden Zusammenarbeit als wichtigem Potential regionaler Entwicklung im Saarland ist hier zu nennen.

In engem Zusammenhang mit der partizipativen Anlage gesellschaftlicher Problemlösung im bundesdeutschen Föderalismus ist schließlich die Bedeutung von „Geschichte" zu verstehen. Sie übernahm bei der Diskussion um Übereinstimmung und Dissens hinsichtlich der mit Raumsymbolen kommunizierten Probleme in der Landespolitik eine zentrale Funktion. Als Instrument zur Komplexitätsreduktion erlaubte sie einerseits die Gegenüberstellung unterschiedlicher Deutungen der Region und damit der ihrer speziellen Charakteristika als besonders angemessen anzusehenden Lösungsstrategien. Die Verarbeitung regionaler Probleme erhielt dadurch im auf Wettbewerb ausgerichteten parlamentarischen System die Gestalt von Konflikten über die regionale Deutungshoheit. Des weiteren erlaubte Geschichte als Argument in der politischen Diskussion in bestimmten Entscheidungssituationen, in denen die Erfolgsaussichten von Lösungsvorschlägen a priori schwer klärbar, jedenfalls aber nicht garantierbar waren, einen Konsens über eine bestimmte Vorgehensweise herzustellen. Geschichte füllte auf diese Weise Rationalitätslücken in der gesellschaftlichen Integration.

Mit Blick auf das Saarland ist daher der Rudolph'schen These von den 60er Jahren als „zweite formative Phase" der Bundesrepublik in modifizierter Form zuzustimmen. Zwar kann die Geschichte dieses Zeitabschnitts nicht uneingeschränkt als „Erfolgsgeschichte" geschrieben werden. Alleine schon die Tatsache, daß sich gegen Ende der 60er Jahre die Hoffnungen auf ökonomische Prosperität bei vielen Zeitgenossen trotz aller Anpassungsleistung immer noch auf Strukturelemente der Region richteten, die sich mittelfristig nur teilweise als tragfähig erwiesen haben, spricht dagegen. Mit der Überschneidung älterer Problemlagen mit neuen Schwierigkeiten und traditioneller Lösungsansätze mit struktureller Neuorientierung von Politik ist das Saarland aber nach der Eingliederung ein typisches Beispiel für den von Modernisierung geprägten Zeitabschnitt voller Widersprüche. Allerdings ist für das Saarland von „langen" 60er Jahren, nämlich von 1956 bis 1970, auszugehen - nicht nur wegen der Verspätung der Föderalisierung, die durch den saarländischen Sonderweg in der Nachkriegszeit bedingt war. Obwohl anfangs versucht wurde, sozusagen im Zeitraffer die Eingliederung als Nachholprozeß zu gestalten, dauerte dieser Vorgang doch bis Ende der 60er Jahre, und zwar nicht nur aufgrund der rasanten Beschleunigung in der Veränderung grundlegender Elemente der ökonomischen Grundlagen der westlichen Industriestaaten, sondern auch aufgrund der dadurch ausgelösten rapiden Anpassung von Prinzipien föderaler Politik im westdeutschen Bundesstaat. In diesem Sinne mit Paul Erker von den langen 60er Jahren als „Gelenkzeit" saarländischer Geschichte zu sprechen erscheint daher mehr als gerechtfertigt. Möglicherweise deutet dies darauf hin, daß ganz allgemein der regionalen Ebene der Verarbeitung von Problemen im Prozeß der Modernisierung auch in der Bundesrepublik eine zentrale Rolle zuzuweisen ist. Das Konzept von Bundesländern als räumlicher Code zur gesellschaftlichen Verarbeitung von Problemen - und der speziellen Funktion von Geschichte darin - schärft den Blick für Art und Umfang der hier erbrachten Anpassungsleistungen.

Quellen- und Literaturverzeichnis

1. Archivalien und gedruckte Quellen, Periodika, Memoiren und zeitgenössische Gutachten

Landesarchiv Saarbrücken
- Auswärtiges Amt: 130, 228, 229, 233, 265, 266, 276, 289, 290, 375, 376, 378-383, 424, 430, 432-441, 454, 473, 528, 601, 606, 929, 935, 940, 989, 1099, 1101, 1108, 1128, 1254, 1285-1287, 1302, 1405, 1538, 1540, 1541, 1546, 1721
- Staatskanzlei: 9, 12, 37, 48, 49, 67, 624, 647, 660, 738, 739, 805, 814, 850, 926, 995, 1215, 1216, 1245, 1394, 1432, 1448, 1452, 1598, 1712, 1713-1743, 1745-1756, 1922, 1984, 2008, 2232, 2420, 2445, 2539, 2719, 2979-2981, 3155, 3175, 3334, 3338, 3346, 3352, 3357, 3358, 3966, Kabinettsregistratur Anlage Ministerium für Wirtschaft, Anlage Ministerium für Finanzen und Forsten, Anlage Ministerium des Inneren
- Generalfinanzkontrolle: 8, 9, 15-19
- Informationsamt: 0036, 0054, 0055, 0156
- Ministerium für Finanzen und Forsten: 22, 27
- Ministerium für Wirtschaft: 500, 501, 502, 503, 504, 505, 614, 631, 772-776, 779, 780, 782, 783, 789, 825-891, 895

Ralf Behrendt u. Uta Rössel (Bearb.), Der Kabinettsausschuß für Wirtschaft 1956-1957, München 2001 (= Bundesarchiv Koblenz (Hg.), Die Kabinettsprotokolle der Bundesregierung, Kabinettsausschuß für Wirtschaft 3)
Ludwig Dischler, Das Saarland, 1945-1956. Eine Darstellung der historischen Entwicklung mit den wichtigsten Dokumenten, 2 Bde. Hamburg 1956
Forschungsstelle für Völkerrecht und Ausländisches Öffentliches Recht der Universität Hamburg (Hg.), Die Rückgliederung. Darstellung mit Dokumenten, Hamburg 1957
– (Hg.), Gesetzgebung und Abkommen des Saarlandes, Hamburg 1954
Wolfgang Hölscher (Bearb.), Der Auswärtige Ausschuß des Deutschen Bundestages. Sitzungsprotokolle 1953-1957, Düsseldorf 2002 (= Quellen zur Geschichte des Parlamentarismus und der politischen Parteien, Vierte Reihe: Deutschland seit 1945, Bd. 13/II)
Ursula Hüllbüsch (Bearb.), Die Kabinettsprotokolle der Bundesregierung 1956, München 1998 (= Bundesarchiv Koblenz (Hg.), Die Kabinettsprotokolle der Bundesregierung 9)
Franz Klein (Hg.), Finanz- und Haushaltsreform in der Bundesrepublik Deutschland. Gesetzestexte, München u. Wien 1969
Landtag des Saarlandes, Drucksachen, 3.-5. Wahlperiode, Abteilung I
Ministère des affaires étrangères, commission de publication des documents diplomatiques français (Hg.), Documents diplomatiques français 1956, Paris 1988
Horst Möller u. Klaus Hildebrand (Hgg.), Die Bundesrepublik Deutschland und Frankreich: Dokumente 1949-1963. Band 2: Wirtschaft, München 1997
Robert H. Schmidt, Saarpolitik 1945-1957, 3 Bde. Berlin 1959ff.

Die Arbeitskammer. Zeitschrift der Arbeitskammer des Saarlandes 4 (1956) - 18 (1970)
Bundesministerium der Finanzen (Hg.), Finanzbericht 1962 (-1970), Die volkswirtschaftlichen Grundlagen und die wichtigsten finanzwirtschaftlichen Probleme des Haushaltsplans der Bundesrepublik Deutschland für das Rechnungsjahr 1962 (-1970), Bonn 1962 (-1970)

Industrie- und Handelskammer des Saarlandes (Hg.), Mitteilungen der Industrie- und Handelskammer des Saarlandes 12 (1956) - 26 (1970)
Landesbank und Girozentrale Saar (Hg.), Wirtschaftsberichte 1958 (-1971), Saarbrücken 1958 (-1971)
Saar-Pfalz-Kanal-Verein e.V. (Hg.), Mitteilungsblatt, Saarbrücken 1963 (-1970)
Statistisches Amt des Saarlandes (Hg.), Einzelschriften zur Statistik des Saarlandes, Saarbrücken 1949ff.
– (Hg.), Saarländische Bevölkerungs- und Wirtschaftszahlen 1949ff., Saarbrücken 1949ff.
– (Hg.), Saarland in Zahlen. Sonderhefte, Saarbrücken 1957ff.
– (Hg.), Statistisches Handbuch für das Saarland 1955 (1963, 1976 u. 1978), Saarbrücken 1956 (1963, 1976 u. 1978)
Statistisches Bundesamt Wiesbaden (Hg.) Finanzen und Steuern, Reihe 3: Schulden und Vermögen von Bund, Ländern und Gemeinden, I Schulden, 31. Dezember 1960ff., Stuttgart u. Mainz 1961ff.
– (Hg.), Finanzen und Steuern., Reihe 5: Sonderbeiträge zur Finanzstatistik. Kassenmäßige Steuereinnahmen, Stuttgart u. Mainz 1960ff.
Ständige Konferenz der Kultusminister der Länder der Bundesrepublik Deutschland, Kulturpolitik der Länder 1960 (-1970), München 1960 (-1970)

Arbeitsgemeinschaft deutscher wirtschaftswissenschaftlicher Forschungsinstitute e.V. (Hg.), Untersuchung ueber die Entwicklung der gegenwärtigen und zukünftigen Struktur von Angebot und Nachfrage in der Energiewirtschaft der Bundesrepublik unter besonderer Berücksichtigung des Steinkohlenbergbaus, Berlin 1961
Bernhard Aubin, Friedrich-Wilhelm Baer-Kaupert u. Hans-Ernst Folz, Saarvertrag und EWG-Vertrag. Eine Untersuchung über die Rechtslage der saarländischen Wirtschaft nach Abbau der Binnenzölle in der EWG (1.7.1968), Saarbrücken 1968
Batelle-Institut e.V. (Hg.), Analyse und Prognose der Arbeitsmarktentwicklung in Rheinland-Pfalz und im Saarland. Bericht für das Bundesministerium für Arbeit und Sozialordnung, 3 Bde. Frankfurt a.M. 1969
Erich Becker, Rechts- und Verwaltungsfragen der kommunalen Neugliederung. Eine Erörterung von Problemen der Kommunalstruktur des Saarlandes unter dem Gesichtspunkt der Raumordnung, veranlasst vom Landkreis Saarbrücken, Saarbrücken 1965
Dieter Biehl u.a., Strukturprogramm Saar: Möglichkeiten einer aktiven Sanierung der Saarwirtschaft. Ansatzpunkte, Maßnahmen, Kosten, Saarbrücken 1969
Adolf Blind, Unruhige Jahre an der Saar 1947 bis 1957. Ein Zeitzeuge erinnert sich, 2 Bde. Frankfurt a.M. 1997
Werner Bosch, Wirtschaftliche Struktur und Volkseinkommen des Saarlandes, 2 Bde. Mainz 1953
Hans Buddeberg, Verlagerung des saarländischen Absatzes in die übrige Bundesrepublik und in dritte Länder. Unter besonderer Berücksichtigung der betrieblichen Strukturverhältnisse in der saarländischen weiterverarbeitenden Industrie. Gutachten, Saarbrücken 1958
Bundesministerium für Arbeit und Sozialordnung (Hg.), Die Standortwahl der Industriebetriebe in der Bundesrepublik Deutschland im Zeitraum von 1955 bis 1960, Bonn 1961
– (Hg.), Standortwahl und Entwicklung von Industriebetrieben sowie Stillegungen in der Bundesrepublik Deutschland mit Berlin (West) von 1955-1967, Bonn 1973
– (Hg.), Die Standortwahl der Industriebetriebe in der Bundesrepublik Deutschland und Berlin (West). Neuerrichtete, verlagerte und stillgelegte Industriebetriebe in den Jahren 1970 und 1971, Bonn 1975

– (Hg.), Verlagerte, neuerrichtete und stillgelegte Industriebetriebe im Jahre 1966. Zwischenbericht über die Standortwahl der Industriebetriebe in der Bundesrepublik Deutschland, Bonn 1967

CAPEM Comité d'aménagement et du plan d'équipement de la Moselle, Infrastructures et développement industriel en Sarre, Metz 1972

Centre économique franco-allemand, Sarreguemines u. Studiengemeinschaft CECOFA, Saarbrücken (Hgg.), Zur Schaffung eines deutsch-französischen Großhandelszentrums, Saarbrücken u. Sarreguemines 1967

Jean Cieutat, Etude économique préliminaire sur le Centre Economique et de Commerce de Gros Franco-Allemand dit CECOFA, o.O. 1969

Max-Erich Feuchtinger, Verkehrsplanung Saarbrücken. Untersuchung über das künftige Hauptverkehrsstraßennetz, Ulm 1957

Die Auswirkungen der wirtschaftlichen Eingliederung in ausgewählten Branchen des Saarländischen Einzelhandels. Ergebnisse aus Betriebsvergleichen und Betriebsuntersuchungen für das zweite Halbjahr 1958 und das zweite Halbjahr 1959, Saarbrücken 1962 (= Einzelschriften des Handelsinstituts an der Universität des Saarlandes 3)

Johannes Hoffmann, Das Ziel war Europa. Der Weg der Saar 1945-1955, München 1963

Industrie- und Handelskammer des Saarlandes (Hg.), Saarwirtschaft und Europäisierung des Saarlandes. Eine Stellungnahme der Industrie- und Handelskammer des Saarlandes, Saarbrücken 1953

– (Hg.), Wie sieht die Saarwirtschaft die Auswirkungen des Saarstatuts vom 23. Oktober 1954?, Saarbrücken 1955

– (Hg.), Stellungnahme der Saarwirtschaft zur Moselkanalisierung, Saarbrücken 1955

– (Hg.), Forderungen der Saarwirtschaft zur Rückgliederung, Saarbrücken 1956

– (Hg.), Zur Frage der Einbeziehung des Saargebietes in den deutschen Wirtschaftsraum, Saarbrücken 1956

– (Hg.), Zur Frage der Auswirkungen der französischen Außenhandels- und Währungsmaßnahmen auf die Saarwirtschaft und der vorzeitigen Rückgliederung des Saarlandes. Eine Stellungnahme der Industrie- und Handelskammer des Saarlandes, Saarbrücken 1957

– (Hg.), Das französische und deutsche Wirtschaftssystem aus der Sicht der Saarwirtschaft. Eine kritische Würdigung durch die Industrie- und Handelskammer des Saarlandes insbesondere im Hinblick auf die Schaffung des Gemeinsamen Europäischen Marktes, Saarbrücken 1960

– (Hg.), Verbesserung der Standortlage der Saarwirtschaft durch den Bau eines Saar-Pfalz-Kanals, Saarbrücken 1961

– (Hg.), Industrielle Entwicklung der saarländischen Landkreise, Saarbrücken 1973

Institut für Entwicklungsforschung, Wirtschafts- und Sozialplanung GmbH Saarbrücken (Hg.), Wirtschaftsstruktur-Gutachten für die Mittelstadt Völklingen 1992, Völklingen 1992

Gerhard Isbary, Konsequenzen der Bevölkerungsentwicklung bis zum Jahre 2000 für die Raumordnung des Saarlandes, Saarbrücken 1964

–, Regionale Probleme der Raumordnung. Eine Untersuchung am Beispiel des Landkreises Saarbrücken als Mittelpunkt des saarländischen Verdichtungsraumes. Gutachten erstattet im Auftrag des Landkreises Saarbrücken, Saarbrücken 1963

Gerhard Isenberg, Die künftige Entwicklung der Existenzgrundlagen des Saarlandes und deren räumliche Auswirkungen, Saarbrücken 1968

Kommission für die Finanzreform, Gutachten über die Finanzreform in der Bundesrepublik Deutschland, Stuttgart 1966

Kommission zur Untersuchung der rundfunkpolitischen Entwicklung im Südwestdeutschen Raum, Bericht der Kommission zur Untersuchung der rundfunkpolitischen Entwicklung im Südwestdeutschen Raum (Baden-Württemberg, Rheinland-Pfalz und Saarland), Kornwestheim 1970
Alfred Krenz, Gutachten zum Generalverkehrsplan Saarland, 2 Bde. Saarbrücken 1971
Werner Kroeber-Riel, Gunter Franz Schneider u. Volker Trommsdorff, Das Image des Saarlandes. Ergebnisse einer Untersuchung über das Bild des Saarlandes in den Augen seiner Bevölkerung und seiner Nachbarn. Eine erste Auswertung, Saarbrücken 1971
Werner Kroeber-Riel, Gunter Franz Schneider u. Volker Trommsdorff, Das Image des Saarlandes. Ergebnisse einer Untersuchung über das Bild des Saarlandes aus der Sicht seiner Bevölkerung, seiner Nachbarn und seiner Zuwanderer, Saarbrücken 1972
Margot Kröber-Weik u. Susanne Wied-Nebbeling, Wirtschaftskraft und Wirtschaftsentwicklung in den Bundesländern seit 1970. Eine vergleichende Analyse. Gutachten im Auftrag des Bundesministers für Wirtschaft, Tübingen 1986
Rolf Lahr, Zeuge von Fall und Aufstieg. Private Briefe 1934-1974, Hamburg 1981
Landesbank und Girozentrale Saar (Hg.), Saarwirtschaft 1958-1963. Ein Rückblick auf wirtschaftliche Probleme und Entwicklungen des Saarlandes vor und nach der wirtschaftlichen Rückgliederung, Saarbrücken 1964
Klaus Liepelt u. Christoph Loew, Menschen an der Saar. Arbeitnehmer, Verbraucher und Staatsbürger nach dem Tage X, Frankfurt a.M. 1962
Minister für Landesentwicklung Hessens (Hg.), Landesentwicklungsbericht Hessen 1970-1978, Wiesbaden 1980
Minister für Landesplanung Nordrhein-Westfalens, Wohnungsbau und öffentliche Arbeiten des Landes Nordrhein-Westfalen (Hg.), Strukturverbesserung des Siegerlandes. Denkschrift des Interministeriellen Ausschusses, Düsseldorf 1963
Max Mroß, Zusammenschluß des öffentlichen Personennahverkehrs im Saarland. Gutachten im Auftrag des Ministers für Wirtschaft, Verkehr und Landwirtschaft des Saarlandes, Hamburg 1969
Josef Heinz Müller, Probleme der Wirtschaftsstruktur des Saarlandes, Freiburg 1966
Ludwig Neundörfer, Die gemeinsame Lösung infrastruktureller Aufgaben durch die Gemeinden des Saarbrücker Raumes. Gutachten im Auftrag der Stadt Saarbrücken, Saarbrücken 1966
Victor Porger, Möglichkeiten und Aussichten einer Nutzung des saarländischen Luftverkehrspotentials. Eine marktanalytische Studie, in: Zeitschrift für Verkehrswissenschaft 30 (1959), S. 99-123
Regierung des Saarlandes (Hg.), Das Saarland. Memorandum der Regierung des Saarlandes, 3. Aufl. Saarbrücken 1953
– (Hg.), Die neuen Staatsverträge zwischen Frankreich und dem Saarland. Text der am 20. Mai 1953 in Paris unterzeichneten Verträge mit Anlagen und Zusatzprotokollen in den beiden amtlichen Sprachen, Saarbrücken 1953
– (Hg.), Vertrag zwischen der Bundesrepublik Deutschland und der Französischen Republik zur Regelung der Saarfrage. Text des am 27. Oktober 1956 in Luxemburg unterzeichneten Vertrags mit Anlagen und Briefen in den beiden Sprachen, Saarbrücken 1956
– (Hg.), Memorandum der Regierung des Saarlandes an die Bundesregierung vom 13. November 1957, Saarbrücken 1957
– (Hg.), Das Saarland 10 Jahre nach seiner Eingliederung in die Bundesrepublik Deutschland. Bilanz und Aufgaben. Memorandum der Regierung des Saarlandes vom 10. April 1967, Saarbrücken 1967

– (Hg.), Aktionsprogramm Saarland-Westpfalz, Saarbrücken 1969
– (Hg.), Raumordnung im Saarland, zweiter Raumordnungsbericht, Saarbrücken 1970
–, Der Chef der Staatskanzlei u. Industrie- und Handelskammer des Saarlandes, Neue Betriebe an der Saar. Bestandsaufnahme, Analyse, Perspektiven. Eine Auswertung der gemeinsam von der Staatskanzlei und der Industrie- und Handelskammer des Saarlandes vorgenommenen Unternehmensbefragung aus dem Jahre 1976 sowie der gemeinsam von der Staatskanzlei und dem Statistischen Amt des Saarlandes erstellten Ansiedlungsstatistiken, vorgenommen von Hanspeter Georgi und Volker Giersch, Saarbrücken 1977
–, Der Chef der Staatskanzlei, Saarwirtschaft im Montandreieck - Gemeinsamer Markt. Informationstagung für Wirtschaftsredakteure vom 13. bis 18. Dezember 1964, Saarbrücken 1965
–, Der Minister des Inneren, Denkschrift über die Stärkung der Verwaltungskraft kleinerer saarländischer Gemeinden. Eine Untersuchung zur saarländischen Amtsordnung, Saarbrücken 1968
–, Minister des Inneren, Raumordnung im Saarland, Erster Tätigkeitsbericht der Landesplanungsbehörde, Saarbrücken 1968
–, Minister des Inneren, Die kommunale Neugliederung im Saarland. Schlußbericht der Arbeitsgruppe für die kommunale Gebiets- und die Verwaltungsreform im Saarland bei dem Minister des Inneren, Saarbrücken 1972
–, Minister für Umwelt, Raumordnung und Bauwesen, Raumordnungsteilplan Saarausbau, Saarbrücken 1978
–, Ministerium für Wirtschaft, Strukturdaten der Saarwirtschaft, Saarbrücken 1956
–, Der Minister für Wirtschaft, Verkehr und Landwirtschaft, Verbesserung der saarländischen Standorte durch Verkehrsmaßnahmen, (Ms.) Saarbrücken 1961
Franz Josef Röder, Leistung und Aufgabe. Rede am Landesparteitag 1965 in Saarbrücken, Saarbrücken 1965
Saar-Pfalz-Kanal-Verein e.V. (Hg.), Gutachten über die standort- und strukturpolitische Bedeutung des Saar-Pfalz-Kanals und der kanalisierten Saar für die saarländische und pfälzische Wirtschaft, Saarbrücken 1968
– (Hg.), Der Saar-Pfalz-Kanal in seiner verkehrs- und regionalwirtschaftlichen Bedeutung für den Industrieraum Pfalz-Saarland-Lothringen-Luxemburg, Saarbrücken 1969
Sachverständigenausschuß für Raumordnung, Die Raumordnung in der Bundesrepublik Deutschland, Stuttgart 1961
Ulrich Scheuner, Die Rechtslage der Saarbergwerke. Rechtsgutachten, Herne 1956
Robert H. Schmidt u. Winfried Hamich, Mosel- und Saar-Kanalisierung, Saar-Pfalz-Kanal und Als-ob-Tarife. Bibliographie, Darmstadt 1966
Heinrich Schneider, Das Wunder an der Saar. Ein Erfolg politischer Gemeinsamkeit, Stuttgart 1974
–, Die Probleme der wirtschaftlichen Eingliederung des Saarlandes in die Bundesrepublik. Vortrag des Ministers für Wirtschaft, Verkehr und Landwirtschaft Heinrich Schneider, gehalten vor dem Ausschuß für Wirtschaft und Verkehr des saarländischen Landtags am 2. Mai 1958, Saarbrücken 1958
Dieter Schröder, Strukturwandel, Standortwahl und regionales Wirtschaftswachstum. Bestimmungsgründe der regionalen Wachstumsunterschiede der Beschäftigung und der Bevölkerung in der Bundesrepublik Deutschland 1950 bis 1980, Stuttgart 1968 (= Prognos Studien 3)
Karl Schwantag, Untersuchung über die Wettbewerbsfähigkeit der Industrie des Saarlandes unter dem Gesichtspunkt ihrer Eingliederung in die Bundesrepublik, Frankfurt a.M. 1957

Olaf Sievert u. Manfred Streit, Entwicklungsaussichten der Saarwirtschaft im deutschen und westeuropäischen Wirtschaftsraum, Saarbrücken 1964

Hasso Spode, Heinrich Volkmann, Günter Morsch u. Rainer Hudemann (Hgg.), Statistik der Arbeitskämpfe in Deutschland. Deutsches Reich 1936/37, Westzonen und Berlin 1945-1948, Bundesrepublik Deutschland 1949-1980, St. Katharinen 1992 (= Quellen und Forschungen zur historischen Statistik von Deutschland 15)

Staatskanzlei Rheinland-Pfalz (Hg.), Landesentwicklungsprogramm Rheinland-Pfalz, Mainz 1968

Statistisches Amt des Saarlandes (Hg.), Untersuchung über die Absatzbedingungen für Erzeugnisse der weiterverarbeitenden Industrie des Saarlandes auf dem bundesdeutschen Markt (für die wirtschaftliche Übergangszeit), Saarbrücken 1957

Wolfgang Stützel, Währungsumstellungen. Eine Nachkalkulation. Die unmittelbaren Auswirkungen der Währungsumstellungs- und Kriegsfolgenregelungen auf die Vermögenssituation der Kreditinstitute im Saarland, in West-Berlin und im übrigen Bundesgebiet. Ein Gutachten, Frankfurt a.M. 1971

Werner Thieme, Bund und Nordrhein-Westfalen 1949-1975. Analyse und Prognose des Verhältnisses von Bund und Land Nordrhein-Westfalen 1949 bis 1975. Gutachten, 3 Bde. Hamburg 1969

Bruno Tietz, Die Beschaffung französischer Waren nach der wirtschaftlichen Eingliederung in vier saarländischen Einzelhandelsbranchen, Saarbrücken 1961

–, Die sozialökonomische Entwicklung im Saarland und in der Stadt Saarbrücken bis zum Jahre 1975, Saarbrücken 1965

–, Die künftige sozialökonomische Entwicklung in Teilräumen des Saarlandes unter besonderer Berücksichtigung der Landeshauptstadt Saarbrücken und ihres Umlandes. Sozialökonomische Bestandsaufnahme, Verflechtungsanalysen, Projektionen, regionalpolitische Konsequenzen, Saarbrücken 1965

–, Das CECOFA-Projekt. Ein deutsch-französisches Großhandelszentrum im Grenzraum Saarbrücken-Saargemünd. Vorstudie, erstellt im Auftrage des Bundesministeriums für Wirtschaft und des Ministeriums für Wirtschaft, Verkehr und Landwirtschaft des Saarlandes, Saarbrücken 1969

– u. Peter Rothaar, Die Stadt Saarbrücken als Einzelhandels- und Dienstleistungszentrum. Analysen und Projektionen unter besonderer Berücksichtigung der Einzelhandels- und Gastronomiebetriebe im Hauptgeschäftszentrum und in den Nebenzentren der Stadt Saarbrücken, Saarbrücken 1972

Wolfgang Uebe, Industriestruktur und Standort. Regionale Wachstumsunterschiede der Industriebeschäftigung in der Bundesrepublik Deutschland 1950-1962, Stuttgart 1967 (= Prognos Studien H. 1)

Hans-Friedrich Werkmeister u. Walter Westphal (Hgg.), Landschaftsplan 'mittleres Saartal', Bad Godesberg 1969

Jürgen Wildhagen u. Klaus Dürr (Bearb.), Einkaufsgewohnheiten der Verbraucher im Saarland und im Grenzraum der benachbarten französischen Departements, Saarbrücken 1963 (= Einzelschriften des Handelsinstituts an der Universität des Saarlandes 4)

2. Aufsätze und Beiträge in Sammelbänden

Werner Abelshauser, Historische Ursachen der gegenwärtigen Strukturkrise in der nordrhein-westfälischen Industrie, in: Kurt Düwell u. Wolfgang Köllmann (Hgg.), Rheinland-Westfalen im Industriezeitalter, 4 Bde. Wuppertal 1983ff., Bd. 3 S. 343-361

–, Wirtschaft und Politik: Die Ausgangsbedingungen der nordrhein-westfälischen Wirtschaft nach 1945, in: Ludwig Bußmann (Hg.), Die Wirtschaft des Landes Nordrhein-Westfalen, Köln 1988 (= Schriften zur politischen Landeskunde Nordrhein-Westfalens 4), S. 43-62

– u. Dietmar Petzina, Krise und Rekonstruktion. Zur Interpretation der gesamtwirtschaftlichen Entwicklung Deutschlands im 20. Jahrhundert, in: Wilhelm Heinz Schröder u. Reinhard Spree (Hgg.), Historische Konjunkturforschung, Stuttgart 1980, S. 75-114

Volker Ackermann, Aspekte der Mentalitätsgeschichte. Fragestellungen und Interpretationsmethoden für die Regionalgeschichte, in: Geschichte im Westen 5 (1990), S. 142-150

Fritz Ahammer, Landesplanung im Saarland, in: Raumforschung und Raumordnung 16 (1958), S. 1-9 u. S. 69-77

Ulrike Albrecht, Zum Stellenwert der historischen Regionalforschung heute, in: Hans-Jürgen Gerhard (Hg.), Struktur und Dimension. Festschrift für Karl Heinrich Kaufhold, Stuttgart 1997, Bd. 2 S. 597-608

Fritz René Allemann, Aufstand der Regionen, in: Wilhelm Hennis, Peter Graf Kielmansegg u. Ulrich Matz (Hgg.), Regierbarkeit. Studien zu ihrer Problematisierung, Stuttgart 1979, Bd. 2 S. 279-309

Gerold Ambrosius, Wirtschaftswachstum und Konvergenz der Industriestrukturen in Westeuropa, in: Hartmut Kaelble (Hg.), Der Boom 1948-1973. Gesellschaftliche und wirtschaftliche Folgen in der Bundesrepublik und in Europa, Opladen 1992, S. 129-168

Gerhard Ames, Tauziehen um die Saarmesse. Wirtschaft im Sog der Politik, 1947-1959, in: Stadtverband Saarbrücken, Regionalgeschichtliches Museum (Hg.), Von der „Stunde 0" zum „Tag X". Das Saarland 1945-1959, Katalog zur Ausstellung des Regionalgeschichtlichen Museums im Saarbrücker Schloß, Saarbrücken 1990, S. 175-202

–, „VALAN – die Waschmaschine in der Tüte", in: Stadtverband Saarbrücken, Regionalgeschichtliches Museum (Hg.), Von der „Stunde 0" zum „Tag X". Das Saarland 1945-1959. Katalog zur Ausstellung des Regionalgeschichtlichen Museums im Saarbrücker Schloß, Saarbrücken 1990, S. 203-220

Alexis Andres, Edgar Hector und die Saarfrage 1920-1960, in: Rainer Hudemann, Burkhard Jellonnek u. Bernd Rauls unter Mitarbeit v. Marcus Hahn (Hgg.), Grenz-Fall. Das Saarland zwischen Frankreich und Deutschland 1945-1960, St. Ingbert 1997 (= Geschichte, Politik und Gesellschaft. Schriftenreihe der Stiftung Demokratie Saarland 1), S. 163-176

Celia Applegate, Reflections on the Historiography of Sub-National Places in Modern Times, in: American Historical Review 104 (1999), S. 1157-1182

Heike Arend, Gleichzeitigkeit des Unvereinbaren. Verständigungskonzepte und kulturelle Begegnungen in den deutsch- französischen Beziehungen der Zwischenkriegszeit, in: Francia 20 (1993), S. 131-149

Jürgen Aring, Bernhard Butzin, Rainer Danielzyk u. Ilse Helbrecht, „... daß die Wahrnehmung wichtiger ist als die Realität"? Zur Krisenbewältigung und Regionalentwicklung im Ruhrgebiet, in: Berichte zur deutschen Landeskunde 63 (1989), S. 513-536

Christoph Asmacher, Hans-Joachim Schalk u. Rainer Thoss, Wirkungsanalyse der regionalen Strukturpolitik, in: Informationen zur Raumentwicklung H. 9/10 (1986), S. 721-733

Franz-Josef Bade, Die Stellung des Saarlandes im wirtschaftlichen Strukturwandel der Bundesrepublik Deutschland, in: Zeitschrift für Wirtschaftsgeographie 34 (1990), S. 195-207

Gerhard Bahrenberg, Unsinn und Sinn des Regionalismus in der Geographie, in: Geographische Zeitschrift 75 (1987), S. 149-160

Jaromír Balcar, Die Kosten der Erschließung. Kommunale Infrastrukturpolitik auf dem Land und ihre Folgen für die Gemeinden (1948-1972), in: Daniela Münkel (Hg.), Der lange Abschied vom Agrarland. Agrarpolitik, Landwirtschaft und ländliche Gesellschaft zwischen Weimar und Bonn, Göttingen 2000, S. 249-277

Rémi Baudouï, Französische Wiederaufbaupolitik an der Saar, oder: Funktionalismus als politische Doktrin (1945-1950), in: Rainer Hudemann, Burkhard Jellonnek u. Bernd Rauls unter Mitarbeit v. Marcus Hahn (Hgg.), Grenz-Fall. Das Saarland zwischen Frankreich und Deutschland 1945-1960, St. Ingbert 1997 (= Geschichte, Politik und Gesellschaft. Schriftenreihe der Stiftung Demokratie Saarland 1), S. 279-291

Ansbert Baumann, Der sprachlose Partner. Das Memorandum vom 19. September 1962 und das Scheitern der französischen Sprachenpolitik in der Bundesrepublik Deutschland, in: Revue d'Allemagne 34 (2002), S. 55-76

Winfried Becker, Die Entwicklung der Parteien im Saarland 1945 bis 1955 nach französischen Quellen, in: Rainer Hudemann u. Raymond Poidevin unter Mitarbeit v. Annette Maas (Hgg.), Die Saar 1945- 1955. Ein Problem der europäischen Geschichte, München 1992, S. 253-296

–, Johannes Hoffmann und die frühe Programmatik der CVP. Zum Beginn christlicher Parteibildung im Saarland nach 1945, in: Revue d'Allemagne 18 (1986), S. 25-45

Winfried Becker, Fritz Schäffer und der Föderalismus, in: Wolfgang J. Mückl (Hg.), Föderalismus und Finanzpolitik. Gedenkschrift für Fritz Schäffer, Paderborn 1990 (= Rechts- und staatswissenschaftliche Veröffentlichungen der Görres-Gesellschaft N.F. 55), S. 9-36

Hans-Joachim Behr, Kommunen und Staat, in: Peter Hüttenberger (Hg.), Vierzig Jahre. Historische Entwicklungen und Perspektiven des Landes Nordrhein-Westfalen, 2. Aufl. Düsseldorf 1986 (= Düsseldorfer Schriften zur Neueren Landesgeschichte und zur Geschichte Nordrhein-Westfalens 17), S. 71-88

–, Zeitgeschichte in Land und Region. Anmerkungen und Hinweise, in: Geschichte im Westen 4 (1989), S. 181- 197

Arthur Benz, Der deutsche Föderalismus, in: Thomas Ellwein u. Everhard Holtmann (Hgg.), 50 Jahre Bundesrepublik Deutschland. Rahmenbedingungen, Entwicklungen, Perspektiven, Opladen 1999 (= PVS Sonderheft 30), S. 135-153

–, Neue Konzepte für die Regionalplanung - Dokumentation ausgewählter Literatur, in: Informationen zur Raumentwicklung, H. 12 (1980), S. 725-731

–, Regionalisierung als Gemeinschaftsaufgabe von Staaten und Kommunen, in: Arthur Benz u. Everhard Holtmann (Hgg.), Gestaltung regionaler Politik. Empirische Befunde, Erklärungsansätze und Praxistransfer, Opladen 1998, S. 101-122

– u. Franz Walter Henrich, Regionalplanung in der Bundesrepublik Deutschland, in: Informationen zur Raumentwicklung H. 12 (1980), S. 699-716

Helmut Berding, Staatliche Identität, nationale Integration und politischer Regionalismus, in: Blätter für deutsche Landesgeschichte 121 (1985), S. 371-393

Theodor Bergmann, Agrarstrukturwandel und Agrarpolitik, in: Jürgen Stark u. Martin Doll (Hgg.), Strukturwandel und Strukturpolitik im ländlichen Raum. Festschrift zum 65. Geburtstag für Helmut Röhm, Stuttgart 1978, S. 157-189

Helmut Bergweiler, Hans Egon Reinert, in: Norbert Blüm (Hg.), Christliche Demokraten der ersten Stunde, Bonn 1966, S. 313-330

Karlheinz Blaschke, Probleme um Begriffe. Beobachtungen aus der Deutschen Demokratischen Republik zum Thema „Regionalgeschichte", in: Informationen zur modernen Stadtgeschichte (1986), S. 10-15

–, Die Landesgeschichte in der DDR - ein Rückblick, in: Blätter für deutsche Landesgeschichte 126 (1990), S. 243- 261

Peter Blickle, Deutsche Agrargeschichte in der zweiten Hälfte des 20. Jahrhunderts, in: Werner Troßbach u. Clemens Zimmermann (Hgg.), Agrargeschichte. Positionen und Perspektiven, Stuttgart 1998 (= Quellen und Forschungen zur Agrargeschichte 44), S. 7-32

Adolf Blind, Die deutsch-französischen Vereinbarungen über die Saareingliederung, in: Die Saar, Wirtschaft und Wiedervereinigung (= Der Volkswirt 11 (1957), Sonderheft), S. 10-13

Hans H. Blotevogel, Bernhard Butzin u. Rainer Danielzyk, Historische Entwicklung und Regionalbewußtsein im Ruhrgebiet, in: Geographische Rundschau 7-8 (1988), S. 8-13

Hans H. Blotevogel, Günter Heinritz u. Herbert Popp, Regionalbewußtsein - Überlegungen zu einer geographisch-landeskundlichen Forschungsinitiative, in: Informationen zur Raumentwicklung H. 7 (1987), S. 409-418

–, Regionalbewußtsein. Zum Stand der Diskussion um einen Stein des Anstosses, in: Geographische Zeitschrift 77 (1989), S. 65-88

Hans-Manfred Bock, Kalter Krieg und „deutsche Gefahr". Politisch-gesellschaftliche Motive französischer Deutschland-Wahrnehmung und ihres Wandels in den fünfziger Jahren, in: SOWI 28 (1999), S. 43-51

–, Wiederbeginn und Neuanfang in den deutsch-französischen Gesellschafts- und Kulturbeziehungen 1949 bis 1955, in: Lendemains. Etudes comparées sur la France. Vergleichende Frankreichforschung H. 84 (1996), S. 58-66

F. A. Bode, Grenzen und Möglichkeiten einer europäischen Regionalpolitik, in: Struktur- und Verkehrsprobleme an Rhein, Mosel und Saar, Heidelberg 1962 (= Schriften des Europa-Hauses Otzenhausen 1), S. 31-39

Hans Boldt, Rahmenbedingungen nordrhein-westfälischer Politik II: Finanzverteilung und Finanzausgleich in der Bundesrepublik, in: ders. (Hg.), Nordrhein-Westfalen und der Bund, Düsseldorf 1989 (= Schriften zur politischen Landeskunde Nordrhein-Westfalens 5), S. 78- 99

– u. Torsten Mick, Schrumpfende Handlungsspielräume: Zur Staatsentwicklung des Landes Nordrhein-Westfalen, in: Peter Hüttenberger (Hg.), Vierzig Jahre. Historische Entwicklungen und Perspektiven des Landes Nordrhein-Westfalen, 2. Aufl. Düsseldorf 1986 (= Düsseldorfer Schriften zur Neueren Landesgeschichte und zur Geschichte Nordrhein-Westfalens 17), S. 89-107

Knut Borchardt, Zäsuren in der wirtschaftlichen Entwicklung. Zwei, drei oder vier Perioden?, in: Martin Broszat (Hg.), Zäsuren nach 1945. Essays zur Periodisierung der deutschen Nachkriegsgeschichte, Oldenbourg 1990, S. 21-33

Karl Dietrich Bracher, Doppelte Zeitgeschichte im Spannungsfeld politischer Generationen - Einheit trotz Vielfalt historisch-politischer Erfahrungen?, in: Bernd Hey u. Peter Steinbach (Hgg.), Zeitgeschichte und politisches Bewußtsein, Köln 1986, S. 53-71

Detlef Briesen, Warum Bundeslandgeschichte? Reflexionen am Beispiel einer „Wirtschafts- und Gesellschaftsgeschichte des Rheinlandes und Westfalens 1955-1995", in: Comparativ 5 (1995), S. 102- 111

–, „Historische Ausprägung und historischer Wandel von regionaler Identität in ausgewählten Montanregionen". Einleitung zu einem Abschlußbericht, in: ders., Rüdiger Gans u. Armin Flender, Regionalbewußtsein in Montanregionen im 19. und 20. Jahrhundert. Saarland - Siegerland - Ruhrgebiet, Bochum 1994 (= Mobilität und Normenwandel - Changing Norms and Mobility 10), S. 7- 49

–, Vom Kohlenpott zum Ruhrgebiet: Einige Beispiele kognitiver Kartographie und die Konstruktion von Regionalbewußtsein durch Geschichte, in: ders., Rüdiger Gans u. Armin Flender, Regionalbewußtsein in Montanregionen im 19. und 20. Jahrhundert. Saarland -

Siegerland - Ruhrgebiet, Bochum 1994 (= Mobilität und Normenwandel - Changing Norms and Mobility 10), S. 145-192

–, Region, Regionalismus, Regionalgeschichte - Versuch einer Annäherung aus der Perspektive der neueren und Zeitgeschichte, in: Gerhard Brunn (Hg.), Region und Regionsbildung in Europa. Konzeptionen der Forschung und empirische Befunde, Baden-Baden 1996 (= Schriftenreihe des Instituts für Europäische Regionalforschung 1), S. 151-162

–, „Triviales" Geschichtsbewußtsein oder historische Elemente regionaler Identität? Über den notwendigen Dialog zwischen Geschichts- und Sozialwissenschaften zur Erforschung von Regionalbewußtsein, in: Informationen zur Raumentwicklung H. 11 (1993), S. 769-778

– u. Rüdiger Gans, Regionale Identifikation als „Inventing of Tradition". Wer hat und warum wurde eigentlich im 19. Jahrhundert das Siegerland erfunden?, in: Berichte zur deutschen Landeskunde 66 (1992), S. 61-73

Ernst A. Brugger, Innovationsorientierte Regionalpolitik. Motive, Voraussetzungen und konzeptionelle Weiterentwicklung, in: DISP. Dokumente und Informationen zur schweizerischen Orts-, Regional- und Landesplanung Nr. 72 (1983), S. 33-41

Gerhard Brunn, Regionalismus in Europa, in: Comparativ 5 (1995), S. 23-39

Christoph Buchheim, Nachkriegsdeutschland und Bundesrepublik Deutschland im Welthandelssystem nach 1945, in: Hans Pohl (Hg.), Die Auswirkungen von Zöllen und anderen Handelshemmnissen auf Wirtschaft und Gesellschaft vom Mittelalter bis zur Gegenwart, Stuttgart 1987 (= Vierteljahrschrift für Sozial- und Wirtschaftsgeschichte Beiheft 80), S. 380-397

Werner Buchholz, Vergleichende Landesgeschichte und Konzepte der Regionalgeschichte von Karl Lamprecht bis zur Wiedervereinigung im Jahre 1990, in: ders. (Hg.), Landesgeschichte in Deutschland. Bestandsaufnahme - Analyse - Perspektiven, Paderborn 1998, S. 11-60

Alfred Bures u. Volker Schmidt, Regionalwirtschaftliche Arbeitsplatzdynamik in ländlich geprägten und altindustriellen Regionen. Fallstudien Trier und Saarland, in: Informationen zur Raumentwicklung H. 1 (1990), S. 21-30

Ferdinand Böltken, Ortsgebundenheit und Ortsverbundenheit. Empirische Befunde im Zeit- und Regionalvergleich, in: Informationen zur Raumentwicklung H. 12 (1987), S. 147-156

Jean-Paul Cahn, Un aspect de la question sarroise: le règlement de l'affaire Röchling (1954-1956), in: Revue d'Allemagne 15 (1983), S. 415-438

–, CDU, FDP et SPD face à la question sarroise 1947-1956, in: Gilbert Krebs u. Gérard Schneilin (Hgg.), L'Allemagne 1945-1955. De la capitulation à la division, Asnières 1996, S. 153-176

–, Von der sozialistischen Einheit zum Bruch der Heimatbundregierung. Sozialdemokratie an der Saar und ihr Verhältnis zum Parteivorstand der SPD von der Volksabstimmung bis zum Ende der Heimatbundregierung (1955-1957), in: Jahrbuch für westdeutsche Landesgeschichte 25 (1999), S. 603-624

–, Die christlichen Parteien bei der Auflösung des saarländischen Heimatbundes 1956, in: Jahrbuch für westdeutsche Landesgeschichte 11 (1985), S. 299-321

–, La RFA et la question de la présence d'Allemands dans la Légion étrangère française dans le contexte de la guerre d'Algérie, in: Guerres mondiales et conflits contemporains 186 (1997), S. 95-120

Ulrich Cramer, Dynamik der Arbeitsplatzentwicklung. Die Job-Turnover-Analyse des Instituts für Arbeitsmarkt und Berufsforschung, in: Informationen zur Raumentwicklung H. 1 (1990), S. S. 1-5

Georges Cuer, Der Französischunterricht und die französische Sprachpolitik in Deutschland nach 1945, in: Franz Knipping u. Jacques le Rider (Hgg.), Frankreichs Kulturpolitik in Deutschland 1945-1950, Tübingen 1987, S. 57-83

Albert Cuntze, Die finanzwirtschaftliche Eingliederung des Saarlandes, in: Die finanzielle Liquidation des Krieges beim Aufbau der Bundesrepublik Deutschland, Bonn o.J. (1962) (= Schriftenreihe des Bundesministeriums der Finanzen 3), S. 102-114

Edwin Czerwick, Demokratisierung der öffentlichen Verwaltung in Deutschland. Von Weimar zur Bundesrepublik, in: Geschichte und Gesellschaft 28 (2002), S. 183-203

Rainer Danielzyk u. Claus-Christian Wiegandt, Regionales Alltagsbewußtsein als Faktor der Regionalentwicklung. Untersuchungen im Emsland, in: Informationen zur Raumentwicklung H. 7/8 (1987), S. 441-449

Otto Dann, Die Region als Gegenstand der Geschichtswissenschaft, in: Archiv für Sozialgeschichte 23 (1983), S. 652-661

Rolf Derenbach, Regionale Arbeitsplatzdynamik im Bundesgebiet. Ergebnisse der Job-Turn-over-Analyse in regionaler Differenzierung, in: Informationen zur Raumentwicklung H. 1 (1990), S. 7-19

–, Bedingungen und Handlungsfelder regionaler Selbsthilfe, in: Informationen zur Raumentwicklung H. 9 (1984), S. 881- 894

–, Zur Begründung und Ausgestaltung regionaler Berufsbildungspolitik, in: Dietrich Garlichs, Friederike Maier u. Klaus Semlinger (Hgg.), Regionalisierte Arbeitsmarkt- und Beschäftigungspolitik, Frankfurt a.M. u.a. 1983, S. 159-182

Christian Deubner, Interdependenz und Ungleichheit in den deutsch-französischen Wirtschaftsbeziehungen, in: Klaus Manfrass (Hg.), Paris-Bonn. Eine dauerhafte Bindung schwieriger Partner, Sigmaringen 1984, S. 117-124

Eduard Dietrich, Die Bedeutung der Verkehrs- und Tariffragen für die Saarwirtschaft, in: Saarbrücker Druckerei und Verlag GmbH (Hg.), Bundesland Saar. Handel - Wirtschaft - Verkehr, Saarbrücken 1961, S. 31-39

–, Eingliederungs- und Konjunkturprobleme der Saarindustrie, in: Forschungs- und Sitzungsberichte der Akademie für Raumforschung und Landesplanung 34 (1966), S. 101-116

–, Großrevier an Saar und Mosel?, in: Die Saarwirtschaft. Zwischenbilanz nach der Wiedereingliederung (= Der Volkswirt 11 (1960), Beilage), S. 7-9

–, Die Saar als Ein- und Ausfuhrland, in: ders. (Hg.), Das Saarland, Oldenburg 1957 (= Monographien deutscher Wirtschaftsgebiete 9), S. 36-45

Werner Dietrich, Gerd Schuster u. Manfred Glaes, Fünfzig Jahre Pachtverträge im Warndt, in: Glückauf 111 (1975), S. 530-536

Klaus Dieter Diller, Die formale Inzidenz raumwirksamer Bundesmittel: Das Beispiel Saarland, in: Informationen zur Raumentwicklung H. 5 (1995), S. 253-266

Edwin Dillmann, „Land und Leute". Regionalbewußtsein und Sozialkultur an der Saar, in: ders. u. Richard van Dülmen (Hgg.), Lebenserfahrungen an der Saar. Studien zur Alltagskultur 1945-1995, St. Ingbert 1996, S. 362-407

Werner Dingfelder, Die kommunale Gebiets- und Verwaltungsreform im Saarland, in: Der Landkreis 44 (1974), S. 111-117

Hubert Dohmen, Geld und Kapital nach der Umstellung auf D-Mark, in: Die Saarwirtschaft. Zwischenbilanz nach der Wiedereingliederung (= Der Volkswirt 11 (1960), Beilage), S. 19-21

Peter Dörrenbächer, Entwicklung und räumliche Organisation der Saarbergwerke AG, in: Dietrich Soyez u.a. (Hgg.), Das Saarland. Beharrung und Wandel in einem peripheren Grenzraum, Bd. 1 Saarbrücken 1989 (= Arbeiten aus dem Geographischen Institut der Universität des Saarlandes 36), S. 203-226

–, Ferdinand Bierbrauer u. Wolfgang Brücher, The External an Internal Influence on Coal Mining and Steel Industry in the Saarland / FRG, in: Zeitschrift für Wirtschaftsgeographie 32 (1988), S. 209-221

Kurt Düwell, Föderalismus und Zeitgeschichte. Zur Kontinuitätsproblematik des Bund-Länder-Verhältnisses, in: Geschichte im Westen 4 (1989), S. 36-46

–, Die regionale Geschichte des NS-Staates zwischen Mikro- und Makroanalyse. Forschungsaufgaben zur „Praxis im kleinen Bereich", in: Jahrbuch für westdeutsche Landesgeschichte 9 (1983), S. 285-344

– u. Wolfgang Köllmann, Einleitung der Herausgeber, in: dies. (Hgg.), Rheinland-Westfalen im Industriezeitalter, 4 Bde. Wuppertal 1983ff., Bd. 1 S. 11-18

Die Rückgliederung des Saarlandes und die Entwicklung des Binnenaustausches in den Erzeugnissen der EGKS, in: Statistische Informationen des Statistischen Amts der Europäischen Gemeinschaften (1961), S. 157-164

Andreas Eisen u. Wolfgang Seibel, Kooperative Verwaltungspolitik und die Steuerungsfähigkeit des Staates. Der Aufbau der Umweltverwaltungen in Sachsen und Brandenburg zwischen Technokratismus und Dilettantismus, in: Rüdiger Voigt (Hg.), Der kooperative Staat. Krisenbewältigung durch Verhandlung?, Baden-Baden 1995, S. 235-256

Rainer S. Elkar, Option Regionalgeschichte - Über Unmöglichkeiten und Möglichkeiten einer sachsen-anhaltinischen Landesgeschichte, in: Jahrbuch für Regionalgeschichte und Landeskunde 21 (1997/1998), S. 131-142

Herbert Elzer, Adenauer und die Saarfrage nach dem Scheitern der EVG. Die Pariser Gespräche vom 19. und 23. Oktober 1954, in: Vierteljahrshefte für Zeitgeschichte 46 (1998), S. 667-708

–, Adenauers „großes Spiel": Staatsraison und Parteikalkül bei der Durchsetzung des deutsch-französischen Saarabkommens vom 23.10.1954 gegen Jakob Kaiser und die CDU/CSU, in: Zeitschrift für die Geschichte der Saargegend 46 (1998), S. 182-245

Günter Endruweit, Grenzlage als Bewußtseins- und Imageproblem - Das Beispiel des Saarlandes, in: Probleme räumlicher Planung und Entwicklung in den Grenzräumen an der deutsch-französisch-luxemburgischen Staatsgrenze, Hannover 1983 (= Veröffentlichungen der Akademie für Raumforschung und Landesplanung, Forschungs- und Sitzungsberichte 149), S. 137-168

–, Personaleffekte der Kommunalreform, in: Saarländische Kommunal-Zeitschrift 29 (1979), S. 303-306

–, Untersuchungen zur saarländischen Kommunalreform, in: Beiträge zur Raumplanung in Hessen, Rheinland-Pfalz, Saarland, 4 Teile Hannover 1974-1983 (= Veröffentlichungen der Akademie für Raumforschung und Landesplanung, Forschungs- und Sitzungsberichte 91), Teil IV 1983, S. 1-18

Edith Ennen, Hermann Aubin und die geschichtliche Landeskunde der Rheinlande, in: Rheinische Vierteljahresblätter 34 (1970), S. 9-42

Paul Erker, Industriewirtschaft und regionaler Wandel. Überlegungen zu einer Wirtschaftsgeschichte Bayerns 1945-1995, in: Maximilian Lanzinner u. Michael Henker (Hgg.), Landesgeschichte und Zeitgeschichte. Forschungsperspektiven zur Geschichte Bayerns nach 1945, Augsburg 1997 (= Materialien zur Bayerischen Geschichte und Kultur 4/97), S. 41-51

–, Zeitgeschichte als Sozialgeschichte. Forschungsstand und Forschungsdefizite, in: Geschichte und Gesellschaft 19 (1993), S. 202-238

Hermann Erne, Regionalplanung, Regionalbewußtsein und „Parlamentarisierung" der regionalen Ebene, in: Informationen zur Raumentwicklung H. 1/2 (1984), S. 157-174

Hartmut Esser, Lokale Identifikation im Ruhrgebiet. Zur allgemeinen Erklärung einer speziellen Angelegenheit, in: Informationen zur Raumentwicklung H. 3 (1987), S. 109-119

Fried Esterbauer, Regionalismus - ideologische Wurzel, Begriffsfeld, Funktionen, in: Informationen zur Raumentwicklung H. 5 (1980), S. 255-272

Josef Even, Investitionen im Zeichen der Anpassung, in: Die Saarwirtschaft. Zwischenbilanz nach der Wiedereingliederung (= Der Volkswirt 11 (1960), Beilage), S. 14-16

–, Struktur-, Standort- und Verkehrsfragen der Saarwirtschaft, in: Forschungs- und Sitzungsberichte der Akademie für Raumforschung und Landesplanung 34 (1966), S. 117-128

Hans-Jürgen Ewers u. Michael Fritsch, Beschäftigungswirkungen regionaler Wirtschaftspolitik, in: Dietrich Garlichs, Friederike Maier u. Klaus Semlinger (Hgg.), Regionalisierte Arbeitsmarkt- und Beschäftigungspolitik, Frankfurt a.M. u.a. 1983, S. 38-65

Karl-Georg Faber, Was ist eine Geschichtslandschaft?, in: Pankraz Fried (Hg.), Probleme und Methoden der Landesgeschichte, Darmstadt 1978, S. 390-424

Georg Fabritius, Der Bundesrat: Transmissionsriemen für die Unitarisierung der Bundesrepublik? Geschichte der Koalitionsbildung in den Bundesländern, in: Zeitschrift für Parlamentsfragen 7 (1976), S. 448-460

Wolfgang Fach, Karl-Christian Köhnke, Matthias Midell, Kurt Mühler, Hannes Siegrist, Sabine Tzschaschel u. Heinz-Werner Wollersheim, Regionsbezogene Identifikationsprozesse. Das Beispiel „Sachsen" - Konturen eines Forschungsprogramms, in: Heinz-Werner Wollersheim, Sabine Tzschaschel u. Matthias Middel (Hgg.), Region und Identifikation, Leipzig 1998 (= Leipziger Studien zur Erforschung regionenbezogener Identifikationsprozesse 1), S. 1-32

Bernd Faulenbach, Entwicklungslinien der politischen Kultur des Ruhrgebiets, in: Rainer Schulze (Hg.), Industrieregionen im Umbruch. Historische Voraussetzungen und Verlaufsmuster des regionalen Strukturwandels im europäischen Vergleich, Essen 1993 (= Veröffentlichungen des Instituts zur Erforschung der Europäischen Arbeiterbewegung 3), S. 275-290

–, „Modernisierung" in der Bundesrepublik und in der DDR während der 60er Jahre, in: Zeitgeschichte 25 (1998), S. 282-294

–, Modernisierung der Partei und Sozialdemokratisierung der Region. Der SPD-Bezirk Westliches Westfalen von 1949 bis 1969, in: ders., Günther Högl u. Karsten Rudolph (Hgg.), Vom Außenposten zur Hochburg der Sozialdemokratie. Der SPD-Bezirk Westliches Westfalen 1893-1993, 2. Aufl. Essen 1998, S. 210-221

Klaus Fehn, Zentrale Aufgaben der Landesgeschichte aus der Sicht des Nachbarfaches „Historische Geographie" und des interdisziplinären Arbeitsfeldes „Genetische Siedlungsforschung", in: Werner Buchholz (Hg.), Landesgeschichte in Deutschland. Bestandsaufnahme - Analyse - Perspektiven, Paderborn 1998, S. 61-74

Wilfried Feldenkirchen, Agrarpolitik im Nachkriegsdeutschland: Leitbilder und Ziele der deutschen Politiker, Parteien und Interessenvertretungen, in: Hans-Jürgen Gerhard (Hg.), Struktur und Dimension. Festschrift für Karl Heinrich Kaufhold, Stuttgart 1997, Bd. 2 S. 266-291

Wilfried Fiedler, Die Rückgliederung des Saarlandes an Deutschland - Erfahrungen für die Zusammenarbeit zwischen Bundesrepublik Deutschland und DDR? Staats- und völkerrechtliche Überlegungen, in: Juristenzeitung 45 (1990), S. 668-675

Thomas Fischer, Die Außenbeziehungen der deutschen Länder als Ausdruck „perforierter" nationalstaatlicher Souveränität? Transföderalismus zwischen Kooperation und Konkurrenz, in: Hans-Georg Wehling (Hg.), Die deutschen Länder. Geschichte, Politik, Wirtschaft, Opladen 2000, S. 355-376

Armin Flender, Die Inszenierung der Erinnerungskultur im Saarland nach dem Zweiten Weltkrieg, in: Edwin Dillmann u. Richard van Dülmen (Hgg.), Lebenserfahrungen an der Saar. Studien zur Alltagskultur 1945-1995, St. Ingbert 1996, S. 14-39

–, Vom Saargebiet zum Saarland: Zum Gebrauch kollektiver Erinnerungen in einer Grenzregion nach dem Ersten Weltkrieg, in: Detlef Briesen, Rüdiger Gans u. ders., Regionalbewußtsein in Montanregionen im 19. und 20. Jahrhundert. Saarland - Siegerland - Ruhrgebiet,

Bochum 1994 (= Mobilität und Normenwandel - Changing Norms and Mobility 10), S. 107-144

Axel Flügel, Chancen der Regionalgeschichte, in: Edwin Dillmann (Hg.), Regionales Prisma der Vergangenheit. Perspektiven der modernen Regionalgeschichte (19./20. Jahrhundert), St. Ingbert 1996, S. 24-46

Hans Ernst Folz, Bibliographie zum Recht des Saarlandes seit 1945, in: Annales Universitatis Saraviensis VI (1959), S. 39-79

Helmut Frühauf, Der Montanindustriestandort Neunkirchen/Saar (1820-1910), in: Institut für Landeskunde und Regionalforschung der Universität Mannheim (Hg.), Rhein-Neckar-Raum an der Schwelle des Industrie-Zeitalters, Mannheim 1984, S. 199-218

Konrad Fuchs, Hermann Röchling, in: Saarländische Lebensbilder, Saarbrücken 1984, Bd. 2 S. 221-251

Dietrich Fürst, Raum - Die politikwissenschaftliche Sicht, in: Staatswissenschaften und Staatspraxis 4 (1993), S. 293-315

Alexander Gall, „Gute Straßen bis ins kleinste Dorf!" Verkehrspolitik und Landesplanung 1945 bis 1976, in: Thomas Schlemmer u. Hans Woller (Hgg.), Die Erschließung des Landes 1949 bis 1973, Oldenbourg 2001 (= Bayern im Bund 1), S. 119-204

Rüdiger Gans, Bedingungen und Zusammenhänge regionaler und nationaler Identifikation in der Provinz im 19. Jahrhundert am Beispiel des Siegerlandes, in: Detlef Briesen, ders. u. Armin Flender, Regionalbewußtsein in Montanregionen im 19. und 20. Jahrhundert. Saarland - Siegerland - Ruhrgebiet, Bochum 1994 (= Mobilität und Normenwandel - Changing Norms and Mobility 10), S. 49-106

–, Regionalbewußtsein und regionale Identität. Ein Konzept der Moderne als Forschungsfeld der Geschichtswissenschaft, in: Informationen zur Raumentwicklung H. 11 (1993), S. 781-792

– u. Detlef Briesen, Das Siegerland zwischen ländlicher Beschränkung und nationaler Eingrenzung: Enge und Weite als Elemente regionaler Identität, in: Rolf Lindner (Hg.), Die Wiederkehr des Regionalen. Über neue Formen kultureller Identität, Frankfurt a.M. 1994, S. 64-90

Robert Geipel, Regionale Fremdbestimmtheit als Auslöser territorialer Bewußtwerdungsprozesse, in: Berichte zur deutschen Landeskunde 58 (1984), S. 37-46

Karl-Ulrich Gelberg, Die Protokolle des Bayerischen Ministerrats 1945-1954 als zentrale Quelle für die politische, wirtschaftliche und soziale Entwicklung Bayerns, in: Maximilian Lanzinner u. Michael Henker (Hgg.), Landesgeschichte und Zeitgeschichte. Forschungsperspektiven zur Geschichte Bayerns nach 1945, Augsburg 1997 (= Materialien zur Bayerischen Geschichte und Kultur 4/97), S. 89-101

Dirk Gerdes, Regionalismus und Politikwissenschaft. Zur Wiederentdeckung von „Territorialität" als innenpolitischer Konfliktdimension, in: Geographische Rundschau 39 (1987), S. 526-531

–, Regionalismus und Regionalisierung in Frankreich. Ansatzpunkte einer vergleichenden Regionalismus-/Nationalismusforschung, in: Geschichte und Gesellschaft 20 (1994), S. 385-401

Knut Gerlach u. Peter Liepmann, Zur regionalpolitischen Förderungskonzeption in der Bundesrepublik Deutschland, in: Archiv für Kommunalwissenschaft 12 (1973), S. 269-281

Markus Gestier u. Armin Herrmann, Die Christliche Einigung an der Saar. CVP und CDU 1955-1959, in: Zeitschrift für die Geschichte der Saargegend 48 (2000), S. 276-307

Heinz Gollwitzer, Die politische Landschaft in der deutschen Geschichte des 19./20. Jahrhunderts. Eine Skizze zum deutschen Regionalismus, in: Zeitschrift für Bayerische Landesgeschichte 27 (1964), S. 523-552

Margit Grabas unter Mitarbeit von Paul W. Frey, Der vergessene Mittelstand - Entwicklung und Bedeutung kleiner und mittelgroßer Unternehmen an der Saar in der Zeit des krisenhaften Strukturwandels 1873 bis 1894/95, in: Vierteljahrschrift für Sozial- und Wirtschaftsgeschichte 89 (2002), S. 41-71

Gernot Grabher, Wachstums-Koalitionen und Verhinderungs-Allianzen. Entwicklungsimpulse und -blockierungen durch regionale Netzwerke, in: Informationen zur Raumentwicklung H. 11 (1993), S. 749- 758

Dieter Grosser, Die Rolle Fritz Schäffers als Finanzminister in den ersten beiden Kabinetten Konrad Adenauers, in: Wolfgang J. Mückl (Hg.), Föderalismus und Finanzpolitik. Gedenkschrift für Fritz Schäffer, Paderborn 1990 (= Rechts- und staatswissenschaftliche Veröffentlichungen der Görres-Gesellschaft N.F. 55), S. 67-80

Franz Grumbach u. Gerd Greve, Wandlungen in der Beschäftigtenstruktur, in: Heinz König (Hg.), Wandlungen der Wirtschaftsstruktur in der Bundesrepublik Deutschland, Berlin 1962 (= Schriften des Vereins für Socialpolitik N.F. 26), S. 23-46

Frank Göttmann, Über den Raum als Forschungsgegenstand und Forschungsansatz der Geschichte - ein Problem nicht nur der Landes- und Regionalgeschichte, in: Ludger Grevelhörster u. Wolfgang Maron (Hgg.), Region und Gesellschaft im Deutschland des 19. und 20. Jahrhunderts. Studien zur neueren Geschichte und westfälischen Landesgeschichte, Paderborn 1995, S. 42-63

Jürgen Habermas, Können komplexe Gesellschaften eine vernünftige Identität ausbilden?, in: ders., Zur Rekonstruktion des Historischen Materialismus, Frankfurt a.M. 1976, S. 92-126

Marcus Hahn, Die DPS - Liberaler Neuanfang im deutsch-französischen Spannungsfeld, in: Rainer Hudemann, Burkhard Jellonnek u. Bernd Rauls unter Mitarbeit v. Marcus Hahn (Hgg.), Grenz-Fall. Das Saarland zwischen Frankreich und Deutschland 1945-1960, St. Ingbert 1997 (= Geschichte, Politik und Gesellschaft. Schriftenreihe der Stiftung Demokratie Saarland 1), S. 199-224

–, Egon Reinert, in: Neue Deutsche Biographie (erscheint 2003)

Ulf Hahne, Das Regionstypische als Entwicklungschance? Zur Identifizierbarkeit und Vermarktung regionaler Produkte, in: Informationen zur Raumentwicklung H. 7/8 (1987), S. 465-473

Ernst Hanisch, Regionale Zeitgeschichte. Einige theoretische und methodologische Überlegungen, in: Zeitgeschichte 7 (1979/80), S. 39-60

Jürgen Hannig, Historisch-politische Erziehung im Saargebiet in der Völkerbundszeit und in der Zeit des Nationalsozialismus 1929-1945, in: Rolf Wittenbrock (Hg.), Schule und Identitätsbildung in der Region Saar-Lor-Lux, Ottweiler 1994, S. 71-90

–, Grenzen der Politik. Saarfrage und Abstimmungskampf 1955, in: Stadtverband Saarbrücken, Regionalgeschichtliches Museum (Hg.), Von der „Stunde 0" zum „Tag X". Das Saarland 1945-1959. Katalog zur Ausstellung des Regionalgeschichtlichen Museums im Saarbrücker Schloß, Saarbrücken 1990, S. 351-376

–, Die deutsche Saar 1935 und 1955. Nationalbewußtsein als politisches Argument, in: Informationen für den Geschichts- und Gemeinschaftskundelehrer H. 34 (1987), S. 25-37

–, Separatisten - Nationalisten? Zum Abstimmungskampf 1955, in: Rainer Hudemann u. Raymond Poidevin unter Mitarbeit v. Annette Maas (Hgg.), Die Saar 1945-1955. Ein Problem der europäischen Geschichte, München 1992, S. 381-396

Gerhard Hard, „Bewußtseinsräume". Interpretationen zu geographischen Versuchen, regionales Bewußtsein zu erforschen, in: Geographische Zeitschrift 75 (1987), S. 127-148

–, Das Regionalbewußtsein im Spiegel der regionalistischen Utopie, in: Informationen zur Raumentwicklung H. 7 (1987), S. 419-440

Gerd Hardach, Krise und Reform der Sozialen Marktwirtschaft. Grundzüge der wirtschaftlichen Entwicklung in der Bundesrepublik der 50er und 60er Jahre, in: Axel Schildt, Detlef Siegfried u. Karl Christian Lammers (Hgg.), Dynamische Zeiten. Die 60er Jahre in den beiden deutschen Gesellschaften, Hamburg 2000 (= Hamburger Beiträge zur Sozial- und Zeitgeschichte 37), S. 197-217

Hans J. Hauch, Die grenzüberschreitende Zusammenarbeit im Saar-Lor-Lux-Raum, in: ders. (Hg.), Die statistischen Ämter im Grenzraum Saar-Lor-Lux, Saarbrücken 1978 (= Schriftenreihe der Regionalkommission Saarland-Lothringen-Luxemburg-Rheinland-Pfalz 4), S. 174-185

Carl-Hans Hauptmeyer, Zu Theorien und Anwendungen der Regionalgeschichte. Warum sind Überlegungen zur Theorie der Regionalgeschichte sinnvoll? Auf welche Weise läßt sich Regionalgeschichte anwenden?, in: Jahrbuch für Regionalgeschichte und Landeskunde 21 (1997/1998), S. 121-130

Peter Heil, Föderalismus als Weltanschauung. Zur Geschichte eines gesellschaftlichen Ordnungsmodells zwischen Weimar und Bonn, in: Geschichte im Westen 9 (1994), S. 165-182

–, Warum es keine Rheinland-Pfälzer gibt. Über die Beständigkeit und Wirkung älterer Regionalidentitäten in einem neuen Land, in: Michael Matheus (Hg.), Regionen und Föderalismus. 50 Jahre Rheinland-Pfalz, Stuttgart 1997, S. 49-64

Armin Heinen, Ein saarländischer Blick zurück in die Zukunft. Warum die Geschichte des Saarlandes ein Lehrstück für die bevorstehende Vereinigung Deutschlands sein kann, in: Saarbrücker Zeitung, 31.3./1.4.1990

–, Marianne und Michels illegitimes Kind. Das Saarland 1945-1955 in der Karikatur, in: Rainer Hudemann, Burkhard Jellonnek u. Bernd Rauls unter Mitarbeit v. Marcus Hahn (Hgg.), Grenz-Fall. Das Saarland zwischen Frankreich und Deutschland 1945-1960, St. Ingbert 1997 (= Geschichte, Politik und Gesellschaft. Schriftenreihe der Stiftung Demokratie Saarland 1), S. 45-62

Volker Hentschel, Zwischen Zahlungsunfähigkeit und Konvertibilität. Frankreich und Deutschland in der Europäischen Zahlungsunion, in: Andreas Wilkens (Hg.), Die deutsch-französischen Wirtschaftsbeziehungen 1945-1960. Les relatons économiques franco-allemandes 1945-1960, Sigmaringen 1997 (= Beihefte der Francia 42), S. 101-134

Hans-Christian Herrmann, Eine Bilanz der kleinen Wiedervereinigung. 40 Jahre nach der wirtschaftlichen Rückgliederung des Saarlandes, in: Zeitschrift für die Geschichte der Saargegend 48 (2000), S. 309-328

–, Grundzüge saarländischer Archivgeschichte. Archive im Kontext fehlender Verwaltungstradition und eines sich bildenden historischen Raumes, in: Jahrbuch für westdeutsche Landesgeschichte 22 (1996), S. 213-232

–, Plante Herrmann Röchling 1940 ein zusammenhängendes Montanrevier Saar-Lor-Lux?, in: Zeitschrift für die Geschichte der Saargegend 42 (1994), S. 214-224

–, Vom Wiederaufbau zur Landeshauptstadt. Europastadt und Grenzmetropole (1945-1974), in: Rolf Wittenbrock unter Mitarbeit v. Marcus Hahn (Hg.), Geschichte der Stadt Saarbrücken, 2 Bde. Saarbrücken 1999, Bd. 2 S. 339-450

Hans-Walter Herrmann, Die Großregion aus historischer und politisch-wirtschaftlicher Sicht - historischer Abriß, in: Jo Leinen (Hg.), Saar-Lor-Lux. Eine Euro-Region mit Zukunft?, St. Ingbert 2001 (= Geschichte, Politik und Gesellschaft. Schriftenreihe der Stiftung Demokratie Saarland 6), S. 27-47

–, Von der Thomasbirne zum Oxygenblasstahlwerk. Bemerkungen zum Modernisierungsgrad der Saarhütten 1890-1980, in: Kommission für saarländische Landesgeschichte und Volksforschung (Hg.), Forschungsaufgabe Industriekultur, Saarbrücken i.V.

Kooperierende landesgeschichtliche Forschung im internationalen Schnittpunkt: Saarland-Lothringen-Luxemburg, in: Werner Buchholz (Hg.), Landesgeschichte in Deutschland. Bestandsaufnahme - Analyse - Perspektiven, Paderborn 1998, S. 383-397
–, Literatur zur frühen Nachkriegsgeschichte des Saarlandes 1945-1957, in: Revue d'Allemagne 15 (1983), S. 115-142
–, Modellfall Saar. Der Beitritt des Saarlandes und der DDR zur Bundesrepublik Deutschland. Ein Vergleich, in: Saarheimat 35 (1991), S. 43-48
–, Saarbrücken unter der NS-Herrschaft, in: Rolf Wittenbrock unter Mitarbeit v. Marcus Hahn (Hg.), Geschichte der Stadt Saarbrücken, 2 Bde. Saarbrücken 1999, Bd. 2 S. 243-338
–, Das Saarland: Vom Industrierevier zum Bundesland, in: Deutsche Kunst und Denkmalpflege 48 (1990), S. 81-89
Joachim Jens Hesse, Zum Bedeutungsverlust der Raumordnungspolitik und Raumplanung in der Bundesrepublik, in: Harry Westermann u.a. (Hgg.), Raumplanung und Eigentumsordnung. Festschrift für Werner Ernst, München 1980, S. 201-213
–, Europäische Regionen zwischen Integrationsanspruch und neuem Regionalismus, in: Hans Heinrich Blotevogel (Hg.), Europäische Regionen im Wandel. Strukturelle Erneuerung, Raumordnung und Regionalpolitik im Europa der Regionen, Dortmund 1991, S. 11-25
– u. Andreas Schlieper, Ökonomischer Strukturwandel und Regionalpolitik im internationalen Vergleich, in: Joachim Jens Hesse (Hg.), Die Erneuerung alter Industrieregionen. Ökonomischer Strukturwandel und Regionalpolitik im internationalen Vergleich, Baden-Baden 1988, S. 577-598
Ulrich Heß, Leipziger Regionalforschung im 20. Jahrhundert, in: Edwin Dillmann (Hg.), Regionales Prisma der Vergangenheit. Perspektiven der modernen Regionalgeschichte (19./20. Jahrhundert), St. Ingbert 1996, S. 47-65
Ernst Hinrichs, Bundeslandgeschichte zwischen Regionalgeschichte und „Staaten"geschichte. Eine Betrachtung anläßlich des Jubiläums des Landes Niedersachsen, in: Hans-Jürgen Gerhard (Hg.), Struktur und Dimension. Festschrift für Karl Heinrich Kaufhold, Stuttgart 1997, Bd. 2 S. 487-497
–, Landes- und Regionalgeschichte, in: Hans-Jürgen Goertz (Hg.), Geschichte. Ein Grundkurs, Hamburg 1998, S. 539-556
–, Regionalgeschichte, in: Carl-Hans Hauptmeyer (Hg.), Landesgeschichte heute, Göttingen 1987, S. 16-34
–, Regionale Sozialgeschichte als Methode der modernen Geschichtswissenschaft, in: ders. u. Wilhelm Norden (Hgg.), Regionalgeschichte. Probleme und Beispiele, Hildesheim 1980 (= Veröffentlichungen der Historischen Kommission für Niedersachsen und Bremen 24), S. 1-20
–, Zum gegenwärtigen Stand der Landesgeschichte, in: Niedersächsisches Jahrbuch für Landesgeschichte 57 (1985), S. 1-18
Helmut Hirsch, Some recent material on the Saar, in: The Journal of Modern History 23 (1951), S. 366-376
Helmut Hoffmann, Die Rückgliederung des Saargebietes, ein Modellfall für eine gesamtdeutsche Wiedervereinigung, in: Welt der Schule 15 (1962), S. 407-419
Daniel Hofmann, „Verdächtige Eile". Der Weg zur Koalition aus SPD und F.D.P. nach der Bundestagswahl vom 28. September 1969, in: Vierteljahreshefte für Zeitgeschichte 48 (2000), S. 515-564
Everhard Holtmann, Funktionen regionaler Parteien und Parteiensysteme - Überlegungen für ein analytisches Konzept, in: Arthur Benz u. Everhard Holtmann (Hgg.), Gestaltung regionaler Politik. Empirische Befunde, Erklärungsansätze und Praxistransfer, Opladen 1998, S. 65-76

Manfred Hommel, Die Erneuerung alter Industriegebiete - Internationale Erfahrungen im Vergleich, in: Hans Heinrich Blotevogel (Hg.), Europäische Regionen im Wandel. Strukturelle Erneuerung, Raumordnung und Regionalpolitik im Europa der Regionen, Dortmund 1991, S. 170-190
Andrea Hoppe u. Helmut Voelzkow, Raumordnungs- und Regionalpolitik. Rahmenbedingungen, Entwicklungen, Perspektiven, in: Thomas Ellwein u. Everhard Holtmann (Hgg.), 50 Jahre Bundesrepublik Deutschland. Rahmenbedingungen, Entwicklungen, Perspektiven, Opladen 1999 (= PVS Sonderheft 30), S. 279-296
Horst Dieter Hoppen, Die Shift-Analyse. Untersuchungen über die empirische Relevanz ihrer Aussagen, in: Raumforschung und Raumordnung 33 (1975), S. 6-18
Hans Horch, Saarländische Legenden. Anmerkungen zur regionalistischen Geschichtsschreibung, in: Saarbrücker Hefte 63 (1990), S. 33-38
Rainer Hudemann, Einleitung. Saar-Lor-Lux -Vernetzungen in einer europäischen Kernzone, in: ders. unter Mitarbeit v. Marcus Hahn u. Gerhild Krebs (Hg.), Stätten grenzüberschreitender Erinnerung. Spuren der Vernetzung des Saar-Lor-Lux-Raumes im 19. und 20. Jahrhundert. Lieux de la mémoire transfrontalière. Traces et réseaux dans l'espace Saar-Lor-Lux aux 19e et 20e siècles, im Druck
Rainer Hudemann, 50 Jahre Landtag - 40 Jahre Bundesland - Notizen zur Saarländischen Identität, in: Protokoll der Sondersitzung des saarländischen Landtages aus Anlaß seines 50jährigen Bestehens, Saarbrücken 1997, S. 21-36
– u. Burkhard Jellonnek, Saar-Geschichte: neue Methoden, Fragestellungen, Ergebnisse, in: dies. u. Bernd Rauls unter Mitarbeit v. Marcus Hahn (Hgg.), Grenz-Fall. Das Saarland zwischen Frankreich und Deutschland 1945-1960, St. Ingbert 1997 (= Geschichte, Politik und Gesellschaft. Schriftenreihe der Stiftung Demokratie Saarland 1), S. 11-29
Eugen Huthmacher, Struktur- und Verkehrsprobleme im Saarland, in: Struktur- und Verkehrsprobleme an Rhein, Mosel und Saar, Heidelberg 1962 (= Schriften des Europa-Hauses Otzenhausen 1), S. 40-49
Dietmar Hüser, Wahlen, Parteien und politische Kultur im Saarland der 70er und 80er Jahre - Aspekte eines Umbruchs mit Konstanten, in: Edwin Dillmann u. Richard van Dülmen (Hgg.), Lebenserfahrungen an der Saar. Studien zur Alltagskultur 1945-1995, St. Ingbert 1996, S. 40-65
Arthur E. Imhof, Die Ermittlung regionaler Verhaltensweisen als Aufgabe der Geschichte kollektiver Mentalitäten, in: H. L. Cox u. Günter Wiegelmann (Hgg.), Volkskundliche Kulturraumforschung heute, Münster 1984, S. 85-112
Detlev Ipsen, Regionale Identität. Überlegungen zum politischen Charakter einer psychosozialen Raumkategorie, in: Rolf Lindner (Hg.), Die Wiederkehr des Regionalen. Über neue Formen kultureller Identität, Frankfurt a.M. 1994, S. 232-254
Franz Irsigler, Landesgeschichte als regional bestimmte multidisziplinäre Wissenschaft, in: Lieselotte Enders u. Klaus Neitmann (Hgg.), Brandenburgische Landesgeschichte heute, Potsdam 1999 (= Brandenburgische Historische Studien 4), S. 9-22
–, Raumkonzepte in der historischen Forschung, in: Alfred Heit (Hg.), Zwischen Gallia und Germania, Frankreich und Deutschland. Konstanz und Wandel raumbestimmender Kräfte. Vorträge auf dem 36. Deutschen Historikertag Trier, Trier 1987 (= Trierer Historische Forschungen 12), S. 11-27
Hans-Heinrich Jansen, Dritte Kraft oder Partei der Mitte? Die Auseinandersetzungen über die Stellung der FDP im deutschen Parteiensystem zu Beginn der fünfziger Jahre, in: Jahrbuch zur Liberalismus-Forschung 13 (2001), S. 200-209

Wilhelm Janssen, Landesgeschichte im Nachkriegsdeutschland, in: Ulrich Reuling u. Winfried Speitkamp (Hgg.): 50 Jahre Landesgeschichtsforschung in Hessen, Marburg 2000 (= Hessisches Jahrbuch für Landesgeschichte 50), S. 403-421

Friedrich Jaeger, Geschichtstheorie, in: Hans-Jürgen Goertz (Hg.), Geschichte. Ein Grundkurs, Hamburg 1998, S. 724-756

Burkhard Jellonnek unter Mitarbeit von Marlene Schweigerer-Kartmann, Das Saarland, in: Hans-Georg Wehling (Hg.), Die deutschen Länder. Geschichte, Politik, Wirtschaft, Opladen 2000, S. 203-221

Gerhard Jochum, Der Beitrag von Regionalunternehmen bei der Realisierung örtlicher Energiekonzepte: Das Beispiel der Vereinigten Saar-Elektrizitäts-AG, in: Informationen zur Raumentwicklung H. 6/7 (1990), S. 391-395

Paul Jost, Industrielle Entwicklung und räumliche Planung im Saarland, in: Dietrich Soyez u.a. (Hgg.), Das Saarland. Beharrung und Wandel in einem peripheren Grenzraum, Saarbrücken 1989 (= Arbeiten aus dem Geographischen Institut der Universität des Saarlandes 36), Bd. 1 S. 243-255

–, Zur Geschichte der Landesplanung im Saarland, in: Akademie für Raumforschung und Landesplanung (Hg.), Zur Geschichtlichen Entwicklung der Raumordnung, Landes- und Regionalplanung in der Bundesrepublik Deutschland, Hannover 1991 (= Veröffentlichungen der Akademie für Raumforschung und Landesplanung, Forschungs- und Sitzungsberichte 182), S. 321-385

–, Raumordnungsprogramm, in: Daten zur Raumplanung, Teil B, BV 10.2, Hannover 1983

Franz Jung, Die Ämter im Saarland, in: Kommunalwirtschaft (1966), S. 330ff.

Max Kaase, Determinanten des Wahlverhaltens bei der Bundestagswahl 1969, in: Politische Vierteljahresschrift 11 (1970), S. 46-110

Hartmut Kaelble, Boom und gesellschaftlicher Wandel 1948-1973: Frankreich und die Bundesrepublik Deutschland im Vergleich, in: ders. (Hg.), Der Boom 1948-1973. Gesellschaftliche und wirtschaftliche Folgen in der Bundesrepublik und in Europa, Opladen 1992, S. 219-247

–, Europäische Besonderheiten des Massenkonsums 1950-1990, in: Hannes Siegrist, Hartmut Kaelble u. Jürgen Kocka (Hgg.), Europäische Konsumgeschichte. Zur Gesellschafts- und Kulturgeschichte des Konsums (18. bis 20. Jahrhundert), Frankfurt a.M. 1997, S. 169-204

– u. Rüdiger Hohls, Der Wandel der regionalen Disparitäten in der Erwerbsstruktur Deutschlands 1895-1970, in: Jürgen Bergmann, Jürgen Brockstedt, Rainer Fremdling, Rüdiger Hohls, Hartmut Kaelble, Hubert Kiesewetter u. Klaus Megerle, Regionen im historischen Vergleich. Studien zu Deutschland im 19. und 20. Jahrhundert, Opladen 1989 (= Schriften des Zentralinstituts für sozialwissenschaftliche Forschung der Freien Universität Berlin 55), S. 288-413

Walter Kappmeier, Sozialstruktur und Wählerverhalten im Saarland, in: ders. (Hg.), Der saarländische Wähler, Saarbrücken 1990, S. 17-77

Rainer Karlsch, „Wie Phoenix aus der Asche?". Rekonstruktion und Strukturwandel in der chemischen Industrie in beiden deutschen Staaten bis Mitte der 60er Jahre, in: Lothar Baar u. Dietmar Petzina (Hgg.), Deutsch-deutsche Wirtschaft 1945 bis 1990. Strukturveränderungen, Innovationen und regionaler Wandel. Ein Vergleich, St. Katharinen 1999, S. 262-303

–, Rekonstruktion und Strukturwandel in der sächsischen Industrie von 1945 bis Anfang der sechziger Jahre, in: Werner Bramke u. Ulrich Heß (Hgg.), Wirtschaft und Gesellschaft in Sachsen im 20. Jahrhundert, Leipzig 1998 (= Leipziger Studien zur Erforschung von regionenbezogenen Identifikationsprozessen 2), S. 89- 132

Josef Keil, Was muß Bonn tun?, in: Die Saar, Wirtschaft und Wiedervereinigung (= Der Volkswirt 11 (1957), Sonderheft), S. 20-23

Alfons Kenkmann, Von der bundesdeutschen „Bildungsmisere" zur Bildungsreform in den 60er Jahren, in: Axel Schildt, Detlef Siegfried u. Karl Christian Lammers (Hgg.), Dynamische Zeiten. Die 60er Jahre in den beiden deutschen Gesellschaften, Hamburg 2000 (= Hamburger Beiträge zur Sozial- und Zeitgeschichte 37), S. 402-423

Paul Keuth, Der Saarmarkt in der Umstellung, in: Die Saarwirtschaft. Zwischenbilanz nach der Wiedereingliederung (= Der Volkswirt 11 (1960), Beilage), S. 13-14

Paul Kevenhörster, Parallelen und Divergenzen zwischen gesamtsystemarem und kommunalem Wahlverhalten, in: Horst Kanitz u. Paul Kevenhörster (Hgg.), Kommunales Wahlverhalten, Bonn 1976 (= Studien zur Kommunalpolitik 4), S. 241-283

Heiderose Kilper u. Dieter Rehfeld, Einleitung, in: dies. (Hgg.), Konzern und Region. Zwischen Rückzug und neuer Integration - internationale vergleichende Studien über Montan- und Automobilregionen, Münster 1994, S. 1-12

Adolf Kimmel, Die saarländische Landtagswahl vom 4. Mai 1975. Erosionen im sozialliberalen Bündnis?, in: Zeitschrift für Parlamentsfragen 6 (1975), S. 498-508

-, Die saarländische Landtagswahl vom 27. April 1980. Gefährdung der „bürgerlichen" Koalition?, in: Zeitschrift für Parlamentsfragen 11 (1980), S. 222-237

Hans Georg Kirchhoff, Schulpolitik, in: Peter Hüttenberger (Hg.), Vierzig Jahre. Historische Entwicklungen und Perspektiven des Landes Nordrhein-Westfalen, 2. Aufl. Düsseldorf 1986 (= Düsseldorfer Schriften zur Neueren Landesgeschichte und zur Geschichte Nordrhein-Westfalens 17), S. 129-148

Hans Kistenmacher u. Dieter Gust, Grundzüge der Raumplanungssysteme in der Bundesrepublik Deutschland und in Frankreich und Möglichkeiten der besseren Abstimmung in beiderseitigen Grenzräumen, in: Probleme räumlicher Planung und Entwicklung in den Grenzräumen an der deutsch-französisch-luxemburgischen Staatsgrenze, Hannover 1983 (= Veröffentlichungen der Akademie für Raumforschung und Landesplanung, Forschungs- und Sitzungsberichte 149), S. 9-39

Wolfgang Klafki, Die fünfziger Jahre - eine Phase schulorganisatorischer Restauration. Zur Schulpolitik und Schulentwicklung im ersten Jahrzehnt der Bundesrepublik, in: Dieter Bänsch (Hg.), Die fünfziger Jahre. Beiträge zu Politik und Kultur, Tübingen 1985, S. 131-162

Hartmut Klatt, Reform und Perspektiven des Föderalismus in der Bundesrepublik Deutschland, in: Aus Politik und Zeitgeschichte 28 (1986), S. 3-21

Ernst Klein, Der Staat als Unternehmer im saarländischen Steinkohlenbergbau, in: Vierteljahrschrift für Sozial- und Wirtschaftsgeschichte 57 (1970), S. 323-349

Hans D. Klingemann u. Franz Urban Pappi, Die Wählerbewegungen bei der Bundestagswahl am 28. September 1969, in: Politische Vierteljahresschrift 11 (1970), S. 111-138

Otto Klinkhammer, „Nein" war positiv, „Ja" war negativ. Die Abstimmung über das Saar-Statut 1955, in: Klaus-Michael Mallmann, Gerhard Paul, Ralph Schock u. Reinhard Klimmt (Hgg.), Richtig daheim waren wir nie. Entdeckungsreisen ins Saarrevier 1815-1955, Bonn 1987, S. 258-263

-, Röder, die Politik und das Saarland. Der Versuch einer Würdigung, in: Walter Kappmeier (Hg.), Der saarländische Wähler, Saarbrücken 1990, S. 89-101

Reinhard Koch, Finanz- und Steuerpolitik im jüngsten Bundesland, in: Die Saarwirtschaft. Zwischenbilanz nach der Wiedereingliederung (= Der Volkswirt 11 (1960), Beilage), S. 17-18

-, Finanz- und Steuerprobleme des saarländischen Handels, in: Die Saar, Wirtschaft und Wiedervereinigung (= Der Volkswirt 11 (1957), Sonderheft), S. 28-32

Peter Jakob Kock, Bayern und Deutschland. Föderalismus als Anspruch und Wirklichkeit, in: Wolfgang Benz (Hg.), Neuanfang in Bayern 1945 bis 1949. Politik und Gesellschaft in der Nachkriegszeit, München 1988, S. 183-203

Daniel Koerfer, Zankapfel Europapolitik: Der Kompetenzstreit zwischen Auswärtigem Amt und Bundeswirtschaftsministerium 1957/58, in: Politische Vierteljahresschrift 29 (1988), S. 553-568

Karl-Rudolf Korte, Das politische System der Bundesrepublik Deutschland, in: Manfred Mols, Hans J. Lauth u. Christian Wagner (Hgg.), Politikwissenschaft. Eine Einführung, 3. Aufl. Paderborn 2001, S. 67-98

Bernd Krewer, Mechthild Momper u. Lutz Eckensberger, Das Saarland war zumeist Objekt der Geschichte. Zur Identität des Saarländers, in: Hans-Georg Wehling u.a., Regionale politische Kultur, Stuttgart 1985, S. 90-115

Evelyn Kroker, Zur Entwicklung des Steinkohlenbergbaus an der Ruhr zwischen 1945 und 1980, in: Jens Hohensee u. Michael Salewski (Hgg.), Energie - Politik - Geschichte. Nationale und internationale Energiepolitik seit 1945, Stuttgart 1993 (= Historische Mitteilungen der Ranke-Gesellschaft Beiheft 5), S. 75-88

Caspar Kuhlmann, Schulreform und Gesellschaft in der Bundesrepublik Deutschland 1946-1966. Die Differenzierung der Bildungswege als Problem der westdeutschen Schulpolitik, in: Saul B. Robinsohn u.a. (Hgg.), Schulreform im gesellschaftlichen Prozeß, Stuttgart 1970, Bd. 1 S. 10-165

Christian Kurzweg, Unternehmeridentität und regionale Selbstthematisierung. Auseinandersetzungen um die maschinelle Herstellung von Zigarren im sächsischen Döbeln, in: Comparativ 5 (1995), S. 127-145

Marlies Kutz, Zur Geschichte der Moselkanalisierung von den Anfängen bis zur Gegenwart. Ein Überblick, in: dies. (Hg.) Beiträge zur Geschichte der Moselkanalisierung, Köln 1967 (= Schriften zur rheinisch-westfälischen Wirtschaftsgeschichte 14), S. 9-110

Wolfram Köhler, Landesbewußtsein als Sehnsucht, in: Peter Hüttenberger (Hg.), Vierzig Jahre. Historische Entwicklungen und Perspektiven des Landes Nordrhein-Westfalen, 2. Aufl. Düsseldorf 1986 (= Düsseldorfer Schriften zur Neueren Landesgeschichte und zur Geschichte Nordrhein-Westfalens 17), S. 171-185

–, Nordrhein-Westfalen - ein Land der Bundesrepublik Deutschland, in: Hans Boldt (Hg.), Nordrhein-Westfalen und der Bund, Düsseldorf 1989 (= Schriften zur politischen Landeskunde Nordrhein-Westfalens 5), S. 23-39

Wolfgang Köllmann, Zur Bedeutung der Regionalgeschichte im Rahmen struktur- und sozialgeschichtlicher Konzeptionen, in: Archiv für Sozialgeschichte 15 (1975), S. 43-50

Arnold Künzer, Die Auswirkungen der Montanindustrie auf die Struktur und Entwicklung der saarländischen Wirtschaft, in: Statistische Nachrichten. Vierteljahresschrift des statistischen Landesamtes 11 (1991), H. 3, S. 19-24

Heinrich Küppers, Johannes Hoffmann (1890-1967), in: Rheinische Lebensbilder 18 (2000), S. 191-224

Erhard H. M. Lange, Die Länder und die Entstehung des Grundgesetzes, in: Geschichte im Westen 4 (1989), S. 145-159 u. 5 (1990), S. 55-68

Ulrich Lappenküper, „Sprachlose Freundschaft"? Zur Genese des deutsch-französischen Kulturabkommens vom 23. Oktober 1954, in: Lendemains. Etudes comparées sur la France. Vergleichende Frankreichforschung H. 84 (1996), S. 67-82

Johann Latz, Der Saarmarkt zwischen Deutschland und Frankreich, in: Die Saar, Wirtschaft und Wiedervereinigung (= Der Volkswirt 11 (1957), Sonderheft), S. 15-17

Wolfgang Laufer, Der Weg zum „Saarland". Beobachtungen zur Benennung einer Region, in: Wolfgang Haubrichs, Wolfgang Laufer u. Reinhard Schneider (Hgg.), Zwischen Saar und Mosel. Festschrift für Hans-Walter Herrmann zum 65. Geburtstag, Saarbrücken 1995 (= Veröffentlichungen der Kommission für Saarländische Landesgeschichte und Volksforschung 24), S. 367-380

Eberhard Laux, Erfahrungen und Perspektiven der kommunalen Gebiets- und Funktionalreformen, in: Hellmut Wollmann u. Roland Roth (Hgg.), Kommunalpolitik. Politisches Handeln in den Gemeinden, 2. Aufl. Bonn 1998, S. 168-185

Michel Lecavelier, Die lothringische Wirtschaft, in: Arno Krause (Hg.), Saar-Lothringen. Probleme und Perspektiven eines Wirtschaftsraumes. Vorträge anläßlich eines Internationalen Kolloquiums, Otzenhausen 1966 (= Dokumente und Schriften des Europa-Hauses Otzenhausen e.V. 4), S. 30-35

Sylvie Lefèvre, Das Saarland und die Wirtschaftsunion mit Frankreich (1949-1955), in: Rainer Hudemann, Burkhard Jellonnek u. Bernd Rauls unter Mitarbeit v. Marcus Hahn (Hgg.), Grenz-Fall. Das Saarland zwischen Frankreich und Deutschland 1945-1960, St. Ingbert 1997 (= Geschichte, Politik und Gesellschaft. Schriftenreihe der Stiftung Demokratie Saarland 1), S. 427-443

Jean-Paul Lehners, Grenzüberschreitende Kooperationen: Ein zukunftsträchtiger Typus europäischer Regionsbildung? Das Beispiel Saar- Lor-Lux, in: Gerhard Brunn (Hg.), Region und Regionsbildung in Europa. Konzeptionen der Forschung und empirische Befunde, Baden-Baden 1996 (= Schriftenreihe des Instituts für Europäische Regionalforschung 1), S. 300-312

–, Menschen über Grenzen - Grenzen über Menschen. Zu den Begriffen Region, Raum und Grenze am Beispiel des Saar- Lor-Lux-Raumes, in: Edwin Dillmann (Hg.), Regionales Prisma der Vergangenheit. Perspektiven der modernen Regionalgeschichte (19./20. Jahrhundert), St. Ingbert 1996, S. 67-86

– u. Lars Bolle, Region in Westeuropa: Am Beispiel der grenzüberschreitenden Region Saar-Lor-Lux, in: Jo Leinen (Hg.), Saar-Lor-Lux. Eine Euro-Region mit Zukunft?, St. Ingbert 2001 (= Geschichte, Politik und Gesellschaft. Schriftenreihe der Stiftung Demokratie Saarland 6), S. 361-378

Christian Lemke, Neue soziale Bewegungen, in: Thomas Ellwein u. Everhard Holtmann (Hgg.), 50 Jahre Bundesrepublik Deutschland. Rahmenbedingungen, Entwicklungen, Perspektiven, Opladen 1999 (= PVS Sonderheft 30), S. 440-453

Ludger Lindlar u. Carl-Ludwig Holtfrerich, Geography, Exchange Rates and Trade Structures. Germany's Export Performance since the 1950s, in: European Review of Economic History 1 (1998), S. 217-246

Rolf Lindner, Einleitung, in: ders. (Hg.), Die Wiederkehr des Regionalen. Über neue Formen kultureller Identität, Frankfurt a.M. 1994

Wolfgang Lipp, Soziale Räume, regionale Kultur: Industriegesellschaft im Wandel, in: ders. (Hg.), Industriegesellschaft und Regionalkultur. Untersuchungen für Europa, Köln u.a. 1984, S. 1-56

Wilfried Loth, „Ein vertracktes Gelände". Das Bundesland Saarland 1957-1989, in: Das Saarland - Der Chef der Staatskanzlei (Hg.), Das Saarland. Politische, wirtschaftliche und kulturelle Entwicklung, Saarbrücken 1991, S. 111-140

–, Der Durchbruch zur Dynamisierung: Die französische Gesellschaft in den 50er Jahren, in: Axel Schildt u. Arnold Sywottek (Hgg.), Modernisierung im Wiederaufbau. Die westdeutsche Gesellschaft der 50er Jahre, 2. Aufl. Bonn 1998, S. 69-80

–, Der saarländische Sonderweg im Licht der neueren Forschung, in: Rainer Hudemann, Burkhard Jellonnek u. Bernd Rauls unter Mitarbeit v. Marcus Hahn (Hgg.), Grenz-Fall. Das Saarland zwischen Frankreich und Deutschland 1945-1960, St. Ingbert 1997 (= Geschichte, Politik und Gesellschaft. Schriftenreihe der Stiftung Demokratie Saarland 1), S. 81-95

Udo Ludwig u. Reiner Stäglin, Das Bruttoinlandsprodukt in der DDR und in der Bundesrepublik Deutschland von 1980 bis 1989. Quellen, Methoden und Daten, in: Lothar Baar u.

Dietmar Petzina (Hgg.), Deutsch-deutsche Wirtschaft 1945 bis 1990. Strukturveränderungen, Innovationen und regionaler Wandel. Ein Vergleich, St. Katharinen 1999, S. 530-581

Burkart Lutz, Die Singularität der europäischen Prosperität nach dem Zweiten Weltkrieg, in: Hartmut Kaelble (Hg.), Der Boom 1948-1973. Gesellschaftliche und wirtschaftliche Folgen in der Bundesrepublik und in Europa, Opladen 1992, S. 35-59

Heinrich Lösche, Montandreieck Saarland - Lothringen - Luxemburg. Ein Thema der Gemeinschaftskunde, in: Geographische Rundschau 14 (1962), S. 280-288

Siegfried Magiera, Verfassungrechtliche Aspekte der Rolle der Länder in den internationalen Beziehungen - aus Sicht der Länder, in: Johannes Ch. Traut (Hg.), Die Rolle der deutschen Länder und der US-Bundesstaaten in den internationalen Beziehungen, Kaiserslautern 1997 (= Atlantische Texte 4), S. 96-113

Klaus-Michael Mallmann, „Eine preußische Industrie-Kolonie mit kaplanokratischer Opposition". Die Entstehung des Saarreviers, in: Deutsche Kunst und Denkmalpflege 48 (1990), S. 90-97

Odo Marquard, Identität: Schwundtelos und Mini-Essenz - Bemerkungen zur Genealogie einer aktuellen Diskussion, in: ders. u. Karlheinz Stierle (Hgg.), Identität, München 1979, S. 347-369

Eduard Martin, Aufgestauter Kapitalbedarf an der Saar, in: Die Saar, Wirtschaft und Wiedervereinigung (= Der Volkswirt 11 (1957), Sonderheft), S. 32-33

Die Umgestaltung der saarländischen Banken und Versicherungen vor und während der Übergangszeit, in: Eduard Dietrich (Hg.), Das Saarland, Oldenburg 1957 (= Monographien deutscher Wirtschaftsgebiete 9), S. 180-195

Erich Maschke, Industrialisierungsgeschichte und Landesgeschichte, in: Blätter für deutsche Landesgeschichte 102 (1967), S. 71-84

Nicole May, Das Eisen- und Stahlbecken Nord-Lothringen: räumliche Krise und lokale Politik, in: Hartmut Häußermann (Hg.), Ökonomie und Politik in alten Industrieregionen Europas. Probleme der Stadt- und Regionalentwicklung in Deutschland, Frankreich, Großbritannien und Italien, Basel u.a. 1992 (= Stadtforschung aktuell 36), S. 191-213

–, Wandel der Region Lothringen: Kontinuitäten und Brüche, in: Heiderose Kilper u. Dieter Rehfeld (Hgg.), Konzern und Region. Zwischen Rückzug und neuer Integration - internationale vergleichende Studien über Montan- und Automobilregionen, Münster 1994, S. 13-60

Hans-Peter Meier-Dallach, Susanne Hohermuth u. Rolf Nef, Regionalbewußtsein, soziale Schichtung und politische Kultur. Forschungsergebnisse und methododologische Aspekte, in: Informationen zur Raumentwicklung H. 7 (1987), S. 377-394

Kirsten Mensch, Wähler und Parteien: eine strategische Interaktion. Ein Überblick über die neuere Wahl- und Parteienforschung, in: Neue Politische Literatur 44 (1999), S. 380-401

Barbara Mettler-Meibom, Grundzüge einer regionalen Regionalpolitik. Erfordernisse bei zunehmender Interregionalisierung und Internationalisierung der Produktion, in: Informationen zur Raumentwicklung, H. 5 (1980), S. 273-282

Gabriele Metzler, Breite Straßen, schmale Pfade. Fünf Wege zur Geschichte der Bundesrepublik, in: Neue Politische Literatur 46 (2002), S. 244-267

–, Einheit und Konkurrenz im Bundesstaat. Föderalismus in der Bundesrepublik, 1949-2000, in: Thomas Kühne u. Cornelia Rau-Kühne (Hgg.), Raum und Geschichte. Regionale Traditionen und föderative Ordnungen von der Frühen Neuzeit bis zur Gegenwart, Leinfelden-Echterdingen 2001 (= Schriften zur südwestdeutschen Landeskunde 40), S. 232-256

Karsten Meyer, Saarlouis: Zwischen den Fronten, in: Arch plus. Zeitschrift für Architektur und Städtebau (1986), S. 72-76

Gertrud Milkereit, Das Projekt der Moselkanalisierung. Ein Problem der westdeutschen Eisen- und Stahlindustrie, in: Marlies Kutz (Hg.), Beiträge zur Geschichte der Moselkanalisierung, Köln 1967 (= Schriften zur rheinisch-westfälischen Wirtschaftsgeschichte 14), S. 111- 318
Ministerium für Öffentliche Arbeiten und Wohnungsbau, Fortschrittliche Leistungen im Bausektor, in: Saarbrücker Druckerei und Verlag GmbH (Hg.), Bundesland Saar. Handel - Wirtschaft - Verkehr, Saarbrücken 1961, S. 73-83
Arno Mohr, Politische Identität um jeden Preis? Zur Funktion der Landesgeschichtsschreibung in den Bundesländern, in: Neue Politische Literatur 35 (1990), S. 222-274
Hansgeorg Molitor, Land und Staat. Der geschichtliche Raum Nordrhein-Westfalen, in: Peter Hüttenberger (Hg.), Vierzig Jahre. Historische Entwicklungen und Perspektiven des Landes Nordrhein-Westfalen, 2. Aufl. Düsseldorf 1986 (= Düsseldorfer Schriften zur Neueren Landesgeschichte und zur Geschichte Nordrhein-Westfalens 17), S. 13-30
Peter Moll, Der Beitrag der Raumordnung zur Überwindung der Grenzen im Gebiet Saarland/Rheinland-Pfalz - Lothringen - Luxemburg, in: Probleme räumlicher Planung und Entwicklung in den Grenzräumen an der deutsch-französisch-luxemburgischen Staatsgrenze, Hannover 1983 (= Veröffentlichungen der Akademie für Raumforschung und Landesplanung, Forschungs- und Sitzungsberichte 149), S. 71-105
–, Gebietsreform und Regionalplanung im Saarland, in: Berichte zur deutschen Landeskunde 47 (1973), S. 97-108
–, Diethard Osmenda u. Theophil Weick, Der Raum Westpfalz/Trier/Saarland - eine Standortbestimmung der Raumordnung und Landesplanung an der Schwelle der neunziger Jahre, in: Berichte zur deutschen Landeskunde 63 (1989), S. 273-325
Ferdinand Morbach u. Wolfgang Brücher, Steinkohlenbergbau und leitungsgebundene Energiewirtschaft im Saarland unter dem Einfluß der Grenze, in: Dietrich Soyez u.a. (Hgg.), Das Saarland. Beharrung und Wandel in einem peripheren Grenzraum, Saarbrücken 1989 (= Arbeiten aus dem Geographischen Institut der Universität des Saarlandes 36), Bd. 1 S. 159-180
Karl Möckl, Der Regionalismus und seine geschichtlichen Grundlagen, in: Fried Esterbauer (Hg.), Regionalismus. Phänomen - Planungsmittel - Herausforderung für Europa, Wien 1979 (= Veröffentlichungen der Österreichischen Sektion der CIFE 5), S. 17-42
Kurt Mühler, Aspekte der Konzeption einer interdisziplinären Untersuchung regionsbezogener Identifikationsprozesse, in: Heinz-Werner Wollersheim, Sabine Tzschaschel u. Matthias Middel (Hgg.), Region und Identifikation, Leipzig 1998 (= Leipziger Studien zur Erforschung regionenbezogener Identifikationsprozesse 1), S. 205-220
Michael Müller, Konfessionell oder simultan? Der Streit um die Volksschule in Rheinland-Pfalz 1945-1955, in: Rheinische Vierteljahresblätter 45 (1981), S. 317-346
Winfried Müller, Ingo Schröder u. Markus Mößlang, „Vor uns liegt ein Bildungszeitalter." Umbau und Expansion - das bayerische Bildungssystem 1950 bis 1975, in: Thomas Schlemmer u. Hans Woller (Hgg.), Die Erschließung des Landes 1949 bis 1973, Oldenbourg 2001 (= Bayern im Bund 1), S. 273-355
Wolfgang Müller, „Nur unter Beibehaltung des übernationalen Universitätscharakters". Eine Denkschrift über die Universität des Saarlandes 1956, in: Wolfgang Haubrichs, Wolfgang Laufer u. Reinhard Schneider (Hgg.), Zwischen Saar und Mosel. Festschrift für Hans-Walter Herrmann zum 65. Geburtstag, Saarbrücken 1995 (= Veröffentlichungen der Kommission für Saarländische Landesgeschichte und Volksforschung 24), S. 473-485
–, Die Universität des Saarlandes in der politischen Umbruchsituation 1955/56, in: Rainer Hudemann, Burkhard Jellonnek u. Bernd Rauls unter Mitarbeit v. Marcus Hahn (Hgg.), Grenz- Fall. Das Saarland zwischen Frankreich und Deutschland 1945-1960, St. Ingbert 1997

(= Geschichte, Politik und Gesellschaft. Schriftenreihe der Stiftung Demokratie Saarland 1), S. 413-426

Merith Niehuss, Die Familie in der Bundesrepublik Deutschland im Spiegel der Demographie 1945-1960, in: Archiv für Sozialgeschichte 35 (1995), S. 211-226

Leo Nikes, Die Volksschulbauprogramme des Saarlandes, in: Saarländische Kommunalzeitschrift 18 (1968), S. 55-59

Susanne Nimmesgern, Frauenarbeit zwischen Wandel und Tradition. Zur Entwicklung der weiblichen Erwerbstätigkeit in der Nachkriegszeit, in: Rainer Hudemann, Burkhard Jellonnek u. Bernd Rauls unter Mitarbeit v. Marcus Hahn (Hgg.), Grenz-Fall. Das Saarland zwischen Frankreich und Deutschland 1945-1960, St. Ingbert 1997 (= Geschichte, Politik und Gesellschaft. Schriftenreihe der Stiftung Demokratie Saarland 1), S. 359-378

Thomas Nipperdey, Der Föderalismus in der deutschen Geschichte, in: ders., Nachdenken über die deutsche Geschichte. Essays, München 1986, S. 60-109

Gérard Noiriel, Die verspätete Industrialisierung der lothringischen Eisen- und Stahlregion, in: Rainer Schulze (Hg.), Industrieregionen im Umbruch. Historische Voraussetzungen und Verlaufsmuster des regionalen Strukturwandels im europäischen Vergleich, Essen 1993(= Veröffentlichungen des Instituts zur Erforschung der Europäischen Arbeiterbewegung 3), S. 366-389

Paul Nolte, Einführung: Die Bundesrepublik in der deutschen Geschichte des 20. Jahrhunderts, in: Geschichte und Gesellschaft 28 (2002), S. 175-182

Christoph Nonn, Das Godesberger Programm der SPD und die Krise des Ruhrbergbaus, in: Vierteljahrshefte für Zeitgeschichte 50 (2002), S. 71-97

Jürgen Osterhammel, Die Wiederkehr des Raumes: Geopolitik, Geohistorie und historische Geographie, in: Neue Politische Literatur 43 (1998), S. 374-397

Hans-Werner Osthoff, Zukunftsaussichten des Rhein-Mosel-Saar-Raumes, in: Arno Krause (Hg.), Saar-Lothringen. Probleme und Perspektiven eines Wirtschaftsraumes. Vorträge anläßlich eines Internationalen Kolloquiums, Otzenhausen 1966 (= Dokumente und Schriften des Europa-Hauses Otzenhausen e.V. 4), S. 4-16

Hermann Overbeck, Das Industriegebiet an der mittleren Saar. Eine wirtschafts- und politisch-geographische Strukturanalyse, in: ders., Kulturlandschaftsforschung und Landeskunde. Ausgewählte, überwiegend methodische Arbeiten, Heidelberg 1965 (= Heidelberger Geographische Arbeiten 14), S. 261-277

–, Die Stellung und natürliche Einordnung der Lande an der mittleren Saar. Eine politischgeographische Betrachtung, in: ders., Kulturlandschaftsforschung und Landeskunde. Ausgewählte, überwiegend methodische Arbeiten, Heidelberg 1965 (= Heidelberger Geographische Arbeiten 14), S. 249-260

Hans Patze, Landesgeschichte, in: Jahrbuch für Historische Forschung (1980), S. 15-40 und (1981), S. 11-33

Werner J. Patzelt, Die vergleichende Untersuchung von Landesparteien. Kommentar zum Beitrag von Everhard Holtmann, in: Arthur Benz u. Everhard Holtmann (Hgg.), Gestaltung regionaler Politik. Empirische Befunde, Erklärungsansätze und Praxistransfer, Opladen 1998, S. 77-88

Gerhard Paul, Von der Bastion im Westen zur Brücke der Verständigung. Saarländische Geschichte 1815-1957, in: Das Saarland - Der Chef der Staatskanzlei (Hg.), Das Saarland. Politische, wirtschaftliche und kulturelle Entwicklung, Saarbrücken 1991, S. 23-50

K. Peschel, Über die Unmöglichkeit endogener regionaler Entwicklung in hochindustrialisierten Volkswirtschaften, in: Jahrbuch für Regionalwissenschaft 5 (1984), S. 29-47

Franz Petri, Probleme und Aufgaben der Landesgeschichte in Nordwestdeutschland und in den westlichen Nachbarländern, in: Rheinische Vierteljahresblätter 34 (1970), S. 57-87

Dietmar Petzina, Von der industriellen Führungsregion zum Krisengebiet: Das Ruhrgebiet in historischer Perspektive, in: Rainer Schulze (Hg.), Industrieregionen im Umbruch. Historische Voraussetzungen und Verlaufsmuster des regionalen Strukturwandels im europäischen Vergleich, Essen 1993 (= Veröffentlichungen des Instituts zur Erforschung der Europäischen Arbeiterbewegung 3), S. 246-274

–, Standortverschiebungen und regionale Wirtschaftskraft in der Bundesrepublik Deutschland seit den fünfziger Jahren, in: Josef Wysocki (Hg.), Wirtschaftliche Integration und Wandel von Raumstrukturen im 19. und 20. Jahrhundert, Berlin 1994 (= Schriften des Vereins für Socialpolitik N.F. 232), S. 101-128

–, Strukturwandel in einer altindustriellen Region - das südwestfälische Siegerland nach dem Zweiten Weltkrieg, in: Hans-Jürgen Gerhard (Hg.), Struktur und Dimension. Festschrift für Karl Heinrich Kaufhold, Stuttgart 1997, Bd. 2 S. 550-571

–, Wirtschaft und Arbeit, in: Peter Hüttenberger (Hg.), Vierzig Jahre. Historische Entwicklungen und Perspektiven des Landes Nordrhein-Westfalen, 2. Aufl. Düsseldorf 1986 (= Düsseldorfer Schriften zur Neueren Landesgeschichte und zur Geschichte Nordrhein-Westfalens 17), S. 109-128

–, Wirtschaftspolitik, in: Hans Boldt (Hg.), Nordrhein-Westfalen und der Bund, Düsseldorf 1989 (= Schriften zur politischen Landeskunde Nordrhein-Westfalens 5), S. 122-135

Richard Pieper, Region und Regionalismus. Zur Wiederentdeckung einer räumlichen Kategorie in der soziologischen Theorie, in: Geographische Rundschau 39 (1987), S. 534-539

Ernst Pitz, Die Randlage der Saar, in: Die Saarwirtschaft. Zwischenbilanz nach der Wiedereingliederung (= Der Volkswirt 11 (1960), Beilage), S. 22-23

–, Saarländische Verkehrsprobleme, in: Eduard Dietrich (Hg.), Das Saarland, Oldenburg 1957 (= Monographien deutscher Wirtschaftsgebiete 9), S. 72-74

Beatrice Ploch u. Heinz Schilling, Region als Handlungslandschaft. Überlokale Orientierung als Diapositiv und kulturelle Praxis: Hessen als Beispiel, in: Rolf Lindner (Hg.), Die Wiederkehr des Regionalen. Über neue Formen kultureller Identität, Frankfurt a.M. 1994, S. 122-157

Werner Plumpe, „Wir sind wieder wer!" Konzept und Praxis der Sozialen Marktwirtschaft in der Rekonstruktionsphase der westdeutschen Wirtschaft nach dem Zweiten Weltkrieg, in: Marie-Luise Recker, Burkhard Jellonnek u. Bernd Rauls (Hgg.), Bilanz: 50 Jahre Bundesrepublik Deutschland, St. Ingbert 2001 (= Geschichte, Politik und Gesellschaft. Schriftenreihe der Stiftung Demokratie Saarland 5), S. 237-278

–, Krisen in der Stahlindustrie der Bundesrepublik Deutschland, in: Friedrich-Wilhelm Henning (Hg.), Krisen und Krisenbewältigung vom 19. Jahrhundert bis heute, Frankfurt a.M. 1998, S. 70-91

Friedrich Prinz, Regionalgeschichte - Landesgeschichte, in: Gerhard A. Ritter u. Rudolf Vierhaus (Hgg.), Aspekte der historischen Forschung in Frankreich und Deutschland. Schwerpunkte und Methoden, Göttingen 1981, S. 202-215

Heinz Quasten, Die Rohstoffe in der saarländischen Montanindustrie seit dem späten 19. Jahrhundert, in: Kommission für saarländische Landesgeschichte und Volksforschung (Hg.), Forschungsaufgabe Industriekultur, Saarbrücken i.V.

Kurt Walter Rahn, Monographische Literatur zur Saarfrage und zur zeitgenössischen Entwicklung im Saargebiet, in: Zeitschrift für Geschichtswissenschaft 12 (1964), S. 1281-1290

Werner Reh, Rahmenbedingungen nordrhein-westfälischer Politik I: Die Bundesländer im föderativen System der Bundesrepublik und der Europäischen Gemeinschaft, in: Hans Boldt (Hg.), Nordrhein-Westfalen und der Bund, Düsseldorf 1989 (= Schriften zur politischen Landeskunde Nordrhein-Westfalens 5), S. 60-77

Hannes Rehm, Zur Zukunft der Kommunalfinanzen, in: Bernhard Blanke (Hg.), Staat und Stadt - Systematische, vergleichende und problemorientierte Analysen „dezentraler" Politik, Opladen 1991 (= PVS Sonderheft 22), S. 126-150

Sibylle Reinhardt, Etappen und Perspektiven der Bildungspolitik, in: Thomas Ellwein u. Everhard Holtmann (Hgg.), 50 Jahre Bundesrepublik Deutschland. Rahmenbedingungen, Entwicklungen, Perspektiven, Opladen 1999 (= PVS Sonderheft 30), S. 310-326

François Reitel, L'industrie en Lorraine. Die Industrie in Lothringen, in: Wolfgang Brücher, Reinhold Grotz u. Alred Pletsch (Hgg.), Industriegeographie der Bundesrepublik Deutschland und Frankreichs in den 1980er Jahren. Géographie industrielle de la France et de la République fédérale d'Allemagne dans les années quatre-vingt, Frankfurt a.M. 1991 (= Studien zur internationalen Schulbuchforschung 70), S. 261-272

–, Probleme des Strukturwandels in den Montanregionen Lothringen und Nordfrankreich, in: Hans Heinrich Blotevogel (Hg.), Europäische Regionen im Wandel. Strukturelle Erneuerung, Raumordnung und Regionalpolitik im Europa der Regionen, Dortmund 1991, S. 169-178

–, Die Veränderungen der politischen Grenzen im Saar-Lor-Lux-Raum und ihre wirtschaftlichen und regionalen Konsequenzen, in: Dietrich Soyez u.a. (Hgg.), Das Saarland. Bd. 1 Beharrung und Wandel in einem peripheren Grenzraum, Saarbrücken 1989 (= Arbeiten aus dem Geographischen Institut der Universität des Saarlandes 36), S. 127-138

Konrad Repgen, Die Saar-Frage im Bundesparteivorstand der Christlich-Demokratischen Union Deutschlands 1950-1955. Über die Verschränkung von Innen- und Aussenpolitischem in der Politik Konrad Adenauers, in: Urs Altermatt u. Judit Garamvölgyi (Hgg.), Innen- und Außenpolitik. Primat oder Interdependenz? Festschrift zum 60. Geburtstag von Walther Hofer, Stuttgart 1980, S. 87-147

Georg Ress, Die Zulässigkeit potentieller Wettbewerbstarife im Verkehrsrecht der Montanunion. Überlegungen zur Auslegung von Artikel 70 EGKS-Vertrag anläßlich der Kanalisierung der Saar, in: Wilhelm G. Grewe, Hans Rupp u. Hans Schneider (Hgg.), Europäische Gerichtsbarkeit und nationale Verfassungsgerichtsbarkeit. Festschrift zum 70. Geburtstag von Hans Kutscher, Baden-Baden 1981, S. 339-370

Jürgen Reulecke, Von der Landesgeschichte zur Regionalgeschichte, in: Geschichte im Westen 6 (1991), S. 202-208

–, Metropolis Ruhr? Regionalgeschichtliche Aspekte der Ruhrgebietsentwicklung im 20. Jahrhundert, in: ders., Vom Kohlenpott zu Deutschlands „starkem Stück". Beiträge zur Sozialgeschichte des Ruhrgebiets, Bonn 1990, S. 187-209

Ulrich Reusch, Föderalismus in Vergangenheit und Gegenwart (1949-1989). Landeszeitgeschichtliche Literatur zum Jubiläum der Bundesrepublik, in: Geschichte im Westen 5 (1990), S. 109-113

Yvonne Rieker, Südländer, Ostagenten oder Westeuropäer? Die Politik der Bundesregierung und das Bild der italienischen Gastarbeiter 1955-1970, in: Archiv für Sozialgeschichte 40 (2000), S. 231-258

Jörg Roesler, Die wirtschaftliche Rückgliederung der Saar. Erwartungen, Enttäuschungen, Entwicklungen, in: Rainer Hudemann, Burkhard Jellonnek u. Bernd Rauls unter Mitarbeit v. Marcus Hahn (Hgg.), Grenz-Fall. Das Saarland zwischen Frankreich und Deutschland 1945-1960, St. Ingbert 1997 (= Geschichte, Politik und Gesellschaft. Schriftenreihe der Stiftung Demokratie Saarland 1), S. 445-464

Karl Rohe, Die Region als Forschungsgegenstand der Politikwissenschaft, in: Gerhard Brunn (Hg.), Region und Regionsbildung in Europa. Konzeptionen der Forschung und empirische Befunde, Baden- Baden 1996 (= Schriftenreihe des Instituts für Europäische Regionalforschungen 1), S. 100-112

–, Die „verspätete" Region. Thesen und Hypothesen zur Wahlentwicklung im Ruhrgebiet vor 1914, in: Peter Steinbach (Hg.), Probleme politischer Partizipation im Modernisierungsprozess, Stuttgart 1982, S. 231-252

–, Regionalkultur, regionale Identität und Regionalismus im Ruhrgebiet. Empirische Sachverhalte und theoretische Überlegungen, in: Wolfgang Lipp (Hg.), Industriegesellschaft und Regionalkultur. Untersuchungen für Europa, Köln u.a. 1984, S. 123-153

–, Vom alten Revier zum heutigen Ruhrgebiet. Die Entwicklung einer regionalen politischen Gesellschaft im Spiegel der Wahlen, in: ders. u. Herbert Kühr (Hgg.), Politik und Gesellschaft im Ruhrgebiet. Beiträge zur regionalen Politikforschung, Königstein 1979, S. 21-73

Ursula Rombeck-Jaschinski, Nordrhein-Westfalen im Nachkriegsdeutschland, in: Geschichte im Westen 4 (1989), S. 21-35

–, Nordrhein-Westfalen im Nachkriegsdeutschland (1945-1958), in: Hans Boldt (Hg.), Nordrhein- Westfalen und der Bund, Düsseldorf 1989 (= Schriften zur politischen Landeskunde Nordrhein-Westfalens 5), S. 40-59

Horst Romeyk, Weder Vergrößerung noch Teilung. Nordrhein- Westfalen und die Neugliederung des Bundesgebietes bis 1955. Eine Dokumentation, in: Geschichte im Westen 4 (1989), S. 216-232

François Roth, Espace sarrois et Lorraine, relations et convergences 1815-1925, in: Wolfgang Brücher u. Peter Robert Franke (Hgg.), Probleme von Grenzregionen: Das Beispiel SAAR-LOR-LUX-Raum, Saarbrücken 1987, S. 67-84

Michael Ruck, Ein kurzer Sommer der konkreten Utopie - Zur westdeutschen Planungsgeschichte der langen 60er Jahre, in: Axel Schildt, Detlef Siegfried u. Karl Christian Lammers (Hgg.), Dynamische Zeiten. Die 60er Jahre in den beiden deutschen Gesellschaften, Hamburg 2000 (= Hamburger Beiträge zur Sozial- und Zeitgeschichte 37), S. 362- 401

Hermann Rudolph, Mehr Stagnation als Revolte. Zur politischen Kultur der sechziger Jahre, in: Martin Broszat (Hg.), Zäsuren nach 1945. Essays zur Periodisierung der deutschen Nachkriegsgeschichte, Oldenbourg 1990, S. 141-151

–, Eine Zeit vergessener Anfänge: Die sechziger Jahre, in: Werner Weidenfeld u. Wilhelm Bleek (Hgg.), Politische Kultur und Deutsche Frage. Materialien zum Staats- und Nationalbewußtsein in der Bundesrepublik Deutschland, Köln 1989, S. 59- 72

Karsten Rudolph, Die 60er Jahre - das Jahrzehnt der Volksparteien?, in: Axel Schildt, Detlef Siegfried u. Karl Christian Lammers (Hgg.), Dynamische Zeiten. Die 60er Jahre in den beiden deutschen Gesellschaften, Hamburg 2000 (= Hamburger Beiträge zur Sozial- und Zeitgeschichte 37), S. 471-491

Bernd-A. Rusinek, Was heißt: „Es entstanden neue Strukturen"? Überlegungen am landesgeschichtlichen Beispiel, in: Geschichte im Westen 5 (1990), S. 150-162

Helmut Röhm, Die Strukturveränderungen in der Landwirtschaft und Neuordnungen des ländlichen Raumes als aktuelle Probleme der Agrarpolitik, in: Agrarwirtschaft (1963), H. 11

Mechtild Rössler, Raumforschung und Raumordnung 1935-1945, in: Geographische Zeitschrift 75 (1987), S. 177-194

Saarländische Wirtschaftsvereinigung Eisen und Stahl, Die saarländische Hüttenindustrie, in: Die Saar, Wirtschaft und Wiedervereinigung (= Der Volkswirt 11 (1957), Sonderheft), S. 38-42

Michael Sander, Die auswärtigen Behörden des Saarlandes 1952 bis 1956, in: Wolfgang Haubrichs, Wolfgang Laufer u. Reinhard Schneider (Hgg.), Zwischen Saar und Mosel. Festschrift für Hans-Walter Herrmann zum 65. Geburtstag, Saarbrücken 1995 (= Veröffentlichungen der Kommission für Saarländische Landesgeschichte und Volksforschung 24), S. 457-471

–, Die Entstehung der Verfassung des Saarlandes, in: Landtag des Saarlandes (Hg.), 40 Jahre Landtag des Saarlandes 1947-1987, Dillingen 1987, S. 9-40

Konrad Schacht, Politische Kultur und Bürgerbewußtsein in Hessen, in: Jakob Schissler (Hg.), Politische Kultur und politisches System in Hessen, Frankfurt a.M. 1981, S. 183-204

Fritz W. Scharpf, Die Politikverflechtungs-Falle. Europäische Integration und deutscher Föderalismus im Vergleich, in: Politische Vierteljahresschrift 26 (1985), S. 323-356

– u. Fritz Schnabel, Steuerungsprobleme der Raumplanung, in: Wolfgang Bruder u. Thomas Ellwein (Hgg.), Raumordnung und staatliche Steuerungsfähigkeit, Opladen 1979 (= PVS Sonderheft 10), S. 12-57

Axel Schildt, Von der Aufklärung zum Fernsehzeitalter. Neue Literatur zu Öffentlichkeit und Medien, in: Archiv für Sozialgeschichte 40 (2000), S. 487-509

–, Einleitung, in: ders., Detlef Siegfried u. Karl Christian Lammers (Hgg.), Dynamische Zeiten. Die 60er Jahre in den beiden deutschen Gesellschaften, Hamburg 2000 (= Hamburger Beiträge zur Sozial- und Zeitgeschichte 37), S. 11- 20

–, Materieller Wohlstand - pragmatische Politik - kulturelle Umbrüche. Die 60er Jahre in der Bundesrepublik, in: ders., Detlef Siegfried u. Karl Christian Lammers (Hgg.), Dynamische Zeiten. Die 60er Jahre in den beiden deutschen Gesellschaften, Hamburg 2000 (= Hamburger Beiträge zur Sozial- und Zeitgeschichte 37), S. 21-53

–, Nachkriegszeit. Möglichkeiten und Probleme einer Periodisierung der westdeutschen Geschichte nach dem Zweiten Weltkrieg und ihrer Einordnung in die deutsche Geschichte des 20. Jahrhunderts, in: Geschichte in Wissenschaft und Unterricht 44 (1993), S. 567-584

Jakob Schissler, Einleitung, in: ders. (Hg.), Politische Kultur und politisches System in Hessen, Frankfurt a.M. 1981, S. 7-41

Karl-August Schleiden, Die Deutsch-Französische Gesellschaft Saar, in: Dokumente. Zeitschrift für Internationale Zusammenarbeit 25 (1969), H. 3 Anhang

Thomas Schlemmer, Gesellschaft und Politik in Bayern 1949-1973. Ein neues Projekt des Instituts für Zeitgeschichte, in: Maximilian Lanzinner u. Michael Henker (Hgg.), Landesgeschichte und Zeitgeschichte. Forschungsperspektiven zur Geschichte Bayerns nach 1945, Augsburg 1997 (= Materialien zur Bayerischen Geschichte und Kultur 4/97), S. 103-109

– u. Hans Woller, Einleitung, in: dies. (Hgg.), Die Erschließung des Landes 1949 bis 1973, Oldenbourg 2001 (= Bayern im Bund 1), S. 1-31

Kurt Schluppkotten, Die Saarwirtschaft nach der Rückgliederung, in: Die Saarwirtschaft. Zwischenbilanz nach der Wiedereingliederung (= Der Volkswirt 11 (1960), Beilage), S. 4-6

Kurt Schmidt unter Mitarbeit von Hermann Josef Speth, Zur Aktivität der Gemeinden und Gemeindeverbände im Spiegel ihrer Einnahmen und Ausgaben, in: Beiträge zur Raumplanung in Hessen, Rheinland-Pfalz, Saarland, 4 Teile Hannover 1974-1983 (= Veröffentlichungen der Akademie für Raumforschung und Landesplanung, Forschungs- und Sitzungsberichte 91), Teil I 1974, S. 45-78

Robert H. Schmidt, Das Deutsch-Französische Hochschulinstitut für Technik und Wirtschaft Saargemünd, in: Probleme räumlicher Planung und Entwicklung in den Grenzräumen an der deutsch-französisch-luxemburgischen Staatsgrenze, Hannover 1983 (= Veröffentlichungen der Akademie für Raumforschung und Landesplanung, Forschungs- und Sitzungsberichte 149), S. 107-136

Luise Schorn-Lütte, Territorialgeschichte - Provinzialgeschichte - Landesgeschichte - Regionalgeschichte. Ein Beitrag zur Wissenschaftsgeschichte der Landesgeschichtsschreibung, in: Helmut Jäger, Franz Petri u. Heinz Quirin (Hgg.), Civitatum communitas. Studien zum europäischen Städtewesen. Festschrift Heinz Stoob zum 65. Geburtstag, Köln 1984, Bd. 1 S. 390-416 (= Städteforschung. Veröffentlichungen des Instituts für vergleichende Städtegeschichte in in Münster, Reihe A, Band 21,1)

Harm G. Schröter, Handlungspfadverengung bis zur „Selbstzerstörung"? Oder: Warum die chemische Industrie der DDR im Vergleich zu der der Bundesrepublik zwischen 1945 und 1990 so hoffnungslos veraltete, in: Lothar Baar u. Dietmar Petzina (Hgg.), Deutsch-deutsche Wirtschaft 1945 bis 1990. Strukturveränderungen, Innovationen und regionaler Wandel. Ein Vergleich, St. Katharinen 1999, S. 304-325

–, Konsumpolitik und „Soziale Marktwirtschaft". Die Koexistenz liberalisierter und regulierter Verbrauchsgütermärkte in der Bundesrepublik der 1950er Jahre, in: Hartmut Berghoff (Hg.), Konsumpolitik. Die Regulierung des privaten Verbrauchs im 20. Jahrhundert, Göttingen 1999, S. 113-134

–, Von der Teilung zur Wiedervereinigung 1945-2000, in: Michael North (Hg.), Deutsche Wirtschaftsgeschichte. Ein Jahrtausend im Überblick, München 2000, S. 351-419

Günther Schulz, Die Deutsche Bundesbahn 1949-1989, in: Lothar Gall u. Manfred Pohl (Hgg.), Die Eisenbahn in Deutschland. Von den Anfängen bis zur Gegenwart, München 1999, S. 317-376

Jochen Schulz zur Wiesch, Entstehungsbedingungen und Motive der hessischen Planungspolitik, in: Jakob Schissler (Hg.), Politische Kultur und politisches System in Hessen, Frankfurt a.M. 1981, S. 269-308

Rainer Schulze, Region - Industrialisierung - Strukturwandel: Annäherung an eine regionale Perspektive sozio-ökonomischen Wandels, in: ders. (Hg.), Industrieregionen im Umbruch. Historische Voraussetzungen und Verlaufsmuster des regionalen Strukturwandels im europäischen Vergleich, Essen 1993 (= Veröffentlichungen des Instituts zur Erforschung der Europäischen Arbeiterbewegung 3), S. 14-33

Hans-Peter Schwarz, Die Fünfziger Jahre als Epochenzäsur, in: Jürgen Heideking, Gerhard Hufnagel u. Franz Knipping (Hgg.), Wege in die Zeitgeschichte. Festschrift zum 65. Geburtstag von Gerhard Schulz, Berlin u. New York 1989, S. 473-496

Manfred Schäfer, Vom saarländischen Einzelhandel, in: Die Saar, Wirtschaft und Wiedervereinigung (= Der Volkswirt 11 (1957), Sonderheft), S. 51-52

Bernd Schönemann, Die Region als Kategorie und Problem historischer Forschung, gesellschaftlicher Geschichtskultur und geschichtsdidaktischer Reflexion, in: Bernd Mütter u. Uwe Uffelmann (Hgg.), Regionale Identität im vereinten Deutschland. Chance und Gefahr, Weinheim 1996, S. 54-80

Klaus Schönhoven, Aufbruch in die sozialliberale Ära. Zur Bedeutung der 60er Jahre in der Geschichte der Bundesrepublik, in: Geschichte und Gesellschaft 25 (1999), S. 123-145

Volker Sellin, Mentalität und Mentalitätsgeschichte, in: Historische Zeitschrift 241 (1985), S. 555-598

Karl Senf, Finanz- und Steuerprobleme der saarländischen Industrie, in: Die Saar, Wirtschaft und Wiedervereinigung (= Der Volkswirt 11 (1957), Sonderheft), S. 26-28

Hans-Jürgen Seraphim u. Paul-Helmuth Burberg, Strukturwandlungen in der Landwirtschaft der Bundesrepublik Deutschland, in: Heinz König (Hg.), Wandlungen der Wirtschaftsstruktur in der Bundesrepublik Deutschland, Berlin 1962 (= Schriften des Vereins für Socialpolitik N.F. 26), S. 397-438

Albert Seyler, Übergangszeit und Deutscher Markt, in: Eduard Dietrich (Hg.), Das Saarland, Oldenburg 1957 (= Monographien deutscher Wirtschaftsgebiete 9), S. 46-52

M. u. P. Sloncky, Die Verfolgung und Ermordung des Siedlungsverbandes Ruhrkohlenbezirk, inszeniert vom Zehnerklub, ausgeführt von der Landesregierung Nordrhein-Westfalen und der Schauspieltruppe des Landtages, in: Stadtbauwelt 43 (1984), S. 225

Harald Spehl, Zur Bedeutung der Wirtschaftsstruktur für die Regionalpolitik, in: Jahrbuch für Regionalwissenschaft 5 (1984), S. 75- 94

K. Stahl, Die Entwicklung der regionalen Wirtschaftspolitik in der Bundesrepublik Deutschland, in: Handbuch der regionalen Wirtschaftsförderung Bd. 1, S. 1-24

Reinhard Stauber, Regionalgeschichte versus Landesgeschichte? Entwicklung und Bewertung von Konzepten der Erforschung von „Geschichte in kleinen Räumen", in: Geschichte und Region / Storia e regione 3 (1994), S. 227-260

Winfried Steffani, Die Republik der Landesfürsten, in: Gerhard A. Ritter (Hg.), Regierung, Bürokratie und Parlament in Preussen und Deutschland von 1848 bis zur Gegenwart, Düsseldorf 1983, S. 181-213

Franz Steinbach, Zur Diskussion über den Begriff der Region - eine Grundsatzfrage neuerer Landesgeschichte, in: Hessisches Jahrbuch für Landesgeschichte 31 (1981), S. 185-210

–, Territorial- oder Regionalgeschichte: Wege der modernen Landesgeschichte. Ein Vergleich der „Blätter für deutsche Landesgeschichte" und des „Jahrbuchs für Regionalgeschichte", in: Geschichte und Gesellschaft 11 (1985), S. 528-540

–, Neue Wege der regionalhistorisch orientierten Alltagsgeschichte, in: Hessisches Jahrbuch für Landesgeschichte 30 (1980), S. 312-336

Heinz Günter Steinberg, Die „Geographische Lage" Nordrhein- Westfalens und ihre Bedeutung für die Landesentwicklung, in: Peter Hüttenberger (Hg.), Vierzig Jahre. Historische Entwicklungen und Perspektiven des Landes Nordrhein-Westfalen, 2. Aufl. Düsseldorf 1986 (= Düsseldorfer Schriften zur Neueren Landesgeschichte und zur Geschichte Nordrhein-Westfalens 17), S. 31-48

Michael Steiner, Old industrial Areas: A theoretical approach, in: Urban Studies 22 (1985), S. 387-398

Gerhard Stiens, Stoßrichtung für eine Regionalpolitik der 80er Jahre, in: Christian Hanser (Hg.), Hat die traditionelle Infrastrukturförderung für periphere Regionen ausgedient?, Bern 1982, S. 205-229

–, Zur Wiederkunft des Regionalismus in den Wissenschaften, in: Informationen zur Raumentwicklung H. 5 (1980), S. 315-333

Bernhard Stollhof, Die Entwicklung der Verfassung von 1947 bis heute, in: Landtag des Saarlandes (Hg.), 40 Jahre Landtag des Saarlandes 1947-1987, Dillingen 1987, S. 129-146

D. Storbeck u. M. Lücke, Die gesellschaftspolitische Relevanz regionalpolitischer Ziele, in: Akademie für Raumforschung und Landesplanung (Hg.), Ausgeglichene Funktionsräume - Grundlagen für eine Regionalpolitik des mittleren Weges, Hannover 1975, S. 19-62

Günter Strassert u. Werner Fleck, Fallstudie Saarlouis/Saar zu regionalen Auswirkungen neuerrichteter Industriebetriebe, in: Beiträge zur Raumplanung in Hessen, Rheinland-Pfalz, Saarland, 4 Teile Hannover 1974-1983 (= Veröffentlichungen der Akademie für Raumforschung und Landesplanung, Forschungs- und Sitzungsberichte 91), Teil II 1975, S. 13-48

Wolf-Heino Struck, Zur ideenpolitischen Vorbereitung des Bundeslandes Hessen seit dem 19. Jahrhundert, in: Jakob Schissler (Hg.), Politische Kultur und politisches System in Hessen, Frankfurt a.M. 1981, S. 45-92

Guido Thiemeyer, Kriegsende und Neubeginn in Europa: nationale und regionale Erfahrungen, in: Neue Politische Literatur 44 (1999), S. 426-445

Paul Thomes, „Gebb Gas, Theo!" Autoalltag - Autobiographien - Autoerfahrungen, in: Edwin Dillmann u. Richard van Dülmen (Hgg.), Lebenserfahrungen an der Saar. Studien zur Alltagskultur 1945-1995, St. Ingbert 1996, S. 166-207

–, Wirtschaftliche Verflechtungen einer Grenzregion. Die Industrielandschaft Saar-Lor-Lux im 19. Jahrhundert, in: Jahrbuch für westdeutsche Landesgeschichte 14 (1988), S. 181-198

Bruno Thoss, Die Lösung der Saarfrage 1945/1955, in: Vierteljahreshefte für Zeitgeschichte 38 (1990), S. 225-288

Bruno Tietz, Zum Standort des Einzelhandels. Eine Analyse unter Fragestellungen der Raumforschung und Raumordnung dargelegt am Beispiel des Saarlandes, in: Raumforschung und Raumordnung 23 (1965), S. 1-18

Reinhard Timmer, Neugliederung des Bundesgebiets und künftige Entwicklung des föderativen Systems, in: Harry Westermann u.a. (Hgg.), Raumplanung und Eigentumsordnung. Festschrift für Werner Ernst, München 1980, S. 463-500

Peter Treuner, Fragestellungen der empirischen Regionalforschung, in: Methoden der empirischen Regionalforschung, Teil I, Hannover 1973 (Forschungs- und Sitzungsberichte der Akademie für Raumforschung und Landesplanung 87), S. 1-14

Klaus Töpfer, Überlegungen zur Quantifizierung qualitativer Standortfaktoren, in: Zentralinstitut für Raumplanung an der Universität Münster (Hg.), Zur Theorie der allgemeinen und regionalen Planung. Beiträge zur Raumplanung, Bd. 1, Bielefeld 1969

Friedrich Uhlhorn, Die historischen Beziehungen Hessen, Rheinland-Pfalz und Saarland, in: Beiträge zur Raumplanung in Hessen, Rheinland-Pfalz, Saarland, 4 Teile Hannover 1974-1983 (= Veröffentlichungen der Akademie für Raumforschung und Landesplanung, Forschungs- und Sitzungsberichte 91), Teil I 1974, S. 1-14

Irmline Veit-Brause, Partikularismus, in: Otto Brunner, Werner Conze u. Reiner Koselleck (Hgg.), Geschichtliche Grundbegriffe, Stuttgart 1978

Wilhelm Vogel, Der Bankplatz Saarbrücken. Unter wechselvollen Währungsverhältnissen, in: Sparkasse Saarbrücken (Hg.), Saarbrücken - Wirtschaftszentrum an der Grenze, Saarbrücken 1960, S. 129-167

Rüdiger Voigt, Der kooperative Staat. Auf der Suche nach einem neuen Steuerungsmodus, in: ders. (Hg.), Der kooperative Staat. Krisenbewältigung durch Verhandlung?, Baden-Baden 1995, S. 33-92

Werner Väth, Ökonomische Stagnation und Raumordnungspolitik, in: Wolfgang Bruder u. Thomas Ellwein (Hgg.), Raumordnung und staatliche Steuerungsfähigkeit, Opladen 1979 (= PVS Sonderheft 10), S. 58-75

Frido Wagener, Gemeindeverwaltung und Kreisverwaltung, in: Archiv für Kommunalwissenschaften (1964), S. 237ff

G. von Waldenfels, Bayerische regionale Strukturpolitik von 1953 bis heute, in: Bayerische Staatsregierung (Hg.), 30 Jahre Grenzlandbeauftragter, München 1984, S. 20-28

Karl Waltzinger, Ein Land wird Bundesland, in: Rudolf Hrbek (Hg.), Miterlebt - Mitgestaltet. Der Bundesrat im Rückblick, Stuttgart 1989, S. 313-331

Ewald Wannemacher, Überschwemmung nach dem „Mairegen". Die wirtschaftliche Integration des Saarlandes vor und nach dem „Tag X", in: Stadtverband Saarbrücken, Regionalgeschichtliches Museum (Hg.), Von der „Stunde 0" zum „Tag X". Das Saarland 1945-1959. Katalog zur Ausstellung des Regionalgeschichtlichen Museums im Saarbrücker Schloß, Saarbrücken 1990, S. 245-254

Ute Wardenga u. Judith Miggelbrink, Zwischen Realismus und Konstruktivismus: Regionsbegriffe in der Geographie und anderen Humanwissenschaften, in: Heinz-Werner Wollersheim, Sabine Tzschaschel u. Matthias Middel (Hgg.), Region und Identifikation, Leipzig 1998 (= Leipziger Studien zur Erforschung regionenbezogener Identifikationsprozesse 1), S. 33-46

Peter Weiant, Das Saarland lebt vom Export, in: Die Saarwirtschaft. Zwischenbilanz nach der Wiedereingliederung (= Der Volkswirt 11 (1960), Beilage), S. 10-12

–, Sonderstellung der Industrie- und Handelskammer des Saarlandes, in: Eduard Dietrich (Hg.), Das Saarland, Oldenburg 1957 (= Monographien deutscher Wirtschaftsgebiete 9), S. 59-61

–, Die Wirtschaftsbeziehungen Saar-Frankreich, in: Eduard Dietrich (Hg.), Das Saarland, Oldenburg 1957 (= Monographien deutscher Wirtschaftsgebiete 9), S. 52-58

Udo Wengst, Deutsche Parteien nach 1945 und ihre Geschichte. Anmerkungen zu Quellen und Ergebnissen historischer Parteienforschung in der Bundesrepublik Deutschland, in: Jürgen Heideking, Gerhard Hufnagel u. Franz Knipping (Hgg.), Wege in die Zeitgeschichte. Festschrift zum 65. Geburtstag von Gerhard Schulz, Berlin u. New York 1989, S. 165-181

Alois Weyrath u. Peter Moll, Die neue Stadt Überherrn, in: Mitteldeutscher Kulturrat (Hg.): Zwischen Rostock und Saarbrücken. Städtebau und Raumordnung in beiden deutschen Staaten, Düsseldorf 1973, S. 191-202

Michael Wildt, Die Kunst der Wahl. Zur Entwicklung des Konsums in Westdeutschland in den 1950er Jahren, in: Hannes Siegrist, Hartmut Kaelble u. Jürgen Kocka (Hgg.), Europäische Konsumgeschichte. Zur Gesellschafts- und Kulturgeschichte des Konsums (18. bis 20. Jahrhundert), Frankfurt a.M. 1997, S. 307-326

Rolf Wittenbrock, Identitätsbildung in einer Grenzregion: Das Saarland bis 1935, in: Zeitschrift für die Geschichte der Saargegend 41 (1993), S. 219-227

Gerald Wood, Regionalbewußtsein im Ruhrgebiet in der Berichterstattung regionaler Tageszeitungen, in: Berichte zur deutschen Landeskunde 63 (1989), S. 537-562

H. D. Wurthmann, Löhne und Lohnkosten im Saarland. Strukturunterschiede erschweren Anpassung, in: Der Volkswirt 11 (1957), S. 12-15

Maria Zenner, Historisches Bewußtsein in Grenzräumen, insbesondere am Beispiel des Elsaß und des Saarlandes, in: Hans Georg Kirchhoff (Hg.), Raum als geschichtsdidaktische Kategorie, Bochum 1987, S. 51-77

–, Politische Bewußtseinsbildung in internationalen Sonderregimen, in: Rainer Hudemann u. Raymond Poidevin unter Mitarbeit v. Annette Maas (Hgg.), Die Saar 1945-1955. Ein Problem der europäischen Geschichte, München 1992, S. 397-404

–, Region - Nation - Europa. Untersuchungen zur historisch-politischen Argumentation saarländischer Politiker: Johannes Hoffmann, in: Revue d'Allemagne 18 (1986), S. 5-24

Clemens Zimmermann, Ländliche Gesellschaft und Agrarwirtschaft im 19. und 20. Jahrhundert. Transformationsprozesse als Thema der Agrargeschichte, in: Werner Troßbach u. Clemens Zimmermann (Hgg.), Agrargeschichte. Positionen und Perspektiven, Stuttgart 1998 (= Quellen und Forschungen zur Agrargeschichte 44), S. 137-163

Michael Zimmermann, Basisnahe Stellvertretung. Zur sozialdemokratischen Dominanz im Ruhrgebiet, in: Revier-Kultur. Zeitschrift für Gesellschaft, Kunst und Politik im Ballungsraum 2 (1987), H. 2 S. 46-53

3. Sammelbände und Monographien

Werner Abelshauser, Die Langen Fünfziger Jahre. Wirtschaft und Gesellschaft der Bundesrepublik Deutschland 1949-1966, Düsseldorf 1987

–, Der Ruhrkohlenbergbau seit 1945. Wiederaufbau, Krise, Anpassung, München 1984

Heidrun Abromeit, Der verkappte Einheitsstaat, Opladen 1992

Nikolaus Adami, Die Haushaltspolitik des Bundes von 1955 bis 1965, Bonn 1970 (= Schriftenreihe des Bundesministeriums der Finanzen 14)

Heiner R. Adamsen, Investitionshilfe für die Ruhr. Wiederaufbau, Verbände und Soziale Marktwirtschaft 1948-1952, Wuppertal 1981 (= Düsseldorfer Schriften zur Neueren Landesgeschichte und zur Geschichte Nordrhein-Westfalens 4)

Menno Aden, La Sarre. Le pays et son industrie, Essen 1964

–, Das Saarland. Wirtschaftsraum mit europäischer Atmosphäre, Essen 1964

Akademie für Raumforschung und Landesplanung (Hg.), Beiträge zur Raumplanung in Hessen, Rheinland-Pfalz, Saarland, 4 Teile Hannover 1974-1983 (= Forschungs- und Sitzungsberichte 91)

– (Hg.), Grundriß der Raumordnung, Hannover 1982

– (Hg.), Handwörterbuch der Raumordnung, Hannover 1966

– (Hg.), Handwörterbuch der Raumordnung, Hannover 1995

– (Hg.), Probleme räumlicher Planung und Entwicklung in den Grenzräumen an der deutsch-französisch-luxemburgischen Staatsgrenze, Hannover 1983 (= Veröffentlichungen der Akademie für Raumforschung und Landesplanung, Forschungs- und Sitzungsberichte 149)

– (Hg.), Regional aspects of common agricultural policy, Hannover 1996

– (Hg.), Regional- und Landesplanung für die 90er Jahre. Wissenschaftliche Plenarsitzung 1990, Hannover 1990 (= Veröffentlichungen der Akademie für Raumforschung und Landesplanung, Forschungs- und Sitzungsberichte 186)

– (Hg.), Zur geschichtlichen Entwicklung der Raumordnung, Landes- und Regionalplanung in der Bundesrepublik Deutschland, Hannover 1991 (= Akademie für Raumforschung und Landesplanung, Forschungs- und Sitzungsberichte 182)

Christoph Albrecht, Wirtschaftsstruktur, Bevölkerungsstruktur, Struktur der Arbeitslosigkeit im Saarland, Berlin 1980 (= Wissenschaftszentrum Berlin, Discussion Papers Series 80-76)

Susanne Albrecht, Der ländliche Raum Lothringens zwischen Verfall und Neubelebung. Politische Rahmenbedingungen und strukturelle Auswirkungen von Anpassungs- und Entwicklungsvorgängen in jüngerer Zeit, Mainz 1995 (= Mainzer geographische Studien 42)

Jens Altemeier, Föderale Finanzbeziehungen unter Anpassungsdruck. Eine vergleichende Untersuchung zur Regelung vereinigungsbedingter Verteilungskonflikte in der bundesdeutschen Verhandlungsdemokratie, Konstanz 1998

Peter Altmeier (Hg.), Die Staatskanzlei. Aufgaben, Organisation und Arbeitsweise auf vergleichender Grundlage, Berlin 1967 (= Schriftenreihe der Hochschule Speyer 34)

August Altmeyer u.a., USA-Mission 1956 „Banken und Sparkassen", Saarbrücken 1956

Klaus Altmeyer u.a. (Hgg.), Das Saarland. Ein Beitrag zur Entwicklung des jüngsten Bundeslandes in Politik, Kultur und Wirtschaft, Saarbrücken 1958

– u. Erwin Sinnwell, Der 23. Oktober 1955. Die Volksbefragung an der Saar in Wort und Bild, Saarlouis 1956

Gerold Ambrosius, Staat und Wirtschaft im 20. Jahrhundert, München 1990 (= Enzyklopädie Deutscher Geschichte 7)

–, Dietmar Petzina u. Werner Plumpe (Hgg.), Moderne Wirtschaftsgeschichte. Eine Einführung für Historiker und Ökonomen, München 1996

Günther Ammon, Matthias Fischer, Thorsten Hickmann u. Klaus Stemmermann (Hgg.), Föderalismus und Zentralismus: Europas Zukunft zwischen dem deutschen und dem französischen Modell, Baden-Baden 1996 (= Schriftenreihe des Europäischen Zentrums für Föderalismus-Forschung Föderalismus-Forschung 11)

Uwe Andersen, Das internationale Währungssystem zwischen nationaler Souveränität und supranationaler Integration. Entwicklungstendenzen seit Bretton Woods im Spannungsfeld der Interessen, Berlin 1977

Oskar Anweiler u.a. (Hgg.), Bildungspolitik in Deutschland 1945-1990. Ein historisch-vergleichender Quellenband, Opladen 1992

Celia Applegate, A nation of provincials. The German Idea of Heimat, Berkeley 1990

Arbeitskammer des Saarlandes (Hg.), Arbeitskammer des Saarlandes. Aufgabe und Tätigkeit, Saarbrücken 1968

– (Hg.), Bericht über die Tätigkeit der Arbeitskammer des Saarlandes, Saarbrücken 1974

– (Hg.), Entschließung der Vertreterversammlung der Arbeitskammer des Saarlandes vom 15. Juli 1963 betreffend die Wirtschaftslage des Saarlandes und die hieraus zu ziehenden Folgerungen, o.O. o.J. (Saarbrücken 1963)

– (Hg.), Zehn Jahre danach. Meinungen, Einstellungen und Verhaltensweisen zehn Jahre nach dem Tag X, Wiebelskirchen 1969

Jürgen Aring, Bernhard Butzin, Rainer Danielzyk u. Ilse Helbrecht, Krisenregion Ruhrgebiet? Alltag, Strukturwandel und Planung, Oldenburg 1989 (= Wahrnehmungsgeographische Studien zur Regionalentwicklung 8)

Christof von Arnim, Rechtsgrundlage und Struktur der Saar-Lothringischen Kohlenunion. Probleme einer plurinationalen Aktiengesellschaft, Saarbrücken 1962

Rolf Arnold u. Fritz Marz, Einführung in die Bildungspolitik. Grundlagen, Entwicklungen, Probleme, Stuttgart u.a. 1979

Agnes Aschfalk-Evertz, Die wirtschaftliche Förderung in den Neuen Bundesländern. Eine systematische Untersuchung der theoretischen Grundlagen und ihrer praktischen Anwendung in Brandenburg, Berlin 1995

Christoph Asmacher, Regionale Strukturpolitik in der Bundesrepublik Deutschland: Wirkungsweise und zielkonforme Gestaltung, Münster 1989 (= Beiträge zum Siedlungs- und Wohnungswesen und zur Raumplanung 129)

Aleida Assmann u. Heidrun Friese (Hgg.), Identitäten, Frankfurt a.M. 1998 (= Erinnerung, Geschichte, Identität 3)

Christian Augustin u.a. (Hgg.), Die wirtschaftliche und soziale Entwicklung im Grenzraum Saar-Lor-Lux, Saarbrücken 1978 (= Schriftenreihe der Regionalkommission Saarland - Lothringen - Rheinland-Pfalz 6)

Bruno Aust, Die staatliche Raumplanung im Gebiet der Saar-Lor-Lux-Regionalkommission, Saarbrücken 1983 (= Arbeiten aus dem Geographischen Institut der Universität des Saarlandes Sonderheft 4)

Lothar Baar u. Dietmar Petzina (Hgg.), Deutsch-deutsche Wirtschaft 1945 bis 1990. Strukturveränderungen, Innovationen und regionaler Wandel. Ein Vergleich, St. Katharinen 1999

Gottfried Backes, Aspekte einer politischen Soziologie des Saarlandes, (Mag.Arb.) Saarbrücken 1972

Gerhard Bahrenberg u.a. (Hgg.), Geographie des Menschen. Dietrich Bartels zum Gedenken, Bremen 1987 (= Bremer Beiträge zur Geographie und Raumplanung 11)

–, Infrastrukturversorgung und Verkehrsangebot im ländlichen Raum - am Beispiel der Region Trier 1960- 1982, Bremen 1987

Lothar Baier, Die Früchte der Revolte. Über die Veränderung der politischen Kultur durch die Studentenbewegung, Berlin 1988

Heinrich G. Balters, Die Problematik der Moselkanalisierung. Eine volkswirtschaftliche Untersuchung, Freiburg 1959

Ralf Banken, Die Industrialisierung der Saarregion 1815-1914. Die Frühindustrialisierung 1815-1850, Stuttgart 2000 (= Regionale Industrialisierung 1)

Gerhard Bauer, Hundert Jahre christliche Politik an der Saar. Vom Zentrum zur CDU, Saarbrücken 1981

Jürgen Baumert u.a., Das Bildungswesen in der Bundesrepublik Deutschland. Ein Überblick für Eltern, Lehrer, Schüler, 2. Auflage Hamburg 1984

Marlis Beck, Das Wahlverhalten im Saarland von 1955 bis 1965. Landtags- und Bundestagswahlen, (Mag.Arb.) Saarbrücken 1972

Ulrich Beck, Risikogesellschaft. Auf dem Weg in eine andere Moderne, Stuttgart 1986

Joachim Becker, Die eisen- und metallverarbeitende Industrie des Saarlandes, ihre Lage bei einer europäischen Integration, Freiburg 1958

Jürgen Bellers, Außenwirtschaftspolitik der Bundesrepublik Deutschland 1949-1989, Münster 1990

Ernst Benda (Hg.), Probleme des Föderalismus. Referate auf dem Symposium „Föderalismus in der SFR Jugoslawien und in der Bundesrepublik Deutschland - ein Vergleich", Tübingen 1985

Arthur Benz, Föderalismus als dynamisches System. Zentralisierung und Dezentralisierung im föderativen Staat, Opladen 1985

–, Fiskalische Krise: Räumliche Ausprägungen, Wirkungen und Reaktionen, Hannover 1999 (= Akademie für Raumforschung und Landesplanung, Forschungs- und Sitzungsberichte 209)

–, Regionalplanung in der Bundesrepublik Deutschland. Eine empirische Untersuchung zur Organisation und Problemlösungsfähigkeit, Münster 1982

– u. Everhard Holtmann (Hgg.), Gestaltung regionaler Politik. Empirische Befunde, Erklärungsansätze und Praxistransfer, Opladen 1998

–, Fritz W. Scharpf u. Reinhard Zintl, Horizontale Politikverflechtung. Zur Theorie von Verhandlungssystemen, Frankfurt a.M. 1992 (= Schriften des Max-Planck-Instituts für Gesellschaftsforschung 10)

– u.a. (Hgg.), Regionalisierung: Theorie, Praxis, Perspektiven, Opladen 1999

Wolfgang Benz (Hg.), Neuanfang in Bayern 1945 bis 1949. Politik und Gesellschaft in der Nachkriegszeit, München 1988

– (Hg.), Deutschland unter alliierter Besatzung 1945-1949/55. Ein Handbuch, Berlin 1999

Helge Berger, Konjunkturpolitik im Wirtschaftswunder. Handlungsspielräume und Verhaltensmuster von Bundesbank und Regierungen in den 1950er Jahren, Tübingen 1997

Peter L. Berger u. Thomas Luckmann, Die gesellschaftliche Konstruktion der Wirklichkeit. Eine Theorie der Wissenssoziologie, Frankfurt a.M. 1980

Stefan Berger, Die Dezentralisierung und Regionalisierung der Regionalpolitik als eine wesentliche Implikation der neuen Wachstumstheorie, Aachen 1999

Hartmut Berghoff (Hg.), Konsumpolitik. Die Regulierung des privaten Verbrauchs im 20. Jahrhundert, Göttingen 1999

Jürgen Bergmann, Jürgen Brockstedt, Rainer Fremdling, Rüdiger Hohls, Hartmut Kaelble, Hubert Kiesewetter u. Klaus Megerle, Regionen im historischen Vergleich. Studien zu Deutschland im 19. und 20. Jahrhundert, Opladen 1989 (= Schriften des Zentralinstituts für sozialwissenschaftliche Forschung der Freien Universität Berlin 55)

Dietrich Berwanger, Massenkommunikation und Politik im Saarland 1945-1959. Ein Beitrag zur Untersuchung „publizistischer Kontrolle", München 1969

Ursula Beyenburg-Weidenfeld, Wettbewerbstheorie, Wirtschaftspolitik und Mittelstandsförderung 1948-1963, Stuttgart 1992 (= Vierteljahrschrift für Sozial- und Wirtschaftsgeschichte Beiheft 96)

Dieter Biehl u.a., Bestimmungsgründe des regionalen Entwicklungspotentials. Infrastruktur, Wirtschaftsstruktur und Agglomeration, Tübingen 1975

Rudolf Birck, Zehn Jahre jüngstes Bundesland Saarland, Saarbrücken 1967

Adolf M. Birke, Die Bundesrepublik Deutschland. Verfassung, Parlament und Parteien, München 1997 (= Enzyklopädie Deutscher Geschichte 41)

Thomas Bittner, Das westeuropäische Wirtschaftswachstum nach dem Zweiten Weltkrieg. Eine Analyse unter besonderer Berücksichtigung derPlanification und der Sozialen Marktwirtschaft, Münster 2001 (= Münsteraner Beiträge zur Cliometrie und quantitativen Wirtschaftsgeschichte 9)

Bernhard Blanke (Hg.), Staat und Stadt - Systematische, vergleichende und problemorientierte Analysen „dezentraler" Politik, Opladen 1991 (= PVS Sonderheft 22)

Jochen Blaschke (Hg.), Handbuch der westeuropäischen Regionalbewegungen, Frankfurt a.M. 1980

Hans Heinrich Blotevogel (Hg.), Europäische Regionen im Wandel. Strukturelle Erneuerung, Raumordnung und Regionalpolitik im Europa der Regionen, Dortmund 1991

Rolf Blumenberg, Das System der Raumplanung in der Bundesrepublik Deutschland - eine Organisationsüberprüfung, Göttingen 1977

Frank Bösch, Die Adenauer-CDU. Gründung, Aufstieg und Krise einer Erfolgspartei 1945-1969. Stuttgart u.a. 2001

Hans Boldt (Hg.), Nordrhein-Westfalen und der Bund, Düsseldorf 1989 (= Schriften zur politischen Landeskunde Nordrhein-Westfalens 5)

Kerstin C. Bollmann, Agrarpolitik. Entwicklungen und Wandlungen zwischen Mittelalter und Zweitem Weltkrieg, Frankfurt a.M. 1990

Werner Bosch, Die Saarfrage. Eine wirtschaftliche Analyse, Heidelberg 1954 (= Veröffentlichungen des Forschungsinstituts für Wirtschaftspolitik an der Universität Mainz 4)

Olaf Boustedt, Grundriß der empirischen Regionalforschung, 4 Bde. Hannover 1975

Beatrix W. Bouvier, Zwischen Godesberg und Großer Koalition. Der Weg der SPD in die Regierungsverantwortung. Außen-, sicherheits- und deutschlandpolitische Umorientierung und gesellschaftliche Öffnung der SPD 1960-1966, Bonn 1990

Stefan Brakensiek u.a. (Hgg.), Kultur und Staat in der Provinz. Perspektiven und Erträge der Regionalgeschichte, Bielefeld 1992

Werner Bramke u. Ulrich Heß (Hgg.), Wirtschaft und Gesellschaft in Sachsen im 20. Jahrhundert, Leipzig 1998 (= Leipziger Studien zur Erforschung von regionenbezogenen Identifikationsprozessen 2)

Franz Brandt (Bearb.), Frauen zwischen Haushalt, Familie und Beruf. Zur Situation der Frau im Saarland. Empirisch-soziologische Studie des ISO-Instituts für Sozialforschung und Sozialwirtschaft, Saarbrücken 1974

Gunther Braun, Die völkerrechtliche Problematik des grenzüberschreitenden Bergwerksbetriebs, München 1967

Hans Brede, Bestimmungsfaktoren industrieller Standorte, Berlin u. München 1971

Albert Brengel, Bildung und Wirtschaft. 50 Jahre Diskussion um die wirtschaftsberuflichen Schulen, Bad Homburg 1967

–, Wirklichkeit und Problematik des beruflichen Schulwesens im Saarland, Saarbrücken 1961

Detlef Briesen, Rüdiger Gans u. Armin Flender, Regionalbewußtsein in Montanregionen im 19. und 20. Jahrhundert. Saarland - Siegerland - Ruhrgebiet, Bochum 1994 (= Mobilität und Normenwandel - Changing Norms and Mobility 10)
- u. Jürgen Reulecke, Regionalgeschichte. Ein Ansatz zur Erforschung regionaler Identität (= Informationen zur Raumentwicklung 11 (1993)
Walter H. Brosi, Klaus Hembach u. Harald Spehl, Berufliche Qualifikation und regionale Entwicklung, Bonn 1982 (= Schriftenreihe 'Raumordnung' des Bundesministers für Raumordnung, Bauwesen und Städtebau 48)
Rudolph Brosig, Die Verfassung des Saarlandes. Entstehung und Entwicklung, Köln u.a. 2001 (= Annales Universitatis Saraviensis, Rechts- und Wirtschaftswissenschaftliche Abteilung 131)
Wolfgang Bruder u. Thomas Ellwein (Hgg.), Raumordnung und staatliche Steuerungsfähigkeit, Opladen 1979 (= PVS Sonderheft 10)
Ernst A. Brugger u.a. (Hgg.), Umbruch im Berggebiet. Die Entwicklung des schweizerischen Berggebietes zwischen Eigenständigkeit und Abhängigkeit aus ökonomischer und ökologischer Sicht, Bern u. Stuttgart 1984
-, Hans Flückiger u. Klaus Müller (Hgg.), Wirtschaftlicher Strukturwandel aus regionalpolitischer Sicht, Bern 1982
Gerhard Brunn (Hg.), Region und Regionsbildung in Europa. Konzeptionen der Forschung und empirische Befunde, Baden-Baden 1996 (= Schriftenreihe des Instituts für Europäische Regionalforschung 1)
Wolfgang Brücher, Zentralismus und Raum. Das Beispiel Frankreich, Stuttgart 1992
-, Reinhold Grotz u. Alred Pletsch (Hgg.), Industriegeographie der Bundesrepublik Deutschland und Frankreichs in den 1980er Jahren. Géographie industrielle de la France et de la République fédérale d'Allemagne dans les années quatre-vingt, Frankfurt a.M. 1991 (= Studien zur internationalen Schulbuchforschung 70)
Franz-Josef Brüggemeier u. Thomas Rommelspacher, Blauer Himmel über der Ruhr. Geschichte der Umwelt im Ruhrgebiet 1840-1990, Essen 1992
Dorothee Buchhaas, Die Volkspartei. Programmatische Entwicklung der CDU 1950-1973, Düsseldorf 1981 (= Beiträge zur Geschichte des Parlamentarismus und der politischen Parteien 68)
Christoph Buchheim, Einführung in die Wirtschaftsgeschichte, München 1997
-, Die Wiedereingliederung Westdeutschlands in die Weltwirtschaft 1945-1958, München 1990 (= Quellen und Darstellungen zur Zeitgeschichte 31)
Werner Buchholz (Hg.), Landesgeschichte in Deutschland. Bestandsaufnahme - Analyse - Perspektiven, Paderborn 1998
Rüdiger Budde, Hans-Friedrich Eckey, Paul Klemmer, Bernhard Lageman u. Heinz Schrumpf, Die Regionen der fünf neuen Bundesländer im Vergleich zu anderen Regionen der Bundesrepublik, Essen 1991
Heinz Bude, Das Altern einer Generation. Die Jahrgänge 1938-1948, 2. Aufl. Frankfurt a.M. 1997
Martin Bullinger, Länderfinanzausgleich und Rundfunkfinanzausgleich. Verfassungsrechtliche Ziele und Maßstäbe, Baden-Baden 1998
Deutsche Bundesbank (Hg), Währung und Wirtschaft in Deutschland 1876-1975, Frankfurt a.M. 1976
Bundesminister für Verkehr (Hg.), Erste Autobahn Deutschland-Frankreich. Zur Verkehrsfreigabe der letzten Teilstrecke der Bundesautobahn Mannheim - Saarbrücken - französische Grenze am 10. Juli 1969, Bonn 1969

Bundesminister für Wirtschaft (Hg.), Die wirtschaftliche Entwicklung in den Bundesländern, Dokumentation Nr. 289, Bonn 1988

Hermann Burgard, Umstellungsverhältnis und Umstellungstechnik bei der saarländischen Währungsumstellung, Saarbrücken 1958

Wolfgang Burgdorf, „Chimäre Europa". Antieuropäische Diskurse in Deutschland (1648-1999), Bochum 1999

Günter Burghardt, Aktionsmittel für eine europäische Regionalpolitik, Saarbrücken 1972 (= Dokumente und Schriften der Europäischen Akademie Otzenhausen 10)

Ludwig Bußmann (Hg.), Die Wirtschaft des Landes Nordrhein-Westfalen, Köln 1988 (= Schriften zur politischen Landeskunde Nordrhein-Westfalens 4)

Dieter Bänsch (Hg.), Die fünfziger Jahre. Beiträge zu Politik und Kultur, Tübingen 1985

Gerhard Böhmert, Aktionsgemeinschaft deutscher Steinkohlenreviere. Ihre Rolle im Strukturwandel des deutschen Steinkohlenbergbaus, Bergisch-Gladbach 1988

Klaus Bürger, Zweig- und Raumstrukturen der Industrie des Saarlandes und ihre Veränderungen im Zeitabschnitt von 1960 bis 1970, Potsdam 1972

Jean-Paul Cahn, Le parti social-démocrate allemand et la fin de la Quatrième République Française (1954-1958), Bern u.a. 1996

–, Le second retour. Le rattachement de la Sarre à l'Allemagne 1955-1957, Frankfurt a.M. u.a. 1985

Dieter Carl, Bund-Länder-Finanzausgleich im Verfassungsstaat, Baden-Baden 1995

Edgar Christoffel, Die Geschichte der Volksschule im Raum des heutigen Regierungsbezirks Trier von den Anfängen bis zur Gegenwart, Bd. 2 Trier 1977

Erich Conrad, Die Auswirkungen des Saarvertrages. Eine Darstellung der wirtschaftlichen Situation der Industrie an der Saar vor und nach der Eingliederung in das bundesdeutsche Wirtschaftsgebiet, unter besonderer Berücksichtigung der verarbeitenden Industrie, Innsbruck 1961

Eckart Conze, Die gaullistische Herausforderung. Die deutsch-französischen Beziehungen in der amerikanischen Europapolitik 1958-1963, München 1995

Werner Conze u. M. Rainer Lepsius (Hgg.), Sozialgeschichte der Bundesrepublik Deutschland. Beiträge zum Kontinuitätsproblem, Stuttgart 1983 (= Industrielle Welt, Schriftenreihe des Arbeitskreises für moderne Sozialgeschichte 34)

Helmut Cordes, 125 Jahre Währungsgeschichte an der Saar 1859-1984. Von der Königlich-Preussischen Bergwerks-Directionskasse in Saarbrücken zur Landeszentralbank im Saarland 1959-1984, Saarbrücken 1984

Pierre Couture, Die Saargruben 1945 bis 1957. Zwölf Jahre französisch-saarländische Verwaltung, Saarbrücken 1957

Walter Randall Craddock, The Saar-Problem in Franco-German relations, 1945-1957, Ann Arbor 1961

Helmuth Croon u. Karl Utermann, Zeche und Gemeinde. Untersuchungen über den Strukturwandel einer Zechengemeinde im nördlichen Ruhrgebiet, Tübingen 1958 (= Soziale Forschung und Praxis 19)

Rolf Dahlgrün (Hg.), Probleme einer Neuordnung der Haushaltswirtschaft bei Bund und Ländern, Bonn o.J. (1964) (= Schriftenreihe des Bundesministeriums der Finanzen 8)

Theodor Dams, Industrieansiedlung in ländlichen Entwicklungsräumen. Daten und Überlegungen zur regionalen Wirtschaftspolitik, Bonn 1957

Corine Defrance, La politique culturelle de la France sur la rive gauche du Rhin 1945-1955, Strasbourg 1994

Lucien Denis, Umstellung der Kohlenbergwerke in den belgischen Gebieten (Borinage, Centre, Charleroi-Bass-Sembre und Lüttich, Brüssel 1972 (= Kommission der Europäischen Gemeinschaften (Hg.), Hefte für die industrielle Umstellung 18)
Hans Derks, Deutsche Westforschung. Ideologie und Praxis im 20. Jahrhundert, Leipzig 2001 (= Geschichtswissenschaft und Geschichtskultur im 20. Jahrhundert 4)
Stephan Deutinger, Vom Agrarland zum High-Tech-Staat. Zur Geschichte des Forschungsstandorts Bayern 1945-1980, München 2001
Wolfgang F. Dexheimer, Koalitionsverhandlungen in Bonn. Zur Willensbildung bei Regierungsneubildungen in den Jahren 1961, 1965 und 1969, Bonn 1973
Monika Dickhaus, Die Bundesbank im westeuropäischen Wiederaufbau. Die internationale Währungspolitik der Bundesrepublik Deutschland 1948 bis 1958, München 1996 (= Schriftenreihe des Instituts für Zeitgeschichte 72)
Meinolf Dierkes, Der Beitrag des französischen Mittelstandes zum wirtschaftlichen Wachstum, Opladen 1969 (= Abhandlungen zur Mittelstandsforschung 39)
Eduard Dietrich (Hg.), Das Saarland, Oldenburg 1957 (= Monographien deutscher Wirtschaftsgebiete 9)
Hans-Peter Dietrich u.a., Strukturelle Anpassung altindustrieller Regionen im internationalen Vergleich. Forschungsvorhaben im Auftrag des Bundesministers für Wirtschaft, Endbericht, Hamburg 1989
Edwin Dillmann (Hg.), Regionales Prisma der Vergangenheit. Perspektiven der modernen Regionalgeschichte (19./20. Jahrhundert), St. Ingbert 1996
– u. Richard van Dülmen (Hgg.), Lebenserfahrungen an der Saar. Studien zur Alltagskultur 1945-1995, St. Ingbert 1996
Jacques Dircks-Dilly, La Sarre et son destin, Paris 1956
Jürgen Dittberner, FDP - Partei zweiter Wahl. Ein Beitrag zur Geschichte der liberalen Partei und ihrer Funktion im Parteiensystem der Bundesrepublik, Opladen 1987
Erich Dittrich, Grundfragen deutscher Raumordnung, Bad Godesberg 1955 (= Mitteilungen aus dem Institut für Raumforschung 21)
–, Die deutsch-französischen Wirtschaftsverhandlungen der Nachkriegszeit, Berlin u. Leipzig 1931
Elisabeth Do Lam, Die Erinnerung an das Saarbrücker Lager Neue Bremm in den Medien nach 1946, (Staatsarb.) Saarbrücken 2000
Jürgen B. Donges u.a. (Hgg.), Die föderative Ordnung in Not, Bad Homburg 2000
Roger M. Downs u. David Stea, Kognitive Karten. Die Welt in unseren Köpfen, New York 1982
Georg Droege (Bearb.), Beiträge zur geschichtlichen und wirtschaftlichen Entwicklung des Industriegebietes an der mittleren Saar. Niederschrift über die Verhandlungen der Arbeitsgemeinschaft für westdeutsche Landes- und Volksforschung in Saarbrücken vom 25.- 28. April 1956, Bonn 1956
Roland Döhrn u. Antoine-Richard Milton, Marktpreise, reale Wechselkurse und internationale Wettbewerbsfähigkeit, Essen 1998 (= Untersuchungen des Rheinisch-Westfälischen Instituts für Wirtschaftsforschung 24)
Peter Dörrenbächer, Unternehmerische Anpassungsprozesse. Ein industriegeographisches Arbeitsmodell, dargestellt am Beispiel der Saarbergwerke AG, Saarbrücken 1992 (= Arbeiten aus dem Geographischen Institut der Universität des Saarlandes 38)
Richard van Dülmen u. Eva Labouvie (Hgg.), Die Saar. Geschichte eines Flusses, St. Ingbert 1992

Kurt Düwell u. Wolfgang Köllmann (Hgg.), Rheinland-Westfalen im Industriezeitalter, 4 Bde. Wuppertal 1983ff.

H. H. Ebertstein (Hg.), Handbuch der regionalen Wirtschaftsförderung, mehrere Bde. 1972ff.

Hans-Friedrich Eckey, Grundlagen der regionalen Strukturpolitik: Eine problemorientierte Einführung, Köln 1978 (= Problemorientierte Einführungen 7)

Martin Eckoldt (Hg.), Flüsse und Kanäle. Die Geschichte der deutschen Wasserstraßen, Hamburg 1998

Susanne Eichholz, Wirtschaftlicher Strukturwandel im Siegerland seit 1950, Köln 1993

Peter Eichhorn u. Heinrich Siedentopf, Effizienzeffekte der Verwaltungsreform. Exemplarische Ansätze einer Wirkungsanalyse der territorialen und funktionalen Verwaltungsreform in Rheinland-Pfalz, Baden-Baden 1976

Rainer S. Elkar, Europas unruhige Regionen, Stuttgart 1981

Thomas Ellwein, Krisen und Reformen. Die Bundesrepublik seit den sechziger Jahren, München 1989

– u. Everhard Holtmann (Hgg.), 50 Jahre Bundesrepublik Deutschland. Rahmenbedingungen, Entwicklungen, Perspektiven, Opladen 1999 (= PVS Sonderheft 30)

Wolfram Elsner u. Siegfried Katterle (Hgg.), Strukturwandel und Wirtschaftspolitik in der Region. Eine Untersuchung der Region Ostwestfalen-Lippe, Opladen 1989 (= Forschungsberichte des Landes Nordrhein-Westfalen 3231)

Otmar Emminger, Währungspolitik im Wandel der Zeit, Frankfurt a.M. 1966

Lieselott Enders u. Klaus Neitmann (Hgg.), Brandenburgische Landesgeschichte heute, Potsdam 1999 (= Brandenburgische Historische Studien 4)

Ulrich Enders u. Josef Henke (Bearb.), Die Kabinettsprotokolle der Bundesregierung 1957, München 2000 (= Bundesarchiv Koblenz (Hg.), Die Kabinettsprotokolle der Bundesregierung 10)

Günter Endruweit, Verwaltungswissenschaftliche und regionalplanerische Aspekte der Kommunalreform. Eine Fallstudie zur kommunalen Territorial- und Funktionalreform, Hannover 1982 (= Veröffentlichungen der Akademie für Raumforschung und Landesplanung 56)

Jörg Engelbrecht, Landesgeschichte Nordrhein-Westfalens, Stuttgart 1994

Équipe des Urbanistes de la Sarre (Hg.), Urbanisme en Sarre, Saarbrücken 1947

Josef Esser, Wolfgang Fach u. Werner Väth, Krisenregulierung. Zur politischen Durchsetzung ökonomischer Zwänge, Frankfurt a.M. 1983

Fried Esterbauer u. Erich Thöni, Föderalismus und Regionalismus in Theorie und Praxis. Grundlegende Erwägungen zur österreichischen Föderalismusdiskussion aus politik- und finanzwissenschaftlicher Sicht, Wien 1981

Peter Exner, Ländliche Gesellschaft und Landwirtschaft in Westfalen 1919-1969, Paderborn 1997

Philipp W. Fabry, Bauen im Grenzland an der Saar. 100 Jahre Einheitsverband der Bauindustrie und des Bauhandwerks 1899-1999, Saarbrücken 1999

Fachverband der Weiterverarbeitenden Eisen- und Metallindustrie des Saarlandes (Hg.), Zehn Jahre Fachverband der Weiterverarbeitenden Eisen- und Metallindustrie des Saarlandes. Schaubilder zur wirtschaftlichen Entwicklung 1948-1957, Saarbrücken 1958

Jürgen W. Falter, Faktoren der Wahlentscheidung. Eine wahlsoziologische Analyse am Beispiel der saarländischen Landtagswahl 1970, Köln, Berlin u.a. 1972

– u. Volker Trommsdorff, Psychische und soziale Determinanten des politischen Verhaltens im Saarland, Saarbrücken 1972

Bernd Faulenbach, Günther Högl u. Karsten Rudolph (Hgg.), Vom Außenposten zur Hochburg der Sozialdemokratie. Der SPD-Bezirk Westliches Westfalen 1893-1993, 2. Aufl. Essen 1998

Wilfried Feldenkirchen, Die deutsche Wirtschaft im 20. Jahrhundert, München 1998 (= Enzyklopädie Deutscher Geschichte 47)

– u.a., Zur Geschichte der Unternehmensfinanzierung, Berlin 1990 (= Schriften des Vereins für Socialpolitik, Gesellschaft für Wirtschafts- und Sozialwissenschaften N.F. 196)

– (Hg.), Wirtschaft, Gesellschaft, Unternehmen. Festschrift für Hans Pohl, Stuttgart (= Vierteljahrschrift für Sozial- und Wirtschaftsgeschichte Beiheft 120)

Harald Feling u. Albert Graeser (Red.), F.D.P. Saar-Plan, Saarbrücken 1970

Barbara Finke u. Harald Pohl, Studien zur kommunalen Industrieförderung im 20. Jahrhundert. Das Beispiel Regensburg von 1900 bis 1985, Regensburg 1986

Georges Fischer, Praxisorientierte Theorie der Regionalforschung - Analyse räumlicher Entwicklungsprozesse als Grundlage einer rationalen Entwicklungspolitik für die Schweiz, Tübingen 1973

Per Fischer, Die Saar zwischen Deutschland und Frankreich. Politische Entwicklung von 1945-1959, Frankfurt a.M. 1959

Armin Flender, Öffentliche Erinnerungskultur im Saarland nach dem Zweiten Weltkrieg. Untersuchungen über den Zusammenhang von Geschichte und Identität, Baden-Baden 1998 (= Schriftenreihe des Instituts für Europäische Regionalforschungen 2)

Marie-Elise Foelz-Schroeter, Föderalistische Politik und nationale Repräsentation 1945-1947. Westdeutsche Länderregierungen, zonale Bürokratien und politische Parteien im Widerstreit, Stuttgart 1974 (= Studien zur Zeitgeschichte 7)

Etienne François (Hg.), Lieux de mémoire, Erinnerungsorte. D'un modèle français à un projet allemand, Strasbourg 1996 (= Cahier du Centre Marc Bloch 6)

– u. Hagen Schulze (Hgg.), Deutsche Erinnerungsorte, 4 Bde. München 2001

–, Hannes Siegrist u. Jakob Vogel (Hgg.), Nation und Emotion. Deutschland und Frankreich im Vergleich. 19. und 20. Jahrhundert, Göttingen 1995

–, Matthias Midell, Emmanuel Terray u. Dorothee Wierling (Hgg.), 1968 - ein europäisches Jahr?, Leipzig 1997

Rainer Fremdling u. Richard H. Tilly (Hgg.), Industrialisierung und Raum. Studien zur regionalen Differenzierung im Deutschland des 19. Jahrhunderts, Stuttgart 1979

Matthias Frese u. Michael Prinz (Hgg.), Politische Zäsuren und Gesellschaftlicher Wandel im 20. Jahrhundert. Regionale und vergleichende Perspektiven, Paderborn 1996

Wolfang Freund, Volk, Reich und Westgrenze: Wissenschaften und Politik in der Pfalz, im Saarland und im annektierten Lothringen 1925-1945, (Diss.) Saarbrücken 2002

Jacques Freymond, Die Saar 1945-1955, München 1961

Pankraz Fried (Hg.), Probleme und Methoden der Landesgeschichte, Darmstadt 1978

Volker Friedrich, Die Saarlandgrenze - Kulturgeographische Untersuchungen über die Landesgrenze zwischen dem Saarland und Rheinland-Pfalz, Marburg 1971

Adolf Fritsch, Planifikation und Regionalpolitik in Frankreich, Stuttgart 1973 (= Schriften des Deutschen Instituts für Urbanistik 42)

Michael Fritsch u. Christopher Hull (Hgg.), Arbeitsplatzdynamik und Regionalentwicklung. Beiträge zur beschäftigungspolitischen Bedeutung von Klein- und Großunternehmen, Berlin 1987

Helmut Frühauf, Eisenindustrie und Steinkohlenbergbau im Raum Neunkirchen/Saar, Trier 1980

Helmut Fuchs, Die Entwicklung des Finanzausgleichs unter den Ländern von 1949 bis 1958, Bonn 1963

Walter Först (Hg.), Die Länder und der Bund. Beiträge zur Entstehung der Bundesrepublik, Essen 1989

Christoph Führ u. Carl-Ludwig Furck (Hgg.), Handbuch der deutschen Bildungsgeschichte, Bd. VI,1 1945 bis zur Gegenwart, Beck 1998

Oskar W. Gabriel u. Richard Stöss (Hgg.), Parteiendemokratie in Deutschland, Bonn u. Opladen 1997

L. Gallois, Régions naturelles et noms de pays, Paris 1908

Karl-Friedrich Gansäuer, Lagerung und Verflechtung der eisenschaffenden Industrie der Montanunionsländer in räumlicher Sicht. Dargestellt am Beispiel ausgewählter Unternehmensgruppen und Konzerne, Wiesbaden 1964 (= Kölner Forschungen zur Wirtschafts- und Sozialgeschichte 1)

Dietrich Garlichs, Friederike Maier u. Klaus Semlinger (Hgg.), Regionalisierte Arbeitsmarkt- und Beschäftigungspolitik, Frankfurt a.M. u.a. 1983

Siegfried Geisenberger, Wolfgang Mälich, Josef Heinz Müller u. Günter Strassert, Zur Bestimmung wirtschaftlichen Notstands und wirtschaftlicher Entwicklungsfähigkeit von Regionen, Hannover 1970 (= Veröffentlichungen der Akademie für Raumforschung und Raumordnung 59)

Kurt Geppert u.a. (Hgg.), Die wirtschaftliche Entwicklung der Bundesländer in den siebziger und achtziger Jahren - eine vergleichende Analyse, Berlin 1987 (= DIW-Beiträge zur Strukturforschung 94)

Dirk Gerdes (Hg.), Aufstand der Provinz. Regionalismus in Westeuropa, Frankfurt a.M. 1980

–, Regionalismus als soziale Bewegung. Westeuropa, Frankreich, Korsika: Vom Vergleich zur Kontextanalyse, Frankfurt a.M. 1985

Hans-Jürgen Gerhard, Struktur und Dimension. Festschrift für Karl Heinrich Kaufhold, Bd. 2 Stuttgart 1997

GW-Saar (Hg.), 25 Jahre im Dienste des Landes, Saarbrücken 1982

– (Hg.), Weshalb Saar-Pfalz-Kanal?, Saarbrücken 1962

– (Hg.), Saarwirtschaft 1963. Beiträge zur deutsch-französischen Zusammenarbeit. Contribution à la coopération franco-allemande, Saarbrücken 1963

Markus Gestier, Die christlichen Parteien an der Saar und ihr Verhältnis zum deutschen Nationalstaat in den Abstimmungskämpfen 1935 und 1955, St. Ingbert 1991

Karl Häuser (Hg.), Budgetpolitik im Wandel, Berlin 1986 (= Schriften des Vereins für Socialpolitik N.F. 149)

Henri Stéphane Giraud, Probleme der regionalen Wirtschaftsentwicklung in Frankreich und ihre Beeinflussung durch den Staat, (Diss.) München 1963

Werner Glastetter, Günter Hogemann u. Ralf Marquardt, Die wirtschaftliche Entwicklung in der Bundesrepublik Deutschland 1950- 1989, Frankfurt a.M. 1991

–, Rüdiger Paulert u. Ulrich Spörel, Die wirtschaftliche Entwicklung in der Bundesrepublik Deutschland 1950-1980. Befunde, Aspekte, Hintergründe, 2. Aufl. Frankfurt a.M. 1983

Roman Glauben u. Peter Pfahler, Solidarisches Handeln und regionale Kultur im Saarland und in Lothringen. Eine Vorstudie, Saarbrücken 1986

Jean F. Gravier, Paris et le désert français, Paris 1947

–, Problèmes et perspectives de l'Est Lorrain, o.O. 1970

Ludger Grevelhörster u. Wolfgang Maron (Hgg.), Region und Gesellschaft im Deutschland des 19. und 20. Jahrhunderts. Studien zur neueren Geschichte und westfälischen Landesgeschichte, Paderborn 1995

Helga Grote, Frankreichs Wirtschaftsreform 1958/1959. Maßnahmen und Auswirkungen, Bonn 1964

Ludger Gruber, Die CDU-Landtagsfraktion in Nordrhein-Westfalen 1946-1980. Eine parlamentshistorische Untersuchung, Düsseldorf 1998 (= Forschungen und Quellen zur Zeitgeschichte 31)

Karl-Heinz Grünewald, Elemente einer strategieorientierten regionalen Wirtschaftspolitik, Darmstadt 1984

Wolfgang Günther, Sozialer und politischer Wandel in Oldenbourg. Studien zur Regionalgeschichte vom 17. bis 20. Jahrhundert, Oldenbourg 1981

Oswald Hager, Die Frankeneröffnungsbilanz im Saarland und die DM-Eröffnungsbilanz. Ein kritischer Vergleich, Frankfurt a.M. 1952

Gregor Halmes, Regionenpolitik und Regionalismus in Frankreich 1964-1983 unter besonderer Berücksichtigung der Dezentralisierungspolitik der Linksregierung seit 1981, Frankfurt a.M. 1984

Gerhard Halstenberg, Die Verfassungsmäßigkeit des Gesetzes über die Eingliederung des Saarlandes vom 23. Dezember 1956, Münster 1961

Gerd Hamann (Bearb.), Bundesland Saarland. Landwirtschaft im Industrieland, Göttingen 1964

Rüdiger Hamm u. Helmut Wienert, Strukturelle Anpassung altindustrialisierter Regionen im internationalen Vergleich, Berlin 1990 (= Schriftenreihe des Rheinisch-Westfälischen Instituts für Wirtschaftsförderung Essen 48)

Hans-Böckler-Stiftung (Hg.), Zur Subventionspolitik des Staates. Das Beispiel Saar. Protokoll der Regionalkonferenz Saar, 22. Februar 1985, Düsseldorf 1985

Kurt Harrer, Eisenbahnen an der Saar. 1 1/2 Jahrhunderte Eisenbahngeschichte zwischen Technik und Politik, Düsseldorf 1984

Rudolf Hars, Die Bildungsreformpolitik der CDU in den Jahren 1945 bis 1954. Ein Beitrag zum Problem des Konservatismus in der Deutschen Bildungspolitik, Frankfurt a.M. 1981

Wolfgang Haubrichs, Wolfgang Laufer u. Reinhard Schneider (Hgg.), Zwischen Saar und Mosel. Festschrift für Hans-Walter Herrmann zum 65. Geburtstag, Saarbrücken 1995 (= Veröffentlichungen der Kommission für Saarländische Landesgeschichte und Volksforschung 24)

Lutz Hauck, Saarlouis nach der Stunde Null. Der Wiederaufbau zwischen Tradition und Moderne, Saarlouis 1998 (= Schriften des Landkreises Saarlouis 3)

Carl-Hans Hauptmeyer (Hg.), Landesgeschichte heute, Göttingen 1987

Carl E. Haury u. Ernst-Moritz Lipp, Stadtverband und Finanzausgleich. Die Stellung des Stadtverbandes und der stadtverbandsangehörigen Gemeinden im kommunalen Finanzausgleich des Saarlandes. Gutachten erbeten vom Präsidenten des Stadtverbandes Saarbrücken, Saarbrücken u. Wiesbaden 1980

Sigrid Hauschildt-Arndt, Zur Mobilität im Saarland, Saarbrücken 1973 (= Arbeitspapiere. Institut für Konsum- und Verhaltensforschung im Institut für Empirische Wirtschaftsforschung an der Universität des Saarlandes 23)

Frank Havighorst, Regionalisierung der Regionalpolitik, Münster u.a. 1998

Peter Heil, „Gemeinden sind wichtiger als Staaten". Idee und Wirklichkeit des kommunalen Neuanfangs in Rheinland-Pfalz 1945- 1957, Mainz 1997 (= Veröffentlichungen der Kommission des Landtages für die Geschichte des Landes Rheinland-Pfalz 21)

Edmund Hein, Die Kommunalreform im Saarland. Anlaß, Ziel und Verfahren, Saarbrücken 1971

Armin Heinen, Saarjahre. Politik und Wirtschaft im Saarland 1945-1955, Stuttgart 1996

Winfried Heinemann u. Norbert Wiggershaus (Hgg.), Das internationale Krisenjahr 1956. Polen, Ungarn, Suez, München 1999

Michael Held, Sozialdemokratie und Keynesianismus. Von der Weltwirtschaftskrise bis zum Godesberger Programm, Frankfurt a.M. 1982

Fritz Hellwig, Saar zwischen Ost und West. Die wirtschaftliche Verflechtung des Saarindustriebezirks mit seinen Nachbargebieten, Bonn 1954 (= Veröffentlichungen des Instituts für geschichtliche Landeskunde der Rheinlande der Universität Bonn)

Gerhard Henkel, Der ländliche Raum. Gegenwart und Wandlungsprozesse in Deutschland seit dem 19. Jahrhundert, Stuttgart 1993

Walter Henn, Die verfassungsrechtliche Lage des Saarlandes während der Übergangszeit, Saarbrücken 1959

Wilhelm Hennis, Peter Graf Kielmansegg u. Ulrich Matz (Hgg.), Regierbarkeit. Studien zu ihrer Problematisierung, Bd. 2 Stuttgart 1979

Ludolf Herbst, Werner Bührer u. Hanno Sowade (Hgg.), Vom Marshallplan zur EWG. Die Eingliederung der Bundesrepublik Deutschland in die westliche Welt, München 1990 (= Quellen und Darstellungen zur Zeitgeschichte 30)

Jost Hermand, Die Kultur der Bundesrepublik Deutschland 1965-1985, München 1988

Hans-Christian Herrmann, Sozialer Besitzstand und gescheiterte Sozialpartnerschaft. Sozialpolitik und Gewerkschaften im Saarland 1945 bis 1955, Saarbrücken 1996 (= Veröffentlichungen der Kommission für saarländische Landesgeschichte und Volksforschung 28)

Thomas Herzig, Geschichte der Elektrizitätswirtschaft des Saarlandes unter besonderer Berücksichtigung der Vereinigten Saar-Elektrizitäts-AG, Saarbrücken 1987

Joachim Jens Hesse (Hg.), Die Erneuerung alter Industrieregionen. Ökonomischer Strukturwandel und Regionalpolitik im internationalen Vergleich, Baden-Baden 1988

– u.a. (Hgg.), Staat und Gemeinden zwischen Konflikt und Kooperation, Baden-Baden 1983

Ulrich Heß u. Werner Bramke (Hgg.), Sachsen und Mitteldeutschland. Politische, wirtschaftliche und soziale Wandlungen in der ersten Hälfte des 20. Jahrhunderts, Leipzig 1995

Ulrich Heß, Michael Schäfer, Werner Bramke u. Petra Listewnik (Hgg.), Unternehmer in Sachsen. Aufstieg - Krise - Untergang - Neubeginn, Leipzig 1998 (= Leipziger Studien zur Erforschung regionenbezogener Identifikationsprozesse 4)

Jürgen W. Hidien, Handbuch Länderfinanzausgleich, Baden-Baden 1999

Klaus Hildebrand, Von Erhard zur Großen Koalition 1963-1969, Stuttgart 1984 (= Karl Dietrich Bracher (Hg.), Geschichte der Bundesrepublik Deutschland 4)

Ernst Hinrichs u. Wilhelm Norden (Hgg.), Regionalgeschichte. Probleme und Beispiele, Hildesheim 1980 (= Veröffentlichungen der Historischen Kommission für Niedersachsen und Bremen 24)

Georg Hirte, Effizienzwirkungen von Finanzausgleichsregelungen. Eine empirische allgemeine Gleichgewichtsanalyse für die Bundesrepublik Deutschland, Frankfurt a.M. 1996

Eric Hobsbawm, Age of Extremes. The Short Twentieth Century 1914-1991, London 1994

– u. Terence Ranger (Hgg.), The Invention of Tradition, Cambridge 1983

Ullrich Hoffmann u. Manfred Huppertz, Lebensraum Ruhrgebiet. Räumliche Vorstellungsbilder im und über das Ruhrgebiet, Essen 1992

Heinz Hohberg, Das Recht der Landesplanung. Eine Synopse der Landesplanungsgesetze in der Bundesrepublik Deutschland, Hannover 1966 (= Veröffentlichungen der Akademie für Raumforschung und Landesplanung 47)

Jens Hohensee u. Michael Salewski (Hgg.), Energie - Politik - Geschichte. Nationale und internationale Energiepolitik seit 1945, Stuttgart 1993 (= Historische Mitteilungen der Ranke-Gesellschaft Beiheft 5)

Michael Holstein, Moderne Konjunkturtheorie: Reale Schocks, multiple Gleichgewichte und die Rolle der Geldpolitik, Marburg 1998

Everhard Holtmann, Politik und Nichtpolitik. Lokale Erscheinungsformen politischer Kultur im frühen Nachkriegsdeutschland. Das Beispiel Unna und Kamen, Wiesbaden 1989

Manfred Hommel (Hg.), Umbau alter Industrieregionen, Stuttgart 1995 (= 49. Deutscher Geographentag Bochum 1)

Kurt Hoppstädter, Die Entstehung der saarländischen Eisenbahnen, Saarbrücken 1961 (= Veröffentlichungen des Instituts für Landeskunde des Saarlandes 2)

Manfred Horn, Die Energiepolitik der Bundesregierung von 1958 bis 1972. Zur Bedeutung der Penetration ausländischer Ölkonzerne in die Energiewirtschaft der BRD für die Abhängigkeit interner Strukturen und Entwicklungen, Berlin 1976 (= Volkswirtschaftliche Schriften 256)

Rudolf Hrbek (Hg.), Miterlebt - Mitgestaltet. Der Bundesrat im Rückblick, Stuttgart 1989

Stefan Huber u. Peter Pernthaler (Hgg.), Föderalismus und Regionalismus in europäischer Perspektive, Wien 1988

Rainer Hudemann, Burkhard Jellonnek u. Bernd Rauls unter Mitarbeit v. Marcus Hahn (Hgg.), Grenz-Fall. Das Saarland zwischen Frankreich und Deutschland 1945-1960, St. Ingbert 1997 (= Geschichte, Politik und Gesellschaft. Schriftenreihe der Stiftung Demokratie Saarland 1)

– u. Raymond Poidevin unter Mitarbeit v. Annette Maas (Hgg.), Die Saar 1945-1955. Ein Problem der europäischen Geschichte, München 1992

Jörg Huffschmid u. Herbert Schui (Hgg.), Gesellschaft im Konkurs? Handbuch zur Wirtschaftskrise 1973-76 in der BRD, Köln 1976

Thomas Hueck, Kommunalpolitik in Verdichtungsräumen. Eine ökonomische Analyse, Baden-Baden 1995

Peter Franz Hugger, Nutzen-Kosten-Analyse der regionalwirtschaftlichen Auswirkungen von Messen und Ausstellungen. Eine empirische Untersuchung am Beispiel Friedrichshafen, München 1986

Antonia Maria Humm, Auf dem Weg zum sozialistischen Dorf? Zum Wandel der dörflichen Lebenswelt in der DDR und der Bundesrepublik Deutschland 1952-1969, Göttingen 1999 (= Kritische Studien zur Geschichtswissenschaft 131)

P. Hurler, Regionale Arbeitslosigkeit in der Bundesrepublik Deutschland, Nürnberg 1984 (= Beiträge zur Arbeitsmarkt- und Berufsforschung des Instituts für Arbeitsmarkt- und Berufsforschung 84)

Hans-Hagen Härtel, Wechselwirkungen von Geldpolitik, Inflation und Strukturwandel, Hamburg 1984 (= Analyse der strukturellen Entwicklung der deutschen Wirtschaft, Ergänzungsband)

Hartmut Häußermann (Hg.), Ökonomie und Politik in alten Industrieregionen Europas. Probleme der Stadt- und Regionalentwicklung in Deutschland, Frankreich, Großbritannien und Italien, Basel u.a. 1992 (= Stadtforschung aktuell 36)

Lothar Hübl u. Walter Schepers, Strukturwandel und Strukturpolitik. Eine Einführung, Hannover 1983

Klaus Hüfner u. Jens Neumann, Konjunkturen der Bildungspolitik in der Bundesrepublik Deutschland. Bd. I: Der Aufschwung (1960-1967), Stuttgart 1977

Carlos von Hülsen, Regionalpolitische Konzepte und Instrumente von EG, BRD und Bundesländern. Untersuchungen von Integrationsproblemen bei der Umsetzung in Norddeutschland, Paderborn 1993

Dietmar Hüser, Frankreichs „doppelte Deutschlandpolitik". Dynamik aus der Defensive - Planen, Entscheiden, Umsetzen in gesellschaftlichen und wirtschaftlichen innen- und außen-

politischen Krisenzeiten 1944-1950, Berlin 1996 (= Dokumente und Schriften der Europäischen Akademie Otzenhausen 77)
Peter Hüttenberger (Hg.), Vierzig Jahre. Historische Entwicklungen und Perspektiven des Landes Nordrhein-Westfalen, 2. Aufl. Düsseldorf 1986 (= Düsseldorfer Schriften zur Neueren Landesgeschichte und zur Geschichte Nordrhein-Westfalens 17)
Hans-Dieter Indetzki, Umstellung der Kohlenbergwerke in den deutschen Gebieten - Aachen. Die regionalwirtschaftlichen Auswirkungen der Stillegungen und Einschränkungen im Steinkohlenbergbau und der zur Umstrukturierung im Aachener Bezirk getroffenen Maßnahmen, Brüssel 1972 (= Kommission der Europäischen Gemeinschaften (Hg.), Hefte für die industrielle Umstellung 20)
Stefan Immerfall, Territorium und Wahlverhalten. Zur Modellierung geopolitischer und geoökonomischer Prozesse, Opladen 1992
Industrie- und Handelskammer des Saarlandes (Hg.), Wirtschaft zwischen den Grenzen. 100 Jahre Industrie- und Handelskammer des Saarlandes, Saarbrücken 1964
– (Hg.), Wirtschaftsraum Saarland, Oldenbourg 1990
Wirtschaft an der Saar - fünf Jahre danach. Eine Studie des Industriekurier, Industriekurier 17 (1964)
Institut für Staatsbürgerliche Bildung in Rheinland-Pfalz u. Landeszentrale für den Heimatdienst des Saarlandes (Hgg.), Der freie Bürger 10 (1966) (= Sonderausgabe 10 Jahre Bundesland Saarland)
Gerhard Isbary, Regionale Probleme der Raumordnung. Rede des Verfassers vor dem Kreisrat des Kreises Saarbrücken am 4. April 1963 anläßlich der Übergabe seines Gutachtens, Saarbrücken 1963
Gerhard Isenberg, Existenzgrundlagen in Stadt- und Landesplanung, Tübingen 1965 (= Schriftenreihe der Deutschen Akademie für Städtebau und Landesplanung 14)
–, Die ökonomischen Bestimmungsgründe der räumlichen Ordnung, München 1967
–, Tragfähigkeit und Wirtschaftsstruktur, Bremen-Horn 1953 (= Veröffentlichungen der Akademie für Raumforschung und Landesplanung 22)
Harry Walter Jablonowski, Gesellschaftliche Kooperationsformen und politisches Instrumentarium zur Bewältigung der Strukturkrise im Steinkohlenbergbau und des energiewirtschaftlichen Strukturwandels in der Bundesrepublik bis Anfang der 70er Jahre, (Diss.) Dortmund 1978
Fritz Jacoby, Die nationalsozialistische Herrschaftsübernahme an der Saar. Die innenpolitischen Probleme der Rückgliederung des Saargebietes bis 1935, Saarbrücken 1973 (= Veröffentlichungen der Kommission für Saarländische Landesgeschichte und Volksforschung 6)
Franz Janossy, Das Ende der Wirtschaftwunder. Erscheinungen und Wesen der wirtschaftlichen Entwicklung, Frankfurt a.M. 1969
F. Jenny u. A.-P. Weber, Concentration et politique des structures, Paris 1974 (= La Documentation française)
Rudolf Judith u.a. (Hgg.), Die Krise der Stahlindustrie, Krise einer Region: Das Beispiel Saarland, Köln 1980
Christoph Juen, Die Theorie des sektoralen Strukturwandels. Konzeptionelle Grundlegungen, Probleme und neuere theoretische Ansätze zur Erklärung des sektoralen Strukturwandels, Frankfurt a.M. u.a. 1983
Uwe Jun, Koalitionsbildung in den deutschen Bundesländern. Theoretische Betrachtungen, Dokumentation und Analyse der Koalitionsbildungen auf Länderebene seit 1949, Opladen 1994

Hans-Ulrich Jung, Regionales Wachstum und räumliche Verteilung von Bevölkerung und wirtschaftlichen Aktivitäten. Eine Untersuchung räumlicher Ungleichgewichte in Hessen für den Zeitraum 1960-1980, Hannover 1982 (= Jahrbuch der Geographischen Gesellschaft)

Barbara Jörg, Regionalpolitische Entwicklungskonzepte. Ein Entwicklungsvergleich der strukturschwachen Planungsregionen Westpfalz und Regensburg, Regensburg 1992

Uwe Jürgenhake, Winfried Mengelkamp u. Beate Winter, Fallstudie „Saarstahl/Völklingen", Dortmund 1988

Harald Jürgensen, Wirtschaftsprobleme der Moselkanalisierung, Göttingen 1956

Hartmut Kaelble (Hg.), Der Boom 1948-1973. Gesellschaftliche und wirtschaftliche Folgen in der Bundesrepublik und in Europa, Opladen 1992

– u. Rüdiger Hohls (Hgg.), Die regionale Erwerbsstruktur im Deutschen Reich und in der Bundesrepublik Deutschland 1895-1970, St. Katharinen 1989 (= Quellen und Forschungen zur historischen Statistik von Deutschland 9)

Horst Kanitz u. Paul Kevenhörster (Hgg.), Kommunales Wahlverhalten, Bonn 1976 (= Studien zur Kommunalpolitik 4)

Walter Kappmeier, Konfession und Wahlverhalten. Untersucht am Beispiel der Bundestagswahl 1976 und der Landtagswahl 1975 im Saarland, Frankfurt a.M. 1984

– (Hg.), Der saarländische Wähler, Saarbrücken 1990

Gerhard Kehrer, Industriestandort Ostdeutschland. Eine raumstrukturelle Analyse der Industrie in der DDR und in den neuen Bundesländern, Berlin 2000

Karl Keinath, Regionale Aspekte der Konjunkturpolitik. Ein Beitrag zum Problem der regionalen Differenzierung der Globalsteuerung, Tübingen 1978

Annette Keinhorst u. Petra Messinger unter Mitarbeit v. Hilde Hoherz (Hgg.), Die Saarbrückerinnen. Beiträge zur Stadtgeschichte, St. Ingbert 1998 (= Geschichte, Politik und Gesellschaft. Schriftenreihe der Stiftung Demokratie Saarland 2)

Thomas Keller u. Gerhard Stümpfing, Die Raumordnung im Saarland, Bonn 1965

Udo Kempf u. Hans-Georg Merz (Hgg.), Kanzler und Minister 1949-1998. Biographisches Lexikon der deutschen Bundesregierungen, Wiesbaden 2001

Karl-Gerhard Kern, Systemanalyse des Rhein-Neckar-Raumes. Ein Simulationsmodell zur Ermittlung der natürlichen und sozio-ökonomischen Grenzen einer weiteren Industrialisierung, (Diss.) Mannheim 1977

Markus Kiefer, Die deutsche Frage in der überregionalen Tages- und Wochenpresse der Bundesrepublik 1949-1955, (Diss.) Essen 1991 (= Ders., Auf der Suche nach nationaler Identität und Wegen zur deutschen Einheit. Die deutsche Frage in der überregionalen Tages- und Wochenpresse der Bundesrepublik 1949-1955, Frankfurt a.M. 1992)

Hubert Kiesewetter, Region und Industrie in Europa 1815- 1995, Stuttgart 2000 (= Grundzüge der modernen Wirtschaftsgeschichte 2)

Heiderose Kilper u. Dieter Rehfeld (Hgg.), Konzern und Region. Zwischen Rückzug und neuer Integration - internationale vergleichende Studien über Montan- und Automobilregionen, Münster 1994

Heiderose Kilper, Erich Latniak, Dieter Rehfeld u. Georg Simonis, Das Ruhrgebiet im Umbruch. Strategien regionaler Verflechtung, Opladen 1994

Eva Kirchdörfer, Keynesianismus und seine wirtschaftspolitische Umsetzung im Saarland 1966-1982 - Eine rezeptionshistorische Betrachtung, (Mag.Arb.) Saarbrücken 1999

Helmut Klages, Traditionsbruch als Herausforderung. Perspektiven der Wertewandelsgesellschaft, Frankfurt a.M. u. New York 1993

Hartmut Klatt (Hg.), Baden-Württemberg und der Bund, Stuttgart 1989 (= Schriften zur politischen Landeskunde Baden-Württembergs 15)

Joachim Klaus u.a. (Hgg.), Wirtschaftliche Strukturprobleme und soziale Fragen. Analyse und Gestaltungsaufgaben. J. Heinz Müller zum 70. Geburtstag, Berlin 1988
Karlheinz Klein, Erkenntnisse und Erfahrungen aus der Rückgliederung des Saarlandes. Eine kritische Würdigung unter besonderer Berücksichtigung der Schaffung des Gemeinsamen Europäischen Marktes, (Diss.) Graz 1962
W. Kleinsorge, Das D-Markbilanzgesetz für das Saarland, Freiburg 1959
Dietmar Klenke, Bundesdeutsche Verkehrspolitik und Motorisierung. Konfliktträchtige Weichenstellungen in den Jahren des Wiederaufstiegs, Stuttgart 1993 (= Zeitschrift für Unternehmensgeschichte, Beiheft 79)
–, „Freier Stau für freie Bürger". Die Geschichte der bundesdeutschen Verkehrspolitik 1949-1994, Darmstadt 1995
Fritz Kloevekorn, Geschichte des saarländisch-lothringischen Eisenhüttenwesens, Saarbrücken 1958
–, 200 Jahre Halbergerhütte, Saarbrücken 1956
Kurt Klotzbach, Der Weg zur Staatspartei. Programmatik, praktische Politik und Organisation der deutschen Sozialdemokratie 1945 bis 1965, Berlin u. Bonn 1982
Ulrich Kluge, Vierzig Jahre Agrarpolitik in der Bundesrepublik Deutschland, 2 Bde. Hamburg u. Berlin 1989
Rainer Klump, Wirtschaftsgeschichte der Bundesrepublik Deutschland. Zur Kritik neuerer wirtschaftshistorischer Interpretationen aus ordnungspolitischer Sicht, Wiesbaden 1985
Helmut Klüter, Raum als Element sozialer Kommunikation, Gießen 1986
Reinhard Koch, Die Neubewertung in französischen Bilanzen, Saarlouis 1961
Heinz Kock, Stabilitätspolitik im föderalistischen System der Bundesrepublik Deutschland. Analyse und Reformvorschläge, Köln 1975
Kommission der Europäischen Gemeinschaften, Regionale Entwicklungsprogramme Frankreich 1976-1980, Brüssel 1978 (= Sammlung Programme, Reihe Regionalpolitik Nr. 13)
Werner Konter, Erinnerungen an die Straßenbahn. Die Entwicklung der Straßenbahnbetriebe im Saarland, Saarbrücken 1992
Martin Koopmann, Das schwierige Bündnis. Die deutsch- französischen Beziehungen und die Außenpolitik der Bundesrepublik Deutschland 1958-1965, Baden-Baden 2000
Hermann Korte, Eine Gesellschaft im Aufbruch. Die Bundesrepublik Deutschland in den sechziger Jahren, Frankfurt a.M. 1987
Hermann Kotthoff u. Peter Ochs, Mitbestimmung an der Saar. Sozialgeschichte der Mitbestimmung in den Saarhütten und im Saarbergbau, Köln 1988
Albert H. V. Kraus, Die Saarfrage (1945-1957) im Spiegel der Publizistik. Die Diskussion um das Saarstatut vom 23.10.54 und sein Scheitern in der deutschen, saarländischen und französischen Presse, Saarbrücken 1988
Arno Krause (Hg.), Saar-Lothringen. Probleme und Perspektiven eines Wirtschaftsraumes. Vorträge anläßlich eines Internationalen Kolloquiums, Otzenhausen 1966 (= Dokumente und Schriften des Europa-Hauses Otzenhausen e.V. 4)
Gilbert Krebs u. Gérard Schneilin (Hgg.), L'Allemagne 1945-1955. De la capitulation à la division, Asnières 1996
Heinrich Krehbiel, Die Standortfrage der Saarhütten unter Berücksichtigung der sich aus Montanunion- und EWG-Vertrag ergebenden Konsequenzen, Graz 1963
Stefan Krätke, Susanne Heeg u. Rolf Stein (Hgg.), Regionen im Umbruch. Probleme der Regionalentwicklung an den Grenzen zwischen „Ost" und „West", Frankfurt a.M. 1997
Bärbel Kuhn, Haus Frauen Arbeit 1915-1965. Erinnerungen aus fünfzig Jahren Haushaltsgeschichte, 2. Aufl. St. Ingbert 1995

Rainer Kunz, Die Bedeutung der Koalition in den westdeutschen Parteiensystemen, Augsburg 1979

Marlies Kutz (Hg.), Beiträge zur Geschichte der Moselkanalisierung, Köln 1967 (= Schriften zur rheinisch-westfälischen Wirtschaftsgeschichte 14)

Wolfgang Köllmann, Die Strukturelle Entwicklung des südwestfaelischen Wirtschaftsraumes 1945-1967, Hagen 1969

Heinz König (Hg.), Wandlungen der Wirtschaftsstruktur in der Bundesrepublik Deutschland, Berlin 1962 (= Schriften des Vereins für Socialpolitik N.F. 26)

Klaus König (Hg.), Koordination und integrierte Planung in den Staatskanzleien. Vorträge und Diskussionsbeiträge der verwaltungswissenschaftlichen Arbeitstagung 1975 der Hochschule für Verwaltungswissenschaften Speyer, Berlin 1976 (= Schriftenreihe der Hochschule Speyer 60)

Wolfgang König, Geschichte der Konsumgesellschaft, Stuttgart 2000 (= Vierteljahrsschrift für Sozial- und Wirtschaftsgeschichte Beiheft 154)

Matthias Köppel, Ansatzpunkte der regionalen Wirtschaftsprognose. Eine methodenkritische Untersuchung von Modellen zur Prognose der langfristigen regionalen Wirtschaftsentwicklung, Berlin 1979 (= Volkswirtschaftliche Studien 287)

Konrad Köstlin u. Hermann Bausinger (Hgg.), Heimat und Identität. Probleme regionaler Kultur, Neumünster 1980

Georg Küppers, Hochschule und regionaler Arbeitsmarkt. Ein Beitrag zur empirischen Analyse der Beschäftigungseffekte regionaler Studienplatzkapazitäten, Berlin 1978

Heinrich Küppers, Bildungspolitik im Saarland 1945-1955, Saarbrücken 1984

Jean-Paul Laborie, Jean-François Langumier u. Priscilla de Roo, La politique française d'aménagement du territoire de 1950 à 1985, Paris 1985

– (Hg.), Sonderheft zur wirtschaftlichen Rückgliederung des Saarlandes, Saarbrücken 1961

Landtag des Saarlandes (Hg.), 40 Jahre Landtag des Saarlandes 1947-1987, Dillingen 1987

Eva Lang u. Walter A.S. Koch, Staatsverschuldung, Staatsbankrott?, Würzburg 1980

Hans-Jürgen Lange, Responsivität und Organisation. Eine Studie über die Modernisierung der CDU von 1973-1989, Marburg 1994

Dieter Langewiesche u. Georg Schmidt (Hgg.), Föderative Nation. Deutschlandkonzepte von der Reformation bis zum Ersten Weltkrieg, München 2000

Maximilian Lanzinner u. Michael Henker (Hgg.), Landesgeschichte und Zeitgeschichte. Forschungsperspektiven zur Geschichte Bayerns nach 1945, Augsburg 1997 (= Materialien zur Bayerischen Geschichte und Kultur 4/97)

Ulrich Lappenküper, Die deutsch-französischen Beziehungen 1949-1963. Von der „Erbfeindschaft" zur „Entente élémentaire", München 2001

Rolf E. Latz, Gegenwart und Zukunftschancen der deutschen Stahlindustrie. Eine Betrachtung der Wettbewerbslage der deutschen Stahlindustrie mit exemplarischem Einfluß der Saar-Stahlindustrie, Frankfurt a.M. 1978

–, Die Entwicklung der Schwerindustrie des Saargebietes während des Völkerbundregimes 1920 bis 1935. Eine Studie zur Entwicklung von Kohlebergbau und eisenschaffender Industrie unter dem Einfluß der deutsch-französischen Wirtschaftsinteressen, (Diss.) Saarbrücken 1978

–, Die saarländische Schwerindustrie und ihre Nachbarreviere 1878/1938. Technische Entwicklung, wirtschaftliche und soziale Bedeutung, Saarbrücken 1985

Heinz Laufer, Der Föderalismus in der Bundesrepublik Deutschland, Stuttgart 1974

– u. Ursula Münch, Das föderative System in der Bundesrepublik Deutschland, 7. Aufl. München 1997

Wolfgang Laufer, Das Landesarchiv Saarbrücken. Einführung in Geschichte, Aufgaben, Bestände und Benutzung, 2. Aufl. Saarbrücken 1983

Hans-Wilfried Lauffs, Umstellung der Kohlenbergwerke in den deutschen Gebieten - Ruhr. Die regionalwirtschaftlichen Auswirkungen der Stillegungen und Einschränkungen im Steinkohlenbergbau und der getroffenen Maßnahmen zur Umstrukturierung im Ruhrgebiet, Brüssel 1971 (= Kommission der Europäischen Gemeinschaften (Hg.), Hefte für die industrielle Umstellung 19)

Elisabeth Lauschmann, Grundlagen einer Theorie der Regionalpolitik, Hannover 1970 (= Veröffentlichungen der Akademie für Raumforschung und Landesplanung 60)

Patrick Le Galès u. Christian Lequesne (Hgg.), Regions in Europe, London 1998

Gerhard Lehmbruch, Parteienwettbewerb im Bundesstaat. Regelsysteme und Spannungslagen im politischen System der Bundesrepublik Deutschland, 3. Aufl. Wiesbaden 2000

Franz Lehner, Friedrich Schmidt-Bleek u. Heiderose Kilper (Hgg.), Regiovision - Neue Strategien für alte Industrieregionen, München 1995

Detlef Lehnert u. Klaus Megerle (Hgg.), Politische Identität und nationale Gedenktage in der Weimarer Republik, Opladen 1989

Anne Lenhardt u. Gerhard Weiß, Stahlkrise an der Saar - Ein Kampf um Arbeitsplätze, Frankfurt a.M. 1978 (= Soziale Bewegungen. Analyse und Dokumentation des Instituts für marxistische Studien und Forschungen 11)

Jo Leinen (Hg.), Saar-Lor-Lux. Eine Euro-Region mit Zukunft?, St. Ingbert 2001 (= Geschichte, Politik und Gesellschaft. Schriftenreihe der Stiftung Demokratie Saarland 6)

Peter Lempert, Das Saarland den Saarländern. Die frankophilen Bestrebungen im Saargebiet 1918-1935, Köln 1985

Albert Leroy, Sarrebruck. L'exemple d'une métropole frontalière, Metz 1980

Roland Lhotta u. Heiderose Kilper (Hgg.), Föderalismus in der Bundesrepublik Deutschland. Eine Einführung, Opladen 1996

Ludger Lindlar, Das mißverstandene Wirtschaftswunder. Westdeutschland und die westeuropäische Nachkriegsprosperität, Tübingen 1997 (= Schriften zur angewandten Wirtschaftsforschung 77)

Rolf Lindner (Hg.), Die Wiederkehr des Regionalen. Über neue Formen kultureller Identität, Frankfurt a.M. 1994

Helmut Lindner, Die De-Industrialisierungsthese. Eine Analyse ihrer empirisch-statistischen Grundlagen, Tübingen 1987

Wolfgang Lipp (Hg.), Industriegesellschaft und Regionalkultur. Untersuchungen für Europa, Köln u.a. 1984

Burkart Lutz, Der kurze Traum immerwährender Prosperität. Eine Neuinterpretation der industriell-kapitalistischen Entwicklung im Europa des 20. Jahrhunderts, Frankfurt a.M. u.a. 1984

Alf Lüdtke, Inge Marßolek u. Adelheid von Saldern (Hgg.), Traum und Alptraum im Deutschland des 20. Jahrhunderts, Stuttgart 1996

Wilhelm Magura, Chronik der Agrarpolitik und der Agrarwirtschaft in der Bundesrepublik Deutschland von 1945-1967, Hamburg 1970 (= Berichte über die Landwirtschaft N.F. Sonderheft 185)

Klaus-Michael Mallmann u. Gerhard Paul, Herrschaft und Alltag. Ein Industrierevier im Dritten Reich, Bonn 1991 (= Hans-Walter Herrmann (Hg.) Widerstand und Verweigerung im Saarland 1935-1945, Bd. 2)

–, Gerhard Paul, Ralph Schock u. Reinhard Klimmt (Hgg.), Richtig daheim waren wir nie. Entdeckungsreisen ins Saarrevier 1815-1955, Bonn 1987

Klaus Manfrass (Hg.), Paris-Bonn. Eine dauerhafte Bindung schwieriger Partner, Sigmaringen 1984
Gérard Marcou, Hans Kistenmacher u. Hans-Günther Clev, L'aménagement du territoire en France et en Allemagne, Paris 1994
Paul Marcus, Das kommunale Finanzsystem der Bundesrepublik Deutschland, Darmstadt 1987
Johan Herman Marinus, De internationale rechtbank in Saarland 1956-1959, Leiden 1960
Odo Marquard u. Karlheinz Stierle (Hgg.), Identität, München 1979
Bernd Martin, Industrialisierung und regionale Entwicklung. Die Zentren der Eisen- und Stahlindustrie im deutschen Zollgebiet 1850-1914, Berlin 1983
Klaus Martin, Die Errichtung der französisch-saarländischen Währungsunion im Jahre 1947 und die sich daraus ergebenden Maßnahmen des französischen Staates hinsichtlich des Kreditwesens im Saarland, Saarbrücken 1955
Martin Martiny u. Hans-Jürgen Schneider (Hgg.), Deutsche Energiepolitik seit 1945. Vorrang für die Kohle: Dokumente und Materialien zur Energiepolitik der Industriegewerkschaft Bergbau und Energie, Köln 1981
Inge Marßolek u. Heinrich Potthoff (Hgg.), Durchbruch zum modernen Deutschland? Die Sozialdemokratie in der Regierungsverantwortung 1966-1982, Essen 1995
Michael Matheus (Hg.), Regionen und Föderalismus. 50 Jahre Rheinland-Pfalz, Stuttgart 1997
Karl Mathias (Hg.), Wirtschaftsgeographie des Saarlandes. Ein Beitrag zur Landeskunde, Saarbrücken 1980
Michael Mattar, Die staats- und landesgrenzüberschreitende kommunale Zusammenarbeit in der Grenzregion Saarland-Westpfalz-Lothringen-Luxemburg-Trier, (Diss.) Darmstadt 1982 (= Zusammenarbeit in europäischen Grenzregionen 4)
Hans Mauersberg, Deutsche Industrien im Zeitgeschehen eines Jahrhunderts. Eine historische Modelluntersuchung zum Entwicklungsprozeß deutscher Unternehmen von ihren Anfängen bis zum Stand von 1960, Stuttgart 1966
Hanspeter Maute, Räumliche Leitbilder im Wandel. Auswirkungen auf die Raumorganisation in Bayern, (Diss.) München 1994
Gregor Mayntz, Zwischen Volk und Volksvertretung. Entwicklung, Probleme und Perspektiven der Parlamentsberichterstattung unter besonderer Berücksichtigung von Fernsehen und Deutschem Bundestag, (Diss.) Bonn 1992
Jürgen Meinert, Strukturwandlungen in der westdeutschen Energiewirtschaft. Die Energiepolitik der Bundesregierung von 1950 bis 1977 unter Berücksichtigung internationaler Dependenzen, Frankfurt a.M. 1980
Willm Rolf Meyer, Ressourcenumverteilung zugunsten von Problemregionen. Das Beispiel Ruhrgebiet, Frankfurt a.M. u. New York 1982
Heino von Meyer, Walter Ort u. Hermann Priebe (Hgg.), Agrarpolitik und Regionalentwicklung. Räumliche Auswirkungen der Agrarpolitik dargestellt am Beispiel der Region Trier, Bonn 1981
Manfred Mohm, Die Nachkriegsentwicklung der saarländischen Landwirtschaft (von 1947-1954), Innsbruck 1956
Peter Moll, Das lothringische Kohlenrevier. Eine geographische Untersuchung seiner Struktur, Probleme und Entwicklungstendenzen, Saarbrücken 1970 (= Veröffentlichungen des Instituts für Landeskunde des Saarlandes 18)
Günther Momm, Die wirtschaftlichen Probleme bei der Moselkanalisierung unter besonderer Berücksichtigung ihrer energiewirtschaftlichen Bedeutung, Köln 1959
Heinz Monz, Die kommunale Neuordnung städtischer Ballungsräume. Lösungsmöglichkeiten - dargestellt am Beispiel des Raumes Saarbrücken, Saarbrücken 1962

Tanja Moser-Praefcke, Koalitons- und Regierungsbildung im Saarland nach der Landtagswahl vom 4. Mai 1975, (Mag.Arb.) Saarbrücken 2002

Albrecht Mulfinger, Auf dem Weg zur gemeinsamen Mineralölpolitik. Die Interventionen der öffentlichen Hand auf dem Gebiet der Mineralölindustrie in Hinblick auf den gemeinschaftlichen Mineralölmarkt, Berlin 1972 (= Volkswirtschaftliche Schriften 188)

Dieter Muskalla, NS-Politik an der Saar unter Josef Bürckel. Gleichschaltung - Neuordnung - Verwaltung, Saarbrücken 1995

Wolfgang J. Mückl (Hg.), Föderalismus und Finanzpolitik. Gedenkschrift für Fritz Schäffer, Paderborn 1990 (= Rechts- und staatswissenschaftliche Veröffentlichungen der Görres-Gesellschaft N.F. 55)

Walter Mühlhausen, „... die Länder zu Pfeilern machen...". Hessens Weg in die Bundesrepublik Deutschland 1945-1949, Wiesbaden 1989

Josef Heinz Müller, Methoden zur regionalen Analyse und Prognose, 2. Aufl. Hannover 1976

Jutta Müller, Die Landwirtschaft im Saarland. Entwicklungstendenzen der Landwirtschaft eines Industrielandes, Saarbrücken 1976 (= Veröffentlichungen des Instituts für Landeskunde des Saarlandes 23)

Renate Müller, „Die Möglichkeit hat uns einfach mitgerissen". Eine Spurensuche nach '68 und den Folgen im Raum Saarbrücken, (Mag.Arb.) Saarbrücken 2001

Ursula Münch, Sozialpolitik und Föderalismus. Zur Dynamik der Aufgabenverteilung im sozialen Bundesstaat, Opladen 1997

Daniela Münkel (Hg.), Der lange Abschied vom Agrarland. Agrarpolitik, Landwirtschaft und ländliche Gesellschaft zwischen Weimar und Bonn, Göttingen 2000

Frank Nägele, Regionale Wirtschaftspolitik im kooperativen Bundesstaat. Ein Politikfeld im Prozeß der deutschen Vereinigung, Opladen 1996

Martin Nathusius, L'acier sarrois et l'Europe, Lausanne 1970

Rüdiger Nebe, Der Saarländische Rundfunk 1955-1978. Analyse zur Rundfunkpolitik und Programmgestaltung, München 1981

Otto Neuloh u. Kurt Bieg, Raumordnung und Pendlerfrage. Ergebnisse einer sozio-ökologischen Untersuchung mit empirischen Fallstudien, Saarbrücken 1973

Wolfgang Neumann u. Henrik Uterwedde, Abschied vom Zentralismus? Neue regionale Modernisierungspolitiken in Frankreich, Stuttgart 1997

– u. Henrik Uterwedde, Industriepolitik. Ein deutsch-französischer Vergleich, Opladen 1986

– u. Henrik Uterwedde, Raumordnungspolitik in Frankreich und Deutschland, Stuttgart 1994

W. Neunkirch, Modellfall Saar. Die Saar zwischen Deutschland und Frankreich 1945-1957, Bonn 1956

Helmuth Neupert, Regionale Strukturpolitik als Aufgabe der Länder: Grundlagen, Verknüpfungen, Grenzen. Eine Untersuchung wirtschaftsrechtlicher und wirtschaftspolitischer Aspekte der regionalen Strukturpolitik im Verhältnis der Länder zum Bund und zu den Europäischen Gemeinschaften, Baden-Baden 1986

Heinrich Niehaus, Strukturwandel und Strukturpolitik. Beiträge zur agrarischen und regionalen Entwicklung in der Bundesrepublik Deutschland, Bonn 1973

Evelyn Nieth, Industriestruktur und regionale Entwicklung. Eine theoretische und empirische Untersuchung der Bundesrepublik 1960-1972, Berlin 1980 (= Schriften zu Regional- und Verkehrsproblemen in Industrie- und Entwicklungsländern 30)

Lutz Niethammer, Kollektive Identität. Heimliche Quellen einer unheimlichen Konjunktur, Reinbek b. Hamburg 2000

Susanne Nimmesgern, „Vater Staat" und „Mutter Fürsorge". Weibliche Angestellte im kommunalen Verwaltungsdienst am Beispiel der Stadt Saarbrücken 1910-1950: Arbeitsplätze, Berufsfelder, Biographien, St. Ingbert 1999
Christoph Nonn, Die Ruhrbergbaukrise. Entindustrialisierung und Politik 1958 bis 1969, Göttingen 2001 (= Kritische Studien zur Geschichtswissenschaft 149)
Organisation d'études d'aménagement de l'aire Métropolitaine de Nancy-Metz-Thionville (Hg.), L'aménagement d'une région européenne: La Ruhr (= feuillets de l'O.R.E.A.M. Lorraine 5 (1968)
Organisations Régionales d'Etudes et d'Aménagement des Aires Métropolitaines Lorraines (Hg.), Politique régionale d'industrialisation, Pont-à-Mousson 1970 (= feuillets de l'O.R.E.A.M. Lorraine 13.2)
Dieter Oberndörfer u. Karl Schmitt (Hgg.), Parteien und regionale politische Traditionen in der Bundesrepublik Deutschland, Berlin 1991 (= Ordo Politicus 28)
Willy Ochel, Verkehrsprobleme der europäischen Montanwirtschaft unter besonderer Berücksichtigung der Moselkanalisierung, Dortmund 1956
Hans Dieter Ockenfels, Regionalplanung und Wirtschaftswachstum, dargestellt am Beispiel Frankreichs, Köln 1969 (= Abhandlungen zur Mittelstandsforschung 42)
Hans-Joachim von Oertzen u. Werner Thieme (Hgg.), Die kommunale Gebietsreform, 19 Bde. Baden-Baden 1979-1987
Anton E. Oldofredi, Die Landwirtschaft des Saarlandes mit besonderer Berücksichtigung ihrer soziologischen und volkswirtschaftlichen Bedeutung sowie ihrer betriebswirtschaftlichen Entfaltungsmöglichkeiten, Hohenheim 1952
Egbert Osterwald, Die Entstehung des Stabilitätsgesetzes. Eine Studie über Entscheidungsprozesse des politischen Systems, Frankfurt a.M. 1982
Karl A. Otto, Vom Ostermarsch zur APO. Geschichte der außerparlamentarischen Opposition in der Bundesrepublik 1960-1970, Frankfurt a.M. 1977
Hermann Overbeck, Kulturlandschaftsforschung und Landeskunde. Ausgewählte, überwiegend methodische Arbeiten, Heidelberg 1965 (= Heidelberger Geographische Arbeiten 14)
Udo Padtberg, Regionale Wirtschaftspolitik durch Subventionen? Eine Untersuchung über den Erfolg des Landeskreditprogramms in Nordrhein-Westfalen, Köln 1970
Wilhelm Pagels, Der „Juliusturm". Eine politologische Fallstudie zum Verhältnis von Ökonomie, Politik und Recht in der Bundesrepublik, (Diss.) Hamburg 1979
Hans Pagenkopf, Der Finanzausgleich im Bundesstaat. Theorie und Praxis, Stuttgart u.a. 1981
Matthias Peter u. Hans-Jürgen Schröder, Einführung in das Studium der Zeitgeschichte, Paderborn 1994
Rudi Peter, Vermögensbildung der saarländischen Arbeitnehmer im Jahre 1966. Eine Untersuchung der Arbeitskammer des Saarlandes über die Auswirkungen des zweiten Vermögensbildungsgesetzes in der saarländischen Industrie, Saarbrücken 1967
Günter Petry, Probleme der Arbeitslosigkeit aus regionalstatistischer Sicht. Eine Untersuchung von ausgewählten Arbeitsamtsbezirken in Baden-Württemberg, Tübingen 1980
Ludwig Petry, In Grenzen unbegrenzt. Möglichkeiten und Wege der geschichtlichen Landeskunde, Mainz 1961
Rainer Petto, Ein Kind der 50er Jahre, Saarbrücken 1985
Dietmar Petzina, Eine Industrieregion im Wandel. Siegerland, Wittgenstein und Südsauerland, Siegen 1995
Thomas Peucker, Struktur- und Verkehrsprobleme an Rhein, Mosel und Saar. Eine Literaturübersicht, Otzenhausen 1961
Richard Pieper, Die Neue Sozialphysik. Zur Mechanik der Solidarität, Frankfurt a.M. 1989

Toni Pierenkemper (Hg.), Die Industrialisierung europäischer Montanregionen im 19. Jahrhundert, Stuttgart 2002

Uwe Plachetka, Die Finanzwirtschaft des Bundes und der Länder in der Bundesrepublik Deutschland (in den Jahren von 1950 bis 1965), (Diss.) Bonn 1969

Walter Poeggel, Die Saarfrage in der Bonner Politik, Berlin 1960

Hans Pohl (Hg.), Die Auswirkungen von Zöllen und anderen Handelshemmnissen auf Wirtschaft und Gesellschaft vom Mittelalter bis zur Gegenwart, Stuttgart 1987 (= Vierteljahrschrift für Sozial- und Wirtschaftsgeschichte Beiheft 80)

Manfred Pohl, Die Geschichte der Saarländischen Kreditbank Aktiengesellschaft, Saarbrücken 1972 (= Veröffentlichungen der Kommission für saarländische Landesgeschichte und Volksforschung 5)

Sidney Pollard (Hg.), Region und Industrialisierung. Studien zur Rolle der Region in der Wirtschaftsgeschichte der letzten zwei Jahrzehnte, Göttingen 1980 (= Kritische Studien zur Geschichtswissenschaft 42)

Alois Prediger, Neuerung und Erhaltung im ländlichen Raum (1830-1970). Eine sozialgeographische Untersuchung im Stadt-Umland-Bereich westlich von Saarlouis, Saarbrücken 1986 (= Arbeiten aus dem Geographischen Institut der Universität des Saarlandes 30)

Alfred Pretor u. Ilse Rinn (Hgg.), Bergbau in der Bundesrepublik Deutschland, Essen 1964

Claude Prêcheur, La Lorraine sidérurgique, Paris 1959

Wilfried Rabe, Die Agrarstrukturen des Saarlandes, Bonn 1963

Fritz Rahmeyer, Sektorale Preisentwicklung in der Bundesrepublik Deutschland 1951-1977. Eine theoretische und empirische Analyse, Tübingen 1983

Bernd Rauls, Die SPD im Saarland. Struktur und innerparteiliche Entwicklung 1955-1985, (Mag. Arb.) Trier 1989

Albert Rebhan, Die Beseitigung und Verhinderung von Diskriminierungen sowie Subventionen in den Verkehrstarifen Westeuropas, Bad Godesberg 1965

Rechnungshof des Saarlandes (Hg.), Finanzkontrolle im Saarland. 25 Jahre Rechnungshof des Saarlandes, Merzig 1988

Marie-Luise Recker, Burkhard Jellonnek u. Bernd Rauls (Hgg.), Bilanz: 50 Jahre Bundesrepublik Deutschland, St. Ingbert 2001 (= Geschichte, Politik und Gesellschaft. Schriftenreihe der Stiftung Demokratie Saarland 5)

Regierung des Saarlandes (Hg.), Saarland 1959-1979: Ein Land gewinnt Profil, Saarbrücken 1979

– (Hg.), 20 Jahre Volksabstimmung im Saarland. Festakt am 25. Oktober 1975, Saarbrücken 1976

–, Der Chef der Staatskanzlei (Hg.), Ein Land mit Zukunft. Saarland im Montandreieck 1965-1970. Regierungserklärung des Ministerpräsidenten des Saarlandes vom 19.7.65, Saarbrücken 1965

– (Hg.), Das Saarland. Politische, wirtschaftliche und kulturelle Entwicklung, Saarbrücken 1991

– (Hg.), Zwischenbilanz progressiver Politik. Bericht über die Tätigkeit der Regierung des Saarlandes 1970-1972, Saarbrücken 1973

Regierung des Saarlandes, Minister für Wirtschaft (Hg.), Moderner Wirtschaftsstandort Saarland. Neue Investitionen, neue Arbeitsplätze, Saarbrücken 1994

Hans Reichel, Wirtschaftliches und kulturelles Handbuch für das Saarland 1955 mit Sonderbeilage „Fremden- und Wanderverkehr an der Saar", Saarbrücken 1955

Erich Reigrotzki, Soziale Verflechtungen in der Bundesrepublik. Elemente der sozialen Teilnahme in Kirche, Politik, Organisationen und Freizeit, Tübingen 1956

François Reitel, Krise und Zukunft des Montandreiecks Saar-Lor-Lux, Frankfurt a.M. u.a. 1980

Leo Remmeke, Die Standortverhältnisse der Eisen-, Stahl- und Tempergießereien in der Bundesrepublik Deutschland, (Diss.) Graz 1964

Wolfgang Renzsch, Finanzverfassung und Finanzausgleich. Die Auseinandersetzungen um ihre politische Gestaltung in der Bundesrepublik Deutschland zwischen Währungsreform und deutscher Vereinigung (1948 bis 1990), Bonn 1991

Ulrich Reuling u. Winfried Speitkamp (Hgg.): 50 Jahre Landesgeschichtsforschung in Hessen, Marburg 2000 (= Hessisches Jahrbuch für Landesgeschichte 50)

Hans Ried, Vom Montandreieck zur Saar-Lor-Lux-Industrieregion, Frankfurt a.M. u.a. 1972

Christoph von Roehl, Große Depression und Stagflation. Eine kritische Analyse der deutschen Wirtschaftspolitik 1927/33 und 1970/86, Göttingen 1988

Hans Roeper u. Wolfram Weimer, Die D-Mark. Eine deutsche Wirtschaftsgeschichte, Frankfurt a.M. 1996

Karl Rohe, Vom Revier zum Ruhrgebiet. Wahlen - Parteien - Politische Kultur, Essen 1986

–, Wahlen und Wählertraditionen in Deutschland. Kulturelle Grundlagen deutscher Parteien und Parteiensysteme im 19. und 20. Jahrhundert, Frankfurt a.M. 1992

Gerd Rojahn, Der Einfluß von industriellen Großunternehmen auf die raum- und siedlungsstrukturelle Entwicklung im Verdichtungsraum Rhein-Ruhr, Opladen 1984

Hubertus Rolshoven, Das Industriedreieck Saar-Lothringen-Luxemburg: Rohstoffwirtschaft und Rohstoffpolitik, Karlsruhe 1968

–, Der Steinkohlenbergbau an der Saar, Essen 1960

–, Wirtschaftsgrundlagen im Montandreieck Saar-Lothringen-Luxemburg, Saarbrücken 1965

Ursula Rombeck-Jaschinski, Nordrhein-Westfalen, die Ruhr und Europa. Föderalismus und Europapolitik 1945-1955, Essen 1990 (= Düsseldorfer Schriften zur neueren Landesgeschichte und zur Geschichte Nordrhein-Westfalens 29)

Horst Romeyk (Hg.), Nordrhein-Westfalen, Kernland der Bundesrepublik, Siegburg 1989 (= Veröffentlichungen der staatlichen Archive des Landes Nordrhein-Westfalen Reihe D, Ausstellungskataloge staatlicher Archive H. 23)

–, Kleine Verwaltungsgeschichte Nordrhein-Westfalens, Siegburg 1988

Jens-Peter Rosenhayn, Die Kooperation von Bund und Ländern im Bereich der Gemeinschaftsaufgabe Hochschulbau, Bonn 1996

Alois Roth, Idee und Gestalt der künftigen Hauptschule, Ratingen 1966

Hermann Rudolph, Die Herausforderung der Politik. Innenansichten der Bundesrepublik, Stuttgart 1985

Klaus Jörg Ruhl, Verordnete Unterordnung. Berufstätige Frauen zwischen Wirtschaftswachstum und konservativer Ideologie in der Nachkriegszeit 1945-1963, München 1994

Wolfgang Ruppert (Hg.), Fahrrad, Auto, Fernsehschrank. Zur Kulturgeschichte der Alltagsdinge, Frankfurt a.M. 1993

Frank Marion Russell, The Saar. Battleground and Pawn, 2. Aufl. New York 1970

Ralf Rytlewski u. Ralf Opp de Hipt, Die Bundesrepublik Deutschland in Zahlen 1945/49-1980. Ein sozialgeschichtliches Arbeitsbuch, München 1987 (= Statistische Arbeitsbücher zur neueren deutschen Geschichte 4)

Ernst Röchling, Die eisenschaffende Industrie an der Saar im Montandreieck, Kiel 1961 (= Kieler Vorträge gehalten im Institut für Weltwirtschaft an der Universität Kiel N.F. 18)

Werner Rösener, Einführung in die Agrargeschichte, Darmstadt 1997

Sozialdemokratische Partei Deutschlands, Landesverband Saar (Hg.), Bei uns an der Saar. Saarland wieder im Kommen, Saarbrücken 1965

SPD-Landtagsfraktion (Hg.), Stellungnahme und Meinungen zum Saar-Pfalz-Kanal und den Als-ob-Tarifen, o.O. o.J. (Saarbrücken 1966)
SPD-Fraktion im Landtag des Saarlandes (Hg.), Bilanz eines Versagens. Die Wirtschaftspolitik der Regierung Dr. Röder, Saarbrücken 1970 (= SPD-Fraktion im Landtag des Saarlandes 1)
Die Saar. Grenzland und Brücke, München 1956 (= Internationales Jahrbuch der Politik H. 2/3 (1956))
Saarbergwerke AG (Hg.), 25 Jahre Saarbergwerke AG 1957-1982, Saarbrücken 1982
– (Hg.), Zahlen über den Saarbergbau, Saarbrücken 1971
Saarbrücker Druckerei und Verlag in Zusammenarbeit mit der Gesellschaft für Wirtschaftsförderung Saar (Hg.), Saarwirtschaft 1962, Saarbrücken 1962
– (Hg.), Bundesland Saar. Handel - Wirtschaft - Verkehr, Saarbrücken 1961
Saarbrücker Zeitung (Hg.), Fünf Jahre danach. Sonderbeilage der Saarbrücker Zeitung zum 5. Jahrestag der wirtschaftlichen Eingliederung, Saarbrücken 1964
– (Hg.), Saarland 1959-1979. Eine Sonderbeilage der Saarbrücker Zeitung zum 20. Jahrestag der wirtschaftlichen Eingliederung, Saarbrücken 1979
Saarländische Gemeinschaft zur Förderung der Produktivität (Hg.), 10 Jahre Produktivitätszentrale, Saarbrücken 1964
Martin Sattler, Der deutsch-französische Zusammenarbeitsvertrag. Eine Untersuchung zur Vertragsmacht des Bundes und der Länder, Meisenheim 1976
Peter Schaaf, Ruhrbergbau und Sozialdemokratie. Die Energiepolitik der Großen Koalition 1966-1969, Marburg 1978
Fritz Wilhelm Scharpf, Sozialdemokratische Krisenpolitik in Europa. Das „Modell Deutschland" im Vergleich, Frankfurt a.M. 1987
–, Bernd Reissert u. Fritz Schnabel, Politikverflechtung. Theorie und Empirie des kooperativen Föderalismus in der Bundesrepublik, Kronberg 1976
Ulrich Scheele, Infrastruktur und regionale Entwicklung. Eine Literaturstudie, Oldenburg 1993
Dian Schefold u. Maja Neumann, Entwicklungstendenzen der Kommunalverfassungen in Deutschland. Demokratisierung und Dezentralisierung?, Basel u.a. 1996 (= Stadtforschung aktuell 56)
Harald Scherf, Enttäuschte Hoffnungen - vergebene Chancen. Die Wirtschaftspolitik der Sozial-Liberalen Koalition 1969-1982, Göttingen 1986
Wolfgang Scherf, Der Länderfinanzausgleich in Deutschland. Ungelöste Probleme und Ansatzpunkte einer Reform, Frankfurt a.M. u.a. 2000
Abdulreza Scheybani, Handwerk und Kleinhandel in der Bundesrepublik Deutschland. Sozialökonomischer Wandel und Mittelstandspolitik 1949-1961, München 1996
Axel Schildt, Detlef Siegfried u. Karl Christian Lammers (Hgg.), Dynamische Zeiten. Die 60er Jahre in den beiden deutschen Gesellschaften, Hamburg 2000 (= Hamburger Beiträge zur Sozial- und Zeitgeschichte 37)
Jakob Schissler (Hg.), Politische Kultur und politisches System in Hessen, Frankfurt a.M. 1981
Karl-August Schleiden, Hundert bewegte Jahre 1892-1992. Die Geschichte der Gesellschaft für Straßenbahnen im Saartal AG, Saarbrücken 1992
Thomas Schlemmer u. Hans Woller (Hgg.), Die Erschließung des Landes 1949 bis 1973, Oldenbourg 2001 (= Bayern im Bund 1)

Edda Schlesier, Der Kampf um den Erhalt der sozialen Errungenschaften im Zusammenhang mit der Rückgliederung des Saarlandes 1957 im Spiegel der saarländischen Presse, (Mag.Arb.) Saarbrücken 1998

Andreas Schlieper, 150 Jahre Ruhrgebiet. Ein Kapitel deutscher Wirtschaftsgeschichte, Düsseldorf 1986

Kirsten Schmalenbach, Föderalismus und Unitarismus in der Bundesrepublik Deutschland. Die Reform des Grundgesetzes von 1994, Düsseldorf 1998

Josef Schmid, Die CDU. Organisationsstrukturen, Politiken und Funktionsweisen einer Partei im Föderalismus, Opladen 1990

Manfred G. Schmidt, CDU und SPD an der Regierung. Ein Vergleich ihrer Politik in den Ländern, Frankfurt a.M. 1980

Guy Schmit, Der Saar-Lor-Lux-Raum. Strukturen, Probleme und Entwicklungen in einer altindustrialisierten Grenzregion, Köln 1989

Hermann Schmitt, Neue Politik in alten Parteien. Zum Verhältnis von Gesellschaft und Parteien in der Bundesrepublik, Opladen 1987

Kurt Thomas Schmitz, Opposition im Landtag. Merkmale oppositionellen Verhaltens in Länderparlamenten am Beispiel der SPD in Rheinland-Pfalz 1951-1963, Hannover 1971

Hans K. Schneider (Hg.), Beiträge zur Regionalpolitik, Berlin 1968 (= Schriften des Vereins für Socialpolitik N.F. 41)

Herbert Schneider, Ministerpräsidenten. Profil eines politischen Amtes im deutschen Föderalismus, Opladen 2001

Dieter Scholz, Wirtschaftsräumliche Strukturveränderungen in den neuen Bundesländern Sachsen und Thüringen zu Beginn der neunziger Jahre, Berlin 1994 (= Sitzungsberichte der Sächsischen Akademie der Wissenschaften zu Leipzig 133, H. 6)

Wilhelm Heinz Schröder u. Reinhard Spree (Hgg.), Historische Konjunkturforschung, Stuttgart 1980

Christian Schulz, Interkommunale Zusammenarbeit im Saar-Lor-Lux-Raum. Staatsgrenzenüberschreitende lokale Integrationsprozesse, Saarbrücken 1998 (= Saarbrücker Geographische Arbeiten 45)

Matthias Schulz, Regionalismus und die Gestaltung Europas. Die konstitutionelle Bedeutung der Region im europäischen Drama zwischen Integration und Desintegration, Hamburg 1993

Rainer Schulze (Hg.), Industrieregionen im Umbruch. Historische Voraussetzungen und Verlaufsmuster des regionalen Strukturwandels im europäischen Vergleich, Essen 1993 (= Veröffentlichungen des Instituts zur Erforschung der Europäischen Arbeiterbewegung 3)

Martin Schumacher, M.d.B. Volksvertretung im Wiederaufbau 1946-1961. Bundestagskandidaten und Mitglieder der westzonalen Vorparlamente. Eine biographische Dokumentation, Düsseldorf 2000

Gerd Schuster, 200 Jahre Bergbau an der Saar (1754-1954), Bielefeld 1955

Heribert Schwan, Der Rundfunk als Instrument der Politik 1945-1955, Berlin 1974

Hans-Peter Schwarz, Adenauer, 2 Bde. München 1991

–, Die Ära Adenauer 1949-1957, Stuttgart 1983 (= Karl Dietrich Bracher u.a. (Hgg.), Geschichte der Bundesrepublik Deutschland 3)

Gisela Schwarze, Eine Region im demokratischen Aufbau. Der Regierungsbezirk Münster 1945/46, Düsseldorf 1984 (= Düsseldorfer Schriften zur Neueren Landesgeschichte und zur Geschichte Nordrhein-Westfalens 11)

Gudrun Schwarzer, Friedliche Konfliktregelung Saarland - Österreich - Berlin. Eine vergleichende Untersuchung territorialer Machtkonflikte, Tübingen 1995

Eduard Schäfer, Zur Geschichte der Saarbrücker Zeitung 1918-1968/69, Saarbrücken 1972

Franz Schönberger, Das „Saarland" in Geschichte und Gegenwart, Stuttgart 1953
Detlef Schönherr, Der föderative Finanzausgleich in den Vereinigten Staaten von Amerika, Kanada und der Bundesrepublik Deutschland. Ein politikwissenschaftlicher Vergleich, Bonn 1984
Walter Schütz u. Peter Weiant, Die Saar und ihre Wirtschaft, o.O 1965 (= Bundesfirmenregister 1965/66, Sonderdruck)
Jobst Seeber, Regionalwirtschaftliche Wirkungen von Hochschulen. Vergleichende empirische Untersuchung in der Bundesrepublik Deutschland, Oldenburg 1985
Gerhard Seibold, Röchling. Kontinuität im Wandel, Stuttgart 2001
Barbara Seidel, Die Einbindung der Bundesrepublik Deutschland in die Europäischen Gemeinschaften als Problem des Finanzausgleichs, Frankfurt a.M. 1992
Albert Seyler, Die regionalwirtschaftlichen Auswirkungen der Stillegungen und Einschränkungen im Steinkohlenbergbau und der getroffenen Maßnahmen zur Umstrukturierung im Saarland, Brüssel 1972 (= Kommission der Europäischen Gemeinschaften (Hg.), Hefte für die industrielle Umstellung 23)
Horst Eberhard Siebert-Brenner, Die Produktions- und Preispolitik im deutschen Steinkohlenbergbau seit Bestehen der Montanunion, (Diss.) Graz 1965
Hannes Siegrist, Hartmut Kaelble u. Jürgen Kocka (Hgg.), Europäische Konsumgeschichte. Zur Gesellschafts- und Kulturgeschichte des Konsums (18. bis 20. Jahrhundert), Frankfurt a.M. 1997
Olaf Sievert u.a., Zur Standortqualität des Saarlandes, St. Ingbert 1991
– u.a., Kommunaler Finanzausgleich für das Saarland, Saarbrücken 1981
Delf Slotta, Die Entwicklung der Saarbergwerke AG in den Jahren 1958 bis 1984, Saarbrücken 1986
–, Der Saarbergbau in den Jahren 1955-1957, Saarbrücken 1985
Kurt Sontheimer, So war Deutschland nie. Anmerkungen zur politischen Kultur der Bundesrepublik, München 1999
Hanno Sowade, Wegbereiter des Wiederaufstiegs. Die Industrie- und Handelskammern und die Rekonstruktion der Aussenbeziehungen der westdeutschen Wirtschaft 1945-1949/50, München 1992
Dietrich Soyez u.a. (Hgg.), Das Saarland. Beharrung und Wandel in einem peripheren Grenzraum, Bd. 1 Saarbrücken 1989 (= Arbeiten aus dem Geographischen Institut der Universität des Saarlandes 36)
Uwe Spanger u. Peter Treuner, Die Standortwahl der Industriebetriebe in Nordrhein-Westfalen 1955-1971, Dortmund 1974
Willy Spannowsky, Der Handlungsspielraum und die Grenzen der regionalen Wirtschaftsförderung des Bundes, Berlin 1987
Sparkasse Saarbrücken (Hg.), Saarbrücken - Wirtschaftszentrum an der Grenze, Saarbrücken 1960
Harald Spehl, Einfluß der Grenzlage auf Betriebe in peripheren Regionen, Trier 1981
–, Verflechtungswirkungen von Industrieansiedlungen. (Ms.) Dortmund 1973
Bernd Sprenger, Das Geld der Deutschen. Geldgeschichte Deutschlands von den Anfängen bis zur Gegenwart, 2. Aufl. Paderborn 1995
Stadtverband Saarbrücken, Regionalgeschichtliches Museum (Hg.), Von der „Stunde 0" zum „Tag X". Das Saarland 1945-1959, Katalog zur Ausstellung des Regionalgeschichtlichen Museums im Saarbrücker Schloß, Saarbrücken 1990
Friedrich Stahl, Das Land an der Saar im Wandel der Zeiten, Saarbrücken 1973
Jürgen Stark, Regionalpolitik im ländlichen Raum, Stuttgart 1978

Statistik der Volks- und Sonderschulen des Saarlandes. Stichtag: 1. Juli 1963, o.O. o.J. (Saarbrücken 1963)
Statistisches Landesamt Saarland (Hg.), Das Ergebnis der Volksbefragung am 23. Oktober 1955. Nachdruck anläßlich des 40. Jahrestages der Volksbefragung über das Europäische Statut für das Saarland am 23. Oktober 1955, Saarbrücken 1995
Thomas Stumm, Staatstätigkeit in Frankreich im Spannungsfeld innerstaatlicher Dezentralisierung und europäischer Integrationsdynamik. Die Territorialisierung und Europäisierung der räumlichen Modernisierungspolitik in Frankreich während der 80er und 90er Jahre, vertieft am Beispiel der Umstellungspolitik in den traditionellen Industrieregionen Lorraine und Nord-Pas-de-Calais, (Diss.) Tübingen 1999
Richard Stöss (Hg.), Parteien-Handbuch. Die Parteien der Bundesrepublik Deutschland 1945-1980, Opladen 1980
Peter Tennagels, Instrumentarium der regionalen Wirtschaftspolitik, Bochum 1980 (= Beiträge zur Struktur- und Konjunkturforschung XII)
Elisabeth Thalhofer, Neue Bremm - Terrorstätte der Gestapo. Ein Erweitertes Polizeigefängnis und seine Täter 1943-1944, St. Ingbert 2002
Werner Thieme, Föderalismus im Wandel. Bund und Nordrhein- Westfalen 1949-1975. Analyse und Prognose des Verhältnisses von Bund und Land Nordrhein-Westfalen 1949 bis 1975, Köln u.a. 1969
Herbert Timm u. Horst Jecht (Hgg.), Kommunale Finanzen und Finanzausgleich, Berlin 1964 (= Schriften des Vereins für Socialpolitik, Gesellschaft für Wirtschafts- und Sozialwissenschaften N.F. 32)
Hans Treinen u. Hans Arthur Klein (Bearb.), Menschen an der Saar. Eine Bestandsaufnahme des Institutes für Sozialforschung und Sozialwirtschaft, Saarbrücken 1977
Peter Treuner, Untersuchungen zur Standortwahl der Industriebetriebe in der Bundesrepublik Deutschland 1955-1967. Räumliche Aspekte des sektoralen Strukturwandels, Kiel 1971
Werner Troßbach u. Clemens Zimmermann (Hgg.), Agrargeschichte. Positionen und Perspektiven, Stuttgart 1998 (= Quellen und Forschungen zur Agrargeschichte 44)
Klaus Töpfer, Die Nutzen-Kosten-Analyse. Ihre Möglichkeiten und Grenzen bei der Beurteilung von Alternativen eines Wasserstraßenanschlusses für das Saarland und die Pfalz, Saarbrücken 1971
–, Regionalpolitik und Standortentscheidung. Die Beeinflußung privater Pläne, dargestellt an der unternehmerischen Standortentscheidung, Bielefeld 1969 (= Beiträge zur Raumplanung 6)
Wilfried Ueberhorst, Die sozialen Probleme der Rückgliederung des Saarbergbaus, (Diss.) Bonn 1958
Maiken Umbach (Hg.), German Federalism. Past, Present, Future, Basingstoke 2002
Josef Umlauf, Zur Entwicklungsgeschichte der Landesplanung und Raumordnung, Hannover 1986 (= Veröffentlichungen der Akademie für Raumforschung und Landesplanung 90)
Hans-Joachim Veen, Opposition im Bundestag. Ihre Funktionen, institutionellen Handlungsbedingungen und das Verhalten der CDU/CSU- Fraktion in der 6. Wahlperiode 1969-1972, Bonn 1976
Ludwin Vogel, Deutschland, Frankreich und die Mosel. Europäische Integrationspolitik in den Montan-Regionen Ruhr, Lothringen, Luxemburg und der Saar, Essen 2001 (= Düsseldorfer Schriften zur Neueren Landesgeschichte und zur Geschichte Nordrhein-Westfalens 57)
Rüdiger Voigt, Die Auswirkungen des Finanzausgleichs zwischen Staat und Gemeinden auf die kommunale Selbstverwaltung von 1919 bis zur Gegenwart, Berlin 1975
– (Hg.), Der kooperative Staat. Krisenbewältigung durch Verhandlung?, Baden-Baden 1995

Die Saarwirtschaft. Zwischenbilanz nach der Wiedereingliederung (= Der Volkswirt 11 (1960), Beilage)
Die Saar, Wirtschaft und Wiedervereinigung (= Der Volkswirt 11 (1957), Sonderheft)
Walter Vollmar, Die Existenzbedingungen der saarländischen Landwirtschaft, Hohenheim 1959
Erich Voltmer, Franz Josef Röder. Ein Leben für die Saar, Dillingen 1979
Werner Väth, Raumplanung. Probleme der räumlichen Entwicklung und Raumordnungspolitik in der Bundesrepublik Deutschland, Königstein 1980
Kurt-Dieter Wagner (Bearb.), Chronologie zur Finanzgeschichte 1949-1969. Daten und Erläuterungen, Bonn 1993 (= Schriftenreihe zur Finanzgeschichte 2)
Klaus Walker, Das Jahrhundertwerk. Eine kritische Untersuchung der kommunalen Gebietsreform, dargestellt am Beispiel des Stadtverbandes Saarbrücken, Saarbrücken 1982
Rolf Walter, Einführung in die Wirtschafts- und Sozialgeschichte, Paderborn u.a. 1994
–, Wirtschaftsgeschichte. Vom Merkantilismus bis zur Gegenwart, Köln u.a. 1995
Heinz Anton Walz, Die Budgetpolitik des Bundes. Studie über den Bundeshaushalt der Bundesrepublik Deutschland unter besonderer Berücksichtigung seiner historischen und politischen Bedeutung, Heidelberg 1985
Eckhard Wandel, Die Entstehung der Bank deutscher Länder und die deutsche Währungsreform 1948. Die Rekonstruktion des westdeutschen Geld- und Währungssystems 1945-1949 unter Berücksichtigung der amerikanischen Besatzungspolitik, Frankfurt a.M. 1980 (= Schriftenreihe des Instituts für Bankhistorische Forschung e.V. 3)
Hans-Georg Wehling (Hg.), Die deutschen Länder. Geschichte, Politik, Wirtschaft, Opladen 2000
Klaus Wehmeier, Die Geschichte des ZDF, Teil I Entstehung und Entwicklung 1961-1966, Mainz 1979
Peter Weiant, Grundlagen und Aspekte der Endregelung des Saarvertrages, Saarbrücken 1957
–, Die Saar und ihre Wirtschaft, o.O. 1958 (= Bundes-Firmenregister, Nachdruck)
Peter Weichhart, Raumbezogene Identität. Bausteine zu einer Theorie räumlich-sozialer Kognition und Identifikation, Stuttgart 1990
Claus-Elmar Weidig, Das saarländische Geld- und Kreditwesen bei der Eingliederung des Saarlandes in die deutsche Bundesrepublik, Saarlouis 1962
Karl-Hans Weimer, Berufliche Bildung und wirtschaftlicher Strukturwandel im Ruhrgebiet, Opladen 1987 (= Forschungsberichte des Landes Nordrhein-Westfalen 3225)
Ulrich Weinstock, Regionale Wirtschaftspolitik in Frankreich. Eine Auseinandersetzung mit ihren Problemen und Methoden, Hamburg 1968
Johann Leonhard Weiskopf, Die Beschreibung regionaler Strukturen durch Kennzahlen und deren Benutzbarkeit in der Clusteranalyse unter besonderer Berücksichtigung des Freistaates Bayern, Augsburg 1984
Udo Wengst, Staatsaufbau und Regierungspraxis 1948-1953. Zur Geschichte der Verfassungsorgane der Bundesrepublik Deutschland, Düsseldorf 1984 (= Beiträge zur Geschichte des Parlamentarismus und der politischen Parteien 74)
Benno Werlen, Gesellschaft, Handlung und Raum. Grundlagen handlungstheoretischer Sozialgeographie, 3. Aufl. Stuttgart 1997
–, Sozialgeographie alltäglicher Regionalisierungen, 2 Bde. Stuttgart 1995-1997
Harry Westermann u.a. (Hgg.), Raumplanung und Eigentumsordnung. Festschrift für Werner Ernst, München 1980

Hans Wettig, Betriebswirtschaftliche Studie über die Standortlage der saarländischen Schwerindustrie, verbunden mit einer vergleichenden Betrachtung zur Standortlage der Reviere in Lothringen und im Ruhrgebiet, (Dipl.Arb.) Berlin 1963

Wolfgang Widhofer, Die Eingliederung des Saarlandes in die Bundesrepublik Deutschland, Bonn 1960 (= Schriften zur Rechtslehre und und Politik 28)

Klaus Wieland, Regionale Krisenentwicklung in den Wirtschaftsräumen Hamburg und Ruhrgebiet, traditionelle Überwindungsstrategien und alternative Lösungsansätze, Frankfurt a.M. 1990

Michael Wildt, Am Beginn der „Konsumgesellschaft". Mangelerfahrung, Lebenshaltung, Wohlstandshoffnung in Westdeutschland in den fünfziger Jahren, Hamburg 1994

Andreas Wilkens, Die deutsch-französischen Wirtschaftsbeziehungen 1945-1960. Les relations économiques franco-allemandes, 1945-1960, Sigmaringen 1997 (= Beihefte der Francia 42)

Harald Winkel, Die Wirtschaft im geteilten Deutschland 1945-1970, Wiesbaden 1974

Wilfried Wittenberg, Neuerrichtete Industriebetriebe in der Bundesrepublik Deutschland 1955-1971, Giessen 1978

Rolf Wittenbrock unter Mitarbeit v. Marcus Hahn (Hg.), Geschichte der Stadt Saarbrücken, 2 Bde. Saarbrücken 1999

Heinz-Werner Wollersheim, Sabine Tzschaschel u. Matthias Middel (Hgg.), Region und Identifikation, Leipzig 1998 (= Leipziger Studien zur Erforschung regionenbezogener Identifikationsprozesse 1)

Hellmut Wollmann u. Roland Roth (Hgg.), Kommunalpolitik. Politisches Handeln in den Gemeinden, 2. Aufl. Bonn 1998

Jürgen Wolters, Peter Kuhbier u. Herbert S. Buscher, Die konjunkturelle Entwicklung in der Bundesrepublik. Ergebnisse von Schätzungen alternativer aggregierter Konjunkturmodelle, Frankfurt a.M. 1990

Josef Wysocki (Hg.), Wirtschaftliche Integration und Wandel von Raumstrukturen im 19. und 20. Jahrhundert, Berlin 1994 (= Schriften des Vereins für Socialpolitik N.F. 232)

Heinz Würz, Die Berechnungsgrundlagen der Als-ob-Tarife für saarländische Massengüter und mutmaßliche Auswirkungen auf die Wettbewerbslage der saarländischen Stahl- und Kohlenwirtschaft, (Dipl.Arb.) Saarbrücken 1966

Edgar Zahler, Empirische Untersuchung über den Gesamtkostenverlauf in den Grubenbetrieben des Saarbergbaus, Saarbrücken 1968

Gert Zang, Die unaufhaltsame Annäherung an das Einzelne. Reflexionen über den theoretischen und praktischen Nutzen der Regional- und Alltagsgeschichte, Konstanz 1985 (= Schriftenreihe des Arbeitskreises für Regionalgeschichte Konstanz e.V. 6)

Demetre Zavlaris, Die Subventionen in der Bundesrepublik Deutschland 1951 bis 1963. Eine Untersuchung ihres Umfangs, ihrer Struktur und ihrer Stellung in der Finanz- und Volkswirtschaft, Berlin 1969

Zentrale für Produktivität und Technologie Saar e.V. (Hg.), Innovatives Saarland, 3. Aufl. Saarbrücken 1993

Gilbert Ziebura, Die deutsch-französischen Beziehungen seit 1945. Mythen und Realitäten, Stuttgart 1997

Dieter Zimmermann, Vertikale Planungskoordination: Probleme der Realisierung integrierter Landesentwicklungsplanung in Niedersachsen, (Diss.) Dortmund 1978

Ralf Zoll (Hg.), Vom Obrigkeitsstaat zur entgrenzten Politik. Politische Einstellungen und politisches Verhalten in der Bundesrepublik seit den sechziger Jahren, Opladen 1999

Abbildungsverzeichnis

Die Landkreise im Saarland 1957 und das Warndt-Kohlenrevier 34

Absatz der eisen- und metallverarbeitenden Industrie des Saarlandes 81
Warenverkehr des Saarlandes mit dem Ausland 1956-1958 83
Die Preisentwicklung im Saarland 1954-1960 102

Stimmenverteilung bei der Landtagswahl 1955 117
Stimmen- und Sitzverteilung bei der Kommunalwahl 1956 133
Stimmenanteile der CDU nach Landkreisen und im Landesdurchschnitt 140
Stimmenanteile der SPD nach Landkreisen und im Landesdurchschnitt 141
Stimmen- und Sitzverteilung bei der zweiten Kommunalwahl 1960 142
Leistungen des Bundes im Zusammenhang mit der Eingliederung 158
Leistungen des Bundes im Zusammenhang mit der Eingliederung 159
Schuldenentwicklung der Gemeinden nach Landkreisen 1957-1960 167

Erwerbsstruktur im Saarland und in Nordrhein-Westfalen. Anteil der
Beschäftigten im jeweiligen Sektor an der aktiven Bevölkerung 178
Vergleich des Bruttoinlandsprodukts je Einwohner in den jeweiligen Preisen . 181
Steuereinnahmen von Bund und Ländern 1961-1965 184
Ausgaben der Länder 1961-1969 185
Schulden der Länder pro Einwohner 1961-1964 186
Verhältnis der Kreditmarktschulden der Länder zu ihren Gesamtschulden 187
Einnahmen ausgewählter Kommunen aus Finanzzuweisungen
nach Landkreisen 198
Schuldenentwicklung der Gemeinden nach Landkreisen 1959-1963 199
Bauinvestitionen der saarländischen Gemeinden nach Investitionsarten 200
Bauinvestitionen der Gemeinden im Jahr 1964 nach Gemeinde-
größenklassen. 201
Sitzverteilung bei der Kommunalwahl 1964 205

Neu errichtete oder verlegte Industriebetriebe im Saarland nach
Gründungszeiträumen 219
Differenz der Wachstumsraten der industriellen Nettoproduktion
gegenüber 1958 von Bundesrepublik und Saarland in Prozentpunkten 221
Beschäftigte und Umsätze in der saarländischen Industrie im Jahr 1960 222
Die Erwerbstätigkeit im Saarland im Jahr 1961. Anteil
ausgewählter Wirtschaftsbereiche nach Landkreisen in Prozent 223
Umsatz und Ertragslage der Saarbergwerke AG 1961-1970 226

Belegschaft und Schichtleistung bei den Saarbergwerken 1958-1970 229
Entwicklung des Energieverbrauchs in der Bundesrepublik und
der Anteile der Energieträger 1958-1970 231
Steinkohlenförderung in der Bundesrepublik Deutschland 1958-1970 232
Stimmenanteile der Parteien bei Wahlen 1960-1965 251

Jahres-Indizes der industriellen Nettoproduktion im Saarland 299
Zahl der Beschäftigten nach Landkreisen 303
Arbeitsstunden in der Industrie nach Landkreisen und im Landesschnitt 304
Arbeitslosigkeit im Saarland 1964-1970 306
Jährliche Wachstumsraten der industriellen Nettoproduktion im Saarland 307

Schulden der Länder pro Einwohner 1965-1970 358
Steuereinnahmen von Bund und Ländern 1966-1970 359
Änderung der Steuereinnahmen der Länder und ihrer Gemeinden
durch die Finanzreform 366
Änderung der Steuereinnahmen pro Einwohner der Länder und
ihrer Gemeinden durch die Finanzreform 367
Einnahmen der Länder und ihrer Gemeinden nach der Finanzreform 370
Einnahmen der Länder und ihrer Gemeinden pro Einwohner nach
der Finanzreform 371
Wahlergebnisse der Parteien auf Landesebene 1968-1970 387
Stimmen- und Sitzverteilung bei der Kommunalwahl 1968 388